José Rogelio Álvarez

LEYENDAS
MEXICANAS

LEYENDAS MEXICANAS
ANTOLOGÍA

Selección, introducción y notas onomásticas por
José Rogelio Álvarez

EDITORIAL EVEREST

Selección, introducción y notas onomásticas: José Rogelio Álvarez

Ilustraciones: Mauricio Gálguera

Composición tipográfica electrónica: Margarita Ramírez Colín

Asesoría técnica: Luis Javier Álvarez Noguera
Carmen Valencia Vivanco

Ilustración de cubierta: Alfredo Anievas

No está permitida la reproducción total o parcial de este libro, ni su tratamiento informático, ni la transmisión de ninguna forma o por cualquier medio, ya sea electrónico, mecánico, por fotocopia, por registro u otros métodos sin el permiso previo y por escrito de los titulares del Copyright.
Reservados todos los derechos, incluido el derecho de venta, alquiler, préstamo o cualquier otra forma de cesión del uso del ejemplar.

© EDITORIAL EVEREST, S. A.
© José Rogelio Álvarez
Carretera León-La Coruña, km 5 - LEÓN
ISBN: 84-241-4960-2
Depósito legal: LE. 1.686-1998
Printed in Spain - Impreso en España

EDITORIAL EVERGRÁFICAS, S. L.
Carretera León - La Coruña, km 5
LEÓN (España)

RECONOCIMIENTOS

Prestaron inestimable ayuda para la realización de esta obra las personas que se indican a continuación, conforme al orden alfabético de las entidades de la República:

Aguascalientes: Martha Alicia de León de Díaz, directora de la Biblioteca Central del Estado "JaimeTorres Bodet"; Sergio González Levet, director de Información y Difusión del Instituto de Educación;José María Mora Ruíz, periodista; y Lorena Ibarra de Gómez Villanueva.

Baja California: Francisco Bernal García, director general del Instituto de Cultura; Yolanda López y Raziel de Lugo Díaz.

Baja California Sur: Carlos Domínguez Tapia, cronista de La Paz; María Teresa Castañeda, Fernando Escopinichi y María Elena Olachea Arriola.

Campeche: Mario H. Aranda González y Carlos J. Sierra.

Ciudad de México: José Luis Martínez González, de la Biblioteca Rubén Bonifaz Nuño del Instituto de Investigaciones Filológicas de la UNAM, Jorge Denegre Vaugth y Sylvia Isunza de Vega.

Coahuila: Elsa de Valle Esquivel, subdirectora del Archivo Municipal de Saltillo; Froylán G. Mier Valdés, Alicia González de Flores y Blanca Alicia Hernández.

Colima: Carlos Pizano y Saucedo.

Chiapas: Hebert Matus, director editorial de la UACH, Gloria Pohlenz de Moscoso y César Pineda del Valle.

Chihuahua: Zacarías Márquez Terrazas y Manuel Lopéz Chacón.

Durango: Everardo Gámiz Fernández.

Estado de México: Jorge Guadarrama López, director general del Instituto Mexiquense de Cultura, y José Luis Alanís Boyso.

Guanajuato: Abigail Carreño de Maldonado, cronista de Celaya; Etelvina Valdés de Ponce de León, Guillermo Zamarroni Suárez, Herminio Martínez y Víctor Manuel Villegas.

Guerrero: Raúl Serrano.

Hidalgo: Laura Sotelo y Víctor Manuel Ballesteros.

Jalisco: Aurora Góngora de De Alba, Carlos Pizano y Saucedo, y Fernando Martínez Reding.

Michoacán: José Corona Núñez, Carmen Alicia Dávila, Francisco León Díaz, Alberto Sahagún de la Parra, Luis Ignacio Villagarcía, Rosario García de Villa y Ramón Sánchez Reyna.

Morelos: Antonio García Montaño.

Nayarit: José María Narváez Ramírez, director general del Instituto Cultural y Artístico; Salvador Gutiérrez Contreras, Bernardo Narváez Ávila, Rubén Alvarado Cendejas y Julián Gascón Mercado.

Nuevo León: Israel Cavazos Garza, director del Archivo Municipal de Monterrey, y Lilia E. Villanueva de Cavazos.

Oaxaca: Andrés Henestrosa, Néstor Sánchez, Cecilia Martínez Ceballos y Luis Rodrigo Álvarez.

Puebla: Saturnino Téllez, Miguel Ángel Hernández Sarmiento, Cástulo Enrique Ramírez Gómez Haro y Guadalupe Ruíz viuda de Gómez Haro.

Querétaro: Alejandro E. Obregón Álvarez.

Quintana Roo: Jorge Miguel Cocom Pech.

San Luis Potosí: Rafael Montejano y Aguiñaga, director del Centro de Investigaciones Históricas; Mariano Aguilar Martínez, Rebeca Volock, directora de Editorial Contraste, y Martha Arechar.

Sinaloa: Jorge Hallal Urrea y Jesús Ángel Ochoa Zazueta.

Sonora: Gloria Barragán Rosas, subdirectora de Bibliotecas Públicas; José Terán C., director de la Biblioteca Pública Municipal de Nogales, y Rubén Parodi Maldonado.

Tabasco: Andrés González Pagés, director del Instituto de Cultura, y Rosa María Giorgana.

Tamaulipas: Miguel Huerta Maldonado y María del Carmen Olivares Arriaga.

Tlaxcala: René Cuéllar Bernal.

Veracruz: Ángel J. Hermida Ruíz, Antonio Salazar Pérez, Juan Luis Broissin Ramos, Alberto Espejo, Ilahí Ramírez Muñoz y Norma Angélica Cuevas Velasco.

Yucatán: Ramón Rejón Calderón, jefe del Departamento Editorial de la Universidad Autónoma, e Hilaria Máas Collí.

Zacatecas: Cuauhtémoc Esparza Sánchez y María Estela Esparza Valdivia.

ABREVIATURAS Y SIGLAS EMPLEADAS EN ESTA OBRA

Ags.	Aguascalientes.
B.C.	Baja California
B.C.S.	Baja California Sur
Camp.	Campeche
Coah.	Coahuila
Col.	Colima
Chis.	Chiapas
Chih.	Chihuahua
D.F.	Distrito Federal
Dgo.	Durango
Edo. de Méx.	Estado de México
Gto.	Guanajuato
Gro.	Guerrero
Hgo.	Hidalgo
ISSSTE	Instituto de Seguridad y Servicios Sociales de los Trabajadores del Estado
Jal.	Jalisco
Mich.	Michoacán
Mor.	Morelos
Nay.	Nayarit
N.L.	Nuevo León
Oax.	Oaxaca
Pue.	Puebla
Qro.	Querétaro
Q.R.	Quintana Roo
S.L.P.	San Luis Potosí
SEP	Secretaría de Educación Pública
Sin.	Sinaloa
SNTE	Sindicato Nacional de Trabajadores de la Educación
Son.	Sonora
Tab.	Tabasco
Tamps.	Tamaulipas
Tlax.	Tlaxcala
UACH	Universidad Autónoma de Chiapas
UADY	Universidad Autónoma de Yucatán
UAZ	Universidad Autónoma de Zacatecas
UNAM	Universidad Nacional Autónoma de México
Ver.	Veracruz
Yuc.	Yucatán
Zac.	Zacatecas

ÍNDICE GENERAL

	página
INTRODUCCIÓN	9
AGUASCALIENTES	27
BAJA CALIFORNIA	45
BAJA CALIFORNIA SUR	69
CAMPECHE	92
CIUDAD DE MÉXICO	123
COAHUILA	205
COLIMA	238
CHIAPAS	277
CHIHUAHUA	316
DURANGO	339
ESTADO DE MÉXICO	358
GUANAJUATO	382
GUERRERO	446
HIDALGO	461
JALISCO	476
MICHOACÁN	517
MORELOS	565
NAYARIT	572
NUEVO LEÓN	600
OAXACA	620
PUEBLA	659
QUERÉTARO	713
QUINTANA ROO	730
SAN LUIS POTOSÍ	757
SINALOA	810
SONORA	827
TABASCO	859
TAMAULIPAS	878
TLAXCALA	901
VERACRUZ	920
YUCATÁN	959
ZACATECAS	1017

INTRODUCCIÓN

La leyenda es una proyección de la realidad a través del cristal de la fantasía, una narración en la que coexisten la verdad y la ficción. Son materia de las leyendas los hechos, las acciones y las cosas que logran excitar la imaginación o que suscitan la agitación del ánimo. La leyenda surge como una relación coetánea o referente al asunto de que se trata, pero en el curso de su transmisión oral, mediante la cual se propaga, se le van introduciendo cambios y agregados que, lejos de desvirtuar su esencia, la enriquecen, pues lo substancial de ella es su linaje colectivo, su condición de relato forjado a lo largo de varias generaciones, abierto a toda aportación espontánea. Este flujo de versiones parece cesar cuando el escritor la fija en letras. Convertida la leyenda en un género de la literatura, se divulga por medio de los libros, que una vez leídos reintegran su contenido a las nobles voces de la tradición: las de los abuelos, padres o tíos, después de la cena o a la luz de una lámpara mortecina; las de los sirvientes, nanas, porteros, choferes y veladores, a la caída de la tarde, en la cocina, el corredor o la terraza; la del ranchero viejo, sentado en las gradas de la casa grande, al término de la jornada; y la del anciano indígena, a la puerta de su choza, fuentes a su vez para nuevas interpretaciones y escolios.

Aun cuando algunos cronistas e historiadores de la época colonial recogieron tradiciones de esta índole, no fue porque las consideraran leyendas, sino porque ellos mismos las creyeron señales de la Providencia, cuando contribuían a reforzar la fe católica, o manifestaciones persistentes del demonio, cuando prolongaban las creencias indígenas. Fue el espíritu libre del romanticismo decimonónico el que favoreció el rescate de los temas del pasado, al margen de toda moraleja o mensaje, simplemente porque cuadraban a la perfección con la preferencia por lo insólito o fantástico, con el gusto por lo misterioso y con todo aquello que despertara admiración, pasión, devoción o espanto.

En las leyendas mexicanas se encuentra una amplísima gama de materias fascinantes, situaciones inusuales, aventuras prodigiosas, concepciones míticas, acciones temerarias, historias edificantes, tendencias atávicas. A saber: versiones ingenuas, a menudo poéticas, del origen del mundo, las cosas y los hombres; explicaciones de fenómenos incomprensibles; creencias en la existencia de seres sobrenaturales: ángeles, diablos, gigantes, dragones y monstruos; consejas sobre la sobrevivencia de los muertos; indicios del extraño poder de hechiceros, magos y brujas; descripción detallada de horrorosos crímenes; burla de personajes o actos desmesurados, extravagantes o ridículos; testimonios de conductas ejemplares; ejemplos de infracción a las normas morales, civiles y eclesiásticas; repertorio de lances amorosos marcados por la pasión extrema; muestras de humildad, pobreza y sacrificio; elenco de pillos y tramposos, con frecuencia dotados de ingenio o gracia; triunfos de la laboriosidad o la virtud y sus premios o recompesas; castigos a la negligencia, la codicia y la arrogancia; el amor como puente sobre el abismo social entre españoles, indios y negros; lista de pregones y presagios fúnebres; correrías y desmanes de piratas, bandidos y truhanes; noticias circunstanciadas del origen del nombre de casas, calles, parques y accidentes geográficos; anécdotas de donde proceden expresiones de uso común; adecuaciones locales de antiguas leyendas europeas; registro de las hazañas de héroes epónimos e históricos; designios de deidades prehispánicas y de santos y vírgenes del catolicismo sugeridos por la intermediación de animales; casos de inmunidad de la cruz a los ataques de la impiedad; candorosa transposición de escenarios de la vida de Jesús y de sus discípulos; curiosos favores celestinescos de imágenes sagradas; discretas pero firmes expectativas de la vuelta de los dioses indígenas, y muchos otros asuntos que volverían interminable esta lista.

Por tan vasta copia de materias podrá advertirse que la leyenda participa de la naturaleza del mito, el cuento, la fábula, la alegoría y la novela corta, pero sin asumir ella misma ninguna de esas formas. Más bien presta su nombre para definir el mito, "leyenda localizada en regiones y tiempos extrahumanos" en que los personajes son dioses. La función creadora o rectora de los seres supremos en un sitio determinado, para fines que expresamente involucran a una comunidad específica, vuelve lo mitológico en legendario porque su existencia aparente se da por verosímil o cierta. Mientras el ámbito de la leyenda tiene claros límites territoriales, sin que le falte una cierta dosis de idealidad, el espacio en que se sitúa el cuento es del todo imaginario. Aunque fábula, a su vez, dennota varias ideas —rumor, invención, ficción, cuento—, más se entiende como composición literaria cuyos personajes son animales dotados de cualidades humanas, especialmente el raciocinio y el lenguaje, lo cual permite que actúen como personas y lleguen a enunciar enseñanzas o normas de conducta. Este es uno de los modos de utilizar la alegoría para crear símbolos, enmascarar identidades y dar a entender una cosa a partir de otra diferente. De todos estos géneros de la narrativa echa mano la leyenda, y cuando ésta alcanza a describir con propiedad y galanura la vida de los personajes y su ambiente, puede equipararse por su excelencia a la novela corta.

Las leyendas reunidas en esta *Antología* proceden de diversas fuentes: obras especialmente dedicadas a este género literario, crónicas e historias coloniales, publicaciones periódicas del interior del país, monografías municipales, recopilaciones de tradiciones orales, series radiofónicas, testimonios de personas y aun trabajos escolares. En todos los casos se tuvieron a mano las versiones escritas, editadas o inéditas, y se logró precisar la identidad de los autores e investigadores.

La afición por escribir leyendas no ha sido exclusiva de los literatos, aptos para percibir y recrear situaciones y personajes originales o novedosos. A nutrir este género han contribuido los interesados en registrar las tradiciones que sientan como propias, o que permiten suponer la mentalidad y las creencias de grupos sociales en épocas determinadas. La seducción que ejercen estas narraciones ha movido la pluma de los historiadores, advertidos del fondo de realidad que entrañan los relatos surgidos de la sensibilidad y la voz del pueblo; los cronistas, especialmente los religiosos, proclives a juzgar como milagrosos o demoníacos los sucesos extraordinarios, según abonen o lastimen la fe de los creyentes; los investigadores de etnias y grupos arcaizantes, todavía permeados por la ingenua credulidad, la superstición, el fanatismo o los miedos ancestrales; quienes se sienten portadores, entre una generación y otra, de un legado inmaterial comunitario digno de perpetuarse; aquellos que buscan fortalecer su identidad con referencia a situaciones paradigmáticas; los que hurgan en viejos papeles, o en la memoria propia o ajena, noticias que alteran el orden natural de las comunidades; los moralistas, siempre dispuestos a infundir en el prójimo, con un buen ejemplo, sentimientos piadosos o propósitos de enmienda; los viajeros alerta, atentos a la charla ocasional que nunca falta en caminos, mercados, estaciones y figones; y aun los profesores de escuelas que inducen a sus alumnos, como parte del adiestramiento gramatical, a poner por escrito lo que de maravilloso se cuenta en su casa o se dice en su entorno. De la misma manera que el asunto de una leyenda puede brotar alrededor de cualquier cosa, y su acción transcurrir en cualquier lugar y tiempo, su constancia en letras es tarea que emprenden toda clase de escritores: consagrados, formales, noveles, improvisados u ocasionales. Tal es la naturaleza popular indiscutible de este género, que no distingue, entre sus creadores, circunstancias de ilustración, rango social, edad o credo.

De ahí la diversidad de lenguajes que encontrará el lector en estas páginas: directo o claro, de intención didáctica; corriente y fácil, propicio al coloquio; vehemente y alto de tono, pródigo en signos de admiración; zumbón y festivo, idóneo para ridiculizar; rimado en versos, rico en palabras consonantes acomodadas con ingenio; inspirado y poético, compuesto con imágenes y metáforas; arcaizante en vocablos y giros, que por sí mismo sitúa la acción en la época del virreinato; de entonación épica, propio para narrar memorables hazañas heroicas; abundante en expresiones laudatorias o ponderativas, reservado a los religiosos y a los santos; sentimental y dulce, exornado de galas retóricas, útil para describir las virtudes de la mujer o para ambientar lances amorosos; simbólico y misterioso, frecuente en las narraciones indígenas; llano y corto de recursos, ostensible en las transcripciones directas, y muchas otras maneras de adecuar la palabra escrita a lo que desea expresarse.

Algunos autores han incorporado a sus textos palabras, frases o pasajes en idiomas indígenas. Esto acentúa la prosapia aborigen de esas leyendas y afirma el carácter pluricultural de México, pero a la vez oscurece o evita, a quien ignora esas lenguas, la comprensión del relato. Para evitar esta contingencia, inmediatamente después de esas palabras se ha puesto en español y entre paréntesis, la traducción correspondiente. A causa de que las hablas indígenas fueron alfabetizadas hasta después de la Conquista, sus vocablos se han escrito en español en varias formas, según los oyeron o interpretaron sus traductores. Aunque el lector vaya a encontrar por ello ciertas diferencias en el enunciado de unas mismas palabras, se han dejado éstas como las empleó cada autor, pues no podía ser propósito colateral de esta obra uniformar ortografías cuya escritura correcta aún se discute por los filólogos. Poner orden en la representación escrita de lenguajes que originalmente carecieron de letras, es tarea que han emprendido las instituciones académicas. La Unidad de Ciencias Sociales del Centro de Investigaciones Regionales Dr. Hideyo Noguchi de la Universidad Autónoma de Yucatán ha dado un importante paso en ese sentido. Para la publicación del libro *Leyendas yucatecas* (1993), cuyo material fue recopilado por Hilaria Máas Collí (véase YUCATÁN), se cambió el sistema de escritura colonial del maya utilizado por los autores de esas narraciones, por el alfabeto propuesto por Robert Blair y Refugio Vermont en *Spoken Yucatec Maya* (Universidad de Chicago, 2 vols., 1965-1967), a fin de uniformar esas transcripciones con las hechas anteriormente en *Cuentos mayas yucatecos* (1990 y 1991).

La idiosincrasia de un pueblo y su relación con la naturaleza y los acontecimientos, determinan los temas y la orientación de las leyendas. En comunidades del mismo carácter y temperamento, expuestas a impresiones de igual índole, la imaginación popular penetra a lo desconocido por caminos paralelos, despeja a su entender las incógnitas y llega a concebir respuestas semejantes. La llegada de los conquistadores españoles a Mesoamérica debió estremecer el espíritu de los indígenas, creyentes en la veracidad de los sueños. De ahí que se hayan escrito, obviamente con posterioridad a los hechos, varias versiones sobre la fatalidad de aquel trauma material y religioso. En "Suceso memorable de una princesa mexicana", por Francisco Javier Clavijero (véase CIUDAD DE MÉXICO), se atribuye a Papantzin, hermana de Moctezuma, la aventura de haber sido vuelta a la vida por un arcángel que le anuncia, para que ella dé testimonio de lo que está por venir, el arribo de los hombres blancos y barbados. En "El banquete de los dioses", por Eduardo Ruíz (véase MICHOACÁN), es una concubina del serrallo del señor de Ucareo, la que es llevada en el lomo de un águila blanca hasta el consejo de las deidades tarascas, donde escucha decir lo que a su regreso informa al soberano de Tzintzuntzan: la inminente invasión de gente armada que habría de someter a su pueblo. Rapto semejante sufrió un campesino de Coatepec, conducido por un águila hasta la caverna de una elevada montaña, sólo para comprobar la actitud pusilánime de Moctezuma ante la próxima pérdida de su imperio. Esta conseja fue recogida por fray Diego Durán en su *Historia de las Indias de Nueva España*, en fecha tan temprana como 1575, y recreada siglos después por Luis González Obregón en "La leyenda del labrador" (véase CIUDAD DE MÉXICO). Este episodio cobró forma en el monumento escultórico que exorna la esquina atrial del templo de San Hipólito, en la ciudad capital. Ahí se muestra el ave sagrada transportando al indio por los aires.

El águila, como agente, mensajero o disfraz de los dioses, y como emblema de grupos humanos y naciones, sobresale por su carisma en las mitologías y en la heráldica de casi todo el mundo. En aquéllas surge y en ésta se consagra, sin que ninguno de esos sistemas simbólicos oculte su linaje legendario. En México el águila preside toda su historia. Aparece en Teotihuacan, asociada al sol: desde los templos de Tula y Chichén-Itzá, envía al astro rey los corazones de que se alimenta para vencer a la noche y procrear el día, y al fin se manifiesta en la "Leyenda de la fundación de México", expuesta en el *Códice Ramírez* (véase CIUDAD DE MÉXICO), como señal divina del término de una larga jornada, cuando los mexicas la encuentran en un islote de la laguna del valle de Anáhuac, posada en un nopal lleno de tunas, metáfora de la víscera cordial. Para los antiguos mexicanos el sol era un cazador de estrellas, como lo era del corazón del hombre mediante el sacrificio. Por eso lo representaban como el ave suprema. Proclamada la Independencia en 1821, la figura del águila parada sobre un nopal pasó a ser el escudo de las armas nacionales.

Las leyendas prehispánicas, por su complicada estructura y su carácter simbólico, requieren a menudo de interpretaciones que faciliten la comprensión de su contenido. En "Nacimiento de Huitzilopochtli", fray Bernardino de Sahagún (véase ESTADO DE MÉXICO) refiere cómo esa deidad, parida prodigiosamente por Coatlicue (la Tierra), manda decapitar y menguar a su hermana Coyolxauqui (la Luna) y a sus hermanos los *centzonhuitz-*

naua (las estrellas), lo cual alude al triunfo cotidiano de la luz sobre la oscuridad. Otras narraciones míticas han sido resumidas en lenguaje llano para darles claridad, evitando oscuras alegorías y fatigosas reiteraciones. Así, la leyenda "Quetzalcóat", por ejemplo, escrita con largueza por Sahagún en su *Historia general de las cosas de Nueva España*, debió ser abreviada por Gregorio Torres Quintero (véase HIDALGO) para volverla accesible a los profesores y alumnos de escuelas primarias; pero como nada dice de la significación de este relato, conviene recordar las tres principales hipótesis sobre la destrucción de la ciudad-estado de Tula (hacia 987 o 999 d.C.), que a eso equivale el éxodo de Quetzalcóatl: el fracaso de una reforma que postulaba una religión incruenta, la invasión de grupos hostiles o el agotamiento de las tierras circunvecinas, fenómenos que acaso fueron simultáneos.

"*La leyenda del nacimiento de Cuerauáperi*", por José Corona Núñez (véase MICHOACÁN), es ejemplo de narración simultánea en dos planos, pues a la relación del mito sigue la explicación de su significado: Curicaheri (el dios supremo) formó a Huriata (el Sol), le ordenó que alumbrara el infinito mientras él dormía (origen del día y la noche), le entregó por esposa a Nana Cutzi (la Luna) y de esta unión nació Cuerauáperi (la Naturaleza), fértil y siempre preñada, en cuyos partos sucesivos dio a luz los mares, los montes, los árboles, las flores, los animales y los hombres, o sea, los tarascos, inventores de los cultivos y del arte. Salvo en casos excepcionales como éste, no se ha intentado la hermenéutica de las antiguas leyendas indígenas. Cronistas, investigadores y antropólogos se han limitado a poner en caracteres latinos la voz de viejos relatores, sin desentrañar el significado de las cosas que se toman como tipos para representar acciones, conceptos o visiones cósmicas. La falta de una explicación coherente a menudo vuelve incomprensible la conexión entre las partes de un mismo asunto, no resuelve el enigmático enlace entre las causas y sus efectos, y deja en el lector la sensación de haberse detenido en la frontera de lo oculto.

Tampoco en esta obra, puramente antológica, se ha intentado esclarecer la zona oscura de las leyendas aborígenes. Estas se reproducen como han sido publicadas, sin comentarios ni notas del seleccionador. Lo que de incógnito persiste en ellas cae en la esfera de los secretos que aún impiden el discernimiento cabal de las concepciones dictadas al hombre por su mentalidad mágica. Vale que así queden para no despojarlas de su sentido esotérico, fascinante porque desplaza las respuestas a otro misterio, el de las metáforas. En "Testimonio de una iniciación", por Jorge Miguel Cocom Pech (véase QUINTANA ROO), las definiciones que el abuelo trasmite a su nieto dejan al lector suspenso en la poesía de la naturaleza: "La lluvia es el sueño del agua. El humo es el sueño del fuego. El azul del cielo es el sueño eterno del aire".

Los primeros contactos hispano-indígenas inspiraron leyendas de amor entre las muchachas morenas de cabello y ojos negros, y los jóvenes conquistadores blancos de pelo rubio e iris claro. El magnetismo que ejercen entre sí los sexos de color distinto, cuando están enmarcados por la belleza, debió encender pasiones recíprocas acrecentadas por la excitante novedad de lo exótico y el deseo vehemente de probar lo desconocido. Las narraciones sobre este tema parecen tratar de reivindicar a Eros como mediador en un mestizaje que sólo las violaciones pudieron engendrar en los albores de la Conquista, salvo en los casos de sumisa entrega. A diferencia de Malintzin y Hernán Cortés, unidos por azar y mutua conveniencia, venturosos y con un lugar en la historia, las parejas paradigmáticas del amor verdadero estuvieron marcadas por un destino trágico y fueron confinadas al olvido, de donde las han sacado las leyendas. Enriqueta de Parodi atribuye la raíz del nombre de Sonora (véase) al dramático idilio de "Sonot, la princesa ópata", con el soldado Fernando de Peralta, a cuya muerte siguió el suicidio de aquella noble. En "Atzimba y el español Villadiego", Eduardo Ruíz (véase MICHOACÁN) cuenta la aventura amorosa de la hermana del rey tarasco y un explorador hispano, a quienes los infieles burlados encerraron en una cueva al fondo de un profundo barranco. En "La cruz de Culiacán", Luis González Obregón (véase GUANAJUATO) trata del fugaz matrimonio del caballero Pedro Núñez con la india María, de la muerte de ésta a manos de su padre y de cómo aquél toma por aflicción el hábito carmelita. Y en "El amor de dos sangres", Jesús Angel Ochoa Zazueta (véase SINALOA) refiere la preferencia de una hermosa mujer tepehuana por un castellano, que a su vez pierde la vida en una ruda pelea con su rival aborigen.

Aunque estos relatos sugieren la casi imposible avenencia entre dos culturas y dos religiones enfrentadas, tratan a la vez de probar que el amor salva la distancia entre las etnias y las clases, supera los prejuicios y establece una ejemplaridad ideal. Compendia esta tesis de claro sabor romántico la leyenda "El pecado gordo", escrita por González Obregón (véase CIUDAD DE MÉXICO). En ella narra la inexplicable y persistente tristeza de Brenda, la rubia hija del virrey de Nueva España, quien al fin confiesa querer con toda el alma al joven jardinero negro del Real Palacio, une a él su destino con la comprensiva anuencia de sus encumbrados padres, y así recupera la lozanía y encuentra la felicidad.

Al repertorio de figuraciones indígenas se añadió el inventario de preocupaciones, creencias y conductas de los españoles, abundosa fuente de leyendas cuya acción se sitúa en los siglos virreinales, época de descubrimientos, arrojos, codicias, fortunas rápidas, opulencias y ostentaciones; trabajos apostólicos, triunfos de la fe, empeños civilizadores, vidas consagradas; inmunidades de la cruz, milagros, prodigios, transmutaciones, ubicuidades, apariciones; engaños, deslealtades, odios, venganzas y desmesuras; y comportamientos humildes, generosos, bizarros y justicieros. Entre todos estos temas, resaltan las intervenciones del poder divino en apoyo de las empresas guerreras de los españoles, y los misteriosos medios de que se vale la Providencia para dar a conocer sus designios. En "Señor Santiago en Tonalá", el cronista Antonio Tello (véase JALISCO) describe cómo el apóstol desbarató con su espada las legiones indígenas que acometieron contra la hueste de Nuño de Guzmán, en 1530. En "Escudo de armas de la ciudad", Valentín F. Frías (véase QUERÉTARO) señala que el principal blasón de la capital queretana es la figura ecuestre de aquel santo, cuya sola presencia en el cielo, tras haber eclipsado al sol y desvelado a las estrellas, bastó para que los chichimecas se rindieran en 1531. Y en "Los santos aparecidos", Justo Cicilio Santa-Anna (véase TABASCO) cuenta cómo una efigie jacobea llegó a la parroquia de Teapa en 1665, sin que se haya sabido "cuál fue el camino que trajo ni de donde vino". La tradición también ilustra respecto a cómo las vírgenes y los santos suelen indicar el sitio donde prefieren que se les rinda culto: o aumentan el peso de sus imágenes para que no puedan ser movidas (véase MORELOS:

"San Buenaventura", por Lourdes Cedillo Cedillo), o las mulas que conducen tan preciada carga se niegan a dar un paso más (véase TABASCO, capítulo ya citado), o su forma exterior se graba o imprime en árboles o rocas (véase TAMAULIPAS: "La leyenda de la Virgen del Chorrito", por Miguel Huerta Maldonado, recopilador), o llanamente se materializan para dialogar con el más inocente de sus devotos (véase TLAXCALA: "Nuestra Señora de Ocotlán" y "San Miguel del Milagro", por Luis Nava Rodríguez). Estos sucesos maravillosos, repetidos en todas las provincias del país, se han incorporado al catálogo de la credulidad mexicana y en gran medida han contribuido a mantener la fe de los católicos.

Lo que va o está más allá de lo corriente o conocido ha despertado siempre el asombro, la admiración y con frecuencia el miedo. A estas regiones de lo portentoso sólo se accede por lo que se sabe o por lo que se cree, y aunque cada vez se sabe más de lo cierto no han dejado de admitirse como veraces las fantasías. Paralelamente a la creencia en los fundamentos de la religión, en Oaxaca se sigue afirmando la existencia del nahual, animal en el que se transforma el hechicero; la tona, par zoológico de un individuo; el chaneque, dueño del monte; los gnomos, los lugares encantados, los aparecidos y las almas en pena. En Yucatán sobreviven en la preocupación popular el balam, señor del campo; el alux, habitante de las ruinas y los cerros; el xobolonthoroch, espíritu casero; el bokolhahoch, disfraz del diablo; el huahuapach, gigante que obstruye el paso en calles y caminos; y la xtabay, bello y perverso fantasma femenino que busca infructuosamente el amor. En Chiapas siguen manifestándose la yegalcíhuatl, réplica ficticia de la mujer de quien se está enamorado; el negro, enano que extravía el ganado; el cadejo, perro feroz encarnación del diablo; el duende, que rompe los trastos de las casas de prostitución y los libros de magia negra; el sombrerón, que castiga a los ebrios insolventes; las yalam-bequet, mujeres descarnadas que vagan por los aires en las noches; y el ikal, gigante violador y asesino. En el Noroeste deambulan el cacarizo, el carbunclo, la mano que aprieta, la paloma negra y otras 57 visiones quiméricas que el literato José Teherán Cruz ha recopilado y descrito en *Bestias y seres imaginarios sonorenses* (véase SONORA); y en un estado costero del Golfo de México, los investigadores Alberto Espejo, Ihalí Ramírez y Norma Angélica Cuevas recogieron de informantes material suficiente para redactar 410 entradas de su singular *Diccionario mítico-mágico de Veracruz*. Por estos pocos ejemplos podrá advertirse la vastedad del universo mexicano de creencias populares, pródigo surtidor de cuentos, consejas y leyendas.

Entre los personajes legendarios que se han mantenido presentes durante siglos, se destaca La Llorona, que por despecho mató a sus hijos y cuya alma en pena vaga por las noches aterrorizando a los vecindarios con su grito de angustioso arrepentimiento. Aunque en cada zona del país esta figura fantasmal adquiere modalidades ligeramente distintas, en ella se manifiesta el repudio general al más execrable de los crímenes, sobre todo en una sociedad que ha sublimado las virtudes de la madre. Sin ser excluyente de culpa, en este drama intervienen como causales el engaño, el agravio y la traición de que es víctima la mujer por parte del hombre. Pero esta historia mil veces repetida no alcanza a compensar el horror de un desengaño que conduce a la locura asesina. Aun así, queda como contrapeso la aguda advertencia de Sor Juana Inés de la Cruz, enunciada en una de sus redondillas: "Hombres necios que acusáis / a la mujer sin razón, / sin ver que sois la ocasión / de lo mismo que culpáis". Estos elementos contrastantes, que tanto hieren la conciencia, han vuelto imperecedera esta leyenda. (Véase CIUDAD DE MÉXICO: "La Llorona", por Vicente Riva Palacio y Juan de Dios Peza).

Otras figuras femeninas de existencia aparente, alcance regional y carácter funesto, continúan teniendo privanza en la imaginación popular porque en cierto modo corresponden a formas frecuentes de la conducta. La Xtabay es la bella mujer india, dura de corazón, que despreció a los varones en vida y ha regresado al mundo para seducirlos, cuando ya sólo puede ofrecerles la muerte (véase YUCATÁN); y La Matlazihua es la hembra real o fingida que se deja ver y seguir por los hombres proclives a las aventuras galantes y licenciosas, a los que roba o pierde, acaso por estar asociada con salteadores o truhanes (véase OAXACA). La duda en la inmaterialidad de estas visiones se va acentuando hacia el norte del país, conforme la población indígena disminuye y los fantasmas mayas y zapotecas quedan cada vez más distantes o se desvanecen en el medio urbano.

Para quienes no consienten en la veracidad de las apariciones y los encantamientos, ni en la existencia de otros fenómenos sobrenaturales, las leyendas les brindan distracción, diversión y a menudo muy buena lectura. Prevenido como está un sector del público contra el alud de violencia, sexo, droga, política y denuncia que se desprende de las páginas y pantallas enajenantes, este género tradicional es como una feria en la ciudad de las letras, como un parque de diversiones donde es posible admirar hazañas, contemplar horrores, encontrar sorpresas, experimentar emociones inéditas, saborear golosinas o sosegar el ánimo abandonándose a una virtualidad placentera.

En un país cuyas provincias han buscado afanosamente fijar su identidad, para diferenciarse en el conjunto de la nación, se ha recurrido a las leyendas para plasmar en símbolos ciertos pasajes estelares de su historia. La más notable muestra de esta necesidad de autoidentificación, así sea a partir de simplismos enternecedores, es el escudo oficial de Aguascalientes, en cuyo primer cuartel, en campo de azur, aparecían una cadena rota y una sensual boca de mujer, blasones que representan la libertad y el surgimiento de ese Estado. Así se consagró un supuesto galanteo y su inesperado y feliz desenlace. Cuenta la leyenda que en 1835, a su paso por Aguascalientes, Antonio López de Santa Anna se hospedó en casa de don Pedro García Rojas, quien esa noche le ofreció un baile, durante el cual el Presidente se insinuó a doña María Luisa Villa, esposa de su anfitrión, y le pidió un beso, diciéndole que a cambio le daría cuanto ella deseara. La señora, de pie al centro de la sala, hizo callar la orquesta, llamó la atención de todos los presentes con una palmada, dió al general un corto beso en la mejilla y dijo emocionada: "No he podido contenerme ante la promesa formal de su excelencia de dar la independencia a Aguascalientes", que era, a la sazón, partido de Zacatecas. Esta falsa historia fue desarrollada por Elías L. Torres en el trabajo que escribió para concursar en los juegos florales de esa localidad en 1927. Diecinueve años más tarde, cuando el gobernador Jesús M. Rodríguez dispuso dotar de un distintivo a esa entidad federativa, los labios de doña María Luisa quedaron pintados en el escudo a iniciativa de Alejandro Topete del Valle, pero medio siglo después una fuerte presión popular, promovida por un grupo de escrupulosos intelectuales, obligó al mandatario en turno a modificar ese diseño heráldico.

La leyenda puede ser anterior o posterior a la historia. A menudo ésta va sugerida en aquélla, pero rara vez aquélla trata de aclarar zonas oscuras de ésta. Tales los casos, por ejemplo, de la creencia novohispana en las Siete Ciudades de Cíbola, que según Jesús Angel Ochoa Zazueta en "La gran mentira" (véase SINALOA), fue engañosamente confirmada por Alvar Núñez Cabeza de Vaca para conservar, a cambio de esa noticia amañada, la libertad de los indios que iban en su compañía; o la infame intriga de Zollín, narrada por Crisanto Cuéllar Abaroa en "Petlahuatzin" (véase TLAXCALA), mujer que por vengarse de los victimarios de su amado, indujo a Hernán Cortés a perpetrar la inicua matanza de Cholula. En tanto que permite fabular la historia, la leyenda llega al extremo de presentar a dos personas distintas como si fueran una sola. La identificación de la China Poblana con la mística Catarina de San Juan es una muestra del afan por dar el mayor lustre al acervo de las tradiciones provincianas, así sea deformando lo que en ellas pueda haber de verdad. La China Poblana es el tipo genérico de la mujer que viste el traje considerado nacional —falda verde, blusa blanca y corpiño rojo, suntuosamente adornados—, mientras Catarina fue una hindú esclavizada por piratas, liberada en Puebla y consagrada por entero a la caridad y a la oración, cuyo indumento se reducía, al decir de su confesor y biógrafo, "a saya, manta y toca". Quien inventó esta conseja fue Antonio Carrión en su *Historia de la ciudad de Puebla* (1896), cuyas afirmaciones, que repite Miguel F. Sarmiento en "Catarina de San Juan, la China Poblana" (véase PUEBLA), fueron rectificadas, con apoyo en abundante aparato crítico, por el colonialista Manuel Toussaint.

Las observaciones y comentarios que suscitan las leyendas, podrían ser tantos como éstas, innumerables y ciertamente esclarecedores. Los muy superficiales que se han anticipado sólo tratan de señalar cómo a menudo esas narraciones trascienden al campo formal de la historia, influyen en decisiones públicas que a la postre asume o rechaza la población, inspiran creaciones artísticas o remiten a nociones que, estando en ellas implícitas, no son evidentes en la lectura. Esto sugiere nuevas y atrayentes líneas de investigación o interpretación que sólo se esbozan en estas líneas. Habiéndose reunido en esta obra, por vez primera, relatos legendarios de toda la República, podrá el lector advertir diferencias útiles para distinguir singularidades regionales, o semejanzas que emparentan a las diversas idiosincrasias sociales. Acaso el mayor mérito de la *Antología* que ahora se presenta al público, radique en ofrecer un mosaico de creencias ancestrales o modernas, asociadas a la realidad nacional permeada por lo ficticio. A causa de la disparidad de las entidades federativas, no fue fácil integrar esta colección de textos. Estados hay en que las leyendas escritas suman cientos, y decenas sus autores, debido a la antigüedad y riqueza de la tradición, y al interés que en ésta han puesto los escritores; y provincias en que las relaciones de este tipo son escasas y raras, bien por lo inexplorado del campo o porque la mentalidad colectiva aún no afirma su sensibilidad literaria. De las áreas en que la producción se halló muy abundante, se seleccionaron muestras características, y de aquéllas en que la cosecha fue magra, se tomó lo poco que existe. Por eso el lector encontrará, a la par que omisiones en unas, novedades insospechadas en otras. La unidad de esta *Antología* la da el propósito central de brindar en una sola obra una gran visión de conjunto del género legendario, dispar en la calidad de sus textos, vario en su temática, distinto en su motivación y disímbolo en su tratamiento.

LEYENDAS MEXICANAS
PRIMERA PARTE

ÍNDICE PRIMERA PARTE

página

AGUASCALIENTES 27
   J. Jesús Ramírez Durán
      Raza de gigantes 27
   Alfonso Montañéz
      El Cerro del Muerto 32
      Las Platas 35
      La China Mulata 36
      Calle de la Lagunita 38
   Elías L. Torres
      El caporal Ardilla, el hombre que engañó al diablo 40

BAJA CALIFORNIA 45
   Pablo L. Martínez
      Leyendas cochimíes sobre la creación 45
      Leyenda diegueña sobre la creación 48
   Olga Vicenta Díaz Castro
      La Tía Juana 51
      El apostador fantasma 58
      El tesoro de Agua Caliente 61

BAJA CALIFORNIA SUR 69
   Pablo L. Martínez
      Mitos indígenas de la creación 69
   Fernando Jordán
      La bahía de Mal Arrimo 71
   José Rogelio Olachea Arriola
      El tesoro del Cerro Atravesado 75
      Las ciruelas del Mogote 76
   Manuel Torre Iglesias
      El maleficio de Guamongo 77
   Carlos Domínguez Tapia
      La carroza de la Ciénega 80
      La niña del Arroyo Hondo 82
   José María Barrios de los Ríos
      El buque negro 85

CAMPECHE 92
   Justo Sierra Méndez
      Marina 92
   Carlos J. Sierra (Compilador)
   Fernando Osorio Castro
      Xtacumbil-Xunáan 100
   Mario Abril
      Don Rodrigo de Córdoba 103
   Nazario Quintana Bello
      Doña Inés de Saldaña 106
   Juan de la Cabada
      El alma en pena 108
   Fausto Vallado Berrón
      Vendetta................................. 117

CIUDAD DE MÉXICO 123
   Gregorio Torres Quintero
      La creación del mundo 123
   Gerónimo de Mendieta
      Creación del primer hombre 125
   José Santos Chocano
      El idilio de los volcanes 127
   José Fernando Ramírez
      La fundación de México 129
   Heriberto Frías
      Rumbo a Tenochtitlan 133
   Hernando Alvarado Tezozómoc
      La piedra parlante 139
   Francisco Javier Clavijero
      Suceso memorable de una princesa mexicana 143
   Manuel Orozco y Berra
      La calle de don Juan Manuel 147
      La campana del reloj de Palacio 152
   Vicente Riva Palacio y Juan de Dios Peza
      La Calle del Puente o Salto de Alvarado.. 156
      La Llorona 161
      El callejón del Manco 177
   Luis González Obregón
      La leyenda del labrador 183

        La Virgen del Perdón 187
        Un aparecido.......................... 188
        Los polvos del virrey 191
        El pecado gordo 194
    José de J. Núñez y Domínguez
        El Señor del Rebozo 200

COAHUILA... 205
    Froylán Mier Narro
        El Molino de Belén 205
        Mónico............................... 209
        La calle de las Barras................... 216
        El callejón del Truco................... 218
        El pozo de los Caballos 220
    Federico Leonardo González Náñez
        La leyenda del perro del conquistador 223
        La leyenda del Rorro, el cañón camarero 227
        Fray Juan Larios y la calavera parlante........... 231
        Fray Juan Larios y los tobosos................ 232
        Leyenda de Crescencio Andrade y la indiada grande. 235

COLIMA 238
    Gregorio Torres Quintero
        La barranca del Muerto 238
        La piedra de Juluapan................... 244
        La laguna de Alcuzahue 251
        El cayuco del diablo 257
    Miguel Galindo
        Las primeras elecciones 261
        El hechizo de El Pando................... 263
        Casas de espantos 266
        Un saludo afectuoso 269

AGUASCALIENTES

J. JESÚS RAMÍREZ DURÁN. El Instituto de Educación del Gobierno del Estado le publicó en 1993 el libro *Leyendas de Aguascalientes*, destinado a llevar "un mensaje de fe y esperanza" a los habitantes de esa entidad, "sobre todo a los niños, quienes por la actual crisis económica y ecológica —dice un epígrafe— no han disfrutado de los goces que nuestro Estado pudo proporcionar a los muchachos que crecieron en el mismo lugar, cuando estaba pletórico de cosas bellas que hacían más interesantes los años mozos de un ser humano".

RAZA DE GIGANTES
(Resumen)

En los albores de la vida, por la superficie de este mundo resonaban con firmeza las pisadas de los gigantes, amos y señores de todo lo creado, porque su inteligencia sobrepasaba el nivel de cualquier otra criatura del reino animal. Su porte era altivo; sus facciones finas y aristocráticas; y sus cuerpos, atléticos y bien proporcionados, construyeron enormes ciudades. A la par que la tierra, que les daba abundantes cosechas, cultivaban las bellas artes, porque su civilización era muy avanzada. Conducían todas sus actividades sociales en perfecta armonía. La guerra y el odio estaban proscritos. Nunca, como entonces, la paz fue tan fraternal y duradera sobre la tierra.

Así vivieron incontables siglos. Pero ¡ni siquiera en ese verdadero paraíso terrenal la dicha era eterna! Y así llegó el día en que todo lo agradable y placentero tuvo que terminarse, por obra y gracia de uno de esos cataclismos geológicos que la Tierra ha experimentado infinidad de veces: temblores de magnitud jamás medida la sacudieron en convulsiones de muerte, desgarraron por todas partes su inestable superficie y hendieron las rocas hasta las mismas caldeadas entrañas del desafortunado planeta, haciendo que el magma hirviente e incontenible se convirtiera en un insaciable monstruo destructor que engulló a su paso ciudades enteras. Nunca hubo tantos volcanes en actividad y es seguro que desde el espacio la tierra debió de parecer un nuevo sol envuelto en llamas.

Al fin volvieron la paz y la estabilidad. El mundo de los gigantes estaba casi totalmente destruido, y su población visiblemente diezmada y temerosa de que surgieran nuevas manifestaciones de violencia. ¡Era necesario buscar una solución al problema! De quedarse en la superficie de su amado mundo sus vidas peligraban. Mas, ¿a dónde ir? Se hacía indispensable un consejo indicador del camino a seguir, y para escucharlo era necesario ir a ver al Supremo y acatar lo que ya hubiera decidido, pues sólo el Amo del Universo conoce la realidad de las cosas por que todo sucede según sus deseos.

Entre los sobrevivientes quedó una joven pareja de recién casados que pertenecía a la nobleza reinante: Verlé, el príncipe galante del país del norte cuyo nombre significaba en su armoniosa y sugestiva lengua Calientes Primaveras, y Kirle, la bella princesa del reino del sur, a quien por su cutis de porcelana y la radiante hermosura de su cara le pusieron Aguas Cristalinas. Ellos fueron los elegidos para hacer el viaje hasta el lejano Imperio del Supremo y se les dieron amplios poderes para decidir lo que deberían hacer. Eran gigantes, pero se sintieron pequeñitos al poner el pie en la larga avenida que los conduciría hasta el Supremo. Por fin llegaron frente al trono. En ese mismo instante apareció Él en su resplandeciente sillón dorado y mil soles parecían iluminar todo el recinto.

—Aunque sé a qué han venido, quiero oírlo de sus labios.

La voz del Supremo, clara y fuerte, parecía salir de todas partes mientras una agradable sinfonía de tonalidades celestiales le ponía un armonioso telón de fondo.

—Nuestras ciudades en la Tierra han sido destruidas y somos muy pocos los sobrevivientes, dijo con emocionada y triste voz el príncipe Calientes Primaveras.

—La Tierra está siendo preparada para recibir y alimentar otras formas de vida que pueda sostener en los siglos futuros sin esfuerzo alguno. Ustedes tendrán que emigrar a otro planeta de más colosales proporciones, porque se han multiplicado en exceso y la soberbia anida en muchos de sus corazones.

—Pero ¡amamos la Tierra! Queremos seguir viviendo en donde tantos gratos momentos hemos disfrutado y en donde han quedado para siempre los restos de todos los que amamos, suplicó con lágrimas en los ojos Aguas Cristalinas.

—¡Está decidido! Ese mundo no puede soportar por más tiempo a una comunidad de gigantes. De quedarse, perecerán todos en unos cuantos siglos.

—No queremos en forma alguna rebelarnos, pero deseamos de todo corazón permanecer en la Tierra. ¿Será eso posible?, preguntó el príncipe.

—¡Sí!, pero se quedarán para toda la eternidad.

Los esposos se miraron interrogantes durante unos instantes; su pueblo les había dado autoridad para decidir lo que deberían hacer y sabían que podían contar con él para aceptar de buen grado su decisión final. No, simplemente no podían abandonar aquel hermoso planeta, cuna de sus antepasados y de su civilización, donde tan felices habían sido. Si tenían que morir en alguna parte del vasto universo, ¿qué mejor que en el mundo que tanto querían?

—¡Nos quedaremos en la Tierra!—, exclamaron a una voz ambos príncipes, como para reafirmar su férrea voluntad.

—¡Los admiro! Veo que han aprendido que sólo el inmenso amor por algo merece un gran sacrificio como el que ustedes harán por propia voluntad. ¡Vayan en paz!, y recuerden que sin importar la forma en que se quedan, por mi personal decisión vivirán eternamente y con su noble acción harán que la tierra donde yazcan tampoco muera jamás, ya que sus espíritus la seguirán protegiendo.

Una vez todo aclarado, los dos príncipes recorrieron a la inversa el largo corredor sin dar en ningún momento la espalda al Supremo, cuya magnanimidad les había permitido quedarse para siempre en la superficie del planeta que tanto querían. Se tomaron de la mano, pensaron en su mundo y en un segundo regresaron a su solar nativo.

Ya en la tierra comprobaron que su decisión había sido la correcta, porque nadie quería abandonar el lugar donde vivían y todos comenzaron a buscar el sitio que más les agradaba para llevar a cabo el gran sacrificio.

Como Kirle y Verlé eran los últimos príncipes de las casas reinantes, fueron coronados en sencilla ceremonia como reyes de aquella raza de gigantes, y como tales tuvieron el sitio de honor en el drama final.

Calientes Primaveras se tendió cuan largo era sobre la tierra que tanto quería, con la cabeza hacia el sur. Aguas Cristalinas colocó su cabeza frente a la de su esposo, y para que no les estorbaran las regias coronas, inclinó un poco el cuerpo hacia el suroeste. Luego miraron los dos por última vez el disco del sol, por cuyo conducto haría el Supremo que se cumpliera su voluntad.

A la distancia, el resto de aquella raza de gigantes tomó la posición que más le acomodaba para esperar la eternidad. La mayoría en el suelo, imitando a sus reyes, y mientras las mujeres lloraban igual que su reina y señora, cuatro de los más varoniles de aquella raza de superhombres, emparentados con la nobleza reinante y cuyos nombres eran Galfo, Talt, Kilse y Machi —que en su florido idioma significaban Buena Tierra, Agua Clara, Claro Cielo y Gente Buena, respectivamente—, sólo hincaron una rodilla en tierra y después de lanzar una última mirada al radiante sol, inclinaron respetuosamente las altivas cabezas como si quisieran contemplar para toda la eternidad el suelo que pisaban y por el que ofrendaban la vida.

En esos precisos momentos el astro rey se puso de riguroso luto con el eclipse más espectacular que el mundo jamás hubo contemplado. Seis horas después, cuando sus rayos de fuego volvieron a seguir calentando la dormida tierra, no se veían por ninguna parte seres vivientes, porque los gigantes que en ella moraban eran ya enormes cerros de piedra, de entre los cuales destacaban las figuras de los príncipes, ahora reyes, vistos desde las estribaciones de la Sierra de Guajolotes, en el punto que queda precisamente arriba del poblado que hoy conocemos como Pedregal Primero, sobre la carretera que conduce a Calvillo.

Desde la ciudad de Aguascalientes sólo se aprecia con meridiana claridad la figura yacente de Verlé, al que actualmente se le conoce por el Picacho o el Cerro del Muerto.

Destacan también por su altura las enormes moles de aquellos que solamente hincaron una rodilla en tierra, a los que ahora podemos identificar por los nombres que alguien durante la existencia del hombre les puso, en lugar del que en vida llevaron: al sur, el Cerro de los Gallos, que fuera conocido por Agua Clara; al norte, el Cerro de San Juan, en el macizo montañoso de Tepezalá, conocido anteriormente por Claro Cielo; un kilómetro adelante, el Cerro de Altamira, que un buen día llevara el nombre de Buena Gente; y allá muy lejos, hacia el poniente, podemos distinguir a Tierra Buena, ya que Galfo fue a situarse muy cerca del hoy productivo poblado de Calvillo y se le conoce ahora por el Cerro del Laurel. Todos están en el lugar que tanto anhelaban, para toda la eternidad.

La influencia de los antiguos pobladores de nuestro mundo ha sido tan poderosa que logró hacer que en el escudo del Noble y muy Leal Estado de Aguascalientes, después de formar ese nombre con la primera parte de lo de Kirle y Verlé, se incluyeran también los de Galfo, Talt, Kilse y Machi en el significado que les daba la raza de gigantes: Buena tierra, Agua clara, Claro cielo y Gente buena. (*Leyendas de Aguascalientes*).

ALFONSO MONTAÑEZ. La Editorial Bohemia le publicó en 1949 el libro *Leyendas, tradiciones y hablillas de Aguascalientes,* obra ya rara, difícil de conseguir. Sin embargo, en *Letras sobre Aguascalientes* (Banco Nacional Hipotecario Urbano y de Obras Públicas, 1963, y Gobierno del Estado, 1981), Antonio Acevedo Escobedo reprodujo algunos pasajes de aquel libro, entre ellos la leyenda "El Cerro del Muerto", la cual ha sido transcrita también en *Aguascalientes: mi Estado* (Delegación General de la SEP, 1982) y en Lecturas de Aguascalientes (Delegación del Instituto Nacional para la Educación de los Adultos, 1990).

EL CERRO DEL MUERTO

No es la tradición sino la leyenda la que nos dice que establecidos los chichimecas, los chalcas nahuatlacas y tres sacerdotes extremadamente altos, fornidos y de aspecto majestuoso e imponente, cierto día, cuando el sol terminaba su tarea, a uno de los sacerdotes se le ocurrió bañarse en el charco de agua caliente de La Cantera: se tiró al agua y desapareció.

La leyenda dice también que ese charco fue sembrado por otras tribus anteriores que de paso llegaron al lugar donde se encuentra; que aquellos hombres, donde querían, sembraban agua; que hacían un hoyo, le ponían agua de sus guajes y medio almud de sal, lo tapaban y al transcurso de tres años era aquello un grandísimo manantial.

Los indios que acompañaban al sacerdote, desesperados por su desaparición, creyeron que les había sido arrebatado por los chalcas, y al momento corrieron a dar aviso a sus compañeros.

A consecuencia de lo ocurrido, al día siguiente principió una guerra con los chalcas. Estos se dispusieron a repeler el ataque y en los furores de la batalla, en lo cruento de la lucha, aparece al frente el sacerdote perdido, quien fue atravesado por una flecha y en su fuga fue dejando tal huella de sangre que a la fecha se encuentra la tierra roja, abajo de donde cayera muerto, dejando sepultado con su cuerpo al pueblo chichimeca que le seguía y formando con su cadáver el Cerro del Muerto que se ve al poniente de la ciudad.

A ese pueblo sepultado con el cuerpo del gigante, dicen, se entra por un gran túnel misterioso a los socavones ramificados por toda la población, hoy Aguascalientes, los cuales han llegado de estupor a los arqueólogos.

Dice la *Historia* de don Agustín González que, debido a la incuria de los gobernantes, no se ha hecho una exploración de tan sorprendente arquería, que ahora sería difícil por el estado de destrucción en que se encuentra; sin embargo, innumerables noticias se tienen de otras entradas que pudieran precisar todo ese campo perforado por la mano del hombre.

Las hablillas inocentes cuentan que llegando a esa ciudad sepultada bajo el cuerpo del gigante sacerdote, existen aún hombres de ojos luminosos y fantasmas de una raza extinguida.

Refiérese que allá por el año de 1884, la casa que es ahora propiedad de la muy honorable familia Macías Peña (esquina de las calles de Carrillo Puerto y Democracia) era una tiendita que ocupaba un señor Brígido Villalobos, y que una noche, a eso de las oraciones, se oyó un fuerte ruido en la pequeñísima trastienda; por suerte se encontraban en esos momentos tres personas de visita: un señor Antonio (a) El Charrasquero, otro de nombre Severo (a) El Cura y Marcos Hernández. Aquel fuerte ruido movió la curiosidad de los visitantes y sorprendidos al ver que se había hundido todo el cuadro de la pieza, intentaron bajar, pero les fue imposible por el polvaredón que no soportaron, y salieron a la calle.

Al día siguiente, preparados con sogas y palas bajaron al socavón con el objeto de rescatar los muebles de don Brígido y sólo se encontraron con un gran arco descubierto; pidieron luego unas velas y se resolvieron a caminar por aquel túnel en dirección al Jardín de San Marcos, habiendo podido calcular, según dicen, haber llegado hacia la puerta Oriente, en donde encontraron un gran armazón lleno completamente de piezas de género de distintos colores muy vivos, pero que al tocarlas sólo eran polvo. Adelantaron unos cuantos pasos y pudieron ver una momia sentada y recargada a la pared, por lo que asustados y ya faltos de aire, se regresaron a toda prisa.

No se supo más de aquel suceso.

Se dice que hay otras muchas entradas y hay también personas que lo aseguran. (*Leyendas, tradiciones y hablillas de...*).

LAS PLATAS

Hay en todas las poblaciones personajes ricos, medianos y pobres, si se quiere demasiado vulgares unos y otros, pero que a veces tienen algo que se antoje y de ahí que nazcan cuentos, tradiciones o cuando menos hablillas curiosas que van desapareciendo poco a poco y es de sobra interesante desempolvarlas también para solaz de los vivientes.

Las Platas eran tres viejecitas hermanas: Cayetana, Petronila y Dionisia Santoyo. Tenían un hermano de nombre Prudencio, siendo las viejecillas célibes y el hombre soltero; vivían en la casa de su propiedad, sita en la tercera calle de Hebe número trece, que se componía en aquel tiempo de zaguán, una pieza a la calle sin ventana, otra que hacía escuadra al Oriente, una pequeña cocina y luego un horno para pan. Todo lo demás de la casa era huerta de higueras y granados.

La lucha por la vida de esta familia era la de hacer una especie de pan llamado "cemitas de fiambre para los quince y sus armadas", que así se decía en aquel entonces.

Pero, ¡qué cemitas tan sabrosas! Qué olores tan exquisitos despedían por todas las calles por donde iban pasando las señoritas Santoyo al reparto a sus marchantes.

El tamaño de aquellas cemitas era grande y su precio sólo era de medio (seis centavos) las corrientes, y las finas, de manteca y canela, de a real (doce centavos). ¡Qué panes éstos! se deshacían en la boca, tal que si fueran polvorones.

En aquel tiempo todo se trataba por medios, reales y pesetas; estas últimas monedas eran lo que se decía dos reales. Nuestras viejecitas no recibían otra moneda que no fuera la peseta en pago de su apetitoso pan.

Eran notables las señoritas Santoyo: vestían a la época, algo bien, portaban sus zarcillos y collares de reales y pesetas y unas peinetas altas con incrustaciones de medios de plata.

El hermano vestía pantalones de charro, con botonaduras de pesetas y su fina camisa muy blanca, plisada, pechera con alforzas bien planchadas al almidón.

Su traje ordinario era todo plisado y su camisa igualmente; parecía nada menos que un farol veneciano; al igual vestían todos los hombres de aquel entonces.

El pueblo quedó sepultado bajo el cuerpo del gigante muerto.

Las Platas poseían un capital de seis a siete mil pesos que había logrado hacer por medio de sus ahorros, y éste en pesetas, y lo tenían guardado en una grande petaquilla y sepultado al pie de un granado agrio que era el primero de la pequeña huerta con que contaba la casa.

Muere la primera de las viejecitas, al poco tiempo la segunda, luego el señor, quedando sola la última que era Dionisia, quien fue recogida a miles de ruegos por un sobrino sacerdote, muy honorable y santo, de barrio, y la cual sobrevivió muy poco tiempo.

El sobrenombre de Platas les vino de que todo su capital que poseían era en pesetas de plata y todos sus adornos también de pesetas de plata.

La familia que ocupó después la casa y los vecinos aseguraban que las viejecitas se aparecían sentadas al pie de aquel granado, contando su tesoro, y suponían, quienes las veían, que platicaban muy contentas.

No se supo jamás de ese tesoro. (*Leyendas, tradiciones y habillas de...*).

LA CHINA MULATA

Hace muchos años vivía por la calle de la Alegría una mujer de nombre Hilaria Macías, de modesta posición, y buena muchacha de unos veinticinco años de edad; llevaba siempre a cada hogar el consuelo y en cada casa se decía algo bueno de Hilaria.

Vestía a veces un hermoso zagalejo y su rebozo de bolita; su pelo era enteramente chino, y se dedicaba a atender un pequeño comedor cobrando a los clientes por almuerzo, comida o cena, el módico precio de medio, o sea seis centavos.

Corriendo el tiempo, un individuo de pésimos antecedentes, de los malditos del barrio de Triana, renombrado por sus hazañas, feo en grado superlativo, prieto, cacarizo y por añadidura presumido, se enamoró de nuestra apuesta chinita; pero ésta no correspondió a sus ruegos, y desesperado el individuo buscaba la ocasión para raptarla.

Temerosa Hilaria de algún atropello de parte de aquel individuo, hizo confesión de su apuro al señor cura de la Parroquia del Encino, quien le aconsejó que dijera a aquel hombre que se pre-

sentara en el curato al día siguiente a las nueve de la mañana para amonestarlo y decirle lo que debería hacer.

El Chamuco, que bien conocido era por este apodo en todo el barrio, se presentó ante el señor cura, quien le propuso una ocurrencia extravagante, diciéndole:

—Mira, Chamuco, pide a Hilaria un rizo de su pelo; si lo enderezas en el término de quince días, te aseguro la mano de la China.

—Señor cura, contesta El Chamuco, si no me concede una palabra, ¿me concederá un rizo? Eso es imposible.

—No, —le contesta el señor cura—, yo me encargo de todo, ve en paz, Dios te bendiga.

A ruegos y súplicas aquel hombre pudo conseguir el deseado rizo, y desde luego se puso a enderezarlo; después de algún tiempo no pudo lograr su empeño y, desesperado, se resolvió a hacer un pacto con el diablo ofreciéndole su alma en recompensa si lo sacaba de aquel apuro.

El diablo se puso en obra un día y otro día, pero en vano; no pudo enderezar aquel porfiado rizo, y encorajinado lo arrojó a la cara de su camarada dejándolo más feo y repugnante que antes; el diablo voló por los aires dejando un fuerte olor a azufre por todo el barrio de Triana y quedó aquel hombre asustado y loco por toda la vida.

Cuentan que después le preguntaban sus amigos cómo le había ido en su empresa y contestaba en voz alta, locamente y asustado: "¡De la China Hilaria!", expresión que sirvió después para significar un disparate. (*Leyendas, tradiciones y hablillas de...*).

CALLE DE LA LAGUNITA

Según crónicas antiguallas, un grupo de inditos concurría todas las tardes a hacer prácticas de ejercicio al tiro con sus flechas en el lugar de una lagunita que se había formado con el sobrante del agua destinada al riego de las huertas que se encontraban al final de la calle de Santa Bárbara (nombre histórico), hoy Emiliano Zapata.

Cierto día vieron los indios una enorme serpiente verde que se arrastraba por la orilla de la lagunita y se propusieron matarla con sus flechas; pasaban días y más días y no podían acertarle.

El primer sacerdote del templo del Pueblito tenía la costumbre de ir a la lagunita a rezar el Oficio Divino; se encontraban los indios a la misma hora en la tarea de acertarle un tiro a aquella enorme serpiente que se arrastraba a la orilla en el lugar donde permanecía inmóvil el sacerdote, y sucedió que habiendo desviado una de las flechas que arrojaban con fuerza aquellos hombres, hirió al padre, quien cayó repentinamente a la orilla y cerca del monstruo aquel; los indios corrieron al sitio para darle auxilio, y al acercarse, el animal los atacó sin separarse del cuerpo del sacerdote, y fue tan abundante la cantidad de líquido venenoso que arrojó por el hocico, que la lagunita se inundó como nunca y con sus olas bañó al sacerdote, quedando sano de la herida y sin ninguna señal. Los indios lo condujeron a su casa, pidieron perdón, él los bendijo y se fueron en paz.

Dicen que después de aquel suceso el agua de la lagunita quedó tan limpia y pura que daba gusto a las mujeres ir a lavar sus ropas y que quedaban muy blancas y perfumadas.

De aquí el nombre a la calle de la Lagunita.

Con los años la lagunita desapareció, se construyeron fincas a un lado y a otro y se formó la prolongación de la calle de Santa Bárbara, hoy Emiliano Zapata. *(Leyendas, tradiciones y hablillas de...).*

ELÍAS L. TORRES. Únicamente se conoce de su pluma la leyenda del beso que le valió a Aguascalientes su independencia (ver Introducción) y la que aquí se transcribe. Esta segunda fue publicada en el folleto promocional *Gran Feria de Primavera*. Abril 20-Mayo 5. Aguascalientes, 1938. De su autor se sabe que fue ingeniero, pues firma con ese título; y que tuvo en preparación el libro *Historias y leyendas de Aguascalientes*, que acaso no llegó a completar ni a dar a las prensas.

EL CAPORAL ARDILLA, EL HOMBRE QUE ENGAÑÓ AL DIABLO

Tendíanse perezosamente desde los límites de la pintoresca Villa de Nuestra Señora de la Asunción de las Aguascalientes, hasta perderse, leguas adentro, en las cercanías del Real de Zacatecas, las vastas propiedades de los marqueses de Guadalupe. Los ricos señores rara vez cabalgaban por ellas, porque eran tan grandes, tan desiertas y tan erizadas de peligros, que sólo las cruzaban, de vez en cuando, partidas de chichimecas que, en furia homicida, asaltaban los pequeños poblados de españoles, matando sin piedad y llevándose en las grupas de sus caballos, desmayadas y pálidas, a las mujeres de los colonos que escapaban con vida de la hecatombe.

Las casas principales de la Villa, levantábanse a lo largo de la calle del Apostolado, por cuyo centro corría cristalina, cantando a la vida con monorrítmico son, el agua de los manantiales del Ojocaliente, que iba regando a su paso las espléndidas huertas de la villa que fundara, entre otros, el recio doncel don Juan de Montoro; y seguía hasta el pueblo de indios, que llamóse de San Marcos, para estancarse allí, formando un pequeño lago, como en rebelde protesta de perderse en el río, sin fecundar la tierra donde nació.

En esa calle levantó doña Guadalupe Ortega y Gallardo una coqueta casa, la primera de los marqueses en la Villa, cuya inmensa huerta cercaban los membrillos y sombreaban los perales, cuajados de fruto por agosto; y perfumaban todo el año los rosales, que con estupenda exuberancia crecían silvestres.

Era sirviente de la casa un joven criollo que se hacía querer, no sólo por la gracia de sus modales, su incansable voluntad de servir, sus finas maneras, sino también porque era cosa sabida, y no callada, que si cuando niño lo habían llevado a la Villa de la Asunción, era porque él constituía la prueba viviente de una aventura galante del Conde de Santiago, con una dama encumbrada y poco honesta.

Era el joven criollo, que llevaba el nombre de José de Altamirano y Ardilla, el encargado, no sólo de la casa en las largas ausencias de la familia, que sólo iba de verano en verano a la Villa de las Aguascalientes, sino de las tierras también, que ociosas y despobladas, se extendían, como llevo dicho, hasta las cercanías del Real de Zacatecas. Cada vez que los marqueses llegaban, veían con sorpresa, no sólo el progreso de sus propiedades, sino que el joven iba tomando el aspecto altivo y noble de la sangre que llevaba; y él no era menos en notar que una de las hijas de la señora Ortega y Gallardo se había transformado, de la traviesa chiquilla que corría por la huerta, cogiendo mariposas y arrancando flores, en una gentil señorita, hermosa y apuesta, que le hablaba por su nombre y con tal gracia que era para él, su voz, más linda que el canto de los gorriones pechi-rojos, que desgranaban la sinfonía de sus amores en lo alto de los perales.

Coincidió con una de las estancias de los marqueses la enésima incursión de los chichimecas a las tierras del Marquesado, llevándose todas las reses que había y perdiéndose, con su botín, en la sierra de Pabellón, con rumbo a sus ignoradas madrigueras. La familia se dolía de pérdida tan grande y eran duros sus comentarios, no sólo contra el gobernador de la Provincia de Nueva Galicia, de quien por aquel entonces dependía Aguascalientes, sino hasta contra el virrey, que no enviaba las tropas necesarias para meter al orden a la incansable tribu chichimeca.

Una noche, nuestro joven criollo hizo una invocación al diablo:

—Dame poder, le dijo, para todo lo que quiera y mi alma será tuya...

—¡Aceptado!, dijo una voz que entró como relámpago, luminosa y vibrante, por la estancia de José; y aquella noche quedó cerrado el pacto. Ardilla pondría a prueba, en apuesta singular, la destreza del demonio; y si éste ganaba obtendría como victoria, el espíritu del criollo.

—Señora —dijo al día siguiente a la Marquesa de Guadalupe—, voy en busca del ganado que se han llevado los indios y algo más que habré de quitarles, porque no es justo que a tan buena dama se la despoje en esa forma. Y hablaba así, porque la apuesta era, con el diablo, que a las cinco de la mañana la Hacienda de Pabellón debería estar repleta de ganado, sin que hubiera potrero, ni ladera, ni quebradura, ni bosque, que al salir el sol no lo saludara el mugir de las reses o el balar de los corderos, blancos como copos de nieve, triscando la yerba de los campos.

Así sucedió, sólo que la astucia del Caporal Ardilla, dice la leyenda, le sugirió la idea de ordenar que se pusieran algunas cruces en ciertas sementeras y era natural que el diablo no pudiera pasar por allí para poblarlas de ganado, perdiendo así la apuesta. En esa forma recuperóse el ganado perdido y mucho más, según ofrecimiento del Caporal; salvóse su alma de pérdida segura y acrecentó en la familia de los marqueses el cariño que le tenían; y más en aquella muchacha, de quien estaba ya enamorado, cuya voz, cuando le hablaba por su nombre, era para Ardilla más linda que el canto de los gorriones pechi-rojos, que desataban la sinfonía de sus amores en lo alto de los perales.

Pero el diablo no podía conformarse con esa burla y le habló en esta forma al astuto Caporal:

—Tú estás enamorado de la Marquesita; pero difícil será tu unión, pobre sirviente que eres, con tan encumbrada virgen... Renovaremos la apuesta: ¡tu alma por su amor!

—Aceptado —dijo Ardilla—. Si veinte almas tuviera, veinte habría de darte, por tenerla en mis brazos cariñosa y besarla en los labios siendo mía.

Una rara transformación operóse en la Marquesita, no menos que en Ardilla. Buscábala él con ahínco y ella dejábase ver. Iban con frecuencia por la huerta, como en los tiempos de su niñez, siguiendo mariposas y cortando flores; y siempre había algún lugar de descanso que alegraban las miradas de la Marquesita o las frases fanfarronas del Caporal. Otras veces cabalgaban por aquellas tierras de los marqueses que, gracias a las continuas peticiones de Ardilla al diablo, ya no se tendían infecundas y solas, hasta perderse en las cercanías de Zacatecas, sino que ahora eran campos de trigales que parecían un mar de oro; o tierras de maizales que agitaban sus espigas amarillas, como saludando, grácilmente, a la gentil pareja.

En las laderas, junto al río y al pie de las montañas, habían surgido, como por encanto, las rancherías llenas de niños robustos, de mujeres limpias como el agua del río, de gallinas que cloqueaban saliendo de sus escondrijos para anunciar la eterna reproducción; y de perros que, aunque bravos y furiosos con los extraños, salían al encuentro de la pareja, meneando la cola con alegría...

Pero pasó el verano y la marcha de la familia se hizo necesaria. Volvía a la metrópoli, más rica y más contenta... Sólo la Marquesita se marchaba triste: dejaba en su casa del Apostolado el complemento de su vida...

A poco cayó como bomba la noticia en Aguascalientes: la Marquesita entraba a un convento, en México, después de haber rehusado a casarse con el Conde del Valle de Opatla; y por la imposibilidad absoluta de contraer nupcias con el Caporal Ardilla, que si bien era un grande y buen servidor de la familia, llevaba la mancha de una vergonzosa bastardía. Con esto el diablo perdió de nuevo; pero con amarga tristeza de José. De allí que por la noche, en el acostumbrado diálogo que con él sostenía, hubiera una final transacción:

—Mi alma te pertenece —decíale Ardilla—, me he valido de infinidad de medios para engañarte y hacerte perder las apuestas que hemos cruzado; pero todo esto por el intenso amor, por el infinito amor que le tengo a la Marquesita. Tú has visto que nada he pedido para mí, sino su amor. Todo ha sido para acrecentar sus bienes, aumentar su riqueza, rodearla de felicidad y de contento. El enorme sacrificio que he hecho ha sido todo por ella... Llévate mi alma, te pertenece, pero concédeme una gracia final.

—¿Qué es ella—?, preguntó Lucifer.

—Que la vea unos cuantos momentos... media hora nada más... una hora, si es posible.

—Mañana te espero, a las cinco, antes de la salida del sol, en el paso del Ojo Caliente.

El resto de la noche Ardilla no durmió; y muy temprano oyóse el golpe de los cascos de su caballo en las piedras del camino; repercutido, agrandado, centuplicado por el eco, que parecía que le iba desenvolviendo por los montes y por las llanuras. De pronto, en la incierta obscuridad del amanecer, el caballo se detuvo, levantó las orejas, espantado, y clavó en un rincón del camino su mirada escudriñadora.

Ardilla miró también y de un salto brincó del caballo: sobre una piedra le esperaba, de pie, la Marquesita, con los brazos tendidos hacia él, cariñosa y sonriente...

Cuando ya entrado el día, un pastor acertó a pasar por esta rinconada del camino, se encontró, con espantoso asombro, incrustado en las rocas, al Caporal Ardilla y a su caballo. Dio voces, vinieron gentes, y con duros trabajos desencajaron de la roca al atrevido criollo, dejando estampada en ella, tal como hasta nuestros días se ve, la silueta del jinete y su cabalgadura. Ardilla sobrevivió unos cuantos minutos, los necesarios para que se supiera que ya había echado a la grupa de su caballo a la Marquesita, para irse a desposar con ella, en la iglesia más cercana, burlándose por la enésima vez, de sus pactos con el diablo; cuando éste hizo desaparecer a la doncella y levantando en vilo al Caporal, lo estrelló contra la roca, con fuerza tan grande, que lo hundió en el pórfido, como si fuera barro deleznable.

Ardilla, después de revelar eso, cerró los ojos y en el lúgubre campanilleo de la agonía, parecióle oír la voz de oro de su amada, más dulce que el canto de los gorriones pechi-rojos, que desgranaban la sinfonía de sus amores en lo alto de los perales.
(Gran Feria de Primavera).

BAJA CALIFORNIA

PABLO L. MARTÍNEZ. Nació en San José del Cabo, BCS, en 1898; murió en la ciudad de México en 1970. Maestro de varias generaciones y acucioso investigador, dedicó la mayor parte de su vida a rescatar en archivos y bibliotecas el pasado de la Península. Es autor, entre otras obras, de *Efemérides californianas* (1950), *Historia de Baja California* (1956, reimpresa por el Consejo Editorial del Gobierno del Estado de Baja California Sur y el Patronato del Estudiante Sudcaliforniano en 1993), *El magonismo en Baja California* (1958) e *Historia de Alta California* 1542-1945 (1970). Llevan su nombre dos escuelas secundarias de su Estado y el Archivo Histórico de BCS, en La Paz. Desde 1990, sus restos descansan en la Rotonda de los Subcalifornianos Ilustres.

LEYENDAS COCHIMÍES SOBRE LA CREACIÓN

Los chochimíes que habitaban del grado 30 para el Sur hacían referencia a un gran señor que habitaba el cielo, llamado en su lengua El que vive; hablaban también de un hijo de él, nacido sin concurso de mujer, el cual tenía dos nombres: uno de ellos significaba El Veloz y el otro La Perfección o término del barro; además, había otro personaje: El que hace señores. Preguntados cuántos señores había, respondían que uno solo, creador del cielo, la tierra, las plantas, el hombre y la mujer. Agregaban que El que vive creó ciertos seres invisibles y que éstos se confabularon contra él, declarándose enemigos de los hombres; que éstos seres eran mentirosos y cogían a los hombres cuando morían y los metían debajo de la tierra para que no vieran al Señor que vive.

Los cochimíes del grado 30 hacia el Norte decían que un Capitán Grande (un gran señor) había hecho el cielo, la tierra y cuanto hay en ella; que este capitán, que se llamaba Menichipa, en el dialecto de Viñatacot o El Rosario, creó luego a otro personaje semejante a él mismo, quien recibió el nombre de Togomag, y después a una pareja que tuvo un hijo, Emai Cuaño: a éste lo prohijó el Capitán Grande y le traspasó todo su poder y todas sus facultades. A él pertenecía el cuidado de los casados y el reparto de los matrimonios de hombres y mujeres. Menichipa, aunque había creado todas las cosas, las había dejado muy imperfectas, pero Emai Cuaño las perfeccionó. Endulzó las semillas, que eran amargas, y amansó los animales. Para que las gentes no tuvieran tanto frío colocó fuego debajo de la tierra; y quejándose entonces los humanos de que el calor era excesivo, escupió sobre la superficie terrestre y de su saliva salieron los mares, las fuentes y las lagunas. Enojados los hombres al ver tantas aguas, trataron de aniquilarlo, por lo que se echó a llorar y sus lágrimas formaron la lluvia. Después puso nombres a todas las cosas y enseñó a los hombres el modo de tener hijos, pues la primera multitud de gente la había formado con sus propias manos y se había cansado mucho; mandó celebrar bailes e impuso las exequias para quienes fallecieran de muerte natural y condenó a ser quemados a los que muriesen de muerte violenta.

Dijo, asimismo, que los que fueran valientes en muriendo irían a residir debajo del Norte, donde estaban todos los fundadores y que allí comerían venados, ratones, conejos y liebres. Mandó que las mujeres estuvieran sujetas a los hombres y que entre éstos hubiera alguno que fuese creído sin réplica. Añadíase que Menichipa fue herido por los hombres y haciéndose el muerto se levantó a poco, pero que los malhechores huyeron y no se volvió a saber de ellos. Al preguntar los españoles a los cochimíes que dónde había estado Menichipa antes de salir a crear todas las cosas, contestaban que debajo del Norte había una bola de tierra que se había formado repentinamente junto con Menichipa; que éste vivía allí muy triste porque no tenía compañía y esto le había impulsado a moverse para formarlo todo.

Concluían afirmando que Menichipa dio vida a ciertas gentes malas, pero queriendo que todas las demás vivieran pacíficamente, apartó a aquéllas de la superficie del mundo, enterrándolas debajo de la tierra; sin embargo, les permitió que de vez en cuando salieran a engañar a los hombres: a estas gentes perversas llamaban en ciertos parajes chilich; en otros tebigol y en algunos chilay, nombres que equivalen a demonio.

En otras regiones del Norte hacían mención de un hombre que en tiempos muy lejanos había venido del cielo a beneficiar a los hombres y por tal motivo le daban el nombre de *Tamá ambei ucam bi tevivichi*, es decir, hombre venido del cielo; pero no sabían decir qué beneficios había hecho a los hombres ni le daban ningún culto. Es verdad que celebraban una fiesta llamada del hombre venido del cielo, pero ésta, lejos de revelar algún sentido mítico, se reducía al goce de los placeres, comiendo y bailando. (*Historia de Baja California*).

LEYENDA DIEGUEÑA SOBRE LA CREACIÓN

Lo que a continuación se transcribe es la relación hecha por un indio a principios del presente siglo al antropólogo norteamericano Thomas Talbot Waterman y publicada por éste en el tomo 8° de *The American Anthropologist*. Se sigue en lo general la expresión directa del relator, con todas las deficiencias que pueda tener. Dijo el indio de raza diegueña, es decir, de la frontera actual de Baja California:

Al principio no existía más que tierra. No había nada, excepto agua salada. Esta lo cubría todo, como un inmenso océano. Dos hermanos vivían bajo las aguas. El mayor se llamaba Cheipocomat y el más joven Yacomat.

Los dos conservaban siempre sus ojos cerrados por temor de cegar por efectos de la sal. Después de algún tiempo Cheipacomat subió a la superficie del agua salada y miró alrededor. No pudo ver otra cosa que agua. Luego Yacomat subió también. Abrió los ojos mientras ascendía y el agua salada lo cegó. Cuando llegó a la superficie no pudo ver absolutamente nada y volvió al fondo.

Cuando Cheipomacot se dio cuenta de que no había nada, discurrió crear antes que otra cosa una gran cantidad de hormigas rojas (musquiluuii o shiirashiir) Estas llenaron el mar con sus cuerpos y así formaron tierra dentro del agua. Entonces Chaipacomat dio ser a ciertos pájaros con picos planos (janyii). No había sol ni luz alguna cuando estos pájaros fueron creados, de modo que por esta causa dichos animales se extraviaron y no podían hallar donde posarse.

Viendo esto Cheipacomat tomó en sus manos tres clases de barro: rojo, amarillo y negro, y fabricó un objeto plano y redondo, el cual arrojó al espacio, donde quedó pegado y empezó a dar una luz suave. Hoy le llamamos la Luna o jal-ya. Era tan débil su luz, que con ella no se podía ver muy lejos, con lo que Cheipacomat no estaba satisfecho, pues ya tenía el propósito de crear la gente. Por tal motivo cogió más barro y fabricó otro objeto redondo y plano, lo arrojó al cielo y en éste se quedó también prendido. Entonces se iluminó completamente todo. El disco se convirtió en el Sol (in-yau).

Tomó enseguida una porción de barro ligeramente rojizo (mitacuish) e hizo con ella un hombre. Arrancó a éste a continuación una costilla y de allí sacó a la mujer. Esta hembra fue Sin-yacan o Primera mujer (de siny, mujer, y acán, primera).

Los hijos de este primer hombre y esta primera mujer constituyeron la gente (ipai). Vivían en el Este, en una gran montaña llamada Uiicamii. El que vaya a ella ahora podrá escuchar variados cantos en diversas lenguas y quien pegue el odio a la tierra oirá ruidos de bailes, originados por los espíritus de los difuntos. Van éstos a dicha montaña cuando mueren y bailan cabalmente como lo hacen los vivos. Ese fue el lugar en donde todo fue creado en el principio.

Una gran serpiente vivía en el océano hacia el Oeste. Se llamaba Meijeiouiit. Era el mismo Cheipacomat que había tomado otra forma. Todas las artes estaban dentro de su cuerpo: el canto, el baile, la cestería y otras. El sitio donde la serpiente vivía se llamaba Uiicuul (posiblemente las Islas Coronados). Las gentes que residían en Uiicamii quisieron tener en cierto tiempo una fiesta y construyeron al efecto una Casa de Ceremonias o uuqueruuc, pero no sabían qué más habían de hacer. No sabían ni bailar ni pronunciar discursos. Uno, entre ellos, sabía más que los otros; y les dijo que se necesitaba algo más que una casa para que quienes vinieran después supieran como divertirse. Entonces resolvieron todos enviar un embajador a Meijeiouiit, para lo cual debería un hombre transformarse en burbuja.

Así, el hombre que había hecho la anterior proposición se volvió burbuja. El monstruo se lo tragó y cuando se halló en su interior primero caminó al Norte, pero no pudo hallar salida. Luego fue hacia el Sur, el Este y el Oeste, y tampoco halló salida. Desesperado extendió su mano hacia el Norte (era un gran mago o hechicero) y cogió en el aire un pedazo de pedernal azul (anii-yaj-ua), lo rompió y una de sus aristas quedó con mucho filo. Se valió de él para abrir un agujero en el cuerpo del monstruo y por allí logró salir.

Continuó caminando hasta llegar al lugar en que vivía Meijeiouiit. La serpiente tenía una gran casa circular, con la puerta en el techo. El hombre entró en ella. Cuando lo vio, la serpiente gritó:

—¿Mamapiich inyaua majap meyo? (¿Quién eres tú, que te atreves a entrar en mi casa-agujero?

El hombre contestó:

—Iyach eyou enuuii. (Soy yo, tío).

—¡Dime qué quieres!, rugió la serpiente.

—La gente quiere hacer una ceremonia allá, pero no saben cantar ni bailar.

—Muy bien —dijo la serpiente—, iré contigo y los enseñaré. Ve adelante y yo te seguiré despacio.

El hombre emprendió el regreso y el monstruo caminó tras él, pasando de montaña en montaña y dejando una gran raya blanca en todas partes por donde pasaba. Esta raya todavía puede verse.

Las gentes en Uiicamii los esperaban ya con un trecho de terreno despejado. La serpiente llegó caminando con la ligereza de un reptil y se dirigió al uuqueruc (casa de ceremonias), en donde metió luego la cabeza y empezó a recoger su largo cuerpo, enroscándose y enroscándose, pero esta operación no tenía fin. Y como esto continuó por mucho tiempo, la gente se asustó de su inmenso tamaño, por lo que echó fuego encima de la casa y quemó al monstruo. Al echarle el fuego encima reventó y toda la sabiduría que llevaba dentro se esparció en el exterior. Cada tribu tomó alguna cosa para sí. Por eso una tribu tiene el baile del gato montés, otros el del uuqueruc y otros son buenos para el baile de peones. Algunos prefirieron ser hechiceros (quusiiyei) y otros, aunque no muchos, oradores.

La cabeza de Meijeiouiit se convirtió en ceniza, pero el resto de su cuerpo volvió al Oeste, mas no fue muy lejos: hacia el Río Colorado hay una cadena de rocas blancas. Es su cuerpo. Una montaña blanca que está cerca es su cabeza. La gente va todavía hasta esta montaña para fabricar puntas de lanza o dardos.

Después que el fuego consumió la casa toda la gente se esparció por los cuatro rumbos cardinales. Los más antiguos fueron hacia el Sur y se llaman ac-ual, quiili-yeuu y aj-uat.

Las rocas estaban todavía blanditas cuando la gente se dispersó y donde quiera que los hombres se detuvieron dejaron huellas de sus pies en ellas. *(Historia de Baja California.* Apéndice*).*

OLGA VICENTA DÍAZ CASTRO, Sor Abeja. Nació en Río Verde, SLP, en 1905; murió en Tijuana, BC, en 1994. De temprana vocación literaria y artística, vivió en ambientes culturales de provincia. En Tampico recibió la influencia del poeta Raziel de Lugo; en San Luis Potosí fomentó el teatro de aficionados, escribió "calaveras" y "piñatas" en hojas volantes, y publicó *Olvido y Mariposas*, sus primeros aportes líricos; y una vez radicada en Tijuana, dio a las prensas *Pétalos, Narraciones y leyendas de Tijuana* y *La Tía Juana*, estas dos últimas obras reunidas en un tomo (Nueva Edición Centenario, 1993). Falleció siendo vocal de Literatura de la Corresponsalía del Seminario de Cultura Mexicana.

LA TÍA JUANA
(Resumen)

Cuando los padres Juan María de Salvatierra y Eusebio Francisco Kino abandonaron la evangelización de Baja California, el padre Juan de Ugarte quedó como director de esa empresa. En sus viajes a la capital del virreinato, éste visitaba a los benefactores que contribuían al sostenimiento de las misiones, entre ellos a don José de la Peña y Puente, marqués de Villapuente, de cuyo matrimonio no tuvo hijos. Adoptó por ello a tres sobrinos: Alfonso, que siguió la carrera militar; Manuel, que se hizo maestro; y Juana, frágil y bella joven educada por las monjas capuchinas. Una noche, después de la cena, el marqués anunció al padre Ugarte que sus hijos adoptivos habían decidido entregarle su herencia y marchar ellos mismos a la península para ayudarlo en los trabajos misionales. Hicieron la travesía, a partir de San Blas, en *El Triunfo de la Cruz* y arribaron a Loreto en la primavera de 1721. Manuel y Juana se quedaron en esa misión, dedicados a la enseñanza de los neófitos aborígenes, y Alfonso marchó a ocupar la plaza de teniente en el destacamento de San José del Cabo.

En 1725, el padre Juan hizo ir de Nueva Galicia a un nuevo maestro y Manuel pudo incorporarse a las expediciones. En esas faenas arrostró graves peligros en el mar y entre los indios hostiles. Abatido, quiso morir, pero lo salvó del desánimo su matrimonio con Elvira, gentil moza refugiada en la misión. Alfonso, a su vez, combinó la milicia con el comercio de oro y plata, y así pudo comprar la hacienda La Palmilla, cuya administración confió al recién casado Manuel.

Al despedir a sus hermanos, Juana se sintió más sola que nunca, aprisionada e inerme en aquel desierto poblado de cardones, serpientes y aves de rapiña, viendo cómo los pocos lugares habitables eran invadidos por los soldados y agentes del virrey, y por los religiosos empeñados en ganar para el cielo las almas de los naturales, mientras éstos sucumbían debido a las enfermedades introducidas por los españoles o huían a las inhóspitas montañas. Estuvo a punto de abandonar su apostolado, pero inspirada en el ejemplo del padre Juan, juró entregar su vida al bien de los demás y aliviar hasta donde le fuera posible los daños que ocasionaba la Conquista. El padre Ángel, encargado de la misión, le dijo al siguiente día: "Doña Juana, vos esperáis un bien que tal vez tarde, pero mientras llega estaréis aquí por voluntad divina. Tendréis penas y alegrías, y después de un largo peregrinaje seréis fundadora de una gran ciudad y llegaréis a ser famosa".

Manuel y Elvira visitaron brevemente la misión para presentar a Juana su primer hijo, llamado José, y año y medio después se presentó Alfonso con aquel pequeño y una niña recién nacida que gemía en brazos de su nodriza. Días antes había ocurrido una tragedia: Elvira murió al dar a luz a Gertrudis, y Manuel, no pudiendo resistir el dolor que le causó esa pérdida, falleció abrazado al túmulo de piedras que cubría la tumba de su esposa. Juana asumió la tutela de ambos huérfanos y la gente dio en llamarla la Tía Juana.

Antes de regresar a su hacienda, Alfonso mostró al padre Juan la licencia que se le había concedido para colonizar la parte septentrional de la península. El religioso, reservadamente, le recomendó poblar un hermoso valle que él había descubierto entre la Ensenada de Todos Santos y la Bahía de San Miguel, y le hizo prometer que no abandonaría esa tierra ni a la gente que tanto lo necesitaba. Para hacer efectivos sus planes, Alfonso permutó la hacienda La Palmilla por el barco *San Gabriel*. Mientras tanto, un huracán acabó con la misión de Loreto, y Juana, el padre Ángel y los infantes José y Gertrudis se trasladaron a La Palmilla, donde continuaron prestando amorosa asistencia a los aborígenes.

"Después de un largo peregrinar seréis fundadora de una gran ciudad".

En cuanto le fue posible, Alfonso partió de San José del Cabo hacia el norte, por el Pacífico, en busca de la tierra de promisión. Lo acompañaban varios españoles, un grupo de indígenas y su amigo Felipe, joven que decidió permanecer en Baja California después de haber cumplido su servicio militar. Arribaron a San Diego, emprendieron la caminata hacia el sur y al fin encontraron el Valle y en él una cruz de piedra hincada ahí por el padre Ugarte. Localizado el sitio de la fundación, Felipe se quedó para levantar las primeras instalaciones, y Alfonso regresó por mar y tierra al punto de partida.

La Tía Juana era ya otra. Había cambiado su aspecto monjil por el de una mujer en plenitud, alegre y vigorosa, vestida a la usanza de las mozas de Castilla la Vieja, con blusa pegada al talle, falda amplia y en el pelo la típica redecilla de madroños. Dirigía los trabajos del campo y conocía el manejo de las armas, destrezas que le serían necesarias cuando emigrara a las tierras del norte. Después de minuciosos preparativos, Alfonso entregó la hacienda a su nuevo dueño, trasladó a su hermana y a su gente a San José del Cabo y allí todos abordaron el *San Gabriel*. Al cabo de penosa navegación y muy difícil marcha, les sorprendió gratamente llegar a un caserío bardeado, arriba de cuyo portón lucía el letrero Ranchería de la Tía Juana. Dentro de aquel perímetro amurallado estaban la capilla, la casa grande y las viviendas de las otras familias. Todo era obra de Felipe, que se había ganado la voluntad de un centenar de indios.

En el siguiente viaje que Alfonso hizo al continente para abastecerse de herramientas, semillas y mantenimientos, Felipe quiso acompañarlo para arreglar un asunto que dejó pendiente en México. En ausencia de ambos, bajo la dirección de la Tía Juana, se levantaron las primeras cosechas y volvió a sembrarse en las vegas del río; las colinas se afelparon de verde y los sarmientos se llenaron de renuevos. Por esos días, el padre Ángel, de visita en la cercana comunidad indígena del Cañón de la Tortuga, encontró el cuerpecito de una niña muerta cubierto de flores marchitas. Se arrodilló junto a ella y musitó entre lágrimas: "Señor, oid misericordioso mi súplica. Soy un viejo enfermo, casi ciego, y no podré seguir cumpliendo con tu divino mandato. Señor, ten piedad de esta niña y de mí: a ella devuélvele la vida y tomad en cambio la mía..." La niña abrió los ojos y volvió a respirar, y el padre falleció a sus pies con el crucifijo de su rosario en el pecho. Donde sucedió el milagro se dispuso una pequeña cripta y sobre ella una capilla, y aquella hondonada poblada de árboles se llamó desde entonces el Cañón del Padre.

Al regreso de su largo viaje, Felipe apareció tonsurado y vistiendo una sotana en lugar de su recio traje. Luego relató que estando a punto de ordenarse, huyó del claustro para tomar las armas y pasar a Nueva España, pero no sintiéndose feliz en Baja California, siguió los consejos del padre Ángel, volvió a la capital del virreinato y recibió las sagradas órdenes. Y allí estaba de vuelta, para ayudar a la Tía Juana en sus afanes apostólicos. Pasó algún tiempo y un domingo, al celebrar la misa, habló de cómo la religión cristiana se fundó a base de dolor, martirio y una total renunciación, porque el Señor había dicho: "El que quiera venir en pos de mi, tome su cruz y sígame". Y luego preguntó: "¿Quién de vosotros, jóvenes que me escucháis, quiere seguir a Cristo dedicándole su vida?". José y Gertrudis fueron los primeros en ponerse de pie. La Tía Juana aceptó la voluntad de Dios expuesta en la decisión de sus amados sobrinos. Ellos fueron llevados por Alfonso a San Diego, de ahí a San Blas en el *San Gabriel,* y de ese puerto a México. Gertrudis fue recibida en el convento de las monjas capuchinas, y José en el de San Agustín. En la travesía marítima de vuelta, un huracán desvió el barco hacia el norte y lo hizo naufragar cerca de la isla Cerralvo. Alfonso y dos de sus hombres alcanzaron la playa en un bote de remos, y unos pescadores los llevaron después a Loreto. Ocultando su identidad, para no revelar la existencia de la Ranchería, donde los pobladores trabajaban para si mismos, sin ser explotados ni esclavizados, continuaron el camino por tierra, a cuyo término, al cabo de indecibles penalidades, falleció Alfonso.

Los años fueron pasando en la Ranchería sin prisa ni apuro, y sus primitivos pobladores fueron envejeciendo felices y tranquilos en aquel oasis de paz y trabajo en común. Los aborígenes ahí congregados habían olvidado o ignoraban las violencias del látigo, la espada y la cruz. Ni ellos ni los demás sabían nada del resto del mundo, hasta que el 3 de mayo de 1769, día de la Santa Cruz, apareció en las colinas de La Punta, por el lado del mar, una partida de soldados a cuyo frente iban el capitán Fernando Javier Rivera y Moncada y el fraile franciscano Juan Crespí. Estos se sorprendieron al encontrar el caserío y en él a la Tía Juana, quien igualmente turbada por encontrarse en situación no prevista, les preguntó: "¿Porqué o por órdenes de quién habéis llegado hasta aquí?".

—Pues sabed —repuso el capitán— que en la Nueva España gobierna don Carlos Francisco, marqués de Croix, virrey que expulsó a los jesuitas por órdenes del rey Carlos III. Éste, a su vez, envió al visitador José de Gálvez para reorganizar las misiones y fundar otras más al norte, en San Diego y Monterey. El visitador nombró para tal empresa al gobernador de la Península y al padre fray Junípero Serra, quienes llegarán aquí en breves días, y tal vez a estas fechas ya habrán arribado a la bahía de San Diego los barcos *San Carlos* y *San Antonio* con el resto de los expedicionarios.

Los habitantes de la Ranchería recibieron cordialmente a los recién llegados, pero cuando vieron que los intrusos empezaron a llevarse las reservas acumuladas en los almacenes y bodegas, en silenciosa protesta unos dejaron de trabajar y otros, los indígenas, abandonaron sus cabañas para volver a la vida primitiva de sus antepasados.

Cuando al fin se presentaron el gobernador Gaspar de Portolá y fray Junípero Serra, la Tía Juana le habló así a este religioso: "Lástima es que, por servir a Dios, vuestra paternidad busque la protección de los esbirros del virrey, a quien en verdad estáis sirviendo para extender los dominios de la Corona de España. Ya estáis aquí, en un país de salvajes gentiles, ingenuos, mansos y humildes, que os habrían amado si hubierais venido solo, pero cuando ellos vean que la soldadesca invade sus tierras, aprovechando su trabajo y mancillando a sus mujeres, tratarán de defenderse y habrá mártires de uno y otro bando, y vos no podréis evitarlo... Aquí encontraréis los recursos necesarios para la realización de vuestros propósitos, y dispondréis de lo que es de todos en esta Ranchería: ganado y víveres; destruiréis los viveros y campos de cultivo, y hasta la gente que sea útil os la llevaréis para la construcción de las misiones. Sólo os pido que las familias que viven bajo mi protección sean respetadas".

Fray Junípero se limitó a contestar: "Hermana, sólo Dios conoce nuestro futuro". Pero horas más tarde le confesó al padre Felipe: "Todo cambiará al fundarse la misión de San Diego. Este valle, con su Ranchería y todas sus pertenencias, quedará dentro de los límites de nuestra jurisdicción..." El nuevo centro misional quedó instalado en julio siguiente. Tres meses bastaron para que la Ranchería se convirtiera en un campo de desolación. Las tolvaneras de otoño cubrieron de polvo las sementeras, la falta de riego impidió las cosechas, y en los jardines de la casa grande y la capilla sólo quedaron las espinas de los rosales de Castilla.

La Tía Juana —la encina con alma de roble— se doblaba al peso de los años y de la fatalidad. Le quedaba el corazón vacío de tanto dar, pero esperando todavía aquel bien que aún no llegaba. Sin dolor alguno, se moría. Haciendo acopio de sus últimas fuerzas, sacó de un viejo baúl el traje de novia de su madre, único recuerdo que conservaba de ella, y se vistió con él para lucirlo en la misa de ese día. En el curso de la ceremonia le pareció oír los tres disparos de cañón que anunciaban el arribo de un barco. "¡Ha llegado el navío donde viene él!", exclamó. "Entra —dijo mirando al vacío— y dame la mano para que el padre Felipe nos una en santo matrimonio".

–Os declaro esposa y esposo en el nombre del Padre, del Hijo y del Espíritu Santo. Id unidos a gozar en el reino de Dios la felicidad eterna, sentenció solemnemente el sacerdote. Ella inclinó la cabeza y cerró los ojos para siempre. El padre la había unido con el espíritu del bien que ella esperó toda la vida.

Desde aquel entonces han pasado más de dos siglos. Cuentan los que en horas de la madrugada pasan por donde existe oculta la Poza de Agua Caliente, que de pronto emerge la silueta de una mujer vestida de blanco, con la cabellera suelta al aire, que se desliza entre jirones de neblina por la orilla del canal, y aparece y desaparece entre los altos edificios de la Zona del Río hasta llegar a la plaza Santa Cecilia, donde sin duda existió la casa anchurosa y maciza de doña Juana de la Peña, marquesa de Villapuente, noble misionera de las Californias, la Tía Juana.

Fuente: Olga Vicenta Díaz Castro, Sor Abeja: *Leyendas de Tijuana* (Cárdenas Editor y Distribuidor, Tijuana, BC, 1993).

EL APOSTADOR FANTASMA

En cierta ocasión, un maestro en filosofía, al hacer un comentario refiriéndose a mí, dijo: A pesar de sus años, Sor Abeja siente aún la alegría de vivir.

Este sabio es uno de aquellos que piensan y creen que vivir mucho es un pecado y ser alegre en la ancianidad es un delito.

Nadie podrá conocer a ciencia cierta la vida de los demás; y en mi corto concepto la alegría de vivir es para todos en cada despertar; aunque la vida haya sido o sea como la mía, llena de inquietud y de dolor; atributos que han robado a mi alma el asombro ante los hechos misteriosos que me siguen dando una y otra vez experiencias increíbles. Una de ellas va para ustedes en este relato.

Fue por el año de 1949, cuando conocí a un mozo de cuadra del hoy desaparecido Hipódromo de Agua Caliente: estaba retirado de su trabajo porque había cumplido la edad para ser jubilado, y vivía en un modesto apartamento de la prolongación de la calle C, hoy de los Niños Héroes. Era solo y siendo yo su vecina "de al lado" con frecuencia sosteníamos largas pláticas, siendo nuestros temas favoritos los hechos sobrenaturales. Se llamaba Atanasio, pero cariñosamente le decíamos Don Tano.

Algunos vecinos se unían a nosotros para escuchar las narraciones de Don Tano, quien nos ponía ateridos de miedo antes de irnos a dormir con sus tenebrosas consejas.

Confieso que algunas veces me parecía que sus relatos eran producto de su prodigiosa imaginación; no obstante, yo no me perdía uno solo de ellos porque además de ser interesantes, Don Tano tenía el don extraordinario de ser un gran conversador que nos había cultivado a todos.

Una noche de verano, sentados en el patio, hacíamos comentarios de las noticias del día. En esta vez nuestros vecinos no acudieron a la reunión; se acercaba la medianoche, y los dos, contemplando el cielo lleno de estrellas guardamos silencio, pues parecía que nuestros temas se habían agotado.

Después de aquella pausa mi amigo me dijo en tono confidencial:

—Señora, ya que estamos solos le voy a contar la historia del Apostador Fantasma. Es algo que he guardado como un secreto ya que este apostador era un gran amigo mío a quien tuve singular estimación.

—Gracias, Don Tano, por esta preferencia; ojalá que nadie nos interrumpa—, le dije y me dispuse a escucharle atentamente.

—Pues verá usted, por mi desmedida afición y cariño a los caballos busqué empleo como caballerango en las cuadras del Hipódromo de Agua Caliente, ya que éste era el lugar apropiado para satisfacer mi deseo de vivir con mis animales preferidos.

Además allí tuve oportunidad de conocer mucha gente y de hacer amigos, desde los jockeys hasta los ricos más ambiciosos de aumentar sus caudales, así como vividores, hampones, pillos a la alta escuela y apostadores de todas clases, pero ninguno de ellos fue para mí como el señor Cortés, de quien ignoré siempre su origen y del que sólo puedo decir que era una fina persona, un apuesto caballero, un soñador de gran corazón, que anhelaba ganar en las carreras una fortuna para disfrutarla y compartirla con la mujer que amaba.

Nunca tuve duda de su generosidad, pero a veces pienso que era bondadoso conmigo, porque tal vez abrigaba la esperanza, aunque esto nunca me lo manifestó, de que algún día yo le daría el secreto para ganar o le indicara el caballo que lo haría dueño de aquel premio tan deseado.

Un día viernes llegó como siempre, para pasar en Tijuana el fin de semana; pero esta vez, le acompañaba un desconocido, que al verme dijo ser el señor Omary. Recorrimos juntos las caballerizas, y al llegar a donde estaba un caballo de apariencia común y corriente, el señor Omary dijo: "A éste, a éste hay que apostar todo porque sin duda será el ganador". Yo, incrédulo sonreí y pensé ¿Quién va a conocer a los caballos mejor que yo?..

Pero mi vanidad de conocedor se vio humillada cuando supe que aquel caballo de insospechada agilidad había ganado la carrera convirtiendo a mi amigo el señor Cortés en un hombre rico y feliz.

Como era de esperarse, mi generoso amigo corrió a las cuadras para darme un abrazo y besar al caballo triunfador; y me dijo lleno de júbilo que después vendría a cobrar su premio para hacerme un buen regalo; y de momento me invitaron al bar para brindar por el éxito; yo rehusé la invitación y los dejé ir, y fue para siempre porque no los volví a ver jamás.

Después, días más tarde, otro apostador amigo me contó lo que sucedió. Nuestros personajes, el señor Cortés y el señor Omary, se retiraron del bar y decidieron tomar un taxi; mi amigo los siguió en su automóvil, pero al llegar a la altura de la plaza El Toreo abandonaron el taxi y abordaron un autobús que los llevaría a la Línea Internacional.

Mi curioso amigo subió tras ellos y no los perdió de vista; y cuando el autobús llegó al lugar denominado La Vuelta, sucedió algo insólito: el señor Cortés sufrió un infarto y al caer de su asiento el señor Omary trató de levantarlo, pero al hacerlo le sustrajo la cartera que contenía el ticket premiado y dejando al señor Cortés sin sentido, bajó velozmente del autobús, tomó un taxi y desapareció.

El señor Cortés fue llevado a la Cruz Roja donde todo fue inútil y de ahí, después de los trámites de ley, su cadáver fue enviado a la ciudad de Los Ángeles.

Don Tano hizo una pausa y continuó: Ayer fui a ver a un sacerdote porque necesitaba confiarle a alguien lo más terrible y doloroso, pues he sabido por personas que ignoran lo que acabo de contarle, que el señor Cortés sigue viajando en los taxis y en los autobuses que hacen su recorrido por el Hipódromo y pregunta a los que han hablado con él si han encontrado su ticket premiado, y cuando menos piensan desaparece entre los pasajeros.

Al terminar de decir ésto, don Tano tenía los ojos llenos de lágrimas, y no pudo decir más que: "Buenas noches amiga"; y yo respondí quedamente. "Hasta mañana don Tano..."

A los pocos meses mi amigo Tano murió y mi vida tomó otro rumbo. Se habían cumplido veinticuatro años de ésto; y el día que amaneció el Hipódromo convertido en cenizas, fui a aquél lugar al caer la tarde, y ya entrada la noche me retiré pensando aquel proverbio que dice: "El que adora algo en este mundo, adora el polvo".

Tomé un autobús para ir al Frontón Palacio; y me tocó la suerte de sentarme junto a un hombre de magnífica presencia que iba al lado de la ventanilla, fumando un puro de calidad; pero el humo me hacía por momentos contener la respiración y apretar fuertemente los párpados; en una de tantas veces al abrir los ojos, me di cuenta que mi compañero de asiento había desaparecido; un tanto sorprendida, al hacer un alto el autobús le pregunté al chofer, que si había visto bajar aquel señor que no pudo dejar su asiento sin que yo se lo permitiera, porque iba al lado de la ventanilla.

—¿Cómo era él?, me preguntó el chofer.

—Es alto, moreno claro, en mi opinión de mujer, bien parecido; lleva sombrero texano muy fino, color marfil, y una chamarra de flecos del mismo color, y al cuello un pañuelo de seda blanco.

—¿Y, fuma puro?

—Exactamente.

Pues señora, no diga más; ha viajado usted con El Apostador Fantasma. Sin hacer más comentario, bajé del autobús, porque habíamos llegado al Frontón al que entré a toda prisa para ver a un antiguo empleado de esta empresa: mi hijo Raziel de Lugo.

Aunque como dije antes, el dolor y la inquietud me han hecho perder el asombro. En esta vez no pude menos que consternarme y pedí a Dios que le dé la paz al alma del señor Cortés, El Apostador Fantasma. *(Leyendas de Tijuana).*

EL TESORO DE AGUA CALIENTE

—Tijuana es una ciudad joven y por lo mismo carece de tradiciones —, me decía mi amigo José M. Valenzuela, a quien he llamado siempre El Gambusino de Oro, por su afición a los cuentos de aparecidos y a las leyendas, y muy dado a la búsqueda de minas y tesoros ocultos.

—Estás en un error —le contesté— si te refieres a hechos inexplicables, que conforme ha ido pasando el tiempo la gente las fue aumentando en detalles llenándolos de misterio hasta convertirlos en consejas. Pues si de leyendas se trata, te diré que Tijuana sí las tiene, pero nadie las toma en cuenta porque esta ciudad está formada por tres clases de población, que se amalgaman entre sí, para atender a sus propios asuntos sin preocuparse de las tradiciones de la ciudad en que vive.

—Estoy de acuerdo con todo lo que usted dice, pero a mí me gustaría conocer alguna de esas tradiciones.

—Bueno, pues me viene a la mente una que espero te interese, porque más que tradición es un suceso que aún sigue envuelto en el misterio, y es poco conocido entre los más antiguos moradores de aquí. Se trata del espectro de una mujer que se aparece en las noches lluviosas, y vaga por los patios del Instituto Politécnico.

—¿Quiere usted decir, en los muertos jardines del famoso Casino de Agua Caliente, donde tienen lugar las nuevas construcciones para un centro escolar?

—Exactamente, y aunque es tema para toda una novela sólo te haré un breve relato, tal como me lo contó mi amigo don Manuel.

Era este señor, un hombre entrado en años, que vivía muy cerca del lugar; y se dedicaba al cultivo de verduras y frutas de temporada, en una parcela a la orilla del río, separada del que fuera casino, sólo por el bordo de tierra que protegía aún los patios de las posibles inundaciones. Debo advertir que en esa época, todo ese rumbo estaba despoblado y únicamente la cabañita de don Manuel se escondía bajo las ramas de un árbol pirú. Todavía me pregunto: ¿por qué ahí? Si era un hombre que atraía por su conversación, en la que se notaba que tenía buenos principios y bien podía trabajar en algo mejor y ocupar otra posición.

Yo lo visitaba algunas veces después de tomar un baño en la poza de aguas termales, que entonces estaba a flor de tierra y libre para todos. A propósito de ésto, se me antoja comentar, que seguramente de este manantial de agua caliente tomaron su nombre el Casino y el desaparecido Hipódromo.

Volviendo a nuestro relato, una tarde fui a ver a don Manuel para comprarle una sandía, y lo encontré sentado a la puerta de su cabaña, tenía en la mano un paliacate y limpiaba con él una moneda de color negro verduzco.

—¿Está usted limpiando su mascota? ¿Me permite verla? —le pregunté—.

—No señora, no es una mascota —contestó—, dándome la moneda; y al examinarla, llena de asombro le dije:

—¡Don Manuel, esta moneda es de oro, pero se ve que ha estado enterrada durante mucho tiempo! ¿Dónde se la encontró? Porque parece que anda usted muy cerca de un tesoro.

—No lo creo, porque la encontré en mi parcela que era antes terreno baldío.

Pero a propósito de dinero enterrado, ¿ha sabido lo del tesoro de la bailarina que se aparece en los patios de la Escuela de Agua Caliente?

—No don Manuel, pero si usted me lo cuenta.

Don Manuel me invitó a sentarme y encendiendo un cigarro continuó:

—¡Ay señora! ¡Cuántas cosas y secretos guardan esos jardines, esos bungalows en ruinas, ahora habitados por quienes no saben ni siquiera quién fue su fundador! Bueno, nadie sabe para quién trabaja. Si usted hubiera conocido ese lugar cuando estaba en auge se habría inspirado para escribir, porque aquéllo era todo un poema. Pues su fundador procuró por todos los medios posibles reunir lo más bello y selecto, para convertir un páramo en lugar de ensueño; hizo traer de todos los países del mundo una gran variedad de árboles y palmeras: cactus y plantas de rarísimas flores; y un sinnúmero de aves de hermoso canto y deslumbrador plumaje, para rodear de perfumes, de trinos y de color el Casino, los salones, la alberca construida en un patio, sutil remembranza del de la Alhambra de Granada; el salón de recepciones llamado con toda justicia por su fastuosidad El Salón de Oro. También los bungalows de arquitectura colonial, suites donde hospedaron parejas de enamorados, artistas de cine famosos, diplomáticos, personajes ilustres como el príncipe Ali Kan; y entre ellos tahúres, vividores y aventureros de todo el mundo.

Todavía hasta hace poco quedaban vestigios de aquel esplendor; de los salones donde desfiló la elegancia y el buen gusto, yo llegué a ver en los muros, flotando como guiñapos, los lienzos de aquellos valiosos cuadros. ¿A dónde irían a parar aquellas enormes arañas de cristal con sus irisados reflejos que alumbraron las mesas de juego, donde los millonarios hacían correr un río de oro?

Como en todo lugar de diversión debe haber un teatro, el Casino tenía el suyo para presentar a los artistas más famosos y por supuesto los más caros. Así, llenando estos requisitos llegó a su escenario, con todo el poderío de su deslumbrante belleza, una bailarina que se hacía llamar La Faraona. Se le contrató para una corta temporada, pero como el arte verdadero logra avasallar, ella siguió actuando indefinidamente.

Esta bella artista, después de sus presentaciones se dirigía a la sala de juego, para encontrarse con cierto caballero inglés que la había impresionado profundamente, con su irresistible atractivo de hombre de gran mundo, fingiéndole una pasión que en él no era otro sentimiento que el interés por ser ella afortunada a tal extremo, que entre los apostadores corría el rumor de que poseía un extraño poder, porque llevaba oculto en un brazalete de esmeraldas, el talismán que la hacía ganar grandes cantidades de dinero.

Pero los talismanes nada pueden cuando un amor apasionado interviene; y así, La Faraona entregaba todo su oro al caballero y éste hacía gala de sus artes de vividor, fascinándola, prometiéndole un título de nobleza por ser él, según su propio decir, descendiente de un lord de Inglaterra.

Y como el amor es ciego, el interés siempre se aprovecha de esta circunstancia; y en espera de mejor oportunidad, aquel idilio parecía no terminar nunca; así juntos se les vio por los salones y por las avenidas de los jardines cuando se dirigían a su bungalow, después de la media noche.

Mas el destino es caprichoso, y termina con todo cuando menos se espera. En el amanecer de un día fatal, el caballero inglés salió corriendo del bungalow, y desesperadamente pidiendo auxilio, gritaba que había sido envenenado con vino y que La Faraona estaba muerta por haber tomado del mismo licor.

—¡Que horror! —exclamé interrumpiendo el relato de don Manuel— ¿Quién pudo desear su muerte asesinándoles?

—No señora, no fue ningún asesinato. Un hombre que trabajaba como velador declaró ante la gerencia: Que en aquella noche terrible y lluviosa, al pasar frente a la ventana del aposento donde dormían, pudo ver en el interior a la luz de una lámpara, que la artista y el caballero contaban sobre una mesa una gran cantidad de monedas de oro; y llenando con ellas pequeños sacos de lona los ponían dentro de un baúl de viaje forrado de pie. Como es natural, aquéllo lo lleno de curiosidad y se puso a observar detenidamente. Sobre la mesa, además del baúl, estaban una botella de vino, dos copas y un revólver.

Cuando el caballero y La Faraona dieron por terminada su tarea, él tomó un alhajero con las joyas de la artista, lo puso dentro del baúl, cerró éste y lo guardó en el ropero, asegurándolo a su vez con una llave, que puso después debajo de la almohada; se tomó una copa y se acostó, quedándose profundamente dormido.

La Faraona entró a la otra recámara, para cambiarse de ropa; al salir lucía una bata de tul blanco bordado de perlas. Avanzó hacia la cama, contemplando al caballero dormido y metiendo la mano debajo de la almohada, sacó la llave, abrió el ropero y tomando no sin esfuerzo el pesado baúl, se apoderó del revólver, salió del bungalow y sin hacer caso de la lluvia se dirigió al lado oeste del jardín perdiéndose entre los árboles. El velador también declaró que sintió el impulso de seguirla, pero no lo hizo por temor a ser herido, ya que ella al verse perseguida le habría disparado, pero esperó para verla regresar.

La Faraona tardó en volver casi una hora y caminando precipitadamente entró hasta el aposento; el ruido de la puerta despertó al caballero, quien al ver abierto el ropero, sospechó lo que había pasado y al no ver el baúl, buscó el revólver y no encontrándolo se puso furioso, se abalanzó sobre la artista y estuvo a punto de ahorcarla, pero se arrepintió y dándole un empujón la arrojó sobre la cama, ella al levantarse lanzó una carcajada de dolor y se puso a llorar amargamente ante el terrible desengaño de ver que no era amor lo que el caballero sentía por ella.

Sin embargo esperó a que se calmara y serenamente llenó de vino las dos copas y luego, en el delirio de su decepción, sacó de su pecho un frasquito y vertió el contenido en ellas y ofreció una al caballero y con una triste sonrisa, le dijo al oído unas palabras; él sin sospechar nada, tomó su copa y ella hizo lo mismo. El efecto del terrible veneno no se hizo esperar; la hermosa artista fue la primera en caer para no levantarse más; y él al empezar a sentirse mal, salió corriendo en busca del auxilio; salvándose milagrosamente, decidió abandonar el Casino para siempre.

Don Manuel hizo una pausa y luego continuó:

Dicen que no se sabe si el cuerpo de La Faraona fue llevado al cementerio o si para que aquel hecho no trascendiera en descrédito del Casino, fue sepultada en el bosquecillo, tal vez cerca de su tesoro.

—Pero eso es increíble, ¿nadie investigó el caso?

—No señora, el tiempo y el dinero todo lo borran. La Faraona no tenía parientes y siendo ella la autora de su propia muerte, pues aquel asunto se dio por concluido.

Al anochecer de aquel fatal día, empezó como siempre a funcionar el Casino, con su música, sus elegantes parejas, sus aposta-

dores y toda aquella concurrencia de cada noche en un ir y venir. ¿Cree usted que alguien podría darse cuenta, si ni los empleados de allí mismo se enteraron de aquella tragedia?

Lo curioso del caso es que el alma de La Faraona sigue penando hasta que alguien tenga el valor de seguirla, para ver donde tiene aquel baúl repleto de oro.

Don Manuel dio por terminado su relato cuando empezaba a oscurecer, y me despedí de él sin saber que esta vez iba a ser para siempre, pues cuando volví a buscarlo, ya no lo encontré; había abandonado su cabaña para ir a vivir a su tierra al amparo de sus hijos.

Mi amigo, El Gambusino de Oro, supuso que mi narración había terminado y comentó: "Pero ahora los años y el ajetreo estudiantil habrían ahuyentado a la bailarina".

—Tal vez —le dije—, aunque yo no lo creo, por lo que luego sabrás, pero antes permíteme que retroceda un poco para que sepas que la ruina del Casino la ocasionó la expropiación de éste, y como fue convertido en centro escolar, pues el vandalismo de varias generaciones de estudiantes se encargó de destrozar toda aquella belleza; y la desidia de otros tantos gobiernos dio al traste con todo, haciendo de aquellos jardines, verdaderos muladares y dejando a la inclemencia del tiempo aquellos hermosos edificios que bien pudieron servir para fundar un museo o una biblioteca; agravándose más ésto si te digo que en aquél entonces, había todo el terreno que se pudiera desear para construir escuelas. Parece que esto no viene al caso; pero como puedes ver, ahora me tocó en suerte venir a vivir al mismo lugar donde don Manuel tenía su cabaña, y bajo el mismo árbol "fabriqué mi nido", teniendo por este motivo que atravesar en repetidas ocasiones el patio de la Escuela de Agua Caliente, sintiendo siempre una rara tristeza como si pasara por un panteón abandonado.

—Pero insisto, ¿la hermosa Faraona sigue vagando por ahí?

—Pues verás, desde la expropiación del Casino, este lugar ha sido vigilado; no sé para qué, por miembros del ejército; y muchas veces a los soldados en turno, que por las noches platican al calor de sus fogatas, les he oído comentar lo de la mujer aparecida.

Te advierto, que nunca di crédito a sus consejas, a pesar de tener aún presente el relato de don Manuel, hasta que una noche al salir del Teatro del Seguro Social, decidí caminar hasta mi casa

La Faraona se apoderó de la llave del baúl y del revolver.

y así llegué hasta el lugar donde siempre están los soldados, pero ni el centinela estaba afuera, tal vez porque había empezado a llover con fuerza y hacía mucho frío. Al verme completamente sola sentí cierto temor, pero luego me alenté porque pude ver a la luz de la fogata a un hombre joven que seguía a una mujer vestida de blanco, y apreté el paso para alcanzarlos, pero fue inútil porque tomaron otro rumbo perdiéndose entre los árboles.

Al verme sola de nuevo, caminé más de prisa, y después de pasar el bordo, emprendí la carrera; crucé los arroyos que formó la lluvia bajo el puente del ferrocarril y llegué a mi casa hecha una sopa y tiritando de frío. Después de cambiarme de ropa, tomé un té caliente y me acosté; entrecerré los ojos musitando una oración y de pronto di un grito y me senté, porque sin querer, vi la escena del hombre persiguiendo a la mujer de blanco y me vino a la mente el relato de don Manuel. Y claro no pude dormir, preguntándome: ¿Sería aquella mujer la bailarina fantasma? Tal vez, pero el joven que la seguía ¿quién era?

A la mañana del día siguiente obtuve la respuesta. Volviendo al mismo lugar, al cruzar el mismo patio, me llamó la atención un grupo de curiosos que contemplaban el cuerpo de un joven muerto, que tenía en una mano un jirón de tul amarillento bordado de perlas.

Las gentes comentaban que era vecino de aquel rumbo, y que padecía del corazón. Al verlo lo reconocí, era el joven de la noche anterior, pero ya no había nada que hacer; me concreté a retirarme rezando por lo bajo una oración.

Hoy en ese lugar se están levantando nuevos edificios, dándole un aspecto distinto; pero aunque así sea, no volveré a pasar por ahí, después del anochecer y menos cuando la lluvia cubre de llanto los añosos árboles de ese muerto jardín... Ahora, mi Gambusino de Oro, tú tienes la palabra.

—Amiga mía, yo no soy cardiaco y vendré una noche lluviosa, para ver si la hermosa Faraona sale a mi encuentro y me entrega su fabuloso baúl repleto de oro.

Y yo le pregunto a mi estimado lector:
¿Quiere usted tomarle la delantera?
(Leyendas de Tijuana).

BAJA CALIFORNIA SUR

PABLO L. MARTÍNEZ. (Véase Baja California).

MITOS INDÍGENAS DE LA CREACIÓN

La tradición pericú hablaba de un gran señor que habitaba en el cielo, llamado Niparaja, quien había hecho el cielo, la tierra y el mar; y que gozaba de poder para cuanto quería. Este gran personaje tenía por mujer a Anajicojondi, quien le había dado tres hijos sin usar de ella, porque carecía de cuerpo; uno de éstos, Cuajaip, había sido verdadero hombre y había vivido en la tierra mucho tiempo para doctrinar a los humanos. Un día éstos se rebelaron, ingratos, contra quien les había otorgado innumerables bienes, lo mataron y le pusieron en la cabeza un ruedo de espinas. Creían que el cielo estaba más poblado que la tierra; y que en aquella región había habido en remotos tiempos una espantosa guerra, provocada por otro personaje llamado Tuparán por unos y por otros Bac, contra el supremo Niparaja; que éste había quedado al fin vencedor, por lo que después de quitarle a Tuparán las pitahayas y todas las frutas delicadas que tenía, lo arrojó del cielo con todos sus secuaces, lo encerró en una cueva cercana al mar y crió las ballenas para que lo custodiasen y no lo dejasen salir de la prisión. Asegura también la leyenda que Niparaja era enemigo de la guerra y Tuparán partidario de ella; y que por este motivo los que morían flechados no iban al cielo, sino a la cueva de Tuparán. A causa de esto existían dos sectas en la región de los perijúes: los que creían en Niparaja eran gente circunspecta y dócil a la razón. Los misioneros se valieron de sus propias tradiciones para hacerles aceptar los dogmas cristianos. Los partidarios de Tuparán, por el contrario, eran embusteros, falsos y obstinados en sus creencias. Decían estos últimos que las estrellas, que según ellos eran de metal, habían sido creadas por una deidad llamada Purutahui y la Luna por otra nombrada Cucunumic.

Los guaycuras daban razón de un espíritu principal llamado Guamongo, que mandaba a la tierra las enfermedades. Aseguraban que en tiempos lejanos había despachado a la tierra a un subalterno suyo de nombre Guajiaqui, para que la visitara en su representación; que éste, viajando por la Península, sembró las pitahayas y dispuso los lugares de la pesca, terminado lo cual se encerró en Puerto Escondido, donde era servido por espíritus inferiores, que le llevaban diariamente exquisitas pitahayas y deliciosos peces para que se alimentase; que allí se ocupaba en hacer con los cabellos de sus devotos las capas de los doctores o charlatanes; y que luego volvió al Norte, de donde había venido. Aseguraban también los eruditos guaycuras que el Sol, la Luna y las estrellas eran hombres y mujeres, los cuales todos los días, al ocultarse, caían en el mar y salían al día siguiente a nado. Otros decían que las estrellas eran fogones encendidos en el cielo por el Espíritu Visitador y vueltas a encender todos los días después que se apagaban en el mar. *(Historia de Baja California)*.

FERNANDO JORDÁN. Nació y murió en La Paz, BCS (hacia 1918-1955). Desde muy joven se dedicó al periodismo tanto en su entidad natal como en la ciudad de México. Entre sus libros figuran: *Tierra incógnita, Un reto al mar* y *El otro México. Biografía de Baja California* (1980; Patronato del Estudiante Sudcaliforniano, 1989). Es autor, además, del poema *Calafia*, que mereció un premio en 1955

LA BAHÍA DE MAL ARRIMO

Francisco de Ulloa fue el último enviado de Cortés a continuar los descubrimientos en California. Se le vio salir, para no regresar jamás, el 8 de julio de 1539, del puerto de Acapulco. Como Cortés en su primer viaje y lo mismo que Colón en su ruta hacia América, Ulloa dirigía el rumbo de tres naves, una de las cuales, la más pequeña, se perdió poco después de iniciar el viaje. Ulloa, experto marino y audaz explorador, siguió por la ruta de Tapia; dobló por el Oeste el Cabo de San Lucas y fuése costeando el litoral occidental de California. Fue el primero en internarse en la inmensa Bahía Magdalena (que llamó de Santa Catalina), recorrió más al Norte las playas que limitan los Llanos de Hiray, pasó frente a Bahía de Ballenas y dobló el codo de la Península para entrar en el golfo que posteriormente habría de llamarse de Vizcaíno. Reconoció la Isla de Cedros (llamada originalmente de Cerros), y navegando sobre el paralelo 29 tuvo la seguridad de que navegaba costeando una península, y no una isla. El dato le pareció demasiado importante para guardarlo hasta su regreso, y sacrificando su propia seguridad, hizo volver con la nueva al navío más grande, dejando para sí el *Trinidad*, un pequeño barco de 35 toneladas. De Ulloa no volvió a saberse más, y de su naufragio, de su muerte, jamás se conoció el menor detalle.

Es un hecho bastante cruel el que el nombre de Ulloa, cuya contribución a la geografía californiana fuera tanta, no haya quedado en sitio alguno del mapa peninsular, que aparezca tan débilmente mencionado en la historia, y que de él sólo se ocupe la leyenda. Si quisiera hacérsele justicia, y puesto que de su trágico fin únicamente se conoce que tuvo lugar aproximadamente a la altura del paralelo 29, bien podría cambiarse el nombre a cierta laguna, situada un poco más al Sur, y llamarle de Ulloa en lugar de Scammons. Para hacer esto habría tres razones fundamentales: la de que no hay lugar alguno en California que lleve el nombre de Ulloa; de que el nombre de Scammons está desligado totalmente de las hazañas que dibujaron California en el mapa del mundo, y, finalmente, de que una leyenda señala las cercanías de esa laguna como el cementerio del olvidado marino.

Y aquí continúa la leyenda tejida en torno a una verdad geográfica.

Hay en el fondo de la Bahía de Vizcaíno, entre Laguna Scammons (que tal vez en el futuro se llame de Ulloa) y Punta Eugenia (extremo occidental de lo que hemos llamado el "codo" de Baja California), una playa cubierta de despojos que los nativos llaman Bahía de Mal Arrimo (Punta Mal Arrimo, en el Derrotero de la Costa). No es otra cosa esta bahía que un inaccesible punto de la más amplia de Vizcaíno. No se puede llegar a ella ni por mar ni por tierra, y en la actualidad, sólo puede alcanzarse utilizando el avión y haciendo un aterrizaje en las cercanías de Bahía Tortugas. Mal Arrimo, por su posición en el recodo del paralelo 28, se ha constituído en una emboscada de esa corriente marina que en Japón se llama kurosivo y en América de California; corriente fría, ruta de los antiguos galeones de Filipinas en el tornaviaje, y ruta del atún, según parece, por la que en su persecución siguen los modernos pescadores. La corriente de California viene deslizándose por la costa americana, conservándose a respetable distancia de sus accidentes. Cuando se aleja demasiado, se desprenden de ella pequeñas corrientes que vienen a lamer, en la misma dirección, todo el litoral peninsular. Estas subcorrientes de la de California alcanzan velocidades respetables contra las cuales siempre se protegen los navegantes. Nada las detiene y vienen peinando el mar a manera de rastrillos. Al llegar a Bahía Vizcaíno, las corrientes se encuentran de pronto sorprendidas por esa enorme saliente que se lanza al Oeste hasta la Isla de Cedros, y sin tiempo para desviarse, golpean de lleno contra la playa que les cierra el paso. Las corrientes no mueren ahí, porque, repuestas prontamente, dan vuelta al Occidente en busca del mar libre; pero mucha de su fuerza que-

da en el obstáculo y con ella todo lo que arrastran, inerte, recogido en su viaje desde Japón, frente a California y sobre la costa de Baja California. Queda ahí su cargamento de despojos encontrados al paso de su largo recorrido, se desembaraza de ellos en un sacudimiento desesperado para poder aligerarse y recuperar pronto su ruta momentáneamente extraviada, y Bahía de Mal Arrimo queda en calidad de depositaria. Esto ha sucedido desde hace milenios. Desde que el hombre de Oriente y el hombre de Occidente se aventuraron a navegar en aguas del Pacífico del Norte, la corriente se encarga de arrastrar los restos de sus naufragios y de reunirlos en Bahía de Mal Arrimo. Esto pasó con las frágiles canoas que perdieron los inmigrantes asiáticos que llegaron a poblar América, y así ha pasado también con los restos que dejaron las batallas navales entre nipones y norteamericanos en la última guerra. Se ha integrado allí un cementerio marino de tal magnitud, que, de ser estudiado con método y paciencia, podría proporcionar los datos para escribir la historia completa de la navegación en el Pacífico.

En ese cementerio marino que se esconde en bahía de Mal Arrimo están, según se afirma, los restos de la nave de Ulloa. La leyenda —ya no la historia— dice que Ulloa naufragó al norte de esas aguas y que los krestos de su nave, con los restos de su capitán —¿qué capitán de leyenda no muere sobre el puente?—, fueron arrastrados a Mal Arrimo. Allí se encuentran los restos del *Trinidad*, confundidos entre las lápidas mortuorias de miles de cascos; perdidos en esa arboleda —bosque destrozado— de mástiles, de puentes y de quillas; en ese inmenso basurero de lanchas extraviadas, de cubiertas arrancadas a navíos sorprendidos por los huracanes, de algas acumuladas durante milenios. Localizarlos entre esos despojos, después de cuatro siglos de su naufragio, ciertamente es tarea imposible; pero dando fe de su presencia existe un dato.., un dato de leyenda, por supuesto. Dicen que por las noches, cuando el paso del viento acalla las bofetadas de la marejada, hay ciertos momentos en que se pone a llorar en largos quejidos que no pueden confundirse con un vulgar ulular. En esos momentos, el viento pasa llorando con voz de dos largos tonos: "Uuuu-lloooa... Uuuu-lloooa... Uuuu-lloooa..." Y eso es todo lo que queda en recuerdo del marino español. *(El otro México...).*

JOSÉ ROGELIO OLACHEA ARRIOLA. Nació y murió en La Paz, BCS (1926-1985). Tipógrafo en su primera juventud y profesional de la información el resto de su vida, publicó durante 30 años la columna "Periodismo dinámico" en el diario paceño *Últimas Noticias,* aun en los periodos en que desempeñó cargos oficiales. Compositor de canciones regionales, fundó el Café Literario Arte y Cultura. Es autor de *Lira pueblerina, Por los senderos del pensamiento* y *La Paz de antaño. Relatos, cuentos, leyendas y anécdotas* (Ayuntamiento de La Paz, 1973).

EL TESORO DEL CERRO ATRAVESADO

En el siglo XVII, cuando era constante el saqueo de barcos por parte de los piratas, aconteció un naufragio célebre en el Golfo de Cortés, dando por resultado la llegada a nuestra bahía de un tipo audaz, llamado Teffall Lamartine, que traía a un compañero de aventuras. Los dos desembarcaron de una frágil canoa en Punta Prieta y de allí siguieron el paso hasta atravesar el macizo despoblado.

Falta agregar un detalle: ambos sostenían un pesado cofre donde había valiosas joyas de oro y plata; en su mayoría, monedas que despertaban la codicia del ayudante de Lamartine.

Después de un recorrido penoso y en medio de discusiones violentas, llegaron a un lugar cercano al Cerro Atravesado, donde hoy se ven unos añosos árboles de San Juan, y allí continuaron la discusión sobre el tesoro.

Llegó la noche y tuvieron que acampar en torno de una fogata. Tefall Lamartine, que era desconfiado, aprovechó que su compañero dormía para sacar su pistola, que disparó contra el confiado durmiente. Después cavó una fosa y sepultó el cadáver junto con el arcón.

La leyenda dice que al transcurrir el tiempo, los caminantes que se acercan al sitio, al filo de la media noche, ven que en el tronco de uno de los viejos árboles se ve oscilar una lucecita que sin duda indica el lugar donde está enterrado el tesoro. Por cierto que ha habido numerosas expediciones que han tratado de encontrar el cofre de Tefall Lamartine, pero todo ha sido en vano. Otros cuentan que el pirata se aparece en las noches de luna, cuyo espectro desaparece entre la arboleda, haciendo que los buscadores del *interés* pongan pies en polvorosa.

Así, quedó en el viejo arcón el secreto del Cerro Atravesado. (*La Paz de antaño...*).

LAS CIRUELAS DEL MOGOTE

La Paz se jacta de poseer no sólo sus bellísimos atardeceres excepcionales en el mundo, sino un hechizo en el paisaje que hace que cada visitante encuentre algo atrayente que lo detiene en la contemplación.

Sin embargo, poseemos una leyenda. Hela aquí:

Frente a la bahía tranquila existe el morro El Mogote, donde dice la leyenda que había dos tribus rivales: los aripas y los guamichis. Los primeros se asentaban al sur del trozo de tierra y los últimos en la punta norte del promontorio.

Cuentan que un día los aripas, que eran feroces con sus enemigos, raptaron a la princesa Immigná, hija del rey guamichi, que era muy bella. El soberano estaba inconsolable, al extremo que envió diversas embajadas a suplicar al jefe de los aripas que le devolviese a su adorada hija.

El rey guamichi urdió toda clase de planes, pero ninguno daba el resultado apetecido. Un día, tuvo la luminosa idea de llenar un caparazón de caguama con frescas ciruelas de las que allí se daban y lo envió al captor de Immigná.

Gustaron tanto las ciruelas al rey aripa, que de inmediato ordenó la devolución de la princesa secuestrada.

Desde entonces, dicen que reinó la paz entre ambas tribus y jamás volvieron a tener rivalidades.

De aquí nace aquello de que el que come ciruelas de El Mogote, se queda en La Paz para siempre, o, si se va, vuelve otra vez, porque las ciruelas son el imán tradicional. (*La Paz de antaño...*).

MANUEL TORRE IGLESIAS. Nació en Vizcaya, España, en 1896; murió en La Paz, BCS, en 1972. Licenciado en derecho, profesor de literatura e incansable escritor, fue considerado "guía de la juventud" en la Península. De su copiosa obra literaria, se dieron a las prensas en 1980, por la Federación Editorial Mexicana y con el patrocinio del Ayuntamiento de La Paz, su ciudad de adopción, *Educación y cultura, Cultura, literatura, arte, ciencia, creación*, colecciones de artículos publicados en periódicos de circulación nacional, y *Sudcalifornia en la leyenda y en la historia*.

EL MALEFICIO DE GUAMONGO

Mister Mac Crea me invitó a gozar del mar Bermejo en su magnífico navío de placer dotado de todas la comodidades que el hombre puede apetecer. Cuatro grandes motores mueven el barco. Tiene dos cubiertas. Bajo la segunda diez camarotes de lujo. Una espléndida cocina internacional al cuidado de un chef francés capaz de embellecer el porvenir sobre la mesa al más exigente gastrónomo. Desfilábamos por la sin rival Bahía de La Paz rumbo a la isla de San José, cuya sal marina es la mejor de América. El transbordador *La Paz*, preciosa obra de ingeniería japonesa, iba entrando por el canal de San José para tomar posiciones en la recoleta bahía de Pichilingue donde tiene su asiento. Nos saludó el capitán gentilmente.

Dimos vuelta al Mogote (lengua de istmo de mal agüero, pues el que come las ciruelas de sus árboles ya no sale de La Paz) y enfilamos a lo largo de la costa sirviéndonos de horizonte la espalda de la sierra, azulenca, desolada y triste. La isla del Espíritu Santo, largo lomo terrestre con dos jorobas como un dromedario, recortaba su silueta ocre cubierta en la cima de nubecillas algodonosas de vapor.

Unos tres cuartos de hora más tarde, inclinado mister Mac Crea sobre cubierta, me pregunta por los placeres perlíferos, los que en su fantasía son un tesoro.

–Todos estos fondos tienen concha grande. Pero los buzos se niegan a descender. La pícara leyenda de Guamongo la tienen hincada en el alma. Vea usted esa punta. Es el Mechudo, palabra que solivianta a nuestros buzos como si su sortilegio fuera fatal.

—Me agradaría, señor Torre, conocer esa leyenda. Nuestros buzos de San Francisco no hacen caso de fantasías y descienden a buenos fondos si se les paga bien.

—La leyenda, amigo mío, viene de lejos, de allá del siglo XVIII, cuando aún no se había consumado la independencia de México. Allá por los años de 1789 se comerciaba con nuestras perlas en Loreto y Santa Rosalía de Mulegé. De las aguas loretanas salió la "Peregrina", la perla gigante de más de 30 kilates que se le ofreció a la corona de España. Uno de los whamas o hechiceros de los indios waycuras, hombre de gran poder de sugestión y excelente buzo de cabeza, llegó a este rincón del Mechudo para pescar perlas. Por aquí merodeaban varios indígenas de la costa que se dedicaban al mismo negocio. El hechicero se unió a ellos y les propuso intensificar el buceo todos juntos. Los indígenas le indicaron que las perlas de ellos serían una manda para la virgen de Loreto, pues ellos pertenecían a aquella misión. Dos o tres loretanos se sumergieron, pero salieron a flote con una cara compungida. Algo raro habían visto en el fondo que no los animaba a bucear. El whama, con cierto despotismo, los llamó cobardes diciéndoles que él se echaba al mar para sacar perlas para Guamongo, el demonio tutelar de su tribu.

Y en efecto, con gran valor y excelente técnica se sumergió en los fondos que siempre tuvieron concha de veinte centímetros, la más apropiada para las perlas grandes. Los indios, en su canoa, esperaban atónitos el resultado de la aventura. Pasaba una hora y el whama no salía, cosa absurda para el pulmón humano, que en tiempo normal resiste hasta dos o tres minutos bajo el mar. Uno de los indios, sin duda el más animoso, intentó descender con una lanza tiburonera y un cable. Abajo vio con horror al whama atrofiado entre largas lianas ahogado, con el cestillo de alambre en la cintura lleno de conchas gigantes.

Guamongo se había cobrado su manda cruelmente. Días después el cadáver hinchado subió a la superficie. Lo halló otra canoa de San Evaristo. Los captores vieron con inaudito asombro que el audaz whama estaba envuelto en largas lianas que al parecer impidieron los movimientos de retorno. En el cestillo de alambre había doce conchas grandes. Al abrirlas, los pescadores costeros hallaron una perla negra opaca de quince kilates. Para los indios loretanos la virgen había vengado el maldito deseo del hechicero. Desde entonces ningún pescador de cabeza bucea allí. Ni tampoco los de escafandra por un raro y quizá absurdo sortilegio.

–Cualquier día traeremos buzos de San Francisco con la escafandra moderna de oxígeno y espero que no intervengan en la aventura ni la virgen ni el diablo, sino solamente el hombre y la concha.

La hora de mediodía nos arrimó a la mesa. Detuvieron el navío, que con suave balanceo se columpiaba en el mar. Las toninas perezosas trampolineaban alrededor de nosotros. Y los grandes escualos pasaban a lo lejos, veloces como dardos para caer en el cardumen de sardinas. *(Sudcalifornia en la leyenda y en la historia).*

CARLOS DOMÍNGUEZ TAPIA. Nació en Santiago de los Coras, BCS, en 1939. Ha sido profesor en planteles de enseñanza primaria y superior, funcionario público en los ramos de la difusión y la cultura, y redactor de prensa, radio y televisión, varias veces galardonado. Es autor de poemas, de los libros *Trilogía de cuentos regionales* (1972), *Forjadores de Baja California Sur* (1976) y *Cabo San Lucas: el Finisterre de América* (1976), y del folleto *Relatos de Contacto Directo* (1985), colección de narraciones transmitidas por la radiodifusora paceña XENT.

LA CARROZA DE LA CIÉNAGA

Hace algunos años desapareció lo que quedaba de la Ciénaga de Flores en las entonces afueras de la ciudad de La Paz. Era un huerto ubicado en el sitio donde se encuentra la Escuela Secundaria Técnica No.1 que lleva el limpio nombre de la insigne educadora Srita. Concepción Casillas Seguame.

Una ciénaga (o ciénega, como también suele llamarse) es un pantano cuya humedad se aprovecha para cultivar plantas. La ciénaga de La Paz era llamada "de Flores", precisamente porque desde la antigüedad había sido lugar apropiado para la siembra de diversas variedades de plantas de flores multicolores.

La Ciénaga de Flores se formaba de manera natural, por un accidente geográfico, con las avenidas de las lluvias y arroyuelos de la parte alta del oriente de la ciudad.

En la ciénaga había un rancho de los tradicionales, con corrales llenos de ganado fino y un pozo abierto del que se extraía el agua con un molino de viento en temporada de sequía.

Hacia 1940, cuando aún la ciénaga tenía vida, el cuidador del rancho vio una tarde friolenta de enero llegar una bella carroza, tipo cabriolet, muy antigua, desusada, especie de aparición misteriosa, de la que bajó, después del cochero, una hermosísima dama ataviada al estilo del siglo pasado. El conductor ayudó a su ama a llegar al interior de la huerta, como si ambos flotaran sobre nubecillas vaporosas.

Don Porfirio, como se llamaba el cuidador de la ciénaga, se encaminó cauteloso hacia los extraños visitantes para saber la razón de su llegada. Se quedó mudo de terror. La carroza negra, reluciente, pareciera sacada de un antiguo libro de cuentos de hadas. La presencia de la mujer ponía los pelos de punta, pese a su hermosura.

Vio don Porfirio que la dama de la lúgubre presencia cortaba algunas flores, hacía con ellas un ramo y subía nuevamente, ayudada por su cochero, a la imponente carroza. Esta escena que podría haber sido común a fines del siglo anterior, resultaba patética en pleno 1940, año en que en la ciudad de La Paz solamente quedaba la carroza mortuoria, ya desvencijada, de Trasviñita.

Mientras la carroza funeraria de aspecto tétrico imponía terror, ornada con crespones de colores negro y violeta, a su paso por las calles de la pacífica ciudad de entonces, la carroza de la dama de negro era brillante, ornamentada con chillantes colores y con arzones de las cabalgaduras cintilantes a la luz de la luna.

Tan silenciosamente como llegaron, carroza y ocupantes partieron sin decir una sola palabra. Ni para preguntar el precio que lógicamente debieran haber pagado por el ramillete de fragantes rosas, nardos, caléndulas, nomeolvides y claveles. Era tanto el miedo que invadía al señor Porfirio que pasó por alto el cobro de las flores.

A la llegada de los propietarios del huerto, al día siguiente, el señor Porfirio les platicó azorado la inexplicable escena de la tarde anterior. Por supuesto, nadie le creyó una sola palabra. Además, pensaron que Porfirio pudiera haber bebido y la fantasía fuera fruto, como en varias ocasiones anteriores, de su deplorable estado.

Diez días después apareció otra vez la carroza negra, ahora solamente tirada por dos enormes caballos de color negro brillante, sin cochero ni pasajera.

¿Qué hacía ahí esa carreta? ¿De dónde venía? ¿Qué buscaba? Don Porfirio se acercó temeroso primero y resuelto después, para ver de cerca la carroza. Del interior del vehículo antiguo salía un empalagoso olor a extraños perfumes y los adornos y escudos que ornaban cada espacio, se antojaban de oro purísimo, pues tal era el brillo que reflejaba al solo contacto con los rayos de la luna que empezaba a asomar por encima de las serranías del oriente.

Inmóviles durante largo rato, los caballos tenían ojos diabólicos. Al cuidador de la ciénaga le parecían dos pares de tizones rojos que proyectaban destellos como para ablandarle las piernas a cualquiera.

Don Porfirio fue ante el delegado de Gobierno para enterarlo detalladamente de las apariciones de la misteriosa carroza, ya que sus patrones definitivamente no le creerían jamás.

Por más que las autoridades mandaron gendarmes para buscar, espiar y esperar pacientemente el siguiente arribo del carromato misterioso, no llegó jamás. Sin embargo, no fue solamente el viejo Porfirio el que daba razones de la carroza. Cierta noche había sido vista por poco más de una veintena de personas adultas residentes a la orilla de la carretera (hoy avenida Isabel la Católica). Acudieron a dar testimonio ante las autoridades policíacas en forma voluntaria, cuando un periódico hizo públicas las declaraciones del inspector de policía.

Coincidían todos los testigos en los detalles aportados por don Porfirio en cuanto a las características de la carroza. Todos aseguraban haber visto tanto al cochero de levita como a la elegante dama vestida de negro. Hubo quien abundó más en sus declaraciones, asegurando haber visto el rostro blanquísimo, de belleza indescriptible, de la misteriosa mujer del coche fantasmal que ya había despertado la psicosis colectiva de gran parte de la entidad sudcaliforniana.

Con el paso del tiempo, la misteriosa presencia de la carroza enjoyada de la Ciénaga de Flores empezó a olvidarse. Jamás se supo nada más sobre las apariciones, pero algunas personas que fueron testigos de este relato (entre ellos don Porfirio que aún vive) siguen esperando que una tarde lleguen, por donde hace 47 años, la carroza tirada de briosos corceles negros, el cochero y la dama elegante del rostro blanco, de negrísimo ropaje que en dos ocasiones llegó hasta la desaparecida Ciénaga de Flores. (*Relatos de Contacto Directo*).

LA NIÑA DE EL ARROYO HONDO

La diminuta Irenea había llegado al mundo dos meses antes de lo previsto, en el rancho El Zacatón, tres kilómetros al sur de la legendaria población minera de El Triunfo. Sus padres, un sargento retirado de las filas revolucionarias maderistas y su mujer, Paula, ambos de avanzada edad, estaban azorados desde siete meses atrás, cuando el médico del pueblo diagnosticó a la señora Paulita un inexplicable embarazo que, a sus años, podría resultar de elevado riesgo.

La preñez y con mayor intensidad el nacimiento de Irenea, habían despertado una avalancha de infamias y maledicencia sobre la humilde familia.

Al cumplir su primer año de vida sanísima, Neya, como la llamaban cariñosamente sus familias, tenía ya el cuerpo y la inteligencia de una niña de tres. Hablaba claramente, caminaba y corría sin el menor titubeo. Sus cabellos rojizos caían por encima de sus hombros en bella cascada. Los rumores malignos crecieron y Neya, de tez blanquísima y hermosura singular, empezó a parecer para algunos la reencarnación exacta del demonio.

El brillo de sus bellísimos ojos verde nilo crispaban los nervios de algunos vecinos que por ignorancia habían dado pábulo a temores y habladurías sin fin. Cuando Neya iba con sus padres al pueblo, los niños se escondían y las mujeres sentían el impulso de santiguarse.

¿Por qué razones eran la niña y sus padres objeto de tanta maldad? Doña Ramona Ortega, que hacía cabeza entre el grupo de vecinos temerosos, comentaba con ellos las "razones" esas. La pequeña Irenea había sido concebida cuando sus papás pasaban, ambos de los setenta años y, además, era extraordinariamente blanca, de ojos verdes, cabello amarillo rojizo, casi dorado, todo ello cuando sus padres y hermanos tenían la piel morena, ojos y cabellos negros. Y algo más: los hermanitos de la niña eran tímidos, huidizos, callados y lerdos, en tanto ella era despierta, sociable, alegre y de probada inteligencia precoz. Entre su hermano anterior y Neya existía una diferencia de quince años, lo que avivaba más la maldad de la gente.

La vida azarosa de Irenea empezó en el mismo templo de El Triunfo, en la celebración de una ceremonia doblemente significativa, porque era domingo y 12 de diciembre, día de la patrona del poblado. En un momento dado de la misa, Irenea empezó a halar de la falda a su madre, gritando que el techo del templo estaba a punto de derrumbarse.

Segundos después, cuando la mamá sacó a la niña al atrio de la iglesia para que dejara de llorar, gran parte de la techumbre se vino abajo dentro de un estrépito infernal, causando la muerte de doce personas y un número alarmante de heridos de gravedad.

Al día siguiente, doña Paula, su esposo y sus hijos estaban con todo el pueblo en el cementerio del lugar, en el funeral de las víctimas, muchos de ellos parientes de la familia. Bastó que una mujer histérica señalara a la niña, culpándola a gritos de la tragedia del día anterior en el templo, para que en criminal turba se echaran sobre la familia de El Zacatón, apedreándolos, propinándoles garrotazos y lanzándoles maldiciones. La pequeña Neya y sus hermanitos fueron protegidos en forma heroica por sus padres, aunque ellos fueron gravemente heridos.

Como en el rancho El Zacatón no podrían estar a salvo después de la circunstancia aquella y los rumores eran sumamente preocupantes, el padre de la niña decidió llevarse al rancho de sus padres, El Arroyo Hondo, a toda la familia.

Sabedor de los hechos, el sacerdote pidió cordura a los fieles. Les decía que la niña había sido bautizada y sus padres habían acudido al templo con regularidad desde siempre.

Sin embargo, nadie le obedeció y una noche, azuzados por algunas mujeres fanáticas e ignorantes, decenas de triunfeños acudieron amparados por las sombras al rancho donde vivía ahora Irenea. Cercaron la ranchería, prendieron fuego a la vieja casona de los abuelos y no quedó en apariencia ningún morador vivo dentro de la hornaza provocada por los criminales.

El cuerpecito calcinado de aquella inocente víctima fue localizado por la turba entre las cenizas, pues habían quedado sin quemarse algunos mechones del cabello. Fue lazado el pequeño cadáver con una reata y tirado a rastras por el arroyo hasta el pie de un guamúchil que con los años habría de quedar al borde del curso de la Carretera Transpeninsular.

Desde aquellos tiempos, muchas y muy espeluznantes leyendas se cuentan sobre Irenea y el árbol de guamúchil.

Hasta hace muy pocos años, surgieron personas que cuentan aún que han visto a la niña de los cabellos rojizos, vestida de blanco, a la luz de los automóviles que circulan por esa parte de la carretera en la noche de luna llena. *(Relatos de Contacto Directo)*.

JOSÉ MARÍA BARRIOS DE LOS RÍOS. Nació en Zacatecas, Zac., en 1864; murió en Cananea, Son., en 1903. Licenciado en derecho, radicó en La Paz, BCS, de 1892 a 1896. Ahí fundó, paralelamente a sus tareas de juez, *El Peninsular*, *El Correo de La Paz* y la *Revista Jurídica*. Posteriormente siguió haciendo periodismo, practicando la abogacía y escribiendo textos jurídicos y literarios en otras ciudades de México y Estados Unidos. Es autor de *Obras poéticas*, *Tribuna filosófica y literaria*, *Excerta jurídica* y *El País de las Perlas y cuentos californios* (1908, reeditado por el Instituto de Cultura de Baja California en 1989).

EL BUQUE NEGRO

Corría el año de gracia de 1716. Era el mes de octubre, y los padres de la misión de Nuestra Señora de Loreto no recibían cartas ni víveres desde enero.

La carestía era inmensa. Todas las tardes se sentaban, después de las preces públicas, a vigilar tristemente el Golfo de Cortés, con la esperanza de avistar el barco protector que aguardaban hacía luengos meses.

Una de esas tardes, teniendo el reverendo padre Juan María Salvatierra su largo rosario entre las manos, interrumpió la piadosa devoción para señalar con el dedo a sus compañeros, que no lejos de allí rezaban, un punto negro y lejano que se percibía en el horizonte.

Este pecadillo de distracción, que el santo jesuita lloró como un niño el resto de su vida, escandalizó a los otros padres, los cuales no haciendo caso de la señal del padre superior, continuaron su rezo impasiblemente.

Cuando todos hubieron concluido, les pidió perdón de su falta y que rogaran a Dios no fuese a hacer sentir su justicia sobre la misión en castigo de aquel pecado, cometido por el pastor de aquellas ovejas, en quien ellas sólo debían mirar ejemplos de exactitud, perseverancia y santidad en las buenas obras.

El punto avistado se acercaba a toda prisa. Indudablemente debía de ser una embarcación: así lo pensaban los padres y la gente que había acudido a la playa al saber la buena nueva.

Pero el caso es que aquello no tenía velas, ni al parecer mástiles. Veíase sólo una masa negra que avanzaba rápidamente. ¿Sería un cetáceo? Inverosímilmente podía pensarse esto: la historia natural de aquel tiempo era bastante completa en lo relativo a monstruos marinos, pues todos los mares del mundo habían sido ya explorados...

Fuese lo que fuese, en las buenas almas de Loreto dominaba universal regocijo: sólo el padre Salvatierra parecía contristado como si temiese en el arribo del barco enigmático la caída de una maldición a su santa obra.

Acercóse por fin la grandiosa mole, redonda como el dorso de la ballena, menos en la proa, donde, estrechándose y reentrando las convexidades opuestas, degeneraban en dos planos verticales que unían las líneas de sus extremos en un ángulo de setenta. Carecía de arboladura y velamen. Desde la línea de flotación podía medir de altura o puntal hasta siete metros, y su largo o eslora vendría a ser como de unos treinta y seis, con manga proporcionada a estas dimensiones. Por las lucanas o los ventanillos salía un fulgor verdoso y vivísimo. Su color o pintura era negra, sin brillo ninguno, y su cubierta estaba coronada por tripulantes negros también. Eran las seis menos cuarto cuando fondeó sin ruido ninguno, a cincuenta brazadas de la playa.

El asombro hizo enmudecer a la colonia. Esta se componía entonces de algunas tres mil almas, y la piedad que los misioneros habían inculcado en todas, no menos que la frecuente escasez en que vivían hasta de lo indispensable para la vida las había acostumbrado a recurrir a la oración, en los casos apurados y a confiar sus destinos tranquilamente a la Providencia. Los más de los presentes a esta escena pensaban que Dios había escuchado las preces públicas que a la sazón habían ordenado los padres, así que, si bien no se explicaban aquella embarcación nunca vista, hallándola del todo diferente del pequeño bastimento *San Jaime*, único barquillo que por entonces los proveía, esperaban no obstante que la llegada del buque sería el fin de la carestía. Recibieron, pues, al desconocido barco entonando desde la playa regocijadas alabanzas, levantando las manos al cielo y saludando a la tripulación negra con vítores y honores de bienvenida.

Los jesuitas no las tenían todas consigo. Su superior ilustración les hacía rechazar de plano cualquier teoría de navegación no fundada en los aparejos veleros, único sistema conocido hasta entonces; y no teniendo noticia de que se hubiese ensayado siquiera otro medio de locomoción por el mar, distinto del viento y del remo, a punto estuvieron de calificar de diabólico artificio la aparición del *Buque Negro*. Su asombro no tuvo límites cuando vieron que cuatro negrazos horribles descolgaban desde la borda un batelillo color de ollín, y que por una escala de cuerda se deslizaba un hombre blanco, vestido a la usanza de los hijodalgos españoles, y que parecía ser el jefe de aquellos atezados tripulantes.

Sentóse el caballero en el largo escaño de madera que flanqueaba el esquife; a su vez hicieron lo mismo los cuatro negrazos y se dirigieron al puerto a todo remo. El blanco llamábase don Veremundo de la Garza y Contreras, natural de Villamadera, en el reino de Navarra: tenía veinticinco años y era hermano menor del duque de Torre la Mora. Esto rezaba un pasaporte en toda regla que presentó al padre superior, simultáneamente pastor espiritual y representante del virrey en la colonia. La estatura mediana, la barba finísima, bien poblada y lustrosa, la nariz grande y graciosamente corva, la boca plegada en dos leves arrugas hacia las comisuras de los labios ternísimos, buena la sonrisa y astuta la mirada, despedida por dos ojos de un verde espléndido, como la barba y el pelo; tal es, en pocas palabras, el retrato del héroe de mi historia.

Con aire señorial, aunque realzado por una conveniente modestia, con palabra fácil y persuasiva y con maneras de una cortesanía nada afectada, habló el personaje con los padres y los colonos de cuanto fue oportuno en aquella ocasión: del mar, de España, del rey, del Nuevo Mundo, de los largos viajes, de la temperatura, de las misiones...

Pero con prudentes reticencias y salvedades discretamente diplomáticas, se dejó en el coleto la explicación del enigma del barco negro, dando a entender que aplazaba la revelación del misterio para otro día; día que —sea dicho de una sola vez— no llegó jamás; porque ni en las crónicas, ni en el archivo de la misión, ni en los papeles particulares de los jesuitas, se ha encontrado la clave de este singularísimo suceso.

Y como para abreviar a sus interlocutores del prurito de inquisición y examen a que parecía comenzaban a someterle, se apresuró a ponderar el inmenso cargamento de víveres y socorros que traía para la colonia, pidiendo el auxilio de gente y canoas a fin

de abreviar la descarga. Esta noticia despertó en la misión el más extraordinario entusiasmo: canoas iban, canoas venías, y sobre la playa se apilaba en colosales balumbas enorme porción de sacos, balijas, cajas, barriles y fardos y bultos de toda clase. Semillas, frutas, carnes saladas, mantas, sombreros, muebles, útiles de labranza, cerdos, ovejas, toros y vacas. De todo ello quedaba la misión abastecida para muy largo tiempo. La descarga duró cerca de tres días, durante los cuales a los colonos los tuvo sin cuidado el problema náutico del barco sin velamen ni arboladura, ateniéndose prácticamente a la solución en alto grado gastronómica, indumentaria y agrícola que les deparaba el botín enorme. Concluida la descarga, a las primeras sombras de la noche del diez y ocho de octubre, se alejó el *Buque Negro*, sin viento ni remos, con el mismo silencio de su arribo, y dejándose en la misión al hijodalgo don Veremundo de la Garza y Contreras, muy agasajado de la colonia, en la cual había adquirido una popularidad que rayaba en veneración: cosa que nada tiene de extraordinario ni en Loreto ni en el resto del mundo.

Al padre Salvatierra le supo muy amargo todo aquello aunque fuese su huésped navarro y hermano de un duque de la corte de España.

El recién llegado no traía entre los infinitos artículos de su cargamento, ni un solo paquete de rosarios, ni un lote de catecismos, ni un mal ornamento para iglesia, ni siquiera una estampa de santos; su devoción, por otra parte, era un tanto problemática, pues desde su venida no había visitado ni una sola vez el templo de la misión, para dar gracias por el buen suceso de su viaje... A efecto de tentar el corazón de aquel impío, ordenó el padre un *Te Deum* solemne, en acción de gracias por los socorros recibidos en el *Buque Negro*. El señor don Veremundo concurrió al acto como todo hijo de vecino, sin distinguirse de los demás por otra particularidad, sino porque no hizo la señal de la cruz ni antes ni después del piadoso ejercicio; en lo cual nadie paró mientes... Pero he aquí que, al concluir el cántico religioso y al volverse de frente a sus neófitos el buen padre para bendecirlos, sintió tan grande inmovilidad en el brazo derecho, que apenas pudo levantarlo, y sin poder trazar en el aire la sacrosanta enseña, dejó caer la mano sobre el muslo con la pesantez del plomo y sin poder evitarlo.

Don Veremundo de la Garza presenta su pasaporte al padre superior.

Lleváronle de allí en brazos; porque era presa de tenacísima fiebre. Algunos días después, convaleciente y siempre triste, embarcóse para la Nueva Galicia en busca de salud y reposo, y no pasó mucho tiempo sin que exhalase en Guadalajara el último suspiro. En las supremas ansias de la agonía, dirigiendo la mortecina vista hacia el occidente, intentó bendecir de nuevo, aunque fuese desde tan lejos, la misión de Loreto, y sintió esta vez rebeldes sus nervios y pesada la mano, falleciendo sin derramar sobre sus catecúmenos el postrer sentimiento de su vida.

Pero volvamos a Loreto. Don Veremundo, con las simpatías que le había conquistado su desmedida generosidad, con su despejado y siempre listo cacumen y con la fortuna que le acariciaba notoriamente desde su llegada a aquellas playas, comenzó a prosperar en grande en todas las empresas que acometía su audaz y nunca dormido carácter. Expediciones de buceo, plantíos de cereales, cabotaje por su cuenta en el golfo, exportación de vinos y frutas: cuanto intentaba le colmaba de riquezas, al inaudito extremo de que a fines de 1718, sus tesoros eran incalculables. De cada valva sacaba una perla, de cada semilla un mundo de semillas.

No sé si mis lectores estarán de acuerdo conmigo en que no hay en este asendereado planeta cosa alguna que más despierte la envidia de los mortales, que ver que el prójimo se hace rico... Lo cierto es que las gentes de la misión comenzaron a murmurar de don Veremundo, cosas maravillosas y nunca oídas. Decíase que su riqueza era dádiva demoniaca. Que un papel trazado de gruesas líneas negras, que a nadie había dado a leer don Veremundo, pero que éste ojeaba de vez en cuando sentado en la playa, contenía el convenio, firmado de puño y letra de ambos contratantes, mediante el cual don Veremundo trasfería a Satanás el demonio de su alma, con exclusión de los derechos de Dios y a cambio de riquezas; y para confirmar este dicho añadían que al fin o a la postre, el *Buque Negro* se lo había de llevar en cuerpo y alma. Finalmente, que la decadencia de la misión no tenía otra data que el arribo de Garza, a quien debía atribuirse asimismo la parálisis aguda del brazo del padre Salvatierra, así como su inesperada y prematura muerte... Y en estas y otras semejantes pláticas, esparcidas primero *sotto-voce* y trasmitidas después de padres a hijos ya con mayor libertad y garrulería, porque don Veremundo se iba envejeciendo y tornando en débil estantigua, transcurrieron hasta cincuenta años, sin que por lo demás, en el lapso de este tiempo dejasen, los buenos feligreses de Loreto, de solicitar y percibir en pingües demostraciones contantes y sonantes, los desbordamientos de la liberalidad siempre inexhausta del hijodalgo. Y esto prueba otra sencillísima observación que me ocurre, si a mis lectores no incomoda, y digo me ocurre, no porque sea nueva, sino porque viene a cuento, y es que nada hay en este bajo mundo que armonice mejor las voluntades y trueque en servidores obsequiosos a los malquerientes, como la generosidad y largeza en las dádivas; y así, don Veremundo, aunque visto con desconfianza y antipatía, no tuvo en torno suyo más que atenciones, servicios y alabanzas. Sólo le abandonaron sus convecinos cuando cayó en cama, atacado de extraña dolencia que nadie diagnosticó ni pudo curar en la colonia.

A pocos días de estar enfermo don Veremundo, volvió a avistarse el *Buque Negro* desde las playas de Loreto. Con rapidez inusitada en embarcaciones comunes se acercó al puerto silenciosamente, sin velámen, ni arboladura, ni jarcias, lleno de una intensa luz rojiza que se veía a través de los vidrios de las lucanas y lumbreras, y movido por no se supo qué fuerza misteriosa. Salieron a cubierta cuatro negrazos, descolgaron un esquife, se metieron en él, remaron hasta atracar en el desembarcadero, saltaron tres de ellos en tierra, y se dirigieron a la casa de Garza y Contreras, lo levantaron en brazos y envuelto en sus ropas de cama lo embarcaron en el batel negruzco, volvieron a remar hacia el *Buque Negro*, a donde subieron con el moribundo, y zarparon sin rumor y con rapidez; perdiéndose bien pronto de vista el barco maravilloso en las lejanías ensombrecidas de la mar, que ya empezaba a obscurecerse con el capuz de la noche. *(El País de las Perlas y cuentos californios).*

CAMPECHE

JUSTO SIERRA MÉNDEZ. Nació en Campeche, Camp., en 1848; murió en Madrid, España, en 1912. Licenciado en derecho, fue magistrado de la Suprema Corte de Justicia y ministro de Instrucción Pública. En 1910 fundó la Universidad Nacional y en 1949 se le declaró "Maestro de América". Brillante polígrafo, sus *Obras Completas* fueron publicadas por la UNAM en 15 gruesos tomos. El relato "Marina" lo recogió Carlos J. Sierra en *Leyendas de Campeche* (Ediciones de la Muralla, 1979).

MARINA

En la costa sud-occidental del Estado de Campeche, a corta distancia de la capital, existe un pueblecillo todo lleno de aromas, de pájaros y de flores. En él recogí esta leyenda; me la contaron en la hora del flujo vespertino, al misterioso rumor de la marea y en el intervalo que hay entre la puesta del sol, uniendo en un solo incendio el espacio y la bahía, y la aparición tranquila de la Estrella del Mar.

Los días estivales son, en mi país natal, ardientes y luminosos por extremo. No bien aparece el sol tras las cercanas colinas cuando ya es grata la sombra del roble marino y el vaivén refrescador de las hamacas. Excuso deciros cuán dulce es la respiración de las olas, qué perfumado y tibio el viento, qué risueñas las flores. Modelos puestos allí por la mano divina que el hombre no acertará a copiar jamás.

Entre aquella armonía, inmergidas en ese ambiente, rodeadas de una vegetación tan brillante, tan verde, que parece tallada en esmeraldas, se admiran algunas casitas semejantes a grandes nidos de gaviotas. Algunas de ellas alargan coquetas un pequeño muelle en la ensenada como queriendo mojar en ella la punta del ala. En derredor de estas graciosas habitaciones, sombreadas por grupos de cocoteros, desborda por las albarradas en elegantes espirales el señor Diego, entre cuyas volutas caprichosas cuelgan los racimos de flores de coral pálido. Al abrigo del muelle crecen las rosas a veces, y los grandes lirios morados y los jazmines, todo con una exuberancia lasciva, con una fuerza de vida que embriaga. Aquí y allá, sobre rocas, en las raquetas del nopal, endereza su estuche de espinas la tuna roja. Pasan por encima de ese albergue de delicias las brisas marinas; las algas dibujan con su negruzca y movible curva la ondulación de la playa y las olas charlan sin cesar plegando y desplegando su sábana líquida ribeteada de encaje.

Allí la vida es dichosa. Figuraos todo ese color, toda esa luz, todo ese aroma encarnados en una muchacha de diez y seis años... Marina, hija de aquella playa, había visto a su padre enriquecerse con su trabajo. ¡Cuántas veces las lanchas del viejo pescador la habían columpiado y como si sintieran alegres el peso del cuerpo de la niña, como el corcel que siente una caricia, habían partido por la bahía tendiendo sus alas de lino, llevando ella el timón y los bogas inmóviles sobre las cañas de sus remos!

Era la playera esbelta como la palma del coco; su cabello se confundía con las cuentas de azabache de su gargantilla; en sus ojos parecía espejear la ola de zafiro de los mares primaverales y parecía su boca una de esas conchas perleras cuyos bordes húmedos y rojos entreabre el buzo para vislumbrar su tesoro. Su tez dorada por el terral era más suave que la seda de su pañoleta, bajo la cual se dibujaban dos pequeños nidos de chuparrosa.

¿Por qué era melancólica aquella hija de la costa? Así son todas, así es el mar. Y luego sorprende siempre y siempre hace soñar. Verlo es casi ver el cielo, pero un cielo tangible que se puede acariciar. Marina era la más melancólica, la más soñadora muchacha de aquellas playas; era triste.

Aquí empieza el poema, un poema de amor; nada. Unas cuantas estrofas; nada, las mismas de siempre; el eterno tema de la retórica, la eterna verdad de la juventud; nada. Dejadme bordarlo, ya que no con rimas con dulces y lánguidos circunloquios, con frases cargadas con el viejo e inmortal polvo de oro de la poesía.

Largo rato hace que contempla el horizonte del mar. Surge de improviso, viniendo del rumbo del puerto una mancha blanca; blanca como una garza, así vuela; en su vela, en su ala blanca se refleja el sol naciente. Era una barquilla; venía presurosa empujada por el aliento de la mañana; crecía como una fantasmagoría óptica. Saltó a tierra un mancebo, el gentil, el rubio que había visto Marina en las fiestas de San Román —donde se venera al Cristo negro que cuida de los marineros— el hijo del antiguo capitán de su padre; iba a casarse con ella; él lo decía. Entró en la casa de su amada; se sentaron en el borde de un arriate que era como búcaro de jazmines blancos... Esos jazmines, y las rosas, y los lirios, todos esos cómplices eternos de los pecados del trópico, supieron lo demás. Una hora después el rumor apasionado de un beso se confundía con el rumor de las olas. Marina volvió sola a su casa, sola.

Pasó el tiempo; Marina esperaba; nadie venía, nada más que sus lágrimas. La triste está enamorada, decían sus vecinas; unas lo sabían todo; las más lo adivinaban; las mujeres no se equivocan nunca cuando de esta enfermedad se trata. Por eso Ramón el piloto de *La Rafaela*, buen marino y mejor muchacho prescindió de pedir la mano de la playerita. Mucho la amaba; todo es grande en torno del Océano.

Marina cantaba estos versos compuestos por un poeta de aquellos rumbos de la costa:

Soy, Marina, la flor de la playa,
son mis labios de miel y coral:
Pescadores
tened blancas guirnaldas de flores
donde pase el cortejo nupcial
soy la concha de nácar, la brisa
me columpia con manso vaivén;

Marinero
marinero del alma, te espero,
no me dejes llorar, ¡oh! ¡ven, ven...!

Ven, ven, repetía balbuceando la ola como el pájaro a quien se enseña un canto. Marina, a su vez, repetía sorprendida el ritornelo y se alejaba cantando:

Marinero del alma, ven.., ven.
Ven, sollozaba el mar a lo lejos.

Huyeron los días, los meses. La playera tenía el color aperlado de la "flor de cera". El viejo padre de Marina miraba a hurtadillas los ojos extraviados de su hija y meneaba la cabeza... Recordaba la historia de ésta y de aquélla... y de la hija de su compadre, y temblaba repasando las novelas realistas e inescritas de su juventud.

Marina estaba en el muelle como de costumbre. Dio un grito de repente, se incorporó: una vela blanca venía del puerto; la barca atracó al muelle... Las flores, las cómplices encantadoras de todo amor, saben lo demás... Las olas vieron la despedida, oyeron el beso en el pie desnudo de la joven, y un adiós desesperado... Ellas lo repitieron en su perpetuo sollozo... Adiós... Marina las vio con ojos enloquecidos, pero sin llorar. La barca se perdió en el horizonte y ella se acostó en la arena como si se hubiera muerto. Jugaba la ola con su saya, se avanzaba a veces hasta la punta de sus trenzas salpicándolas de cuentas de cristal.

Así la encontró su padre. Pocas horas después la fiebre con una lujuria infernal quemaba entre sus brazos de fuego a la pobre Marina. Deliró; el viejo lo supo todo. Habló con el padre del seductor, su capitán antiguo. Todo está remediado, le contestó: he enviado a mi hijo a Barcelona, para que no siguiera inquietando a tu hija. En muchos años no volverá.

Eso no era un remedio, bien lo sabía el padre de Marina; porque novelas así suelen ser frecuentes en la costa; esa muchacha de su tiempo, y aquella, y la hija de... Pero ninguna era como Marina; Marina era otra cosa, Marina sentía de un modo extraño, cantaba, lloraba, soñaba, hubiera dicho, si hubiera sabido decirlo el viejo. Sí, Marina era otra cosa; claro, era su hija.

El pobre hizo sus confidencias a Ramón, al piloto, al enamorado de Marina. Lloraron juntos, de ira el uno, de desesperación el otro; de dolor los dos.

Marina se salvó; ya estaba buena el día que Ramón, enjugadas las lágrimas, entró al cuarto de la muchacha que, en el vetusto sillón de cuero de su padre, estaba sentada junto a la ventana, por primera vez abierta. Y le dijo: Marina, lo sé todo. Ella lo miró, no con sorpresa, sino con infinita dulzura. "Oye, continuó el piloto, pocos del pueblo conocen tu desgracia, emigraremos sin embargo, tu padre así lo ha resuelto; yo soy honrado y mi nombre lo es, ¿lo quieres? Serás mi esposa para todo", pero... Y se acercó al oído de la niña y murmuró en secreto quién sabe que frases. Ambos lloraron; de admiración, de gratitud ella; el pobre Ramón de dolor.

Poco tiempo después, la brisa salobre de la costa había completado la curación. El día de la boda, Ramón suplicó de rodillas a su novia que colocase en su cabeza el velo virginal de las desposadas. Marina se arrodilló largo tiempo delante de la imagen de la Virgen, que había heredado de su madre, y después pálida, pero serena, aceptó. Concluída la ceremonia, hubo comida y baile y grande algazara en la casa de Marina.

Caía la tarde: Marina bajó del muellecito a la playa. El mar parecía un zafiro inmenso engastado en un relicario de oro. Fulgorosos encajes de fuego flotaban en el cielo sobre jirones de amaranto. Bandadas de nubecillas se esparcían por doquiera; pétalos de flores arrancadas de aquel gigantesco ramillete por la brisa. A veces parecían disco de oro girando sobre un tapiz de púrpura; otras parecían vapor de sangre; allá a lo lejos vagaban algunas pálidas e intangibles como los fantasmas de las baladas alemanas. Campeche, por su situación en la costa, ve ponerse el sol en el mar; ve la hora en que el sol al recostarse en su lecho tropical cambia con la tierra una mirada sublime que estremece la creación.

Marina, distraída, se acercó a la playa, mientras adentro cantaban las muchachas, con aire de danza cubana, una canción de un poeta de aquellas costas:

Baje a la playa, mi dulce niña,
perlas hermosas le buscaré,

mientras el agua durmiento ciña
con sus cristales su blanco pie.

Marina descalzó sus pies de las zapatillas de raso blanco, como lo hacía frecuentemente, los desnudó de la calada media y empezó a jugar con la ola que salpicaba su falda de linón un tanto recogida. Estaba bellísima; un sentimiento impregnado de místicas aspiraciones al cielo comunicaba a su fisonomía encantadora no sé qué fulgor ideal. Parecía arropada en uno de los últimos destellos del día. Sus formas conservaban su voluptuosa morbidez, pero era esa morbidez mística que nos arrodilla ante las vírgenes de Murillo. Su mirada erró un momento por el horizonte; luego se fijó magnética, poderosa, por el rumbo del puerto.

Y vio la niña a lo lejos, muy lejos, una garza blanca, que se tornó luego en una barquilla, que se dirigió a ella a toda vela. Saltó a tierra un mancebo; el gentil, el rubio que por primera vez vio Marina en las fiestas del Cristo negro de San Román, y Marina le tendió los brazos cantando:

Marinero
Marinero del alma te espero,
no me dejes llorando, ven, ven...

Ven, repetían las olas como el pájaro a quien se enseña un canto...

Y las muchachas terminaban en derredor de Ramón, allá dentro, la canción del poeta costeño:

La dulce niña bajó temblando,
bañó en el agua su blanco pie...

Entonces Marina sintió sobre sus pies desnudos un ardiente y húmedo beso... Y la barca se iba, se alejaba, huía. Y el viento y las olas balbuceaban un adiós lúgubre, como el último adiós. Marina siguió a la barca; en el mar, se acercó, se acercó a su amante, llegó a él, sintió en derredor de su cintura unos brazos suavísimos, aspiró un aliento caliente y aromado, entreabrió los labios y sintió en la boca el beso amargo de la ola, que cubriéndola con un movimiento apasionado, tendió sobre ella su inmenso sudario de cristal y fue a besar la playa murmurando el eco del canto de Marina. Corrió Ramón a la orilla, corrieron las muchachas; solo hallaron el velo de la desposada flotando sobre las olas.

Todos los años hace el mar en el mismo sitio un ligero remolino y parece que flota sobre él un instante el velo de Marina con su encaje de espuma. Ven, ven, repite la ola. Esto dicen por lo menos, las playeras enamoradas que en ese día cuidan de no acercarse mucho a la playa, sobre todo en el momento que transcurre entre la puesta del sol incendiando el firmamento y la aparición divina de la Estrella de los Mares. *(Leyendas de Campeche)*.

CARLOS J. SIERRA. Nació en Ciudad del Carmen, Camp., en 1933. Abogado por la UNAM, desde su juventud ha sido funcionario público especializado en prensa, publicaciones y bibliotecas; investigador de materias históricas, jurídicas y económicas; autor de 94 libros escritos en paralelo a sus actividades oficiales y académicas; editor de poco más de 600 obras; coordinador de múltiples eventos culturales y director de boletines, revistas y periódicos, entre ellos el *Diario Oficial de la Federación*. En 1979 fundó Ediciones de la Muralla, uno de cuyos títulos, *Leyendas de Campeche*, contiene 14 narraciones recopiladas por él.

XTACUMBIL-XUNAAN

Tierra pálida y fértil; tierra hermosa, adormecida bajo el manto encantado de sus reminiscencias y entre el polvo de las grandezas de un lejano ayer! Tierra pródiga y hospitalaria que se brinda, generosamente, al viajero y le ofrece el inapreciable tesoro de su alma llena de sinceridad, empapándolo en sus leyendas, en sus costumbres, en su inmensa poesía. Tierra bendita que guarda con amor las lágrimas que aún lloran los dioses sobre el despojo de sus razas muertas, y se deleita con el perenne arrullo con que ellas se deslizan hasta el mar, y donde la vida se halla por doquiera como surgida de la nada ante el sublime conjuro de Itzamná. Donde cada paisaje parece emanar el misterioso aliento de Hunabku, cual si este hubiera bajado de invisible reino para gozar de la extraña luminosidad de sus cielos, y donde allá, en el augusto silencio de las noches obscuras, que apenas se interrumpe por el tenue soplar de los bacabes, todavía ve el caminante de los viejos caminos, peinarse sus negros cabellos a la Xtabay.

Allí está Bolonchen (Nueve Pozos), risueño pueblecillo escondido tras los pequeños montículos que corren a juntarse con la Sierra Alta, en el norte del Estado de Campeche, apenas visitado por los mismos habitantes de la región y admirado tan sólo por los decires de la gente, como si no guardara nada extraordinario y su visita no valiera sin las comodidades que ofrecen casi todos los medios modernos de comunicación.

Allí se conservan las tradiciones del pasado como en tantas otras ciudades y pueblecillos que han podido escapar a la barbarie del modernismo, como pudiera vivir en tanto tiempo la leyenda de aquel lento discurrir del "chivo brujo", por las antiguas murallas de Campeche, y como ha podido vivir el alma de los mayas, despreciando el transcurso de los siglos, en el obscuro refugio de un maravilloso cenote cercano a Bolonchenticul.

Se hizo el poblado en torno de nueve pozos naturales labrados por su dios entre la roca, —pues siempre amaron el frescor de las aguas— que se proveían de ella por las filtraciones de alguna cueva ignorada a donde se había podido juntar el agua de las lluvias; pero a menudo esta escaseaba y el pueblo sufría muy grandes penalidades para conseguirla. Era su jefe un valeroso mancebo que se había distinguido de manera brillante en unas luchas que habían tenido recientemente; luchas en las que siempre se vieron envueltos y que costaron la ruina de florescientes imperios pues en ellas había surgido de aquel joven un astuto y habilísimo guerrero. Enamórase éste locamente de una hermosa doncella a la que todo el pueblo amaba también por su pureza y la tersura de su cuerpo, pues su sola presencia hablaba de una infinita bondad, su alma transparente era de diosa y su voz tenía el acento de los manantiales.

La amaba con toda la fuerza de su corazón y no pensaba en otra cosa sino en ella; necesitaba su amor, necesitaba verla, contemplarla para poder ofrendar ante sus dones sus magnos proyectos de conquista. Y un buen día sintió empañarse el mundo de su dicha al saber que la madre de su amada, celosa del inmenso amor que sabía le profesaba y temerosa de que el joven guerrero le arrebatara para siempre el cariño que había sido para ella la más grande dulzura de su vida, había escondido a la doncella en un lugar que todos ignoraban.

Acabóse bruscamente la alegría del jefe, y con ella la del pueblo: se olvidó de la guerra y se olvidó de todo; rogó a los dioses que se la devolvieran, envió emisarios por todos los senderos para que la buscaran, y el pueblo entero se dispersó, desesperado de que el tiempo corriera y no se hallara a la joven por ningún lado. Cuando ya empezaban sus vasallos a retornar, considerando inútil tan fatigosa búsqueda, alguien dio la noticia de que parecía oirse la voz de la doncella en el fondo de una prodigiosa gruta cercana a Bolonchén.

Presto fue allá el guerrero con toda su gente; penetró por un estrecho y pendiente sendero que empezaba a descender desde la boca de la gruta, abierta entre las peñas, y se encontró de pronto con un hondo precipicio, en cuyos bordes se apoyaban enormes salientes de las rocas que parecían más bien columnas de cristal y brillaban fantásticamente al resplandor de las antorchas que llevaban. Callaron todos; en vano trataron de encontrar un camino para llegar al fondo de la cueva; las luces de tantas antorchas se disipaban en la inmensidad de aquellas tinieblas, pero se oía rumor de alguien que estuviera o se agitase en el fondo de la gruta.

Mandó el jefe cortar árboles y lianas de los bosques y traer cordeles de *yax-ci* para juntarlos, mandó también que todos vinieran a ayudarlo en su tarea y el pueblo trabajó noche y día en construir una gigantesca escalera para que el aguerrido mancebo pudiera bajar hasta el fondo de la caverna y contemplar a la ansiada doncella de sus sueños y dueña de su corazón.

Cuando estuvo terminada, después de sufrir indecible fatiga, bajó el guerrero seguido por las mujeres y los hombres del poblado. A la luz de las antorchas, se extasiaron todos al contemplar a la hermosa doncella, que fue conducida entre aclamaciones hasta el pueblo. Volvió a él la alegría, la tranquilidad, la vida; sus habitantes, desde entonces la veneraban y le rendían el culto que a sus dioses, porque bastaba su presencia para reanimar lo que estaba casi muerto, cual si un hechizo divino fluyera a cada paso de la virgen amada.

Ya nada importaba que en los pozos del pueblo se agotara el precioso líquido que fuera motivo de sus sufrimientos, ni que Chac dejara de retumbar en las alturas para romper las nubes y hacer bajar el rocío de los cielos; para eso había bajado el guerrero a las profundidades de la gruta, a arrancar a esa madre celosa que es la tierra, la hermosa doncella que había escondido en sus entrañas; el agua, a la que había encontrado el mancebo en siete estanques formados en la roca, que desde entonces se llaman: agua roja; reflujo, porque es fama que tiene olas como el mar y que es preciso acercarse a el en absoluto silencio, porque al menor ruido el agua desaparece; salto del agua; obscuridad; agua caliente, por la temperatura que esta guarda; , por el color de leche que tiene el agua, y el último, por ciertos insectos llamados chimais que abundan en él. Desde entonces tomó también este maravilloso *dznot* (cenote) el nombre de Xtacumbil-

Xunaan, o de la Señora Escondida. (Del verbo *tacun*, esconde y *xunaan*, señora).

Vive aún en la gruta la hermosa doncella que escondió la tierra a los amores del guerrero maya y a las miradas de todos los hombres, porque ellos también la amaron y la seguirán amando en el eterno transcurso de los tiempos. Todavía llega hasta allí, silenciosamente, la sombra del mancebo, oculta por el indescifrable misterio de las tinieblas, para ofrendarle su cariño y sentir otra vez el palpitar de su cuerpo y el hechizo inefable de sus frescas caricias. (Fernando Osorio Castro, autor, en *Leyendas de Campeche*)

DON RODRIGO DE CÓRDOBA

Campeche es la ciudad dormida. En la noche de la historia, su sueño es colonial. Vive en silencio viejas costumbres de tiempos lejanos. En sus castillos y murallas resuena el eco de los arcabuces y la gritería de los piratas. Aromas de leyendas perfuman el ambiente. Todavía, a la hora de sus crepúsculos de maravilla, pasan sobre las aguas apacibles de su bahía las blancas velas de las naos españolas.

Fue en el mes borrascoso de octubre cuando el mar agita su cabellera de espumas. En los días trágicos del cordonazo de San Francisco, cuando las barcas pescadoras buscan el abrigo de los muelles, temerosas de la furia infinita de Neptuno.

Don Fernando de Zubieta y Carvajal poseía una gran fortuna. Armador de buques, su flota mercante valía un capital. Pero la joya más preciada de sus tesoros era su hija Margarita. Ojos de noche y labios de fuego, en su belleza pagana se armonizaba el alma pasional de los andaluces con las saudades melancólicas de los portugueses, que dejaron la herencia de su raza en la ciudad dormida y olvidada.

El más audaz y valeroso capitán de la flota del señor de Zubieta y Carvajal, don Rodrigo de Córdova, se había enamorado de la hija del rico armador con uno de esos amores que sólo florecen a la orilla del mar, en una rima de tempestades y celajes.

En las noches románticas de luna, bajo los balcones, iban las rondas de los galanes a cantar sus quejas. Y ella, la esquiva para todos, sonreía en la blancura de su lecho cuando la voz varonil y enternecida del capitán de Córdova rasgaba los silencios.

Despreciado en sus ambiciones por el padre de la amada, don Rodrigo salió un día al amanecer para un largo viaje hacia tierras lejanas.

Su navío jamás regresó a la costa azul de las playas campechanas, donde los calafateros seguían trabajando para la voracidad insaciable del mar.

Pasaron los años, Margarita ingresó en un convento; era ya sor Angélica de la Gracia. Frente a los altares iluminados por los cirios pálidos, su voz se alzaba en el alba, recordando la hora en que don Rodrigo marchara para siempre, invocando la piedad de Cristo para los surcadores de las aguas.

Era el 4 de octubre. El monstruo líquido rugía. Un cielo enlutado y siniestro presagiaba la tormenta.

La noche puso en la ciudad sus tinieblas. Dormían los habitantes ajenos al peligro.

Como un rayo de maldición, vibraron las voces roncas de los piratas. Hijos del mar y de la noche, del exterminio y de la muerte, surgían al amparo de las sombras cuando el océano en furia ponía un marco de tragedia a la aventura temeraria de sus hombres.

De los castillos almenados salían relámpagos de oro en su contraste de pesadilla. La fusilería de los defensores de la ciudad respondía a los ataques del enemigo. Los cañones dejaban oír el estruendo pavoroso de sus bocas, y la algarabía de los piratas cantaba un himno apocalíptico.

Vencida la resistencia de San Francisco, el cerro de la Eminencia, entraron al saqueo los vencedores. El estandarte fantástico de la bandera negra, con sus canillas y calaveras flotaba en los aires, triunfal y victorioso.

Frente de aquellos hombres sin patria y sin hogar, amantes de la aventura y del peligro, conquistadores del destino, marchaba el capitán Rodrigo de Córdova, que regresaba por la mujer amada, como en los viejos romances que refieren las abuelas en las veladas familiares.

Llegó a la casa de su antiguo jefe, el armador don Fernando de Zubieta y Carvajal. Los ferrados aldabones del zaguán de caoba resonaron en la mansión como un golpe de la otra vida, ya que para todos el capitán de Córdova había perecido en algún naufragio ignorado y sin memoria. ¿Qué sucedió en el interior de aquella casa? ¿Que sombrío drama? Nadie lo sabe. En su recámara el señor Zubieta y Carvajal fue hallado al día siguiente, con la mano sobre el pomo de una daga cincelada, roja en la sangre de su corazón.

En el convento, la presencia de los piratas no dejó huellas dolorosas sino en el alma mártir de una monja. Don Rodrigo exigió de la madre abadesa que le permitiera una entrevista con la mujer que amaba, por la cual venía desde el fondo tempestuoso de los mares.

Sangraban los corazones de los amantes, en el diálogo amargo:

—Por tí fuí lejos, para olvidar... Pero tu amor y tu recuerdo me han vencido. Vámonos para siempre a donde la vida sea para nosotros como una hermana acogedora.

—Te amo... Pero la vida es mala, y la existencia en estos muros es sagrada. Muerta mi alma, sor Angélica de la Gracia es una sombra en el claustro. ¡Vete lejos, donde puedas olvidar! Yo rogaré por tí al Señor de San Román para que proteja tu navío de los peligros del mar.

En silencio, con su guardia de piratas, el capitán don Rodrigo de Córdova volvió a las aguas, a la conquista del olvido y de la muerte.

Todavía en las noches de tempestad, cuando el cordonazo de San Francisco azota las playas de Campeche, se oye como una queja ronca y dolorosa, que las abuelas dicen es la voz del pirata que llora a Margarita. (Mario Abril, autor, en *Leyendas de Campeche*).

NAZARIO QUINTANA BELLO. Nació en la capital del Estado hacia 1882; murió en 1942, siendo director del *Periódico Oficial del Gobierno de Campeche* y del Nuevo Museo Arqueológico y Etnográfico. Publicó leyendas en la revista *Ah-Kin-Pech* (1937-1941) y en el *Calendario de Quintana* (1920-1942).

DOÑA INÉS DE SALDAÑA

A principios del siglo XVIII, allá por el año de 1709, vivía en la Villa y Puerto de San Francisco de Campeche un hidalgo rico, llamado don Jorge de Saldaña, descendiente de un noble español que había llegado hacía algunos años a la Nueva España. Don Jorge de Saldaña vivía en la casa marcada con el número 13 de la hoy calle de Independencia en compañía de su hija Inés, bella dama de negros y brillantes ojos y hermosa cabellera.

Pocas veces salía doña Inés de Saldaña. Por lo regular, sólo se le veía los domingos en la misa que se celebraba en la iglesia de Jesús, y los viernes en el Santuario del Cristo de San Román siempre acompañada de su padre y de su dueña, una anciana que la había cuidado desde pequeña, pues la autora de sus días había muerto al darla a luz.

Rumorábase que don Jorge había prohibido a doña Inés que frecuentase la sociedad, en virtud de que había sido informado de que la dama estaba en relaciones amorosas con un joven desconocido que hacía poco había llegado a la Villa y que hacía llamarse Arturo de Sandoval, hijo de un rico encomendero procedente de la capital de la Provincia.

Sabedor don Jorge de que su hija, a pesar de la prohibición, continuaría en relaciones con el de Sandoval, y, lo que es más, que lo recibía en sus habitaciones a deshoras de la noche, se propuso sorprenderlos.

Una noche, en los momentos en que el joven, sirviéndose de una escalera de cuerda, penetraba por el balcón, se abrió una de las puertas interiores de la habitación, apareciendo la severa figura del anciano quien, con el acero desenvainado, avanzó hacia el intruso profiriendo las siguientes palabras:

—Al fin te encuentro ¡bandido!.

—¡Mi padre!... ¡Arturo! —profirió la joven—. Detente, padre mío; arroja lejos de tí el arma, que Arturo me ha ofrecido conducirme ante el altar y en cumplimiento a su palabra ha venido.

—Tú, Inés de Saldaña; tú, esposa de ese miserable, del incendiario del pueblo de Lerma, del plagiador del Gobernador de la Provincia, don Fernando Meneses Bravo de Saravia, del azote del Golfo y terror de las gentes, del terrible filibustero Barbillas, a quién voy a conceder el honor de medir mi acero con el suyo, para lavar con su sangre la mancha que arrojará en el limpio blasón de los Saldaña.

—¡Barbillas! —gritó la desventurada dama, y cayó desmayada.

—Tened la lengua, don Jorge, y puesto que decís que necesitáis mi sangre para lavar vuestra honra, venid a tomarla, venid, venid Saldaña que aquí os espera Barbillas—. Así habló el pirata, y requiriendo la espada paró la estocada mortal que acaba de tirarle el ofendido padre.

La lucha fue encarnizada; indecisa la victoria, logrando al fin el filibustero, después de cruento batallar, poner fuera de combate a su contrincante.

Don Jorge lanzó una dolorosa queja, y llevándose la mano a la garganta, cayó al suelo para no levantarse más.

El lastimero grito del anciano volvió a Inés de su letargo y arrojándose sobre el cuerpo de su padre, exclamó: —¡Perdón, padre mío! ¡perdón!

La verdad se hizo luz; la desdichada huérfana se dio cuenta de su situación; contrajéronse sus labios, se extraviaron sus miradas y turbó el silencio de aquella estancia una convulsa carcajada. Había perdido la razón.

—¡Loca!—, murmuró el pirata y dos lágrimas mojaron sus mejillas. —¡Loca!—, repitió nuevamente. Secó su frente sudorosa y embozándose en su capa saltó a la calle, alejándose rumbo a la playa de Guadalupe para embarcarse en su *queche* en busca de nuevas aventuras.

Al día siguiente fue sepultado el cadáver de don Jorge de Saldaña en el cementerio de la Iglesia de Jesús. Doña Inés fue conducida a la ciudad de Mérida, falleciendo a los tres meses de su llegada sin haber recobrado la razón. *(Leyendas de Campeche).*

JUAN DE LA CABADA. Campechano, nació en 1903; murió en la ciudad de México en 1986. Fue uno de los fundadores de la Liga de Escritores y Artistas Revolucionarios (LEAR). Es autor de *Paseo de mentiras* (1940), *Incidentes melódicos del mundo irracional* (1944), tres libros de cuentos y la obra de teatro *La Guaranducha* (1970). Al decir de los críticos, "rescató un mundo alucinante sugerido por las tierras de Campeche".

EL ALMA EN PENA

Nadie que pase una hora siquiera en Campeche desconocerá el Cuauhtémoc, ese hotel con soportales que miran a lo que fue la vieja Plaza de Armas. Acaso quien haya comido y dormido allí, diga que ese hotel no tiene nada de particular. Sin embargo, bueno es distraer a los viajeros, y preferentemente a los huéspedes, con la extraordinaria historia del edificio, admitiendo, para descargo de cualquier oculta presunción de originalidad, que su génesis colonial es muy semejante a la de casi todas las casas del centro de Campeche, antaño blanco de corsarios y cabecera de contrabandistas y raqueros. ¡Vengan arriba! Subamos por encima de las azoteas a la elevada torre negra del mirador; descendamos a los corredores de la planta alta, cuyos arcos y mármoles vieron alojarse a la emperatriz Carlota cuando el apogeo de su vanidad y juventud; bajemos luego los peldaños de la espaciosa y cómoda escalera sin detener la vista en ese busto de Napoleón y aquellas estatuillas que hay sobre las columnas de los remates del pasamanos; atravesemos el pasillo anexo al bar, y orillemos el comedor que se ve, conforme bajamos, hacia la izquierda del pasillo. Aquí están las mesas, las sillas y el tedio, ese disfrazado tedio de provincia que sin duda induce al estruendo en cubileteo de rábulas, traficantes y amanuenses.

Si saliéramos un rato a la calle para escudriñar la fachada de la casa, veríamos que a la del zaguán que tenemos enfrente siguen, a simétricas proporciones, cinco puertas accesibles a cinco cuartos en hilera, correspondientes a otros tantos establecimientos de artesanos: un barbero, un talabartero, un platero, dos talleres de sastrería. Volviendo, aún hay una puerta más, de acceso al bar del hotel, y al doblar están los soportales, que asimismo se comunican con el bar. Tal disposición de la casa, como se ve, era propia del mesón de un solo piso que fue en la antigüedad, cuando la Audiencia, tras del fin de los portales, hallábase al terminar la esquina de la misma acera de éstos. Algo, muy poco de imaginación... y todavía dijéramos que tocamos en los muros las argollas donde viandantes de paso amarran sus cabalgaduras, o que algún encomendero en tránsito viene a hospedarse con su séquito de esclavos que aligera de equipajes a las bestias.

Hacia el año de 1660, el hidalgo español don Antonio Zubiaur Ximénez de Montalvo, que al venir a hacer América trocara la hidalguía, cual otros tantos, por la prosperidad del bolsillo a base de un hostal, era dueño del mesón. Transcurrían los años y no aumentaba la hacienda en la medida de la ambición ni recompensaba holgadamente la fortuna el devalúo del linaje y los sinsabores del abandono del nativo solar.

A la sazón en Tabasco, con el exuberante desarrollo del cuerpo elástico, el pleno endurecimiento de los músculos, su donaire espléndido al andar y un toque de atávica gracia, de viril belleza animal, pero singular, al sonreir entre el jugoso estuche de la enorme boca y el fulgor envidiable de los dientes, trasponía su adolescencia el negro Juan, huérfano, hijo de esclavos, y esclavo a su vez de don Pedro Lamadrid y Soberanis, muy rico negociante español, atrabiliario aunque suave cuando le convenía, cruel hasta por capricho y dulce cuando amaba, franco y ladino, tan rufián como santo y caballero de ejecutorias todas discutibles, quien, soltero a los cincuenta años más o menos, hubo cuentas de su capital, y concluyendo que de convertirlo en oro efectivo bien podía volver a España, desposarse y darse allá regalada vida el resto de sus días, vendió tierras, casas, mercaderías y esclavos, menos diez sacas de cacao ("para que no le fuese a faltar nunca en España el chocolate", dijo) y al negro Juan, su esclavo favorito, por el que mostrase paternal cariño y hubiera dado cuando menos un brazo no obstante que la progenitora del joven esclavo, siendo éste un niño de pecho, murió como una bestia en un rincón de la cocina de la casa de don Pedro, y el padre acabara su existencia molido a palos en una finca del propio amo.

Así, pues, ante aquellos propósitos de tomar en Campeche bergantín para España, toma don Pedro, con esclavo y cacao, goleta para Campeche, donde llega una hirviente mañana de último de julio a hospedarse en el mesón de don Antonio. Una de las condiciones que impone, y el hostelero hidalgo atribuye a simple capricho extravagante, incluirá las sacas y al negro Juan dentro de la propia alcoba de don Pedro.

Aquí surge la duda de si debiéramos o no callarnos, por sabido, el que en esas épocas las naves que volvían de sus largos viajes a Europa entraban a carena y se pasaban semanas en el astillero hasta su restauración. En espera de barco, por circunstancia tal, permanecía don Pedro en Campeche cuando le acometió una fiebre perniciosa, que del habla y del sentido no le dejó sino lamentaciones desde el primer instante. Muerto a los tres días del violento mal, don Antonio, que no hallase dinero alguno en la escarcela del difunto, pero que valuara mentalmente las sacas de cacao y el precio del esclavo, le preparó grandes exequias en la iglesia y entierro de primera, como correspondía a las proverbiales riquezas de don Pedro Lamadrid y Soberanis.

Lloraba el negro Juan a su amo, empero sin despejar en su imaginación la incógnita de las sacas de cacao y menos quitarles para nada ojo de encima. ¿Qué hacer? ¿Cómo poder sacar de allí esos bultos o cómo abrirlos y extraer de dentro las bolsas de tesoros que sólo él sabía contenían? Y después, ¿cómo salir con las bolsas sin ser visto? ¿Cómo huir y a dónde? ¿Adónde que tuviera segura la vida? ¿Cómo podía existir entonces un negro con dinero?

Por aquella noche aún accedió don Antonio a que durmiera junto al cacao, en la alcoba misma que había desocupado el amo con su defunción, achacando los ruegos desgarradores del joven negro a conmovedora fidelidad de esclavo modelo.

La mañana del siguiente día, resistiéndose fue arrastrado ante la Audiencia, sin piedad a sus sollozos. Expuso don Antonio, luego de sentarse, que el alojamiento, manutención, gastos de enfermedad, funerales y entierro de don Pedro Lamadrid y Soberanis importaban, según cuenta que en el acto exhibía, tantos pesos más tantos reales, medios y cuartillas, y para resarcirse de tales quiebras y atenciones mediante los pocos bienes que dejara el finado, proponía se le adjudicase en propiedad el esclavo, a la tasa que impusiera la Audiencia de no haber en plaza mejor postor, y se rematasen diez sacas de cacao depositadas en el aposento que ocupara el difunto, de todo lo cual se le reembolsaría a don Antonio, hechas las deducciones de costas y demás, y el sobrante quedaría en la Audiencia para misas al alma de don Pedro, o lo que a juicio de la propia Audiencia se tuviese a bien determinar.

Iba a responder el oidor que estaba de perfecto acuerdo, cuando ve don Antonio que el negro se inclina, y escucha que le susurra algo a las orejas. Se alza de su asiento; retírase a trecho razonable —sin salir de la estancia— con el negro que miraba al suelo; adopta aire paternal, y posa una mano sobre el hombro del esclavo. Debía usar barba puntiaguda el hidalgo don Antonio Zubiaur Ximénez de Montalvo, y ser uno de esos pesonajes que al hablar parecen sorberse el aliento, a fin de reprimir a voluntad sus emociones, gozar fama de honorables, proclamarse discretos, sisear bien y acentuar en su sitio correcto las palabras, facultades todas ellas que sirven tanto para mantener a buen seguro el más difícil secreto ante una reunión como para impresionar en favor con una voz cavernosa y campanuda. Patriarcal, volvió a tomar asiento don Antonio y dijo: que profundamente acongojado ahora por la suerte del pobre esclavo Juan, allí presente, sólo esperaba la tasa de la Audiencia para rescatarlo y darle libertad, y que en cuanto a las sacas de cacao bien podría, para desahogar de una buena vez la vista y deseoso de poner punto y fin al lance aquel —pues era hombre ocupado en sus negocios—, tomarlas al precio de plaza o venderlas por su cuenta, entregando a la Audiencia el saldo, si lo hubiere, no sin que por ningún motivo dejase de percibir ella sus costas. La Audiencia, al ver que de modo tan espontáneo y galano la desembarazaban de líos y ajetreos, sin perder sus honorarios, aceptó la propuesta de que don Antonio pagara el rescate del esclavo y se quedara con las sacas de cacao a cuenta de sus quebrantos por la muerte de don Pedro.

No pasaron muchos meses sin que la gente comenzase a murmurar, pues don Antonio debió poner muy pronto en circulación buen número de onzas de oro para establecer un gran comercio, comprar navíos, haciendas, casas, dos calesas, suprimir el mesón y convertirlo en palacio de dos pisos con sótano y alto mirador, desde dónde observar el mar y las maniobras de los piratas que asolaban con demasiada frecuencia, entonces, la villa y puerto de Campeche. El sótano, lo último que se hizo en las innovadoras obras del antiguo mesón, era húmedo calabozo con reja, grilletes y cadenas empotradas a los muros.

Aunque legalmente libre, el negro Juan entró al servicio de don Antonio y allí seguía. Jamás, desde aquella mañana en que salieron juntos de la Audiencia, se les vio separados. Donde iba don Antonio iba Juan y decíase que dormían juntos en el mismo cuarto.

Quién hace lo que no debe, oye lo que no quiere, es un viejo refrán que hasta don Antonio solía también repetir al amonestar a su servidumbre. En ocasiones tarda mucho el pecador en oír el reproche de su culpa; pero cuando lo oye, mientras más tiempo tarda, más le hiere o más le espanta. Así, de visita fuera de casa una tarde, donde menos lo esperaba sorprendió, o creyó sorprender, ilusiones que le sonaron a indicios de la murmuración acerca de su enriquecimiento repentino.

Más a don Antonio, hidalgo hecho a tragarse al hablar su propia voz, no seríale difícil contener súbitas cóleras. Observante católico, además, rechazaba su conciencia la impulsiva tentación de violenta muerte al prójimo. Su moral de comerciante, desde luego, y más en esa época de filibusterismo y esclavitud, no toleraba el admitir que hubiese él infringido ninguno de los mandamientos de la ley de Dios, sino al revés: como a los conquistadores, Dios mismo habíale mandado aquel oro, como premio a sus sacrificios por mantener en alto el culto de la cruz, viviendo en aquel inhospitalario país de indios. ¿Había hurtado? ¿A quién: al muerto don Pedro, que ya es de suponerse qué malas artes no habría puesto en adquirir tantas riquezas; a la familia de don Pedro, de la cual ciertamente ignoraba su existencia, pero que de existir llevaría en la Península una vida menos peligrosa que la suya; al teniente de Rey o a la Iglesia, cuya conjunta voracidad de sobra conocía; al negro Juan...? Aunque el romo aguijón del subconsciente lejano ensayara herirle a veces, no era en verdad ningún remordimiento lo que le sobresaltaba; era pánico, era la presencia constante del negro, era la duda en la seguridad completa de la lengua de Juan, la incertidumbre del futuro de su reputación; era el indecible miedo real, no al castigo divino ni al retorno a la pobreza ya, sino a la caída en la infamia bajo el juicio de los hombres, al orgullo manchado, al derrumbe de la veneración y la respetabilidad. Tenía oro y esclavos, como los demás caballeros españoles de su posición; era buen cristiano, tanto o mejor que los otros encumbrados varones de su alcurnia, y pues no había cometido ningún pecado mortal ni pensaba en cometerlo, para nada comunicó al vicario, el padre Nájera, su confesor, el origen de su opulencia ni las prestas medidas necesarias a su normal conservación y marcha mejor de sus negocios.

Continuaba soltero. En el proyecto de su defensa frente a la obsesión de su incesante acecho y el de ganar para sí la absoluta confianza sobre todos los hombres, entraba al mandar pronto a las cuatro haciendas de que era dueño, con plazos de intermitencia fija, metódica, a sus tres criadas y a un mozo, bastante servidumbre, además de Juan, para un célibe hogar hidalgo de Campeche. Así evitaría importunos testigos posibles a la hora de poner en ejecución el plan premeditado. La casa debiera estar limpia de esos cuatro domésticos para San Juan, el 24 de junio, pues con anticipación propaló que el mejor regalo, el mayor festejo de ese año en su santo a su fiel criado, sería una manda de trescientas onzas de oro que le daría con su bendición para que saliese a correr su suerte, lejos, a tierras donde fortuna y hábitos fueran menos adversos a un negro, y de las cuales no volvería Juan hasta verse convertido en hombre rico y de provecho. Con tal dicho, don Antonio ganó fama de loco generoso. El 24 de junio —San Juan— era entonces fiesta de guardar. Los almacenes todos y las tiendas permanecían cerrados. Cerrada estaba, por consiguiente, la casa del hidalgo don Antonio, donde la víspera se hubiese visto dentro, solos hasta casi al amanecer al negro Juan y a su señor, uno frente al otro, sirviendo el amo al criado manjares y vino y más vino español de sus opíparas bodegas. El negro Juan rompió a reír:

—¡Ja, ja... el señor se lo robó! ¡Vuesarced se robó el oro!

Don Antonio se levantó a traer una jarra más de vino rojo.

De pronto el coloso negro dobló el cuello, azotó la frente contra la mesa y quedó mudo, inerte de borracho.

Su señor se alzó para mirarle impávido un momento. Cogió una servilleta; le tapó con ella la boca; le ciñó el paño que trincó fuertemente y se lo anudó atrás de la nuca.

Luego, a duras penas cargó el cuerpo, y vacilante desapareció con él hacia el sótano en la penumbra de la madrugada.

Al regreso decidió, gesticulando, que aquella determinación le impedía, quizás para siempre, contraer matrimonio y formar una familia.

Vinieron los nuevos criados y entre las hablillas de los secretos caseros, que siempre ellos divulgan, sólo contaron que su señor era hombre tan reservado y bueno como raro, que no aceptaba convites ni invitó a nadie a su casa, tal vez porque, comiendo mucho, fuese de los que tuvieran la manía de que no les viesen comer, pues al hacerlo todos los días a sus horas —desayuno a las seis, almuerzo a las once y cena a las cinco de la tarde— ocultábase hasta de la servidumbre, ya que al desayuno, con una gran jarra de chocolate y una bandeja llena de pan, bajaba a un tercer patio, vedado, del fondo del caserón, donde sabían existía un sótano que jamás habían visto, y al almuerzo bajaba cargado de una canasta grande, agua y su botella de vino, y abría y cerraba la puerta para comer allí y cuando salía cerraba de nuevo con la llave la puerta de aquel patio, y para la cena bajaba igualmente con la canasta repleta de alimentos, y que en ese patio misterioso debía tener su mesa, pues manteles sí llevaba cuando bajaba y salía después, aunque la mesa grande del comedor siempre estaba puesta como esperando a un invitado.

Si algún amigo curioso pedíale noticias del negro, contestaba el hidalgo de modo invariable, pausado y evasivo:

—Corriendo su suerte...

Algo más de cincuenta años vivió en Campeche, sin salir nunca de la villa, don Antonio Zubiaur Ximénez de Montalvo, y un cuarto de siglo, por lo menos, pasó la existencia cual describieran sus domésticos. Octogenario, más robusto aún, cierta mañana de diciembre antes del almuerzo, yendo al sótano, canasta en mano, resbaló de lo alto de la escalera principal, rodó y levantósele con fractura del cráneo.

Llegaron los médicos y llegó el vicario, el padre Nájera, su confesor, quien por más que hizo no logro conseguir del moribundo sino este persistente rugido:

—¡Come, esclavo...!

Así murió el hidalgo don Antonio, a la una de la tarde.

Pasó el resto del sol con la afluencia de los principales señores de Campeche; pasó el velorio; pasó el día siguiente del entierro, y pasaba la noche en silencio impresionante con el temeroso luto de las tres criadas y el mozo, cuando se oyó una serie de aullidos bestiales, de lamentos lúgubres y largos.

Los sirvientes saltaron escaleras abajo a la calle, gritando despavoridos entre el frío, la llovizna y las tinieblas de la noche:

—¡El alma en pena!— mientras reponíanse del terror para pedir posada al vecindario, que, según alude la conseja, oyó durante algún tiempo, noche y día, remotamente, cual oyesen también los transeúntes del contorno, los lamentos.

La casa quedó, pues, marcada con el estigma del espanto y nadie quería habitarla ni comprarla.

El anciano vicario Nájera refirió a quien le habría de suceder en la vicaría, el entonces joven padre Araujo, esas extrañas peripecias en la muerte de don Antonio Zubiaur, anticipándole diversas conjeturas acerca del misterio que encerró la vida del hidalgo.

Varios años más tarde tuvo el valor de adquirir la casa don Eduardo MacGregor, y en el minucioso repaso que de ella hizo con su familia y un maestro albañil (la familia por curiosidad y don Eduardo para ordenar composturas y modificaciones) viose precisado a consentir que se echase abajo la puerta vedada que daba al tercer patio y conducía al sótano que aposentara el calabozo.

Acercáronse, acuciosos todos, a la reja. La esposa de don Eduardo se desmayó y las hijas desgarraron el eco del sótano con alaridos ante el hallazgo inesperado.

Como en aquel tiempo lo primero que se ocurría para tales casos era dar aviso a la Iglesia, llegó en seguida el padre Araujo, vicario ahora en reemplazo del padre Nájera, que había muerto.

El vicario Araujo, en su grave papel eclesiástico, detúvose pausado a escudriñar tras de la reja del calabozo; y recordando entre sí las pláticas y justas deducciones de su antecesor, dijo sin asombro, cruzando los brazos con la serenidad imperturbable de quien a diario bendice a todos los cristianos:

—El negro Juan... Es el negro Juan.

Tenía el esqueleto ambas canillas metidas en los aros de sendos grilletes, cada uno sujeto a una gruesa cadena empotrada en la pared.

Se aludió a la causa de que don Antonio bajase a comer al sótano.

Las conjeturas de que aquella lejana noche de San Juan (cuando emborrachó a su criado) le cortó, además, la lengua, no son nada infundadas. Y es obvio que los gemidos cargados al alma en pena de don Antonio no era sino la agonía de Juan, que murió de hambre al pavor de los criados y susto de la gente.

Ahora, señoras y señores, ¿será legítimo de mi parte insinuarles la paradoja de cómo andando el tiempo este lugar, donde vivió Carlota y un negro padeció suplicio y muerte, habría de llamarse hotel Cuauhtémoc? *(Leyendas de Campeche).*

FAUSTO VALLADO BERRÓN. Nació en Campeche, Camp., en 1925; murió en la ciudad de México en 1973. Licenciado y doctor en derecho por la UNAM, fue catedrático y abogado general de esta casa de estudios; y al servicio del Poder Judicial, llegó a ser juez de Distrito. Colaboró asiduamente en revistas culturales y es autor de los libros *Introducción al estudio del derecho* (dos tomos, 1956) y *Teoría General del Derecho* (1957). Su obra literaria se refiere fundamentalmente a temas y tradiciones de su entidad natal.

VENDETTA

Era el año de gracia de 17...

Por la marisma de levante avanzaban hacia las goteras del puerto de Campeche los miembros de una banda de corsarios. La colonial población dormía plácidamente la silenciosa madrugada, y nadie en ella sospechaba siquiera la inminencia del peligro que se cernía amenazante sobre un pacífico sueño. Por el rumbo del convento franciscano y a pocas brazas de la playa, en la nocturnal negrura de la hora, desvanecía su aviesa mole la barca que transportara a los impíos y crudelísimos forbantes.

Las huestes piratas habían escogido al rico puerto peninsular para comenzar una serie de saqueos en dependencias españolas, a inspiración nefanda de su jefe y director, campechano de origen, hombre de mar y de no muy baja extracción. Apodado "El Romanero", este audaz capitán huyó, años antes de estos sucesos, de las cárceles coloniales donde fuera recluído por delitos contra la propiedad. Llegado que hubo a su necesario destino como presidiario que era, la Isla de la Tortuga, y poniendo en juego sus grandes dotes naturales de organizador y conductor, reunió a un grupo de aventureros ingleses, firmando con ellos la tradicional *Charte-partie* y armando en guerra la nave *El Corcel*, que amparó bajo las banderas de la rubia Albión, cuyo gobierno le concediera una patente de corso para atacar toda clase de posesiones españolas. Y ya jinete en el nuevo azote de los mares, se dedicó a la más cruel piratería.

Durante los últimos años vividos en Campeche, El Romanero estuvo enamorado de una bella muchacha, hija única de familia con blasones y talegos, nombrada doña Elena del Carmen. Como lógica consecuencia de sus requiebros, en aquellos tiempos de orgullos de sangre y apellido, la más fría indiferencia respondió a sus amorosos requerimientos, pese a que socialmente provenía de la clase media y a que su educación y trato dejaban bien poco que desear. Con tal motivo, y obedeciendo a su natural ambición y sin escrúpulos dedicó sus oficios de procurarse dineros por todos los medios a su alcance, habiendo conseguido labrar una fortuna respetable por el fraude y el despojo, cuando cayó sobre él todo el peso de una justicia por demás estricta.

Es por ello que sus ojos brillaban con gozosa ferocidad al aproximarse en la noche a la ciudad dormida, guiando con seguro paso a la horda aventurera que organizara. Su cerebro se solazaba maliciosamente imaginando las depredaciones que habrían de cometer en el puerto que fue su cuna, pero que tan duramente había cortado el vuelo de sus más caras aspiraciones económicas y sentimentales. Y la idea motriz que llevaba enclavada en la mente, era la de vengar el desprecio de doña Elena, obteniendo por la fuerza lo que no pudo alcanzar de buen grado.

Los habitantes del puerto, tomados de sorpresa y no obstante haber peleado con singular bravura, sucumbieron ante el arrollador impulso de la fuerza invasora, haciendo honor a su hidalguía y bien sentada fama de valientes. La población quedó inerme a la brutalidad de la hueste pirática. Asaltos, robos, violaciones, saqueos, asesinatos e incendios, presenció aterrada la gente campechana por espacio de dos largos días y una más larga noche, durante los cuales El Romanero tuvo oportunidad de llevar a cabo su soñado desquite, apoderándose de doña Elena del Carmen y cometiendo en ella gravísimos ultrajes.

Por fin, un puñado de valientes y denodados individuos, que se habían guarecido en las inmediaciones de la asolada población, por el rumbo de tierra adentro y en las colinas de la Sierra Alta, dio la batalla que tras encarnizada lucha obligó a los piratas a soltar la rica presa que significaba para ellos la ciudad de Campeche. Y de tal suerte violenta fue la estampida en que huyeron los forbantes, que no pudieron llevar consigo ninguno de los tesoros obtenidos en el despojo, ni siquiera a la bella y deseada doña Elena, la que había sido sacada a viva fuerza de la casa que habitaba con su esposo hacía ya dos años y conducida a la presencia del vengativo Romanero, quien la vejó y ultrajó con los excesos de su crueldad y su lujuria.

Una vez libre la ciudad de la espantosa pesadilla de aquellos días de horror, el marido de doña Elena, caballero y distinguido ciudadano, de juventud fogosa y decidida y quien recibió con las aguas lustrales el nombre de Carlos, para desahogar la indignación y furia que lo avasallaban por lo sucedido a su señora, a la que no pudo socorrer por encontrarse viajando los días del asalto y a quien adoraba con pasión entrañable costeó de su peculio particular, que era abundante, los gastos necesarios para armar en guerra una nave de alto bordo con la que se dispuso a perseguir y exterminar en los mares la infección que sufrían de bucaneros de toda laya y jaez, pero principalmente con el ánimo de dar caza al navío del Romanero. Con esta idea partió él mismo en el barco que bautizó con el alusivo nombre de *Vengador*.

Durante luengos meses navegó el *Vengador* por aguas del Golfo de México, en continua lucha con los piratas y corsarios que lo infestaban. Luego de haber obtenido varios triunfos y no habiendo encontrado la nave buscada con sin igual ahínco, arribaron por tercera vez a las playas de la bahía de Campeche para avituallarse y embarcar de nuevo, salir del Golfo y atravesar el canal de Yucatán en busca del huidizo Romanero. Al saltar a tierra recibió don Carlos la nueva de que le había nacido un heredero, y cuando el suceso era esperado, no dejó de ser para él una encantadora sorpresa el advenimiento de su primogénito. Al chiquillo, recibido con grande alborozo, le fue impuesto el nombre de su padre, quien para hacer honor al fausto acontecimiento, retrasó varios días el inicio de su viaje. Antes de zarpar, el dueño del *Vengador* llamó a su medio hermano don Sebastián, de mucha mayor edad que él y que le quería con sincero afecto, recomendándole la educación del pequeño para el caso de que sucumbiera en la arriesgada empresa que acometía.

A las cuatro horas de la madrugada del siguiente día, entre rojos celajes de aurora partió de las playas campechanas para no volver a verlas nunca, el navío de don Carlos con sus animosos tripulantes. El Romanero, enterado de la búsqueda de que era objeto, así como de la demoledora artillería del *Vengador,* organizó un crucero de cinco velas, salió al encuentro de sus perseguidores y los abatió feroz entre las negras ondas del Atlántico.

Meses después y al recibirse la infausta nueva, se apagaron en la Muy Noble y Liberal Ciudad y Puerto de San Francisco de Campeche, las lámparas votivas encendidas permanentemente por el buen éxito de la batida contra los piratas, y se prendieron cirios por el eterno descanso de las almas de los frustrados vengadores.

En el hogar de doña Elena ocurrieron también profundos trastornos. La adolorida viuda se trasladó a la capital de la Nueva España, profesando en un convento de teresianas y dejando a su hijo bajo el solícito ciudado de su tío don Sebastián, a quien dejó el encargo de entregarle con sus bienes, cuando llegase a su mayoría de edad, una carta en la cual explicaba los motivos que la indujeron a separarse de él siendo aún niño.

El austero don Sebastián educó al huérfano dentro del ambiente severo y rígido de las rancias tradiciones familiares, haciéndole llevar siempre traje negro en dolorosa recordación de la misión de venganza que tenía su vida. Continuamente inculcaba al niño la idea de un implacable castigo contra quien mancilló la honra de su madre y procuró la prematura muerte de su padre. Cuando el muchacho tuvo pleno uso de sus facultades y siendo todavía un adolescente, su tío le tomó el juramento de que haría cruento desquite en El Romanero, donde quiera que éste se hallase, y que ninguna circunstancia como no fuera la de su propia muerte, le impediría cumplir ese propósito.

Al ocurrir el deceso de don Sebastián y por orden previa del mismo, el apoderado de los bienes del joven entregó a éste cierta cantidad de numerario para que fuera dizque a hacer estudios a la capital cubana, o a otro sitio cualquiera que se le antojase, dándole así ocasión de cumplir su juramento.

Partió el mozo de Campeche con el decidido empeño de ejecutar su designio y, llegando a La Habana, comenzó a hacer sutiles investigaciones. Tras un año de viajar por la Isla y realizar frecuentes visitas a ciertos puntos del Continente, obtuvo la ansiada noticia sobre el paradero de su hombre. El Romanero vivía en aquel entonces en los alrededores de la posesión portuguesa que con el tiempo había de ser capital de la república

Laura fue mancillada por el vengativo joven.

brasileira, bajo el nombre de don Augusto el Catalán, como un rico armador y olvidado ya de sus hábitos de marino y de pirata, dedicado a mantener el fuego de un hogar que adornaban dos preciosas jovencitas.

Tornó Carlos a Cuba luego de averiguar minuciosamente todos los pormenores referentes a la situación y custodia de la finca en que pasaba sus últimos días el audaz aventurero de otros tiempos. Pidió dinero a su apoderado en Campeche; armó una expedición y partió personalmente a ejecutar su venganza como en otro tiempo y desde playas campechanas hiciera su malogrado padre.

El asalto fue dado de noche y, pese a haber encontrado la resistencia inesperada de una milicia portuguesa, llevaron al cabo su propósito. Nada fue respetado, Carlos sacrificó de propia mano al Romanero y sus hombres asesinaron a la servidumbre, en medio de una impresionante orgía de sangre, que tuvo por trágico corolario el atentado contra la honestidad de las jóvenes Carmencita y Laura, hijas del pirata; siendo esta última mancillada por el vengativo joven, en brutal complemento de una venganza que así sacrificaba víctimas inocentes. Y luego de asesinar, saquear y robar en la residencia del tristemente célebre corsario, levaron anclas sin volver siquiera el rostro al fuego y la desolación que marcara su paso, al igual que veinticuatro años antes hiciera en Campeche un grupo semejante.

Con el amargor de la venganza consumada impregnando todavía sus labios, el joven Carlos arribó a Campeche para hacerse cargo de su cuantiosa herencia y usufructuar los placeres de una vida que se le ofrecía prometedora por delante. Y un día memorable, rasgó el sobre que contenía la carta en que su madre le explicaba por qué le había abandonado aún niño para profesar, y se enteró horrizado de un espantoso secreto: él era hijo del Romanero y hermano de Laura, la joven sacrificada para saciar su insano deseo de venganza.

Durante muchos años vivió en el Convento de San Francisco de Campeche un fraile humilde que había sido muy rico y poderoso; joven aún donó sus bienes a la Iglesia y se encerró por siempre en sus paredes grises, que todavía hoy reflejan por las noches la sombra atormentada del hijo de un pirata. *(Leyendas de Campeche).*

CIUDAD DE MÉXICO

GREGORIO TORRES QUINTERO. (Véase COLIMA).

LA CREACIÓN DEL MUNDO
(Fragmento)

Aquí en nuestra tierra, en nuestra patria, hubo allá en tiempos muy lejanos, unos hombres, unos habitantes que, por haber vivido aislados de los demás grupos humanos que existían en el mundo, se formaron una religión especial, muy suya, muy propia, y con ayuda de la cual se explicaron el nacimiento del mundo y la creación del hombre y de todas las cosas que existen.

Aquellos antiguos habitantes se parecían a unos que todavía viven en nuestra patria y que son nuestros compatriotas: los indios. La mayor parte de los mexicanos llevamos sangre indígena en nuestras venas.

Los indios de hoy descienden de aquéllos. Aquéllos eran también indios.

Pues bien, aquellos antiguos indios mexicanos tenían una religión. No creían en un solo Dios, sino en varios. Pero entre sus dioses había uno que era superior a todos. Le llamaban Ometecuhtli.

Ometecuhtli moraba en lo más alto del cielo. Estaba sentado en una silla adornada de riquísimas plumas y ostentaba las imágenes de la luna y la estrella de la tarde. El dios tenía sobre la frente, en su tocado, un brillante resplandor.

Ometecuhtli creó primeramente los cielos, que fueron en número de trece, y en ellos puso el sol, la luna, los cometas, las estrellas, las nubes y el aire.

Después creó la tierra.

Pero Ometecuhtli, cuyo nombre significa el dios o señor dos, se dividió a sí mismo en el dios Tonacatecuhtli y en la diosa, su mujer, Tonacacihuatl.

Tonacatecuhtli y Tonacacihuatl tuvieron cuatro hijos: uno era rojo[1], otro negro[2], el tercero blanco[3] y el último cobrizo. Este, el menor, era zurdo y nació sin carnes. Se llamó Huitzilopochtli, y fue el dios más reverenciado de los mexicanos.

Esos dioses hermanos permanecieron seiscientos años en la ociosidad, al fin de los cuales se reunieron para deliberar y resolvieron completar la creación del mundo.

Pusieron manos a la obra.

Dividieron las tierras de las aguas.

Hicieron nuevos dioses.

Y formaron al primer hombre, llamado Cipactonal, y a la primera mujer, llamada Oxomoco; a él le ordenaron labrar la tierra y a ella que hilase y tejiese.

Para que la creación fuese completa, Huitzilopochtli vio revestirse de carne su esqueleto.

Y entonces fue cuando se pobló el mundo. *(Leyendas antiguas mexicanas)*

---

[1] Tlatlauhqui-Tetzcatlipoca, llamado también Camaxtle.

[2] Yayauhqui-Tetzcatlipoca, por otro nombre Moyocoya

[3] Quetzalcóatl.

GERÓNIMO DE MENDIETA. Nació en Vitoria, España, en 1525; murió en la ciudad de México en 1604. Fraile franciscano, fue guardián de los conventos de Xochimilco, Tepeaca y Huejotzingo, prior del de Tlaxcala y dos veces definidor de su Orden. El sabio historiador Joaquín García Icazbalceta publicó en 1870 la *Historia eclesiástica indiana* escrita a fines del siglo XVI por Mendieta, y vuelta a editar por Salvador Chávez Hayhoe en 1945. Esta obra informa sobre las creencias, ritos y costumbres de los indígenas prehispánicos y de la manera como se instruían, después de la Conquista, en el Colegio de Santa Cruz de Tlatelolco.

CREACIÓN DEL PRIMER HOMBRE

Cuenta el venerable y muy religioso padre fray Andrés de Olmos, que lo que coligió de las pinturas y relaciones que le dieron los caciques de México, Tezcoco, Tlaxcala, Huexotzinco, Cholula, Tepeaca, Tlalmanalco y las demás cabeceras, cerca de los dioses que tenían, es que diversas provincias y pueblos servían y adoraban a diversos dioses; y diferentemente relataban diversos desatinos, fábulas y ficciones, las cuales ellos tenían por cosas ciertas, porque si no las tuvieran por tales, no las pusieran por obra con tanta diligencia y eficacia, como abajo se dirán, tratando de sus fiestas. Pero ya que en diversas maneras cada provincia daba su relación por la mayor parte venían a concluir que en el cielo había un dios llamado Citlalatonac, y una diosa llamada Citlalicue; y que la diosa parió un navajón o pedernal (que en su lengua llaman tecpcatl), de lo cual admirados y espantados los otros sus hijos, acordaron de echar del cielo al dicho navajón y así lo pusieron por obra. Y que cayó en cierta parte de la tierra, donde decían Chicomoztoc, que quiere decir "siete cuevas". Dicen salieron de él mil y seiscientos dioses (en que parece querer atinar a la caída de los malos ángeles), los cuales dicen que viéndose así caídos y desterrados, y sin algún servicio de hombres, que aun no los había, acordaron de enviar un mensajero a la diosa su madre, diciendo que pues los había desechado de sí y desterrado, tuviese por bien darles licencia, poder y modo para criar hombres, para que con ellos tuviesen algún servicio. Y la madre respondió: que si ellos fueran los que debían ser, siempre estuvieran en su compañía; más pues no lo merecían y querían tener servicio acá en la tierra, que pidiesen al Mictlan Tecutli, que era el señor o capitán del infierno, que les diese algún hueso o ceniza de los muertos pasados, y que sobre ello se sacrificasen, y de allí saldrían hombres y mujeres que después fuesen multiplicando. Que parece querer atinar al diluvio, cuando perecieron los hombres, teniendo no haber quedado alguno. Oída, pues, la respuesta de su madre (que dicen les trajo Tlotli, el gavilán), entraron en consulta, y acordaron que uno de ellos, que se decía Xolotl, fuese al infierno por el hueso y ceniza, avisándole que por cuanto el dicho Mictlan Tecutli, capitán del infierno, era doblado y caviloso, mirase no se arrepintiese después de dado lo que se le pedía. Por lo cual le convenía dar luego a huir con ello, sin aguardar más razones. Hízolo Xolotl de la misma manera que se le encomendó; que fue al infierno y alcanzó del capitán Mictlan Tecutli el hueso y ceniza que sus hermanos pretendían haber, y recibido en sus manos, luego dio con ello a huir. Y el Mictlan Tecutli, afrentado de que así se le fuese huyendo, dió a correr tras él, de suerte que por escaparse Xolotl, tropezó y cayó, y el hueso, que era de una braza, se le quebró e hizo pedazos, unos mayores y otros menores; por lo cual dicen, los hombres ser menores unos que otros. Cogidas, pues, las partes que pudo, llegó donde estaban los dioses sus compañeros, y echado todo lo que traía en un lebrillo o barreñón, los dioses y diosas se sacrificaron sacándose sangre de todas las partes del cuerpo (según después los indios lo acostumbran) y al cuarto día salió un niño; y tornando a hacer lo mismo, al otro cuarto día salió la niña: y los dieron a criar al mismo Xolotl, el cual los crió con la leche de cardo. (*Historia eclesiástica indiana*).

JOSÉ SANTOS CHOCANO. Nació en Lima, Perú, en 1875; murió asesinado en Santiago de Chile en 1934. Hombre de vida turbulenta, aspiró a ser el Poeta de América. De estilo grandilocuente, cantó a la historia, el paisaje, los animales y las plantas del Nuevo Continente. En México gozó de la confianza del general Francisco Villa, y en Guatemala del favor del presidente Manuel Estrada Cabrera. Sus obras principales son *Alma América* (1906), *Fiat Lux* (1908) y la serie de sus composiciones épicas. En su libro en prosa *Las dictaduras organizadas* (1922) dedicó algunas páginas al carácter de la Revolución Méxicana.

EL IDILIO DE LOS VOLCANES

El Iztaccíhuatl traza la figura yacente
de una mujer dormida bajo el Sol.
El Popocatépetl flamea en los siglos
como una apocalíptica visión:
y estos dos volcanes solemnes
tiene una historia de amor,
digna de ser cantada en las complicaciones
de una extraordinaria canción.

Iztaccíhuatl —hace miles de años—
fue la princesa más parecida a una flor,
que en la tribu de los viejos caciques
del más gentil capitán se enamoró.
El padre augustamente abrió los labios
y díjole al capitán seductor
que si tornaba un día con la cabeza
del cacique enemigo clavada en su lanzón,
encontraría preparados, a un tiempo mismo,
el festín de su triunfo y el lecho de su amor.

Y Popocatépetl fuése a la guerra
con esta esperanza en el corazón:
domó las rebeldías de las selvas obstinadas,
el motín de los riscos contra su paso vencedor,
la osadía despeñada de los torrentes,

la asechanza de los pantanos en traición;
y contra cientos de cientos de soldados,
por años gallardamente combatió.

Al fin tornó a la tribu (y la cabeza
del cacique enemigo sangraba en su lanzón).
Halló el festín del triunfo preparado,
pero no así el lecho de su amor;
en vez del lecho encontró el túmulo
en que su novia, dormida bajo el Sol,
esperaba en su frente el beso póstumo
de la boca que nunca en la vida besó.

Y Popocatépetl quebró en sus rodillas
el haz de flechas; y, en una sola voz,
conjuró las sombras de sus antepasados
contra la crueldad de su impasible Dios.
Era la vida suya, muy suya,
porque contra la muerte ganó;
tenía el triunfo, la riqueza, el poderío,
pero no tenía el amor...

Entonces hizo que veinte mil esclavos
alzaran un gran túmulo ante el Sol,
amontonó diez cumbres
es una escalinata como alucinación,
tomó en sus brazos a la mujer amada,
y él mismo sobre el túmulo la colocó;
luego, encendió una antorcha, y, para siempre,
quedóse en pie alumbrando el sarcófago de su dolor.

Duerme en paz Iztaccíhuatl, nunca los tiempos
borrarán los perfiles de tu casta expresión.
Vela en paz Popocatépetl: nunca los huracanes
apagaran tu antorcha, eterna como el amor...

JOSÉ FERNANDO RAMÍREZ. Nació en Hidalgo del Parral, Chih., en 1804; murió en Bonn, Alemania, en 1871. Abogado, educador, bibliófilo, anticuario e historiador, fue diputado, senador, ministro de la Suprema Corte de Justicia y tres veces secretario de Relaciones Exteriores. En 1856, cuando el gobierno mandó clausurar el convento grande de San Francisco, salvó de la destrucción un manuscrito del siglo XVI posteriormente llamado *Códice Ramírez*. Se ha publicado varias veces, las más recientes en 1944 y en 1979. El original se conserva en la Biblioteca Nacional de Antropología e Historia.

LA FUNDACIÓN DE MÉXICO

Discurriendo y andando a unas partes y a otras entre los carrizales y espadañas, hallaron un ojo de agua hermosísimo donde vieron cosas maravillosas y de grande admiración, las cuales habían antes pronosticado sus sacerdotes, diciéndolo al pueblo por mandado de su ídolo: lo primero que hallaron en aquel manantial fue una sabina blanca muy hermosa al pie de la cual manaba aquella fuente; luego vieron que todos los sauces que alrededor de sí tenía aquella fuente, eran todos blancos, sin tener ni una sola hoja verde, y todas las cañas y espadañas de aquel lugar eran blancas, y estando mirando esto con grande atención, comenzaron a salir del agua ranas todas blancas y muy vistosas: salía esta agua de entre dos peñas tan clara y tan linda que daba gran contento.

Los sacerdotes, acordándose de lo que su dios les había dicho, comenzaron a llorar de gozo y alegría, y hacer grandes extremos de placer, diciendo: "ya hemos hallado el lugar que nos ha sido prometido; ya hemos visto el consuelo y descanso de este cansado pueblo mexicano; ya no hay más que desear; consolaos, hijos y hermanos, que lo que nos prometió nuestro dios hemos ya hallado; pero callemos, no digamos nada, sino volvamos al lugar donde ahora estamos; donde aguardemos lo que nos mandare nuestro señor Huitzilopochtli". Vueltos al lugar donde salieron, luego aquella noche siguiente apareció Huitzilopochtli en sueños a uno de sus ayos, y díjole: "ya estaréis satisfechos cómo yo no os he dicho cosa que no haya salido verdadera y habéis visto y conocido las cosas que os prometí veríades en este lugar, donde yo os he

traído, pues esperad que aun más os falta por ver; ya os acordáis cómo os mandé matar a Copil, hijo de la hechicera que se decía mi hermana, y os mandé que le sacásedes el corazón y lo arrojásedes entre los carrizales y espadañas de esta laguna, lo cual hicisteis: sabed pues que ese corazón cayó sobre una piedra, y de él salió un tunal, y está tan grande y hermoso que una águila habita en él, y allí encima se mantiene y come de los mejores y más galanos pájaros que hay, y allí extiende sus hermosas y grandes alas, y recibe el calor del sol y la frescura de la mañana. Id allá a la mañana, que hallaréis la hermosa águila sobre el tunal y alrededor de él veréis mucha cantidad de plumas verdes, azules, coloradas, amarillas y blancas de los galanos pájaros con que esta águila se sustenta, y a este lugar donde hallaréis el tunal con el águila encima, le pongo por nombre Tenuchtitlan". Este nombre tiene hasta hoy esta ciudad de México, la cual en cuanto fue poblada de los mexicanos se llama México que quiere decir lugar de los mexicanos, y en cuanto a la disposición del sitio se llama Tenuchtitlan, porque tetl es la piedra y nochtli es tunal, y de estos dos nombres componen tenochtli que significa el tunal y la piedra en que estaba, y añadiéndole esta partícula tlan, que significa lugar dicen Tenuchtitlan que quiere decir lugar del tunal en la piedra.

Otro día de mañana el sacerdote mandó juntar todo el pueblo, hombres y mujeres, viejos, mozos y niños sin que nadie faltase, y puestos en pie comenzó a contarles su revelación encareciendo las grandes muestras, mercedes que cada día recibían de su dios con una prolija plática, concluyendo con decir que "en este lugar del tunal está nuestra bienaventuranza, quietud y descanso, aquí ha de ser engrandecido y ensalzado el nombre de la nación mexicana, desde este lugar ha de ser conocida la fuerza de nuestro valeroso brazo y el ánimo de nuestro valeroso corazón con que hemos de rendir todas las naciones y comarcas, sujetando de mar a mar todas las remotas provincias y ciudades, haciéndonos señores del oro y plata, de las joyas y piedras preciosas, plumas y mantas ricas, etc. Aquí hemos de ser señores de todas estas gentes, de sus haciendas, hijos e hijas; aquí nos han de servir y tributar, en este lugar se ha de edificar la famosa ciudad que ha de ser reina y señora de todas las demás, donde hemos de recibir todos los reyes y señores, y donde ellos han de acudir y reconocer como a suprema corte. Por tanto, hijos míos, vamos por entre estos cañaverales, espadañas y carrizales donde está la espesura de esta laguna, y busquemos el sitio del tunal, que pues nuestro dios lo dice no dudéis de ello, pues todo cuanto nos ha dicho hemos hallado verdadero". Hecha esta plática del sacerdote, humillándose todos, haciendo gracias a su dios, divididos por diversas partes entraron por la espesura de la laguna, y buscando por una parte y otra parte, tornaron a encontrar con la fuente que el día antes habían visto y vieron que el agua que antes salía muy clara y linda, aquel día manaba muy bermeja casi como sangre, la cual se dividía en dos arroyos, y en la división del segundo arroyo salía el agua tan azul y espesa, que era cosa de espanto, y aunque ellos repararon en que aquello no carecía de misterio, no dejaron de pasar adelante a buscar el pronóstico del tunal y el águila, y andando en su demanda, al fin dieron con el lugar del tunal, encima del cual estaba el águila con las alas extendidas hacia los rayos del sol, tomando el calor de él, y en las uñas tenía un pájaro muy galano de plumas muy preciadas y resplandecientes. Ellos como la vieron, humilláronse, haciéndole reverencia como a cosa divina, y el águila como los vió, se les humilló bajando la cabeza a todas partes donde ellos estaban, los cuales viendo que se les humillaba el águila y que ya habían visto lo que deseaban, comenzaron a llorar y hacer grandes extremos, ceremonias y visajes con muchos movimientos en señal de alegría y contento, y en hacimiento de gracias decían: "¿Dónde merecimos tanto bien? ¿quién nos hizo dignos de tanta gracia, excelencia y grandeza? Ya hemos visto lo que deseábamos, ya hemos alcanzado lo que buscábamos, ya hemos hallado nuestra ciudad y asiento, sean dadas gracias al señor de lo criado, y a nuestro dios Huitzilopochtli". *(Códice Ramírez)*.

HERIBERTO FRÍAS. Nació en Querétaro, Qro., en 1870; murió en Tizapán, D.F., en 1925. Cobró temprana notoriedad con su novela *Tomochic* (1894), en que denuncia, fundado en hechos de los que fue testigo, las atrocidades y la corrupción de los altos oficiales del ejército porfirista. Sufrió amagos y cárcel por su oposición a la dictadura. Dirigió periódicos en Mazatlán, Hermosillo y la ciudad de México. Y al triunfo de la Revolución llegó a ser subsecretario de Relaciones Exteriores. Es autor, entre otros libros, de *Leyendas históricas mexicanas* (Barcelona, Casa Editorial Maucci, 1899).

RUMBO A TENOCHTITLAN

Más veloz, más veloz, bravos remeros, aún más de prisa; ¡más de prisa todavía! ¡Clavad los fuertes y largos remos en el fondo del canal; avivad el vuelo de la barca, porque he prometido a los dioses propicios a la felicidad llegar pronto, antes de que asome cerca del alto Popocatépetl humeante y de la hermosa Iztacíhuatl durmiente, el grande y soberbio Tonatiuh..! ¡Oh! mis infatigables amigos, leales servidores míos, devorad la superficie de las tenebrosas aguas, hasta que logremos arribar a Tenochtitlan donde mi soberano gallardo príncipe poeta encuentre los palacios del valiente Izcóatl, el de la macana tremenda... Más veloces aún; ¡oh! mis remeros ágiles, que si lográis salvar la vida de mi amante, de mi nuevo amo Nezahualcóyotl que me ha enloquecido con sus dulces palabras que tan primorosamente cantan cual los zenzontles en las noches primaverales, ¡Oh! si lográis eso, entonces seréis felices, tan dichosos como yo. Mi nuevo rey colhua en Tenochtitlan, os hará señores; y más tarde, en la suntuosísima Texcoco que pronto deberá recobrar, tendrá que cederos para vuestro regalo, huertas extensas, y más allá, cabe el lago, floridas y riquísimas chinampas. ¡Clavad con bravía entereza los largos remos; no desmayéis, que la dicha y el poder nuestro será cuando lleguemos a los cañaverales sonoros donde edifican sus teocallis los audaces tenochcas temidos por el tirano! Ya veréis cómo ellos también triunfarán, porque no tienen en su trono al pusilánime Chimalpopoca, sino muy al contrario, al caudillo de sus ejércitos, al indómito Izcóatl. Mañana, en sus grandes mansiones, dormiremos después de probar el pan de sus maizales, apurando el licor sagrado con que sacian su sed los sacerdotes y los tecuhtlis (señores). ¡Adelante, adelante! mis jóvenes remeros; seguid mis órdenes, obedecedme y el porvenir glorioso que Tonatiuh reserva a los valientes será vuestro.

¡Tecuhtlis seréis!, os lo aseguro.

Así, en vibrantes, argentinas palabras que sonaban en el tranquilo silencio de la noche, a veces como una música marcial, o ya con cadencias tiernas y dolientes cual quejas de paloma, clamaba la bella Mixhuichtecatl, la esposa favorita del tirano Maxtla, del orgulloso déspota de la capital del imperio tepaneca, la opulenta Azcapotzalco.

II

La estrecha, ligerísima canoa, hendía —cual flecha disparada por el arco de un guerrero tenochca— las ondas negras del canal cercado de altos y temblorosos árboles obscuros, dirigiéndose hacia la confusa masa negra que a lo lejos entenebrecía la extraña lividez de las penumbras solitarias del Oriente.

Los cuatro ágiles jóvenes remeros, batallaban incansables haciendo volar la barca. La real canoa favorita del tepaneca Maxtlaton, donde iba durmiendo tranquilamente, cual tras de una victoria, —la cabeza reposando sobre las faldas de la esclava chalquense— el audaz y noble hijo de Ixtlilxóchitl: Nezahualcóyotl.

Se habían fugado de Azcapotzalco en la plena noche, dejando abierta la ignominiosa jaula que servía de cárcel al digno colhua, abandonando, la amada del tirano y el prisionero, los jardines que cercaban el grandioso tecpan (casa o palacio real).

Los guardias todos, bien numerosos —puesto que Maxtla era un ruín déspota, tan cobarde como cruel y orgulloso—, quedaron tendidos y ebrios, intoxicados por los mismos licores con que adormecíase a veces, tras sus orgías, el monstruoso tecuhtli tepaneca.

III

¿Quién pudo esquivar tanta vigilancia en el ancho palacio del rey?, ¿quién que pudiese entrar y salir en sus salones, patios, huertos y jardines, logró traicionarlo con tamaña burla?

La única mujer que conocía los abominables secretos del laberíntico tecpan —antro de infamias, sangrientas lujurias y crímenes estupendos—, era su favorita esposa, la esclava chalquense, llamada por el pueblo la sanguinaria: la que se extasiaba en delirantes placeres con los suplicios más atroces que solían divertir de sus profundos aburrimientos y cansancios a los dos inicuos amantes próceres: Mixhuichtecatl y Maxtlaton.

Sólo esta hermosísima y perversa criatura podía haber libertado a Nezahualcóyotl, sólo tal víbora negra era la única que podía abrir la prisión...

Pero a ella por cruelísima y feroz, la amaba siniestramente su amo en un delirio de vértigos infernales.

¡Bien lo sabía la oprimida nación tepaneca! Ambos se bañaban en hondos y extensos estanques que rebosaban aguas rojas y perfumadas, en albercas malditas, donde los aromas de las flores se mezclaban a los acres perfumes de la carne humana desgarrada por cuchillos verdugos.

¡Espantosa voluptuosidad sanguinaria! Vertían en las ondas la sangre de centenares de vírgenes degolladas —doncellas de tribus enemigas inmoladas cruelmente—, y ellos exprimían sobre aquellas ondas el jugo de las flores más ricas, con goce diabólico.

Bañábanse en aquella púrpura saturada de vagos perfumes, salpicada de pétalos blancos, de azucenas y lirios silvestres, escuchando con siniestra delicia, vagas músicas lejanas de caracoles nacarinos. ¡Oh, suprema dicha!

Maxtlaton, el formidable tirano, envidioso de las canciones con que Nezahualcóyotl, el perseguido príncipe vagabundo, enternecía a las muchedumbres de los pueblos por donde peregrinaba, a los que refería extrañas y conmovedoras leyendas de los pueblos muertos y de las guerreras naciones toltecas, que habían plantado en el inmenso valle una portentosa civilización desvanecida, seducido por la imaginación de su terrible amante, la cruel Mixhuichtecatl, hizo conmover a sus subyugados señoríos y habitantes de sus numerosas villas, con esas magníficas extravagancias sangrientas que hacen execrar siglos y siglos la memoria de los tiranos.

IV

¿Y había sido ella, su digna y enamorada favorita y cómplice, la que tanto le comprendía y deleitaba, la que tan bien penetraba a las profundidades negras de su espíritu avasallador por el espanto, la que le había de traicionar huyendo con el odioso príncipe heredero del Imperio de Texcoco, usurpado por su padre a Ixtlilxóchitl? ¿Sería ella la que así le vendiera la víspera del grandioso y refinado suplicio que preparaba para Nezahualcóyotl?

Ella fue.

Y cuentan los buenos y heróicos frailes que en el primer siglo de la conquista de México pudieron escuchar las tradiciones de los últimos nobles mexicanos, que por una explosión de amor en su corazón dormido a todas las ternuras, hubo ella de convertirse súbitamente hacia la causa de la justicia, adornado el alma del bardo príncipe.

V

Maxtlaton, cansado de la orgía, quedó tendido sobre labrada estera en el salón, abrazado al ondulante cuerpo de su favorita, quien a la luz del ocotl (astilla de pino) que sostenía y renovaba un esclavo, miró cuan repugnante, sangrienta, bestial y sucia era la paz de su señor. Sintiendo profundo asco, alejóse de aquél, no sin arrancarle las insignias y armas de su gran dignidad, que eran indicios en quien las portara, de que debía obedecerse la voluntad del monarca.

Aburrida y triste, hastiada, vagó por los jardines alimentando vagos anhelos de placeres exquisitos más voluptuosos aún que los brutales e intensos que tantas veces había gustado cerca de su real amante, hasta quedar ahita y ebria...

La luna ascendía del fondo del valle oriental, serena y triste...

—¡Qué hermosa!— pensó...

Y fue en ese instante cuando pudo recordar que el joven prisionero sabía historias muy bellas y muy curiosas, de amores y de batallas, de prodigios y de encantos maravillosísimos, acerca de aquella divina reina iluminante de los espacios azules en las noches plácidas.

—El me divertirá mucho contándomelas y yo me gozaré al escucharlas, pensando que mañana, en pago, le haré sufrir todos los horrores de un largo suplicio. ¡Qué delicia! ¡Oh!— Y tendiendo al cielo los brazos en ademán gozoso, corrió hacia extramuros del solitario tecpan hasta llegar a la plaza, en cuyo centro, de alta pirámide de piedras, se alzaba la enorme jaula donde dormía Nezahualcóyotl.

VI

—¡Abridme al instante! ¡Ved los caracoles del Rey, ved su macuahuitl (espada de madera) de mando: él lo ordena—, gritó Mixhuichtecatl.

Los guardias abrieron. Ella entró a la jaula. El príncipe levantó los párpados, y a la luz de la luna admiró a la bella aparecida divinamente encantadora. Él se incorporó.

—Óyeme, coyotl (coyote, especie de lobo americano) de los montes, pobre vagabundo de las sierras. Comprendo que tú sabes leyendas maravillosas y que las refieres de un modo que subyuga. Me han dicho que todas las vírgenes de Texcoco y Tenochtitlan te adoran por tus frases que suenan como un canto, cual la canción de los zenzontles en el fondo de los bosques. Cuéntame la historia de la diosa que ilumina esta noche—, y señaló graciosamente con su barbilla linda, el trozo de cristal diáfano que vagaba en el cielo, en la tranquilidad apacible de la noche.

—Tú nunca podrás comprender su historia—, contestó con lentitud el príncipe, —porque eres mala y no has amado nunca—. Calló un instante, y después, tras breve silencio, continuó; —¡Ah! pero te miro muy joven y no es posible que no tengas algún día clavada en tu pecho bellísimo la obsidiana del amor..; eres mala, pero no perversa como tu amo Maxtla. Si eres joven, puedes regenerarte, y si no, ¡desdichada de ti!

Entonces Nezahualcóyotl, erguido majestuosamente, inspirado y con ardor supremo, contó, al hablar de la luna, las delicias del amor puro y sereno en el hogar; los goces de la vida llevada sin pompa, sin temores, sin remordimientos, sin insomnios, y dijo, mostrando un árbol envejecido y caduco: —¡Así son todas las efímeras glorias de la vida! Y esa pobre reina luna, siempre variable, que luego de engrandecer irá menguando, menguando hasta aniquilarse en la sombra, es el ejemplo de la existencia humana.

Mira cómo su luz es melancólica, son aguas impalpables y tristísimas, ¿sabes por qué? Porque sus rayos son lágrimas del llanto de un remordimiento eterno; ella en su tiempo, como tú, brilló espléndida y gozosa, al lado del gran Tonatiuh, más habiéndole sido infiel, purga su falta vagando perpetuamente en las tinieblas, alejada de su amante divino a quien sólo de cuando en cuando suele besar. ¿Comprendes, esclava sanguinaria y cruel?

Vibró tan elocuentemente la historia del bardo prisionero en el corazón de la gentil perversa, que por primera vez en su vida, lloró; y echando los brazos al cuello del bardo colhua, díjole:

—¡Oh! Nezahualcóyotl; no sólo eres divino, eres regio, te amo; tuya soy y seré, tú serás libre. Espérame.

VII

Regresó acompañada de cuatro de los más robustos fieles servidores suyos, que cargaban plumas, nácares, mantas de algodón, ópalos, cascos de cuautlis y ocelotls, chimallis, jícaras de oro, esmeraldas y ánforas rebosantes de cacao y harina de maíz perfumado; armas, macanas, flechas y adornos regios que harían la riqueza de un príncipe. Hizo beber a los guardias y trasportar al canal aquellos bagajes que fueron colocados sobre la favorita barca del tirano. Al entrar de nuevo a la prisión de Nezahualcóyotl, ya dormían los centinelas.

—Ahora, soberano cantor y rey, ¿crees que te amo? Te he dado la libertad y mi amor, me he arrepentido de mis infamias, sacrificaré por tí mi vida. ¡Oh! señor, ¿ahora crees que te amo?

Sí, y doy gracias a la bondad universal que preside el mundo, porque trasforma tu corazón, y al darme la libertad, la entrega a mi pueblo y a mi raza. Más déjame reposar, ha muchos días que no duermo.

—Descansa sobre mi cabeza. Al pronunciar estas palabras, la canoa partió volando sobre las ondas del canal a la luz melancólica de la luna.

Bien pronto se ocultó la reina del espacio entre espesos nubarrones, y fue entonces cuando Mixhuichtecatl clamó a los remeros.

—Veloz, más veloz aún, mis fieles amigos, para llegar antes de la aurora yo y mi amado rey, a Tenochtitlan. *(Leyendas históricas mexicanas).*

HERNANDO ALVARADO TEZOZÓMOC. Nació y murió en la ciudad de México (¿ 1520- 1610?). Descendiente de la realeza mexica, fue intérprete o nahuatlato de la Real Audiencia de México. Los últimos años de su vida los dedicó a componer la *Crónica mexicana*, en español, y la *Crónica mexicayotl* en náhuatl. Esta obra comprende desde el año 1064 hasta 1531 y recoge, conforme a las palabras del autor, "la tradición y la herencia que dejaron los ancianos a sus descendientes, para que nunca olviden la historia de la gran ciudad (México Tenochtitlan) y sus pobladores". La publicó Manuel Orozco y Berra en 1878 y la Editorial Leyenda en 1944.

LA PIEDRA PARLANTE

Acordó Moctezuma que en su tiempo no había hecho labor alguna que hubiese de él memoria. Llamó a Cihuacoatl para que la mandase labrar para el templo de Huitzilopochtli; que fuese mayor y dos codos más alta que la que allí estaba: y así luego hizo llamar Cihuacoatl a todos los canteros y albañiles de los cuatro barrios Teopan, Moyotlan, Atzacualco y Cuepopan: díjoles que mandaba el rey que fuesen todos ellos juntos a buscar una gran piedra pesada, y que labrasen otra piedra como la que estaba allí arriba del Cú del Huitzilopochtli, excepto que había de ser mayor, con una braza más de ancho y dos codos más alta, y todos juntos como estáis la habéis de ir a buscar. Fueron y halláronla en Acolco, que es adelante de Ayotzinco, y la midieron conforme les fue mandado, y para haberla de labrar a placer, fue menester ir diez o doce mil indios a sacarla de donde estaba para ponerla en un razo para labrarla: bajada al llano la labraron con las mismas labores que las otras: más ancha y más redonda y más alta y muy de mejor la labor: mientras que la labraban, los de Chalco les daban de comer a los canteros, y en breve se acabó, por andar en la labor y obra treinta oficiales con picos de pedernal; y luego que se acabó de labrar dieron aviso al rey Moctezuma y fueron para traerla todos los chalcas con maromas muy gruesas y todos los chinampanecas y todos los de Nauchteuctli; y como la traían con tanto ruido por el gran peso, la trajeron hasta Iztapalapan, y allí descansaron los indios dos o tres días; y el día que había de entrar en México Tenuchtitlan, hizo llamar Cihuacoatl a los chocarreros que eran los bailadores del palo cuauhtlatlazque o quahuilacatzoque, y a los viejos cantores con teponaztli (instrumento de percusión), y a los sacerdotes con cornetas y atabales, y que la trajesen con mucha brevedad, con muchos carretoncillos, y mandó a los mayordomos que llevasen de comer muy escogidamente a los canteros y a los principales que la traían; que almorzasen al alba y comiesen a las nueve y merendasen a las tres, según que iban avisados ya los perfumadores o sahumadores que llamaban tlenamacaque, con mucho copal blanco, grande y ancho, y darles mantas ricas y pañetes, catles y cotaras: y antes de partir la piedra comenzaron a cortar cabezas de codornices y a untarle con la sangre y a sahumarle: comenzaron luego el baile y canto mexicano, y viendo que no quería bullirse la piedra y que había quebrado diez maromas, que antes la habían traído, dijeron los canteros: vayan a dar noticia de esto al rey Moctezuma. Segunda vez no la podían menear; enviaron luego a todos los tecpanecas, serranos, montañeses, Chiapan, Xilotepec, Xiquipilco, Huatitlan, Mazahuacan; llegados todos estos, comenzaron a dar vocería los otomíes en su lengua, arrancando la piedra, y así como la rodearon para tirar de ella, habló y solamente dijo: "por más que hagáis"; con esto que dijo ningunas gentes más hablaron, quedáronse mustios y tornando a forcejear, tornó a hablar la piedra y dijo: "¿qué me queréis llevar? Pues no me he de rodar para ir a donde me queréis llevar". Comenzaron a proseguir el traerla, tornó a hablar y dijo: "pues llevadme que acullá os hablaré"; trajéronla hasta Tlapitzahuayan: dijeron los canteros: demos aviso al rey de lo que ha pasado y lo que ha dicho la piedra; fue un principal y un cantero a hablar a Moctezuma, y dándole cuenta al rey de lo que había sucedido, díjoles: "¿Estáis vosotros borrachos? ¿Cómo venís vosotros con mentiras?" Llamó al mayordomo Petlacalcatl y díjole: "Llevad presos a estos bellacos que vienen con semejantes mentiras". Envió Moctezuma a gran prisa a seis principales, que supiesen qué había sucedido no más. Respondiéronles todos los que tiraban la piedra, y volvió a hablar y dijo: "por más que hagáis no me llevaréis"; a poco tornó a hablar y dijo: "pues llevadme, que acullá os diré lo qué será". Volvieron los mensajeros con esta respuesta a Moctezuma: visto esto mandó a Petlacalcatl que soltase a los presos. Moctezuma envió a estos presos a que llamasen a todos los de Aculhuacan, Chinampanecas y Nauchteuctli que fuesen a traer la piedra. Llegados, arrancaron con ella y llegaron a Techichco con ella por la mañana, que querían traerla; comenzaron a traer cornetas y a cantarle, y comenzaron a tirar: era como arrancar un cerro: antes se hicieron pedazos todas las maromas: acabadas de cortar las maromas tornó otra vez a hablar la piedra y dijo: "¿No acabáis de entender vosotros? ¿Qué me queréis llevar? Que no he de llegar a México; decidle a Moctezuma ¿que para qué me quiere? ¿que qué aprovecha, que qué tengo de hacer allá, y que vaya adonde tengo de estar arrojada? Que ya no es tiempo de hacer lo que ahora acuerda, que antes lo había de haber hecho, porque ya ha llegado su término de él, ya no es tiempo, y el Moctezuma ha de ver por sus ojos lo que será presto, porque está ya dicho y determinado, porque parece que quiere aventajar a Nuestro Señor, que hizo el cielo y la tierra, mas con todo, llevadme, que allí será mi llegada, ¡pobres de vosotros! Vamos caminando".

Comenzó a moverse la gente con esto, y arrancáronla brevemente. Comenzaron a tocar las cornetas. Llegados a Tozititlan, junto a la albarrada de Santiesteban allí durmió otra vez la piedra. Dijéronle a Moctezuma todo lo que la piedra había dicho, y dijo: "Pues vamos, ¿qué es lo que será? Aguardemos los tiempos, ¿y qué será de nosotros? Vayan mañana los sacerdotes y háganle sacrificio de codornices y sahúmenla todos los sahumadores, y vayan todos los viejos con teponaztli a cantarle y bailarle, para que tenga más gana de venir". Comenzaron a traerla. Llegados al gran puente de Xoloco, y estando en la mitad de la puente, habló otra vez la piedra y dijo: "Hasta aquí ha de ser, y no mas". Diciendo esto se quebró el puente, que era de unas planchas de cedro de siete palmos de grueso y nueve de canto de gordo: cayóse la piedra dentro del agua, y llevó tras sí a los que la tiraban, y muchos murieron; que no se pudo contar la gente que debajo consumió; y los que escaparon a nado le fueron a dar noticia de esto a Moctezuma y de todo lo sucedido con la piedra. Dijo Moctezuma a Cihuacoatl: "Vámosla a ver, padre mío". Visto lo que había sucedido, tornóse a su palacio, llamó a todos los principales mexicanos y díjoles: "Enviemos a todos los encantadores a llamar, que sean buenos buzos, que suelen entrar en las honduras y cuevas cabernosas, de ojos y manantiales de agua, para que me sepan dónde se fue esta piedra, o qué se hizo, y la gente que llevó consigo". Fueron principales a Xochimilco y a Cuitláhuac, Mizquic y Tlacochcalco a llamarlos. Venidos todos los buzos de agua, díjoles Moctezuma: "Venid acá, hermanos, id a ver a Xoloco qué se hizo la gran piedra que traían labrada para el templo, que se cayó allí y las gentes que llevó consigo, y ved si procede de allí algún gran ojo de agua". Fue Moctezuma allá con una sombrera o quitasol, al mediodía, puntualmente cuando más aclara el agua: como ocho de ellos entraron dentro y se estuvieron como media hora allá, y estaban allí con él todos los sacerdotes de los templos y todos los principales mexicanos: al cabo de un rato salieron diciendo: "Señor, todo lo anduvimos y no vimos la piedra, ni la gente, y hallamos una senda no muy ancha de agua que va hacia Chalco y va siempre más a lo hondo". Dijo Moctezuma: "Pues sea norabuena; vayan con vosotros principales de autoridad y vayan los tezozonques que la habían labrado a ver si está allá". Y fueron todos juntos. Llegados los canteros la conocieron y vieron ser la propia que habían sacado primero en Acolco Chalco en la parte y lugar que la sacaron primero, y estaba la piedra con el papel que le habían puesto por cobertor y el copal blanco que le habían pegado: desollaron el papel y rascaron el copal, y lo trajeron al rey diciéndole: "Señor, matadnos, que la propia piedra labrada está allá en su propio lugar y asiento de donde la sacaron primero". Dijo el rey Moctezuma: "Sea norabuena, padres míos: veamos lo más que ordenaron nuestros dioses". Y esto es lo que sucedió de traer la piedra de Chalco. (*Crónica Mexicana*).

FRANCISCO JAVIER CLAVIJERO. Nació en el puerto de Veracruz en 1731; murió en Bolonia, Italia, en 1787. Sacerdote jesuita, políglota y humanista, innovó la enseñanza de la filosofía en los colegios de la Compañía de Jesús en México, Valladolid (Morelia) y Guadalajara. Exiliado en 1767, vivió en Ferrara y Bolonia. Allá compuso la *Historia antigua de México*, destinada a rebatir las falsas ideas sobre el pasado prehispánico y la época colonial. Traducida al italiano se publicó por primera vez en Cesena (1870-1871) y después, en español, muchas veces en México. La versión castellana la descubrió en Bolonia el padre Mariano Cuevas, quien la publicó con un prólogo en 1945.

SUCESO MEMORABLE DE UNA PRINCESA MEXICANA

Papantzin, princesa mexicana y hermana de Moctezuma, se había casado con el gobernador de Tlatelolco; muerto éste, permaneció en su palacio hasta el año de 1509, en que murió también de enfermedad natural. Celebráronse sus exequias con la magnificencia correspondiente al esplendor de su nacimiento, con asistencia del rey su hermano y de toda la nobleza de ambas naciones. Su cadáver fue sepultado en una cueva o gruta subterránea que estaba en los jardines del mismo palacio, próxima a un estanque en que aquella señora solía bañarse, y la entrada se cerró con una piedra de poco peso. El día siguiente, una muchacha de cinco a seis años, que vivía en el palacio, tuvo el capricho de ir desde la habitación de su madre a la del mayordomo de la difunta, que estaba más allá del jardín; al pasar por el estanque, vio a la princesa sentada en los escalones de éste y oyó que la llamaba con la palabra cocoton, de la que se sirven en aquel país para llamar y acariciar a los niños. La muchacha, que por su edad no era capaz de reflexionar en la muerte de la princesa y pareciéndole que ésta iba a bañarse, como lo tenía de costumbre, se acercó sin recelo y la princesa le dijo que fuese a llamar a la mujer del mayordomo. Obedeció en efecto; mas esta mujer, sonriendo y haciéndole cariños le dijo: "Hija mía, Papantzin ha muerto y ayer la hemos enterrado". Mas como la muchacha insistía y aun la tiraba del traje, que allí llaman huepilli, ella, más por complacerla que por creer lo que le decía, la siguió al sitio a que la condujo, y apenas llegó a presencia de aquella señora, cayó al suelo horrorizada y sin conocimiento. La muchacha avisó a su madre, y ésta con otras dos mujeres, acudieron a socorrer a la del mayordomo; más al ver a la princesa, quedaron tan despavoridas, que también se hubieran desmayado si ella misma no les hubiera dado ánimo, asegurándoles que estaba viva. Mandó por ellas llamar al mayordomo y le encargó que fuese a dar noticia de lo ocurrido al rey su hermano; pero él no se atrevió a obedecerla, porque temió que el rey no diese crédito a su noticia, y sin examinarla, lo castigase con su acostumbrada severidad. "Id, pues, a Texcoco, le dijo la princesa, y rogad en mi nombre al rey Nezahualpilli que venga a verme". Obedeció el mayordomo y el rey no tardó en presentarse. A la sazón, la reina había entrado en uno de los aposentos de palacio. Saludóla el rey lleno de temor y ella le rogó que pasase a México y dijese al rey su hermano que estaba viva y que necesitaba verlo para descubrirle algunas cosas de suma importancia. Desempeñó Nezahualpilli su comisión y Moctezuma apenas podía creer lo que estaba oyendo. Sin embargo, por no faltar al respeto debido a su aliado, fue con él y con muchos nobles mexicanos a Tlatelolco, y entrando en la sala donde estaba la princesa, le preguntó si era su hermana. "Yo soy señor, respondió ella, vuestra hermana Papantzin, la misma que habéis enterrado ayer; estoy viva en verdad y quiero manifestaros lo que he visto, porque os importa". Dicho esto, se sentaron los dos reyes, quedando todos los demás en pie, maravillados de lo que veían.

Entonces la princesa volvió a tomar la palabra y dijo: "Después que perdí la vida, o si esto os parece imposible, después que quedé privada de sentido y movimiento, me hallé de pronto en una vasta llanura, a la cual por ninguna parte se descubría término. En medio observé un camino, que se dividía en varios senderos, y por un lado corría un gran río, cuyas aguas hacían un ruido espantoso. Queriendo echarme a él, para pasar a nado a la orilla opuesta, se presentó a mis ojos un hermoso joven, de gallarda estatura, vestido con un ropaje largo, blanco como la nieve y resplandeciente como el sol. Tenía dos alas de hermosas plumas y llevaba esta señal en la frente (al decir esto la princesa, hizo con los dedos la señal de la cruz), y tomándome por la mano me dijo: «Detente, aún no es tiempo de pasar este río. Dios te ama, aunque tú no lo conoces». De allí me condujo por las orillas del

río, en las que ví muchos cráneos y huesos humanos y oí gemidos tan lastimeros que me movieron a compasión. Volviendo después los ojos al río, ví en él unos barcos grandes y en ellos muchos hombres diferentes de los de estos países, en traje y color. Eran blancos y barbudos; tenían estandartes en las manos y yelmos en la cabeza. «Dios —me dijo entonces el joven—, quiere que vivas a fin de que des testimonio de las revoluciones que van a sobrevenir en estos países. Los clamores que han oído en estas márgenes, son de las almas de tus antepasados que viven y vivirán siempre atormentadas en castigo de sus culpas. Esos hombres que ves venir en los barcos son los que con las armas se harán dueños de estas regiones y con ellos vendrá también la noticia del verdadero Dios, creador del cielo y de la tierra. Cuando se haya acabado la guerra y promulgado el baño que lava los pecados, tú serás la primera que lo reciba y guíe con su ejemplo a todos los habitantes de estos países». Dicho esto, desapareció el joven y yo me encontré restituída a la vida: me alcé del sitio en que yacía, levanté la lápida del sepulcro y salí al jardín, donde me encontraron mis domésticos".

Atónito quedó Moctezuma al oir estos pormenores; turbada su mente con los más tristes pensamientos, se levantó y se dirigió a un palacio que tenía para los tiempos de luto, sin hablar a su hermana, ni al rey de Texcoco, ni a ningún otro de los que lo acompañaban, aunque algunos aduladores para tranquilizarlo, procuraron persuadirle que la enfermedad que había padecido la princesa, le había trastornado el sentido. No quiso volver a verla por no afligirse de nuevo con los melancólicos presagios de la ruina de su Imperio. La princesa vivió muchos años después, enteramente consagrada al retiro y a la abstinencia. Fue la primera que en el año de 1524 recibió en Tlatelolco el sagrado bautismo y se llamó desde entonces doña María Papantzin. En los años que sobrevivió a su regeneración fue un perfecto modelo de virtudes cristianas y su muerte correspondió a su vida y a su maravillosa vocación al cristianismo. *(Historia antigua de México).*

MANUEL OROZCO Y BERRA. Nació y murió en la ciudad de México (1816-1881). Ingeniero y fecundo polígrafo, fue director del Archivo General de la Nación y del Museo Nacional, y formó parte de los gabinetes del presidente Ignacio Comonfort y del emperador Maximiliano. Dirigió el *Diccionario universal de historia y de geografía* (10 vols., los tres últimos de apéndice; Tipografías de Rafael, J.M. Andrade y F. Escalante, 1853-1856). En su vasta obra sobresalen: *Geografía de las lenguas y carta etnográfica de México* (1864), *Apuntes para la historia de la geografía en México* (1881) e *Historia antigua y de la Conquista en México* (4 vols., 1880-1881).

LA CALLE DE DON JUAN MANUEL

—¿Qué tiene usted, maestro, que está tan callado y taciturno (decía yo a mi barbero un día en que los dos estábamos bien despacio)? Algo le ha sucedido a usted hoy.

—Como luego se incomoda usted cuando le cuento noticias...

—Una cosa es que yo no quiera hablar ni que me hablen de política, porque ciertamente no me gusta, y otra cosa es que estemos callados como unos cartujos; al contrario, hoy más que nunca necesito distraer mi imaginación con ideas festivas y agradables, y nadie mejor que usted puede satisfacer ahora esta necesidad. Conque así, vamos, cuénteme usted alguna cosa divertida.

—De algunas me acuerdo; pero nunca podré referirlas como debería ser, para que agraden a nadie y mucho menos a usted.

—Muchas gracias por el cumplimiento, y sin embargo de la modestia que manifiesta usted, vamos a ver una de esas historia, tal cual usted la sepa sin quitarle ni añadirle una palabra.

—¿De cuál calle la quiere usted?

—Naturalmente debo desear la de la calle de don Juan Manuel en donde vivo.

—Pues señor, ha de estar usted en que en esta calle vivía hace muchos años un señor español muy principal, llamado don Juan Manuel, a quien Dios quiso dar muchos bienes de fortuna y una esposa que era un ejemplo de hermosura y de virtud. Todo el mundo lo creía un hombre verdaderamente feliz, pero estaba muy distante de serlo, porque viendo que pasaban los años, y que no tenía sucesión empezó a entristecerse, y se entregó a la devoción con tanto fervor, que no salía de las iglesias, ni se le veía tratar más que con religiosos y otras personas conocidas por su piedad. Pero como a pesar de eso, su tristeza iba en aumento, y por ella desatendía sus intereses, determinó hacer venir de España a un sobrino suyo a quien amaba mucho, para que se encargase del manejo de la casa, y él separándose de su mujer, meterse religioso de San Francisco, para acabar sus días santamente. Llegó en efecto el sobrino, y con él la perdición de don Juan Manuel, porque el enemigo común que sin duda estaba en acecho de su alma, empezó a atormentarlo con el terrible tormento de los celos. Oía continuamente don Juan en su interior una voz que le decía que su esposa era infiel y criminal y le aconsejaba las acciones más desesperadas y crueles, para vengar su honra; y lo peor era que le designaba como sospechosas las personas que él tenía por más virtuosas y honradas. En fin, su razón se trastornó de manera que una noche invocó al demonio, y celebró con él pacto formal de entregarle su alma, siempre que le proporcionase la ocasión de vengarse de la persona que en su concepto ultrajaba su honor. El demonio que nunca duerme no quiso desperdiciar la coyuntura que se le ofrecía de perder a otras muchas almas, y así le aconsejó que a las once de aquella misma noche saliese de su casa y vería pasar por su calle al ofensor que buscaba. Hízolo puntualmente don Juan Manuel, y viendo por cierto a un hombre que pasaba por la calle embozado en su capa, se acercó a él, y sin hablarle una palabra le dió tan feroz puñalada que lo dejó muerto en el acto. Ya empezaba don Juan a sentir la satisfacción que causa la venganza a un corazón dañado, cuando a la noche siguiente volvió a aparecérsele el demonio, y después de pedirle cuenta de lo que había hecho, le dijo: No creas que te has librado del enemigo de tu honra: el que has matado ayer era un hombre inocente que iba a repartir a su familia el fruto de su trabajo; pero debía morir en aquel momento porque asi convenía a mis designios". Al oir esto don Juan Manuel, fuera de sí de furor, iba a prorumpir en las más horribles maldiciones contra el demonio; pero éste, sin darle tiempo a pronunciar una palabra, le recordó su terrible juramento, y a fin de confirmarlo más en él, continuó deciéndole: "Si tu ciencia fuera igual a la mía, no estrañarias nada de cuanto puede sucederte en el mundo; pero ni tu entendimiento es capaz de tanta ciencia, ni a mí me es dado comunicártela. Sin embargo, quiero hacerte el mayor servicio que puedo en estas circunstancias, cual es revelarte el modo de lograr tus deseos. Sal de tu casa todas las noches, y acomete sin temor a la persona que encuentres en tu calle a las once en punto; quítale la vida, y si me vieres aparecer al instante, puedes estar seguro de que has acertado el golpe... No pierdas tiempo, y considera que tu esposa lo emplea en distracciones algo más agradables que las tuyas". Más encendido en celos don Juan Manuel con estas palabras del demonio, acabó de hacerse sordo a las voces de su conciencia, y desde aquel instante empezó a poner por obra el infernal consejo. Todas las noches salía puntualmente de su casa, y para asegurarse mejor de la exactitud de la hora, preguntaba al primero que encontraba en la calle —amigo ¿qué hora es?— y al contestar el desgraciado hombre —las once— añadía don Juan Manuel, clavándole el puñal en el pecho —dichoso usted que sabe la hora en que muere.

—Se conoce que entonces no era cosa mayor la policía que había en México.

—Eso mismo decía mi padre, y me contaba que entonces ni estaban empedradas las calles, ni había alumbrado, ni guardias, sino que salían a recorrer la ciudad unas rondas de la Santa Hermandad que se batian con los vecinos, y...

—Bueno está todo eso, maestro, pero vamos adelante con nuestra historia. Tengo ganas de saber que es lo que sacó el diablo, en toda esa embrolla, porque según veo, era el más interesado en el asunto.

—Pues, señor, así continuó por mucho tiempo don Juan Manuel llenando de terror a todo México, pues diariamente amanecía una persona asesinada por aquel barrio sin que pudiese saberse quién había sido el agresor, hasta que una mañana vió conducir don Juan a su presencia el cadáver de ese mismo sobrino suyo a quien tan tiernamente amaba, y a quien había asesinado la noche anterior sin conocerlo. La vista del cadáver causó en don Juan Manuel una sensación de horror y de aflicción difícil de explicarse, pero por fortuna, desde entonces empezó a sentir de nuevo los remordimientos de su conciencia con tanta fuerza, que despreciando los temores que le inspiraba el pacto celebrado con el demonio, voló inmediatamente a echarse a los piés de un religioso de San Francisco, muy conocido en México por su sabiduría y su santidad, y le reveló todas sus culpas con las más vivas demostraciones de arrepentimiento. Pero este santo varon, como era tan inteligente en la ciencia de dirigir las almas, antes de dar la absolución a don Juan Manuel, quiso probar su arrepentimiento, y para esto le impuso por penitencia que fuera a media noche por espacio de tres días al pie de la horca a rezar un rosario por las almas de los que había asesinado, y volviese al día siguiente a referirle lo que le hubiese sucedido. Firmemente resuelto don Juan a ponerse bien con Dios, obedeció con la mayor humildad, y al dar las doce de la noche, se dirigió a la horca, no sin sentir un horror que le helaba la sangre de sus venas. Púsose de rodillas al pie de la horca, según le había ordenado el padre y empezó a rezar el rosario, sin que notase cosa alguna; más al concluirlo, y cuando ya trataba de retirarse, quedó fuera de sí de pavor al oir una voz sepulcral y lejana que dijo clara y distintamente —Un padre nuestro y una avemaría por el alma de don Juan Manuel—. Cuando éste volvió en su acuerdo, ya empezaba a puntar el día, y su primer cuidado fue ir a referir al padre aquel terrible acontecimiento. El padre procuró animarlo haciéndole ver que así convenía a la salvación de su alma; que aquello no era más que un ardid del demonio para retraerlo de tan santa empresa; que hiciese la señal de la cruz sobre todo lo que pudiese inspirarle temor, y finalmente que volviese a la horca aquella noche a seguir cumpliendo su penitencia, seguro de que al día siguiente le daría la absolución de sus culpas. Fortalecido de este modo el ánimo de don Juan Manuel, acudió con la misma puntualidad a la horca, y no bien había concluido su rezo, cuando vió a lo lejos un gran número de luces opacas que se movían de dos en dos como si fueran en procesión, y detras de ellas un bulto negro levantado en lo alto, parecido a un ataud. Don Juan vio aquello con bastante valor, pero al oir la misma voz que la noche antes lo había dejado casi sin vida, perdió enteramente el ánimo y el sentido. Al otro día fue a ver al padre y le manifestó que quizá no podría resistir a la tercera prueba, y que pues veía cuán verdadero era su arrepentimiento, le concediese la absolución. Ya entonces no le pareció justo al padre negarle aquella

gracia, y haciéndole repetir la confesión de sus pecados, le dio por fin la absolución que tanto deseaba, pero siempre con la condición de ir a hacer su tercera y última visita a la horca, como en las dos noches anteriores.

—Apuesto cualquiera cosa a que esa noche sucedió lo mejor del cuento, porque a la tercera va la vencida.

—Y ¡cómo que sucedió, señor! que aun a mí mismo se me erizan los cabellos solamente de contarlo; porque aquella noche fue don Juan Manuel a cumplir su penitencia como le previno el padre, y al día siguiente amaneció ahorcado de la misma horca, y ¿quién creerá usted que lo ahorcó?

—¿Qué sé yo? Sería el padre.

—¡Ay! no señor: ¡cómo había de ser el padre!

—Pues sería el diablo, que no debía estar muy contento con don Juan Manuel, y lo pillaría descuidado.

—Tampoco. Los que lo ahorcaron fueron los ángeles. *(Diccionario universal...).*

LA CAMPANA DEL RELOJ DE PALACIO

En un lugar de España, cuyo nombre a nadie importa saber, había una capilla, y esta capilla tenía una torre, y esta torre una campana, y probablemente algunas otras; pero como éstas nada tienen de particular, no ha llegado su memoria hasta nuestros días. En la fecha que me voy a referir, hubo en España temores y agitaciones políticas con motivo de una guerra peligrosa que amenazaba, y con eso se observaban todos los pasos de las gentes, sus conversaciones, y hasta sus gestos y miradas; las autoridades se desvelaban por conservar el órden público, y en verdad que llegaron a conseguirlo. Era la noche de un día de Pascua, noche oscura y aun tenebrosa: todos reposaban en profunda quietud: los hombres, los ganados y los insectos, y hasta el mar con sus navíos estaba inmóvil y callado, menos la campana de que hablamos, que a las doce de la noche comenzó a sonar por sí sola, y este repique estupendo duró algún tiempo; prodigio de que hay pocos ejemplos en los anales de las naciones. Ya se estará figurando el lector, y si no, es fuerza que se lo figure, cuál sería el sobresalto y el terror del vecindario en caso tan inesperado. Levantáronse las gentes, y corrieron en tropel a la plaza para adquirir noticias acerca de las causas de aquel acontecimiento; el alcalde y los alguaciles salieron los primeros; y ved aquí que por un lado lloran los muchachos, por otro gritan las mujeres, y en todas partes forman sus corrillos los hombres despavoridos, de modo que se creería que el pueblo iba a ser tomado por asalto. El alcalde, seguido de sus formidables lacedemonios, ocupó las Termópilas, esto es, se metió en el cementerio con sus alguaciles, y de ahí se dirigió resueltamente sobre la puerta de la torre: a los primeros ataques rompió una brecha en la puerta por estar algo podrida, y subió con los suyos al cuarto del campanero. Pero cual fue su sorpresa al ver que ni allí, ni en la torre y bóvedas había alma viviente, a excepción de un gato, que probablemente no pudo repicar la campana. Una y muchas veces recorrió aquellos lugares sin hallar al alborotador; hasta que al fin, cansado, replegó sus fuerzas en la plaza, dejando sí una fuerza respetable, a un alguacil, en la puerta de la torre.

No fue poco el trabajo que tuvo el alcalde para aquietar a las gentes, las que, mal de su grado, se retiraron a sus casas; pero yo creo que nadie pegó los ojos en toda la noche; ¡tal había sido el acontecimiento, tan profundo y serio fue el terror!

Muy de mañana estaban ya los curiosos en la calle haciendo cálculos, y preguntándose unos a otros el orígen del suceso. El alcalde procedió a formar el expediente o causa (que no se cómo se llama), a cuyo efecto llamó por testigos a los vecinos más honrados, los que depusieron y firmaron la verdad del hecho, tal cual había pasado; se hicieron las más exquisitas averiguaciones, y de todas resultó que el campanero no durmió esa noche en el pueblo, y que a nadie se encontró dentro ni fuera de la torre y capilla que pudiera haber repicado la campana; y por tanto se decidió que había sonado sola sin intervención de ninguno. Como el asunto era grave y de la mayor importancia, se dio cuenta a la corte con el expediente. No puede formarse el lector, aunque quiera, idea cabal de la sensación profunda que causó este acontecimiento en la capital: en los diarios, mercurios y gacetas se hablaba de la campana con el mismo estusiasmo que si se tratara de un rompimiento con Francia: hizo más ruido este suceso que la destrucción de la escuadra invencible de Felipe II, y en esto había una razón muy sólida, y es que una guerra con los franceses y el naufragio de una escuadra es cosa muy natural; pero no es muy natural ni muy fácil de entender que pueda una campana repicarse a sí misma.

Pasó el expediente al consejo y de ahí al fiscal para que diera su dictámen sobre este célebre negocio. El fiscal se impuso seriamente de todos los pormenores, registró sus grandes volúmenes de derecho y algunos de la historia nacional y extranjera; escribió, borró, y volvió a escribir; y al cabo de algunas semanas, el formidable dictámen tenía una resma de papel. ¡Qué erudición tan selecta y peregrina! ¡qué abundancia de citas y de leyes! ¡qué reflexiones tan oportunas y profundas! ¡qué argumentos tan urgentes! ¡qué estilo tan fluido, tan espontáneo, tan preciso! Baste saber que no hubo campana o esquila de que no diese el fiscal la historia más exacta: habló hasta de las campanas de Turquía, en donde, según autores, no se conocen. De todo esto concluyó que el diablo tuvo alguna parte directa o indirecta en el asunto. Aquí parece que venía muy bien el dar razón del pedimento fiscal; pero será mejor dejarlo para después, y conservar aquella incertidumbre dramática hasta el fin, que forma el encanto teatral, y de que hacemos tan poco caso nosotros los modernos; pues desde el primer acto de una tragedia se sabe ya cuántos poco más o menos han de ser los envenenados, ahorcados o degollados, por supuesto la mayoría absoluta de los actores. Pero volvamos al asunto.

¡Señalado el día y hora, se presentó el fiscal en el tribunal, y dada la orden para la lectura de la causa, comenzó aquel a leer pliego tras de pliego: a los cincuenta ya se secaba la boca, pero estaba firme el pulmón; leyó después otros veinte; y fatigados los jueces con setenta pliegos en el cuerpo, mandaron suspender la lectura, la que por no incomodar a los lectores, duró como cuatro días; al siguiente comenzó el debate entre los magistrados con tal calor, que parecían poseidos por el mismo espíritu que se encargó de tocar la campana. Quiénes atribuían el repique a los duendes, quiénes a los vampiros, quiénes al demonio, quiénes a un revolucionario, quiénes, finalmente, a algún burlón que quiso divertirse a costa del alcalde. Seis horas duró la discusión; y al cabo de ella, a pesar de que nadie se entendía ya, se adoptó el pedimento fiscal en todas su partes, y vinieron los jueces en acordar y acordaron, en mandar y mandaron:

1° que se diera por nulo y de ningún valor el repique de la campana;

2° que a ésta se le arrancase la lengua o badajo para que en lo sucesivo no osase sonar de propio motu y sin el auxilio del campanero;

3° que saliese desterrada la campana de aquellos dominios; sentencia que inmediatamente se ejecutó con las formalidades debidas.

Algunos tendrán por una patraña esta sentencia; pero entiéndase que es muy cierta, y tuvo un efecto y cumplimiento literal. Quitado el badajo, embarcaron la campana para México a cumplir su condena; llegó a esta ciudad, y se la tuvo arrinconada en un corredor del antiguo palacio de los virreyes, donde se le veía como un ente maléfico, y por tanto con cierto horror y admiración. El virrey La Cerda comenzó a edificar el actual palacio, obra que completó el conde de Revillagigedo, y éste mandó que la señalada campana sirviese de alguna cosa en el mundo; pero como no podía contravenirse a las órdenes de España, no se atrevió a mandarle poner badajo, y la destinó para el reloj que todos conocemos, en el palacio del gobierno supremo. Ya colocada en México, esta campana ha servido de testigo de los desatinos más estupendos, y es probable que con el tiempo presencie otros mayores todavía, si puede haber otro mayor que enviar, por ejemplo, galleta desde esta capital hasta Texas, y vender aun a menos de dos cuartillas cada peso del gobierno. *(Diccionario universal...).*

VICENTE RIVA PALACIO. Nació en la ciudad de México en 1832; murió en Madrid, España, en 1896. Abogado de ideas liberales, tomó las armas contra los invasores franceses y el Imperio, y llegó a ser jefe del Ejército del Centro. Al triunfo de la República, fue magistrado de la Suprema Corte de Justicia, secretario de Fomento en el primer gabinete del presidente Porfirio Díaz y ministro plenipotenciario en los reinos de España y Portugal. Dirigió *México a través de los siglos* (1884-1889), cuyo segundo tomo él escribió en la cárcel, en tiempo del presidente Manuel González. Además, publicó novelas, poemarios, piezas de teatro y, en colaboración con Juan de Dios Peza, *Tradiciones y leyendas mexicanas* (Librería General, 1922).

JUAN DE DIOS PEZA. Nació y murió en la ciudad de México (1852-1910). Sin recursos para terminar una carrera, escribió para los periódicos hasta 1878, en que fue nombrado secretario de la legación en Madrid. De regreso a México ocupó varios cargos públicos. Fundamentalmente poeta, se le ha llamado "El cantor del hogar y de la patria". Es también autor de obras de los géneros dramático, histórico y biográfico. En 1898 publicó *Leyendas históricas, tradicionales y fantásticas de las calles de México,* antecedente de *Tradiciones y leyendas mexicanas,* cuyas páginas comparte con Vicente Riva Palacio (1922).

LA CALLE DEL PUENTE O SALTO DE ALVARADO

Oscura está la noche. Negras nubes
el ancho valle envuelven con su manto,
y rasgando su seno
el rayo vibra difundiendo espanto.
Del pavoroso trueno
va el eco a despertar sobre la cumbre
del enhiesto volcán, cuya alba frente
el relámpago ardiente
baña fugaz con su rojiza lumbre.

En las tinieblas con rumor palpitan
espumantes los lagos cristalinos,

y a impulso de encontrados torbellinos
los seculares árboles se agitan.
Se desata la lluvia, el viento crece,
la tempestad redobla sus furores,
un mar de llamas la extensión parece
do la centella sórdida revienta,
y al soplo destructor de la tormenta
la gigantesca Sierra se estremece.

En medio de tal cuadro y en las calles
de la imperial ciudad de Moctezuma
¡qué tremendo combate! ¡cuál se chocan
férrea coraza y túnica de pluma!
Se oprimen, se confunden, se sofocan,
y alientan el furor y la matanza,
labios cubiertos de rojiza espuma
y alaridos de muerte y de venganza.

Crujen los puentes, abren los canales
profundas, ignoradas sepulturas,
y entre angustias y gritos infernales
españoles y aztecas confundidos,
mueren, ni vencedores ni vencidos,
en raza opuestos y en valor iguales.

¿Quién puede ver la vengadora mano
que pujante le hiere?
¿Quién distinguir el grito del hermano
que, audaz luchando, entre las sombras muere?
¿Quién esquiva al guerrero que la acecha?
¿Quién en tan honda confusión advierte
adonde lleva silbadora flecha,
con alas de relámpago, la muerte?
Espantoso rumor atruena y sube,
y en el oscuro espacio se dilata,
y la pesada nube
en lluvia, en luz y en truenos se desata.

Gritos y maldiciones y gemidos
cual de rabiosas fieras
y no de humanos pechos desprendidos,
y en el lago, bogando
piraguas, como enjambre turbulento,
cargadas de guerreros, se atropellan
unas con otras al furor del viento.

Suena en el templo, triste, pavoroso
tenaz toque de guerra, y en sus torres
sagradas piras de copal humean;
al fulgor del incendio
las españolas armas centellean,
y se oprime la ciega muchedumbre
y de templos y casas y palacios
desplómase crujiendo la techumbre
y en tanta confusión y estruendo tanto
sólo imperan la muerte y el espanto.

¿Qué osado capitán, guía arrogante
a las iberas huestes? ¿Quién, rompiendo
como quilla acerada
las enemigas olas, va delante
ancho camino abriendo con su espada?
Gonzalo Sandoval; con él combaten
Lugo, Acebedo, Ordaz y Andrés de Tapia,
pechos que no se abaten,
brazos a que no rinden las fatigas,
almas que no amedrenta
la voz de la tormenta
ni el silbar de las flechas enemigas.

En medio van de la marcial columna
el fiero Hernán Cortés, Olid y Vázquez,
a todos Alonso Avila acompaña,
que moviendo incesante la cuchilla
da valor a las huestes de Castilla
al grito de: ¡Santiago y cierra España!

Lleva el mayor peligro encomendado
Velázquez de León, a quien secunda
el intrépido Pedro de Alvarado;
capitán ya famoso
y por el pueblo azteca proclamado
hijo del sol por rubio y por hermoso.

Allí queda perdido
el oro entre la tropa repartido,
porque es pesada carga
a quien en tal momento,
tan sólo busca aliento
para hallar, con la espada o con la adarga,
en medio de la muerte salvamento.

Tal como suele el toro embravecido
cruzar en la montaña
por la terrible saña
de rabioso lebreles perseguido;
y ya avanza ligero, ya se vuelve,
ya con ronco bramido
las selvas atronando,
su armada frente por doquier revuelve
las polvorosas rocas escarbando;
y ardiendo en viva lumbre la mirada
baña en la espuma que a sus fauces brota
la lengua, ya sangrienta y destrozada,
y sus hijares con furor azota
con la guedeja lacia y empolvada;
no con menor furor, no de otra suerte,
al través de la muerte,
más de una vez sus tercios ve deshechos
la española legión, por la bravura
de los que ostentan en desnudos pechos
por única armadura
pobre collar de piedras, mal tallado,
de ajena o propia sangre salpicado.

Y allí está Guatimoc, allí su brazo
en donde más se empeña la pelea
más los golpes redobla; su macana
chocando en la rodela castellana,
como en yunque, chispea
con varonil acento.
El rumor dominando del combate,
audaz grito de guerra entrega al viento
que en sus alas ufanas
veloz lo esparce difundiendo aliento
en las altivas tropas mexicanas.

Y Cuitlahuatl también, el indomable,
en la ruda batalla infatigable;
el águila altanera;
con su ejemplo a los suyos enardece
e invencible aparece
muerte y terror sembrando por do quiera.

Y así, sobre cadáveres pisando,
y sin dar al combate tregua alguna,
en las sangrientas charcas resbalando,
debiendo a la fortuna
más que a heróico valor, la triste vida,
con reducido grupo de guerreros
Cortés halla salida[4].

Como al romper con la pujante proa
velera nave los tendidos mares,
vuelven tras ella recias y agitadas
de nuevo a unirse las revueltas olas,
así tras las confusas y diezmadas
legiones españolas,
carga otra vez más fiera
la muchedumbre indómita y guerrera.
Ya perdido el corcel, rota la espada,

---

[4] La noche en que acontecieron estos sucesos, se conoce en la historia por la Noche Triste.

hendido el casco, suelta la loriga,
la gola destrozada;
herido y expirante de fatiga,
cubriendo la tremenda retirada,
el último de todos y el primero
en bravura y tesón; pausadamente
por la guerrera multitud cercado,
va Pedro de Alvarado
ya próximo a ganar la última puente.

Llega por fin, perdida la esperanza,
al borde de la negra cortadura;
la poderosa lanza,
sin reparar profundidad ni anchura,
clava en el fondo, y luego, vigoroso,
al asta fuerte asido,
el otro borde del revuelto foso
veloz alcanza en salto prodigioso.
(Tradiciones y leyendas mexicanas).

LA LLORONA

I

Como popular conseja,
por más de trescientos años
con misterio referida
y escuchada con espanto,
la historia de La Llorona
por tradición ha pasado
de los padres a los hijos
y de los propios a extraños.
Hubo tiempo en que ninguno
puso en duda el triste caso,
y aunque de diverso modo
los curiosos lo narraron,
todos estaban conformes
en convenir que sonando
en Catedral media noche,

desde el más distante barrio
de la ciudad, recorría
en curso veloz y vago,
de un extremo al otro extremo,
de la garita a palacio,
una mujer misteriosa,
vestida siempre de blanco;
un alma en pena, sujeta
por sus enormes pecados
a seguir en este mundo
vertiendo a gritos su llanto.
Contaban que aquel espectro
deteniendo el raudo paso
lanzaba un grito, un gemido
tan hondo, que el más osado
no le escuchó sin que en tierra
cayera de aliento falto.
De la noche en el silencio,
como un eco funerario,
se dilataba ese grito
de la ciudad por los ámbitos,
y mil veces los que en vela
por el placer o el cuidado,
después de sonar las doce
la aguda queja escucharon,
santiguábanse devotos
y alguna oración o un salmo
rezaban para aquella alma
y por su eterno descanso.
Quien juraba haberla visto
cruzar veloz por el atrio
de la Seo, a igual hora
que otro la vió en San Pablo;
y quien que perdió el sentido
refería conturbado,
porque oyó el grito terrible
tan distinto y tan cercano,
que el ropaje del espectro

rozó crujiendo su brazo.
¡Qué reflexiones tan hondas,
qué diversos comentarios,
qué sesudos pareceres,
qué juicios tan encontrados
hacían en los corrillos
niños, jóvenes y ancianos!
Tiempos felices aquellos
siempre llenos de milagros,
siempre en comercio directo
con alguno de los santos.
Siempre viendo apariciones
de ánimas que andan penando
y que dan mucho dinero
de algunas misas en cambio.
Pactos escritos con sangre
en que se obligaba al diablo,
a trueque de darle un alma
(que era suya de antemano)
a dar al nuevo devoto
ya la dama, como a Fausto,
ya poder, como a Roberto,
o ya, como a San Cipriano,
los secretos de la magia
y la clave de los astros.
Todo eso en aqueste siglo,
cuyo término contamos,
no pasa de una conseja
que apenas en el teatro
resalta si se presenta
Fray obediente forzado.
Pero ya de reflexiones
los lectores no harán caso,
y a fe que razón les sobra
que el prólogo está muy largo,
y es fuerza entrar en materia
refiriendo lo que antaño
acerca de La llorona,

oyeron tontos y sabios,
y el lector tenga paciencia
que está de fe perdonado,
pues basta que se divierta
aunque declare que es falso.

II

Esbelta como el palmero
que en las orillas del lago
se columpia al leve impulso
de los céfiros de mayo;
blanca como la azucena
cuyo cáliz de alabastro,
con oro y púrpura vela
la lumbre del sol de ocaso;
con ojos negros y ardientes,
con el cabello rizado
que baja en revueltas ondas
sobre unos hombros de mármol;
con labios rojos y frescos
como flores de granado,
luciendo como diadema,
sobre todos sus encantos,
el poderoso atractivo
de los juveniles años:
tal es Luisa, la hechicera,
que en un rincón apartado
de callejuela sombría,
en pobre y oscuro cuarto,
vive llena de contento
y sin temer los engaños
del mundo que siempre ha sido
para las hermosas, daño.
La fama de su belleza
se va veloz dilatando
desde la clase más pobre
hasta los próceres altos.

No hay galán que no procure
ya de frente, ya al soslayo,
mirar el rostro hechicero
de aquel arcángel humano.
La desierta callejuela,
que antes infundiera espanto,
se llena de rondadores
en las noches, y no es raro
escuchar trovas y endechas
de galán apasionado
que siempre acaban con riña
y cuchilladas y escándalo,
que sobre las piedras deja
memoria, en sangrientos rastros.
Pero la puerta de Luisa,
cual lápida de un osario,
cerrada siempre aparece;
ni siquiera rumor vago
tras ella la gente escucha,
ni de luz un leve rayo
denuncia entre las rendijas
que alguien habita en el cuarto

III

Al fondo de la calleja
hay sobre el muro un retablo,
y un farolillo que cuelga
penosamente alumbrando,
a costa de algún devoto,
la tosca imagen de un santo.
En largas y oscuras noches
cuando el barrio sosegado
no escucha de los galanes
ni la música ni el canto;
cuando está la calle sola
y el viento corre silbando
y se ocultan las estrellas,

y en el triste campanario
las lechuzas agoreras
callan, sintiendo azotados
por la monótona lluvia
los negros muros del claustro;
entonces, entre el silencio,
se escuchaban unos pasos
como de alguien que venía
con misterioso recato;
y al mismo tiempo la puerta
de Luisa, con gran cuidado
y poco a poco, se abría,
y una mujer con un manto
cubierta, de allí saliendo
iba hasta al pié del retablo,
do a la luz del farolillo
estaba un doncel gallardo;
y juntos los dos pasaban
las horas, término dando
a la cita, antes que el alba
dejara asomar sus rayos.

IV

Una mañana, la gente
que madruga con el gallo,
comenzó a dar la noticia
a los vecinos del barrio,
que a su vez de puerta en puerta
repitiéronla asombrados,
de que Luisa aquella noche,
por un accidente extraño,
se había perdido, y estaban
ambas puertas de su cuarto
abiertas, y dando indicio,
no de robo ni de asalto,
sino de pensada fuga
y de convenido rapto.

En México la noticia
corrió veloz como el rayo,
dándole más proporciones
mil diversos comentarios.
Todos, para no ver nada,
iban siquiera de paso
a la mísera calleja
motivo de tal escándalo.
Quien se acercaba a la puerta,
quien se fijaba en el santo,
para que le diera nuevas
como testigo del caso.
No faltó quien se atreviera
a explicar sin gran trabajo
el desconocido lance
haciéndose en ello práctico.
También títulos y nombres
de condes y mayorazgos
en boca de los curiosos
se escuchaban por lo bajo.
Y hasta hubo algún atrevido
que sin mostrar embarazo
nombre dijo de culpable
que pudo haberle costado
o salir a la picota
o recibir sobre un asno
cuando menos tres arrobas
de azotes por temerario.
Al fin, a las malas lenguas
refrenó el tiempo, que plazo
tienen las murmuraciones
cual todo lo que es humano.
En la ciudad, poco a poco,
la gente se fue olvidando
de la hermosura de Luisa,
de su galán ignorado,
de trovas y serenatas,
de cuchilladas y rapto,

y volvió la estrecha calle
como en los tiempos de antaño,
a estar triste y en silencio
sin concurrencia ni escándalo,
y sin más luz en las noches
que el farolillo del santo.

V

¡Qué dulce pasa la vida
del amor bajo el amparo!
¡qué ligeros van los días!
¡qué fugaces van los años!
cuéntanse apenas las horas
cuando faltan los halagos
no queriendo detenerlas
sino acelerar su paso;
para el que vive en amores
ni hay memoria del pasado,
ni en lo porvenir hay sombras,
ni hay en el presente engaño;
el alma se reconcentra,
y ni el tiempo ni el espacio
tienen más que un solo punto
en el que fija su encanto.
Han transcurrido veloces
de nuestra historia seis años,
desde que México supo
que de un amor ignorado,
cediendo sin duda alguna
a impulso terrible y mágico,
la bella Luisa una noche
desapareció de su barrio,
más lo que ninguno supo
aquí a descubrirlo vamos,
que el tiempo todo descubre,
y él puso el misterio en claro.
Era el amante de Luisa

un mancebo muy bizarro,
discreto, de nobles prendas,
de opulenta casa vástago;
con treinta abriles cumplidos;
gastador, valiente y franco.
Llamábase el tal mancebo
don Nuño de Montes-Claros;
de estatura corpulenta
y de grandes ojos garzos.
Precavido en sus intentos
dió cima a su amor bastardo
escondiendo aquel tesoro
de gracia, en sitio apartado,
y allí formó el tierno nido
que el mundo buscaba en vano.
Luisa fué madre tres veces,
y bajo su dulce amparo
crecían aquellos niños
siendo su constante halago.
Rubios como las espigas
que el viento mueve en el campo
cuando del sol del otoño
las dora el ardiente rayo;
Luisa en el fondo del alma,
cual de ponzoñoso dardo,
iba sintiendo una herida
que ya tornaba en amargo
su existir antes tranquilo,
su amor, antes sosegado.
Aquella pasión ardiente,
aquel anhelo, aquel ávido
empeño con que mostraba
su intenso amor Montes-Claros,
poco a poco, sin que Luisa
diera lugar a tal cambio,
sin que tampoco don Nuño
lograr pudiera explicarlo,
tornándose fué en desvío

de tal suerte, que hasta el hábito
de verla todos los días
vino a perder, y dejando
correr hasta una semana,
llegaba, y al breve rato
volvía a salir, sin cuidarse
de la herida del agravio
que Luisa, humilde, callaba
vertiendo oculto su llanto.

VI

Una noche en que la luna
iba serena alumbrando;
cuando el toque de la queda
vibraba en el campanario;
en su tranquilo aposento,
dulcemente iluminado
por el fulgor apacible
que inunda todo el espacio;
junto a la abierta ventana
y con un niño en los brazos,
con la mirada perdida
en el horizonte vago,
donde apenas se dibuja
el gigantesco sudario
de nieve, que a los volcanes
les sirve de eterno manto;
está la amante Luisa,
y por su semblante pálido
resbala un rayo de luna
que, en sus lágrimas brillando,
con ellas baja hasta el rostro
del niño que en el regazo
maternal duerme y no siente
la amarga lluvia de llanto.
Así transcurre una hora;
la madre sigue llorando;

del niño apenas se escucha
el respirar sosegado;
mas, de repente, las once
se oyen sonar, y con rápido
movimiento, se alza Luisa;
deja con gran sobresalto
en su cuna al niño, y luego
en negro mantón de paño
se envuelve y sale a la calle,
y sin detener su paso
llega frente de la casa
donde vive Montes-Claros;
mira que por los balcones
un torrente desbordado
sale de luz y se escucha
la música de un sarao;
ve que se cruzan mil sombras
y oye ese murmullo vario
que denuncia el regocijo
con frases, músicas, cantos,
movimientos de parejas,
risas y chocar de vasos;
todo interrumpiendo a veces
nutridas salvas de aplausos.
Extática queda Luisa
y duda si está soñando;
¿por qué tan alegre goza
quien la deja hundida en llanto?
Cobra valor, se aproxima
a la casa, y de un lacayo,
de los cien que entran y salen,
resuelta detiene el paso.
—¿Queréis decir, le pregunta,
por qué tiene fiesta el amo?
—¡Calle! le responde el otro,
de esta pregunta me pasmo;
¿quién en la ciudad ignora
que, con inmenso boato,

esta mañana a las nueve
en la iglesia del Sagrario
celebró su matrimonio
don Nuño de Montes-Claros?
¡Vaya que estáis atrasada
de noticias... nos miramos!
Se marchó aquel hombre, y Luisa
quedóse como de mármol;
ni una lágrima en los ojos,
ni un gemido entre los labios
y así, yerta, muda, inmóvil,
estuvo en pié largo rato;
después se acercó a la puerta
y entre la gente del patio
se deslizó como sombra
a la escalera llegando.
Subió por ella de prisa
uno tras otro peldaño;
siguió erguida y misteriosa
por el corredor más amplio,
no sin que a muchos llamara
la atención su porte extraño;
y en la puerta de la sala,
del cortinaje de raso,
oculta tras de los pliegues,
miró con asombro y pasmo
a don Nuño y a su dama
en un riquísimo estrado,
hablando amorosamente
y entrelazadas sus manos
como las manos de Luisa
y las de Nuño otros años
entre ardientes juramentos
convulsivas se enlazaron.
Allá en la callada noche
en la calleja del barrio
sin más luz que el farolillo,
ni más testigo que el santo!

VII

Airada, inflexible, fiera,
volvió Luisa sin reparo
a verse sola en la calle,
y veloz, como del arco
parte la flecha, del sitio
se aleja, y en breve espacio
llega adonde no se escuchan
los rumores del sarao,
y sin embargo, en su oído
van distintos resonando
y delante de sus ojos
contempla vivo aquel cuadro.
Camina y llega a la casa,
se acerca al antiguo armario,
abre un cajón y en él busca
y halla un puñal que olvidado
dejó allí Nuño una noche;
lo empuña, cruza un relámpago
espantoso por sus ojos;
corre al lecho en que soñando
están sus hijos, y, loca,
arranca con fiera mano
la vida a los tres, y corre,
cubierto de sangre el manto,
por la ciudad silenciosa
hondos aullidos lanzando.

VIII

Presurosa va la gente
a ver el triste espectáculo
que le ofrece la justicia,
que a garrote ha condenado
a una mujer que dió muerte
a sus tres hijos, y el caso,
como es natural, produjo

en el pueblo gran escándalo.
Desde que lució la aurora
la plazuela en que el cadalso
se levantó, estaba llena
de gente del populacho,
que allí aguardaba el instante
de ver consumarse el acto;
ni recogida ni triste
sino bulliciosa, y dando
pruebas de que no le impone
temor suplicio tan bárbaro.
Ya comienza a impacientarse
la muchedumbre, que en mayo
los rayos del sol abrasan
y están las doce sonando;
y no obstante, nadie piensa
en retirarse, que hay ánimo
de contemplar como expira
un tigre con rostro humano.
Es en las madres más vivo
aquel empeño y más franco
su enojo contra la madre
indigna del dulce encargo.
Por fin de una campanilla
se oye el sonido cercano;
la gente se arremolina,
y en medio de ella cruzando
pasa el lúgubre cortejo
que lleva a Luisa al cadalso.
Los cabellos en desorden,
el rostro desencajado,
y sobre el desnudo pecho
reliquias y escapularios,
camina penosamente
llevada por dos hermanos
de una santa cofradía
auxiliar de ajusticiados.
De aquella mujer hermosa

Es Luisa y anda penando desde hace trescientos años.

que fué de don Nuño encanto,
no se miran en el rostro
ni los más ligeros rasgos.
Llega hasta el horrible sitio
siempre con los ojos bajos,
oyendo a los sacerdotes
que van por ella rezando;
pero al subir al patíbulo
alza la faz con espanto
y reconoce su casa
y se yergue, y de sus labios
brota un terrible alarido
que a todos infunde pasmo:
con un temblor convulsivo
levanta al cielo las manos
y se desploma en seguida
como cuerpo inanimado.
Las gentes de la justicia
al ejecutar el fallo
lo hicieron ya en un cadáver
contraído y demacrado.

IX

Es fama que aquella tarde
llevaron al campo-santo
seguido de gran cortejo
y entre salmodias y cantos
los restos del ya famoso
don Nuño de Montes-Claros,
y agregan que desde entonces
en las noches se ha escuchado
el grito de La Llorona,
que es Luisa, y anda penando,
sin hallar para su alma
un momento de descanso,
como castigo a su culpa
desde hace trescientos años.
(Tradiciones y leyendas mexicanas)

EL CALLEJÓN DEL MANCO

I

Cuenta la historia a porfía
que allá en el siglo diez y ocho,
por hereje se tenía
al hombre que hoy pasaría
por santurrón y por mocho.

Así pesaban las notas
sobre el capitán Ginés
por ver cómo las devotas
llevaban las medias rotas
o bien calzados los pies.

De alguna vieja maldita
provocaba los rencores,
si a una muchacha bonita
al tomar agua bendita
daba una carta de amores.

A veces se arrodillaba
oyendo hasta cuatro misas,
y cuando el suelo besaba,
a una chica murmuraba:
"por besar donde tu pisas".

Aquel hombre condenado
era de escándalo ejemplo:
decían que era el soldado,
un cazador de vedado
en las tinieblas del templo.

Pero él dando testimonio
siempre de vivo interés,
aspiraba a un matrimonio:

"o aquí nos lleva el demonio,
o me corresponde Inés".

En aquella bataola
de Inés y del capitán,
el diablo metió la cola,
y empezó a rodar la bola,
como dice aquel refrán.

El negocio fué sencillo,
allí en la casa de Dios;
obra fue de algún diablillo:
un malvado monaguillo
fue el mercurio de los dos.

Pasando entre el auditorio
caritativo y cristiano,
pide para el purgatorio,
y llegando al ofertorio,
dejó una carta en la mano.

El papel así decía,
con rojo lápiz escrito:
"esta noche vida mía,
cuando se duerma tu tía
abre el zagúan muy quedito.

"Tus alhajas no descuides,
ya tenemos hecho el trato,
que como mi amor no olvides,
si con valor te decides,
paramos en el curato.

"No temas al ¿qué dirán?
Es una aventura honrada
que dá término a mi afán;
te lo jura un capitán
por su nombre y por su espada".

La chica tragó el anzuelo;
y leyendo aquella carta
de disparates al vuelo,
jura con ferviente anhelo
dar cumplimiento a la carta.

II

Es la noche, muge el viento,
y en el largo callejón
al desgajarse violento,
como el eco de un lamento
se escucha allá una canción.

Se oye un andar cauteloso
como pasos de una fiera;
es el capitán famoso,
que se adelanta medroso
como si a un asalto fuera.

La muchacha está impaciente,
en espera de su amante,
cuando mira de repente,
como sombra de un viviente
a un fantasma delante.

La cara de Satanás
que aterrorizaba a Inés,
aproximándose más,
exclama: "¡la pagarás,
y ese capitán Ginés!"

—¡Es mi nombre! ya no abrigo,
dijo el capitán, ni pena,
y de su valor testigo,
metió el brazo en el postigo
para zafar la cadena.

No sospechaba el bromazo
que no fué cosa sencilla,
pues como quien da un sablazo
le largó tal garrotazo
que le astilló la canilla.

El lance fué tan fatal
que en aquel mismo momento,
la justicia criminal
mandó al hombre al hospital
y a la muchacha al convento.

Siguióse la amputación
pero el capitán valiente,
la mano, sin dilación,
hizo encajar de rondón
en un frasco de aguardiente.

Ni una palabra siquiera
pronunció; su alma se ensancha
esperando como fiera
esa hora lisonjera
de conquistar la revancha.

III

Llena de amargo tormento
flor que el aura no acaricia,
Inés está en el convento,
y con tierno sentimiento
llora la infeliz novicia.

A su amante entre el gentío
de la iglesia, busca ansiosa
mirarle en su desvarío,
y ya piensa en un desvío
que nunca será su esposa.
El capitán, con valor

juega al retintín del oro,
y rico y batallador,
la tira de seductor
en el altar, frente al coro.

Vuelve a la red la paloma
y sin pronunciar vocablo,
que el amor todo lo doma,
comienza aquel daca y toma
y los enredos del diablo.

La empresa el galán no deja
y pone sitio al convento;
le ayudan en la madeja
porque no hay albur sin vieja
y una vieja es mucho cuento.

De Inés a la tierna voz,
como quien desata el austro,
el galán entra veloz
y con inquina feroz
viola sacrílego el claustro.

Sale a relucir la tía,
y en la litera, al momento,
furiosa como una arpía
la lleva a la vicaría
y se arregla el casamiento.

IV

Ya está el altar encendido
y en tumulto entra la gente,
y como puesto al descuido,
lleva la novia prendido
el velo sobre la frente.

Con aquel triunfo ya ufano,
el capitán que es matrero
exclama: "como cristiano
ofrecí darte mi mano,
cumplo como caballero".

Y sobre el ara sagrada
cubierta de encaje y raso,
tira la mano amputada,
y dando una carcajada
deja el templo paso a paso.

Le da un soponcio a la tía,
queda estupefacto el cura,
la novia pálida y fría.
De boca en boca corría,
en la ciudad la aventura.

Al ver a la vieja airada
con la chica al troche y moche
toda la gente apiñada,
le lanzó una cencerrada
que duró toda la noche.

Vieja y niña en su aflicción
y buscando el paso franco,
se entraron al callejón,
que el vulgo, no sin razón,
llama el Callejón del Manco.
(Tradiciones y leyendas mexicanas).

LUIS GONZÁLEZ OBREGÓN. Nació en Guanajuato, Gto., en 1865; murió en la capital de la República en 1938. Fue director del Archivo General de la Nación y cronista vitalicio de la ciudad de México, una de cuyas calles, en el Centro Histórico, lleva su nombre. Escribió trabajos biográficos, literarios e históricos, especialmente reseñas de la vida en México durante la época colonial. Se dio a conocer con el libro *México viejo. Noticias históricas, tradiciones, leyendas y costumbres* (1891, vuelto a publicar por Editorial Patria en 1945) y años después escribió *Vetusteces* (Librería de la Vda. de Ch. Bouret, México-París, 1917).

LA LEYENDA DEL LABRADOR

Refiere el padre fray Diego de Durán, en su *Historia de las Indias,* que buscando Moctezuma un lugar donde ir a esconderse, temeroso de los sucesos de la conquista, que pronto se iban a verificar, aconteció un caso prodigioso con un indio de Tezcoco, natural del pueblo de Coatepec; y fue el caso, que hallándose dicho indio, que era labrador, cultivando su milpa con el mayor sosiego y sin que lo inquietase pena alguna, vio venir de lo alto una águila poderosísima y majestuosa, la cual echándole garra de los cabellos, lo subió a una altura tal, "que los que lo vieron ir casi lo perdieron de vista".

Después lo condujo a un elevado monte, donde había una oscura cueva, a la que penetró el águila con el indio, quien una vez allí, escuchó estas palabras pronunciadas por el ave:

–"Poderoso señor: yo he cumplido tu mandato y aquí está el labrador que me mandaste traer".

Una voz oculta respondió:

–"Séais bien venidos; metedlo acá".

Entonces lo tomaron de la mano y lo introdujeron a un aposento iluminado, en el que vio a Moctezuma dormido. Se le hizo sentar, le dieron unas rosas y "un humazo de los que ellos usan chupar, encendido", y el que se lo ofreció le dijo:

–"Toma y descansa y mira ese miserable de Moctezuma cuál está sin sentido, embriagado con su soberbia e hinchazón, que a todo el mundo no tiene en nada; y si quieres ver cuán fuera de sí le tiene esta su soberbia, dále con ese humazo ardiendo en el muslo y verás cómo no siente".

El indio temeroso, no se atrevió a ejecutar lo que se le mandaba; pero instigado de nuevo, aplicó el fuego a Moctezuma, el cual permaneció inmóvil y sin sentido.

Y la voz volvió a decir:

–¿Ves cómo no siente y cuán insensible está y cuán embriagado?, pues sábete que para ese efecto fuiste aquí traido por mi mandado; anda, ve, vuelve al lugar de do("nde fuiste traido y dile a Moctezuma lo que has visto y lo que te mandé hacer; y para que entienda ser verdad lo que le dices, dile que te muestre el muslo y enséñale el lugar donde le pegaste el humazo, y hallará allí la señal del fuego; y dile que tiene enojado al Dios de lo criado y que él mismo se ha buscado el mal que sobre él ha de venir y que ya se le acaba su mando y soberbia; que goce bien de esto poquito que le queda y que tenga paciencia, pues él mismo se ha buscado el mal".

La voz ordenó que el águila de nuevo llevara al labrador al sitio de donde lo había traido, y cuando hubieron llegado allí el águila le dijo al indio:

–"Mira, hombre bajo y labrador que no temas, sino que, con ánimo y corazón hagas lo que el Señor te ha mandado y no se te olvide algo de las palabras que has de decir".

Y el águila tornó a subir por los aires y desapareció para siempre.

El humilde labrador, como quien despierta de un sueño, quedóse espantado y admirado de aquello que había visto, pero sin darse cuenta, con el fuego aún encendido que llevaba en la mano, fue al palacio de Moctezuma, entró y de rodillas ante el monarca, le dijo:

–"Poderoso señor: yo soy natural de Coatepec y estando en mi sementera labrándola, llegó un águila y me llevó a un lugar donde vi a un gran Señor poderoso, el cual me dijo descansase, y mirando a un lugar claro y alegre te vi sentado junto a mí y dándome unas rosas y una caña ardiendo (para) que chupase el humo de ella; después que estaba muy encendida me mandó te hiriese en el muslo, y te herí con aquel fuego y no hiciste ningún movimiento ni sentimiento del fuego, y diciendo cuán insensible estabas y cuán soberbio, y como ya se te acababa tu reinado y se te acercaban los trabajos que has de ver y experimentar muy en breve, buscados y tomados por tu propia mano y merecidos por tus malas obras, me mandó volver a mi lugar y que luego te lo viniese a decir todo lo que había visto; y el

águila tomándome por los cabellos me volvió al lugar de donde me había llevado, y vengo a decirte lo que me fue mandado".

Al instante Moctezuma recordó que la víspera en la noche había soñado que un indio le quemaba el muslo, se levantó el vestido, se vió la señal de la quemadura, y comenzó a sentir un gran dolor que lo tuvo varios días en cama; pero antes ordenó a sus alcaldes y carceleros que encerrasen al indio en una prisión, y no le dieran de comer para que se muriese de hambre, como en efecto sucedió.

Tan interesante tradición, de un origen eminentemente azteca, ha sido esculpida en la piedra que existe en el ángulo que forman las tapias del cementerio de San Hipólito.

Ahí se puede contemplar una hermosa y grande águila, que con sus garras lleva al indio, el cual en su rostro demuestra estar poseído de mucha aflicción y espanto; sólo encubre su desnudez una enagüilla de plumas que le baja hasta cerca de la rodilla, y en la cabeza ostenta un penacho también de plumas. Más abajo se puede ver un trofeo, formado de arcos, flechas, macanas, carcax, hondas y otros objetos, entre los cuales sobresale en la parte superior, cerca de una de las piernas del indio, un leño encendido.

La piedra se halla rematada por el escudo que contiene una inscripción, en la que se menciona el descalabro que ahí sufrieron los españoles, su triunfo el 13 de agosto, la fundación de la ermita consagrada a San Hipólito, y la edificación de la iglesia posterior que quedó a cargo del Ayuntamiento, "y que fue comenzada en 1599".

Tal es el significado de ese relieve que muchos viajeros y vecinos de la ciudad contemplan sin entenderlo; cada uno lo interpreta a su modo, nadie atina con la verdad, y depende esto de que la leyenda consta en antiguos cronistas que no todos han leído.

En resumen, el monumento que hemos historiado puede ser un símbolo que conmemore la terrible derrota sufrida en la Noche Triste por los castellanos, la piedad de los que sobrevivieron, y la tiranía y crueldad de Moctezuma II, el pusilánime monarca de los aztecas. *(México viejo)*.

LA VIRGEN DEL PERDÓN

Desde muchachos oíamos a nuestra santa abuela la leyenda de la Virgen del Perdón, que existe en la Catedral de México.

"La imagen que contemplamos en el altar que está tras del coro —nos decía— que tiene a sus lados al Señor San José y a Señora Santa Ana, cubierta de magnífico cristal y con marco de plata, fue pintada en una puerta muy antigua, y esta puerta perteneció a un calabozo de la Inquisición.

"¿Quién la pintó y cómo? Hace muchos años, tantos que ya nadie se acuerda de ello; allá, cuando no había presidentes, sino virreyes capitanes generales, cuando la gente era más devota, y más rica y más feliz, hubo un judío que por sus malas mañas fue preso por la Inquisición.

"Malo como era, sabía pintar, porque Dios es misericordioso hasta con sus enemigos y a todas las criaturas dispensa sus favores.

"El judío, preso en su calabozo, sin hablar con nadie, pues únicamente se comunicaba con sus semejantes a la hora en que se presentaba a los jueces, y cuando el carcelero le llevaba de comer, no tenía ocupación ninguna, ni sabía rezar más que las oraciones judaicas.

"Así vivió mucho tiempo. Cierto día pidió pinceles y colores para distraerse del fastidio. No le negaron tan inocente diversión, y él, que cuando estaba libre visitaba por curiosidad los templos de Europa, conoció en las iglesias muchos cuadros de vírgenes y santos, y se le ocurrió pintar en la puerta de su calabozo la imagen de una virgen que había atraído su atención.

"Preparó los colores, tomó el pincel y recordando aquella santísima virgen, de rostro tan dulce y tan devoto, que sólo el verla un instante invitaba a la oración; impresionado por aquella fisonomía tan cariñosa que conquistaba corazones, comenzó a pintar y a pintar hasta concluir el cuadro.

"Una vez que el carcelero, para llevarle agua y alimentos, entró al calabozo, el judío le mostro su obra con la complacencia natural del que se siente satisfecho de haber ejecutado una cosa buena.

"Aunque hombre rudo e ignorante, el carcelero quedó admirado ante la lindísima pintura. Conmovido, comunicó a los inquisidores lo que había visto, y éstos fueron al calabozo, y seducidos ante la belleza de la imagen, manifestaron al judío que aquel era un patente milagro, que se arrepintiera de sus culpas y le otorgarían el perdón.

"Lloró el judío, confesó sus pecados, abjuró de su ley, y puesto en libertad, fue un buen cristiano.

"La pintura se colocó desde entonces en la Catedral y el pueblo la llamó la Virgen del Perdón".

Con otras palabras, con más o menos detalles, así nos contaba esta conseja la abuelita que, al par que el vulgo la creía como artículo de fe; conseja popular como otras con que se concilia el sueño de los niños y que cantan los poetas en bellísimos y sonoros versos.

Más la citada imagen, que existe en nuestra catedral, ni se llamó así por el milagro sino por haberse colocado en el Altar del Perdón, que es costumbre consagrar a las ánimas del purgatorio en las catedrales; ni fue obra de judío, sino, según se dice, de Baltazar de Echave, el viejo, tan fiel cristiano como hábil artista, y que no tuvo, que sepamos, buenos ni malos negocios con el Santo Oficio. *(México viejo)*[1].

UN APARECIDO

Refrene su espanto el lector, pues no se tratará aquí de una alma del otro mundo, sino de un misterioso personaje que se apareció una mañana en la plaza principal de México, allá en el siglo xvi.

Refiere el doctor Antonio de Morga, alcalde del Crimen de la Real Audiencia de la Nueva España y consultor que fue del Santo Oficio, en un libro que intituló *Sucesos de las Islas Filipinas,* que en la plaza mayor de México se supo por primera vez la muerte del gobernador Gómez Pérez Dasmariñas en el mismo día en que acaeció, aunque ignoraba cómo y por qué conducto.

Ciertamente, en aquella época en que el cable submarino ni aún se soñaba, fue sorprendente que en la misma fecha en que se

---

[1] La verdad parece ser que Simón Pereyns, artista flamenco avecindado en México, a quien procesó el Santo Oficio por haber dicho que prefería hacer retratos y no imágenes, fue condenado el 4 de diciembre de 1568 a pintar gratis una Virgen del Perdón para la iglesia catedral. Esta obra se destruyó durante el incendio del 17 de enero de 1969. (Nota del compilador).

verificó el suceso, se haya sabido desde una distancia tan grande como es la que separa a México de las Islas Filipinas.

El hecho a que alude el doctor Morga, de un modo tan superficial y misterioso, lo narran otros cronistas con claridad, aunque atribuyéndolo a medios sobrenaturales.

Cuentan que en la mañana del 25 de octubre de 1593 apareció en la plaza mayor de México un soldado con el uniforme de los que residían en las Islas Filipinas, y que el dicho soldado, con fusil al hombro, interrogaba a cuantos pasaban por aquel sitio, con el consabido y sacramental ¿quién vive?

Agregan que la noche anterior se hallaba de centinela en un garitón de la muralla que defendía a la ciudad de Manila, y que sin darse cuenta de ello y en menos que canta un gallo, se encontró transportado a la capital de Nueva España, donde el caso pareció tan excepcional y estupendo, que el Santo Tribunal de la Inquisición tomó cartas en el asunto, y después de serias averiguaciones y el proceso de estilo, condenó al soldado tan maravillosamente aparecido a que se volviese a Manila; pero despacito por la vía de Acapulco, pues el camino era largo y no había de intervenir, como en su llegada, el espíritu de Lucifer, a quien se colgó el milagro del primer viaje tan repentino como inesperado.

II

Consta el suceso que hemos consignado, en gruesos pergaminos escritos por muy reverendos cronistas de las órdenes de San Agustín y Santo Domingo, y la muerte de Gómez Pérez Dasmariñas la refiere uno de ellos con pormenores que no carecen de interés.

Entre las naciones que más frecuentaban el comercio con los españoles en las Filipinas, se contaba la del Japón, la cual era apreciada tanto por su policía y política, cuanto por sus valiosos géneros y otras ricas mercancías.

Siendo gobernador de las citadas islas Gómez Pérez, recibió una embajada del emperador Taycosoma.

"Casi por el mismo tiempo —dice fray Gaspar de San Agustín— llegaron a Manila por parte del rey de Camboya dos embajadores, el uno portugués, nombrado Diego Bello, y el otro castellano, llamado Antonio Barrientos, que trajeron de regalo al gobernador dos hermosos elefantes, que fueron los primeros que se vieron en Manila. El motivo de esta embajada se reducía a pedirle su amistad y alianza, para que le diese socorro contra el rey de Siam su vecino, que pretendía invadirle. Recibió el gobernador Gómez Pérez Dasmariñas la embajada con agrado, y el regalo que le traian; y como no se hallase con bastante gente para el socorro que se le pedía, despachó los embajadores, dándole al rey de Camboya buenas esperanzas; y correspondiéndole con otro regalo, se estableció buena correspondencia para el comercio entre ambas naciones".

Empero, Gómez Pérez reflexionó que aquella era la oportunidad para la conquista del Maluco. Envió al efecto un explorador, el hermano Gaspar Gómez, religioso de la Compañía de Jesús, y adquirió copiosas noticias de otro, el padre Antonio Marta, que residía en Tidore.

Resuelto a llevar a cabo su propósito, se proveyó de cuatro galeras y de varias embarcaciones, con el competente número de soldados, y con pretexto de impartir auxilio al rey de Camboya, dejó Manila el 17 de octubre de 1593, acompañado de personas notables y de venerables religiosos.

La armada se dio a la vela en el puerto de Cavite el 19 del mismo mes y año. En la punta de Santiago y el día 25, el viento del este estrechó a la galera capitana a abandonar a las demás, lo que obligó a Gómez Pérez a fondear en la punta de Azufre. Como la corriente de las aguas era impetuosa, había ordenado a los chinos que llevaba consigo que remasen con fuerza, y éstos, que eran 250, alegando disgustos porque los había reprendido con severidad el gobernador, resolvieron robar la galera y las mercancías y para ello matar a todos los españoles, con tanta mayor facilidad cuanto que los rebeldes eran muchos e iban armados.

Tramada la conspiración, en la misma tarde se vistieron los chinos con túnicas blancas para distinguirse entre sí, y después de haber degollado a los españoles, en el mismo instante que salía Gómez Pérez Dasmariñas de su camarote, le abrieron por mitad la cabeza, y su cadáver, junto con los de los otros, fue arrojado al mar, logrando los criminales, de tan pérfida manera, apoderarse de lo que codiciaban.

III

No faltan cronistas tan sencillos como severos, que digan que aquella muerte fue un castigo del cielo, pues afirman que el gobernador Gómez Pérez Dasmariñas, durante su vida, no había caminado de acuerdo con el obispo de Manila, fray Domingo de Salazar, y que varias y repetidas disputas se entablaron entre los dos con motivo de los negocios del Estado y de la Iglesia.

Sea de esto lo que fuere, lo que sí atestiguan los ya mencionados cronistas, es que tanto en Manila como en México la muerte del gobernador fue anunciada con signos sobrenaturales.

Que en Manila, entre los retratos de los caballeros de las órdenes militares que existían en la portería del convento de San Agustín, había uno de Gómez Pérez, y que en el mismo día de su fallecimiento amaneció cuarteada la pared en que estaba pintado el retrato, en la parte que correspondía a la cabeza del gobernador, a quien, como se dijo, habían dividido el cráneo los asesinos. *(México viejo).*

LOS POLVOS DEL VIRREY

No refieren las crónicas callejeras, esas crónicas amenas que escuchamos en pláticas sabrosas con los viejos, ni el nombre verdadero del protagonista, ni la época cierta en que acaeció el sucedido que hoy lanzamos a los vientos de la publicidad.

Pero el hecho fue tan cierto, como que todos los hombres son mortales, física, ya que no intelectualmente, pues de los académicos se dice que no lo son. Y el que dude puede consultar las citadas y verídicas crónicas, tan antiguas como sus autores.

Allá en el siglo pasado, como ahora, muchos no podían salir de perico-perros.

En la Secretaría de Cámara del Virreinato de Nueva España había un oficial escribiente, de aquellos que se momifican en su empleo y que a su muerte no sirven ni de pasto a los gusanos.

El sueldo apenas le era suficiente para vivir en una casa de vecindad, mantener a una esposa, obesa por hidrópica, y a una docena de escuálidos nenes, seis del sexo bello y los otros del masculino, pero todos débiles por los ayunos.

Sentado en un gigantesco banco de tres pies, inclinado sobre la papelera despintada de la oficina, garabateando pliego tras pliego de minutas, nuestro hombre, a quien llamaremos don Bonifacio Tirado de la Calle, pasaba las mañanas, las tardes y aún los días enteros, de mal humor, aburrido, esperando con ansia la hora de comer y en especial la noche, en la que, con su cara mitad, se consagraba al cultivo de jardines en el aire, tarea tan improductiva como inocente.

No había sorteo de la Real Lotería en que no jugara con afán; ¡y con qué ahinco desdoblaba el billete para ver si su número aparecía en la lista, que con toda puntualidad publicaba la *Gaceta* de don Manuel Antonio Valdés!

Pero nada, la suerte siempre le era esquiva, y por centenar más y unidad menos, el premio gordo caía en números de otros más afortunados que el bueno de don Bonifacio.

Desesperado de esta situación, resmas de solicitudes había escrito pidiendo un ascenso en las vacantes, y calvo se había quedado de arrancarse los cabellos en sus horas cotidianas de tribulación.

Cierto día, en que el destino parece que se empeñaba en mortificarle, pues su mujer, su único consuelo, y sus hijos, sus futuras esperanzas, se habían disgustado con él porque no los había llevado a la feria de San Agustín de las Cuevas; don Bonifacio, al entrar en la oficina, gruñó sólo un saludo a sus colegas, se sentó en el tripié, se reclinó sobre el apolillado escritorio, la cabeza entre las manos y la mirada fija en las vigas de cedro secular, que sostenían la techumbre de la sala del Real Palacio en que se hallaba.

De repente, el banco de tres pies rechinó por un movimiento brusco de don Bonifacio, los ojos del buen calvo brillaron iluminados por la musa que inspira las risueñas esperanzas; tomó la de ave, y en papel sellado para el bienio corriente, deslizó la pluma por espacio de veinte minutos, hasta que el ruido especial que produce ésta cuando se firma, indicó que había terminado. En efecto, puso rúbrica, echó arenilla, escribió la dirección, y después de tomar su sombrero, su bastón, y de dirigir un amabilísimo "¡buenas tardes, señores!", risueño como unas pascuas encaminó sus pasos hacia la sala en que se encontraba el secretario de su excelencia.

¿Qué había escrito? Un nuevo memorial al excelentísimo señor virrey, capitán general y presidente de la Real Audiencia de Nueva España.

Y una tarde, don Bonifacio Tirado de la Calle encontrábase en la esquina del Portal de Mercaderes y Plateros, precisamente frente al lugar donde se pone, desde aquellos remotos tiempos, el cartel del Coliseo.

Se conocía que esperaba algo con ansiedad, pues su vista no se desviaba un ápice del Real Palacio.

Transcurrieron breves instantes. Los pífanos de la guardia de alabarderos anunciaron que el excelentísimo señor virrey salía a pasear.

Nuestro don Bonifacio se estremeció. Un sudor frío recorrió todo su cuerpo; sintió como un hueco en el estómago, y su corazón latía como si dentro le repicaran; pero esperó con ansia aunque resignado.

Ya se acercaba el virrey seguido de lujoso acompañamiento. Don Bonifacio sentíase aturdido. Como relámpagos cruzaron por su mente los desengaños de otros días, y una próxima esperanza le hacía ver color de rosa el lejano horizonte en que se destacaban el Real Palacio y la comitiva que ya iba a desfilar delante de su persona.

El virrey, montado en magnífico caballo prieto, al llegar a la esquina del portal, estiró las bridas del noble bruto, que arrojando blanca espuma por entre el freno que tascaba, se detuvo, respiró con fuerza y levantó las orejas de su primorosa cabecita, al encontrar sus negros ojos la pálida figura de don Bonifacio.

El virrey, con amable sonrisa, saludó a nuestro hombre, sacó con pausa del bolsillo una rica caja de rapé, de oro, con preciosas incrustaciones, y ofreciéndosela, preguntó:

–Tirado de la Calle, ¿gusta vuestra señoría?

–Gracias, excelentísimo señor, que me place, contestó el interrogado, acercándose hasta el estribo y aceptando con actitud digna, como de quien recibe una distinción que merece.

Despidióse el virrey con galantes cumplimientos que fueron debidamente correspondidos; y esta misma escena se repitió durante muchas tardes, en la esquina del Portal de Mercaderes y Plateros.

La fortuna de nuestro hombre cambió desde entonces. Por toda la ciudad circuló la voz de que don Bonifacio Tirado de la Calle gozaba de gran influencia con el virrey, y que éste tenía la única, la excepcional diferencia de ofrecerle tarde con tarde un polvo en plena esquina del Portal de Mercaderes y la calle de Plateros.

Muchos acudieron a casa de don Bonifacio en busca de recomendaciones, y muchos también le colmaron de obsequios.

Don Bonifacio Tirado de la Calle representaba su papel a las mil maravillas.

Se hacía a veces el hipocritón, diciendo que no valían nada sus recomendaciones, y otras se daba más humos que el portero de su excelencia.

Empero los regalos menudeaban, la fama vocinglera daba más fuertes trompetazos cada día, y uno de ellos llegó a oídos del virrey quien llamó a nuestro hombre y le dijo:

–He comprendido todo. Merece vuestra merced un premio por su ingenio.

Inútil nos parece reproducir el contenido del Memorial de don Bonifacio; el lector lo habrá adivinado, y sólo añadiremos que el virrey afirmaba que hubiera sido un mezquino el que no accediera a esta solicitud: "detenerse en la esquina, ofrecer un polvo y marcharse".

Cuentan que don Bonifacio Tirado de la Calle aseguró el porvenir de su familia.

Y ya se ve que lo aseguró, pues agregan las citadas crónicas callejeras que labró una fortuna con los polvos del virrey. *(México viejo)*.

EL PECADO GORDO

I

No conservo en la memoria la fecha precisa del sucedido que paso a contar; pero parece que fue, poco más o menos, hacia mediados del siglo xvii y la ciudad de México el lugar en que aconteció.

El virrey y su esposa —cuyos nombres también olvidé— estaban muy afligidos e inconsolables, pues su hija doña Brenda, blanca, rubia y de ojos azules, había perdido mucho de su hermosura: la blancura de su rostro, antes sonrosado, se había vuelto de palidez amarillenta; sus cabellos rubios se mezclaban con algunas canas, y el azul de sus ojos reflejaba ahora una tristeza infinita.

Brenda, en efecto, estaba muy triste; rara vez sonreía; comía poco; paseaba menos; rezaba apenas; y sólo gustaba de permanecer horas enteras detrás de los vidrios emplomados de la ventanas de su alcoba, que daban precisamente al jardín del Real Palacio.

Allí la veían casi siempre sentada en un sillón lujoso: el lindo rostro apoyado en una de sus bellas manos, y con las miradas fijas en el mencionado jardín.

Ya no charlaba alegre con las damas de su madre la virreina, ni visitaba en los locutorios a las monjas sus amigas, ni iba por las tardes a las cuatro a recrearse en la Alameda bajo la sombra fresca de los árboles, ni asistía por las noches al Viejo Coliseo ni al teatro privado que tenían los virreyes en el Real Palacio.

Brenda seguía muy triste y melancólica, y ni el médico de Cámara de los virreyes, ni los doctores del Real Protomedicato, que se habían juntado para decidir qué tenía aquella hermosa señorita, atinaban con la causa verdadera de la enfermedad que rápidamente consumía su antes tan lozana juventud.

Y la tristeza proseguía minando la vida de la pobre Brenda; y ella no hallaba alivio con los remedios que le recetaban físicos y doctores; ni consuelo con los mimos y caricias de sus padres; ni distracción en los diferentes bailes y juegos que damas y pajes improvisaban en las cámaras del Real Palacio; ni atención ponía en los ejercicios y devociones que en su presencia hacían las dueñas y las beatas, a quienes ella en otro tiempo llamaba cotidianamente para rezar en su compañía o para reír festiva con sus escrúpulos mojigatos.

Gustaba solamente de leer, a hurtadillas, un libro que le había prestado cierta dueña que estaba como camarera en el servicio del Real Palacio, viejecita muy relamida y picarona, que habían traído consigo sus padres, de Madrid. El libro se intitulaba *La Dorotea*, acción en prosa de fray Lope de Vega y Carpio, y la señorita se recreaba mucho en algunos pasajes, que llegó a retener de memoria; entre otros, aquel que dice:

"¡"Ay, infeliz de mí! ¿Para qué vivo? ¿Para qué solicito conservar la más triste vida que se ha dado a esclava? ¿Cuál mujer de mis años la pasa con tantos sobresaltos y desdichas?... ¿Qué fin me promete tan desigual locura?...

El médico de Cámara del Real Palacio bien merece que se le consagre, para conocerlo, algunas líneas; aunque mutandis mutandi, era como todos los de su época, doctor en teología y en medicina, que había cursado astrología en la Universidad, materia indispensable y necesaria en aquel entonces, a fin de poder inquirir la influencia de los astros y planetas, del sol y de la luna y de las estrellas, en las enfermedades de las humanas gentes.

Su señoría el doctor se levantaba a las siete, bebía su chocolate, con muy buenos panes y bizcochos, y su correspondiente vaso con leche; fumaba un puro, se vestía, y mientras calzábase los guantes, mandaba ensillar la mula, porque en los pretéritos tiempos los médicos no gastaban coche.

Luego, poníase los acicates, la capa que embozábase ya montado en la mula, y listo del todo, cubierta la cabeza con sombrero de anchas alas, salía de su casa rumbo al Hospital, donde cotidianamente prestaba sus servicios.

Entraba con gran magisterio, seguido de una corte de jóvenes practicantes; pedía el recetario, y pasaba sus ojos más por los márgenes que por los récipes allí garabateados.

Sin fijar la atención en los semblantes dolientes de los enfermos, sin enterarse de su alivio o mejoría, ni recordar sus precedentes diagnósticos o indicantes, recetaba por numeraciones progresivas o barajadas.

Al 5, 6, 7 y 11, jarabes; al 1, 3, 8 y 9, purgantes; al 14, 15, hasta el 20, sinapismos y cedales; al 4, ayudas; al 2, friegas; y al 4 y a todos juntos, dieta rigurosa, que de antemano tenía decretada a la unanimidad de los enfermos, el honrado administrador de aquel Hospital, benéfico y santo...

¡Qué conducta tan distinta observaba su señoría cuando iba al Real Palacio! Desde que subía las escaleras, a los alabarderos de la guardia, a los pajes del virrey, a los caballerizos, a los mayordomos y hasta a los pinches de cocina, que a su paso encontraba por los corredores o por los pasillos, les ponía rostro risueño y bondadoso.

Al penetrar en la cámara de la hija del virrey, donde ésta continuaba enclavada en su lujoso sillón y con las miradas fijas en el jardín del Real Palacio, pisaba de puntillas, sofocaba las toses de viejo enfisemático; bajaba mucho la voz; y con cariño paternal acariciaba las ojerosas mejillas de la malhumorada señorita, preguntándole con tono melifluo y servil: "¿Cómo está vuestra excelencia y cómo va de alivio?".

Sentado a los pies de ella en un taburete, le tomaba el pulso, restregándose previamente las manos por temor de resfriarla; veía al techo, haciendo ademanes con las cejas y los labios; ya cerrando los ojos, ya mirando a la ilustre enferma con ternura y murmurando algo entre dientes.

Después la hacía enseñar la lengua; tocábale con toda honestidad el estómago y el bazo. Para tantear el mayor o menor grado de fiebre —que otra era la que aquejaba a la doncella— o para saber si la sangre corría bien, la hacía abrir tamaños ojos, le estiraba con todo cuidado hacia abajo los párpados inferiores, y si los hallaba enrojecidos: "la plétora, decía él, me avisa que la sangría está indicada".

Solicitaba a continuación el vaso transparente, en donde había encargado le conservasen cierto secretado líquido de la doliente excelencia; el cual miraba y volvía a mirar ya asentado; y en tono magistral y en un monólogo, comentaba para sí: "Vaya, no va mal; algún sedimento, más lo rubro no hace al caso".

Pedía, luego, los excretos; los examinaba muy despacio, y afirmaba con imperio: "que el vientre estaba desembarazado"; seguíase analizando el esputo, y exclamaba moviendo la empelucada testa: "si no hubiese expectorado esta lympha tan viscosa, el daño estaría en la pleura".

La hija del virrey, no obstante los muchos respetos y cortesanías, los acertados diagnósticos, exámenes y consuelos que le prodigara el doctor, asegurándole su manifiesta mejoría, se hallaba más melancólica que en otras ocasiones, y replicábale "que de continuo tenía delirios y mucha sed; que sudaba y trasudaba en su lecho mucho por las noches, y que la languidez por horas la iba acabando".

En vista de lo dicho, y de lo observado, a la postre de consuelos a los padres de la enferma y despedirse con muchas reverencias y caravanas, caminando para atrás, el buen doctor íbase a consultar el caso con sus colegas, reuniéndolos en pleno claustro en la Real Universidad o esperándolos a la salida de las cátedras[2].

II

El médico de Cámara de los virreyes y los doctores del Real Protomedicato discutían en vano. Quién diagnóstico, tiricia;

quién, tisis seca; éste, histerismo o mal de madre; aquél, síntomas de locura mansa; pero todos convinieron *némine discrepanti*, que la señorita se moría sin remedio.

Un incidente inesperado vino a complicar la angustia de todos. Brenda no quería confesarse. Ni súplicas paternales del virrey y de su esposa, ni suaves exhortaciones del capellán del Real Palacio, la convencían de que era conveniente hacerlo; y pasaron días, y meses, y hasta dos años, y Brenda, que en otros tiempos frecuentaba el tribunal de la penitencia y cumplía con la iglesia, con edificación en todas las cuaresmas, negábase a confesar sus culpas.

El capellán del Real Palacio, que era un buen cortesano, disimuló al principio; mas como la servidumbre se había enterado ya de la resistencia a confesarse, lo propio que las murmuradoras dueñas y beatas que visitaban a los señores virreyes, el capellán temió que su indulgencia llegase a oídos del Santo Oficio, y que el día menos pensado, la calesita verde de la Casa de la esquina chata, como se llamaba entonces al edificio del Santo Tribunal; la calesita verde, digo, viniese por ella y por él para dar cuenta y razón de por qué Brenda no quería confesarse y el capellán no la había convencido de que debiera hacerlo.

Cierto día, encerróse el capellán a solas con la triste y melancólica señorita, previo aviso y mutuo consentimiento del señor virrey y de la señora virreina; y a ratos con palabras persuasivas, y a ratos con serias reconvenciones, obligó a la melancólica y triste pecadora a que hiciese una confesión general; y el pecado gordo, engendro y causa de la tristeza y melancolía de la señorita y motivo de que no quisiese decir sus otras culpas, salió por fin, monstruoso, espantable, horrendo, haciendo temblar primero al capellán, después al virrey y a la virreina, en seguida a las damas y pajes de la corte, y por último a las dueñas y beatas, que persignándose y santiguándose salieron muy de prisa por los corredores del Real Palacio, bajaron a zancazos las escaleras monumentales, atravesaron los patios y ya en la Plaza Mayor y por las calles, respirando el aire y libres de sofocos, difundieron la tremenda nueva de que la hija del excelentísimo señor virrey de la Nueva España estaba poseída del mismísimo diablo en persona.

Pero... poco tiempo había transcurrido, cuando el color sonrosado de la triste y melancólica señorita volvió a teñir el blanco de su rostro; las pocas canas que tenía desaparecieron de entre sus cabellos rubios, y una alegría franca reflejó la dicha en el cielo de sus ojos azules.

La complacencia del buen capellán le hizo reflexionar de que debería ser más indulgente que antes, y absolvió a Brenda del pecado gordo; la sangre azul del marqués y de la marquesa, virreyes de la Nueva España, calmó su ardor ante el cariño que tenían a su hija; damas y pajes, sonrientes se felicitaban por los saraos, comidas, paseos, fuegos de artificio, lides de toros y otros festejos que veían en perspectiva; y las dueñas y beatas del Real Palacio gozaban de antemano al pensar que beberían sendas tazas de espumosos chocolates; que tomarían sabrosas puchas y confituras variadísimas, regaladas por las monjas de los locutorios que solía visitar la triste y melancólica pecadora.

Y un día, azul como los ojos de doña Brenda, las bodas se efectuaron en el Sagrario. La hija del noble virrey y de la no menos noble virreina, se desposó con un humilde joven que había conocido en el jardín; en aquel jardín ante el cual tuvo fijas mucho tiempo sus miradas melancólicas y tristes, porque ella juzgaba, como lo habían juzgado los sabios doctores del Protomedicato, que su mal era incurable; y ella entonces no podía persuadirse de que pudieran absolverla de aquel pecado gordo: haberse enamorado de Juanillo, un negrito, hijo de un esclavo, jardinero del Real Palacio. *(Vetusteces)*.

---

[2] Para describir el personaje de este cuento me he servido de una composición festiva, intitulada *El médico y su mula*, escrita por el popular Fernández de Lizardi.

JOSÉ DE J. NÚÑEZ Y DOMÍNGUEZ. Nació en Papantla, Ver., en 1887; murió en Santiago de Chile en 1959. Dejó la carrera de leyes para dedicarse al periodismo. Dirigió *Revista de Revistas* durante 20 años. Fue después director del Museo Nacional de Arqueología, Historia y Etnografía, desempeñó altos cargos administrativos y diplomáticos, y perteneció a la Academia Mexicana de la Lengua. Es autor de obras de poesía, crítica literaria, historia, crónica y biografía. Se inició en las letras con *El rebozo* (1914, reeditado en Toluca por Mario Colín, en 1976).

EL SEÑOR DEL REBOZO

En la iglesia de Santa Catalina de Sena, de monjas de Santo Domingo, se realizó un estupendo milagro, al que un rebozo ha dado su nombre.

Ni viejos cronicones, ni eruditos afectos a desentrañar misterios de conventos y de iglesias, como Alfaro y Piña, Marroqui, Ramírez, Roa Bárcenas, etc., dicen nada sobre ello. Pero la tradición ha grabado de memoria en memoria el hecho, y la fe popular lo hace revivir en todo su esplendor año por año.

En la citada iglesia de Santa Catalina de Sena, cuya apariencia es mísera y cuya extensión exigua, se venera una imagen de Jesucristo, bajo la advocación de "El Señor del Rebozo". Todos los años, el primer viernes de marzo, en el recinto del pequeño templo resuenan músicas triunfales y cánticos victoriosos en honor del prodigio. A la festividad litúrgica se une el gozo profano. En efecto, Rivera Cambas, en su obra *México pintoresco, artístico y monumental* (1882, tomo II) dice: "El primer viernes de marzo hay en aquel templo (el de Santa Catalina), una fiesta popular dedicada al Señor del Rebozo y también en la calle celébranla a lo humano; vendimias de frutas, puestos ambulantes de pulque, de chicha y fondas improvisadas interceptan el paso en las calles cercanas al templo; desde la víspera comienza el movimiento; hay cohetes, toritos, cortinas, y la iglesia está tan concurrida, que es imposible penetrar a ella".

Esta brillantez, a la fecha, casi se ha borrado. No quedan sino unos cuantos mercaderes de golosinas callejeras; pero hasta hace muy poco, la fiesta tenía curiosas influencias. El doctor Porfirio Parra, en su interesantísima novela *Pacotillas* (la que por inexplicable injusticia pasó inadvertida, no obstante que es un bello alarde de talento y de observación local), se refiere de esta guisa al asunto: "El primer viernes de marzo, por la tarde, corren en la buena ciudad de México malos vientos, que, cruzando por las aulas de los colegios, dispersan y arrastran a la regocijada y juvenil muchedumbre, que debía, llenándolas, escuchar las doctas lecciones de los respectivos catedráticos..."

"Varias razones hay para que en la tarde de que hablamos deserten de las aulas sus cotidianos frecuentadores: es la primera y principal, que, por caer en ella la fiesta del Señor del Rebozo, las calles próximas a las dichas escuelas están esa tarde henchidas de compacta multitud, que va y viene a la iglesia de Santa Catalina de Sena, donde se celebra la religiosa solemnidad". (*Pacotillas*, Barcelona, 1900).

Ninguna otra referencia se encuentra en los libros. La tradición corre de boca en boca, y Juan de Dios Peza, en su obra *Leyendas históricas, tradicionales y fantásticas de las calles de la ciudad de México* (París, 1897), la puso en verso bajo el título siguiente: "El Señor del Rebozo. Leyenda de la calle de Santa Catalina de Sena".

Es la más poética, aunque quizás no tiene toda la rigurosa fidelidad necesaria en estos casos. Según esa leyenda, hace muchísimos años, tantos que no hay meollo que guarde la fecha exacta, hubo en el convento de Santa Catalina una monja, tan humilde, tan fervorosa, tan entregada a los transportes místicos, que gozaba fama de santa. Unía a esas prendas la de su rara beldad. Su semblante habría cautivado los ojos de haber vivido en el mundo

"con la tez fina y brillante
cual pétalo de azucena".

Los garfios de los cilicios signaban sus carnes con rúbricas de púrpura; la penitencia pintaba sus pómulos con el zafiro de las ojeras. Cuando la noche colgaba sus draperías en los ventanales, la monja entraba a la iglesia y caía de hinojos frente al Nazareno ensangrentado. Siempre le llevaba manojos opulentos de rosas, haces en que los pétalos se mustiaban, y encendía en su honor ceras benditas que nunca se extinguían. En la paz del recinto, la monja alzaba sus querellas y renovaba sus juramentos de amor.

Aquel altar seducía por la nitidez de sus manteles, el brillo de los rútilos candelabros y el cuidado que todo él atestiguaba.

Las discretas pláticas entre Jesús y su esposa permanecían ignoradas, y durante 30 años, noche a noche, se sucedieron las mismas escenas. Agobiada por sus sacrificios, débil la carne ya para resistir más pruebas, aquella flor de martirio cayó enferma, con una dolencia que le impedía pararse del lecho.

Grande fue su angustia al ver que no podría, como lo acostumbraba, ir a la iglesia a llenar su místico cometido. Inquieta, febril, desesperada, clamó al fin, en una quejumbrosa invocación:

"Señor, si pudiera verte,
¡qué feliz entonces fuera!
quiero mirarte un momento,
mirarte ¡y quedarme muerta!"

No acababa de pronunciar tales palabras, cuando, de pronto, la celda en que yacía se inundó de una claridad sobrenatural. Se abrió un muro, y Jesús (el Jesús que adoraba en el templo— avanzó hasta la pieza. Como si manara miel de sus labios, el hijo de Dios le dijo que la había ido a acompañar en su soledad y su pena. Que no pasara congojas, pues de ahí en adelante las flores tendrían una lozanía perenne y las ceras erigirían *in aeternum* los luminosos triángulos de sus flamas.

Afuera llovía tenazmente. Un chubasco deshecho envolvía con sus trémulos cendales de cristal a la ciudad dormida. Jesús se levantó.

"Vio la monja que la imagen
iba a salir de la celda,
y como era noche horrible
de atronadora tormenta,

"Señor, no salgas —le dijo,
con voz lacrimosa y tierna—:
¿Cómo ha de mojar la lluvia
tu sacrosanta cabeza?

"Nada tengo que ofrecerte,
mira cuán pobre es tu sierva;
pero toma este rebozo,
de mi santo amor en prenda,
y que te envuelva y te cubra
mientras bajas a la iglesia".

Experimentando un alivio repentino, la monja saltó ágilmente del lecho y envolvió la cabeza de Jesús en un rebozo.

Cuando las otras reclusas, llamadas por el tintineo del alba, se encaminaban a misa y penetraron a la celda de la monja que estaba en olor de santidad, la encontraron muerta. Su cuerpo emanaba un efluvio de rosas del jardín de los cielos y de él se desprendía un resplandor sobrehumano, algo así como el halo que nimba las cabezas seráficas de las beatas.

Extáticas las novicias, azoradas las profesas y la superiora, lo estuvieron más cuando por boca del sacristán, supieron que, dentro de su nicho, el Nazareno mostraba sobre sus hombros el rebozo de la hermana muerta. Se llamó al capellán y a varios doctores y clérigos de renombre, se extendió rápidamente la noticia del portento, y todos, en efecto, vieron

"al Nazareno mostrando
del raro prodigio en prenda,
sobre su cuerpo el rebozo
que usaba la monja aquella".

Desde entonces la imagen es venerada bajo la advocación conocida, y es costumbre que

"si ante el Señor del Rebozo
treinta y tres credos se rezan,
de tres gracias que le pidan
una gracia nunca niega..."

Hasta aquí lo que refiere Peza en su leyenda; pero, como antes se manifiesta, ella es poco desde el punto de vista de la investigación histórica. Anheloso de datos más fehacientes, de labios del segundo capellán de la iglesia de Santa Catalina, el licenciado Mayora, inteligente sacerdote próximo al doctorado, supe un detalle de suma importancia.

Una vez que el milagro del Nazareno fue conocido en toda la muy noble y muy leal ciudad de México-Tenochtitlan, la curia tomó cartas en el asunto y los graves y empaquetados miembros de la Real Audiencia se trasladaron, seguidos de escribanos, corchetes, alguaciles y demás gente de la justicia, a sancionar legalmente el hecho. En efecto, ya comprobado el insólito sucedido, la Audiencia levantó un acta, que pocos días después, junto con el rebozo milagroso, fue enviada a España para que llegara a manos del rey. Es muy probable que, de ser cierta tal aseveración, el acta susodicha exista en el Archivo General de la Nación. *(El Rebozo).*

COAHUILA

FROYLÁN MIER NARRO. Nació en Viesca, Coah., en 1898; murió en Saltillo, de la misma entidad, en 1970. En 1928 fundó en la capital del Estado la Impresora Mier y Narro, y en 1943 la Radiodifusora XESJ, que enriquecieron los medios de comunicación locales. Dirigió también *El Diario del Norte* y las revistas *Saltillo Gráfico, Pica Pica* y *Magazine de la Frontera*. En 1938 publicó en su propia editorial el libro *Leyendas de Saltillo*. La Colonia del Periodista de la capital coahuilense lleva el nombre de este distinguido comunicador.

EL MOLINO DE BELÉN

Es creencia general de la presente generación, que el Molino de Belén, cuyas ruinas se encuentran al oriente de la ciudad, fue destruido a causa de los combates librados por aquel rumbo, en épocas revolucionarias.

Como a últimas fechas se ha recordado el nombre de un establecimiento que fuera emporio de riqueza y de trabajo en tiempos ya idos, haremos una breve historia del viejo Molino, para entrar después en la conseja y la leyenda que corren ahora con misterio y espanto entre aquel populoso vecindario que vive actualmente en sus cercanías.

Un rayo fue la causa de que el Molino de Belén se incendiara, convirtiéndose en agrietadas ruinas de caliche, deformes pedazos de hierro retorcido y hacinamientos de piedras y tubos, entre los cuales existe aún, la muela, la famosa muela de piedra traída desde Francia para moler el trigo.

Y aquellas paredes que antes fueran nido de palomas, son ahora guaridas de buhos y murciélagos, que atraidos por la soledad, hacen en ellas su morada.

En la época revolucionaria el viejo Molino sirvió de parapeto, tanto a las fuerzas federales comandadas por el general Joaquín Mass en 1913, como a las huestes de don Venustiano Carranza, en periodos posteriores; pues era aquel rumbo el que juzgaban más a propósito para atacar a Saltillo los revolucionarios que venían de la Sierra de Arteaga.

Una vez, en el año de 1914, cuando las fuerzas del general Francisco Coss se acercaron para tomar la plaza, el comandante de las fuerzas federales mandó varios destacamentos para proteger aquel rumbo, mantener los Fortines de Carlota y de los Americanos y defender el centro de la ciudad, desde los techos de la Catedral de Santiago y el Palacio de Gobierno.

Bien sabían los federales que no tardaría mucho el ataque. Unos cuantos días después, se acercaron las fuerzas del general Coss hasta Las Tetillas. Muchos soldados revolucionarios deseosos de ver a sus familiares que vivían cerca del Molino de Belén, se aproximaron con arrojo y valentía hasta el Molino; pero fueron rechazados, después de sangrienta escaramuza. Uno de los soldados federales que resultó herido, se arrastró fuera del Molino, hasta una de las viviendas cercanas a las ruinas, para pedir un vaso de agua.

Una mujer de corazón noble, aunque era esposa de uno de los revolucionarios atacantes, no tuvo empacho en atender a la petición de aquel infeliz, y después de darle de beber, se dedicó a la tarea de vendarle la herida. En esos momentos volvieron las huestes revolucionarias a atacar el Molino, con refuerzos suficientes, y lograron desalojar a los que en él estaban perpetrados, que se replegaron al centro de la ciudad, a donde ya los atacantes comenzaban a penetrar por otros sectores.

El esposo de la buena mujer que atendiera al herido, se dirigió inmediatamente a su casa después del combate, y fue grande su sorpresa al encontrar en ella, al "mocho" aquel, vendado por su esposa: lleno de furor sacó el marrazo, y se lo enterró en el pecho al soldado federal y a la desdichada mujer que, en su opinión, le había sido infiel. Y cuando las tinieblas cubrían aquellos contornos, se llevó arrastrando los dos cadáveres hasta el Molino, cavó un foso y echándolos juntos, los cubrió de piedras y tierra. Y en seguida, tal vez arrepentido de su acción, o en un acto de locura, el revolucionario se clavó el marrazo en el corazón, cayendo desplomado sobre la tierra que cubriera los cadáveres de sus dos víctimas.

Han pasado los años; en varias ocasiones se ha asegurado que por aquel lugar espantan, y para no incurrir en mentira, dejemos a la conseja pública, con todo su sabor, el cuento de los aparecidos del Molino de Belén.

Un día conversaban amigablemente dos vecinos en la esquina que forman las calles de Juárez y Lafragua, antes de que se iniciara la construcción de la Estación de Saltillo al Oriente, desde cuyo lugar se apreciaba la silueta del viejo Molino. Una conversación de esas en que las horas se pasan sin sentir, saboreando uno tras otros los cigarrillos.

Noche de abril, tranquila y plácida, de esas noches que invitan más a estar fuera del hogar que revolviéndose en el lecho. La serenidad del ambiente, un aire casi imperceptible que soplaba de este a oeste, hicieron que los dos amigos oyeran la campanada del reloj de Catedral dando la una de la madrugada.

—¿Vámonos?— exclamaron a un tiempo. Y ya para despedirse, percibieron en medio de la obscuridad, con dirección al Molino, una luz que los obligó a comentar sobre ella.

—¿Es en el molino?— preguntó uno de ellos.

—Parece; pero más bien creo que están quemando leña en la Sierra para hacer carbón— dijo el otro.

Se quedaron los dos contemplando fijamente la lucecilla y vista con más atención, se dieron cuenta de que cambiaba de lugar, yendo de un lado para otro.

Hombres avezados a las aventuras nocturnas, parados muchas veces por algún desconocido, a las altas horas de la noche, para preguntarles "que horas son", o decirles "préstame su lumbre", o provocados por algún ebrio trasnochador, no se intimidaron ante el espectáculo que tenían al frente; pero sin darse cuenta, sus piernas flaqueaban, y no obstante sus esfuerzos para caminar hacia donde estaba la luz, no pudieron hacerlo. Sin embargo, por un buen rato estuvieron pendientes del fenómeno, hasta percibir que una silueta blanca iba unida a la lucecilla.

—Un hilo de frío me corre por las venas—. Murmuró el más viejo.

—Igual me pasa a mí—, dijo el más joven.

—¿Qué será?

Transcurrió un cuarto de hora, sin que ni uno ni otro tomaran determinación alguna; pero algo repuestos del terror, se separaron involuntariamente, y cada quien ganó para su casa.

Al día siguiente, el sucedido se extendió como reguero de pólvora, por toda la barriada y fue motivo para que la mayoría de los vecinos dijeran que a ellos en otras ocasiones, les había sucedido la misma cosa.

Pasó el tiempo; el recuerdo de tales sucesos sólo se conservó por las gentes de poco ánimo, que temerosos de presenciar algo semejante, preferían hacer un rodeo por otras calles, para no pasar frente al Molino, cuando a la media noche regresaban a sus casas.

Pero no termina aquí la leyenda. Pocos años después se inició la construcción de la Estación del Ferrocarril Saltillo al Oriente, y varios edificios destinados a oficinas, cubrieron la fachada del Molino, que ya no pudo verse desde la esquina que forman las calles de Juárez y Lafragua. Los vecinos de aquellos rumbos no tuvieron ya que hacer un rodeo para ir a sus hogares, y estaba en paz toda la barriada, cuando por no sé qué causas, un bombero de los que sacan agua de las norias que están a 200 metros detrás del Molino, se le ocurrió pasar por frente a las ruinas, es decir, dando vuelta por el costado que ve al Norte.

A su espanto y tétrica aseveración dejo el cuento de lo que afirma que le acaeció allá por el año de 1921, pues el sabor de las consejas populares es más agradable cuando va asociado con el rústico lenguaje y la inocencia de quien las narra.

"Lector, si crees que es comento, como me lo contaron te lo cuento".

"Pos verá asté... Como a las diez de la noche me estaba empujando unos pulquitos en casa La Charra, sin darme siquiera cuenta de que ya era noche pa retirarme. Dos o tres canciones me estuvo acompañando El Chueco con su arpa, y cuando menos lo pensé eran las once y se daba la voz de la última para cerrar la cantina. Cada quien de los que estábamos "agarró" pa su casa y yo pa la mía, medio tambaleándome y agarrándome de las ventanas, con estación obligada en las esquinas pa reponerme un poco y continuar mi camino. Al llegar a la esquina del hoy Hospital de Concentración, dieron las doce, y yo, no sé por qué causas las estuve oyendo marcadamente y repitiendo una a una las campanadas. Poco caso hice ya de la hora y seguí caminando hasta que al llegar al frente del Molino, ví la sombra de un bulto que corría por la carcomida pared de lado Norte de las ruinas. Me espanté, pa que lo niego, pero me dí de valor y seguí por la vereda que a últimas fechas se abrió pa ir a onde estaba mi casa, por un lado del rebaje que se hizo pa sacar el riel. No sé por qué voltié pa atrás y entonces una sombra blanca iba siguiendo a la otra. A mí se me hace, oiga, que eran las ánimas de la mujer del soldado y del revolucionario que los mató y después se mató él mismo. En otra ocasión también devisé una luz desde allá desde mi casa".

Y la leyenda, conservada por la tradición, ha ido adulterándose cada vez más, y al cabo de tantos años, es ahora motivo de nuevos cuentos y consejas.

Todavía, en la actualidad, los vecinos aseguran que a media noche, una mujer con manto blanco sale de las ruinas del Molino y camina con paso firme por la banqueta de la barda del hospital, llega hasta el extremo del barandal y regresa, perdiéndose en las espesas sombras de las viejas ruinas.

Y las mujeres del Barrial, que tan sabrosos comentarios hacen de estos sucedidos, dicen que terminarán las apariciones fantásticas cuando las almas de los protagonistas de la tragedia ocurrida en el Molino de Belén, descansen en sepultura cristiana. *(Leyendas de Saltillo).*

MÓNICO

De una truculenta y verídica historia de hechicería, conocieron con todos sus detalles, los habitantes de Saltillo, al correr los años de 1919 a 1921.

De los agentes de hotel que más popularidad han tenido en Saltillo, sin duda alguna ha sido Mónico Martínez, que por más de treinta años prestó sus servicios en los hoteles de La Plaza y Coahuila.

De carácter franco, comunicativo y afable, dicharachero y guasón, Mónico era conocido en toda la ciudad, máxime por la circunstancia, muy especial, de haber sido hermano de Crescencio Martínez (alias El Cácaro), puntillero de toros de fama internacional, conocido de nombre y apodo en la mayor parte de los cosos taurinos de España, donde su mote era festinado en diferentes ocasiones, cuando se presentaba la suerte final, para despachar un toro a los mulilleros.

Mónico gustaba de conversar diariamente sobre los temas de actualidad ya fueran estos de política, que entonces no era muy sonada; la actuación de una buena compañía de drama o comedia en los teatros Morelos y García Carrillo; ya sobre el pomposo casamiento de zutano o de mengano o de los funerales de algún ricachón que había abandonado este valle de lágrimas.

Se distiguía de los demás compañeros de su oficio, por su indumentaria siempre limpia y bien planchada; usaba invariablemente el clásico vestido azul marino de paño o buen casimir, uniforme semejante al reglamentario de la tripulación de los trenes de pasajeros, con botonadura dorada en el cierre y puños de las mangas doblilladas; cachucha de corta visera, confeccionada del mismo género del vestido, con dos cintas de galón dorado y zapatos de charol siempre muy bien boleados y lustrosos.

Por costumbre, y de esto no se conoce la causa, siempre gustaba de ataviarse con amuletos representando diferentes figuras de marcada superstición y números cabalísticos; pues en su leontina de fino oro amarillo, llevaba una calaverita de hueso con los ojos de color rojo, simulados con alguna imitación de granate o de rubí; un número 13 como prendedor en el nudo de la corbata según costumbre de la época y en la solapa del chaquetín o en la carterita de la bolsa de pecho exterior, se colgaba un trébol de cuatro hojas, un clavel, una gardenia o una rosa.

A la simple vista parecía que su vida se deslizaba tranquila y feliz; pero su aspecto, por demás interesante, demostraba que nada opacaba su existencia en este mundo. Sin embargo, ya tratándolo a fondo y hablando con él sobre temas distintos a la normalidad de las costumbres sociales, se descubría que en su interior poseía un sistema nervioso alterable, si cuando las conversaciones llegaban a la broma y sobre asuntos de brujería, hechicería o aparecidos. El aseguraba saber de muchos sucedidos en la ciudad, en que los espíritus malignos intervenían, y se jactaba de ser uno de los que no temían a los aparecidos; pero era un creyente en hechizos, brebajes, y maleficios de brujería; pues él, Mónico, en distintas ocasiones, decía haber sido víctima de las brujas, a las que profesaba un horror manifiesto.

Contaba que una vez, una mujer se apoderó de uno de sus retratos, y que lo vio después en una sospechosa casa de barrio no muy santa, colocado en un nicho de encajes entrelazados, cubierto completamente de alfileres clavados en la cabeza y en la región izquierda del pecho, de donde pendía también una chuparrosa disecada. Refería además que llegó a ver volar por las tapias de su casa a las brujas montadas en una escoba, y que las lechuzas nunca abandonaban por las noches los árboles del patio donde él vivía.

Estos hechos los narraba con mucha naturalidad, a grado tal que quien los escuchaba, se sentía poseído del maleficio del que creía ser víctima Mónico.

Muchas gentes de Saltillo creyentes o no, al saborear los diferentes aspectos de la hechicería de Mónico, compadecían su estado de nerviosidad tan palpable, y hasta llegaban a pensar que su actitud traspasaba los límites normales y le creían un loco por momentos.

Sólo él sabía lo que pasaba en su interior; pues los médicos que lo habían atendido, aseguraban que mal ninguno de carácter orgánico padecía Mónico; y sus amigos, que conocían su carácter, lo veían como un vacilador y conceptuaban sus pláticas como mera guasa.

Del año de 1919 a 1921, el físico de Mónico había perdido mucho de su habitual modo de ser y estaban tan desmejorados su semblante y su aspecto, que varias ocasiones faltaba a su trabajo, causando sorpresa este hecho, pues era muy celoso en el cumplimiento de sus deberes.

Una mañana del mes de marzo de 1921, circuló por toda la ciudad la noticia de que Mónico había sido encontrado muerto, flotando en la superficie de la alberca de Altamira, y todo Saltillo se hizo conjeturas sobre la realidad de los hechos; pues éstos eran comentados por cada quien en la forma que mejor le acomodaba, haciendo truculenta y fatídica la narración. A la sazón prestaba yo mis servicios en un periódico de la localidad; redactor en *El Coahuila*, me tocó en suerte ser el autor de las informaciones oficiales de tan extraño sucedido.

Por unos bañistas, de esos que les gusta el baño de alberca muy temprano, fue descubierto el cuerpo de Mónico, el que ante la fe de la autoridad, no presentaba huellas de haber sido asesinado ni con arma de fuego, ni con instrumento punzo-cortante; tampoco había sido envenenado. Tenía unos pequeños rasguños en el pómulo izquierdo y raspones en el antebrazo derecho. No había muerto ahogado. Estaba su cadáver con su pantalón azul de trabajo y en mangas de camisa; ésta era blanca y recién planchada; conservaba sólo un zapato, pues el otro, su hermana Luisa se había quedado con él en la mano, al pretender detenerlo, cuando lo vio volar... ¿De qué había muerto Mónico? Esto nunca se supo ni se ha sabido...

Por la calle de Santiago, ahora de general Cepeda, hacia el sur, media cuadra antes de llegar al Ojo de Agua y unas cuantas casas cerca de la Quinta Altamira, estaba el domicilio del infortunado agente de hotel. Después de un pequeño zaguán seguía un patio regular en el que había algunos árboles. Más al fondo y pasando una puerta, se destacaba el corral, con aspecto de huertecita, pues había en él algunos árboles frutales, una chayotera y otras matas de ornato. Las bardas que circundaban el corral, limitando la propiedad, no eran altas ni muy bajas, y pasando dos muros más al fondo y hacia el norte, quedaba la huerta y baños de Altamira, en cuya alberca fue encontrado su cadáver.

Y si nunca se pudo confirmar la causa de la muerte de Mónico, justo es asentar lo que nos dijera un familiar cercano del desaparecido, para dar sabor a su misteriosa, conmovedora y espeluznante muerte.

"¡Yo mismo estoy espantado! —dice el primo de Mónico—. Antes de ayer, a las nueve de la noche, ya estando acostado, Mónico se levantó y fue a decirme que no podía dormir porque las lechuzas y las brujas estaban esperando que se durmiera para llevárselo. —No es posible, Mónico —le dije—; vete a acostar; domina los nervios.

Si no duermes, como ya tienes varios días de no hacerlo, no van a ser las lechuzas y las brujas las que te lleven, sino la muerte misma—. Se estremeció y como que quiso llorar y entonces me dijo: —Oye, primo, cuídame—. Aunque yo estaba cansado y desvelado, fui a llevarlo a su cama; lo acosté y me senté en una silla, en la única puerta que tenía la recámara donde estaba su cama. No se durmió; pero un buen rato se quedó tranquilo. Después se sentó y desesperadamente soltó un aterrador y destemplado grito: "Las brujas, las lechuzas; ¡Me llevan las brujas y las lechuzas!"

No pegó los ojos en toda la noche; ya en la mañana, como a las nueve, después de tomar una taza de café solo, medio se quedó dormido, despertando como a las once. Le pregunté que había tenido durante su dormitada y no me supo explicar. Sólo abría los ojos extraviadamente y como que quería recordar algo. Se levantó un rato; se sentó en una silla afuera, en la calle, donde todavía pegaba el sol amarillento que ya se perdía en el poniente. Se metió a la casa diciendo que aunque no tenía sueño, quería dormir. Yo me fui a cenar a la cocinita y en eso estaba cuando va llegando como un loco y nos dice: "¡Las brujas; las lechuzas..! ¡Me quieren llevar las brujas y las lechuzas..!"

Estos constantes arrebatos de Mónico alarmaron notablemente a sus familiares, quienes tomando las medidas del caso, pusieron en conocimiento de la autoridad los hechos y pidieron auxilio.

Mientras tanto lo convencimos de que eran sus nervios y fue a recogerse nuevamente a su cama.

A las nueve de la noche se presentaron en la casa dos policías con el objeto de conocer los acontecimientos, y Mónico, aún despierto, suplicó casi en estado de desvarío a los policías y a su primo que lo cuidaran.

Los gendarmes y el primo de Mónico se apostaron en la única puerta que daba salida a la recámara donde estaba la cama de Mónico, y como a las once de la noche se dejaron escuchar estrepitosamente, los destemplados gritos de Mónico: "¡Las brujas y las lechuzas me quieren llevar..!" Nuevamente logramos que se acostara, pero antes nos dijo a la policía y a mi: —Si no me cuidan, ¡Me van a llevar las brujas!

Tanto los policías como yo regresamos nuevamente a sentarnos en las sillas que teníamos en la única puerta de la recáma-

ra. Yo no recuerdo haber dormido, pues Mónico hasta las dos o tres de la mañana estuvo muy inquieto, y después... un silencio sepulcral. Yo creí que estaba dormido y me dormí; los policías a mi lado hicieron lo mismo, recargados en las sillas siempre en la única puerta que daba a la recámara de Mónico. A las seis de la mañana que despertamos, Mónico no estaba en su cama. Ni los policías ni yo habíamos sentido que pasara alguien por la única puerta que daba a su recámara y no sé que decirles más. Hasta que supe que su cadáver había sido encontrado flotando en la alberca de Altamira y que Luisa mi prima y hermana de Mónico, estaba en estado inconsciente, en el patio, con un zapato de Mónico en la mano.

Algunas investigaciones judiciales y policiacas se hicieron a raíz de esta misteriosa muerte que conmovió por varios días a Saltillo. Sólo se encontró mutismo en los vecinos que jamás pudieron descifrar la tétrica muerte de Mónico y por más que las autoridades se esforzaron para recabar informes sobre algunos enemigos que tuviera Mónico, nunca se supo y quedó como hasta ahora en el misterio la muerte de aquel agente de hotel a quien la conseja asegura se llevaron las brujas y las lechuzas. *(Leyendas de Saltillo)*.

LA CALLE DE LAS BARRAS

Cuéntase que allá por los años del Señor de mil seiscientos y pico, cuando los conquistadores habían apenas sometido a los indios huachichiles y borrados que habitaban en los alrededores de las nuevas villas española y tlaxcalteca, entre las calles recién formadas, que improvisados constructores habían trazado torcidas y angostas, como hasta hoy se conservan, sin que el paso de los años haya podido variar su estructura, había una que la voz popular llamó de Las Barras, y que ha sido rebautizada en épocas posteriores con los nombres de héroes correspondientes a las diversas etapas de la política nacional.

La calle de Las Barras, que hace algunos años se llamó del Oratorio y ahora de Múzquiz, recibió su nombre primitivo tan original y tan extraño, a causa de una romancesca historia de amor, poder y riqueza.

En su porción comprendida entre las calles de Landín y la Purísima, hoy Allende y Zaragoza, vivía una familia española, procedente del Real de Catorce, que había venido a radicar en la Villa de Santiago del Saltillo. Mineros, agricultores, oficiales en comisión del gobierno virreinal, la tradición no lo puntualiza; pero sí personas distiguidas y opulentas, como quiera que las damas, entre las cuales sobresalía una moza, casi una niña, de excepcional hermosura, vestían con elegancia y señorío, y los caballeros tenían porte y modales de personajes de alcurnia.

Un día llegó a la Villa de Santiago del Saltillo un grupo de soldados de los Tercios del Rey, y con ellos un capitán apuesto y galante, a quien todos trataban con deferencia y respeto. La imaginación popular le hacía descendiente del conquistador don Francisco de Urdiñola, nieto del adelantado don Francisco de Ibarra, y hasta pariente muy próximo del virrey de la Nueva España. Se decía que desempeñaba en las Provincias Internas, una delicada misión militar y política; que venía a recibir la gubernatura del Nuevo Reino de León; que traía cédula real para emprender exploraciones y conquistas en el norte desconocido, y otras personas, desmintiendo tales rumores, aseguraban que era un rico mayorazgo de la Provincia de Charcas, que empleaba sus años mozos en el servicio del Rey, para adquirir honores y merecimientos, satisfaciendo, a la vez, el afán de aventuras características de la época, y que pasaba a estas tierras, en días de asueto, con el fin de conocer mundo, matar osos y ciervos, y mediante la caza de indios, aumentar el número de sus esclavos.

Nada se sabe de cierto, y ni siquiera ha conservado la leyenda el nombre y los títulos del mozo aventurero, desvanecido ante su varonil apostura y ante el atuendo de su porte y de sus hechos que impresionaron la imaginación de las gentes.

Y sucedió que una tarde de agosto, dorada por los resplandores del sol cercano al ocaso y humedecida por lluvia reciente y pasajera, el mozo aventurero regresaba de una entrada en las sierras vecinas. Montaba brioso caballo alazán ricamente enjaezado; vestía armadura demasquineada y venía seguido de un grupo de gallardos jinetes que alzaban nubes de polvo con el braceo de sus cabalgaduras. Pasaba por la calle que después se llamó de Las Barras, y la hermosa doncella que había venido del Real de Catorce, se hallaba a la ventana, atraída por aquel tropel inusitado en el tranquilo silencio de su barrio. El mozo la vio; alzó la visera sobre el casco adornado de plumas blancas y rojas; las miradas de ambos se cruzaron en repentino relámpago, y el amor prendió de improviso en sus corazones, con la presteza que solía emplear en aquellos tiempos de pasiones vivas e idealismo ingenuos. Él, retardando el paso de su caballo, volvió repetidas veces el rostro para ver a la gentil criatura. Ella permaneció en la ventana, hasta que la cabalgata dobló la próxima esquina.

De los paseos por la calle, se pasó a las misivas escritas en papel celeste de filos dorados; de las misivas a las poéticas entrevistas por la reja, a las altas horas de la noche, y en seguida, a las relaciones formales autorizadas por los padres de los enamorados. Y comenzó a correr por la Villa de Santiago del Saltillo la novedad de la boda, que por las singulares circunstancias del caso, era un suceso que rompía la monótona tranquilidad de la vida provinciana, con singulares detalles de perfil novelesco.

Y una tibia mañana de otoño, la totalidad de los habitantes de la Villa se apiñaban en la calle donde vivía la novia para presenciar el paso de la gentil pareja hasta la Capilla de las Animas, donde irían a recibir la bendición nupcial y a quedar unidos para siempre.

Se tendieron sobre el pavimento, en todo el espacio de la casa a la Iglesia, finos tapetes de persia, sujetos con gruesas y lucientes barras de plata, para que no se movieran al soplo del viento o al paso del cortejo. Las puertas y ventanas de la casa, abiertas de par en par, ofrecían a los ojos asombrados de la muchedumbre curiosa, artísticos muebles, cortinajes guarnecidos de oro, y en tibores de China, profusión de flores aromadas. Sonaba suavemente una música de cuerda, y entraban y salían sujetos de todas cataduras, ministriles afanosos y personajes ataviados con severos trajes civiles o brillantes uniformes militares. Se oyó la llamada presurosa de las campanas de la Capilla de las Animas; subió el tono de las notas musicales, y los novios salieron seguidos de un numeroso cortejo de caballeros y damas suntuosamente ataviados. Calzas y ropilla con ferresuelo de fino velludo carmesí, gorra de lo mismo, adornada de plumas rojas y blancas que sujetaba un broche de diamantes, y espadín de áureo puño incrustado de piedras preciosas, realzaban la gallardía del mozo y la majestad de su porte. Ella apareció toda blanca, muellemente arrebujada en el rico brocado que traía del Oriente remoto la Nao de China; abultadas las mangas y ahuecada la falda, guarnecidas de encajes y perlas; prendido a la frente, por diamantina corona, el velo de seda que se le derramaba sobre los hombros y espalda, como un sutil oleaje de espuma. Y la humildad de sus ojos y la palidez de su rostro contrastaban con la regia opulencia de su atavío.

Concluyó la ceremonia; los desposados volvieron por el mismo camino cubierto de orientales alfombras, seguidos del mismo cortejo y entre la compacta valla de gentes curiosas. La servidumbre levantaba tras ellos los tapetes y las barras de plata, y cuando éstas fueron depositadas, como brazadas de leña, en los umbrales de la casa, un sujeto de noble presencia habló cortésmente a los curiosos, y en nombre de los desposados, les repartió los valiosos lingotes.

Y así fue como entonces recibió la calle el nombre de Las Barras. *(Leyendas de Saltillo).*

EL CALLEJÓN DEL TRUCO

Partiendo de la calle Real, ahora de Hidalgo, y terminando en la empinada calle del Cerrito, llamada actualmente de Bravo, como un desafío a las reglas de la estética y la geometría, está el callejón del Truco, formando manzana con el de la Capilla del Santo Cristo, manzana que fue propiedad y morada de uno de los primeros pobladores de la Villa de Santiago del Saltillo, don Santos Rojo.

Este callejón, albergue actualmente de cuitas y amoríos, por su recogimiento y falta de alumbrado, tiene también su historia.

No encierra ésta precisamente un suceso extraordinario, como muchas otras calles de la ciudad; pero nos hemos acordado de él porque casi todos los habitantes de Saltillo desconocen el origen del nombre que aún lleva en la actualidad.

Hace un poco más de cien años, un individuo de origen francés y de oficio pastelero, se estacionaba en la esquina norte de la calle de Hidalgo y la Plaza, para vender su mercancía. A la hora de las ánimas exactamente llegaba con los menesteres de su puesto: un brasero; una mesita de madera rústicamente terminada, para colocarlo; una canasta de palma "petateada", llena de pasteles de varias clases, pero todos para ser horneados por el mismo procedimiento y servirlos calientes; un arpillera con carbón vegetal; una tinaja de barro que servía de horno ambulante y que se colocaba sobre el brasero, y un velón de hojalata, sobre un pie de lo mismo, con su depósito de sebo y su mecha de borra de algodón.

Muy buenas ventas hacía el pastelero, y llegó a hacerse tan popular su mercancía, que hasta de los lugares más apartados de la ciudad venían a comprar los exquisitos pasteles que vendía a cinco por un real.

Ya estaba muy acreditado el punto del hábil pastelero, cuando el Alcalde ordenó que se quitara de allí y se pusiera en otra parte, porque daba mal aspecto con su cocina ambulante a la principal plaza de la ciudad.

El pastelero se fue con sus menesteres, pero no a lugar muy distante, pues instaló en la esquina de la misma calle Real y el callejón que hoy se llama del Truco.

Este nombre nació del pregón del pastelero: "Pasen marchantes, pasen; aquí hay ricos pasteles y trucos a cinco por un real". Los trucos consistían en una especie de tubos de harina con alguna preparación especial, que al ponerse al fuego se rellenaban por sí solos de una pasta melosa con natural sabor a frutas que era muy gustada y apetecida.

Alquien preguntó al pastelero que por qué le llamaba trucos a aquellos panes.

—¿Le parece a usted poco el truco —le contestó— de que meta yo un pedazo de harina dentro de la tinaja y resulte lo que usted está saboreando?

Desde entonces se conoce aquel callejón con el nombre del Truco.

Pero lo curioso del caso es que, según se cuenta sin que yo pueda afirmarlo, que el pastelero de los trucos emigró poco tiempo después de Saltillo, se estableció en la ciudad de México con el mismo negocio y fue uno de los ciudadanos franceses, cuyas pérdidas, multiplicadas hasta lo inverosímil, originaron la invasión francesa de 1838, que se llamó la Guerra de los Pasteles. *(Leyendas de Saltillo)*.

EL POZO DE LOS CABALLOS

A unos doscientos metros al sur del puente del Dos de Abril, en el arroyo de las Barrancas, situado al oriente de la ciudad de Saltillo, existió, hasta hace unos cuantos años, un pozo que el vulgo bautizó, como antaño se acostumbrara a hacerlo, con el nombre de El Pozo de los Caballos, porque a él llevaban los cocheros a bañar sus bestias de tiro, para que aparecieran tirando de los boquecitos, victorias o jardineras, limpias y lustrosas. Nadie más osaba bañarse en aquel pozo cuyas aguas, según era fama, guardaban en su fondo un misterio.

En muchas ocasiones, el Juez de Barrio de los Panteones, el Juez de Paz y otras autoridades dieron fe de misteriosos ahogados.

Aguas aquellas de El Pozo de los Caballos, límpidas y tersas, de suave tranquilidad y sublime indiferencia, que reflejando el azul del cielo ocultaban en el fondo los tentáculos de un demonio insaciable de tragedia. Se cuenta que temerarios bañistas sucumbieron al ser arrastrados y sumergidos por aquel impenetrable misterio, a pesar de su destreza y habilidad, apareciendo después sobre la superficie los cuerpos inermes y rígidos, ahogados por nunca se supo qué causas. Muchos perecieron ahí. Las gentes que conocieron aquel pozo lo veían con horror, le temían, y varias leyendas quedaron de él.

Refiere la conseja que aquel Pozo, no fue elaborado por la naturaleza, sino que fue hecho con toda intención por un maligno espíritu, para que le sirviera de trampa y cayeran en él los que retaban con temeraria intrepidez aquella parte de sus dominios.

Existen aún por aquel rumbo, ancianos trabajadores de ladrillera, areneros, caleros o lavadores de cascajo que conocieron el Pozo de los Caballos en su apogeo como segador de vidas humanas.

Cuenta uno de aquellos trabajadores, don Anselmo Valero, que una ocasión estaba cribando arena a unos cien metros del Pozo, poco tiempo después de haberse visto caer una fuerte lluvia por el rumbo de la Encantada, cuyas avenidas bajaban y bajan aún por el arroyo de las Barrancas, y vio que al Pozo se acercaban dos mozalbetes de humilde presencia, pero robustos, sanos y fuertes. Tuvieron estos breve discusión, relacionada se supo después, con una apuesta para deslindar quien duraría más en el fondo del Pozo de los Caballos, y en seguida, los dos se desvistieron, y al mismo tiempo, se tiraron de clavado al charco.

Esto pasaba muy cerca del mediodía, en pleno verano. El sol reverbaba sobre la superficie al parecer tranquila de las aguas del Pozo de los Caballos, pero cuyo fondo, siempre ávido de tragedia, demostraba una vez más el poder de su fatídica atracción, pues diez minutos más tarde aparecieron flotando los dos cadáveres de los intrépidos bañadores.

Don Anselmo corrió a dar parte a la autoridad que llegó representada por dos gendarmes de caballería, con una camilla, donde pusieron a los muertos.

Don Tacho, que así cariñosamente se llamaba a don Anastasio Martínez, viejo mayordomo de la ladrillera, refiere también una de tantas y trágicas muertes ocasionadas por el Pozo de los Caballos.

La curiosidad de dos muchachos de la escuela Num.1, en una tarde de "venada" —dice— fue tanta por lo que se decía del Pozo del Arroyo de las Barrancas, que fueron a él, y empezaron por echar patitos, sin la menor intención de bañarse en sus aguas; pero los dos muchachos fueron atraídos por ellas y los dos cuerpos con sus vestidos completos fueron encontrados algunas horas después, ahogados y flotando macabramente sobre las barrosas aguas del Pozo de los Caballos. Dice don Tacho que la madre de uno de ellos, casi en estado de locura, prometió terminar con aquella fatídica trampa de agua, y así lo hizo cuando fue pasando la estación de las lluvias y las corrientes dejaron de bajar por el arroyo de las Barrancas. Ocupó cinco hombres en la obra, y con botes y tinas, como quien saca agua de una noria, empezó a vaciar el siniestro pozo, hasta que después de arduo trabajo, logró descubrir el fondo, que tenía una forma desconcertante para ser obra de la naturaleza, pues figuraba perfectamente, en una profundida de tres metros, un enorme cono invertido, donde, según la gente imaginativa, se formaba el remolino del demonio para atraer a sus víctimas. La madre de aquel muchacho ahogado continuó la obra y se dio a la tarea de rellenar aquel hueco con piedras y ramas, y es ahora uno de tantos charcos, sin que conserve el misterio entrañable y trágico que antes tenía. Una cruz de pino fue colocada en un montón de piedras en medio del charco por aquella señora; pero tal vez las avenidas o la gente quitaron la cruz, y ya no existe del Pozo de los Caballos más que el recuerdo de su tétrica leyenda. *(Leyendas de Saltillo).*

FEDERICO LEONARDO GONZÁLEZ NÁÑEZ. Nació en Escobedo, Coah., en 1919; murió en Saltillo, de la misma entidad, en 1994. Maestro en historia y doctor en letras por la UNAM, y abogado por la Universidad Autónoma de Coahuila, fue profesor y secretario general de esta casa de estudios, y desempeñó cargos públicos en los ramos de justicia y de cultura. Publicó poemarios, ensayos, antologías y estudios biográficos, históricos y literarios. Fundó la Editorial Espigas, de cuyas prensas salió en 1991 su libro *Leyendas de Saltillo*.

LA LEYENDA DEL PERRO DEL CONQUISTADOR

Leyenda que en su título completo, debería de presentarse como la del perro del conquistador que salvó al indio del Norte de la Nueva España, de ser exterminado.

Pues bien, sin más probanza que aquella que tiene su fundamento en lo que fue evidente, sucedió lo que un día tenía que suceder... y ésto fue pronto!

El caso es, como ya se dijo, que los perros alanos fueron básicamente usados como armas de ofensa y de defensa en las guerras contra los guerreros nómadas. En principio no se usaron para castigar niños o mujeres, aunque tal cosa sucediera en la parejura de las guazabaras o de las "entradas" que los españoles hacían sobre los campamentos indianos desprevenidos, en las cuales las dichas bestias no andaban con distingos de edades o de sexo.

Pero hubo en una de estas expediciones depredadoras, una india —dice la leyenda—, la que no pudo huír, y se quedó sola... y ante un perro de éstos; de éstos de a "deveras". Esto pues, se dijo:

— "...mas soltado el perro, luego la alcanzó, e como la mujer le vido ya tan denodado para ella, asentóse en tierra y en su lengua comenzó a hablar, e decirle: —Perro, perrito, Señor perro, perrito..."

Mientras el fiero alano, inteligente como era pero acostumbrado como estaba a la defensa inútil y débil del espanto final del "enemigo", o a la defensa y agresión efectiva de éste, lo que lo exitaba en su ferocidad al derramamiento de sangre, había frenado su embestida homicida, como perplejo, por lo que ya muy cerca de ella sólo se limitaba a "sonarle" el cascabel blanco y mate de sus agudos y atemorizantes colmillos, largos y prontos, por la joven y morena cara de la india... y a un gruñir sombrío e inacabable que la inmovilizaba; más la india seguía asentada sobre la recalentada tierra del desierto, acuclillada, suelta, sin espasmo amiedado, viendo al animal sólo a través de su dulzura penetrante, y hablándole: —"Perro, perrito, Señor perro, no me coma perrito. Señor perro, esta india lo quiere. Señor perro escúcheme..."—, mientras sus manos magnetizadoras y tiernas se iban adelante muy cerca de los belfos babeantes de la bestia, como en ademanes suaves y acariciantes... y un pavor escondido y profundo que no golpeaba al viento de la noche, ni percibía el perro. Sólo el amor de aquélla!... y un valor de resignaciones fatigadas y de finales tristes e irremediables, aunque "a menos de un Credo" —en la prontitud de una falla o de un sonido discordante, o de un ruido inesperado o de un ademán imprevisto o equivoco— ahí estaban las fauces.

Y estaban solos, ella, la joven india, y él, el poderoso mastín, mientras que los hispanos dando a aquélla por muerta, se entretenían a lo lejos —fuera ya de los ojos y de los oídos— con los otros perros y con su propia y arraigada avidez de muertes, persiguiendo huídos; más la india sin más armas que sus ademanes y sus ojos, y su dulce e implorante voz, sin más defensa que su indefensión. El astro de la noche bañaba con su plateada luz, las dos figuras solas, como dando centro a un llano inacabable de desesperaciones silenciosas... —Sólo una voz:

—Perro, Señor perro. No me coma perrito. Lo quiero Señor perro.

Y así, monótonamente, como sin cansarse... y el alano como que había dejado de gruñir y como que meneaba la cola, suave y lentamente.

Fue en esta noche, quiere la tradición que así haya sido, que desaparece sin haber sido muerto, el primer perro hispánico; aunque fueron también de otras maneras, accidentales unas, intencionadas las más, como casi inmediatamente después muchos perros de la conquista, fueron desapareciendo para volverse indianos.

Setenta años pasados de la fundación de Santiago de Saltillo, como decir en los finales de la quinta década del siglo xvii, que es lo mismo como afirmar, a los treinta y seis años de la pacífica muerte de aquel inquieto y revoltoso señor que trajo los primeros perros de guerra, a la Villa... la del Alcalde Mayor de Saltillo, la

del señor capitán don Alberto del Canto cuyos restos probablemente reposan bajo las baldosas del Altar Mayor del Templo de San Francisco de Asís, fue que el indio nómada había ya sumado a su errátil y trashumante vida y difícil mundo, al perro del conquistador, pues que había convertido su miedo a éste, tan entendido, en cariño, por lo que pronto el mismo se multiplicó en las "partidas" indianas, así como en sus campamentos y ranchos. Y es que el indio, vencido por la fidelidad con que el alano lo servía, pronto lo perdonó; y fue conmovedor el modo en que lo crió y la importancia indudable que para él tuvo, por lo que no fue de admiración el hecho de que mientras un niño de cuatro años caminaba sobre la abrasada tierra del desierto, con sus piececitos descalzos y lacerados, asido a las faldas de su madre, ésta llevase con el mayor cuidado, entre sus brazos, a un perrito joven para que no se lastimase o encalmara mientras "rendía"; como tampoco el que un indio se pasase el día acariciando a su perro, hablándole, premiándolo a la menor obediencia, y enseñándole, toda clase de mañas y de trucos de la caza y la guerra... Tánta atención, o más, como la que ponía en el cuidado de sus arcos y flechas y demás armas ofensivas y defensivas.

Y fue en muy poco tiempo que el indio tuvo su propio perro, o varios. Tan leales, luego, y poderosos, adaptados muy pronto a los extremos de los calores y sequías, a los fríos cortantes o a la tierra ardiente, y a los llanos y a los desiertos inacabables. No se encalmaban ya, ni morían del correr muy largo y prolongado. Fueron pronto más ágiles y vigorosos, y más, mucho más feroces que aquél, el de origen; tánto, que los perros hispanos aprendieron muy pronto a no oponérseles de frente y sin más compañía y apoyo, como a no perseguirlos por aquellas inmensidades ardorosas, sin alcanzarlos nunca, pues que de intentar hacerlo se encalmaban, lo que permitía al perro indiano, el que presintiéndoles el ansia, se volviese sobre ellos para despedazarlos. Fieles fueron los primeros como los siguientes nuevos perros indios, los de las nuevas crías. Buenos para la defensa de sus amos; buenos para la cacería y la guerra, como buenos para hacer la vela y la guardia permanente de los campamentos.

De tal manera fue ésto, que en adelante a los españoles no les fue ya posible sorprender al indio, tenderle una emboscada, atacar un rancho desprevenido, o echarle encima a los propios mastines de guerra. —Estos, que ciertamente ya no eran razonables rivales para los del indio. Fue, pues, así, como el indio pudo otra vez medrar y reproducirse, y crecer otra vez —un poco—, por el perro. *(Leyendas de Saltillo).*

LA LEYENDA DEL RORRO, EL CAÑÓN CAMARERO

Con insistencias de veracidad del todo verdaderas, aunque no históricas, se dirá que durante mucho tiempo las gentes de la Villa de Santiago de Saltillo —que la narración oral nos las pinta como personas tranquilas y sencillas— contaron que la entonces Parroquia de Santiago tuvo un cañoncito, uno pequeño, aunqe eso sí, con todo y su artillero de planta. Este, por cierto, un tal señor Silvano Tres Guerras, el que combinaba esta marcial aunque esporádica encomienda, con la de campanero, mozo y mandadero.

Cañón, pues, el citado, de bronce, no más largo que dos tercios de vara, el que su cuidador y manejador pulía con cuidadoso esmero, limpiaba y abrigaba, y el que con suma delicadeza era tratado sobre todo cuando tenía que cumplir su muy ruidoso cometido. Entonces, todo era atención y tratos llenos de mesura; medidas calculadas, pesos, rellenos y apreturas, y ésto, llevado a su feliz término a través del mayor cuidado como para poder lucirlo en su acostumbrado esplendor, en el atrio de la Parroquia; atrio desde el cual el susodicho cañón se daba al lujo de atronar al viento en un retumbo prolongado y estremecido que iba golpeteando por las cuadras, las casas, los portones y los saguanes de los tranquilos y pacíficos habitantes de la población. Todo lo cual era un primor, pues que bien, eso se decía, aquel escándalo abarcaba un radio nunca menor de media legua.

Cañón, pues, que servía para "tronar cámaras", es decir, para hacer disparos de salva, sin proyectil, pero como ya se ha expresado, sumamente ruidosos.

Así, cañoneada "habemus" era en Saltillo signo naturalmente sabido de un regocijo religioso, político o social; la que reunía a la gente "en un credo" y según el caso, en el atrio de la Parroquia o en la Plaza de armas.

Se dice que la inicial actividad del cañón, había sido modesta, muy modesta a decir verdad, y limitada. En principio la gente había olvidado cómo aquel artefacto de dorados reflejos apagados y mansos, había llegado a la Parroquia. —Fue un regalo, una compra, o un olvido de los Conquistadores? Con certeza ya nadie lo sabía; nadie ya se acordaba de ésto. No obstante, la versión más aceptada era aquélla que decía, en base en aquel mundo, espacio y tiempo de milagrerías, que un varillero y comerciante en granos, viniendo de Zacatecas con varios compañeros hispanos y su propia guardia y servicio de indios, había sido atacado por los salvajes chichimecas y que habiéndole dado muerte a dos de sus amigos y a una buena parte de sus guardias y servidores, viéndose en el inminente trance de perder la vida en unión de los que quedaban con ésta —los que por lo demás, se defendían con singular valor—, se encomendó a gritos al Apostol Santiago, y habiéndolo invocado éste y los demás vieron de pronto entre el polvo y la violencia del momento, al dicho Santo, el que montaba un vigoroso y piafante caballo blanco y abría brecha entre los indios vociferantes, con su flamígera y poderosa espada, por lo que habiendo recobrado renovado vigor, habían hecho huír a tan feroces atacantes no sin hacerles, antes, muchas y merecidas muertes.

Llegados, pues, que fueron a Saltillo, el comerciante y sus compañeros, fueron luego a la Parroquia a dar gracias y con éstas y en señal de gratitud y calidad pietista, a regalar un cañoncito, el de nuestra leyenda.

Pero se ha dicho que la inicial actividad del cañón había sido modesta y limitada; y era cierto, sólo salía de sus muy macizos estuches peregrinos y abrigadores de maderas fuertes —para que no se destemplara—, los días aquéllos, los del Santo Patrono de la Villa, dos o tres días al año para luego, de lo que era su lucida actuación, volver a su serenado reposo y adormilarse durante los restantes trescientos sesenta y un días del año. Y así las cosas ganándose mientras tanto muy merecidos prestigios y buenas famas. Bien lo comprendieron así los hermanos descalzos del convento e iglesia de San Francisco de Asís, los tlaxcaltecas del templo de San Esteban, y los tobosos del Calvario; y todos éstos habían aspirado tener su propio "camarero", por lo que en la intención habían experimentado para su fundición y hechura, con muchos y muy diversos materiales, formas y procesos: —Hierro vaciado o dulce, cobre sobreestañado, bronces suaves y duros, materiales diversos poco acostumbrados, mezclas y temples, y maderas duras reforzadas con anillos y cinchas de metales fuertes. Pero nada! Sólo una defectuosa y muy mediocre copia del malhadado y envidiado cañón. Nada en la calidad, efecto, logro y hermosura de aquella arma de marras. Nada de este retumbo señorial y añoso, macizo y prolongado "de cristiano viejo" —tan de grande impresión—, que iba llenando calles y huecuras... y asombros —Nada! Nada de aquella magnética atracción que para los niños y los adultos ejercía aquél; atracción que impelía, después de alguna "cámara" o disparo, a aproximarse y contemplarlo con especial detenimiento y arrobo. —"Enano del tapanco", era— Cierto, muy grande sí para pistola. Un pistolete descomunal, hubiera sido; "arma de traición", pero —en todo caso— muy pequeño para pieza de artillería.

Inicialmente fue del cumplimiento del susodicho cañón, que por cierto por su pequeñez lo habían bautizado con el nombre del Rorro, el atronar y retumbar el día del Santo Patrono de la Villa. Pero poco después empezó a ser requerido de prestado —fácil expediente al que recurrieron los fundidores y ensayadores fracasados—, y con ello a dar forma a la causa de la decadencia vital y finalmente muerte, del tal cañón. Empezó, pues, a servir en los demás y respectivos días de los otros Santos con merecimiento apuntado; pero, también, en otros días especificados por la Iglesia, así como en los acontecimientos litúrgicos o de protocolo y procesión sagradas. Esto, por lo que toca a la Iglesia, pues que luego le llegó el tiempo en el que empezó a actuar —y aquí empieza su perdición— en fastos cívicos de gobierno, en los cumpleaños de su Sacra Majestad el Rey, así como en los pregones y sucedidos sociales de relevancia. Saraos, días de campo, comelitonas, cumplimientos, y "tomas de posesión". Y, todo, porque la cortesía y el compromiso impedían negar el préstamo.

Esto, como se verá más adelante, a fuerza de compromisos, alegrías y mitotes sin fin, iba finalmente a menguar las energías del arma y a enfermarla... y a empujarla, finalmente, a su perdición. —Y así fueron las cosas!

Pues bien, que este dicho "camarero", el Rorro, como cualquier persona de cierta nombradía, nobleza y conocencia, tuvo su nacimiento bien sabido y comprobado, por su marca en relieve y por la firma del fabricante, a punzón... arma fina era ésta! —Peninsular de origen, era— Hoy se diría, originario de la Madre Patria —y, como ya se dijo, tuvo también su nombre, uno de esos que en la historia se han usado para estas pequeñeses:— El niño, el Nene, el Muñeco, el Cachorro, y, para el caso, como ya se anunció, el Rorro.

Pues bien, que el Rorro "no murió de su muerte" —Hoy dícese, de muerte natural—. Sucedió que en una de esas veces de su fatigada actividad fachendoza, y en mucho de aprontada pues que no siempre andaba contra su voluntad, paseaba de prestado, de la Parroquia de Santiago a la Iglesia de San Francisco o San Esteban, y de ésta al Calvario, luego al Palacio de Gobierno, y más después en las casas en donde se celebraban saraos o casamientos de connotadas familias de la Villa, y así de francachelas, jolgorios y zalamerías, misas, aniversarios sin fin, rituales y "lo que se ofrezca". Sucedió que el Rorro ya no encontró su paz ni aquel momento en el que habría de reponer sus fuerzas. Días iban y días venían y, el susodicho, de prestado, sin más descanso ni resuello, siempre en un trote constante e inacabablemente trepidante, como obligado, en donde si perdía por sus fatigas y sus prisas, empezaba ya a encontrar en una triste, morbosa y descompuesta compensación, un turbio como ingrato y enfermizo placer. Digamos, el del vicio; el placer masoquista de las vísperas de un suicida convencido; estaba tan cansado, tan lleno de su hastío! —Tan sin ganas ya de vivir sus días!

Y sucedió, pues, que en una de esas veces se enfermó Tres Guerras, el artillero, el de las confianzas, y como aquél hubo de seguir en su obligada, inquieta, ruidosa y desaforada vida de celebraciones, vino el lacerado, con todos sus cansancios y anemias, a caer en manos de un tal señor Oviedo, que se decía artillero, un desconocido sin más recomendación, llegado de San Luis, el que tan oficioso como el multicitado cañón, y como en ganas de presumir sus propias habilidades, así como la potencialidad de aquél, ante la multitud, pese a las muchas prevenciones y consejos que sobre el manejo del arma se le dieron, lo rellenó con mucha, pero mucha pólvora y empaques. Así, al tanteo, sin otra medida que la de su deseo de lucirse. Luego puso la mecha, le dió yesca y acercó ésta al ánima del cañón... —Y para qué seguir y entristecer al lector!— Y ésto fue, para un artillero que quedó manco y un cañoncito desaparecido en pequeñísimos pedazos, durante la segunda posada de la Natividad de nuestro Señor Jesucristo, del año que corría, el de mil y seiscientos cincuenta y tres! *(Leyendas de Saltillo)*.

FRAY JUAN LARIOS Y LA CALAVERA PARLANTE

Que en el año del Señor de 1660, yendo una partida de soldados santiagosaltillenses por la región de Coahuila o Extremadura en donde se encontraba fundado el presidio de Nueva Almadén, con la intención de prestar auxilio a los habitantes y guarnición armada que en este lugar estaban sufriendo duramente los ataques de los siempre belicosos quamoquanes y otros pueblos de indios, les salió en el camino un numeroso grupo de chichimecas con el propósito de darles muerte y robarles sus armas y pertenencias. Pero resultó que éstos además de hombres valientes que eran y que no se arredraban ante el ímpetu y número por grande que fuera, de indios que los atacasen, eran veteranos y gente de experiencia en estas lides; además, que bien sabían que todo intento de rendición era inútil en cuanto que los indios no habrían de dejarles ni la memoria para contar lo sucedido y, por lo mismo, ni la vida, por lo que pese a ser muy pocos en la proporción de sus atacantes, se defendieron bizarra y prolongadamente habiendo logrado hacer huír a aquellos montoneros, feroces y ululantes indios, no sin haberles hecho numerosas muertes.

Dice la tradición que un día, pasado ya algún tiempo de aquel pleito, en su permanente peregrinar misional caminaba por esta misma senda de muertes fray Juan Larios, el cual al contemplar las muchas osamentas y cráneos humanos desparramados en aquel lugar del camino, que reconoció ser de gentiles aunque no la causa de su común finiquitación, púsose a rezar fervorosamente encomendando al cielo las almas de aquellos a quienes debieron corresponder tan tristes restos; indios que indudablemente habían perecido sin saber de la luz del verdadero Dios y de su perdón; y que estando en ésto, de hinojos y elevados sus ojos y sus manos al cielo en actitud de ruego, una de las calaveras que por allí rodaba a flor de tierra, en su propia lengua nativa, que por lo demás ya conocía el Santo Varón, le habló a éste —en una ansiosa pesadumbre de apagada voz—, y habíale dicho:

—No temas, soy el alma de un gentil que habiendo salido a robar a unos soldados, me mataron en este puesto y como a la hora de la muerte tuve deseos de recibir el bautismo, quiso Dios en su infinita misericordia e inescrutable sabiduría, depositar mi alma en mi calavera, hasta que ordenado sacerdote pasara por este lugar y me echara el agua del bautismo; ha llegado pues la hora y el día de suplicarte de parte de Dios, que me bautices para lograr el descanso que me espera en la otra vida.

Esto pues, sucedió; y ésto lo dijo y luego lo escribió el Cronista de la Provincia de San Francisco de Zacatecas, el Reverendo Padre Arlegui, al que copiaron luego otros historiadores entre los que se cuenta el licenciado don Matías de la Mota y Padilla, el que hace mención del asunto en su *Historia de la Nueva Galicia*... En todo caso, hay más sobre esto mismo, y es que:

Oído por fray Juan Larios el ruego hecho por la calavera, el venerable sacerdote de San Francisco tomóla con el debido respeto entre sus manos y después de contemplarla conmovido en profundo silencio y meditación, tomó el agua bendita en el cuenco de su propia mano y derramóla en bautismo sobre la huesa mientras que pronunciaba las palabras sacramentales que habrían en adelante de tener el alma del gentil en la bienandanza del Señor. Luego, volvió sus pasos fuera del camino y en un lugar apacible sombreado por enanos huizachales, procedió a abrir una pequeña fosa y dar sepultura a aquel cráneo cuya alma, antes de partir, dió las gracias al fraile por el inmenso beneficio de que la había para la eternidad, hecho partícipe. *(Leyendas de Saltillo)*.

FRAY JUAN LARIOS Y LOS TOBOSOS

Un día del año de 1676, habiendo —como se ha expresado— ya cumplido tres años de su apostolado en Coahuila, supo fray Juan Larios que sus reiteradas peticiones de que se le mandase más frailes, habían sido atendidas por sus superiores de Jalisco y que los tales frailes misioneros se encaminaban a Coahuila a ayudarle a catequizar a los indios que tenía reducidos. Con tal motivo, muy contento como henchido de feliz entusiasmo, no quiso esperar ni un día más en la Villa de Saltillo en donde a cargo de Echeverz y Subiza, luego Marqués de Aguayo, sólo había encontrado obstáculo sin fin; y así determinado, en compañía de cinco indios cotzales que llevaban como jefe a un indio principal y valiente, don Diego Francisco, se adentró en la desolación de los desiertos del centro del Estado. Que al llegar a "un lugar en donde más tarde se fundó una misión" (Diego Francisco, al hacer su relación señala este lugar como la Misión del Santo Nombre de Jesús de los Peyotes), les salieron al encuentro más de trescientos indios tobosos, los que agresivos ferozmente, expusieron su deseo de "hacer mitote con la cabeza de fray Juan Larios". —Entiéndase, jugar con ella, emborracharse y drogarse con peyote y, luego, quizá hacerla barbacoa y comerla—. Como para el caso del deseo era necesario cortarle la cabeza a tan santo varón, Diego Francisco y los cotzales que a cuestión de honor y afecto personal guiaban y protegían a aquél, con todas las astucias premeditadas resolvieron parlamentar con los jefes de tan innúmeras y belicosas gentes. Pensaba el tal Diego Francisco —y al parecer, muy bien lo hacía— que debía ganar tiempo con estas pláticas, de tal manera que las mismas le permitieran descubrirles alguna coyuntura que ayudase a poner en salva condición a su protegido y salvarse ellos mismos. Por lo pronto el tal indio, el que tal pensaba, alto y hercúleo, de reposada voz y acción violenta y protegida, habíase ya impuesto sobre la escandalosa chusma altisonante y alaraquienta, aunque no sin verse compelido al efectivo expediente de dar física y violentamente sobre aquellos que ya habían echado mano de fray Juan Larios, y ésto como para darles una efectiva muestra de sus alcances. Y fue después aunque de inmediato, que apartaron al fraile metiéndolo en el hueco de un árbol el que protegieron con sus cuerpos, y luego propusieron a los tobosos, que no cejaban en su intento, un juego de pelota en que la apuesta habría de ser la tonsurada cabeza de tan señalado personaje.

—Pues que es festejo el que pretendéis —había dicho el principal de los cotzales—, vamos jugando a la pelota, y si ganárais, será vuestro el padre; pero si perdiéreis, ha de quedar libre.

Esto se propuso y aquéllos aceptaron; más los tobosos eran hábiles y ligeros y a su lado los cotzales, si resultaban recios, ciertamente que en las distintas jugadas y peripecias de la competencia aparecían lentos y pesados. Perdieron los cotzales, y así tuvo que ser! Fue entonces que Diego Francisco, el ya citado, hombre de mucho valor y reconocida sagacidad, con bizarro denuedo hizo valer el supuesto derecho que les correspondía, el de proteger en guerra y dar la vida si era inevitable, al custodiado, no sin reconocer el hecho de haber perdido en el encuentro:

— "Jugando hemos perdido la vida de nuestro padre pero deveras que hemos de perder la nuestra por defenderlo".

Los tobosos ante ésto, se resintieron en un principio, pues que era claro el incumplimiento de que habían sido víctimas; mas luego, confiados en su número, tomaron esto del reto y del supuesto derecho alegado, como la oportunidad que se les ofrecía para una regocijada diversión de sangre, por lo que así, habiéndose retirado por un buen trecho, más allá de dos tiros de flecha bien medidos, cargaron luego en gritería y en un lanzar de flechas, fiero y decidido, sobre tan mínimos cotzales, aunque para decir verdad nunca arrimándose lo suficiente pues que se habían ya dado cuenta del poder de los recios y grandilocuentes arcos que los defensores portaban y que imponían en sus guerreros pechos como un algo de obscuras premoniciones de muerte. Pero como se ha dicho, los atacantes eran muchos, y era de pensarse el que temprano o tarde habrían de dar contra la vida de tan pequeño grupo. Ya el principal, don Diego, al que el temor no le era suficiente como para que le anegase la garganta del entendimiento, había ordenado no tirar sobre los atacantes ni una triste y amarga flecha, si el recipiendario de la misma no se encontraba precisamente a la distancia como para recibirla a cuerpo lleno y a cambio de la vida, por lo que así acordado, rodeando el tronco donde se protegía a fray Juan Larios, con las rodelas embrazadas y el arco y las saetas prevenidas, llenos de aprehensiones pero fortificados por el ejemplo del principal, empezaron a capear con sus escudos de cuero crudo de venado y bien fornidas tiras de mezquite, una que otra flecha de los que más osados y en acurvada correría habíanse ya acortado la distancia, pero a los que no era dable repelerlos por el riesgo de no sacar en ellos el provecho final y seguro de sus muertes; y, no obstante, las saetas de los tobosos, empezábanse en mucho, a amontonar, clavadas en el suelo, y por momentos y en cada vez, más cerca. Fue entonces, cuando Diego Francisco y sus sostenes, adelantando pasos y volviendo a ellos, protegido cada uno de los arqueros por otro de rodela empezaron a hacer sus muertes. Cierto que los primeros victimados, produjeron en los tobosos como un mudo estupor y un detener de la algarabía; pero cierto, también, que del retiro largo de su primera huída, animándose mutuamente con encendida y renovada fiereza, preparáronse todos a una entrada definitiva.

Fue entonces, dice la leyenda, que fray Juan Larios abandonó la huecura de su protección, y que alzando premuroso sus sarmentosas y enflaquecidas manos al cielo, pidió a Dios ayuda; y fue entonces que el cielo, repentinamente, se obscureció y que una recia tempestad, con sus rayos cerrados y retumbos, se abatió sobre los campos y las hondonadas, y que sólo el pequeño círculo que formaban los defensores de fray Juan Larios, se mantuvo seco.

Dícese que sin tiempo a más, las cuerdas de los arcos de los tobosos, empapáronse y aflojáronse de pronto, quedando ya inservibles, mientras que los cotzales con sus armas secas y en buen estado, los hacían huír. *(Leyendas de Saltillo)*.

LEYENDA DE CRESCENCIO ANDRADE Y LA INDIADA GRANDE
(Resumen)

Sucedió que estando por llegar a Saltillo, por órdenes del Supremo Gobierno, una remesa de plata y armas para las fuerzas de esta ciudad, la que habría de servir para satisfacer urgentes necesidades de guerra, la ciudad corrió el peligro de ser tomada por innumerables escuadras de indios bárbaros que se habían aliado entre sí; por lo que el jefe de la escolta que custodiaba aquella carga y que lo era el ya mayor Crescencio Andrade, quien para el caso se había trasladado a San Luis Potosí y llenado la última etapa del camino, o sea la correspondiente al largo trayecto de esta ciudad a Saltillo, al considerar el peligro que corría, durante la noche habíase retirado a la Sierra de Zapalinamé, en donde en una cueva cuya situación él sólo conocía, puso a salvo su tan preciado cargamento, hecho lo cual, con los pocos hombres potosinos de que disponía y, sin dejar ninguna guardia en la dicha cueva, pues consideró y con mucha razón que nadie daría con la misma, se dispuso a continuar a Saltillo para prestar la ayuda a que su pundonor lo obligaba.

El mayor Andrade y la gente que con él iba, tomaron la decisión de acercarse lo más posible al lugar en donde se encontraban los indios y ver si se podía entrar a la ciudad por el cauce de un arroyo. Andrade desenfundó su pistola y su espada, y a una orden dada con un fuerte ademán de su mano armada, metieron espuelas al mismo tiempo que, gritando como locos para darse y dar ánimo a sus cabalgaduras, subieron por el talud del arroyo y a toda carrera se abalanzaron sobre los indios. Uno tras otro de los defensores fueron cayendo de sus caballos y, ya caídos, un sinnúmero de indios los iban rematando a cuchilladas. Estando en estas angustias, varios jinetes volvieron grupas, abriéndose paso con las culatas de sus fusiles, y con el ímpetu de sus asustados caballos lograron salir de aquel infierno y meterse por la Calle Real a la ciudad. El soldado Juan Muñoz declaró que al ocurrir esa pelea, él fue uno de los que, viéndose perdidos, se metieron despavoridos al caserío, pero que antes de volver grupas y huir, vio que el mayor Andrade, ya muy mal herido, como en agonía, lo miró como pidiéndole auxilio, pero que él no tuvo valor para seguir en el rejuego, sobre todo cuando se dio cuenta de que ya los demás iban encarrerados y de bajada hacia el centro de la ciudad. Añadió que hacía unas cuantas noches, estando de guardia frente a la puerta del Palacio Municipal (hoy de Gobierno), vió de pronto la silueta al parecer de un hombre alto y corpulento, envuelto en una amplia capa dragona y tocado con sombrero militar, al que marcó el alto, pidió el "¿Quién vive?" y contra el cual disparó al no obtener respuesta. El hombre o lo que fuera se esfumó y la calle siguió como había estado antes, vacía y silenciosa.

Y dícese que seis o siete días después de aquella aparición, el párroco José Ignacio Sánchez Navarro fue a entrevistarse con el gobernador Ignacio Arizpe. Esa misma mañana, éste reunió una fuerte escolta y custodiando seis carretas vacías, salió rumbo al cañón de San Lorenzo. Pronto regresó con la remesa de armas y plata que el mayor Andrade llevaba a la ciudad cuando ocurrió su muerte.

Luego el pueblo explicó aquel suceso. Muy de madrugada el padre Sánchez Navarro, que oraba ante el altar mayor, oyó un como lamento y luego observó entre las sombras a un hombre alto que lo llamaba al confesionario. Hecha la señal de la cruz, el sacerdote fue al reducido sitial de escucha... Aquel espectro era el de Andrade, que dos cosas le autorizó a decir: una a Muñoz, para que supiese que nada de él ni de ningún otro tenía que reclamar en relación a su muerte, y otra para el señor Arizpe, revelándole el lugar exacto del escondite de la conducta. *(Leyendas de Saltillo)*.

COLIMA

GREGORIO TORRES QUINTERO. Nació en Colima, Col., en 1866; murió en la ciudad de México en 1934. Pasó a la capital de la República becado por el gobierno local y se graduó como profesor normalista en 1891. De regreso a Colima, fue director de la Escuela Porfirio Díaz, jefe de las secciones de Educación y Beneficencia de la Secretaría de Gobierno e inspector general de los establecimientos de enseñanza. Creó el método onomatopéyico para el aprendizaje de la lectura y escritura, de amplia difusión en todo el país, y escribió, entre otras obras, *Leyendas antiguas mexicanas* (México, Herrero Hermanos Sucesores, 1914), *Cuentos colimotes* (misma editorial, 1931) y *Descripciones, cuentos y sucedidos* (1931). Se le declaró Benemérito del Estado por decreto del 15 de mayo de 1936.

LA BARRANCA DEL MUERTO

I

Entre los estados de Jalisco y de Colima, y sirviendo de lindero, existe una barranca, bastante profunda, que se llama la barranca del Muerto. Es compañera, mejor dicho, es hermana de las famosas barrancas de Beltrán y de Atenquique, de gran renombre por su profundidad, pues todas tres, lo mismo que otras más, se han formado en las faldas del volcán de Colima a consecuencia de las corrientes que desde tiempos geológicos han descendido de la titánica montaña.

En mis años mozos tuve que pasarla varias veces a caballo, bajando y subiendo por sus callejuelas en zig-zag. Hoy pasa el ferrocarril a buena distancia, así como pasa lejos de las demás barrancas, buscando los menores obstáculos; y aun cuando la locomotora sigue por un camino notablemente pintoresco, el viajero moderno ya no goza de las sublimes bellezas de las hondas cañadas, en donde los jilgueros elevan perennemente su divina música alegrando los boscosos declives.

El nombre de la barranca del Muerto se remonta a más de un siglo y entra en la categoría de los nombres legendarios.

II

Al otro lado de la barranca, ya en el Estado de Jalisco, se encuentra inmediatamente el pueblo de Tonila.

Un día, un pastorcillo de este pueblo, que cuidaba sus cabras en las laderas de la hondonada, distinguió con gran sorpresa a un hombre sostenido milagrosamente por los bejucos que iban desde el paredón de la barranca a un altísimo árbol.

El lugar era inaccesible y el pastorcillo no comprendía cómo aquel hombre hubiese caído allí, pues parecía muerto. Los bejucos le formaban una especie de hamaca, y él estaba atravesado en ellos, con un pie colgando. Imposible verle el rostro. Vestía traje elegante de la época, de color negro. Era, pues, persona distinguida. Y no daba señales de vida: estaba inmóvil, suspendido en el abismo.

A pesar del susto que recibió con aquel hallazgo macabro, el pastorcillo púsose al cabo a reflexionar: él conocía palmo a palmo todos aquellos sitios, todos aquellos árboles y todos aquellos breñales; había arrastrádose por las arrugas de aquellos paredones persiguiendo ardillas, iguanas o conejos, o poniéndoles trampas... ¡y nunca había visto aquella red de bejucos ondulantes!

Entróle miedo (la cosa no era para menos) y huyó de allí con sus cabras a la cabaña de su padre, a quien le dijo embargado de emoción:

—¡Padre! ¡Allá está un muerto!

Y el chiquillo contó lo que había visto.

El padre fue al sitio siniestro; contempló por largo rato al muerto misterioso y no pudo concebir cómo era que estaba allí. Era necesario, después de todo, dar parte a la justicia, pues bien pudiera ser que se tratase de un horrendo crimen.

Avisadas las autoridades del pueblo de Tonila, éstas se trasladaron a la barranca. Muchas personas las siguieron al tener noticia de caso tan inusitado y misterioso.

Cuando toda aquella gente llegó a donde el muerto estaba, nadie acertaba a comprender aquello.

—Ese hombre —decían— no puede haber caído allí ni desprendiéndose del borde de la barranca.

—Se necesitaría —agregaban otros— que un cóndor lo hubiese arrojado o depositado en esa hamaca de bejucos.

—Pero la cosa se hace más impenetrable —observaban los de más allá— si tenemos en cuenta lo que dice el pastorcillo y confirman los leñadores: que esos bejucos nunca han estado allí.

—Parece, entonces —dijo uno que había permanecido callado— que esto es obra del demonio.

Al oír aquello, todos se santiguaron.

—Pero en tal caso ¿quién será ese desgraciado?

Después de éstos y otros variados comentarios, se planteó el problema de cómo bajarlo. Las opiniones fueron varias; pero casi todas daban lugar a proyectos impracticables, hasta que, al fin, un atrevido propuso subirse al alto árbol y deslizarse por los bejucos; llegaría así a donde el muerto estaba; lo amarraría y lo descolgaría valiéndose de sogas agregadas.

Así lo hizo.

La operación fue verdaderamente emocionante.

Cuando el cadáver bajaba, amarrado de las arcas, suspendido desde tan gran altura y sostenida la soga con mano férrea por el hombre valiente que como un mono actuaba en los movibles y delgados bejucos, todos los corazones latían con fuerza.

Por fin, el muerto llegó al suelo.

Todos querían verlo, y se apiñaban al rededor.

El desgraciado era joven y de buena presencia. Tal vez, un criollo. Su barba era negra, compuesta de espeso y aristocrático bigote

En el paredón de la barranca, los bejucos le formaban una hamaca.

y de ancha y brillante piocha: Pero.., ¡cosa rara!, ¡no estaba pálido! ¡Tenía labios rojos y mejillas rosadas! Sus ojos, sí, estaban cerrados, velados por largas pestañas negras, y parecían del que sólo duerme.

Cuando alguno hizo esta última observación, que a todos aterró, dijo el juez:

—Todo este asunto se complica cada vez más. ¿Qué envolverá todo esto? ¿Quién será este joven? ¿Cómo ha venido a parar tan misteriosamente en esos bejucos? Llevémonos el cadáver, o lo que sea, al pueblo para que allá lo examine debidamente el médico.

Cuando el médico del pueblo examinó al extraño personaje, dijo en medio de la admiración de todos:

—Este hombre está vivo. Ha perdido el sentido en quién sabe qué atroces circunstancias que es imposible adivinar. Déjenmelo aquí para atenderlo. Quizás vuelva a la vida. Pero si vuelve, no sé si recobrará el uso de su razón o quedará loco. En realidad, éste es un caso desesperado.

III

El enfermo fué manifestando con el transcurso de los días algunos movimientos, todos reflejos, inconscientes. No abría los ojos, lo cual desesperaba a todos. Dábanle cucharadas de leche, alternadas con algunos tónicos adecuados.

Al amanecer del séptimo día, el enfermo abrió los ojos. ¡Qué ojos tan azorados! ¡Miraban hacia todos lados con pavor! Se incorporó en el lecho, al darse cuenta de que estaba acompañado, preguntó con débil voz:

—¿En dónde estoy?

El bueno y solícito médico que lo cuidaba, respondió con tono cariñoso y benévolo:

—Está usted entre amigos.

—Pero es que todo me es extraño: esta casa, esta cama, estos muebles, ustedes mismos. Mi mente se confunde. ¿A ver? ¡Quiero recordar! ¡Pero no puedo! ¡No me explico..!

—Cálmese, joven, volvió a decir el médico. No haga esfuerzos. Es necesario que se serene su espíritu. Después hablaremos. Ya nos dirá usted lo que tenga que decirnos. Y nosotros, igualmente, le explicaremos todo lo que desee.

IV

Y llegó el día de las explicaciones.

El joven habló así:

"Soy de México, de familia noble. Mis padres ya murieron. Heredé una cuantiosa fortuna; pero, cegado por el atolondramiento de la juventud y de los locos amores, me consagré a gozar de mi riqueza sin preocuparme de las cosas serias de la vida. El placer, el placer, ¡cualquiera que éste fuera! Constantemente vivía en fiestas y devaneos. Gastaba mi dinero inconsideradamente. Jugaba, y como la fortuna es loca, unas veces ganaba grandes caudales, otras los veía desaparecer como el humo entre las volubles cartas de la baraja o las vertiginosas vueltas de la vorágine que se llama ruleta. No era propiamente un borracho; pero en las fiestas que daba, solía beber hasta perder el juicio, cometiendo algunos graves errores de los que después me arrepentía, pero ya sin remedio. Las mujeres, al par que los hombres me explotaban escandalosamente.

"Pero poco a poco fuí comprendiendo la mala vida que llevaba. Me dí cuenta de que los que se llamaban mis amigos, no eran tales, sino sanguijuelas que me extraían la sangre. Había creído que era amor el que me brindaban las mujeres; pero en realidad era amor comprado, valorizado en oro o en diamantes. Tuve conciencia del vacío en que mi vida se desarrollaba, sin rumbo y sin objeto, y quise volver sobre mis pasos. Hice mi balance, y ví que me quedaba muy poco dinero. ¡Había dilapidado una inmensa fortuna! Con aquel poco dinero me presenté en la casa de juego, con la esperanza de doblarlo, de triplicarlo, de decuplicarlo, de centuplicarlo, como otras veces había ocurrido, y luego retirarme de mis falsos amigos y de mis falsos amores. En realidad, llevaba buenas intenciones. Era firme mi resolución. Pero en pocos minutos, todo lo perdí. Con aquel dinero íbanse mis esperanzas todas, mis ilusiones de regeneración, ¡mis sueños de nueva vida!

"Negros pensamientos me asaltaron tan luego que me ví perdido.

"¡Pensé hasta en el suicidio!

"Levantéme de la mesa con el alma destrozada. ¡Mi postrer ilusión se había convertido en cenizas!

"Fuíme al jardín en busca de aire. Me sentía sin aliento. Y cuando me ví solo, abandonado (ya era pobre), sin amigos y sin amantes, me invadió la más atroz desesperación. ¡Tuve malos pensamientos!, ¡ideas infernales!, ¡propósitos sacrílegos! Una ola negra subió de mi corazón a mi cabeza, y exclamé colérico:

"—¡Siquiera me llevara el diablo!

"Y no supe más de mí.

"¿Qué pasó?, ¡no lo sé! Cuando abrí los ojos, me ví entre ustedes, en este pueblo lejano y apartado.

"¿Cómo vine aquí?, ¡misterio!

"¿Por qué estoy aquí?, ¡mayor misterio aún!

"¿Quién me castigó? Pero también, ¿quién me salvó? ¡Aquí anda la Providencia Divina!

"La historia que ustedes me han contado de cómo me encontraron, me dice que Dios se dolió de mi desesperación y me perdonó.

"¡Bendito sea!

"Y desde hoy prometo ser bueno, humilde y trabajador, y dedicarme al servicio de Dios y de los pobres". *(Cuentos colimotes).*

LA PIEDRA DE JULUAPAN

I

Al noroeste de la ciudad de Colima y a distancia no muy larga, apenas la suficiente para que los montes se vean azules, se eleva un cerro largo, bastante elevado, llamado de Juluapan, en cuya falda y casi en la mitad del flanco, se levanta una enorme roca que, por la escasa distancia, no se alcanza a colorear bien de azul. Dicha roca se destaca sobre el fondo índigo de la montaña como una erguida e inmensa catedral.

Tan notable peñón es de aquellas cosas que no escapan a la mirada de nadie; y yo, desde muy niño, lo contemplaba con cierto místico respeto por las relaciones fabulosas que tocante a él corrían de boca en boca entre los rapaces de mi edad. No guardo recuerdos precisos de todo lo que entonces oí decir; pero hay uno que ha persistido imborrable al través del tiempo, y a él me voy a referir.

Al pie del cerro existe un pueblo de indios, llamado también Juluapan. Y me decían (cosa que es aún corriente en aquellas regiones) que la piedra queda exactamente arriba del pueblo, a gran altura, y que para evitar que ruede hacia el villorio y aplaste a toda la población, los indios la tienen sujeta con cables y aun con cadenas. Que esa precaución data de tiempo inmemorial; y aun me decían que esa amenaza sempiterna era en señal de castigo por no sé qué graves crímenes cometidos contra los dioses por los moradores, en épocas lejanas. La tradición, al llegar allí, se obscurecía, se borraba, más bien se truncaba, dejando en el alma del oyente el peso de un gran misterio.

Y yo, al contemplar desde lejos la inmensa roca erguida, me imaginaba las enormes cadenas, los nudosos cables, gruesos como troncos de árboles, largos como centenares de varas, tirantes como cuerdas de arpa, sosteniendo el gigantesco monolito, pero comenzando a podrirse por lo viejo...

—¿Qué será del pueblo y de su gente si la piedra cae?— me preguntaba interiormente.

Y sentía oprimirse mi alma de niño al pensar en la tremenda catástrofe.

—¿Pero por qué no se van los indios de allí?— preguntaba a los compañeros de mi infancia. ¿Por qué no se van a otra parte?

Porque no pueden: el castigo consiste en que allí han de estar, con la piedra encima, amenazando caer eternamente. Y no saben si ha de caer de día o de noche.

Y nunca pude penetrar la razón de aquello.

II

Cuando crecí, siendo adolescente, hice un viaje a caballo hasta más allá del cerro de Juluapan. Al ir caminando hacia la roca, no podía apartar la vista de ella. La creencia infantil de las cadenas y cables ya no tenía ningún valor lógico. Y sin embargo, la persistencia de la imagen primitiva, tal como se formó en tiempos tan impresionantes, era tan vigorosa a ratos, que parecía alentar aún dentro de mí como en mi infancia, pues involuntariamente, cuando toda la roca se me presentó detalladamente en toda su majestad, mi vista anhelante buscaba inútilmente las cadenas o cables, tirantes como cuerdas de arpa y gruesos como troncos de árboles...

Y pasé por el pueblo de Juluapan.

Los indios, indiferentes a la existencia de la piedra, se dedicaban tranquilamente a la operación de preparar las hojas de la palma real que habían de servir para la fabricación de sombreros. Por donde quiera, en la falda de los cerros, la vista descubría la frágil palma real moviendo sus grandes y flotantes abanicos. Los indios cortaban las hojas antes de que se extendieran, antes de que abrieran sus abanicos, antes de que los rayos del sol las tiñeran de verde, para que, al ser secadas en los patios de las cabañas, conservasen el nítido color blanco de sus dobleces virginales. Por eso son tan blancos los sombreros que se fabrican con ellas.

Dejé el pueblo a mi espalda. Pero de tiempo en tiempo volvía irresistiblemente la vista para contemplar, allá arriba, la roca inmensa, verticalmente elevada, mostrando sus enormes fracturas y su áspera cresta.

La roca, sin embargo, no estaba suelta para que hubiese dado lugar a aquella leyenda: salía del cerro como un brote peñascoso, elevándose a gran altura. Estaba clavada en el flanco de la montaña, y apenas si en su parte superior se divisaba una que otra planta, como higueras silvestres, magueyes y cáctus.

III

Más tarde, siendo hombre, volví por aquellos lugares, y me detuve en un pequeño rancho, casi inmediatamente abajo de la piedra. Desde el corredor de la cabaña del propietario, se distinguía perfectamente el enorme peñasco.

Y naturalmente, la conversación giró sobre aquel accidente del cerro. Nadie había podido subir hasta él, por lo fragoso del terreno, y en realidad nadie sabía cómo era ni qué había en ella.

Estaba entre las personas que acompañaban al propietario, un individuo por demás interesante. Era un viejo indio, ilustrado, leguleyo, hábil y algo poeta. Nos divirtió buen rato con sus pláticas pintorescas y con la recitación de sus poesías humorísticas. Pero al llegar al asunto de la piedra, asumió seriedad, y nos dijo:

—Ustedes pensarán todo lo que quieran; pero esa piedra está encantada. Allí hay encerrados grandes tesoros que datan desde los tiempos anteriores a la era cristiana. Esa piedra no es más que un templo, quizas una pagoda india, cuyas puertas están cerradas para nosotros los mortales y pecadores. Pero en un día del año se abren y se oye el rumor de las plegarias. Yo he visto el humo del incienso elevarse en las mañanas, muy blanco y sutil... Además, yo he visto allá arriba algo más interesante que eso...

—Este hombre —me dijo el propietario— se pasa las horas muertas viendo la piedra.

—¿Y qué ha visto usted?—, le pregunté sintiendo un tanto picada mi curiosidad.

—Pues he visto a una mujer vestida de blanco y con una mitra en la cabeza, llegar hasta aquel pico de la derecha. A mí me parece que es una sacerdotisa. Y permanece allí muchas veces hasta que el sol se mete.

—Cuando has creído ver eso, habrás estado bajo la influencia del alcohol—, le observé al propietario.

—Nada de copas: en mi pleno juicio. Y lo más notable es que me hace señas.

Nos reímos de buena gana. Pero el leguleyo se mosqueó.

—Ustedes no son capaces de comprender —nos dijo en tono solemne— la sublimidad de esa piedra y el gran misterio que encierra.

IV

Los años pasaron. Y un día me dijeron:

—¿Sabe usted por qué se hizo rico el dueño de la hacienda del Platanillo?

Contesté que lo ignoraba.

—El dueño de esa hacienda, situada, como usted sabe, al dar vuelta al cerro de Juluapan, en la cañada del río San Palmar, era un pobre maestro de escuela. Su madre había hecho en cierta ocasión un señalado favor a un bandido de los que operaban en los linderos de Jalisco y Colima; creo que le curó una grave herida que había recibido en una de sus tantas correrías. Pero como el que anda en el peligro, en él perece, como dice la fábula, una noche, casi moribundo, llegó a caballo al jacal de la señora. Comprendiendo que iba a morir, le reveló la existenia de un tesoro en la piedra de Juluapan. No se sabe si el tesoro era producto de sus latrocinios o de otro origen, pues hay que decir que el tal bandido era perfecto conocedor del cerro y de todos sus rincones. El bandido murió. Y el hijo de la señora, siguiendo las indicaciones del difunto, encontró el tesoro en una cueva de la piedra de Juluapan. Dejó la maestría y compró la hacienda.

V

Pero aquella piedra ha seguido siendo centro de creencias fantásticas. El dicho del leguleyo ha tenido, según parece, casi su completa comprobación.

La relación es estupenda. Y aun se citan nombres.

La relación se remonta a tiempos muy viejos; a un siglo antes de Jesucristo.

Se habla de un rey mexicano llamado Ix, nombre que en azteca significa Ojo, que gobernaba en el antiguo reino de Colimán. Era rey poderoso que ejercía completo dominio sobre una rica y vasta comarca. Su capital era ciudad brillante y hermosa, llena de soberbios palacios y suntuosos templos, y rodeada de altas murallas con jardines colgantes, como los de Babilonia. La corte de aquel rey era lujosa, como las cortes de Oriente.

La fama de Ix y de su pueblo llegó hasta las remotas tierras asiáticas, lo cual no es difícil comprender, si se tiene en cuenta que por aquellos tiempos las flotas del Celeste Imperio cruzaban frecuentemente las vastas regiones del Grande Océano y llegaban hasta las costas americanas, a comerciar y a veces a guerrear.

Pues bien, en cierto día de aquella edad remota, llegó a Xaláhuac (hoy Salagua), rada situada en un ángulo de la bahía de Manzanillo y que más tarde sirvió de astillero a Hernán Cortés y a otros exploradores españoles, una flotilla en que venía un prócer chino de muy elevada alcurnia. Su nombre era Wang Wei.

Sabedor Ix de la presencia de aquel noble personaje en las costas de sus dominios, acudió a darle la bienvenida y a ofrecerle la debida hospitalidad en su corte. El magnate chino aceptó la invitación con agrado, y fue atendido en Colimán con todas las exquisitas consideraciones corespondientes a su rango.

Al salir un día de paseo, Wang Wei miró hacia el cerro de Xoloapan (Juluapan), fijando su vista en la gran peña que de un punto de su falda se destacaba imponente.

—¿Qué es aquello? —reguntó a Ix—. ¿Es algún templo? ¿Es acaso una tumba?

—No es ninguna de las dos cosas —respondió el rey—. Pero vuestras preguntas me están indicando que bien puede llegar a ser, eso que veis, alguna de las dos cosas, o ambas a la vez. Es una piedra que existe desde que nació el mundo. Mis más remotos antepasados la vieron siempre allí.

—¿Habéis pensado en la muerte, amigo Ix ?

—Soy demasiado joven para pensar en ella.

—La muerte no es propia de los viejos: acecha también a los jóvenes y aun a los niños. Os preguntaba esto, porque se me ocurre una idea: aquella piedra, tan notable a la vista, sería un buen monumento para guardar el sepulcro de un rey del país tan poderoso y magnífico como vos.

Después de algunos días de grata permanencia en Colimán, Wang Wei volvió a sus naves. Antes de irse, hizo traer de su buque insignia un riquísimo regalo, consistente en joyas de oriente en que abundaban las perlas y los diamantes, y lo entregó a Ix con amistosas palabras. Ix correspondió a aquel presente con otro de joyas del país y con el regalo de diez bellísimas esclavas.

No fue aquella la única vez que Ix y Wang Wei se vieron: su mutua amistad se fortificó con nuevas entrevistas en el transcurso de los años. Wang Wei, como Gran Almirante del Celeste Imperio, recorría con sus poderosas flotas el Grande Océano y gustaba de visitar de cuando en cuando a su amigo Ix.

Este debió de haber tenido muy en cuenta la sugestión relativa al sepulcro, pues la tradición expresa, mejor dicho, documentos auténticos, que cuando murió fue embalsamado su cadáver y luego inhumado en un magnífico sepulcro abierto en la roca de Juluapan. En la cámara mortuoria, que era grande y suntuosa, encerraron muchos objetos de la pertenencia del rey, juntamente con grandes tesoros, entre los cuales se contaban los regalos de joyas orientales que le diera su amigo.

¿Qué cómo se ha sabido todo esto?

Dícese que en un museo de Europa, el conde de San Dionisio encontró una lápida grabada con caracteres chinos, en la cual, después de graves estudios que duraron meses, encontró noticias de la tumba de Ix y de la entrevista que este rey tuvo con Wang Wei, almirante chino. De la tumba se decía en la lápida que estaba señalada por una gran piedra al noroeste de Colimán, en el cerro de Xoloapan. Además, se hablaba de una rica cripta, de ricas galerías y de magníficos tesoros.

Pero las señas de la situación de la tumba parecían al descubridor y descifrador de la lápida sumamente vagas. ¡Una roca al noroeste de Colimán y en un cerro. Hay tantas rocas al noroeste de un lugar, que juzgó imposible identificar el sitio en que Ix había sido sepultado con sus tesoros.

Además, el antiguo Colimán desapareció hace muchos siglos, y la Colima actual no ocupa el lugar de la antigua corte de los reyes colimotes.

Y el conde de San Dionisio acabó por no dar importancia práctica a su descubrimiento.

Pero al regresar a Europa de un viaje que hizo al Perú, resolvió visitar de paso nuestro país, desembarcando en Manzanillo y viéndose obligado a detenerse en Colima por pocas horas. Y sucedió que al asomarse por una ventana del hotel en que se alojaba, su vista fue inmediatamente atraída por la gran piedra de Juluapan, que se destacaba imponente sobre el obscuro índigo de la famosa montaña.

—¿Qué es aquello? —preguntó al camarero.

—Es la piedra de Juluapan.

Un rayo de luz entró en su cerebro.

Vínole el recuerdo de la lápica y de la versión esculpida en caracteres chinos. "Tal vez Juluapan y Xoloapan son la misma cosa. Tal vez el que mandó grabar la lápida juzgó inútil dar señas precisas de la tumba, puesto que la piedra es de aquellas cosas que llaman desde luego la atención por sí solas".

La roca, además, estaba al noroeste de Colima.

Después de serias reflexiones, se convenció plenamente de que aquella era la piedra de que hablaba la relación china. En consecuencia, se dirigió de incógnito al cerro legendario; y allí, ayudado de algunos indios, hizo cuidadosas exploraciones en la piedra y en torno de ella. Los indios creían que el extranjero lo hacía todo por simple curiosidad. Pero el resultado fue completamente satisfactorio: el conde francés halló la cripta en donde reposaba la momia de Ix. Tres galerías adyacentes y que se comunicaban con la cámara real, estaban materialmente llenas de objetos artísticos y de gran valor. La momia tenía múltiples collares de riquísimas perlas; y a su lado, en el propio sarcófago, había varios códices bien conservados. En uno de ellos había, junto a los jeroglíficos aztecas, caracteres chinos, a manera de traducción. Leyendo éstos, supo de Wang Wei y de su amistad con Ix, según se ha expresado ya. Los demás códices hablaban de templos, tumbas y ciudades sepultados bajo tierra; pero con señas precisas, y bajo cuyas ruinas se certifica la existencia de tesoros arqueológicos de gran valor.

Para no hacerse sospechoso, de la tumba de Ix sólo tomó las riquezas más fácilmente transportables, y volvió a su patria, Francia, donde realizó algunos de los raros ejemplares recogidos, obteniendo en poco tiempo una fortuna de 20 millones de francos.

Gozó de sus riquezas por varios años, siempre con la esperanza de volver a Juluapan. Pero sintiéndose gravemente enfermo y previendo su próximo fin, legó el códice de la entrevista a la Academia de Ciencias, a fin de que no perdiese el mundo la noticia de Ix y de su tumba legendaria. Los otros códices, por la revelación que hacen de riquezas incalculables, los donó a un sobrino suyo, heredero del título de nobleza.

Y el conde murió con la sonrisa en los labios y la mirada del alma fija en la enhiesta piedra de Juluapan...

¡Oh brillante rey Ix, que pensaste dormir tranquilamente bajo tu egregia tumba de colosal peñón, en donde sólo pueden anidar las águilas! ¡Quieran los dioses tuyos y los de tus antepasados que nadie más penetre en tu mansión sagrada a turbar tu sueño de gran rey! *(Cuentos colimotes)*.

LA LAGUNA DE ALCUZAHUE

I

Cuéntase que en remotos tiempos, o al menos en épocas que no han sido registradas por la cronología, existía una ciudad importante, allá en la costa, reclinada indolentemente en un valle ameno, al pie de cerros siempre cubiertos de bosques, en medio de praderas floridas, bajo un cielo despejado y siempre azul, y en el seno de una atmósfera perennemente tibia, pero sin los extremos y rigores de un calor excesivamente tropical. El mar distaba pocas leguas de allí; y de noche, en esas noches serenas en que el aire corre blandamente entre el follaje, se solía escuchar, claro y sonoro, el lejano trueno de San Telmo. ¿Qué era aquel trueno?

Las viejas decían que era el hervor del cazo mocho en el infierno cuando los diablos le atizaban la lumbre; pero las gentes mejor informadas decían que en los acantilados de la costa había una honda cueva y que las olas del mar, cuando soplaba la borrasca, caían enormes y pesadas sobre la boca, produciendo un profundo estampido como el de cien baterías de cañones tronando juntas.

¿Cómo se llamaba aquella ciudad? Nadie lo sabe. ¿Era ciudad india o ciudad española? Nadie lo ha sabido tampoco. Si su nombre terminaba en tlan o en cingo o era de santo, son cosas que han quedado en el misterio de la leyenda. Sólo se sabe que era una ciudad agrícola y comercial, y que a ella acudían los arrieros hasta de regiones remotas para llevar y traer valiosas mercancías.

Entre los jóvenes alegres y parranderos de aquella ciudad había uno que se distinguía por su audacia y desvergüenza; y como era rico, todas sus fechorías, que en general eran irreparables injurias al honor de las mujeres, quedaban impunes, pues en todos tiempos y en todos lugares los jueces no conocen más justicia que la del dinero.

¿Cómo se llamaba aquel dechado de lujuria?

La leyenda es tan impenetrable que ni esto ha logrado saberse. Pero el tal (sujeto) aparece en el cuento como la personificación del vicio.

Hastiado ya de aventuras dentro de los muros de la propia ciudad, extendió su acción hacia los distritos rurales; y en sus correrías por el campo, logró conocer a la hija de un noble y rico ranchero, bella como un sueño de ángel. Era una flor campesina llena de fragancia. En ella sus padres habían (cultivado la dulce miel de la virtud. Para ellos, la bella niña era toda su fe y toda su esperanza.

El joven libertino la asedió sin descanso. Rondaba la hacienda de día y de noche, como alma en pena. Mas no lograba hablar con la campesina flor. Entonces se valió de una astuta vieja para hacerle llegar sus palabras amorosas; y tan eficaces fueron los servicios de la bruja (pues bruja debería ser tan diabólica criatura), que al cabo de breves días, la niña sintió en su corazón el veneno del amor, perdiendo el tino del bien pensar, que es tanto como perder los ojos y quedarse ciego.

En consecuencia, consintió en escaparse con el fogoso galán. ¡Iría con él hasta el fin del mundo!

Escogieron para la fuga la noche más sombría: una noche sin estrellas. El libertino enamorado (en esta vez de veras enamorado) se dirigió al corral de la hacienda montado en un poderoso corcel. La niña estaba allí, subió a la cerca y se arrojó ansiosa y suspirando en los brazos de su amante. El caballo arrancó al paso por el pedregoso camino y bien pronto ni los ladridos de los perros del rancho llegaron a sus oídos.

Pero la fuga de los enamorados no había pasado inadvertida. Un muchacho ladrón que había saltado al gallinero para robarse los huevos, vio toda la escena. Temeroso de avisar al amo, porque equivaldría a denunciar su sucia conducta, se quedó largo tiempo perplejo. Por fin, venció en él el buen deseo, y tope en lo que topare, fue a despertar al amo.

—¡Señor, señor! —le dijo—. ¡Su hija se ha escapado con ese joven mal encachado que todos los días viene de la ciudad!

Todo en la hacienda fue alboroto desde ese instante. Por todas partes ruido de frenos y de espuelas. Hachones de ocote ardiendo. Y el chirrido ronco de los goznes de la gran puerta que se abrió con estrépido.

Un galope de varios caballos llegó hasta el oído de los fugitivos. Algunos gritos airados rasgaron el aire nocturno. Hasta un tiro agujereó el espacio.

—¡Nos persiguen!— exclamaron los jóvenes.

El brioso caballo, al sentir en sus flancos el golpe nervioso de las espuelas, emprendió veloz carrera. Saltaba peñascos y matas como empujado por el viento del mal; copioso sudor mojaba su espesa crin; su aliento se escapaba rápido y humeante de su nariz como si brotase de las válvulas de una máquina loca.

El cielo estaba negro, las montañas sombrías y sólo a intervalos sin medida se oían los graznidos de las lechuzas, como imponiendo silencio a los manes de la noche. Por fin, las luces de la ciudad comenzaron a distinguirse en la lejanía como trémulas estrellas. ¡Eran un faro de esperanza para los fugitivos!

Pero la distancia entre perseguidos y perseguidores se acortaba cada vez más, y ya se distinguían con claridad las secas pisadas de los caballos al herir los guijarros del camino.

En el colmo de la desesperación, el raptor lanzaba terribles juramentos; y sintiendo que su caballo desfallecía, se acordó del Genio del Valle, espíritu maléfico que habitaba en aquellas montañas, potentado del mal siempre dispuesto a comprar almas y a derramar mercedes.

El joven lo invocó ardorosamente. El Genio del Valle oyó la voz y apareció en seguida en el espacio envuelto en una luz de pálida y siniestra fosforescencia.

—¿Qué me quieres?— gritó con ronco acento.

—¡Me persiguen! ¡Te doy mi alma! Ayúdame!

El espíritu se detuvo en la cima de una montaña, inmenso, silencioso, extendiendo los brazos y tocando con la cabeza la bóveda del firmamento. Y luego desapareció dejando tras de sí jirones de luz fosforescente.

Un ruido sordo se dejó oir inmediatamente por lo alto del valle. Era un horrísono zumbido que fue creciendo con rapidez. Parecía que se agitaban los montes. Deslumbradores relámpagos brillaron y algunos bruscos truenos hicieron retemblar aquella atmósfera llena de ruidos.

Se desataron los vientos y se abrieron los senos de la lluvia.

Una violenta tempestad se desencadenó con furia

De los flancos de las montañas se precipitó un torrente en vertiginosos remolinos arrastrando rocas enteras y llevándose todo lo que encontraba al paso. El ángel maldito agitaba todos los elementos.

Todo aquel mar revuelto fue a ponerse entre fugitivos y perseguidores como una barrera infranqueable.

El crimen había vencido.

—¡Maldita seas, hija ingrata!— gritó el padre en un rapto de santa cólera.

Entonces se oyó una carcajada espantosa; y el silbido de unas alas metálicas que cortaban el viento con hórrida velocidad, cruzó el espacio trágicamente.

Era el Genio del Valle que se alejaba, satisfecho de su obra.

II

El padre de la fugitiva y sus compañeros habían visto en la cima del monte al inmenso fantasma. El terror penetró en sus venas.

—¡Es el Genio del Valle!— exclamaron temblando.

—¡El Espíritu del Mal!

—¡El protector de los malvados!

—¡El que ayuda a los que le venden su alma!

La tormenta estalló, como quedó dicho. La explosión de rayos era continua. Inmensas cataratas se desprendieron de los montes arrastrando árboles y rocas. En un instante los perseguidores se vieron rodeados de remolinos de agua enfurecida.

—¡Dios Santo! ¡Ayúdanos!

—¡Dios Misericordioso! ¡Ampáranos!

Y entonces, a la luz de un relámpago, divisaron la boca de una cueva. Era un abrigo que sin duda Dios les deparaba en aquel trance. Otro relámpago, y franquearon aquella boca para entrar en una espaciosa caverna de piso enarenado.

Afuera continuaba la tempestad con sus mil ruidos. El agua corría por los cerros como una loca. Se oía el rodar de los peñascos y el resquebrajamiento de los árboles. La batahola era indescriptible.

Por fin todo cesó. Ya sólo se oía el gotear apacible de las hojas de los árboles. De todo aquel correr de agua, ya sólo quedaban arroyuelos murmuradores entretenidos en plácida charla.

El alba se anunció con plateada luz.

El día amanecía radiante.

El hacendado y sus compañeros, con el alma oprimida, a pesar del bello albor de la mañana, salieron de la cueva con el intento deliberado de dirigirse a la ciudad.

¿Qué cueva era aquella en que se habían abrigado? No recordaban haberla visto jamás. Volvieron la cara para contemplarla; más ¡oh sorpresa! ¡Había desaparecido!

—¡Milagro!— dijeron.

Pero aun les faltaba la sorpresa más grande.

Al doblar un recodo del camino y extender sus miradas hacia la hondonada en que se reclinaba la ciudad, un grito de admiración y de estupor se escapó de sus gargantas...

¡La ciudad no estaba allí!

III

La voz de la leyenda cuenta que al concluir aquella noche trágica desapareció la ciudad. En su lugar amaneció una fresca laguna cubriendo la extensión del valle.

De la sepultada ciudad, ni un solo vestigio sobrevivió. Ni un muro derruido, ni un techo destrozado, ni un madero flotante. Ni las torres de la iglesia con su elevada cruz asomaban sobre la superficie líquida. La laguna parecía datar de muchos años atrás. Grandes árboles en la orilla. Extensos y sonoros tulares. Bellas islas cubiertas de cañas y flores. Nidos en las ramas. Bandadas de pájaros en el aire. Palmípedas y zancudas en las márgenes. Insectos susurrantes entre las hojas.

¡Así nació, alegre y azul, la gentil laguna de Alcuzahue!

Sin embargo, debajo de aquella belleza, nadie podía apartar el pavor de su leyenda. Bella laguna, ¡pero con la belleza de Lucifer! Laguna luminosa, ¡pero con el fulgor del infierno! Debajo de sus cristales, ¡alentaba el diablo!

Cuentan las gentes sencillas que en torno de la laguna se escuchan ruidos extraños; y a veces el toque de una campana que llora tristemente al morir la tarde.

Dicen que cuando la noche envuelve el vaso lacustre con su manto de tinieblas, se oyen rumores vagos en la orilla, quejumbrosos ayes que causan espanto.

Dicen que cuando el viento del medio día agita las ramas de los árboles, gimen las hojas y los reptiles se desvanecen.

Dicen que a la media noche se ven formas blancas en los tulares y luces en las pequeñas islas.

Aseguran que cuando esos pálidos fantasmas se pasean por la orilla, se oyen ruidos de cadenas y blasfemias horribles.

Cuentan que otras veces se escucha en los contornos el llanto dolorido de niños martirizados.

Refieren que allí van los renegados a entregar su alma al Genio del Valle en cambio de riquezas; pero que dejan sus espíritus encadenados. Son sus cadenas las que producen ruidos siniestros entre el boscaje. El Genio deja a sus esclavos gozar de los placeres del mundo, pero los marca con algún defecto físico o enfermedad incurable y asquerosa; y cuando mueren, van a morar en el fondo del lago, en la antigua ciudad que alienta todavía debajo de las aguas.

Por eso es que de noche nadie se atreve a cruzar aquellos parajes, temiendo encontrarse con las brujas que han hecho de aquel sitio el centro de sus conciliábulos, o con las legiones de desesperados que en un momento de insensatez entregaron el alma al diablo, o quizás con éste mismo, eterno tentador con ofertas de riquezas y poderío.

Atraído por el misterio de esa laguna pintoresca, cuando yo he pasado por sus márgenes sombrías, he sentido erizarse mis cabellos en contra de mi voluntad. ¡Hay algo innato de superstición en la naturaleza humana! Y poniendo espuelas a mi caballo, me he alejado al galope de aquellos lugares pavorosos. *(Cuentos colimotes).*

EL CAYUCO DEL DIABLO

I

Los últimos colores del crepúsculo habían desaparecido, y las sombras de la noche ennegrecieron muy pronto las soledades de la tierra.

Oscura como sus manglares, está la albufera de Cuyutlán tendida al pie de las colinas y de los médanos; ni un murmullo, ni siquiera el suspiro de la brisa del vecino mar turba la calma desmayante de las selvas.

¿En dónde están las piraguas que durante el día se deslizaban con tanta ligereza al impulso del remo? Todas yacen abandonadas en el atracadero; varadas unas, otras amarradas de los estacones que surgen del agua o de las raíces de los mangles.

En aquella noche casi nada animaba esos lugares; las tinieblas opacaban los objetos, y la superficie del agua estaba desierta, apenas conmovida por la marcha lenta y cautelosa de algún caimán que buscaba la lejana orilla. Las estrellas brillaban tímidamente: unas se hundían, otras brotaban y todas se perseguían sin alcanzarse jamás.

Por la región del oriente se iluminó el cielo, y las escasas nubes que flotaban en el aire se tiñieron de una luz amarillenta: era una aurora a media noche. ¡Qué pálida! ¡Qué triste!

La aparición de la luna acabó por dar un encanto melancólico a esas soledades. Su luz proscribió las sombras y una brisa ligera empezó a batir las abanicadas copas de los cocoteros; mas casi al mismo tiempo la superficie de la albufera tomó nuevo aspecto. A favor de la claridad del astro, pudo distinguirse un bote que se deslizaba tranquilamente al impulso de sus remos. ¿Qué hacía allí a tan altas horas de la noche? ¿Por qué se aventuraba en esas soledades?

En él se veían tres personas: dos remeros y un joven cazador, que iba sentado en la timonera gobernando; a su lado llevaba una escopeta de dos cañones, y algunas aves que yacían en el castillo, manifestaban que la caza había sido algo abundante. Conversaban con alguna animación, y entre ellos era el joven cazador el que mostraba mayor empeño en prolongar la plática.

—¿Dice usted tío Blas, que ya han visto a ese cayuco?

—Sí, aun no hace tres semanas que el pescador del puerto se vió con él. Es un cayuco solitario, dirigido por un ser invisible; durante las altas horas de la noche se le ha visto vagar sin rumbo, deslizándose con una velocidad muy grande, algunas veces, y otras, a merced del viento. ¿Qué es? ¿Qué busca? ¡Nadie lo sabe! ¿De dónde viene? ¿A dónde va? Tampoco lo ha sabido ninguno. Huye si le persiguen, provoca si le temen; oculto a las miradas de unos, a otros se manifiesta; pero siempre fantástico, siempre misterioso.

—¡Qué extraño! —dijo el joven poniendo la mano izquierda sobre el timón—. ¿Y usted lo ha visto, tío Blas?

—¡Líbreme Dios!— dijo el marinero santiguándose.

Todos callaron. La luna continuaba brillando en medio de un cielo ya sin nubes, dando a la atmósfera una diafanidad serena y dulce, a cuyo través volaban las armonías sollozadoras que producían las palmas de la ribera. En ésta los mangles formaban un oscuro cordón que se prolongaba a grandísima distancia, siguiendo las sinuosidades de la orilla; sus ramas se agitaban al sentir el suave beso de las auras o el peso de la pequeña garza que, huyendo del bote o asustada por el silbido de los caimanes, iba en busca de un refugio seguro.

Más allá apenas se percibían esos rumores casi sordos que enviaban las selvas vecinas y los que las olas del mar, que rugía detrás de los médanos, mandaban con el viento de la noche. Así pasó algún tiempo.

El joven timonel, sumergido en sus pensamientos, cantaba maquinalmente un sonecito alegre y clavaba su vista en las lejanas luces del puerto.

—¿Qué sucede?—, exclamó repentinamente al sentir que los remeros suspendían la marcha.

—Señor —dijo el tío Blas en voz baja y trémula—, allá cerca de la isla oigo un rumor extraño...

Y poniéndose en pie agrego:

—Parece ruido de remos y es indudable que alguna canoa salió de la isla.

—Tío Blas, viene usted preocupado: ha de ser algún caimán que brincó al agua desde los peñascos.

—No, patrón, estoy seguro de no equivocarme.

—Y bien, ¿qué tendría eso de particular? ¡Iremos acompañados!

—¡Ah! no, patrón! ¿Ha olvidado el cayuco misterioso? ¿No es el diablo el que se pasea en él?, —dijo angustiosamente el marinero.

—¡Dice usted unas cosas tan extrañas, tío Blas, que al fin acabarán por preocuparme! ¿Por qué no nos vamos al puerto a todo remo? ¡Eh!, ¡a bogar!

Durante estos cortos instantes el bote se había desviado un poco, movido por el terral que ya empezaba a soplar; viró tranquilamente haciendo un semicírculo, y se deslizó luego siguiendo una línea recta.

Pocos momentos después, todos pudieron ver, a favor de la luz de la luna, una mancha gris que doblaba los carrizales próximos. El marinero no se había equivocado: era un cayuco que cortaba las aguas con extraordinaria rapidez. La luna hacía brillar la blanquecina estela que dejaba a su paso, como esas rayas fugaces que graba sobre el mar el ala de los pájaros. No tardó en ponerse a muy corta distancia; y como si cambiara de pensamiento, torció repentinamente su dirección y se lanzó con toda velocidad hacia el bote.

¿Chocarían las dos embarcaciones?

Irremisiblemente; y la más débil tendría que zozobrar.

—¿Quién va?—preguntó el joven timonel.

Nadie contestó.

—¡Cía!— gritó de nuevo.

Los marineros hacieron un esfuerzo supremo para ciar, y el cayuco pasó rozando la proa del bote, rápido como una exhalación.

II

¡Miradlo! ¡Allá va en la superficie de la albufera volando como una gaviota! ¡Sus alas son sus remos y el agua es la atmósfera en que nada!

¿Qué fuerza lo lleva con tanta velocidad?

¿Qué mano misteriosa lo guía en esas soledades?

Los tripulantes del bote estaban aterrados.

III

—¡Es el cayuco del diablo!— exclamó el tío Blas.

¡Miradlo! ¡Allá va ligero como una gaviota!

Los remos son sus alas, y el agua de la tranquila albufera es la atmósfera en que vuela! *(Cuentos colimotes)*.

MIGUEL GALINDO. Nació en Tonila, Jal., en 1883; murió en Colima, Col., en 1942. Profesor inicialmente, se graduó de médico en Guadalajara y ejerció en Colima. Estableció la imprenta El Dragón y publicó el periódico del mismo nombre. Durante la Revolución fue zapatista y convencionista; más tarde, director de Educación Pública del Estado, fundador y director del Ateneo Colimense y promotor de la Universidad Popular. Escribió cerca de 50 obras, entre ellas *Historia pintoresca de Colima* (1939) y *Los fantasmas de Colima* (B. Costa Amic Editor, México, 1976).

LAS PRIMERAS ELECCIONES

Era la tierra colimense, en tiempos pasados, una tierra muy movediza. Fue quizá por ello que los pueblos que la habitaban se la dedicaron al dios del fuego, el dios viejo o el dios abuelo, o "coli". Colima quiere decir lugar conquistado por el abuelo o los abuelos. En muchos potreros cercanos a la ciudad se han encontrado ídolos de piedra en que se representa al dios viejo o dios del fuego, como un viejito que lleva en la espalda un bracero. Su habitación era el volcán. Sus estremecimientos causaban los estremecimientos de la tierra, los temblores, y el fuego arrojado por el cráter se comunicaba misteriosamente a los jacales de los indígenas, y los incendios que seguían a los temblores de tierra, muy frecuentes, arruinaban a las poblaciones. Temblores e incendios eran las características de esta tierra florida, fecundada admirablemente por las lluvias, de donde otro dios protector, a quien también le labraron numerosos ídolos de piedra, quizá con más frecuencia que al primero: Tláloc. Coli y Tláloc eran los dioses principales; pero aquel era visto con terror.

Los españoles que se quedaron a vivir en las márgenes del Río de Colima no contaban con las sacudidas tan frecuentes de la tierra, ni con las erupciones volcánicas que en sus primeras manifestaciones asombraron a los nuevos colonos. Como los indígenas, aclamaron a las potencias celestiales para dominar esos fenómenos que sembraban la ruina y el espanto. Como los franciscanos fueron los primeros que trataron de cristianizar estas regiones, fueron ellos los más entusiastas en fijar la devoción de algún santo patrono que les fuera propicio, para aclamar a él cuando los temblores sacudieran la tierra y echaran abajo las casas, que ya comenzaban a ser de terrado. Como en aquel entonces la religión no le repugnaba al gobierno, sino que, al contrario, los gobiernos civil y religioso llevaban una buena amistad, fue en el seno del Ayuntamiento donde surgió la idea de que el santo que fuera patrono de Colima se eligiera lo mismo que se elegían los regidores del Ayuntamiento.

Listos anduvieron los franciscanos para que se eligiera un santo de su orden. Se fijaron en San Felipe de Jesús, franciscano muerto mártir en el Japón, en donde hacía la propaganda de la fe de Cristo, y de nacionalidad mejicana, lo que aumentaba sus méritos para designarlo patrono, uniendo al sentimiento religioso el patriótico. Se llegó el día de la elección a que convocó el Ayuntamiento. Comenzaron a reunirse poco a poco los regidores, con esa puntualidad tan característica que ha llegado hasta nosotros. Disimuladamente llegó un fraile franciscano con el encargado de la Casa Consistorial, o, como diríamos hoy, del salón de sesiones, conserje, portero o intendente de la Casa Municipal, y le dijo reservadamente: "Dígales, cada que vayan llegando, que elijan a San Felipe de Jesús, que él será buen patrono". Y se retiró rápidamente.

El conserje, portero o intendente, no se fijó cual era el fraile que le dio el consejo; pero cumplió con él. Se acercaba un regidor, y le decía a la pasada: "Un franciscano vino y dijo que sería bueno que eligieran a San Felipe de Jesús, porque él será buen patrono contra los temblores". Llegaba otro regidor y le decía lo mismo, y así sucesivamente. El regidor pasaba a la sala de la Casa Consistorial, saludaba a los que ya habían llegado, y se ponía a platicar, hasta que hubo "quorum", como se dice ahora. Todos llevaban la consigna, aunque inocentemente, y todos se guardaban el secreto.

Abierta la sesión y expuesto el asunto que se iba a tratar, se puso a votación la elección del Santo Patrono de la Villa. Todos votaron por San Felipe de Jesús. Admirados se quedaron de la unanimidad de la votación, y para afirmarla, la repitieron, y se repitió la unanimidad. La elección quedó hecha en favor de San Felipe de Jesús como patrono de la Villa de Colima, pues ya comenzaba a darse ese nombre y a olvidar el oficial de Santiago de los Caballeros.

Grande fue el regocijo de los colimenses por haber elegido patrono y, naturalmente, que todos pretendieron dar cuenta al franciscano que les había dejado el consejo con el intendente, para felicitarlo por haberse cumplido su indicación. Pero aquí está lo grave de la elección; no se encontró al franciscano. El intendente no pudo identificarlo. No era, según él, alguno de los franciscanos que estaban en Colima.

Conclusión: El Santo en persona vino a ofrecer sus servicios a la población, para ser su intercesor. El regocijo fue enorme, las promesas solemnes y los festejos que de allí se originaron frecuentes y pintorescos, tomando parte en ellos las autoridades municipales, que también empeñaron su palabra de honor de celebrar anualmente la fiesta del Santo.

Y la tierra aún tiembla, pero no tanto como en los tiempos coloniales en que parecía estar epiléptica. De vez en cuando tiembla para recordar al pueblo sus promesas. El Santo ha cumplido la suya. *(Historia pintoresca de Colima)*.

EL HECHIZO DE EL PANDO

Hilario sentía que su enfermedad se agravaba cada vez más. Desde hacía ya mucho tiempo que padecía, y habían sido vanos todos los esfuerzos que había hecho por curarse. Bien es verdad que, como sucede siempre con los enfermos que sufren por largo tiempo, no había sido constante en su curación; nunca había sido atendido por un médico siquiera por el espacio de un mes. El se decía para sus adentros:

"¿Para qué curarme un médico? Los médicos no curan el hechizo. No pueden curarlo ni creen en él. Y sin embargo, por algo dicen que de que el tecolote canta, el indio muere... ¡yo no tengo remedio!"

Hilario estaba "enhechizado" por una mala mujer a quien desgraciadamente había él querido con todo el corazón; pero, al fin, se habían separado por no haberse podido comprender una y otro. Ella tenía un mal carácter, y ahora se vengaba del pobre hombre causándole un mal incurable. Todo el barrio del Manrique lo sabía, y aún había personas que aseguraban que Teófila, la amada perversa, tenía en un lugar secreto de su casa, un muñeco que era el vivo retrato de Hilario, con una espina clavada en la espalda...

Aquél infeliz se moría a pausas, sufriendo atroces dolores. ¿La espina?, la espina que tenía el muñeco en la espalda, le causaba las terribles dolencias que los médicos no saben curar, porque dicen que son los riñones. ¡Los riñones!... ¡el hechizo! el hechizo era lo que hacía padecer a Hilario. Margarita su hermana le hacía cuanto remedio le aconsejaban los vecinos del barrio, y sobre todo los boticarios, que en Colima prestan a los médicos una gran ayuda en el ejercicio de la profesión, pues ellos curan la bilis, sin cobrar más que la medicina; curan piadosamente y con toda generosidad, el mal del amor, principalmente a los rancheros decepcionados que acuden a ellos en busca de consuelo, y les venden unos polvitos blancos y dulces, como si fueran de azúcar molida, diciéndoles que es el polvo de enamorar, mucho más eficaz que el elíxir del doctor Dulcamara; ellos venden unciones de manteca de elefante y de aceite de cocodrilo legítimo para las "riumas", y preparan "polvos de víbora" inmejorables para las enfermedades de la sangre... Pero el hechizo... ¡el hechizo no lo curan ni los boticarios de Colima!

Un día, ya al atardecer y con la esperanza perdida, la atribulada Margarita pensó hablarle a un médico que le fuera a hacer una visita a su hermano, no para que lo curara, sino para que lo viera y en el trance fatal de la muerte que ya esperaba, le diera el "certificado" de defunción, sin el cual no podría enterrar el cadáver. ¡Tiene unas ocurrencias el Gobierno! ¿Qué necesidad hay de que sea un médico el que asegure que está muerta una persona, cuando la presencia del cadáver es prueba mejor que cualquier papel escrito?, pero así son las cosas.

El médico llegó ya casi entrada la noche. La pieza estaba apenas alumbrada por una vela de grasa de buey que difundía una ténue luz amarillenta y vacilante, dando a la estancia un aspecto fantástico y lúgubre, desde la mesa en que estaba colocada, hasta otra mesa corriente llena de botellas y trastos de cocina. El enfermo, con una respiración fatigada y angustiosa, yacía tendido en un catre de madera. En el §semblante expresaba la cercanía del último momento. El médico lo examinó; escuchó silencioso y atento algunas palabras entrecortadas por la angustia de la respiración, sacó

del bolsillo algunas hojitas de papel, y recetó. ¿Qué recetó? ¡Letra ininteligible, como la de todos los médicos! letra que sólo saben entender los boticarios, porque ellos todo lo saben. Antes de retirarse, el médico dio al enfermo lo único que podía darle: la esperanza. (Le prometió que se aliviaría, aunque fuera un poco tarde). Pero llamó aparte a Margarita para explicarle cómo debería dar la medicina al enfermo, y advertirle que ya era extemporáneo el esfuerzo por la curación, esfuerzo que hacía en cumplimiento de un deber profesional, porque el buen médico, como el buen soldado, tiene la obligación de luchar, aunque sea inevitable la derrota, haciéndose la ilusión de conseguir la victoria. En aquel momento recetaba por deber, pero sin esperanza.

El médico no se equivocaba, aún no venían de la botica con la medicina, cuando el enfermo expiró. Bien claro lo decía el canto lúgubre del tecolote que desde al obscurecer se escuchaba entre el ramaje espeso del ahuacate del corral, infundiendo en el barrio cierto misterioso terror. ¡Qué había de poder la ciencia médica contra el hechizo! Este sólo pueden curarlo los hechiceros. Tales creencias vinieron a confirmarse poco después de expirar el enfermo, que cuando tenía su cadáver en el suelo con una teja de cabecera para que "ganara las indulgencias", se levantó de medio cuerpo aterrorizando a los presentes y arrojó algo por la boca. ¡Ya lo ven exclamaron todos, la postema! ¡No cabe duda, estaba enhechizado por aquella mala mujer!

Sepultaron el cadáver de Hilario, que vulgarmente era conocido en el barrio del Manrique por el apodo de El Pando, y por varios días, al obscurecer, confirmando la opinión popular, siguió el tecolote cantando lúgubremente entre el ramaje espeso del ahuacate del corral. *(Historia pintoresca de Colima).*

CASAS DE ESPANTOS

Muy cerca de la tienda El Indio Triste, existe una casita, hoy ya muy reformada, en la que tiempo atrás se presentaba el fenómeno de ruidos de piedras arrojadas al tejado. Llegó a tener fama en el barrio, y dejó de alquilarse por algunos meses, porque se le tenía miedo. La explicación de los ruidos era la de los crédulos: espanta esa casa, porque hay dinero enterrado. Yo fui a verla con el objeto de alquilarla para la señora mi madre, y la vecina que me la enseñó, por encargo de la dueña, me dio la explicación anterior demostrándome que no podían ser niños traviesos de las casas cercanas los que arrojaran piedras al tejado de la casa, por no haberlos.

Convencido de esto, alquilé la casa, haciéndome el razonamiento de siempre: si no hay quien realice el fenómeno material, la verificación de él es una apariencia de las imaginaciones. El mismo razonamiento había hecho en muchas ocasiones, celebrando que mi familia fuera de las que espantan a los espantos, pues en cuanta casa con fama de "asustar" nos hemos presentado, hemos podido comprobar que lo que se tomaba por fenómeno extraño era algo natural y explicable. Por ello decía mi madre:

—Yo les tengo miedo a los vivos, que los muertos me tienen sin cuidado.

La señora mi madre fue, pues, a vivir a la casa de referencia, sin saber nada de ella. Yo no se lo dije porque no le di importancia al chisme. Pero un día que fui a visitar a mi madre a esa casa, me dijo:

—Ya sería bueno que se acabara esa molestia de las pedradas.

—¿Cuáles pedradas? —le pregunté—.

—Todos los días arrojan piedras sobre el tejado.

—Deben ser los muchachos de la vecindad.

—Sea quien fuere —replicó mi madre—, lo cierto es que puden darnos con una piedra en la cabeza y herirnos.

Y yo pensé para mis adentros que quizá no estuvo bien hecha la observación de las vecindades de la casa, y me disponía a investigar quiénes ocupaban las contiguas, cuando un amigo mío, el señor Arroyo, me habló y me propuso que cambiáramos casa, porque la que habitaba mi madre estaba frente a la que habitaba su suegra y deseaba que su esposa viviera cerca de ella.

Se hizo el cambio y ya no fue necesario que yo investigara el origen de las piedras arrojadas al tejado, cosa que le correspondía al señor Arroyo, en caso de que él observara el fenómeno.

Pasaron muchos días sin que yo me viera con el señor Arroyo, y cuando nos encontramos por casualidad, me detuvo para decirme:

—¡Qué bonita casa me cambió usted!, ¿no?

—¿Por qué?

—Porque espantan.

—Han de ser ilusiones.

—No, señor —me dice un tanto violento— a la hora que quiera vaya y le enseño las piedras que nos arrojan al corredor.

Otra casa de espantos es la situada en las calles de Zaragoza y General Núñez en la que se ve aparecer con mucha frecuencia la figura de un hombre, oculto imperfectamente entre las sombrías frondas de un árbol del patiecillo que es a la vez jardín. Pudiera creerse que se trata sólo de la sombra de alguna planta; pero la visión ha sido experimentada por muchas personas, al mismo tiempo que otras nada veían. Una tía mía, que vivió cuatro años en la casa, veía la sombra, por las noches, al pie de un naranjo. No se veía siempre, pero se pudo notar que eran principalmente los martes y los viernes de la semana cuando aparecía la visión. Mi tía se había acostumbrado a verla de tal modo, que no le causaba ninguna impresión el misterioso compañero de sus veladas de trabajo, en las que se pasaba la primera mitad de la noche arreglando la ropa de su esposo y de su hijo. Solamente una vez se asustó: la sombra misteriosa se destacó del pie del árbol, se adelantó hasta donde estaba mi tía que la miraba recelosa aunque no de frente, y, por fin, el fantasma llegó casi por su espalda y puso una mano fría en el brazo de la señora que planchaba la ropa en el corredor. Al sentir lo frío, mi tía habló a los demás de la familia que estaban en la sala y se fue hacia ellos con la agitación nerviosa consiguiente.

A la fama que tenía la casa se unía el hecho comprobado muchas veces de estar viendo mi tía el fantasma a la vez que el esposo se acercaba al lugar de la visión, sin percibir ésta. ¿Alucinación? Es posible; pero no es explicable por qué esa alucinación no aparecía siempre en las mismas condiciones de luz y de hora, ni por qué se han alucinado tantas personas que le dieron fama a la casa, ni por qué esa alucinación persistió en mi tía solamente los cuatro años que vivió en esa casa. Al cambiar ésta, debió llevarse a otra su enfermedad alucinatoria, y no fue así. En otra casa no ha habido alucinaciones. *(Los fantasmas de Colima).*

UN SALUDO AFECTUOSO

Uno de mis tíos políticos, el señor don Vicente Orozco, persona cuya seriedad y respetabilidad son bien conocidas, me refirió el hecho siguiente:

Después de una larga ausencia, él y su familia volvieron a radicarse en esta ciudad. Su vuelta se verificó a principios de enero de 1906, habiendo pronto obtenido el puesto de archivero del Ayuntamiento. Fue pocos días después a visitar a un conocido abogado, pariente suyo, el señor Escoto, y entre varias conversaciones que tuvieron recordaron a un condiscípulo de escuela del señor Orozco que se encontraba enfermo. Mi tío tuvo las buenas intenciones de ir a visitar a su condiscípulo; pero las ocupaciones diarias, del reciente empleo y del reciente cambio de población de la familia al nuevo ambiente social, estorbaron el que se cumplieran los buenos deseos, y la visita no se verificó.

Pasado ya bastante tiempo, en el mes de marzo del mismo año, martes santo, mi tío don Vicente encontró por casualidad al condiscípulo Juan Ramírez, frente al establecimiento comercial titulado "El Puerto de San Francisco". Juan Ramírez, al pasar cerca de mi tío, le dio una palmada en el hombro diciéndole:

—Adiós, Vicente, ¿ya volviste?

—Ya Juan, aquí estoy a tus órdenes.

—Bueno, ya nos veremos.

Se retiraron uno del otro como los que andan en trabajos urgentes y no pueden gastar el tiempo en saludo detenido, a reserva de hacerlo a la primera oportunidad. Esta se presentó el jueves siguiente, Jueves Santo. El señor Orozco entraba al Palacio de Gobierno por el portón que da al jardín de la Independencia. En aquel tiempo la alcaldía tenía puerta hacia el pasillo, y al entrar al Palacio don Vicente encontró en la alcaldía a su condiscípulo Juan Ramírez, quien al verlo salió al pasillo, en éste se saludaron con el afecto de buenos y viejos amigos, se abrazaron y platicaron por espacio de diez minutos, más o menos, y como tales pláticas se alargan indefinidamente de ordinario, y don Vicente deseaba seguir platicando con su condiscípulo, dijo a éste:

—Si me esperas un momento, te regalo un vaso de cerveza, nomás voy a la oficina a un asunto, y luego vuelvo.

Sí —le contestó Juan—.

El señor Orozco fue a las oficinas del Ayuntamiento y volvió pronto; pero con pena vio que su amigo no lo había esperado, pues ya no le encontró.

Cuando, pocos días después, el señor visitó al licenciado Escoto, le platicó, que había saludado a Juan Ramírez.

—No puede ser —le replicó el licenciado—, porque Juan Ramírez hace más de dos meses que murió.

—Es que no puedo haberme equivocado —insistió el señor Orozco—, a lo cual volvió a contestar Escoto:

—Ni yo me puedo equivocar, pues el día 10 de enero acompañamos al panteón el cadáver de nuestro amigo Juan Ramírez.

Y todo fue verdad. *(Los fantasmas de Colima).*

**LEYENDAS MEXICANAS
SEGUNDA PARTE**

LEYENDAS MEXICANAS
SEGUNDA PARTE

ÍNDICE DE LA SEGUNDA PARTE

ÍNDICE SEGUNDA PARTE

página

CHIAPAS 281
   Prudencio Moscoso Pastrana
      Los Yalam Bequet 281
      El Negro y la iglesia de Chamula 291
      La extraña misa del Carmen. 293
      Fray Lorenzo de la Nada. 298
      Leyenda de la Virgen de Caridad. 302
   César Pineda del Valle
      El Duende 307
      El Sombrerón 310
      El Cadejo 312
   Manuel de Jesús Martínez Vázquez
      La Tisigua 316

CHIHUAHUA 320
   Carl Lumholtz
      Leyendas tarahumares 320
         El Sol y la Luna al principio del mundo 320
         La leyenda de la estrella. 321
         La leyenda del diluvio 321
         Los gigantes 321
         Tata Dios y el diablo. 322

Manuel López Chacón
- Leyendas apaches 325
  - El diablo equino 325
  - El guapo Miñaca 334
- Leyendas tarahumares 337
  - Manuel Gojitare 337
  - Orfeo rarámuri 339

DURANGO 343
Everardo Gámiz
- La leyenda del primer hombre 343
- La leyenda de Sahuatoba 346
- La leyenda del peyote 351
- El fantasma del Conde 358
- La carroza del cura 360

ESTADO DE MÉXICO 362
Gregorio Torres Quintero
- Los cuatro soles cosmogónicos 362
- El quinto sol 370

Bernardino de Sahagún
- Nacimiento de Huitzilopochtli 375

José Luis Alanís Boyso (compilador)
Eufracio García López
- La tienda encantada 378

Domingo Gaspar Sampayo
- El león del señor San Jerónimo 378

Alfredo Barboa Reyes
    El descubrimiento del mineral deTemascaltepec . 379
Horacio Alejandro López López
    El Cuauhtepochtle, el atolondrado
    o embromador de los bosques 380
Julio Garduño Cervantes
    Nguemore, la montaña sagrada................ 381
    Ndareje, río Lerma 384

GUANAJUATO................................... 386
Agustín Lanuza
    El cerro del Meco 386
Luis González Obregón
    La cruz de Culiacán 400
Salvador Ponce de León
    El callejón del Beso 404
    El Cristo moreno de Villaseca 407
    Parque El Cantador......................... 409
    Los cirios del Padre......................... 411
    La Bufa y el Pastor......................... 413
Rafael Zamarroni Arroyo
    Una navidad memorable 416
    Leyenda de fray Diego de San Gerardo.......... 419
    San Martín Caballero 422
    La reliquia 427
    La viuda resucitada 431
Abigail Carreño de Maldonado
    El fraile ladrón 436
    La rodilla del Diablo........................ 437

    Los títeres. 438

    La mujer encadenada 439

José Corona Núñez

    Leyenda del puente de los carmelitas 442

GUERRERO 446

Celedonio Serrano Martínez

    El empautado 446

HIDALGO 461

Gregorio Torres Quintero

    Quetzalcóatl 461

Miguel A. Hidalgo

    Xóchitl 468

    Las tres fuentes 471

    La peña de los Compadres 472

    Las Monjas 473

    Los Frailes 474

JALISCO 476

Antonio Tello

    Los gigantes de Tala 476

    Los manantiales de Pipiltitlán 478

    Señor Santiago en Tonalá. 478

    La santa cruz de Autlán. 481

Alfonso de Alba

    Don Alonso el escultor 483

J. Ignacio Dávila Garibi
    La casa de la condenada 494
    Pregoneros fúnebres........................ 495
José T. Laris
    La tragedia del Palacio de Medrano 502
Gregorio Torres Quintero
    El sueño del pobre y el sueño del rico........... 504

CHIAPAS

PRUDENCIO MOSCOSO PASTRANA. Nació en San Cristóbal de Las Casas, Chis., en 1907; murió ahí mismo en 1991. Profesor e historiador, fundó la Sociedad Científica, Literaria y Artística de su ciudad natal, presidió el patronato Pro Museo Municipal y fue cronista de esa población desde 1969. Es autor, entre muchas otras obras, de *El complejo ladino en los Altos de Chiapas, México y Chiapas. Independencia y federación de la provincia chiapaneca* (publicado por acuerdo presidencial en 1974), *Jacinto Pérez "Pajarito". El último líder chamula, La medicina tradicional en los Altos de Chiapas* y *Leyendas de San Cristóbal* (Gobierno del Estado de Chiapas y H. Congreso LVII Legislatura 1988-1991, Tuxtla Gutiérrez, 1991). Se le otorgó el Premio Chiapas (1976) y una sala de la Biblioteca Pública de Tuxtla Gutiérrez lleva su nombre.

LOS YALAM BEQUET

Como antecedente vamos a mencionar que nuestra ciudad de San Cristóbal de Las Casas fue fundada con el nombre de Villa Real en los primeros meses del año de 1528. Sus fundadores fueron un grupo de españoles bajo el mando del capitán don Diego de Mazariegos, y de mexicanos y tlaxcaltecas. Estos últimos venían como guerreros unos, y como tamemes (cargadores) la mayoría.

El capitán hispano les concedió tierras al norte del valle en que se asienta la ciudad, y estos aborígenes fueron así conquistadores y fundadores, pues aceptaron gustosamente quedarse a vivir en la naciente capital de la provincia chiapaneca.

Ahora bien, de estos dos grupos, muy especialmente el azteca tenía fama de ser un profundo conocedor de brujería y que la practicaba ordinariamente. Tal conocimiento dio lugar a que el apodo que hasta nuestros días tienen los originarios de dicho barrio, es el de brujos.

El lento paso de los años fue dejando su huella en las callejuelas empedradas y en las banquetas de laja de esa zona de la población, que se encuentra al norte del valle en que se asienta la antigua capital.

En el citado barrio de Mexicanos vivía un anciano carpintero. Se le conocía como el "maestro Bernabé"; era un hombre de impecable honradez, sincero y leal. Conocía su oficio a la perfección y dominaba la lengua tzotzil, que practicó siempre en forma constante debido a que entre su numerosa clientela estaban grupos indígenas. Otra de sus cualidades fue su excepcional memoria.

Tuve la suerte de platicar muchas y repetidas ocasiones con él. Pues mientras trabajaba incansablemente en su banco, me relataba sucesos curiosos y hechos interesantes de comienzo del siglo, cuando, como acostumbraba decir, "era joven".

En cierta ocasión, hablando de esos relatos que se conservan celosamente a través de los años se me quedo viendo, y después me dijo: "Aquí en Mexicanos sucedió una seria de hechos que no tienen explicación". Inmediatamente la mayor curiosidad se apoderó de mí. Y contesté diciéndole: "¿Qué sucedió, maestro?" Entonces mi excelente amigo, dejando la pieza de madera que estaba trabajando, pues comenzaba a oscurecer, en la forma pausada y con el sabor que siempre le daba a su charla, me relató lo que a continuación escribo.

Felizmente la leyenda conserva el nombre de los dos personajes principales. Ella se llamaba Ernestina y él José Manuel. Descendientes ambos de familias sancristobalenses, de una posición económica desahogada y perteneciente a lo que hoy se acostumbra llamar clase media.

José Manuel recordaba haberla conocido cuando ella era una chiquilla de 11 o 12 años, delgada, sin gracia y paliducha. Siendo ya él un joven de unos 18 años. Pero como se ausentara de la antigua capital de Chiapas durante casi cinco años, al volver se encontró que aquella que llamaba Flacucha se había convertido en una espléndida muchacha.

Realmente Ernestina era una garbosa morena, con una cara lindísima y a la que parecía iluminar su constante sonrisa. De cuerpo mediano en estatura pero más que superior en formas, pues sus redondeces eran tentadoras y podían adivinarse a través de su traje; pero lo que sí estaba a la vista: pequeños y graciosos pies que hubiera enviado la Cenicienta. Caminaba con el garbo de la hembra que se sabe admirada por el sexo opuesto, y aunque nunca dejó de ser honesta, sí tenía cierta dosis de coquetería que le sentaba divinamente.

Verla José Manuel y sentirse prendado de ella fue todo a la vez. Y comenzó a asediarla incansablemente. Hubo dos circunstancias que lo animaron más a luchar por conseguir el amor de aquella gentil morena. La primera fue que le informaron que no tenía novio, pues "era muy seria", y la segunda, que Ernestina, otrora inabordable, parecía manifestar cierta predilección hacia nuestro héroe.

Así fue que, de acuerdo con las costumbres de los viejos tiempos, lo único que hacían, cuando se encontraban en el mismo lugar de reunión o fiesta, era dirigirse intensas miradas.

Pero para aquel joven, fogoso y enamorado, eran insuficientes tales pruebas de simpatía, de manera que buscó la forma de encontrarse lo más frecuentemente posible con la hermosa chiquilla; además le enviaba cartas en las que le hacía saber su gran amor, y que ella, en las primeras ocasiones, devolvía sin abrir, pero finalmente comenzó a darle respuesta, que era la de machote e invariable en esa época: siempre le agradecía que el joven se hubiera fijado en ella, pero que le pedía se dirigiera a otra señorita con más cualidades que la que suscribía, etcétera.

Sin embargo, José Manuel continuó insistiendo hasta que, finalmente, recibió una misiva en que le daba un "plazo para resolverle". Mientras tanto no perdían la oportunidad de dirigirse ardientes miradas, y aunque muy ocasionalmente, una pieza de baile en que danzaban ambos jóvenes sintiéndose que iban como sobre nubes.

Por fin llegó el esperado día en que los labios de Ernestina pronunciaron el anhelado "sí". Las cartas se hicieron más frecuentes, siendo cada vez más apasionadas las de José Manuel y menos llenas de reservas las de Ernestina. Pasaron los días y en cierto momento y a los compases de un vals, convinieron que el joven enamorado llegaría acompañado de su mamá para hacer la petición de la mano de la novia. Y ya era novia porque varios meses antes José Manuel, desde luego que de acuerdo con Ernestina, había ido con la mayor solemnidad a pedir permiso para visitarla en su casa y ya con la autorización de los papás, sus futuros suegros. Como dicha petición fue concedida, desde ese momento ya el enamorado pasó a ser "novio oficial", pudiendo visitarla dos días a la semana, que siempre eran jueves y sábados.

Como en aquellos amores jamás hubo nada que viniera a turbarlos, posteriormente fue fijada la fecha del matrimonio, y éste se celebró en la catedral de la ciudad. Por aquellos tiempos no se acostumbraba viaje de boda, así que los felices desposados se fueron a vivir en una casa del barrio de Mexicanos.

Y comenzaron a deslizarse los días en un ambiente de felicidad. Los familiares de ambos tenían la impresión de que con el paso del tiempo se amaban cada vez más. Y al verlos tan enamorados, pensaban que en verdad habían nacido el uno para el otro.

Una noche y en altas horas, José Manuel se encontraba en el lecho conyugal, pero estaba despierto. En cierto momento se dio cuenta de que su esposa se iba lentamente separando de él, después que se sentaba, pero visiblemente en forma por demás cuidadosa, y sin hacer el más mínimo ruido se fue caminando hacia la pieza siguiente al dormitorio que ocupaban.

Intrigado por aquello, a su vez se enderezó en el lecho, y también sin encender luz y en forma muy cuidadosa caminó hacia esa siguiente pieza, pero dándose cuenta de que Ernestina, ya en la tercera de esas recámaras, que daba a un bonito y bien cuidado jardín, había abierto la ventana a la que nunca le habían puesto reja de protección, pudo claramente ver que su bella esposa se detenía precisamente en el centro de esa habitación y en seguida oyó que decía: "Yalám bequet, yalám bequet"; palabras que en lengua tzotzil significan "Baja carne, baja carne".

Y en esos momentos, con los ojos desorbitados por el asombro y el terror, José Manuel presenció una escena espantosa; pues obedeciendo al conjuro diabólico que acababa Ernestina de pronunciar, la carne del cuerpo de la bella mujer se fue desprendiendo lentamente hasta quedar formando una rueda de color rojizo en el suelo, en tanto que el esqueleto permanecía inmóvil y de pie.

Y los instantes de horror continuaron cuando pudo ver que aquel esqueleto lanzándose hacia la ventana pareció salir volando, seguido de un inconfundible ruido de chocar de huesos, cuyo rumor se fue apagando unos segundos después.

Tratar de describir la angustia y el espanto del joven sancristobalense, sería imposible. Pues además de haber presenciado la increíble separación de carne y huesos del cuerpo de la mujer que amaba con locura, sentía haberla perdido para siempre ante los increíbles y diabólicos conocimientos que ésta tenía y llevaba a la práctica.

Y se quedó aquel infeliz, viendo su dicha desaparecida para siempre, sin saber qué hacer. Pasaron horas y horas en que no supo de sí mismo. Pero cuando ya estaba por amanecer, hubo algo que lo sacó repentinamente de su abstracción: el terrorífico chocar de los huesos del esqueleto que volvía a su morada.

Inmediatamente se puso de pie y ocultándose detrás de la cortina espió la llegada de la osamenta que buscaba la carne que horas antes se le había desprendido al conjuro de aquellas palabras satánicas. Y con el mismo asombro y espanto que anteriormente sufriera, contempló al esqueleto, que pasando por la ventana abierta fue directamente a posarse en medio de la carne que yacía inmóvil.

Este, al momento de pararse en aquella masa en la que únicamente había lugar para sus pies, con voz ronca y cabernosa claramente dijo: "Muyán bequet, muyán bequet", palabras que en tzotzil significan: "Sube carne, sube carne". Y entonces se produjo el movimiento de aquella masa informe, pues la carne obedeciendo la extraña orden fue cubriendo al esqueleto hasta quedar formado nuevamente el juvenil cuerpo de Ernestina.

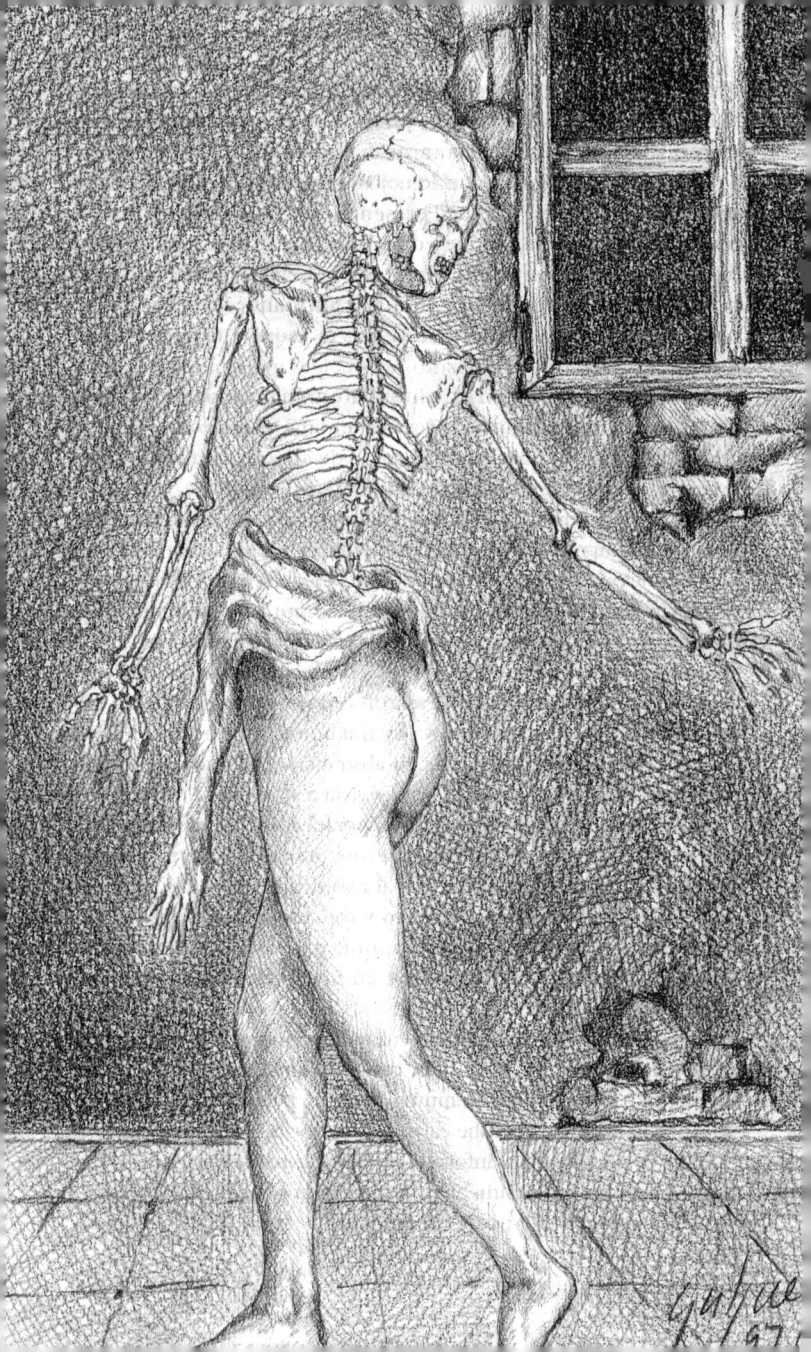

Apenas había ocurrido esta reciente transformación y ya José Manuel estaba abandonando el lugar en que presenciara toda la macabra escena. Y rápidamente se fue a su cama y acostándose sin perder ni un segundo, aparentó encontrarse completamente dormido. Instantes más tarde llegaba su esposa. También se acostó y un rato después se encontraba tranquila y profundamente dormida.

En cambio, para su joven esposo era imposible conciliar el sueño. En cada instante se le representaba la carne que iba bajando para dejar descubierto el espantoso esqueleto que inmediatamente después saldría por los aires con aquel estremecedor entrechocar de huesos. No pudo conciliar el sueño ni un momento. Pero entre otros pensamientos que se agolpaban en su mente resolvió que a la siguiente mañana haría un gran esfuerzo para aparentar no saber nada de esas transformaciones diabólicas que con solamente pronunciar Ernestina aquellas palabras cabalísticas, originaban la separación de su esqueleto de la carne de su bello cuerpo.

Efectivamente logró hacerlo, pues con manifiesto dominio de su preocupación estuvo con su atractiva consorte durante la hora del almuerzo. Y poco después manifestando tener a temprana hora un compromiso en el centro de la ciudad, se despidió de su mujer y caminando rápidamente sus pasos lo condujeron hasta la casa adonde la noche anterior había resuelto ir a consultar el doloroso problema a que se estaba enfrentando.

Se trataba de la morada de su padrino, antiguo y gran amigo de su padre, y que además era afamado por sus grandes conocimientos. Sin titubear al llegar hasta el señorial portón ornado de chapetones de fierro, tomando la vieja aldaba dio tres sonoros toquidos. Unos momentos después la puerta fue abierta y un sirviente al reconocer a José Manuel le dio buenos días agregando: "Pase usted adelante, su padrino está en el comedor"; y acto continuo, dejando paso, agregó: "como siempre tendrá mucho gusto en verlo".

Pero ya el impaciente visitante casi no oyó las últimas palabras, pues sin detenerse se dirigió al comedor de la colonial casona, y entrando saludó a su padrino. Este le respondió: "Buenos días, muchacho, qué bueno que veniste, porque ya hace un buen tiempo que no se te veía por esta tu casa. Y díme —continuó diciendo aquel buen anciano—, ¿cómo está tu esposa Ernestina?". "Padrino —respondió el atribulado mancebo—, de ella y de un gravísimo problema he venido a informarle. Pero no quisiera hablarle aquí sino en un lugar en donde esté seguro de que solamente estamos los dos, porque lo que le vengo a decir y a consultar es un asunto sumamente grave y delicado".

"Ven conmigo", respondió el dueño de la casa, y seguido de su ahijado llegaron hasta un cuarto que se encontraba al extremo del largo corredor, y en el cual entraron. Los únicos muebles que ahí se encontraban eran unos estantes con un centenar de libros, muchos de ellos con pasta de pergamino. Una mesa con patas muy adornadas, y encima un bellísimo tintero de cristal con dos plumas de ave.

Ya el anciano, al darse cuenta de la palidez de su ahijado y del sonido de su voz, que manifestaba la profunda peocupación que lo embargaba, estaba conmovido; y así, sentándose, con afectuosa voz le dijo: "Cuéntame, hijo mío, de qué se trata". Y entonces José Manuel, hablando en voz sumamente baja, le relató, sin ninguna omisión, todo lo acontecido en aquella noche infernal que viviera.

Cuando hubo terminado, sin que en ningún momento fuera interrumpido por su atento oyente, guardó silencio en espera de la respuesta de su padrino que meditaba después de escuchar con gran atención el relato de su ahijado. En seguida y en voz también sumamente baja le contestó, dándole instrucciones acerca de lo que debía hacer para que aquella monstruosa transformación no volviera a repetirse. No le expresaba en sus frases ni una sola palabra con el propósito de consolarlo, sino que sencillamente le estuvo indicando el procedimiento a seguir.

Pocos momentos después ya el joven iba hacia el comercio en que debía adquirir lo que su padrino le había aconsejado. Y tratando de volver lo más tarde posible a su domicilio, estuvo caminando por las antiguas calles de Ciudad Real, pero hizo el recorrido en forma inconsciente, al grado de que si alguien le hubiera dicho si recordaba por dónde había pasado, la respuesta que habría dado indiscutiblemente hubiera sido que no lo sabía.

Cuando ya estaba próxima la hora de costumbre en que tomaban los alimentos del medio día, fue encaminando sus pasos hacia su domicilio, y sabiendo que su esposa siempre estaba en la cocina, al llegar penetró furtivamente y entrando hasta el fondo del pequeño jardín del traspatio, escondió en una vieja alacena el paquete que llevaba. En seguida fue en busca de Ernestina. Ésta, como siempre muy hacendosa, salió a recibirlo fresca y lozana, y también como siempre amorosa y sonriente. Poco después entraron en el comedor. José Manuel, pretextando encontrarse con gripe, apenas si comió. De allí fueron a la pequeña banca del jardín de la entrada, en donde él aparentaba entretenerse con un libro, mientras Ernestina tejía incansablemente.

Llegada la hora de dormir, una vez más y con visible fuerza de voluntad, se acostó junto al juvenil y tentador cuerpo de su bella esposa, pero que ya había dejado de tener el gran atractivo que sobre él ejerciera durante varios meses.

Desde luego que con la preocupación que lo embargaba, más las instrucciones de su sabio padrino, era aún más imposible que lograra dormir. Y fue transcurriendo el tiempo con desesperante lentitud. El vetusto reloj público que trajeran los dominicos encabezados por fray Bartolomé de Las Casas, sonaba sonoramente las horas, y en la quietud provinciana de aquellas noches sus campanadas se extendían a gran distancia.

Apenas se habían perdido aquellos sonidos a lo lejos, cuando Ernestina abandonó el lecho conyugal. José Manuel esperó apenas unos segundos y empezando cautelosamente a caminar se dirigió al cuarto en que sufría aquellas horribles transformaciones su guapa y joven mujer. Y pudo llegar a tiempo todavía para oir aquella voz ronca y cavernosa, muy diferente a la voz normal de la hermosa mujer, que diciendo las palabras cabalísticas, comenzó a desprenderse la carne de su escultural cuerpo. Para después, y como había sucedido la noche anterior, salir el esqueleto volando por la abierta ventana. En seguida, un profundo silencio.

Y aquel hombre nuevamente cayó en un mar de confusión y de dolor. Pero en cierto momento pareció reaccionar. Rápidamente, sin vestirse ni ponerse calzado, se fue al traspatio y de la vieja alacena retiró el bulto que había depositado poco antes. Subió de inmediato a su recámara y penetrando en el cuarto en que yacía la masa de carne humana que el esqueleto dejaba abandonada al hacer sus recorridos nocturnos, abriendo el paquete con las compras que realizara en la mañana, retiró una botella que contenía un litro de vinagre y una bolsa de papel en la que pusieron sal perfectamente bien molida. Y procedió a seguir las instrucciones de su padrino, derramando sobre aquella carne embrujada todo el vinagre y, sin detenerse, le fue echando a continuación la sal, teniendo el cuidado de esparcirla en forma más o menos uniforme.

Acto continuo se fue retirando a su acostumbrado lugar detrás de la cortina del cuarto inmediato. Y esperó impacientemente el resultado. Una vez más iban pasando con desesperante lentitud las horas, hasta que cuando ya estaba a punto de comenzar a amanecer, le llegó a los oídos un rumor que al acentuarse instantes después, reconoció que era el característico entrechocar de huesos. Llegó el esqueleto y fue a ponerse de pie enmedio del círculo de carne. Y al mismo momento la voz cavernosa que brota de las descarnadas mandíbulas pronunció las palabras cabalísticas: "Muyán bequet, muyán bequet".

Pero ya en esta ocasión la carne no se movió. Había surtido efecto el consejo del sabio padrino de José Manuel. ¡Vinagre y sal lograron que desapareciera el horrible maleficio que poseía aquella carne embrujada!

Pero a pesar de eso, nuevamente de las mandíbulas del cráneo brotaron las imperativas palabras: "Muyán bequet, muyán bequet". Pero era totalmente inútil. Ya el conjuro satánico no sería jamás obedecido. Y como estaba por amanecer, el esqueleto no espero más. Pues con una ronca y amenazadora carcajada se alejó volando hacia lo desconocido.

"Y esta leyenda —me dijo el maestro Bernabé—, como la hemos oído de nuestros mayores, que a su vez la conocieron de sus antepasados, concluye diciendo: Y desde entonces en el cielo de Ciudad Real, hoy San Cristóbal de Las Casas, en remotas ocasiones se ven volar esqueletos de mujer, a las que el pueblo llama los Yalám Bequet".

Y todavía agregó una palabra más: "Tiene un Yalám Bequet una duración en años, igual a los que habría vivido la mujer en el mundo, si hubiera nacido como un ser normal".

José Manuel resolvió después de estos tristes sucesos, ausentarse de San Cristóbal, y únicamente fue a despedirse de su padrino. Volvió casi diez años más tarde y se podía notar que estaba prematuramente envejecido. Vino como fraile juanino.

Terminado el relato me despedí de mi amigo. Ya era de noche, pero estaba bastante claro. Al empezar a dar mis primeros pasos por la estrecha callejuela, involuntariamente caminé observando el espléndido cielo coleto. *(Leyendas de San Cristóbal).*

EL NEGRO Y LA IGLESIA DE CHAMULA

El pueblo de Chamula, que aparece por vez primera en la historia de la conquista española por el año de 1524, es sin lugar a dudas el que en nuestra provincia chiapaneca conserva más conocimientos de su pasado y celosamente guarda sus costumbres, al grado de que en la cabecera municipal, llamada también Chamula, no aceptan que ningún mestizo o blanco establezca allí su casa habitación. Sí aceptan y hasta hacen amistad con comerciantes, estudiosos, etcétera, pero invariablemente sin vivir con ellos, sino que llegando diario al pueblo.

Y mi informante, que es del repetido pueblo, me platicó la leyenda acerca del origen de la iglesia que se levanta en el lado norte de la cabecera, y que además es la única de todo el municipio, pues no permiten que sea construida otra dentro de los terrenos en que la autoridad chamula tiene voz y mando.

Comenzó diciéndome que, "cuando hay", es decir, hace muchísimos años, las piedras oían igual que los seres humanos y que los animales. Y agregó que en ese muy remoto tiempo habitaba en Chamula un hombre negro que era "muy cabrón", pues tenía poderes especiales para causar la muerte de sus enemigos, a la vez que poseía, como consecuencia de tales poderes, una especie "a modo de defensa", por la cual ninguna arma, flecha ni lanza podía no digamos darle muerte, ni siquiera causarle la más pequeña herida.

Por tales motivos, muy justificados por cierto, aquel negro era a la vez temido y respetado, pues los chamulas sin excepción consideraban que nunca debían tener enemistad con él, porque a través de sus conocimientos y grandes poderes, nadie podía tener capacidad de resistir los "males que echaba" y menos todavía poder destruir a un ser tan poderoso.

Pues bien, al continuar mi interlocutor, agregó que en aquellos lejanos años no había iglesia construida en su pueblo, y tal falta preocupaba a todos. Entonces se pusieron de acuerdo gran número de aborígenes y fueron a rogar al poderoso brujo negro pidiéndole que los ayudara, desde luego que valiéndose de sus poderes, para que resolvieran su problema de cómo construir dicha iglesia que estaba necesitando urgentemente los que habitaban dentro y fuera del pequeño poblado.

En cierto momento aquel negro aceptó obsequiar la petición que le estaban presentando, y entonces, seguido de los chamulas, se fue caminando y terminó deteniéndose, más o menos, en el lugar que hoy ocupa la cruz que sobre un pedestal se levanta como a cuarenta metros de la puerta del templo.

Allí se detuvo también el numeroso grupo de aborígenes que, guardando su silencio impresionante, había caminado detrás del negro. Esperaban con enorme curiosidad qué iba hacer el hombre de los grandes poderes.

Repentinamente comenzaron a oir que se puso a "chiflar", silbar, muy fuerte. A la vez que iba girando lentamente sobre sus pies hasta dar una vuelta completa, pero siempre y sin perder ni una fracción de segundo, produciendo aquellos silbidos, que, en su intensidad, fácilmente podía notarse se prolongaban hasta las montañas vecinas y eran devueltos por el eco.

"Y entonces nuestros antepasados —continuó diciendo mi informante— quedaron materialmente espantados al ver aquello que frente a ellos estaba comenzando a suceder, pues las piedras del monte, al oir el llamado del brujo, comenzaron a moverse y se fueron convirtiendo en carneros. Las piedras blancas en carneros blancos y las negras en carneros negros".

Y según iban sufriendo esa transformación nunca vista, el conjunto de animales en forma desordenada se vino galopando hacia abajo, es decir hacia la pequeña planicie en donde el negro silbaba, mientras los asombrados y temerosos aborígenes no daban crédito al prodigio que estaban presenciando y que jamás se repitiera en ninguna parte.

El primero en llegar fue un hermoso macho negro que, saltando en el aire, al tocar tierra quedó convertido en piedra. Todos los demás animales, conforme iban llegando, daban un salto y al tocar el suelo o las piedras en que se habían transformado sus compañeros, también quedaban al instante convertidos en piedras.

"Y así —concluyó diciendo nuestro relator—, quedó un gran montón de piedras y con ellas se hicieron las paredes de la iglesia de mi pueblo de Chamula".

Pero afortunadamente todavía nos agregó algo más. Cuando el hombre negro, al ir dando vuelta sin caminar, les iba silbando a los diferentes cerros y las piedras bajaban corriendo, "de éste —dijo señalando hacia el sur, refiriéndose a un pequeño cerro que se levanta a la izquierda de la carretera y poco antes de llegar a Chamula— no se movió ninguna piedra, pues ninguna quiso obedecer".

"Y desde entonces —expresó sentenciosamente—, éste se llama Chajancanvitz[1], que en nuestro idioma quiere decir Cerro de las Piedras Haraganas".*(Leyendas de San Cristóbal)*.

LA EXTRAÑA MISA DEL CARMEN

Todavía dentro del siglo xvi se fundó en la ciudad de San Cristóbal de Las Casas, entonces llamada Ciudad Real de Chiapas, una iglesia que fue inaugurada en 1595, principiando desde aquella lejana época las ceremonias religiosas. Esta fue la iglesia de San Sebastián que colindaba por el norte con el convento de monjas de la Encarnación.

Con las leyes de Reforma el mencionado convento fue clausurado, y muchos años más tarde las autoridades eclesiásticas cambiaron el nombre de San Sebastián y le dieron el que lleva actualmente: Iglesia del Carmen, siendo patrona la virgen de ese mismo nombre. Lo anterior ocurrió en el año de 1924.

Volviendo al pasado agregaremos que ya transcurrida la mitad del siglo xvii se derrumbó la torre del campanario. Y entonces un numeroso grupo compuesto de sacerdotes y seglares, después de haber solicitado y obtenido el correspondiente permiso de las autoridades, dieron comienzo a la construcción de la nueva torre en el año de 1677. Desde luego que en el documento en que hacen la solicitud para tal construcción expresan textualmente que "se hará sobre arcos para que debajo quede paso". El paso al que se refieren es la calle que va desde la esquina sur-poniente de la pla-

---

[1] Chajancanvitz. Tzotzil. *Chaján,* haragán, y *vitz,* cerro.

za principal y que se continúa, después de pasar debajo del mencionado arco, hacia el sur de la ciudad.

Dicha torre fue construida en estilo mudéjar. Y hubo únicamente dos en nuestro continente, la otra se encontraba en la ciudad de Lima, Perú. Más ocurrió que lamentablemente, la de aquel país sudamericano la hizo derrumbarse un fuerte terremoto, quedando, por tanto, como único ejemplar en América la nuestra.

Concluida la construcción a que nos referimos, transcurrió casi un siglo, y por el año de 1764 se concluyó la edificación de la capilla de la repetida iglesia. De tal construcción y siendo el templo de una sola nave, el resultado es que dicha nave está, dice Toscano citado por Francisco de la Maza: "...cortada por un crucero de un solo brazo, lo que origina una singular traza en forma de L".

Además, el templo de que nos estamos ocupando tiene una escultura que se ha considerado el mejor desnudo anatómico de nuestro continente. También se encuentran allí varias esculturas más y, entre ellas, la de Santa Ana enseñando a leer a la Virgen María, y que es una bellísima niña como de cinco a seis años de edad.

Finalmente agregaremos que hace ya varios años acompañamos al escultor don Carlos Bracho, a conocer la escultura de un Cristo Crucificado que se encuentra en la nave del lado izquierdo. Lo calificó de extraordinario y dijo lo siguiente: "Es casi tan bueno como el San Sebastián".

Tal es, brevemente expresado, el templo en el que sucedieron, según los relatos de los viejos tiempos, lo acaecido con muy especial sabor de leyenda y que a continuación comenzamos a relatar.

Aproximadamente a cuatro cuadras de esta casa de Dios, vivía una señora viuda, como de cincuenta años de edad y cuyo nombre era María Josefina. Se distinguía como católica y por las innumerables obras caritativas que siempre estaba realizando, pues jamás ninguna persona necesitada dejó de recibir su generosa ayuda.

Económicamente la sancristobalense aquélla no tenía problemas, pues su difunto esposo la había dejado con más que suficientes bienes para vivir holgadamente, hacer caridad llevando el consuelo a los desvalidos y, aún así, lograr lentamente acrecentar su no despreciable fortuna.

Habitaba una antigua y señorial casona de cuatro amplios corredores con piso de ladrillo, techo de madera con los tirantes artísticamente trabajados en los extremos que forman el alero. En tales corredores se admiraban pilares de ciprés perfectamente torneados, con zapatas y sobre bases redondas de piedra curiosamente labradas, que fueron trabajadas por expertos canteros originarios del vecino municipio de Chamula.

Y como doña María Josefina tenía especial predilección por las aves canoras, se veían jaulas colgadas en medio de cada par de pilares del corredor. Allí y principalmente en las mañanas, un verdadero concierto de trinos de los alados cantores alegraban aún más casa y jardín.

El patio era sumamente espacioso y lleno de flores. Tenía rosales alternando con claveles, geranios, azucenas y violetas que, perfumando el ambiente, llenaban de colorido el jardín, en cuyo centro lucía una hermosa fuente colonial, cuyo incansable surtidor producía un perenne murmullo.

Tenía esta noble señora la costumbre, adquirida y conservada durante muchos años, de asistir diariamente a la misa de las cinco de la mañana, yendo siempre a la iglesia del Carmen. Para ello y no queriendo dar trabajo especial a su viejo y fiel José Francisco, evitaba que a tan temprana hora el buen anciano tuviera que dejar su lecho, y para lograrlo personalmente abría la puerta de la calle y la cerraba después con llave, en la misma forma callada con que abría. Y en esta forma el octogenario criado no se daba cuenta de que su patrona iba a misa cuando apenas estaba por comenzar el amanecer.

Desde luego que esta costumbre era invariable, tanto en verano como en invierno, y aun en los días en que en éste estuviera, como comúnmente se dice en nuestra colonial San Cristóbal, "cayendo la helada", jamás doña María Josefina dejaba de cumplir con la obligación de ir diariamente a misa, como en forma semejante lo había venido haciendo desde su juventud y aun varios años antes de contraer matrimonio.

Siempre al regreso la esperaban una humeante taza de excelente café y algunos deliciosos panecillos. Después de tomar el desayuno comenzaban sus labores de rutina con lo que su hermosa casa se mantenía siempre impecablemente arreglada.

En cierta ocasión escuchó el toque de las campanas lanzadas a vuelo y llamando a misa a los devotos. Inmediatamente comenzó a vestirse, tomó su pequeño libro de rezo y la imprescindible llave de la puerta de calle y sin olvidar que debía salir de puntillas para que José Francisco no la oyera, llegó con su acostumbrado sigilo hasta la calle. En seguida se pudieron oír sus menudos pasos sobre las enlajadas banquetas. Minutos más tarde iba ya en la calle que actualmente divide el edificio que ocupa la Biblioteca Pública Municipal "Notario Anastasio López" y el Parque del Templo del Carmen, cuyos centenarios truenos (árbol de trueno) agitaban suavemente sus hojas impulsadas por el aire frío que soplaba constantemente. Sin detenerse, unos pasos más la condujeron hasta la gran puerta lateral del repetido templo. Esta, en la entrada siempre ha tenido un cancel, y por ello la noble dama se desvió un poco a la izquierda, para en seguida voltear hacia la derecha y continuar a lo largo del citado cancel; donde éste concluye y forma ángulo con la pared norte del templo, fue el lugar en que doña María Josefina se hincó, pues era el sitio que siempre y a través de los años prefería.

El alumbrado, como de costumbre, suficientemente claro, y las numerosas bancas ocupadas por los fieles. El silencio era completo, pues ni el más mínimo y leve cuchicheo lo interrumpía en ningún momento.

Después de hincarse, aquella ejemplar cristiana se persignó devotamente y abriendo su devocionario comenzó a rezar. Pero, en cierto momento e inesperadamente, le pareció sentir una fuerte intranquilidad. Entrecerró su libro y levantando con temor la vista se dio cuenta de algo que la llenó de miedo y asombro. Todos los que asistían a la misa y sentados ocupaban las bancas adelante de ella, estaban ¡descabezados! Además, la mayoría llevaba hábito.

Y en esos precisos instantes en que le parecía que su corazón iba a dejar de latir ante el inesperado cuadro que con los ojos dilatados por el terror estaba viendo, apareció el sacerdote que iba a oficiar la misa, pero ¡tampoco tenía cabeza!

Casi simultáneamente con esta aparición, sintió que una mano se posaba suavemente en su hombro derecho, y al voltear la cabeza para ver de quién se trataba, un nuevo y más espantoso motivo de terror le atenazó aún más el corazón: ¡El traile que tenía cerca y cuya mano continuaba presionándola estaba también descabezado!

Pero aún así, pudo darse cuenta de que aquella mano ya le estaba pesando mucho. Y en esos momentos el fraile con voz muy ronca aunque perfectamente audible le dijo: "Esta misa no es para vivos, es para difuntos".

Apenas terminadas esas palabras desapareció, y al instante doña María Josefina dejó de sentir la fuerte presión en el hombro. Esto último parecía haberle dado cierto valor y, haciendo un gran esfuerzo se puso de pie e intencionalmente no volvió la vista hacia donde estaban las bancas ocupadas. Y lentamente, pues sus escasas fuerzas no le permitían caminar de prisa, fue dando sus primeros pasos a lo largo del cancel; después dio vuelta en la puerta de éste y, aún con obligada lentitud, salió por el portón de la secular portada lateral.

Todavía con verdadera dificultad atravesó el pequeño parque, cruzando la calle ya con más ánimo. Y precisamente al llegar a la esquina de la Biblioteca Pública, empezaron a sonar las campanas del reloj del cercano Palacio Municipal. En forma automática las contó: ¡Dieron exactamente las doce de la noche! *(Leyendas de San Cristóbal).*

FRAY LORENZO DE LA NADA

Este fraile dominico llegó a tierras chiapanecas a mediados del año de 1560.

Acerca del lugar de su nacimiento no se conocen datos, pero sí se sabe que realizó sus estudios en el prestigiado convento de San Esteban de Salamanca, que fuera un verdadero semillero de grandes intelectuales y que era considerado, muy justamente por cierto, como uno de los centros de estudio más importantes que había en la madre patria.

Como un antecedente mencionaremos que entre los frailes que acompañaron al obispo fray Bartolomé de Las Casas, cuando vino a tomar posesión de su lejana diócesis de Chiapas, se distingue entre otros fray Domingo de Ascona, que vuelve a la tierra de sus mayores trece años después, en 1558, y aprovecha su breve estancia en la península para invitar a varios compañeros de la orden dominica, entusiasmándolos para que lo acompañen y se trasladen juntos al nuevo mundo en el cual se encuentran cientos de miles de aborígenes a los que deberán cristianizar, a la vez que defender de la codicia y los abusos de los malos conquistadores.

Es por ello que habiendo aceptado con entusiasmo fray Pedro Lorenzo, que también es conocido como Laurencio, pasa al nuevo mundo llegando primero a Guatemala y, tiempo más tarde, ya se encuentra en nuestra provincia chiapaneca, precisamente en la región tzeltal, que está situada al oriente de la que fuera su capital, nuestra ciudad que actualmente se llama San Cristóbal de Las Casas.

Obedeciendo a las órdenes de su superiores, y considerando que era muy acertada la general opinión, respecto de que los frailes misioneros para cumplir mejor su apostolado entre los nativos, aprendieran las lenguas de los aborígenes de la región en que debían de evangelizarlos, comenzó fray Lorenzo a estudiar con ejemplar empeño y dedicación las lenguas tzotzil y tzeltal; pronto pudo notarse que iba haciendo muy notables y rápidos progresos, pues tenía gran facilidad para aprender dichas lenguas que son ramas del tronco lingüístico maya.

Ya poseyendo tales conocimientos, que le facilitarían extraordinariamente su labor, y con un espíritu capaz de llegar al sacrificio por sus humildes ovejas, los indígenas de las zonas a su cargo, da principio fray Lorenzo a su ejemplar obra evangelizadora, que lo coloca entre los más abnegados frailes del siglo xvi, a los que siempre se les ha reconocido una inmensa bondad en su apostolado unida a una profunda indiferencia por los bienes mundanos, calidad que muy lamentablemente ya no fue igual en los siglos posteriores.

La leyenda que escribimos a continuación nos fue relatada por un sabio sacerdote sancristobalense hace ya algún tiempo, pues la conocimos por el año de 1957. Realmente lo ocurrido encierra todo un conmovedor episodio de la época de los milagros y santidades; y al llegar hasta nosotros parece revivir tiempos pasados, trayéndonos al presente el grato sabor del ayer, para dejarnos en nuestro cotidiano vivir espiritualidad pura y excelsa, tan distinta al materialismo de la edad atómica.

Y de nuestro personaje, al fraile que fervorizó a tantos y tantos indígenas, podemos agregar que ni siquiera, como era costumbre, ponía después de su nombre el de la ciudad o villa en que naciera, sino que con ejemplar humildad firmaba sencillamente como Fray Lorenzo de la Nada.

Viajaba constantemente en visita a los poblados, grandes o pequeños, que tenía a su cargo. Y entre sus numerosos recorridos estuvo el de haber llegado, entre muchos peligros, a la desconocida e inexplorada zona en que habitaban los lacandones, es decir, a la región que aún pasados varios años de mediados del siglo xix, aparecía en los mapas con el nombre de Desierto Incógnito de los Lacandones y hoy se conoce con el nombre de Selva Lacandona.

En esta región desconocida, fácilmente y por los peligros a que estuvo expuesto pudo perder la vida, pues acompañado únicamente de diez indígenas se adentró en aquellas tierras llevando el propósito de convencer a los lacandones para que formaran un pueblo de acuerdo con las autoridades del gobierno provinciano.

Se puso en comunicación con el cacique Chanagval y éste acabó por aceptar la visita de nuestro biografiado; por desgracia se puede afirmar que toda aquella gente estaba en contra de fray Lorenzo y hubo un momento en que llegaron a la pequeña choza que ocupaba el dominico para matarlo.

Pero en esos precisos instantes llegó Chanagval ordenando que gente armada retirara a los que amenazaban al noble fraile.

Además y con profunda lealtad hacia fray Lorenzo, le expresó lo siguiente, según palabras del historiador Antonio de Remesal: "No temas padre, que en mi fe venistes y en ella volveras; bueno y sano entraste a mi isla, y sano y bueno saldrás de ella. Estos hombres que te vinieron a matar son unos locos y echáraslo de ver en sus razones, que fueron a decirte que te quieren matar".

Nuestro ejemplar dominico fundó varios pueblos y en la amplia región que ocupan actualmente, se habla de casos extraordinarios que aquel hombre bondadoso realizara.

En varias ocasiones y a la luz de las fogatas se platican hechos excepcionales que se recuerdan y pasan de una generación a otra.

Se relata que en cierta ocasión, yendo fray Lorenzo a la orilla de un impetuoso arroyo, puso el pie sobre una pequeña laja, y entonces aquella casi insignificante masa pétrea, como si obedeciera a los deseos del santo varón, se convirtió en una gran roca que desde entonces hasta hoy sirve como puente para pasar arriba de las peligrosas aguas que descienden incontenibles y tumultuosas por la áspera serranía.

Y ahora, entrando de lleno a la leyenda que vamos a relatar, comenzaremos anotando que a mediados de los años 1560-1570, y en la vasta zona que separa las poblaciones de Yajalón y Tumbalá, en un humilde y olvidado pueblecillo de indígenas tzeltales vivía temporalmente fray Lorenzo, cumpliendo con ejemplar paciencia y bondad su apostolado.

Pues nuestro singular dominico se encontraba en forma total entregado a lograr el bienestar de sus feligreses, dedicando toda su bondad en irlos guiando por los senderos de la región cristiana; y así, mientras en forma sencilla, afable y cariñosa les hacía relatos de la vida de Jesús en lenguaje casi infantil, para que sus pobres almas de ingenuidad campesina, acostumbradas a contemplar el infinito azul del cielo, supieran que esa maravilla es obra del Creador, les enseñaba también los procedimientos más elementales y adecuados para cultivar la tierra que, en la pequeña extensión de que disponían estaba sumamente empobrecida, pues desde muchos años antes y por la llegada de los blancos no contaban con ninguna otra propiedad.

Su Dios y las almas de los que estaban a su cuidado espiritual, constituían la vida entera de fray Lorenzo, que amaba a los pobres indígenas con un sentimiento en que se mezclaban gran cariño y el anhelo de protegerlos constantemente.

Pero hubo algo que conmovió a los habitantes del humilde e ignorado pueblecillo. Pues sucedió que un día llegó hasta el grupo de modestas casas de techo de paja, donde se encontraba fray Lorenzo ejerciendo su apostolado entre los sencillos indígenas, nada menos que el señor obispo de la Diócesis de las Chiapas, el dominico fray Tomás de Casillas, sucesor del insigne fray Bartolomé de Las Casas, y cuyo episcopado fue del 19 de enero de 1551 al 29 de octubre de 1567.

Los aborígenes contemplaron a la máxima autoridad eclesiástica de la provincia chiapaneca, con el respeto y la admiración más grandes.

No dejaban de verlo a la vez que manifestaban un inmenso sentimiento de respeto para aquel hombre que era el jefe y cabeza de la Iglesia en la provincia.

Cuando llegó la hora de tomar alimentos, fray Lorenzo invitó al ilustre visitante para que pasara a la mesa que ya había sido servida. Entraron ambos a la siguiente y pobre pieza que servía de comedor, y vieron un pequeño mueble y sobre él un mantel casi diminuto, aunque impecablemente limpio, sobre el cual habían colocado un plato con frijoles y unas tortillas como únicas viandas.

El señor obispo de la Diócesis chiapaneca dirigió una mirada a la humilde y pobre mesa y a la aún más humilde y pobre comida que le ofrecían, y volviéndose poco a poco a su aparentemente nada hospitalario subalterno, le dijo con cierto acento de reconvención:

"¿Es así, fray Lorenzo, como recibís a vuestro prelado?"

Entonces nuestro ejemplar dominico, antes de contestar esta pregunta, alargó su diestra, pálida y de líneas finas, y tomando entre sus dedos una tortilla la exprimió, a la vez que decía estas palabras:

"Mirad lo que os doy de comer".

Y ante los ojos del señor obispo se produjo el milagro. De la tortilla, que seguían exprimiendo los dedos de fray Lorenzo de la Nada, corría sangre que iba manchando lentamente la santa mano del dominico. *(Leyendas de San Cristóbal).*

LEYENDA DE LA VIRGEN DE CARIDAD

Se estaban viviendo en Ciudad Real, la antigua capital de la provincia de las Chiapas, días de angustia y permanente preocupación, pues la rebelión de indígenas tzeltales que se levantaron en armas en el año de 1712, iba tomando cada vez mayor incremento y ya eran treinta y dos los pueblos sublevados. Además, contaban con jefes aborígenes que venían demostrando valentía y capacidad para dirigir aquel movimiento armado que preocupara a la misma Capitanía General de Guatemala.

Y podemos comprobar su indiscutible importancia, al transcribir la opinión de Martínez Peláez, que nos dice acerca de tal rebelión: "Aquel movimiento fue el más violento y el único que tuvo características de una verdadera sublevación de indios en el periodo colonial centroamericano". Y aún agrega: "La documentación no menciona otro levantamiento que mereciera tal nombre antes y después, y por otra parte, son muchísimos los papeles que recuerdan ésta. Todavía en los años de la Independencia se celebraban misas anualmente en acción de gracia por la derrota de los zendales".

El origen de la repetida sublevación fue la serie de abusos cometidos en perjuicio de los indígenas. Pero lo curioso del caso es que éstos en todos los tonos afirmaban que el culpable de aquel movimiento armado, era nada menos que el obispo de la diócesis chiapaneca, fray Juan Bautista Alvarez de Toledo, pués les exigía constantemente pagaran diezmos más altos, y la sublevación comenzó unos cuantos días antes de que el citado obispo hiciera su anunciado recorrido en la zona indígena de la región oriental de Ciudad Real, que es precisamente la que habitaban, como hasta hoy dichos pueblos.

Dio comienzo aquel movimiento cuando la joven indígena María López aseguró haber hablado con la Virgen, la que le dijo venía especialmente a ayudar a los indios. Y comenzó el culto en el que intervenían únicamente los indígenas. Estos nombraron sacerdotes y obispos a través de Sebastián Gómez "de la Gloria", que decía haber subido al cielo y regresado con amplios poderes de San Pedro, con la comisión de ordenar, a los indígenas que escogiera, sacerdotes o bien obispos. La de los primeros era en breve ceremonia y la de los segundos la alcanzaban después de 72 horas de no tomar alimentos.

Además y como ocurre siempre en estos casos, surgió un auténtico y valeroso jefe: Juan García. Lo seguían en el mando un mestizo apellidado Padilla y el indígena Nicolás Gómez.

Y comenzaron la lucha. En ella perecieron varios frailes, que al principio de la sublevación los respetaban y hasta continuaban viviendo en el mismo pueblo principal en donde ejercían su ministerio, más en cierto momento las ideas de los aborígenes cambiaron y la lucha se hizo más sangrienta al grado de que ya no perdonaban la vida ni a los mismos sacerdotes.

Mientras tanto, en Ciudad Real se habían organizado violentamente fuerzas improvisadas, que unidas a las del gobierno salieron hacia el pueblo de Huixtán —situado a unos 24 kilómetros de la citada población— bajo el mando de don Fernando Monge y que eran un total de 140 hombres, que lucharían contra 4,000 indígenas.

Pero las autoridades de la antigua capital de Chiapas —Ciudad Real— habían tenido el cuidado especial de enviar aviso al recientemente nombrado Alcalde Mayor de nuestra Provincia, que era muy urgente su presencia por los problemas que se estaban presentando. Igualmente dieron aviso al Presidente de la Real Audiencia de Guatemala y Capitán General de la misma, pidiendo ayuda y explicando ampliamente la importancia que estaba tomando aquel movimiento armado.

El día 25 de agosto de 1712 se presentaron los rebeldes en Huixtán. Este pueblo ya se encontraba parapetado, pero a pesar de ello los indígenas comenzaron su avance hacia el centro del poblado. Y hubo actos de verdadero heroísmo. No nos resistimos a relatarlo y con el permiso del lector diremos que: "Sucedió que el sargento Juan Angel, combatiendo contra un tzeltal logró causarle una herida mortal y el indígena cayó a las plantas del vencedor. En sus últimos instantes, y quizá con la desesperación de la muerte, asió los pies del valeroso sargento, que no logró quitarse aquellas tenazas humanas, dando lugar a que llegaran otros indígenas que lo levantaran en vilo y lo fueran alejando del sitio de la lucha.

"Afortunadamente, entre los compañeros de Juan Angel estaba un hombre llamado Pascual Cuéllar, afamado por su gran presen-

cia de ánimo. Y que saltando la trinchera se lanzó sobre la indiada, llevando su escopeta y un alfange. Lo primero que hizo fue disparar su arma y, en forma inmediata y con increíble atrevimiento, fue abriéndose paso entre los sublevados, pues manejaba el arma blanca con gran habilidad.

"Y así logró llegar hasta el prisionero Juan Angel. Aprovechando que lo dejaron libre, lo asió de un brazo, y sin que nadie se lo impidiera, pues sus captores cuando vieron que llegaba una especie de demonio que repartía mandobles incansablemente y estaba con las ropas enrojecidas de sangre enemiga, se iban retirando atemorizados.

"Sitiadores y los que defendían el pequeño pueblo estaban asombrados de la hazaña de un solo hombre que había logrado derrotar a muchos y salvar a su amigo"[2].

Finalmente diremos que cuando ya había empezado la heroica defensa de Huixtán, ocurrió la oportuna llegada del Alcalde Mayor don Pedro Gutiérrez, al frente de unos 600 hombres. Estas fuerzas comenzaron a atacar violentamente la retaguardia de los sublevados. Entonces éstos cometieron el error de abandonar el combate que sostenían contra las fuerzas de Monge, volviéndose todos hacia los recién llegados. Tal situación permitió a este último convertirse de defensor en atacante. Y no pudiendo los indígenas resistir se retiraron de Huixtán.

Ahora bien. Es muy clara la desigualdad numérica de ambas fuerzas. Y en cuanto a las armas, diremos que muchos de los combatientes improvisados llevaban lanzas y machetes, al igual que la mayoría de los indígenas.

Lo anterior dio lugar a que las mismas fuerzas vencedoras no acabaran de dar crédito a su triunfo, máxime si se tiene en cuenta que todos los militares estaban de acuerdo en el sentido de que las fuerzas indígenas fueron distribuidas en forma muy inteligente.

Vuelven las tropas del gobierno y los voluntarios a Ciudad Real y son recibidos con inmensa alegría, pues los ánimos antes de la lucha se mostraban muy pesimistas.

Y ahora mencionaremos que desde el siglo XVI, la recientemente fundada Villa Real, más tarde Ciudad Real, siempre ha teni-

---

[2] Moscoso Pastrana, Prudencio: *Rebeliones Indígenas en Chiapas*. Obra inédita.

De la señora partían balas y flechas que herían sin matar.

do como patrona y protectora a la Virgen de la Caridad, y siempre también, en los casos aflictivos, acude a ella pidiendo su protección y ayuda. Pues bien, se estuvieron haciendo peregrinaciones varios días antes de la lucha que acabamos de describir. Y como otro dato agregamos que en esas fechas la sagrada imagen no tenía iglesia y por ello se encontraba en la Catedral de Chiapas.

Repetimos, no se daba crédito al triunfo alcanzado. Y entonces se pensó interrogar a los prisioneros indígenas. Y éstos, cuando les dijeron que cómo era posible que siendo ellos tan numerosos hubieran sido vencidos, de inmediato respondieron: "No ustedes nos derrotaron, sino la señora que estaba en la torre del templo del pueblo". Ante la contestación anterior, dada con seguridad y aplomo, los que preguntaban, cuyos ojos pecadores no habían visto nada, insistían en su interrogatorio preguntando quién era aquella señora. La respuesta de los indígenas era la misma, pues decían que del traje de aquella señora partían balas y flechas que se dirigían a los escuadrones aborígenes, pero agregaban que "herían sin matar".

De inmediato se pensó en un milagro de la Virgen. Y resolvieron llevar un grupo de prisioneros. Encontrándose ya éstos dentro de Catedral, quedaban viendo hacia todas direcciones demostrando gran admiración, pero en cierto momento señalaron hacia el altar donde estaba la Patrona de la Ciudad y exclamaron: "Esa es la señora que vimos parada en la torre".

Se cuenta que fue conducido un nuevo grupo de prisioneros y que el resultado fue igual. Señalaron a la misma Virgen como la señora que estaba en la torre del templo de su pueblo.

Tales respuestas dieron lugar a que las autoridades de la capital de la Provincia de las Chiapas comunicaran los sucesos a Guatemala, y de esta ciudad el informe pasó al rey de España. Y desde esos días y para siempre la Virgen de Caridad protectora de nuestra ciudad es Virgen Generala. Tiene una banda de Generala que va de su hombro izquierdo a su costado derecho, y en la mano diestra el bastón que indica ese grado, en tanto que en el brazo izquierdo, que tiene recogido, está sentado el Niño Dios, al que la piedad de los fieles también le puso en su diminuta mano el bastón de mando militar. Además, le construyeron su propia iglesia y su fiesta anual, recordando su aparición; por orden del Rey de España fue celebrada con dineros del tesoro real, hasta nuestra independencia. *(Leyendas de San Cristóbal).*

CÉSAR PINEDA DEL VALLE. Nació en Pijijiapan, Chis., en 1932. Licenciado en derecho por la UNAM, desde 1980 es investigador de tiempo completo de la Universidad Autónoma de Chiapas, dedicado especialmente a rescatar las tradiciones y costumbres de su Estado natal. Fue el primer director general del Instituto Chiapaneco de Cultura (1987) y ha publicado 22 trabajos, entre ellos *Cuentos y leyendas de la costa de Chiapas* (Costa Amic Editores, 1976; 2a. ed., UNACH, 1994), *Chiapas mexicano, siempre mexicano* (1978), *Belisario Domínguez. Vida y obra* (1986), *Antología de la marimba en América* (Guatemala, 1994), *Antología del cuento chiapaneco* (1995) y *Los poetas chiapanecos* (1995).

EL DUENDE

Espíritu fabuloso, amo destructor de la tranquilidad y el consuelo, del reposo y la frescura; interruptor de la ociosidad o la meditación, atentador de la paz y el sosiego; duende de odio que abatiste una costumbre, una necesidad, un deleite, doblegando al hombre a la fatiga sin reparo, al calor sin mitigación, a la mente sin libredumbre, a la desazón sin calma.

Nuestras tierras del Sur; sierras, bosques, selva y mar, ríos caudalosos y arroyos risueños, feraz todo como la imaginación y la ansiedad del hombre; precipicio de pasiones, altitud de amor; lucha y lucha contra los elementos, contra el sol que calcina y el calor que agobia. Pulmones atormentados, gargantas insaciables, ánimos que se vencen impotentes, laxitud de músculos. El hombre busca sus remansos, y los hay en las casonas con sus corredores donde desfila un céfiro que alivia, las sombras caprichosas de los frondosos mangos, almendros, cocoteros y algún viejo laurel perdido, viento perfumado que rompe el sereno espejo de alguna fuente tendida. Y sobre todas las cosas, las hamacas. Ellas recogen el aura que se encierra en los cópulos invisibles de la atmósfera y la pasean en su vaivén de un lado al otro de nuestros cuerpos agradecidos. Ellas nos dan la placidez y la ternura del tiempo. A la caída de la tarde, en el principio de la noche, el calor abruma y atenaza y sólo la brisa de la hamaca nos consuela cuando empieza a penetrar el furtivo frescor de la madrugada con el fino sereno cargado de la balsámica humedad.

Las casas de la costa, casi todas, son de paredes muy altas, sin cuartos distribuidos en su interior. Un cuadrado o un rectángulo lo aposentan todo, y si a esta simple disposición agregamos un brillante piso de cemento o de rojizos ladrillos, y un techo de tejas coloradas, ya se tiene una casa fresca y confortable. Poco exigentes, en una esquina puede ubicarse una sala y en la opuesta el dormitorio; pero si se es escrupuloso de la privacía, un pequeño cancel formado por bastidores y lona encalada puede satisfacerla. Más donde quiera que se viva, debe haber una hamaca, que es en todos sentidos lo más funcional y alentador.

Hace muchos años, costumbre de todo el Sureste, era el uso generalizado de las hamacas. Se hacía uso de ellas para descansar y dormitar en las siestas y para dormir lo más tranquilo posible por las noches. Mas, ocurrió que, en la costa de Chiapas, un día dejaron de dormir sobre el lecho tendido que se mece.

Desde entonces, todos se hicieron de una cama o un simple catre; como el que escoge su propio tormento. La hamaca se abandonaba cuando el sueño arribaba bajo los párpados sudorosos.

¿Por qué ocurrió este cambio lógicamente inexplicable?

En todos los poblados del Sureste, desde la punta del Caribe, Yucatán, Campeche, Tabasco, el resto de Chiapas y Oaxaca, la hamaca es útil día y noche. Lecho placentero y necesario. Pero en nuestra costa se enreda por sí misma enjuta y abandonada o se desprende de sus amarras por las noches. Una sucesión de acontecimientos inexplicables ocurridos a mucha gente, hizo nacer la sensación de algo sobrenatural. Una leyenda sirvió para advertir la razón de esta importuna abstención.

Fue a Vicente, un trabajador oaxaqueño que desempeñaba el cargo de caporal en el rancho ganadero de don Fidel, llamado Las Brisas, a quien le pasó algo inusitado. El rancho estaba situado cerca del mar, por donde ahora germina el cambio con el hallazgo de nuevos mantos petrolíferos.

Dormía solitario este buen hombre en una apartada cabaña de madera y troncos de palmeras con techumbre de guano. Su cuerpo fatigado se tendía sobre la hamaca traída desde su nativo Juchitán.

Una noche como tantas hay en el lugar, estrelladas en el cielo y silenciosas en el espacio, cuando todos los rancheros reponían las energías gastadas durante las faenas del campo, un ser invisible y misterioso se dio la tarea de mecer al cansado Vicente, quien soñando en una brisa salpicante de frescura, dejaba transcurrir su sueño entre el sonido de trac-trac-trac que con su amable monotonía, al rozar de los mecates con las vigas de donde se suspende el aéreo lecho, arrulla al durmiente como madre cariñosa. Mas un vendabal empezó a cambiar el ritmo de la noche. Azotó las hojas de las palmeras y sacudió el tallo de los arbustos y el tronco señero de los árboles. El frío y el aire se metieron entre los huecos de la hamaca y abrazaron el cuerpo inerte del durmiente. Abrió los ojos con azoro y reparó con miedo que una fuerza misteriosa lo estaba meciendo; pero entonces con tal fuerza, que el roto compás se alteraba en violentos giros a punto de estrellarlo contra el techo. Creyendo que alguien le hacía una maldad, con ira comenzó a dar gritos y proferir insultos. Quería ver la cara del bromista compañero de trabajo, que no reparaba en respeto alguno. Mas, temiendo que pudiera ser arrojado contra el techo, se dejó caer presa de pánico. Eran más de las doce de la noche. Los demás compañeros que dormían en la placidez de una quietud bienhechora, despertaron alarmados al escuchar los gritos de Vicente. Miraron por donde venían los gritos e improperios y vieron al amigo transido de coraje, con el machete en la mano diestra, lanzando al aire imaginarias cortadas, tajos de muerte a quien no existía. Una luz mortecina de un viejo quinqué con su bombilla de vidrio iluminaba entre sombras al iracundo Vicente con la boca llena de espuma y los ojos desorbitados.

—¿Qué te pasa, Vicente? ¿Te has vuleto loco o acaso sueñas con una criatura del infierno? ¿A quién deseas matar, cuando estás solo con tu sombra?

—Al hijo de tal por cual que me tiró de la hamaca y que por un pelito me mata...

Después de un largo silencio, en que nadie se atrevía a hacer conjeturas, Vicente reflexionando agregó: Pero si es que no veo a nadie, ni ustede lo ven, ni hemos visto salir a nadie después de caerme de la hamaca... O es un fantasma o es el dueño de este lecho de muerte quien me ha lanzado de él, molesto por haberme metido entre estas cuerdas. No, no ha sido un ser humano...

Todos rieron de buena gana. Para disipar el miedo que todos disimulaban, abrieron una botella de comiteco corriente y libaron hasta llegada el alba, que señalaba la hora primera de la faena.

Hechos iguales volvieron a suceder en una y otra estancia. La creencia de un ser fantasmal dio nacimiento a mil conjeturas del más allá. Alguien había muerto mientras lo mecían en una hamaca y había vuelto a vengarse de todos los que se arrullaban en el tendido lecho. El duende se llamó aquel fenómeno deletéreo, nacido del más allá. De vaquería en vaquería, como reguero de pólvora, corrió la versión acaso deformada, en mucho, por la imaginación. De las rancherías pasó a los pueblos y ciudades.

Hubo quien diera señales de haberlo visto y adornó en su magín sus características: alto y delgado, como todo ser que deambula por el mundo de las fantasías; quien, que no sólo no era alto sino pequeñito como un enano o más grande que un gnomo, como en los viejos cuentos del Medioevo. Otro, que había platicado con él y recogido la advertencia de que en las noche no consentiría que nadie durmiera en hamaca. Estas debieran estar vacías, porque allí posaban incorpóreos seres que en la vida sobrenatural estrañaban la caricia de sus vaivenes.

Desde entonces, cuando alguien permanece más tiempo del que la tarde tolera, se le advierte que será lanzado de la hamaca por el duende. Las madres asustaron a sus pequeños hijos con las narraciones de esta aparición fantástica. De tajo se cortó el viejo hábito. Y la tradición arrastra la conseja y el temor, en una nueva costumbre: las hamacas por la noche se quedan, en la costa de Chiapas, vacías. La llenan los espíritus. *(Cuentos y leyendas de la Costa de Chiapas).*

EL SOMBRERÓN

Muchas veces lo vieron los viejos vaqueros. Uno de ellos relataba su aparición todavía con irrefrenable emoción, contagiando el estupor a los jóvenes que lo escuchábamos:

Como la aparición de un tenue relámpago que se pierde en corto espacio, una luz del fondo de la oscuridad de la noche reventaba en el aire antes de escucharse un silbido. Silbido hondo y melancólico seguido luego por la música de una armónica bocal, cuyas notas se fundían en el arpegio de todos los sonidos del campo, cuando la noche secuetra las figuras que entenebrece.

Luego emergía la imagen que de vaga se tornaba radiante. Era un hombre misterioso brotado del plenilunio, sobre un caballo blanco como la nieve, que en su andar poderoso lo llevaba a lomos.

Fúlgida figura de un elegantísimo charro que encandilaba con su botonadura de plata. Espuelas, estribos y su grande sombrero galoneado, producía una argentina resplandecencia. Mas sin aproximarse nunca a los que le miraban, apenas se adivinaba el rostro que se imaginaba zumbel y despótico, sombreado por las alas dominantes del sombrero. Parecía no tener en cuenta la mirada ni la presencia de sus atónitos espectadores, que dejaban consumir sus cigarros en los dedos, como si fuera una corte de luciérnagas al paso cadencioso que parecía durar mucho tiempo, hasta perderse con la música que se iba apagando a la distancia. Tras de él se corría un manto negro en la espesura de los árboles, cual si hubiera sido una fantástica visión.

Nadie sabía quien era, ni de dónde venía.

Los rancheros y vaqueros soló le llamaban El Sombrerón.

Alguna vez alguien que no estaba en el grupo y a mucha distancia lo vio pasar tocando su armónica y cantando a veces, con una indiferencia glacial. Al pasar por un potrero, advirtió que el tono de su canto tomaba matices extraños, con tono fuerte, que movía a las bestias nerviosas en su torno, siguiendo a la montura con una mansedumbre de autómatas, por veredas que las conducían a los corrales, a los que entraban ordenadamente sin mugir ni entorpecer su paso. A la puerta se colocaba El Sombrerón hasta que las manadas estaban dentro. Se desmontaba y cerraba la entrancada verja, para subir otra vez en su caballo y proseguir la marcha; ahora con alegre y satisfecho trote, haciendo algunas veces lujosas cabriolas.

Sucedía así que, en ocasiones, llegaran gañanes y vaqueros por las mañanas al rancho, llevándose la sorpresa más grande que pudieran sufrir en su vidas sencillas. El ganado que el día anterior pacía en el campo, se hallaba apezuñado y plácido en los corrales. ¡Por la noche había sucedido un milagro!

Lo que costaba a los vaqueros una tarde de horas y sudorosa labor, desgañitándose, lanzando las mangas sobre los lomos de la torpe vacada, cerrándoles el paso en forma de realizar su rodeo, buscando a los animales descarriados, corriéndolos y al fin redilarlos hasta el corral, un solo hombre, silenciosamente, con un secreto mando, había llevado y encerrado a tantos animales que apacentaban como si ellos sí conocieran la forma de haber sido conducidos tan pronta y mansamente.

Junto al corral los vaqueros encontraban los restos de una fogata, pisadas de un recio botín, restos de puro elaborado con hojas de guarumo, huellas de herraduras; lanzaban sus imprecaciones: ¡Fue el maldito Sombrerón!

¿Por qué este empeño de acorralar a los animales, muchas veces con grandes perjuicios para los rancheros?

Sortearon vigilancias, se empeñaron en vigilias; pero todavía de cuando en cuando, un pequeño descuido, daba ocasión a la misma inexplicable maniobra. Las armas nunca fueron disparadas contra el hombre, visible sólo cuando pacíficamente surgía como una criatura en noches de luna. Acaso una tonadilla se grabó al más musical de los vaqueros, cuando adormeciendo el día, suelen tocar sus armónicas o silbar para romper el silencio de las noches. *(Cuentos y leyendas de la Costa de Chiapas).*

EL CADEJO

La fantasía, dueña de un mundo aterrado, creó desde tiempo inmemorial y seguramente desde los albores de la Conquista, la imagen de un feroz animal, un cuadrúpedo de ojos colorados y con cuernos, que perseguía a los ebrios. Viven leyendas sin paternidad, desde la cordillera de los Andes, que buscan nidos de posteridad, hasta las serranas tierras de Chiapas.

Sucedió que un día, en el rancho trapichero de don Manuel, donde se hacía panela, se destilaba aguardiente de caña en forma clandestina y se bebía "chicha" de la buena; un día de tantos, de los secos y calurosos meses de los primeros años de este siglo, cuando el aire caliente de la costa, como marejada impaciente peinaba las sedosas crestas florecientes del cañaveral, todos los hombres que trabajaban en el rancho daban comienzo a la molienda del primer corte de la temporada de zafra.

Aquel rancho era un ensueño, un paraíso de frescura y verdor.

La casa principal de paredes con revocos de barro y tierra y su techumbre de rojizas tejas, tenía corredores sombreados donde las hamacas bailaban su cadencia de paz, como si entre sí dialogaran cuitas y secretos en días que se hacían eternos. Más allá los galerones enormes eran el previo teatro de las moliendas; los peroles de puro fierro colado dispuestos a recibir el infierno de la hoguera para el cocimiento. Al fondo una huerta olorosa a limas y limones, dejaba reconocer a sus moradores, los frondosos árboles de guayaba, pomarrosas, toronjas, guanábanas y tantas frutas tropicales, que daban al lugar un místico y perfumado sentimiento de tranquilidad y frescura.

Ese día comenzó la molienda con todo su barullo y algarabía acostumbrada. Gritos y cantos pueblerinos, carretas que van y vienen rechinando, cargadas de cañas recién cortadas. Hombres que afilan sus machetes sobre las cacarañadas piedras de afilar; troncos de caballos y mulas; yuntas de bueyes dando vueltas que jamás terminan, haciendo girar los engranes del trapiche, muelas que trituran la caña como potros de tormento; chispas de fuego; feria de ejambre mieloso, hasta que cayendo la tarde se roba poco a poco el color y la sinfonía para que, reina galante, desfile la noche con lentejuelas centellantes formadas por miles de luciérnagas alocadas. Los hombres rendidos se retiran del fárrago, exhaustos y doblegados, mientras quedan los fogoneros, sin renuevos, que atizan y avivan las llamas que lamen la oscuridad en charamascas que chirrian lastimeras en el cuerpo victimado de troncos y leños, toda la noche.

¡Qué descanso tan merecido y acogedor! Mañana será un día más pesado. El agua-miel cansado de tanto hervir, se transformará en melcocha, y cuando esté en su punto, habrá de vaciarse en los moldes de madera. Serán prensados hasta que se enfríen; hasta quedar sazonados y convertidos en sabrosas panelas. Después vendrá el empacamiento con capas de vijagua que se desprendían de los tallos de los bananos o plátanos. Esto durará todo el tiempo de sequía, cuando las aguas temerosas de su propia fuerza, se esconden en algún sitio lejano, tal vez entre las nubes de un cielo distante.

Por la noche todo mundo gamitaba roncando por la fatiga que el sueño reparaba. Se mecían en sus hamacas de pitas coloradas al ritmo en que los mapaches comían caracoles y las aves nocturnas palmeaban con sus alas, en busca de alimentos. Todo era paz y quietud.

Dieron las doce de la noche y en tan preciso instante, cuando el segundo 59 del minuto último se escapaba para no volver jamás, sucedió algo increíble; de la profundidad de lo más oscuro y tenebroso de la noche, surgió de pronto un horroroso animal que de inmediato se echó sobre el más apartado de los trabajadores que dormía plácidamente, sin imaginar su inesperada y fiera visita. Tenía la forma y el tamaño de un perro de caza o más bien, de un lobo salvaje. Su hocico abierto dejaba ver relámpagos de luz y en sus ojos aparecían llamaradas que enrojecían la negrura de la noche cual si la incendiara.

Un presentimiento advirtió al trabajador del peligro sin tenerlo aún a la vista. Abrió los ojos todavía somnolientos, y antes de lanzar un grito de horror que se ahogó en su garganta asfixiada, el feroz animal lo derribó del mecido lecho y se dio a sus impulsos de muerte. La víctima se revolcaba en el suelo asido a la bestia el instinto de defensa. El jadeo y la lucha, despertaron a los compañeros. Horrorizados gritaban desaforados ocurriéndoseles el remedio contra el fantástico animal: ¡Es el cadejo, es el cadejo!; ¡Pónganl al revés sus ropas y orinen sus cinchos! ¡Pronto, que se lo come, que lo mata!.

Transidos de miedo, con los rostros desencajados, cegados por los efectos de la luz en medio de la oscuridad, se fueron acercando. Blandiendo sus cinturones, golpeaban con furia, donde cayeran los azotes contra la fiera. El castigo sin reparo empezó a operar una curiosa metamorfosis en la bestia, que habiendo soltado a su presa, era ahora la que se hallaba a merced de sus captores. Atónitos dejaron de golpearla mirando el lento proceso de la transformación hasta tomar la figura de un ser humano, cuyas voces cesaron de ser feroces, para convertirse en suplicantes. Postrado de rodillas a los pies de sus atacantes, cubriéndose el rostro con las manos que escurrían lágrimas y sangre, sollozaba clamando piedad.

—Ya no me peguen, muchachos; soy Jacinto, el del pueblo, ¿qué no me reconocen? Por favor, ya no me peguen, por favor. Perdón, perdón.

Tras un largo silencio de estupefacción, todos redoblaron en su ánimo el enojo, aunque ya sin castigarlo. Las súplicas y el llanto iban ganando la calma de los verdugos, mirándolo con repugnancia más que compasión.

De pronto uno de los más enfadados le dijo con el tácito asentimiento:

—Esto te pasa, estúpido, por andarte haciendo pasar por el cadejo. ¿Ves lo que trae la magia negra?

Todo el pueblo se enteró del acontecimiento.

Jacinto, humillado, caído en el desprestigio, se cuidó mucho de meterse en aquellos vericuetos parasicológicos. Acaso ni él mismo podría explicar esa transmigración de su personalidad convirtiéndose en el viejo cadejo de leyendas, que tantas víctimas cobrara entre infelices trasnochadores. *(Cuentos y leyendas de la Costa de Chiapas).*

MANUEL DE JESÚS MARTÍNEZ VÁZQUEZ. Chiapaneco, nació en 1913. Siendo estudiante fundó una escuela primaria nocturna. Una vez recibido de profesor, creó la Escuela Normal Mactumactzá. Después ha enseñado didáctica en la Normal del Estado y desempeñado cargos públicos en el ramo de la acción cívica. Publicó el periódico *Alma infantil* y escribió poemas y guiones educativos. Administró la radiodifusora XEON y promovió las sociedades de Geografía de Chiapas y de Escritores Chiapanecos. Es autor de *Tuxtla en las primera décadas del siglo XX* (Instituto Chiapaneco de Cultura, 1992).

LA TISIGUA

En las moliendas de Juan Crispín, poblado próximo a Terán, donde afluían domingo a domingo por la cuaresma las familias tuxtlecas transportadas en las legendarias carretas tiradas por bueyes para cumplir con alguna manda hecha al Señor de Esquipulas, imagen muy venerada en Chiapas por la proximidad con la vecina República de Guatemala, donde le tienen una gran devoción, era muy frecuente escuchar que la Tisigua había echado al perol de miel al punteador, o sea al que le daba el punto a la miel de panela. Y en realidad lo que sucedía era que el infeliz mozo, por trabajar durante horas y horas junto a la homalla, a veces se caía de sueño en el perol de miel.

Por otro lado, los viejitos de los ranchos con su gran imaginación que tenían, como don Luis Toalá, creaban personajes fantásticos, como lo fue la Tisigua, para que los jovencitos no anduvieran de parranderos y coscolinos por los ranchos y en el vecino Terán. Fue así como entre las familias se comentaba que a los que se quedan por largas horas bañándose en el Sabinal, en las hermosas pozas que se formaban junto a los gruesos troncos de los ahuehuetes se les aparecía la Tisigua.

Dionicio, a quien todos conocían por Nicho, era el hijo único del cañero don Casimiro, que por afecto todos lo conocían por el tío Cashi. Su madre doña Micaela siempre estaba pendiente de todos los deseos de su Nichito. En su oloroso baúl de cedro siempre le tenía su ropa bien planchada, que por cierto en una ocasión se quemó con la plancha de mano que calentaba en un buen cuadrado comal de fierro y con buenos leños de brasil y de patzipocá.

Nicho, que ya andaba por los dieciocho años, todavía no daba muestras de enamoramiento y las amigas de la madre del joven le preguntaban que cuándo se casaría Nichito, pues ya tenía su edad. A eso la madre les contestaba:

—Todavía no piensa mi hijo en mujer, no pues... Todavía no... Le pido al Señor de Esquipulas que cuando ya piense en mujer se encuentre con una buena y galana muchacha.

—Ni crea usted tía Mica, a lo mejor su Nichito ya hasta ha de tener un chiquitío con alguna teraleña o de por ahi por La Chacona, porque como es bien parecido el muchacho vierasté cómo lo siguen...

Se iba a celebrar la velación del Señor de Esquipulas el catorce de enero, por lo que doña Micaela le alistó su buena mudada a Nicho para que fuera de conquista al baile.

Por la tarde se fue al río el jovencito muy contento, silvando una de las canciones que mucho le gustaban. Antes de salir de la casa la buena madre le recomendó que no se tardara mucho en el río, que recordara que la Tisigua se estaba apareciendo a los que iban a bañarse ya muy tarde.

Nicho, muy valiente, le dijo a su mamá:

—¡Ay, mamá..! Eso de la Tisigua es puro cuento de don Luis Teolá.

—Bueno, ahí vélo vos Nicho. Yo no quiero que te vaya a jugar y te quedés idiota como Lipe de don Chano. ¿A poco es bonito andar así?

Pero Nicho no tomó en cuenta aquellas recomendaciones y salió disparado hacia el Sabinal, que estaba bastante lleno y con una corriente tan cristalina que invitaba a bañarse.

Se desvistió dejando su ropa en las ramas del sabino que quedaban a manera de percha junto a la orilla del río y dándose impulso se lanzó a la poza, dando las buenas braceadas a lo largo de las tranquilas aguas.

Ya estaba enjabonándose parado sobre unas gruesas raíces cuando de repente oyó unas palmadas un poco leves y luego más fuertes, acompañadas de un silbido medio mañoso. Con los ojos enjabonados como pudo trató de distinguir de dónde surgía todo aquello. Luego escuchó aquellos ruidos por otro lado, después detrás de él y así fue dándose cuenta de que lo estaban jugando.

Se quitó el jabón rápidamente y se volvió a zambullir. Apenas sacaba la cabeza cuando muy cerca vio que surgía del agua el busto de una guapa mujer, rubia, de ojos azules, de nariz muy perfilada, bonita la malvada.

Nicho en cuanto la vio dijo para sí:

—Ya se me hizo. Voy a saber lo que es tener una mujer junto a mí. Ojalá que se me haga. Esta no se me escapa.

Cuando más contento estaba con tan inesperado hallazgo, se dio cuenta que la bella mujer ya estaba detrás de un grueso tronco de sabín. El trató de seguirla, pero inmediatamente la guapa mujer se escabullía por entre la maleza; a pesar de las espinas y garfios que abundaban más arriba de la orilla, no se lastimaba; en cambio el pobre Nicho iba cayendo y levantando entre el espinero y la maleza con peligro que pisara una culebra.

Al poco rato la maligna mujer volvía a meterse en la poza y Nicho tras de ella tratando de abrazarla y comérsela a besos y luego... De momento reflexionó y recordó lo de la Tisigua. Dudaba si era la fantástica y perversa mujer que había vuelto tontos a muchos jóvenes de la región o que los había metido en los peroles de miel caliente de las moliendas.

Llenándose de valor se lanzó hacia donde estaba nadando la Tisigua y ya casi la alcanzaba cuando ella se dirigió a donde estaba su sombrero de palma que había llevado, lo llenó de agua y en un instante se acercó a Nicho poniéndoselo en la cabeza.

Al verlo con el sombrero que escurría una agua lodosa, olorosa a azufre, se carcajeaba y sonaba las manos como burlándose del joven. El trataba de alcanzarla, pero al poco desapareció entre los árboles, quedando Nicho desde ese momento alelado, idiota, con la mirada fija sin que pudiera articular las palabras con la claridad que le caracterizaba.

Como pudo, con la ropa toda mojada se fue a su casa, que con trabajo la encontró a eso de las diez de la noche.

Para eso ya la familia había ido a buscarlo; el tío Cashi, con un grupo de vecinos se fue, llevando un tambor y unas teas para localizarlo. Desesperados le gritaban sin saber que ya se encontraba en su casa, donde la tía Mica lo estaba atendiendo con su buena taza de café caliente. Cuando llegaron los que fueron a buscarlo, ya don Crispín le estaba curando de espanto.

A mucha distancia se oían las imploraciones del curandero que decía:

—Señor de las Ampollas, curá a este cristiano; Señor de Esquipulas, dále la salud a tu hijo Nicho—, y rameadas y más rameadas; lo bañaba de aguardiente y entre soplido y soplido seguía pidiendo a toda la corte celestial que Nicho volviera a su estado natural, que recobrara su buena figura. Y de nuevo volvía a decir:

—Virgen de Copaya, salvá a tu hijo; Virgen de Olachea, que se componga este cristiano; Virgen de Candelaria, hacé tu milagro; San Marcos, patrón de Tuxtla, curá a este bendito muchacho; San Agustín, patrón de Tapachula, que se componga este niño; San Pedro de Tapana, curálo; Pasión Verde de Clacotepec, sanálo; San Sebastián de Chiapa, curálo; San Caralampio de Comitán, curálo; San Pascualito, sanálo; y así no cesaba de pedir hasta lograr que volviera a la normalidad aquel pobre muchacho.

Pero de nada sirvieron todas aquellas imploraciones. El infeliz Nicho nunca recobró la razón y desde entonces por las calles de Terán y los callejones de los ranchos de Juan Crispín veían a Nicho parándose en las puertas de las casas mendigando un taco o algo, no porque en su casa le faltara comida sino porque gozaba al recibir algo para comer, imaginándose que era la Tisigua quien le daba todo aquello. *(Tuxtla en las primeras décadas del siglo XX).*

CHIHUAHUA

CARL LUMHOLTZ. Etnógrafo noruego (1851-1922), realizó cuatro expediciones a territorio mexicano, con destino a los pueblos indígenas de la Sierra Madre del Norte y regiones adyacentes. Su viaje más extenso, de 1894 a 1897, lo financiaron particulares y sociedades científicas de Estados Unidos, y contó con el apoyo del presidente Porfirio Díaz. Recogió entonces toda índole de datos y tradiciones de los tarahumares, tepehuanes, coras, huicholes, nahoas y tarascos. Su libro *México desconocido,* que contiene esos estudios y experiencias, se publicó en Nueva York (Charles Scribner's Sons, 1904) traducido del inglés al español por Balbino Dávalos.

LEYENDAS TARAHUMARES

EL SOL Y LA LUNA AL PRINCIPIO DEL MUNDO

En el principio, el sol y la luna vivían solos y eran dos niños vestidos de hojas de palma que habitaban en una cabaña techada de lo mismo. No tenían vacas ni ovejas; ambos eran oscuros y el lucero de la mañana era el único que esparcía alguna luz sobre la tierra. La luna comía piojos de la cabeza del sol, y la estrella de la mañana vigilaba durante la noche. Había entonces 600 tarahumares que no hallaban qué hacer a causa de la oscuridad, pues no podían trabajar, tenían que cogerse unos con otros de las manos para andar y a cada paso topezaban; pero curaron al sol y a la luna tocándoles el pecho con crucecitas mojadas en tesgüino, y uno y otra comenzaron a brillar y a dar luz.

LA LEYENDA DE LA ESTRELLA

Un hombre vivía con tres mujeres, ocupado en hacer flechas mientras ellas iban a buscar zorras y marmotas, y una vez que no pudieron encontrar ninguna, mataron a su padre y dijeron: "De nada sirve ya estar aquí; vámonos a otra parte". Cuando el hombre las vió corriendo, les tiró con flechas. Las mujeres fueron ascendiendo al cielo, cogidas de la mano, y él las clavó en los lugares donde aún pueden verse, convertidas en las tres brillantes estrellas del cinto de Orión. Las tres mujeres permanecieron en el cielo, pero el hombre se quedó en el mundo vuelto coyote.

LA LEYENDA DEL DILUVIO

Cuando el mundo se llenó de agua, una muchachita y un muchachito subieron a una montaña llamada Lavachi (guaje), situada al sur de Panalachic, de la que descendieron cuando el agua hubo bajado, llevando consigo tres granos de maíz y tres frijoles. Como las rocas estaban blandas después del diluvio, aún pueden verse las huellas de los niños. Plantaron el maíz, se acostaron y tuvieron un sueño aquella noche; después cosecharon, y de ellos descienden todos los tarahumares.

Empezaron éstos a pelear entre sí, y Tata Dios les envió mucha lluvia haciendo que todos perecieran. Después del diluvio, envió a tres hombres y tres mujeres a poblar la tierra, los cuales sembraron tres clases de maíz que habían traído: el blando, el duro y el amarillo, variedades que todavía se encuentran por allí.

LOS GIGANTES

Antiguamente había gigantes en las cumbres de las montañas, tan grandes como pinos y con unas cabezas como rocas. Enseñaron a los tarahumares a sembrar el maíz, derribando árboles y quemándolos, pero se comían a los niños.

Una mujer dio a luz un gigante en una cueva que estaba muy alta sobre la ladera de un valle. La madre murió por el tamaño de su hijo, el cual quedó a cargo de su abuela, pero ésta, volteándose una noche dormida, lo aplastó.

De Guasivori (cerca de Cusarare) fueron unos gigantes a Nararachic a pedir limosna. Les gustaba mucho el tesgüino. Trabajaban muy de prisa y los tarahumares los pusieron a cabar la tierra y a sembrar, dándoles en cambio comida y tesgüino; pero los gigantes eran feroces, violaban a las mujeres cuando estaban bajo la influencia de la Luna, y por lo tanto se irritaron mucho los tarahumares, mezclaron un cocimiento de chilicote con el grano que daban a los gigantes, y éstos murieron.

TATA DIOS Y EL DIABLO

Tata Dios bajó al mundo. Tenía en su casa muchas grandes ollas llenas de fuerte tesgüino. Al otro lado del Río Huerachic, en las barrancas, vivía el diablo, que era muy pobre y sólo tenía un jarrito de tesgüino malo. El diablo y su hermano convidaron a Tata Dios a que fuera a beberlo con ellos, y habiendo aceptado le dieron el jarro y la jícara, y se sentó a beber; pero no pudo emborracharse porque no había suficiente licor. Cuando hubo vaciado el jarro, dijo Tata Dios: "Ahora vamos a beber tesgüino a mi casa; porque yo también tengo". Aceptaron la invitación, fuéronse todos juntos y Tata Dios les dio una grande olla llena de tesgüino y la jícara para beberlo, lo que no dejaron de hacer, entreteniéndose al mismo tiempo en cantar como los mexicanos, hasta que ambos rodaron por el suelo completamente ebrios. Ya muy entrada la noche, se levantó el diablo y se acostó con la mujer de Tata Dios. Cuando ella despertó, enojóse muchísimo e hizo levantar a su marido, quien emprendió pleito con el diablo hasta que éste lo mató. Pero Tata Dios resucitó al rato y dijo al diablo: "Ahora sal de aquí y vete lejos". "Voy a mi casa por mis armas", repuso el diablo; pero fuése primero a la habitación de Tata Dios y le robó su dinero y cuanto tenía, ocultándolo todo en su casa, a donde fue a buscarlo Tata Dios. Este, nuevamente irri-

Cuando se fue, dijo: "Voy a dejar aquí dos cruces".

tado, púsose otra vez a pelear hasta que quedó muerto; pero tornó a levantarse y dijo al diablo: "Húndete", y desde entonces se hundió el diablo y ha permanecido debajo de la tierra, mientras que Tata Dios continúa en su casa.

Un día al amanecer viéronse todos los campos llenos de ovejas. Tata Dios pintó sobre una losa unas figuras semejantes a pisadas de venados, con lo cual dio origen a estos animales.

Cuando Tata Dios volvió al cielo, llevaba en la mano derecha un gallo que colocó en la copa de una palma. El ave cantó tres veces, mientras que Tata Dios ascendía al cielo. Desde entonces, siempre que sale el sol, los gallos que hay en la tierra responden cuando oyen cantar a los que están en el cielo.

Desde que Tata Dios se fue al cielo, no ha vuelto nunca, pues está disgustado con los tarahumares y pretende destruir el mundo, pero le dice la Virgen: "No te metas con ellos; me da compasión la familia que dejamos". Por esta razón, subsiste el mundo.

Cuando Tata Dios se fue, dijo: "Voy a dejar aquí dos cruces". Y colocó una cruz en el extremo del mundo donde nace el sol, y otra donde el sol se pone. Usa la del oriente cuando sube al cielo y cuando viene a visitar a los tarahumares; y deja la del oeste para los tarahumares que al morir van al cielo. Los tarahumares viven entre estas dos cruces, y aunque quisieran ir a venerarlas se lo impiden grandes masas de agua. Por lo mismo clavan frente a sus casas pequeñas cruces, ante las cuales celebran danzas, y Dios baja a comer junto a las cruces. Sólo se come el alma o sustancia de la comida, cuyos restos deja para los pobres. *(México desconocido)*.

MANUEL LÓPEZ CHACÓN. Nació en Batopilas, Chih., en 1927. Ingeniero agrónomo por la escuela juarense de los Hermanos Escobar, ha recorrido varias veces la llanura, la altiplanicie y las sierras de su enorme Estado natal, especialmente la Alta y Baja Tarahumara. Miembro fundador de la Sociedad Chihuahuense de Escritores y del Centro de Investigaciones Históricas local, es autor de *Bachotígori* (historia del mineral de Batopilas), *Juana Cata* (Juana Catalina Romero, "apoyo espiritual" de Porfirio Díaz), *Verdad y mitología de Chihuahua* (edición de *América*, revista antológica, México, 1961) y *La cultura llegó del Norte* (inédita).

LEYENDAS APACHES

EL DIABLO EQUINO

Un apache sin caballo, si caben símiles para hacer más significativa la expresión, hubiera sido en tiempos modernos algo así como un aviador sin avión, como un buzo sin escafandra o un astrónomo sin telescopio; algo sin su debido complemento; un engrane sin otro, inútil y perdido entre las cosas.

A pesar de que durante generaciones y generaciones el pueblo apache ignoró la existencia de los equinos —vegetando oscuramente en las montañas— y sólo tuvo conocimiento deslumbrante de ella hasta que los españoles y los ingleses trajeron al Nuevo Continente, desde el suyo, estos importantísimos animales —que por cierto los auxiliaron muy valiosa y eficazmente en el logro de la conquista, dado que les servían como instrumentos de trabajo, como vivas máquinas guerreras y como mágica significación disolvente de la moral indígena—; los apaches, insistimos, de cuya vida anterior nadie nos ha hablado, encontraron en los mismos caballos el complementario valor de su existencia y se adhirieron a él enteramente y en forma tal que, como antes se dijo, resulta ya muy difícil y hasta cierto punto arbitrario dividir, al hablar de ellos, la noción unitaria que en el caso tenemos todos de jinete y cabalgadura.

Muy largo y complicado debe haber sido el proceso emocional de tal acoplamiento y de tan sorprendente simbiosis humano-bestial. Podemos imaginarnos el sobrecogimiento aterrorizado de los primeros de estos indígenas que vieron y sintieron avanzar sobre ellos la incontrastable violencia de un galope arrasante. También nos es posible la comprensión de los sentimientos de estos hombres al poder contemplar ya en reposo a los nobles cuadrúpedos, para después —transformado su pánico en curiosidad—, lograr poco a poco ir acercándose a tocarlos; estudiando sus formas y su temperamento, hasta sentir plenamente sobre ellos la identidad de sus impulsos y su completo dominio... No es poco tentador la temática para bordar fantasías y revivir antiguas historias; por lo mismo, remoto sucedido relacionado con lo que hoy consideraríamos el período de formación de la clásica personalidad del pueblo apache, y que circula desde hace más de un par de siglos por las montañas y las praderas, tantas veces cruzadas por las correrías de tales indios.

Debemos apuntar inicialmente que acostumbraban los destacamentos de soldados hispanos el uso de terrenos sin adaptación especial, como corrales, aprovechando la primitiva disposición de algunos sitios para mantener encerrados a sus corceles, principalmente en las cañadas y otros acondicionamientos naturales del terreno.

Pues bien, cuéntase que durante una tormenta las lluvias fueron muy abundantes y el agua subió de nivel considerablemente en la tierra hasta llegar a una rinconada, en la que tenían instalación numerosas monturas de los españoles. Dícese también que el líquido acumulado rompió los débiles obstáculos del cierre y que los animales salieron en estampida hacia llanos prometedores de libertad y de pasto exuberante. Con el tiempo, estos animales se distribuyeron gradualmente por muchas regiones de América. Algunos de ellos fueron los primeros que capturaron y aprendieron a montar por estas regiones los indios ópatas, los seris, los apaches y otras tribus que entonces poblaban, abundantes, el norte de nuestra patria en general, pero particularmente lo que es ahora Chihuahua.

Derivada de lo anterior, la proliferación de numerosas y preciadas manadas de caballos, yeguas y potrillos en salvaje libertad, fue un botín tentador, errante y esquivo, para muchos ambiciosos blancos y mestizos que, dados a los más violentos giros de la aventura, investigaban empeñosamente los comederos de estos valiosos brutos; los perseguían —ya localizado su rastro—, por semanas y aún por meses; les daban caza mediante varios ingeniosos medios y los domaban con sobrehumana energía para vender finalmente, a casi su peso en oro, la mayor parte de los que capturaban, reservándose otros para servicio y cría. Tales mandas encendieron también la codicia de los apaches, sólo que con otras derivaciones sentimentales: éstos no pretendían la posesión de los nobles cuadrúpedos con ambiciones comerciales o de utilidad doméstica; anhelaban poseer la velocidad, la fortaleza y el templado brío de las hermosas bestias, con una especie de pasión sagrada, como preciosos objetos de su propia integración vital.

El caso era que el jefe Pluma-Larga pasaba grata y convenientemente sus jóvenes días al mando de una comunidad de indios gileños, en una comarca pródiga, estratégicamente guardada de asaltos enemigos por favorables accidentes del terreno. En las tiendas de los suyos había siempre en existencia algo más de lo indispensable, y el resultado de las expediciones que frecuentemente emprendía al frente de ellos contra las poblaciones coloniales era cada vez mejor, y también menos fatigoso. Como redondeamiento de su buena fortuna, el cacique disfrutaba además la propiedad de tres mujeres tiernas de edad, agraciadas, laboriosas y bien avenidas; de diversos y numerosos tocados de pluma; de finas y muy eficaces armas y de rimeros de pieles finísimas, de grandes recipientes de grano, y abundante tabaco aromado y adormecedor.

En general y detalladamente la vida del gran guerrero se encontraba, pues, hasta donde es posible a salvo del infortunio; empero, su destino le reservaba un acervo de penas tan señaladas y abundantes como los bienes que le había concedido. Y el vibrante relincho de un caballo fue la señal que desató en su contra las furias y las penas, antes desconocidas en su cabal ventura.

Vagaba un día cualquiera por altos terrenos de la serranía, solitario y despreocupado, el cacique apache, cuando escuchó algo como una fina clarinada estremecedora, de acento animal, coreada en seguida por un rápido tamborileo de cascos sobre la tierra. De tal modo alertado, pudo descubrir casi al instante en una cercana explanada inferior una numerosa manada caballar, guiada por un inmenso garañón negro, que al recibir los rayos del sol en la piel, brillaba con esplendores de obsidiana pulida; su cuello era vigoroso, al par que flexible, y lo adornaba espléndida crin en inquietud de oleaje. El fino trazo de su cabeza, la humedad iluminada de los ojos y el juego acerado de los remos, completaban las condiciones singulares de su tentadora excelencia.

Sujeto de absorbente fascinación, Pluma-Larga veía al garañón devorándolo con la mirada. Sentía de golpe que todas las propiedades y las ventajas por él conocidas eran poca cosa, comparadas al caro valor representado en aquella bestia magnífica, y anheló profunda y apasionadamente su posesión. Sólo que, entregado a tales impresiones, al apoyar sin cuidado un pie al borde la eminencia que le servía de observatorio, echó a rodar un trozo de piedra y la manada, como recorrida por una descarga eléctrica, se lanzó en estampida opuestamente a la dirección del ruido escuchado, perdiéndose entre remolinos de polvo a los pocos instantes, en rumbo de una curva favorable al rápido descenso de la meseta en que se encontraba, dejando en emotivo desconcierto al casual observador.

Volvió éste a su campamento después de haber perdido el atrayente espectáculo y convocó a media docena de los más hábiles y arrojados de sus guerreros para ordenarles que se dispusieran a salir en su compañía al día siguiente, a fin de dar caza a la manada. Les habló, para estimular su entusiasmo, de lo que significaría para la tribu contar con suficientes y eficaces monturas, ponderándoles los notables progresos que habían logrado ya con las pocas y malas bestias que tenían. Señaló como don magnánimo de los dioses la llegada a sus terrenos comunales de la partida caballar, y de su deber de aprovecharla y no permitirle escapar, máxime que su hermosura y su fuerza resultaban nada comunes. La ligereza y el poder ofensivo de que dispondrían con la posesión que iban a lograr —les precisó luego— compensaba las penalidades y los riesgos por vencer; exhortándolos por último a preparar debidamente los lazos, las redes y demás objetos requeridos para la captura y el buen desenvolvimiento de la expedición en general.

Entraron al primer día de marcha cuando salían los primeros rayos del sol, animosos y confiados, iniciando sus pesquisas desde el sitio donde el jefe había realizado su inquietante descubrimiento el día anterior. Las huellas del tropel, numerosas y bien marcadas, descendían bordeando promontorios hacia los bajos terrenos de un afluente del Gila, hasta los que les fue posible llegar mediante cuatro y cinco horas de presurosa marcha. Allí, recorriendo el área en cruzadas direcciones, localizaron un echadero reciente y boñigas frescas a la orilla del río, en cuyas playas pedregosas se internaban las marcas de los cascos aguas arriba, enfilando hacia la boca de una hondonada contigua. En tales comprobaciones los alcanzó la noche sin que pudiera ver siquiera de lejos la caballada, pero alimentando creciente esperanza por las continuadas señales de proximidad advertidas. Cuando la obscuridad les impidió la observación que sostenían, acamparon, hicieron una fogata; repararon sus fuerzas con alimentos, sueño y bebida, y a las primeras luces del alba siguiente reanudaron la ilusionada persecución.

Y fuera de menudas variantes, ese día y muchos posteriores fueron parecidos en lo fatigosos y estériles para la pretensión de los apaches. Cuando llegaron dos semanas después, tras enormes tropiezos, a la vista de la manada, sus penalidades no alcanzaron término sino que aumentaron y tuvieron mayores complicaciones, pues a las caminatas y a los rastreos se sucedieron las corretizas y el trabajo de armazón de las trampas, que si por una parte les ocasionaban fatigas más rudas y prolongadas, por otra avivaron sus apetitos de posesión con el tentador acercamiento de las piezas perseguidas.

Una vez por pequeños detalles imprevistos, no pudieron llevar a cabo la captura de algunos animales a pesar de que ya los tenían casi acorralados y con los lazos encima. En otra ocasión escaparon las bestias, destrozándoles una red; una yegua que habían sujetado se quebró dos patas también al intentar un salto de escape. Fuera de estos varios trajines, los demás días, sin embargo, eran de aburrido acecho, y pasaron muchos del límite de tiempo inicialmente previsto para el término de la cacería. El joven jefe Pluma-Larga aparentaba indiferencia o fastidio frente a las manifestaciones de malestar de dos o tres de sus guerreros que estaban ya impacientes por volver con los suyos. Tampoco dio importancia a noticias alarmantes llegadas del poblado a través de los proveedores que los visitaban periódicamente, sobre desavenencias entre las familias, sobre enfermedades y escasez de grano, y rechazó la invitación que le hicieron los mescaleros por medio de un enviado especial para asaltar en complicidad una diligencia que pasaría al poco tiempo por las inmediaciones con un muy rico cargamento.

Cuando uno de los indios se quebró una pierna, y otro fue víctima de altas fiebres por la infección de una herida, descuidada por leve, el otrora venturoso gobernante gileño, a quien se le habían cargado por otra parte incomodidades y molestias de toda suerte, perdió la solemne compostura señorial que siempre guardaba, sumiéndose en una pesada postración, entorpecedora hasta de las palabras y los movimientos más necesarios y fáciles. Los otros cuatro apaches afectados por tanta contrariedad se atrevieron a solicitar tímidamente a Pluma-Larga el retorno al poblado para recuperarse allá de tanta penalidad y volver con renovados bríos, más el arrogante guerrero no se dignó contestar. Desviando su mirada de los indecisos peticionarios, la lanzó hacia el cielo, donde arrastraba hondamente con lentos giros su vuelo, un águila lejana. La observación del ave llevó su vista al sol, perdiéndola luego en penoso deslumbramiento —lo que el jefe tomó como un augurio, cuyo sentido no pudo precisar de pronto ni después, absorto en confusas y angustiadas reflexiones—.

Lo vino a sacar de su negativo retraimiento durante la siguiente mañana, la alborozada noticia que le llevó un guerrero de que: a pocos cientos de metros se encontraba la manada del garañón azabache pastando tranquilamente en un altozano, donde las condiciones se presentaban espléndidas para capturar parte de los animales, pues el fondo del terreno estaba cortado por una barranca. Reanimado como por obra de magia Pluma-Larga interrogó al descubridor largamente, investigando más amplios pormenores. En seguida, tras de instalar lo mejor que pudo a los enfermos, se dirigió con los otros hombres al comedero caballar encontrado, promoviendo gran escándalo y gritería, según la costumbre característica de la gente apache.

Dentro de tal clamor, iniciaron al poco rato la batida encontrando a los caballos desprevenidos, lo que acrecentó la ventaja de poder espantarlos en dirección al tajo que cortaba en roca viva al terreno, para lograr que, temerosas del abismo, las bestias se detuvieran con indecisión y procuraran retroceder, cayendo en las artimañas preparadas en su contra y de las que no podrían escapar algunos de ellos. El bello y tenebroso garañón —destacado entre su agitada grey tanto por el porte como por el poderío y la gracia de sus movimientos—, no actuó sin embargo conforme a lo previsto: se dirigió hacia el borde del tajo; se detuvo enarcando nerviosamente el cuello —alzado sobre las patas traseras en su cabal grandiosidad— y emitió un agudo relincho vibrante, al par que dando un gran salto al vacío, desapareció de la vista de todos, despeñado al parecer entre las herbosas paredes de la barranca.

Los apaches contemplaron desconcertados el hecho, pero reaccionaron en seguida para proceder a la captura de algunas piezas del rebaño que, sin animarse a seguir a su guía, quedaron momentáneamente inmovilizadas. En cambio, Pluma-Larga, afectado como ninguno por el impresionante comportamiento del garañón azabache, no pudo ni siquiera auxiliar con gritos a los suyos en la agitada empresa de la cacería —que rindió como fruto de tanto afán: tres yeguas y cinco potrillos, muy semejantes en estampa al inestimable corcel desaparecido.

Cuando después de improvisar un corral para el cautiverio de las bestias los apaches pudieron descansar y prepararse algún refrigerio, la noche se adelantó con los muy negros amagos de una tormenta, que no tardó en desatarse torrencial con truenos estremecedores y vivísimos relámpagos. El jefe apache, intensamente conturbado, permaneció en reposo dentro de su tienda mientras la tempestad se descargaba; pero, de pronto, un espantoso estruendo que parecía no venir del cielo como la lluvia y los rayos, sino de las profundas entrañas de la tierra, lo sacó de su inercia y lo hizo salir a la intemperie, donde empezó a llamar a grandes voces a sus guerreros, que dormidos pesadamente por el cansancio de la jornada, tal vez, no dieron señal ninguna de escucharlo, por lo que sin su compañía se introdujo en la oscuridad y en el chubasco. No avanzó muchos pasos sin darse cuenta de que el estruendo aumentaba cimbrando el suelo y de que los caballos presos relinchaban al unísono y pateaban las trancas del corral recién fabricado. Para su mayor desconcierto, le faltaba descubrir —como lo hizo aterrorizado en seguida—, que el garañón que él creía muerto, estaba allí, con el resto de la manada, auxiliando a los cautivos en la destrucción de la cerca, que se consumó en tanto Pluma-Larga se daba apenas cuenta de las cosas. No pudo éste después sino correr desaforadamente, porque todas las bestias juntas avanzaron en aplastante tropel hacia donde él caminaba. Las sentía muy cerca, detrás; cambió de dirección y perdió más terreno. La sangre se le agolpaba en la respiración con el temor de ser triturado de un momento a otro bajo el avance de los caballos. Sentía ya la inminencia de los resoplidos y el batir de los cascos perseguidores que destrozarían su ser, cuando cerrando los ojos invocó al Gran Espíritu para que lo librara de muerte tan horrenda. Y éste debe haber escuchado la fervorosa demanda, porque las patas de las bestias no llegaron a tocar siquiera el cuerpo del apache, que antes se derrumbó en el abismo, a donde su desorientada carrera entre la oscuridad y la lluvia lo había conducido...

No se dieron cuenta los guerreros del violento fin de su jefe, huyendo cada uno como pudo del asalto equino. Por la mañana, cuando pudieron reunirse desencajados, temblorosos y calados hasta los huesos todavía, buscaron afanosamente a Pluma-Larga por los contornos —naturalmente sin resultado—. Luego, deliberando sobre la explicación que darían al regresar al poblado en torno de la desaparición de Pluma-Larga, pusieron en claro que la convicción de todos era la de que el garañón encarnaba al Demonio, al espíritu del mal que del infierno había salido tomando la figura del caballo primeramente precipitado al abismo, para venir a raptar de este mundo al cacique y conducirlo a todo galope por las praderas de ultratumba, donde vagaría eternamente su ánima huérfana de paz. Nadie pudo encontrar mejor versión del asunto.

Los restos del otrora próspero y respetado jefe gileño, no fueron jamás descubiertos por los suyos, que se afirmaron así en la leyenda de su diabólico rapto en cuerpo y alma al otro mundo. Su pasión desorbitada por los caballos fue el único dato que de él recogió la memoria de los apaches. Allí vive aún generando amor, admiración emuladora y religiosidad sobrecogida. *(Verdad y mitología de Chihuahua)*.

El jefe apache se derrumbó en el abismo.

EL GUAPO MIÑACA

No se sabe con fijeza la fecha en que nació ni la cronología de sus aventuras, pero éstas le dieron muy amplia y pintoresca fama entre propios y extraños a mediados de la Colonia. Su padre, se dice, fue un apuesto guerrero apache, significado entre los de su tribu, y su madre, una cautiva hispana que el primero eligiera como inapreciable botín, tras reñida batalla.

Creciendo con la mentalidad ingeniosa y activa del blanco y la destreza y el arrojo temerario de los indios, su traza y su conducta conjugaban equilibradamente las dos fuerzas étnicas de que provenía su existencia. Creció en campo abierto con la amistad del sol y de la lluvia, de los ríos y del viento, y desde su mocedad empezó a circular la fama de su bravura, pues que no hubo apache o mestizo que midiendo sus fuerzas con él hubiera resultado victorioso en la lucha. Contaría apenas 25 años cuando ya las sílabas incisivas de su nombre volaban prestigiosas por todos los caminos de la comarca tarahumara: ¡Miñaca! ¡Miñaca!

Viviendo como dijimos, a mediados de la Colonia, esto es, en la época en que fueron más repetidos e intensos los ataques de las hordas apaches contra las misiones y contra los viajeros mestizos y blancos, el indio Miñaca ganó muy pronto el respeto tanto de sus amigos como de sus adversarios, pues era noble y limpio en la lid y aunque su agresividad ignoraba barreras, no se ensañaba nunca frente al rendimiento y la debilidad de sus enemigos. Lo enternecía al parecer el temor y el desconcierto ajeno, que miraba con amplia sonrisa de compasión, volviendo las grupas de su caballo ante los débiles para seguir enfrentando nuevos obstáculos y peligros.

Se supone que Miñaca tenía su campamento por el rumbo de Tutuaca, ya que siempre salía en sus expediciones por esa región, y en las márgenes del río Aros acampaba prolongadamente su impedimenta y su caballería.

Se cuenta que cierta vez al volver de una de sus andanzas encontró por las proximidades de Sigoyna una caravana en llamas, arrasada por otro grupo de apaches, donde hombres, mujeres y niños habían sido asesinados con los más repugnantes detalles de crueldad. El indio se conmovió tanto y tan profundamente ante el terrible espectáculo, que lanzó imprecaciones contra todos los suyos, renegando de la maldad de éstos y jurando que mientras en su cuerpo existiera aliento de vida él seguiría combatiendo contra los blancos, pero sin permitir que ninguno de sus hombres hiciera el menor daño ni a mujeres ni a niños, como en el doloroso caso expuesto ante sus ojos.

Mientras se daba a estas expansiones, llegaron a los oídos de Miñaca lastimeros ayes femeninos. No localizaba de pronto el sitio de donde partían pero empezó a buscar aquí y allá, y removiendo cadáveres semicalcinados encontró a una mujer jóven, agraciada y muy mal herida, con el sentimiento del terror asomado en sus ojos nublados de lágrimas.

Miñaca recogió a la blanca peregrina desventurada y la confió a los cuidados de las matronas apaches, que acatando las rigurosas instrucciones de su jefe, la atendieron con ejemplar solicitud hasta que ella sanó totalmente. Blanca Alicia era su nombre, pero los indígenas empezaron a llamar Cabellos de Sol a esta mujer, cuyo trato fue haciéndose a medida que el tiempo pasaba, más agradable y necesario para Miñaca. La empezó a querer, y así fue aprendiendo que la vida era no sólo lucha y odio atávicos, sino que también ofrecía cosas muy dulces y tiernas: el amor y el sacrificio desinteresado, por ejemplo.

Por este camino de reconsideración sentimental, Miñaca conoció la grandeza de la religión dulcemente llevado por el amor de la cautiva, a la que tomó solemnemente por esposa, después de haberse él bautizado con el nombre de Jesús María, y aceptado espontáneamente las obligaciones del credo a que se había adherido.

Mientras esto ocurría, en la capital del Estado el gobierno colonial estaba preparando una muy poderosa ofensiva para poner fin a los devastadores ataques de los indios, que crecían alarmantemente en atrevimiento y poder de exterminio. Los blancos formaron una fuerza de más de medio millar de hombres bien preparados y pertrechados, y a los cuales, para estimularlos, se les había hecho muy formalmente la promesa de que todos los bienes de los apaches que derrotaran pasarían a sus manos, de las cantidades que se habían convenido como precio por cada cabellera de apache aniquilado.

La columna batidora recorrió una zona muy grande, que comprendía numerosos poblados apaches, y así, la tribu de Miñaca fue atacada muchas veces, sólo que con ninguna o muy poca suerte dado que el cabecilla y sus más leales guerreros escapaban siempre para irse a refugiar en las inmediaciones de Sigoyna, donde un roquerío presentaba las condiciones ideales para dominar desde las alturas todo el contorno de un ancho valle.

En una de sus salidas Miñaca se ausentó más de lo debido de su oculto campamento, siendo entretanto atacada y exterminada su gente. Alguien pudo informarle luego que Blanca Alicia, su mujer, había salido incólume de la refriega, ya que los blancos sólo la cautivaron llevándosela en calidad de rehén en su camino río abajo. Con los informes obtenidos y aguzando sus facultades de muy experto huellador siguió los rastros de los blancos y observó que no era mucho el tiempo que le llevaban de ventaja, por lo que seguido de sus hombres se lanzó como un ciclón tras sus enemigos, a los que dio alcance al pasar el río de San Pedro, donde libró con ellos una larga y encarnizada batalla.

Miñaca y los suyos combatían con desesperado valor y gran destreza, pero el número y el armamento de sus enemigos empezaron a imponer su superioridad al poco tiempo. El jefe apache no luchaba ya sino auxiliado por media docena de indios y al observar esto Blanca Alicia y advertir de golpe que su hombre estaba irremediablemente perdido, se desprendió del grupo de sus captores para unírsele. El había recibido ya bastantes heridas y se desplomó moribundo al llegar ella, que en dolorosa desesperación arrebató el puñal a su marido y lo clavó en sus propias carnes, para huír de la vida, que sin él, ya nada le significaba...

Si usted llegara algún día a conocer la región de Miñaca podrá observar una montaña geométrica, en cuyo perfil se plasma una figura que parece cobijar a otra: la tradición ha querido que represente al indio Miñaca y a su amada, y ahí están los dos, en la inmensidad del valle, solos, noblemente erguidos. Orgullosos de aquel amor que hizo constructivo el encuentro de dos sangres adversarias. *(Verdad y mitología de Chihuahua).*

LEYENDAS TARAHUMARES

MANUEL GOJITARE

La superstición en su aspecto animista ha sido siempre uno de los móviles que han regido el alma de las gentes de la sierra y desde tiempos inmemoriales el totemismo, encarnación de algún espíritu animal en una persona, o viceversa, ha ofrecido a la mente fantástica del pueblo rumurami una gran cantidad de pretextos para especular en torno del mundo desconcertante de lo sobrenatural.

No son pocos los casos que ilustran esta idea en el suelo chihuahuense y se cuentan con frecuencia, particularmente entre los campesinos, diversas leyendas entre las cuales queremos destacar en estas líneas la de un hombre llamado Gojitare y la de un animal conocido por el mismo nombre; todo entrelazado entre sí por el espíritu de la credulidad primitiva.

Gojitare era un indio de fuerza tremenda, un nuevo Sansón indígena de hercúlea musculatura, que vivió por los alrededores de Choguita, Municipio de Bacoyna, en la época imprecisa de nuestros abuelos. Dícese que su fuerza era tal, que asombró a propios y extraños con impresionantes pruebas constantes de ella, cada una de las cuales resultaba un esfuerzo sobrehumano para cualquier otro.

Tenía este indio la afición de la caza en general, pero en particular prefería la del gojí, especie de oso serrano cuyas reacciones llegó el indio a aprender tan cabalmente, que podía matar a estos animales con toda facilidad y hasta dándose el lujo de cortarles previamente las patas delanteras con un solo tajo de su machete.

El gojí era para los indios un animal en el cual encarnaba el alma de los guerreros muertos heroicamente y a la sola presencia del mismo todos huían despavoridos, ya que agregaban a la tremenda impresión física que les producía el aspecto feroz de la bestia en sí, el respeto místico de su significación totémica en la que el poder de seres feroces y crueles, de otro mundo, se concentraba mágicamente.

Pero Gojitare no huía sino que esperaba, recargado sobre un pino la presencia de aquel animal y al atacarlo éste, él, con un rápido movimiento que era como inspirado en el arte de la prestidigitación, se escabullía por debajo de la panza del animal y le cortaba las extremidades, como antes se apuntó.

Las pieles de estos animales tenían gran demanda por su utilidad y su lujo y Gojitare las vendía a precios fabulosos, lo que le permitía llevar una vida bastante holgada; se divertía en grande y, más que nada, visitaba tabernas donde narraba con lujo de detalles a sus amigos sus muy sorprendentes y famosas aventuras.

Más de una vez desapareció de la región; pasaron días, semanas, meses y quienes lo conocían lo daban ya por muerto; pero una mañana con gran admiración de todos apareció por los contornos todo demacrado, pálido y exhausto de fuerzas al parecer; a las preguntas que se le hacían sobre sus últimas aventuras, contestaba que se le había aparecido un najitome (alma de oso en cuerpo de guerrero) y se lo había llevado a lejanas regiones en calidad de cautivo; tanto había sufrido —hambre, torturas mil—, que como estigma revelador había aparecido un prematuro mechón de canas en su cabeza.

Y así, aquel guerrero antes valiente y audaz, a partir de entonces tenía la apariencia de un guiñapo humano; su carácter se tornó hosco y las gentes comenzaron a murmurar que se había hecho cobarde y que apenas era ya una sombra del valiente Gojitare que había ganado en otro tiempo la admiración general. El, que conocía esos comentarios, solía replicar disculpando su timidez, que según su mágico captor la siguiente vez que se enfrentara con un oso, volaría para siempre al otro mundo, al cielo misterioso de los gojíes.

Sobre esa exteriorización de sus temores algo debe haber quedado de su antigua temeridad en el espíritu de Gojitare, pues dándose el caso de que al poco tiempo merodeara por la región un gran oso haciendo terribles estragos y sembrando el pánico entre mucha gente que abandonaba sus labores habituales para encerrarse a piedra y lodo buscando seguridad, Manuel Gojitare salió a enfrentarse con la dañina bestia, pero jamás volvió.

Cuenta la leyenda que tiempo después se observó por los contornos un oso de la especie descrita cuya cabeza estaba ornada por un blanco mechón; era el mismo Gojitare, deducían con firmeza los indios e hicieron votos por su alma de guerrero que abandonó su cuerpo para vivir eternamente dentro del animal por él tan largamente combatido. *(Verdad y mitología de Chihuahua).*

ORFEO RARÁMURI

En sus simples, pero limpias y tiernas divagaciones sobre el más allá, los viejos tarahumaras suponían que cuando uno de ellos encontraba la muerte en forma violenta, o tenía mala índole, su ánima era obligada a vagar por los rincones más oscuros del cielo, transformada en un aerolito privado para siempre de reposo. En cambio, dentro de la misma especulación fantástica, la buena gente, muerta por causas naturales, disfrutaba de eterna paz después de un período variable de purificación pasado en cierto tenebroso y equívoco lugar que llamaban Mucchita —o cerro de los muertos— y que equivalía, en cierta forma, a lo que significa el limbo o la parte menos aflictiva del purgatorio, para los dogmas que el catolicismo sostiene sobre la vida ultraterrena.

Dicho lugar, que la imaginación rarámuri concebía en algún sentido como concreto y terrenal todavía, estaba ubicado cerca de lo que fueron los antiguos minerales del Real del Rosario, sobre un abrupto cerro abundante en cuevas multiformes, en vegetación raquítica y polvorienta y en variadas proliferaciones de insectos. Creían también los indios que el fúnebre promontorio ceniciento estaba rodeado por guardianes sagrados e invisibles, y que los mismos cuidaban que ninguna alma de las encomendadas a su custodia pudiera salir de allí, ni fuera turbada por las mundanales inquietudes, las pasiones y los intereses humanos.

Las almas, convertidas en moscas, vagaban en el día por las inmediaciones buscando alimento y satisfacción a cuanto les quedaba de apetito material; pero de noche, transformadas en fantasmas despreocupados, danzaban con su propia imagen, absortas en los puros giros del movimiento y su contemplación, sin experimentar jamás pena alguna; pero sin conciencia tampoco, ni alegría ni esperanza de alcanzar forma de continuidad directa.

Esto no había ocurrido siempre así dentro de las hipótesis religiosas de los tarahumaras. Estaban ellos seguros de que en tiempos inmemoriales era posible a los deudos de cualquier muerto reciente y bueno, ir por el desaparecido al cerro de Mucchita y llevárselo consigo para que disfrutara otro período de vida entre ellos. De la cancelación de tan venturosa franquicia fue culpable, según muy añejas leyendas, un indio necio y jacarandoso, cuya historia deseamos transmitir con toda la emocionada ingenuidad con que vino a nuestro conocimiento.

En una de las márgenes del río de Santiago, dedicado a la atención de un pequeño sembradío y de algunas cabras que abonaban su tierra y lo proveían de leche, vivía José Macuche sin pena ni gloria, pero eso sí muy engreído con el amor de su mujer, que además de tener grata presencia, era laboriosa, viva de ingenio y sobre todo tolerante con las impertinencias y los escándalos que el indio promovía cuando tomaba mucho alcohol, lo que ocurría con deplorable e incorregible frecuencia.

En cierta ocasión, habiéndose acabado la sal que guardaba el matrimonio, para el condimento de su comida lo mismo que para preservar de la descomposición las pieles de los animales que iba cazando, emprendió él un largo viaje a efecto de conseguir un costal de este producto, muy difícil de obtener en las inmediaciones, tanto por la escasez natural como por el lucro desenfrenado de los mestizos.

Fueron muchas las peripecias que el indio afrontó en su salida, pero con gran esfuerzo, después de muchas fatigas, pudo salir avante y emprender nuevamente el regreso a sus lares. Caminando, y ya cerca de su región familiar vió que su esposa venía por el camino, marchando en sentido inverso, silenciosa, con aire absorto y sin evidenciar que había advertido su presencia. El se desconcertó de pronto, y más todavía cuando le reclamó su hermético proceder con voces y ademanes descompuestos, sin que ella contestara nada y sin dar ninguna prueba de haberlo visto ni escuchado. Como ella siguiera su camino, dejó el indio sobre una peña el tercio de sal que traía sobre los hombros y siguiéndola —porque se alejaba a gran prisa— después de mucho caminar advirtió que se dirigía al recinto de Mucchita y que allí se quedaba, lo que le hizo comprender que había perdido a su abnegada compañera quedándose viudo, solo y desamparado frente a la dureza de su destino.

Se querellaba amargamente José de su sensible pérdida con grandes sollozos y otros extremos de dolor, cuando acertaron a pasar por ahí unos guardianes sagrados de aquel purgatorio, y creyendo él que eran gente como cualquier otra, se puso a contarles los pormenores de su dolor y a pintarles su inmenso desconsuelo, con tal vehemencia, que los hizo compadecerse de sus lágrimas, y más todavía: indicarle los medios para que pudiera recuperar del extravío a su amada prenda. Le dieron los custodios unas jarillas —o saetas— indicándole que por la noche, cuando ella como las demás ánimas saliera a practicar sus danzas rutinarias, tendiera su arco, procurar flecharla, y que si le tocaba la fortuna de herirla lograría que ella lo reconociese, que olvidase que había muerto ya, y volviese dentro de una nueva vida normal a las capacidades y a las costumbres que antes de morir tenía. Le advirtieron a continuación, muy gravemente, que en caso de lograr su propósito debía tratarla en lo sucesivo con la mayor de las blanduras, sin gritale ni reñirla durante un largo período, hasta que, con el tiempo, cobrara nuevamente fuerzas aquella alma, que cualquier brusquedad lanzaría otra vez a la muerte, ya en forma definitiva, y luego a las penas del infierno eternal.

Enjugado su llanto, dio el indio las gracias a sus misteriosos favorecedores —que desaparecieron al instante entre retorcidas columnas de humo—, y se dispuso a realizar lo que se le había indicado. Así, provisto de las flechas, volvió a rondar por Mucchita esa noche y luego que vio a su mujer bailando —como le había sido anunciado— tendió el arco y acertó a tocarla en una pantorrilla, con lo que ella volvió a la vida, recuperó la memoria y se fue con él, quien recordando a su vez las recomendaciones que tan severamente le fueron hechas, se la llevó dándole el más suave y dulce de los tratos que le era posible otorgar. Al volver, pasaron días muy tranquilos y gratos los dos, dedicados a sus rutinarias ocupaciones, si bien enternecido e iluminado el corazón por un sentimiento desconocido hasta entonces para ellos.

Pero José —que, como dijimos al principio, gustaba de exteriorizar sin medida sus sentimientos—, tuvo necesidad de celebrar ostentosamente el regocijo que le había traído la resurrección de su consorte y pensando hacer esto como él creía debido invitó a todos sus parientes y sus amigos para que lo acompañaran en una gran fiesta. Como el atractivo fundamental de ésta era la embriaguez en común, abrió una enorme botija de sotol que tenía guardada, para que bebieran todos y encontraran satisfacción semejante a la que él experimentaba. Delante de ellos hizo a su mujer objeto de los mayores miramientos y de las más altas distinciones. Luego, por ser él el que estaba más alegre, empezó a brindar a grandes gritos y a repetir las tomas con mayor frecuencia de la debida, lo que originó que al poco tiempo de iniciada la juerga se provocaran un escándalo y una algarabía, tan fuertemente sonoros, que al llegar por los oídos hasta aquella tiernísima alma, aún no acostumbrada a su segunda vida, la hicieron huír ya en forma ineluctable al más cerrado recinto de la muerte.

Sabedores de todo esto los dioses, y contrariados por la conducta escandalosa de José, condenaron a éste a una larga y penosa vida en la soledad y en el silencio, cancelando para lo sucesivo las antiguas licencias de Mucchita como castigo y advertencia general a la debilidad humana, que no puede gozar con discreción los favores divinos y cae en deplorable ostentación vanidosa —aún bajo la amenaza de las mayores desventuras—. *(Verdad y mitología de Chihuahua).*

DURANGO

EVERARDO GÁMIZ. Nació en Súchil, Dgo., en 1887; murió en la ciudad de México en 1968. De formación magisterial, fue profesor rural, director de escuelas, inspector de zona y director general de Educación Primaria, dos veces diputado local y funcionario en el Departamento Agrario. Profundo conocedor de su entidad, colaboró en el *Diccionario Geográfico, Histórico y Biográfico del Estado de Durango* del ingeniero Pastor Rouaix (1946), y es autor, entre otros libros, de *Leyendas durangueñas* (Editorial del Magisterio "Benito Juárez", 3a. ed., 1979).

LA LEYENDA DEL PRIMER HOMBRE

La mitología de la nación tepehuana es tan ingenua, tan infantil como poética. Las leyendas de los aborígenes posiblemente han sido alteradas al trasmitirse de generación en generación; pero sea como sea, ellas dan una idea, aunque un tanto vaga, del estado de conciencia de aquella raza en su cuna.

Divinizaron al sol, la luna, la estrella de la mañana, la de la tarde, al rayo; el aire, el fuego, el agua, no eran por ellos considerados como fenómenos naturales, sino como genios o númenes a quienes adoraban. Adoraban también a algunos animales, como el águila, el venado, el conejo, etc., al lirio y al peyotl, y divinizaron a algunos de sus hombres. Decían que la luna era más vieja que el sol; que fue envejeciendo y su luz, debido a la vejez era ya pálida del color de sus canas; que sufría al verse tan vieja y sus lágrimas eran la lluvia que caía sobre la tierra.

Creían que los primeros hombres habían nacido del matrimonio del sol y la tierra.

¿Cómo apareció el primer hombre en la tierra según la mitología de estos indígenas?..

Contaban que el sol había comunicado a la estrella de la mañana que iba a crear a los hombres que habitaran la tierra y que de ellos haría siete razas. Un duende que vagaba en el espacio y al que llamaban Cachinipa, que era el genio del mal, escuchó aquella confidencia y creó un enorme dragón de siete cabezas que debería devorar a las siete razas que el sol proyectaba crear. Se escuchó en el mundo un pavoroso estallido y en una lóbrega caverna apareció el monstruo, con ojos de color sanguíneo en cada cabeza, con formidables garras y un enorme aguijón en la cola.

Era un asqueroso reptil que se deslizaba con rapidez vertiginosa y que tenía dos alas poderosas para cruzar los mares y los abismos.

Aquel dragón recorría el mundo en busca del primer hombre para devorarlo y, guiado por Cachinipa, llegó una mañana al sitio paradisíaco en que aquél naciera. Se lanzó sobre éste con las fauces abiertas; pero en ese momento una águila colosal descendió rápidamente a aquel sitio, cogió al niño entre sus garras y lo llevó a un enhiesto picacho poniéndolo a salvo y regresando en seguida al lugar en donde había quedado el dragón con el que entabló una lucha espectacular dándole al fin la muerte.

Ante aquel fracaso Cachinipa envió unos formidables lagartos que ataran a un árbol al primer hombre para que un nuevo dragón lo encontrara indefenso, pero un conejito trozó con sus dientes las ligaduras, el hombrecito se puso a salvo huyendo sobre el lomo de un venado y como el niño estaba hambriento, el conejo se sacrificó para alimentarlo con su carne.

La fábula narrada explica el por qué del culto de los tepehuanes al águila, al venado y al conejo.

En otra ocasión, Cachinipa reunió al pie de la montaña donde moraba el niño, dragones, caimanes, escorpiones, serpientes, tarántulas y otros muchos animales malignos para que invadieran el cerro y mataran al primer hombre. Y muy de mañana una paloma torcaz cantaba tristemente en la cumbre de un pino:

—¡Cú, cú... Cú, cú!..

—¿Qué tienes, palomita?, le dijo una abeja, ¿Por qué cantas tan tristemente?

—Es que el rey del mundo está en peligro, y no puedo defenderlo, contesta la paloma.

Y la abeja se alejó zumbando y fue a reunir a todas las abejas de las serranías.

—¡Cú, cú... Cú, cú... Cú, cú!..

—Seguía cantando la palomita.

—¿Qué tienes? le dijo la abispa.

—Es que el rey del mundo está amenazado y no puedo defenderlo.

Así fueron pasando animales y se reunió un ejército formidable de cuadrúpedos y volátiles, formando éstos últimos una nube que obscurecía al sol. Se entabló un espantoso combate que duró muchas horas hasta que un rayo fulminó a los agresores.

Los animales que habían luchado en defensa del niño fueron acercándose a la caverna donde habitaba el niño, a saludarlo llevándole flores y frutas.

—Tu, dijo el niño a la abeja, por tu lealtad tendrás el alimento más dulce; pero elude la guerra, que es contraria al bien, si atacas serás mortalmente castigada. Y desde entonces la abeja que pica se muere.

—Tú, que al ver los preparativos que se hacían para defenderme, diste aviso a Cachinipa, serás castigado, dijo al tecolote. No volverás a ver en el día, no te privaré de la vista, pero sólo verás en la obscuridad.

—Tú, zopilote, que por miedo te pusiste a la retaguardia y para simular que combatías picabas a los muertos para embadurnarte el pico de sangre, de muertos te alimentarás.

Llamó al cuervo, que entonces era blanco, y le dijo: por haber traicionado a los tuyos huyendo del combate en lo sucesivo serás negro como la traición.

—Tú, palomita, por humilde y tierna, serás venerada y representarás a la vida, a la ternura y al amor.

Así fue premiando o castigando, según el caso, a los animales y marcándoles su destino.

El niño creció. Estando en los albores de su juventud, una mañana de primavera descendió a una florida barranca en cuyo fondo encontró un gran manantial circundado de hermosísimas y perfumadas flores.

Fue indescriptible su sorpresa al ver una joven hermosísima sentada en un peñasco que se alzaba en medio del agua como un pequeño islote. Contemplándola anonadado, sintió palpitar intensamente su corazón a impulso de su sentimiento de admiración y simpatía; hervía la sangre de sus venas al calor de una sensualidad que hasta entonces no había en él despertado.

Y se inició el idilio entre el primer hombre y aquélla joven hija de la luna y por ésta predestinada para madre de la raza humana.

Aquella pareja dió origen, según la leyenda tepehuana, a la raza cocoyeme, que fue de pequeña talla y habitó en lugares intrincados e inaccesibles donde buscó por su debilidad un resguardo para la vida.

Cachinipa no desistía de su propósito de destruir la raza humana y creó formidables y terribles serpientes que ascendían a los lugares habitados por los cocoyemes y los devoraban, hasta que la estrella de la mañana sugirió a los hostilizados que encendieran fuego con un pedernal y calentaran al rojo vivo piedras que arrojaran al hocico de las serpientes. Lo hicieron así y los reptiles murieron.

Pero muchos naturales habían sido devorados por las serpientes y las mujeres e hijos de las víctimas fueron distribuidos entre los hombres que quedaron, para que los mantuvieran.

Algunas muchachas fueron confiadas a un hombre, que diaria y celosamente recogía frutas, plantas, raíces, carne y sangre de conejo o de venado para alimentarlas. Hubo días que no encontró nada qué llevarles y se extraía, llevándoles, sangre de sus pantorrillas diciéndoles que era de venado. Pero al fin las mujeres se dieron cuenta del truco e indignadas abandonaron la caverna donde vivían yéndose al cielo y convirtiéndose en Las Pléyades. *(Leyendas durangueñas).*

LA LEYENDA DE SAHUATOBA

Según la tradición, los tepehuanes conservaban el recuerdo del legendario diluvio universal. Dice la leyenda que antes de que aquel fenómeno aconteciera, el mundo establa poblado por una humanidad sorprendentemente civilizada.

Algunos años antes del diluvio, una madrugada de estío, el cielo se cubría de densos y negros nubarrones quedando despejado sólo un pequeño espacio del cielo en el que brillaba apasiblemente la estrella de la mañana.

El Dios del Rayo, que amaba localmente a la estrella, cruzó vertiginosamente los densos nubarrones llevando su atronadora descarga hasta la estrella de la mañana. De aquel extraño beso de amor nació un hermoso niño a quien el Rayo con otra descarga condujo luego hacia la tierra depositándolo a la entrada de una caverna que existía en un elevadísimo picacho de la serranía. Una cierva recogió al niño, lo condujo al interior de la caverna y lo depositó en su lecho de zacate al lado de sus cervatillos. Esta cierva amamantó al niño, y una águila corpulenta que había hecho su nido en aquel picacho veló celosamente por la seguridad de aquel predestinado a formar en el mundo una nueva raza. La estrella de la mañana descendía frecuentemente transformada en mujer, acariciaba a su hijo, le traía alimentos y le daba sabios consejos comunicándole facultades maravillosas.

Aquel muchacho aprendió el lenguaje del torrente, de las flores, de los árboles, de las aves, las abejas y de todos los animales, y con poderoso magnetismo dominaba con sólo la mirada a los animales feroces. Cruzaba las serranías, descendía al fondo de las profundidades de las quebradas con facilidad y rapidez sorprendentes.

Una mañana la estrella le advirtió que aquel día se iniciaría una tremenda catástrofe mundial que él debía presenciar con valor y serenidad. Y no amanecía aún cuando se inició la tormenta, que duró varias semanas culminando con violentas y terribles sacudidas de la tierra. Los mares abandonaron los cauces y el niño, que se llamó Sahuatoba (el eterno adolescente) tuvo en su derredor el océano encrespado, furioso, tremendo, cuyas enormes olas traían de acá para allá cadáveres humanos y de animales, árboles arrancados de cuajo, restos de materiales de casas, muebles, etc. El espectáculo qe Sahuatoba presenciaba desde su enhiesto picacho era pavoroso, macabro.

La sierva que lo amamantara murió de miedo en la caverna. Estaba solo, solo en un mundo devastado, en un mundo de agua, donde no había más tierra que su escueto picacho, ni más abrigo que su obscura caverna.

Pasaron días, meses, años, siglos tal vez, durante cuyo tiempo la estrella de la mañana y el Dios Rayo traían sustento al solitario. Las aguas bajaron paulatinamente hasta dejar visible la tierra. Pero tierra sin vegetación, cubierta de lodo, de restos humanos y de animales. Donde antes habían sido valles, cañadas, campiñas amenas, ahora se encontraban sólo pantanos, lodazales inmundos. La tierra era intransitable y sólo después de mucho tiempo pudo el "eterno adolescente" caminar sobre terreno medianamente firme. Todo era un páramo, un desierto de lodo que al fin se solidificó y pudo transitarse.

Una mañana de primavera, Sahuatoba, al salir de su caverna, recibió una grata sorpresa. Al pie de aquel risco había nacido una planta de lirio y ésta ostentaba ya una hermosísima flor blanca en cuya corola temblaban cristalinas gotitas de rocío. Con avidez cortó aquella flor, que exhalaba un grato perfume y ¡Oh sorpresa!.. la for se convirtió en una hermosa y linda mujer.

¡Masada!.. exclamó Sahuatoba. Y Masada fue el nombre de aquella mujer que su padre el Rayo y su madre la Estrella de la mañana le dieron por compañera. Masada es palabra del tepehuan y significa "cielo".

Y los dos se amaron desde luego, y vivieron uno para el otro. Sahuatoba, con su compañera expedicionó en distintas regiones en busca de un lugar más propicio para su vida. Vagaron por tierras muy lejanas de los cuatro puntos cardinales; pero no encontraron el lugar adecuado y la pareja regresó a su legendario picacho a donde llegó en una noche tormentosa y lóbrega.

Al amanecer del día siguiente salió Sahuatoba a dar su saludo habitual a la estrella de la mañana. De improviso advirtió que la pequeña pradera cercana a la entrada de la caverna estaba cuajada de lirios blancos. Despertó alegremente a Masada que lloró de emoción al contemplar la reaparición de la vegetación, y cortó una flor que se convirtió en una cierva. Sahuatoba lloró al recordar a la cierva que lo amamantara, y cortó a su vez otra flor que se convirtió en venado.

Diariamente cortaba cada uno una flor dando origen a una pareja de animales de una especie.

Así surgieron los mamíferos, las aves, reptiles, peces, etc., y el mundo se pobló.

Sahuatoba y Masada tuvieron siete hijos varones y siete mujeres, cuyas parejas dieron origen a siete razas, pues se diseminaron para ir a poblar distintas regiones.

La pareja fundadora expedicionaba frecuentemente por diversas comarcas visitando a sus descendientes, orientándolos con sus consejos en el aspecto social e inculcándoles una religión, el culto al sol, la luna, la estrella de la mañana, el rayo, el viento, la lluvia y a algunos animales como el águila y el venado.

De ciertos pasajes de esta tradición se infiere que Ouraba, hijo de Sahuatoba, guerrero esforzado e inteligente fundó la tribu tepehuana que lo divinizó, como posteriormente divinizó a otros personajes que se distinguieron.

Pasados algunos siglos la patria de los tepehuanes fue invadida por una poderosa muchedumbre (indudablemente la nación azteca) que obligó a los nativos a abandonar sus lares. Fueron los tepehuanes como los coras y los huicholes a establecerse a una comarca ubicada entre los hoy estados de Zacatecas y San Luis Potosí; pero habiéndose ausentado al poco tiempo los invasores y siendo árida e inclemente la comarca donde las tribus mencionadas se habían refugiado, regresaron a su antigua patria.

Los tepehuanes extendieron su poderío hasta San Andrés del Téul, de donde años después fueron desalojados por los zacatecos.

Pero diréis: ¿qué fue de Sahuatoba y por qué vivió tanto tiempo?

El nombre de ese personaje significa "el eterno adolescente" y en sentido religioso "el eterno deleite". Según los tepehuanes, Sahuatoba vive todavía, en adolescencia perpetua y es visto por ellos frecuentemente en distintos parajes, entre una aureola radiante, dirigiendo subjetivamente los destinos de su raza. Muchos siglos después de que sus hijos se diseminaron y fundaron sus diversas nacionalidades, cuando sus sucesores tuvieron la convicción de que había muerto, se les apareció en un lugar llamado Ixtlahuacán-Nopotlatalli, que quiere decir "llanos que están en medio de la tierra" y que en opinión del cronista fray Antonio Tello, fue tal lugar el Valle de Súchil. Se les apareció en forma de niño por lo que le llamaron entonces Pitzintli o Tiopitzintli.

Cuenta la leyenda que mientras Sahuatoba permaneció en esta ocasión entre los indígenas, su esposa Masada, que se había quedado en el sitio donde vivieron desapareció para siempre, pues que el

Dios Rayo se enamoró de ella locamente, y no pudiendo hacerla su esposa por serlo de su hijo, encolerizado le envió una descarga lanzándola al espacio en donde se convirtió en la estrella de la tarde.

Cuando Sahuatoba regresó a su milenario hogar, no encontró a su mujer. La buscó en vano por todas partes; interrogó por ella a los montes, a las cascadas, al arroyuelo, a los árboles, a las flores, a los animales, con terrible desesperación; pero todos le contestaban solamente:

–Espera la caída de la tarde. Desde entonces, diariamente después que el sol se pone, el eterno adolescente, parado sobre el enorme risco que vio desarrollarse su vida contempla a la estrella de la tarde, lleno de tristeza y de emoción, sintiendo, como un presentimiento, la creencia de que aquella estrella es su esposa, su Masada, a la que adoró y adora aún locamente.

Y la estrella de la tarde es también una diosa para estos indígenas, como lo es la estrella de la mañana. Esta última fue también venerada por los nahoas. Los toltecas le llamaban Tlahuizcalpanteutli y le erigieron una pirámide en Tula. *(Leyendas durangueñas).*

LA LEYENDA DEL PEYOTE

No he encontrado en ninguna relación ni crónica antigua, tradición algna acerca de la invención del peyote. Lo que aquí consigno no se apoya, pues, en voces autorizadas y sólo relato lo que acerca de este asunto se cuenta entre los indígenas de la región del Mezquital.

Por el año de 1905 me encontraba de vacaciones en un ranchito llamado Alemán, ubicado en la sierra de Michis, municipio del Súchil, cuyo núcleo de trabajadores había sido a la sazón trasladado a otro lugar, por cuya circunstancia permanecí por varios días completamente solo en el referido rancho.

Una tarde llegaron unos indígenas procedentes del pueblo de Xoconoxtle, conduciendo barriles de mezcal para el pueblo de Vicente Guerrero (entonces llamado Muleros). Les dí hospedaje por aquella noche y charlé con ellos hasta una hora avanzada.

Entre aquellos indígenas se encontraba uno de inteligencia viva, comunicativo y jovial que hablaba regularmente el castellano.

Conversando sobre diferentes tópicos, no recuerdo con qué motivo nos ocupamos del peyote y habiendo preguntado al indí-

El eterno adolescente contempla la estrella de la tarde.

gena llamado Lorenzo, cómo se habrían dado cuenta los hombres de los efectos de dicha planta, me contestó en lenguaje sencillo lo que voy a relatar en seguida, siendo fiel al fondo y no a la forma de expresión del asunto.

–Este es un asunto largo de contar, empezó el indio. Allá en tiempo muy remoto, cuando un famoso rey de los tepehuanes extendía sus conquistas más allá (al Norte) de Corián (muchos de esos indios y los coras suelen llamar Corián a Durango) hubo una guerra entre estos indígenas y los de otras tribus coaligadas.

Dyada, hija del monarca tepehuan, muy hermosa y jovial, se obstinó en formar parte de la expedición guerrera.

En un combate que se efectuó en la Sierra Madre, fue derrotada el ala del ejército tepehuan donde iba esta india. La desbandada fue completa; el ala de este ejército se dispersó salvándose quien pudo, siendo los derrotados tenazmente perseguidos por los enemigos. La indita se salvó ocultándose entre unos matorrales, de cuyo escondite salió ya entrada la noche, cuando consideró alejado el peligro de caer en manos de sus enemigos.

Largos días vagó esta india perdida en la serranía. A veces divisaba a lo lejos a algunos hombres, no atreviéndose a seguirlos por temor de que fueran enemigos.

Muchos días anduvo sin encontrar un sendero que le condujera a su pueblo; vadeaba caudalosas corrientes, se internaba en bosques umbríos, cruzaba poéticos bajíos y praderas cubiertas de flores, deleitándose con la hermosura de floridas y encantadoras cañadas.

Alimentándose con frutas silvestres y raíces, guareciéndose por las noches en cavernas, trepada a los árboles o en la cumbre de los riscos, siempre con el arco en la mano con la flecha dispuesta a disparar a los animales feroces, el tiempo transcurría sin que Dyada lograra encontrar alguna senda que la condujera a su pueblo.

Una tarde descendió de la montaña por intrincado vericueto al fondo de una profunda quebrada.

A una hora avanzada, siendo la noche obscura, tempestuosa, llegó a una espaciosa caverna cuya entrada tenía un cortinaje de tupidos ramajes y enredadera. Dyada estaba fatigada y su sed era intensa. Buscó a tientas algo con qué mitigar la sed y su mano tropezó con una planta a la que arrancó algunos pedazos y los masticó para extraerles el jugo. Momentos después empezó a sentir, a experimentar los efectos de un mágico éxtasis, una lasitud muy grata, un ensueño arrobador en que aparecieron visiones kaleidoscópicas, extraños y hermosos jardines de inimitable belleza, espaciosas praderas llenas de flores, edificios nunca imaginados por ella, grupos de gentes vestidas lujosamente, niños encantadores de color blanco, pelo rubio, etc.

En un principio aquello era un mundo fantástico percibido sólo por su visión interna: poco a poco se definía en los oídos de la indita el rumor, las manifestaciones de vida de aquel mundo fantástico, lenguajes por ella desconocidos pero a la vez inteligibles para su pensamiento; cantos y músicas angelicales. Y de uno de los suntuosos edificios vio salir un joven arrogante, hermoso, que le sonreía placenteramente y la llamaba. Sintió hacia él inmediatamente no sólo admiración y simpatía, sino un amor intempestivo, irrefrenable, que él supo comprender, iniciándose entre ambos un emocionante idilio. El palacio desapareció y Dyada se vio en brazos de su fantástico amante en un hermoso jardín, a orilla de una fuente; sintió nacer a una vida nueva, excelsa, de encanto y de fantasía. Amó con ciega idolatría y se sintió amada, poseída por aquel personaje fantástico. Aquel éxtasis, sublime para ella, dejó en su alma huellas imborrables y, sin que ella lo sospechara, trajo consigo un nuevo matiz para la vida de su nación y de las naciones de una extensa comarca.

Cuando el éxtasis terminó, la indita se quedó profundamente dormida. Despertó cuando los pajarillos trinaban alegremente y la luz del día se proyectaba pálidamente hacia el fondo de aquella profunda cortadura donde embriagaba el aroma de las flores de los naranjos y limoneros, de la colochíntida, el jazmín, la magnolia y mil flores finísimas que se producen en aquella comarca privilegiada.

Buscó con avidez en su derredor. ¿Dónde estaba el palacio, el jardín, la fuente? ¿A dónde había ido aquel a quien tanto amó, a quien se entregó sin reservas, a quien juró amor y fidelidad eterna?... ¡Nada! todo fue un sueño, todo mentira, tan grata como tantas encierra la vida y estimulan el alma.

Una abrumadora tristeza se apoderó de Dyada, que fiel a aquel recuerdo, el más grato de su vida, resolvió no abandonar aquel recinto misterioso y para ella adorado.

Dyada se vio en brazos de su fantástico amante.

Diariamente vagaba por los vericuetos del fondo de la quebrada buscando frutas y raíces para alimentarse.

Despojó de toda maleza la caverna del éxtasis; con trozos de árboles caídos cerró la entrada y con zacate formó una blanda cama en un rincón de la cueva.

Varias veces intentó el regreso a su pueblo; pero un impulso íntimo, misterioso, la retenía; la esperanza de que aquel misterioso sueño se repitiera.

Así pasaban los días y Dyada adquiría el convencimiento de que aquel encantador idilio, sólo había sido un sueño; pero un día pudo darse cuenta de la realidad de aquel milagroso embrujo: sintió ser madre: ¿Cómo se había producido aquél milagro si materialmente jamás tuvo contacto con hombre alguno? ¿Su idilio, pues, había sido evidente?

Un día que vagaba por la orilla de un arroyo vio un venado que, parado en la ribera opuesta, la veía insistentemente. Precipitadamente pasó Dyada el arroyo y siguió al venado que caminaba pausadamente por la ribera deteniéndose de cuando en cuando y volviendo la mirada hacia ella como invitándola a que lo siguiera. De pronto ella advirtió que en los lugares donde el venado pisaba, brotaba como por encanto una planta como aquella que estaba a la entrada de la caverna y con cuyos gajos había calmado su sed la noche de su mágico éxtasis. Con avidez recogió una de aquellas plantas de la que masticó algunos gajos y fue a sentarse en un peñasco inmediato a una bella cascada...

Y volvió al mágico sueño, con matices y escenas distintas; pero Dyada fue nuevamente feliz al lado de su amado.

—Aquí, le dijo él, lejos de las pasiones, de la ignorancia y de las miserias del medio de tu raza, quiero que vivas. Yo estaré a tu lado aún cuando para tus sentidos sea algo intangible. Este paraje de arrobadora y romántica belleza será la cuna del hijo de nuestros amores, de mi niño que está predestinado a superar en lo posible la cultura de esos pueblos salvajes. No te vayas, Dyada, porque abandonar este recinto sería fatal para ti y me ocasionarías profunda tristeza.

Así le dijo su amado a Dyada y así quedaron descubiertas las misteriosas propiedades del peyote, a cuya planta Dyada adoró y veneró, viendo en ella un amuleto, un poder mágico que la defendería y la haría feliz.

Desde entonces noche por noche ocurría al peyote para reanudar su idilio, y durante sus éxtasis, su amado le hablaba de una divinidad todopoderosa, intangible, espiritual; creadora de cuanto existe en la tierra y en el cielo, y le inculcaba normas relativamente elevadas de conducta, enseñándola a amar aquella divinidad en sus obras, en las flores, el arroyuelo, el sol, en todas las manifestaciones de la naturaleza.

De su conciencia fue desapareciendo la ingenua creencia de los monstruosos ídolos de piedra. Día por día se sentía transformada espiritualmente y se identificaba con las doctrinas que su amado le comunicaba.

Sufría la ausencia de sus familiares, por la nostalgia del terruño; pero la retenía en aquel aislamiento la fuerza suprema del amor.

Una noche, cuando Dyada se disponía a masticar su yerba favorita, una voz tenue, delicada, emanada del misterio, le dijo al oído:

—Dyada: hoy no pruebes peyotl, ni lo hagas hasta en tanto te lo indique, pues hoy acontecerá algo muy interesante. Estoy contigo y no te abandonaré.

Dyada se quedó profundamente dormida hasta el amanecer en que la recordó el llanto de un niño. Su hijo había nacido, y el venado estaba allí lamiendo las manitas del recién llegado. Los pájaros se posaban en las enredaderas que servían de cortinaje a la entrada de la cueva saludando en sus trinos al recién nacido; el arroyuelo parecía cantar entre los peñascales, los ramajes crepitaban modulando caricias y las flores exalaban su perfume más interesante. Un coro de voces misteriosas que desde la altura llegaba como eco a la caverna decía:

—*Cucudurí, Cucudurí: Api Jotosci buta utogga* ("Tú eres el enviado de nuestro Padre").

Toda la naturaleza parecía estar de fiesta y hasta los tigrillos y los lobos acudieron a dar la bienvenida al recién nacido.

Y... el niño creció; la voz misteriosa le dio el nombre de Cucudurí o Chian (venado) y en él quiso personificar a la planta maravillosa que constituyó el medio para engendrarlo.

El muchacho adquiría agilidad para trepar a los árboles, escalar barrancas y riscos; fabricaba arcos y flechas y se hizo un diestrísimo tirador, manejaba ágilmente el mazo, la macana, el dardo y la lanza, cuyas armas él mismo elaboraba conforme a las instrucciones de Dyada. Parecía comprender el lenguaje de los animales, de los árboles, de las fuentes, de las flores.

Una noche el niño preguntó a su madre por qué asumía con frecuencia una actitud contemplativa olvidándose de él y de todo.

Por toda explicación Dyada dio al niño unos gajos de la planta maravillosa indicándole los masticara e ingiriera su jugo. Y Cucudurí experimentó un éxtasis inexplicable poniéndose en contacto con un mundo suprasensible con visiones y audiciones edificantes.

Se le reveló su padre, quien lo inició en un aprendizaje que había de darle sabiduría.

Varios años después el padre y los maestros de Chian dieron a éste la misión de reunirse con su tribu y difundir las doctrinas y conocimientos que había aprendido, iniciando en el uso del peyote solamente a los sacerdotes y a los hombres más sabios de su tribu y de las circunvecinas en las que debía fundar una organización basada en el misterio del peyote.

Dyada y Cucudurí, con profunda tristeza abandonaron aquel recinto y después de caminar varios días guiados por el venado, llegaron a la ciudad de Ubamarí, donde radicaba el cacique o monarca de los tepehuanes, siendo recibidos con gran júbilo.

Cucudurí realizó inteligentemente la labor que se le había encomendado, teniendo que vencer las dificultades que le interponían la ignorancia y el fanatismo de los sacerdotes y hechiceros, y una vez que organizó allí la primera asociación, excursionó por las comarcas de otras tribus organizando a los sacerdotes y formando así la hermandad que se llamó de Los Nahuales, que ejerció benéfica influencia en el ambiente social de aquella época y se extendió por el sur hasta Colima y, en suma, a las tribus que formaron la llamada Confederación Chimalhuacana.

Aquel sacerdote proclamó el amor hacia todos los hombres, el deber de ayudarse mutuamente, el de atender a la subsistencia de viudas, huérfanos, ancianos e inválidos; condenó el asesinato, el robo, la mentira y la infidelidad, asegurando que proclamaba sus doctrinas por mandato de los dioses. Comunicó importantes conocimientos sobre agricultura, artes populares, etc., y supo captarse admiración, confianza y cariño de los pueblos.

Una noche Cucudurí desapareció y nadie volvió a verlo ni a saber nada acerca de su paradero. Las tribus de Nayarit y Jalisco le llamaron Tecolotl Tecoroiri.

Este legendario personaje fue al fin divinizado por las tribus de aquella vasta comarca.

Los tepehuanes aborígenes creen que Cucudurí vive todavía, como Sahuatoba, y muchos aseguran haberlo visto en diversos parajes. Dicen que su voz resuena en el trueno, y se escucha también como un arrullo en el torrente y en la lluvia; aseguran que cuando la niebla tiende su manto sobre las montañas y las campiñas, Cucudurí corre vertiginosamente por el lomo de las serranías montado en un venado. Es un hombre pequeñito que trae al hombro su carcaj y su arco y se adorna con hermosos plumajes de variados colores. *(Leyendas durangueñas)*.

EL FANTASMA DEL CONDE

Serían las nueve de la noche cuando abandoné la hacienda del Mortero dirigiéndome a mi pueblo por un camino que cruza por entre las labores de riego ubicadas a la margen derecha del río del Súchil. La noche era obscurísima, haciendo más compacta la obscuridad lo sombrío de las arboledas de las riberas del río y la sombra de los altos maizales.

Llegaba ya a una especie de bajío por donde afluye al río la corriente del ojo de agua del Mortero, cuando escuché el rumor lejano de un galope de caballo. Poco a poco aquel rumor se hacía más perceptible hasta que, entre la obscuridad, percibí un bulto negro. No cabía duda: era un hombre a caballo que venía a todo escape. Mi caballo empezó a encabritarse intentando devolverse y, viendo ya cercano a jinete que venía a toda carrera, me coloqué a la orilla del camino. El jinete pasó en carrera vertiginosa con dirección al Mortero. Montaba un caballo negro y lucía un sombrero del mismo color, cuya forma era muy parecida a la de los sombreros con que pintan a don Antonio de Mendoza y a don Luis de Velasco; llevaba una capa negra también cuya esclavina flotaba con el aire en aquella impetuosa carrera. Era en verdad un personaje extraño, misterioso, a quien yo jamás había visto antes. Pasó frente a mí sin volver la cara, en ademán de fustigar a su brioso corcel. Cuando hubo pasado, un intenso calosfrío recorrió mi cuerpo sobrecogiéndome un supersticioso temor. La influencia de los relatos de fantasmas y aparecidos, la superstición, hizo su efecto en mi ánimo, y con deseos de alejarme volando de aquellos lugares, prendí las espuelas a mi caballo, que voluntariamente emprendía ya la carrera contagiado visiblemente de mis temores. Después de haber corrido aproximadamente un medio kilómetro, llegué a un jacalito situado a orillas del camino. El velador tenía una gran hoguera a la puerta de su pequeña choza. Detuve mi caballo y me acerqué.

—¡Ave María Purísima del Refugio sin pecado original concebida! Glorifica mi alma el Señor y mi espíritu se llena de gozo...

El pobre velador, arrinconado en un jacalucho, rezaba santiguándose sin osar levantar los ojos. Estaba lívido, tembloroso, y trabajo le costó reconocerme.

Cuando lo logró, recobróse un poco; pero como un enajenado me decía:

—¡El Conde! ¡El Conde!.. ¡Ave María Purísima del Refugio!.. ¡El Conde!..

—¡Que Conde ni que ojo de hacha!.. Yo no he sido Conde ni en esta ni en mi anterior encarnación; ¿qué no me conoces?..

—Sí, jefecito... ¡El Conde!..

—¿Qué?..

—¿No lo ha encontrado?..

¡Ah!, pensé, el caballero misterioso, el del caballo y la capa negra era el llamado Conde por aquel campesino. Entonces me contagié de su miedo aumentando el que ya llevaba. Me apeé del caballo resuelto a no continuar mi camino hasta en tanto no saliera la luna.

Repuesto un tanto de su morrocotudo susto el labriego me contó que con frecuencia se aparecía aquel personaje y que decía que era el Conde del Súchil que vivió en el Mortero, donde se conserva su suntuoso palacio y que andaba penando en pago de no sé qué faltas cometidas durante su vida y en aquel potrero había dejado un cuantioso tesoro.

Dicen que aquel Conde, continuó el labriego, dormía de día, se levantaba como a las tres de la tarde; le ensillaban su caballo y salía por la noche a recorrer sus propiedades. Su ánima sale de un lugar llamado el Molino Viejo, donde hay vestigios de antiguos lavaderos de metales. Se han hecho por allí muchas excavaciones en busca del tesoro; pero nada han encontrado, asegurando otros que el tal tesoro está enterrado en el palacio, donde también se ve de cuando en cuendo el fantasma del Conde. *(Leyendas durangueñas).*

LA CARROZA DEL CURA

Cuentan que cierta ocasión, hacia los últimos años de la dominación española, llegaron al curato de San Juan Bautista de Analco como a las 9 de la noche, unos indígenas solicitando con urgencia al sacerdote para que pasara inmediatamente a suministrar los postreros auxilios espirituales a su padre que expiraba en el pueblo del Tunal.

La noche era obscurísima, amenazaba la lluvia, y el cura sintiendo pereza, se negó rotundamente a abandonar su lecho a pesar de los ruegos que los indígenas le hacían en nombre de Cristo y en nombre de la religión. Uno de aquellos indígenas, que tendría unos quince años y que poseía un carácter un tanto irascible, indignado ante la actitud del sacerdote que permitía que su padre muriera sin confesión y, por tanto, sin esperanza alguna de salvación para su alma, al salir del curato murmuró al oído de su hermano:

Oye: cuando el señor cura se muera, irá en vano noche a noche a buscar a mi padre para confesarle como es su deber que hoy no quiere cumplir.

Y los indígenas se dirigieron apresuradamente a su pueblito. La tormenta los sorprendió en el camino, y mojados, yertos de frío y abatidos por la tristeza de no haberse podido satisfacer el último deseo de su padre, llegaron a su casa.

El convencimiento de que el cura no iría, causó al enfermo una fuerte impresión que abrevió su muerte.

Dos o tres años más tarde, en la misma fecha en que los indígenas mencionados habían ido a solicitar sus servicios, murió el sacerdote, y desde aquella noche, la entonces villa de Analco se vio inquietada por el pavor. Todas las noches, a eso de las once, una carroza negra, tirada por dos grandes caballos negros, caminaba violentamente por las calles haciendo un ruido infernal entre las piedras, tomando al fin la calle de Las Carretas (hoy llamada de Morelos), y salía de la villa tomando el camino del Tunal.

Cuentan que el ruido de aquella carroza infernal llenaba de espanto a los vecinos, muchos de los cuales llegaron a ver que dentro de la carroza iba un sacerdote cuyo aspecto cadavérico, pálido, enjuto, casi de esqueleto, causaba pavor, y que aquello era el alma del sacerdote de San Juan de Analco que se dirigía al Tunal en busca del indígena a quien por negligencia y falta de espíritu religioso había negado el último sacramento. *(Leyendas durangueñas).*

ESTADO DE MÉXICO

GREGORIO TORRES QUINTERO. (Véase COLIMA). Su libro *Leyendas antiguas mexicanas* (México, Herrero Hermanos Sucesores, 1914) fue concebido como texto para el curso preparatorio de Historia Patria en la Escuela Normal de México. Se pensaba entonces, con entera razón, que esta índole de narraciones despertaban la curiosidad por la historia. De ahí que los futuros profesores debieran saberlas para transmitírselas a los niños, no sólo como entretenimiento, sino para introducirlos fácilmente al conocimiento de su remoto pasado.

LOS CUATRO SOLES COSMOGÓNICOS

Hay en las tradiciones de los indios mexicanos (nahoas), una relativa a la producción de cuatro grandes cataclismos que pusieron a la humanidad en peligro de extinguirse. Según ésto, el mundo cuenta cuatro renovaciones, cuatro épocas o cuatro edades. A cada edad llamaron sol.

I

Sol de agua. No se sabe cuántos años llevaba el mundo de creado cuando los dioses, disgustados con los hombres, resolvieron castigarlos.

—Tú—, le dijeron a la Diosa del Agua[1], —te encargarás de cumplir nuestro decreto.

—Lo cumpliré—, la diosa respondió secamente.

Aquella deidad tenía, sin embargo, una hermosa apariencia. Llevaba en la cabeza un pintoresco adorno de plantas lacustres y en el cuello hilos galanos de hojas y flores. Su falda era azul como los lagos o la mar tranquila.

Ella era la encargada de hacer caer sobre la tierra la lluvia para fertilizar los campos. Por ella, pues, brotaban las ondulantes y gallardas milpas que se coronaban de flotantes espigas y se abrumaban con el peso de nutritivas mazorcas cubiertas de granos blancos como el marfil. Ella hacía surgir los manantiales de las hendeduras de las rocas para formar risueños arroyuelos de linfas cristalinas que irían después a regar las sedientas praderas. Así ella reverdecía la tierra. En esas condiciones era una diosa atractiva y benéfica, invocada por los hombres.

Pero al recibir la orden de los dioses congregados, su semblante se transfiguró. Hubo en sus ojos un fulgor terrible.

Tomó una bandera en cuyos pliegues se agitaban los formidables signos de la lluvia, de los rayos y relámpagos. Se lanzó al espacio y fue a clavarla en la cumbre de una alta montaña que luego se veló de nubes amenazadoras.

En seguida bajó a la tierra, entró en una casita en que vivía un matrimonio honrado y dijo al hombre y a la mujer que la contemplaron estupefactos de admiración:

—No hagáis más pulque. Mirad aquella montaña; de allí vendrá agua en abundancia que inundará la tierra. Derribad al punto ese ahuehuete de tronco hueco y meteos en su oquedad llevándoos el fuego que tenéis encendido; cuidad no sea apagado. Una sola mazorca comeréis al día.

Y se elevó hacia la montaña coronada de nubes. Estando allá, dirigió una mirada en torno, hacia los cuatro puntos cardinales; hecho lo cual, cogió la bandera y la agitó a derecha e izquierda con ambas manos.

Al instante brillaron los relámpagos, retumbó el rayo y se desataron las cataratas del cielo. Cayó una copiosa lluvia y de todas las alturas descendieron impetuosos torrentes.

La gente huía despavorida buscando la salvación en árboles y cerros. Pero todo era en vano, pues el agua, con una velocidad vertiginosa, lo invadió todo, campos, pueblos y ciudades. Llorando pedían misericordia; pero los dioses permanecieron inflexibles.

—¡Quisiéramos ser peces!— exclamaban.

–Seréis peces—, respondieron los dioses.

Y toda gente sumergida en el agua se convertía en pez, y así aquel interminable mar onduloso se vio luego cruzado por una grande abundancia de peces que se agitaban aterrorizados en todas direcciones.

Sólo allá arriba, sobre la superficie líquida, flota el tronco, todavía con ramas, del ahuehuete sagrado. En él navegan tranquilamente el hombre y la mujer privilegiados, a cuyo lado chisporrotea alegremente el fuego del hogar.

Las aguas al fin descendieron y quedó la tierra enjuta.

Llena de júbilo al verse libre del desastre, la pareja superviviente salió de su maravilloso esquife y transportó con gran reverencia a su nuevo hogar el fuego no extinguido.

II

Sol de aire. El mundo volvió a poblarse, pero los hombres excitaron nuevamente la cólera de los dioses. Celebraron las deidades una solemne asamblea en que se discutió el destino de la humanidad. Tomada su resolución, dijeron:

—Tú, Dios del Aire[2], te encargarás de cumplir nuestro decreto.

—Lo cumpliré—, respondió gravemente el aludido.

Aquel dios era barbado y, aunque de rostro blanco, llevaba la cara y cuerpo pintados de negro. En la cabeza portaba una mitra de cuero de tigre adornada con un penacho de plumas verdes de quetzal y lucía unas orejeras de turquesa y un collar de oro con caracolitos marinos. Sobre sus espaldas flotaba un plumaje que parecía llamarada de fuego. Llevaba en la diestra un cetro semejante a un pequeño báculo y en la siniestra un plumero de quetzal.

Hizo una reverencia a los dioses y se lanzó en raudo vuelo al espacio. Al volar, una serpiente de plumas de quetzal flotaba detrás de él a manera de cauda.

Llegó a la tierra y se acercó a una cabaña dentro de la cual conversaban tranquilamente un hombre y una mujer. El dios, siendo viento, no tenía necesidad de entrar por la puerta, sino que, colándose por entre las cañas, produjo un suave sonido, una voz dulce, serena y melodiosa, que escucharon atónitos y encantados el hombre y la mujer.

—Escuchadme —decía el melódico acento—, escuchadme atentos. Tomad el fuego del hogar, salid de vuestra rústica cabaña y ocultaos pronto en la primera cueva que encontréis en el cercano monte. Soy el viento bienhechor que viene del oriente, de los jardines del paraíso; ahora finjo voces amorosas al través de las hojas y cañas, pero ya soplaré del norte y del sur como furioso huracán y arrasaré el mundo.

Dijo, y haciendo un remolino se elevó hacia las nubes y entró en los dominios de su reino. Allí estaban los cuatro Vientos, que se inclinaron reverentes ante él. Eran unos diosecillos sin cuerpo, constando sólo de una cabeza fantástica, de cabellos como aspas y de boca gigantesca.

—¡Ea! mis obedientes ministros —les dijo—, ¡soplad, soplad hacia la tierra con todas vuestras fuerzas!

Los terribles diosecillos abrieron las descomunales bocas, hincharon los elásticos carrillos y lanzaron una bocanada, cada uno en dirección de un punto cardinal.

El viento no era fuerte al principio, pero poco a poco los diosecillos se fueron enardeciendo y su soplar alcanzó toda su espantable magnitud acabando por ser un huracán deshecho. Remolinos, trombas y ciclones hicieron crujir los cimientos del mundo. Volaban basuras, arenas, piedras, rocas, aguas, casas, y árboles.

Los vientos rugieron sobre las altas montañas cubiertas de nieve y las despojaron de su capa fría. La nieve, en alas del huracán, cayó sobre la tierra blanqueándola como con inmenso sudario.

Los hombres fueron presas de terror pánico. Buscaban refugio sin encontrarlo. Hubieran querido esconderse bajo las capas terrestres.

—¡Ay! —exclamaban enloquecidos por la angustia—, ¡siquiera fuéramos animales!

—Seréis monos—, contestaron los dioses.

Y aquellos desgraciados se transformaron todos en monos que huyeron despavoridos por las barrancas de los montes.

Sólo un hombre y una mujer no sufrieron aquella degradante transformación. Eran el par privilegiado. Al abrigo de una gruta, alumbrada por el fuego rojo, mantienen amigable plática, sin perturbarles el alarido del viento, ni sentir entumecidos sus miembros por el frío glacial que aletargaba al mundo.

Aquella pareja sobrevivió a la tremenda catástrofe y salvó el fuego del hogar.

III

Sol de fuego. Pasaron los siglos y el mundo volvió a verse poblado como antes. Aquellos iracundos dioses se disgustaron nuevamente con los hombres; se reunieron en lo alto de una montaña y tomaron por tercera vez la resolución de exterminarlos. El agua y el viento habían sido los agentes de los cataclismos anteriores. ¿Cuál sería ahora? Examináronse los dioses unos a otros y acabaron por fijarse en uno de cara amarilla.

—Tú, Dios del Fuego[3], serás en esta ocasión el encargado de cumplir nuestro decreto, —dijéronle.

—Seréis obedecidos—, contestó el dios amarillo.

El aludido tenía un aspecto terrible y bien extraño. Estaba completamente desnudo y muy pocos adornos embellecían su cuerpo. En la cabeza llevaba una corona de papel sagrado de diversos colores y un penacho de plumas que semejaban llamas; en los pies, sartales de cascabeles.

Dejó a un lado un escudo de guerra adornado con piedras preciosas, que en la mano sostenía, cogió un enorme plumaje amarillo entre cuyas plumas brillaban los signos de los rayos y relámpagos, y se lo puso en la espalda como un trofeo siniestro. Y desapareció como tragado por la tierra.

Allá abajo, en una aldea, junto al fuego del hogar tranquilo, conversan sobre sus ilusiones un par de casados. De repente el fuego crepita produciendo un sonido inquietante y a poco una voz varonil sale por el agujero de una caña que arde con una llama azul.

—¡Oh mortales privilegiados! —dijo la llama—, no os engolféis más en vuestra plática. ¿No oís un ruido sordo, subterráneo, bajo vuestros pies? Es el fuego interno que comienza a hervir y amenaza romper la costra terrestre. Levantaos, coged amorosamente el fuego del hogar y buscad una gruta en el bosque próximo. Allí os salvaréis de la catástrofe que se avecina.

La caña se consumió y se extinguió la llama azul.

La pareja privilegiada, cumpliendo el mandato del dios, tomó el fuego del hogar y algunos mantenimientos, y abandonó apresuradamente su cabaña. Dirigióse al bosque.

¡Qué hermosa estaba la tierra! Los campos verdes, esmaltados de flores, sonreían. Las milpas balanceaban sus esbeltas cañas cargadas de elotes casi en sazón. Los frijolares veíanse cubiertos de ejotes semejantes a pequeños alfanjes de esmeralda, y millones de florecillas blancas salpicaban el verde oscuro de los chilares tempranos. Las guías de la calabaza y el chilacayote trepaban hasta por los techos de los jacales, mostrando ya las flores campanuladas, ya los frutos esferoidales. El tzempaxuchil amarilleaba los bordes de las huertas con una franja dorada.

De improviso la tierra se extremeció en sus cimientos con inmenso estrépito; parecía sacudida por gigantescas convulsiones.

¡Allá está el volcán! De su cráter colosal sale una extraña figura. ¡Mirad! es el dios del Fuego, terrible y amenazador. Parece un titán. A su espalda flota siniestramente su caudal de rayos y relámpagos. Lleva en ambas manos una caja de pedernales que agita violentamente produciendo estallidos. Vuelca la caja y se enciende una formidable lluvia de fuego.

Tembló el volcán, rugió espantosamente y escupió hacia el cielo un penacho de vapor cruzado de relámpagos.

Llovió ceniza y arena. Y ríos de lumbre, ríos de lava, bajaron por la falda de todos los volcanes, invadiendo los campos, los bosques y las llanuras. ¡A su paso sembraban la destrucción y la muerte!

Fue entonces cuando se hizo el tezontle.

Y fue tanto el fuego volcánico de aquella edad, que su resplandor alumbró toda la tierra con fulgores amarillos.

¿Y los hombres? ¡Ah! los hombres sentían asfixiarse en medio de aquella atmósfera caliente impregnada de vapores y azotada por cenizas cálidas que picaban como agujas. Las plantas se tostaban y los árboles ardían.

—¡Ah! si fuéramos pájaros —exclamaban—, ¡volaríamos!

—Pájaros seréis—, contestaron los dioses.

Y aquellos desgraciados se convirtieron luego en aves que huyeron aleteando nerviosamente, abriendo los picos y exhalando lastimeros chillidos.

Y sin embargo, allá en medio del bosque, en la falda de una colina, hay una gruta casi oculta entre el ramaje. Dentro de ella conversan pacíficamente el hombre y la mujer privilegiados, teniendo en medio de ellos el fuego del hogar.

Fueron los únicos que se salvaron de aquel espantable cataclismo.

IV

Sol de tierra. El género humano se desarrolló otra vez extraordinariamente. Pero los dioses, como ya dijimos, eran iracundos. Sin embargo, su ira iba en menguante. A medida que se mejoraban los hombres, se mejoraban también los dioses. No todos los hombres eran malos. En este concepto, cuando los dioses deliberaron, resolvieron castigar a los malos y dejar supervivir a los buenos.

—Tu, Diosa de la tierra[4] —dijeron—, serás ahora la encargada de cumplir nuestro decreto.

—Vuestro mandato será cumplido—, contestó la diosa.

La aludida era joven y bella. Su vestido era rojo desde la cabeza a los pies: mitra, camisa, falda y sandalias. Llevaba ricos pendientes y un collar de mazorquitas de oro. Mostraba en la mano, como su principal atributo, un haz de mazorcas de oro.

Sonrió graciosamente, y dijo a los dioses del Fuego, del Agua y del Aire, sus amigos y colaboradores (calor, humedad y viento):

—Por ahora os voy a dejar descansando; ya os llamaré oportunamente.

Y la diosa de la Tierra, que era quien vigilaba la germinación, crecimiento, florescencia y fructificación de las plantas, al ir camino de su reino, díjose para sí:

—Mi encargo es muy sencillo: consiste por ahora en no hacer nada. ¡Bah! seré perezosa por un poco de tiempo y luego iré cambiando de funciones según el caso. Por hoy seré la diosa de la Esterilidad y el Hambre. Me ocultaré donde nadie me encuentre.

Diciendo y haciendo. Se escondió en una gruta honda y obscura y se acostó a dormir.

Los dioses del Agua, del Fuego y del Aire hicieron otro tanto.

Poco después escasearon las lluvias, vinieron terribles heladas y dejaron de manar las fuentes.

La tierra vió marchitarse sus campos.

Las milpas y demás plantas alimenticias se anublaron.

Un clamor se levantó de un extremo a otro del mundo.

Los hombres desesperados invocaban a gritos a los dioses.

—¡Amparadnos! —exclamaban—, ¡calmad nuestra hambre y nuestra sed!

Los cuatro dioses entreabrían los ojos y, a una seña de la diosa Tierra, enviaban de cuando en cuando, en alas del viento, un poquito de agua y un soplo de calor a los hombres buenos.

—¡Amparadnos! —seguían clamando los otros—. Mejor quisiéramos que nos devoraran los tigres!

—Bueno —dijeron los dioses al oir aquello—. Los tigres os comerán, que también tienen hambre.

Y de los marchitos bosques y de las polvorientas montañas salieron los tigres famélicos y devoraron a los hombres.

La diosa dejó entonces su retiro. El mundo estaba convertido en un inmenso páramo, y era su aspecto tan triste y desolado, que la misma diosa sintió angustiado el corazón.

—¡Qué horrible es ser la diosa de la Esterilidad y el Hambre! Por fortuna está en mí transformarme a mi placer y voluntad: voy a ser ahora la de la Fertilidad y de los Frutos, es decir, de la Abundancia. Muy luego seré la de las Flores y del Maíz.

Y aquella deidad, que podía tomar tan variadas tansformaciones, desde la terrífica del hambre hasta la placentera de las flores, llamó a sus colaboradores el Calor, el Agua y el Aire y les dijo:

—¡Obrad, amigos míos! ¡Soplad, lloved y calentad!

¡Oh, mágicas palabras! ¡Qué dulces y armoniosas vibraron en el aire!

La lluvia refrescó la tierra y bien pronto se vistió de verdura. Las fuentes volvieron a surgir regocijadas. Los arroyos corretearon como locuelos por los viejos cauces tapizados de arena. Los árboles se cubrieron de renuevos. Los hombres supervivientes sembraron toda clase de semillas que germinaron con rapidez; los campos cultivados se engalanaron de verdor y produjeron flores y frutos en abundancia. Los jardines reían y las trojes se reventaron de tanta carga.

Fue aquel un alegre renacer de la Naturaleza.

La diosa Tierra sonrió.

Los supervivientes, lleno su pecho de alegría y su corazón de gratitud, hicieron regocijadas fiestas a los dioses bienhechores, meciéndose en la dulcísima ilusión de que el mundo no volvería a sufrir ya más ninguna otra calamidad. *(Leyendas históricas mexicanas).*

EL QUINTO SOL

Nuestros antepasados los indios mexicanos creían que el mundo se había acabado cuatro veces por cataclismos realizados por el agua, el aire, el fuego y la tierra, según se refiere en la leyenda de los cuatro soles cosmogónicos.

Pues bien, las tradiciones legendarias agregan que después de la cuarta destrucción, se obscureció el mundo por espacio de veinticinco años a causa de haberse extinguido el cuarto sol.

No anochecía ni amanecía.

Por fin los dioses se reunieron en Teotihuacan para tratar del modo de dar luz al mundo, y resolvieron crear un quinto sol. Como todos los de la asamblea eran dioses y el sol tenía que ser forzosamente un dios, se vieron unos a otros, y se preguntaron:

—¿Quién de nosotros se encargará de alumbrar el mundo?

Uno de ellos, que era rico y noble, se ofreció[5].

—Yo tomo a mi cargo alumbrar el mundo—, dijo.

Los dioses estuvieron conformes. Pero agregaron: "Tú serás sol. ¿Pero quién será la luna?".

Volvieron a mirarse los unos a los otros, pero nadie se ofrecía.

Había entre ellos uno que no hablaba y que se limitaba a oír lo que los demás decían. Era pobre y humilde y tenía el cuerpo lleno de granos[6].

---

[1] Chalchiuhtlicue, la de la falda de piedras preciosas. También Matlacueye, la de la falda azul.

[2] Quetzalcóatl.

[3] Xiuhtecuhtli-Tletl.

[4] Tlalcihuatl. Los nahoas no consideraban inactiva a la tierra como divinidad. En tal concepto la diosa Tierra tomaba diversas denominaciones según las funciones de su ministerio como diosa de la Germinación, de la Fertilidad y de los Frutos, como diosa de los Mantenimientos, o, como en su antítesis, de la Esterilidad y del Hambre, era Chicomecoatl. En su primer aspecto se llamaba Chalchiuhcihuatl si presidía a la abundancia, Xochiquetzal si a las flores y Centeotl si al maíz.

—Sé tú el que alumbres también, granujientito—, dijéronle.

—A gran merced tengo vuestra designación—, respondió modestamente. —Sea como lo ordenáis.

Hechos aquellos nombramientos, se retiraron todos a hacer los preparativos de la ceremonia en que los dioses debían tomar posesión de sus cargos.

Los dioses electos comenzaron por encender fuego en una peña.

Y se subieron a unas torres, en figura de pirámides, que entre todos los dioses les habían edificado. Eran de piedra y tierra, muy elevadas, a manera de templos. En ellas hicieron penitencia cuatro veces, sacrificándose con púas y presentando ofrendas, las del noble muy ricas y las del pobre muy humildes.

Y luego volvieron a reunirse todos los dioses, porque ya era tiempo de que tomaran posesión de sus cargos los luminares del mundo. Vistieron al noble con un bello plumaje y una capa de lienzo, en tando que al humilde pusieron un traje de papel.

Estaban en la peña en que ardía el fuego desde hacía cien horas. Las llamas eran altas y fulgurantes. Unos dioses se colocaron a la derecha y otros a la izquierda.

Los elegidos (el noble y el humilde) se pusieron delante del fuego con las caras hacia él.

Era aquel un momento solemne. Había gran expectación en el concurso. El misterio de aquella noche que duraba ya veinticinco años, iba a romperse. Los luminares del mundo surgirían, ¿pero cómo?

Los dioses pusiéronse en pie y uno habló:

—¡Ea, pues, noble dios! ¡Echate al fuego!

El dios noble hizo el ímpetu de arrojarse a las llamas, pero era tan fuerte el calor que despedían, que sintió miedo y se volvió atrás. Hizo nuevo impulso, pero también retrocedió espantado. Probó dos veces más, y en las dos perdió completamente el ánimo.

Viendo que el noble no podía, dijéronle al humilde:

—¡Ea, pues, granujientito, prueba tú!

El dios humilde esforzóse, cerró los ojos para no ver las llamas, arremetió valerosamente y echóse de un salto en el fuego.

Avergonzado el noble con el valiente acto de su rival, cobró ánimo y se arrojó también en la hoguera.

En aquel momento llegó un águila, entró también en la lumbre y se quemó; por eso le quedaron las plumas hoscas y negruzcas.

Un tigre apareció luego y entró igualmente en la lumbre; pero sólo se chamuscó, quedándole por eso manchada la piel de negro y leonado.

Los dos dioses que se arrojaron a las llamas fueron muy pronto reducidos a cenizas. Los demás se sentaron a esperar a que los primeros salieran convertidos en astros y miraban hacia los cuatro puntos cardinales, pero con más insistencia hacia el oriente. Pero los astros no aparecían.

De repente abriéronse las llamas de la caliente hoguera como para dar paso a alguna cosa. Los dioses fijaron los anhelantes ojos en las llamas y vieron que dos globos luminosos salían, uno en el pico del águila y otro en las garras del tigre. El ave regia agitó sus potentes alas y con su preciosa carga en el pico tendió el vuelo con majestad, yendo a colocar el astro en las puertas del oriente. El tigre corrió atravesando valles y saltando montañas, yendo a colocar el otro luminar junto al primero.

Fue aquella una escena grandiosa, sublime, digna tan sólo de los dioses. Primero salió el sol y después la luna. Pero ambos tenían el mismo brillo. Su fulgor era tan grande, que casi cegaba los ojos.

Era aquel el gran amanecer del mundo. Era la grande aurora después de la noche inmensa. La luz de los astros rasgó las tinieblas, aquellas espesas tinieblas de ocho mil noches, y las sombras huyeron ante aquella titánica explosión de luces, huyeron sepultándose ofuscadas en el ocaso como fantasma de la noche.

La Naturaleza despertó alborozada, difundiéndose la alegría por todo el universo. Una música celestial brotada de todos los seres llenó con sus suaves melodías el infinito entero.

Los mismo dioses estaban asombrados. Pasado el primer momento de estupor, dijeron:

—No es bueno que los dos astros alumbren por igual.

Oída aquella resolución, uno de ellos cogió un conejo, y con él enarbolado en la mano, corrió hacia los astros dándole a la luna un fortísimo conejazo en la cara, escoriándosela y manchándosela, con lo que se la obscureció un tanto. Desde entonces el astro de la noche conserva la señal de aquel golpe.

Y así el humilde fue sol y el noble fue luna.

Pero ninguno se movía. Tan sólo se balanceaban en el oriente.

El águila fue a colocar el astro en el oriente.

—No conviene que estén suspensos, —dijeron los dioses—. Anda tú, dios del Viento, y muévelos.

El dios del Viento comenzó a zumbar echando fuertes soplos al sol. Sopló luego sobre la luna. Entonces los astros empezaron a andar, a cruzar el cielo, la luna en pos del sol, y éste adelante.

Con la creación de aquel sol comenzó una nueva era, en que todo también sería renovado.

Y desde entonces el Sol y la Luna fueron adorados en Teotihuacan, en las mismas pirámides que los propios dioses les habían edificado. *(Leyendas históricas mexicanas).*

---

[5] Se llamaba Tecuhciztecatl.

[6] Se llamaba Nanaotzin.

BERNARDINO DE SAHAGÚN. Nació en Sahagún, León, España, en 1499 o 1500; murió en la ciudad de México en 1590. Fraile franciscano, llegó a Nueva España en 1529. Ejerció su ministerio en varias zonas del centro del país. Auxiliado por los estudiantes trilingües (náhuatl, español y latín) del Colegio de la Santa Cruz de Tlatelolco, reunió importantísimos datos sobre la cultura, las creencias, las artes y las costumbres de los antiguos mexicanos. Formó así la *Historia general de las cosas de Nueva España,* contenida en el *Códice Florentino* (Manuscrito 218-20 de la Colección Palatina de la Biblioteca Medicea Laurenziana de Florencia), editado en facsímil por el Gobierno de la República en 1979.

NACIMIENTO DE HUITZILOPOCHTLI

Según lo que dijeron y supieron los naturales viejos del nacimiento y principio del diablo que se decía Huitzilopochtli, al cual daban mucha honra y acatamiento los mexicanos es: que hay una sierra que se llama Coatepec, junto al pueblo de Tula, donde vivía una mujer que se llamaba Coatlicue, que fue madre de unos indios, que se decían centzonhuitznaua, los cuales tenían una hermana que se llamaba Coyolxahqui, y esta Coatlicue hacía penitencia barriendo cada día en la sierra de Coatepec. Acontecióle un día que andando barriendo descendió sobre ella una pelotilla de pluma, como ovillo de hilado, y tomóla y púsola en el seno junto a la barriga debajo de las enaguas, y después de haber barrido la quiso tomar y no la halló, de que dicen se empreñó; y como vieron los dichos centzonhuitznaua a la madre que ya era preñada, se enojaron bravamente preguntando ¿quién la empreñó? ¿quién nos infamó y avergonzó?, y la dicha hermana que se llamaba Coyolxauhqui decíales: "Hermanos, matemos a nuestra madre porque nos infamó, habiéndose a hurto empreñado" y después de haber sabido la dicha Coatlicue el negocio, pesóle mucho y atemorizóse, y su criatura hablábala y consolábala diciendo: "no tengas miedo, que yo sé lo que tengo que hacer"; y después de haber oído estas palabras la dicha Coatlicue, aquietósele su corazón, y quitósele la pesadumbre que tenía, y como los dichos indios centzonhuitznaua habían hecho y acabado el consejo de matar a la madre por aquella infamia y deshonra que les había hecho, estaban enojados mucho, juntamente con la hermana que se decía Coyolxauhqui la cual les importunaba para que matasen a su madre Coatlicue y los dichos indios centzonhuitznaua habían tomado las armas y se armaban para pelear, torciendo y atando sus cabellos así como hombres valientes, y uno de ellos que se llamaba Quauitlicac, el cual era como traidor porque lo que decían los indios centzonhuitznaua, luego se lo iban a decir a Huitzilopochtli, que aun estaba en el vientre de su madre dándole noticia de ello, y respondíale éste diciendo: "¡Oh mi tío!, mira lo que hacen, y escucha muy bien lo que dicen, porque yo sé lo que tengo que hacer" y después de haber acabado de tomar la resolución de matar a Coatlicue los dichos indios centzonhuitznaua fueron donde estaba su madre Coatlicue. Por delante iba su hermana Coyolxauhqui, y ellos iban armados con todas armas y papeles, cascabeles y dardos en su orden, y el dicho Quauitlicac subió a la sierra a decir a Huitzilopochtli, como ya venían los dichos indios centzonhuitznaua contra él a matarle, díjole Huitzilopochtli: mirad bien dónde llegan, y respondióle Quauitlicac, que ya llegaban a un lugar que se dice Tzompantitlan; y más preguntó el dicho Huitzilopochtli al dicho Quauitlicac diciéndole ¿a dónde llegan los indios centzonhuitznaua? Quauitlicac le dijo, ya llegaban a otro lugar que se dice Coaxalpa; tornó otra vez a preguntar Huitzilopochtli a Quauitlicac, ¿hasta dónde llegan?, y respondióle que ya llegaban a otro lugar que se decía Apetlac; tornó a preguntar otra vez Huitzilopochtli al dicho Quautlicac, ¿y ahora hasta dónde llegan?, respondióle que ya llegaban al medio de la sierra, entonces tornó a preguntar Huitzilopochtli a Quauitlicac, ¿dónde llegan ya?, respondióle que ya estaban muy cerca que delante de ellos venía la dicha Coyolxauhqui. En llegando los dichos indios centzonhuitznaua nació al punto Huitzilopochtli, trayendo consigo una rodela que se decía teueuelli con un dardo, y vara de color azul y su rostro como pintado, y en la cabeza traía un pelmazo de pluma pegado y la pierna siniestra delgada, y también emplumada y los dos muslos pintados igualmente de color azul y también los brazos y Huitzilopochtli mandó a uno que se llamaba Tochancalqui, que encendiese una culebra hecha de teas que se llamaba Xiuchcatl, encendióla y con ellas fue herida la dicha Coyolxauhqui, de que murió hecha pedazos, y la cabeza quedó en aquella sierra de Coatepec. Huitzilopochtli levantóse, se armó y salió contra los dichos centzonhuitznaua persiguiéndoles y echándolos fuera de aquella sierra hasta abajo peleando contra ellos, y cercando cuatro veces la dicha sierra, y los dichos indios centzonhuitznaua no se pudieron defender ni valer contra Huitzilopochtli ni hacerle cosa alguna y así fueron vencidos y muchos de ellos murieron y los dichos indios centzonhuitznaua rogaban y suplicaban a Huitzilopochtli que no los persiguiese y que se retrayese de la pelea; mas Huitzilopochtli no quiso ni les consintió allí hasta que casi todos los mató y muy pocos escaparon; y salieron huyendo de sus manos y fueron a un lugar que se dice Huitztlampa y les quitó y tomó muchos despojos y las armas que traían que se llamaban anecuiotl. Huitzilopochtli también se llamaban Tetzauitl por razón que decía que la dicha Coatlicue se empreñó de una pelotilla de pluma, y no se sabía quién fue su padre, y los mexicanos lo han tendio en mucho acatamiento, y han servido en muchas cosas, teniéndolo por dios de la guerra, porque decían que les daba gran favor en la pelea. El orden y costumbre que tenían los mexicanos para servir y honrar al dicho Huitzilopochtli, tomáronlo del que se solía usar y hacer en aquella dicha sierra que se nombra Coatepec. *(Historia general de las cosas de Nueva España).*

JOSÉ LUIS ALANÍS BOYSO. Nació en la H. Zitácuaro, Mich., en 1951. Licenciado en historia, investigador del Instituto Mexiquense de Cultura y autor de 20 libros, ha coordinado el rescate y organización de los 121 archivos municipales de su entidad, la actividad de los cronistas y la formación de las monografías de esas mismas circunscripciones. Además de noticias históricas, geográficas, económicas y sociales, en estas obras se han recogido, a su iniciativa y bajo su dirección, las tradiciones orales comunitarias, ricas en leyendas y creencias atávicas.

LA TIENDA ENCANTADA

Se comenta que una vez venían unos arrieros de Tetecala, Morelos, con sus burros cargados de mercancía, y al pasar por el norte de la cañada, delegación perteneciente al municipio, sobre el camino a Chalma, encontraron una tienda abierta; al verla entraron y uno de ellos le dijo al otro: "Mientras salen a despachar, ahorita vengo; voy a ver a los animales". Y se salió del lugar. Al volver a la tienda, ésta había desaparecido y sólo encontró una gran roca; de inmediato se dirigió a su pueblo para dar aviso a los familiares de su compañero; congregándose al momento, varios vecinos se dirigieron al lugar de los hechos; pero cuando llegaron no había nada. Uno de ellos, que se enteró de lo sucedido anteriormente, opinó que esperaran un año y que a lo mejor en ese día y a esa hora se volvería a abrir la tienda. Un año después, el tres de mayo a las 12 de la noche, fueron y encontraron abierta la tienda y dentro de ella al señor desaparecido. El hombre que había dado el aviso entró y le dijo: "¿Qué pasó compa, ya nos vamos?" A lo que el otro contestó: "Pues, ¿a dónde fuiste, que no te tardaste?". "¿Cómo que a dónde fui?, si ya tienes un año que estás aquí". El desaparecido le contestó que no lo estuviera engañando, pues que él acababa de salir. Poco tiempo después el que se había estado por un año en la tienda encantada, murió (Eufracio García López: *Ocuilan. Monografía municipal*).

EL LEÓN DEL SEÑOR SAN JERÓNIMO

Se cuenta que el Señor San Jerónimo, santo patrón de este lugar, tenía un león a su lado; pero la ciudadanía de aquel entonces, empezó a preguntarse el por qué; ya que esto no era correcto en su papel de patrono del pueblo. Unos afirmaban que debía tenerlo, otros que no, en fin, se pusieron de acuerdo y se lo quitaron.

No se sabe si fue la fe, la superstición o el temor por habérselo quitado, pero se dice que después de unos días empezó a escucharse el rugido de un león por las noches, y al amanecer se encontraban restos de animales como perros, borregos, becerros y hasta burros, como indicio de que dicho animal los mataba y se los comía.

Ya la gente no salía cuando empezaba a obscurecer, todo mundo atrancaba las puertas por temor a que el animal entrara a sus casas.

Cuenta un sacristán, que estuvo durante 60 años en este oficio, que él dormía en una pieza que está junto al curato de la parroquia y que hasta allí oía los rugidos del león todas las noches.

Otras personas dicen que era un monstruo que salía de los túneles que se cree tiene el subsuelo de la cabecera municipal, pero sea como fuese, el caso es que a diario aparecía un animal muerto.

Los que le quitaron el león a San Jerónimo, se reunieron y acordaron colocarlo otra vez en el lugar que lo tenía, pues temían que fuera un castigo del santo por habérselo quitado.

Desde que pusieron al león en el lugar donde estaba, no se volvió a aparecer por las noches a causar destrozos, por lo cual el santo volvió a ser venerado como antes. (Domingo Gaspar Sampayo: *Aculco. Monografía municipal*).

EL DESCUBRIMIENTO DEL MINERAL DE TEMASCALTEPEC

Se cuenta que en 1565, un tal Jorge Medina o Jorge de Medina, originario de Peñuelos, Zacatecas, de oficio barretero, había matado a un individuo y para no ser juzgado por las autoridades virreinales, que eran muy severas, huyó por las montañas hacia el Mineral de Zacualpan con dos hijas suyas. Al llegar a un solitario monte de la ranchería de La Albarrada era ya de noche, encendió lumbre sobre una roca, para calentar alimentos y ahuyentar a las fieras que abundaban en la región. A la mañana siguiente, vio que en las piedras del fogón ya apagado había plata fundida y huellas de oro, formándose una pequeña plancha, lo que le indicó que estaba precisamente en el crestón de una rica veta de oro y plata. Dejó allí a sus dos hijas y fue a la capital de la Nueva España, con unas muestras o broches del metal, a pedir audiencia con el virrey don Antonio de Mendoza y proponerle que si le perdonaba su delito, enseñaría el lugar de la mina que había descubierto y la donaría al rey para que fuera explotada. Entonces el virrey, que era compasivo y deseaba el desarrollo de la minería, otorgó a Medina el indulto de su pena y nombró una comisión para que se posesionara de la mina en nombre del rey y procediera a los trabajos de exploración y explotación, dándosele por nombre La Mina del Rey; pero al regresar Medina a La Albarrada, ya sus hijas habían descubierto otra veta, muy rica también, a la que denominaron La Mina de las Doncellas. Finalmente, en agradecimiento al favor obtenido del virrey, Medina mandó traer de España la imagen del Cristo Crucificado que se venera todavía en Temascaltepec y al que por ello se le dio el nombre de El Señor del Perdón. (Alfredo Barboa Reyes: *Temascaltepec. Monografía municipal*).

EL CUAHUTEPOCHTLE, EL ATOLONDRADO O EMBROMADOR DE LOS BOSQUES

En los bosques de la Sierra Nevada se aparece un ser mítico llamado el Cuahutepochtle (del náhuatl cuáhuitl, árbol, bosque, y tepochtle, atolondrado embromador). Leñadores, pastores o gente que simplemente camina por el monte se lo pueden encontrar. Es muy pequeño, mide 60 centímetros, pero se puede hacer más pequeño hasta casi desaparecer. Tiene buen humor y gusta de jugar bromas. A veces ayuda a quien le pide ayuda. Cuentan que a un viejo leñador de San Pedro Nexapa se le apareció varias veces. El viejo, que iba todos los días al monte a juntar leña, un día, cuando apenas estaba amaneciendo, vio al Cuahutepochtle enmedio de la bruma, pero antes de recobrarse de la impresión, desapareció el ser. Así le salió varios días. Una madrugada, cuando el viejo ya esperaba su aparición, que se le presenta el Cuahutepochtle enfrente de él, encaramado en una roca; en lugar de desaparecer, brincó hacia adelante y se plantó a su lado. El burro se asustó y salió corriendo y el viejo se quedó mudo de asombro, miró largamente al ser que estaba frente de él, era muy pequeño, con un enorme sombrero cubierto de plumas, sus cortas piernas estaban enfundadas en unas botas rojas, su cuerpo era como de gallo y despedía un fuerte olor a humedad. El ser le dijo: ¡soy el Cuahutepochtle!, el duende del bosque, señor de los árboles y plantas. Yo transportó las semillas para que germinen y puedo ordenar a los animales cualquier cosa. ¿Cualquier cosa?, preguntó el viejo; sí, cualquier cosa, replicó el duende. Entonces ordénales que me junten leña en lo que voy en busca de mi burro; está bien, le contestó el duende. Al rato regresó el viejo con su burro y efectivamente se encontró un bulto enorme de leña. Muy contento cargó a su animal y regresó más temprano que de costumbre a su casa. Cuentan que este señor se hizo rico con tanta leña que vendía, que se hizo de una recua de mulas y que sólo trabajaba unas pocas horas. La gente dice que el Cuahutepochtle lo ayudaba, porque el viejo le llevaba todos los días tamales y atole, que eran amigos, que estaban empatados. Pero no a toda la gente ayuda; es más, a algunos los espanta y les mete susto. (Horacio Alejandro López López: *Amecameca. Monografía municipal*).

NGUEMORE, LA MONTAÑA SAGRADA

Todo era noche, era silencio. El cielo comenzó entonces a pintarse de un rojo vivo, y de pronto Jyaru iluminó la tierra. De su amor con Male Zana, nuestra madre la Luna, y de su calor, amaneció la vida. Si no hubiera sol tampoco habría vida.

Así vino el sol, el gran señor, a dar vida a Xonigomui, el espíritu de la tierra mazahua. El sol movió sus rayos y todo se movió en el mundo; se hizo el aire, y el aire se hizo viento. El sol lloró y con sus lágrimas se hizo el agua, y nacieron los ríos, los lagos y los manantiales. Brotaron después las plantas, los animales y el hombre.

El sol se regocijó de su obra, sonrió y de sus risas salieron las flores y los pájaros. El sol cantó y cantaron los pájaros. Las flores se inclinaron ante él, reconociendo su grandeza.

Así hubo colores y formas en el paisaje sonoro de la vida. Así hubo animales y frutos y cantos.

Los primeros hombres que habitaron esta tierra eran muy altos. Eran verdaderos gigantes, pero no tenían fuerzas ni peso. El aire los tiraba al suelo y no se podían levantar. Se les llamaba Mandas.

Hubo después otros hombres que eran pequeños y no podían colocar el maíz en las trojes. Debieron desaparecer. Se llamaban Mbeje.

Nacieron después otros hombres de los que somos retoños: los mazahuas. Jyaru los amó y protegió para que poblaran la tierra.

Nguemore recoge el agua con las manos y apaga con ella su sed. El bendice también al sol cada mañana, mientras sus pasos lo llevan por el camino de la vida. Desde hace mucho sus huellas se repiten sobre Niñi Mbate. Ahí tiene su cueva, frente a Ndoreje, pequeña isla lamida por la lengua brillante del río Lerma, Ndareje.

Le gusta dormirse bajo el canto de la cascada de los pastores y el trino de los pájaros. Pero siempre está despierto cuando el sol se levanta sobre el este enrojecido, y también cuando cae en el lecho violeta del poniente, vencido por el sueño.

Nguemore trajina las riberas del río Ndareje. Camina también por la tierra encarnada de Mbaro, y continúa su marcha hasta los llanos en que sopla el viento fuerte, Jyapul. Se mantiene a menudo en Apare, las lagunas y manantiales de agua caliente, y mira los numerosos peces y ajolotes. A veces se queda allí, descansando bajo su sauce o entre tules. En ese tiempo no había montañas.

Tanta paz va encendiendo en su corazón la brasa de un deseo que lo turba. Comprende que necesita una compañera.

Pasa una luna tierna, pasa una luna llena, y ella no llega.

Un día, por las tierras que son ahora de San Juan Jalpa y San Miguel Tenochtitlán pasa una hermosa mujer, pero no le corresponde.

Nguemore se siente triste y solo.

Tanseje, la estrella grande de la mañana, anuncia un nuevo amanecer. Despiertan los jilgueros, Nguemore anda cerca del río recolectando frutos y hojas tiernas para comer. Ha comenzado a soplar el viento. De pronto mira hacia el valle y ve venir una doncella con un manto blanco sacudido por la furia del aire. Sus ojos se deslumbran con tanta belleza, su pecho se regocija. la doncella se le acerca.

—¿Cómo te llamas? —Le pregunta Nguemore.

—No tengo nombre —le respondío la doncella.

—Entonces te diré Toxte —propone Nguemore.

Ella sonríe, aceptando el nombre.

—¿A dónde vas? —pregunta Nguemore.

—A ninguna parte —contesta Toxte.

—Puedes quedarte en este valle, si quieres. Aquí cerca tengo una cueva.

Días después Nguemore y Toxte encienden el gospi del amor, colocando una piedra hacia el norte, otra hacia el sur y una última hacia el poniente, dejando un espacio abierto hacia el este, para que entre por ahí el calor sagrado del sol.

Nguemore y Toxte unen sus vidas y sus pensamientos en una fuerza poderosa. Sus voces y sus manos se juntan para exaltar la tierra, para acariciar el agua y el viento.

Van dando nombre a las cosas, a las plantas y los animales. Al sol le llaman Jyaru, a la luna Zona, al agua Ndeje, al fuego Sivi, al sauce Xiño, al venado Panteje, al trabajo Mbefi. Y así a todo lo demás.

Aprenden a cultivar el maíz. Nacen sus hijos; nace Najto, el pueblo. Plantan un árbol llamado mama para registrar su origen, el lugar y el tiempo del pueblo mazahua. El árbol empieza a crecer.

Agradecidos, le ofrecen al sol una bebida hecha de maíz, el Sende Choo; le ofrecen flores y copal, y hacen ritos al fuego por la mañana, a mediodía y por la tarde.

Nguemore y Toxte vivieron muchos años. Vieron caer numerosas lluvias y repetirse infinitas veces el ciclo del maíz. Su ciclo ya se terminaba.

Tata Jyaru estaba contento con ellos, y no querían que se acabaran para siempre. Toxte se hallaba muy enferma, y antes de que muriera la transformó en volcán, el Toxte, Xinantécatl o Nevado de Toluca.

Nguemore no entendió por qué el sol lo dejaba solo y triste. Un día partió hacia el este, dispuesto a abandonar esa tierra. Pero sus hijos detuvieron su marcha, pidiéndole que se quedara con ellos.

(Quédate Nguemore, y tu voluntad será nuestra ley en el futuro, como lo fue en el pasado.

—Mi voluntad es convertirme en montaña, como Toxte, mi compañera. Así podría mirarla hasta el fin de los tiempos, sin corromperme.

—Oh, Nguemore, somos hombres y no dioses. ¿Cómo podemos convertirte en montaña? Pídele esto a nuestro padre el sol.

Nguemore levantó entonces los ojos al cielo. La luz lo enceguecío, y delante de su pueblo se fue convirtiendo en montaña. Es la que ahora concemos como Tata Nguemore, y también Xita o Bingui Mara. Los toltecas le pusieron Jocotitlán.

El es hoy la montaña sagrada de los mazahuas, el símbolo de la vida de nuestro pueblo. Desde épocas remotas se le ofrendan mazorcas de maíz, en un ritual acompañado de música, cantos y copal. Se cuelgan las mazorcas en los peñascos que hay en su cumbre, y sobre esas piedras, con un carbón, se dibuja el contorno de las manos. Los hombres regresan después con granos de maíz, tierra y ceniza, que echan en la milpa para propiciar buenas cosechas.

Con su mirada eterna, el espíritu de la montaña contempla amorosamente Tontejé, a su tierra y a su pueblo mazahua. Cuando tiene un penacho de nubes orientadas hacia el norte nos anuncia la lluvia, y cuando se cubre de nieve es señal de que habrá buenas cosechas.

Ahí está Tata Nguemore, la montaña sagrada, junto a sus primeros hijos, transformados en pequeños cerros, los tziteje, que también velan por nuestro pueblo, deseando verlo libre y dueño de su destino, y cada vez más orgulloso de sus tradiciones (Julio Garduño C., en *Jocotitlán. Monografía municipal*, compilada por Celia Cedillo Chimal).

NDAREJE, RÍO LERMA

Eran tiempos muy remotos en este lugar de Tamascalcingo. En una mañana llena de cantos de pájaros y de flores, aparece nuestro padre sol iluminando la tierra, dándole calor y vida a las plantas, a los animales; está alegre, está contento.

En lo alto del cielo se ve volar una águila, bañada por los rayos del sol, su vuelo es majestuoso, en su pico lleva una serpiente.

El águila va descendiendo lentamente y se para en este lugar para descansar, quedándose dormida. La serpiente mueve su cuerpo y comienza a deslizarse por estos valles, dejando un rastro serpenteado que va dando la forma de un río.

El agua con escamas de sol va corriendo en diversas direcciones. Es la serpiente de agua. Una serpiente convertida en río.

Así nació nuestro río Ndareje, que ahora le llamamos río Lerma.

El águila se quedó profundamente dormida y se transformó en una montaña a la que nombramos Ndaxini, que quiere decir "cabeza de águila"; es el cerro chato por donde sigue corriendo la serpiente que ahora es río. El nos da vida, nos enseña su música y su canto.

Nuestros abuelos nos han enseñado a respetarlo, por eso le llevamos ofrendas. El ha estado presente en toda la historia de nuestro pueblo. (Julio Garduño Cervantes: *Temascalcingo. Monografía municipal*).

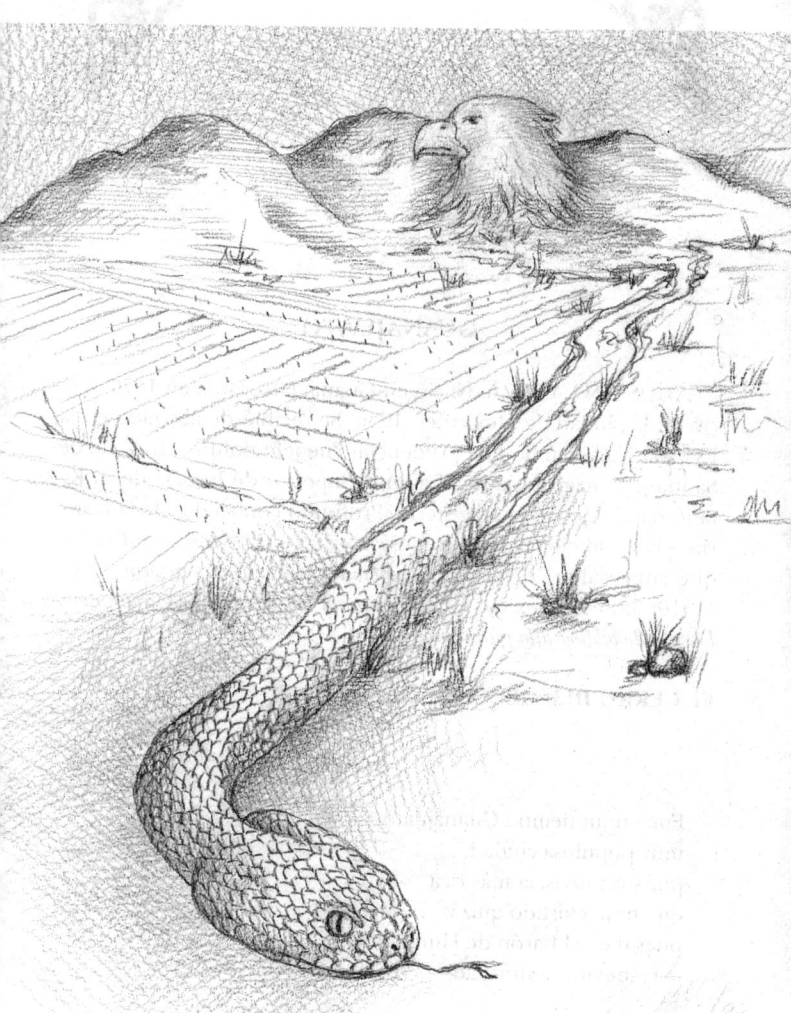

GUANAJUATO

AGUSTÍN LANUZA. Nació en Guanajuato, Gto., en 1870; murió en la ciudad de México en 1936. Se recibió de abogado en la Escuela Nacional de Jurisprudencia. Fue jefe político de Valle de Santiago y magistrado del Tribunal Superior de Justicia de su Estado natal. Ejerció el magisterio. Profundo conocedor de la historia y las tradiciones locales, dejó escritos varios libros, entre los que sobresalen: *Romances, tradiciones y leyendas guanajuatenses* (1910; 3a. ed., México, 1950), *Historia del estado de Guanajuato* y *Ensayo de bibliografía guanajuatense*.

EL CERRO DEL MECO

I

Fue en un tiempo Guanajuato,
muy populosa ciudad,
por sus minas, la más rica
que haya existido quizás;
pues dice el Barón de Humboldt,
—respetable autoridad—

que fabulosas bonanzas,
como no se han visto ya,
produjeron plata y oro
en tan grande cantidad,
que dos tercios del dinero
que llegara a circular,
por el mundo, en ese entonces,
fueron de este Mineral.
La abundancia era un derroche,
pues sin tasa ni compás,
el "buscón" se daba un lujo
de acaudalando Nabab.
Era de verle en domingo,
una fortuna gastar,
vestido de negro paño,
ancho sombrero alemán
con sus toquillas de plata,
y chapetones sin par;
mascada de Indias al cuello,
en la "víbora" un caudal,
y, terciado sobre el hombro,
un finísimo gabán,
primoroso, del Saltillo,
que era una curiosidad.
No se diga la "señora",
cuánto garbo en el andar,
calzado bajo, de raso,
y de encaje el delantal,
rica franela "masona"
que mirábase brillar,
salpicada de monedas,
"gargantilla" de coral,
"zarcillos" con piedras finas,
"cintillos" de oro, además,
y rebozo "ametalado"
de suprema calidad,
luciente como casulla,
o capa archiepiscopal.

II

Era costumbre en las minas,
por piedad o devoción,
encomendar a algún santo
ya un "tiro", "campo", o "labor".
En una de ellas, por cierto,
un campo se dedicó
a la milagrosa Virgen
de San Juan, y en la función,
se dijo misa cantada,
pues para ello se arregló,
convirtiéndolo en capilla,
de la mina el socavón.
A tal acto concurrieron
personas de rango y pró,
los "campistas" y hacendados
de más representación:
el Juez de minas y "tandas",
el mismo Alcalde Mayor,
y hubo grande regocijo
y solemne procesión;
con barra y "pico" de plata
el primer golpe se dió,
los "morrongos" alumbraban
de la mina el interior,
con grandes "hachas de viento"
y con tanta profusión,
que el derramar en las rocas
radiante y vivo fulgor,
evocaban el fantástico
antro del viejo Plutón.
Hubo música y salvas,
el "pueble" todo acudió;
y arreglóse que en memoria
de aquella dedicación,
se regalara a la Virgen
Patrona de la "labor"

un cofre con ricas joyas
de valiosa estimación,
todas de oro macizo,
hechas con arte y primor,
cuajadas de rosicleres,
diamantes, y qué se yo.
Próxima estaba la feria
de San Juan, y se acordó
que aquel presente, a la Virgen,
llevara una comisión.
Los nombrados aceptaron,
una acta se levantó,
compráronse al fin las joyas
a muy subido valor,
y en cofre dorado a fuego,
el presente se guardó.
Cuando todo estuvo listo,
partieron en un convoy,
rumbo a San Juan de los Lagos,
tal como se concertó,
las personas encargadas
de cumplir la comisión.
Algunos días pasaron;
mas el tiempo no tardó,
sin que luego se supiera
con profunda indignación,
que un capitán de bandidos,
temible por lo feroz,
con otros de su gavilla,
había asaltado el convoy,
matando a los conductores
de modo infame y traidor,
y lo que era más, —¡sacrílego!
clamaba la población—,
robándose las alhajas
de la Virgen, ¡cuánto horror!
Vanas fueron las pesquisas
por capturar al ladrón,

la mina, pesar en oro,
al delincuente ofrecio;
se hicieron triduos, novenas,
el Cura dijo un sermón,
y con frase persuasiva
a los fieles exhortó
para que no se burlase
la Sagrada Ley de Dios,
conminando a los culpables
con pena de excomunión;
y algunos aseguraban
que aquel crimen tan atroz,
merecía los tormentos
de la Santa Inquisición.

III

Muchos años transcurrieron
de acaecido el suceso
y comenzó a susurrarse
entre la gente del pueblo,
que por las noches "ardía",
semejante a un fatuo fuego,
en un lugar apartado,
donde un peñón se alza enhiesto,
en la granítica cumbre
del alto Cerro del Meco,
que con sus crestas de cuarzo
recorta el azul del cielo,
erguido como un gigante
de los prehistóricos tiempos.
Es una vulgar creencia,
que donde arde, hay dinero,
y así, no era de extrañarse
que atraídos por el cebo
de encontrar algún tesoro
en aquel sitio del Meco,
acudieran mil valientes,

de esos que hablan a los muertos,
anhelando descubrir
la clave de aquel secreto.
Mas sucedía que nadie
lograr pudiera su intento,
porque al acercarse alguno,
desaparecía el fuego;
se oían ruidos de cadenas
que arrastraban por el suelo,
blasfemias contra la Virgen,
gritos de rabia, lamentos,
y contemplábase alada
e inmensa legión de espectros,
que en espantoso aquelarre
rodaban en corvos vuelos,
produciendo con las alas
ensordecedor estrépito.
Y como para el espíritu,
la helada impresión del miedo
da a las imágenes vida
y agiganta los objetos,
las rocas de la montaña
con su caprichoso aspecto,
semejaban a la vista
monstruos informes y fieros
tallados por las callosas
y rudas manos del tiempo.

IV

Habitaba en las Peñitas[1],
en una casa modesta,
y más que modesta, pobre,
una familia muy buena.
Tuvo las comodidades
que tiene la clase media,
y trabajador y honrado
fue siempre el jefe de ellas;

pero es lo cierto, que a veces,
y por fatal coincidencia,
la honradez, por patrimonio,
sólo tiene la miseria.
Cansado de batallar
aquel hombre, en ruda brega,
vencido estaba en la lucha
terrible por la existencia.
Un día de tantos, salió,
como de costumbre era,
agobiado por el peso
enorme de su tristeza;
mas para sí le decía
con firme voz su conciencia:
"no desmayes, adelante,
lucha, trabaja y espera".
Y trabajó; mas fue inútil;
recorrió calles y tiendas,
talleres, mercados, plazas...
cruzó por su alma la negra
sombra del crimen, y en tanto,
la pobre familia aquella,
muriendo estaba de hambre
y él, muriéndose de pena.
Inconsciente caminaba,
y al pasar por la Plazuela
de los Angeles, ya noche,
vió a un hombre de talla esbelta
que en su porte, revelaba
ser sujeto de altas prendas.
Iba a hablarle, cuando al punto
díjole aquél con presteza:
—¿Quieres trabajar? pues toma;
y le alargó una peseta.
—Compra con eso una reata
grande, resistente, buena,
y te vienes al momento,
que aquí te aguardo en la acera—.

Aturdido tomó el hombre
en sus manos la moneda,
y sin vacilar, al punto,
entró de El Sueño a la tienda.
Compró la reata al instante,
y saliendo con violencia,
vió al misterioso individuo
que lo esperaba en la puerta,
y siguiólo por Alonso,
por San Diego, por Sopeña,
San Pedro, Sangre de Cristo,
Puertecito, sin que hubiera
entre ambos, palabra alguna...
La calle estaba desierta,
y al bifurcarse el camino
de Pastita y de La Presa,
tomaron por el primero,
no sin que con impaciencia,
sospechara malamente
el héroe de esta leyenda,
del extraño personaje
y de su grande reserva,
pues que era cómplice, acaso,
de una criminal empresa
que lo lanzaba al abismo
y jamás la delincuencia
manchado había su nombre,
su reputación sin mengua,
que si obscura, tenía el sello
de una honradez verdadera.

V

Trepando por la montaña
llegaron por fin a un sitio,
donde, en el Cerro del Meco,
se alza un peñón de granito.
La noche estaba tranquila,

el cielo muy claro y limpio;
cual diamante de Golconda
brillar se miraba Sirio.
Sólo turbaba el reposo
augusto de aquel recinto,
ese rumor sordo y vago,
esos extraños ruidos,
que por la noche se escuchan
misteriosos e indecisos,
como el arrullo solemne
del sueño del infinito.
Después de breve silencio,
el misterioso individuo,
dirigiéndose a nuestro hombre,
y viéndolo de hito en hito,
con voz cavernosa y grave,
así cuentan que le dijo:
—Toma esa reata en su extremo
y tenlo en tu mano listo;
abracemos esta roca
con la cuerda a un tiempo mismo,
y arrojémosla con fuerza
hacia un lado del camino—.
Hiciéronlo, y descubrióse
una oquedad en el piso.
Luego, sacando unos fósforos,
continuó aquel individuo:
—Amárrate la cintura
con la cuerda, tengo bríos,
y puedo bien sostenerte;
baja y desciende con tino
hasta el fondo de este pozo
y allí harás cuanto te digo:
encontrarás un cadáver,
y en un rincón, unos cirios,
enciendes éstos al punto,
y, en pago de tu servicio,
puedes tomar cuanto quieras

de dinero en tu "patío".
Pero sobre todo, importa
que saques de aquel recinto
un cofre que se halla oculto
entre el hueco de unos riscos—.
Bajó el otro con denuedo
hasta el fondo del abismo,
y cumplió, punto por punto,
su difícil cometido.
Y saliendo bruscamente,
convulso, aterrado, lívido,
escuchó aquestas palabras
del extraño aparecido
—Pues bien; ahora ya puedo
ir a descansar tranquilo;
ve a San Juan, lleva este cofre
y junto con este escrito,
entrégado al Capellán
de la Iglesia...— y dió un gemido,
cual si le hubiesen clavado
un puñal agudo y frio
rompiéndole las entrañas...
Y envuelto en un remolino
de chispas, descendió súbito
al fondo del precipicio.

VI

Allá en un año remoto
—que no es posible recuerde—
preparando estaba el Cura
para el ocho de Diciembre,
en San Juan, una gran fiesta
religiosa, muy solemne;
pues la Virgen, la Patrona
de esa ciudad jalisciense,
en aquel día recibe
las mil ofrendas que siempre,

de lugares apartados,
van a llevarle los fieles.
En una noche ya próxima
a la fiesta de Diciembre,
presentóse al señor Cura
una persona decente,
y entregándole una carta
le dijo en términos breves:
—Padre, un deber imperioso
hace que a vos me presente,
vengo a traerle este cofre
que no sé lo que contiene—.
El Cura leyó la carta,
que en borrosos caracteres,
hallábase concebida
de la manera siguiente:
"En una lejana edad,
hubo un famoso bandido,
que fue de todos temido
por su audacia y su maldad.
Referiros, en verdad,
sus crímenes, largo fuera;
y para él, si viviera,
castigo no existiría,
luego se le mataría,
llamóse "Pillo Madera"[2].
"Un convoy de los mejores,
cruzaba un día el camino;
asaltólo el asesino
y mató a los conductores.
Mas, para colmo de horrores,
en ese acto consumió un sacrilegio, robó
estas alhajas que veis...
su nombre, no preguntéis,
ese bandido, fuí yo".
El buen Cura, poseído
de la más viva emoción,
al terminar la lectura

de la carta, prorrumpió:
—¿Quién duda de tu justicia,
quién duda de ella, Señor?
Por los siglos de los siglos,
hasta la consumación,
prevalecerán tus leyes,
tus enseñanzas de amor,
y, al César lo que es del César,
como a Dios, lo que es de Dios.
Estrechando entre sus brazos
al enviado, continuó:
—Bien merece gloria eterna
quien se porta como vos;
esta carta es de un bandido
que ha mucho tiempo murió
robándose las alhajas
que aquí me entregáis, señor.
Son ex-votos, que una mina
de Guanajuato mandó
a nuestra bendita Virgen
Patrona de una labor,
y por tan piadoso acto,
una bonanza se dió
rindiendo frutos riquísimos,
con leyes de alto valor.
En nombre, pues, de la Virgen,
recibid mi bendición,
y por el alma del muerto,
roguemos ambos a Dios.
Y desde entonces se cuenta,
entre la gente del pueblo,
que todas las noches arde
semejante a un fatuo fuego,
en un lugar apartado,
donde un peñón se alza enhiesto,
en la granítica cumbre
del alto Cerro del Meco,
que con sus crestas de cuarzo,

recorta el azul de cielo,
erguido como un gigante
de los prehistóricos tiempos.
(Romances, tradiciones y leyendas guanajuatenses).

---

[1] Nombre de un barrio de Guanajuato.
[2] El terrible bandido llamado "Pillo Madera" que con Piedra y Paredes robaba las conductas de plata. Como a éstos últimos los habían ejecutado, escapando Madera, esto motivó que en las canciones populares de entonces se cantar la siguiente copla:

"El señor Santa María

tiene que hacer una casa,

ya piedra y paredes tiene,

madera sólo le falta".

El cura recibe la carta y el cofre que dejó el bandido.

LUIS GONZÁLEZ OBREGÓN. (Véase CIUDAD DE MÉXICO).

LA CRUZ DE CULIACÁN

I

En el antiguo camino que seguían los viajantes para ir de Celaya a Salamanca, estaba la charca famosa, lugar muy patanoso donde las diligencias se atascaban, dándose el caso que para recorrer el corto tramo que había entre aquellas poblaciones se emplearan hasta tres o cuatro días, con desesperación infinita de los pasajeros y a costa de gran pujanza de los pobres animales.

Siguiendo este camino se descubría a la izquierda un alto y riscoso cerro —lamado de Culiacán—, y en su elevada cima una Cruz bastante venerada de los campesinos de los alrededores, principalmente de los de Salvatierra y Cortazar, pues el legendario cerro se eleva en los límites de estas dos municipalidades.

La Cruz podía verse en los días apacibles, y en las noches serenas y estrelladas, a la simple vista; no así en las mañanas frías y nebulosas de invierno, o en las tardes o noches de tempestad, porque entonces las espesas neblinas o los negros nubarrones la ocultaban.

En las noches de luna, durante un periodo de veinte años y por el segundo tercio del siglo xvii, las buenas gentes de las rancherías y estancias circunvecinas escuchaban un llanto tristísimo, doloroso y prolongado, como de persona angustiada a quien atormentasen materialmente o sufriese cruel pena para la que no hallaba consuelo; y a la vez veían, o se imaginaban ver, una blanca y vaporosa sombra, a modo de fantasma, que recorría errante en torno del cerro, lanzando desgarradores gemidos...

Noche con noche se oia aquel llanto, y las muchachas y mozos despreocupados decían con desdén: "son aullidos de lobos o coyotes»; las viejecitas de rugosos rostros y blancos cabellos aseguraban que sería la llorona, porque la llorona vive en la imaginación popular desde antes de la Conquista; y la mayoría de los sencillos labradores de aquellos lugares afirmaba que eran almas en pena, y todos santiguábanse devotamente.

II

Pero la Cruz del riscoso y elevado cerro tiene su leyenda.

Poco tiempo había transcurrido de la fundación de Salvatierra —que según unos fue en 1673 y según otros en 1674— cuando un indio anciano, en unión de su mujer y de una hija suya de 16 años, llegó cierto día a la cima del cerro con los pocos muebles de su humilde hogar; y sin que nadie los ayudara, los tres construyeron una choza, que desde entonces fue la habitación de aquella familia, la cual vivía aislada, casi sin comunicarse con los pueblos y ranchos situados en los bajos y en las laderas del dicho cerro.

Madre e hija iban los domingos a oír misa a la iglesia de San Angelo, del convento carmelita de Salvatierra, pero el indio anciano tenía fama de hechicero e idólatra, y algún campesino contaba que lo había visto hacer sacrificios de aves, ofrendar flores y quemar oloroso copal ante un idolillo labrado en forma de culebra con plumas, que quizá figuraba al dios Quetzalcóatl.

Otros lo habían sorprendido exhortando a su hija, y poco más o menos le habían oído decir:

"Tú, hija mía, eres preciosa como cuenta y pluma rica; eres carne de mi carne y sangre de mi sangre; y pues tienes ya sobrado uso de razón y muchas veces has visto crecer las cañas en las milpas, reverdecer el pasto en los campos, florecer las rosas en los jardines y madurar los frutos en los huertos, es preciso que entiendas que en este mundo no hay verdadero placer ni descanso, sino sólo trabajos, aflicciones, abundancia de miserias y pobrezas.

"¡Oh, hija mía, botón tierno en tu niñez y ahora flor en tu juventud! ¡Nuestra diosa Xochiquetzal te ha dado perfumes y belleza! Pronto serás amada de los hombres, pero huye de los blancos que son malos como el dios Tlacatecólotl. Ellos se apoderaron de nuestras tierras; han esclavizado a los nuestros para que encorvados con el arado labren las sementeras; para que sepultados en las profundas tinieblas de las minas saquen el oro; para que muevan como bestias las piedras de los molinos, y para martirizarlos a fin de que entreguen los tesoros. Los encomenderos destruyen teocallis y quiebran dioses; azotan y abofetean hasta hacer salir sangre; predican la humildad, y son soberbios; predican la caridad, y despojan a los pobres; dicen: «sed castos», y raptan doncellas; dicen: «no matarás», y acuchillan mujeres, niños y viejos al apoderarse de los pueblos.

"¡Oh inocente flor de estas montañas! ¡No pierdas tu lozanía con su liviano aliento! Sé cauta y huye de ellos como el cervatillo cuando se acerca el cazador artero. Aborrécelos. Esos hombres no se saciarán con todo el oro de las entrañas de nuestra tierra ni con el que arrastran las aguas de nuestros ríos.

"Por esto ¡oh virgen de estas soledades! te he traído a vivir en la cima del cerro del dios de nuestros antepasados. Y primero te daré muerte, quitaré la vida a tu madre y me sacrificaré yo mismo, antes que consienta que seas de alguno de esos hombres blancos, que son malos como el dios Tlacatecólotl!".

Dicen que después guardó silencio el indio anciano y retórico como eran los indios ladinos, que de seguro no pertenecía a la bárbara tribu otomíe, principal pobladora del territorio de Guanajuato; y que por los dioses que invocaba, el culto que les tenía y haber establecido su hogar en el cerro de Culiacán, debe haber sido descendiente de los toltecas; tal vez sacerdote gentílico, que en el silencio y apartamiento de aquella cima continuaba oficiando con sus antiguos ritos.

La joven nada respondió: bajó los negros ojos, púsose en pie y fue a escardar en un pequeño campo que cultivaba al lado de la choza.

III

¿Por qué aquel silencio de la joven india? Porque amaba con pasión a un hombre blanco que vivía en las inmediaciones de Salvatierra, y que la había conocido en esta ciudad, cuando, ya adulta, un buen misionero la había bautizado poniéndole el nombre de María.

La rara y extremada hermosura de María había cautivado a Pedro Núñez, que así se llamaba este joven de gentil presencia; y ella, a hurtadillas de sus padres, le había correspondido con inmensa ternura; pero pasado algún tiempo el indio anciano lo supo y le dijo: "Nada ignoro, y como te tengo advertido, primero te veré muerta que en brazos de uno de los hombres enemigos de mi raza".

María lloró mucho, y arrodillada ante el anciano le pidió perdón por haberle desobedecido; más dicen que no podía prescindir de aquel amante, que la amaba con el más intenso amor, y que la iba a hacer su esposa, pues aquel hombre, aunque blanco, era bueno.

El anciano, fiero e iracundo, no se convenció, y la joven tuvo que ser depositada en la casa del Alcalde de Salvatierra, y un mes después se verificó el matrimonio en la iglesia parroquial, con cantos, música y flores.

María y Pedro Núñez eran felices. Se continuaron amando como cuando eran novios, y como entonces, solían ir a pasear en las tardes tranquilas cerca de la margen del río Lerma.

Al oscurecer de una de esas tardes un campesino encontró el cadáver de María y vio que un anciano indio trepaba como fiera por los riscos del alto cerro; lo siguió, y ya en la cima, contempló un vivo fuego de incendio que consumía la choza.

Desde la noche siguiente los moradores de aquellos sitios comenzaron a escuchar el tristísimo llanto de que ya se ha hablado, y creyeron ver el fantasma blanco y vaporoso por las cercanías del cerro.

Los prolongados gemidos y las nocturnas apariciones duraron veinte años, y nadie podía darse cuenta de los misteriosos alaridos y de las visiones espantables.

El campesino que encontró el cadáver de María, temeroso de que sobre él pudieran recaer sospechas, no dijo a nadie nada; se contentó con abrir una fosa en el mismo sitio en que halló a la joven muerta, y la sepultó como si hubiera sido deuda suya.

Otra tarde, al cabo de los veinte años citados, todos los que estaban cerca vieron que paso a paso, y con mucha dificultad por la pesada cruz que llevaba a las espaldas, subía por el alto y riscoso cerro un fraile carmelita, y que una vez que llegó a la cima, dejó caer, para descansar, la pesada cruz; que en seguida cavaba afanoso la tierra, y que por último, fincaba allí la cruz; cruz que desde esa memorable tarde abriría sus amorosos brazos para proteger a los buenos campesinos de la comarca, y ante la cual en las noches tranquilas iría a orar el mismo fraile carmelita, que en el mundo llamóse Pedro Núñez.

Cuenta la leyenda que entonces cesaron para siempre los gemidos espantables que perduraron tantos años, y que al resplandor de la silenciosa luna solía verse junto al fraile la figura vaporosa de María. *(Vetusteces)*.

SALVADOR PONCE DE LEÓN. Nació y murió en la ciudad de México (1907-1985). Licenciado en derecho por la UNAM y profesor en instituciones de enseñanza superior, colaboró en varios periódicos y es autor, entre otros, de los siguientes libros: *México extraordinario en la anécdota* (1956), *Anecdotario de la ciudad de México* (1973), *Guanajuato en el arte, en la historia y en la leyenda* (Universidad de Guanajuato, 2a. ed., 1973), *Sucesos extraordinarios de los próceres de la Reforma* (1977) y *Guía cultural de Guanajuato* (1977).

EL CALLEJÓN DEL BESO

Lo que voy a contar a ustedes presenta tristes pasajes, en el tierno amor que se profesaban dos jóvenes: Ana y Carlos. Ella, hermosa y pura como una vestal, frisaba en los veinte años y era cariñosa y única hija. El, apuesto mancebo como de veinticinco años, alto y fornido, tez morena y de carácter arrogante, adornado de las mejores cualidades morales, como la de no adolecer de ningún vicio, y dedicarse con empeño a cumplir con el trabajo que su tío, el escribano, le proporcionaba en su oficina; estimulado, además, con la promesa de que a la muerte de éste, heredaría la escribanía. En esas condiciones conoció a doña Ana casualmente, y como afirman los cuentistas románticos, tan pronto se miraron, un lazo amoroso indestructible ató a ambos. Carlos a partir de ese momento, pasó con frecuencia por la casa de doña Ana en los atardeceres, porque era la hora en que salía de su trabajo. Y ella, con el mismo afán de verlo se situaba en el balcón, hermosa como una Dulcinea, blanquísima, de grandes y expresivos ojos negros, luciendo un bellísimo y auténtico mantón de Manila que su padre le había obsequiado; de modo que en cuanto pasaba el apuesto galán, ella le regalaba con una encantadora sonrisa.

Así transcurrieron varias semanas, hasta que él se atrevió a saludarla y la joven le correspondió con una amable inclinación de cabeza. Al día siguiente se inició la plática, titubeante al principio, pero cordial, como empieza todo noviazgo, y más tarde, como correspondía a dos enamorados, acompañada de dulces frases y promesas de amor. Rápidos pasaron las semanas y los meses, envueltos en las halagüeñas esperanzas de realizar pronto sus dorados sueños ante el altar, contando con la venia de la madre de ella, de doña Matilde, digna y virtuosa matrona que había aceptado con buenos ojos las relaciones de su hija con aquel joven de irreprochable conducta, aunque de escasos recursos económicos. Sin embargo, tenía la oposición del padre, que tenía planeado casarla con un amigo suyo, potentado, residente en la Península, a quien Ana jamás había visto. Tal circunstancia hizo pensar a doña Matilde que aquellas pretensiones no tenían más fuerza que las de un vago proyecto, y de acuerdo con los jóvenes, juzgó pertinente comunicarle al padre aquellas santas relaciones, que no habían pasado de meros coloquios al pie de la ventana de su casa.

En cierta ocasión el padre sorprendió a los jóvenes en amena charla, y después de haber denostado a Carlos severamente, le prohibió que volviera a hablarle a su hija. Por cuanto a ésta, la amenazó que de continuar aquellas relaciones, la recluiría en un convento. Y doña Matilde, excuso aclararles, fue objeto de duras reconvenciones. Es decir, aquel idilio prácticamente había quedado roto; no obstante, ninguno de los dos amantes quedó conforme con la actitud irascible del padre, y Carlos decidió reanudar sus relaciones a espaldas de aquél. Ideó, pues, alquilar una habitación en una casa situada frente a la de su novia, en donde había una especie de postigo a la altura de la ventana, por donde él podría hablar libremente con su novia, sin ser advertido, y fraguar algún plan que llegara a ablandar la voluntad del obstinado padre. Mas en cuanto urdían un plan, tan pronto venía por tierra, para dar lugar a otro que les parecía mejor. Así pasaron las semanas, ocultando su noviazgo a la luz del día, y sólo viéndose a altas horas de la noche, desde la ventana de la joven y el escondrijo de él, cuando el padre de la doncella estaba entregado al sueño. Mas la desgracia abatió de repente aquel amoroso diálogo, pues el padre, habiendo sospechado aquellas misteriosas entrevistas, se levantó furtivamente de su lecho, sacó de su buró una filosa daga, y ciego de ira se dirigió hacia la ventana; se le interpuso en el camino su esposa, tratando de disuadirlo; mas él violentó la escena y llegó hasta donde estaba la joven, quien al ser sorprendida, consternada, pretendió dar una explicación, sin que le diera tiempo, pues el padre le clavó en mitad del pecho aquella aguda arma.

Ana quedó moribunda, boca arriba en el pretil de la ventana, e inclinada levemente a un costado, con un brazo caído hacia el

callejón. En ese momento la argentada luz de la luna alumbró tan dramático cuadro, y se vio cómo el joven amante, conturbado por el más intenso dolor, tomó, uncioso y efusivo, la blanquísima mano de su novia, le imprimió un tierno beso, y dos ardientes lágrimas humedecieron aquella azucena marchita. Desde entonces, se le llamó a esta callecita romántica, El callejón del beso. *(Guanajuato en el arte, en la historia y en la leyenda)*.

EL CRISTO MORENO DE VILLASECA

El templo de nombre Cata, también se denomina de los mineros, y es de gran valor artístico... Está dedicado al señor de Villaseca, representado por una delicada figura de Nuestro Señor crucificado, de piel morena. La leyenda nos dice que la imagen fue traída a la Nueva España por don Alfonso de Villaseca, amo y señor de la hacienda del mismo nombre, por el año de 1545, donde construyó una modesta capilla que servía para que los mineros de Cata hiciesen sus ejercicios espirituales. Como la imagen era propiedad del señor Villaseca, los habitantes del lugar la denominaron desde entonces de tal modo. Mas al respecto es pertinente dejar explicado que años después, en 1618, un descendiente de don Alonso fue el que instaló el crucifijo en la capilla, y posteriormente en ese mismo sitio, se empezó a construir el templo de Cata, que se concluyó en 1725. Lo milagroso del crucifijo se le atribuye a una leyenda que nos habla de un matrimonio de labriegos, que por mucho tiempo habían vivido felices; pero que, como acontece a menudo en las situaciones humanas, aquel cielo de felicidad lo cubrió de pronto una nube negra.

En uno de esos días, llegó a trabajar a la mina del lugar un joven trabajador, de buena presencia, que pasaba diariamente frente a la casa de los campesinos, a la hora en que el esposo iba a atender las labores del campo, de manera que la joven y hermosa mujer, podía salir a ver a aquel trabajador, sin ser advertida por algún indiscreto testigo. Al percatarse del ostensible interés de la campesina, él, a su vez, correspondió al coqueteo, que bien pronto culminó en un amoroso idilio. La joven campesina, diariamente, al filo de las doce del día, le llevaba a su amante el almuerzo en una canasta tapada con una blanquísi-

Sorprendió a su hija y, ciego de ira, le clavó una daga en el pecho.

ma servilleta. En cuanto llegaba, ambos se dedicaban a disfrutar de las viandas calientes y de sus fogosos amoríos, sin pensar en las consecuencias.

Aquel amor que había empezado ocultamente, después, debido a la costumbre de las frecuentes entrevistas, se descuidó, pensando que nadie se había enterado de él. Sin embargo, la curiosidad de la gente descubrió los amores ilícitos, y el escándalo creció como una bola de nieve, hasta que en forma anónima llegó la noticia al esposo, que se resistía a creer en tan vil engaño, que contrastaba con las sonrisas y caricias melosas de Gabriela, que así se llamaba ella. Mas ya con la hoguera de los celos y la indignación en las entrañas, quiso sorprender a su mujer in fraganti; para ello disimuló el ardor de sus propios sentimientos, y urdió un plan. Al día siguiente de que supo la infausta noticia, muy temprano, a la hora acostumbrada, salió de su casa al trabajo; previamente escondió entre sus ropas una filosa daga, y emprendió la marcha. Cuando observó que el pueblo quedó atrás y que nadie le veía, se puso al acecho entre los breñales y esperó a que pasara su esposa. No tardó mucho, pues a poco se escucharon sus pasos y a continuación apareció ella, hermosa y lozana, luciendo un vestido limpísimo de percal. El esposo al verla tan bien presentada, sintió que la ira le nublaba la mente; sin esperar a que se reuniera con el otro, salió de su escondite esgrimiendo la daga, se plantó frente a ella con los ojos desorbitados y la denostó acremente; después, le ordenó que descubriera la canasta.

La joven se puso aterrada e intensamente pálida al ver a su esposo; y al propio tiempo, al levantar los ojos, advirtió el templo de Cata que se destacaba sereno y majestuoso, a poca distancia del lugar; al instante pasó por su cerebro una idea salvadora; se encomendó mentalmente al Cristo de Cata, y desde el fondo de su alma le pidió sincero perdón por su grave culpa. En seguida, con la mayor humildad, le respondió al esposo:

—Le llevo flores al Señor de Villaseca.

El, sin esperar más explicaciones, arrebató la servilleta, y ambos quedaron pasmados ante el espectáculo que ofreció la canasta descubierta, porque en su interior, las viandas, ¡oh milagro!, estaban convertidas en flores de delicioso aroma, iguales a las que tenían en su propio jardín.

A partir de ese hecho asombroso, la leyenda se fundió con la historia, y los habitantes del lugar juzgan que el Señor de Villaseca es el amigo y protector de los mineros, quienes lo veneran con unción, solicitando de él los ilumine y resuelva sus problemas y les proporcione el bálsamo del consuelo, que tanto necesitan sus corazones doloridos. *(Guanajuato en el arte, en la historia y en la leyenda).*

PARQUE EL CANTADOR

Nos dice la historia, y agrega la leyenda, que José Carpio, desde jovencito, demostró un gran temperamento artístico y una excelente y melodiosa voz, con la cual halagaba a los que le oían bellas canciones populares, que interpretaba pulsando la guitarra, con sin igual destreza. Cuando ya había anochecido y su padre llegaba a su casa cansado del trabajo, el estado de ánimo de éste era dulcificado y confortado por las canciones alegres y graciosas que brotaban de la garganta de su hijo. Era tal la calidad de su voz, por su limpieza, volumen y timbre, así como por la emoción con que cantaba, y tocaba la guitarra, de la cual hacía brotar variados arpegios, unas veces de júbilo y otras de honda melancolía, que los vecinos del lugar, mujeres, niños y hasta hombres, se aproximaban embelesados a la casa de José, a escucharlo.

Pero como todo en la vida es pasajero, y lo que se ansía fervorosamente parece muy lejano, de pronto llega y pasa con la misma brevedad de la espuma del mar que se apaga, así la placentera vida de José tuvo un periodo triste. Su padre, que era un minero que trabajaba afanosamente para llevar el diario sustento a su hogar, un día trágico, estando dedicado a su labor, se produjo un espantoso derrumbe en el túnel donde se encontraba, y murió con otros compañeros de infortunio. A partir de ese momento, José, a pesar de su juventud, empezó a sentir la aguda espina de la desolación, de la orfandad; abandonó sus primeros estudios y como no tenía más medios de vida que su extraordinaria voz, los vecinos del pueblo, por ayudarlo y más que todo para aprovecharlo en sus fiestas privadas y públicas, comenzaron a utilizarlo con gran éxito y complacencia también para el joven. Así fue como caminando por los retorcidos callejones de la ciudad, subiendo alguna cuesta o bajando alguna profunda cañada, en las aldeas o en las rancherías, la voz de José se esparcía cadenciosa y dulce por todos los contornos, alegrando unas veces, otras provocando nostalgias que hacían derramar alguna lágrima furtiva. Y el dinero llegaba a sus bolsillos por raudales. Sin embargo, no había olvidado las tareas de su padre, cuyo ejemplo lo tenía ardientemente grabado en la conciencia, y para que no se extinguiera la tradición, decidió darse de alta como minero; y claro, joven, fuerte como era, honesto y apegado al estricto cumplimiento del deber, como su padre, bien pronto se captó la buena voluntad del patrón, a quien le proporcionó abundantes riquezas con su trabajo; y entonces aquél, con gran sentido de equidad y justicia, le obsequió un extenso campo para que en lo subsecuente pudiera vivir de él. En efecto, después de que José rindió los mejores frutos de su trabajo en las minas, se dedicó a labrar su campo, con un empeño y espíritu de sacrificio tal, que con rapidez insospechada le produjo pingües utilidades y una situación de bonanza envidiable. Poco tiempo después, su trabajo honrado lo había convertido en hombre acaudalado, que le permitió comprar un "zangarro", cerca de la ciudad, donde beneficiaba la plata y el oro que extraía de las minas, de modo que esa situación le permitió disfrutar de una existencia cómoda y apacible, hasta el fin de sus días. Pero el "zangarro" pasó a otras manos, y en esa extensión se construyó el edificio de una gran hacienda de beneficiar plata, a la cual se le puso el nombre de El Cantador. Y así subsistió por muchos años, más al estallar la Guerra de Independencia, la furia de las huestes de ambos partidos, destruyó aquella próspera heredad en donde posteriormente el Ayuntamiento arregló un hermoso y amplio jardín, con el mismo nombre. Cuentan los que viven cerca del parque, que a veces a altas horas de la noche se escuchan hondos y dulces cánticos, al son de las graves notas de una guitarra; y agrega el vulgo, que es el alma de José Carpio que va a recordar los felices días de su mocedad. *(Guanajuato en el arte, en la historia y en la leyenda).*

LOS CIRIOS DEL PADRE

—Señores —dijo doña Natalia a su auditorio, cómodamente instalado en la sala de la casa—, esta vez voy a tener el gusto de narrarles una de las leyendas más típicas de Guanajuato, con el sabor tradicional y religioso que casi todas presentan; se denomina Los cirios del padre.

La noche había desprendido sobre la tierra sus espesos copos negros, y la ciudad de Guanajuato, como una beata envuelta en un gran velo enlutado, se protegía entre los montes. A poco el resplandor de un relámpago iluminó el firmamento, y las compuertas del cielo abrieron sus presas, y un tupido aguacero lavó montañas y senderos, arboledas y hondonadas.

A esa misma hora, un jinete caminaba lentamente en un caballo negro, hacia la capilla de la hacienda de Santiago de Rocha, donde se adoraba la divina imagen de Cristo llamada "el Crucifijo de la Caridad", donado por el religioso monarca Felipe II.

El viajero entró al casco de la hacienda por una calzada que escoltaban a ambos lados gigantescos y frondosos eucaliptos, cuyas ramas, como enormes brazos, parecían tocar a su paso el sombrero del jinete. Por fin llegó hasta la puerta de la hacienda de enormes proporciones, tachonada de clavetones herrumbrosos, descendió con ligereza del corcel y llamó con el pesado aldabón, que quebró con el ruido el silencioso azabache de la hora. Minutos después se escucharon pasos que se acercaban, y en seguida una tranca que se quita y al propio tiempo una voz que preguntaba:

—¿Quién es?

—Vengo a ver al señor cura.

—¿De parte de quién?

—Un viajero a quien le urge el ministerio del padre.

—La hora es inapropiada y el tiempo tempestuoso; no creo que el señor cura pueda acompañarlo.

—Le ruego que me anuncie y él verá si puede o no.

—Vuelvo en seguida.

Se alejó aquella voz y minutos más tarde regresó el portero aclarando:

—Que se sirva esperarlo, no tarda —dijo enfadado.

Instantes después el sacerdote preguntó desde adentro:

—¿Quién a esta hora y con la tormenta encima, desea que camine yo por esos tortuosos caminos?

—Padrecito, una alma fervorosamente necesita su absolución.

Una de las hojas de la puerta giró sobre sus goznes, y el fraile con una linterna en la mano, la levantó hasta la altura del rostro del desconocido.

Un hombre del pueblo, como de cuarenta años, con sombrero de palma y cubierto con amplio sarape, se presentó a la vista del sacerdote.

—Señor, un agonizante, vecino de Santa Ana, pide confesión con urgencia.

—Los caminos son peligrosos, hijo —respondió el cura— y a mis años no se soporta sin consecuencias un chubasco. ¿Por qué no acudes al confesor que se encuentra en el pueblo? Regresa, hijo mío, búscalo.

—En vano, padre, lo busqué durante más de una hora, hasta que logré indagar que está en retiro, y que por lo menos tardará ocho días en regresar. No permitirá, padre, que el enfermo muera sin confesión, pues Dios permitió que fuera usted cura, para que atienda estos casos.

—Que Dios nos ayude y proteja —dijo el cura—, espérame un instante.

Cerró el fraile la puerta, y en pocos minutos regresó montando una mula. Ambos se internaron en el fondo negro de los caminos. Ráfagas heladas les azotaban el rostro y la tempestad fue amainando. Así llegaron hasta la cañada del río, en donde buscaron la parte accesible para cruzarlo. Sin embargo, hubo momentos en que titubearon debido a la rápida corriente que bramaba a su paso; pero los jinetes fustigaron a las nobles bestias, y éstas caminando con dificultad por entre las piedras resbalosas del río, lograron llegar a la ribera contraria. La tormenta había cedido a la fuerza del viento que arrastraba vertiginosamente las nubes, y la luna con rostro de enferma, trataba de asomarse entre ellas.

Pronto llegaron a las faldas del Cerro Gordo, y empezaron a rodearlo; de repente, de un sendero se escucharon gritos conminatorios para que se detuvieran y un grupo de hombres, bandoleros tapados hasta los ojos, montados a caballo, intentaron darles alcance. El padre y su acompañante volvieron grupas fustigando a las bestias. El ranchero logró internarse en la serranía; mas el sacerdote no pudo hacer lo mismo pues su cabalgadura mordió el freno, se encabritó, y como a pocos metros se hallaba la barranca, ambos cayeron al fondo de la misma. Se escuchó el rebotar de los cuerpos por entre las breñas y riscos, hasta caer en el lecho de la corriente impetuosa, que los arrastró en pocos segundos.

Sin duda el sacerdote por cumplir con su generoso ministerio pereció, y Dios lo acogió en su seno. Como una demostración de la infinita misericordia, sucedió que al estrellarse su cuerpo en el primer peñasco, las ampollas de los óleos sagrados, al romperse, dejaron dos huellas blancas indelebles. A partir de entonces, por las noches, se encienden como cirios resplandecientes que desde lejos se ven. De ahí que los peregrinos al pasar cerca del lugar, se santigüen devotamente y musiten alguna plegaria.

Han transcurrido desde ese acontecimiento milagroso muchos años, y la memoria de los mismos se conoce en el pueblo con el nombre de Los cirios del padre, que los padres trasmiten a los hijos, constituyendo así la leyenda aterciopelada de los siglos. *(Guanajuato en el arte, en la historia y en la leyenda)*.

LA BUFA Y EL PASTOR

Hace varios siglos, en los principios de la época colonial en la Nueva España, existía un modesto hogar de campesinos en una pequeña planicie, casi perdida entre el muro de montañas que rodeaban a la recién nacida ciudad de Guanajuato. Estaba integrada la familia, además de los padres, por un joven como de 18 años y una niña de nueve. El padre se dedicaba a la alfarería, auxiliado por su mujer y la pequeña, y por su parte, el joven se ocupaba del pastoreo, llevando a las ovejas y cabras —propiedad de ellos, que con mucho esfuerzo y sacrificio habían comprado— a apacentar, ya al pie de los montes, o bien a las partes elevadas y planas de aquéllos, donde crecía en abundancia la hierba. Nuestro pastor, de nombre Lorenzo, no obstante su rusticidad, era sensible a la belleza, y se extasiaba en la contemplación de los paisajes, que la aurora pintaba con sus dedos de rosa, y en el mar de oro licuado de los crepúsculos; o creía adivinar cantos misteriosos que el viento le llevaba desde la espesura, a la hora del Angelus. Su alma saturada de la polifonía de la naturaleza, cuyos arpegios unas veces eran suaves y dulces en las gargantas de las aves, y otras sonidos horrísonos en las tormentas que él trataba de expresar en modulaciones y ritmos con una flauta de caña, que con mano maestra había construido, sentado en algún pequeño montículo, desde donde vigilaba a su ganado. Y de ese modo dejaba transcurrir las horas, casi inmóvil y ensimismado en el encanto del lugar, hasta la hora del atardecer, en que volvía con paso tardo, dirigiendo a sus animales hasta la cabaña. Una de tantas veces a su regreso, creyó oír una voz que partía detrás de una roca hacia un lado del sendero. Se detuvo deleitado para localizarla; pero casi instantáneamente cesó de escucharla. Atribuyó aquello a alguno de los mil ruidos que se oyen en la montaña y continuó su camino. Así pasaron varias semanas, y ya casi había olvidado aquel suceso, cuando nuevamente en el mismo sitio que la vez anterior, volvió a oír la voz, tan tierna como el canto de un ruiseñor, pero esta vez como si fuese un lamento. Se paró, puso atento el oído, y entonces escuchó claramente una voz que le decía: "¡Sálvame!" Acto continuo corrío hacia el sitio de donde había salido la voz, mas todo estaba solitario y únicamente el viento peinaba los casahuates y breñales. Creyó estar sufriendo una alucinación, originada por la conseja que escuchó a un grupo de viejos, quienes cierta vez al pasar por esos lugares oyeron la voz de una virgen encantada que pedía auxilio. Satisfecho con esa explicación, que él mismo se dio, se incorporó a sus ovejas; sin embargo, un raro desasosiego había quedado grabado en su conciencia.

Al día siguiente y a la misma hora, Lorenzo volvió hacia el aprisco, indiferente a lo que le había ocurrido el día anterior; más al pasar por el mismo sitio, la misma voz lo detuvo: "¡Lorenzo, sálvame!"

Veloz se dirigió al lugar, y vio a una hermosísima joven, con el pelo negro suelto y la mirada suplicante, que le extendió los brazos, rogándole: "El mago que me custodia se ha ausentado por unos momentos, llévame hasta la parroquia, en donde al llegar, quedará conjurado el hechizo".

Lorenzo estaba como petrificado ante aquella cautivante belleza, como si estuviera viviendo un sueño. Y la joven, adivinando lo que le pasaba al pastor, volvió a repetirle con voz insinuante: "No pierdas el tiempo, joven intrépido, llévame contigo, y a cambio de ello te entregaré la ciudad encantada que existe entre estos montes".

El joven pastor, en esta ocasión, no resistió la súplica, volvió hacia la joven, la cargó entre sus brazos, y con un vigor y una rapidez de que no se creía capaz, comenzó a bajar por los vericuetos empinados y peligrosos. Durante el trayecto, agregó la joven: "No vuelvas el rostro por ningún motivo, a pesar de que sientas que te persiguen, no temas las voces que te amenazan, no te detengas a sus retos, a sus imprecaciones, y corre sin descanso hasta la parroquia".

A poco, a su espalda, escuchó voces imperativas que lo querían obligar a detenerse, y amenazas de muerte. Pero la voz acariciante de la joven lo animaba sin cesar a seguir adelante. Y él, fascinado con su belleza, no prestaba oídos al coro infernal.

Ya llevaba gran trecho caminando y las fuerzas no lo abandonaban; pero de repente sintió que algo le tocaba por la espalda, e imprudentemente volvió el rostro hacia atrás. Al punto su preciosa carga se transformó en mostruosa serpiente que huyó por entre las grietas de las rocas. El pastor, al principio sorprendido, no supo qué actitud tomar, mas en cuanto se repuso corrió hacia la cueva por donde había creído verla. Llegó hasta el lugar y buscó ansioso, pero ningún rastro revelaba la presencia del animal. Atónito y profundamente decepcionado de haber perdido a su bellísima virgen, a causa de su imprudencia, se quedó inmóvil; empero de esa actitud lo sacó un ruido espantoso que se produjo a su alrededor, y una especie de terremoto comenzó a sacudir las rocas que se fueron agitando a su vista, a manera de colosal mausoleo, donde había quedado sepultada su bienamada.

Entonces, con el más ferviente deseo imploró a los espíritus de esos sitios, le permitieran para siempre quedarse custodiando el sepulcro de su desdichada virgen. Y aquellos seres invisibles de las montañas, accedieron a aquel ardoroso deseo y convirtieron al pastor en un enorme peñasco, el cual se conoce desde entonces, con el nombre de el Pastor, y la gigantesca roca, como el de la Bufa. *(Guanajuato en el arte, en la historia y en la leyenda).*

RAFAEL ZAMARRONI ARROYO. Nació en Romita, Gto., en 1897; murió en Celaya, de la misma entidad, en 1975. Se formó al lado del historiador Pedro González, pero durante la Revolución trabajó como telegrafista, llegando a desempeñar ese oficio en la Presidencia de la República, de 1920 a 1934. Vuelto al ejercicio de su vocación, escribió *Narraciones y leyendas de Celaya y de El Bajío* (2 ts., 1959 y 1960), *Corralejo, cuna del Libertador* (1963), *Celaya, tres siglos de su historia* (póstumo) y dos monografías sobre la ciudad de su adopción. Fue el primer cronista de Celaya.

UNA NAVIDAD MEMORABLE

En una reunión celebrada el 22 de julio de 1576, en la casa de don Martín de Ortega, en ocasión de celebrarse el santo de su señora esposa, doña Magdalena de la Cruz, se trató un asunto de suma importancia para la entonces recién fundada Villa de Nuestra Señora de la Concepción de Zalaya. Entre los vecinos allí reunidos se encontraban don Domingo de Silva, que había sido el primer Alcalde Ordinario; el ya citado don Martín de Ortega, quien desde luego era el anfitrión; don Martín Fernández, actual Alcalde Mayor; los regidores don Pedro del Olmo y don Pedro Machuca de Alcalá; don Francisco Hernández Molinillos, que algunos años después, en 1595, hiciera donación de unas casas a la Orden de Carmelitas Descalzos para la fundación de su Convento; don Francisco Ramírez, Alguacil Mayor; don Miguel Juan de Santillana, don Diego Pérez Lemus, don Lope García, don Vasco Domínguez, don Cristóbal Estrada y otras muchas personas, en su mayoría fundadoras de la citada Villa. Entre ellas se tomo el siguiente acuerdo: Que cuando se fundó la mencionada Villa y se designó el primer Ayuntamiento, el día primero de enero de 1571, se trató entre los vecinos que, puesto que se le había dado el nombre de Nuestra Señora de la Limpia Concepción, era menester traer una imagen de bulto para fundar convenientemente una Cofradía en honor de ese Misterio. Que Martín de Ortega dijo ser muy devoto de la Santa Señora en esa advocación y que, a propuesta suya, se había pedido al Virrey que se diera su Dulce Nombre a la dicha Villa, quería ser él quien la trajera de España, a costa de su hacienda y de la de su esposa doña Magdalena de la

Cruz; que don Domingo de Silva hizo también ese ofrecimiento, pero tomado en cuenta por los presentes lo dicho por don Martín de Ortega y considerando que no debía restársele ese honor, fue aceptado lo ofrecido por él, habiéndose comisionado allí mismo a don Antonio Martínez de Contreras, a la sazón Alférez Real, para que hiciera los arreglos necesarios a fin de adquirir la imagen.

Tal como se acordó en la citada reunión, la imagen de la Virgen fue encargada a Valencia, donde según se sabía se encontraban muy buenos escultores, ignorándose los conductos por los cuales el Alférez enderezó sus gestiones, tanto para la compra, como para remitir la cantidad de trescientos cincuenta pesos, precio que se le había señalado y misma que le fue entregada por don Martín de Ortega, quien manifestó que también correrían por su cuenta los gastos que fueran erogados en la traída de la imagen.

Como en aquella época las comunicaciones con España eran sumamente irregulares y tardías, pues había que esperar el arribo y el retorno de alguna de las flotas en que se hacía el servicio de conducción de los mantenimientos y correos para el Virreynato, así como el transporte de los colonizadores que venían a probar fortuna a la Nueva España, pasó más de un año sin que se volviera a tener noticia alguna, hasta el 12 de septiembre de 1577, en que se recibió aviso de que la anhelada imagen ya se encontraba en Veracruz. En vista de esto, se consideró como un hecho que para la festividad titular del 8 de diciembre, la imagen de la Purísima Concepción ya podría ser entronizada en el humilde templo erigido por los Padres Franciscanos, para cuyo fin se hicieron todos los preparativos necesarios.

Amaneció el 8 de diciembre, pero la santa imagen no llegó; no obstante esta contrariedad, la festividad de Nuestra Señora fue celebrada, si bien es cierto que no con alegría, pues en todos los corazones reinaba una gran tristeza al ver frustrada su más cara ilusión.

Hora tras hora, los días fueron pasando sin que se volviera a tener noticia alguna sobre la santa imagen; así llegó el 24 del mismo mes de diciembre, fecha en que debería celebrarse la Noche Buena... Al caer la tarde de ese día, las mujeres y los niños de la Villa se encontraban reunidos en el atrio de la iglesia en donde se entonaban los alegres villancicos:

Venid, Oh! pastores, pastoras también,
A adorar al Niño nacido en Belem;
A ese niño hermoso, con amor cubrid
Que es hijo del Cielo, hijo de David...
Allá en el Oriente, brilla una estrellita,
Es la estrella blanca de la...

De pronto, los cánticos fueron interrumpidos por unos gritos destemplados: "¡Arre mula!... ¡Levántate bestia!..", exclamaciones que iban acompañadas con golpes y rudas interjecciones. Era un grupo de arrieros que inútilmente trataban de obtener que se levantara una acémila que se había separado del resto del atajo y yacía echada a media calle, frente a la iglesia, con todo y la carga que traía, la cual era una enorme caja; los palos y los denuestos siguieron menudeando y fue tanto el alboroto causado, que algunos de los vecinos tuvieron que intervenir... Como no hubiera modo alguno de conseguir que el animal se levantara, alguien dispuso que la carga fuera desatada, a fin de aligerarlo de aquel peso, pero en cuanto la mula se sintió libre, se levantó rápidamente para salir corriendo a toda velocidad; mientras los arrieros se fueron persiguiéndola, los vecinos ayudados por unos indios, de los muchos curiosos que se habían congregado, recogieron la caja, llevándola a depositar en la iglesia, para que posteriormente fuera entregada a sus dueños. Allí les esperaba una sorpresa: cuando uno de los religiosos ocurrió con una vela encendida, pudo verse que la caja venía destinada a don Martín de Ortega; apresuradamente se le fue a dar aviso y, en cuanto este se presentó, dispuso que fuera abierta... Al retirarse la tapa, perfectamente acojinada, apareció la imagen de Nuestra Señora de la Limpia Concepción; ¡era la misma que se había encargado a España!

Como un reguero de pólvora se expandió la noticia por la Villa; era tan reducido su caserío que solo bastaron unos cuantos minutos para que la mayoría de los vecinos se encontraran reunidos; abriéndose paso entre la multitud, llegaron el Alférez Real y el Alguacil Mayor, procediéndose entonces con todas las formalidades a desempacar completamente la imagen. Se trajeron suficientes luces, viéndose que ésta era hermosísima, como ninguno de los presentes siquiera la había soñado; media exactamente vara y media, de la planta de los pies a la coronilla de la cabeza; su vestido era de talla; su actitud modesta y devota, con aire infantil aunque magestuoso; el rostro correspondía a una jovencita de quince años; la mirada hacia abajo, apacible y encantadora; la boca risueña, con expresión de bondad, las cejas, naríz y mejillas eran perfectas, como lo era el óvalo de la cara; revelaba toda ella un tipo no definido, pero ideal; las manos de buena forma y delicadas y el color rosado trigueño...

Después de este ligero exámen que dejó a todos admirados, la imagen de la Virgen fue colocada provisionalmente en un altar, retirándose todos los vecinos embargados de la mayor felicidad, para ir a celebrar jubilosamente aquella Nochebuena...

Así fue como el 25 de diciembre de 1577 resultó una Navidad muy memorable para Celaya, pues ese mismo día se bendijo la Santa Imagen de la Purísima Concepción y quedó entronizada en la parte superior del altar mayor de la primera iglesia de San Francisco. *(Narraciones y leyendas de Celaya...).*

LEYENDA DE FRAY DIEGO DE SAN GERARDO

En una aldea cercana a Santiago de Galicia, en España, el día 8 de julio de 1666, el hogar formado por don Pedro Alvarez y doña Catalina Carpentier, recibió la bendición del cielo en un nuevo hijo, el séptimo en orden cronológico con que se veía aumentada su numerosa prole: si bien es cierto que esta familia no gozaba de cuantiosos bienes, también lo es que no eran pobres de solemnidad, vivían en una modesta medianía de labriegos acomodados, cumpliendo desahogadamente con los diezmos y primicias a la Santa Madre Iglesia, el tanto y las alcabalas que correspondían al Rey, así como con la renta anual que puntualmente se cubría al Conde de la Pedriza, amo y señor de la comarca. Cuando el nuevo vástago de los Alvarez fue llevado a la pila bautismal, recibió de su padrino, el clérigo Juan de Ponce, el nombre de Diego.

Desde muy pequeño, Dieguín, como cariñosamente fue motejado, se aficionó mucho a las cosas de la iglesia; ya mayorcito, los domingos y días de precepto ayudaba a su padrino a decir la Santa Misa, acolitaba en las ceremonias religiosas y diariamente recibía de aquél, durante las horas en que se lo permitía su ministerio, una amplía instrucción religiosa. Mientras tanto, los otros seis hermanos de Dieguín, compartían con sus padres las faenas del campo.

El género de vida y las lecciones recibidas, influyeron en el ánimo del joven Diego Alvarez, para que en el año de 1686 ingresara como novicio en el convento de Carmelitas Descalzos de Santiago de Galicia. Durante el año de 1688, como agregado a unas misiones, vino a la Nueva España, habiendo ingresado, todavía en su calidad de novicio, al Convento Carmelita de la ciudad de la Puebla de los Angeles, en donde el día 16 de julio de 1689 en que se celebraba la festividad de nuestra Señora del Carmen, tomó definitivamente el hábito de la comunidad, con el nombre de fray Diego de San Gerardo.

Durante el año de 1703, fray Diego de San Gerardo fue trasladado al convento de la Orden en la ciudad de Celaya de la Purísima Concepción, en donde permaneció hasta su muerte.

Durante más de once años, fray Diego de San Gerardo tuvo la tentación de volverse a España, añorando su convento de Santiago y, sobre todo, la iglesita de su pueblo natal y el amor de la madre.

Las batallas espirituales que frecuentemente sostenía con el demonio de la tentación, iban minando su ánimo y se decía que por dos o tres veces durante la noche, el diablo lo había acometido arrojándolo al suelo de la tarima en que dormía, sin saber como y sin recibir daño alguno. Su último pleito con Satanas, quien lo inducía hasta a quebrantar sus votos, lo sostuvo la madrugada del 8 de octubre de 1708, en que estuvo a punto de ser vencido por el espíritu del mal, pues llegó hasta determinar su huída del convento y, si no lo verificó en aquella fecha, fue porque con los primeros oficios matinales y el ejercicio de la santa misa, su alma se sintió reconfortada. Todo ese día lo pasó en constante angustia; por más que se esforzaba por apartar de sí los malos pensamientos, elevando devotas oraciones al Señor y a su Sacratísima Madre, frecuentemente se abstraía y se quedaba repasando maquinalmente las cuentas del rosario, para volver a caer en la terrible tentación de huír del convento. Así llegaron las ocho de la noche, hora en que, unido a la comunidad, se dirigió al coro de la iglesia; después de las vísperas, se encontraban todos los religiosos rezando el primer oficio de difuntos de los ternarios, cuando súbitamente fueron segados por una luz deslumbrante; un trueno formidable cimbró toda la iglesia desde sus cimientos y, cuando pasó el estupor producido por aquella formidable descarga eléctrica, los azorados frailes vieron tendido en el piso a fray Diego de San Gerardo; el rayo le había causado una muerte instantánea!... ¡Una furiosa tempestad se abatía sobre Celaya!... El viento redobló sus silvidos; la lluvia azotaba fuertemente los cristales... De pronto se rompe la aldaba de una puerta y ésta se abre con gran estrépito, entrando en el coro una fortísima y helada racha de aire y agua que apagó de un solo golpe todas las hachas de cera que se encontraban encendidas; las tinieblas, que todo lo invadieron, solo eran rotas a intervalos por la lívida luz de los relámpagos!... Cuando la puerta pudo ser cerrada y a fuerza de frotar el eslabón en el pedernal se logró encender la pajuela de azufre y con ella una vela, todos los religiosos cayeron de rodillas para orar fervorosamente por el hermano difunto!...

Lo asentado en los Anales del convento, aunque un poco confuso en su relación, confirma en parte esta historia; he aquí lo que textualmente se lee en su libro, amarillento por la pátina del tiempo:

"En 8 de octubre de 1708, murió el padre fray Diego de San Gerardo, religioso caritativo y obediente; fue natural de una aldea cercana a Santiago de Galicia, España; tenía de edad 42 años y de hábito 18, profeso de Puebla, México; fue su muerte de un rayo que cayó en el coro, después de Vísperas, rezando el primer oficio de difuntos de los ternarios; cayó dicho rayo al principio de la tempestad, en la torre, entrando por la bóveda de sobre las campanas, por donde está pendiente el alambre de los cuartos del reloj; fundió dicho alambre hasta llegar al suelo y saliendo por una de las ventanas de la torre, fue a dar a la ventana del cuarto y retrocediendo, entró por la ventana del reloj, y bajando sin dejar señal, entró en el coro por la puerta de las campanas; mató al padre y desdoró el marco de un cuadro de Nuestra Señora de Belén, que sobre dicha puerta está, y dejó dos señales, una entre el cuadro y la otra en la estrella de entre las ocho y las nueve de la manecilla del reloj, que señalaba la media para las nueves, de allí bajó por la bóveda de la iglesia dejando señal de su salida, no reconociéndose rastro por donde entró; lo más singular fue que ningún religioso se aturdiera. Hiciéronse los sufragios que nuestras constituciones ordenan, oficiando en el entierro los padres de San Francisco y asistiendo todo el pueblo que no cabía en la iglesia. Está enterrado el padre al lado del Evangelio".

Cuando ya todo mundo empezaba a olvidarse de tan terrible suceso, más o menos seis meses después, llegaba una carta para el padre superior del convento en que un hermano de fray Diego de San Gerardo, le suplicaba informarle a éste que, después de la visita que había hecho a la casa paterna el día 8 de octubre del año pasado de 1708, a las ocho y media de la noche, con el objeto de despedirse para siempre de todos sus familiares, ya que había hecho votos a Nuestro Señor de no separarse nunca más de su convento de la ciudad de Celaya de la Purísima Concepción, su señora madre se había agravado repentinamente de sus achaques y había fallecido pocos días después, rogándole que en sus oraciones pidiera mucho por el eterno descanso de su alma...

En Celaya se propagó como un reguero de pólvora esta noticia que fue comentada por cada quien a su manera, pero coincidiendo todos en una incógnita misteriosa. ¿Cómo era posible que el mismo día y a la misma hora en que fray Diego de San Gerardo moría aquí fulminado por un rayo, hubiera estado con su familia en aquella aldea cercana a Santiago de Galicia, España?.. ¡Quién sabe, los designios de Dios son inescrutables! *(Narraciones y leyendas de Celaya...).*

SAN MARTÍN CABALLERO

Por la Sierra de Guanajuato, en una barranca que forma límite natural a los municipios de Santa Cruz de Juventino Rosas y San Miguel de Allende, muy cercana a un lugar denominado El Terrero, se encuentra una gruta en que, desde tiempos inmemoriales, se venera una imagen que se dice ser de San Martín Caballero. Esto no tendría nada de particular si la imagen de que se trata hubiera sido dibujada o tallada por la mano del hombre, pero es el caso que, según los sabios que la han visto y estudiado, se trata solamente de una maravillosa obra de la naturaleza que, por un caprichoso azar, hizo que en la formación geológica de una roca, ésta adquiriera la forma de un jinete montando brioso corcel, pero los millares de gentes, creyentes y sencillas que habitan en la región, le atribuyen el origen milagroso de una aparición. Respetando nosotros lo que por ambas parte se dice sobre el particular, nos concretaremos a narrar para ustedes la leyenda popular que, por lo antigua y constante, ha adquirido todas las características de una tradición:

Hace muchos años, aproximadamente en la primera mitad del siglo xvii, pues la fecha exacta se desconoce, viajaba un numeroso grupo de indios mercachifles, esto es, comerciantes ambulantes en pequeño, que llevaban cargados a la espalda sendos huacales, construidos por ellos mismos con gruesos varejones y correas, en los que eran conducidas las mercadurías, consistentes en ollas, jarros y cazuelas del pueblo de Guango; comales, cajetes y tinajas de San Juan Xidoó; molcajetes, metates y metlapiles de Tarímbaro; artezas y bateas de Peribán y taxcales y canastas de carrizo fabricadas en Santa Cruz... Estos indios que, siguiendo sus instintos nómadas viajaban constantemente de pueblo en pueblo para asistir a los tianguis y las ferias, en que trocaban su mercancía por productos de la región, o la vendían en la moneda corriente de la época, en esa ocasión se dirigían a la villa de San Miguel el Grande, en donde estaba por celebrarse la feria anual en honor de su santos patrono, que tenía y aún tiene verificativo el 29 de septiembre. Serían como las cinco de la tarde cuando este grupo ya se encontraba por llegar a la barranca próxima a El Terrero; a lo lejos se escuchaba el fragor de una tormenta que se había desencadenado por el rumbo de la sierra, sobre cuyos picachos parecían mecerse los negros nubarrones; los indios, que ya habían empezado a descender por la empinada ladera de la barranca, apretaron el paso para llegar lo más pronto al fondo del desfiladero y cruzar el río antes de que la creciente, que de antemano sabían que se presentaría, les impidiera hacerlo. Una parte del grupo ya había vadeado el dicho río y empezaba a ascender por la márgen opuesta; otra venía bajando, faltándole todavía un buen trecho para llegar al fondo, mientras tres de aquellos infelices iban precisamente cruzando trabajosamente el cauce, debido a la pesada carga que llevaban a la espalda, cuando los que se encontraban a ambos lados vieron venir río arriba un enorme "burro" de agua; desesperadamente gritaron a sus compañeros que tiraran los huacales y se pusieran a salvo, pero el torrente fue más rápido que la voz y, con un ruido ensordecedor producido por las piedras, palos y cuanto iba arrastrando a su paso, furiosamente se precipitó sobre aquellos pobres indios, que en un instante desaparecieron devorados por un mar de hirviente espuma... Sin embargo, Dios que se encuentra en todas partes atento a impartir su

protección a quien la necesita y se la pide con toda fe, hizo que se produjera el milagro: un caballero, montando brioso corcel, que seguramente había presenciado la tragedia, sin medir el peligro que pudiera amenazarle, valerosamente se lanzó a las turbulentas aguas y, uno a uno, fue rescatando los cuerpos entumecidos y golpeados de los tres indios, depositándolos con vida todavía sobre los altos ribazos. Cuando los demás indígenas ocurrieron en auxilio de sus compañeros y buscaron al caballero para hacerle patente su agradecimiento, ¡éste había desaparecido!

Como sucede en los traicioneros arroyos cuyo cauce tiene un marcado desnivel, rápidamente pasó la creciente, volviendo a su corriente normal que ya sólo era alimentada por los escurrideros; cuando todo el grupo de indios pudo reunirse, ya casi obscurecía y, como se presentaban presagios de nuevos aguaceros, decidieron no continuar su marcha hasta el poblado del Terrero, sino buscar un refugio donde pasar la noche, el cual se encontró en una cueva próxima, lo suficientemente amplia para depositar la carga y tenderse a dormir en los petates que siempre llevan arrollados y atados a los huacales que cargan a la espalda.

La noche transcurrió sin novedad alguna y cuando amaneciera el nuevo día los indios iniciaron sus preparativos para seguir su marcha; algunos se pusieron a revisar y arreglar la carga en los huacales, mientras otros salieron a recolectar leña y basura para encender una fogata; mientras se calentaban en las brasas las gordas y tortillas enchiladas, uno de aquellos hombres, quizá el más curioso, se adentró en la cueva tratando de explorar el interior. De pronto, se dejó escuchar un grito que puso en alarma a todos los indios; temerosos de que alguna fiera se encontrara agazapada en su cubíl, apresuradamente se armaron de palos y de piedras y, alumbrándose con algunos tizones encendidos que tomaron de la hoguera, se introdujeron en la gruta hasta el lugar de donde partían las voces. Su asombro no tuvo límites cuando el indio que gritaba les hizo ver, perfectamente delineada en la roca viva, la imagen de un caballero montando un brioso corcel. No cabía duda, aquella admirable estampa representaba exactamente al jinete que la tarde anterior, había salvado a sus tres compañeros de una muerte irremisible! Aquellos indios en cuya mentalidad no cabía otra explicación que la de ser aquello un portentoso milagro, cayeron de

"Dios nos favorece con esta divina aparición".

rodillas para exclamar llenos de gozo: ¡Santo!, ¡Santo!, ¡Santo!. ¡Bendito sea Dios que nos favorece con esta divina aparición!

Felices por aquel inesperado cuanto sobrenatural suceso, los indígenas continuaron su camino hacia la villa de San Miguel el Grande, a donde llegaron casi al atardecer; una vez que dejaron en lugar seguro sus huacales, se fueron a la iglesia a ver "tata cura", a quien pusieron al tanto de todo lo ocurrido; sin embargo, temeroso éste de ser engañado por unos indios ladinos, les manifestó que, como Santo Tomás, necesitaba ver para creer, que una vez que terminaran las festividades de San Miguel, volvieran para guiarlo hasta el lugar exacto de la aparición.

Llegado el día que se convino, el señor cura acompañado por algunos vecinos a caballo y el grupo de indios mercachifles, se pusieron en marcha hacia El Terrero, lugar distante poco menos de dos leguas de San Miguel; ya en dicho poblado, la gente del lugar se enteró del objeto de la visita y, movidos por la curiosidad más que por su piedad religiosa, pues ninguno creía la maravillosa aparición de que se hablaba, casi en masa se unieron al grupo de forasteros, encaminándose todos a la cueva, bien provistos de hachones y candelas. Ya dentro de la gruta, en el lugar señalado por los indios, tanto su reverencia el señor cura como todos sus acompañantes, pudieron convencerse de que era una realidad aquella maravillosa aparición! Después de ser analizados los razgos característicos de aquella imagen que se veía en la piedra, se llegó a la conclusión de que era la vera efigie de San Martín Caballero, santo español canonizado no sólo por sus merecimientos en las Santas Cruzadas, sino por los portentosos milagros que había realizado a quien, desde muchos siglos atrás, se le consideraba santo patrono de los mercaderes, por la especial protección que les imparte.

Así es, amigos nuestros, como desde tiempo inmemorial se viene venerando la imagen de San Martín Caballero, tanto en el pequeño poblado que se denomina El Terrero, como en la gruta que existe en sus cercanías, a donde el 11 de noviembre de cada año ocurren por millares sus devotos, en su gran mayoría gente del pueblo que se dedica a ejercer transacciones comerciales en pequeño, que hacen la peregrinación a pie desde muchas leguas a la redonda. *(Narraciones y leyendas de Celaya...).*

LA RELIQUIA

Estaba por finalizar la primera mitad del siglo xvii, pues la fecha exacta se desconoce, cuando llegó al convento de San Agustín, en la villa de Salamanca, de esta Nueva España, fray Antonio de Ornelas, quien había sido llamado por el padre superior de dicho monasterio para que se hiciera cargo de los trabajos de tallado y ornamentación de los altares de su iglesia.

Aunque humilde y sencillo como santo, frayun Antonio de Ornelas llegó precedido de gran fama como artífice, pues para aquel entonces, ya eran algunas las obras en que había demostrado su talento creador.

Una vez efectuados los preparativos necesarios, se inició el trabajo de ornamentación que se llevara muchos años, pues se ejecutó con tal arte y maestría que no faltó quien asegurara que en todos estos reinos no había nada tan hermoso como los magníficos tallados repujados en oro y las policromadas imágenes de santos, angeles, querubines y demás figuras que adornaban los altares de la fastuosa iglesia erigida en honor de San Agustín, sobre todo el altar mayor, que era considerado como una verdadera joya del más puro estilo churrigueresco, suponiendo nosotros que, efectivamente, debe haber sido una obra de mérito excepcional puesto que, despertando la codicia extranjera, fue sustraido para ser llevado a París, durante la época de la invasión francesa.

En las antiguas crónicas que se refieren al convento de San Agustín de Salamanca, quedó asentado que, cuando ya muy enfermo y anciano fray Antonio de Ornelas estaba por terminar ese maravilloso altar, el cielo le deparó una milagrosa revelación. Se dice que este santo varón, un día de tantos, después de descender de los andamios en que trabajaba, se sentó a descansar en una de las bancas que se encontraban en la nave; contemplaba arrobado su propia obra, cuando empezó a sentir que una especie de pesado sopor le envolvía, quedando aparentemente dormido, aunque él posteriormente aseguró que no lo estaba, pues continuó viendo con verdadero asombro que, precisamente sobre el lugar en que debería quedar colocado el tabernáculo, las guirnaldas que ya estaban hechas para enmarcarlo, cambiaron de posición, formando una especie de corona de rosas que era sostenida por dos ángeles

en actitud de descender volando y que, en el centro de aquella corona, refulgía un precioso relicario de oro y pedrería, en forma de óvalo, de un tamaño que no excedía de una tercia de vara.

Cuando aquella alucinación hubo pasado, el religioso se pudo convencer de que ningún cambio real se había operado en la ornamentación del altar, mas sin embargo, siguiendo los dictados de su señora, quiso que aquella obra maravillosa quedara tal como la había entrevisto. Cuando el altar quedó totalmente terminado, el conjunto era tan hermoso que cuantos lo veían quedaban asombrados.

El tiempo siguió su curso; fray Antonio de Ornelas, cada día más viejo y más enfermo, ya sólo se pudo dedicar a la oración para dar gracias a Dios por haberle permitido concluir el decorado de su templo. Una noche, cuando ya se encontraba recogido en su celda, volvió a sentir que le embargaba aquel extraño sopor y que, entre dormido y despierto se le revelaba algo que acontecía en aquellos momentos en algún lugar muy lejano: vió como una goleta de tres mástiles era abatida por furiosa tempestad en el mar; cómo era llevada y traída al garete por las enormes y encrespadas olas; cómo se desgarraban sus velámenes; cómo era abandonado el barco por su tripulación que abordaba pequeñas y frágiles barquillas; cómo fueron éstas devoradas una a una por el océano y, por fin, lanzando un grito de terror, vio desplomarse el palo mayor de la nave, sobre el último de sus tripulantes, un pobre fraile que quedó tendido sobre la cubierta. La impresión recibida por fray Antonio con aquella alucinación, debe haberle privado del conocimiento durante muchas horas, pues cuando volvió en sí, ya sólo pudo ver los restos del barco encallados entre las rocas de una costa bravía. El cuerpo del fraile muerto estaba allí, y sobre el pecho de éste, aprisionado por sus crispadas manos, se encontraba un relicario que irradiaba una luz vivísima al romperse en él los primeros rayos del sol. Por la forma oval de la joya, por las incrustaciones de pedrería y por otros detalles que el religioso percibía claramente, fue reconocido por él como el mismo relicario que en otra ocasión ya había visto refulgir entre las guirnaldas del altar mayor de la iglesia de San Agustín en la villa de Salamanca.

Cuando fray Antonio de Ornelas pudo levantarse de la pobrísima tarima que le servía de cama, fue con el superior de su convento y, después de contarle sus últimas alucinaciones, de rodillas

El cielo le deparó una milagrosa revelación.

le pidió su venia para marchar en busca del preciado relicario y, viendo éste la vehemencia con que era solicitada dicha gracia, se vio obligado a concederla, independientemente de que también era un convencido de que en tan extraños y sobrenaturales presagios se estaba gestando un gran milagro.

Fray Antonio se puso en marcha con rumbo al mar, sin saber siquiera el lugar preciso a donde debía encaminar sus pasos, confiado sólo con infinita fe en que Dios habría de guiarle. Viviendo de la caridad pública y viajando por los medios que la bondad de las gentes le proporcionaba, ya fuera montando el asno o la mula que le facilitaba algún arriero compadecido, o bien a la grupa de la montura de algún caballero gentil, después de un mes logró llegar a Veracruz, en donde ya tuvo el mar a la vista, pero ¿a donde dirigir su búsqueda? Iluminado por la fe inquebrantable que le movía, fray Antonio emprendió a pie su marcha rumbo al sur, siguiendo penosamente las sinuosidades de la costa, completamente resuelto a llegar hasta la Tierra del Fuego, si esto fuere preciso, para alcanzar su objetivo. Tres meses duró esta peregrinación, vadeando ríos, atravesando pantanos y marismas, cruzando selvas, subiendo y bajando los mantículos de arena en las dunas, dejando pedazos de carne en las espinosas junglas y comiendo sólo de vez en cuando los frugales alimentos que compasivamente se le proporcionaban en una que otra choza de los pescadores nativos. Así llegó fray Antonio hasta un paraje situado en la costa de la Provincia de Campeche, que fue reconocida por él como el que viera en sus alucinaciones y, pocos momentos después podía comprobar que, efectivamente, allí se encontraban los restos de un barco encallado entre las rocas! Dando gracias a Dios por haberlo conducido hasta aquel lugar, esperó a que bajáse la marea y, cuando lo juzgó oportuno, se despojó de lo poco que sobraba de su hábito hecho girones para introducirse al mar luchando con el flujo y el reflujo de las olas, logró llegar a la goleta, por cuyo costado subió aprovechando las grietas de sus abiertos tablones hasta llegar a la parte que en sus tiempos había sido la cubierta; allí encontró un esqueleto humano semicubierto con los podridos trozos de un sayal franciscano y, sobre el pecho de aquel, aferrado por unos dedos descarnados, un relicario, que inmediatamente identificó como el mismo que ya en dos ocasiones había visto en sus sueños; reverentemente lo tomó en sus manos y lo contempló arrobado: era una especie de cajita en forma oval, cincelada en oro con incrustaciones de preciosa pedrería; por los dibujos e inscripciones en caracteres desconocidos que contenía, dedujo que se trataba de una pieza de orfebrería de origen remotísimo. Pasó en ella sus labios con el mayor respeto, guardándola en su seno sin atreverse a abrirla por temor de incurrir en una profanación imperdonable.

Cuando los nervios de fray Antonio estuvieron más en calma, elevó sus preces por el difunto, cuyos restos recogió y, después de envolverlos en el pedazo de lona de una vela, les ató un herraje y los arrojó a la parte más profunda del océano; cuando hubo terminado esta fúnebre tarea, cayó de rodillas y lloró. El mismo no hubiera podido explicar si sus lágrimas tenían origen en los sufrimientos corporales que en aquellos momentos padecía al ser corroidas sus heridas por la salobre agua del mar, o si las vertía de gozo por haberle permitido Dios rescatar aquel tesoro.

El retorno al convento de San Agustín, de la villa de Salamanca, fue muy lento, casi un año duró fray Antonio de Ornelas en recorrer la enorme distancia que le separaba del lugar en donde habría de ver realizado su sueño. Antes de ser colocado con la debida solemnidad aquel relicario, en el lugar en que de años atrás ya se tenía reservado en el altar mayor, los más encumbrados dignatarios de la Iglesia dispusieron que fuera examinado su contenido; al ser abierto con sumo cuidado, solo se encontró dentro de él un herrumbroso clavo toscamente forjado en hierro, el cual estaba envuelto en una antiquísima tela de lino que al tocarla se deshizo. Nadie se atrevió a tratar de establecer su identidad, pero por la milagrosa forma en que llegó al convento, se decía que en aquel precioso relicario se encontraba guardado uno de los tres clavos con que fue crucificado el Redentor del Mundo! *(Narraciones y leyendas de Celaya...).*

LA VIUDA RESUCITADA

Del "Corrido Panegírico" a que se refería don José María Llerena, debido a la musa popular, que todavía por el año de 1860 era cantado por los "antes".[3] en las calles y plazuelas de Celaya, y por un tlaco hasta reparto de azucarillos se hacía, son los siguientes versos, tonada o como quiera llamárseles, que preferimos insertar, para que sean los propios lectores quienes hagan de ellos el comentario que gusten; el título es el mismo que hemos dado a este capítulo y las primeras cuartetas o lo que sea, dicen así:

"Del Cólera Grande el año
Por toditos mui mentado
Y con horror recordado,
Por su muncho y grave daño;
En una triste calleja
Del seminario nombrada,
De una alma atribulada
Se levantó esta queja:
¡Virgen hermosa del Carmen,
Has que en este mesmo día
Vuelva conmigo mi madre!
Por la pena acongojada
Assí una niña decía,
y la Virgen le volvía
Su madre resucitada!...
Si, señor, resucitada
En el mesmito panteón,
Donde la echó el carretón
Ya muerta y engarrotada!".

La peste del "cólera grande" azotaba la región del Bajío. En la ciudad de Celaya, a mediados de julio de 1833, la situación era espantosa, sobre todo entre la gente de condición humilde que moría por centenares diariamente, sin que los deudos pudieron siquiera adquirir un mísero cajón para enterrar sus muertos; la razón resulta obvia: los pocos carpinteros que sobrevivían, eran insuficiente para fabricar el crecido número de ataúdes que se necesitaba! Además, como medida precautoria dictada por las autoridades, se debían sepultar de inmediato los cadáveres, para evitar con esto que la peste se propagara, a cuyo efecto las calles eran constantemente recorridas por unos carromatos que casi casa por casa los iban recogiendo, sin dar más tiempo que el indispensable para ser semienvueltos en el mismo petate o cobija en que había muerto el enfermo; cuando el carro ya no tenía cupo para recibir más cadáveres, era conducido con su fúnebre carga hasta el panteón de San Antonio, en donde eran arrojados a una fosa común, la cual era cegada con tierra en cuanto se agotaba su capacidad, llevándose después a la parroquia una lista de todos los difuntos para que fueran asentadas las "partidas de entierro". Es incuestionable que, aunque muy justificada, la premura con que eran sepultadas las gentes, sin que un médico hubiera certificado la defunción, diera lugar a que más de alguna fuera enterrada en vida. El caso que vamos a narrar, es un ejemplo típico de ello, no obstante que, cuando los hechos ocurrieron, la imaginación popular le concedió el privilegio de la intervención divina, según se desprende del "Corrido Panegírico" que ya hemos dado a conocer.

Por la calle del Seminario, vivía una familia de modestos recursos económicos, compuesta por don Alfonso Patiño, operario o empleado en la fábrica de hilados y tejidos denominada Zempoala, propiedad del historiador don Lucas Alamán; la esposa del primero, doña Elisa Ochoa de Patiño y seis pequeños niños, de los cuales Rebeca, que era la mayor, apenas contaría unos nueve años de edad. Como ya lo hemos dicho, por el mes de julio de 1833, la peste del cólera morbo se encontraba en todo su apogeo, contándose las víctimas por centenares diariamente, no tardando en encontrarse entre éstas los esposos Patiño, que murieron ambos el mismo día, con diferencia de dos o tres horas. El llanto y los gritos de sus hijos que habían quedado en la orfandad y el más triste desamparo, hicieron que los vecinos se enteraran de lo ocurrido, quienes cumpliendo con su deber, dieron aviso a las autoridades para que éstas mandaran recoger los cadáveres.

Ya casi obscurecía cuando se dejó oir por la calle del Seminario el tañer de la campana que anunciaba la presencia del carromato mortuorio, a cuyo paso la gente huía para evitar su proximidad y un posible contagio. El vehículo se detuvo frente a la casa de los Patiño; el carretonero y su ayudante bajaron para cumplir con su lúgubre cometido; entraron a la habitación, mal envolvieron los cadáveres con la misma ropa de la cama; los sacaron uno a uno y, sin miramiento alguno, los arrojaron en su carro. El espantoso cuadro era presenciado por los niños que desahogaban su dolor en llanto amargo. Chirriaron las ruedas, el carretón se puso lentamente en movimiento, llevándose a sus padres para siempre!

Cuando el carro llegó al Panteón de San Antonio, ya había obscurecido, por cuya circunstancia los hombres que lo conducían se concretaron a volcar en la fosa los cadáveres que contenía, sin ocuparse en cubrirla con la tierra, ya que esa labor incumbía a los sepultureros, que para esa hora ya se habían retirado; terminado su trabajo subieron nuevamente al armatoste y, fustigando a las bestias que tiraban de él, rápidamente se alejaron del tétrico lugar.

Pasaron las horas; un frio viento otoñal invadió el cementerio, haciendo que sus cipreses se inclinaran. Uno de los cuerpos que yacían en la fosa descubierta, se movió! Después, trató de incorporarse y, lo consiguió! Era la señora Patiño que había vuelto a la vida! Terrible debe haber sido la impresión que recibió esta pobre mujer al verse dentro de una fosa, rodeada de cadáveres; sin embargo, como en la situación en que se encontraba no cabía ninguna otra disyuntiva, sobreponiéndose al terror, pensó en sus hijos que habían quedado solos y abandonados. En el tremendo estado de agotamiento físico y moral en que se encontraba, sólo el amor maternal podía prestarle la fuerza y el valor que en aquellos momentos necesitaba; apoyándose en los rígidos cuerpos de los muertos, logró ponerse en pie y, tambaleante, logró acercarse al borde de la fosa; afortunadamente, ésta era poco profunda y, aunque con mucho esfuerzo, logró salir de ella. Ya al aire libre respiró mejor; para hacer acopio de energías, pues su estado de agotamiento era completo, la señora se apoyó en la cruz de piedra de un sepulcro y, abrazada al símbolo de la redención, permaneció por largo tiempo en un estado de inconciencia, pues no denotaba el pavor que hubiera producido en una mujer normal el hecho de verse sola y abandonada entre los muertos! Por fin se puso en movimiento; casi arrastrándose logró hacer el recorrido desde el panteón San Antonio hasta la calle del Seminario, frente a la fábrica de hilados Zempoala, llegando a la puerta de su casa casi al amanecer...

Mientras tenían desarrollo estas escenas pavorosas, en la casa de la familia Patiño, los niños más pequeños, cansados de llorar, se habían dormido; los dos más grandecitos, Rebeca y Pedrito de nueve y ocho años, respectivamente, lloraban en silencio pensando en lo que sería de ellos y de sus hermanitos al llegar el nuevo día. En un arranque de dolor, la niña implora: "¡Oh, Madre mía, Virgen Santísima del Carmen, devuélveme a mis padres!" En ese momento, llaman débilmente a la puerta. Los dos niños presienten un suceso inesperado y corren para abrir; ambos reciben la más grata de las sorpresas: ¡era su madre! El milagro pedido con desesperado fervor, se había operado.

La señora Patiño tardó muchos días en recuperarse, más que de la enfermedad, del terrible choque nervioso que había sufrido. La noticia del milagro cundió rápidamente por toda la ciudad, no faltando posteriormente personas caritativas y generosas que prestaran ayuda a la Viuda Resucitada, apodo que el vulgo le aplicó como resultado de su portentosa vuelta al mundo, de todo lo cual se deriva lo que el "Corrido Panegírico" consigna:

Y la Virgen le volvía
La viuda resucitada...
Si, señor, resucitada
En el mesmito panteón,
Donde la echó el carretón
Ya muerta y engarrotada!
(Narraciones y leyendas de Celaya...)

---

[3] Los "antes" (quizá una corrupción de la palabra entes) eran unos individuos, casi siempre hombre y mujer, que vestían estrafalariamente, portando unos sombreros de anchas alas, llenos de colgajos, que iban de pueblo en pueblo cantando sus "corridos". Quien les pagaba un tlaco (centavo y medio) por su canción, era obsequiado con azucarillos.

ABIGAIL CARREÑO DE MALDONADO. Nació en la hacienda El Sauz, Celaya, Gto., en 1921. Productora agropecuaria y empresaria en bienes raíces, turismo y artesanías, ha sido fundadora y directora de las revistas *Orquídea* y *Presencia* y el semanario *El Mensajero;* organizadora de la Sociedad Mutualista Femenil Celayense y del Primer Congreso Nacional de esas agrupaciones, y presidenta del Club de Mujeres Profesionistas y de Negocios de México. Además, es directora del Archivo Histórico Municipal y cronista de Celaya, y autora de los libros *Soy un árbol* (poemas, 1968) e *Imagen de Celaya* (1985; 2a. ed., 1992).

EL FRAILE LADRÓN

Fray Alberto de la Madre de Dios siendo de 21 años, allá por el año de 1664, estaba en el convento del Carmen con la ocupación de enfermero, cargo que cumplía con ejemplar devoción. Un domingo de carnaval de 1665 profesaba con gran fervor y humildad. En 1669 fue electo Prior de Salvatierra, y sus viajes a Celaya eran frecuentes y necesarios. Por su honradez y alta jerarquía obtenida, fue comisionado especial para que fuera a España acompañado de otro sacerdote y llevando en su petaca la cantidad de 10,000.00 en doblones de oro, para ciertas diligencias que tenía que verificar en España.

El compañero de fray Alberto aprovechó un descuido del candoroso sacerdote y robó el oro, metiendo en la petaca unas piedras, para que pesara y creyera que el dinero se encontraba en su lugar. El fraile ladrón, arguyó en Veracruz que "su madre estaba muy enferma en la ciudad de México y que no podía ir con él hasta España", pretexto que el bonachón de fray Alberto de la Madre de Dios aceptó sin reparos. Llegó la embarcación. Fray Alberto la abordó y cuál no sería su sorpresa que, estando en alta mar, tuvo la ocurrencia de abrir su petaca y se dio cuenta que el oro se había convertido en piedras. Esto no amilanó a fray Alberto, pues tuvo que llegar a España y allá dio cuenta de lo acontecido y el bendito sacerdote se anticipaba a otorgar perdón al fraile ladrón, cosa que cuentan que así no sucedió, pues unos dicen que el fraile ladrón fue encontrado por la Inquisición y obligado a entregar el dinero, otros decían que murió de arrepentimiento, lo cierto es que el pobre de fray Alberto fue inquietado durante toda su vida, por ruidos extraños que semejaban que en su humilde celda la apedreaban y no obstante dejarla completamente cerrada, siempre encontraba en su humilde camastro montoncitos de monedas de oro. Fray Alberto tuvo que ser cambiado al convento del Desierto (el convento Carmelita del Desierto de los Leones en México) y hasta allá siguió lo que podríamos llamar "la guerra de las pedradas" y todo con el resultado que esta "alma en pena" lo persiguió hasta saldar su cuenta y por lo pronto el monje ladrón —decían las gentes ya arraigadas en la nueva patria— impidió, con su actitud que le costó la vida, que tan crecida suma de dinero saliera a España y cuentan también que sirvió para hacer importantes mejoras en los templos y conventos de la Orden Carmelita de México. (*Imagen de Celaya*. Del libro del P. Jiménez).

LA RODILLA DEL DIABLO

En la calle del Refugio, que después se llamó Tepetate y actualmente Aztecas, antiguamente había una piedra laja que embonaba perfectamente con una rodilla y que delimitaba la esquina con la actual calle de Obregón.

Precisamente en esa calle del Refugio, que en aquel tiempo era un simple callejón obscuro que delimitaba una propiedad del convento de los padres Carmelitas y en donde no había ninguna construcción, sino sólo largas y tétricas tapias que arrancaban desde la calle de Atarjeas hasta Obregón, hasta terminar en lo que es hoy calle de Benito Juárez, antes Compañía Vieja, se propició una de las leyendas más conocidas y populares de Celaya. Advierto que hay varias versiones, pero de las que tengo he querido apuntar la que me legara el maestro don Isaías Barrón.

Se cuenta que un capataz de las obras de reconstrucción que realizaban los sacerdotes en la Celaya de entonces, tenía por costumbre elegir entre los candidatos a los mejores y más saludables hombres y para tal objeto y evitarse trabajos de elección, mandó poner la famosa piedra laja que daba la altura requerida de una persona físicamente bien constituida y a determinada distancia había dos hoyos en donde también debían embonar los dedos índice y pulgar y quien pasaba esta prueba, casi automáticamente estaba contratado por el capataz de marras. La gente decía que este consejo se lo había dado un capitán que un día se había aparecido en la obra, vistiendo una enorme capa dragona y cubriéndose el rostro con una parte de dicha capa que era de color negro. El capataz, ni tardo ni perezoso, aceptó tal consejo y ello le daba más tiempo de estar acostado tomando pulque y aguardiente.

Dicen que, atenazado por la necesidad, un día llegó un jovencito, casi un niño, pero bien desarrollado, que dio las medidas perfectas en la piedra dicha y de inmediato empezó a trabajar; pero al no dar el rendimiento de la gente adulta, el capataz descargó su ira nacida de la embriaguez sobre la espalda y rostro del jovencito, destrozándole la nariz y dejándolo casi baldado del brazo izquierdo. Al ver los compañeros de trabajo que el muchacho ya estaba desfallecido, detuvieron el brazo del verdugo y en ese momento vieron un rostro desfigurado que tenía "espuma en la boca" y uno de los trabajadores le aventó un escapulario, que al tocar el cuerpo del malvado golpeador vieron que no era otra cosa que el capitán de la capa dragona, que al recibir el roce del escapulario inmediatamente se echó a correr, perdiéndose por el lado norte de la ciudad. Todos se dedicaron a cuidar a la criatura y fue hasta entonces que vieron al capataz dormido, perdido de tanto embriagarse, y que ni cuenta se dio que el demonio lo había suplantado; y enterado que fue el sacerdote encargado de la obra, dio de baja al irresponsable capataz, bendijo la piedra y no hizo aprecio de la conseja que existía y por lo mismo no ordenó que se quitara de su lugar.

La piedra estuvo por años y años y fue hasta 1960 cuando se empezó a lotificar el rumbo de Aztecas y la piedra fue quitada de su lugar y con ello se perdió la tradición de muchos niños, que para medir su valor acudían a medir su rodilla en la piedra y a meter los dedos en las hoquedades y hasta la gente adulta evitaba pasar por el lugar, pues no dejaba de sentir cierto escalofrío al recordar que según las consejas, la piedra que ahí existía la había puesto personalmente el diablo. (*Imagen de Celaya*. Isaías Barrón).

LOS TÍTERES

Hace algunos años la casa del profesor José D. Oviedo (fallecido a la edad de 96 años en 1984) se ubicaba desde la calle de Hidalgo, hasta la calle de Bravo de esta ciudad de Celaya.

El profesor Oviedo, conocido por todos como "El Capi Oviedo", fue maestro de cultura física de varias generaciones y era persona muy afecta a todo lo que se relacionara con la cultura y las bellas artes. Sucede que una de sus entretenciones del Capi, cuando aún era joven, era dar funciones de títeres a algunos de sus amigos o alumnos que acudieran a su domicilio de la calle de Hidalgo. El mismo Capi preparaba el teatro y los telones así como todas las decoraciones requeridas. Los títeres del Capi eran de regular tamaño y una viejecita muy experimentada era la encargada de confeccionar el vestuario adecuado para las figuras con gran gusto y delicadeza. Las obras que se presentaban eran las clásicas de los titiriteros; La llorona.., Barba azul, Cruz diablo y una que otra de las fábulas de Esopo.

Una noche —nos contaba el Capi— tuve una experiencia inolvidable: "no estaba dormido todavía, cuando oí que en el tendedero donde tenía colgados los muñecos, se empezaron a mover... y lo peor que escuché los pasos y bailes en la tarima del teatro. Al día siguiente, encontré fuera de su lugar a la pareja que se supone en la noche anterior había ejercitado el bailable... No quise impresionarme y seguí dando mis funciones como si nada hubiera pasado. Yo solo me engañé, pues lo que platico sucedió una y otra vez y a nadie quise comentar lo que ocurría sino que opté por terminar con mis funciones de títeres, pues sería imaginación o no se como atribuirlo, pero una vez que mis títeres daban una representación de un tribunal equis, uno de los monitos, —el que la hacía de Juez— como que me clavó sus ojos en los míos y como coincidencia, yo perdí en un juicio abogaderil mi casa de Hidalgo y de títeres no quise saber nada y siendo una auténtica obra de arte todo aquel conjunto de muñequitos, realmente no supe ni en donde quedaron". Pero lo que sí quedó fue una leyenda para Celaya. (*Imagen de Celaya*. Profr. Juan D. Oviedo).

LA MUJER ENCADENADA

Cuando el director de la Casa de la Cultura de esta ciudad de Celaya, de los años sesentas, profesor Rogelio Zarsoza y Alarcón, tuvo la necesidad de ocupar la Casa del Diezmo, con motivo de las mejoras que se realizarían en el exconvento de San Agustín, fue testigo, así como varios de los alumnos de dicha Casa de la

Cultura, de un hecho insólito que motivó mucha inquietud entre la grey estudiantil y algunos maestros de dicho Instituto.

Al realizarse el cambio no se interrumpieron las enseñanzas que se transmitían en la Casa de la Cultura, aunque sí tuvieron que vencer algunos problemas como el que presentaba el patio mal encementado y en donde tenían que ensayarse los bailes clásicos o regionales cuya enseñanza impartía el propio maestro Zarsoza y Alarcón.

Varias veces los jóvenes estudiantes realizaban sus ensayos en el patio de la Casa del Diezmo y el área elegida era la parte noroeste que fuera del marqués de Villa Mayor, que fue uno de los encomenderos de la región; y la casa es una de las primeras construcciones que se hicieron en Celaya. Un día, sin nadie esperarlo, uno de los alumnos más aventajados en la especialidad ya mencionada, cayó como fulminado por un rayo y quedó desmayado para recuperarse después de un buen rato. A la semana siguiente nadie se acordó del incidente, pues se le encontró la explicación lógica que tal vez el joven no habría desayunado o cualquier otra cosa que lo indispuso y la clase continuó como siempre. Pero para sorpresa de todos, volvió a suceder lo mismo y entonces el señor Zarsoza empezó a estar incómodo por la interrupción de la clase. Llamó al alumno y le dijo que necesitaba que fuera a ver a un médico porque él no quería tener la responsabilidad de que le fuera a pasar algo peor en sus prácticas. El alumno cumplió con el encargo y entregó el certificado médico al maestro, quien comprobó que el joven no padecía de ningún mal que le impidiera hacer ejercicio.

Pero en el tercer ensayo volvió a sucederle lo mismo, en el mismo lugar y con los mismos síntomas, sólo que en esta ocasión el alumno entró en trance y empezó a describir una horripilante escena y decía que veía a una joven que estaba encadenada y con marcadas señas de haber sido duramente golpeada y que se le veía en el rostro un hondo sufrimiento... Lo anterior alarmó mucho al maestro y sabedor de que el poeta y literario profesor Herminio Martínez tenía hondos conocimientos de parapsicología, quiso que personalmente investigara al muchacho y verificando una prueba especial, ante testigos de calidad, el profesor Martínez comprobó que todo lo que se decía era verdad; que el estudiante no era ningún charlatán y aconsejó que en la capital de la República podía encontrar personas estudiosas en este tipo de fenómenos que muchas veces gentes que desconocen esta profunda ciencia la tildan de charlatanerismo. El joven, según propias palabras del poeta laureado profesor Herminio Martínez, actualmente se encuentra en la ciudad de México dentro de un grupo de estudiosos de parapsicología y según informes obtenidos ha demostrado su gran capacidad de medium que es muy estimada y respetada por quienes conocen de estas complejas actividades, o fenómenos paranormales.

¿Y la mujer encadenada... qué pasó?.. Según el maestro Martínez sigue ahí, retando el tiempo, más no así el espacio, pues el mismo está perfectamente localizado, pues fue señalado más de tres veces al estudiante y tal vez el espíritu de la "joven encadenada", esté en espera de un ente afin que pueda liberarla de su pena de siglos. (*Imagen de Celaya*. Herminio Martínez).

JOSÉ CORONA NÚÑEZ. (Véase MICHOACÁN).

LEYENDA DEL PUENTE DE LOS CARMELITAS

Cuentan que el virrey don García Sarmiento de Soto Mayor, conde de Salvatierra, se dejó el alma perdida en el valle de Uantzindeo en un viaje que realizó a las tierras de El Bajío, pues se sintió prendado de aquel paraje. Y tan cautivado quedó su señoría que puso toda su influencia de virrey de la Nueva España para lograr que se levantara en aquel sitio una ciudad que llevara el nombre del título de su Condado.

Así nació Salvatierra, pequeña ciudad condal que se baña en caudaloso río y se ciñe el cuerpo con la verde túnica de sus perfumadas huertas. Ciudad niña, ingenua, transparente. Es como una gota de rocío resbalada del majestuoso Culiacán que en medio del Valle se quedó tintilando, bañada de luz. Hermosa perla que el conde engastó en la esmeralda de Uantzindeo. Mas, si Salvatierra es la reina del valle no lo era del río cuyas turbulentas aguas la amagaban por los flancos y en tiempos de lluvias con estruendo la sitiaban incomunicándola por el poniente con los ricos graneros de la hacienda de San Nicolás de los Agustinos, rompiendo la frecuentada vía por donde, a través de Valladolid, le llegaban las ruidosas recuas portadoras de los frutos de la tierra caliente. Y en medio de su coraje envolvía con sus sábanas de cristal a los infelices que trataban de vadearlo. El río se había convertido en bestia devoradora de hombres.

Todo esto meditaba el hermano Diego de Cristo en su celda, mientras en la paz del tiempo sonaban lentas campanadas desde lo alto de la torre de El Carmen de donde bajaban con pisadas suaves, de esas que ni despiertan ni dejan huellas. En aquel silencio sólo se oía el resguear breve de la pluma sobre el pergamino.

Fray Diego de Cristo dibujaba. Tan embargado estaba en su trabajo que no sentía ni el rayo de sol que por la ventana ojival penetraba hasta ponerse en su cabeza, ni el ajetreo que formaban las urracas en los fresnos de la huerta, ni los toques de la campana que lo llamaban al coro a cantar los salmos de "vísperas". El sol se ponía majestuosamente entre arreboles y nítidas gasas y sus moribundas luces enrojecían el áspero sayal del carmelita. Ante la amenaza de quedar a obscuras en aquella su celda convertida en taller de artista, fray Diego de Cristo tomó el botecillo de la marmaja y espolvoreó la fresca tinta. Una vez seco el pergamino, lo contempló largamente. En él aparecía el diseño de un puente con tal acopio de detalles que parecía que, a través de sus "bocas" se escapaba la bulliciosa linfa del bermejo río. Salió de la celda y maquinalmente se encaminó al coro guiado por las voces sonoras de los hermanos carmelitas que con el breviario entre las manos salmodiaban mansamente los cantos de David. En la mitad del coro se arrodilló humildemente esperando que el padre Prior le levantara el castigo merecido por su tardanza y, cuando esto aconteció, su bien timbrada voz mezclose al coro mientras sus ojos se fijaban en las hojas de seda del breviario donde en lugar de los salmos, se le aparecía con persistencia tentadora el boceto de su puente.

Y cuenta la leyenda que el alma de aquel fraile carmelita se volvió disipada y el demonio del orgullo hizo presa de su corazón.

Hecho el proyecto comenzó la construcción del puente, pero ningún maestro de obra, ningún alarife español satisfacía al religioso. Nadie sabía interpretar su proyecto. Una tarde, a orillas del río, entre la turba de albañiles se presentó un hombre alto y rubio diciendo al religioso que él se hacía cargo de la obra con la condición de que, además de la paga, lo hospedaran en el convento; en cambio, él prometía terminar el puente a satisfacción de los padres carmelitas y en el menor tiempo posible. Fray Francisco de la Madre de Dios, encargado de manejar los peones y la gente que voluntariamente se ofrecía para la faena, se oponía a que aquel extraño se hiciera cargo de la obra, desconfiando de su porte y condición, y de su mirada altanera; mas fray Diego de Cristo, que nada veía cegado por la pasión que sentía por su obra, cerró el trato una vez que el padre Prior, a sus ruegos, consintió en admitir en el convento al desconocido. Y sigue contando la leyenda que de manera admirable, en un solo mes, adelantaron tanto los trabajos que todo mundo se hacía lengua del extraño alarife. Este se manejaba dentro del convento de modo tal, que incitaba a los religiosos a la indisciplina con su ejemplo altanero. Fray Diego de Cristo ya no asistía al coro ni en la mañana a maitines, ni en la tarde a vísperas. Los silicios estaban en descanso; los ayunos en suspenso. Hablaba a grandes voces por todo el convento y su blanco escapulario volaba sobre el sayal a impulso de sus pasos desmesurados. Los hermanos legos comenza-

ron a reír y a platicar en el refectorio y la cocina; por todo el convento se quebrantó el santo hábito del silencio; se relajó la disciplina y poco a poco el demonio de la soberbia hizo presa del alma de todos los monjes. El padre Prior se puso en oración ante la imagen de la madre de Dios. Desconsolado gemía en la desierta capilla mientras en el silencio de la noche reposaban todas las cosas. Sus quejas se alargaban lánguidamente y se retorcían como las flamas de los grandes cirios crepitantes que desparramaban su mortecina luz por los altares. Ya la estrella de la mañana iba desapareciendo entre la bruma del amanecer cuando el padre Prior seca sus lágrimas y se encamina a la celda donde dormía el extraño alarife. Abrió la puerta y dirigiéndose al lecho donde éste reposaba, lo conminó en nombre de la Madre de Dios a que abandonara el convento. Un grito desgarrador agitó las cortinas de la cama, temblaron las puertas y las ventanas de todo el edificio, y en medio de la obscuridad se deshizo la figura del alarife. El Prior espantado, salió corriendo de la celda y al ruido de sus voces se levantó la comunidad entera que se precipitó por las puertas a buscar el desconocido en el momento en que el río se hinchaba terriblemente y las bermejas aguas comenzaron a golpear fuertemente las macizas columnas del magnífico puente que el día anterior se había terminado. Fray Diego de Cristo y fray Francisco de la Madre de Dios se deshacían en lágrimas al ver que su obra tan deseada iba a perderse bajo el impulso irresistible de las aguas. En los momentos en que el puente parecía ceder ante el empuje de la corriente agitada por el espíritu maligno, sonaron en las torres las campanadas del alba y los religiosos arrodillándose en la ribera comenzaron a entonar el Angelus. Ante esas voces se aquietaron las aguas y el demonio, entre un retumbar de rayos, huyó envuelto en las negras nubes que espesas formaban remolinos sobre el puente, y sus alaridos se fueron alejando por las faldas del majestuoso Culiacán. Sus monumentales arcos han resistido el paso de tres siglos y las grandes avenidas del Lerma no han sido capaces de aniquilarlo. A la entrada de sus pasamanos deberíanse levantar las efigies de aquellos carmelitas arquitectos que olvidando por momentos sus severas reglas y místicas costumbres construyeron esa obra, enorme oración de piedra que a coro con las sonoras lenguas del río y las alabanzas de los viandantes, se levanta bajo el hermoso cielo que cubre la fértil vega de Uantzindeo. *(Rincones michoacanos).*

El extraño personaje se comprometía a terminar el puente.

GUERRERO

CELEDONIO SERRANO MARTÍNEZ. Nació en Puerto de Arriba, Tlalchapa, Gro., en 1913. Hijo de campesinos, a los 16 años de edad pasó a Arcelia para terminar su instrucción primaria. Se formó maestro rural en la Normal de Ayotzinapa, cuyo edificio ayudó a construir, y por sus méritos perfeccionó su carrera en la Escuela Nacional de Maestros. Establecido en la ciudad de México, cursó la maestría de letras españolas en la UNAM. Ejerció el magisterio 44 años. Es autor de libros sobre poesía, folclore y lingüística. Sus obras mayores son *El cazador y sus perros* y *El Empautado* (Gobierno del Estado de México. Serie Juana de Asbaje. Colección Letras. Toluca, 1980), novela costumbrista de corte legendario.

EL EMPAUTADO
(Resumen)

I

Don Sacramento se sentía completamente defraudado en su vida íntima, en sus más caros anhelos afectivos. No podía dirigirse a una mujer sin que dejara de pensar anticipadamente en su derrota; pues habían sido tantas las negativas que había recibido, que ya no tenía ni valor para hablarle a las mujeres.

Un día, desesperado de su mala suerte, pensó en venderle su alma al Diablo, a cambio de que le diera una poca de fortuna en el amor. No lo pensó muchas veces, y una tarde se revistió del valor suficiente y se dirigió a El Cerrito Prieto, donde se dice que está la tondónicua del Diablo, es decir, su casa. Don Sacramento Armijo se sentó sobre una peña con las rodillas encogidas, apoyó en ellas los codos y hundió la cabeza entre sus manos. Cuando las siete cabrillas se pusieron a medio cielo, dio estos gritos:

—¡Amigo, amigo! ¡Ven que quiero hablar contigo!

Repitió este llamado varias veces sin obtener ninguna respuesta. Se hallaba sumido en un mundo de reflexiones deshilvanadas, cuando de pronto oyó que en el espacio rebuznó una bestia mular y que tintinearon unas espuelas muy sonoras. En seguida escuchó un rumor fuerte y estruendoso como cuando azota un huracán. Al instante comenzaron a chillarle los oídos, temblarle las quijadas y las piernas, a sentir que una ola fría y una caliente alternaban por su espinazo, y que el cuerpo todo se le adormecía. Un copioso sudor le corría por el cuerpo. Momentos después oyó una voz que le dijo:

—¿Para qué soy bueno, amigo?

Sorprendido se quedó cuando vio que tenía enfrente a un jinete vestido de charro, con botonaduras de oro, que fumaba un grueso puro y que no tenía ningún aspecto repugnante.

—Conque, ¿para qué me has llamado, amigo? —volvió a decirle el Diablo al ver que don Sacramento no reaccionaba—; estoy a tus órdenes, ¿qué se te ofrece?

Don Sacramento Armijo tartamudeó y no pudo articular palabra alguna.

—Te digo que estoy a tus órdenes, que soy tu amigo y que puedes pedirme lo que quieras —le dijo una vez más el Diablo en un tono cordial, tratando de inspirarle confianza.

—Vine a buscarte, amigo —le dijo después de haber permanecido callado largo rato—, porque toda mi vida he sido un desafortunado en el amor. Las mujeres no sólo se han concretado a despreciarme, sino que hasta se han burlado de mí. En tal virtud, deseo vengarme de ellas obligándolas a que vengan a rendírseme. Que baste con que yo piense en ellas para que vengan a buscarme. Para conseguir esto he venido a verte, porque necesito de tu auxilio.

—Ya lo sabía, amigo —le respondió el Diablo—; te sigo los pasos desde que comenzaste a pensar en mí.

—Estoy dispuesto a darte mi alma a cambio de la merced que te pido —le dijo don Sacramento Armijo sin más formulismos, pero cerrando los ojos como si no estuviera muy convencido de su determinación.

—No es para tanto, amigo —le contestó el Diablo—, sólo compro las almas cuando me piden riqueza y poder. Pero en casos como el tuyo, no vale la pena que me den el alma por alguna mujer, ni siquiera por todas las mujeres del mundo. Te concedo la merced que me pides, amigo. En lo sucesivo, podrás tener todas las mujeres que quieras.

—¿Y cuál tendría que ser el pago por este favor que vas a hacerme? le preguntó don Sacramento, un poco indeciso.

—Que ya te hice, amigo —le replicó el Diablo—; aunque para que se cumpla, tendrás que hacer lo siguiente: desenterrarme algunos de los que están comprometidos conmigo, por haberles concedido las mercedes que te dije antes. Esto tendrás que irlo haciendo conforme se vayan muriendo. Yo vendré siempre por ti en cada caso.

Además de lo que acabo de indicarte, ahora que regreses a tu casa, tendrás que ir al cementerio del pueblo y sacar de su tumba el cadáver del que en vida se llamó Roque Molina. Una vez que lo tengas fuera, le quitas de la mano izquierda el hueso intermedio del dedo central o del corazón. El fue un buen amigo y servidor mío, a la vez que mi protegido. Como tú, él también me pidió ser amado por las mujeres y le concedí esa merced.

Cuando tengas el hueso en tu poder, te lo llevas a La Campana de las Peñas Grandes. Allí esperas que te dé la medianoche. Ya que se vaya acercando la hora, tiendes en el mero centro de la campana un lienzo de franela negra. Sobre él colocas el hueso envuelto en unos cabellos que también le arrancarás al cadáver del centro del remolino que todos tenemos en la cabeza. Después prendes una vela de sebo en cada esquina del lienzo, pero de cabeza. En seguida le rezas tres Credos al revés y tres Avemarías. Hecho esto, lo brincas tres veces al hilo y tres de costado a costado.

Mientras realices estas prácticas, oirás muchas cosas raras: voces aguadas, huecas, cavernosas; quejidos, llantos, lamentaciones,

insultos y hasta desafíos. Pero no hagas caso a nada, ni temas a nadie, que al fin nada te sucederá.

—Pero, ¿a quién podría temer más que a ti, querido amigo? —le contestó don Sacramento Armijo—, como queriendo decir que todo lo demás le venía flojo.

—Bueno, mi obligación es ponerte al tanto de lo que pueda suceder —le advirtió el Diablo—; pues a pesar de lo malo que creen que soy, nunca me ha gustado jugarles rudo a mis amigos. Y como a ti ya te considero dentro del círculo de ellos, no quiero que después tengas algo que reprocharme. No vayas a perder el hueso, porque si esto te sucediera, tendrás que morir perseguido por su dueño y por mí.

Cuando ya te enfades de llevar la vida que vas a comenzar a vivir de aquí en adelante, podrás renunciar a ella en el momento en que devuelvas el hueso a la tumba de su dueño, y le prendas una lámpara de aceite nueve meses consecutivos. También podrás quedar libre de todo compromiso, si se lo heredas a otra persona. En este caso, le harás saber todas las obligaciones que tendrá que cumplir. De no hacerlo así, que sepa también que habrá de morir perseguido por el muerto dueño del hueso y por mí.

Hechas todas estas explicaciones y advertencias, el Diablo y don Sacramento Armijo se despidieron con mucha cordialidad, como si ya hubieran sido viejos amigos. Después, el Diablo montó en su mula y se elevó a las alturas envuelto en grandes llamaradas rojas, que poco a poco se fueron haciendo más pequeñas a medida que se alejaba de su nuevo amigo.

Don Sacramento regresó a su pueblo, y a la noche siguiente cumplió al pie de la letra todas las instrucciones que el Diablo le había dado. Desde entonces, llevó una vida pródiga en aventuras, misterios, consejas, leyendas y cuentos. Decían que se trasladaba con suma facilidad de un lugar a otro; que para él no había distancias ni jornadas fatigosas. Conforme se le veía en las ferias o en los fandangos acompañado siempre de una nueva mujer y gastando dinero a manos llenas, desaparecía misteriosamente sin que nadie supiera dar razón de su paradero. Tampoco cuando regresaba causaba sorpresa o novedad. Con frecuencia cambiaba de mujer, pero sin que se supiera que con la anterior había tenido fuertes discusiones o altercados enojosos. Unos días disfrutaba de una, al poco tiempo ya era dueño de otra. Y aunque estos cambios eran muy frecuentes, nunca se sabía de dónde sacaba los relevos. Las gentes estaban tan acostumbradas a estos "remudaderos", que ya no le daban ninguna importancia. Así se le iba la vida sin mayores complicaciones conyugales.

II

Un día don Sacramento Armijo se encontró con Bonifacio en el camino de El Charco Largo.

—¡Qué bueno que te encuentro, amigo Bonifacio! Ya hace varios días que he venido pensando en ti.

—Bien, ¿y para qué soy bueno, don Sacramento? —le respondió él un poco sonriente.

—Sí, amigo Boni: tuve necesidad de ausentarme una temporadita. Pero volviendo a ti, quiero decirte que ya pienso separarme de tu pueblo. Tengo ganas de irme muy lejos de esta tierra que tan bien me ha tratado desde que puse mis pies en ella. Pero, si vieras, amigo Boni, que en estos últimos días me ha entrado una especie de nostalgia por mi terruño, que me trae muy "agorzomado". Pienso que a lo mejor ya me anda rondando la huesuda.

—De veras que lo encuentro un poco nostálgico, don Sacramento —le manifestó Bonifacio un poco desconcertado—; usted nunca se había amilanado por nada, ¿qué es entonces lo que le pasa ahora?

—Pues eso es lo que quisiera saber, amigo Bonifacio —le dijo don Sacramento—; pero la mera verdad es que no acierto a explicármelo. Es algo que siento acá muy adentro, y creo que es por eso que me ves así. De todas maneras considero que esta vez mi ausencia será definitiva. Pero antes de partir, quisiera dejarte un recuerdo que te servirá toda la vida. He venido observando con verdadero agrado que eres muy afecto a las mujeres, y que ahí donde la aventura ofrece un mayor peligro, parece que te sientes más en tu medio. Por todo esto quiero que esta noche nos veamos en El Puerto de la Pastoría, a las doce en punto.

Al llegar Bonifacio al pie del risco don Sacramento Armijo se paró al borde del peñón y desde lo alto le dijo:

—Me agrada tu puntualidad; los hombres como tú, no pueden ser de otra manera. Ahí espérame, que quiero ayudarte a subir. Y diciendo esto, le echó la punta de una reata peñón abajo. Lázate de la cintura y dáte un impulso hacia arriba. Hacer lo que don Sacramento le había indicado y ascender el peñón, fueron cosas que se efectuaron en un abrir y cerrar de ojos.

—No te espantes —le advirtió don Sacramento al notar que Bonifacio no acertaba a explicarse la rapidez de su ascenso—; sólo quise ver si estabas en gracia del Amigo. Veo que sí, puesto que de un solo impulso has saltado hasta la cumbre. Lo que pasó fue sólo una prueba. Ahora ya sabemos que se puede contar contigo.

—¿Conmigo? ¿Para qué? —le respondió Bonifacio un poco sorprendido.

—Como te decía la otra vez, pienso irme muy pronto de tu pueblo. Pero antes de hacerlo, quiero heredarte un secreto que va a servirte de mucho en la vida. Todo se reduce a que aceptes conservar este pequeño hueso, que es el que me ha dado la fama que lleva a cuestas mi pobre humanidad. Y diciendo esto, se desprendió del cuello un cordón renegrido del que pendía un huesecito así de grande, y que luego alzó con la mano derecha para que Bonifacio lo pudiera ver a la luz de la luna. Después de contarle la historia pormenorizada acerca de cómo lo había adquirido, don Sacramento Armijo le explicó:

—Con este hueso, amigo Bonifacio, podrás conseguir casi todo lo que quieras, hasta lo que te parezca imposible, con excepción del dinero y el poder. Y como ya no tengo más que explicarte sobre este particular, quiero que me digas si aceptas la herencia que deseo dejarte. Lo que tendrás que hacer como una obligación ineludible, es prenderle cada viernes un candil de aceite al difunto dueño del hueso, y estar siempre dispuesto a realizar nuevas aventuras. Por lo demás, todo lo que tendrás que hacer es bien sencillo: al llegar cada noche, te atarás este huesecito en la muñeca izquierda, antes de dormirte. Cuando sientas que alguien te la aprieta, tendrás que levantarte al instante, porque será el momento en que deberás actuar. Podrás burlar hogares, seducir mujeres, ser tan valiente como quieras; pero te está vedado ser asesino y ladrón. Conque ya sabes: ¿aceptas quedarte con este huesecito?

—¿Y cuál tendrá que ser el precio de todo esto? —le preguntó Bonifacio un poco indeciso—; porque desde luego, yo no estoy dispuesto a venderle mi alma al Diablo por la magia de ese hueso.

—Por supuesto que no, amigo Bonifacio —le contestó don Sacramento Armijo—; imagínate que ni a mí, que hice el pacto con él me aceptó que se la diera. El Amigo no es tan malo como se piensa. Por el contrario, es muy bueno y hasta comprensivo. Lo que le molesta es precisamente que lo consideren malo, que lo traten despectivamente o pretendan ofenderlo dándole tratamientos que no corresponde a su jerarquía. Por eso quiero recomendarte que cada vez que te vayas a referir a él, lo llames El Amigo, pues decirle Diablo es tenerlo muy en poco.

—Pero no me ha dicho usted qué es lo que tendré que hacer para liberarme de este compromiso.

—Todo se reduce a que devuelvas este huesecito a su dueño, es decir, que lo lleves a la tumba de don Roque Molina, o que lo heredes a otra persona como yo trato ahora de hacerlo contigo. Son los dos únicos caminos por los cuales podrás liberarte de la responsabilidad que recaerá sobre ti, a partir del momento en que aceptes heredarlo. Una de las dos cosas deberás hacer, forzosamente; de lo contrario, te verás perseguido hasta la hora de tu muerte por el difunto Roque Molina, dueño del hueso y por El Amigo.

—En realidad, nada de todo esto me parece una cosa del otro mundo, amigo don Sacramento —le advirtió Bonifacio—, por lo que desde luego lo acepto.

—Estaba seguro de que así lo harías, amigo Bonifacio —le contestó un tanto emocionado don Sacramento Armijo—; los jóvenes como tú siempre son decididos, y en sus determinaciones, contundentes. Ahora, acuéstate sobre esa peña y cierra los ojos. En ti descargo un compromiso y vuelvo a mi libertad original. Eres heredero del valor y del atrevimiento de dos juventudes: la mía y la de Roque Molina. Tu valor será triple, tu arrojo superior al nuestro. Tiempla tu corazón en el dolor de los demás y que nunca te conmuevan las lágrimas ajenas. Desde hoy, eres otro Bonifacio Arce, no lo olvides; ténlo siempre presente. Y diciéndole esto, le ató al cuello una cuerda de la que pendía el huesecito y volvió a decirle: ¡Levántate, amigo Bonifacio! Ahora abre tus ojos y mírame.

Bonifacio se levantó rápidamente y al ver a don Sacramento Armijo, le pareció que estaba mucho más viejo que antes de entregarle el huesecito.

La despedida fue sin muchos cumplimientos. Cada quien cogió su camino y ya nunca más se volvieron a ver.

III

Decidido a someter a prueba la magia de ese hueso, Bonifacio fue a El Salto de las Pilas, donde acostumbraba verse con Maribel.

—Esta noche iré a verte a tu casa—, le dijo sin más ni más.

—¡Qué dices, Bonifacio! —le contestó ella muy alarmada—; ¿acaso has perdido la cabeza? ¿No comprendes que eso no es posible? Mi padre duerme en la sala y mis hermanos en la recámara que le sigue, refundiéndome a mi en la última pieza, para tenerme más segura. Creo que ni el propio Diablo podría salir airosamente librado de allí:

—Pues yo, sin ser el Diablo —le respondió Bonifacio— tal vez pudiera entrar a tu alcoba. Y si esto llegara a ser posible, ¿qué harías conmigo?, ¿no intentarías delatarme?

—¡Jamás haría semejante cosa! Y no digo a ti, sino a cualquier hombre que pudiera realizar lo que tú dices. Le amaría con admiración y locura, con verdadero delirio.

Por la noche de ese día, Bonifacio, antes de acostarse, se ató el hueso mágico en la muñeca izquierda. Apenas había dormitado cuando oyó una voz muy tenue que le decía: "Levántate, ya es hora". Bonifacio se dirigió a la casa de Maribel. Al acercarse a la puerta del corral que la circundaba, desató el hueso de la muñeca y se lo colgó al cuello. En ese mismo instante los perros lo recibieron con grandes halagos y gimoteos. Avanzó unos pasos hacia el corredor donde estaba la puerta de entrada. Entonces cogió el hueso y lo puso sobre la abertura de la chapa. ¡Oh, sorpresa!, la puerta estaba abierta y la entrada libre. Los viejos habían atravesado su cama a la entrada como para resguardar mejor la puerta. Bonifacio se pasó por abajo, arrastrándose de barriga. Al llegar al otro extremo tropezó con una silla en que estaban las armas de don Celerino Cañizo. En seguida se dispuso a penetrar en la recámara de los hijos. A un lado de la cabecera estaba otra silla con las armas que ellos portaban. Bonifacio repitió la operación anterior y en un tercer impulso llegó hasta la recámara de Maribel.

—Ya estoy aquí, mi vida, —le dijo en voz baja, casi al oído.

—Apenas puedo creerlo, Bonifacio —le contestó ella en el mismo tono de voz, pero con asombro y desconfianza.

—Pues ya lo ves, he cumplido mi palabra. Yo también sé cumplir la mía —dijo ella.

Lo que pasó después de esa entrevista, fue cosa que dio lugar a los más variados y enrevesados comentarios entre las gentes del pueblo, pues de aquella cita Maribel resultó embarazada. Desde ese día la vida de Bonifacio ya no fue tranquila, pues don Celerino Cañizo al fin logró enterarse de las relaciones que había venido manteniendo con su hija y se dio a la tarea de perseguirlo como a un perro rabioso.

Bonifacio se ausentó de su pueblo y cuando estalló la revolución se incorporó a la "bola", considerando que su vida estaría así más segura. Don Celerino Cañizo también se levantó en armas, solamente que él lo hizo para ayudar al gobierno de don Porfirio Díaz y conservar así sus privilegios de cacique terrateniente.

Entre tanto, Maribel, que se escondía en El Gavilán, en casa de unos parientes, estaba por dar a luz. En esos días don Celerino Cañizo llegó al pueblo seguido de su tropa y estableció su cuartel en una vieja finca. No pasó mucho tiempo sin que recibiera un mensaje de los revolucionarios pidiéndole la rendición de la plaza. Rechazada esa exigencia, se generalizó el combate. De pronto, en medio de aquel desorden, saturado de improperios y pólvora quemada, se oyeron dos gritos desalmados en los que se advertía el veneno de la ofensa y la venganza. Quienes se insultaban de ese modo eran Bonifacio y don Celerino Cañizo. Tan pronto como se reconocieron, comenzaron a dispararse balazos. Maribel, que los había identificado por sus voces, salió corriendo de su escondite y se abrazó al cuello de Bonifacio, en los precisos momentos en que don Celerino le disparaba tratando de hacer blanco en él. De pronto, ella se desplomó y apenas pudo balbucear, antes de morir: "Te he salvado la vida, amor mío..."

Al ver muerta a su hija, don Celerino Cañizo lloró sobre ella con llanto verdaderamente conmovedor. Hecho prisionero, pidió al jefe revolucionario que lo fusilara en el acto, pues no quería seguir viviendo como un criminal de su propia sangre.

—Debería hacerlo —le contestó el general Baltazar Ocampo con sequedad—; pero la revolución no debe deshumanizar al hombre. Así que, amigo vaya a cumplir con sus últimos deberes de padre dándole cristiana sepultura a esa inocente muchacha.

IV

Bonifacio anduvo en la bola todo el tiempo que duró el movimiento armado. En cierta ocasión se trataba de tomar por asalto un campamento de huertistas que se hallaba instalado en el camposanto de Amatepec, del estado de México. El general Ocampo decidió atacarlo por sorpresa, escalando la barranca que ofrecía mayor seguridad al enemigo. Bonifacio ascendió arrastrándose de barriga, de modo que fue fácil que el huesecito que traía atado al cuello se le desprendiera sin advertirlo. Con la pérdida de ese hueso, se inició la parte trágica de su vida.

Al terminar el movimiento armado, Bonifacio entró a servir como becerrero al Rancho de los Azinchetes. Una noche tempestuosa de septiembre comenzó a bramar el toro Hornero en el corral de ordeña. Pronto le contestó el Pinto Súchitl y poco después se oyeron los primeros cuernazos. Ambos animales se golpeaban con tal ferocidad que pareció que una parte de la postería rodaba por el suelo y que la misma casa se venía abajo cuando uno de los toros azotó contra los horcones que la sostenían. Cuando terminó esa pelea, Bonifacio quedó como privado.

—¿Qué te pasó, amigo? —le preguntó Guadalupe Gandaría, jefe de los ordeñadores.

—Me golpearon el Diablo y un muerto —repuso Bonifacio.

—Pues nosotros no vimos ni oímos nada —dijo otro de los ordeñadores.

Todos fueron al corral deseosos de ver lo que ahí había ocurrido. ¡Terrible sorpresa! Cada cosa estaba en su lugar, nada se había destruido, y el toro Horneado estaba echado entre la vacada, sin mostrar el menor indicio de fatiga.

V

Desde aquella noche, Bonifacio no podía andar solo de día porque cuando no lo asaltaba el Diablo, se le aparecía el muerto dueño del hueso y le cerraba el paso. Dormía en la cocina de un

cuñado suyo, en El Rincón Grande, cuando sintió que alguien le jalaba el sarape. La impresión que tenía de que alguien estaba parado junto a sus pies, le provocó un terrible estado de aturdimiento. Al fin, vencido por la curiosidad, abrió los ojos. Una figura esquelética y alta, envuelta en una sábana blanca, sonrió de una manera grotesca y burlona, estiró el brazo izquierdo, después lo encogió e hizo puño la mano, y le mostró el dedo mocho del cual había quitado don Sacramento el hueso que le había heredado. Entonces oyó que le dijo:

—Yo soy, no lo dudes; vengo por mi hueso o por ti.

El rayo de luna que se filtraba a la cocina se enredó en la cintura del espectro y lo fue sacando por aquel agujero. Cuando estuvo fuera soltó una carcajada descomunal y lo llamó por última vez. Bonifacio fue perdiendo el conocimiento hasta que le pareció ver que la macabra visión se había estampado en el corazón de la luna. Cuando volvió en sí, estaba rodeado de gente y un ensalmador del pueblo rezaba y le decía:

—¡Hermano Bonifacio: vente, aquí está la morada de tu alma! ¡No te alejes de ella, regresa!

Esta fue la segunda visita que le hizo el Muerto, dueño del hueso.

VI

Bonifacio le seguía los pasos a una viudita que había quedado muy joven. Las cosas iban por muy buen camino y ya el gato estaba por comerse la carne del garabato. Al fin, en una de tantas noches de arrebatadas excitaciones por el deseo, sucedió lo que es de esperarse que acontezca entre un hombre y una mujer. En una de tantas ocasiones en que Bonifacio fue a verla, ella apareció vestida de largo y en lugar de dirigirse al sitio acostumbrado, se fue rumbo al arroyo que estaba cerca de su casa. Él la siguió casi sin darse cuenta. Rondaron el tronco de un amate entre sonrisas e incitaciones y de pronto ella se echó para atrás, como para que él la recibiera en sus brazos. Al hacerlo, ¡qué susto tan horrible se llevó! Aquel cuerpo robusto y vigoroso de su amada, que él estaba acostumbrado a estrechar contra su pecho, se le convirtió en un horrible y asqueroso esqueleto envuelto en un mantón blanco. Al día siguiente, cuando Bonifacio se recuperó de los estragos anímicos que le ocasionó aquel incidente fantasmal, supo que Josefina estaba enferma y que por eso no pudo acudir a la cita, como acostumbraba hacerlo todas las noches.

VII

La cacería fue otra de las debilidades de Bonifacio. Eran varios los cazadores que fueron en esa ocasión a espiar venados a La Rinconada. Bonifacio se apostó en La Peña del Pinzán Amargo. A poco de estar ahí escuchó que dos personas discutían al pie de esa piedra grande. Bajó para sorprenderlas cuando pasaran por el camino. Las voces cesaron y apareció frente a él un espectro vestido de blanco que medía como tres metros de alto y tenía en las cuencas de los ojos dos brasas rojas. El fantasma le arrebató la escopeta, trató de apretarle el cuello con sus manos huesosas, le enseñaba el dedo mocho y parecía decirle:

—Por tu culpa estoy incompleto, y así no puedo entrar a la gloria ni al infierno. Si no me devuelves lo que me falta de este dedo, otro día acabaré contigo.

Luego se diluyó en una carcajada destemplada y cavernosa.

VIII

El viejo Nicolás estaba sentado en cuclillas como una estatuilla indígena. Se pasó la mano izquierda sobre los escasos bigotes que tenía, se acarició unas barbas largas y ralas que pendían de su mentón como raíces aéreas, y dijo al grupo de hombres que estaban fumando a su alrededor:

—Hace dos días Bonifacio estaba bien. No sé si ustedes sepan que él no ha muerto de enfermedad, sino de espanto. Bonifacio tuvo cuentas pendientes con los muertos, hasta que al fin, no pudiendo saldarlas como convenía a sus compromisos, tuvo que pagarlas con la vida. Fue un eterno perseguido de uno de ellos y del Diablo, y no sé si el primero o el segundo, al fin se lo llevó. Lo cierto es que él ya no está entre nosotros, por más que su cuerpo se halle tendido sobre aquella mesa.

La viejecita que servía el café volvió a llenar los jarros de los dolientes, y le dijo:

—No dejen que se les enfríe el estómago, porque puede hilárseles; ya ven que la noche es larga y todavía falta mucho para que amanezca.

—Tiene razón, tía Juana —contestó el viejo Nicolás, levantando la cabeza para ver la posición de las estrellas—; apenas es media noche, pues los tres reyes y las siete cabrillas se encuentran en estos momentos exactamente a medio cielo.

De pronto se oyó que las gentes que se hallaban acompañando a los familiares del muerto, exclamaron muy espantadas:

—¡Ave María Purísima, se cae la casa!

La casa, en efecto, se había cimbrado enmedio de agudos rechinidos. Los perros comenzaron a aullar y las gallinas que dormían en un árbol, también se alborotaron y empezaron a cacarear. A pesar de que la luz de la luna era espléndida, algo raro pesaba en el ambiente, que nadie acertaba a explicarse. Al fin, después de algunos instantes de tensión nerviosa, el viejo Nicolás dijo:

—Me parece que El Amigo y el muerto dueño del hueso que perdió Bonifacio, le han hecho la última visita. Que Dios lo proteja y lo saque con bien de este enredo. *(El Empautado).*

HIDALGO

GREGORIO TORRES QUINTERO. (Véase COLIMA).

QUETZALCÓATL

Hace como mil años que apareció entre los antiguos indios de nuestro país un personaje misterioso cuya procedencia jamás se supo de un modo verdadero, pues la única noticia que de él se tuvo fue que apareció por el mar.

Era, pues, un extranjero. Las crónicas antiguas lo pintan diciendo que «era hombre blanco, crecido de cuerpo, ancha la frente, los ojos grandes, los cabellos largos y negros, la barba grande y redonda».

Se presentó en una ciudad llamada Tolan (Tula), siendo muy bien recibido por el rey y los vasallos.

Quién sabe cómo se llamaría. Pero él adoptó el nombre de un dios antiguo, llamándose Quetzalcóatl, que quiere decir "culebra de plumas de quetzal". Con este nombre indígena ha pasado en la tradición y en las crónicas hasta nuestros días.

Era un hombre muy inteligente y entendido en muchas artes y ciencias, por lo cual muy pronto lo tuvieron los toltecas (así se llamaban los habitantes de Tolan) en grande y merecida estima.

Era enemigo de los sacrificios humanos. Apenas si consentía en que mataran en los altares de los dioses culebras y mariposas;

pero decía que la mejor ofrenda a la divinidad consistía en pan, flores y perfumes.

Era modelo de buenas costumbres. Su vida toda se nos presenta como un dechado de pureza y honradez.

Tanto le respetaban y veneraban, que hasta los enemigos del reino iban en peregrinación a visitarlo y consultarle.

Sin ser rey, mandaba como rey y le obedecían como a rey.

Cuentan que él enseñó a los toltecas el oficio de la platería y a labrar las piedras preciosas.

Acumuló inmensas riquezas.

Tenía casas de plata, de esmeraldas, de turquesas, de concha, de corales y de plumas finas. En ellas oraba, ayunaba y hacía penitencia.

Llegó a ser un sacerdote, un pontífice.

Su permanencia en Tolan marca una época de prosperidad para todo el reino. Fue la edad de la abundancia. Las calabazas eran muy gordas, de una braza en redondo, las mazorcas eran tan grandes que una sola tenía que llevarse abrazada. Las verdolagas crecían como árboles. El algodón nacía de todos colores. Y había aves de todas clases, de pluma rica y de cantar dulce y melodioso.

Quetzalcóatl, al oponerse a los sacrificios humanos, no hacía más que combatir la religión nacional. Tuvo muchos discípulos que adoptaron sus doctrinas, creyendo en él; pero se concitó también muchas enemistades: los sacerdotes estaban en su contra y le odiaban.

No se presentaba en público, pues casi siempre se hallaba en silencio y retiro, bien guardado en las sombras de sus casas de oración, en donde había puesto, para evitar lo distrajeran, a unos pajes y lacayos que tenían especial cuidado en abrir y cerrar las habitaciones y salas de oficios.

Sin embargo, los dioses antiguos, viendo en él a un enemigo formidable que estaba ganando mucho terreno, procuraron perturbarlo y hacerlo pecar como a Yappan. Si nada habían logrado hasta entonces, se debía a que no habían puesto toda su diligencia en la lucha.

Congregados en lo alto de los cielos, discutieron el plan de campaña.

—Tú, —le dijeron a Tetzcatlipoca—, te encargarás de mortificar, burlar y escarnecer a ese sacerdote extranjero llamado Quetzalcóatl.

—Cumpliré fielmente vuestro decreto—, contestó el poderoso dios de negro cutis.

Tetzcatlipoca bajó entonces a la tierra por el hilo de una araña y se presentó disfrazado de forastero en una de las casas de retiro de Quetzalcóatl.

—Comenzaré por burlarme de él—, se dijo para sí el dios.

Y se anunció pidiendo audiencia.

—Decid al gran sacerdote que aquí está un forastero que desea hablarle. Agregad que traigo un retrato suyo que enseñarle.

Después de dos recados logró ser introducido a presencia del sabio.

—¿De dónde vienes, forastero?

—Vengo de Nonoalco.

—¿Estarás muy cansado? Siéntate; bien venido seas. ¿Cuál es mi imagen? Muéstramela para que yo la vea.

Tetzcatlipoca sacó un espejo y se lo presentó diciéndole:

—Reconócete, señor.

Quetzalcóatl se contempló un instante y arrojó con espanto el espejo. Se había visto la cara toda llena de arrugas y llagas.

—¿Cómo es posible que me vean los toltecas con calma? ¿No deberán con razón huir de mí? ¡Mi figura es espantosa! ¡Ya nadie me verá: aquí permaneceré encerrado para siempre!

Tetzcatlipoca, al oir esto último, se desconcertó un poco, pues comprendió que no lograría que en esas fachas se presentase en Tolan, que era su propósito, pues quería escarnecerlo.

—Yo te arreglaré y compondré para que te vean—, le dijo.

Llamó a unos artistas muy hábiles, y en un santiamén lo transformaron en todo un buen mozo. Concluido el aseo, le presentaron el espejo y sonrió de satisfacción. En consecuencia decidió mostrarse en público.

Y se encaminó a Tolan.

Tetzcatlipoca se fue a un pueblo y mandó cocer quelites, tomates, chiles, ejotes y elotes; mandó sacar pulque de unos buenos y finos magueyes y guisar una sabrosa y apetitosa comida.

Dirigióse también a Tolan, acompañado de algunos dioses.

Llegados allí, suplicaron les permitieran ver y hablar a Quetzalcóatl. Después de cuatro recados consiguieron entrar.

Lo saludaron y le ofrecieron galantemente la comida que llevaban preparada.

El sacerdote comió con gran contento. El chile estaba muy picoso, pero sabroso.

—Bebed pulque—, le dijeron los visitantes.

—Estoy enfermo y me puede hacer daño—, respondió él.

—Tomad aunque sea un poquito, señor. Está muy fresco y agradable.

—¡No, no! Me puede hacer perder el juicio y hasta matarme.

—Todo lo contrario, ¡oh sabio sacerdote! Probad aunque sea con el dedo; veréis qué delicioso es y cuán fortificante; os dará ánimo y restaurará vuestras fuerzas.

Quetzalcóatl probó al fin con el dedo.

—Es verdad que está bueno —dijo—. Servidme, pues, un poquito.

Tomó y volvió a tomar, y así hasta por cinco veces. Se sintió lleno de vigor y alegría, imaginándose joven.

—Servidme más, amigos míos —volvió a decir—. Pero también tomad vosotros.

Ellos tomaron y se embriagaron todos.

—¡Oh sacerdote sabio! —dijéronle—. Cántanos un cantar.

Quetzalcóatl, que estaba beodo, cantó de esta manera:

Dicen que voy a dejar
Mis casas de plata y oro
¡Bah! ¡Yo nunca mi tesoro
He pensado abandonar!

En medio de la borrachera y el placer, se acordó de una bella señora, amiga suya, y la mandó llamar.

Llegó ella y también bebió pulque hasta embriagarse.

Quetzalcóatl, cada vez más entusiasmado, volvió a levantar su canto diciendo:

¡Este sabroso licor
Bebamos, esposa mía!
¡Él aumenta mi alegría,
Él reverdece mi amor!

Se vió la cara toda llena de arrugas y llagas.

Perdida ya la razón, los dos hablaron y cantaron disparates.

Cayéronse al suelo sin sentido y se durmieron.

Pero al día sigiente, al despertar, recordaron los dos las torpes escenas de la víspera. Se pusieron tristes y su corazón se comprimió de vergüenza y de pesar.

Quetzalcóatl dijo: "Me he embriagado, he delinquido: nada podrá borrar la mancha que ha obscurecido mi nombre y mi sacerdocio".

Y se puso a entonar un canto de profunda tristeza.

Sus remordimientos fueron muy grandes, su angustia no tenía límites. Nadie se atrevía a consolarlo ni a alentarlo. Lloró amargamente.

—Es preciso que yo me vaya de Tolan —dijo un día—. Aquí no puedo vivir más.

Mandó hacer un sepulcro y se acostó en el por cuatro días como un muerto. Melancólicos pensamientos le acompañaron en aquel fúnebre retiro: quería tener la imagen de la muerte.

Salió y dispuso su viaje.

Enterró sus riquezas, quemó sus casas, dio libertad a los pájaros y precedido de músicos flautistas para entretener la pena, se alejó para siempre de la ingrata ciudad.

¡Había vencido Tetzcatlipoca!

Por el camino iba obrando prodigios. Tiró piedras a un árbol y las hundió en el tronco. Se sentó en una piedra y dejó en ella señalado su cuerpo y manos. Disparó una flecha a un pochote (ceiba) y atravesó el tronco con ella. Jugó pelota y rayó el suelo; la raya se convirtió en barranco.

Al pasar por la Sierra Nevada, por entre el Popocatépetl y el Iztaccíhuatl, se le murieron de frio sus compañeros y discípulos.

Se detuvo veinte años en Cholula. Pero también de allí se fue triste y desalentado.

Llegó al mar, y vio en el agua su imagen, que todavía era hermosa.

Encendió una grande y poderosa hoguera.

Se vistió lujosamente y se adornó con oro y piedras preciosas.

Contempló el mar, por donde había llegado, y suspiró hondamente.

La hoguera estaba en toda su fuerza con altas llamas.

Y en ella se arrojó valerosamente para morir...

Las aves más hermosas acudieron a presenciar el sacrificio de aquel hombre misterioso y bueno, de aquel sacerdote sabio que había huido de Tolan, la ciudad ingrata...

Allí estaban los pajaritos rojos, los azules, los tornasolados, los verdes, color de esmeralda, y los amarillos, color de oro. Acudieron también los pajaritos cantores, y gorgearon de tristeza...

Luego que en la hoguera no quedaron más que llamas, cuando Quetzalcóatl quedó completamente consumido, las cenizas de su corazón se agitaron, se removieron con un temblor extraño y se abrieron suavemente para dar salida a una cosa que resplandecía, ¡a una estrella!

¡Su espíritu se había convertido en astro!

La estrella subió, subió majestuosamente como un globo de diamante y se pegó en el cielo.

¡Aquella estrella fue el lucero de la tarde!

Así acabó su vida aquel extranjero misterioso que vivió entre los toltecas y que dejó esta profecía: "Andando el tiempo, vendrán por la mar, por donde sale el sol, unos hombres blancos y barbados como yo, derribarán los dioses y serán los señores de estas tierras". *(Leyendas antiguas mexicanas).*

MIGUEL A. HIDALGO. Nació en Pachuca, Hgo., en 1896; se suicidó hacia 1950. Hijo de un humilde minero, al morir su padre abandonó la escuela y trabajó en varios oficios para sostener a su familia. Miembro de la Casa del Obrero Mundial, colaboró en publicaciones locales, escribió novelas costumbristas, entre ellas *En las sombras* y *Mariquita ponte verde*, cobró fama con el poema épico *Anáhuac* y es autor de *El Estado de Hidalgo. De su historia y de sus leyendas* (Pachuca, Hgo., 1926).

XÓCHITL

En el año de 1049 el floreciente Imperio Tolteca esplendía de hermosura y actividad.

En la bella ciudad se levantaban grandiosos palacios e imponentes templos o "teocallis" con admirables ídolos representando a las deidades, primorosamente tallados en jade, en pórfido y en granito; millares de bien construidas chozas se extendían a gran distancia e inmensas campiñas verdegueantes se confundían con el horizonte.

Era el reinado de Papantzin, el rey justiciero y melancólico que padecía extraño mal.

Daba el rey sus audiencias en el inmenso salón de su soberbio palacio construido de canteras hermosamente labradas, sentado en un escabel de jaspe, bajo un docel de plumas multicolores, rodeado de sus ministros y sacerdotes y dictaba sus órdenes y disponía sus ejércitos mientras sus bellísimas esclavas lo abanicaban con ramas de palmeras y quemaban recinas aromáticas en hermosos pebeteros de barro.

Eran estos los únicos momentos de actividad y cordura del monarca. Después de despachar los asuntos del gobierno, gustaba quedar solo y quedaba triste y pensativo bajo el docel de su trono, o bien salía a vagar, cabisbajo y melancólico, bajo las frondas de sus jardines, suspirando profundamente.

El rey padecía, lo sabían sus cortesanos y lo sabía su pueblo todo, y el mal que padecía era grave y extraño.

Sacerdotes y ministros, astrólogos y magos se reunieron, discutieron y pusieron su ciencia y su magia al servicio de la buena causa de salvar al rey del mal que lo aquejaba.

Pero nada fue eficaz, el rey empeoraba y muchos eran los que temían por su preciosa vida.

En la capital del Reino de Tollán vivía un anciano llamado Topehuetl que tenía una bellísima hija a quien dio por nombre Xóchitl (Florecita) y padre e hija se dedicaban al cultivo de un pequeño huerto.

En aquel huerto crecían algunos grandes agaves a los que los toltecas daban el nombre de maguelli, y un día Xóchitl notó que de algunas heridas que intencionalmente dio a las hijas del agave, se desprendía un licor extraño, del cual probó y le encontró un sabor agradable.

Contó el suceso a su padre y entonces ambos idearon la manera de poder recoger ese jugo.

Desgajaron el corazón de un maguelli, practicaron en el centro una perforación que sirviera de depósito y esperaron; después de algunas horas aquel recipiente estaba lleno de jugo. Lo probaron. Un delicioso sabor almibarado tenía el licor y en lo sucesivo lo siguieron recogiendo y lo saboreaban con deleite.

Le dieron el nombre de neutli (licor blanco) y creyeron que después de tomarlo se sentían con mayor fuerza vital.

Hasta sus oídos había llegado la noticia de la grave enfermedad del monarca y Tepehuetl y Xóchitl pensaron que quizá el neutli pudiera devolver al rey la salud perdida y acordaron ofrecérselo.

Estaba Papantzin en el salón de su palacio, sombrío como de costumbre, fijos los ojos en el suelo y los brazos cruzados sobre el pecho; los pebeteros no ardían y las esclavas, echadas a los pies de su señor, no se atrevían a moverse.

Entra un paje al salón, erguida la cabeza sobre la cual se balanceaban hermosas plumas de quetzal y de aves del paraíso, el cuerpo cubierto con sedeña piel de tigre, carcaj bajo el brazo y rodela en la siniestra mano.

Hace una profunda reverencia y habla al rey: "Señor, la bella Xóchitl, hija muy amada de los dioses, a las puertas de este palacio espera a que os dignéis recibirla. Trae consigo un licor maravilloso con el que asegura os curaréis de vuestros males. ¿Qué contesto a la bella Xóchitl?".

—Que pase — dijo el rey con voz desfalleciente.

Y la hermosa doncella apareció momentos después en el salón.

El monarca quedó deslumbrado ante la belleza de sus ojos negros, de su abundante cabellera y de su cuerpo gentil tocado con una blanca túnica de lana bordada con finísimas plumas multicolores. En sus manos, en alto, llevaba una jícara primorosamente esculpida conteniendo el sabroso jugo del maguelli.

Ante la belleza virginal de Xóchitl, el monarca se levantó de su trono, sus ojos brillaron de alegría y una sonrisa jubilosa se dibujó en sus labios.

Tendió una mano a la doncella y la llevó hasta cerca de su trono.

—Señor —dijo la joven— probad este licor maravilloso que por inspiración que los dioses me han prestado, he descubierto en una planta humilde de mi pobre huerto. Tomadlo, señor, que quizá él os devuelva la salud".

Y el monarca bebió el neutli, lo bebió con delicia y bebiéndolo y contemplando a la bella Xóchitl sintió que la tristeza huía de su alma, sintió que la alegría brillaba en sus ojos y que el amor anidaba en su corazón.

Los sacerdotes y los ministros, los cortesanos y los vasallos admiraron la salud del monarca, dieron gracias a los dioses y llamaron al neutli licor sagrado.

Poco después, la bella Xóchitl se desposó con el rey Papantzin y fue por mucho tiempo la soberana del floreciente Imperio Tolteca. *(El Estado de Hidalgo...).*

LAS TRES FUENTES

1720 fue un año de gran sequía.

Ya estaba muy avanzado el año y ni una gota de agua había caído de las nubes.

Los depósitos que los indígenas practicaban en el suelo, especie de pozos de unos cuantos pies de profundidad y en donde acaparaban el agua llovediza, se habían secado y largas caravanas hacían grandes travesías para ir a buscar lejos el preciso líquido.

La situación en estas circunstancias se hacía imposible. Los religiosos ya establecidos en este lugar organizaron procesiones y rogativas, demandando del Creador sus mercedes para no morir de sed.

En uno de aquellos días se organizaron tres procesiones que, partiendo de la plaza principal, tomarían tres rumbos distintos, hasta llegar a los lugares en que previamente se habían levantado unos altares, en donde se celebraría el santo sacrificio de la misa.

De estos tres altares, uno fue levantado en el lugar que ahora ocupa la Torre de la Independencia, otro en la que ahora es esquina de Morelos y Mina, y el último en la plazoleta en donde desembocan la calle de Tres Guerras y el callejón del Mosco.

A las nueve de la mañana del día 10 de noviembre, el pueblo estaba reunido en la plaza con los nobles y religiosos, y después de algunos cánticos y plegarias, se dividieron en tres columnas que tomaron sus rumbos respectivos.

Llegados a sus correspondientes altares, todos se postraron de rodillas para asistir a la misa, elevándose de todos aquellos pechos constritos las oraciones más fervientes.

Y en el momento en que los sacerdotes elevaban las hostias, el cielo se cubrió de nubes y la lluvia empezó a caer, y de todas las almas se elevó un cántico sublime de gratitud al Dios de lo creado.

Y en los lugares en donde fueron celebradas aquellas misas memorables, el pueblo construyó tres fuentes para depósitos de agua, las que después recibieron los nombres de Fuente de San Miguel, Fuente de los Limones y Fuente de las Tres Coronas, sin que se sepa el por qué de estos extraños nombres. *(El Estado de Hidalgo...).*

LA PEÑA DE LOS COMPADRES

En la cañada del Tulipán, profundo barranco que abre su enorme foso al noroeste de la población (Pachuca), existe un monolito de extraña configuración.

En efecto, visto desde la carretera que corta el cerro de San Cristóbal a cien metros de su base, los ojos de la fantasía creen ver dos gigantes petrificados, confundidos en estrecho abrazo.

El vulgo la llama la Peña de los Compadres y se refiere de ella una extraña leyenda que cuentan con placer los viejos lugareños.

Dícese que en un tiempo muy remoto existió en este lugar una mujer muy hermosa que casó por conveniencia con un noble y rico español, y que como resultado de ese matrimonio vino al mundo un hermoso niño, el que fue bautizado cristianamente, siendo apadrinado por un religioso agustino muy joven y de buen ver, que tenía fama de galanteador y calavera, pero que era muy amigo del matrimonio de que se trata.

Y cuentan que el marido de la hermosa, viejo avaro, con frecuencia abandonaba su hogar para ir a explorar lejanas tierras en busca de yacimientos de plata. Durante sus ausencias, su bella y joven esposa tenía frecuentes entrevistas con el joven monje, dando con esto mucho que decir a las gentes de la comarca, las que oficiosamente se decidieron a vigilar a la bella.

Y un día, mejor dicho, una noche, las viejas espías sorprendieron a los criminales amantes saliendo a hurtadillas de la casa de la hermosa y marchar del brazo en dirección del oscuro barranco.

Alguien que los siguió dijo después que, cuando estaba cerca de ellos, un relámpago rasgó el cielo, el fuerte estampido del trueno ensordeció y la vieja curiosa regresó a su hogar despavorida. Pero, al día siguiente, el monje había desaparecido, la hermosa adúltera también y sólo quedaban allá en el fondo del barranco, dos moles de granito, unidas en estrecho abrazo.

—Fue un castigo, una maldición del cielo a la perversidad de aquellos compadres que faltaron a la ley de Dios —dicen los viejos, refiriendo la leyenda, y de sus ojos asutados parece que brotan chispas de terror. *(El Estado de Hidalgo...)*.

LAS MONJAS

En el Mineral de El Chico, distante unos 15 kilómetros de Pachuca, en la cumbre de un empinado cerro existen unos enormes monolitos que, vistos a distancia, simulan los cuerpos de unas monjas en oración. En efecto, tales monolitos son conocidos con el nombre de las Monjas del Chico.

Y cuenta la leyenda que una vez, hace ya muchos años, unas jóvenes bellas tuvieron un desliz pecaminoso y que, naturalmente, sus padres las encerraron en calidad de religiosas en la iglesia del pueblo.

Para que purgaran sus culpas, se les encerró, cortándoles toda comunicación con el mundo y se les impusieron los más duros castigos.

Y dicen que una noche, en que todo el mundo dormía, aquellas audaces pecadoras concibieron la idea de fugarse de la prisión escalando al efecto las tapias de la iglesia, y atravesando el oscuro pueblo se internaron en el monte.

Y que, andando a la ventura, saltando arroyos y cruzando cañadas y vericuetos, unos momentos animosas y otros arrepentidas de su fuga, el nuevo día las sorprendió en la cúspide del monte y que allí, postradas de rodillas, imploraban la protección divina cuando se les apareció Lucifer, invitándolas a que se marcharan con él.

Ellas, aterrorizadas, seguían orando, cuando un ángel descendió del cielo haciendo desaparecer al diablo, fulminó una maldición terrible sobre las pecadoras y las convirtió en inmensas moles de granito.

Algunos piadosos lugareños han llevado a la Niña (imagen de la Virgen) sobre sus espaldas, pero en cuanto empiezan a bajar por la falda del monte, oyen a sus espaldas ruidos infernales, ayes lastimeros, azotes, rugidos de fieras y ruidos de cadenas, de dinero, de piedras que se desprenden; vuelven la cabeza y la niña desaparece y con ello la salvación de las monjas.

Muchos han habido que, sobreponiéndose al pavor y sin poner atención a los extraños ruidos, han llegado con la Niña a cuestas hasta el pié del monte, pero al entrar al pueblo sienten centuplicarse el peso de su preciosa carga y la oyen quejarse lastimeramente, y al volver la cara la esperanza de salvación queda fallida.

Esta es la leyenda extraña que se cuenta de los hermosos monolitos que coronan la cúspide del monte en el pintoresco Mineral de El Chico. *(El Estado de Hidalgo...)*.

LOS FRAILES

En el camino que conduce de la capital del Estado a la población de Actopan, existen unos inmensos monolitos coronando la cúspide de un cerro, que dan la ilusión de ser unos religiosos con hábito. Y de ellos cuentan una extraña leyenda los viejos moradores del lugar.

Dicen que en época pasada, cuando a principios de la dominación española llegaron al lugar algunos frailes franciscanos a someter a los pueblos y a convertir a los indios a la religión católica, los primeros de ellos fueron dos monjes jóvenes, de buena figura y ardiente temperamento, los que, olvidándose de su sagrada investidura y haciendo escarnio de sus doctrinas, se dedicaron como sátiros a seducir y violar doncellas.

Sucedió que un día, al darse cuenta el pueblo de la infamia y la burla de que estaba siendo víctima por parte de los malos frailes, se sublevó contra de ellos.

Fue la multitud de indignados indios a buscarlos en el lugar en donde se hospedaban, con ánimo de castigarlos, pero allí se informaron que los religiosos, tal vez avisados, habían salido de la población huyendo de sus perseguidores.

Salieron por atajos y barrancos en busca de los burladores y ya al atardecer los divisaron ascendiendo por la escabrosa falda de la montaña.

Allá fueron tras ellos, pero cerró la noche y al llegar los enfurecidos indios a la cima de la montaña, oyeron un pavoroso estruendo, una chispa gigantesca se desprendió del cielo y los indios huyeron amedrentados en dirección al poblado.

Desde el día siguiente vieron la cúspide de la montaña coronada por los frailes, a quienes la Majestad Divina castigó convirtiéndolos en inmensas moles graníticas.

Es esta la curiosa y fantástica leyenda que los viejos moradores de Actopan relatan de los caprichosos monolitos conocidos con el nombre de Los Frailes. *(El Estado de Hidalgo...)*.

JALISCO

ANTONIO TELLO. Nació en Santiago de Compostela, España, en 1567; murió en Guadalajara, Nueva Galicia, en 1653. Tomó el hábito de San Francisco en Salamanca. Pasó a Nueva España y se radicó en la provincia franciscana de Santiago de Xalisco. Sirvió las guardianías de los conventos de Zacoalco (1605), Amatlán (1636), Tecolotlán (1641) y Cocula (1648). En 1653 terminó la *Crónica miscelánea*, organizada en seis libros. *El Segundo..., trata de la conquista espiritual y temporal de la Sancta Provincia de Xalisco en el Nuevo Reyno de la Galicia...* Lo publicaron José López Portillo y Rojas en Guadalajara (1891) y allí mismo, en nueva versión paleográfica de José Luis Razo Zaragoza, el Gobierno y la Universidad del Estado (1968).

LOS GIGANTES DE TALA

Hay noticias también en la (Nueva) Galicia, de que hubo gigantes en ella, después del diluvio, como en otras partes ha habido, que no quiero referir, porque basta para mi intento, el traer a la memoria porque en el pueblo de Tala, como ocho leguas de la ciudad de Guadalajara, vivieron los gigantes, como contaba don Francisco Ocelotl, indio principal y de mucha reputación y autoridad, contando a los españoles (en tiempo de la Conquista), que siendo de edad de 20 años, cincuenta antes que los españoles entrasen en la Nueva España, aparecieron en los valles de Tala hasta treinta hombres, que en la lengua mexicana llamaban quinametin, que quiere decir gigantes; los veinte y siete eran varones y tres mujeres, y eran sus cuerpos de a 35 pies, según la medida [que] hizo el padre Villaseca, escultor famoso, cuando desenterraron sus cuerpos. Llegados que fueron a las poblaciones de Tala, hicieron alto en ciénagas que hoy llaman Los Cuisillos, haciendas que son de don Zeledon (Celedonio?) de Apodaca; vivían en el campo como bestias, excepto en tiempo de aguas, que tenían unas chozas para poder dormir y abrigarse acostados; eran haraganes y glotones, y con su ferocidad sujetaban [a] los indios de aquel valle y les obligaron a que les sustentase, y para la comida de cada uno, se amasaba una fanega de maíz, y cocían o asaban cuatro niños de a dos años; comían pescado, ratas, venados, jabalíes y, en lugar de verdura, cogollos de enea; tenían para su servicio seis mil indios e indias; las armas que usaban eran unos bastones, y eran de color amulatado, el cabello crespo y no muy crecido, poca barba, las orejas de más de a palmo, algo caídas y vellosas; la voz espantable y horrible, que su eco resonaba un cuarto de legua; cubríanse con hojas de palma; eran torpísimos en el andar, muy inclinados al pecado nefando. Y con tan espantosos huéspedes, los indios fueron despoblando sus pueblos y retirándose a otras provincias, y como los gigantes se vieron solos y de suyo eran haraganes y comedores, fueron desfalleciendo y murieron los 26, y los unos a los otros se enterraban y cubrían los cuerpos con cal. Habiendo vivido en aquel valle tres años, quedaron cuatro de ellos, y por no acabar de perecer se fueron al pueblo de Tala, donde habían quedado muy pocos indios; sustentáronlos dos días y por no tener huéspedes tan pesados y enfadosos, los encaminaron al pueblo de Ixtlán, tres leguas de donde ahora está fundada la ciudad de Guadalajara, y del pueblo de Ixtlán fueron al de Atemajac, pero los vecinos de él, como tenían noticia de cuán perjudiciales eran, determinaron de quitarles la vida, y para hacerlo a su salvo, juntaron más de veinte mil indios, y fueron al valle de Atemajac, donde los hallaron paciendo yerbas y raíces, y los mataron; y a la fama de esta victoria, acudieron infinitas gentes, y con estar los gigantes muertos, no se atrevían a acercar a ellos. Los indios hicieron unos terraplenes altos y argamasados, y en ellos los sepultaron, y dejando en medio una concavidad, por donde los que iban a la guerra metían la mano derecha y velaban una noche las armas, y con esta diligencia quedaban armados caballeros para la milicia, y fue refrán en aquellas provincias hasta el tiempo de nuestros españoles, que para atemorizar los indios e indias a sus hijuelos, les decían quinametin, al modo que los españoles suelen decir a los suyos, cuando lloran, mira el coco. *(Crónica miscelánea)*.

LOS MANANTIALES DE PIPILTITLÁN

En el año de 1564 fue por guardián de Ajijic el padre fray Sebastián de Verlenga, y en el de 1567 reventaron dos ojos de agua caliente en San Juan Cozalá junto a la laguna (de Chapala) y hervían con tanta fuerza que levantaban el agua muy alta y hacían mucho ruido, de que los indios estaban asombrados y espantados; y como recién convertidos, y aun no muy firmes en la fe, el demonio les dijo, o ya porque le consultaron o él se les apareció, y les dijo que si querían ver sosegada el agua echasen en ella cinco niños, y habiéndolos echado, perecieron cocidos y se sosegó el agua; y como los niños en lengua mexicana (se llaman) pipiltotonti, les quedó a los ojos calientes, hasta hoy, y al sitio donde está, Pipiltitlán que quiere decir tierra de niños. Mucho de esto queda en la historia. *(Crónica miscelánea)*.

SEÑOR SANTIAGO EN TONALÁ

Entró Nuño de Guzmán en el pueblo de Tonalá a veinte y cinco de marzo, día de la Encarnación del Señor, del año de mil y quinientos y treinta, haciéndole los indios mucha fiesta y regocijo, y los españoles puestos en orden y muy bien armados; y habiendo llegado, estando Guzmán tratando de su viaje y lo que les había sucedido hasta llegar allí, y ya para comer, porque la señora Cacica le tenía mucho regalo, se oyó un gran tropel y voces de los amigos, diciendo: "¡Arma! ¡arma! ¡enemigos! ¡traición!"

A estas voces, Nuño de Guzmán preguntó a la Cacica, que qué era aquello, que si acaso le habían hecho venir con palabras fingidas para matarle, a lo cual ella respondió diciendo:

Señor capitán, no tengas miedo, que mi gente de Coyula, de guarnición, me quieren matar a mí y no a ti, y la causa es porque te recibí en paz; velos allí en armas junto a aquel cerrillo; está seguro de mí y de esta otra gente.

Antes de pasar adelante, se ha de advertir que así que los capitanes y gente de guerra de la nación tecuexe supieron que había venido Nuño de Guzmán con sus españoles y indios mexicanos; se juntaron luego con los principales, y trataron de su venida, y lo mal que les había de estar si perseverase en su tierra aquella gente, y con grandes exclamaciones decían a voces: "Ya viene el Dios de los tlaxomultecas"

Fuéronse a la plaza del pueblo de Tetlán unos principales, el uno llamado Tlacuitteuhtli, con otros menos principales, el uno llamado Cuatetpitihaut, otro Cotán y otro Catipamatac, y echaron un bando que se pregonó en esta manera:

Hijos, sabed que ya viene el Dios de los tlaxomultecas; aparejaos, animaos y esforzaos, haced hondas para que apedreemos al Dios de los tlaxomultecas, porque esta arma es la que más teme, y a éste hemos de procurar matar, porque importará para los buenos sucesos y procurar hacer muchas flechas, aderezad vuestros arcos y tened aparejadas las macanas para que matemos a este Dios que tanto daño nos viene a hacer.

A lo cual respondieron todos:

Si el Dios de los tlaxomultecas no pareciere en tres días, damos palabra de irlos a coger a ellos y matarlos y comerlos, haciendo tamales de sus carnes.

De esta manera anduvo el pregón por la plaza cinco veces.

Los de Tonalá y los de Coyolán, los nahualtecas, chiltecas y tzitlaltecas, que son cinco pueblos, fueron los que salieron al encuentro a los españoles y comenzaron a pelear con ellos, con sus arcos, chimales y macanas; el capitán Nuño de Guzmán mandó a sus capitanes y amigos se pusiesen a punto de guerra para castigar a aquellos traidores. Iba una calle abierta desde la casa de esta señora a dar al cerrillo y a la entrada de ella asestaron los tiros, y los indios de guerra no hacían sino hacer vallas en la calle, diciendo que no pasasen de allí porque los matarían, y el gobernador y capitán Nuño de Guzmán mandó que los requiriesen con la paz tres o cuatro veces, y viendo que no aprovechaba, acometieron y tuvieron una reñida y sangrienta batalla, y en este puesto los desbarató el apóstol Santiago a vista de nuestro ejército y del de los

indios, y fue la primera aparición del santo apóstol en el Nuevo Reino de la Galicia, habiéndose aparecido en el cerro al cual se subieron algunos de los indios, que fue la mayor parte de ellos; y los otros (con la recia batería de los españoles a quienes ayudaba el glorioso apóstol) se bajaron a una quebrada, y éstos se escaparon todos; pero los que se subieron al cerro, que fueron indios coyultecas, y otros de los pueblos dichos, perecieron todos, sin que quedase uno, y en memoria de esta aparición del apóstol Santiago, después, el padre fray Antonio de Segovia, religioso franciscano y apóstol de estas gentes, hizo una capilla en el cerro, donde fue visto el santo, y con la poca devoción y gran descuido se perdió esta memoria. Esta es verdadera tradición de los conquistadores y de los indios que experimentaron en sus cuerpos las heridas de la espada de Santiago, y después los heridos y lisiados, publicando la maravilla, pedían limosna por las calles, y se puso al pueblo de Tonalá por título Santiago de Tonalá. *(Crónica miscelánea).*

LA SANTA CRUZ DE AUTLÁN

Lo que hay que saber acerca de la Santa Cruz de Autlán es que cuando su Majestad determinó enviar galeones con armada, para la conquista de las Filipinas, cometió la fábrica al capitán Juan Pablo Carrión para que se hiciesen los dichos galeones en el puerto de la Navidad; y habiendo llevado el dicho capitán oficiales, lo primero que hicieron en el dicho puerto fue una cruz muy grande (como es costumbre de todos los españoles que donde quiera que paran o hacen rancho siempre ponen una cruz) y luego hicieron una galera muy grande, cubierta de paja, para astillero donde pudiesen a la sombra labrar las maderas. Acabáronse los galeones y fue la armada a la conquista, y después de ganadas las Filipinas siempre las flotas salieron de este puesto, por algún tiempo, hasta que su Majestad determinó que saliesen de Acapulco.

Pasados algunos años, habiendo quedado yermo y despoblado el puerto de la Navidad, llegó allí un corsario holandés llamado Francisco Chambrío, hereje, el cual andaba robando por la Mar del Sur y guardando las naos que venían de Filipinas entró en este puerto para proveer sus navíos de los bastimentos necesarios para poder permanecer.

"Fue la primera aparición en el Nuevo Reino de Galicia".

Saltando pues en tierra este corsario con sus soldados, y habiendo visto la Santa Cruz, como hereje, después de haber quemado el pueblo de Acatlán, que está una legua poco más del puerto de Navidad, pegaron también fuego a la dicha Santa Cruz, derribando encima de ella la galera de paja, y echando encima todas las astillas del astillero que pudieron recoger, para que con más facilidad se quemase, después de lo cual se volvieron a embarcar y se hicieron a la vela, siguiendo la vía por donde vienen las naos de Filipinas, y cogieron una nao muy gruesa que venía de China, y la robaron y pusieron fuego.

Divulgóse la nueva por estas provincias de que el enemigo había llegado al puerto de la Navidad; acudieron con presteza todos los españoles que venían cercanos al dicho puerto y con ellos un teniente de alcalde mayor de esta provincia, y llegados al lugar donde estaba la Santa Cruz, la hallaron cubierta de ceniza, y un pedazo de ella descubierto; fuéronla a alzar y la hallaron entera, y sacudiéndola el polvo, no hubo ninguna señal en toda ella de haber estado en el fuego. *(Crónica miscelánea).*

ALFONSO DE ALBA. Nació en Lagos de Moreno, Jal., en 1921; murió en Guadalajara, de la misma entidad, en 1996. Abogado por la UNAM, fue diputado local y federal, dos veces secretario general de Gobierno (1955-1959 y 1977-1981), director de Pensiones de Jalisco, coordinador de la Casa de la Cultura Jalisciense y presidente fundador de El Colegio de Jalisco. Fino escritor, es autor de *Entonces y ahora, La provincia oculta. Su mensaje literario, Antonio Moreno y Oviedo y la generación de 1903, Al toque de queda. Leyendas laguenses* (Tomo XII de la Biblioteca de Autores Laguenses, Guadalajara, 1953) y *El Alcalde de Lagos y otras consejas*. Fue miembro correspondiente de la Academia Mexicana de la Lengua.

DON ALONSO EL ESCULTOR

El veintitres de noviembre del año de gracia de 1777, domingo vigésimo cuarto y último de Pentecostés, día de Santa Luza o Lucía —vírgen y mártir de Siracusa en el siglo vi, patrona de las oftalmías y de los incendios—, se terminó la fábrica del frontispicio parroquial. Se había apresurado su conclusión para bendecirlo en la fecha que se celebra a la patrona que libra de las llamas. (La iglesia anterior, segunda en la villa, fabricada por Juan de Sayas —maestro de obras de las minas del Real de Comanja, a la usanza del siglo xvi, con adobe y tejamanil— había sido pasto del fuego iniciado por una vela que cayó sobre las cortinas del altar, un Viernes Santo, después del sermón de Agonía).

Y al bendecir la fachada de la nueva iglesia quedaban, talladas con primor, cuatro hornacinas, dispuestas con exornados pedestales, para otras tantas imágenes de cantera.

De todas las sugerencias sobre reconocidos artistas de la Nueva Galicia, el cura y vicario de la villa había aceptado una: la hecha por don Francisco Tavera, presbítero, mayordomo de la nueva construcción y teniente de cura. Propuso a un condiscípulo estudiante del Seminario Conciliar de Guadalajara que, sin vocación para el sacerdocio, se había retirado por la época en que terminaba los estudios de Sagrada Teología, antes de recibir las órdenes menores.

Ora utilizando argamasijo o barro, ora tallando sobre piedra los rasgos y contornos que acudían a su imaginación creadora, encauzó su destreza al oficio de escultor. Siempre fueron deidades y figuras mitológicas de la dulce Grecia la predilección constante de su obra.

Al llegar a la villa el escultor don Alonso Pérez de Ortega se le instaló en una casa, propiedad de la parroquia, frente al costado noroeste de la misma. En los altos le destinaron, para taller, espaciosa habitación cuya ventana daba a la calle de la Purísima. El cura y vicario puso a su servicio un mozo que lo auxiliara en toda clase de menesteres. La lamparita de manteca que colgaba del techo alumbraba tan poco que se vio forzado a pedir un velón. Lo colocaron en un candelero de bronce sobre la enorme mesa y luego se quedó solo. Asomó al balcón. Allá, donde terminaban las altas paredes de la parroquia, levantábase un cielo vastamente tendido. De su aposento dominaba los techos de casas vecinas, el amplio atrio lleno de amontonamientos de bloques de cantera y pilas de mezcla y la luna entreasomando sobre la cúpula inconclusa.

Acompañado del padre Tavera, hizo al siguiente día, a pié, un recorrido por las calles y lugares más caracterizados de la villa.

—Sé por fama —dijo el escultor— las condiciones privilegiadas de este lugar. Algo me advierte el corazón respecto a que esta tierra me va a retener el alma.

—No diríais eso —replicó el padre— si conocieseis a fondo la vida de esta villa; tiene un ritmo acompasado y monótono.

—Aquí respírase limpidez que enardece los sentidos; el cielo es de azul implacable... El viento es refrescante, limpia los aires, destierra mis nieblas; el silencio bueno y consolador. Además encuentro reposo; mi espíritu se alimenta de él y se manifiesta en impulsos que no atino a explicaros. En estas calles cargadas de silencio se escucha hasta el chiar de las golondrinas; todo recrea mi ánimo fatigado.

Y al decir esto, contemplaba un cielo vivo, despejado, experimentando sensaciones de pesar y de tristeza difíciles de desentrañar...

Ya instalado en su taller recibe la visita de don Diego Ortiz Saavedra, presbítero beneficiado, cura y vicario de la Villa de los Lagos. Trae las medidas que ha dado el maestro de obras para las estatuas de cantera que completarán el frontis.

—Primeramente os ruego hagáis la de Santa Catarina, patrona de la villa de muy antiguo. Debe colocarse y bendecirse el último día del novenario en su honra, para el cual se ha acordado y conferido se celebren toda clase de fiestas y regocijos.

—Como lo ordene vuestra merced —repuso don Alonso a la petición del señor cura. Y para su interior: *Deum de Deo,* dé donde diere...

Inseguro de sí mismo ante la obra emprendida, se entregó a ella con empeñoso afán que apenas le permitía algunas treguas.

—¡Excelente! —solía exclamar el padre Tavera al contemplar los progresos que en la escultura se lograban.

—Es cosa harto prosaica, lo confieso lealmente; esta obra es la más fría que he realizado en mi vida. ¡Con qué grato empeño tallaría mejor las gracias de una Diana Cazadora!

—No hagáis gala de vuestro gentilismo pagano, ni menospreciéis la obra que se os ha encomendado. *Labor omnia vincit improbus* —repuso enérgico el padre Tavera.

Una tarde el padre encontró al escultor apoyando la cabeza sobre la mesa del taller. Ninguna partícula de cantera había sobre el piso enladrillado; indicio de que nada había adelantado a la talla ese día. Al ruido de pasos don Alonso levantó la cabeza y encontró una mirada escudriñadora.

—Tengo por seguro —díjole entonces el artista— que no podré continuar la cabeza de la santa si antes no fijo en otro bloque los rasgos de una faz cuyo semblante posea la espiritualidad de diosa o musa. La he entrevisto y, a cada golpe del cincel sobre la escultura, se me pierden los perfiles de esa visión, se fragmentan como la imagen sobre el agua cuando arrojamos una piedra.

—Paréceme —observó el padre— que podríais dibujarla sobre una superficie plana.

—Ya lo hice; pero mirad...

Y le mostró, en fino boceto sobre una montea, el perfil de una mujer que el padre reconoció presto, no obstante que se trataba de un croquis hecho de mero tanteo.

—Como véis, está muerto; son líneas mudas. Necesario es darle dimensiones, el tamaño natural... en fin: ¡mayor vida!

Sin decir más se acercó a la estatua de Santa Catarina y empezó a golpear sobre la apariencia redonda de la cabeza, brusca, rápida, habilidosamente.

Al extinguirse la luz de la tarde, quedó el taller sumergido en gris somnolencia. Por la ventana penetraban paz y serenidad con el primer aliento de la noche. A intervalos llegaban de la parroquia los ecos del *Veni creator* y el sonar de la campana al dar la bendición con el Santísimo a los fieles del rosario vespertino. Empezaban a encender las candilejas de las esquinas cuando el padre Tavera salió del taller. Un desasosiego lo invadía. Conocedor de don Alonso, pensaba en la frase bíblica: *Qui amat periculum, in illo peribit*.

—¿Qué os parece? —dijo al mostrarle, días más tarde, la cabeza de la santa a punto de acabarla.

—Artísticamente, paréceme magistral, notable... Sólo que el original se ha comprometido en nupcias, se va a casar...

—¿Quién? —inquirió don Alonso, al comprender que su amigo hallaba semejanza entre lo esculpido y los rasgos fisonómicos de alguna persona.

—Doña Gertrudis Castro. ¿No lo sabíais? El domingo empezaron a correr sus amonestaciones.

—¿Y que tengo yo que ver con ella? —exclamó don Alonso—. No conozco a persona alguna que tenga parecido con la cara de la santa que ahora tallo. ¡Lo juro por mi honor!

—¡Alto allí! ¿Para qué hacerse a nuevas? Inútil es que tratéis de aparecer ajeno. Habéis logrado, por lo que a facciones de la cara se refiere, una acabada efigie de Doña Gertrudis Castro.

—¡Es asombroso! Lo que he tallado no obedece sino a los dictados de mi inventiva.

El padre Tavera dijo al salir, cual si dejara caer su incredulidad gota a gota:

—¡Qué rara coincidencia! Esculpir el rostro de una persona sin conocerla. Ya debéis haberla visto, *Ignoti nulla cupido*... Todos los días asiste a misa de seis con su madre: las veo siempre en el costado, hacia el altar del Señor del Santo Entierro... Permita Dios que ya podáis concluir la obra; que al fin, como dice Horacio, "el que ha comenzado, tiene la mitad del hecho".

Unos hombres platicaban en el atrio parroquial. La neblina, arrebujándose en las esquinas, bajaba del cerro hacia el poblado. Don Alonso atravesó el atrio envuelto en amplia capa dragona. Hacía mucho tiempo que no asistía a la iglesia. Después de su salida del Seminario, había llegado a ser poco afecto a los actos del culto. Y no dejó de experimentar secreta complacencia al sentirse de nuevo en el sagrado recinto, apenas alumbrado por flamas que no disolvían la penumbra de la nave. En el altar mayor brilla-

ban los cirios. El murmullo de toses, oraciones, y el ronroneo grave del oficiante pronunciando latines...

Don Alonso se dirigió al costado opuesto al altar del Santo Entierro y, después de reverente prosternación, volvió la cabeza hacia allá. Su mirada vagó sobre muchas cabezas completamente cubiertas. Ya parecía inútil su búsqueda cuando al fin sus ojos se prendieron a un perfil esbozado bajo negro manto. Ella estaba de rodillas sobre las gradas del comulgatorio. De pronto hubo tal confusión en su cerebro que no atinaba a distinguir bien a doña Gertrudis; creyó que no precisaba bien los detalles por estar a considerable distancia. Ya empezaban a destemplarse sus nervios cuando, sin deseos de comprender nada, se percató de su belleza. Muy semejante eran, en verdad, los rasgos a los de la faz de Santa Catarina. Hasta pensó acercarse, asegurándose que no era su obra dotada de vida...

A medida que logró examinarla con mayor minucia, cuanta permitían respeto y discreción, pudo advertir que la escultura y doña Gertrudis no se confundían en su cerebro; eran el mismo tipo pero no podía ahora comparar las diferencias. Ya vendría en los siguientes días para hacerlo con mayor calma y esmero...

Al terminar la misa salió don Alonso derecho al taller para hacer algunos retoques a la obra. "Si este bloque de cantera llegara a animarse —decíase, rayando en éxtasis—, poseería la desenvoltura y gracia de doña Gertrudis, aunque de seguro no retendría el fuego que adivino en sus ojos..."

De suyo impresionable y nervioso, don Alonso había llegado a serlo mayormente a causa de noches de insomnio y tensa imaginación. Acudió a misa diaria, puntualmente, despertando, como era natural, curiosidad en las devotas que, si poco caso hacían del altar, consagraban su atención al escultor huésped de la villa. Cuando tuvieron la clave de su fervor religioso, como todo chismorreo pueblerino, voló con prodigiosa agilidad. "¿Qué se habrá creído este aprendíz de Plaxiteles? —decíase en los comentarios menos callejeros— que pretende rivalizar con don Gustavo Jiménez de Zermeño, prometido de doña Gertrudis, hombres de posibles y con fama de pendenciero..."

Un secreto sin confidente es una enfermedad mortal —dijo don Alonso al padre Tavera, tan luego se disponía a la plática—; ya conozco a doña Gertrudis y quiero franquearme con vos...

—¡Alabada sea su Divina Majestad! —exclamó el padre—; de eso precisamente venía a hablaros. ¡Cómo no se os ha ocurrido pensar que en una villa como ésta vivís en un capelo de cristal, vigilado por todos sus habitantes! Ya sabréis que las hablillas que vuestra actitud ha despertado son conocidas en casa de doña Gertrudis.

Entonces el artista habló resuelto:

—¿Se ha fraguado contra mí una calumnia? Yo no amo a doña Gertrudis. Si he ido al templo es para contemplarla a mis anchas; al principio por curiosidad, después porque encarna muchos sueños hechos uno y no puede dejar de atribuirle secreto enlace con la imagen que entreví y poseía antes de conocerla... A fuer de sincero debo deciros: hubo de pronto un impulso ciego de todas mis potencias gritando: "¡Puedes y debes hacerla tuya!"; mas ahora, resignadas, sin grandes esfuerzos, han abandonado toda esperanza y admiten el eco y el dardo de vuestras palabras: "Se ha comprometido en nupcias... ¡Se va a casar!".

—¡Bah!

—... puedo deciros que, con el más extraño estoicismo, alimento una pasión única en mi vida: amo a una sombra, ni siquiera a una muerta. Adoro la ficción plasmada en la faz de la santa, y sólo nacida de mi inventiva. ¡No amo a nadie más! ¡Nada quiero sobre la tierra y deseo morir si en otro mundo puedo seguirla!.

—Habláis delirando y sin advertir tan grave peligro —exclamó, violento, el padre Tavera.

Y lo había oído divagar sin caer en la cuenta, al parecer, de su locura. Luego agregó.

—Tenéis desconcertadas las potencias. Todo es producto exaltado de las nubes de vuestro cerebro; ¿no teméis extraviaros en la persecución cabalística de una quimera indigna de un cristiano? Todo eso me parece falta de juicio... "La preponderancia de la fantasía sobre la razón es un grado de locura..."

—¿De locura? Tenéis razón, ciertamente, aunque mi locura no es para temerse. La locura y la fantasía son limítrofes y de fronteras inciertas.

Con voz más pausada el padre interrumpió:

—*Hoc opus, hic labor est.* He comprometido mi palabra con la familia de doña Gertrudis aseverando que no iréis más a esa misa. A ver si evitamos así el origen de hablillas malévolas, en tanto se realiza su unión con Jiménez de Zermeño. El está fuera de la villa mercando los arreos de su nueva casa. Además he hablado con el señor vicario y por mi conducto os ruega déis *hic et nunc*, los últimos tratamientos a la escultura de Santa Catarina pues deberá bendecirse el entrante jueves; porque los vecinos organizan este año fiestas y regocijos como ha mucho no se celebran.

Don Alonso inclinó la cabeza. Durante algunos minutos el silencio había llenado el taller.

—Pues bien —replicó tardíamente—; mi conclusión es enteramente contraria y mientras más lo reflexiono más me afirmo en ella: ¡seguiré yendo a misa!

—Extraño es lo que os pasa. ¿Desdeñáis el peligro? "El peligro llega más pronto cuando es despreciado" —dijo al salir el padre Tavera.

Sabedor de que tenía que entregar la escultura de la santa, y desprenderse de ella, don Alonso hizo, con rasgos más aproximados a los de doña Gertrudis, un busto para conservarlo en su taller. La cabeza colocada sobre un cuello esbelto aparecía como el fuste de una columna. Y si la cara de la santa poseía feliz parecido con la belleza que hiriera y cautivara el corazón del artista, el busto ahora tallado, poseía alientos de su propia vida, la primera expresaba firme castidad de adolescencia en tanto que la segunda esplendía seducciones de mujer llegada al completo desenvolvimiento del alma...

Los cohetes y cámaras despertaron a los habitantes de la silenciosa villa el 25 de noviembre. Era la fiesta en honor de Santa Catarina Mártir, elegida por el Ayuntamiento, desde 1576, en compañía de San Sebastián, patronos y abogados de Santa María de los Lagos. Se celebraba con misa cantada, sermón y procesión, todo muy solemne; con asistencia de la clerecía, todas las órdenes monásticas, las cofradías, el Ayuntamiento y un inmenso gentío que invadía las calles, ventanas, balcones y azoteas. En la procesión, por muchas calles regadas de flores y adornadas con macetas y ricas colgaduras, se portó en andas una policromía de la santa, entre repiques a vuelo de campana en todas las iglesias. El vecindario, poseído de gozo sin igual, congregóse en el amplio atrio. Estaba henchido de gente de todas condiciones y cataduras. Muchos grupos arremolinábanse a la entrada del atrio. Más tarde, adornadas estufas se vieron venir por la calle Real. En ellas venían las madrinas de la bendición. Un cochero abrió la portezuela de la primera y salió de ésta, con un ramo de magnolias y cirio en mano, doña Gertrudis. Luego, por orden, siguieron bajando las demás. Y sin embargo entre todas era ella la más linda y la mejor puesta...

Bajo un manteado ante el pórtico de la parroquia se colocó un altar y sobre él la estatua de cantera que debía recibir la bendición. Muchos de los concurrentes dedicáronse a comprobar lo que ya indiscretas lenguas habían anunciado: el parecido de la imagen con los rasgos de doña Gertrudis... Eso sí, a todos causó beneplácito la obra del escultor. Una vez pronunciadas las oraciones litúrgicas, el propio cura y vicario, roció de agua bendita la estatua. Entre varios peones de la obra, la subieron y colocaron en un nicho lateral del pórtico.

Por la tarde hubo música de viento en el atrio. Esa misma noche se quemaron fuegos con artificio de colores y las campanas rubricaron con repiques la alegría popular...

En el taller permaneció don Alonso. Y no se presentó a su visita habitual el padre Tavera. Por la noche el cura y vicario fue a visitarlo:

—Expreso la pública complacencia por vuestra obra —díjole alargando discretamente un pequeño saco con onzas—. El servicio que habéis prestado a la iglesia y a la villa no puede quedar sin recompensa. Pido a Dios que os dé más mercedes que estrellas tienen los cielos...

Después de toser un poco agregó:

—Mañana debéis salir a la vecina villa de San Juan Bautista para que reviséis un proyecto del párroco vecino. Se ha dirigido pidiéndome vuestra colaboración y no tengo inconveniente en dejaros ir.

—Como lo ordene vuestra merced —repuso don Alonso, aceptando una propuesta cuyo objeto conocía. Con verdadera amargura admitió: "El desgraciado descansa de una pena en otra pena..."

Un mes más tarde, al regresar don Alonso a la villa, apenas divisó los campanarios y el caserío, lo abrumaron agobio y desazón. La diligencia sonaba sus ruedas sobre el empedrado del camino real, al pie de las Lomas de la Cruz. Una sensación pesada le hacía afluir lágrimas que al fin rodaban hasta caer sobre su capa dragona. Experimentaba un vacío comparable al que siente el corazón cuando vuelve a un sitio y no encuentra el amor de otra época. Hasta recordó, repitiendo palabra por palabra, cómo se canta al amor en *La Celestina:* "fuego escondido, una agradable llaga, un sabroso veneno, una dulce amargura, una deleitable dolencia, un alegre tormento, una dulce y fiera herida, una blanda muerte". Estas frases le produjeron un estremecimiento en todo su cuerpo.

Durante su ausencia las murmuraciones habían crecido en la villa. El matrimonio de doña Gertrudis se había efectuado con derroche y esplendor. Y su marido, don Gustavo Jiménez de Zermeño, ya estaba enterado del parecido de la estatua, de un busto que el escultor guardaba en su taller y de sólo Dios sabe cuántas inventivas... Hasta allá alcanzó la malsana imprudencia de provocar odios mortales, despertando en el esposo, hombre primario y puntilloso, celos desproporcionados. Y no faltó quien fuera a noticiarle el regreso de don Alonso.

Al presentarse Jiménez de Zermeño a la casa que habitaba el escultor, su mozo le hizo pasar al taller. La vecina que lo vió entrar corrió a la sacristía de la parroquia para avisar al padre Tavera la llegada de don Gustavo. El padre mayordomo acaba de decir la misa, y, sin despojarse de los ornamentos, dirigióse al lugar; tenía la corazonada, barruntaba el desenlace...

La gente apiñada en la puerta de la casa, intentaba penetrar. Jiménez de Zermeño había salido, encendida la faz, a toda prisa. Montó su caballo con pasmosa destreza y escapó calle abajo, oyéndose aún la furia de cuatro pezuñas que sacaban chispas al empedrado.

Cedió el gentío para que pasara el padre Tavera. Al entrar al taller vio primeramente el busto arrancado a su pedestal. Yacía sobre el suelo, al parecer, intacto. En otro ángulo estaba, igualmente inmóvil, don Alonso. Tenía atravesado el pecho por tres hendiduras de espada española y en sus ojos anunciaba la agonía. Don Alonso volvió la mirada al busto, diciendo penosamente.

—Hubiera amado durante toda mi vida a doña Gertrudis sin ocurrírseme dirigirle la palabra Y arrastrándose, tendió sus brazos hasta alcazar la efigie. Se oía el murmullo de voces de los curiosos que afuera esperaban conocer el resultado del percance. Al ver la faz por él esculpida, ésta le imprimió turbación. Y, de lo más profundo de su ser, vino un impulso: besó la cara con ternura y delirio próximos a la locura. Al aplicar sus labios a la piedra un estremecimiento glacial circuló por la sangre.

—¡Don Alonso! ¿Qué es esto? ¡Volved en sí y serenaos! —gritó el padre—. Luego agregó: —¡Amantes, amientes!

Aseguraban testigos fidedignos, que, al reconcerlo, le dijo en frase cortada:

—Quiero purificar mi vida. ¡Soy muerto!

Afuera crecía el rumor de la gente impaciente por la espera; entre tanto, el padre cruzaba la frente del moribundo con una huella de óleo sagrado.

"¡Murió impenitente!" "¡Rehusó los Sagrados Auxilios!" empezaron a hacer correr la voz algunos alarmistas. Y, como el padre no contestara a las preguntas que le hacían, según la tradición por otros sostenida, murió sin confesión y sin sacramentos. (Muchos de esos vecinos estaban propuestos a arrastrar por las calles de la villa su cuerpo y, envuelto en un petate, dejarlo en las afueras con la inscripción. "Murió impenitente"). *(Al toque de queda).*

J. IGNACIO DÁVILA GARIBI. Nació en Guadalajara, Jal., en 1888; murió en la ciudad de México en 1981. Licenciado en derecho, fue apoderado de algunas familias tapatías, profesor en instituciones de enseñanza superior e investigador de materias históricas y lingüísticas. Su vasta bibliografía comprende 55 libros y 300 folletos, entre ellos: *La obra civilizadora de los misioneros de la Nueva Galicia, Memorias tapatías* (1920; 2a. ed., Banco Industrial de Jalisco, 1953), *La escritura del idioma náhuatl a través de los siglos* (1948), *Epítome de raíces nahuas* (2 ts., 1949) y *Apuntes para la historia de la Iglesia en Guadalajara* (5 ts., 1957). Perteneció a las academias mexicanas de la Historia y de la Lengua, y presidió la Academia Mexicana de Genealogía y Heráldica.

LA CASA DE LA CONDENADA

Casi enfrente de la casa de la familia Gordoa, y contigua a la antigua Imprenta de D. Dionisio Rodríguez, se veía una casa de antiquísima construcción que durante muchos años fué conocida con el nombre de "La Casa de la Condenada".

Oía referir a mi abuela materna y algunas de mis tías, que hace un centenar de años, pico más, pico menos, nadie se atrevía a habitar esa casa, debido a una conseja que casi todo el vecindario conocía y a que los sirvientes de algunas casas colindantes afirmaban que en altas horas de la noche se oían ruidos misteriosos; que de una de las alcobas salían chispas de lumbre; que las puertas de las habitaciones solas se cerraban y solas se abrían; que de cuando en cuando, una mujer pálida y ojeruda envuelta en una mortaja y arrastrando pesadas cadenas subía y bajaba la escalera leyendo un libro con las hojas quemadas cual si hubiera sido sacado de las brasas, y otras cosas por el estilo.

Cuenta la leyenda que una hermosa dama de vida licenciosa, tenida por el vulgo como endemoniada tanto por su constante lectura de libros prohibidos, como por sus continuos ataques a la religión, cayó en cama, herida de muerte, y presintiendo su último fin, llamó a una amiga íntima que en temporadas más o menos largas había vivido a su lado y haciendo un postrer alarde de impiedad le recomendó que no dejara entrar a ningún sacerdote, pues prefería morir en la impenitencia final mejor que dejar de leer libros prohibidos ya que, por otra parte, ella nunca había creído que hubiera otra vida después de esta. Pidió, ya agonizante, le leyeran *Las Ruinas de Palmira* y que en cuanto muriera le pusiera el libro entre las manos pues quería podrirse juntamente con él en el sepulcro. Y habiendo muerto la señora renegando de su fe y llamando al diablo cada vez que se impacientaba, tendiéronla en su catre y amortajáronla según ella había ordenado poniéndole un ejemplar de la obra citada entre las manos.

Y sigue diciendo la conseja que por la noche nadie quiso ir al velorio por lo que solamente le hicieron compañía a la difunta la amiga íntima y dos sirvientas y que a la madrugada hallándose las tres en el comedor tomando vino y café oyeron un ruido extraño en la alcoba donde yacía el cadáver de la renegada, advirtieron que se habían apagado los cirios y que paulatinamente la casa se había llenado de humo pestilente.

Cuando se repusieron del susto se asomaron a la recámara y con gran azoro vieron que el cadáver de la excomulgada había desaparecido misteriosamente. *(Memorias tapatías)*.

PREGONEROS FÚNEBRES

El san Pascualito de las Colmenero

Entre tantas imágenes milagrosas que solían ser llevadas en calidad de visita a las casas de los moribundos, había una esculturita, no muy antigua, que representaba a San Pascual Bailón. Medía poco menos de medio metro; su vestido era de color ceniciento parecido al del hábito que usaban antiguamente los frailes del Apostólico Colegio de Zapopan y estaba casi totalmente cubierto de piececillas de plata y de oro conocidas con el nombre de milagros, aunque en el lenguaje de la Iglesia se les llama ex-votos.

Colgado al cuello tenía un collar de corazones de áureo metal y una campanilla de plata muy fina, que era objeto de especial admiración de parte de las numerosas devotas del santo, quienes aseguraban que en repetidas ocasiones se había repicado sola, dando a entender que el enfermo tendría que morir en un plazo muy breve.

Desde que la esculturita entraba en la casa del paciente, todos sus familiares, por lo menos las mujeres, se ponían a la expectativa del terrible anuncio y con frecuencia se preguntaban unas a otras: "¿Ya tocó San Pascualito?..." y a medida que aumentaba la gravedad, aumentaba también la ansiosa espera del repique, hasta que alguna de tantas expectadoras decía que ya lo había oído, afirmación que desde luego todos los de casa creían sin el menor escrúpulo.

Parece que de pronto, casi todas las devotas tenían el cuidado de decir que habían escuchado los argentinos bronces de la campanita durante la media noche, entre dormidas y despiertas. Si el enfermo se moría ya entonces aseguraban enfáticamente que la campanita se había repicado sola; si sucedía lo contrario se disculpaban diciendo que seguramente en sueños la habían oído tocar o que habían confundido su sonido con el de alguna otra campana que accidentalmente había tocado en cualquier casa vecina. De modo que ni la oyente quedaba mal ni el San Pascualito perdía su buena fama.

Sin embargo, había varias personas, entre otras doña Gertrudis y doña Jesús Colmenero, dueñas de la expresada imagen, que aseguraban de la manera más categórica y solemne que no sólo habían escuchado los repiques de dicha campanita, sino que la habían visto moverse repetidas veces, sin causa alguna conocida que produjese tales movimientos y citaban, entre otros casos concretos, el de la muerte de su hermano don Joaquín.

Yo veo en todo esto mucho más de preocupación que de verdad, aunque no dudo de la intervención prodigiosa de San Pascual Bailón para hacer conocer de alguna manera y en casos especiales a sus devotos, que están próximos a comparecer ante el tribunal augusto de Dios, con el objeto de que éstos puedan confesarse oportunamente y morir bien dispuestos.

Sabido es que hay muchas personas que con gran fe y devoción se encomiendan a este santo pidiéndole les alcance de Dios dicha gracia.

Ignoro qué pasó con el San Pascualito a partir del 8 de julio de 1914, en que las llamadas fuerzas constitucionalistas ocuparon la plaza de Guadalajara.

Supongo que las dueñas recogieron la imagen y la ocultaron por temor de que se extraviase en algún cateo.

Las señoras Colmenero murieron hace varios años a una edad muy avanzada, una de ellas casi nonagenaria.

La campanita de las Once mil Vírgenes

Otra misteriosa campanita creían escuchar también antes de la exclaustración las religiosas agustinas recoletas moradoras del Convento de Santa Mónica de Guadalajara, "las señoras", como en aquel tiempo les decían, pues no es por demás recordar que vulgarmente llamaban a las capuchinas "Las Santas" (por la austeridad y pobreza en que vivían); a las monjas del convento de Santa Teresa, "Las Doctoras" (por las muchas obras de ascética que con frecuencia consultaban); a las de de Santa Mónica, como queda dicho "Las Señoras" (por el hábito negro que usaban en el coro y demás actos importantes de la comunidad); a las del de Santa María de Gracia, "Las Canónigas" (por ser las más doctas, a la vez que las que de mayores comodidades disfrutaban), y por último a las de Jesús María, "Las Burras" (no sé por qué).

Hecha esta digresión vuelvo a tomar el hilo del asunto principal.

Afirmaban las mónicas, que eran nada menos que las once mil vírgenes las que se encargaban de anunciar a esta comunidad cuándo alguna monja había de emprender el viaje a la eternidad. El misterioso repique se imaginaban oírlo en dirección de la celda de la monja cuyo fallecimiento se acercaba.

Las cuatro últimas supervivientes de esa antigua comunidad, Sor María Margarita, Sor María Mariana, Sor María Dolores y Sor María Catarina me aseguraban haberla oído tocar repetidas veces antes de la exclaustración y sólo dos veces después de 1867: cuando murieron las madres Serafina y Rosa de la Presentación, en presencia de muchas personas de fuera del convento que accidentalmente se hallaban de visita en la casa de las monjas.

El naranjo secular del convento de San Francisco

El erudito historiógrafo fray Luis del Refugio de Palacio y Basave me ha referido que en el patio principal del antiguo claustro de San Francisco de esta ciudad existió hasta últimas fechas un naranjo secular, del tiempo de la fundación del convento y que cada vez que moría algún fraile dejaba caer pausadamente una naranja a la hora del alba.

Que los religiosos del expresado monasterio tenían tal confianza y seguridad en que se había de repetir indefectiblemente esta coincidencia, que siempre que estaban velando el cadáver de algún miembro de esa floreciente comunidad, salían al patio, desde al amanecer y esperaban pacientemente la caída de la naranja; sin que en ninguna ocasión hubiese dejado de cumplirles el antojo el famoso arbolito trisecular.

La tradición referente a esta curiosa coincidencia es antiquísima y está autorizada por el testimonio de algunos religiosos muy respetables.

No cabe duda que en esto debe haber también mucho de preocupación, pues si el árbol estaba cargado de fruto, diariamente y a distintas horas tendrían que caer las naranjas al suelo; aunque no se fijaran en ello los religiosos.

Toques misteriosos en el camarín del Santuario de Zapopan

Aseguran algunos respetables historiógrafos que desde tiempo inmemorial se han venido oyendo en el camarín del Santuario de Nuestra Señora de la Expectación de Zapopan, ciertos toques misteriosos, que los fieles han tomado como anuncio o señal inequívoca de la próxima muerte de algún conotado devoto de la Virgen.

Según el jesuita Florencia, en su obra titulada *Origen de los dos célebres santuarios de la Nueva Galicia*, impresa en 1694, ya en ese tiempo era voz común en toda esta comarca que con tales golpes anunciaba la Virgen a sus devotos la vecina muerte de alguno de éstos y añade que don Diego de Herrera —cura que fué de Zapopan y primer compilador y calificador de los milagros de esta taumaturga imagen— juró solemnemente que dichos golpes anunciaron el fallecimiento del obispo de Guadalajara don Juan Sánchez Duque de Estrada, el del oidor de la Real Audiencia neogallega don Juan de Canseco, el del Tesorero de la Real Caja, don Gonzalo Muñoz de Pamplona, y algunos otros que sería prodijo enumerar.

Misteriosos toques en Catedral

El protonotario apostólico, deán y vicario general doctor don Francisco Arias y Cárdenas pocos días antes de morir, oyó tres golpecitos en el respaldo de la silla del coro. Cuando terminó el rezo ordenó al padre sacristán se registrara cuidadosamente toda la sillería para ver si el ruido había sido causado por alguna rata.

Cuando se le informó negativamente se quedó muy preocupado y cambiando impresiones con otros capitulares el señor Gordillo le recordó a San Pascual Bailón.

Dicho señor deán salió para su casa creyendo que el santo le había tocado para que se preparase a bien morir. Unos cuantos días después ¡qué coincidencia!, el señor deán falleció.

EL reloj de Catedral. Las tres vacantes en el año

Pudiera decirse que también el reloj de Catedral ha venido desempeñando el papel de pregonero fúnebre o mensajero de la muerte, pues desde tiempo inmemorial, según reza una tradición viejísima bastante conocida en Guadalajara, repetidas veces ha anunciado a los canónigos la próxima muerte de algunos miembros de este V. Cuerpo Capitular.

Una serie de curiosas coincidencias cuidadosamente observadas por algunas personas en un largo lapso parecen confirmar esta tradición, que, sin ningún adorno, puede referirse en estos términos.

Siempre que durante la misa conventual que se celebra diariamente en la S. Iglesia Catedral sucede que en el corto espacio de tiempo que media entre la elevación de la hostia y la del cáliz empiezan a sonar las diez en el reloj de dicha Iglesia, tómase esta coincidencia como un anuncio de la vecina muerte de alguno de los señores capitulares.

Si el que muere es el canónigo que cantaba la misa o alguno de los prebendados que la acompañaban, debe entenderse que el mismo año tiene que haber tres sillas vacantes en el coro.

Don José María Durán, empleado que fué de esta Catedral durante sesenta y siete años, afirmaba haber tenido noticia de esta tradición desde el año de 1856, pues habiendo dado las diez en la forma indicada quince días antes del fallecimiento del chantre doctor don Francisco Espinosa y Dávalos, todos los canónigos de entonces se mostraron visiblemente impresionados y al terminar los divinos oficios se preguntaban unos a otros para quién sería el tradicional aviso. Once años después se repitió esta coincidencia según el mismo Durán, con motivo de la muerte del canónigo don Ignacio de la Cueva y posteriormente en la de otros capitulares. Dicho don José María tuvo la curiosidad de llevar una minuciosa cuenta de las varias veces que ocurría este suceso y daba noticia de trece casos, de noviembre de 1856 a abril de 1910, o sea de la muerte del señor don Francisco Espinosa a la del señor don Teodoro González. Como unos quince días antes de que falleciera este último, me dijo Duran:

"Hoy dieron las 10 entre la elevación de la hostia y la del cáliz y el señor Carrión está alarmado creyendo que él es quien va a morir, por ser el más viejo. Ya veremos a quién le toca..." El conocido historiador presbítero J. Trinidad Laris, en un artículo que publicó en el diario *Restauración* en noviembre de 1919 referente a esta tradición, dice que es "tan exacta que hasta hoy día no ha fallado", que aunque algunos la tachen de supersticiosa es muy verídica y que a pesar de los prejuicios que haya en su contra se ha realizado de una manera matemática desde 1864. El citado escritor refiere circunstanciadamente los hechos siguientes:

"El sábado 6 de septiembre próximo pasado, octava de Santa Rosa de Lima y 5° aniversario de la coronación pontifical de S.S. Benedicto XV, el señor prebendado don Mauricio Carrillo, que acompañaba de diácono en el Santo Sacrificio celebrando con este último motivo, se fijó en que el presente alzaba la divina hostia. Al terminar la misa refirió a algunos de los señores canónigos la tradición de las tres vacantes en el año que muchos de ellos por ser nuevos en el coro no conocían y terminó con estas palabras: «Dios sabe a quiénes tocará esta vez». Al día siguiente amaneció el señor Carrillo enfermo de gravedad y rindió su vida el 11 del mismo mes de septiembre después de una muy penosa enfermedad, siendo él el primero en dejar vacante una de las sillas del coro, de las tres de que habla la tradición".

"Refieren algunas personas bien interiorizadas que en el funeral del mismo señor Carrillo verificado en uno de los nueve primeros días posteriores a su muerte, el señor canónigo don Luis Navarro Cedano, a quien tocó oficiar en él, se sorprendió grandemente al elevar la Santa Hostia, porque en el mismo momento daban las diez en el reloj de Catedral..." (Diario citado, año II, núm.378).

El señor canónigo Navarro falleció el 7 de noviembre inmediato y el 23 del mismo mes quedó vacante la tercera silla con motivo de la traslación del señor maestrescuelas doctor y licenciado don Manuel Azpeitia Palomar al Obispado de Tepic.

Antes de dar por concluído este capítulo no me parece por demás advertir: que la misa conventual comienza casi siempre a las nueve de la mañana; así es que muy rara vez sucede que cuando dan las diez no haya pasado de la consagración.

Los clamores de las ocho

Cuando el reloj de la catedral tapatía acaba de dar las ocho de la noche, se escuchan diariamente durante un cuarto de hora, poco más o menos y con intervalos de dos minutos, unas campanadas que llaman "los clamores de las ocho" y que se dan con varias campanas combinando de tal manera sus sonidos que en sus tañidos parecen imitar los lamentos de quienes son presas de un profundo dolor.

Varias personas piadosas acostumbran todavía elevar alguna plegaria al cielo por el alma de algún deudo desaparecido, y en el templo de la Merced, cuando era su capellán el reverendo padre Juan S. de Dios Anguiano M.S., se rezaba un rosario de ánimas que era muy concurrido y se cantaban unos versos que empezaban así: "Salgan, salgan, salgan, ánimas de penas, que el rosario santo rompa las campanas".

Había, y supongo la hay todavía, entre la gente del pueblo, la infundada creencia de que durante el cuarto de hora que las campanas catedralicias dan dichos clamores, las ánimas del purgatorio dejan de padecer y se acuerdan de los seres queridos que aún peregrinan en este valle de lágrimas. *(Memorias tapatías)*.

JOSÉ T. LARIS. Presbítero activo en la Arquidiócesis de Guadalajara durante la primera mitad del siglo XX. Literato e historiador, miembro de la Sociedad Mexicana de Geografía y Estadística, la Academia Nacional de Ciencias Antonio Alzate y la Sociedad de Heráldica y Genealogía Mota Padilla, es autor de *Guadalajara de las Indias. Historia de sus crónicas, mapas, planos, edificios monumentales, templos, calles y barrios* (Guadalajara, 1945).

LA TRAGEDIA DEL PALACIO DE MEDRANO

El año de 1585 se trasladó el Palacio de Gobierno al Palacio de Oñate, llamado así por haber sido construido por don Cristóbal de Oñate el año de 1542. Este Palacio, que a mediados del siglo XVII estaba en ruinas, fue reedificado por el oidor don Francisco Medrano y Pacheco por los años de 1640 a 1642 y desde entonces el pueblo empezó a llamarle Palacio de Medrano.

En el recinto de esta noble casa tuvo lugar una tragedia digna de la pluma de Shakespeare, como dice el romancero Ilisaliturri, y que guardada con cuidado en los anales de la fantasía jalisciense, se recordaba, piadosamente, en las frías veladas del invierno, por las linajudas familias del más antiguo abolengo, la que con el tiempo fue esfumándose poco a poco en la noche del olvido, hasta el grado que actualmente es casi del todo desconocida de nuestra impresionable sociedad. Gobernaba a la sazón como presidente de la Real Audiencia de la Nueva Galicia, don Francisco de Pareja, cuando sucedió la tragedia dicha: siendo escenario el Palacio de Medrano; personajes: el de Pareja, su esposa doña Beatriz, doña María hija de ambos, don Sebastián de Dávila y don Luis Almeida.

Los hechos pasaron como sigue: ya en ese tiempo se usaban los matrimonios de conveniencia; don Francisco de Pareja empeñó su palabra con don Sebastián de Dávila, que María su hija a la menor brevedad sería su esposa; sábelo ésta y presentándose ante su padre le dice: "Yo no puedo ser perjura, y nunca iré al altar a jurar fidelidad a un hombre a quien no amo; porque ya le he jurado a don Luis de Almeida, que con él solo me uniré ante Dios y ante la Iglesia".

El Presidente su padre se indignó al oírla hablar de esa manera y la amenazó con maldecirla si no accedía a obedecerlo, casándose con don Sebastián de Dávila; élla inclinó la cabeza ante la actitud de don Francisco y le prometió hacerlo. Llegó el día de aquel enlace que tan funestas consecuencias había de tener, y en medio del júbilo de los invitados, y de los acordes de la música, caminó triste y abatida la desposada cubierta de blancas flores.

Después de la mística ceremonia, vuelven todos al Palacio; hay brindis por la felicidad de los esposos y la fiesta se prolonga hasta que la aurora tiñe de color el cielo.

Cansada doña María se retira a su habitación para llorar a solas, y cuando piensa recogerse parece oír la voz del laud, con que el de Almeida solía distraerla en las noches de verano; corre y abre el balcón y se convence de que don Luis está allí. El de Dávila, celoso, se da cuenta de lo que pasa a su esposa; penetra con violencia a su aposento y dirigiéndose al balcón, dispara un arcabuz sobre el de Almeida, que si no es tocado por la bala, sí ve que su laud vuela hecho pedazos. Don Luis se encara con don Sebastián, le llama cobarde, invitándole a batirse cuerpo a cuerpo; el de Dávila acepta el desafío y cuando va de nuevo a tirar, ella se interpone entre los dos y don Luis se salva, perdiéndose en las negras sombras de la noche.

Mas la infeliz desposada no se contenta con haber salvado a Almeida, sino que, desesperada, se dirige al Palacio y ciñéndose fuertemente una cuerda al cuello, se ahorca del balcón de la pieza de su madre; doña Beatriz, el ver a su hija que se agita en convulsiones horribles de espantosa agonía, cae muerta, desplomándose en el suelo, e igual suerte corre el Presidente de la Real Audiencia, Pareja, que expira abandonado ante el tristísimo espectáculo de aquella fúnebre tragedia de dolor.

En la actualidad, de ese histórico recinto no queda piedra sobre piedra, porque al consumarse la triple tragedia, el Palacio quedó abandonado y al consumarse la Independencia permaneció cerrado por luengos años; después poco a poco se le fue destinando a cuartel, mesón y alcaicería, hasta que sacado a pública subasta, fue rematado por particulares que lo convirtieron en las fincas que se ven en nuestra época en ese lugar. *(Guadalajara de las Indias).*

GREGORIO TORRES QUINTERO. (Véase COLIMA).

EL SUEÑO DEL POBRE Y EL SUEÑO DEL RICO

I

Entre los recuerdos de mi niñez, guardo uno, bastante vívido, referente a un riquísimo hacendado de Zapotlán.

Todo él es legendario.

Y es que en torno de la riqueza, el pueblo gusta de forjar leyendas, del mismo modo que las forja en torno de un sombrío torrente, de una misteriosa gruta, de una escondida laguna, de un valiente aventurero o de un generoso capitán de ladrones. La historia no es más que la leyenda despojada de lo misterioso y pintoresco. La leyenda, tan despreciada en un tiempo por los historiadores, ha recuperado en los tiempos modernos su antiguo prestigio, y hoy reclama su puesto como origen o madre de la historia.

Pues bien, cuando yo era un rapaz, gustando mucho de los cuentos y de las relaciones fantásticas (y en esto era yo como todos los niños), oí hablar mucho de un rico hacendado de Zapotlán, apellidado Manzano. Nunca supe su nombre de pila. Es seguro que hoy existen descendientes suyos.

Aseguraban las versiones vernáculas que era riquísimo, inmensamente rico. Pero no se atribuía su riqueza a su genio emprendedor, a su enérgico carácter, a sus hábitos de orden y de economía, a su talento y a su claro conocimiento de los negocios.

No.

La gente creía que tenía un familiar.

Un día pregunté qué cosa era un familiar.

—Un familiar —me dijo una grave señora— es un pequeño animal, apenas del tamaño de un cuyo, y muy parecido a él. Tiene los ojos muy grandes, dado el tamaño de su cuerpo, tan grandes como unos tostones, si el animal es blanco; y tan grandes como medias onzas de oro, si es amarillo, y en ambos casos con el brillo del propio metal. Los hay, pues, blancos y amarillos. Nadie los ve más que el dueño, y siempre están encerrados en cofres. Dicen que si les da la luz del sol, se deshacen y se evaporan.

—¿Pero en qué consiste que esos animalitos dan la riqueza?

—¡Ah! Pues ponen como las gallinas, sólo que ellos no ponen huevos, sino pesos u onzas de oro. Si son blancos, ponen pesos, nuevecitos; si son amarillos, ponen onzas de oro, recién acuñadas. Pero no creas que un peso o una onza al día, sino chorros de onzas o de pesos todos los días.

—¡Oh! ¡Yo quisiera tener uno, aunque fuera blanco!

—¡Cállate, niño! ¡Sólo los da el diablo!

—¿Cómo?

—A cambio del alma del que los pide.

—¿Luego ese rico Manzano..?

—Le vendió el alma al diablo.

—¿Y..?

—¡Está condenado!

II

Ya adolescente, me contaron que había en Sayula una casona antigua, abandonada por sus dueños, en virtud de que en ella asustaba.

Habían pasado por ella muchas familias que habían intentado habitarla. Y todas se habían ido de allí aterrorizadas.

No había ya quién la alquilara.

Y llegó un tiempo en que nadie quería vivir en ella ni de balde.

La casona inspiraba miedo hasta por fuera. Su ancho zaguán permanecía constantemente cerrado: sus ventanas ya desvencijadas permitían ver el interior de unas piezas húmedas, sucias y obscuras, por donde la gente se imaginaba que transitaban fantasmas blancos o frailes vestidos de negro. Por sobre las altas tapias del corral o de la huerta, surgían viejos y altos árboles, contribuyendo a hacer más sombrío el interior de aquella siniestra mansión.

Contábase que un pobre zapatero remendón, no hallando dónde meterse, pidió permiso de instalarse con su mujer en la fatídica y lúgubre casona, lo cual le fue concedido fácilmente por sus dueños, los cuales deseaban que, al menos, aquella propiedad se conservase.

El tal zapatero era de alma fuerte. Decía que no le tenía miedo ni al diablo mismo.

Sin embargo, la gente, que creía que aquel dicho era sólo una baladronada, esperaba, con el fundamento de la tradición, que antes de los ochos días saldría de la casona, más muerto que vivo, como habían salido todos los que habían pretendido vivir allí. Y se sorprendían de verlo diariamente en el ancho zaguán, sujetando con el tirapié el zapato que remendaba, golpeándole los tacones o las plantas con su incansable martillo y cantando alegremente.

—Maestro —le preguntaban—, ¿qué tal?

—Buen tal. Ya sé por qué me lo pregunta. Aquí no pasa nada.

—¿Nada? Pues todo el mundo dice que aquí asusta.

—A eso vine: a que me asustaran. Pero hasta los fantasmas saben quiénes son valientes y quiénes son cobardes. Tengo un gran deseo de verlos. Y si tienen dinero enterrado, vengo a que me digan dónde está. Quiero salir de pobre. Pero como le digo: aquí no pasa nada.

—¿Luego son puras habladurías?

—Yo no sé si serán. Pero aquí, hasta ahora, no ha pasado nada. De noche y de día ando por todas partes, diciendo: "¡Muertos! ¿en dónde están que no los veo?" Y todo inútilmente. ¡Nadie responde! Ya le digo: aquí no pasa nada.

Su interlocutor se mostraba contrariado.

—¿Luego el fraile que dicen que sale de junto al brocal del pozo y se pierde entre los duraznos?

—Pues no ha salido. Ha de estar cansado.

—¿Y la mujer vestida de blanco, a manera de monja que se pasea por los corredores rezando su rosario?

—Tampoco. Tal vez se resfrió en alguna de las noches pasadas, y tiene catarro.

—Hombre, no se burle usted. Es cosa seria.

—Hablo en serio.

—Bueno. ¿Y la calavera de ojos centellantes que camina a brincos por las habitaciones?

—¡Nada, hombre, nada!

—¿Y..?

—¿Y la mula prieta de ojos de lumbre que tira patadas? ¡Tampoco, hombre!, ya le digo a usted que aquí no pasa nada. ¡Nunca he vivido en una casa más quieta y callada que ésta!

III

Mas una noche el zapatero soñó que un fraile negro, con su espeso capuchón sobre el rostro, se acercó al pobre petate en que dormía con su mujer. Por largo rato el fraile permaneció mudo e inmóvil, como pensativo e indeciso. O quizás rezaba. El zapatero esperaba que algo dijera; más al ver que nada decía iba a interrogarlo, cuando de entre el capuchón salió una voz ronca y fría que pronunció claramente estas palabras:

—¡Manzano te hará rico! ¡Ve con él!

Y desapareció.

El zapatero era madrugador. Aún estaba obscura la mañana cuando despertó, recordando el sueño en todos sus detalles.

—¡Vieja! ¡Vieja! ¡Levántate!

—¿Eh? ¿Qué dices?

—Que te levantes. Quiero que me eches unas gordas, pues tengo que ir a Zapotlán.

—¿Te has vuelto loco?

—Levántate. Después te contaré.

Mientras la buena mujer molía el nixtamal y echaba las gordas, su marido le platicaba del sueño.

—¡Ay, viejo! —le decía ella—. ¡Cuánto temo que eches tu viaje de balde!

—¿Por qué lo he de echar? Yo creo que este es un aviso de Dios. Ten fe.

—Quiero tenerla. ¿Te parece poco que salgamos de pobres? ¡Dios quiera que sea cierto! Pero...

—¿Pero qué, mujer?

—Manzano no es capaz de darle agua ni al gallo de la pasión.

—Pos vamos a ver. En último caso, nada perdemos. Sólo echaré de balde mis patadas por el camino.

IV

El sol salía cuando nuestro zapatero iba ya de marcha. Movía con ardor sus piernas. Hasta se sentía más joven. Y cantaba saludando a la aurora, como la saludaban los gallos y los pájaros.

Llegó a Zapotlán y se dirigió derecho a la casa de Manzano, preguntando por él.

—Se fue al campo. Si quiere esperarlo, espérelo.

El que así le respondía, examinó al recién llegado de pies a cabeza, no encontrándole trazas de gañán.

—¿Se puede saber para qué quiere usted al señor Manzano?— le preguntó.

—Es un negocio particular entre él y yo.

—¿Quiere usted trabajar en el campo?

—No lo sé todavía. Ya le dije que mi negocio es enteramente particular con el señor Manzano.

—Es que tardará mucho.

—No le hace. Esperaré pacientemente hasta que venga.

Y sentándose en una banquita que estaba en un rincón, sacó de su morral unas gordas y se puso a comerlas filosóficamente.

Muy tarde ya, casi de noche, llegó el riquísimo hacendado. Desmontó de su mula y entró en la estancia haciendo resonar sus espuelas en el pavimento.

—Aquí hay un hombre —le dijeron— que se empeña en hablar con usted.

—¿Qué quieres, muchacho?— dijo el rico dirigiéndose al zapatero. ¿Vienes a buscar trabajo?

—No, señor: a otra cosa vengo con su mercé.

—Es raro, porque aquí todos vienen a pedirme trabajo. Dinero ya saben que no lo doy nunca.

—Pues para que a usted le parezca más rara mi venida, le diré que a algo por el estilo vengo, aunque no estoy seguro de si yo le vengo a pedir dinero o no y usted tenga que dármelo; usted sabrá el modo de que yo lo tenga. Ya verá.

—No te entiendo ni jota de lo que dices.

—Ahorita me va a entender. Anoche soñé que un fraile negro me decía: "Manzano te hará rico. ¡Vé con él!"

—¿Y has venido..?

—A que usted me haga rico. Usted sabrá el modo.

El hacendado lanzó una ruidosa carcajada y se paseó por la estancia tosiendo y riendo.

—¡Eres chistoso, hombre!

Y no dejaba de reir, atacado a la vez de tos y de risa.

Luego, deteniéndose frente a frente del zapatero, habló entre risas y veras:

—Si a sueños vamos, yo también puedo aumentar mi riqueza yendo a Sayula. Pues has de saber que anoche soñé que una mujer vestida de blanco, a modo de monja, me llevó a Sayula y me metió en una casona del pueblo, de ancho zaguán, con las ventanas ya casi cayéndose, con grandes árboles en su corral y huerta, y, por más señas, habitada por un zapatero y su mujer. La monja me condujo a la huerta, y me dijo: "Allí, entre aquellos dos duraznos viejos, que están junto al pozo, hay enterrado un tesoro". Ya ves, pues, que yo también he soñado riquezas. Pero como no soy tan simple como tú, no hago viaje a Sayula, movido por semejantes patrañas...

A medida que hablaba el hacendado, el zapatero iba sintiendo que todo su interior se iluminaba.

—Conque... ¿entre dos duraznos viejos que están junto al pozo?

—Si, hombre! Las señas no pueden ser más claras.

—Gracias, señor Manzano. ¡Adiós!

V

Cuando el zapatero llegó a su casa, dijo a su mujer:

—¡Vieja! ¡Parece que la voz del fraile fue siempre aviso de Dios!

Y le contó el sueño de Manzano.

Ambos se pusieron a escarbar con ardor entre los dos duraznos viejos que estaban cerca del pozo, por donde decía la voz vernácula que andaba penando el fraile negro.

Y dieron con un cajón todo lleno de onzas de oro.

Los dos sueños se habían completado: ¡Manzano había hecho rico al pobre zapatero! *(Cuentos colimotes).*

LEYENDAS MEXICANAS
TERCERA PARTE

LEYENDAS MEXICANAS
TERCERA PARTE

ÍNDICE DE LA TERCERA PARTE

ÍNDICE TERCERA PARTE

MICHOACÁN 521
  Eduardo Ruíz
    Aguanda y el príncipe Hiquíngari 521
    El banquete de los dioses...................... 526
    Atzimba y el español Villadiego................ 530
  José Corona Núñez
    Leyenda del nacimiento de Cuerauáperi 535
    Hapunda. Leyenda del lago de Cuitzeo 537
    Leyenda del convento de agustinos 539
    Leyenda del convento del Carmen............... 545
  Francisco García Urbizu
    Un río subterráneo 549
  Francisco de Paula León
    La mano negra................................ 553
    El cordonazo de San Francisco 558
    El perro de piedra 561
  Felipe E. Calvillo
    Los gorriones 567

MORELOS 569
Antonio García Montaño (compilador)
Verónica Alvarado Cortés
    Leyenda del Tepozteco 569
Sandra Nancy Rosales Ortíz
    Leyenda de la laguna de Tequezquitengo 571

Tania Moguel Vargas
   La pobreza de Tepoztlán 571
José Luis García Valdos
   El árbol de las cruces 572
Lourdes Cedillo Cedillo
   San Buenaventura 572
Mintzi Soledad Galván
   Saibidigoytia e Icazbalceta 574

NAYARIT 576
Matías de la Mota Padilla
   La primera mina 576
Antonio Tello
   El dragón de Atemba 578
Domingo Lázaro de Arregui
   Leyenda de San Mateo 581
   La cruz de Tepic............................. 583
Carl Lumholtz
   Leyenda de Chulavete 585
Manuel Alvarado Alvarado
   La piedra del indio 587
Bernardo Narváez Ávila
   Cómo llegó la lluvia 590
   Enfermedad de la reina del maíz 591
   La Candelaria............................... 593
   Una capilla en el mar........................ 594
   Mololoa y Sangangüey....................... 596
Julián Gascón Mercado
   Yaná Takua, dios cora del tabaco 598

Froylán W. González
    Laguna de Santa María del Oro 600

NUEVO LEÓN 604
Lilia E. Villanueva de Cavazos
    Tertulia de ultratumba 604
    Cita de amor................................ 606
    La hija desheredada......................... 607
    La espada que arde 608
    Promesa del más allá 609
    El Cristo de Boca de Leones 611
José G. García
    El Arroyo Seco 614
    El Rincón del Diablo 615
    El Charco de la Tumbaga 616
    El niño héroe 618
    La Parrita 620
    El ojo de agua de la Pastora................ 622

OAXACA 624
Heriberto Frías
    El vencedor del Sol 624
    Cosijoopii 630
    Coyolicatzin 635
Andrés Henestrosa
    Binigundaza 642
    El pez que cenó San Juan 647
    La golondrina............................... 648

Néstor Sánchez Hernández
    La Matlazihua 649
    La Soledad 650
    Donají 654
    La carretilla de la muerte 655

Fernando Ramírez de Aguilar
    La santa cruz de Huatulco 658

PUEBLA 663

Luis Nava Rodríguez
    Fundación de Puebla 663

Eduardo Gómez Haro
    Calle de Diego Becerra 666
    Calle del Venado 680

Enrique Gómez Haro
    Calle de la sacristía de la Concepción 687
    Calle del Deán 690
    Calle del Alguacil Mayor 692
    Calle del Corazón de Jesús 694
    La hora fatal para los canónigos 696

Miguel E. Sarmiento
    El que mató al animal 699
    El rosario de Amozoc 704
    Catarina de San Juan, la China Poblana 709

QUERÉTARO 717

Valentín F. Frías
    Escudo de armas de la ciudad 717
    Los duendes 718

La casa del faldón.......................... 720
Un suceso prodigioso....................... 723
El báculo de fray Margil.................... 726
El callejón de don Bartolo.................. 727
¿Qué se hizo?.............................. 730
Una misa póstuma.......................... 731

QUINTANA ROO................................. 734
Jorge Miguel Cocom Pech
    Testimonio de una iniciación: *U ta'lal iik, u ta' lal wayak*
    (La prueba del aire, la prueba del sueño)........ 734
    El poder de un grano de maíz................... 739
Eduardo Medina Loría
    El novio de la Xtabay........................ 744
    El hombre que vío a los difuntos............... 749

MICHOACÁN

EDUARDO RUÍZ. Nació en Paracho, Mich., en 1839; murió en Uruapan, de la misma entidad, en 1902. Abogado de ideas liberales, luchó contra la Intervención Francesa. Fue después redactor del *Periódico Oficial*, juez, diputado federal, procurador general de la Nación y magistrado de la Suprema Corte de Justicia. Es autor, entre otros, de los libros *Biografía de don Carlos de Sigüenza y Góngora* (1874), *Biografía de Ocampo* (1875), *Michoacán. Paisajes, tradiciones y leyendas* (México, Oficina Tipográfica de la Secretaría de Fomento, 1891) e *Historia de la Guerra de Intervención en Michoacán* (1896).

AGUANDA Y EL PRÍNCIPE HIQUÍNGARI

En la falda de la colina en que se hallaba el sepulcro de Tariácuri, se veía una pintoresca cabaña rodeada de jardines. Desde los bancos que había a uno y otro lado de la puerta, se podía contemplar el panorama del lago en una de las más sorprendentes vistas que se desarrollan a cada paso en sus riberas[1].

A uno de los lados del corredor de la cabaña, una mujer de cuarenta años estaba sentada en uno de los bancos: tenía ceñida en la cintura una doble malla de hilos azules, cuyo opuesto extremo estaba fijo en uno de los pilares de la casa. Con un movimiento regular imprimía uniforme vaiven en las dos fajas de hilos, mientras que con suma destreza hacía pasar por ellos un ovillo y en seguida apretaba la tela con una varilla plana de madera fina[2].

Esa mujer tejía un delgado velo, una hópchacua (rebozo) para su hija.

A corta distancia estaba la joven. Esbelta y gallarda; de color apiñonado; los ojos negros y rasgados, y bajo las espesas y grandes pestañas temblaba el fulgor de una lánguida mirada.

Vestía amplio guanengo de color azul, bordado de oro y guamilule y orlado de ancha franja de púrpura del mar[3]; ceñía su frente una canacua (corona) de violetas del campo, de la cual surgía una pluma, también azul, de guacamaya de la Sierra.

Un ramillete de flores comenzaba a marchitarse al contacto del calor de sus manos, y sus ojos no cesaban de mirar hacia el camino que conduce a la ciudad.

La mujer que estaba tejiendo fue la primera en romper el silencio.

—No te impacientes, hija, los sucesos que acaban de verificarse en Pátzcuaro lo habrán detenido contra su voluntad.

—Madre mía, esos acontecimientos pasaron hace tres soles. Desde entonces no lo veo. Mira, no se cuántos ramilletes se han marchitado ya en mis manos, esperándolo inútilmente. Volveré a hacer otro.

—Pobre hija mía, la pasión se ha apoderado de tí. Y ya sabes que el amor se lleva a sus víctimas[4]. No se que vago presentimiento me hace temblar por tu porvenir...

—¿Acaso crees que él no me quiera?

—Al contrario. Su amor se revela en todas sus acciones. Pero hay tal melancolía en su semblante, habla siempre de cosas tan tristes, que yo creo que hay en él algún secreto que le atormenta.

—Ah! no: ya me lo hubiera dicho. Él no tiene nada oculto para mí.

—Entonces, la muerte llama con frecuencia en su corazón.

—No digas eso, madre mía: él mismo me ha repetido tantas veces que el día en que nos casemos será el principio de su felicidad...

—Pobre Aguanda[5], el amor te ciega hasta el punto de olvidar que no puedes ser su esposa.

—¿Que no puedo ser su esposa? ¡Explícate, explícate, por nuestro padre el sol, madre mía!

—¿Olvidas, niña, que desde hace tres días es Hiquíngari el único heredero del trono?

—Es verdad, madre, y que no puede casarse con una plebeya. ¡Es verdad!...

Aguanda apoyó su frente en una de sus manos, y dos lágrimas se deslizaron de sus ojos, y en anchas gotas se estamparon en el suelo.

Mientras tenía lugar esta conversación entre madre e hija, atracaba en la ribera una canoa que largo rato había venido bogando del rumbo de Zurumútaro. Un guerrero desembarca y sube apresuradamente en dirección de la cabaña. Es su aspecto feroz y revela un corazón lleno de audacia e impiedad.

Se aproxima al sitio en que se hallan las dos mujeres. La madre es la primera que advierte su llegada, y con una voz que tiembla por la cólera, exclama:

—¡Sírpiri!

—¡Oh, siempre este hombre! —agrega Aguanda, cubierta de mortal palidez.

—¡Siempre yo, Aguanda! yo que te amo siempre. Hiquíngari va a ser rey y tú no podrás ser su esposa, a menos que...

—¡Calla, miserable! —dijo la madre levantándose erguida y despidiendo rayos por sus ojos.

—Yo, en cambio —continuó diciendo tranquilamente el guerrero—, vengo otra vez a ofrecerte mi mano. Subirá Hiquíngari al trono, unirá su suerte a la de una princesa real; y quiero suponer que te lleve a su harem; mañana, después de alguna victoria sobre sus enemigos, te regalará al capitán que más se haya distinguido en la pelea[6]...

—¡Jamás! —murmuró la doncella, entre uno y otro sollozo.

—Mientras que si aceptas mi mano, esposa de Sírpiri, vivirás en Quirínguaro, no como una princesa, sino como la respetable compañera de un valiente guerrero.

—¡Jamás! —volvió a decir Aguanda.

En estos momentos, un heraldo que venía a toda prisa, llegó a la cabaña, y, dirigiéndose a la joven, le dijo:

—Guárdete nuestro padre el sol, Aguanda. El príncipe Hiquíngari te envía a decir que mañana saldrá de Pátzcuaro para

Coyúcan el venerable rey Hirépan. La permanencia del gran señor en la ciudad le ha impedido venir a verte; que lo esperes mañana al caer la tarde, tras del sepulcro de nuestro rey Tariácuri.

Entretanto hablaba el mensajero, Aguanda había logrado dominar las emociones que estaban desgarrando su corazón, y pudo contestar con tranquilidad:

—Dí a tu señor que Aguanda no existe ya para él desde que es heredero del trono.

—Ya esperaba el príncipe esta respuesta de tus labios; mas quiere que recuerdes que tu padre, simple soldado, murió en una batalla por salvar la vida de Hirépan. Éste lo ha declarado así ayer ante el Consejo real, que, a su instancia, ha ennoblecido a la familia del valiente. Después, Hiquíngari ha obtenido el permiso de su padre para hacerte su esposa. He aquí por qué Hiquíngari no ha venido en estos días al lado de su Aguanda... ¿Qué respuesta llevaré al príncipe?

—Que iré, que iré a la cita, que nos veremos en el sepulcro del gran rey.

El mensajero partió.

Sírpiri había desaparecido al escuchar las últimas palabras del enviado, y las dos mujeres se entregaron a una franca alegría.

Al día siguiente, Aguanda, desde el portal de su cabaña, saludó la espléndida salida del sol. Le parecía que el astro había amanecido perezoso y que su marcha era más lenta que los demás días.

Aguanda desempeñó con toda actividad los quehaceres de la casa, y en seguida comenzó a formar ramilletes, desechándolos a medida que los concluía, como indignos de ser ofrecidos a su real amante. En seguida empezaba de nuevo la tarea.

Estaba impaciente, nerviosa. Sus lánguidas miradas se fijaban en el camino y se elevaban luego a contemplar el sol.

Su madre la miraba con tristeza.

El contento de la víspera se había ido trocando en una melancolía inexplicable.

Las dos mujeres guardaban silencio.

Era el mes de agosto. La mañana estaba calurosa. El aire, transparente como nunca, se sentía impregnado de humedad. Tranquila la superficie del lago; y un sol ardiente enviaba sus efluvios de fuego sobre la extensión de la comarca.

No se oían ni el canto de un pájaro ni el rumor de una ola.

Sólo se escuchaba a veces un débil suspiro que se escapaba del pecho de Aguanda.

Por fin el sol ha comenzado a declinar. El calor es más intenso; el silencio profundo.

Se acerca la hora.

De repente el cielo se cubre de nubes. Las olas se agitan. Los pájaros vuelan rápidamente en todas direcciones, exhalando gritos de espanto.

Aguanda se encamina al sepulcro de Tariácuri.

Al llegar observa que la tupida yerba que crece al pie de la pirámide se agita extrañamente; mas se tranquiliza al ver que en esos momentos los árboles sacuden las ramas movidas por el viento que comienza a soplar.

Entretanto, los habitantes de la ciudad de Pátzcuaro, que acababan de presenciar la partida de Hirépan, permanecían todavía en las calles formando corrillos, no obstante las amenazas de una tempestad que a gran prisa se aproximaba.

De repente suspenden su conversación al ver al príncipe Hiquíngari que atraviesa por entre los grupos con dirección a la boscosa colina en que se alza el sepulcro.

—¿A dónde irá el heredero del trono? —preguntaban algunos.

—El príncipe es muy piadoso —contestaban otros—. Ha de ir a encender el fuego de los dioses en lo alto de la yácata real.

Al llegar Hiquíngari al pie de la pirámide, la tempestad cernía sus alas sobre los pinares; el rayo se desprendía de las oscuras nubes, y el trueno hacía su terrible explosión, repercutiéndose en las profundidades de la bóveda celeste.

Las olas se agitaban tumultuosas en la superficie del lago, y a veces se levantaban trombas, como inmensas columnas entre el agua y el cielo.

El contínuo relámpago iluminaba aquel panorama siniestro.

¿Qué importa la cólera de los elementos si esperan a los amantes dulces horas de felicidad?

En medio del imponente espectáculo de la naturaleza, los labios van a pronunciar eternos juramentos de amor.

Un paso más. Hiquíngari va a imprimir un beso en la frente de Aguanda...

Una flecha silba, y el príncipe cae muerto, atravesadas las sienes. Se oye una estridente carcajada, y se presenta Sírpiri a los ojos de Aguanda. En esos momentos se desploma la doncella y su cuerpo inerte cae al lado del cadáver de su amante.

—¡Aguanda! —grita Sírpiri, presa de la desesperación y del espanto... y —¡Aguanda!— le contesta una voz misteriosa que parece venir de los cielos.

—¡Aguanda!— repite el guerrero... y otra vez —¡Aguanda!— le responde el eco sordo y prodigioso.

El guerrero, sobrecogido de terror y víctima de la superstición, pierde el cerebro, repite cien veces el nombre de la mujer amada: el eco redobla su mortal respuesta y Sírpiri prorrumpe en estrepitosa carcajada.

Estrepitosa carcajada sale de los invisibles labios del eco.

La tempestad crece, y el trueno que retumba en las nubes, retumba también producido por el eco.

Sírpiri huye del lugar tremendo, y por todas partes lo sigue la terrible carcajada del eco. *(Michoacán. Paisajes, tradiciones y leyendas)*.

EL BANQUETE DE LOS DIOSES

El espanto llegó a su colmo entre los tarascos, cuando comenzaron a sucederse casi sin interrupción fuertes terremotos que hendían los templos de arriba a abajo, no siendo pocos los que fueron reducidos a escombros.

---

[1] Es el sitio conocido hoy en Pátzcuaro con el nombre de Los balcones.
[2] Llámase este instrumento ptacua, y sirve, aun hoy día, para tejer toda clase de telas.
[3] En la *Memoria del Gobierno de Michoacán*, correspondiente al año de 1884, pág.114, leemos lo siguiente: "Gran incertidumbre reinó por mucho tiempo sobre el orígen de la púrpura de los antiguos, que la casualidad vino a descubrir, rompiendo el perro de un pastor un marisco, con cuyo líquido se preparó la púrpura que inmortalizó a las ciudades de Tiro y de Sidon... Michoacán tiene en su orilla del Pacífico, madejas de hilo para untarlas de lo que llaman guamilule, pues esa concha o caracol es el marisco que da el líquido de la púrpura".
[4] Pánsperata es el amor, en tarasco: literalmente "lo que está llevado".
[5] Aguanda significa el cielo, la bóveda celeste.
[6] Era costumbre de los reyes de Tzintzúntzan obsequiar al guerrero (siendo noble) que más se había distinguido en una batalla, regalándole alguna de las hermosas mujeres del serrallo. Beaumont, tomo III, pág.99.

No habían de faltar en Michámacuan mismo algunos agüeros, anunciando la ruina del imperio. En efecto, reinando Siguangua, llegaron a su presencia algunos sacerdotes de Cuerápperi que servían en el templo de Tzinápecuaro, y le refirieron el siguiente sueño o revelación:

"Un señor llamado Huichu, régulo de Ucareo, tiene entre sus mujeres a una bella joven a quien se apareció una diosa que dijo llamarse Cutzi-Huápperi (la hija de la luna), y haciéndola tomar un narcótico, le recomendó que hiciese saber a Siguangua todo lo que iba a presenciar. La joven soñó entonces que marchaba por un camino amplio (el que conduce a México), y repentinamente vio venir hacia ella una águila blanca, con un penacho en la cabeza. Tan luego como el ave llegó a donde estaba la muchacha, erizó las plumas y la miró con ojos grandes y encendidos que parecían los de nuestro padre el sol, emblema de Cuerápperi.

"El águila dio la bienvenida a la joven y le dijo que se sentase en sus alas y no tuviera miedo de caer. Verficólo así la bella odalisca y sintió como era transportada a las altas montañas en que se crían el azufre, el alumbre, el sulfato de cobre, el ocre y el almagre con que se embijan los guerreros. Luego la llevó a las hirvientes aguas de Purúa, en donde se petrifican las varas de las flechas que usan los ejércitos tarascos. La condujo en seguida a la pintoresca cúspide de la montaña en que las aguas termales forman la laguna verde y la laguna larga, de linfa cristalina y encantada. En toda la cordillera hay respiraderos que vomitan vapores, entre los cuales el Marítaro asombra por su intensidad. Elevándose en el aire a una considerable altura, llegaron a la enhiesta cima del Xhanuat-Ucacio.

"Allí vio la joven que estaban sentados los dioses de las cuatro provincias, cada uno con la faz pintada respectivamente de negro, de rojo, de blanco, y amarillo, con guirnaldas de trébol o de hilos de colores en la cabeza, y de distintas maneras trenzados los cabellos. Celebraban un banquete. Tenían gran variedad de alimentos y de frutas; y el vino tinto de zitun y el blanco del maguey corrían en abundancia.

"Presidía el festín el dios llamado Curita-queri (el gran tizón), que era el mensajero de los grandes dioses.

"Finalizada la comida, habló así el mensajero de los dioses:

"Oh, dioses de las cuatro partes del mundo: yo vengo del Oriente en donde se hallan congregados el Dios único que se eleva en la sagrada Querénd-angápeti; el incandescente sol a que en los diversos dialectos de la tierra se da el nombre de Cuerápperi; la apacible y esplendorosa antorcha de la noche, nuestra madre Xharátanga, y el brillante lucero Uréndacua de faz bermeja y cabellera de oro.

"Sabed, pues, que en el Consejo celebrado por los grandes dioses se ha hablado de los hombres blancos, criados nuevamente, que tratan de venir a poblar este país. No lo podemos impedir, y pronto cesarán las fiestas y las ofrendas que nos tributaban nuestros hijos. Antes de la aparición de las estrellas errantes que han derramado su luz en el cielo de estas tierras, nos habíamos concertado para vivir unidos, y que sosegado el reino, viviésemos en paz. Mas todo ha cambiado. Id a los dioses de las cuatro partes del mundo y decidles, que ya no traigan el vino ni las demás ofrendas, como cuando estábamos prósperos. Que destruyan los vasos y las odres; que cese el sonido de las músicas y rompan las quiringuas (atabales de palo); que apaguen los braserillos del incienso; que destruyan los templos y palacios y cubran con tierra sus escombros para que nazcan árboles y yerbas. Ocúltense los hombres, y las ciudades y los pueblos conviértanse en vastas soledades; a los dulces cantares del amor y a los bélicos himnos de la gloria, sucédase la fúnebre plegaria que anuncie la ruina y la desolación de Michámacuan. Y tu, mujer, que estás aquí y que nos escuchas, publica lo que has visto y hazlo saber al rey Siguangua que gobierna en nuestro nombre.

"Los dioses lloraron: deshízose el concilio y la misteriosa visión quedó envuelta en las tinieblas.

"La hermosa sultana del serrallo de Ucareo despertó al pie de una encina. Recorrió templos, palacios y chozas, y cantando en lastimera melodía, anunciaba a los hombres la visión de su sueño. Al mirarla el pueblo, a veces la tenía por la misma diosa Cuerápperi que, sedienta de sangre, demandaba sacrificios; a veces se figuraban que era la terrible guaricha (la muerte) que venía a cegar la corriente de la vida.

"En seguida, convocando el cacique Huichu a los sacerdotes de Ucareo y Zinápecuaro, nos ha enviado a Tzintzúntzan para poner en tu conocimiento, rey Siguangua, los agüeros que acabamos de referirte".

El águila le dijo que se sentase en sus alas.

Oyó gravemente Siguangua la anterior relación, y luego, dirigiéndose a los sacerdotes, les dijo:

—Bienvenidas seais, madres[7]. ¡Qué tristes noticias me traeis! ¿Qué he hecho yo a los dioses para merecer este castigo?

—No es un castigo que te envían los dioses a ti sólo. Los reyes todos de esta tierra lo sufrirán igualmente. Ya lo había profetizado nuestro padre Tariácuri cuando dijo que en el mundo se suceden los hombres a los hombres y en el cielo los dioses a los dioses.

Siguangua se entristeció; mas hubo de conformarse luego con la idea de que la pérdida del señorío sería general para todos los reyes de las naciones del Continente, y de que, mientras él viviera, no había de verificarse la catástrofe, y en consecuencia moriría en su trono. *(Michoacán. Paisajes, tradiciones y leyendas).*

ATZIMBA Y EL ESPAÑOL VILLADIEGO
(Resumen)

Tenía Tzimtzicha (Rey de Michoacán) una hermana menor llamada Atzimba, joven de veinte años y de hermosura singular. Impresionable como toda mujer delicada, los acontecimientos de la conquista la afectaban profundamente, sin darse cuenta del origen de aquella impresión. La opinión unánime era que estaba enhechizada y que sería conveniente enviarla a las fuentes termales de Zinapécuaro, consagradas a la diosa Cuerápperi, para limpiar su cuerpo de la tristeza; y para purificar su alma, la doncella debía ser consagrada al culto, como la esposa inmaterial del sol.

Mientras tanto, Hernán Cortés, teniendo ya conocimiento del reino de Michoacán, envió a un soldado apellidado Villadiego con objeto de que fuese a explorar esas tierras. Partió éste con su comitiva de nobles mexicanos, pero al llegar a Taximaloyan (Taji-

---

[7] Dice la *Relación* que así trataban a los sacerdotes de Cuerápperi, tal vez porque servían a una diosa, y acaso por el mismo motivo sus trajes eran de mujer, lo mismo que las guirnaldas y atavíos. Suponemos que esta sería costumbre de los sacerdotes de Ucareo y Zinápecuaro, pues ya hemos visto que en Pátzcuaro y Tzintzúntzan, aunque con traje talar, los sacerdotes se ataviaban con los mismos arreos que los soldados. De notar es que los sacerdotes tarascos se abrían corona en la cabeza como los clérigos católicos.

maroa), el cacique de este pueblo los hizo prisioneros para enviarlos secretamente a su rey.

Atzimba recorrío los bosquecillos del palacio, cuando repentinamente vio penetrar en el recinto a un gallardo mancebo, jinete en un caballo blanco, llevando en la mano la brillante espada toledana. Rodeábanlo multitud de guerreros con los arcos preparados. Atzimba quedó inmóvil contemplando la aparición. Villadiego, a su vez, fijó sus ojos en los de la princesa, y la mirada larga y ardiente de aquellos dos seres, fue un manantial de fuego para sus corazones. Los soldados se apresuraron a introducir al español al patio del palacio y lo encerraron en un calabozo. La princesa, de pie, quedó herida de una inmovilidad completa, como petrificada. Al fin cayó en tierra, y una de las sacerdotisas, llena de terror, exclamó: "¡Nuestra madre está muerta"!

El cadáver fue conducido al gran salón en el palacio de las vírgenes del sol. Lo lavaron con agua impregnada de plantas aromáticas, le pusieron ricas vestiduras, y colocándolo en finísima estera, lo rodearon y lo cubrieron de rosas. Había entre los floridos setos del parque real una yácata (pirámide) nueva. Allí depositaron el cuerpo, encendieron en torno de él multitud de braserillos con incienso, y colocaron a un lado búcaros llenos de agua y cestos con variados alimentos. La joven hermosa de expresivo semblante, inanimada y lívida, se quedó sola en el fondo de la yácata.

Pasaron los días. Villadiego comprendía que al llegar a Tzintzuntzan (capital del reino) sería sacrificado. En la puerta de la prisión había centinelas, pero observó que en uno de los extremos del aposento se abrían anchas cuarteaduras. Pudo introducir la mano por una de ellas, desprendió sin hacer ruido una piedra grande y le fue fácil pasar por la abertura. Una vez en el bosque, escuchó un débil gemido que procedía de la yácata. Descubrió la entrada de la gruta y penetró en ella. ¡Qué ven sus ojos! La joven de la dulce mirada estaba allí inmóvil, con los ojos ligeramente entreabiertos. Le toma una mano y va a llevarla a sus labios para imprimirle un beso, cuando ¡aquella mano oprime la suya! Atzimba abre los ojos, contempla extática la faz del guerrero, exhala un nuevo suspiro y devuelve aquel beso que le infundió el calor de la vida.

Las sacerdotisas entonan cantos de alegría y conducen en sus hombros, en andas cubiertas de flores, a la hermosa Atzimba que respira salud y felicidad. El cacique del pueblo nombra mensajeros que vayan a Tzintzuntzan a contar al rey aquel sorprendente milagro, y en el momento de partir, Atzimba los llama y les ordena que de su parte digan a Tzimtzicha que venga a Tzinápecuaro porque tiene que hacerle importantes revelaciones. Cuatro días tarda el rey en venir. Cuatro noches de amores y deleites tejen la dulce pero frágil tela de la felicidad de los amantes. Al fulgor de la luna se les ve cruzar los bosquecillos impregnados de aromas, perderse en lo más oscuro de las sombras y reaparecer cuando el alba sonríe esperando la salida del sol.

Tzimtzicha llega. El gran sacerdote de Cuerápperi ha ido a encontrarlo en el camino y le ha hablado en secreto. ¡Qué adusto está el semblante del rey! Sus ojos despiden rayos de cólera. Sin embargo, se domina y oye atento de los labios de su hermana las siguientes palabras:

—Mi rey y señor: cuando después de muerta era transportada a los cielos, una voz desconocida de un ser invisible me ordenó que regresase a la tierra para exhortarte a que no hagas oposición a los hombres blancos que vienen a conquistar estos reinos. Su ley es la verdadera y la que habrá de prevalecer: que en prueba de ello, un mancebo hermoso, con una luz en la mano, ha venido por la parte del oriente, llegando a estas regiones a la hora de la salida del sol. Escúchalo, porque es el mensajero de la nueva ley.

Atzimba creía, como todos, haber estado muerta, y que por obra de un milagro había vuelto a la vida. El encuentro con Villadiego en la gruta, durante el período cataléptico que había suspendido su vitalidad, la hizo creer en el prodigio. Su muerte la había desligado de sus juramentos como esposa del sol. Una nueva vida, una nueva religión la hacían libre y podía entregar su pecho a quien amaba. Esto le había dicho la misma voz misteriosa que le había ordenado hablar con el rey. Tales fueron, en efecto, las palabras de Villadiego cuando penetró a la gruta.

Tzimtzicha entró en consejo con sus ministros. Fanático y supersticioso, vacilaba en el castigo que había de imponerse a la princesa. Sacrílega y perjura, debía ser enterrada viva; mas su resurrección, obra de un patente milagro, la ponía fuera del alcance de la justicia humana. Largo rato duró deliberando el consejo. ¿Cuál fue la resolución que acordó?

Cuatro horas hacía que el sol había desaparecido en el horizonte. Una canoa tripulada por diez remeros se desliza sobre la onda quieta de la laguna. Los remeros son grandes señores de Tzintzuntzan que conducen a Atzimba y a Villadiego. Desembarcan los viajeros en un puerto escondido de las floridas playas de Carichero, sitio veraniego de los reyes, por aquel entonces desierto y solitario.

Allí se pasa el día. Los amantes ocuparon la más lujosa cámara del palacio, desde cuyas ventanas contemplaban el lago, las piraguas que surcaban la superficie líquida, las aves que se dejaban llevar por las delgadas olas, y aquel cielo azul, tan limpio y tan sereno. Los guerreros vigilaban el recinto para que no hubiese ojos indiscretos que revelaran el secreto.

Llega la tarde y la comitiva continúa el camino. Los dos jóvenes ocupan un cómodo y elegante palanquín. Los amantes creen que el corazón del rey se ha enternecido, limitando su castigo a un destierro delicioso. Villadiego piensa además que se le guarda como un rehen precioso, colmándolo de dicha y de riquezas.

La comitiva llega al amanecer a un alcázar arruinado en los alrededores de Surúmucapio. La nueva jornada de la noche va a terminar en las escondidas sementeras de Píndero. Allí los árboles de la tierra fria y los de la Tierra Caliente enlazan sus ramas. Los amantes pasan el día a la sombra de un bosque impenetrable, escuchando de tiempo en tiempo el rumor majestuoso de la vecina catarata.

Los nobles de la escolta aumentan su vigilancia para que ningún caminante extraviado pueda burlar el secreto de la expedición. A la caída de la tarde, Atzimba, nerviosa y exigente, insta a los conductores a continuar el viaje. Villadiego experimenta un vago temor y no participa del entusiasmo de su amada.

La comitiva emprende esa noche su viaje, más temprano que de ordinario. Ya entrada la noche, llega a la orilla de la barranca de Curíncuaro, cuya sima se pierde en espantosa profundidad. Las paredes están acantiladas. En el hondo lecho se oye el rumor confuso y vago de un arroyuelo cuya corriente va chocando en las peñas. Atzimba, aterrorizada, vuelve sus ojos hacia los conductores. La luna, que en esos momentos asoma por un claro de las espesas nubes que cubren el cielo, ilumina la faz de aquellos hombres, faz pálida, hosca y terrible que hace estremecer a la princesa.

De repente los guerreros se dividen en dos grupos. Uno de ellos se apodera de Atzimba y el otro de Villadiego. Sin darles tiempo de pronunciar una palabra atan a los dos amantes, los descuelgan con larguísimos cables, y cuando calculan que han llegado a la mitad de la altura de la barranca, el jefe de los conductores esfuerza su voz y les grita para advertirles que existe allí una gruta y les ordena que penetren en ella. Los amantes obedecen, y los conductores recogen los cables. Después bajan provisiones de boca y dos grandes tinajas llenas de agua. Luego, todo queda en silencio. Apenas se oye en el fondo de la barranca el vago rumor de las aguas que chocan en las peñas.

Han pasado más de tres siglos: el viajero que atraviesa la barranca de Jicalan Viejo ve con admiración las tinajas que están en la entrada de una gruta, a la mitad de las paredes acantiladas de aquella profunda sima, y no puede explicarse cómo pudieron ser allí colocadas.

Menos aun se explicaría ese viajero la existencia de dos esqueletos humanos en el fondo inaccesible del antro. *(Michoacán. Paisajes, tradiciones y leyendas).*

JOSÉ CORONA NÚÑEZ. Nació en Cuitzeo del Porvenir, Mich., en 1906. Abandonó la carrera eclesiástica para trabajar como maestro rural y estudiar antropología e historia. Formó los museos de Tepic y Colima, y el Pabellón de Arqueología del Occidente en la capital de Jalisco; dirigió los museos regionales de Guadalajara y Morelia, y fundó la Escuela de Historia de la Universidad Michoacana de San Nicolás de Hidalgo. Descifró, interpretó y anotó la colección de *Antigüedades de México de lord Kingsborough* (1964-1967) y la *Matrícula de Tributos* (1968), códice fiscal prehispánico. Además de ensayos y monografías, es autor de los libros *Mitología tarasca* (1957), *Arqueología del occidente de México* (1960), *Rincones michoacanos. Leyendas y datos históricos* (Fímax Publicistas, Morelia, 1984) y *Voces del pasado* (Universidad Michoacana de San Nicolás de Hidalgo, Morelia, 1995), entre otros.

LEYENDA DEL NACIMIENTO DE CUERAUÁPERI[8]

En el principio de los tiempos no había luz. Las moradas del silencio donde Curicaheri era el único dios, estaban llenas de la materia descompuesta en átomos que vagaban sin concierto ni armonía; pero el dios, viendo que sus enormes ojos circulares no alcazan a contemplar el infinito, creó cuatro luminarias que encendió en mitad del Universo y existió la luz.

En las cuencas ligeramente combadas de los ojos del gran dios se reflejaron las nebulosas como informes masas. Entonces Curicaheri formó a Huriata, nombrándole Padre y Señor de todo el Universo. Entonces Huriata formó los astros todos, los ordenó y les dió por mandato que alumbraran el infinito mientras él dormía.

Así nació el día y la noche. Tras de su máscara de oro Curicaheri sonrió satisfecho desde las cuatro luminarias primeramente creadas y, viendo el buen concierto que Huriata había dado al Universo, quiso hacerle un presente y creando a Nana Cutzi se le dio por esposa. Los astros contemplaron asombrados el himeneo.

El contacto de los dos: el padre Sol y la madre Luna, puso tinieblas en el cosmos y de los dos cuerpos juntos brotaron al firmamento tres ráfagas de luz que formaron tres anillos en derredor del cuerpo moreno de Nana Cutzi[9]. De estos tres círculos nació Cuerauáperi (la creación, el creador, o la naturaleza), criatura que el padre sol dotó de hermosura y sabiduría. Aquellas ráfagas de luz se extendieron por el espacio, hicieron vibrar a los astros y a los átomos y crearon los colores.

Curicaheri había creado la luz; Nana Cutzi y Huriata crearon la armonía.

Curicaheri oyó el himno que entonaban los astros en su carrera y el latido acompasado de los átomos, y viendo que su obra era perfecta, se retiró satisfecho sentándose sobre sus piernas cruzadas, en actitud contemplativa, en el centro de las cuatro estrellas donde es su morada. Desde ahí contempló a Cuerauáperi y al verla tan hermosa sus ojos extasiados lanzaron cuatro rayos de luz que opacaron la de todos los mundos y que fueron a posarse: uno en la frente, otro en el corazón, otro en las manos y el otro en el vientre de Cuerauáperi. La hija de Huriata se sintió preñada, bajó a la tierra y entre el estallido de furiosa tempestad, dio a luz los montes, los mares, los lagos, los árboles y las flores. Tata Huriata y Nana Cutzi afanosos asistieron a aquel parto y desde entonces vigilan siempre a su hija, el uno de día y la otra de noche. Mas el don de fertilidd que le diera Curicaheri, hace que Cuerauáperi esté continuamente embarazada.

De un segundo parto nacieron los animales. En seguida los hombres, a quienes dotó de sabiduría y les puso por nombre: tarascos (los hijos del gran guerrero celeste Tzintzuuiquixo.)[10]

La sabiduría de estos hombres fue tanta que pronto gobernaron la tierra con sabia mano, la cultivaron y la poblaron en toda su extensión. Crearon el arte aprisionando los sonidos en magníficos instrumentos, como la dulce ocarina y la sonora cuiringua, cogiendo las pintadas plumas de las aves para retratar con ellas a Cuerauáperi cuando Huriata la envuelve en la gama de sus colores, y labrando las piedras para construir sus moradas.

Bien pronto los hombres conocieron su origen y agradecidos a los dioses les hicieron suntuosos templos, con la imagen de ellos.

A Curicaheri lo representaron sentado, queriendo significar así su eternidad, y cubierto con una máscara de oro cuyos ojos y oídos son unos platillos del mismo metal bruñido con lo que significaron que, además de ser invisible, tiene los ojos y los oídos grandes para ver y oír los sufrimientos de los hombres. De esta deidad lo único que pueden ver los humanos son las cuatro estrellas que le sirven de morada. Tata Huriata diariamente brilla en el cielo, pero lo representaron con tres circunferencias concéntricas que significan sus desposorios con la luna, cuando en supremo beso crearon a Cuerauáperi. A ésta la representaron de pie, desnuda, con su largo cabello recogido en forma de mitra cuadrada, con las manos puestas bajo sus pechos, como ofreciendo perpetuamete alimento, y con el vientre preñado, pronta siempre a dar fruto. En ella adoraron a la Naturaleza, cuyas leyes inmutables obedecen todos los seres...

Hace cuatro siglos Martín de la Coruña o fray Martín de Jesús, al pisar por primera vez la legendaria ciudad de Tzintzuntzan, ordenó bajo el terror de las armas españolas, que los amantísimos hijos de Nana Cuerauáperi bajaran de los adoratorios sus imágenes de oro y plata y destrozándolos en publica asamblea, las fue a arrojar al fondo del profundo lago, desdeñando el metal precioso por haber servido al demonio en sus simulacros.

Esto cuenta la crónica y lo que deja de contar es que, con sus dioses, este religioso franciscano y los que le siguieron, destruyeron en esta raza de artistas, los tarascos, el sentido perfecto de la vida, el amor a la naturaleza, a lo visible, a lo que directamente nos hace el bien. Después de este atentado estos hombres, en lo que se refiere al concepto espiritual de sus deidades, han dejado de ser artistas. *(Rincones michoacanos. Leyendas y...).*

HAPUNDA. LEYENDA DEL LAGO DE CUITZEO

Desde la cumbre del Manuna la vista sorprende magnífico panorama. La laguna tersa como un espejo, rodea la silueta de un corazón formado por la península donde sienta sus reales la villa de Cuitzeo. Al contemplar el paisaje viene a mi memoria una leyenda que, de niño, oí contar a un anciano. El buen viejo, con una emoción que entonces no comprendí, comenzó así su relación:

---

[8] Cuerauáperi es la parturienta, la que "desata" en el vientre a las creaturas.

[9] En el poblado de Cheguayo, del municipio de Alvaro Obregón, antes San Bartolo, junto al lago de Cuitzeo, se encuentra una roca que ostenta en pintura roja admirablemente conservada, la imagen de Huriata en el momento de desposarse con la luna. En la pintura se distinguen perfectamente tres circunferencias concéntricas rodeadas de treinta y dos rayos. Los del poblado le llaman "la piedra del reloj".

[10] Colibrí del Sur, el Huitzilopochtli de los mexicas.

I

Bajo los penetrantes rayos de la Cruz del Sur, estrellas divinas de la deidad que proteje y guía, al fulgor de las luminarias celestes, Cuerauáperi (Madre Naturaleza) creó un jardín. De los campos de Guayangareo la diosa le mandó ríos cristalinos y le puso por guardián a Manuna, la montaña fiel. Tata Huriata (Dios Sol) al enviar su primer rayo de luz, todas las mañanas besaba paternalmente la frente de la princesa Hapunda (Laguna) a quien su padre había recluido en aquel vergel. Era tan bella la princesa, que sus vasallos la llamaban Tzitziqui (Flor).

Siempre melancólica, siempre triste, la princesa derramaba lágrimas que corrían a mezclarse con el agua de las fuentes, como baja el torrente arrancando sollozos a las rocas para abrirse paso hacia el valle. El torrente incansable logra penetrar en la roca, pero las lágrimas de Hapunda no llegan al corazón de los dioses, y en vano ruega porque vuelva pronto su amado guerrero, que a conquistas, con el rey Characu (Niño), salió.

II

Al fin, una mañana en que Huriata lucía esplendoroso sobre la montaña, desfilaban por el llano de Cuaracurio (Donde está la ardilla) centenares de guerreros. El estruendo de las cuiringuas y caracoles hizo huir un hermoso tzintzuni (colibrí) que libaba la miel que Hapunda le ofrecía en sus labios y, con la rapidez de una flecha, desapareció a lo lejos. La princesa viéndolo perderse siente el dolor del que ve perder su última ilusión. Entonces, presurosa, corre al encuentro de las tropas preguntando ansiosa por el dueño de su corazón. En la faz de los guerreros lee tristeza y compasión, y, temblorosa, cae de rodillas ante las andas del rey. "Padre mío —le dice— devuélveme a mi amado que entre tu cortejo partió y que a tu diestra mis ojos debían encontrarlo vencedor".

El rey hace un ademán. Los guerreros se postran en silencio para oír la voz de su Señor. "Hija mía Hapunda, bella Tzitziqui, la flecha artera del bárbaro chichimeca, entre todos mis guerreros, a él escogió. Tata Huriata quería su sangre y a sus pies he depositado su corazón".

La princesa da un gemido. Con ojos extraviados busca las andas del dios cuyo disco de oro lanza centellas desde su asta de madera preciosa. Los graves sacerdotes no pueden resistir el ímpetu de Hapunda que se apodera del corazón de su amado y corriendo baja a lo profundo del valle y entre las flores se oculta agresiva. Su mirada demente busca donde esconder el despojo sangrante y su oído insensible no escucha las voces de su padre y los guerreros que inútilmente la llaman...

Los luceros se encienden y la luna se abre paso entre las nubes. Hapunda permanece silenciosa y de sus ojos brotan al fin dos ríos de lágrimas que van inundando el valle.

III

Al amanecer, el rey y los guerreros contemplaron asombrados, en lugar del delicioso valle, una laguna que abrazaba con sus aguas un corazón.

Hace de esto muchos años y Tata Huriata —dice el anciano señalando al astro rey— sigue besando con su primer rayo de luz la frente hecha cristal de la princesa Hapunda, la bella Tzitziqui.

Así terminó el buen viejo su relación, mientras el sol al caer en el ocaso, pintaba de púrpura el lago que Hapunda formó con sus lágrimas. *(Voces del pasado)*.

LEYENDA DEL CONVENTO DE AGUSTINOS

Cuando quieras, lector, vivir por unos instantes en pleno siglo xvii, ve a Cuitzeo y hospédate en el Mesón de la Purísima. Ahí te tecibirá el ventero (ahora le llaman "huéspere") que te brindará el mejor cuarto y se encargará de tu montura alojándola en los chaparros macheros protegidos con sus trancas corredizas. Tomará su farol de vidrios ahumados y te conducirá a tu habitación donde encontrarán amplia cama con cabecera hecha de una sola tabla en forma de media luna con sus perillas robustas, un canapé de la misma edad que la cama, dos sillas de tule y en el amplio poyo de la ventana un cajete con agua y la amarilla pastilla de jabón corriente. En el buró la anciana palmatoria de bronce con su llorosa vela de sebo, desparramará su mortecina luz por la alcoba. Afuera, después del ruido de la pesada cadena con que se asegura la poterna de la hostería, el agudo silbato de los gendarmes toca a silencio; pero te aconsejo que no duermas, porque a la luz de la luna puedes contemplar la joya más preciada del poblado: el convento.

En medio de la desolación de un atrio inmenso que antaño estuviera guardado por tapias terminadas en arcos invertidos, se levanta la soberbia construcción.

La enorme puerta del templo cuyo arco de medio punto borda los caprichos platerescos de las blancas canteras, descansa sobre una escalinata de la misma piedra y está coronada por doble cornisa que sostiene amplio y hermoso ventanal. Encima de este hay un nicho con una estatua de piedra de la Magdalena, y todo queda rematado por la cornisa superior que cobija las insignias de la Orden de San Agustín y los escudos con que el indio mexicano Metl (maguey), el arquitecto que lo construyó, significó en jeroglíficos el nombre de Cuitzeo.

Esta fachada tiene al lado norte un gigantesco estribo rematado en una espadaña donde cuelgan el esquilón y la campana mayor. Al lado sur la mole enorme del convento presenta al cielo los ennegrecidos picos de sus almenas, ancianas almenas que en la colonia protegieron a los arqueros y sirvieron de apoyo a las culebrinas y arcabuces.

Para entrar a esta fortaleza medioeval hay que golpear fuertemente la puerta cubierta de grandes rosetones de hierro y clavos forjados a martillo, puerta que fue violada por primera y última vez cuando los soldados del general Nicolás de Régules, emulando a Pípila, con grandes piedras a la espalda destruyeron con hachas parte del postigo, venciendo así la resistencia de los "conservadores".

Detrás de esa puerta los grandes cerrojos grabados a cincel y la gruesa cadena que apenas deja entreabrir el postigo, rechinan quejumbrosos para dejar expedito el paso. Después de pasar la portería se penetra a los claustros que abren sus grandes arcos al patio de anchas losas y artístico brocal de un aljibe en el centro. Los pilares que sostienen los pequeños arcos dobles de los claustros altos para rematar en la amplia cornisa superior. En los intermedios de estas columnas están los canalones sostenidos por grifos, serpientes y dragones de piedra. De estos canalones se sustenta el amplio aljibe, bóveda subterránea tan capaz que abastece de agua llovediza a la mayoría de las casas del pueblo.

Muros de más de tres metros de espesor que fueron construidos en 1550; patios, torres y almenas, necesarias en aquel entonces no para encerrar monjes, sino para resistir la furia de los indios que entraban a saco en las nacientes poblaciones españolas; y subterráneos numerosos que estratégicamente conducen a las afueras del convento y cuya existencia es un misterio, y los pasillos en medio de los muros que según las consejas servían para emparedar a los religiosos delincuentes, todo, todo eso hace que este convento sea un lugar atrayente y legendario.

La luna copia en las viejas canteras del piso la negra silueta de la arquería de los claustros y se mete por los ventanales para ir a quebrarse en los peldaños de la escalera monumental. Esta se retuerce cuatro veces sobre sí misma para conducir al piso alto y tiene tres descansos, una cruz de cantera en el remate de la baranda, más arriba un ventanal por donde penetra la luz que se cuela entre las ramas del limonero de la huerta contigua, y la bóveda de clavería cuyas artistas forman nudos en los rincones de los muros. Al término de la escalinata se abre la puerta que da acceso a los claustros superiores y junto a ella la reja de una ventana, donde en el peso de la noche se recarga la alta figura negra de un religioso que anda penando. Por la estatura de este espectro asegura la gente que es fray Hilario García, prior que fue de este convento, que dotó a la parroquia del reloj público que ostenta y que fue millonario porque gobernó el convento en tiempos en que éste tenía grandes haciendas como Cuaracurío, La Labor, La Pasera y otras. Son memorables las fiestas que este religioso hacía en honor de la patrona de la Provincia de Agustinos: la Virgen del Socorro. En medio de una vida faustosa dejó de existir y se cree que por haber quebrantado el voto de pobreza su alma tornó a este mundo a penar.

Una noche como ésta de soberbio plenilunio un sacerdote agustino tuvo la feliz o necesaria ocurrencia de bajar por la amplia escalinata, pero fue grande su asombro cuando vio que el espectro de fray Hilario quiso bajar junto con él. El sacerdote horrorizado se regresó a su celda muriendo a los pocos días en medio de un constante delirio en el que hablaba de fray Hilario y de un tesoro oculto en los muros del templo.

En otra ocasión el espectro se atrevió a tocar a la media noche la puerta de la celda del padre Alvarez, religioso muy apreciado en Cuitzeo, que vivió muchos años solitario en el convento y que nunca pudo cantar misa por ser muy aficionado al alcohol. Bajo sus influencias se hallaba esa noche y levantándose violentamente alcanzó a ver la figura de fray Hilario que se alejaba, volvió por una escoba y se fue siguiéndolo. La sombra tomó por el cañón principal que corre hacia el oriente, dio vuelta por el que va al norte y ya para penetrar a los excusados se volvió a mirar al religioso. Este, al ver una faz descarnada y el ademán del espectro que parecía llamarlo, se regresó corriendo a su celda a donde llegó ya curado de la embriaguez.

Otro de los motivos por lo que tal vez ande penando este religioso es el siguiente:

Entre la escalera que mencionamos y los muros del templo, hay un salón grande llamado la Celda Provincial. En el jugaban a la pelota un religioso y un cuñado de fray Hilario. Con los rebotes de la pelota se desprendió una capa del estucado de la pared que está al norte, dejando ver un tapón de madera empotrado en la misma y que se apresuraron a desprender los curiosos jugadores. Su asombro fue grande cuando se dieron cuenta de que por la abertura que dejaba libre el tapón cabía todo el brazo. Dieron cuenta al padre prior que lo era fray Hilario, y éste los regañó diciéndoles que no se metieran con aquello que él tenía ahí guardado. Practicó después un boquete por detrás del muro, en un pasillo que ahí se encuentra y extrajo seis barriles de dinero, cometiendo la injusticia de no participar de aquel hallazgo a los verdaderos descubridores. Las señales de esto se pueden ver todavía en el muro norte de la Celda Provincial.

Según la conseja, abundan en este convento los lugares en que hay dinero enterrado o emparedado. Yo, que tantas veces jugué de chico en sus claustros y que conozco perfectamente hasta el último rincón de esta joya colonial, una de las más importantes de la República, no dudo que sea cierto porque me he cerciorado del lugar donde han extraido dinero con anterioridad, no sólo en la Celda Provincial, sino en la celda que llaman de la Tarima y en la que está al lado izquierdo del mirSegún ador oriente. Lo que sí nunca he podido comprobar es la existencia de un tesoro que data del año de 1570. Sin embargo te aconsejo, queri-

Hizo un boquete en el muro y extrajo seis barriles de dinero.

do lector, que si eres influyente en el gobierno o en el clero, en cuyas manos se encuentra este convento, que te apresures a hacer los arreglos del caso para extraer este tesoro, porque los datos que enseguida doy son exactos y de una veracidad tal que cualquiera que visite el convento, puede comprobarlos.

La Celda Provincial tiene una puerta por el oriente que da a una zotehuela con un portal adosado al muro del templo; en el centro de él, entre la celda sorda y la celda por donde oían misa los enfermos, se encuentran un pasillo que ya queda dentro del muro del templo. En el piso de ese pasillo hay una abertura redonda que yo llegué a ver cubierta con una puerta sobrepuesta, por la que se penetra a un escondite que está en medio del mismo muro, pero en la parte inferior que va a dar exactamente tras del altar de la Virgen de la Consolación, donde debe estar la verdadera entrada, ya que esta abertura del piso superior está hecha de manera provisional. Dicen que en este escondite se abre una entrada subterránea donde se encuentra el tesoro que motiva este relato.

En el año de 1911 estaba en la parroquia de cura un sacerdote muy entusiasta que se echó a cuestas la decoración del templo y las reparaciones del convento. Al darse cuenta del escondite invitó a dos vecinos de la población y con ellos penetró al subterráneo. Los hachones que llevaban no eran suficientes a vencer la oscuridad del subterráneo, pero a su claridad apacible pudieron ver los enormes sillares que forman los cimientos del templo y en uno de ellos vieron con sorpresa la siguiente inscripción latina que el sacerdote tradujo a sus acompañantes: "En el año del Señor de mil e quinientos setenta fueron descargadas en este lugar ochenta mulas con barras de oro y plata de la conducta del virrey y que corresponden al Real Quinto de su Majestad el Emperador, que Dios guarde muchos años". En los precisos instantes en que esto leían, se extinguieron del todo los hachones y fue imposible hacerlos arder de nuevo, cosa que los llenó de horror y los hizo salir a buen paso del subterráneo, dejando la exploración para otra ocasión en que estuvieran mejor provistos de luces.

A los pocos días el sacerdote recibió su cambio, después vino la revolución y ya para entrar a la población el bandolero José Inés Chávez García (el 6 de enero de 1918) el prior del convento mando tapiar la entrada al pasillo, quedando así cerrado el escondite.

Yo me admiré que Chávez García no hubiera descubierto esa puerta que se veía recién tapiada y dada la fama que tenía de encontrar los tesoros por ocultos que estuvieran. Desde entonces el pasillo permanece intacto.

Esto no es una leyenda como puede serlo la del espectro de fray Hilario. Basta considerar que este convento es más bien una fortaleza, como lo es el de Yuriria, el de Salamanca y el de Morelia, conventos agustinos que fueron construidos en cadena por toda la frontera chichimeca y sirviendo de cordón para conducir con seguridad los productos de las minas de Guanajuato, ya que en esa época la bravura de los indios era casi incontenible. Las conductas en que eran transportados esos productos tenían que ser escoltadas por fuerzas suficientes y a veces eran sitiadas dentro de aquellos conventos.

En la fecha que ostenta la lápida, el templo estaría seguramente en construcción y, no estando todavía terminado el convento o tal vez sin comenzar, se vieron precisados a ocultar el oro y la plata en los cimientos del templo para resistir el sitio de los indios que a lo mejor derrotaron a las fuerzas del virrey, quedando el tesoro enterrado ahí hasta nuestros días.

Es tiempo ya de dejar el convento antes de que se entre la luna. Si los espíritus de los religiosos volvieran a tomar sus vestiduras mortales oiríamos en el amplio coro los golpes de los asientos de la sillería de nogal primorosamente tallado que campea en el coro; los acordes del órgano antiquísimo, y las roncas voces de los monjes que entonaban los salmos penitenciales a la media noche, mientras las lámparas votivas parpadeando iluminaban fantásticamente los dorados retablos de los altares.

Pero no temas, viajero, ni vuelvas la cara nerviosamente porque lo que ha muerto muerto está. El polvo de los siglos ha cubierto para siempre todas estas cosas y en las criptas del convento duermen para la eternidad fray Francisco de Villafuerte, fundador, y fray Agustín Perea, reconstructor del monasterio y con ellos duermen también toda la pléyade de religiosos agustinos que por estos lugares vivieron en olor de santidad. *(Voces del pasado)*.

LEYENDA DEL CONVENTO DEL CARMEN

Después de una noche de insomnios, dentro de la capilla del Santo Escapulario, el hermano José de Santa Teresa oraba con el alma hundida en un mar de cavilaciones. Su figura fina envuelta en el santo hábito de la Virgen del Carmen, era como una estatua de marfil incrustada en el blando reclinatorio. A la luz de los parpadeantes cirios se veían rodar de sus ojos los cristales relucientes de sus lágrimas que iban a mezclarse con los gemidos escapados de su entreabierta boca, mientras sus miradas se prendían en el pálido semblante de la imagen de Teresa de Jesús, aquella delicada y dulce monja de Avila cuyos éxtasis y transportes milagrosos la habían hecho poseedora del Divino Amor. A ella encomendaba la curación de su alma aquel infeliz tan profundamente herido en el corazón por el demonio de la carne.

Las campanas del Convento de las Monjas Catarinas sonaron primero, en seguida las de los mercedarios y las de Santa Rosa de Lima se mezclaron a los gorgeos con que las aves celebraban la misa sacrosanta de la aurora. fray José de Santa Teresa, despertado de su éxtasis por el hermano sacristán, se levantó del reclinatorio y fue a la sacristía a revestirse para decir en la iglesia la primera misa de la mañana. Al aparecer en el altar con el vaso sagrado en sus manos, el templo se llenó de rumores de las gentes que arrodilladas se santiguaban devotamente. La oración del sacerdote dejose oír pura y sonora repitiendo las palabras de David: "Me acercaré al altar de Dios. Al Dios que es alegría de mi juventud. Hazme justicia, oh Dios, y defiende mi causa de la gente malvada: líbrame del hombre injusto y engañador. Pues que Tú eres, oh Dios, mi fortaleza: ¿por qué me has deshechado? ¿y por qué he de andar yo triste y oprimido de mi enemigo?.. Y las palabras del sacerdote se quebraban, crepitantes, y el parpadeo de las lámparas votivas ponían fugaces relámpagos en el oro de los viejos retablos.

En el comulgatorio, arrodillada, con transparente velo que hace más brillantes las miradas de sus negros ojos, hay una mujer que, arrobada, sigue cada uno de los movimientos del celebrante. Sus manos aprisionan el libro de oraciones que se mece entre sus pechos al ritmo de profundos suspiros. Ella es María, es el mal que padece fray José de Santa Teresa, es el demonio de la carne, la tentación más grande que la de los panes que Satanás ofrece a Cristo en el desierto durante su ayuno de cuarenta días. Ella encarna la juventud que el religioso inmolara en los altares el día que hizo sus votos de perpetua castidad. Es el amor que asoma como regia alborada en la existencia sin luz del joven carmelita.

La misa toca a su fin. El sacerdote se vuelve al público llevando en sus manos el sagrado copón donde se encierra la carne viva de Jesucristo. Las bocas se abren para recibirla. Llega su turno a María. El acólito coloca el bruñido platillo de oro bajo su rosado mentón y en él se reflejan los ojos ruborosamente caídos bajo el velo de sus pestañas. Fray José levanta la hostia, hace con ella el signo de la cruz y dice las palabras del ritual: "El cuerpo de Nuestro Señor Jesucristo guarde tu alma para la vida eterna". Su mano temblorosa deposita la hostia en la sonrosada lengua bajo el arco precioso de aquellas perlas de sus dientes milagrosamente nacidos en la sonrisa de sus labios. Tras la hostia va el alma del religioso, y su cuerpo, y todos los deseos y ansias que ayunos y disciplinas no han sido capaces de extinguir. El rubor sube a su semblante, colorea sus mejillas y se detiene en las azules ojeras, antesalas perpetuas de sus ojos que angustiosamente imploran el perdón...

Y la voz del pueblo dice que aquel hombre tenido por santo abandonaba de noche su celda y se iba con María, mujer que acudiera al taumaturgo en demanda de consuelo espiritual, y mucho antes que asomara el alba regresaba por las tapias de la huerta sin que nadie se enterara de sus salidas. Jamás se hubiera descubierto la conducta relajada del religioso si no hubiera sido porque la Providencia quiso castigar el sacrilegio. Así cuentan que fray José comenzó a ser atormentado por tremendas visiones. En las tardes, cuando los insuperables crepúsculos vallisoletanos penetraban por las ventanas de la capilla del Santo Escapulario donde el religioso se entregaba a sus oraciones acostumbradas, el espíritu de las tinieblas lo atormentaba apareciéndosele en forma de una mano negra que desde el fondo de los retablos de los altares lo llamaba insistentemente.

Fray José, a los pies del confesor, llorando, pidió auxilio contra la terrible visión. El confesor opinó que era un alma en pena que pedía ayuda al santo religioso. Entonces el prior del convento le ordenó, en virtud de santa obediencia, que acudiera en ayuda de aquel espíritu atormentado. Al efecto se preparó una solemne procesión por los claustros a la hora en que la visión solía revelarse. Como de costumbre apareció "el espanto" y entonces el reverendo padre prior tomó en sus manos el Santísimo Sacramento y, entonando los salmos penitenciales, fueron fray José y toda la comunidad en pos de aquella mano negra que lo llamaba con premura, y que sólo él veía. Recorrieron los claustros, cruzaron el refectorio, llegaron a la huerta, hasta una tapia donde había una puerta clausurada desde hacía mucho tiempo. Ahí llegó fray José como sonámbulo, chocó con el muro y, al momento, oyóse un fuerte estampido y todos pudieron ver la mano negra que asía al religioso por el cuello haciéndolo desaparecer en medio de una llamarada de intensa luz. La comunidad, azorada, con voces descomunales clamaba exorcismos para que el demonio, enemigo de las almas, no hiciera daño al fraile taumaturgo.

Arroyos de sangre corrieron por los horizontes, la mano negra de la noche estranguló la figura de todas las cosas: árboles, flores, convento y frailes, y sólo las voces sollosantes de los hermanos carmelitas continuaron largo tiempo clamando misericordia.

A la mañana siguiente los religiosos echaron abajo el tabique que clausuraba la misteriosa puerta encontrando detrás un cuarto húmedo y lleno de telarañas acumuladas allí en el transcurso de muchos años. En el centro de aquella habitación estaban el hábito, el rosario y el santo escapulario de fray José, reliquias que el demonio no se atrevió a tocar, pero el religioso nunca volvió a aparecer entre los vivos, por más rogativas y penitencias públicas que se hicieron en todos los templos de Valladolid. *(Voces del pasado).*

FRANCISCO GARCÍA URBIZU. Nació en Zamora, Mich., en 1882; murió ahí mismo en 1980. Presidió dos veces el Ayuntamiento de su ciudad natal. Durante el conflicto religioso (1927-1929) prestó riesgosos servicios a la Iglesia. Pacificado el país, trabajó en el Nacional Monte de Piedad. Promovió la construcción de la capilla y de la gran cruz que rematan el cerro de la Beata, en jurisdicción de aquella localidad. Fue precursor de la cinematografía, periodista, pintor y cronista de Zamora. Es autor de *Historias y leyendas zamoranas* (Zamayoa Hermanos, Impresores, Zamora, 1969).

UN RÍO SUBTERRÁNEO

Refieren los antiguos, sabedores de tantas cosas, que don Vasco de Quiroga, al golpe de su bastón, hizo brotar una fuente en Pátzcuaro, cuyas aguas al filtrarse acrecían el caudal de la hermosa laguna.

Es ésta una de las más grandes en la República, de doce y media leguas de circunferencia, y su mayor longitud de sureste a noroeste es de cinco leguas.

Si hemos de dar crédito a lo que nos cuentan, las filtraciones de esas aguas llegan hasta nosotros, por medio de un río subterráneo que allá se origina y, en su largo trayecto, forma los ojos de agua de Comanja y de Naranja. Sigue su curso por los once pueblos, y en Carapan hace brotar los límpidos manantiales de Otácuaro que forman el río Duero, fecundador de nuestro valle.

De Carapan continúa rumbo a Chilchota, Cupáchiro, Camécuaro y Junguarán, formando fuentes cristalinas en esos lugares; así como el Bosque que surte de agua a Zamora. Este manantial surge al pie del Curatarán y no ha mucho se observaba, aún en la temporada de secas, una faja verde sobre la falda del cerro que era indicio de una corriente subterránea. Desde el Bosque proseguía formando los ojos de agua del Santo Entierro, Agua Escondida y Disparate; en Jacona, y más allá, el de Orandino, la Estancia, Santiago y Telonso.

De algunos años a esta parte, debido a obras de irrigación hechas arriba de Pátzcuaro, y en gran parte por la desforestación, ha disminuido el caudal de la laguna y también el de algunos ojos de agua de Jacona.

La leyenda, que se complace en alimentar la fantasía popular, cobra en este punto vida y color, al referirnos maravillosas hazañas guerreras de los intrépidos tarascos. Dícese que numerosos ejércitos encabezados por su estratego monarca, trasladábanse con vertiginosa rapidez bogando por el río subterráneo, haciéndose invencibles de sus enemigos por lo imprevisto de sus ataques. Imaginémonos por un momento a las huestes tarascas, empenachadas de vistosas plumas, saliendo del negro boquerón del río. Representémonos los reñidos combates con los valerosos tecos, tan hábiles en el manejo de sus mortales flechas, empuntadas con negros y filosos zinapos, y nos habremos transportado a las leyendas de las Mil y Una Noches, o a las fantásticas descripciones de Julio Verne.

Pero aquellas dos razas guerreras, al decir de la leyenda, tendrían que hacer las paces. Los tarascos eran acérrimos enemigos de los mexicanos, jamás les pagaron tributo y el altivo jefe de la tribu, Calzontzi Izintzicha, nunca se descalzaba ante el emperador de los aztecas. Su enemistad envolvía también a los tecos, quienes varias veces en sus incursiones los metieron en aprietos. Continúa diciendo la leyenda que los tarascos se encontraban en situación difícil, entre dos formidables enemigos, y optaron por hacer las paces con los tecos; tanto más cuanto que Calzontzi le debía un gran servicio al cacique de esa tribu.

Los enseñaron a hacer artísticas figuras, con plumas de aves, en cuyo arte eran consumados maestros muy superiores a los tecos, les obsequiaron semillas de algodón, que fueron un tesoro para ellos y al correr de los años, pudieron fabricar también vistosas telas y rebozos de los que fueron muy hábiles tejedores.

Los tecos, por su parte, les ofrecieron sincera hospitalidad y muchas cargas de sus afilados zinapos para lanzas y flechas.

Queriendo solemnizar aquellas paces tan deseadas, convocaron a sus tribus dispersas y en el día señalado hubo una fuerte reconcentración al pie del Curutarán, lugar sagrado para ellos, porque guardaba sus ídolos y sus muertos. Calzontzi, de pie sobre un risco enorme, habló así:

Aparejémonos, caciques, a hacer una amistad sincera. Gente de mis pueblos, mirad que ya no nos pondremos el palo y la piedra en el pescuezo, sino que seremos como hermanos. En presencia del monte sagrado de fuego (el Curutarán), ante nuestros dioses y las tumbas de nuestros antepasados y con el cortejo de nuestros guerreros, pactamos, en este momento solemne en que el sol no da sombra (el mediodía), amistad y alianza con los nobles indios tecos. Ellos engrosarán nuestras filas en nuestras guerras con los mexicas, y nosotros nos incorporaremos a ellos en sus batallas con los indios de Tangamandapio o con otros que fueren sus enemigos. Nuestros hijos formaran familias. Nunca más se volverán a cruzar nuestras flechas, y al sellar este pacto de amistad, disparémoslas al viento, para que también ellas le den un estrecho abrazo.

Atronó los aires un potente alarido que brotó de aquellas gargantas, y a una señal de Calzontzi, los venablos atravesaron el espacio, oscureciendo el sol por algunos segundos. En seguida continuó el cacique tarasco: Los tecos ya no tendrán por qué temer que les inundemos su fértil valle con nuestras furiosas aguas subterráneas, y para su mayor seguridad destruiremos las compuertas, mas antes de hacerlo, para que se den cuenta todos los que aquí están, de la arrolladora potencia de esta corriente que sobrepasa a la de la Tzaráracua, y de su vigoroso empuje mucho mayor que el del Cupatitzio, ordenaré sean abiertas, sólo un momento, en cuanto chupara diez florecillas un colibrí. Permaneced atentos. El gran cacique levantó su arco. Volvió a resonar un intenso y agudo alarido, y al bajarlo de nuevo, brotó un manantial que subió, arrollador como un mar turbulento, hasta sobrepasar en mucho la cima del Curutarán, desplomándose luego en estupenda catarata, bañando todo el cerro de blanca espuma con bellísimas irisaciones.

Las aguas con atropellado oleaje de furiosa reventazón inundaban los terrenos vecinos, derribando árboles y peñascos enormes que rodaban arrastrados por aquella espantosa creciente...

—Si sostuviéramos abiertas las compuertas un rato más, dijo Calzontzi, antes del crepúsculo desbordarían al Chapala y llegarían al mar, a tiempo de servirle de espejo al sol que hoy muere.

Todos quedaron sobrecogidos ante aquel espectáculo sublime jamás imaginado; aquello era un Niágara, una majestuosa catarata celeste, y Teoticán el cacique de los tecos habló así:

—Gran Calzontzin, no destruyas las compuertas, tal vez algún día nosotros mismos podríamos usarlas en contra de algún inesperado enemigo.

—Se hará como lo quieres; pero serás el responsable de ellas.

A una señal del tarasco, cerráronlas; al momento se detuvieron las aguas.

—Y ahora, Teoticán, he dejado para lo último una regia recompensa: Tu, hace tiempo salvaste de la muerte a uno de mis hijos en un combate, no lo supe sino hasta hace poco y llevo mi corazón repleto de gratitud para tí; a tu hijo el mayor le entrego por esposa a mi hija, tan bella como una amapola del campo.

—Valioso presente nos haces, contesto Teoticán.

—Nunca soñé tamaña aventura, agregó su hijo; y sábete, gran señor, que amaré a tu hija más que a mi propio corazón, la cuidaré como el sol a las plantas, la defenderé como el león a sus cachorros, veré por su bienestar como una madre con su primogénito, y tú con ello has ganado para siempre mi voluntad. Las saetas volvieron a nublar el sol y los indios danzaron hasta que entró la noche.

La leyenda hace aparecer aquí a estas dos razas en completa armonía, pero si acaso hubo esta unión, no fue ni sólida ni duradera; razas nómadas, continuaron viviendo ya con más apego al terreno. Los tecos siguieron cultivando la horticultura en el barrio de Zamora conocido por el Teco y se dedicaron al curtimiento de pieles y a la rebocería en la que adquirieron gran habilidad. Esta industria por largos años ha sido rica fuente de trabajo para Zamora. En los barrios del Teco y de Madrigal abundaban los telares y no ha mucho aún vivían algunos tecos y descendientes de ellos fabricando bellísimos rebozos, que realzaban las gracias femeniles.

Envuelvan estas líneas un homenaje permanente a la olvidada raza Teca, fuerte y laboriosa, que se incorporó a la vida activa de Zamora, siéndole de gran utilidad y provecho, en su agricultura, industria y en su comercio. *(Historias y leyendas zamoranas).*

FRANCISCO DE PAULA LEÓN. Nació en Valle de Santiago, Gto., en 1866; murió en Morelia, Mich., en 1932. Por razones familiares, pasó varios años en Roma, inscrito en el Colegio de San Gregorio. De regreso al país, en 1881, se radicó en Morelia y se dedicó a la enseñanza de las lenguas clásicas. Continuó su formación en el Seminario Tridentino y cursó la carrera de jurisprudencia en el Colegio Primitivo y Nacional de San Nicolás de Hidalgo. Fue, además, médico homeópata e investigador del arte popular. Es autor de *Los esmaltes de Uruapan* (DAPP, México, 1938; Fomento Cultural Banamex, 1980) y *Leyendas de la muy noble y leal ciudad de Valladolid hoy Morelia* (Instituto Michoacano de Cultura y Universidad Michoacana de San Nicolás de Hidalgo, 1995).

LA MANO NEGRA

En una de esas noches de invierno en que llovizna y hace frío, en que rodean los niños la cazuela de los buñuelos comiendo anticipadamente de los que se quiebran, en que sólo se están quietos si la abuela de cabeza blanca y ojos amorosos les cuenta algo de aparecidos, oí lo que a mi vez refiero.

El padre Marocho, de cuyo nombre no puedo acordarme, era una celebridad en la vasta provincia de agustinos de Michoacán, distinguiéndose principalmente por sus virtudes y después por ser pintor excelente que cubrió de cuadros de indiscutible mérito artístico todos los conventos de la provincia; por ser orador consumado, que con sus sermones llenos de elocuencia y de unción conmovía profundamente al auditorio por distraido que éste fuese; por ser teólogo y canonista como pocos de gran memoria y aguda inteligencia. Por todo lo cual era uno de los primeros que asistían a los capítulos de su provincia.

Por entonces había capítulo en el convento de San Agustín de Valladolid y los padres capitulares habían venido de las más remotas regiones de la provincia, y entre ellos el padre Marocho que residía de ordinario en el convento de Salamanca.

La sala capitular estaba a la derecha del claustro románico situado junto a la iglesia bizantina. Una ancha puerta de medio punto abierta a la mitad del salón daba acceso a él. Casi frente a la puerta de entrada se erguía una tribuna tallada en nogal negro. En los cuatro tableros de enfrente en forma de medallones se habían esculpido a los cuatro evangelistas. En el respaldo que remataba en un tornavoz figurando una concha, estaba esculpida en el centro la imagen de San Agustín. Tanto en el pie como en los barrotes que encuadraban los tableros, había esa rica flora retorcida y gallarda que los maestros carpinteros de los pasados siglos desarrollaban en sus obras, haciendo gala de una imaginación tan fecunda como bella, y de una habilidad nunca igualada ni mucho menos superada para manejar los instrumentos de tallar y esculpir en madera. En armonía con la cátedra o tribuna y a lo largo de los muros en dos galerías alta y baja se desarrollaba una doble sillería de asientos giratorios labrada también en nogal negro. Cada silla era un prodigio de talla, teniendo en el respaldo esculpida la imagen de un santo de la orden. En uno de los testeros se levantaba sobre una plataforma el trono del provincial y en el otro había una preciosa mesa cuyas patas eran garras de león, sobre la cual destacaba un crucifijo de cobre dorado a fuego, en medio de dos candeleros con sus cirios y un atril de plata cincelada para los santos evangelios. De la bóveda de cañón pendían tres arañas de cobre dorado a fuego cuajadas de ceras que iluminaban el salón con una luz tenue y dorada. Sobre los muros colocados a iguales distancias había colgados retratos de personajes prominentes, religiosos de la provincia de Michoacán, como era el del apóstol de la Tierra Caliente, de fray Diego Basalenque, de fray Alonso de la Vera Cruz sentado en su cátedra dando clase a varios discípulos, entre ellos al inteligente y aprovechado joven don Antonio Huitzimengari de Mendoza, hijo del último emperador de Michoacán, Caltzonzin.

Siempre el padre Marocho, por su antigüedad en la orden y por los cargos que en la misma desempeñaba, tenía el segundo lugar después del provincial en el capítulo y se sentaba en el primer sitial a su derecha.

No había discusión en que no tomase parte ya suministrando datos históricos, ya recordando cánones, ya citando autoridades filosóficas y teológicas, ya discurriendo de modo que sus palabras eran escuchadas con verdadera sumisión y sus sentencias eran decisivas, influyendo grandemente en los resultados del capítulo, en donde se decidían cuestiones de capital importancia para la provincia y para la orden. Por tanto, a pesar de que en lo general el padre Marocho tenía una vasta erudición, sin embargo, mientras duraba el capítulo, estudiaba en su celda o en la biblioteca del convento hasta las altas horas de la noche.

La biblioteca próxima a la sala capitular y en comunicación con ella, era también un gran salón abovedado circuido de una estantería de oloroso cedro que contenía cerca de diez mil volúmenes sobre todos los ramos del saber humano de entonces aparte, de los nunca bien ponderados manuscritos relativos a las misiones e historias de los michoacanos. En el centro mesas de roble sobre las cuales había atriles y recados de escribir, tinteros de talavera de Puebla y plumas de ave.

Allí estaba una noche el padre Marocho. El silencio más profundo reinaba en aquel recinto donde el hombre del presente entabla pláticas con los hombres del pasado; en donde el genio se comunica con el genio; se borra la noción del tiempo penetrando en las puras regiones del espíritu, echa a un lado la materia; en donde las pasiones callan y se doblegan ante la razón, su reina y señora.

De repente el padre Marocho, según lo cuentan papeles viejos de aquella época de duendes y aparecidos, notó un ruido extraño a su lado, vuelve el rostro y ve que una mano negra cuyo brazo se perdía en las tinieblas, tomando entre sus dedos la llama de la vela, la apagó, quedando humeante la pavera. Con la mayor tranquilidad y presencia de ánimo dijo al diablejo: —Encienda usted la vela, caballero.

En aquel momento se oyó el golpe del eslabón sobre el pedernal para encender la yesca. Ardió la pajuela exhalando el penetrante olor del azufre y se vio de nuevo que la mano negra encendía la vela de esperma.

—Ahora para evitar travesuras peores, con una mano me tiene usted en alto la vela para seguir leyendo y con la otra me hace sombra a guisa de velador, a fin de que no me lastime la luz.

Así pasó. Y era de ver aquel cuadro. El sabio de cabeza encanecida por los años, los estudios y las vigilias, inclinado sobre su infolio de pergamino. A su lado dos manos negras cuyos brazos eran invisibles, una deteniendo la vela de esperma amarilla y la otra velando la flama. La luz apacible reflejándose sobre el busto del padre Marocho le dibujaba en el ambiente con ese claro-obscuro intenso de los cuadros de Rembrandt, que tanto estiman los artistas.

Vino la madrugada con sus alegrías. Aunque tenues, pero llegaban hasta aquel retiro los cantos de las aves que saludaban a la rosada aurora desde las ramas de los fresnos del cementerio. Por los ojos de buey de la biblioteca comenzaban a penetrar dudosamente los primeros rayos del Sol. Entonces como ya no era necesaria la luz de la vela, exclamó el padre Marocho: —Pues bueno. Apague usted la vela y retírese, si necesito de nuevo sus servicios, yo le llamaré.

Entre tanto que el padre bostezaba, restregándose los ojos, se oyó un ruido sordo de alas que hendían el aire frío y húmedo del nuevo día.

No tardó en concluir el capítulo, quedando arregladas todas las cuestiones que hubo para convocarlo. Con todo, el padre Marocho se quedó en el convento a descansar por algunos días más. Vivía en una celda que termina en un ambulatorio que va de oriente a poniente iluminado en el centro por una cúpula con su linternilla. La celda era la última del poniente a mano izquierda con su ventana para la huerta del convento. Desde allí, como en un observatorio, contemplaba aquel artista un espléndido panorama. Las desiguales azoteas de las casas de aquel barrio, la loma de Santa María y el cerro azul de las Animas, sirviendo de fondo al paisaje. Como en estos días pasaba el Sol por el paralelo de Valladolid, al ponerse su disco rojo antes de ocultarse tras las montañas se asomaba curioso en el cañón aquel, tiñendo de rojo los suelos, los muros, las bóvedas, los marcos de las puertas de las celdas, las imágenes de piedra colocadas en sus hornacinas, produciendo unos tonos nacarinos y unas transparencias admirables. El padre Marocho quiso pintar aquellos juegos de luz, aquellos muros envejecidos tiñéndose de arrebol y mientras el Sol no pasó del paralelo se sentaba frente a su caballete con su paleta en la mano izquierda y su pincel en la derecha y cuando menos acordaba, aquella mano negra le presentaba los colores y los pinceles que necesitaba para manchar su tela.

Una noche, víspera de su partida del convento, al ir el padre Marocho a recogerse, vio en cierto lugar de la celda la misma mano negra que apuntaba fijamente. El no hizo caso, porque ni tenía ni podía tener hambre de tesoros. Cerró sus ojos y se durmió.

Después de muchos, muchísimos años, un pobre, habitando la misma celda y de un modo quizás casual, o más bien sabiendo es-

Una mano cuyo brazo se perdía en las tinieblas.

ta leyenda que había visto en los papeles viejos del convento cuando era novicio de la orden de San Agustín, se halló un tesoro en el mismo lugar apuntado por la mano negra.

Como me lo contaron te lo cuento. *(Leyendas... de Valladolid hoy Morelia).*

EL CORDONAZO DE SAN FRANCISCO

En Morelia, del templo de la Venerable Orden Tercera de San Francisco de Asís, joya de arte y relicario histórico, no queda ya ni el polvo. Situado en un ángulo del cementerio del antiquísimo templo de los frailes franciscanos, se erguía con su torre afiligranada y su cúpula revestida de azulejos. En su recinto al pie de uno de los altares colaterales, estuvieron sepultados los restos mortales del señor cura don Mariano Matamoros, héroe de la independencia de México, bastando esto sólo para haberlo conservado intacto, como un homenaje y como un recuerdo amoroso.

El cementerio era muy pintoresco y melancólico. Una gruesa tapia coronada a lo largo de arcos invertidos y manchada de musgo merced a la acción de la humedad y de los años, lo cerraba por sus costados. Por encima sobresalían las copas de los olivos, de los fresnos y de los cipreses, que entrelazando sus ramajes daban misteriosa sombra a los sepulcros y a las capillas del Viacrucis que por dentro corrían en torno del cementerio.

En medio de la arboleda, sobre tres o cuatro gradas de mohosa cantería, entre cuyas junturas crece esa menuda hierba sin nombre que decora los edificios antiguos, se alzaba el cilíndrico pedestal que sostenía una cruz que entre los brazos tenía una fecha remota.

Por el poniente daba acceso al cementerio un portón de hierro forjado, mostrando en la parte de arriba el escudo de la orden, en cuya labor tejió un encaje de Bruselas el herrero que lo construyera. Servía de fondo la fachada del templo grande, con su puerta de marquetería, su ventanal con el escudo franciscano consistente en una cruz sobre la cual se cruzaban dos brazos, habiendo por debajo tres clavos en forma de abanico. Entre la puerta y el ventanal adornados con pilastras, columnas, cornisas, flores y conchas, se destaca la fecha de 1610. Fecha sugestiva, tres veces secular llena de encanto como todo lo que resiste a la acción destructora del alado viejo de la guadaña.

Un coronel discurrió que el cementerio de San Francisco servía para mercado y que el templo de la Orden Tercera de San Francisco estorbaba, y sin más ni más, acabo con ello de la noche a la mañana. En cuanto la impía ruina cernió sus negros aletones sobre aquellos edificios seculares, cayeron los muros, las pilastras, los capiteles; se vio el cielo a través de las bóvedas clareadas; surgieron montones de escombros donde se confundían las mesas de altares y sillones destrozados, cabezas de vírgenes y atriles chapados de carey y hueso con figuras mudéjares, angelones sin alas y balaustres de barandillas de rosas, molduras de cornisas y tubos de órgano, azulejos de Talavera de la Reina y fragmentos de loza de Puebla, el tornavoz debajo de la copa del púlpito tallado con primor exquisito.

Dio una zancada el tiempo y el famoso mercado dormía el sueño del olvido. Por doquier crecían la maleza y los zarzales; el jaramago, la yedra y las trompetillas de varios colores poblaban los agujeros, las grietas y las asperezas; las lianas trepaban agarrándose a las piedras de los muros y a las cornisas. La lagartija de ancha y triangular cabeza corría por entre los escombros mirando con sus ojos redondos y vivos.

La fantasía popular no tardó en fingir las más extravagantes consejas. Por la noche la gente, dadas las oraciones del Angelus, no quería atravesar por las ruinas; porque al tocar los campanarios los toques plañideros de las ocho y aún antes, se oían lamentos, como cuando el viento gime entre las ramas de los árboles; se adivinaban sombras ambulantes como frailes salidos de sus tumbas; voces frías como si se alzaran de las lozas de los sepulcros, apagadas en aquel mar de escombros, les daba un tinte de pavor y de tristeza. Si el viento agitaba la fronda, aparecían en el suelo desigual luces movedizas que animaban el paisaje.

El ronco reclamo del búho en las altas horas de la noche, retumbando de eco en eco, amedrentaba el ánimo y lo disponía para crear alucinaciones y fantasmas.

Por aquel entonces había un cantinero solemne con más barriga que una calabaza, con más mofletes que un tomate de California y con más cabellos que la palma de la mano. Usaba constantemente quevedos obscuros y un birrete de terciopelo rojo bordado en oro con que cubría su venerable calva. En su tienda o mejor su trastienda, se reunían noche a noche el coronel con tres o cuatro camaradas a charlar y echarse entre pecho y espalda copas de rubia carmelitana, no escaseando también los alburazos; de modo que a la una o dos de la mañana que se disolvía la reunión, salían tambaleándose con dirección a sus casas. El célebre coronel atravesaba siempre por entre las ruinas para acortar el camino y llegar cuanto antes a su cama, donde roncaba como las contras de un órgano viejo, exhalando así los vapores de la rubia carmelitana.

Una noche había cerrado obscura y amenazante, apiñándose negras nubes en las vecinas montañas del Rincón y del Punhuato. Vientos de tormentas azotaban con su látigo las tinieblas. Relámpagos cobrizos inflamaban sin interrupción los senos de los nimbos. Truenos colosales conmovían terriblemente la atmósfera. Gruesas gotas, casi chorros, empapaban la tierra reseca y tostada por los largos calores estivales. Las calles parecían ríos desbordados. El coronel y su amable compañía resolvieron no salir de la trastienda, en tanto que se alejase la tempestad a fin de no coger cuando menos un catarro.

Sonó el reloj de la catedral a las dos de la mañana. El trueno se apartaba poco a poco. Una llovizna quedaba tan sólo, acompañada de un frio y húmedo vientecillo que calaba hasta los huesos. Había granizado. Furtivos rayos de luna se filtraban por entre las nubes, abrillantando los manchones de granizo. Los parranderos, arropándose lo mejor que pudieron con sus capas españolas, se lanzaron a la calle. El coronel siguió el acostumbrado camino de las ruinas que en esos momentos estaban intransitables, para otro que no fuese él. Iba cruzando el cementerio cuando le llamó la atención el chirriar de las puertas del templo de San Francisco, que se abría girando sobre sus goznes enmohecidos. Una insólita claridad irradiaba del interior del templo como si fuese presa de la llamas. Notas perdidas de un concierto y murmullos de rezos en conjuntos corales de voces gangosas y profundas, brotaban del santuario.

Al fin apareció una procesión de hermanos terceros con sus sayales azules ceñidos de cuerdas blancas. Marchaban de dos en dos con cirios encendidos en las manos. Sus caras demacradas y amarillas revelaban antigüedad remota. Al cabo de la procesión aparecía un fraile nimbado de luz albeante, de andar grave y majestuoso. Sus ojos centellaban como dos soles. De sus manos, de sus pies y de su costado brotaban rayos de luz apacible y serena como si estuviesen guarnecidos de brillantes.

Entonces el coronel, perdida la embriaguez, se había arrodillado como fuera de sí, embobado, estupefacto. Vio que al llegar los Terceros adonde él estaba, le apagaron uno a uno las velas sobre la espalda; mas al llegar el fraile de semblante glorioso, se detuvo, asumió aire de majestad empuñando el cordón blanco y grueso con que iba ceñido y le azotó con él al mismo tiempo que exclamaba: ¡Lo hago por tu bien! El coronel quiso llorar y las lágrimas se negaron a salir de sus ojos; quiso hablar y la voz se ahogó en su garganta; intentó pedir perdón pero antes que su mano golpease el pecho, cayó sin sentido entre los mojados escombros...

La alborada era de un día azul. Febo rubicundo lanzó sus primeras miradas alegres y risueñas, envolviendo el espacio en una telaraña de oro. Los pájaros que gorjeaban en la arboleda, soltaron a la postre sus melodiosos cantos. El coronel despertó pero no volvió en sí porque estaba... loco.

Posteriormente discurría por las calles de Morelia con su sombrero de anchas alas en la mano, deteniendo a sus amigos para decirles:

—¿Me conocéis? Yo soy el coronel... Miradme bien que yo soy aquel a quien San Francisco dio un cordonazo... En seguida se marchaba sin despedirse.

Como me lo contaron te lo cuento. *(Leyendas... de Valladolid hoy Morelia).*

EL PERRO DE PIEDRA

En el antiguo convento de las Rosas que hoy es hospicio de mujeres, hay un patio soberbio. Circuido por un claustro de pesada arquería barroca, ostenta en su centro una fuente tapizada de brillantes azulejos de Talavera de la Reina, que tiene en medio una columna de granito rojo sobre cuyo capitel jónico se destaca un enorme perro fantástico, por cuyas entreabiertas fauces sale un borbollón de agua fresca y cristalina y cae espumosa en la gran taza de la fuente, murmurando tranquila y cadenciosa. En torno de la fuente se alzan melancólicos dos cipreses corpulentos que le dan sombra a la caída del Sol; muchos rosales, jazmines, camelias y limoneros que embalsaman el ambiente a todas horas. Un pedazo de cielo espléndido cubre el patio, como un inmenso fanal de zafiro.

En ese patio suedió el hecho fantástico que voy a referir según me lo contó una viejecita asilada allí hace muchos años, dado que falleció de ciento cuatro años y fue criada del convento.

Doña Juana de Moncada, condesa de Altamira, después de enviudar quiso pasar el resto de su vida recluida en una casa religiosa de Valladolid. Y al efecto, escogió el Colegio y Convento de las Rosas donde se educaban muchas niñas nobles de la Nueva España. Ella podía ser maestra, pues dada su posición social y sus caudales había aprendido toda la cultura de su tiempo. Tocaba el órgano, la clave y la guitarra admirablemente; las labores femeniles de bordado en lino y en seda con hilo y con sedas de colores la habían hecho famosa; tejía como la araña, encajes de una finura y primor incomparables; cantaba como ruiseñor; leía y escribía gallardamente. En fin era una maestra consumada.

Había enviudado joven y sin familia y no quiso ver expuesta su hermosura, que era mucha, a los embates del mundo y las pasiones que siempre se ensañan contra las viudas. No quería tampoco contraer segundas nupcias; porque sabía que aunque ella era todavía joven y la hermosura no la había abandonado, sus pretendientes más bien querían casarse con sus caudales que con ella. Y así decidió enclaustrarse.

Era de majestuosa presencia. Todas las damas de su familia como ella habían tenido un talento superior y una cultura nada común aun entre los miembros de su clase. Había heredado la barba partida y los hoyuelos en los carrillos de los Moncada. Su color era levemente moreno y sonrosado. Su piel limpia y fina como pétalos de azalea, mostraba a las claras la pureza de sus costumbres. Sus ojos negros y brillantes con sus cercos de pestañas crespas, nadaban como en un mar de luz. Sus labios delgados y purpúreos como herida recién abierta. Sus dientes como dos sartas de perlas. Su hablar cadencioso, mensurado y pintoresco. Reservada, prudente y oportuna. En fin adornada de cualidades no comunes que mucho aprovecharían a las educandas de Santa Rosa.

Mas entre todas esas cualidades que brillaban como estrellas en un cielo despejado y sereno, había un defecto y era el amor que tenía a un mastín grande y poderoso, de la raza que cultivó con grande y decidido empeño el emperador don Carlos V en España y los Países Bajos. Un mastín flamenco, respetable y bravo como pocos. Capaz de ahuyentar con sus ladridos al agresor más audaz y valiente. Capaz de destrozar con su doble dentadura a un hombre como a un lobo, si se le ponían delante en actitud agresiva. Por el contrario, a las mujeres veía con cariño, casi con respeto, las halagaba con los ojos y con la cola, parándose en las patas traseras y echándoles sus manos en los hombros. A ninguna ladraba ni mucho menos mordía, y sí las cuidaba con celo, librándolas de cualquier desaguisado. Se llamaba Pontealegre, comía mucho y no se despegaba un momento de su señora. Lo trajo consigo de España y lo llevó al convento.

Allí era el regocijo, aunque ya estaba viejo, de religiosas y de niñas en las horas de recreo. Cómo corría hasta sacar la lengua de dos cuartas, cómo saltaba para alcanzar con el hocico la piedra que le tiraban, qué vueltas daba como rehilete cuando alguna colegiala le agarraba la cola, poniéndole algún colgajo de papel o bolita de merino. Se volvía chiquito cuando jugaban con él. Era, además, el azote de las ratas. No dejaba una con vida de día o de noche, en la huerta o en las bodegas. Por lo cual se hizo querer mucho por la comunidad de Santa Rosa.

Había en el colegio en esa misma época una joven educanda que procedente de Guadalajara recibía su instrucción allí. Era bella sobre toda ponderación: de estatura regular frisaba en los quince abriles. Le llamaban Remedios de la Cuesta. Era blanca como pétalos de azucena; rubia como unos oros; de ojos azules como el cielo. De talento claro y de carácter apacible y sereno.

Aún existe el amplio mirador del Colegio de las Rosas. Desde el ábside de la iglesia y a lo largo del frente hasta la esquina corre una arquería de columnas monolíticas, defendidos los intercolumnios con barandales de hierro labrado a martillo. Entonces, como no había tanta casa de altos, se gozaba desde allí de un hermoso panorama. Por encima de las casas se veía la loma de Santa María de los Altos y las altas y azules serranías que dibujan por el sur el horizonte de Morelia. A ese mirador salían los jueves y los domingos a solazarse las alumnas y por lo mismo no faltaban ya en la plazuela, ya en las esquinas de las calles adyacentes, muchos galanes que miraban a las colegialas con tiernos y enamorados ojos.

Era la primera vez que salía al mirador Remedios de la Cuesta y después del asombro general, llamó la atención del garrido alférez don Julián de Castro y Montaño, hijo segundo de don Pedro de Castro y Montaño, conde único de Soto Mayor. Este joven militar que había empezado su carrera sirviendo al rey en Africa, vino a Valladolid desde España a visitar a su familia que hacía tiempo allí estaba radicada, por motivos de agricultura. Se enamoró perdidamente de Remedios y decidió escribirle en seguida. Ella no quiso ligar todavía su voluntad ni mucho menos su vida con los lazos inquebrantables del matrimonio. Su rotunda negativa excitó la cólera del alférez que no estaba acostumbrado a esos menosprecios y sin más ni más se decidió a raptarla del colegio como en aquel entonces se estilaba, para lo cual tomó a fuerza de dinero todos los datos conducentes.

Era una obscura y silenciosa noche de invierno. Era tal el frio que poco faltaba para que comenzase a helar. Las estrellas relucían centellantes sobre el negro fondo del cielo. Los perros estaban ateridos de frio y no ladraban para nada. El aire quieto y envuelto en sombras invadía las calles que conducían al colegio. En tanto un grupo de hombres con careta y con linternas que mal se ocultaban entre los anchos pliegues de sus capas marchaban cautelosos por detrás del colegio a lo largo del muro altísimo que lo circunda. Una vez llegados a la puerta falsa que aún se conserva tapiada, uno de ellos hace saltar el pasador de la cerradura con la punta de su daga toledana, y se abre la pesada puerta chirriando en sus enmohecidos goznes. Entran silenciosamente de uno en uno hasta cinco enmascarados, guiándolos el que parecía mandarlos, y no era otro, visto a la luz de las linternas que brillaban como fuegos fatuos, que don Julián de Castro y Montaño. Cerraron tras sí la puerta y se encaminaron paso a paso por entre las calles de la huerta, envuelta en sombras y en perfumes de violeta y arrayán. No habían andado mucho cuando Pontealegre los sintió, lanzándose como un león sobre ellos. No esperaban el ataque furioso del perro. Se retiraron un poco para mejor combatir con sus espadas desnudas; pero el perro que erizado parecía colosal entre las sombras se lanzó contra don Julián mordiéndole la yugular. Un torrente de sangre brotaba de su cuello destrozado. En cuanto los otros vieron a su jefe muerto acometieron por todos lados al valiente perro dejándolo traspasado de heridas al lado del desdeñado amante de Remedios de la Cuesta. Huyeron los acompañantes del alférez sin dejar más rastro que los dos cadáveres tendidos sobre el césped cubierto del rocío de la mañana.

Esta había llegado alegre y bulliciosa. Las campanas de los templos gritaban como locas, llamando a los fieles a las misas de aguinaldo. Los pájaros cantaban como pidiendo en voces melancólicas la retirada del invierno y la pronta llegada de la tibia primavera, para comenzar a edificar sus nidos. Religiosas y alumnas desperezándose al toque de la campana del colegio se encaminaron en filas al coro de templo para asistir a la misa de aguinaldo. Los churriguerescos colaterales brillaban como ascuas de oro a la luz de las ceras que ardían en las arañas de cincelada plata. Las blasonadas puertas de la iglesia, abiertas de par en par daban paso a los fieles que iban inundándola. Al lado del evangelio, sobre una mesa cubierta de rico brocado de oro sembrado de rosas de Alejandría, se destacaban los peregrinos, caminando sobre un prado de musgo, en dirección a Belén. La Virgen iba sentada en una burrita vivaracha de brillantes ojos de esmalte y orejitas muy erguidas y cruzadas, como si temiese algún peligro. A su lado, José empuñando a guisa de báculo una vara florida de plata, cubierta la cabeza con sombrerito de paja. Por delante el arcángel vestido de lujoso traje de oro y seda llevando en la mano la brida de la burrita. Y todo el grupo a la sombra de una frondosa palmera. En el cuerpo de la iglesia infinidad de farolillos venecianos de colores entre flotantes guedejas de heno pendientes de hilos invisibles se mecían en el ambiente como luciérnagas. Empieza la misa entre nubes de incienso y sonoros acordes de órgano acompañados del estruendo de las panderetas, de los cascabeles, de los pajaritos de agua y de los chinescos de los niños ¡Cuánta alegría en los semblantes y cuánta paz en el corazón! Llegan los momentos en que el sacerdote inclinándose sobre el altar consagra el pan y el vino. Entonces, cesa el ruido, calla el órgano y se prosternan los fieles entre las blancas nubes de incienso que brotan de encendidos carbones de los incensarios de oro. Pero al acabar de alzar la hostia y el cáliz, se desata el órgano en un torrente desbordado de acordes sonoros y brillantes que de eco en eco se van repitiendo en los ámbitos de la iglesia, hasta perderse en el espacio. Termina la misa, cuando cunde por todo el convento que Pontealegre ha matado en la huerta por la noche a aquel señorito apuesto y gallardo que perseguía a Remedios y que de seguro se metió furtivamente en la huerta con no muy buenas intenciones. Mas el propio perro había sido muerto en el combate por multitud de heridas que bien a las claras demostraban la presencia de otros hombres que acompañaban al alférez. La superiora que ya lo era doña Juana de Moncada, dio pronto aviso a las autoridades virreinales acerca del suceso para que hicieran las averiguaciones del caso, que conmovió tanto a los pacíficos y nobles moradores de Valladolid.

En cuanto acabó en el convento el bullicio de la autoridad por haber sacado el yerto cuerpo del joven alférez, las religiosas y las alumnas hicieron los correspondientes funerales al salvador de Remedios y del colegio, al famoso Pontealegre. Y como un monumento a su memoria erigieron la columna de granito rojo en medio de la fuente tapizada de brillantes azulejos de Talavera de la Reina, sobre cuyo capitel jónico, se destaca un perro fantástico por cuyas entreabiertas fauces sale un borbollón de agua fresca y cristalina, cayendo espumosa en la taza de la fuente que murmura entre el follaje tranquilo y cadenciosa.

Como me lo contaron te lo cuento. *(Leyendas... de Valladolid hoy Morelia).*

FELIPE E. CALVILLO. Nació en Morelia, Mich., en 1872; se ignoran los datos de su muerte. Estudió en el Colegio de San. Nicolás de Hidalgo. Trabajó en la Secretaría General y en el Archivo Público del Estado. Colaboró con Melchor Ocampo Manzo en el estudio histórico del convento de San Diego, el Hospital y el Monte de Piedad. Es autor de *Cuadro sinóptico y estadístico de Michoacán* (1910) y *Leyendas y sucedidos de Michoacán,* con prólogo de Julián Bonavit (Morelia, Talleres de la escuela I. Militar, 1912).

LOS GORRIONES

Muy cerca de la hermosa y culta ciudad de Puruándiro, la ciudad que desde lejanos tiempos hasta los actuales momentos se distinguió por su civilización y que hoy llora los salvajes atropellos del bandidaje azuzado por modernas ideas socialistas y disolventes teorías reivindicatorias, muy cerca, digo, de esa perla del territorio michoacano, se encuentra la hacienda de Epéjan, regada por numerosas corrientes de cristalinas aguas que fecundan una vegetación lujoriosa, y permiten contemplar extensas sementeras en las que no se sabe qué admirar más, si el oro espléndido de los tupidos trigales o el verde esmeralda de sus frondosos arbolados.

Y lo que desde luego llama la atención de quien por primera vez visita la priviligiada comarca, es el gran número de alegres pajarillos que pueblan los aires de musicales trinos. Las bandadas de gorriones, de tordos y mirlos, si encantan con sus musicales gorgeos, parece como que debían constituir una seria amenaza para las sementeras. Por lo menos en otras regiones del nuevo y del viejo mundo, especialmente en España e Italia, así sucede. En la hacienda de Epéjan no secede así, pues es un hecho que no obstante el crecido número de pajarillos los trigales no se perjudican en lo más minimo.

Ese hecho tiene su origen relacionado con el inolvidable misionero fray Antonio Margíl de Jesús, que floreció en los siglos xvi y xvii, pues nació en Valencia en 1657 y desembarcó en Veracruz el 6 de junio de 1683 para iniciar una labor de evangelización desde Yucatán y Guatemala hasta la sierra del Nayarit y Texas, donde penetró en 1716. Fue guardián del convento de Santa Cruz de Querétaro y del de Guadalupe de Zacatecas. Y aquí en

Michoacán desplegó tal celo y amor por la dolorida raza descendiente de los tarascos, que le conquistó la aureola de santidad en que al fin en 1726, en el convento de San Francisco de México, conservándose la celda en que expiró hasta el año de 1900.

Pues bien, cuéntase que encontrándose de paso durante una de sus misiones, fray Antonio Margíl de Jesús, en la hacienda de Epéjan, se le acercaron unos labradores quejándose amargamente de los perjuicios que recibían de la población alada, pues el grano cosechado era disminuido, y a veces hasta concluía por la voracidad de los innúmeros pajarillos.

El venerable Margíl oyó pacientemente las quejas de los sencillos labriegos y les ordenó que le trajeran vivos algunos de los gorriones, tordos y demás constantes destructores de los trigos.

Fue obedecida su disposición y a la sombra de corpulento fresno le fueron puestos en sus tostadas manos algunos bulliciosos glotones.

Fray Margíl les contempló largo rato y luego les dirigió paternal alocucuión reprochándoles su voracidad que empobrecía a los labradores. En seguida los arrojó suavemente al espacio diciendoles:

— Idos en paz, creaturas de Dios, y cuidado con volver a perjudicar.

Desde entonces es un hecho cierto que las sementeras de la comarca no reciben el menor perjuicio de la numerosa población alada, lo cual puede comprobarse en nuestros días *(Leyendas y sucedidos de Michoacán)*.

MORELOS

ANTONIO GARCÍA MONTAÑO. Nació en el rancho El Tejocote, Cerano, Mich., en 1949. Religioso pasionista y licenciado en ciencias de la comunicación por la UNAM, dirige en Cuernavaca el semanario *Correo del Sur* y desempeña la subdirección del Colegio de Bachilleres del Estado de Morelos, donde imparte filosofía y etimologías grecolatinas, y conduce los talleres de lectura y redacción. En el ejercicio de esta última tarea, ha pedido a los alumnos de ese plantel que recojan las leyendas y tradiciones que aún se narran en el seno de las familias morelenses.

LEYENDA DEL TEPOZTECO

En tiempo inmemorial, una rama de la tribu tlahuica emigró más allá del valle de México, hasta llegar al paraje donde hoy se asienta Tepoztlán. La princesa hija del caudillo de esa comunidad, acostumbraba ir a bañarse al río Atongo, acompañada por una guardiana que la protegía de cualquier mirada indiscreta. Un pajarillo de color rojo descendía desde el cerro del Aire, se posaba en la rama de un árbol cerca del cauce del río y entonaba lo mejor de sus trinos mientras la doncella se recreaba en el agua. Al cabo de muchos días, el pajarillo dejó caer una de sus plumas, que la princesa tomó en sus manos y se colocó en la cabeza, al lado de las flores con que se adornaba. El pajarillo no volvió a aparecer y la nostalgia invadió a la princesa.

Al tercer mes, sus padres notaron que el rostro de su hija empezaba a perder candidez y lozanía. Llamaron al mejor curandero del pueblo y éste advirtió que ese y otros cambios en la apariencia y en la conducta de la princesa se debían a que en su seno alentaba ya una nueva vida. Al saberlo, la madre sufrió un desmayo y el padre insistió en que su hija era enteramente pura. Pasó el tiempo y ésta dio a luz a un robusto niño.

El jefe de la tribu, deseoso de dejar sin mancha a su familia, secuestró al niño y lo arrojó a un hormiguero, pero estos insectos, lejos de devorarlo, lo alimentaron con migajas que sacaban de su agujero. Viendo esto, el siguiente día lo abandonó en un maguey para que los candentes rayos del sol terminaran con la vida del pequeño, pero las pencas de esta planta se inclinaron para cubrirlo e irle dando, gota a gota, la rica leche del aguamiel. En un tercer intento por deshacerse del recién nacido, el receloso caudillo lo puso en una canasta y lo echó al río, pero aguas abajo lo encontraron unos viejecitos que lo adoptaron con intenso cariño.

El niño creció en un humilde jacal al cuidado de esa pareja de ancianos. Cada vez que éstos carecían de alimentos, él, investido de mágicos poderes por su padre el dios del Viento, lanzaba una flecha al aire y caían suculentas aves y otros mantenimientos.

Por ese tiempo habitaba en Xochicalco un gigante al que la tribu, para mantenerlo alejado, le daba de comer un hombre cada semana. Cuando le llegó su turno al anciano protector del ya entonces vigoroso joven, salió éste a luchar contra el monstruo. En el camino recogió cuantas lascas de obsidiana encontró a su paso, en previsión de ser devorado. Así ocurrió en el primer encuentro, pero una vez en el interior del gigante, fue cortando con esas navajas de vidrio negro las entrañas de aquel ser maléfico, hasta abrir en su recia piel un boquete por el que salió convertido en aire.

El gigante murió sin saber la causa de su fallecimiento. El joven héroe, a su vez, subió a una montaña para prender un fuego cuyo humo blanco anunció a la tribu su victoria. El pueblo lo eligió entonces rey de Tepoztlán y en su honor llamó a ese cerro el Tepozteco, sobre el cual aún se mira a menudo aquella nube blanca. (Verónica Alvarado Cortés. Plantel 02, Grupo 106).

LEYENDA DE LA LAGUNA DE TEQUEZQUITENGO

Se dice que hace muchos años había cerca de Zacatepec un pueblito llamado Tequezquite, cuyo nombre obedecía a que por ese rumbo abundaba un material calcáreo color ceniza que le da muy buen sabor a los elotes, la calabaza y los cacahuates. Ahí habitaba un brujo maléfico, que por sus crímenes fue condenado a la hoguera. Pero antes de que lo quemaran vivo amenazó a toda la población, advirtiéndoles que se arrepentirían de su proceder en contra suya.

En efecto, poco tiempo después empezó a brotar agua de la tierra. Al investigar la causa de ese fenómeno, los habitantes del pueblo encontraron en lo más profundo de la hondonada una botella que contenía agua y arena de mar. En virtud de ese hechizo, el caserío se inundó con agua salada. Los lugareños se vieron obligados a abandonar sus casas y propiedades. Apenas habían hecho eso cuando toda la localidad se hundió. Se formó así la laguna. Cuentan que todavía permanecen en el fondo de la laguna las torres y restos de la iglesia. Dicen los vecinos ribereños que cuanto baja mucho la marea y hay luna llena, pueden verse a simple vista las puntas del campanario principal. (Sandra Nancy Rosales Ortiz. Plantel 02, Grupo 106).

LA POBREZA DE TEPOZTLÁN

Se dice que en tiempos muy remotos existió un rey que iba a legar un gran tesoro al pueblo de Tepoztlán. Para ello era indispensable que se transportara hasta esa comunidad el cofre que contenía las piedras preciosas y las monedas de oro y plata. Temeroso el rey de que los peones encargados de llevarlo sufrieran un asalto en el camino, pidió a unos monjes que fueran ellos los que realizaran esa tarea, pues esos religiosos, en quienes se podía confiar, eran respetados aun por los malhechores. Una vez que éstos aceptaron el encargo, les advirtió que no abrieran el cofre por ningún motivo, debiendo entregarlo cerrado al sacerdote de la parroquia local. Poco antes de llegar a su destino, los monjes no resistieron la tentación de ver lo que contenía el pesado cofre, lo abrieron y de él salieron cinco palomas blancas. Una de ellas se quedó en Tepoztlán, dos volaron hacia Cuernavaca, que por eso es la ciudad más hermosa del Estado, y las otras se perdieron en el horizonte. A la curiosidad o a la codicia de aquellos frailes se debe la pobreza de Tepoztlán. (Tania Moguel Vargas. Plantel 02, Grupo 105).

EL ÁRBOL DE LAS CRUCES

En el añoso y ameno jardín del convento de Santa Cruz de los Milagros, ocupado por seminaristas franciscanos, existen varios árboles cuyas espinas tienen forma de cruz, sin que a ésta le falten, en tres de sus extremos, unos diminutos clavos. Cuenta la leyenda que el venerable padre fray Antonio Margil de Jesús, al regresar de unas misiones, clavó en ese jardín el alto bastón en que se apoyaba durante sus largas y arduas caminatas. Al paso del tiempo, el cayado empezó a retoñar, se formaron las ramas y en éstas aparecieron espinas figurando la insignia y señal del cristianismo. Los demás ejemplares de esta prodigiosa especie debieron proceder de estacas del original, pues el árbol no produce ni flores, ni frutos, sino solamente pequeñas hojas perennes. (José Luis García Valdos. Plantel 02, Grupo 103).

SAN BUENAVENTURA

El 14 de julio de un año de la primera mitad de este siglo, un grupo de personas humildes viajaba en ferrocarril llevando en una caja la imagen de San Buenaventura, el doctor seráfico. Al llegar a la estación de Coajomulco, en el municipio de Huitzilac, bajaron del tren a descansar, aunque sin dejar a bordo el equipaje, pues temían que ocurriera un robo o un extravío en aquel carro de segunda clase. Al anunciarse la reanudación del viaje, quisieron levantar la caja, pero ésta se había vuelto tan pesada que ni siquiera varios hombres pudieron moverla. Así fue cómo, habiendo advertido la preferencia del santo por ese pueblo, se procedió a construirle una capilla. San Buenaventura es desde entonces el patrón de Coajomulco. El sacerdote de la localidad recordó que el autor de *El Libro de las Sentencias* murió ese día del año 1274. (Lourdes Cedillo Cedillo. Plantel 02, Grupo 106).

Al bastón de fray Antonio se le formaron ramas;
y a éstas espinas como cruces.

SAIBIDIGOYTIA E ICAZBALCETA

En la época de la Revolución, los hombres al mando de Eufemio Zapata, hermano de Emiliano, el caudillo del Sur, asolaron e incendiaron la hacienda de Tenango, en el municipio de Jantetelco, símbolo del poder de los latifundistas. Episodio sobresaliente de tan memorable asalto, fue la destrucción de una figura humana, vestida de charro y con los brazos abiertos, que se hallaba en lo alto de un edificio, mirando hacia la tienda de raya.

Aun se recuerda que a mediados del siglo xvii fundó esa hacienda un personaje de apellido Saibidigoytia, quien destinó las tierras al cultivo de la caña de azúcar. Alrededor de la finca del amo, se construyeron casas de piedra y teja para los trabajadores y empleados de confianza, y chozas de varas, lodo y palma destinadas a los peones que se reclutaban en las localidades de la región.

La mayoría de quienes eran contratados como yunteros, peones de labranza, obreros del tlachique y del mezcal, y trabajadores de los hornos de azúcar, llegaban acompañados de sus familiares, de modo que los salarios que se les pagaban les resultaban insuficientes. De ahí que se proveyeran subrepticiamente de las siembras y cosechas del hacendado, práctica que si no era bien vista por los administradores, fue tolerada por muchos años.

Cuando la familia Icazbalceta explotaba esa extensa propiedad, se tomó la decisión de acabar con el saqueo de los campos por parte de los peones y los obreros. Al efecto, en la esquina del edificio principal y a la vista de la tienda de raya, donde todos se congregaban para recibir la remuneración de la semana, se erigió la estatua del patrón, que con sólo verlos desde esa altura sabía lo que cada uno le había robado y cuyo valor, en pesos, reales y tomines, se le descontaba rigurosamente de su salario. Este misterioso poder les provocó a los peones y obreros un profundo temor por aquella figura, y al pasar de los años un sentimiento de rencor y venganza.

Cuentan los muy viejos que la realidad era otra. Los trabajadores estaban obligados, al despuntar el alba, a formarse frente a la tienda de raya para cantar el Santo Dios, antes de salir a los sitios de trabajo; y a confesarse los domingos con el señor cura de la iglesia instalada en el interior de la hacienda, a quien confesaban sus pequeños hurtos. Éste, a su vez, formaba una lista detallada que pasaba en secreto a los administradores. (Minttzi Soledad Galván B. Plantel 02, Grupo 103).

NAYARIT

MATÍAS DE LA MOTA PADILLA. Nació y murió en Guadalajara, Nueva Galicia (hoy Jalisco) (1688-1766). Abogado, ocupó varios puestos en la judicatura, llegando a ser fiscal de la Real Audiencia y regidor perpetuo del Ayuntamiento. Tomó estado eclesiástico al principio de su vejez. En 1742 terminó la *Historia del Reino de Nueva Galicia en la América Septentrional*, de la que se han hecho ediciones en México (1870) y en Guadalajara (1855, 1920 y 1973, esta última por el Instituto Nacional de Antropología e Historia y la Universidad del Estado).

LA PRIMERA MINA

La primera mina que se descubrió en el reino prueba el asunto de que obrando por Dios, las cosas temporales se dan por añadidura. Había muerto el capitán Pedro Ruiz de Haro, noble, como de la casa de los Guzmanes; dejó en suma pobreza a su viuda doña Leonor de Arias, con tres hijas, por lo que se retiró a una labor, que por entonces se llamaba Miravalles, cerca de Compostela; y aunque pobres, estaban ricas de virtudes. Estando, pues, una tarde en un portalillo, atrio de su casa, todas ocupadas en su labor de manos, llegó un indio y dijo: "Señoras, ¿teneis una tortilla que darme, por amor de Dios?" Leonor Arias le respondió: "Siéntate, hijo", y mandó a una de las niñas que moliese un poco de nixtamal e hiciese tortillas, y a otra, que hiciese un poco de chimole, que es un compuesto de tomate y chile, que en España llaman pimientos. Comió el indio, y al despedirse dijo agradecido: "Dios te lo pague, señora, y ten confianza en Dios, que te ha de dar tanto oro y plata, que te sobren muchos millares". Ternura causa el que en un reino tan reciente se ejercitase tanta caridad; pero a mí más me enternece que en un indio tan reciente en la fe se hallase Dios alabado, en saber pedir por Dios, y en saber pedir a su Divina Magestad remunerase a aquellas pobres mujeres la piedad con que socorrieron su necesidad. Fuése el indio, y al tercero día volvió con metales ricos, y le descubrió la mina del Espíritu Santo, que fue la primera del reino, cerca de Compostela, de donde salió tanta plata y oro, que a los cinco años dotó a las hijas considerablemente, y las casó con tres caballeros de los mas ilustres que había en el reino: don Manuel Fernández de Híjar, sobrino del señor de Riglos y fundador de la Villa de la Purificación; don Alvaro de Tovar, y Alvaro de Bracamonte. Fueron las minas en tanto aumento, que como de Centizpac salían las recuas cargadas de pescado y sal, se cargaban de plata y oro para México: por estas minas se puso en Compostela la primera caja real, cuyos primeros oficiales reales fueron Pedro Gómez de Contreras, tesorero, y Diego Díaz Navarrete, contador; y por ellas el reino de la Galicia mereció sus primeros aprecios, y lo hizo capaz de que se erigiese en obispado, de que se crease la primera audiencia en Compostela. La choza de doña Leonor se convirtió en un palacio que ilustraban sus tres yernos, y aun hasta hoy es el palacio de los condes de Miravalles. *(Historia del Reino de Nueva Galicia...).*

ANTONIO TELLO. (Véase JALISCO).

EL DRAGÓN DE ATEMBA

El pueblo de Xalisco está cuarenta leguas de la ciudad de Guadalajara, al poniente, al pie de una alta y encumbrada sierra; al oriente tiene a los pueblos de Xala y Aguacatlan, a la parte del norte las serranías de Huaynamota y a la del sur la ciudad de Compostela y Valle de Banderas, situado en un valle que antiguamente se llamó Atemba y hoy se llama Xalisco, en el cual se coge mucha abundancia de maíz y trigo y se cría mucho ganado de todas suertes.

El año de 1540 el padre fray Bernardo de Olmos, con parecer de Cristóbal de Oñate, teniente de gobernador y capitán general por Francisco Vázquez Coronado, fundó el convento de Xalisco, teniendo por su compañero al padre fray Francisco de Pastrana, en un pueblo llamado Atemba, al pie de un cerro muy alto y entre los dos hicieron la iglesia, y, por haber llegado el capitán Cristóbal de Oñate día de San Juan Bautista, recibieron por el patrón al glorioso santo. No permaneció este convento en Atemba más que cinco o seis años y la causa fue porque en aquel cerro hay una cueva que tiene tres leguas por debajo de tierra, de la cual salía una serpiente que tenía el cuerpo muy grueso y con alas; la cola delgada y por donde pasaba hacía con la cola un surco como de un arado, levantado de piedras y tierra, y haciéndose una nube muy negra despedía de sí tantos rayos que quemaba el convento cada año y las personas que en él estaban, y de esta suerte se consumía mucha gente; y viendo esto el padre fray Bernardo de Olmos le pareció que sería bien acudir a Dios, y llamando al fiscal y un muchacho, con agua bendita, estola y cruz, fue a la cueva a conjurarla y habiendo llegado halló la serpiente de estatura disforme, echada dentro de la cueva y conjurándola el dicho padre que de parte de Dios le dijese por qué hacía aquel mal, respondió que porque toda aquella gente no le sacrificaba ya, como solía, y que así se fuesen de aquel puesto, que era su posesión, pues ya no tenía provecho de sus moradores, y esta es la razón por qué el padre fray Bernardo de Olmos, en el año de 1546 pasó el pueblo y convento a donde ahora está, media legua poco más o menos de distancia del antiguo.

Tenían costumbre los indios de aquel pueblo, en su gentilidad, sacrificar criaturas a aquel ídolo serpiente, y hoy en día permanece la cueva, aunque derrumbada por partes y con mucha arboleda alrededor, y en nuestros tiempos han visto la serpiente algunos indios, y particularmente uno llamado Bartolomé, natural del dicho pueblo de Xalisco, y desde aquel día vivió macilento y asustado hasta que murió.

Hoy en día se forman las mismas serpientes en esta cueva y alrededor de este cerro, término de dos o tres leguas, en el que van caminando hacia otro cerro que está enfrente, que llaman Sangangüey, dando tan terribles truenos que atemorizan y espantan la gente, porque parece el día del juicio, según la angustia y confusión en que se ven las gentes que habitan. Muchas veces, y apenas pasa año, en que el uno y otro no caigan rayos, y en los pueblos, quemando casas y matando mucha gente. *(Crónica miscelánea de la sancta provincia de Xalisco)*

DOMINGO LÁZARO DE ARREGUI. Se ignoran el lugar y la fecha de su nacimiento; murió en Real de Minas de San Bartolomé, jurisdicción de Compostela (Nayarit), en 1636. En su juventud fue hombre "de capa y espada" y posteriormente presbítero, avecindado en Tepic. El presidente de la Audiencia de Guadalajara le encargó la *Descripción de la Nueva Galicia,* cuyo manuscrito se conserva en la biblioteca del antiguo Palacio Real de Madrid. La primera edición se hizo en Sevilla, en 1946, y la segunda en Guadalajara, Jal., en 1980, por el Gobierno del Estado.

LEYENDA DE SAN MATEO

Lo que ahora se dice valle de Banderas, dejando el de Chacala y Chila, que todo es una costa, es un valle que tiene de largo 5 o 6 leguas y de ancho otras tantas por la parte oriental. Lo hace la serranía de las minas de Ostotiquipa, que corre al mediodía algo al suroeste, y en su remate es el cabo de Corrientes; y por la parte occidental bate la mar en todo el valle; y divídelo un río muy caudaloso de alto a bajo, dejando la mitad al mediodía y la otra mitad al septentrión, y entra en el mar en el mismo valle muy cerca del cabo de Corrientes. Hay en la una y otra banda del dicho río heredades o huertas de cacao.

Entre los naturales de este valle se tiene por muy cierto que en tiempos antiguos anduvo en él un santo, cuyas vestiduras eran largas y que traía corona en la cabeza. Y dicen tenía su habitación en un cerro muy alto que cerca este valle por la parte boreal; y dista su cumbre de los llanos cinco leguas, y ella se señorea la mar y todo este valle, y otro que por las espaldas de esta serranía dicha corre por la costa de la mar, dicho de Jaltemva, de Chacala y de Chila. Y de aquel alto dicen los naturales que les dijeron sus antepasados que les predicaba este santo y les reprendía sus borracheras y desórdenes, y cuando peleaban los exhortaba a la paz, y que ellos le oían clara y distintamente cada uno en su misma lengua, y le tenían gran veneración y respeto. Y entiéndese que vino a este valle por la provincia que llaman de los Coronados, y que cae en la jurisdicción de la villa de la Purificación de la otra banda del cabo de Corrientes, porque cuando entraron nuestros españoles en aquella provincia, a todos aquellos naturales hallaron con coronas abiertas a manera de nuestros sacerdotes, por lo cual les llamaron "los Coronados".

Acerca del feliz fin y dichoso tránsito de este santo, dicen los naturales que murió a manos de unos indios sus comarcanos que habitaban por la parte ártica de aquella alta sierra en que el santo solía estar en el valle, y de Chacala, que cae entre la ciudad de Compostela y el valle de Banderas, en la misma rivera del mar, 7 u 8 leguas de Compostela y 17 o 13 del valle. Y estos dichos indios traían ordinariamente guerra con los del valle, y viniendo un día el santo a ellos, dicen unos que le quitaron la vida, aunque otros dicen que murió entre ellos de muerte natural. Y dicen también que los indios de Ostoticpac, gente belicosa y fiera que estaban más en la sierra, sabido de la muerte del santo, vinieron contra los de Chacala a cobrar las reliquias del santo, y que nunca pudieron hallarlas.

Y diré aquí lo que acerca de esto he oído muchas veces (no por cosa de mucha fe, porque como negocio de siglos tan atrasados no hay mucha luz de la verdad, porque estos naturales tan bárbaros no tienen historia ni escritos para memoria de los venideros): dicen pues todos que oyeron a sus pasados que los indios del pueblo de Canala, que eran más vecinos a la sierra donde habitaba este santo y les visitaba más a menudo, que todos sabían leer y escribir, y asimismo sabían ellos del santo, y que decían los viejos, que cuando murió el santo se oyeron campanas por grande espacio de tiempo, y que en un escollo de la playa de Chacala, en cuyo centro estaba una laguneta pequeña y en medio de ella una cruz de piedra, yacía este santo cuerpo, y que la resaca o que las corrientes y menguantes del mar la cubren y descubren haciendo la entrada difícil, y que algunos procuraron entrar y nunca pudieron; ni tampoco hay luz hoy ni noticia de este lugar, porque ya no hay memoria de los pueblos ni de los que los habitaron, aunque muchas personas afirman haber oído campanas de día y de noche hacia la mar, de aquellas huertas y estancias que por allí están pobladas, y que saliendo a ver dónde suena el repique de las campanas, nunca han podido ver cosa.

Y esto de oír campanas lo afirman muchas personas que hoy son vivas y aunque lo han oído de poco tiempo a esta parte en lo alto del cerro; dicen los que han subido que hay hoy en las mismas peñas pintadas cruces y otras insignias de la pasión de Nuestro Señor

Jesucristo, y que en las peñas vivas están estampados los pies del que las pintó. Del nombre de este santo no se tiene verdadera noticia, ni más de alguna alucinación que dicen haberse llamado Mateo.

Todo esto tienen los naturales por cierto, aunque no saben el tiempo que ha que sucedió, ni si fue cerca de la predicación de los apóstoles o siglos después. Posible es que fuese alguno de los setenta y dos discípulos de Cristo Nuestro Señor a quien cupiese en suerte la predicación de estas provincias, cuya doctrina, milagros y nombre ha olvidado el tiempo, dejando esta noticia así confusa para alguna gran merced que Nuestro Señor se sirva de hacer a esta tierra, descubriéndoles un gran tesoro y reliquias para honra y gloria suya y veneración de este glorioso santo. *(Descripción de la Nueva Galicia).*

LA CRUZ DE TEPIC

Entre el pueblo de Tepic y el de Xalisco, como dos o tres tiros de arcabuz hacia la serranía que llaman de Jalisco, el año pasado de seiscientos y diez y nueve, andando un mozo arreando unas bestias se le paró la yegua en que iba corriendo y no quiso pasar, y reparando él después de haberla dado de las espuelas y hecho otras diligencias para que pasase, vio en el suelo una señal de una cruz en esta manera, que un pedacillo del campo como de diez o doce varas de ámbito en que la tierra, estando algo más esponjada se levantaba algo más que lo a ella vecino, había diferencia en la yerba a los demás de aquellos campos, porque siendo ella toda muy alta y espesa, ésta era menuda, corta y clariespesa, y crespa, y divisa en cuatro ángulos por dos vereditas muy limpias que hacía una cruz muy proporcionada de casi tres varas cada vereda de largo y de más de una vara de ancho; y en lo que parecía la cabeza de la cruz hacía más ancha la vereda, ni más ni menos como el letrero que se pone sobre las cruces.

Volvió el mozo al pueblo de Tepic y dio razón de ello y fue mucha gente a ver la cruz, y las mujeres comenzaron a coger de esta yerba y a sacar de la tierra y aplicarla en necesidades, sahumando con la yerba y dando a beber la tierra. Sucedieron tan buenos efectos en las necesidades de salud para que se aplicaba esto que se han contado muchos por milagros.

Hízose allí una ramadilla cerca y púsose una cruz, y díjose allí misa, y así quedó hasta hoy continuando la gente pía en aprovecharse de la piedra y yerba, y Nuestro Señor en darles con ella buenos sucesos con que corre nombre que hace milagros; y lo que palpablemente lo parece es que todos los días se saca tierra, y deben de haber sacado en veces muchas cargas, y no hace falta en la composición del lugar ni se parece más que si no sacaran. No parece también ahora como al principio porque, como le quitan la yerba, todo está raso, más bien señaladas las veredas; y puesto que en estos llanos hay algunos pedacillos de tierra así esponjada y que cría de aquella yerbecilla, y las veredillas podrían ser de alguna salfuguinosidad de la tierra, ella está también señalada que mueve a devoción mirarlo. Quiera Nuestro Señor que tan dichosa señal para el linaje humano lo sea en ésta de prósperos sucesos en la dilatación de nuestra Santa Fe católica, y de paz y concordia entre los monarcas que la fundan y amparan. *(Descripción de la Nueva Galicia).*

CARL LUMHOLTZ. (Véase CHIHUAHUA).

LEYENDA DE CHULAVETE

Chulavete, la Estrella de la Mañana, es el principal dios de los coras. Con frecuencia van al amanecer a lavarse en alguna fuente por ella. Creen que es un hermano, un joven indio armado de arco y flecha, que intercede con los demás dioses en favor del pueblo. Lo invocan a que se presente en sus danzas y le exponen lo que desean para que lo comunique al Sol, a la Luna y al resto de los dioses.

La patética leyenda de las modernas aventuras de este héroe-dios pinta de un modo gráfico la condición en que consideran los indios que se halla aquél después de la llegada de los blancos. Chulavete era pobre, y los ricos no lo querían; pero cuando vieron que era buen hombre, le cobraron afición y lo invitaban a comer. Asistía a los convites vestido como los "vecinos", pero una vez fue casi desnudo, como andan los indios. Cuando llegó a la casa, se detuvo a la puerta, y el dueño salió con un ocote para ver quien era. No reconociéndolo, le gritó: "¡Vete de aquí, indio puerco! ¿Qué andas haciendo?" Y con la tea le quemó los brazos y las piernas al asustado Chulavete. Al día siguiente recibió otra invitación a comer con los "vecinos". Esa vez se trasformó en un individuo barbado, de color algo blanco, y se puso el vestido con que lo conocían. Llegó en un buen caballo, con fino zarape al hombro, sable al lado y sombrero ancho. Salieron a recibirlo en la puerta y lo introdujeron en la casa.

"Aquí estoy para ver en que puedo servir a ustedes", les dijo.

"¡Oh, no!" contestaron. "Lo hemos invitado porque lo queremos, no para que nos sirva. Siéntese a comer".

Se sentó a la mesa que estaba repleta de todas las buenas cosas que comen los ricos. Puso una pieza de pan en su plato, y en seguida comenzó a frotarse con él brazos y piernas.

"¿Por qué hace usté eso?" le preguntaron. "Lo hemos convidado a comer lo que comemos".

Chulavete respondió: "Ustedes no quieren que sea mi corazón el que coma, sino mi vestido. ¡Miren! Anoche era yo el que se acercó a la puerta. El hombre que salió a verme, me quemó con su ocote y me dijo: Indio puerco, ¿qué quieres aquí?"

"Pero, ¿era usté?" le preguntaron.

"Sí, señores, era yo. Como nada me dieron ayer, veo que no soy yo a quien ustedes quieren dar de comer, sino a mi vestido, y a mi vestido le daré todo". Y tomó el chocolate y el café, y se los vació encima como si fuesen agua; hizo pedazos el pan y se estregó con ellos la ropa. El arroz en leche, el arroz con pollo, el atole dulce, la carne con chile, el dulce de arroz, el caldo de vaca, todo se lo echó encima. Los ricos estaban asustados y le decían que no lo habían conocido.

"Ustedes me quemaron ayer porque era indio", les dijo. "Dios me ha hecho indio en el mundo. Pero ustedes no hacen caso de los indios porque andan desnudos y son feos". Tomó el resto de la comida para echarla sobre el caballo y la silla, y se fue. *(El México desconocido).*

MANUEL ALVARADO ALVARADO. Nació en Torreón, Coah., en 1905; murió en Tepic, Nay., en 1986. Profesor de enseñanza primaria, especializado mediante el sistema de educación a distancia, prestó sus servicios en escuelas de Yucatán, San Luis Potosí, Michoacán, Guanajuato, Puebla y Nayarit, donde finalmente se arraigó. Su trato con la gente del pueblo y sus investigaciones históricas, lo llevaron a escribir *Leyendas y sucedidos de Nayarit* (Xalisco, Nay., edición mimeográfica, 1967) y otras obras que permanecen inéditas.

LA PIEDRA DEL INDIO
(Fragmento)

Uno de tantos domingos, salió del convento (de Xalisco) un fraile dizque a dar una vuelta por los trigales, para después regresar a tomar su jícara de espumoso chocolate con bollos de huevo.

Todavía la mañana estaba obscura, mientras el fraile o lego, que no estoy muy seguro, seguía dando vueltas y vueltas por las andaderas de las besanas; cuando de buenas a primeras, sus ojos toparon con un bulto prieto, que así a simple golpe de vista parecía un perro dormido. "Ave María Purísima del Refugio —alcanzó a balbucear el fraile—, ¡Que veo! Un bulto, ¿que podrá ser?". Se arrimó poco a poco sobre su rara visión. Los frailes no conocen el miedo y mucho menos creen en aparecidos. Pocos pasos dio el fraile con sus salientes sandalias, cuando su vista le aclaró el misterio. ¡Alabado sea dios! Un indio dormido. Con la misma preocupación con que se arrimó se fue retirando, se desfajó de la cintura un chicote de crudillo que llevaba en lugar del consabido cordón de San Francisco, dejó en el suelo un obituario que por casualidad llevaba debajo del brazo y sin decir agua va, le arrimó tal chicotazo al indio que le alcanzó a cruzar la cara. El indio dio un salto que más que hombre de este mundo parecia felino, a no ser por su color prieto terroso. Todavía el pobre hombre se estaba limpiando las lagañas, cuando le asegundó otro golpe, peor que el primero, ya que la pajuela le enredó las greñas. Cuando el fraile dio el jalón al chicote le desprendió un manojo de hirsurtos pelos sudorosos y faltos de aseo. Pobre indio, estaba aturdido, no sabía que camino tomar, todo se le juntó: el temor, el susto de ese despertar tan exabrupto. Mientras, el fraile le dice: "¿Que haces aquí, bestezuela del señor, que haces aquí, animal, cuando deberías estar trabajando?" El indio no contestaba, pues empezaba a renacer en él el viejo orgullo de su raza, que había sido maltratada por siglos. No decía ni una sola palabra, sólo miraba al fraile con odio. Al fin, de un jalón arrancó el chicote al fraile de sus manos y se puso en guardia.

Cuando el fraile se sintió desarmado, solo alcanzó a decir a grito descomunal: "¡Va de retro, satanás.., truhán".

El indio no aguantó más, sea por el miedo al fraile o porque le nació un ápice de dignidad, cuando el padre quiso abofetearlo. Cristóbal, que tal se llamaba el indio, lo cogió por el cogote, apretó, apretó sin tener noción del tiempo, más y más, hasta que sus manos sintieron que ya le habían desabotonado el alma al fraile.

Mientras todo ésto pasaba, había llegado la claridad del día a su plenitud. Qué dichoso debe ser quien todo lo contempla con la misma alegría, sin importarle los sufrimientos o los goces ajenos.

Cristóbal se escondió entre el trigal, que era lo suficientemente alto para cubrirlo y con toda claridad escuchó que gritaban: "¡Padre Franciscoooooo!, ¡Padre Franciscoooooooo!". El indio se preguntó: "¿Ya lo andan buscando?" Ya era tarde para dar principio al primer yantar del día. El chocolate recalentado no sabe bien.

Como las gentes que andaban buscando al fraile siguieron el mismo sendero, se toparon de manos a boca con un cuerpo muerto, color café oscuro. Naturalmente, comenzó el escándalo: órdenes descabelladas, maldiciones subidas de color, imprecaciones que no son propias en labios santos. Todo esto pasaba en medio de una barahúnda inconcebible.

Mientras algunos macehuales llegaron con una parihuela para levantar el cadáver del fraile, otros vieron saltar del trigal a Cristóbal. "¡Allá!, ¡Allá!", gritaban. Pronto lo volvieron perro del mal, ya corrían para un lado, ya para el otro, hasta que, aprovechando un claro se les escapó rumbo a Compostela, y de regreso le salieron al paso en la Higuera Huevona, pero al fin pudo huir rumbo al cerro de San Juan, donde su padre le había heredado un pedazo de tierra que todavía hoy se conoce con el nombre de Lo de Cristóbal y que se encuentra muy cerca de los manantiales que surten de agua potable al pueblo de Xalisco.

Cualquier vecino del pueblo sabe donde se encuentra este terreno, pero ninguno recordará por qué se llama así.

Las espigas del trigal se mecían plácidamente al compás del viento, imitando el tres por cuatro de un candencioso vals. Cuánta poesía describen las espigas del pan en ciernes! Mientras tanto, una chusma de fanáticos perseguía incansable al pobre Cristóbal, ya que apenas podía dar paso en el sendero marcado por lo que se conoce con el nombre del Arroyo del Indio.

Pobre indio Cristóbal, no podía más. Cuatro horas de carrera desenfrenada agota a cualquiera, con mayor razón a una raza que lleva siglos sin comer. Cristóbal se paró en seco. No pudo más, estaba cercado por todos lados por una chusma frenética que empezó a lapidarlo sin misericordia, como si fuera una alimaña, pero cual sería su sorpresa porque aquello que era Cristóbal hacía unos segundos, era solo una roca inmóvil que soportaba sin cuidado aquella avalancha de piedras que constituían las armas ofensivas de la chusma.

Ahi esta Cristóbal, hecho peña a un lado del camino que va por la margen derecha del Arroyo del Indio. No se si será mejor vivir eternamente insensible como la roca, o morir para descansar.

Este acontecimiento pasó durante la Colonia y se ha mantenido más o menos completo debido al recuerdo transmitido de padres a hijos.

No lo juro por no ser ya costumbre, pero he visto muchas veces la dichosa piedra que dio origen a esta leyenda. *(Leyendas y sucedidos de Nayarit)*.

BERNARDO NARVÁEZ ÁVILA. Nació en Tepic, Nay., en 1948. Profesor normalista, maestro en lengua y literatura españolas, y doctor en pedagogía, ha enseñado materias de su especialidad en instituciones de educación media y superior, especialmente en escuelas normales y en las universidades de Álica, Pedagógica Nacional y Autónoma de Nayarit. Coordina el Club de Columnistas y Articulistas local, y es autor de ensayos educativos y de los libros *Joyas de reflexión, El lenguaje, La grandeza mexicana* y *Leyendas étnicas de Nayarit* (UPN y SNTE, Tepic, 1993).

CÓMO LLEGÓ LA LLUVIA

Antiguamente ya existía la lluvia, allá donde moran los dioses. La gente tenía necesidad de la lluvia porque no podían sembrar y se pusieron a pensar, a platicar, a planear cómo le harían para traerla, y dijeron: "Vamos a mandar a alguien para que sea nuestro enviado y que vaya con los dioses, platique con ellos; y los convenza de que nos manden la lluvia".

Al principio mandaron a la tortuga. Los dioses le dijeron que sí, que no había problema, que lo único que la tortuga tenía que hacer era mostrarle el camino a la lluvia. La lluvia también puso sus condiciones y dijo que llegaría hasta donde alcanzara a la tortuga. Una vez hechos los acuerdos, los dioses le dijeron a la tortuga que se podía llevar la lluvia. Muy contenta, la tortuga pensó: "Ahora sí llevaré la lluvia hasta donde la quieren los hombres". Pero la lluvia, conociendo lo lento que caminaba la tortuga, le dijo: "Mira, te voy a dar ventaja, luego te alcanzo".

La tortuga se fue corriendo lo más veloz que podía, pero apenas había avanzado muy poco cuando la alcanzó la lluvia, y hasta allí llegó. La tortuga se fue muy triste y les contó a los hombres lo que había pasado; les dijo que los dioses sí le permitieron traer la lluvia, pero que no había podido llevarla hasta allí porque pronto la alcanzó.

Entonces los hombres empezaron a mandar a animales más veloces. Mandaron al venado y también ya mero llegaba la lluvia. Este se guiaba por los gritos que ellos hacían, pues cuando iban corriendo tenían que ir gritando para que la lluvia los siguiera, y así fracasaron todos los animales, ya que pronto los alcanzaba la lluvia y hasta allí llegaba.

Por último, ya no hallaban a quien mandar y estaban desanimados, ya no tenían esperanzas de conseguir la lluvia. Entonces la rana se ofreció a ir, y así se fue la rana, pero primero reunió a todas las ranas y les dijo: "Nosotras iremos por la lluvia; yo voy a llegar hasta allá, pero nos vamos a repartir el camino a cierta distancia una de otra y así hasta aquí". Así lo hicieron y la rana llegó con los dioses y les dijo que iba por la lluvia. Ellos le dijeron que sí, aquí está, "pero ya sabes cual es la condición, tu debes mostrar el camino y además irás gritando para que la lluvia te siga". "Esta bien", dijo la rana. "Bueno, pues aquí está, ya te la puedes llevar". La rana ya les había dado instrucciones a las demás ranas: "Si a mi me alcanza, la que esté más adelante debe gritar. Para que así la lluvia piense que voy más adelante". Así lo hicieron. Empezó a saltar la rana y cuando la iba alcanzando, cantó otra más adelante. La lluvia, por querer alcanzar a la rana, no se había dado cuenta que era otra la que cantaba. Cuando estaba por alcanzarla, cantaba otra más adelante.

Así fue como la lluvia en su prisa por alcanzar a la rana llegó hasta donde los hombres vivían, y se quedó al servicio de los hombres. Por eso se dice que en tiempo de lluvia se oye mucho el canto de las ranas recordando el llamado a la lluvia, porque ellas fueron las que lograron que llegara hasta donde habitaban los hombres. *(Leyendas étnicas de Nayarit).*

ENFERMEDAD DE LA REINA DEL MAÍZ

La reina del Maíz Rojo Blando reclama pureza. Su dueño puede haber vendido caro el maíz a su hermano, puede haberlo ensuciado y tirado en el camino. Entonces su madre, la que lo sostiene, se arranca uno de sus dientes y lo arroja a la cabeza o al corazón del pecador y así lo enferma.

Pero también sucede que el dueño del coamil no pida permiso de quemar el monte, no trabaje bien, o cometa una mala acción. En ese caso, los patrones de los cerros lo apedrean con piedras celestes, con granos de maíz, con carbones encendidos, o mandan a los tejones que se coman la milpa.

La misma reina puede enfermar por un pecado de su sueño, puede picarle su corazón el gorgojo (karemin) y el hombre viene a verme y me dice:

—Pues, hombre, mi reina está enferma y yo quiero que me hagas el favor de curarla. Se está picando rápidamente y sus dientes están perjudicando mucho a mi familia.

—Yo puedo curarla. Usted tenga listo su pinole hecho de cinco granos de maíz crudo y cinco de maíz tostado. Tenga listo un algodón para que Tajá lea en él lo que le ha pasado a la reina.

Llegando a la casa del dueño rezó de este modo:

—Oh, Dios Todopoderoso, o San Miguel Arcángel, me voy a permitir hacerles saber que estas gentes, las gentes que me rodean, han recurrido a mí. Yo no puedo hacer nada sin su intervención y por eso les ruego humildemente ayuden a los que están llorando de tristeza y me ayuden a mi, pues ustedes son los únicos que pueden curar a la reina hija de ustedes y madre de nosotros. No queremos que la mate la enfermedad y yo les suplico que con sus palabras, su poder y su voluntad alivien a la reina.

—Oh, hermanos, San Miguel Arcángel ha venido de inmediato trayendo en sus manos la pipa y las plumas, las armas poderosas que combaten cualquier enfermedad, y me ha dicho: "Está enferma la reina, pero tiene remedio y se aliviará". Se ha retirado luego dejándome sus consejos. Ahora pongo de pie a la reina sobre el altar, con su cabeza levantada, la zahumo, la limpio, chupo la enfermedad y con mis muveris arrojo la velita que dañaba a la reina.

—Ya sanó la reina —les dijo—. Ahora ustedes deben saber que cuando estaban sembrando este maíz, tuvieron un disgusto, se dijeron palabras feas; tú, el dueño del coamil, le pegaste a tu mujer y la reina se quejó con sus padres. Ellos reclaman ahora una flecha que ustedes deben entregarles. Ojalá y cumplan. Yo he terminado. Adios, hasta la vista.

Nota. La curación de la reina, elemento de la cultura del maíz, revela que su carácter establece normas cuya violación determina graves castigos. No se puede acapararlo, ni venderlo a precios altos, ni tirarlo en los caminos, ni mancharlo. Para huicholes y coras, el maíz no sólo genera sus propias reglas —evitar los derroches, regular la producción— sino su propia moral. El agricultor tiene deberes consigo mismo y con sus hermanos. De ahí que uno de los motivos de resentimiento hacia los mestizos radique precisamente en el hecho de ellos acaparen el maíz y prostituyan lo sagrado medrando con su venta. Esto aumenta su rencor y contribuye a impedir la fusión de los dos grupos. *(Leyendas étnicas de Nayarit).*

LA CANDELARIA

Según su origen, es cosa de hace cientos de años. Esta virgen se apareció en el río de Cihuacora. Se empezó a construir su parroquia y cuando ya se estaban terminando los cimientos la virgen desapareció, y al poco tiempo la encontraron más arriba, en un llano muy grande, donde otra vez se le empezó a construir su capilla y también, como la vez pasada, al estar terminando los cimientos volvió a desaparecer, quedándole al lugar el nombre de Los Cimientos, los cuales todavía existen.

Tiempo después se apareció en lo que hoy es Huajicori, pero no en el lugar donde está hoy la iglesia, sino cerca del río, enmedio de unos veranos de unos señores de apellido Juárez, quienes, como de antemano ya tenían conocimiento de estas apariciones, dieron aviso a las autoridades tradicionales de San Francisco de Lajas, Durango, los cuales fueron por ella para llevarla a donde se apareció por vez primera, pero a los pocos días de haberla llevado volvió a desaparecer.

Tiempo después en Huajicori, que no estaba poblado más que por cinco familias y en lo que hoy es el centro del pueblo era monte, la encontraron arriba de uno de los árboles.

Dicho árbol lo conocían con el nombre de guaje. Volvieron a dar aviso, pero esta vez ya no se la llevaron, sino que se le empezó a construir su iglesia a un lado del árbol, dejándola ahí hasta que concluyó dicha obra. El árbol permaneció ahí hasta el año de 1971 en que se cayó con el paso del tiempo. Es por eso que a dicho pueblo le dieron el nombre de Huajecora, el cual es actualmente Huajicori. Cada aniversario (2 de febrero) se celebra la fiesta más bonita de esa región, a la cual acuden de todo el municipio y de toda la sierra, ya que se organizan peregrinaciones, danzas y exposiciones. Estas fiestas duran tres días, hasta el 2 de febrero. *(Leyendas étinicas de Nayarit).*

UNA CAPILLA EN EL MAR

Hace muchos, muchos años, los pobladores del ejido de Jarretaderas trabajaban en los chilares, a unos cuantos metros de la orilla del río Ameca. Todos los días, hombres, mujeres y niños se trasladaban a esas tierras. Cuenta la leyenda que por las tardes, cuando el sol se empezaba a ocultar, se escuchaban unas campanitas por toda la orilla del río.

En cierta ocasión, una persona estaba guardando su herramienta de trabajo cuando de repente escuchó ese sonido, y en el momento en que se disponía a retirarse a su hogar, vio a lo lejos una persona envuelta en una sábana blanca que se deslizaba por la orilla del río sin tocar siquiera la tierra. El buen hombre salió despavorido con el miedo reflejado en su rostro.

Movidos por la curiosidad, tres aldeanos, que se consideraban de los más valientes del pueblo, decidieron investigar qué era aquello que se escuchaba y de dónde provenía. Un buen día fueron a trabajar normalmente, aunque habiendo acordado con anterioridad quedarse hasta la noche para poder darse cuenta de lo que estaba ocurriendo. A eso de las 6 de la tarde empezaron a escuchar las campanitas, pero en esta ocasión acompañadas de unos cánticos parecidos al de una estudiantina de niños que cantaran coros eclesiásticos.

Azorados, buscaban el lugar de donde provenían dichos cánticos cuando de repente observaron a lo lejos varios hombres, todos cubiertos con un manto blanco que los cubría de los pies a la cabeza y que portaban una enorme cruz de madera en el pecho.

Uno de los aldeanos empezó a temblar, dió marcha atrás y se retiró asustadísimo a su casa. Los otros dos señores se fueron tras los espectros por la orilla del río. Éstos se internaron en el mar, pues no eran muchos metros los que distaban del lugar en donde desemboca el río.

Al siguiente día, cuando los familiares de los dos aldeanos se dieron cuenta que en toda la noche no habían regresado, muy de madrugada fueron a buscarlos, encontrándolos muertos en la playa con una expresión de terror dibujada en sus rostros.

Así transcurrieron los años hasta que alguien comentó que hacía bastante tiempo había existido ahí una capilla de frailes, la

Los espectros se internaron en el mar.

cual fue arrastrada hacia el mar por un maremoto, destruyendo todo y llevándose consigo a los ocupantes de ese templo. Es por eso que se veía a los frailes internándose en el mar.

Se pidió por el eterno descanso de esas almas que murieron tratando de rescatar su capilla, se roció agua bendita por toda la orilla del río y de la playa, y se rezaron algunas oraciones en el lugar. De esta manera se terminó con las apariciones y con el terror que esta leyenda había causado a los moradores del ejido de Jarretaderas. *(Leyendas étnicas de Nayarit)*.

MOLOLOA Y SANGANGÜEY

Allá por el 10 Tochtli (fecha del antiguo calendario nahoa), en que Mazacóatl fundó el Tlaltonazgo de Xalisco, existió al sur de Tepique (lugar del maíz tempranero) la capital de ese reino que se distinguió por lo virtuoso de sus mujeres y por la dedicación al trabajo por parte de sus hombres. Su primer caudillo y rey se llamó Trigomil, hombre joven, valiente, virtuoso, sabio y justiciero. El acierto de Trigomil para gobernar y su reconocido poderío, lograron mantener la paz en su dominio.

Mololoa, hija única de Trigomil, era una princesita a quien los dioses habían dotado de extraordinaria belleza y excelentes cualidades y virtudes. En las ceremonias rituales y en las grandes fiestas del maíz, de los frutos y de la caza del venado, se ejecutaban alegres y virtuosas danzas en torno a la humeante hoguera, a la que simbólicamente eran arrojados los invisibles genios de la maldad, para que resultaran las cosechas del año y fuera próspera la cacería.

El gran día de la recolección de frutos, la princesita Mololoa cumplió sus 15 años. El rey ordenó las más suntuosas fiestas para dar gracias a sus dioses por las abundantes cosechas y por haber permitido a su hija alcanzar la edad de la felicidad. El pueblo se congregó frente al tauta (lugar próximo al altar) a celebrar la solemne fiesta. El templo y el tauta fueron adornados brillantemente. Los guerreros lucían sus hermosos y multicolores penachos de plumas de aves. Las doncellas vistieron sus mejores galas y se adornaron mejor que nunca. El tambor sagrado, después de su contínuo y prolongado tan tan, dejó de oir su acompasado son para anunciar el comienzo de la ceremonia con la llegada de Trigomil al tauta, acompañado de su primorosa hija y del séquito de nobles y guerreros que los custodiaban.

Cuando estaban en lo más lucido de las danzas llegó en veloz carrera un comisario de Mazacóatl para comunicarle a Trigomil que por el lado de la sierra se acercaba la sanguinaria tribu de Sangangüey, guerrero cruel, descendiente de gigantes. La fiesta se suspendió enmudeciendo el tambor y el rezador sagrado. El monarca puesto de pie, hizo saber la noticia al pueblo y dispuso preparar las armas para defenderse de una posible agresión. Por el oriente, rumbo en donde se ve la estrella guía, apareció el temible Sangangüey armado de chimal (escudo) y lanza, seguido por numerosos soldados también armados que se atropellaban con espantosa gritería.

Llegaron hasta el trono del rey; el guerrero saludó cortésmente, y al ver a la bella princesa Mololoa, cayó rendido a sus pies, hechizado por el brillo de sus negros ojos escrutadores del arcano, y al momento se enamoró de tan majestuosa hermosura.

El rey anunció a su pueblo la presencia del guerrero visitante que era recibido como huésped, y en su honor se reanudó la gran fiesta. Sin embargo, las crueles hazañas del guerrero, sus locos desenfrenos y sus sanguinarios antecedentes lo indujeron a raptar a la princesa durante la danza; sus soldados lo siguieron para protegerlo. Al darse cuenta Trigomil de lo ocurrido, indignado ordenó la persecución del infame seductor, quien en forma traicionera violaba las más caras tradiciones del pueblo. Perseguido, vencido y hecho prisionero Sangangüey por los guerreros de Trigomil, fue sometido al consejo de los ancianos del reino. Estos decretaron, como castigo, que el seductor bandolero fuera arrojado al fuego sagrado del volcán que majestuoso custodia el Valle de Matatipac. Pero los dioses, airados por la infamia del traidor, hicieron que éste no fuera aceptado en el seno del volcán sagrado, y quedó en la boca del mismo convertido en una alargada y gran piedra, para ejemplo eterno de los traidores y atrabiliarios.

Se cuenta en esta misma leyenda que la princesa Mololoa lloró tan abundantes lágrimas, que su llanto corrió por el valle y dió origen a lo que hoy es el río Mololoa que atraviesa la bella ciudad de Tepic. (*Leyendas étnicas de Nayarit*).

JULIÁN GASCÓN MERCADO. Nació en el ejido de Trapichillo, Tepic, Nay., en 1925. Médico por la UNAM, ha desempeñado altos cargos en la Industria Nacional Químico-Farmacéutica y en la Junta de Asistencia Privada; fue gobernador del Estado de Nayarit (1964-1970) y es patrono y director del Hospital de Jesús (desde 1977), institución fundada por Hernán Cortés. Su obra literaria comprende trabajos científicos, históricos, literarios y de rescate de las tradiciones, género al que pertenece *Cantar de los nayares* (Ediciones El Mendrugo, sin fecha).

YANÁ TAKUA, DIOS CORA DEL TABACO

Los tabasimoas coras estaban reunidos —eran los ancianos del reino—, estudiaban las hojas de árboles distintos buscando, buscando las que les dieran placer. Estaban en círculo distintas hojas fumando.

Pasó una Diosa bella, frente al grupo de viejos.

Cuando la vio Yaná Takua, Dios cora, se fue tras ella. La siguió hasta un río grande donde cerca de la rivera crecía una planta hermosa, en el fondo de un barranco. Esa es la planta —dijo la Diosa— es el tabaco que los coras andan buscando.

Yaná Takua y la Diosa, más tarde, se bañaron en el río; pronto se amaron, y en la playa el amor hicieron.

Del semen del Dios dejado sobre el limo nacieron otras plantas de tabaco que cuidaron las libélulas —los makubuntzi—, que eran hijos de la Diosa. Los tiribichis las matas regaron. Crecieron hermosas las plantas de tabaco, dieron flores blancas y rosa. Creció la solanácea por vez primera bajo el cuidado de aquella Diosa.

Después pasó otro Dios Cora: Tajá, Nuestro Hermano Mayor. Viendo la planta hermosa tomó las hojas que llevó a los viejos —a los tabasimoas— que la fumaron al momento en pipas de barro, y el humo y el olor del tabaco los volvió locos de contento. Habían dado con la planta soñada que encontraron con tanto trabajo.

Era un regalo de los dioses, de Yaná Takua, Dios cora. Era el tabaco sagrado que fuman los hombres ahora.

Así nació por voluntad de los Dadores el aspirar el humo, el soñar, el fumar el tabaco que encontraron los Dioses del Nayar.

¿Ves las llanuras allá de la sierra al mar llenas de verde esmeralda? Son las hojas sagradas que los hombres van a fumar. Son las plantas de tabaco que encontró una Diosa en la Sierra Nayar. *(Cantar de los nayares).*

FROYLÁN W. GONZÁLEZ . Se ignoran los datos de su nacimiento y muerte. Maestro de escuela, activo en el curso de este siglo, dejó inédito el libro *Santa María del Oro, su laguna y sus leyendas,* una de cuyas copias escrita a máquina, aunque incompleta, quedó en manos del historiador Salvador Gutiérrez Contreras, director del Museo Regional de Compostela, quien facilitó el acceso a ese texto.

LAGUNA DE SANTA MARÍA DEL ORO

Enclavado en el laberinto montañoso de las estribaciones de la Sierra Madre Occidental, hállase un hermoso valle donde la tribu de una raza aborigen levantó una gran ciudad que fue la capital de su reino que comprendía una extensa región del sureste de las tierras del Nayar. Mucho tiempo después dicha ciudad fue trasladada al lugar que hoy ocupa Santa María del Oro.

En la referida ciudad capital de aquel reino había un magnífico palacio donde habitaba una feliz pareja de reyes. Ella tan bella cual los perfumados lirios del campo; y él, un joven apuesto tan lleno de bondad. Ambos gobernaban atinadamente al pueblo desde sus habitaciones reales de espléndida belleza adornadas con hermosas columnetas de cantera, y sin faltar un precioso jardín donde se cultivaban las más exquisitas y raras flores de toda la región.

En medio de esta magnificencia vivían felices los esposos creyendo que nunca llegarían para ellos los amargos infortunios, pero un día, cuando el sol apenas asomaba sus primeros rayos en el horizonte, dos vasallos de aquel reino llegaron precipitadamente al gran palacio y dieron a su Rey la desagradable noticia de que por el cardinal norte de sus dominios; allá por las espesas selvas de la sierra, al margen opuesto del caudaloso Río de Alica, grupos compactos a manera de ejército compuesto de coras y huicholes armados de arcos y flechas, y al mando del rey indígena llamado Piltontle, se disponían a atacarlo, matarlo, destruir la ciudad y apoderarse de su querida Tepotsilama, así como de los valiosos tesoros guardados en el palacio real.

En seguida el Rey, a la cabeza de un importante grupo selecto de sus más aguerridos y valientes guerreros, salió a combatir a los invasores en un lugar del río que hoy se conoce con el nombre de paso de Golondrinas, donde tuvieron el primer encuentro con sus adversarios, librándose entre ambos beligerantes una gran batalla en la cual se peleó con fiereza cuerpo a cuerpo durante tres días con sus noches. En esta batalla el soberano con sus lanceros hizo proezas de valor en medio de las escabrosidades de aquel terreno que también la naturaleza hacía indómito.

Y al tercer día, los supervivientes coras y huicholes de aquella fúnebre hecatombe, al mando de su rey, y aprovechando las tinieblas de la noche, se retiraron diezmados a sus escondites en las fragosidades de la gran Sierra del Nayar, dejando el escabroso campo sembrado de numerosos cadáveres y una considerable cantidad de prisioneros en poder del monarca victorioso.

En aquella legendaria época era costumbre bélica del vencedor, sacrificar a los prisioneros de guerra, por lo tanto, al regreso triunfal del Rey y sus combatientes que trajeron consigo aquel preciado botín humano de cautivos aborígenes, henchidos de placer y alegría, se dieron cita en el gran palenque situado en lo alto del llamado Cerro del Niño, cercano a la ciudad.

Allí se mandó construir, a un metro de altura, una especie de plataforma sobre la cual se colocó una ancha piedra de basalto para efectuar en ella el sacrificio de los prisioneros.

Tocó el ronco tambor de guerra desde el palacio real; era la señal para que todos los habitantes se reunieran alrededor del palenque convertido en placentera fiesta. Y después, un grupo de arrogantes jóvenes luciendo su indumentaria de pieles de tigre y de león, y llevando en la cabeza un gran penacho de plumas multicolores, ocupó el estrado. Y en medio de grandes manifestaciones de alegría entre los concurrentes de la ciudad, ejecutaron danzas y bailes al ritmo acompasado del tambor y las sonajas. Entre tanto, tres arrogantes guerreros iban sujetando de pies y manos uno a uno de los miserables prisioneros que colocaban en la gran piedra. Mientras tanto, otro guerrero mofletudo armado con un filoso serrucho de pedernal, sin piedad rompía el esternón del humano infeliz extrayéndole el corazón humeante en medio de borbotones de sangre y lo ofrecía con religiosidad a su rey dios que presidía aquella escena de sangre.

Tres días con sus noches se había prolongado aquella fiesta en la que de continuo se estuvieron repitiendo las ofrendas al dios, cuando de improviso se presentó ante el monarca del reino un cortesano agitado, cuyo semblante revelaba el dolor que le causaba la infausta noticia de que era portador. Y con voz entrecortada le informó que a sus dominios había arribado con toda majestad un apuesto rey aborigen llamado Piltontle y que, matando a los guardias del palacio real, penetró a los aposentos de la bellísima Tepotsilama enamorándola, y accediendo ésta huir con él a la sierra.

Al darse cuenta el monarca de la infidelidad de su esposa, con manifiesto disgusto ordenó que tocase el tambor de guerra, y al conjuro de la noche un numeroso ejército acompañado del rey, avanzó por las escabrosas tierras de la sierra con la mira de capturar a los miserables amantes. La búsqueda se hacía más y más penosa, hasta que al amanecer de un día descubrieron a los infieles en un bosquecillo, procediendo de inmediato a atarlos y a conducirlos al palacio real del encolerizado esposo. A continuación fueron atados a unos troncos en las afueras de la ciudad y retirado uno del otro. Desde entonces allí permanecerían a diario contemplándose mutuamente y derramando sus lágrimas en su infinita tristeza por toda la eternidad hasta que los dioses perdonaran su pecado.

Ambos amantes lloraron tanto, que sus lágrimas, convertidas en agua por la gracia de un encanto, inundaron la ciudad que en seguida se hundió al aparecer en esa forma una bella laguna de vista panorámica y poblada desde entonces hasta hoy, de diferentes aves acuáticas que le dan por este y otros motivos, un aspecto maravilloso.

Y también aconteció que mientras los amantes lloraban su tragedia atados frente a frente, allá en el templo del palacio, el rey oraba y pedía a su dios un poco de consuelo para su alma. Y fueron precisamente esos mismos momentos en que el monarca se hallaba orando y sumido en su letargo, cuando las lágrimas de los referidos amantes inundaron la ciudad que luego se hundió junto con su majestad el rey y los demás moradores de la capital del reino.

Esto sucedió en una de las media noches cuando los gallos de dicha ciudad cantaban, y durante la temporada en que se daban las ricas frutas, las frescas hortalizas y las exquisitas y bellas flores en las fértiles tierras del valle.

En relación con lo último anterior, y de acuerdo con lo que de esto se sabe en las mismas tradiciones salidas del ingenio del pueblo, de vez en cuando se oyen cantar esos gallos junto con el leve rumor de las azules aguas de la laguna. En igual forma también se cuenta que bajo las referidas aguas existe aún aquella ciudad rodeada en igual forma por las mismas huertas de frutales, hortalizas y rosales; y que los dioses otorgaron a los descendientes de los pocos supervivientes de la catástrofe, la gracia de poder bajar a ese lugar para obtener libremente los referidos productos vegetales que allí se encuentran sin que nadie los cultive. De esto se dice también que para llegar al fondo de las aguas, lo deben hacer por unos peldaños que a la orilla de las aguas por el lado oriente se encuentran, y que debe ser precisamente en determinada hora de un día de la Semana Santa; pero sin darse mayores detalles sobre la forma en que se ha de hacer.

Y sucedió también que en castigo a toda la maldad que aquellos infieles ocasionaron a tan feliz pueblo, fueron petrificados por los dioses en el lugar donde habían sido atados. Luego los trasladaron colocando su efigie separadamente en cada uno de los dos cerros de escasa altura que hacia el norte y el oriente por allí cerca se levantan.

Actualmente dichos cerros se conocen con los mismos nombres de estos personajes legendarios: El Piltontle y La Tepotsilama, y con ellos se recuerdan los dramáticos acontecimientos que enlutaron la vida de una raza. *(Santa María del Oro, su laguna y sus leyendas).*

NUEVO LEÓN

LILIA E. VILLANUEVA DE CAVAZOS. Originaria de Saltillo, Coah., radica en Monterrey desde 1947. Profesora normalista, licenciada en letras por la Universidad de Nuevo León y experta paleógrafa, investiga temas coloniales en el Archivo Histórico de Monterrey. Ha realizado tareas semejantes en Sevilla, Simancas y el Museo Británico. Es autora de los índices analíticos del *Catálogo y síntesis de los protocolos* del repositorio documental regiomontano, y de los libros *Leyendas de Nuevo León* (1988), *Testamentos coloniales de Monterrey* (1991), *La casa del Senado* (1993), *Familias de Nuevo León. Su limpieza de sangre* (1993) y *El maestro Serafín Peña, benemérito de la educación* (1994).

TERTULIA DE ULTRATUMBA

De los municipios de Nuevo León, que lucen caserones antiguos que hablan de un pasado económico importante, podemos mencionar a Lampazos, Salinas Victoria y Marín. En este último pueden verse muchas casas cercanas a la plaza principal, que ostentan gruesos muros, historiadas cornisas y amplios ventanales. En algunas se ven huellas de incendio, afirmándose que fueron quemadas durante la invasión americana o en los asaltos; otras, están totalmente abandonadas porque las familias de sus opulentos dueños no dejaron descendientes o trasladaron su residencia a otras poblaciones. Uno de estos caserones fue el escenario de una tragedia.

Llegaba a visitar el pueblo un joven y apuesto estudiante alegre y muy aficionado a los bailes y fiestas, invitado por un compañero de la Universidad que había vivido aquí con su familia y le aseguró que las mejores vacaciones las pasaría en Marín, pues la gente en general era muy bailadora y gustaba mucho de las fiestas.

Así pues, con estos antecedentes llegaba al pueblo, solo, para dar la sorpresa a su amigo, en un caballo que había alquilado en Monterrey. Como no sabía la distancia que había entre Monterrey y Marín, se le hizo tarde y era ya pasada la media noche, cuando hacía su entrada al pueblo.

Iba despacio, queriendo introducirse en cada una de las casas para poder saber ya, cómo era la gente con la cual iba a convivir durante esas vacaciones que prometían ser divertidas.

La noche era luminosa, en el cielo las estrellas parecían más brillantes y la luna llena, iluminando al jinete solitario que caminaba por las desiertas calles, daba al ambiente un aire fantasmal.

De pronto, vio una casa profusamente iluminada, oyó música y risas y animado bajó de su cabalgadura y se asomó por una de las ventanas que estaba abierta. Vio gente vistiendo trajes a la antigua. Las damas lucían amplias faldas realzadas por polizones y encajes, y los caballeros impecables levitas y pantalones de cinta de raso.

Pensó que sería un baile de disfraces y se animó a entrar. Al llegar a la sala una dulce jovencita fue a recibirle y le invitó a pasar.

En ese momento iban a servir la cena y lo presentó a mucha gente que amablemente lo invitó también, pero él ya no se separó más de la hermosa joven que lo había cautivado.

Cenó, bailó y platicó con ella, que le dijo llamarse Catalina, y así pasaron las horas insensiblemente, hasta que las luces del alba asomaron; entonces se despidió y le prometió a Catalina ir la noche de ese mismo día.

Llegó a casa de su amigo, y después de ser presentado a la familia, se fue con él a la habitación que le habían destinado. Allí le platicó su aventura y su conquista y le pidió que lo acompañase, pues ya estaba ansioso de que llegara la noche para ir a ver a Catalina. Como el amigo no sabía de quién se trataba, sentía curiosidad por saber quién era la que lo había cautivado así, y al llegar la noche, ambos se dirigieron hacia donde según el forastero, estaba la casa.

La luna, igual que la noche anterior iluminaba el pueblo, así que para el ansioso estudiante era fácil identificar la casa.

Al llegar al sitio donde la noche anterior había visto la alegre casa, sólo se alzaban los muros de una casona a punto de derrumbarse.

Reconoció la puerta, las rejas de las ventanas y desolado supo que esa casa había estado deshabitada desde hacía ya muchos años y que Catalina era, efectivamente, una joven que había muerto en la flor de la edad.

No pudiendo soportar el horror de haber estado con una muerta, enfermó gravemente, y hubo de ser trasladado a su ciudad de origen para tratar de olvidar la terrible aventura. (Marín; Heriberto González, informante. *Leyendas de Nuevo León*).

CITA DE AMOR

Ella era una angelical jovencita de largas y hermosas trenzas. Se llamaba Mariana. El, Alonso, un apuesto joven muy trabajador en las labores del campo. Estaban profundamente enamorados y querían casarse.

Finalizaba el siglo xix. Todas las tardes ella lo esperaba, sentada en una bardita baja que circundaba su pequeño y florido jardín.

Terminadas las labores, él corría presuroso a verla y allí platicaban y hacían planes. Sin embargo, éstos no podrían realizarlos pronto; carecían de dinero suficiente para casarse y hacer su casita.

Cierto día, Mariana se asombró de verle rondar la casa en horas que no eran las habituales. El le explicó que había estado hablando con sus padres y que ellos le habían aconsejado que se fuera a trabajar algún tiempo al extranjero y que estaba decidido a hacerlo. Sólo así reuniría algún dinero y podrían realizar sus sueños.

Llegó el día en el cual Alonso tenía que partir. Muy triste acudió al jardincito a despedirse de su amada; a hacerle promesas de amor y a repetirle que regresaría pronto. Ella le juró esperarle y le prometió que, el día que llegara, la encontraría siempre en el mismo sitio de sus citas.

Con el corazón destrozado partió Alonso. Pasó un año trabajando muy duro y pensando constantemente en el día de su regreso.

Y, cuando consideró tener el dinero suficiente para la realización de sus planes, volvió.

Ni siquiera llegó a la casa de sus padres. Se dirigió primero a la de su amada. Su corazón le dió un vuelco emocionado cuando, a lo lejos, pudo distinguir la silueta de Mariana, esperándolo, sentada en la pequeña barda del jardín, con el vestido celeste que a él tanto le gustaba.

Dejando en el suelo sus cosas, de puntitas y procurando no hacer ruido, se acercó. Ella le daba la espalda. Sus hermosas trenzas brillaban con el sol que ya estaba ocultándose. Al llegar junto a ella, emocionado la abrazó, pero, al hacerlo, su júbilo se convirtió en miedo y en angustia. Aunque estaba seguro de haberla abrazado, no había sentido su cuerpo entre sus brazos y, al separarlos de ella, ya no estaba.

Lleno de zozobra entró a la casa. Allí encontró a los padres de Mariana llorosos y vestidos de luto. Hacía ocho días que Mariana había muerto.

Sin embargo, su promesa estaba cumplida. Ella, como lo había prometido, estaba esperándole en su cita de amor. (Guadalupe; Antonia Garza de Cavazos, informante. *Leyendas de Nuevo León*).

LA HIJA DESHEREDADA

Del mismo señor de Sobrevilla nos ha quedado una preciosa leyenda que se escucha todavía en los labios de los ancianos.

Refieren éstos, que el acaudalado minero tenía una hija, que por su belleza era el objeto de admiración de todos los mancebos del lugar. Su orgulloso padre había concertado su enlace con el hijo de otro acaudalado minero, cuya fortuna era, si no igual, al menos digna de consideración.

Pero el amor, que nada sabe de fortunas ni de riquezas, hizo que la bella niña se prendara locamente del más pobre gañán, que desde muy niño pastoreaba los ganados de su padre. Por demás está decir, lo difícil que para ellos era verse. Uno y otro contentábanse con hacerlo desde la reja del aposento alto hasta los rediles del traspatio, o al asomar la aurora, cuando él iba por la angosta calleja con su hato y ella cruzaba la plaza mayor, rumbo al templo, custodiada por su dueña.

Llegó por fin el día señalado para su boda con el rico pretendiente. Mientras todos los moradores de la regia mansión, alegres hacen los preparativos nupciales, ella vivía horas de angustia pensando en su infelicidad y, por fin, decidió escapar con su enamorado gañán, dejando defraudadas las aspiraciones del rico pretendiente, que ya veía acrecentada su fortuna con el enlace.

Pasó el tiempo. El padre admitió nuevamente a su hija en la señorial mansión. Mas ya no fue, a partir de entonces, la niña objeto de los mimos de su padre. El ofendido señor de Sobrevilla no perdonó y dictó órdenes terminantes para que se le tratara como a la última de las esclavas.

No concluyeron allí sus enojos. Investido de su autoridad desterró al gañán a lugares remotos y, reuniendo a toda su familia, declaró, en presencia de todos, que su hija quedaría desheredada.

La ausencia de su amado y la pena de verse despreciada y humillada abreviaron sus días.

El día de su muerte, su iracundo padre hizo que fuese tendida en el duro suelo de la pieza principal, vestida con los más humildes harapos.

Abrió de par en par las puertas y colocó en el piso un plato de barro para que los piadosos vecinos arrojaran algunas monedas para enterrarla de limosna, como es fama que sucedió.

Los sucesores directos e indirectos de la rancia familia de Sobrevilla que por más de una centuria han habitado el viejo caserón, aseguran haberla visto vagar por los pasillos hasta asomarse a la torneada reja de su alcoba. (Lampazos; Ernesto Zertuche, informante. *Leyendas de Nuevo León*):

LA ESPADA QUE ARDE

En los últimos años del gobierno de don Martín de Zavala, muerto en 1664, hubo frecuentes alzamientos de indios. Los de la parte norte de Cerralvo hasta la ribera del Río Bravo, eran los más hostiles. Daban el alabazo en los lugares indefensos y los dejaban sin caballos ni ganado.

A fin de aplacarlos se organizaban compañías que salían a perseguirlos. Con ese propósito fue improvisada una que salió de Cerralvo por el rumbo del Alamo, a cargo del capitán Alonso de León.

Empezó a lloviznar y los soldados hicieron alto en el lugar más conveniente para pasar la noche. Conforme a las reglas de la milicia fueron designados los que habían de velar por turnos.

Tocó al soldado Felipe de la Fuente, mestizo, formar parte de la guardia "de prima". Así él como sus compañeros estuvieron pendientes del menor movimiento que se sintiera entre el chaparral. Muchas veces los alarmó el paso fugaz de un venado, o el de un coyote. Otras, el canto de alguna ave nocturna, teniendo que discernir si lo era en realidad o si se trataba de los indios, que solían imitarlo a la perfección.

Pero esa noche hubo otro inusitado motivo de alarma. La espada de Felipe de la Fuente, que traía en la cinta, desenvainada, "comenzó a arder". La hoja "se fue poniendo colorada desde la punta en adelante, en la forma como cuando los herreros sacan de la fragua algún hierro para batir el yunque".

En la oscuridad de la noche, la luz de la espada ardiente se hacía más intensa. En vano el mismo soldado y sus azorados compañeros intentaban apagarla entre los dobleces de sus capotes, húmedos por la llovizna.

Lo que más les maravillaba era que no desaparecía el calor del fuego y que, en cambio, el acero estuviera completamente frio.

El extraño suceso, relatado por el cronista Juan Bautista Chapa, duró "por espacio de casi una hora". Los soldados que hacían la vela y los que despertaron al ruido producido en los intentos de apagarla, comentaron, como testigos, emitiendo encontradas opiniones.

El mismo cronista averiguó más tarde que la espada había pertenecido al difunto gobernador don Martín de Zavala, discurriendo que pudo haber sucedido lo que sucedió por haberla traído "el soldado más ínfimo de la compañía" y porque "se debía haber hecho más estimación de ella". (Cerralvo. Fuente: *Historia de Nuevo León,* por Alonso de León, et al. *Leyendas de Nuevo León*).

PROMESA DEL MÁS ALLÁ

En los albores del siglo, allá por los años de 1905 o 1906, cuando Monterrey era todavía una ciudad apacible y provinciana, y vivía y conservaba aún las arraigadas tradiciones de la Colonia, había, por la vieja calle del Comercio (llamada de Morelos justamente en ese año de 6), un sitio de coches de tracción animal.

Uno de los cocheros, don Gregorio, conocido popularmente por "don Goyo", viejo bonachón y con fama de atento y servicial, solía permanecer durante toda la noche, a fin de cubrir el servicio de emergencia que pudiera ofrecerse.

Era una noche en que la lluvia menuda humedecía el pavimento de ladrillos, y en que el frio se calaba hasta los huesos.

El vestusto reloj de la Catedral empezaba a dar las doce campanadas anunciando el término de un día y el comienzo de uno nuevo.

Don Goyo, calado el sombrero y envuelto en su cobija de lana, cabeceaba en el asiento del coche, con pocas esperanzas de que hubiese algún pasajero, dado lo inclemente del tiempo.

Así se hallaba cuando se acercó al carruaje una mujer, pidiéndole que la llevase a la iglesia del Roble. Don Goyo conocía a casi toda la gente de la ciudad, pero no reconoció a la dama ni por la voz ni mucho menos por el semblante, que nunca pudo ver porque lo cubría un espeso mantón de luto.

El coche se puso en movimiento por las calles solitarias. Los cascos del caballo se dejaron oír en el viejo empedrado de las calles del trayecto.

Ni una palabra cruzaron. La dama descendió del vehículo; pidió al cochero que allí la dejara y le advirtió que durante nueve noches consecutivas habría de requerir sus sercicios, a igual hora y para el mismo recorrido, y que al final le pagaría.

Convenidos en ello, don Goyo volvió a la esquina del sitio, sin preocuparle la identidad de su pasajera, que a hora tan inusitada solicitaba tan extraño servicio.

Y efectivamente, por nueve noches consecutivas, a la misma hora y sin que don Gregorio se percatara de donde salía su enlutada cliente, la llevó hasta el templo, entonces todavía circundado de los escombros de la cúpula, que se había derrumbado en 1905.

Pero... la última noche, terriblemente fria pero espléndidamente iluminada por la luna llena, cuando al dejar a su pasajera en el Roble esperaba su paga, escuchó que ésta le suplicaba que la esperara frente al templo, para que de allí la llevase, porque iría a quedarse ya a su casa. Don Goyo la vio descender del coche, llegar hasta la puerta mayor de la iglesia, arrodillarse y permanecer en actitud orante, con los brazos en cruz. Empezaba a desesperarse el viejo y complaciente cochero por lo prolongado del rezo, pero respiró tranquilo cuando al fin la dama enlutada subió al coche y pidió a don Goyo que tomara por la calle de Aramberri, hacia el poniente.

El bueno del auriga se apresuró a cumplir la orden. Pero no dejó de extrañarle que, saliendo del caserío, la mujer le pedía que continuara. Y su extrañeza subió de punto cuando, justamente en el extremo poniente de la calle mencionada, le pidió que se detuviera. Estaban frente al Panteón.

La mujer descendió del carruaje, don Goyo se dispuso a recibir la ya regular cantidad que le adeudaba, pero, con sorpresa vio cómo la dama se dirigió hacia la puerta del cementerio.

Un extraño escalofrío empezó a estremecer a don Goyo, un miedo imposible de dominar y que le impedía sus movimientos, se apoderó del viejo cochero. Helado de terror y con los ojos a punto de salirse de las órbitas vio cómo la mujer llegaba hasta la reja de hierro. Allí se detuvo y volviendo la cabeza hacia el carruaje, don Goyo pudo darse cuenta de que quien durante nueve noches había llevado al Roble, era nada menos que una ánima en pena. Bajo el negro mantón de luto, la luna iluminó claramente una calavera, que desde la puerta del cementerio parecía reírse de él.

A las primeras horas del día siguiente, los sepultureros se extrañaron de ver un coche frente al panteón. Allí encontraron a don Goyo. No estaba dormido, sino desmayado. Le llevaron a su casa y por muchos meses no articuló palabra. Largo tiempo después pudo explicar lo sucedido. (Monterrey; Rosalía Garza de Jiménez, informante. *Leyendas de Nuevo León*).

EL CRISTO DE BOCA DE LEONES

En el viejo hospicio que en los albores del siglo xviii fundara fray Antonio Margíl de Jesús en San Pedro de Boca de Leones, hoy Villaldama, es venerado un Cristo en tamaño natural, de impresionante realismo.

Su cabellera, hirsuta y ensangrentada, cae sobre sus hombros, que conmueven por las lacerantes llagas que ha dejado el peso de la cruz. La boca, entreabierta por la dolorosa agonía, permite ver sus dientes que tienen toda la apariencia de los de un ser humano.

La llaga del costado, aún parece sangrar. Las uñas de las manos y las de los pies son manifiestamente naturales. La piel, en general, dijérase que es la de un cadáver momificado. Y la versión popular asegura que efectivamente, "el Cristo fue hecho con la momia de un franciscano".

En el Archivo Parroquial se guarda un amarillo documento, cuyo texto parece ser aprisionado por la maraña de historiadas mayúsculas. Por su caligrafía se advierte que data de la última década del siglo xvii o de los primeros años del XVIII. Lo escribió uno de los frailes para dejar constancia de que uno de los legos del hospicio, muerto en olor de santidad y muy devoto en vida de la Crucifixión del Señor, donó su cuerpo para que con él se hiciera la piadosa imagen.

Reza el mismo manuscrito que en el interior del Cristo fue depositado el testamento del donante, en un pliego cuidadosamente doblado. Nadie sabe su contenido, pero el viejo manuscrito dice que quien lo saque "tiene que hacerse cargo de lo favorable y de lo desfavorable que contenga el testamento"; y que quien no lo cumpla "será condenado al fuego eterno".

Nadie se ha atrevido jamás a sacar el testamento (Villaldama; N. Villarreal, informante. *Leyendas de Nuevo León*).

Donó su cuerpo para que con él se hiciera la piadosa imagen.

JOSÉ G. GARCÍA. Nació y murió en Monterrey, N.L. (1873-1962). Profesor normalista, fundó el Colegio Hidalgo en asociación con otros educadores, y en 1911 una empresa siderúrgica le encomendó la dirección de las escuelas Acero (hoy Adolfo Prieto), que empezaron con 35 alumnos y llegaron a tener tres mil. Es autor de *Páginas del corazón...* (1910 y dos ediciones más) y *Leyendas* (1943).

EL ARROYO SECO

Quien sale de esta ciudad con rumbo a la pintoresca Villa de Santiago, tropieza a no mucho de haber dejado atrás las últimas casitas, de sus muy humildes pobladores, con un arroyo de cauce no muy profundo que se conserva sin aguas la mayor parte del año.

No interrumpida serie de descensos rápidos en su lecho pedregoso, y en sus márgenes se ostenta apenas la vegetación raquítica de los vecinos lomeríos.

Cuando en los meses del verano descargan en las montañas distantes los aguaceros torrenciales, se hincha prontamente y sus aguas bajan entonces mugidoras y espumantes arrasando cuanto encuentran a su paso, obligando a los viajeros a esperar en sus riberas hasta que calma sus enojos, pues peligrosa y mucho, resulta la aventura a quien, por osado, intenta vadearlo.

Aseguran que en años de que apenas hay memoria, bajaban perennemente por ese arroyo, cristalinas murmuradoras aguas, entonando canciones hermosas cuyos ecos se perdían en el fondo de las cañadas agrestes, y que sólo de vez en vez, en las tardes tormentosas de julio y agosto cuando ya el sol esplendía nuevamente en el cielo, y las nubes al disiparse corrían sobre la sierra como rebaños camino del aprisco, volvíanse turbias, despeñándose en carrera vertiginosa. Y que en una de esas tardes en que el espíritu del mal, convertido en furiosa crecida, entró allá lejos en el arroyo, para bajar impetuosamente asordando los campos con sus roncos gritos de salvaje, sorprendió el paso de desdichada familia de muy pobres labriegos que en destartalada carreta se trasladaban a uno de los pueblecitos comarcanos, y los arrastró en sus revueltas ondas, sin soltarlos inmisericordemente, sino hasta después de haberlos hecho sus víctimas, saciando en ellos su ciega tremenda furia.

Cuentan que de los que tal aventura corrieron, hubo apenas uno solo, que más por obra de milagro, que por la de sus propios esfuerzos contra el empuje terrible de encolerizado torrente, pudo, después de mucho, alcanzar la orilla en pleno campo y ya bien entrada la noche. Fue ésta, ¡una mujer!

Y dicen que cuando después de ocurrido el desgraciado lance se dio ya cabal cuenta de su infinita desdicha, corrió enloquecida por las márgenes del arroyo bramador que en unos cuantos instantes habíale arrebatado despiadadamente hijos y esposo, y llamándolos con desesperación creciente sin alcanzar otra respuesta que la de los ecos de su voz confundidos con los tumbos de las aguas al rodar por el cauce negro y profundo, se detuvo de pronto en lo alto del barranco y levantando sus ojos al cielo en demanda de súplica y perdón, se lanzó a las turbulentas aguas que se abrieron para recogerla, ahogando en angustioso grito las palabras últimas de una imprecación horrible.

Maldecido así, por una mujer enloquecida de dolor y pena, es desde entonces, según cuentan, Arroyo Seco. *(Leyendas)*.

EL RINCÓN DEL DIABLO

Se ha conservado hasta la fecha, para el barrio que queda al oriente del de la Presa, entre los de Terán y Tenerías, el nombre que va al principio de estas líneas.

Cuando yo era niño, oía contar a otros que me aventajaban en edad, la leyenda que a propósito del origen de ese nombre se relataba entonces, y que ignoro si a la fecha seguirá relatándose entre las sencillas gentes del lugar.

Decían que allá en época muy remota, cuando la parte poblada de Monterrey no alcanzaba sino a muy contadas calles, y en ese barrio apenas si había a muy largos trechos alguna que otra vivienda de toscos adobes, escondida entre tupidos herbazales, en una noche oscurísima, al punto preciso de las doce, cuando se perdía a lo lejos el grito prolongado y vibrante del sereno que anunciaba la hora, como era costumbre en aquel entonces, alguien del lugar oyó angustiosas quejas en demanda de pronto socorro, pero que cuidóse bien mucho de abrir su puerta para llegarse a impartirlo a quien lo pedía con tanta prisa, y que con esto quedó todo en silencio, sin que nada viniera a interrumpirlo ya más.

Agregaban que cuando al día siguiente, el primer vecino, azada al hombro, muy temprano todavía, se encaminaba rumbo al cercano laborío, tropezó de manos a boca con un hombre que yacía junto a la rústica cerca que limitaba los terrenos de la solitaria calle; y que al ser despertado de su sueño por el labriego aquel, hubo de contarle con sus pelos y señales cómo viniendo en pos de nocturnas aventuras, habíale salido al paso un ser fantástico de ojos centelleantes, envuelto en negros ropajes orlados con doradas brillazones, que no dejaba al descubierto sino los perfiles angulosos de una cara horriblemente fea, y los extremos de unas piernas largas y delgadas, tan ágiles y sueltas, que más que como tales, hubiéralas tomado por pareja de diabólicos danzantes; que habiendo echado mano al cuchillo que llevaba al cinto, habíalo hundido muchas veces en mitad del pecho de aquel ente misterioso, sin lograr herirlo una sola, ni poner, tampoco, distancia de por medio, hasta que una de sus miradas relampagueantes en que el rojo oro y el verde azulado se mezclaban en fantástico consorcio, lo dejó plenamente cegado y sin saber ya más de sí.

Y decían que contada que fue esta rarísima aventura, halló fácil cabida en la sencilla imaginación de no pocas gentes que aseguraban más tarde, con todos los visos de verdad, haber visto en muchas ocasiones, o creído ver al menos, al mismo diablo en persona, paseando por aquel rincón de la ciudad, como dueño y señor suyo, ora en las noches muy negras, dejando a su paso fosforescentes estelas, ora en las brillantes de luna, manchando con sus ropajes oscuros los claros de luz. (Barrio El Hércules. *Leyendas*).

EL CHARCO DE LA TUMBAGA

Designado con este nombre por los muchachos de mi época, existió hace mucho, a orillas de esta ciudad, un hermoso remanso de cristalinas aguas, poblado en sus márgenes de saucos floridos y sonantes carrizales.

A él acudíamos tarde a tarde en alegres bandadas, durante la época del verano, sin dejarlo en quietud ni paz, sino hasta cuando las sombras de la noche empezaban a bajar por entre los follajes, y las aguas poco a poco iban tornándose negras.

Y recuerdo que jamás hubo uno solo de los que a diario lo visitábamos, que llegada esa hora retardara un minuto más su estancia en él, por que corría entre nosotros como válida y cierta la leyenda misteriosa de que una mujer se llegaba hasta allí, apenas entrada la noche, y llorando, unas veces tan quedo que sus sollozos se confundían con los rumores de la brisa al pasar por entre las hojas, y otras tan fuerte, que sus gritos lastimeros dominaban las quejas del viento en las arboledas vecinas, entraba en el agua, y llorando, llorando siempre, buscaba con desesperación, hurgando en las arenas del fondo en busca de algo que no encontraba y que la retenía en esa tarea, afanosamente, hasta que las primeras luces del alba, entintando el oriente, anunciaban el nuevo día.

Agregaban que si aquella mujer tropezaba con algún osado que le estorbara en sus empeños, encarábase con él, y suplicante primero, y agresiva y colérica después, le interrogaba por un anillo, objeto de sus constantes pesquisas durante años y años, noche a noche; porque según el decir, en vísperas de casarse con el mozo más apuesto de aquel barrio, había ido a bañarse al remanso aquel, a la luz de la luna, y enamoradas las aguas de su belleza portentosa, no contentas con haber aprisionado sus carnes de rosa y nieve, y fingídole sartas de perlas para su garganta y sus cabellos, robáronle traidoramente el anillo, testimonio y prenda de sus castos amores.

Y decían que desde entonces, entristecida, volvió a buscarlo, llorando, noche a noche, con tenaz persistencia, pero que las mismas aguas, celosas de su hermosura, trocáronle sus caricias por besos muy fríos que la enfermaron para nunca más recobrar la salud, y que aún después de muerta, veíasele una, y otra, y todas, envuelta en gasas de sombra o en rayos de luna, explorando las arenas, llorando, llorando siempre.

Han pasado muchos años; el remanso de la Tumbaga ha desaparecido ante la ola invasora de la población nueva, extendida cada vez más; los muchachos que en tiempos mejores lo alegráramos con nuestros gritos jubilosos y nuestras alegres risas, hemos ido por muy apartados rumbos, y la leyenda forjada por anónima fantasía, se conserva aún en nuestra memoria con todo el poético encanto de una hermosa remembranza de ayer. (Barrio Las Tenerías. *Leyendas*).

EL NIÑO HEROE

Fue hace años. Nuestra patria pasaba en aquel entonces por una época de dura, tremenda prueba. Circunstancias diversas habíanla llevado a una guerra con su poderoso vecino del norte; la lucha era reñida, y la muerte hallaba campo inmenso para batir por doquiera, día a día, sus alas pavorosas.

Nuestros soldados peleaban con ardor obrando prodigios, pero la fatalidad pesaba sobre ellos, y el enemigo avanzaba por nuestros caminos y se adueñaba de nuestras ciudades.

A Monterrey cupo igual triste suerte, y tras una defensa en verdad heroica, fue al fin ocupada por sus victoriosos atacantes. En lo alto de sus edificios ondeó la bandera de las barras y las estrellas.

Dicen que entonces, en uno de los muchos gigantescos aguacates que por aquella época llenaban, en compactos grupos, con sus verdinegros follajes, los patios y solares de la que hoy es Calle de Allende, apareció de pronto, desplegada al viento que la mecía gallardamente, una bandera: la nuestra. Y que vista con natural sorpresa, por el enemigo, fue mandada arriar desde luego; pero que presto fue sustituida por otra que se elevó más alto aún que la primera, y que este mismo hecho continuó repitiéndose por varios días sin que los soldados enemigos desistieran de su empeño de hacerla caer, ni por su parte, tampoco, la mano oculta que con constancia igual la elevaba siempre.

Y un día, cuando esa bandera aparecía más hermosa que nunca, bañada en luz de sol, ondeando gloriosamente sobre el árbol que le brindara apoyo, una descarga de fusilería hecha de lejos, la trajo al suelo despedazada.

Minutos después, los tiradores americanos, frenéticos de ira y sedientos de venganza para con el obstinado audaz que tantas veces los había burlado mostrando por tan elocuente modo su devoción y su cariño por la enseña patria, se llegaron en confuso tropel al sitio en que el árbol se elevaba y bajo el cual creían recoger un glorioso trofeo, y con asombro encontraron, solamente, a un niñito que mal herido y sangrando se debatía en las ansias de la muerte, apretando entre sus bracitos y empapándola en lágrimas y en sangre, la bandera que no podría levantarse ya más porque con ella había caído el valiente que la pusiera allá arriba, tantas veces.

Solamente encontraron a un niño abrazando la bandera.

Sus ojitos azules, muy abiertos, miraban hacia el cielo, y de sus labios descoloridos se escapaban trabajosamente estas palabras entrecortadas: "Bandera mía, mía, no más que mía".

Y cuentan que aquellos hombres depusieron sus enojos y les rodaron las lágrimas por las toscas mejillas.

Alguno hubo, dicen, que arrojando lejos el criminal fusil, hincó la rodilla en tierra, silenciosamente, y depositando en la frente del muertecito un beso prolongado, le habló así: "Te envidio por valiente y hermoso ¡bendito seas!".

En memoria de este hecho afirman los viejos de entonces, se llamó del Aguacate, por muchos años, la calle que fue teatro de aquel suceso y que ahora lleva el nombre de Allende. Con su primer nombre se glorifica la heroicidad de un niño; con el segundo, la de un hombre. (Barrio Calle del Aguacate. *Leyendas*).

LA PARRITA

Se llamo así, hace muchos años, uno de los más antiguos barrios de esta ciudad, y su leyenda, historia o cuento, llegóme de indiscretos viejos labios, cuando era niño todavía.

Por lo buena y por lo hermosa, dicen, fue orgullo y fama, en tiempos de mucho atrás ya idos, entre quienes hubieron de conocerla, una moza de tez morena, de grandes ojos, de boca cuyos labios por lo fresco y por lo rojo envidiaron los claveles, de trenzas negras y abundantes, gracioso talle y diminutos pies, que con sus risas y sus cantos, desde por la mañana muy temprano, hasta las oraciones de la tarde, alegraba al más pintoresco de los solares que por aquella época formaban la barriada.

Encanto suyo los limoneros y los granados de su patio, regábalos con el agua que ella misma sacaba del pozo circundado de madreselvas y geranios, clavelinas y nomeolvides; y no hubo jamás, en el despertar de la mañana, en la calurosa siesta, o en la noche silenciosa, instante alguno que no la encontrara entre ellos como una hermana cariñosa o una amiga diligente.

Los vecinos preguntábanse al verla, si aquel corazón sería a modo de no tener otros amores que los de las plantas y las rosas que con tanto raro afán cuidaba, y su pregunta quedaba sin respuesta siempre.

Y pasó el tiempo; las escarchas aromadas de los limoneros y los naranjos, y los mantos rojos de los granados, una y otra vez se cambiaron al amor del aire y de la luz en magníficos, primorosos frutos; a los ramilletes de las madreselvas y a las corolas de los geranios y las dalias, una y otra vez volvieron a contarles sus secretos las inquietas mariposas; y allá arriba, en las tupidas ramazones, una y otra vez, también, las tórtolas arrulladoras escondieron sus amores; más la niña hermosa, orgullo y fama del lugar, continuaba como siempre, embebecida en los quehaceres que le daban sus plantas y sus flores.

Un día, sin embargo, no faltó mirada curiosa que se extrañara de no hallarla inclinada como de costumbre sobre las macetas rebosantes de tallos y de rosas, o junto al pozo del patio tirando del cubo que subía el agua cristalina, ni faltó tampoco quien se diera cuenta de la mudez del sitio, por ausencia de las canciones que antes, invariablemente, lo llenaban.

Y cuentan que desde entonces, en la noche, cuando la luna dejaba caer de allá arriba sus argentadas luces, bajo el emparrado de la casita, medio oculta entre las sombras de los pámpanos, vióse una pareja de enamorados.

El viento al pasar por allí, alcanzó a llevar entre sus alas, muchas veces, rumores de suspiros hondos y ecos de sonoros besos. Sí que fueron castos y tiernos aquellos amores. Oíd cómo acabaron, sin embargo.

El mozo afortunado, el de las citas nocturnas bajo el follaje de las parras, el que supo adueñarse del corazón que por tiempos creyóse amaba sólo a las plantas y las flores, desapareció un día para no volver ya más, aun cuando entre sollozos y amargo lloro lo llamara siempre su inconsolable enamorada.

Y pasaron años, y de aquellos hermosos coloquios de amor, de aquellas pláticas tiernas cuyos testigos únicos fueron el cielo y la noche, no quedó sino el recuerdo triste, muy triste, que enfermó lentamente a la niña, y que un día al rozarle los ojos con una visión de amoroso ensueño, y al besarla en los labios con una caricia de infinito amor, la durmió para siempre en los brazos de la muerte.

Destruyó el tiempo el rincón florido, escenario de aquel idilio, desaparecieron las rosas, el pozo se cubrió de cardos y de ortigas; pero la parra a cuya sombra se amaron tanto la niña y el mozo de mi cuento, dicen lenguas que extendiendo sus ramos cubiertos de hojas y racimos, fue creciendo más y más cada vez, tal que si una mano misteriosa la cuidara, y por muchos años fue, como su dueña, orgullo y fama del lugar. Los vecinos la llamaron: la Parrita. (Barrio El Obispado. *Leyendas*).

EL OJO DE AGUA DE LA PASTORA

Cuentan que hace mucho, una pastora bella apacentaba sus ovejas en las faldas del Cerro de la Silla, y que por las mañanas, cuando el sol extendía sobre el monte sus velos de oro, y las flores y los pájaros en consorcio de aromas y de trinos elevaban al cielo su primer saludo, veíasele camino arriba, con sus corderos blancos como nieve, cantando, cantando siempre.

Ya en lo alto, cuando dominaba la primera loma a que acostumbraba encaminarse diariamente, de pie, con la cabellera al aire, extendía valle abajo la mirada de sus ojos negros, hasta el manchón oscuro que formaba el bosque allá lejos, y riendo y llorando a un tiempo mismo, escapábansele del labio palabras tiernas y del pecho suspiros hondos que el viento llevaba confundidos en sus alas, quien sabe a donde.

Por la tarde, temprano, cuando el sol distaba mucho todavía de las azuladas cresterías en que sobre lechos de nubes había de esconderse, bajaba bien aprisa, llenando el campo con el eco alegre de sus canciones; y al llegar al preciso sitio de sus miradas de allá arriba, deteníase a la sombra de los árboles, y cabe la fuente cristalina y rumorosa que allí nacía, esperaba impaciente, indagando con su mirada de gacela sobre el fondo oscuro del boscaje y las malezas.

No a mucho de esperar febrilmente, agregan que aparecía, cantando también, un zagal hermoso, de ojos azules como el cielo y cabellos como el oro rubios; y que eran de verse entonces los castos coloquios de amor a que se entregaban, con no otros testigos que la fuente de poéticos murmurios y el bosque de susurros blandos.

Pero hay quien dice que un día los ojos de la pastora bella se anublaron en llanto, y que triste y sola, cuando ya el sol había borrado del cielo su última tinta de fuego, y en el monte empezaban a fingir los árboles con sus follajes de sombra, fantásticas siluetas, y con sus ruidos extraños, misteriosos cuchicheos, fue llorando, llorando, camino de la majada solitaria.

Desde entonces, tarde a tarde, sorprendíanla allí las primeras sombras de la noche, y las aguas de la fuente y los árboles del bosque, teniendo lástima de su pena, suspendían sus charlas de a esa hora y permanecían callados y tristes.

Después, no se la vio aparecer ya más, y los pájaros trinadores no tuvieron que acallar sus cantos para oir embelesados, los de la pastora bella.

Lirios y amapolas nacieron en los bordes de la fuente, y hay quien dice que desde entonces, al atardecer, cuando la luz que muere se filtra en claridades tenues por entre los ramajes de los viejos álamos, una forma vagarosa y flotante surge de las aguas cristalinas, y minutos después, mariposa blanca, se esconde en el fondo de un cáliz tierno.

Siente el bosque en aquel propio instante los besos de luz de la luna, y el zenzontle suelta al aire, allá lejos, sus cantos más hermosos.

¡Es la hora del amor y del ensueño en la Fuente de la Pastora!
(Leyendas).

OAXACA

HERIBERTO FRÍAS. (Véase CIUDAD DE MÉXICO).

EL VENCEDOR DEL SOL

> La victoria del sol es tan general en el blasón de los mixtecas, que en los escudos de sus armas pintaban un capitán armado, con su penacho de plumas, arco, rodela y saeta en las manos, y en su presencia el sol ocultándose entre nubes pardas. —Burgoa. *Geográfica. Descripción.* 2a., parte 33.

Y en la profunda niebla de la eternidad brilló una luz tibia —estremecimiento divino— que se tendió por el espacio infinito, en ondas inmensas.

Al soplo de la Suprema Voluntad surgió el mundo envuelto en una gasa de nubes que se arremolinaban en furioso giro, suspendidas sobre el vértigo del abismo entre dos enormes montañas.

Una: luminosa, blanca, resplandeciente, cuyos rayos bañaban las nieblas eternas en eternos relámpagos silenciosos. Otra: negra, condensación del ónix de las sombras, recortando con aristas siniestras la inmensidad espantosa.

Frente a frente se miraban, inmóviles; las dos grandes, las dos terribles, lanzándose mudas toda la majestad de su odio recíproco a través de las nubes que azotadas por ráfagas que venían de lo alto, giraban y giraban sin cesar luchando también.

Súbitamente de aquella lucha brotó el nuevo elemento: el agua.

Las nubes se transforman en torrentes y los torrentes bajaron, rodando por los flancos de las dos montañas, colmando el fondo del abismo formidable. Y entonces las olas —coléricas serpientes de agua— continuaron el combate de las nubes, retorciéndose unas sobre otras, enroscándose, alzándose en montañas de cien bocas por donde se escupían espumarajos negros y plumazones blancos, salibazos de sombra y chorros de resplandores diamantinos, para caer abrazadas, confundidas en un oscuro trágico.

Y por sobre aquel campo de batalla iban pasando, a compás, los siglos, unos tras otros, contemplando fríamente el gran espectáculo.

A fuerza de tanto combatir, surgieron al pie de una y otra montaña los dos grandes árboles de la vida: el árbol del bien y el árbol del mal.

El océano, cuyas olas-serpientes batallaban siempre, aplacó su furia, agotado por la creación de aquellos dos gigantes, convirtiéndose en caudaloso río que brotaba del fondo de una caverna en la falda de la Montaña Negra, y se perdía, atravesando el valle en las regiones luminosas de la Montaña Blanca, después de bañar en sus ondas las profundas raíces de los árboles de la vida.

Y sucedió que las ráfagas violentas que llegaban de lo alto, agitando los ramajes, hicieron vibrar las hojas que en el gran silencio augusto de la soledad entonaron un himno gigantesco, una sinfonía tremenda.

Entonces las ráfagas envolvieron frenéticamente el follaje vibrante de la vida; lo sacudieron con furia.

¡Los árboles temblaron, se retorcieron horrorosamente, crispáronse sus raíces y troncos en una infinita angustia, en un espasmo de dolor que les arrancó un crugido de muerte!

Fue que en aquel instante todas sus hojas habían sido arrebatadas por las ráfagas.

¡Temblaron las montañas, el valle, el abismo, el torrente, la caverna, los árboles y las ráfagas que conducían las arrancadas hojas!

¡Todo tembló al lúgubre crugido de muerte!

¡Y todo se transformó!

Las dos montañas se redujeron erizándose de rocas, barrancos y árboles pequeños. El valle se estrechó; la corriente se hizo miserable. El gran himno había cesado y sólo vibraban murmullos tristes y susurros melancólicos. Las nieblas se enfriaron y humedecieron.

¿Y las hojas?

¡Ah! las hojas... después de haber volado con distintos rumbos, girando impulsadas por la incógnita fuerza que las arrancó del árbol, fueron a caer en lejanas regiones, ya al fondo de los valles, en las playas del mar o en la alta cima de las montañas, que dentaban las nacientes serranías.

Mas he aquí que cuando apenas tocaban las hojas en el lugar de su caída, de súbito se transformaban en gigantescos seres vivos.

Después del primer estupor de la vida que recibían al contacto con la tierra, contemplaban absortos el paraje y se lanzaban furiosos, aullando, sintiendo la necesidad de devorar.

¡Aquellos hombres gigantescos y horribles eran los primeros pobladores, los Quinamestin hueytlacome!

¡Ved cuan poderosa es la ráfaga que en sus alas invisibles conduce a la hoja más bella y más grande, y mirad cómo ésta se agita y se debate como rebelándose audaz y soberbia a la fuerza que sin su consentimiento la conduce al ignorado destino!

Esa no caerá seguramente en las fáciles amenas planicies donde han brotado los hermosos bosques perfumados; sube muy alto, y la triunfal ráfaga caprichosa conduce a su potente raptada allá a las abruptuosidades de la sierra, donde las nieblas son más espesas, y más ásperas y enormes las rocas. Allá van, ráfaga y hoja a los picachos más agrios de las montañas. ¿Dónde se detendrán? ¿Por qué ascienden tan arriba, apartándose de los enjambres de compañeros que dejan abajo?

Abaten su vuelo; ebria de altua la hoja anhela ahora subir más aún; pero la ráfaga desfallece, muere, se extingue... ¡y la hoja cae!

Colosal, recio, altivo, gallardamente desnudo, de pie sobre alta roca tallada a pico; abiertos los ojos de fiera pupila negra que condensa en un rayo fulgurante la luz que nada en las nieblas de la montaña, se yergue al ser vivo en que se transformará el hijo de los árboles del bien y del mal, contemplando el oleaje inmovilizado del mar de piedra. Soplos de huracán rugen ferozmente en torno del gigante vivo, en cuyo pecho laten ya todas las grandezas impetuosas de los reyes de las montañas. Aves enormes pasan rasgando las espesas neblinas con su masa negra, abanicando sus alas de terciopelo... ¡y bandadas de palomas blancas surcan el ambiente! ¡Aves y árboles cantan la dulce canción de la vida!

Estremecido, sintiendo abrasarse sus entrañas en desesperado calor, anhelante de que toda aquella naturaleza fuese suya, deseoso de verla sumisa y obediente, Maxtrazhrazhub sacudió su larga cabellera, alzó los brazos poderosos y vírgenes, y lanzando un alarido inmenso, se precipitó a saltos por entre las rocas. Corrió volando, casi.

Sorprende un nido de águilas, las estrangula y por bellas recoge sus plumas; recoge por hermosas, pedrezuelas que talla contra las rocas. Toma piedras y las arroja a las fieras, destaza sus cadáveres, arráncales sus fuertes y elásticas tendones. Orna su cabeza con las plumas del águila mezcladas a las piedras preciosas. De un árbol arranca sus largas raíces, construye el arco, fabrica saetas y habiendo trabajado mucho, descansa y duérmese en el fondo de una caverna. Levántase más ardoroso en el paraje que más le agradara y temiendo encontrar seres como él, que desearan los mismos goces, de un tronco desgajado por el rayo hizo un escudo, y armado para bárbaro combate, anhelante de lucha, parte hacia donde son más altas y más abruptas las montañas.

Encuentra una comarca elevada, feraz, salvajemente bella, donde el Dios desconocido, que lo envió a la vida, prodigara cavernas y bosques poblados de voluptuosidades que halagan su cuerpo y recrean su imaginación.

—¡Esto es mío!— gritó, en su idioma, para apoderarse de aquellas regiones.

Y pensó:

—¿Qué ser como yo, tan poderoso y fuerte, será su dueño? ¡Quisiera verlo para arrebatárselo! ¡Busquémosle!

Y hélo de nuevo en busca del señor de aquella tierra, para combatirlo.

¡Pero sólo el desierto respondía con sus ecos, a los alaridos del hijo de la vida!

Iba ya a descansar cuando vio que muy lejos un relámpago deslumbrador taladraba las nieblas, y un gigantesco círculo de fuego blanco le arrojó a las pupilas flechas de luz.

¿Quién era ese soberano que desde tan lejos, allá muy arriba, le hería con sus dardos? ¡Era el rival! ¡Había que vencerlo! Traía también él, que pensaba descansar, largas y agudas flechas. Las nubes rasgáronse, un azul vivísimo apareció, y en ese azul el gran disco radiante bajaba lentamente. ¡El sol era el enemigo!

—¡Te arrojaré de aquí, orgulloso Señor de Luz, dueño de esta región! —clamó el audaz gigante— y requiriendo el arco y cubriéndose el cuerpo con el escudo, lanzó sus flechas a su enemigo. Mas no parecía desmayar y la batalla prosiguió. El guerrero de la montaña enviaba sus flechas al sol que descendía.

Y por fin, allá el mar del cielo se tiñó en fuego, el rojo adversario agonizaba herido de muerte; su luz antes mortal, fue débil. Anchas heridas derramaron su sangre, tembló el gran escudo y vacilante, trémulo, miró, agonizando, en torno suyo, para buscar una tumba donde dormir para siempre; y cuando encontró una montaña suficientemente grande para reposar eternamente, con barretas de fuego la horadó, y virtiendo sobre el cielo entenebrecido toda la sangre que le quedaba, lo inundó con un diluvio rojo: surgieron llamaradas inmensas de la pira y el gran vencido se acostó augustamente.

La noche, piadosa, colgó de los cielos el haz de las tinieblas, prendiéndolo con clavos de diamantes. Y el guerrero vencedor, tranquilo ya, después de su triunfo, imperó en la alta sierra, siendo el padre orgulloso de la brava nación mxiteca, de los altos mixtecas.

Tal es la leyenda del origen de esa raza altiva de Oaxaca; y Achiutla es el lugar de los árboles que engendraron en aquel barranco a los primeros caudillos; y Tilotongo el paraje en que el guerrero audaz venció al sol, fundando allí la primera ciudad mixteca.

¡Qué profundo simbolismo el de la grande y sencilla leyenda! Dice la historia que las hordas mixtecas desprendidas desde Huhuetlapallan y Tula de las razas toltecas, bajaron al sur hasta Oaxaca, encontrando en los valles a los zapotecas, por lo que subieron a las sierras del nordeste, donde fundaron Achiutla, Tilatongo y Sosola; pero sus sacerdotes y poetas dejaron bellísimas leyendas acerca del origen de una raza fuerte aun, rica y orgullosa, como tantas otras del Estado de Oaxaca. (*Leyendas históricas mexicanas*).

COSIJOOPII

I

Por todas las regiones donde el gran Cosijoeza, augusto rey del imperio zapoteca, cuyos dominios alcanzan hasta los países maravillosamente hermosos de Tehuantepec, a donde su macana guerrera, tinta en sangre, fuera el símbolo de su poder; por los valles extensos de Etla, y más allá aún, sobre las montañas abruptas que limitan con las ciudades de los bravos mixtecas; por doquiera que se haya escuchado el gran nombre del señor de Teozapotlán, hubo regocijos espléndidos, picotas grandiosísimas, banquetes populares de que gozaron tribus enteras llegadas de las profundas selvas del sur. Y de las playas ardientes de los dos mares en que el sol se desmaya y se recuesta y sepulta, tras la negrura de la noche, para levantarse nuevo y magnífico; de todas las más lejanas y fabulosas tierras hubieron de llegar tantas muchedumbres, que invadieron comarcas enteras con plena satisfacción del soberano rey zapoteca.

II

¡Cosijoeza! ¡Cosijoeza! Este nombre, el nombre soberbio del emperador de las regiones en que los dioses todos derramaban propicios sus gracias y munificencias, era la advocación de los cánticos sagrados en los templos, y de las doncellas compañeras de la reina Coyolicaltzin a quien abanicaban lentamente con haces de plumas blancas y azules, y ese nombre hacían retumbar en sus sonoros caracoles los guerreros zapotecas, los flecheros mixtecas y los arrojadores de piedras, —los hoscos y feroces mijes—. ¡Cosijoeza! y los antros de los abismos repercutían también aquella palabra, símbolo de la victoria eterna y del eterno triunfo de los hijos del sur sobre todos los extranjeros que traspasaran las gargantas de las altas mixtecas.

El nombre del rey zapoteca era un hossana en el instante de los placeres que conmovían sierras y valles, riberas, bosques, villas, ciudades, palacios, templos, ríos, lagos, chozas, fortalezas, guaridas, nidos, islas y abismos.

¡Algazara, emperatriz de todas las alegrías; alegrías jamás protegidas con tan soberana pompa regia como la que por orden de Cosijoeza desenfrenaba, nunca habían conmovido de tal modo los bosques y las poblaciones y las humanas avalanchas que tronaban ebrios el nombre del monarca!

¡Cosijoeza! ¡Cosijoeza! tronaban caracoles, chirimías, teponaxtles, rocas, árboles, selvas, muros y barrancos.

—"¡Salve el rey zapoteca, el vencedor del prodigioso Ahuitzotli!"—, cantaban doncellas y guerrero.

III

¿A qué tanto entusiasmo de regocijo, a que tan solemnes y gigantescas pompas inauditas?

¿Por qué el ejército de los fieros mixtecas —tan sobrios y mudos—, y el de los altaneros y feroces mijes —tan siniestros y hoscos—, y esas cohortes de bárbaros chontales y de hauves sombríos, ¿por qué todas esas hordas se han reconcentrado hoy en Teozapotlán, y aullan de alegría, ebrios, con los fermentos de las flores y el blanco néctar que obsequia el azteca rey Moctezuma?, ¿por qué tan inusitada y formidable retumbancia marcial?

Cierto que los pacíficos ciudadanos, los buenos comerciantes, los artífices expertos, los humildes constructores, los propietarios de huertos y los que siembran los granos de que vive el pueblo, y las tropas reales, cierto que están alegres y también lanzan sus cánticos en las sinuosas calles de la capital zapoteca, pero ¡mirad cuán inquietos vagan y con qué profunda zozobra miran a sacerdotes y soldados! Al salir del Palacio murmuran: —¡Funesto presagio!

¿Qué pasa? ¿Por qué turban la fiesta los sacerdotes?

IV

¡El primer varón, el primer príncipe, el hombre del gran reino ha nacido!

Es decir, la raza poderosa y nunca hollada de los Zaachilla y Cosijoeza, no sólo ha de producir vírgenes puras, propias para el ornato del templo, y para recoger perfumes, sino que ahora que el poder insolente de los mexicanos se desborda, cuando ya blanquean los cabellos del que hizo estrellar sus ejércitos contra los murallones ciclópeos de Guiengola, ahora produce el varón deseado, el que siendo mito de tan portentosos y geniales príncipes guerreros, será su reflejo y habrá de heredar en suma todas las potencias con que los dioses enriquecieron a los antepasados del nuevo príncipe.

Por eso había en todo el vastísimo reino zapoteca tales huracanes de algazara y por eso mixtecas, mijes, huaves, chochos y chontales con sus señores y guerreros, invadían aquellas regiones felicitando al gran rey.

¡Había nacido el que debía aniquilar la raza de los audaces mexica! Llegaba la hora santa de que se abatiera el orgullo de los hijos del emperador cruel que hacía correr ríos de sangre desde lo alto del teocalli de Huitzilopochtli.

V

Cosijoopii —rayo de aire— nombraron al gentil príncipe. Porque era gentil y hermoso y de tanta arrogancia en su porte —según los sabios hubieron de colegir—, que maravilla al verle.

Rayo por la impresión fulminante que sus ojos producían, mas como a ésta pronto desvanecíale la dulzura de infinita bondad en la sonrisa de sus pequeños labios encantadores, que tuvieron que atenuar el nombre para llamarle ráfaga, fresco rayo de aire.

VI

Fueron suntuosísimas las ceremonias para ungir al hijo del gran Cosijoeza, el emperador zapoteca, y de la dulce y magna Coyolicaltzin, y en ellas sacerdotes, parientes, reyes, caciques, señores y nobles asistieron, consagrando conforme a las santas tradiciones zapotecas y mexicanas, el advenimiento del nuevo vástago

Cuando Cosijoeza, después de cincuenta y dos días de felicidades se elevó a su trono en el salón mayor del palacio, para despedirse de las cortes extranjeras, en presencia de la flor y nata de los reinos amigos, repentinamente oyóse la voz de un anciano, que desde Tehuantepec llegaba, corvado, apoyándose en grueso bordón.

—¡Oyeme, soberbio Cosijoeza!

Gran indignación causó en la regia sala la frase del olvidado viejo.

—¡Arrojadlo atrás y dádle una limosna para que vuelva a sus cuevas, con sus animales!— rugió el monarca.

—¡Vibra en mí la voz de Quetzalcóatl! Yo fui el que escupí a la faz de ese enviado de Tloque Nahuaque, del verdadero sostén del mundo, y vivo aún y he visto que se olvidan de sus predicciones y del gran símbolo que había de derribar todo este glorioso pero efímero edificio. ¡Ay de tí Cosijoopii! Triunfarás en tu juventud, pero al fin, lo que más adores será fulminado. Acordáos de Quetzalcóatl.

Y el anciano levantó el brazo derecho, trazando en el aire una cruz negra, que se desvaneció.

Y el cuerpo del viejo anacoreta de Tehuantepec rodó sobre las ricas esteras de la sala.

Los guardias levantaron su cadáver.

VII

El príncipe Cosijoopii, rey de Tehuantepec, después de largas y victoriosas campañas, inquieto por un ansia creciente de obtener el amor de las mujeres, había hecho construir a través de los inmensos y perfumados bosques del trópico, colosales ídolos que le recordaban sus muertos amores.

Porque el príncipe mandaba matar a las mujeres cuya hermosura le hastiaba, pero creía hacerlas inmortales erigiéndolas en diosas bajo la majestad susurrante de los jardines encantados de sus palacios.

En él latía una soberbia desmesurada, y sobre todo, una profunda rebeldía contra su destino. Su amorosa madre la reina Coyolicaltzin en vano le había hablado de las misteriosas frases que pronunció al morir un anciano que había vivido solitariamente en los desiertos de las selvas tehuanas: él, taciturno, audaz, llena su alma de todo el orgullo que en ella acumulaba su raza de astutos reyes cortesanos y de heróicos guerreros triunfadores; él, descendiente de los tres Zaachilas y del bravo Cosijoeza, habíase sublevado contra la funesta predicción del viejo que en el palacio de su padre en Teozapotlán, le profetizara ser abatido por el rayo de la cruz, así como todos los que no adorasen aquel símbolo de amor.

¡Infortunado rey! Una noche en sueños tuvo lúgubre visión. Soñó que un árbol escueto de tronco negro, atravesado por dos

ramas verticales irradiando misteriosa luz lo perseguía, y escuchaba las palabras de la última mujer que lo había amado, diciéndole:
—¡Ven a mi!

Y él huía, huía, frenético por entre las malezas, perseguido siempre por el árbol fantástico que parecía deslizarse, irradiando de su negrura escueta un arrebol maravilloso.

VIII

Consultó a los sabios agoreros más viejos. Y le dijeron:
—Huye o humíllate.

IX

—¿Madre, me alejo o me humillo?
—Humíllate, hijo mío.
—¿Padre, me humillo o me alejo?
—Aléjate y lucha. Nunca te humilles. Cosijoopii se alejó.

X

¡Oh! las deliciosas mujeres de Tehuantepec, voluptuosísimas sacerdotisas del placer, en compactos enjambres poblásteis los palacios del príncipe zapoteca. ¡Soberbias fueron vuestras tumbas! pues luego de haber derramado la miel de vuestros besos en los labios del monarca, el cuchillo de sus esclavos mijes rasgó vuestros cuellos, y los artífices de la corte labraron ídolos que perpetuaran en maderas perfumadas y finísimas la memoria de vuestro poder!

Cosijoopii no tenía más culto y así apartaba las maldiciones del viejo solitario.

—¡Ay de tí, si miras la cruz de fuego y claridad! —decíanle en las noches en sus pesadillas los murmurantes hálitos de los bosques.

Fue una rápida y tremenda tempestad en uno de aquellos paraísos. Súbita se desencadenó, cuando Cosijoopii evocaba ante ídolo colosalmente simbólico, vagos recuerdos. Tremendidades sonoras, truenos, ráfagas, centellas y turbiones rugientes en las tinieblas, envolviéronle.

No era sueño, no era pesadilla: resplandeció una fulgidez blanquísima; una raya relampagueó abatiéndose en cruz, iluminando el parque y derribando el ídolo.

Y al retumbar del trueno, el monarca gritó levantando al cielo los robustos brazos:

—¡Ah Quetzalcóatl, tu cruz mata mi reino!

Y cayó desplomado, bajo la tempestad bramadora fustigada por el rayo, cabe los rotos miembros del ídolo. *(Leyendas históricas mexicanas).*

COYOLICALTZIN

I

El gran imperio mexicano brillaba en el apogeo de su gloria y de su poder guerrero. Las invencibles legiones de Ahuízotl tenían sus macanas en la sangre de cien pueblos, y sus estandartes victoriosos se paseaban desde las regiones septentrionales de Xalisco hasta los bosques perfumados y ardientes de Nicaragua y los vergeles paradisíacos de Tehuantepec. Diariamente llegaban de los más lejanos reinos sometidos a los palacios de la gran Tenochtitlan, cortes suntuosas de ancianos embajadores a depositar los crecidos y valiosos tributos que alimentaban y saciaban los apetitos de la nobleza y del ejército. Millares de esclavos edificaban templos y almacenes que pudieran encerrar los tesoros que se acumulaban, y nunca como entonces debió haber estado tan satisfecho el feroz Huitzilopochtli cuando tan propicio se mostraba a las armas de los señores de los lagos, sin duda en premio de las formidables hecatombes con que Ahuízotl celebraba sus victorias.

Las vastas conquistas de sus antecesores gloriosísimos Moctezuma y Axáyactl se eclipsaban ante las nuevas tierras, dominios y reinos sometidos tras crueles batallas.

Sólo dos orgullosas naciones se erguían independientes, libres y soberanas dentro del imperio y sólo ante ellas se habían estrellado las armas mexicanas: el reino de las altas Mixtecas y el valle de los zapotecas.

Los ejércitos de los emperadores se habían apoderado de los lugares más accesibles de las Mixtecas, como Tlaxiaco, Tamazulapan y Yanhuitlan; pero faltaban las ciudades más poderosas y el verdadero corazón del altivo reino: Achiutla y Sosola, encumbradas en lo más fragoso de aquellas colosales tierras que son el recio baluarte del fértil valle en que se tendía la nación zapoteca.

El gran Ahuízotl anhelaba dominar a tan terribles naciones que escapaban de su yugo fatal.

Los comerciantes que seguían a las naciones guerreras y que se habían internado en las regiones del valle, contábanle maravillas de sus riquezas y de la delicia de sus bosques frutales. Además, deseaba abrirse paso hacia Tehuantepec, atravesando el valle y no hacer el largo y peligroso rodeo por las costas de Cosamaloapan o Huatulco.

Así es que llamando a toda la brillante juventud guerrera de su imperio levantó un brillante, fuerte y numeroso ejército para emprender la campaña.

¡Ay de los bravos mixtecas y zapotecas!

II

En Teozapotlán, capital de esta nación, reinaba el sagaz, prudente y caviloso Zaachila; tipo perfecto y acabado de las cualidades de su raza, ciertamente heróica, pero ante todo desconfiada, sutil, astuta, precavida, tortuosa, fina y diplomática.

Era todo un gran genio ese rey que recelando del poderío de sus vecinos los mixtecas, valientes, generosos e ingénuos, pensó debilitarlos en su provecho lanzándolos contra los mexicanos con cuyos embajadores entró en negociaciones, prometiéndoles entregar los desfiladeros y pasos de los mixtecas, pero envolviendo a unos y a otros en sus astutas intrigas para que chocando recíprocamente se debilitaran. Sabia política de la que resultaba la seguridad de su patria. ¡El cerebro de aquel rey zapoteca valía más que un ejército!

III

¡Cayeron feroces y terribles las legiones de Ahuízotl sobre las tropas mixtecas en las márgenes del río San Antonio, dándose batallas tremendas en sus bellísimas y majestuosas riberas!

Los mexicanos recibieron diluvios de piedras, rocas y flechas y a centenares rodaban al fondo de los barrancos. Fue imposible el triunfo y tuvieron que retroceder.

Entonces Ahuízotl convino con Zaachila, quien permanecía a la expectativa a la retaguardia de los mixtecas, en pasar por el río de las Vueltas, paso que los zapotecas debían defender.

El emperador pasó sin disparar ni recibir una flecha, se internó en el valle respetando lealmente a los zapotecas y siguió su marcha hasta Tehuantepec, no sin dejar una fuerte guarnición a su espalda, en el extremo de un bosque de huajes para prevenir cualquier ataque y cubrir su retirada en desgraciado evento.

¡Aquella guarnición mexicana se convirtió en un pueblo que se llamó Huaxyacac, y fue más tarde la célebre Oaxaca, la interesante y bella matrona de tan digna misión en el gran drama de nuestra historia!

Burlado, corrido, debilitado, regresó Ahuízotl a México bordeando por la costa, pero para ganar a su favor a Huitzilopochtli, le sacrificó treinta y cuatro mil prisioneros mixtecas.

Zaachila, sin derramar la sangre de los suyos, había sido el vencedor en la cruenta campaña.

¡Juró renovarla hasta aniquilar a sus vecinos los bravos mixtecas, jadeantes y heridos, y debilitar y alejar a los mexicanos!

¡Pero dos mujeres; una, espantosa, trágica, fuerte y eterna, y otra bellísima, amante, débil y mortal, impidieron sus designios! La muerte era la primera, la segunda se llamaba Coyolicaltzin.

IV

No solamente los mismos ejércitos conquistadores eran tremenda plaga en los países conquistados, sobre los cuales vivían, sino los comerciantes mexicanos que como bandas fatídicas del exterminio precedían y acompañaban a las legiones, imponiendo su voluntad a los pueblos tributarios.

Y ¡ay! de la nación sometida al imperio que maltratase o se negara a transigir con los comerciantes mexicanos; sobre aquella caería la cruel macana de la soldadesca enfurecida.

El astuto Zaachila, para renovar la guerra, hizo que cerca de los antiguos y venerados santuarios de Mictlán un destacamento de mixtecas atacara numerosa caravana de comerciantes que regresaban del sur de Tehuantepec cargados de tesoros, animales raros, perfumes, plumas riquísimas y afelpadas pieles que iban a ofrecer a los nobles de Tenochtitlan.

Todo el regio bagaje fue quemado, asesinados los tratantes y arrojados sus cuerpos en los abismos de las sierras para que fuesen presa de las aves carnívoras que enflaquecían ya, por la falta de combates, después del hartazgo de la última campaña.

V

Tremenda es la cólera del emperador. Pronto equípase un nuevo ejército al que el monarca zapoteca franquea el paso, y cae sobre Mictlán que está custodiado por mixtecas. ¡Y ni un solo habitante quedó, ni una choza en pie, ni un anciano, ni un niño; todo fue pasado a macana y fuego, conduciendo a México miles de prisioneos que fueron sacrificados en el templo del dios de la Guerra!

Zaachila conferenció con el rey de los mixtecas para ver de vengar la hecatombe sacrílega de Mictlán, exponiéndole un vasto y bien combinado plan de campaña.

¡Tan bien combinado era que de él resultaría nada menos que la ruina de la juventud guerrera mixteca y mexica; y después, sobre los restos de ambas naciones surgiría, nueva, fresca, lozana, y fácilmente triunfadora la juventud zapoteca. ¡Oh! célebre y político Zaachila, de penacho de plumas y profundos ojos negros, la muerte te negó la sonrisa fina y diabólica de tu gran triunfo; más ahí está tu digno hijo, el gallardo, valiente, impetuoso —¡Oh! demasiado impetuoso; pero también astuto y sutil— príncipe Cosijoeza, quien te sucederá en el trono! ¡El continuará tu obra!

VI

Y fue como el surgimiento de un sol de gloria para las ciudades que prosperan en el valle de Oaxaca, defendida por los altos y formidables muros de las Mixtecas de heróico prestigio, la aparición al frente del reino zapoteca del ilustre Cosijoesa, quien había heredado todas las cualidades de su padre, más un valor indómito, una constancia inquebrantable y un amor a la gloria y a su patria.

He aquí que continúa la política del sagaz Zaachila: conviene con el rey mixteca en que éste le de el mando de sus ejércitos, para que abriendo paso a las legiones de Ahuízotl, lo encierre en el valle y le sorprenda aniquilándolo en la mejor oportunidad.

El generoso rey mixteca, de alma grande como las montañas en que vive, de corazón noble y heróico como todos los hijos de las alturas, amado por su pueblo tan generoso y valiente como él, fuerte cual las rocas que erizan las agrias serranías, convoca de nuevo a los hijos de los valientes que murieron en las recias batallas o en el abominable templo del ídolo mexicano. Forma nuevo y aguerrido ejército y leal y abiertamente lo entrega a Cosijoeza para que disponga de él.

El espectáculo del patriotismo mixteca, la lealtad de su rey, la apostura marcial de los guerreros y el convencimiento de que agotado aquel ejército, surgiría otro que le vengaría, hicieron que el príncipe cambiara de frente en su política temiendo envolverse en sus propias redes. Así es que declaró la guerra a los mexicanos, corriendo hacia Tehuantepec, región feraz, riquísima, pródiga en delicias pintorescas, parajes hermosos y bellísimas mujeres, joya regia de la corona de Ahuízotl, diamante valiosísimo que el audaz zapoteca pensó arrebatarle a fuerza del heroismo y la sangre del ejército mixteca.

Tehuantepec y las demás regiones del sur fueron sojuzgadas por el nuevo invasor, sacando de allí terribles elementos de guerra, innumerables víveres, armas y prodigiosa cantidad de yerbas venenosas para las flechas, lanzas, macanas y piedras arrojadizas.

Y mientras Ahuízotl levantaba el más formidable ejército de que hasta entonces se tuviera noticia, arrancando todos los hombres de sus vastos dominios para enviarlo a traerle a Cosijoeza con quien pensaba hacer horroroso escarmiento, el hijo de Zaachila se parapetaba en lo alto de elevada y abrupta montaña en cuya cima construyó inmensa fortaleza de muros altísimos como cerros, contramuros, fosos más hondos que barrancos. Y tras ellos, en la plataforma de la cima sembró granos, esparció animales que debían multiplicarse, abrió surcos que traían agua de manantiales de más altas montañas; hizo estanques que pobló de peces alimenticios, trajo de las regiones del sur, del océano por donde el sol muere y del golfo en que surge, artífices armeros, mujeres viejas, sabias en envenenar las armas y en curar las heridas; el río que al pie de la montaña corría lo erizó de rocas y aportó millares de guerreros nuevos, al ejército que esperaba al de Ahuízotl que tan orgulloso llegaba, creyendo que por atravesar hasta llí sin resistencia, sería invencible.

VII

Los ejércitos mexicanos llegaron acampando en las anchas vertientes de la montaña en que se guarecían las fuerzas mixtecas, zapotecas, mijes y tehuantepacanas al mando de Cosijoeza, y bien pronto el sitio empezó con ataques inverosímilmente espantosos: desde lo alto de los muros rodaban avalanchas de rocas en turbiones de flechas envenenadas, oleajes de muerte, batallas tan crueles que los muertos no se contaban sino por masas de centenares; de los flancos del abismo se hicieron sepulcros de legiones; las carnicerías nocturnas con el incendio de los bosques de las faldas de los montes se iluminaban y la catástrofe se sucedía al pie de las altísimas murallas, de las que descendían gruesos hilos de sangre humeante, caliente y roja en donde abrevaban las aves ebrias y ahitas en el festín de la matanza diaria.

Ahuízotl en persona tuvo que ir al frente de un nuevo ejército a reforzar las aniquiladas legiones, y el ejército del bélico emperador también se estrelló contra las ciclópeas murallas. El hermano del augusto caudillo va en su ayuda con un tercer ejército más aguerrido, veterano, fuerte y numeroso; pero después de cuarenta y nueve batallas, ciento cincuenta y tres asaltos en ocho meses, los mexicanos se encontraron al pie de la formidable montaña.

VIII

Entonces fue cuando Ahuízotl recurrió, para vencer, al poder del amor.

¡Aquel hombre que había sacrificado centenares de miles de hombres a su orgullo, amaba con ternura a su divina hija Coyolicaltzin —copo de algodón—, cuya hermosura y virginidad no quería que fuese vista de ningún humano.

¡Ella debía vencer al formidable rey Cosijoeza!

Envió sus embajadores de paz al rey zapoteca, y éste, confiando en las tropas mixtecas que guardaban la montaña, dióse a descansar en sus dominios de Tehuantepec.

Albercas deliciosas de sonoros manantiales, frescos, transparentes y azules recibían el cuerpo del adusto Cosijoeza, quien nadaba con placer en el cristal de las ninfas, bajo follajes floridos y aromáticos, escuchando el canto de las vírgenes hijas de los héroes mixtecas.

A la hora de bochornosa siesta, el augusto monarca, solitario, ávido de frescura iba a sumergirse en azul estanque, cuando repentinamente retrocede estupefacto ante prodigiosa mujer, virgen, de regios adornos, ruborosa, vacilante y trémula.

—¡Hija del cielo! ¿Qué quieres? Te juro darte todo mi poder porque ninguna otra doncella como tú debe habitar en el mundo. El alma del Universo te envía a mí.

¿Qué quieres?

—Señor —contestó la doncella—, que me ames. Supe que eras grande y te adoré; déjame ungir tu cuerpo con el jabón sagrado.

—¡Tú voluntad es la mía! ¿Qué quieres aún?—, suspiró el monarca.

—Mira, yo soy la princesa Coyolicaltzin, hija de Ahuízotl; me sentía atraida por tu grandeza; te amo y me amas; yo estaba destinada a los dioses; ¿pero qué más dios que tú? Pero para que seamos felices ¡alíate con mi padre, él es grande como tú, sellen la paz y ya no levanten sus macanas! ¡Lo pido yo..!

—Así será.

Al pronunciar estas palabras la doncella corrió, internándose en los verdes cañaverales.

En vano la persiguieron los guardias de Cosijoeza.

IX

La espantosa guerra terminó. Los emisarios del gran zapoteca fueron a la corte de Ahuízotl para escoger la más linda y pura virgen; y naturalmente le trajeron en andas de oro y plumas preciosas, a la que los mexicanos llamaban Coyolicaltzin, y a quien los zapotecas nombraron Pellaxilla —Copo de algodón—, amorosa mujer que debía dar la felicidad a los antiguos reinos del valle de Oaxaca, ¡ser que fue rayo de luz blanca en un mar de sangre! *(Leyendas históricas mexicanas).*

ANDRÉS HENESTROSA. Nació en Ixhuatán, Oax., en 1906. Habló exclusivamente lenguas indígenas hasta los 15 años de edad. Luego de estudiar arduamente, formó un diccionario zapoteca-español. Ha sido catedrático, funcionario público, diputado federal y senador de la República. Dirigió la revista *El Libro* y *El Pueblo* y fundó *Las Letras Patrias*. Fecundo y fino escritor, ha producido relatos, ensayos, antologías y miles de artículos periodísticos. Se dio a conocer con el libro *Los Hombres que dispersó la danza* (México, 1929). Desde 1964 es miembro de la Academia Mexicana de la Lengua.

BINIGUNDAZA

Se cuenta en el Istmo de Tehuantepec con el nombre de binigulaza, la leyenda más vieja de la tradición zapoteca.

Unida a la historia de los orígenes, ha llegado hasta nosotros, después de un largo itinerario, incompleta, borrosa, y de trecho en trecho, brincando sobre abismos. Y entonces se pierde su rastro, y hay que revolver la tradición, fracturar la palabra, adelantar y retroceder el acento para hallarla. Y se la encuentra con una huella nueva, y a veces, en cada rumbo de la misma época distinta.

Por flexible, la palabra binigulaza puede significar, según que avance o retroceda el acento, varias cosas; y a cada significado puede corresponder, perfectamente, una leyenda distinta.

Binigulaza, sin preocupaciones filológicas, denota solamente un grupo de hombres que existió hace muchísimo tiempo. Estos hombres fueron, si se atiende a un relato que forma parte del cuerpo total de la leyenda y que es muy poco conocido, gentes feas, de gran estatura, algunas casi gigantes. No se sabe por conducto de quien, un dios desconocido quiso imponérseles y habiéndole desobedecido, mandó destruirlos. Y se quiere colocar los días en que ocurrió esta catástrofe cercanos, revueltos con los días del diluvio universal; terminan diciendo los que así la entienden que, aparte de los monolitos y trastos de cocina que los ríos arrastran cuando la lluvia los hincha de furor, o que aparecen en las grandes excavaciones, nada más se sabe de los binigulaza.

También se cuenta, sin atender a la acepción de la palabra, sino fijándose únicamente en que designa a un grupo de hombres, que binigulaza no lo eran todos, sino unos cuantos: que éstos eran elegidos de los dioses y en cada conglomerado vivían, sin ser vistos más que por los espíritus superiores, para encauzar la vida de esos conglomerados; que eran sabios sacerdotes, valientes guerreros, magos y adivinos; y que cuando los dioses soltaban sobre los pueblos las grandes calamidades, antes que nadie estos hombres hacía penitencia y muchas veces se sacrificaban en aras de las deidades. Poseían, una vez envejecidos, la extraña capacidad de convertirse, al ruido de una oración, en monos, cerdos, perros, con el fin de burlar y dañar a sus víctimas; y su destino estaba atado irremisiblemente al destino de otro ser: un ave, un pez, a quien llamaban guenda[1].

En sílabas, bi-ni-gula o gulaza quiere decir, el viento que chocó con otro y se dispersó; pero unidas las dos primeras sílabas y acentuadas sólo la última i —biní— sería: surco o gajo, o línea recta como un surco, separado, roto. Pero esto es, nada más, curiosidad.

No sólo en Juchitán y en Tehuantepec se conoce la historia en la que se refiere que los zapotecas se decían a sí mismo descendientes de los árboles, con más frecuencia de sus raíces, también de algunos animales[2]. El fragmento gulaza, deshecho en dos tantos —gu-laza— quiere decir, el primero, raíz, camote; y el segundo, fibra; por extensión, lo que es flexible, como la fibra. En este caso los binigulaza fueron gentes nacidas de las raíces de los árboles. Lo dicen hasta hoy los descendientes puros, orgullosos de sus antepasados, que los padres de la raza eran, en el dolor, en la vida, flexibles, como las raíces de donde brotaron, y la pronunciación más usual de la palabra está de acuerdo con esta interpretación.

Hay una leyenda más que refiere que los zapotecas cayeron a la tierra en forma de pájaros, de una nube: sabían cantos melodiosos y en las plumas trajeron pintados todos los colores del trópico[3]. Gula en Tehuantepec o gola en Juchitán es, respetuosamente, anciano; y za, nube: como quien dice, gente anciana, la que tuvo su origen en las nubes. Ellas se llamaban a sí mismas Biniza, y a su lengua, dicha-za[4] y de estas denominaciones se valían para diferenciarse de los otros pueblos del Anáhuac.

Mil veces hemos creído que binigulaza quiere decir gente que chocó entre sí o con un enemigo. De bini, gente, como en todos los casos, gulá, chocó, y za, entre sí, o gulazá, choque, en tiempo pasado.

Gulá, acentuada también, pero llamada la voz hacia adentro de tal suerte que imite lamento, significa roto, disperso, separado. Con la partícula za, connotando uno de otro, tendríamos: gente que se dispersó o que se separó una de otra. Pero za es también música, danza, fiesta. Y tal vez la primera separación vino después de oír música y haber danzado. En tiempo pasado es tan correcto decir gulazá o gundanzá. Y aquí entra recto, con los dos pies sobre esta afirmación, un recuerdo de mi niñez. Todos lo saben. Los niños cantan danzando, unidos en corro, con la cabeza inclinada y las manos anudadas atrás, un canto triste, monótono, casi simpre a la orilla de la noche.

Bidzadza, bidzadza, ¡au!
ziaba nisa, ziaba guie,
ziaba nanda, ziaba yu.
Bidzadza, bidzadza, ¡au!
Binigulaza ma che´e:
ma che girá gidzilayú.

"Coladera, coladera, ¡au! —caerá agua— caerán piedras —caerá frío— caerá tierra —coladera, coladera, ¡au!— los binigulaza se van: acabará todo el pueblo de la tierra".

Se sabe muy bien que los enviados de Moctezuma Ilhuicamina nunca tomaron de entre los zapotecas una sola gota de sangre para teñir la ofrenda de sus dioses; y que este orgullo se le había hecho latido en las venas. Pues bien, cuando la noticia de la llegada de los españoles, conocida desde varios siglos antes por ellos, por los estudios que sabían hacer sus sabios en el cielo, en el alboroto de las aves, de los animales, y hasta en el color y giro del aire, se alargó desde la Gran Tenochtitlan hasta sus tierras para decirles que la defensa era inútil, porque los hombres blancos y barbados que venían por el lado en que se yergue el día eran poseedores del trueno y de armas poderosas, los zapotecas, antes que la dominación, prefirieron morir algunos; y otros caminaron en distintas direcciones llevándose la tradición, la material y la impalpable.

Y fue entonces cuando, mezclados de pavor y de locura, en todos los pueblos zapotecas celebraron ceremonias fúnebres, erizadas de sacrificios, revueltos con danza y canto cuya letra imploraba su conversión en trastos, al mismo tiempo que rompían otros. Tocaron el lúgubre tambor de madera, los más viejos, aquellos que de golpe habían renunciado a la vida. Y los binigulaza trotando, con la danza enredada en los pies, cantaron; y cuando la música cansada de seguirlos se borró en el aire, los que la producían, que eran los sacerdotes, los de la casta directora, se echaron de cabeza a las aguas religiosas del río Atoyac y de Tehuantepec; y los ríos ondularon con ellos hasta convertir en peces o en trastos a algunos; y otros se mantuvieron hombres y en el fondo de las aguas habitan hasta hoy y construyen esos juguetes, trastos de cocina e imágenes que los ríos, camino del mar, abandonan cuando enfurecidos saltan fuera de su cauce.

Algunas gentes de hoy en quienes ya no se oye la voz del orgullo de los antepasados, aseguran que no todos aquellos hombres se dispersaron, sino que algunos se sujetaron al conquistador y edificaron la iglesia de Juchitán. Pero responden los atentos al pasado que la iglesia la construyeron en un momentáneo retorno

---

[1] Hoy tiene esta palabra varios significados. Pero el que primero tuvo y conserva en el presente relato, es el de dios protector o doble. Podían citarse muchos lugares en Burgoa en apoyo de tal afirmación. Pero este pequeño libro, síntesis de todas mis lecturas y conocimientos de la tradición oral zapoteca, en un instante dado, no fue escrito con intención erudita, sino meramente literaria: quise dilucidar en él un drama de expresión en lengua un día me fue ajena.
Es el caso que los Zaa creyeron —y aún creen— que los hombres nacían con un doble; y que padecían con él iguales peripecias y morían juntos. Algunos hombres llegaban a ajustarse de tal modo a su doble que se convertían en él, adquiriendo la capacidad de representar a un nuevo hombre. Como en el versículo de Daniel, de andar entre leones se convertían en leones. Pero hay que insistir en que dejaban de ser hombres; perdían todas las características humanas. De ahí que no haya habido, rigurosamente hablando, biniguenda. Lo que había era guenda, el tona o nahual de los mexicanos.

[2] ..."Ya por precisarse de valientes, se hacían hijos de leones, y fieras silvestres; si grandes señores, y antiguos, producidos de árboles descollados y sombríos..." Francisco de Burgoa, *Geográfica descripción...* t.I, p.412. México, 1934.

[3] ..."Creían las supersticiosas fábulas, como pudiera un católico los avisos del cielo, fue la fundación de este pueblo (Teotitlán) (Xaguixi, en zapoteco) antiquísima, de los primeros de la Zapoteca... fingiendo su origen haber venido del cielo, en figura de ave, en una luminosa constelación..." Burgoa, *Geográfica descripción,* t.II, p.119.

[4] El doctor Nicolás León, que de modo tan constante se equivocaba en las cuestiones de la lengua zapoteca, por aquel prurito de ser original y aceptar, sin discriminación, sus fuentes de consulta, llama a la Nación Zapoteca Didjazaa. Hay que advertir que la lengua es la que se llama de ese modo y no la raza.

de la noche a la mañana, los mismos binigulaza, llamados esta vez binibiri: gentes-hormigas, por menudas, abundantes y laboriosas.

Se cree que estuvieron por última vez, los que caminaron por tierra, en Late-Bala en Late-Xunaxi y en Cuscumate, muy cerca de Juchitán los dos primeros sitios, y en la punta del distrito, el último.

Para que sea más recta la afirmación de que los binigulaza se dispersaron después de oír música y danzar, obsérvase esta verdad, que es como el eco de otra verdad, recóndita y remota. En los matrimonios de la gente pobre, entre esas gentes metidas plenamente en el alma de ayer, hay un momento en que la alegría llega a su cúspide: ahí se toca una música sencilla, elemental, triste; y la novia danza con el novio y recoge en el centro de la enramada, en una jícara de colores, una dádiva: seis centavos, por regla general. Mediuxga, decimos. Y todos toman un trasto y esperan para romperlo que la alegría se haga dolor; es signo de que al separse los desposados de la casa paterna, concluye, da una vuelta exacta, una línea de la vida; y equivale a decir adiós.

Tal es la leyenda de los Binigulaza.

(Los hombres que dispersó la danza).

EL PEZ QUE CENÓ SAN JUAN

Se pesca en las aguas del Istmo de Tehuantepec, cuando el sol de marzo convierte en ríos ilusorios los caminos y en la punta de la brisa flamea la canción de la cigarra, un pez pequeñito llamado en lengua nativa benda gudó apóstol. Menor que la mojarra, sin plata ni rubí en las escamas, sino desteñido, cadavérico y apagados los ojos, la fantasía y la ternura zapotecas se valieron de él para crear una de sus leyendas sagradas.

Se dice que estaban una tarde un pescador llamado Juan y otros compañeros, sentados sobre el labio del mar. Agonizaba el día y consumidas sus carnes, se dijera que se le veían los huesos. Y, como en las festividades luctuosas del pueblo, unas sirenas se congregaron para hilarle un sudario con la espuma que las olas formaban en la orilla. El crepúsculo, rimado de golondrinas, invitaba a la ensoñación. Mudos, los pescadores parecían atentos a un acontecimiento que oyeran venir.

Sobre la arena moría el fuego en que acababan de aderezar la cena; comía cada uno su porción de pesca mientras la noche crecía con un dedo sobre el labio. De pronto, de la garganta de la sombra surgió un grito. Un instante se vieron los rostros los pescadores, interrumpida la cena. El grito se repitió una y otra vez, hasta que uno de los pescadores respondió. Y por la senda que en la noche trazaban las respuestas, se llegó hasta ellos un hombre, diciéndoles que esa tarde había llegado Jesucristo a Juchitán. Y sabiendo que Juan ansiaba conocerlo, se había apresurado a llevarle la noticia. Dicen que de sólo oír el dulce nombre su hambre se detuvo y que un ímpetu de caminar le pobló los pies.

—Iré al pueblo— dijo Juan.

Y tomando el pez que cenaba, lo arrojó al mar. Como aquella noche era providencial, el pececito recobró la vida, propagando en el fondo de las aguas el milagro. Juan, convertido en pescador de hombres, fue, andando los días, el poeta de los Evangelios; y en las aguas istmeñas se multiplicó la pesca mutilada. Y ahora, en los mercados de Tehuantepec y Juchitán, se la agrega a la compra de pescado durante la Cuaresma. Y puede verse que por uno de sus costados, aquel que había comido el Apóstol, como a Jesús, le pueden contar las costillas. *(Los hombres que dispersó la danza).*

LA GOLONDRINA

Entonces, este lago de Santa Teresa no contenía, como hoy, agua muerta y escasa, sino viva y abundante, y no había monte cercano a su orilla, sino una cinta ancha, blanquísima, de playa.

Perseguido Jesús por los judíos, sucios de ira, hacía varios días, lo mismo si llegaba o se iba la luz, caminaba una mañana junto a sus olas. Y la golondrina que se desvelaba por él en fuerza de adorarlo, lo seguía para borrar sus huellas arrastrándose en la arena. Esa mañana, de tan cercanos, sus pasos y los de sus perseguidores se oían juntos. Una mano enemiga extendida le llegaría al hombro; pero el Niño, en rápido ademán de cruzar el agua, avanzó varios metros de profundidad adentro. Y el mar, apagadas sus olas, no le subió más arriba de las rodillas.

Los judíos, espantados, retrocedieron ante el milagro.

Pero la golondrina, por no haberlo visto volver a la playa limpia de enemigos, continuó su vuelo buscándolo. Cuando llegó al otro lado, la pena le había teñido de negro desde el pico hasta la punta de las plumas de la cola, conservando, desde entonces, blanco sólo el pecho, para recordar a los hombres que con él borró sobre la arena las huellas del Señor.

Varios días después volvieron los judíos para recoger en el aire la palabra que confirmara la noticia de que Jesús había cruzado el mar. Pero no fue así. En la arena encontraron sus huellas. Y como la golondrina no lo seguía para borrárselas, ese mismo día, junto a la noche lo aprehendieron. A la mañana siguiente Jesús había muerto.

El mar no ha vuelto a crecer: es el Mar Muerto desde aquel día. Y la golondrina sigue volando a su orilla, negra de pena, con el pecho blanco, a ras de tierra, como si se le hubiera caído la sombra y quisiera levantarla con el pico. *(Los hombres que dispersó la danza).*

NÉSTOR SÁNCHEZ HERNÁNDEZ. Nació en Xia, Ixtlán, Oax., en 1918. Interrumpió sus estudios en 1936 para marchar a España y combatir en apoyo de la República. Obtuvo el grado de capitán en las Brigadas Internacionales. De regreso a México se dedicó al periodismo. En la capital de su Estado fundó y dirigió las revistas *Oaxaca en México* y *Carteles*, y el cotidiano *Carteles del Sur*. En la primera de aquéllas publicó leyendas con los seudónimos de Ego Mero, Juan Veras, Alex, Aliocha y Clovis; y en el diario llegó a escribir ocho mil editoriales, posteriormente reunidos en 15 tomos. Es autor, además, de *Memorias de un combatiente* y la novela *Cuatro vidas*. Dirige la Hemeroteca del Estado, la cual lleva su nombre.

LA MATLAZIHUA

"¡Se lo llevó la Matlazihua!" -solía decir la gente del pueblo cuando algún conocido "charrito" o catrín oaxaqueño de la época desaparecía de su casa. Y era consecuencia natural considerar, a los dos o tres días, que el pobre hombre había sido arrojado por algún barranco, en el río o en cualquier matorral.

Matlazihua ("mujer que enreda") es el nombre que nuestros antepasados le daban a una representación (o aparición) fantástica en forma de apetecible mujer, toda vestida de blanco, con larga cabellera, que a su paso por calles solitarias a media noche, atraía fatalmente al hombre que se atravesara con ella, arrastrándolo hacia su perdición.

Viven todavía ancianos que cuentan haberse topado con la Matlazihua allá en sus años mozos y haber ido a dar con sus huesos sin saber cómo, por algún barranco del río Jalatlaco, por alguna zanja de por La Noria, o a las Canteras de Ixcotel.

Sea como sea, La Matlazihua es una de las leyendas de mayor arraigo en la conservadora Oaxaca, aquella apacible villa que entonces, el siglo pasado, se alumbraba con velas de sebo... Escenario y época también de La Carretilla de la Muerte, El Perro Negro y otros entretenimientos y creencias de nuestros abuelos.

Cuentan que un general de aquella época andaba de parranda con sus amigos, seguido de esos músicos callejeros que nunca faltan, disfrutando de su euforia por el llano de Guadalupe, hoy Paseo Juárez, cuando de entre la arboleda apareció una mujer esbelta, vestida de blanco, de pelo suelto y con un rebozo negro que con alguna irresistible señal se hizo seguir del aguerrido militar que si nunca tuvo miedo al enemigo durante las batallas de la intervención francesa, menos iba a tenerlo ante una hembra tan tentadora.

Cuando sus compañeros de juerga, pese a los humos del alcohol, vieron cómo el general desaparecía tras de la mujer allá por el rumbo del Patrocinio, como arrastrado por aquella aparición fatal, pusieron pies en polvorosa abandonando donde estaban, botellas, guitarras, cobijas y hasta tal vez la borrachera.

"¡La Matlazihua! ¡La Matlazihua! ¡Se lo llevó la Matlazihua!", exclamaban sin dejar de correr por las oscuras callejuelas en su huída.

Y el intrépido general, contaban después las malas lenguas, fue hallado hecho una desgracia a consecuencia de la paliza que le dieron unos bandidos cómplices de la falsa visión, bajo el puente que sobre el río de Jalatlaco cruza un poco al sur del panteón.

Otros afirmaron entonces que la tal Matlazihua no era sino una mujer pública de entonces, que se aprovechaba del truco para llevarse a los hombres y arrancarles, a cambio de sus caricias o del susto, algunas pesetas.

Lo cierto es que entonces, aprovechando el temor a la mala mujer, los padres y las tías solteronas que nunca faltan, metían en casita poco después del toque de oración a sus hijos varones.

Pero éstos se daban mañas para fingirse los dormidos y cuando los viejitos dormían, salirse a media noche por bardas, azoteas u horadaciones en busca de aventuras galantes.

Y estos eran los clientes o víctimas —según—, de la famosa Matlazihua. (*Oaxaca en México,* núm. 10, marzo-abril de 1962).

LA SOLEDAD

Oaxaca, como todas las ciudades del mundo, tiene su propia personalidad; pero más acusadamente que muchas otras debido al tesoro de sus tradiciones y una de ellas es la hermosa tradición de la Virgen de la Soledad.

Sevilla tiene su Virgen de la Macarena; Zaragoza tiene su Virgen del Pilar; La Habana tiene su Virgen de la Caridad del Cobre; México tiene su Guadalupana y Oaxaca tiene su culto máximo orientado hacia las faldas rocosas del Cerro del Fortín donde, cuenta la historia entremezclada con la tradición, que allá por el año de 1532 a poco de haber sido conquistada Huaxyacac, los soldados de Hernán Cortés edificaron una primitiva ermita en la que entronizaron una rústica cruz.

Eran días aquellos en que aún no bien dominada la comarca por los españoles, Cocijoeza mantenía destacamentos de soldados zapotecas que vigilaban y hostilizaban a los piquetes de guerreros aztecas que Moctezuma había situado en Xochimilco, Mexicapan y lo que hoy es San Juan Chapultepec (San Juanito).

Ya la ermita original había sido reemplazada por otra mayor en el lugar preciso donde hoy se halla el presbiterio de la Virgen; allí había un frondoso árbol que servía para guarecerse a los soldados zapotecas de Cocijoeza a que nos referimos en el párrafo anterior.

Y fue en el año de 1543 cuando, cruzando por allí unos arrieros conduciendo una gran recua de acémilas cargadas de mercadería rumbo a Guatemala, ocurrió, según la leyenda, que una mula se echó, como obedeciendo a un designio, precisamente junto a la ermita y no hubo poder humano capaz de levantarla.

Tan sonado fue el hecho que las autoridades, encabezadas por el alcalde se dirigieron al lugar y mucho lucharon llegando a meter las manos ellos mismos, tratando de levantar a la acémila aquerenciada por el sitio.

Ante tan infructuoso esfuerzo, viéronse obligados a descargar a la bestia y fue entonces que el dueño de la recua, advirtiendo que el animal caído (o echado) no le pertenecía, avisó al alcalde y éste, entonces, ordenó se abriera la enorme caja que constituía la carga, descubriendo, ante el estupor de todos, que en ella se encontraba la bella imagen de la Virgen de la Soledad y otra pequeña de un Cristo crucificado.

Cuentan que la pobre mula, sintiéndose descargada, se levantó sólo para caer muerta allí mismo a los breves instantes. Nadie supo, según la tradición legendaria, ni los arrieros ni los soldados ni las autoridades, de dónde salió aquel noble animal con su preciosa carga.

El acontecimiento tuvo tal repercusión tanto en la Nueva Antequera como en la capital de la Nueva España, que se tomó por milagro y fue corriente de deseo incontenible el comprender que todo indicaba el que la Virgen quería que se le edificara en ese sitio precisamente, su santuario.

Igual los acaudalados de entonces que el pueblo con su óbolo, todos cooperaron para levantar un templo digno y, en tanto, la imagen llegada a Oaxaca "de milagro", fue depositada en la ermita que existía.

La imagen del Cristo fue a su vez llevada a la Capilla de la Cruz, donde habría de levantarse después el Templo del Carmen Alto.

La construcción del templo de La Soledad se inició el año de 1582, pero la soberbia iglesia que hoy admiramos comenzó a ser levantada hasta cien años después, en 1682, por el capellán don Fernando Méndez.

La concluyó, en el año de 1690, metiendo para ello dinero de su propio peculio, el arcediano don Pedro Otalora y Carbajal, en la época en que era obispo de nuestra ilustre ciudad monseñor de Sariñana, quien hizo la consagración.

La tradición vive y se renueva cada año. El 18 de diciembre es para Oaxaca lo que el 12 de diciembre para la ciudad de México: día de fiesta general.

Acuden de todas las regiones del Estado peregrinos, danzantes, romeros y visitantes de todas partes de la república y hasta del extranjero. Son las máximas festividades de Oaxaca.

El templo actual, que tiene la jerarquía de basílica, es de una belleza singular. Su fachada sobrepuesta forma una especie de porche; es un maravilloso retablo de piedra en el que se mezcla lo clásico con lo barroco. El marco central, sobre el pórtico y que contiene a la virgen en actitud dolorida al pie de la Cruz, es de una admirable exquisitez arquitectónica.

El interior de la iglesia es fastuoso. Su retablo, joya neoclásica de madera y laminado de oro, data de unos treinta años y fue hecho por suscripción pupular de los oaxaqueños.

La Virgen de la Soledad es una imagen de una talla finísima y su clásica presencia es con ese atavío maravilloso bordado con oro y plata por manos de mujeres de Oaxaca y luciendo monumental corona de reina y joyas artísticamente labradas, obra de orfebres oaxaqueños.

Patrona de los marineros, muchos de éstos, extranjeros algunos, le han traído como tributo incomparables perlas de tamaño descomunal como la que luce sobre su frente. Reina de los oaxa-

Una mula se echó, como obedeciendo a un designio.

queños, el pueblo la admira, la quiere y la cuida, como parte que es de su fe, de su tradición y su vida.

La bella tradición de la Virgen de la Soledad es parte del alma de Oaxaca, y Oaxaca, como su otra imagen de leyenda, Donají, ¡tiene el alma muy grande! (*Oaxaca en México*, núm.18, diciembre de 1962).

DONAJÍ

Donají ("Alma grande"), bella princesa hija del último caudillo zapoteca Cocijoeza y de su esposa, la gentil Coyolicaltzin ("Copo de algodón"), hija a su vez del poderoso emperador azteca Ahuízotl, hallábase presa, en calidad de rehén, en poder de las fuerzas mixtecas acaudilladas por Dzahuindanda en la fortaleza de Monte Albán.

La cautiva Donají era, en poder de los enemigos de su padre, una prenda de paz entre mixtecas y zapotecas, precisamente en la época en que ya los conquistadores habían llegado al Valle de Oaxaca encontrando a ambas razas trabadas en encarnizadas guerras.

La precaria paz fue turbada cuando Donají, rebelde contra su cautiverio por saber que su casa y su raza se hallaban humilladas con ello, decidió que debería intentarse algo. Y considerando que su padre, el caudillo Cocijoeza había derrotado años atrás al propio Ahuízotl en Guiengola, podía derrotar esta vez a Dzahuindanda en Monte Albán.

Doncella valerosa y de acción, esa noche mandó furtivamente con un aliado, un mensaje a su padre que se hallaba en Zaachila, capital zapoteca, pidiéndole que sin pérdida de tiempo cayeran sobre la fortaleza mixteca.

Así ocurrió y derrotados por lo sorpresivo del asalto y por el valor de los combatientes zapotecas, los ocupantes mixtecas abandonaron la dominante ciudadela y se retiraron por las faldas de Monte Albán que miran hacia el norte, bajando hasta la ribera derecha del río Atoyac y allí concentrados, sus capitanes decretaron la muerte de Donají, a quien llevaban consigo en su retirada.

La valiente y hermosa princesa zapoteca fue decapitada allí mismo y le dieron pronta sepultura a fin de que los zapotecas nunca supieran su paradero.

Con la pérdida de Monte Albán por los mixtecas se reanudó la guerra con los zapotecas y tuvo que ser el cruel Pedro de Alvarado quien interviniera para pacificarlos y obtener ventajas en su provecho, se supone.

Pero siguiendo con la leyenda, cuentan que tiempo después, los zapotecas, que desesperaban por el destino de su bella princesa, un día descubrieron precisamente en la margen derecha del río Atoyac, el florido brote de un extraño lirio rojo y al tratar de llevárselo y trasplantarlo en la casa de su caudillo Cocijoeza, se hallaron con que el hermoso lirio se prendía, con sus raíces, de la frente de Donají, cuya cabeza en ese lugar se hallaba enterrada.

Finaliza la leyenda contándonos que, pese al tiempo, el rostro de la bella princesa Donají se conservaba intacto, como si sólo durmiese...

Este símbolo que denota la entereza de un carácter y la grandeza de un sacrificio, Donají, "Alma Grande", es la heráldica del escudo de la Ciudad de Oaxaca hoy día. (*Oaxaca en México*, núm. 24, junio de 1963).

LA CARRETILLA DE LA MUERTE

En aquellos tiempos nuestra ya no tan tranquila ciudad de Oaxaca carecía de alumbrado y estaba como la noche que el Presidente López Mateos inauguró la luz de Temascal: a oscuras. Y por el rumbo del convento de Las Capuchinas "de arriba", es decir por La Soledad, por lo que hoy es la avenida Morelos, y cerca del templo de San José, ocurrió un suceso digno de relatarse. Helo aquí:

Comenzó a hablarse por el barrio entre las gentes de buena fe y timoratas, de un espanto que solía aparecer por el callejón de la Soledad: era —decían las monjas que pasaban algunas noches haciendo "vela" por penitencia— un chirrido, como el de una pesada carreta que pasara sobre el empedrado de la angosta callejuela. Otra, una tal doña Nila, vieja santurrona, juraba haberse asomado a su ventana, para contemplar horrorizada —antes de caer desmayada, por supuesto, según certificaron sus hijos—, que se trataba de una carreta cubierta hasta todo lo alto con negros crespones, arrastrada por negros bueyes y conducida nada menos que por la mismísima muerte cubierta con blanco sudario...

Tema obligado fue desde entonces en Oaxaca lo de la "Carretilla de la muerte" y los trasnochadores evitaron el rumbo y las gentes se metían temprano a casita, bien atrancadas las pesadas puertas para dedicarse a sus rezos, y se cuenta que hasta el capellán del convento intentó conjurar, organizando una procesión todos los viernes llevando una imagen de Jesucristo cargando su cruz con ayuda del Cirineo hasta una ermita que quedaba exactamente con el número 8 de la hoy avenida Morelos, recorriendo a su paso el callejón tenebroso donde se decía aparecía el espanto... Desde entonces se llamó a la que hoy es 3a. de Morelos "Calle del Cirineo".

No por las procesiones y los ruegos dejó de aparecer aquella macabra visión; los arriesgados cruzaron apuestas y muchos sufrieron desmayo y susto (que a más de alguno ocasionó irse a la tumba) porque la "Carreta o carretilla de la muerte" seguía apareciendo por el rumbo y hubo tema para sacudir aquella vida tranquila de nuestros bisabuelos o tatarabuelos, junto con las consejas del "Perro Negro", la "Matlazihua" y otras...

Un buen día llegó a encargarse del gobierno de la ciudad un corregidor de la estirpe de muchos españoles: aventurero y audaz que, emulando a Don Quijote cuando tuvo que enfrentarse a peligrosas aventuras, quiso salirle al encuentro, cuerpo a cuerpo a la temible "Carretilla de la muerte".

El Cuerpo de Policía (la que "siempre vigila") entonces se componía de siete alguaciles (aunque en verdad eran seis porque uno estaba únicamente pintado de azul en la puerta de la cárcel para "apantallar" a los pobres presos), fue alertado por su Excelencia, quien al frente de ellos se planta una oscura noche en un tétrico zaguan de la famosa Calle del Cirineo a esperar el momento terrible de la aparición...

A la "hora pasada" comenzó a escucharse el macabro crujido allá en la oscuridad del callejón... y cuando se aproximaba, el valiente funcionario (como hoy hay muy pocos), bastón en mano y resolución temeraria, salió al encuentro del horrendo bulto y exclamó con estentórea voz:

"¿Quién vive? ¿Quién sois? ¡Responded u os acometo!"

Tan decidida actitud dio un resultado súbito:

El carretero, un conductor émulo de aquel Martín Garatuza que iba vestido de blanco, cubierto con una sábana y pintarrajeado de "calaca", saltó de su chirriante carreta y arrodillándose ante su Señoría e intentando besarle la mano dijo con ladina y fingida sumisión:

"Soy su humilde servidor. Señoría..."

El corregidor había destruido la leyenda de la horrenda "aparición"; en verdad no era una carreta de "carbón" que llegara temprano a la ciudad para su expendio, sino mercancías de contrabando que introducían pícaros comerciantes prósperos de Oaxaca para evitar pagos al fisco, tal como ahora. (*Oaxaca en México*, núm.36, julio de 1964).

FERNANDO RAMÍREZ DE AGUILAR. Nació en Oaxaca, Oax., en 1887; murió en la ciudad de México en 1953. Estudió en el Instituto de Ciencia y Artes del Estado. Periodista, cronista, historiador y dramaturgo, escribió con el seudónimo de Jacobo Dalevuelta. Colaboró en *El País, El Demócrata, El Independiente* y, a partir de 1920, en *El Universal,* del que llegó a ser jefe de información. A su primer libro, *Oaxaca. De sus historias y de sus leyendas* (México, Andrés Botas e Hijo, 1922), siguieron otras 20 obras de narrativa, testimonio y teatro. Fue, además, secretario general del Sindicato de Redactores de la Prensa.

LA SANTA CRUZ DE HUATULCO

Esta es una leyenda india, llena de ingenuidad y de hermosura. Nos la legaron aquellos varones que trajeron a nuestro país la enseña del Calvario y el nombre dulce de Jesús. Hace mucho tiempo que pensaba escribirla. Es la leyenda de la herencia de un apóstol. Recuerdo muy bien que mi maestro nos la contó en un atardecer hermoso, excursionando por los bosques seculares de San Felipe. Nosotros escuchábamos su palabra, suave palabra, llena de amor. Fue relatada a propósito de un descubrimiento arqueológico. Habíamos dado con una gran piedra en la que se veían indelebles huellas de nuestros ancestros los cosijoezas y los tilantongo. Siento, al recordar la hermosa leyenda, una sincera emoción. Y es que en el silencio de la noche, cuando escribo estas impresiones, me parece oír el gorjeo del huitlacoche en el madroño, el croar de las ranas en el pantano, el agudo silbido de las "chicharras" que mueren de sed. Creo recibir el suave olor de las "estrellitas" que ofrendan su blancura inmaculada en la noche imponente, y me parece escuchar los ecos del bronce pueblerino que llama con angustia a los fieles al rosario de la tarde. Y al dejar mi vista clavada en el blanco papel, los signos de la máquina se esfuman con misterio y me parece ver, allá muy lejos, el desfile de cansados que regresan de los campos, doblan la rodilla frente a la puerta de la ermita, se santiguan, murmuran no se qué palabras de misterio y huyen por las calles formadas con hileras interminables de cáctus, anonos, chichicaxtles y manglares.

Desde las costas del Pacífico hasta la encrespada región donde hoy están los límites de Puebla y Guerrero, hubo en un tiempo un imperio poderoso. El Imperio Mixteca. En los valles y en las cañadas, como en las cumbres de los cerros, vivían hombres guerreros que desafiaban al sol con las flechas de sus arcos. En la hondonada de dos montes estuvo Achiutla. Fertilizaba sus terrales un río. Sus aguas fecundaron dos árboles corpulentos. De ellos nacieron dos seres, mujer y hombre. Achiutla, que en la lengua de mis mayores significa "de dónde viene el agua", es el pueblo más remoto de aquella serranía, feraz y hermosa. Y de allí partió el primer guerrero. Una tarde, al llegar a Tilantongo, lanzó su flecha e hirió al sol, que arrojando su sangre tiñó el cielo de púrpura y fue cayendo mortalmente herido a morir tras las montañas.

Y de aquel señor de Achiutla, vencedor del Padre Sol, nació un pueblo rico de leyendas y de historias tan ingenuas y tan bellas como la del astro herido.

Aquel pueblo creció y llegaban sus dominios hasta donde comienza el mar. Por las tardes, cuando las sombras comenzaban a invadir el mundo, los indios adoraban a sus deidades, pedían y esperaban, como nosotros esperamos y pedimos. Una de aquellas tardes fue el prodigio. Del misterio del mar surgió una balsa y navegaba sobre ella, arrastrada por la brisa tropical, "un varón, blanco, alto, corpulento, de frente ancha y ojos grandes, cabellos largos y negros y de bien poblada barba".

Le vieron los indios —dicen los libros viejos— venir por la mar, como si viniese del Perú. Un hombre con una túnica larga y con un manto, estrechaba sobre su pecho con amor un madero en forma de cruz.

Y les habló en su lengua, les llamó hijos, les enseñó lo que aquellos brazos de la cruz significaban. Les contó de la lucha victoriosa del amor y le vieron muchos días y muchas noches postrado ante aquella enseña que conquistara el mundo, implorar y entregarse a los arrobamientos de su inmensa fe.

Un día concluyó sus oraciones, llamó a los indios y les dijo:

—Hijos míos. Me voy. Aquí le dejo esta señal. Cura las tristezas, enjuga las lágrimas. Realiza todos los prodigios de la vida—. Y partió aquel hombre misterioso y se internó en las serranías, perdiéndose para siempre. Los indios, buenos y nobles, adoraron su nueva enseña y se trasmitieron de padres a hijos la leyenda de la Cruz. Y de lejanos pueblos venían peregrinando atraídos por la fama de la historia, los caciques y los viejos sacerdotes. Y como en la historia tierna de aquellos magos que contestaban ir a donde un mesías había nacido para adorarle, así aquellos romeros respondían a su paso por los pueblos, que iban a Quaultolco (Huatulco), que significaba en el idioma primitivo "lugar donde se adora y se hace reverencia al palo".

Y en aquel palo adoraban los ancestros al Dios desconocido, Dios de sus dioses y Dios de todo. Quedó clavada por muchos siglos aquella enseña de la fe en las arenas de Huatulco.

Sigue diciendo la leyenda que aquel varón severo les dejó en prueba de su doctrina otro prodigio. Hizo que de una roca brotara un aceite milagroso que hasta nuestros tiempos emplean los naturales en curaciones.

Quetzalcóatl fue el portador de aquel madero. Los conquistadores creyeron ver en él a Tomás, el discípulo incrédulo del Nazareno.

Ya el español había plantado su tienda en nuestra tierra y la princesa Donají había muerto por su patria. Los últimos Cosijoeza dormían también su sueño, a la sombra de los árboles seculares de Zaachila o de Cuilapan y aún se erguía frente al mar la gran Cruz. Entonces los frailes evangelizaban aquellas regiones. Y se operó el gran prodigio del madero legendario.

Cuenta la historia que fue en el año de 1587. Tomás Candish atravesó el estrecho de Magallanes, hizo rumbo al norte, apresó a la nao Santa Ana que iba para Acapulco, la despojó del oro, marfiles y telas que llevaba, y el pirata de Suffilk fondeó frente a Huatulco por sorpresa.

Se dio aviso a Juan Rengifo, alcalde mayor, quien creyó que aquella grande nave del pirata llevaría mercaderías para traficar. Fue hacia la costa, cayó prisionero del corsario y sus marinos saltaron a tierra y se entregaron al saqueo.

El corsario vio la Cruz, quiso destruirla; pero los aceros de las hachas caían a pedazos. Las sierras sucedieron a la maniobra y se mellaban y se rompían. Entonces ataron fuertes cables que terminaban en la popa del navío, aprovecharon el viento favorable y se hicieron a la mar. Los cables también reventaron con estrépito. Aquel misterioso palo resistía a todos los intentos. Tentó destruirla por el fuego. Fue inútil, pues las rojas llamas lamían aquella Cruz legendaria y parecían darle mayor consistencia. Desistió el corsario de su empresa y se marchó.

Aquel prodigio corrió por el mundo. Fray Bartolomé Ledesma, obispo de Antequera, hecha la averiguación, habló de la conveniencia de trasladar la Cruz a la iglesia catedral; pero ni el cabildo ni los indios lo permitieron. Quedó, pues, allí junto al mar por muchos años. Hasta 1611 permaneció allí, siendo al fin trasladada con gran pompa por el obispo doctor don Juan de Cervantes, sucesor de fray Ledesma.

Aquella Cruz prodigiosa fue sacada del sitio donde según la tradición fuera enclavada por el apóstol. Y se vio al extraerla que apenas estaría su base a media vara del nivel del suelo.

La gran Cruz fue fragmentada. Existe en la Catedral de Oaxaca, una parte que se venera en una capilla. Otra fue enviada al pontífice que era en esas épocas remotas Paulo V. Otro fragmento fue llevado a Puebla, y por último, uno más, estuvo por algún tiempo en la desaparec§da iglesia de La Merced, pasando de allí al templo de Jesús María, trasladada más tarde al colegio de San Pedro Pascual de Belén.

En el año de 1882, don José María Agreda y Sánchez afirmó que otro pedazo del madero de Quetzalcóatl estaba en poder del señor licenciado José Javier Cervantes. La madera estaba guardada entre láminas de plata. Es seguro, pues, que los descendientes de ese señor conserven la reliquia legendaria, que tiene de existencia no menos de mil setecientos años.

Esa fue la historia. El maestro concluía sus pláticas casi siempre, invocando el recuerdo de nuestros padres. Con religioso respeto les llamaba por sus nombres y hacía que les amáramos. Muchos de nosotros, impresionados por aquellos relatos de cosas tan viejas, sentíamos miedo y esperábamos ver a la salida del monte o en la encrucijada del camino un espíritu de aquellos, blanco, luminoso, algo así como espectro, algo que produjera miedo. *(Oaxaca. De sus historias y de sus leyendas).*

PUEBLA

LUIS NAVA RODRÍGUEZ. (Véase TLAXCALA).

FUNDACIÓN DE PUEBLA

Apenas entró (fray Julián) Garcés en el gobierno de su obispado (Carolense), reconoció que era un gravísimo inconveniente para la conversión y propagación del Evangelio, el notable desorden de los muchos españoles que vagaban de unos a otros lugares, guiados por la codicia. Este motivo lo movió, así como a los franciscanos, a pedir a la Real Audiencia las providencias convenientes y entre ellas la de que se hiciese una población de españoles en esta Provincia de Tlaxcala. Esta Audiencia encomendó a los franciscanos para reconocer la tierra e informar sobre el sitio que les pareciese más conveniente para esta fundación.

Dicen, pues, que (en 1531) entregado a la quietud del sueño, el señor Garcés, una noche, que asientan haber sido víspera del Arcángel San Miguel, que celebra la iglesia el 29 de septiembre con el título de la Dedicación (Florencia: *Aparición de San Miguel*, lib.I, cap.15), le fue mostrado un hermoso dilatado campo, por medio del cual corría un cristalino río, y estaba rodeado de otros dos que le ceñían, poblado de variedad de hierbas y flores, cuya amenidad fomentaban y entretenían diferentes manantiales de

agua que brotaban esparcidos en todo su terreno, haciéndole entender al venerable prelado, que aquel era el lugar que tenía el señor preparado para la fundación que se pretendía, a cuyo tiempo vio descender de los cielos a él algunos ángeles que echando los cordeles, delineaban la nueva población. (Bermudes: *Historia de la Puebla,* lib.2, cap.I, que cita a otros).

Despertó muy de madrugada y la primera diligencia que hizo fue celebrar el sacrificio de la misa y haciendo llamar a los franciscanos, que se hallaban en Tlaxcala (entre los cuales fue uno el padre fray Toribio de Motolinia, que algunos afirman estaba de guardián) y a otras personas distinguidas y de su confianza, así españoles como indios, les refirió el sueño y les dijo que estaba resuelto a salir en persona a reconocer la tierra, por si en ella hallaba el sitio que se le había mostrado en el sueño, para cuyo efecto quería que lo acompañasen. Salió, pues, con esta comitiva, dirigiéndose, no sin superior impulso hacia la parte del sur y habiendo andado como cinco leguas, llegando al paraje en que hoy está la ciudad, suspendió su marcha, haciendo alto en él y tendiendo la vista por uno y otro lado, conocía ser el mismo que se le había manifestado en el sueño, y volviendo a los que le acompañaban les dijo estas palabras: "Este es el lugar que me mostró el Señor y donde quiere que se funde la nueva ciudad". *(Tlaxcala colonial).*

Vio descender a los ángeles que delineaban la nueva ciudad.

EDUARDO GÓMEZ HARO. Nació en Puebla, Pue., en 1871; murió en la ciudad de México en 1938. Abandonó la carrera de medicina para consagrarse a las letras. Aparte su actividad periodística, que inició muy joven, brilló como poeta, dramaturgo e historiador. Escribió, entre muchas otras obras, *Historia del teatro en Puebla*, *Historia del diarismo en México* y *Tradiciones y leyendas de Puebla* (Ediciones Ibero Americana, México, 1944). Su retrato fue pintado por Faustino Salazar en el plafón del Teatro Principal de la Angelópolis. Falleció siendo jefe del Departamento de Corrección del diario Excélsior.

CALLE DE DIEGO BECERRA

I

Los reverendos padres franciscanos
celebran muy ufanos,
sin trabas que restrinjan su contento
que el vecindario plácido secunda
con zambra y baraúnda,
el final de las obras del convento.

Ampliados están los claustros viejos;
del sol a los reflejos
destellan los retablos llenos de oro.
Las campanas atruenan el ambiente,
y lanza, cual torrente,
el órgano sus notas desde el coro.

Están, de cirios mil a los fulgores,
plebeyos y señores
formando ante el altar compacto grupo;
y fray Gabriel, a quien la gente llama
Pico de Oro, su fama
de buen predicador afirmar supo.

Difúndase doquier el alborozo;
no cabe en sí de gozo
el anciano guardián, el cual la idea
tiene de coronar obra tan alta

donde la fe resalta,
con otra que del arte joya sea.

En patios, corredores, oratorio,
celdas y refectorio,
se ven lienzos de ascética pintura;
bíblicos cuadros, frailes de cerquillo,
de semblante amarillo,
enjutas carnes y mirada pura.

Pero no está allí todo; necesita
algo más la bendita
piedad que alienta el franciscano aprisco:
guardar, a varios lienzos trasladada,
la vida inmaculada
del seráfico padre San Francisco.

Ese es del buen guardián el pensamiento.
En práctica al momento
con entusiasta ardor ponerlo ansía;
mas requiérese artista de gran tino,
pues tema tan divino
reclama inspiración y maestría.

Pintores hay en Puebla de renombre,
y ha poco tiempo un hombre
llegó, nativo de andaluza tierra,
que al arte nobilísimo de Apeles
debe los mil laureles
que ornan su altiva sien: Diego Becerra.

Joven, audaz, gallardo y pendenciero,
a más de un lance fiero
le condujo luchando su alma inquieta;
y es fama que al buscar locos placeres
profesa a las mujeres
un afecto mayor que a su paleta.

Por conquistar el femenil hechizo,
en todas partes hizo
gala de su valor y su impudicia;
en el placer encuentra norte y centro,

y en cierto rudo encuentro
dió que hacer a las gentes de justicia.

Aquella fama atroz llegó al convento
rápida como el viento,
pues no hay noticia mala que no corra;
mas en ello el guardián no hizo reparo,
porque es sabido y claro
que las faltas de amor el genio borra.

Por su paternidad llamado, Diego
en San Francisco luego,
inquiriendo la causa, se presenta.
A su celda le llama el religioso
y, grave y afectuoso,
en su poltrona secular le sienta.

—Perdone, hermano, si venir le hice—;
el religioso dice;
trátase de negocio que urge mucho:
queremos ciertas obras de pintura,
y fiarlas procura
el convento a un artista, cual vos, ducho.

—Gracias, padre—; contéstale Becerra;
no tengo aquí en la tierra
para ganarme el pan más que mi oficio.
Si vos hoy me ofrecéis trabajo honesto,
lo tomo; venga presto,
y os doy mi gratitud por tal servicio.

—¡Bien! ¡Muy bien!— Con sonrisa bonachona
que contento pregona,
el hijo del de Asís al punto exclama.
Lo que a pintar ahora va su mano,
al fiel pueblo cristiano
ha de avivar la religiosa llama.

Mi humilde petición cosa es corriente:
seis cuadros solamente
en los que de Francisco la existencia,
de virtudes purísimas modelo,

con artístico celo
se ponga de sus hijos en presencia.

Ya que la voluntad es lo que sobra,
manos presto a la obra;
pero antes ponga precio a su trabajo.
Y pues se trata sólo de dar brillo
a un glorioso caudillo
de la fe, el precio al dar, diga el más bajo.

—Uno sólo diré: ni tan pequeño
que juzguen que es mi empeño
presumir de modestia, ni tan grande
que asusten sus excesos.
Por seis cuadros murales, tres mil pesos.
Y empezaré, Señor, cuando lo mande.

—¡Tres mil! ¡Válgame el cielo! ¿Se chancea?
No es posible que crea
que un fraile pueda dar tanto dinero.
¡Vaya que el hermanito es exigente!
Tenga el pintor presente
que un fraile es nada más un limosnero.

—¡Cómo! ¿Juzgáis que lo que pido es caro?
Pues digo sin reparo
que más que limosnero os juzgo loco.
No puede pedir menos quien se estima,
y oíros me da grima.
—Me faltáis al respeto. ¡Poco a poco!

—¡Pardiez! A nadie falto.
Si el precio que fijé os parece alto,
buscad en otra parte
más barato pincel. Abur. Presente
guardad bien lo siguiente:
Los mendigos no encargan obras de arte.

Si yo accediera a vuestro afán, amigo,
la cuenta que conmigo
contraeríais, con menos no se salda—.
Y esto al decir, levántase ligero.

se encasqueta el sombrero,
y al anciano guardián vuelve la espalda.

—Oiga antes de marchar—; dice éste; —acaso
ese orgullo a un mal paso
le lleve, y lo que hoy por menor precio
no le permite hacer su altanería,
de balde lo haga un día.
—Quizá, pero esa predicción desprecio—.

Dice, y sale Becerra,
quedándose el guardián absorto y mudo
al mirar que en la tierra
alguien de modo tal hablarle pudo.

II

Transcurre el tiempo. El pintor
no ha vuelto más a acordarse
del franciscano convento
ni del limosnero fraile.
La comunidad tampoco
piensa ya más en fiarle
la pintura de la vida
del fundador venerable;
y el olvido, como siempre,
acaba al fin por tragarse
el recuerdo nada grato
de aquel malhadado lance.
Y continúan su vida,
en aventuras galantes,
Becerra, y, entre paredes,
los muy reverendos padres,
aquél buscando pendencias
sin miedo a nada ni a nadie,
y éstos en rígido ayuno
y en penitencia constante

Distraído y paseando
va el sevillano una tarde
por una de las más céntricas

y más concurridas calles,
cuando conoce a Doña Ana
Ruíz de Ortega y Valladares,
esposa del Alguacil
Mayor, y de cualidades
no comunes en virtud,
en nobleza de la sangre
y en hermosura del rostro
que se parece al de un ángel.
La mira Diego, y le deja
deslumbrado aquel semblante.
Anda la dama de compras
con su doncella y su paje,
atrayendo las miradas
por su gracioso donaire
más que por la corrección
y riqueza de su traje,
pues las telas más costosas
de nada sirven ni valen
si al ser vestidas no ciñen
esbelto y airoso talle.
Doña Ana, elegante y bella;
el doncel, impresionable;
y el diablo empeñado siempre
en poner a los mortales
trampas que los aprisionen
y redes que los amarren,
hicieron que aquel encuentro
impensado se trocase
(¡misterios de la existencia!)
en semillero de males.
Sintiendo dentro de sí
anhelo de ir a postrarse
a los pies de esa beldad
y alma y vida consagrarle,
marcha el artista en pos de ella
con los ojos chispeantes
de amorosas ardentías
y eróticas ansiedades.
La sigue hasta su morada,
y su historia con detalles,
con todos sus pormenores,

logra saber, pues no en balde
hay doblones que hablar hagan
a los menos lenguaraces.
Es doña Ana de ilustre
prosapia, de alto linaje,
y cuando apenas tenía
diez y siete navidades,
con el alguacil mayor,
noble, mas de agrio carácter,
contrajo, por paternal
disposición, esponsales.
Matrimonio en que el amor
no toma ninguna parte,
no da a los esposos dicha,
ni hace lazo perdurable,
ni a los descendientes honra,
ni es unión que al cielo place.
Doña Ana a sus bodas fue,
no como quien va a casarse,
sino como quien va a echar
a un precipicio insondable
esperanzas, ilusiones,
amor, sueños ideales:
todo lo que en la existencia
ayuda al alma a elevarse,
buscando áureos horizontes,
sobre el barro miserable.
Hogar así edificado
sin cimientos, en el aire,
desde los primeros días
amenazó desplomarse.
El esposo, cual tirano,
por el terror imperante,
haciendo temblar a todos
con sus maneras brutales;
la esposa, cual sensitiva
que, por delicada y frágil,
al primer choque se cierra
y evita nuevos embates,
siempre reservada y triste,
sufre en silencio sus males,
esquivando la presencia

del que la convierte en mártir,
y aunque sospechan sus duelos,
ella no los dice a nadie.
Llora de noche y de día,
mas el llanto no es bastante
a marchitar su hermosura,
pues las lágrimas que salen
de aquellos rasgados ojos
son cual rocío adorable
que, en vez de ajarlas, refresca
las rosas de su semblante.
Así han pasado tres años,
tres años lentos, mortales,
sin que la infeliz doña Ana
consiga encontrar la nave
que sobre mar bonancible
de los escollos la salve.
Todo eso lo sufre Diego
y, sintiendo hervir su sangre,
dícese: —Yo no permito
que a una mujer de tan grandes
méritos, brinde la vida
únicamente pesares.
Si calor y luz le faltan,
luz y calor he de darle:
ilusiones que la arrullen,
corazón que la idolatre,
promesas que la sostengan
y un escudo que la ampare—.

III

Si Becerra en amoríos
no fuera galán muy ducho;
si no supiera esgrimir
las armas del disimulo;
si fracasaran los planes
que trama en la sombra oculto
para que su desarrollo
no logre impedir ninguno,
alguien observar podría
que de la noche en lo obscuro

la casa del Alguacil
ronda sin cesar un bulto
embozado hasta los ojos,
misterioso, grave, mudo,
negro como las tinieblas,
siniestro como un conjuro;
y un indiscreto vería
que, con tembloroso pulso,
por una ventana abierta
en la parte alta del muro,
una mano torneada
asoma sus diminutos
dedos, finos, nacarados,
del blanco más blanco y puro,
y echa a la calle un papel
que el de negra capa al punto
coge y se aleja veloz,
siempre misterioso, adusto,
cauteloso, recatado,
con un movimiento brusco
subiéndose el alto embozo
cuando el viento vagabundo
con una racha violenta
hace de bajarlo impulso;
y el curioso lograría,
escondido en lo profundo
de aquellas sombras espesas,
ver cómo con paso rudo,
receloso e intranquilo,
como quien se cree inseguro
tras de cometer un crimen,
aquel fantasma nocturno
se pierde al fin en las calles
lóbregas como sepulcros.
Pero como Diego es cauto
más que nadie serlo pudo,
y se esquiva cuidadoso
de mirones importunos,
en sus cotidianas citas
jamás un testigo tuvo;
y por la misma razón
no mira ninguno intruso

aquella mano que asoma
y vuelve a ocultarse súbito,
ni al misterioso embozado,
imagen de negro augurio;
y al no verlos, claro está
que nadie tampoco supo
que esa mano es de doña Ana
quien siempre recata el busto,
ni que el hombre que el papel
de caracteres menudos
recoge, es Diego Becerra,
el pintor, quien, por el lujo
de precauciones que toma,
de las hablillas del vulgo
se libra, envolviendo el rostro
en las sombras del tapujo.
Pero ¿cómo aquella dama
que a la virtud ride culto,
y en ella cifra su gloria
y en ella funda su orgullo.
la fe que juró el esposo
ve disiparse cual humo?
¿Por qué se infiere doña Ana
a sí misma tal insulto
y se despeña rodando
al abismo del perjurio?
¿Es que el mal tiene en verdad
mil tentáculos de pulpo
y que entre ellos aprisiona
con igual fuerza al estulto
y al sabio, a la mujer digna
y a la de arranques impúdicos?
Es que viene la mujer
con una misión al mundo:
amar con el alma toda,
con amor, que es luz, arrullo,
ambición, gloria, fortuna,
dulce calor, santo júbilo.
Es que doña Ana se agita
queriendo pagar tributo
a esa ineludible ley
que en suerte a la tierra cupo,

y aunque quiere amar, cual debe,
al hombre que darle plugo
al capricho paternal,
no por esposo, pues nulo
es ese título en él,
sino más bien por verdugo,
querer no consigue nunca
a aquel ser brutal y duro,
en quien sólo ve el origen
de su terrible infortunio.
Mal avenirse podrían
en el matrimonial yugo
un ser débil, delicado,
sentimental, dulce, pulcro,
y otro, mezquino, incivíl,
siempre torvo y taciturno.
Preséntase ante doña Ana,
Becerra, en quien de consuno
esplenden la cortesía
y la elegancia. Producto
de ese marcado contraste
entre el esposo iracundo,
como el dolor, tenebroso,
y fatídico cual buho,
y Diego, joven, alegre,
apuesto, con el transcurso
del tiempo naciendo va,
como celestial efluvio,
un amor dentro del pecho
de doña Ana; hondo surco
abre en ella la pasión,
y al sentir su dulce influjo,
espántase de sí misma,
sin lograr romper el nudo
con que ella y Becerra unidos
están ya por amor mútuo.
El mancebo, que ya no
se contenta con los dúos
platónicos que en epítolas
mantienen, consigue astuto
que la dama al fin consienta
en que aquel zaguán vetusto

se abra para él de noche;
y, rebosante de júbilo,
sin que entrar nadie le vea,
logra ver de cerca el fúlgido
mirar de la hermosa dama,
ceñir su talle de junco
y cubrir de ardientes besos
su fino cabello rubio.
Mas aunque ocultar pretenden
de sus voces el murmullo,
a oídos del Alguacil
llega delator susurro.
Este da la voz de alerta;
los criados uno a uno
se levantan; el esposo
sorprende al amante grupo;
y la casa en movimiento
se pone toda. Confuso
rumor llega hasta la calle,
que acaba a poco en tumulto.
Gritos, voces, amenazas,
palos que van en diluvio
dirigidos a Becerra,
quien pide auxilio a sus puños,
y logra por fin salir
ileso, debiendo el triunfo
a su agilidad de piernas
y a la fuerza de sus músculos.
Inútilmente tras él
van, pues aunque es plenilunio
y hay fulgor que alumbre y guíe,
logra el seductor impúdico
esconderse a las miradas
de los que, como energúmenos,
azuzados por su amo
van en apretado grupo
siguiéndole. El Alguacil,
que quiere a los dos adúlteros
castigar, ciego de ira,
con uno de sus robustos
brazos, ciñe a doña Ana;
echa mano al áureo puño

de su espada, y hunde ésta
en ese pecho, antes búcaro
de dulce fragancia, y hoy
mármol yerto del que, en jugo
purpurino que al brotar
deja el suelo rojo y húmedo,
se va escapando la vida;
Doña Ana quiere huir... unos
cuantos pasos da, vacila,
ahoga un grito, da un tumbo,
y cubren eternas sombras
sus ojos antes cerúleos.
Diego, poniéndose a salvo,
por los callejones curvos
que abundan en esta época
de San Francisco en el rumbo,
al convento llega y éntrase
arrepentido y convulso,
pues Becerra sabe bien,
porque la ley lo dispuso,
que cuando algún delincuente,
buscando amparo y refugio,
se acoge a lugar sagrado
para hallarse bien seguro,
entrar no puede a sacarle,
del rey abajo, ninguno.

IV

No desecharon los frailes
al pintor, quien cuatro lustros
vivió en una pobre celda,
como un austero cartujo,
vistiendo hábito de lego
y buscando en el ayuno
el perdón que demandaba
de sus pecados el cúmulo.
Alzaba constantemente
oración, los ojos mustios
fijando humilde en el suelo,
y recordando, con susto
por las eternas penas,

aquel hervidero pútrido
de apetitos y pasiones
que en el borrascoso curso
de su existencia azarosa
causó tan fieros disturbios.

Regenerado Becerra,
dio al convento, como fruto
de su inspiración sublime,
los seis cuadros, fiel trasunto
de la vida del de Asís,
que asombro fueron del público,
cumpliendo la profecía
que, al presumir lo futuro,
lanzó el guardián cuando Diego,
lleno de arrogantes pujos,
lo que hizo después de balde
por devoción, no por lucro,
negóse a hacer altanero
por menos de tres mil duros.
Y en uno de aquellos cuadros
su retrato el autor puso,
de hinojos, rogando al cielo
por la que, amándole mucho,
halló, en vez de humana dicha,
la paz eterna del túmulo.
(Tradiciones y leyendas de Puebla).

CALLE DEL VENADO

Las arrugas de su faz,
de sus canas el reflejo,
dicen que ha llegado a viejo
el buen don Alonso Paz.
Dueño de una alma muy bella,
mas sin oro ni heredad,
en la Angélica Ciudad
nació y morir quiere en ella.
Poco antes que su consorte
se hundiera en la tumba fría,
nació su hija, su Lucía,
doncella de airoso porte.

¡Cuánto la eterna partida
lloró de su compañera!
Sin su amor ¡qué triste era
de don Alonso la vida!

Derramó llanto de fuego,
y al fin, tras tanto pesar,
tal vez de tanto llorar,
el infeliz quedó ciego.

Ya el sol para el pobre anciano
no lucía, mas Lucía
era su sol y su guía
en dolor tan inhumano.

Para calmar ese duelo
anhelaba su alma ansiosa
ver al capullo de rosa
que por hija le dio el cielo.

Pero ansia tal fue luz fatua:
sus dos ojos, aunque abiertos,
se hallaban yertos... tan yertos
cual los ojos de una estatua.

La niña, aquel tierno ser,
entre ese martirio horrendo
iba creciendo, creciendo,
para trocarse en mujer.

Alcanzó la adulta edad,
y, bella como ilusión,
inspiró amante pasión
a un joven de calidad.

Rico, mas sin Dios ni ley,
calavera empedernido,
era don Jaime Garrido,
primo hermano del virrey.

Educado en la opulencia
y perezoso sin par,

en beber y enamorar
pasando iba la existencia.

Quedó prendado nuestro hombre
de la niña angelical
con un amor terrenal,
no para darle su nombre.

Pues cuando en ello pensaba
el mancebo potentado,
con su orgullo sublevado
de esta manera exclamaba:

—Sólo el pensarlo es demencia;
tal boda no se concilia:
entre una y otra familia
existe gran diferencia.

Aunque mi afecto es tenaz,
no puedo ser su marido;
es poco para un Garrido
una hija de Alonso Paz.

Así juzgaba el doncel
siempre a la niña inocente;
mas a fe que inútilmente:
ella no pensaba en él.

Sólo anhelaba Lucía,
de la virtud claro espejo,
amparar al pobre viejo
que por ángel la tenía.

En sus caricias, arrimo
le daba y dulce calor.
¡Cuánto solícito amor!
¡Cuánto delicado mimo!

Rondando aquella morada
Jaime con asiduidad,
siempre encontró a su beldad
desdeñosa y reservada.

Y al hallar tal resistencia
el despreciado galán,
auxilio pidió a Satán
en contra de la inocencia.

Pues al ver que era ilusoria
su ambición, al triunfo atento,
concibió un modo violento
para lograr la victoria:

No más ruegos dirigir;
no más súplicas hacer;
¡a robar a esa mujer,
y a alegrar el porvenir!

Con harta razón Garrido
se irritó de modo tal,
pues un mísero animal
fue más que él favorecido.

La encantadora doncella
daba cariño y cuidado
a un arrogante venado
que fue creciendo con ella.

Muy niña era todavía
cuando un buen amigo, dueño
del cuadrúpedo, pequeño
diós11selo de obsequio un día.

Jugaba alegre con él,
y en infantiles excesos
dejaba sonoros besos
sobre su lustrosa piel.

El pagaba tan ufano
aquel amante tributo,
que, más que insensible bruto,
semejaba un ser humano.

Y era tan excepcional
ese amor y tan marcado,

que Garrido en el venado
llegó a ver casi un rival.

Maduró bien el proyecto
del ya concebido rapto,
y, como el mozo era apto,
llevólo por fin a efecto.

Entró en la casa de Paz
con dos truhanes un día;
el pobre Alonso dormía
libre de pena voraz.

Avanzaron sin demora
y, con aire de amenaza,
pusieron una mordaza
a la niña encantadora.

Con el sigilo mayor
obraron esos bandidos,
pues del viejo a los oídos
no llegó ningún rumor.

Llevada en brazos, afuera
la sacaron... nadie oyó;
pero el venado bajó
detrás de ellos la escalera.

Subiéronla en un corcel,
casi exánime, sin vida,
y emprendió veloz huída,
llevándosela, el doncel.

En marcha vertiginosa,
devorando la distancia,
hacia una campestre estancia
conducida era la hermosa;
hacia la quinta elegante
que poseía Garrido
en sitio ameno y florido,
de la ciudad bien distante.

En esa ciega carrera
el venado iba detrás;
de pronto corría más,
tomando la delantera;
furioso se revolvía,
como estorbando el camino
al infame libertino
que le quitaba a Lucía.

Ante aquel viviente obstáculo
que a don Jaime sin cesar
iba impidiendo llegar
de la ventura al pináculo,
para librarse del mal
de aquella viviente plaga,
sacó el raptor una daga
para herir al animal.

Pero éste pudo en un vuelo
cerrar el paso al corcel,
el cual tropezó con él
y rodando vino al suelo.

Tan impensada y fatal
fue aquella caída ruda,
que el mismo Jaime la aguda
punta de su áureo puñal
clavóse en el corazón.
Ilesa quedó Lucía,
y del raptor la agonía
fue para ella salvación.

Levantóse con presteza
y al punto volvió a su hogar,
pudiendo intacta ostentar,
como siempre, su pureza.

Don Alonso, cual demente,
sufriendo pena prolija,
a gritos llamaba a su hija,
mas llamaba inútilmente.

El noble venado pudo cerrar el paso al corcel.

Por fin la tuvo a su lado,
y le relató Lucía
lo que por ella hecho había
el intrépido venado.

De la calle en que moraban
se extendió la voz ligera
de aquel hecho, y por doquiera
las gentes lo comentaban.

Supo el pueblo historia tal
sin perder ningún detalle,
y dio por nombre a la calle
el de ese noble animal.
(Tradiciones y leyendas de Puebla).

ENRIQUE GÓMEZ HARO. Nació y murió en Puebla, Pue. (1877-1956). Licenciado en derecho por el Seminario Palafoxiano, cobró notoriedad en 1909 por haber salvado de un incendio el archivo histórico de su ciudad. Su obra literaria, casi exclusivamente dedicada a temas y personajes de su entidad natal, incluye *Hablan las calles,* colección de artículos publicados en *El Sol de Puebla,* reunidos en un libro por su nieto Cástulo Enrique Ramírez Gómez Haro y editados por el Ayuntamiento de la Angelópolis en 1995. Don Enrique fue miembro correspondiente en Puebla de la Academia Mexicana de la Lengua. Un jardín del Fraccionamiento El Carmen lleva su nombre.

CALLE DE LA SACRISTÍA DE LA CONCEPCIÓN

El salón del Palacio de Gobierno, hoy Sala de Cabildos del Palacio Municipal, se hallaba esplendoroso. Millares de luces, reflejándose en los limpios espejos venecianos. Lujosa tapicería encubriendo las puertas y los balcones, y evitando a los curiosos de la Plaza entrever los detalles de la fiesta. Las damas principales de la ciudad, con derroche de pedrería. Los caballeros aristócratas, únicos puntos negros por el "frac" de etiqueta, doblando la espina a cada ceremonioso saludo. Y en el centro, la gran mesa con rica variedad de vinos y manjares. Todo correspondía al objeto de la reunión, organizada por el Muy Ilustre y Patriótico Ayuntamiento Angelopolitano: celebrar la venida de Carlota, Archiduquesa de Habsburgo y Emperatriz de México, de paso para Veracruz (9 de julio de 1866), donde se embarcaría con rumbo a Francia.

Antes de que Su Graciosa Mejetad tomara asiento en la mesa, dirigióse cautelosamente a don Rafael Miranda, Administrador de Correos, encargándole de investigar si había alguna puertecilla secreta, por donde pudieran salir los dos, al terminar la cena, sin ser observados. Don Rafael era hermano del célebre padre Miranda, que dio tanto que hacer a los liberales, que había entrevistado en Miramar a Maximiliano y a Carlota, dándoles los más sanos consejos para cuando vinieran a gobernar a México, y que ya había fallecido, al venir el emperador. En momoria de aquel ilustre personaje del Partido Conservador, honró en lo posible a su hermano don Rafael, que, lo mismo que el Padre Miranda y su otro hermano, don Francisco de Asís, Canónigo de la Catedral de Puebla, era exalumno del Seminario Conciliar Palafoxiano. El favorecido con la confianza de la Emperatriz desapareció del Salón, y, hallando una puerta de escape, que daba salida por el ángulo del Portal y la Calle de Mercaderes, volvió a penetrar orgulloso, en el recinto palaciego, no acertando a comprender cuál sería el proyecto de Su Graciosa Majestad. Apurado el champaña espumoso, así que logró evadirse de los cuidados tutelares de sus damas y de la reverencia impertinente de los caballeros, ocultóse la Emperatriz a las miradas de toda la concurrencia, desapareciendo del Salón y del edificio, como por encanto, sin más compañía que la de don Rafael Miranda, cuyo brazo le servía de apoyo. Cruzaron la Plaza con dirección a la calle de frente de la Catedral, y, en ese corto trayecto, el acompañante de Carlota pudo darse cuenta de que unos trasnochadores, viéndolo del brazo de una dama enlutada y con el rostro cubierto por velo obscuro, se detenían para observarlo y hacer conjeturas poco favorables, creyéndolo protagonista de alguna aventura novelesca. "Tostado", como suelen decir los narradores de cuentos, llegó don Rafael a la calle vecina, y, cuando tuvieron enfrente la majestuosa portada de nuestra Catedral, detúvose la Emperatriz a contemplarla, mientras refería a su compañero la historia fiel y detallada de la erección y la fábrica del templo, con grande admiración del que la oía, pues ignoraba muchos detalles, y con marcado regocijo también, pues la conversación no interrumpida de Carlota lo aseguraba de que Su Magestad no había advertido la audaz sospecha del grupo de paseantes. Avanzaron otra calle más, y la augusta dama hizo alto en el zaguán de la casa de don José María Esteva, Comisario Imperial. La residencia ha sido, ya, enteramente transformada por dentro y por fuera; se le agregó otro piso, se le cambió el estilo arquitectónico, y se le destina a departamentos, comerciales en la planta baja y de habitación en las dos altas.

El Administrador de Correos, que no llegaba a traslucir el pensamiento de su soberana, obsequiando la indicación de ésta, llamó a la puerta de la casa, dando su nombre a la encargada, quien, tras de larga espera, refunfuñó el obligado "¿quién es", con voz que acusaba pocas pulgas. No fue obra de un momento convencer a la airada portera de que debía dar vuelta a la llave, alegando su interlocutor la urgencia de ver al señor Comisario para un asunto gravísimo, no tanto como parecía al buen don Rafael que se tuviera a la Emperatriz de México en la calle, exponiéndola a los peligros de la intemperie, después de la atmósfera sofocante del Salón del Palacio.

Abrióse, al fin la puerta, y encontróse Su Majestad con una vieja mal vestida, gruñona como perro de vecindad, cuyas narices pronunciadas sostenían dobles espejuelos con armazón de plomo; la cabellera más pronunciada, todavía, y empuñando en la diestra un velón de sebo raquítico, incapaz de romper las tinieblas del patio, mientras con la otra mano luchaba por evitar que las enaguas cayeran al suelo, y agravaran esa situación que volvía loco al caballerosísimo señor Miranda.

Precedidos de aquella visión, que fue declarada por la Emperatriz "digno cancerbero de la indigna Comisaría Imperial", subieron por las escaleras, alumbradas sólo por la lucecilla vergonzante del velón, y tuvieron que hacer otro cuarto de centinela en los corredores, hasta que plugo salir al señor Comisario, con gorro de dormir, bata de colores chillantes ceñida al cuerpo, y mostrando un segundo velón de sebo en una palmatoria... A su vista, la infortunada Carlota no pudo contenerse ya, echó atrás el manto que la cubría, y presentándose al señor Esteva, le dijo: "No es el señor Miranda, es la Emperatriz de México la que buscaba a usted, para convencerse, por sí misma, de que no engañaban al Emperador los que le decían que usted ejerce aquí, indecorosamente, su augusta representación. ¿Corresponde lo que he visto y lo que veo a un Delegado Imperial? Estoy convencida".

La sorpresa que anonadó al interpelado no es para imaginarla. Balbuceó, apenas, algunas frases de respeto y excusas. Velón y palmatoria estuvieron a punto de desplomarse, por el temblor de la mano que los sujetaba; y el gorro de dormir casi subió, al impulso del cabello erizado. Trató de disculparse y cambiar las impresiones de la Emperatriz, pero, ésta cumplidos ya sus propósitos y contestando sólo "Buenas noches", volvió a tomar el brazo de su acompañante, y salió de aquella mansión mezquina que la había sonrojado. El señor Miranda quedó mudo, también, y no se atrevió a proferir palabra alguna, por lo cual el regreso a Palacio no tuvo, ya, otra satisfacción que la de conducir a Su Soberana. Al llegar a su casa, esperábale allí don José María Esteva, y los dos dieron rienda suelta a sus impresiones, distintas, pero emocionantes, conviniendo en que estarían, al rayar la aurora, en busca de la Emperatriz, para que Esteva lograra vindicarse, pues la ilustre viajera saldría muy de mañana, camino de Veracruz. Todo fue inútil, Carlota se negó a recibir al Comisario; y, despidiéndose del Prefecto Imperial, del Ayuntamiento y de don Rafael Miranda, emprendió el viaje funesto, cuyo desenlace fatal conmovió tanto al mundo.

¿La razón de tan infortunada princesa estaba obscurecida ya, y a eso obedeció su extraña conducta? ¿Procedió de tal modo por su amor excesivo al Emperador, cuya representación creía, realmente, ultrajada? Haya sido lo que fuere, el señor Esteva, hombre de grandes méritos, fue destituido de su cargo; mas, por los vaivenes misteriosos de la política, el Comisario indigno fue agraciado, poco después, con la cartera más importante del Gabinete de Maximiliano. *(Hablan las calles)*.

CALLE DEL DEÁN

Eran las diez de la mañana del 17 de diciembre de 1868. La casa de Correos hallábase en silencio profundo, turbado a veces por los pasos de algún empleado, o por el golpe del sello cancelador. En la pieza del frente del zaguán atendía a su trabajo el jefe del Servicio Postal, don Rafael Miranda. Con sus ojos brillantes y juguetones, amparada la calva con montera de seda, confundidas en su rostro la sonrisa y la severidad, examinaba en su mesa los papeles que debiera autorizar con su firma. De pronto, aparecen en la puerta dos personajes, recorriendo con un vistazo la estancia; penetran sin ser anunciados ni hacer manifestaciones de cortesía. El señor Miranda deja su asiento para recibirlos, y, entonces, ellos lo saludan reverentemente, con las obligadas fórmulas de la diplomacia francesa. Eran M. Víctor Nerón, Cónsul del Imperio Francés, y el general Jeannigros, Jefe de las fuerzas intervencionistas, quien, presentado por aquel al administrador, se apresuró a decirle: "Hoy deben llegar unos pliegos urgentísimos, que traerá un extraordinario de México. Favor de mandar entregármelos inmediatamente". Aunque con las dificultades propias de su sordera, oyó el jefe del ramo la insinuación y, con toda calma y serenidad, preguntó al jefe napoleónico. "¿Vienen dirigidos a usted los pliegos?". "No", respondió el interrogado, "vienen dirigidos al Emperador" (que estaba en Puebla, hospedado en la Quinta del obispo, o de Xonaca), pero necesito que a mí se me entreguen". "¡Ah, señor General: esto no es posible, y lamento no poder obsequiar a usted, pues la correspondencia no es entregada sino a quien viene dirigida". La contestación inesperada puso fuera de sí al arrogante militar: sus ojos lanzaron chispas, encendiéndosele más la rubicunda nariz, y con tremendo coraje se llevó la mano a la espada, mientras don Rafael, con su agilidad característica, agazapándose detrás del escritorio, sacó una pistola del cajón inmediato, irguiéndose luego y amartillándola, en señal de defensa. El Cónsul detuvo al General, ambos salieron de la Administración, violentamente, siguiéndolos la mirada vivaz del jefe de la oficina, que permaneció de pie y con la pistola empuñada, hasta que abandonaron aquellos el edificio.

No había transcurrido una hora, cuando el silencio de la casa postal era roto por una compañía de insolentes, que formaron pabellón en el centro del patio y se distribuyeron en grupos de vigilancia: uno en la portería, otro rodeando el pabellón, y el último en la puerta del Administrador. Este pudo ver las maniobras desde su puesto, y continuó despachando, sin demostrar inquietud ni temor, aunque lo sobresaltaba el pensamiento de que la fuerza militar asaltaría al correo extraordinario, y no pudiera evitarse la interceptación de los pliegos. Tras esa lucha rápida en su interior, y sin que lo perdieran de vista sus custodios, fingió escribir algunos borradores con lápiz, sobre fragmentos de papel, y que, descontento de cada uno, los estrujaba, arrojándolos al cesto. Repetida la escena varias veces, escribió este recado: "Al Oficial Mayor. Por el camino de México, y, acaso, ya para entrar a la ciudad, viene un extraordinario con unos pliegos para el Emperador. Tome usted en el acto el sello para recibir esos pliegos en el camino, sellando el recibo correspondiente, y el dinero para liquidar al extraordinario. Sálgase. Suba a mi casa y descuélguese a la de don Manuel Pérez Salazar (donde está hoy El Sol, esquina de la 3 Oriente y 2 Sur), proveyéndose allí de un caballo para salir sin pérdida de tiempo. Al regreso, deposite allí mismo los pliegos y baje para su oficina, limpiándose ruidosamente las narices, para hacerme conocer que todo está cumplido". Estrujó el papelito como los otros, y lo arrojo, no al cesto, a la puertecilla interior que comunicaba con el departamento de los empleados, donde estaba el Oficial Mayor pendiente de lo que ocurría. Levantó el recado, se impuso de la orden y marchóse a obsequiarla, con la prontitud que el caso requería.

Sonó la hora feliz para los empleados y abandonaron todos la oficina, excepto el Administrador, quien quedó firme, por no exponerse a que los zuavos le impidieran la salida, y pugnando por ocultar sus impresiones de angustia. La guardia francesa siguió también, impávida, esperando cumplir con la consigna de arrebatar los famosos pliegos que traían desesperado a Jeannigros.

Por la tarde, reanudáronse los trabajos. El señor Miranda padecía, horriblemente, por la tardanza del Oficial Mayor, pero al fin, y antes de las cuatro de la tarde, oyó la señal convenida, y vio entrar a éste en la dependencia de los empleados, con lo cual le volvió la sangre al cuerpo. A las nueve de la noche, convencidos ya los zuavos de que su misión resultaba inútil, porque el extraordinario, sin duda, no había hecho el viaje, se retiraron de la Casa de Correos. El celoso Administrador, no obstante la tortura moral que lo abatía y el sentirse desfallecido por la falta de alimentos, dirigióse rápidamente al zaguán y, no mirando ya a los esbirros del francés, subió las escaleras que conducían a sus habitaciones, tomó el sombrero y la capa, ascendió a la azotea, descolgándose a la casa del distinguido literato don Manuel Pérez de Salazar, en la Calle de Infantes; recogió los pliegos y marchóse con rumbo a Xonaca, para entregarlos en manos del Emperador, extraviándose del camino, intencionalmente, cambiando de direcciones, temeroso de ser descubierto. *(Hablan las calles)*.

CALLE DEL ALGUACIL MAYOR
Última de la Avenida 8 Oriente

El General de Cuerpo de Ingenieros don Joaquín Colombres, que había tomado parte en la Batalla del 5 de Mayo, acababa de recibir del General González Ortega el encargo de formar, dentro del menor tiempo posible, el plan de defensa de la ciudad contra el esperado ataque del Ejército Francés que, seguramente, perseguía la revancha de su desastre frente al Cerro de Guadalupe. El encargo era secreto, pues convenía a los propósitos militares que no se divulgara la noticia de los preparativos de defensa, y la comisión conferida al general Colombres no figuró, por lo mismo, en la Orden de la Plaza. El veterano ingeniero puso, inmediatamente, manos a la obra, echándose a levantar planos y más planos, de los que resultó, entre otras cosas, la destrucción de nuestro Paseo Nuevo (hoy de Bravo), cuyos árboles frondosos y seculares, que competían en belleza con los del Paseo Viejo (hoy de Hidalgo), así como la cerca y las portadas que lo limitaban y daban acceso a él, aparecían, en la imaginación del General Colombres, obstáculo serio para defender a Puebla, por aquel rumbo. Terminaba el primer día de su trabajo, pues apenas la víspera le había sido comunicada la orden. A la hora del crepúsculo vespertino volvía a su casa, que era la del número 14 de la antigua Calle del Alguacil Mayor (hoy Avenida 8 Oriente). En el trayecto iba pensando en la furia con que vendrían los franceses a recuperar su prestigio; en el esfuerzo heroico de los mexicanos para repeler el ataque; en las maquinaciones del Padre Miranda, cuya audacia novelesca andaba de boca en boca, y a quien él hubiera querido echar el guante, para salvar a la República de su más famoso enemigo. Sin embargo, todo eso eran fuegos artificiales, pues el Jefe de Ingenieros, fortalecido en su bosque de ocotales de Manzanilla, era hombre de corazón, a pesar de su figura nada arrogante. Llegó a su casa, donde lo esperaba un caballero a quien había introducido en la sala, y al que fue a atender, desde luego, preguntándole qué se le ofrecía. "Señor General, dijo el interrogado, ha recibido usted el encargo de formar un plan de defensa de la ciudad, contra el ataque de los franceses, dejándose a la opinión de usted si conviene o no sostener el sitio de Puebla". Don Joaquín Colombres se quedó estupefacto, frunció el entrecejo y se mostró muy desagradablemente sorprendido, al ver que se le hablaba de un secreto tan reservado. Su interlocutor no dio tiempo a que se le pidieran explicaciones, y continuó diciendo: "Usted comprenderá los inmensos daños que significará para Puebla soportar ese sitio, y la inutilidad de la defensa contra el formidable ejército sitiador. De usted depende evitárselos, pues el dictamen desfavorable que rindiera sería, indudablemente, atendido por el Ministerio de la Guerra; pero, si así no fuera y el dictamen le perjudicara, podría usted contar con cien mil pesos para marcharse a Europa". El General dio un brinco de su asiento, y apretó los puños en señal de indignación, exigiendo al atrevido que dijera su nombre. Este, sin demudarse, con la mayor serenidad del mundo, se quitó los espejuelos, el bigote y la barba postizos con que se disfrazaba, y dijo mensuradamente: "Soy el Padre Miranda". El jefe militar sostuvo rápida lucha consigo mismo, y, reponiéndose un tanto, sólo pudo decir: "La hospitalidad me obliga a contenerme, pues no debo olvidarme de que está usted en mi casa... Tenga la bondad de retirarse". Y salió el Padre Miranda, con la frescura de ánimo que le era peculiar, dando las buenas noches y volviendo a disfrazarse. Por su parte, el General no salió de su asombro, ni pudo conciliar el sueño en toda la noche. A los dos días fue a México, por tener que hablar con el Presidente Juárez sobre asuntos relacionados con su comisión militar. Lo vio en Palacio, y fue invitado por él a comer en su casa, para que charlasen más libremente. Cuando llegó a las habitaciones de don Benito, le dio éste una palmada en el hombro, diciéndole: "Felicito a usted por su entrevista con el Padre Miranda en Puebla"; y lo sentó a la mesa, sin volver a hablarse del asunto...

El General Colombres dio, por fin, su dictamen a favor de la defensa de Puebla, cuyo sitio en 1863 fue tan adverso para la ciudad; y nunca llegó a entender cómo supo el presidente su entrevista con el célebre personaje del Partido Conservador. Cosas de magia en la política de entonces. *(Hablan las calles)*.

CALLE DEL CORAZÓN DE JESÚS
Tramo de la 9 Norte

Todos los días, al caer la tarde, según usanza de la época, el buen religioso tomaba su aromático chocolate con leche, producto de una molienda de cacao puro de Maracaibo y Caracas, sin más aditamento que almendras y azúcar. La vieja fámula servía el apetitoso manjar, en dos tazas de Talavera, pues no faltaba a esa hora un compadre a quien el Padre Huesca regalaba con la gran bebida de América, especialmente en Venezuela y México.

Uno de tantos días, llegó el señor Bocanegra —así se apellidaba el compadre— hallando al anfitrión en compañía de otro sacerdote que le era desconocido. Saludó familiarmente al dueño de la casa, y ceremonioso, después, al que le acompañaba en el sofá. Este no le correspondió al saludo. El compadre Huesca trató de explicar la omisión, y dijo al que parecía desairado: "El Padre no habla". Y el señor Bocanegra diría para su capote: "El pobre es mudo".

No tardó en venir el chocolate. Como siempre, la charola y dos tazas, aparte el sabrosísimo pan de las tahonas angelopolitanas, conocido con el nombre de menudencias, que lo distinguía de las tortas o pan francés. Era aquello una diversidad de panecillos, de huevo y dulce y de manteca y sal, propios para sopearlos en el espumoso chocolate. De pronto, Bocanegra esperó que trajesen la otra taza, pero, la sirviente no volvía; entretando, como lo aconsejaba su fina educación, ofreció una, en el platito que la sostenía, al sacerdote visitante que, sin moverse, permanecía impávido en su sitio. Por segunda vez, quedó así, como clavado en el asiento, sin hacer caso de quien estaba colmándolo de atenciones, que veía, ya, muy rara, la desatención del personaje mudo. Pero, nuevamente, el Padre Huesca, sin perder la serenidad y en tono afable, le dijo: "El padre no come ni bebe".

Los dos compadres tomaron el chocolate a sorbos, calladamente y de prisa. Uno, queriendo salir de la embarazosa situación; y el otro, presintiendo no sabía que, pero desconcertante.

Por fin, Bocanegra se levantó dispuesto para irse; antes de tomar su sombrero y su bastón, ofreció un cigarrillo a su compadre y otro al sacerdote de las incógnitas, el cual no dio tampoco, entonces, señales de vida. Y el Padre Huesca repitió la disculpa, suavemente: "El Padre no fuma".

Fue aquello el acabóse. Bocanegra salió despavorido, olvidando bastón y sombrero, y aún sin despedirse de su compadre.

¿Qué pasó, luego, entre los dos ministros del altar?

Un párroco de aldea acababa de morir, despeñándose con su caballo al precipicio, y obtuvo la gracia de aparecérsele al Padre Huesca para confesarse con él. *(Hablan las calles)*.

LA HORA FATAL PARA LOS CANÓNIGOS

De cien años atrás, los señores canónigos que formaban el Venerable Cabildo de la Santa Iglesia Catedral de Puebla, bajo las constituciones que dejó el santo Obispo Palafox y Mendoza, venían advirtiendo que, cuantas veces sonaban las diez en el reloj del coro, hallándose en el acto de la elevación el capitular que cantaba la misa, tenían que lamentar, a poco tiempo, la muerte de alguno de "sus señorías". No era muy frecuente el caso de la elevación a la diez, pero, cuando ello acontecía, los señores capitulares se miraban unos a otros, recelosamente, como preguntándose quién de ellos desaparecería.

Esto pasó en los primeros días de enero de 1845, sitiada la plaza de Puebla por Santa Anna y defendida por Inclán. Los canónigos, presa de aquel temor legendario, estaban nerviosísimos, por haber sonado la hora fatal, precisamente, cuando el muy ilustre señor arcediano elevaba el cáliz, después de la consagración, entre el murmullo de las oraciones del pueblo y el repique de las campanillas.

Terminó la misa conventual, y los miembros del Venerable Cabildo permanecían mudos, ante aquella suspensión de ánimo, de la que vino a sacarles el pertiguero: hombrazo de tomo y lomo que iba, al frente de las procesiones, vestido con túnica especial de color del ornamento del día, llevando en la mano derecha la pértiga o vara guarnecida de plata, siendo encargo suyo, también, acompañar a quienes oficiaban en el altar, en el púlpito y en el coro. Los niños del Colegio de Infantes ponían de mal humor a esa figura corpulenta, diciéndole estos versos con que se regocijaban sus señorías los canónigos:

Cuando sale el pertiguero
de la Iglesia catedral,
abre la puerta el perrero,
de par en par.

Nuestro personaje anunció a uno de los prebendados, el más joven y que aparentaba menos preocupación, que se había roto el fuego en la plaza, y no tardaría en hacerse oír el cañón de una de las trincheras próximas, por lo cual debían salir, desde luego, todos los señores. La indicación no pudo ser más persuasiva y, como por encanto, desaparecieron de la Catedral canónigos, padres del coro, seminaristas, infantes y músicos, habiéndose adelantado a todos el pertiguero, no obstante su pesada humanidad. Los sacristanes quedaron en su sitio. El único que no se movió del chocolatero, donde se desayunaba tranquilamente, fue el señor arcediano, el más viejo de los señores capitulares, pero a quien el anuncio del peligro no hizo renunciar a la satisfacción de seguir saboreando el atole de almendra con mamones de huevo. Oía impávidamente el tronar del cañón, como si oyera el canto del sochantre en las vísperas, y aun leyendo una carta entre sorbo y sorbo. Consumió, por fin, el caso de agua. Limpióse los labios con blanquísima servilleta, y dijo al sacristán que en esos momentos entraba: "Mira, tú, ve a la trinchera y dí a los soldados que no disparen, porque va a salir el arcediano".

Dejó el chocolatero su señoría, dirigiéndose a la puerta de su salida acostumbrada, frente al Colegio de San Pantaleón, hoy Palacio de Justicia, y no tardó en volver el sacristán con la respuesta favorable del jefe de la trinchera. Salió, pausadamente, el señor arcediano, sin oír ya el disparo del cañón hasta que se alejó de la zona del peligro.

El capitular que celebró la misa aquella, elevando el cáliz a las diez, no resultó víctima de la hora fatal, pero sí murió, poco después, otro de los señores canónigos, dando confirmación a la leyenda. Años más tarde, siendo yo niño, fui llevado por mi padre, de tan santa memoria, a la Catedral, asistiendo a la misa cantada que celebró el señor canónigo don Desiderio Rodríguez, anciano endeble y respetable, extraordinariamente pálido y de ojos verdes, que en sus mocedades fue gala del eximio Colegio de San Pablo. Y me tocó presenciar el acto solemnísimo de la elevación, al sonar las diez campanadas en el reloj del coro, aunque ignoraba yo entonces lo que presentirían los canónigos, oyendo aquella hora fatal. Mi papá, a la salida, me contó la leyenda, y no pasaron muchos días para conocerse la triste nueva de haber muerto, repentinamente, el canónigo Rodríguez. Fue esa época de las más aciagas, pues el hecho volvió a repetirse, y sucediéronse, una tras otra, la muerte del Deán don Ramón Vargas López, y la del no menos ilustre Arcediano don Pedro Alaniz.

El canónigo doctor Joaquín Vargas, inolvidable predicador, decíame, hablando de la famosa leyenda, treinta años después: "Nada más natural. Eso viene de tarde en tarde, y casi todos los capitulares son viejos y achacosos". Efectivamente, así era.

No he vuelto a saber, ya, desde entonces, de otro de aquellos casos; ni pasará, tal vez, por la imaginación de los señores canónigos de ahora, la leyenda que hacía palidecer, antes, a muchos de sus predecesores. Hay que alegrarse de ello. *(Hablan las calles).*

MIGUEL E. SARMIENTO. Nació y murió en Puebla, Pue. (1896-1973). Estudió en el Colegio del Estado, del cual fue después catedrático durante 35 años. Dirigió el Museo Regional, en la sede de la Casa del Alfeñique. A su iniciativa se creó el Premio José Manzo y se pusieron placas conmemorativas en las calles y edificios de la ciudad. Es autor del libro *Puebla ante la historia, la tradición y la leyenda*, impreso en 1948 por exalumnos del Colegio Salesiano en el taller de Leopoldo Estrada Tenorio, gracias al patrocinio del Club Rotario.

EL QUE MATÓ AL ANIMAL[1]

Queriendo inquirir sobre el origen de un dicho que corre de boca en boca desde tiempo inmemorial y que he oído frecuentemente, aplicado especialmete cuando alguna persona acomete alguna empresa o hazaña de cualquier orden, es frecuente que para halagarlo se le diga: "Eres más valiente que el que mató al animal", palabras que despertaron en mí alguna curiosidad; y si bien, el averiguar el origen de tales palabras resultaba difícil, puesto que su uso data de tiempo lejano, tan lejano que su nacimiento se confunde o remonta a la fundación de la ciudad, no por esto abandoné mi propósito y, con tal motivo, recurrí a dos amigos míos, ilustres literatos e historiadores de gran mérito en las letras patrias: don Vicente Salado Álvarez y don Eduardo Gómez Haro; nada menos, éste último, autor de algunas de las bellas tradiciones de este terruño.

El primero de los citados autores me facilitó la preciosa novela *Un hereje y un musulmán*, de que fue autor el ingeniero Almazán, que firma con el seudónimo de Natal del Pomar, donde se cita la calle de la Sierpe, hoy de Mercaderes, nombre el primero que como un vestigio del pasado, tiene algo de atrayente y que, como veremos, forma parte de la conseja que motiva el origen del decir popular; mas, en Sevilla y en la vieja e imperial Toledo existen calles con tal nombre y, de suponerse era que habiendo existido en Puebla gentes de aquellos lugares de ultramar, en recuerdo de sus patrios lares hubieran dado ese nombre a la calle, y, como es natural, el dicho popular motivo de estas líneas, reconocería ese lejano origen; mas, en mi ayuda, el historiador Cerón Zapata ya las cita con tal nombre en el año de 1714, aclara: que el origen de tal designación se debió a que un monstruoso ofidio aparecía representado en una de las paredes de vetusto edificio de esa calle, y si hasta aquí el nombre queda justificado en parte, nada en cambio nos dice del origen del decir popular; empero, mi excelente amigo don Eduardo Gómez Haro, que escribiera de mano maestra sobre el espantable suceso habido entre don Pedro Ruiz de la Vega y don Juan Gavito, comerciantes mal avenidos por triquiñuelas y ambiciones de insana competencia comercial, que diera motivo al segundo bautizo de la calle en cuestión y que ya por 1600 se le conocía con el primitivo nombre del de la Sierpe, puso en mis manos un calendario que editó don José María Macías por el año de 1850 en su imprenta cita en la antigua Calle de Micieses, y en que da una relación de un fabuloso acontecimiento que nos hace recordar simultáneamente el milagro del santo y caballero inglés San Jorge, que aun aparece representado en las monedas de la Gran Bretaña, en singular combate con fabuloso dragón, y el sucedido poblano, motivo que justificó el origen del discutido dicho que hasta el presente corre en boca del pueblo de esta Angelópolis.

Dice substancialmente el legendario relato que don José María Macías titula "Una antigualla poblana", que allá por mediados del siglo XVI, vivía en esta angélica ciudad, un hidalgo segundón llamado Pedro Carvajal, viudo y sin blanca en el exhausto bolsillo, pero con una hija en la flor de la juventud y un rapaz que frisaba en los seis abriles, y de él sí se podía decir que se lloraba pobre pero no solo, lo que ya era una esperanza en este pícaro mundo y, lo de siempre: la joven se enamoró perdidamente de un bizarro soldado, vecino de la localidad y por añadidura, de los que vinieron como conquistadores de este suelo.

El ser soldado de oficio motivó la oposición del hosco don Pedro que se rehusó a dar su brazo a torcer, como se dice vulgarmente, pero no todo está a nuestro albedrío y las cosas suelen cambiar por las más imprevistas circunstancias. Fue el caso que cierto día de fiesta apareció en la plaza principal, una monstruosa serpiente que acosada por el hambre se engulló dos o tres personas; dícese que el monstruo ocupaba una cuadra entera (textual); las gentes huyeron espantadas, pero el hecho se repitió algunas veces.

El espanto era general; el señor virrey y el honorable Ayuntamiento ofrecieron premios a quien diera al traste con la alimaña; pero el hecho tenía que culminar en algo más dramático aún, y una tarde en que don Pedro de Carvajal se solazaba en unión de sus hijos en el pequeño jardín de su casa, al que sólo separaba de la calle una tapia de adobe, de pronto la monstruosa alimaña asomó la repugnante cabeza, aprisionó entre sus fauces a su pequeño hijo y lo devoró.

La escena debió ser terrible para el atribulado padre que contempló con exorbitados ojos este trance, por lo que se decidió a entregar a su hija a un convento, poner en venta sus escasas propiedades para aumentar con esto la suma que como recompensa se ofreció por las autoridades al que librara al poblado de esta calamidad.

Habíase sabido entre tanto, que la enorme serpiente tenía su madriguera en los montes de la Malintzi.

Cierto día, en medio de la expectación general, se presentó en la plaza mayor un jinete perfectamente abroquelado y cubierto el rostro por la visera del casco; no reveló su nombre y fijó en una de las esquinas un cartel que decía: "Con el amparo de la Virgen, mataré a la serpiente". Abandonó luego la ciudad y a tiempo que tal hacía, el monstruo hacía su aparición por el lado opuesto; diósele inmediato aviso, regresó y encontró al reptil en la plaza. Se desarrolló una lucha ruda y larga y al fin el caballero logró cortar la cabeza a la serpiente, que arrojó al centro de la plaza, y luego salió de la ciudad sin que nadie pudiera dar razón de él.

Algunos días después, el caballero se presentó ante don Pedro, como el vengador de su hijo. La joven lo reconoció y habiendo conseguido del señor virrey, por su hazaña, la ejecutoria y título de nobleza, el hosco don Pedro ya no pudo oponerse a esta unión.

Ignoramos empero si en la orla del escudo se halla puesto la divisa respectiva, pero el pueblo, desde entonces, repite aquello de "eres más valiente que el que mató al animal".

Tal leyenda no deja de tener en medio de su exagerada fantasía, algo de verdad; y si bien es cierto que aquellas medrosas gentes le dieron al ofidio la medida de una calle que en verdad ni el más monstruoso ejemplar antidiluviano ha podido alcanzar, si es de creerse no fuera de despreciable tamaño, ya que en la localidad en que hoy se asienta Puebla, sábese de cierto, fue un milena-

rio bosque, lugar que llevaba el primitivo nombre de Cuetlaxcoapan, que deriva de las voces nahoas cuetlaxtli, piel curtida, y coatl, víbora, según Robelo, o sea lugar donde se curten pieles de culebra; así queda representado este nombre en la tira de Tepechpan, antiquísimo códice, y, si como es sabido, los aborígenes eran acertados en sus nombres porque los ponían con acuerdo a las observaciones de un lugar, así pues, si la fantasía medrosa de los primitivos habitantes que íntegra conserva la tadición, asegura que el ofidio tenía proporciones monstruosas, descartemos lo que haya de miedo, de exageración, pudiendo asegurar que la alimaña no debió ser de minúsculo tamaño, ignorando si sería una boa constrictor del género del gigante anaconda, o de otra especie, lo cierto es que, para recuerdo de tal sucedido, la casa en que vivió el héroe de esta hazaña, conserva aún como recuerdo ornamentado el zaguán (casa número 1 de la Calle de Infantes), y también en la casa que hace esquina entre las calles antigua del Ochavo con la de Dean, existe un balcón con una figura deteriorada que recuerda al legendario monstruo.

Otra versión asegura que se trataba de un gigantesco caimán que habitaba en los fangales del riachuelo de San Francisco, y que de ese rumbo venía a comerse a los niños; en apoyo de tan inadmisible versión, ya que la especie de estos animales no es propia de estas alturas ni latitudes, se decía: que en las bodegas que hasta el año de 1880 hubo en los bajos del hoy Palacio de Justicia, existió el cráneo de ese animal, mezclado a los mil cachivachis acumulados allí; mas, sea de ello lo que fuere, si la leyenda se ha desfigurado a traves del tiempo y la timidez y la ignorancia han aumentado y exagerado algunos detalles, no por esto debemos negar el sucedido que fija la tradición con el colorido del folklor popular, en cantigas y corridos propios de cada lugar, haciendo que ese dicho "Eres más valiente que el que mató al animal", pase al acerbo de la historia de esta bella ciudad de ensueño y tradición. *(Puebla ante la historia, la tradición y la leyenda).*

---

[1] Publicada originalmente con el título "Un dicho poblano".

"Con el amparo de la Virgen, mataré a la serpiente".

EL ROSARIO DE AMOZOC

Por el rumbo del Oriente, a unos 12 kilómetros de Puebla, existe un pequeño poblado llamado Amozoc, nombre que deriva del idioma nahoa y que quiere decir donde no se encuentra lodo: de amo, no, y soquit, lodo, y efectivamente la inspección ocular nos confirma bien pronto que el asiento de esta risueña población se hace sobre arena de tova volcánica, deslaves de la cercana Malintzi que según la opinión de ilustres geólogos como el señor Aguilera y el varón de Humboldt, es de los accidentes orográficos más antiguos del Continente, demostrándose esto porque lo que queda de la antiquísima montaña es lo que pudiéramos llamar el esqueleto basático que ha sufrido la terrible acción de erociones prolongadas por muchos siglos.

Las tierras vegetales que la cubrían han sido transladadas en parte por las impetuosas corrientes, formando en sus alderredores amplias y dilatadas pendientes donde surgen multitud de pueblecillos de risueña y pintoresca presentación.

En este pequeño poblado de nuestra relación, no todos sus habitantes se dedican a la sedentaria ocupación de agricultores; en otro tiempo adquirieron la rara y singular especialidad de hacer minúsculas y primorosas figurillas de arcilla, representando todo género de escenas de la vida real, pero en lo que descollaron sin lugar a duda, fue en la forja del hierro y el damasquinado, encumbrándose a la categoría de artistas en este oficio de Vulcano que aprendieron de los mansos discípulos del santo taumaturgo de Asís, entre los que hubo de probable origen toledano y que vinieron con los conquistadores de este suelo.

Nadie duda que fueron hábiles maestros en éste y otros bien ponderados artes que ellos a su vez aprendieron de maestros quizá abacidas o de belicosos almoades peritos en la fabricación del damasquinado, de encorvados yataganes, temple de hojas de espadas crédito de la antiquísima Basora y de la poética Damasco, célebre califato rival del de Córdoba; lo cierto es que, los discípulos criollos bien pronto fueron heraldos de la fama de sus maestros y, en empuñaduras de espadas, espuelas, estribos, herrajes de todo género, dejaron la rúbrica de un genio que proclama la rara habilidad de sus acerados cinceles, y en sus singulares temples las secretas fórmulas del alquimista Geber-Gebri, tal atestiguan la hechura y primor de ciertas piezas que fueron regaladas al infortunado archiduque Maximiliano de Habsburgo, entre las que se dice iba una aguja hueca que contenía otras más finas con el nombre de la emperatriz Carlota, incrustado en oro. Mas, ¿a qué buscar tiempos tan lejanos? si el desmasquinado de sus hermosas piezas actuales no ceja en su similitud ante las famosas de Elbar.

En los temples de la bruñidas hojas toledanas, dícese que el secreto de su fabricación estaba en los ingredientes donde principalmente entraban las auríferas arenas que las murmuradoras aguas del río Tajo arrastraban y que eran aprovechadas para este propósito. Ciertamente aquí no podríamos decir si en esto radica el secreto y bástenos saber que son muy apreciadas. Durante la época del virreinato, el gremio de forjadores tuvo algunas diferencias muy propias de esas corporaciones, a causa de las cuales se formaron dos bandos igualmente fuertes que se disputaban la celebración de la fiesta anual a la Virgen del Rosario en que, como es natural, nadie quería ser desairado y la competencia de los contendientes hacía que el lujo se extremara hasta el punto de que en la función religiosa se hacía derroche de boato, sobre todo durante la procesión, y en la noche se quemaban fuegos artificiales en el atrio de la parroquia.

Hasta aquí las cosas parecían ser hasta benéficas, pues los componentes y directores de los bandos se esforzaban en quedar mejor que los contrarios, pero la envidia comenzaba a interponer negros nubarrones de turbonada y la división de los bandos con el tiempo se fue ahondando, no faltando las disputas, lo que inquietaba a las autoridades que se mostraban desconfiadas, pues era de temerse que tal estado de cosas culminara en algo más serio; a ésto agréguese que uno de los bandos tenía como corifeo a una descendiente de nuestra madre Eva, mujer de pelo en pecho a quien apodaban La Culata, apodo que tal vez le fuera aplicado merced al exuberante desarrolo de caderas, lo cierto es que este marimacho tenía un amante de no recomendable aspecto ni antecedentes a quien la autoridad tenía señalado por sus chapuzas y enredos. La autoridad eclesiástica dispuso en obvio de diferencias y alborotos que los dos grupos celebraran la festividad alternativamente: unos, en los años que tuvieran cifra par y los otros cuando fuera impar. Con tan atinada medida se creyó que se daría por terminado este negocio, mas dicen que el hombre pone, Dios dispone y el diablo todo lo descompone y así fue que, por causa de uno de tantos alborotos de nuestra inquieta política militante de otros tiempos, la celebración de las festividades se interrumpió en el orden acordado y cuando la calma y la normalidad volvieron a aquel terruño, tocó el turno en la celebración de la solemnidad a los de año par, lo que descontentó a los del bando opuesto que alegaron que a ellos correspondía la celebración y que, por causas de los trastornos políticos se les privaba de esa franquicia; pero sometido el punto a riguroso arbitraje, se resolvió que no debía interrumpirse el orden que la autoridad eclesiástica y civil había establecido, y los celebrantes del año impar, humillados y como se dice, con la cola entre las piernas, mal de su grado se retiraron no sin jurar que tomarían desquite.

Como ya se supondrá, el caudillo de los descontentos era nada menos que La Culata, y ciertamente en el fondo de estas cuestiones y acaloradas disputas, había el provecho de algunos pesos que se quedaban entre los organizadores, más que el deseo de dar lustre a la fiesta.

Así las cosas, llegaron los días del novenario que antecede a la festividad. Los organizadores en esa ocasión extremaron los preparativos y aquel año recaudaron fondos hasta de la cercana Puebla. Los dividendos entre los organizadores prometían ser pingües: se contrató buena orquesta, se invitaron a los faroleros de la catedral de Puebla, y a distinguidas personalidades.

El día de la fiesta, el bando en derrota se entregó a las libaciones celebrando a Baco ya que no podía festejar a los santos. La iglesia desde temprana hora se llenó de fieles; el altar iluminado con luces de colores resplandecía de modo fantástico luciendo las más hermosas galas; las esbeltas columnas estaban revestidas de cortinajes de tafetán, de las cornisas pendían gallardetes y en lo general el adorno hacía ver el esmero que los encargados habían tomado para que no faltara el más mínimo detalle. Los faroleros estaban formados en doble fila frente al altar.

Comenzó el Rosario: el sacerdote desde el púlpito iba dirigiendo con pausada voz los distintos pasos del rezo; los del bando contrario, aunque en condiciones poco favorables para tenerse en pié, se mantenían quietos; sólo el lugarteniente de La Culata

Aquellos malandrines no se daban tregua en las acometidas.

que estaba cerca del jefe de los faroleros, dejaba fluir su rencor en entrecortadas palabras no propias del recinto sagrado.

Por fin llegó la hora de la letanía: las distintas cofradías tomaron orden y acomodo, vela en mano, para formar en la procesión que ya anunciaba el alegre repique de las campanas; los cohetes estallaban en el espacio, todo era alegría; la cascada voz de los cantores acompañados por el gangoso órgano, pronunciaban las laudatorias palabras de la letanía, y aun no moría el eco de la última alabanza cuando en el aire se oía dilatarse por las bóvedas el implorante *Ora pronobis*.

El mal encarado amante de La Culata mascuyaba entre dientes toda clase de imprecaciones salpicadas con vitriolo; por fin llegó el momento en que en la letanía se canta aquello de *Mater Inmaculata* que la trastornada mente de aquel bribón tradujo por Maten a La Culata, y sin esperar nada gritó con toda la fuerza de sus pulmones: "Eso sí que nó, hijos de..." Y acto continuo se lanzó como feroz alimaña cuchillo en mano sobre el jefe de los faroleros que llevaba la voz cantante.

El desconcierto que se siguió no es para describirse: palabras de grueso calibre alternadas con fuego líquido, pedradas, golpes; cada banca o reclinatorio se convirtió en una trinchera; ahullidos, gritos, los faroles se convirtieron bien pronto en arma ofensiva de gran efectividad; a cada golpe venían por tierra tres o cuatro contrincantes de los más resueltos.

El sacerdote los conminaba a gritos a la cordura, les lanzaba aspersiones de agua bendidta con el hisopo, mientras rezaba con trémula voz la Magnífica, creyendo como es natural que el demonio se había apoderado de aquellos malandrines astrosos y desalmados que no se daban tregua en las acometidas; y el que, en substitución del jefe de los faroleros dirigía la maniobra campal era un mocetón bien desarrollado que gritaba a sus subalternos: "Adelante con los faroles, muchachos..." Todo era confusión: la campana sonaba en señal de auxilio, y sólo cuando el señor alcalde se presentó en el lugar con un fuerte piquete de soldados, se serenaron los ánimos.

Restablecida la calma fueron desfilando contusos, heridos, y en el campo quedaron tres o cuatro muertos.

Hechas las averiguaciones de rigor, tocó la peor parte a las falanges de la revoltosa Culata y la autoridad virreinal, al tener conocimiento del escándalo en recinto sagrado, colmada por tanto desatino, decretó el encarcelamiento de unos, la condena a trabajos forzados de otros y con el mayor sigilo el destierro de la pintoresca heroína, la brava Culata que ha dado motivo a que cuando una empresa pinta mal, se diga con sorna: "Esto acabará como el Rosario de Amozoc". *(Puebla ante la historia, la tradición y la leyenda).*

CATARINA DE SAN JUAN, LA CHINA POBLANA

La tradición popular que ha pasado como luz maravillosa a través de la niebla de varias centurias, aún recuerda a Sor Catarina de San Juan "La China Poblana", y aunque los datos que de ella hablan en empolvados pergaminos son confusos, ingenuos o mal alineados, bastan, sin embargo, para concluir que fue heróica en virtudes de real linaje, y amada por el pueblo.

Nada importa que acerca de su carácter e indumentaria existan tal o cual divergencia de mínima importancia, pues lo principal es su existencia, y tal se desprende del dicho de sus ilustres panegiristas Alonso Ramos, S.J., el bachiller José del Castillo Grajeda y el P. Francisco Aguilera, que aun tildados de ingenuos, nos dan el camino más cierto en este dédalo, para formarnos una idea acerca de esta real persona que vino a Puebla por el siglo xvii según todos concuerdan en ello, y que nació en Delhi o Indra Prastha, capital de la vieja monarquía de los Mongoles, en la India, por los años del Señor de 1609 o 1610; tal región como se ve, no debe confundirse con la Mongolia perteneciente al Imperio Chino, cuyo idioma es distinto. En la tierra en que nació Catarina se habla el dialecto denominado prakrit y no el chino.

Sus antepasados pertenecieron a antiquísima rama de sangre regia; el abuelo materno, llamado Maximiliano, fue emperador; la madre llamada Porta, que en su idioma quiere decir fruta perfumada, fue esposa de un poderoso príncipe, dueño de cuantioso caudal en esas lejanas tierras. De esta unión vino al mundo después de 20 años de matrimonio, una niña a quien se puso Mirrha, que se traduce por amargura. Tal nombre se le puso por orden de la Virgen María, pues según sus biógrafos, en ella se obraron extraordinarios prodigios desde su tierna edad, y, si bien es cierto que sus ascendientes no eran cristianos, no por eso el cielo dejó de colmar de dones maravillosos a

esta singular criatura, los que se hicieron extensivos a sus familiares, pues se dice que el padre tenía la facultad de curar enfermedades por medio del agua de una fuente milagrosa a quien comunicó tal virtud uno de los discípulos de Nuestro Redentor.

Después del nacimiento de tan singular criatura, los padres de ella tuvieron las frecuentes visitas de Jesús y de la Virgen María, y tan celestial Señora concedió espléndidas mercedes a Porta, la madre de Mirrha, y como sus padres no comprendieran el sentido de esas dádivas, se les presentaron tres ángeles en forma de adivinos, solicitando hacer el horóscopo de la recién nacida según se acostumbra en algunas regiones de Oriente, y predijeron que sería una criatura extraordinaria pero que no la gozarían sus padres, pues su signo acusaba que saldría de este mundo; y si los padres de Mirrha dudaron de esta predicción, no por esto dejaron de sentir el acerado aguijón de la inquietud que entenebrecía sus dichas.

Pasaron breves días después de este acontecimiento y la desgracia hizo que la pequeña, por un descuido, quedara sola en la cuna; salió de ella gateando, acercándose peligrosamente al río que pasaba por los jardines del palacio y la corriente la arrebató. Inútiles búsquedas se efectuaron y, al cabo de largos días, se la encontraron por un milagro, sana, detenida por frágil madero.

Siendo aún niña, aseguran sus panegiristas que tuvo las celestes apariciones de Santa Ana y San Joaquín, quienes manifestaron el deseo de que se bautizara, y que siempre tuvo las apariciones de la Virgen María.

Por los azares de una cruel guerra, su padre tuvo que huír de Delhi; los invasores turcos desvastaban el país y con tal motivo trasladó la corte a una de las viejas ciudades del litoral; a ella arribaban navíos de todas partes, especialmente portugueses, que se dedicaban al comercio de corso y al no menos infame de ébano humano. Nuestra heroína, que por aquel entonces sólo contaba escasos ocho años, paseaba por la playa con su hermano, y, agraciada en lo físico y más aún en lo que a prendas morales se refiere, hizo que los piratas vieran en ella no sólo una fácil presa de gran valía para su perverso negocio, sino algo más, y se apoderaron de la indefensa víctima que desde entonces, como veremos, por una ironía del destino ha de convertirse en la humillada y

No importa que haya divergencias acerca de su indumentaria.

martirizada cenicienta, tal vez para que su primitivo nombre de Mirrha (amargura) estuviera más en acuerdo con ese amargo acíbar de la orfandad, del desamparo, savia que hará florecer las luminosas virtudes al convertirse en la legendaria China Poblana.

Cruelmente despojada de sus ricas joyas, de sus magníficos trajes, aquellos desalmados piratas la arrojaron cual bestia dañina al negro fondo de pestilente cetina (letrina). Confundida entre los demás prisioneros expresó su hondo desconsuelo en tristes gemidos; y, asegura ella y así lo dicen sus biógrafos, que en aquel trance fue confortada por la aparición del dulce Jesús, a quien ella años más tarde logró reconocer en Puebla cuando sus exorbitados ojos quedaron fijos en el enigmático rostro del *Christi facies* que, como reliquia de muy altos quilates, se veneraba en la Iglesia de la Compañía de la angélica ciudad.

La nave pirata zarpó en breves horas después de consumada su hazaña, con rumbo a Conchín, y fue durante su permanencia en ese puerto, cuando los misioneros de la Compañía de Jesús que residían allí, bautizaron y catequizaron a los prisioneros de la nave corsaria, y entre ellos a la princesa Mirrha, poniéndole por nombre Catarina de San Juan. Sus panegiristas no dan la fecha de este sucedido, pero dedúcese por la edad de la princesita que sería por finales de 1617.

En Conchín, el capitán pirata realizó brillantes utilidades con la venta de pobres esclavos, pero Catarina despertó especial codicia en los malandrines, y no habiendo acuerdo acerca de su posesión, decidieron echar suertes como si se tratara de vil mercadería, tocando al segundo de a bordo ser el favorecido por la suerte; pero la inconformidad encendió los odios de aquella gentuza que se resolvieron en riña feroz, y uno de los desalmados trató de matarla tirándole pesado arpón, pero no sólo no le ocasionó daño, sino que estuvo a punto de matar con él a uno de sus compañeros. Este incidente terminó con la riña, mas no con sus padecimientos. Nuevamente la nave pirata se hizo a la mar. El viaje fue tormentoso por los malos tratos de que se le hizo objeto, hasta que al llegar a Manila fue desembarcada y depositada en la casa de una arpía, mujer de malas costumbres, que extremó los malos tratamientos. Por aquel tiempo, en el puerto de Manila había un gobernador español que recibió el especial encargo de su excelencia, el señor marqués de Gálvez, virrey de estas Nuevas Españas, de comprarle algunos esclavos propios para el servicio de palacio; al propio tiempo arribó a aquel puerto un comerciante de origen portugués, procedente de México, el que habiendo estado antes en Puebla, recibió la encomienda del capitán don Miguel de Sosa y de su consorte doña Margarita de Chávez, de comprarles una chinita, que fuera de buena presencia y trato, para adoptarla como hija, tal vez por no haber tenido ellos sucesión en su matrimonio, pues el cielo no les concedió esa gracia.

El enviado de su excelencia, que lo era el gobernador, y el comerciante portugués coincidieron en la elección, y después de reñido regateo la obtuvo el portugués, eso sí, en elevado precio, y fue necesario sacarla de Manila con todo sigilo y precaución, pues el gobernador no dándose por vencido, estaba empeñado en impedir que se realizara la operación que trastornaba sus planes.

La tarda y azarosa travesía de Manila al puerto de Acapulco, se verificó sin contratiempo, salvo el temor de encontrarse a alguno de los distinguidos corsarios súbditos y socios de su majestad la Reina Virgen. Prevenido el capitán Sosa, se encaminó al puerto de Acapulco para recoger personalmente a Catarina y traerla a Puebla, a donde llegó el día 15 de enero de 1619, época en que la chinita debería tener escasos 11 años. El padre Aguilera da por cierto que era una hermosura, de color blanco, cabello dorado, frente despejada, aterciopelados y grandes ojos negros, de estatura regular, pero lo que más llamaba en ella la atención, era su ingenua pureza.

Ya en Puebla, recibió el sacramento de la confirmación de manos del muy ilustre señor don Alonso de la Mota y Escobar, obispo de la Puebla, siendo sus padrinos el capitán de Sosa y doña Margarita de Chávez, su esposa, asegurándose que la habían adoptado como hija, pero por datos que da el bachiller Castillo Grajeda, despréndese que las ocupaciones que cerca de sus padrinos desempeñó, no fueron por cierto las de una hija, sino las de modesta e inteligente sirvienta de categoría considerada. Su actividad y celo hicieron que ganara la confianza de ellos, y por su mano pasaban las sumas destinadas al sostenimiento de la casa. Las horas en que estaba libre, las dedicó a prácticas religiosas que extremó con rigurosas penitencias, según así se afirma por el padre Aguilera, y en las mañanas, después de pasar las noches en vigilia, salía para ir a misa y comulgar, y entre sus prácticas de piedad estaba la de visitar al Santísimo Sacramento y conventos de religiosas, y dícese que, extremando su oración y fervor, pidió a Dios quitara a su rostro la hermosura, causa que según ella despertaba insanas pasiones en el prójimo; no sabríamos decir si tal petición le fue cumplida, pero lo que sí consta por el dicho de autoridades eclesiásticas, que sí fueron frecuentes los estados de éxtasis durante los que era fortalecida su alma por celestes visiones que consolaban su triste orfandad, comunicándole lentamente inconfundible aroma de santidad, propia de las almas elegidas; y según el decir de sus confesores fray Juan Bautista y el padre Alonso Ramos, S.J., era cosa que podía advertirse con sólo fijar los ojos en ella, lo que el vulgo pudo apreciar ciertamente a pesar de su origen privilegiado, que no gustó más que de vestidos humildes, eso sí, de deslumbrante limpieza, y los afeites y adornos superfluos, propios de su sexo, los desdeñó por considerarlos contrarios a la virtud.

A los pocos años de llegada a Puebla, perdió el amparo de sus protectores, pues don Miguel Sosa murió y no le dejó más herencia que la libertad, y su consorte doña Margarita de Chávez entró de profesa al convento de Santa Teresa, mas en este trance no había de abandonarla la misteriosa mano que sustenta las aves del cielo, da aroma y color a las flores o nos recuerda su magno poder en las cárdenas luces del relámpago que anuncia la próxima tempestad; y el señor licenciado Suárez, clérigo presbítero, la amparó en esta marejada de la vida, y para ello creyó conveniente casarla con un esclavo suyo llamado Domingo Suárez, y a pesar de sus negativas de momento por tener hecho voto de castidad, más tarde se doblegó al mandato, pero impuso la condición de que viviría con separación de lechos.

Bien pronto entendió el corrido marido el valor de la condición impuesta por Catarina, que mantuvo su palabra sin que bastaran amenazas ni halagos para modificar su condición.

Por fortuna para ella, murió su terco marido y entonces los periodos de éxtasis se multiplicaron en forma más tangible, según así lo dice el raro libro del bachiller José Castillo Grajeda, que por desgracia se perdió de la Biblioteca de San Juan, hoy del Gobierno del Estado; y un raro documento anexo a vieja escritura del convento de la Concepción de Puebla, perteneciente al archivo del notario don Octaviano M. Navarro, que tuve en mis manos, da pormenorizada relación de los prodigios acaecidos a Catarina.

En este convento tuvo una íntima amiga que murió en olor de santidad, la beata Sor María de Jesús, distinguda con la Tao de los bienaventurados y que fuera canonizada por su santidad Pío V, y explicable es que Catarina fuera un reflejo fiel de sus grandes virtudes que la gente sencilla no ha olvidado muy a pesar del empeño que ha habido de quitarle poesía a la leyenda que arropa su recuerdo.

Si bien es cierto que en lo que se refiere al traje de rojo castor, brillante lentejuela, en que se cobija la tradición de esta princesa, entendemos que su origen oriental fue substituido lentamente por la influencia de las costumbres y modas españolas y con las evoluciones propias de carácter étnico verificadas a través de los tiempos, ha llegado hasta nuestros días soportando otras influencias extrañas de distinta naturaleza, y aunque al rebozo que completa tan vistoso atavío se le ha querido dar un origen hispano, no podríamos estar de acuerdo en ello, pues que el autor Mena ha demostrado lo contrario. En lo que se refiere a la vistosa camisa bordada de chaquira de colores, ciertamente más tiene de oriental según lo asegura el señor Payno, que de hispano; mas, tales sutilezas no han bastado a borrar los mágicos perfiles de la tradición que se aferra a la certidumbre de hechos que narrados de uno o de otro modo con todos los pecados de ingenuidad de que se le acusa, no ha dejado de tener el personaje, una existencia real.

Exhala su último suspiro en una azul mañana de enero, el día cinco a las cuatro y quince minutos del año de 1688 en la casa de don Hipólito del Castillo...

Grandes hubieron de ser las virtudes de la heroína y grandes sus méritos a pesar de las opiniones en controversia cuando su cadáver se entierra en lugar de tanto privilegio que pocos ciertamente han logrado.

La apasible mañana del día de su muerte, según lo dicen los que con mejor razón escribieron sobre su vida, gran muchedumbre invadió las calles inmediatas a su casa, hasta impedir la libre circulación.

Al día siguiente se le trasladó a la Iglesia de la Compañía, asistiendo el Cabildo Eclesiástico, hecho por demás significativo, de gran valor para esos tiempos de santos e ingenuos temores, y clave por cierto, de la importancia de la verdad. Si sus panegiristas adolecieron de fantasía o de candideces, es de tenerse en consideración la voz de un pueblo cuando clama o aborrece, ya que en él no se significó la dádiva material de la heroína y sólo atendió a la razón del cariño para quien tuvo caridad y amor para los menesterosos, y en la cantiga, en la dolorida queja de la guitarra que llora y lo mismo en el clavel reventón que adorna la obsidiana de una cabellera o en el piropo azas oportuno y gracioso y aun en la misma alegría de la verbena popular, parece que se le recuerda y se le llama.

Su resignación se ha difundido como místico aroma que ha perfumado tanto rasgo de abnegación y heroísmo de la mujer poblana, que ha sido fuente de inspiración para el poeta, mágica gama de colorido para el artista, y bastaría si más argumentos se quieren, meditar el valor de las palabras esculpidas en la sencilla lápida que guarda sus despojos mortales, elocuentes conceptos que forman la corona de fragantes rosas que la historia ha recogido para la posteridad.

"A —Dios, óptimo, todo poderoso, guarda este sepulcro— la venerable en Cristo virgen —Catarina de San Juan— la cual el mogor dio al mundo y la puerta de los ángeles al cielo —después que por cúmulo de sus virtudes fue amada principalmente de Dios y de los hombres, ilustre por real alcurnia fue humilde y pobre en la esclavitud—. Vivió LXXXII años, —la aclamación del clero y el pueblo fue grande en su muerte—, acaecida la víspera de los santos reyes del año 1688". *(Puebla ante la historia, la tradición y la leyenda).*

QUERÉTARO

VALENTÍN F. FRÍAS. Nació y murió en Querétaro, Qro. (1862-1926). Una intensa actividad empresarial en el campo, el desempeño de la secretaría de la Cámara Agrícola, el registro de testimonios personales y la constante búsqueda de informaciones en bibliotecas y archivos locales, le permitieron conocer profundamente el territorio, el pasado y las costumbres de su Estado. Además de sus obras de historia, etnografía, epigrafía, estadística, biografías, cartorafía y agricultura, publicó *Leyendas y tradiciones queretanas* (T.I, 1900; T.II, 1902) y dejó inéditas otras dos series, que junto con las anteriores dió a las prensas la Universidad Autónoma de Querétaro en cuatro tomos (1988, 1989 y 1990).

EL ESCUDO DE ARMAS DE LA CIUDAD

> Fue mi embeleso desde que era párvulo
> Mas que en el hoy vivir en el ayer,
> Y en competencia con las ratas pérfidas
> A roer antiguallas me lancé.
>   (Ricardo Palma)

Los historiadores, respecto a la conquista de Querétaro, están unánimes en que los españoles tomaron posesión de la ciudad debido a la victoria definitiva alcanzada sobre los chichimecas en el combate a brazo partido convenido entre ambos contendientes de antemano, y verificado el martes 25 de julio de 1531 en la loma de Sangremal, punto dominante de la ciudad.

Mas esta victoria no se habría alcanzado sin la intervención y auxilio del cielo, según la tradición lo refiere.

Avistados a muy corta distancia ambos ejércitos y dada la señal convenida, se trabó una lucha cuerpo a cuerpo, dejándose notar desde luego la superioridad hercúlea de los chichimecas, que en los primeros encuentros casi dominó a los españoles.

Volvióse a trabar la lucha, aún más encarnizada, y en lo más reñido del combate los españoles imploraron el auxilio divino e invocaron en su ayuda a su santo patrono Señor Santiago, cuya fiesta en ese día se celebraba, quien inmediatamente vino en su socorro.

El reverendo padre fray Isidro Félix de Espinoza, cronista respetable, refiere que habiéndose eclipsado el Sol salieron las estrellas y apareció una cruz en el cielo, como de cuatro varas de tamaño, y a su lado el Apóstol Santiago montado en brioso caballo; visto lo cual por los chichimecas, perdieron el ánimo y se rindieron, admitiendo gutosos la luz del Evangelio, quedando el triunfo por los españoles.

De aquí que al titular la ciudad de muy noble y leal se le llamó Santiago de Querétaro; y al concederle el escudo de armas, fue formado de un óvalo en cuyo centro se ve una cruz, teniendo a su lado al Apóstol Santiago a caballo, y en el cuartel superior, el Sol poniéndose y el cielo cubierto de estrellas, cuyos emblemas perpetuarán el acontecimiento de tan memorable día. (*Leyendas y tradiciones queretanas, T.I*).

LOS DUENDES

> No han faltado los remedios
> Que en tales casos demanda
> La religión, y que el cura
> En aplicarles no tarda;
> Mas son en vano conjuros
> Y responsos y plegarias.

(V. Riva Palacio y J. de D. Peza)

A fines del siglo pasado y principios de éste, cuenta la tradición que andaban vagando por el espacio multitud de espíritus a los que se les dio el nombre de duendes.

Estos se ocupaban, a manera de muchachos, en hacer travesuras, y algunas bien pesadas a la pobre gente en cuya casa llegaban a penetrar.

Las vecinas, al darse los buenos días, era ya de planilla seguir con la pregunta: "¿Cómo le ha ido con los duendes?" y referir en seguida las malas pasadas que les habían hecho el día anterior.

Unas contaban que repentinamente se volteó la tinaja del agua anegando la cocina; otras, que ya para estar la sopa echaron en ella un buen puñado de tierra; otras, que repetidas veces apagaron la vela; que sacaron el niño de la cuna; que jalaron la rueca, etcétera; y no faltó quien afirmara que hablaban como niños.

Cuando algún vecino, enfadado de sus pesadeces, se mudaba para otra casa por barrio opuesto, llevaba buen fiasco, pues al estar acomodando sus cosas en la nueva casa y recordando algún objeto olvidado en la antigua, contestaba por lo alto el duende que allí lo traía; y efectivamente, caía de lo alto el objeto olvidado.

Muchas veces sí surtía efecto el mudar de domicilio; pero otras veces no, y los pobres humanos tenían que resignarse a sufrir con paciencia las flaquezas de sus incógnitos Garatuzas, hasta que buenamente se desterraban; pues ni los conjuros del sacerdote, ni las maldiciones de viejas deslenguadas, hacían mella en ellos; y aún parecía que así era apresurar más sus travesuras.

Nadie llegó a saber su origen, ni por qué desaparecieron; pues sólo fueron conocidos por sus efectos.

La creencia en su existencia llegó a arraigarse de tal manera, que no sólo los ancianos de quienes yo oí todos estos episodios, sino aun algunos autores antiguos que he tenido en mis manos, traen esta relación como verídica[1].

Ultimamente, no ha muchos días, en un rancho llamado La Ceja perteneciente a la hacienda de Bravo, distrito del Pueblecito, han pasado hechos muy semejantes.

Por espacio de muchos días estuvieron los espíritus haciendo sus pesadeces a una familia, quebrando los trastes, volteando las cazuelas de la comida, tirando pedradas, escondiendo las piezas de ropa, y así por ese estilo.

De tal manera se habían familiarizado aquellas gentes con esto, que ni el más leve asomo de espanto se notaba en sus semblantes, pues lo tomaban a broma.

Muchísimos curiosos fueron a presenciar aquello; pues a cualquiera hora del día y delante de todos pasaban estas travesuras.

El padre Ordóñez, actual vicario de Huimilpan, fue dos veces a conjurar estos espíritus y no logró que desapareciesen; y no sólo, sino que al estarlos conjurando atravesaban muy cerca de él las ollas y piedras disparadas con velocidad, sin saber ni quien las enviaba ni de dónde salían, no obstante ser esto a la luz del día y ante gran número de concurrentes.

Esto me lo refirió persona fidedigna que estuvo allí en tal ceremonia; y cualquiera de mis paisanos que lo dude, puede ocurrir al citado sacerdote, que goza de bastante popularidad en esta ciudad, quien ratificará mi relato[2].

La gente de esta aldea es gente sencilla, y ni por asomo se pudiera figurar que fuese espírita.

Después de tiempo y a semejanza de los duende de antaño, estos espíritus desaparecieron, no sin haber establecido antes sus reales en otras casas del vecindario.

Estamos en el gran siglo de las luces y, sin embargo, la inteligencia humana no ha podido descifrar estos misterios. *(Leyendas y tradiciones queretanas,* T.I).

LA CASA DEL FALDÓN

> Tres siglos van ya pasados
> Y viva la tradición
> Guarda estos hechos legados
> Como recuerdos sagrados
> Por cada generación.
> (V. Riva Palacio y J. de D. Peza)

---

[1] El siglo pasado estuvo esta creencia muy arraigada, y aun respetables eminencias eclesiásticas escribieron sobre tales apariciones. El ilustrísimo señor Palafox escribió mucho sobre espantos y aparecidos; y algunos otros, sobre brujas, nahuales y otros hechos que tenían pacto con el demonio, a lo cual hoy se llama espiritismo.

[2] Esta leyenda fue escrita en 1896, época en que aún era dicha vicaría a cargo del citado sacerdote.

En tiempos de la nobleza y en todos los actos oficiales, debía observarse el ceremonial estrictamente aun en la colocación de lugares, originándose de lo contrario serios disgustos que terminaban en largos y cansados litigios, versándose en ellos grandes caudales.

Los maestros de ceremonias o encargados de colocar convenientemente en tales actos a los grandes y nobles personajes, se quejaban del trabajo que aquello les ocasionaba; y en caso de alguna equivocación el arreglar favorablemente a los contendientes.

Lo comprueba una carta del duque de Alburquerque dirigida al rey en 1659 con motivo del auto celebrado en México por los inquisidores apostólicos doctor don Pedro de Medina[3], don Francisco de Estrada y Escobedo y otros.

Describiendo el auto, dice que le acompañaron en la procesión 530 personas de a caballo, y pondera las dificultades que tuvo para arreglar el orden de la comitiva y la colocación en el tablado de tantas corporaciones, oficinas e individuos, todos extraordinariamente quisquillosos en materia de etiqueta.

La presente leyenda ratifica la justa queja del duque de Alburquerque.

Existe frente al templo de San Sebastián de esta ciudad una antigua casa, rara por cierto entre aquel pequeño caserío de segundo orden; pues a pesar de los años, todavía sus ruinosos muros conservan vestigios de nobleza.

A esta casa se la conoce por casa del Faldón, porque cuenta la crónica que en una de las grandes festividades concurrieron los miembros del Ayuntamiento, así como la nobleza y personas distinguidas de la ciudad; y que entre los miembros de aquél, iba un regidor español al lado de un alcalde indio, ambos vestidos con casacas bordadas de oro y a cual más elegantes, porque fuera de su empleo eran acomodados.

Sucedió que el alcalde quiso ocupar en la comitiva el puesto que le correspondía, y al pasar por delante del regidor, creyó éste que se trataba de quitarle su puesto de preferencia, y dióle tan fuerte tirón de la casaca al alcalde, que se quedó con el faldón en la mano.

No poco trabajo costó avenirlos por el momento; pues se dijeron muchos desahogos, y aquel disgusto que dio principio por una mera equivocación involuntaria, se convirtió en serio litigio que duró algunos meses, en el que se gastaron gruesas sumas de dinero,

hasta que por fallo de la Real Audiencia, el regidor fue sentenciado a vivir en los suburbios de la ciudad y a indemnizar al alcalde su rota casaca y gastos del juicio.

El regidor español hizo construir frente a la parroquia de San Sebastián la casa que habitó hasta su muerte.

En el memorable sitio fue casi destruida esta casa, conservándose sin embargo hasta nuestros días los grandes y macizos muros que la formaban, así como la tradición de su origen, que no deja de ser curiosa.

La Real Audiencia con este fallo puso coto a estas grandes y ruidosas desavenencias; pues en lo sucesivo no fueron ya tan frecuentes, sirviendo este suceso de escarmiento para nobles y plebeyos. (*Leyendas y tradiciones queretanas*, T.I).

UN SUCESO PRODIGIOSO

> Y a pesar de tantos años
> Crece la fe y devoción,
> E incólumne se conserva
> Debido a la tradicion.

¿Habeís visitado alguna vez la ciudad de San Juan del Río?
¿Habeís entrado a sus templos siquiera por mera curiosidad?

Si me contestáis negativamente, razón de más para que os refiera un hecho prodigioso que allí aconteció; y si lo contrario, permitidme que lo repita para que refresque vuestra memoria, a fin que no olvidéis aquel prodigio[4].

Érase el 19 de marzo de 1731 cuando Evaristo Olvera, vecino de ese lugar, entró al convento de San Juan de Dios, huyendo de la justicia que lo buscaba por haber muerto a su mujer Gertrudis Real, y despúes de permanecer allí tres días, ya por entretener el tiempo o más bien por ser su devoto, pintó con un carbón en la pared de la portería una imagen de Jesús Nazareno. El reverendo padre pío fray Agustín Peñaflor, juzgando desacato lo que no era sino permisión divina, mandó al citado Evaristo borrase aquella imagen, lo cual fue

---

[3] Icazbalceta, *Autos de fe celebrados en México*, págs.295 y 296.

ejecutado por aquel con un lienzo mojado en presencia del referido sacerdote y de fray Miguel Mora, religioso también de aquel convento.

Mas cual sería la sorpresa del reverendo padre cuando por la tarde encontró la imagen aún más viva que en la mañana, por lo que mandó se borrase con una piedra de tezontle, quedando así el muro muy maltratado, lo que ocasionó se blanquease luego pasándole dos manos de cal.

Pintó en la pared una imagen de Jesús Nazareno

Al siguiente día encontró el religioso la imagen aún más clara que las veces anteriores, y lleno de admiración dio aviso de ello al señor cura don Antonio Rincón y a los vicarios don Estanislao León y don Trinidad Espíndola, no menos que al teniente de partido don Felipe Marila, y todos juntos, unidos a los religiosos del convento, acordaron que se picara la pared, terminado lo cual se retiraron dejando gente de confianza que vigilase la portería.

Al día siguiente ya no apareció, por lo que ya comenzaban las conjeturas a tomar creces y los comentarios se sucedían sin interrupción en todo el pueblo, cuya grita se acalló al tercer día, que volvió a aparecer, más hermoso que nunca.

Se dio parte de nuevo al señor cura, quien convocó una junta de notables y fueron en seguida a presenciar el portento acordando que se dejara ya en tal estado, conociendo ser esa la voluntad de Dios, disponiendo el señor cura que viniese un pintor y sobre aquel perfil pintase la imagen con el mayor cuidado, mas éste se resistió por no juzgarse digno de poner sus manos en ella; pero el señor cura dispuso que el pintor se confesase y reconciliase todos los días hasta no concluir la obra.

Entretanto, el señor cura ofició al excelentísimo señor arzobispo de México, quien mandó a un canónigo para que presenciara aquella maravilla, con orden que se formase allí un templo, celebrándose misa y avisando en todos los contornos, pueblos, ciudades y aldeas, con objeto de hacer pública aquella maravilla que a Dios plugo hacer a dicho pueblo y hoy ciudad.

Poco a poco fue creciendo el culto, haciéndole poco después su capilla, llegando hasta nuestros días la fiesta de su aniversario.

En cuanto a los prodigios que ha obrado con los devotos que van a depositar a sus pies sus fervientes plegarias, apelo a la buena fe de los vecinos de aquel lugar.

Quiera el cielo que el asesino haya sido tocado por la gracia de aquel Señor misericordioso y haya hecho penitencia de su crímen. *(Leyendas y tradiciones queretanas, T.I)*.

---

[4] Tomado este relato de un impreso existente en aquella parroquia.

EL BÁCULO DE FRAY MARGIL

Existe en nuestro Estado una ciudad que ocupa el segundo lugar en nuestra estadística. Ciudad hospitalaria, sencilla y pintoresca, cercada de vergeles, salpicada de torres esbeltas y pletórica de parques y quintas sustentadas por el caudaloso río que le rodea por el lado sur.

Sus santuarios seculares y artísticos dan fe de la catolicidad de sus buenos moradores, no menos que de su buen gusto artístico y de sus morigeradas costumbres, herencia de sus fundadores, no debilitada en el transcurso de 387 años que lleva de conquistada por el valiente don Fernando de Tapia.

Esta ciudad lleva por título San Juan del Río; nombre que se le dio por haberse conquistado el día en que la Iglesia celebra la fiesta del Precursor, y por el río que, como llevamos dicho, fertiliza su suelo.

En esta ciudad existe, desde hace casi tres centurias, un convento y templo anexo, en la calle Real, que lleva por nombre El Beaterio porque moraron por muchos años en comunidad observante las religiones beatas.

Refiere la tradición, corriendo como verídica entre aquellos buenos vecinos, que en uno de los viajes que el venerable fray Antonio Margil de Jesús hacía a su convento de México; ya fuese que saliese de éste su convento de la Santa Cruz de esta ciudad, o que hubiese venido del de Zacatecas, del que también fue fundador, pasó a visitar a las beatitas (como generalmente se les llamaba) del Beaterio.

Y como sabido es que todos sus viajes a misionar, no sólo en estos territorios, sino aún a Guatemala, acostumbraba hacerlos a pie y descalzo, ayudado sólo de un rústico báculo, al despedirse de las beatitas para continuar su camino, las reverendas madres le obsequiaron otro báculo, suplicándole les regalase el que llevaba, a lo cual accedió gustoso, habiendo la circunstancia de que este incidente tuviese efecto al atravesar el patio que estaba sin embaldosar y húmedo, por la lluvia que por la noche había caído.

El venerable padre, quizá inconscientemente, clavó el báculo en el suelo para tomar el que le obsequiaron; y tras de otro pequeño diálogo, despidióse, dándoles su paternal bendición.

Después que pasó el duelo de las beatitas por la ausencia de tan santo varón (porque era generalmente estimado por sus virtudes), acordaron dejar el báculo en el mismo lugar donde él lo había puesto.

Grande fue en verdad la admiración de las buenas religiosas cuando en breves días notaron que retoñaba, y por su follaje vieron que era limón, el cual fue creciendo y desarrollándose hasta que dió abundante fruto.

La nueva de aquel prodigio cundió velozmente entre el vecindario, y todos pedían fruto de él para conservar en sus huertas y casas plantas de aquella especie, bendita y santificada por el uso que tanto tiempo había hecho de él el padre Margil.

Aún se conserva en el patio el limón llamado del Padre Margil, sin que la tradición enseñe o refiera si éste de hoy sea el mismo, o retoño de aquél; o queriendo, como es natural, conservar el tradicional árbol, plantaron en el mismo lugar otro nuevo, ya fuese presando algún retoño del tronco, o sembrando alguna semilla del mismo fruto.

Sea de ello lo que se quiera; pero lo que el criterio de fe aconseja o sugiere es que aquel mismo Ser que para darle fuerza y resistencia para caminar a pie, descalzo y sin sombrero, más de seiscientas leguas ¿por que no le habría de dar poder para hacer germinar a su báculo, manifestando una vez más el poder y la gloria de Dios en sus escogidos?

Tal es, a grandes rasgos, una de las muchas tradiciones piadosas que aquella ciudad conserva, y de las que seguiré informando a mis benévolos y católicos lectores. Tradiciones que robustecen la fe del creyente y que enaltecen a los pueblos en donde Dios por sus siervos ha querido manifestar su poder. *(Leyendas y tradiciones gueretanas, T.II)*.

EL CALLEJÓN DE DON BARTOLO

De cuando en cuando la Providencia hace un ejemplar y público castigo en algunos seres desgraciados, tanto para escarmiento de sus similares como para dar a la humanidad testimonio de uno de sus atributos: su justicia.

Tal es el objeto que va a ocupar nuestra atención en la presente leyenda.

La tradición oral ha perpetuado este suceso espeluznante y así ha llegado hasta nosotros; pues en tanto pergamino que ha pasado por mis manos, no he dado con esa relación tan digna de conservarse escrita para escarmiento de otros.

A mitad del siglo xvii, vivía en una de nuestras calles céntricas un individuo, bastante rico, a quien llamaban el Segoviano, y cuyo nombre era Bartolo Sardanetta que, por su apellido, más bien parece haber sido florentino que segoviano, como se le apodaba.

Siempre se le conoció solo, teniendo por ama de la casa a una hermana.

Vivía con holgura y desahogo debido a sus rapiñas, pues era prestamista. Mas como en aquel entonces estaba prohibido hacer esos negocios (¿), recibía sus altos réditos en especie, razón por la que ganaba doble, poseyendo, además, algunos terrenos y casas, muchas de ellas quitadas a los tontos necesitados por devengación de réditos.

Así las cosas y llevando, al parecer, una vida hasta edificante en materia religiosa, nadie se atrevía a murmurar de él.

Sólo el día de su cumpleaños se daba entrada franca a su casa a varios reverendos que le dispensaban amistad, y esto por espacio de la comida nada más, pues concurría a los templos como todo buen cristiano.

Refiere la tradición que cada año, a la hora de los brindis, decía esta relación: "Brindo por la señora mi hermana, por mi ánima y por el 20 de mayo de 1701", fecha demasiado lejana, pero que para él tenía algún significado, aunque nadie se atrevía a preguntárselo debido a su carácter poco comunicativo.

Esto pasaba por los años de 1651.

Así pasaron años y más años; pero como no hay deuda que no se pague ni plazo que no se cumpla, llegó al fin la fecha tan fastosamente cacareada por el Segoviano, y he aquí lo que aconteció:

Era la noche de la fatídica fecha: 20 de mayo de 1701.

Al terminar de sonar la hora sacramental de media noche, se dejó escuchar una fuerte detonación, apareciendo sobre la ciudad un rojo fulgor momentáneo, seguido de un profundo silencio.

Los vecinos despertaron espavoridos, asomándose a las puertas y ventanas, sin encontrar el porqué de aquel formidable ruido.

Y al acercarse la Santa Hermandad, retirábanse presurosos para no verse envueltos en un lío del que con trabajos saldrían.

Nadie volvió a escuchar rumor alguno, quedando sin solución la multitud de hipótesis que fraguaba su calenturienta imaginación.

Al día siguiente, y siendo ya bastante tarde, los vecinos de la casa del Segoviano notaron con extrañeza que ninguno salía de ella, como de ordinario, por lo cual no faltó quien diese parte a la policía, la que enseguida ocurrió, trayendo consigo al escribano real, y al descerrojar la puerta de su alcoba, se presentó un horroroso cuadro, que hizo se les parasen los pelos de punta, no sólo al alcalde del crimen, sino hasta el último esbirro.

Al pie de una muy elegante cama, yacía el cadáver de la que en vida fuera hermana del Segoviano, estrangulada por él mismo.

Pegado al techo estaba el Segoviano, como carbonizado, haciendo gestos horrorosos y pidiendo a Dios misericordia.

Se llamó a un sacerdote que, según cuenta la tradición, se apellidaba Marmolejo, quien declaró que aquel hombre estaba poseso, por lo que comenzó a exorcizarlo, logrando que el demonio soltase su presa y se alejara velozmente, cayendo enseguida don Bartolo, sin vida, al pavimento.

Al caer, ya venía carbonizado un rótulo, que él retenía y que decía: "Castigado así por hipócrita, asesino y ladrón".

Encontróse en su guardarropa una escritura de papel negro con caracteres blancos, que no era otro sino el contrato celebrado con Satanás, por el cual, a cambio de riquezas, honores y placeres, le entregaría su alma a los cincuenta años de la fecha; y como el plazao había expirado, el contrato forzosamente tenía que ser cancelado.

Este hecho alejó de aquella calle a la gente de buen vivir, y por espacio de más de un siglo se vió con horror; y nosotros todavía alcanzamos a ver cómo esa calle sólo era habitada por gente de mal vivir, entregada a la orgía y a los placeres, hasta que el gobernador Cosío, por los años de 1890, la mandó desalojar, sustituyendo el vecindario con gente pobre, pero honrada.

Y desde aquella horrible fecha, el vulgo dió a esa calle el nombre de Don Bartolo, título con el cual nosotros la conocimos. *(Leyendas y tradiciones queretanas*, T.II).

¿QUÉ SE HIZO?

Esta pregunta se hicieron unos a otros los buenos vecinos de la ciudad de San Juan del Río, la mañana del 20 de marzo de 1915.

Y ríase el lector si le refiero que han pasado de ello seis años, y esto no obstante, todavía se encuentran y se siguen haciendo la misma pregunta, sin encontrar una alma caritativa que los saque de esa incertidumbre, dando la solución deseada.

¿Y qué diría el paciente lector, si le refiriera que el que esto escribe, no siendo vecino de San Juan del Río, se hace también a sí mismo la citada pregunta que da epígrafe a esta leyenda?

Pero ya es tiempo que entremos en materia, y que de ello surja algún benévolo lector que de solución a la pregunta precitada.

De tiempo inmemorial existe en el templo parroquial de la citada ciudad, entrando a mano derecha en el primer altar, una antigua pintura de Nuestra Señora de la Luz, que como todas las de su clase, tiene sus devotos.

Esa imagen tiene, entre otros emblemas, una joven que simboliza una alma, la cual sostiene la Santísima con la mano derecha en el espacio.

A los pies de esta figura, se ve en todas las imagenes similares, un dragón con el hocico abierto, con actitud de tragarse a aquella alma; pero Nuestra Señora como que la sostiene a fin de que no sea tragada por el dragón de referencia.

Entre otras muchas devotas de la imagen que nos ocupa, hay en dicha ciudad unas señoritas, Basurto de apllido. Estas, muy especialmente la señorita Josefina, todos los días al ir al templo, a los ejercicios piadosos, acostumbra hacer una visita especial a la Madre Santísima de la Luz.

Como sucedió en todas partes, llegó a dicha ciudad la oleada revolucionaria carrancista, y antes que profanasen el templo, por el desenfreno de las multitudes indisciplinadas, se sacaron de allí, por personas piadosas, algunas imágenes de mayor veneración, y los cuadros y pinturas se llevaron a la sacristía, entre los cuales fue la pintura que nos ocupa.

Milagrosamente esos cuadros escaparon del desenfreno; y cuando después de algún tiempo se calmaron las cosas y los templos volvieron a abrirse al culto público, las señoritas Basurto tomaron empeño en que su imagen, tan venerada, volviese a ocupar su altar, ya que por un singular beneficio de la Providencia había salido ilesa.

Naturalmente que dichas señoritas, dado su ascendrado amor y devoción a Nuestra Señora, al saber que ya se trataba de abrir el templo, su primer empeño fue ir a la sacristía a asear y arreglar la santísima imagen; mas al ir a verificarlo, ¿cuál sería su sorpresa al ver que el dragón de horrible aspecto había desaparecido?...

Cundió la noticia, y todo el mundo al ver a la Santísima Virgen ya sin ese emblema, se preguntaba lleno de admiración: ¿Qué se hizo?... ¿Qué pasó aquí? ¿Cómo fue ello?.. sin que como dije al principio, hubiese habido hasta hoy quien conteste satisfactoriamente tales preguntas.

El que esto escribe conoció antes a la pintura y le vio todos los emblemas, aún el dragón; y después ha vuelto a verla varias veces con espacio, y en lo absoluto se nota que haya tenido jamás la infernal cabeza; pues la pintura es uniforme de la misma época, pudiendo asegurar que cualquiera que por primera vez vea la pintura, se convencerá que nunca ha tenido tal dragón.

Y de entonces acá se ve, contra lo acostumbrado en tales imágenes de la Madre de la Luz, que la Santísima Señora está sosteniendo a aquella alma en el espacio, faltándole por consiguiente el símbolo del abismo infernal, del cual se traduce que la Santísima Señora libra a sus devotos.

¿Qué querrá indicar eso?.. Nadie lo sabe. A mí me consta que estaba allí el dragón y hoy no lo tiene, y ni huella de haberlo tenido alguna vez. Y tanto yo como el vecindario de San Juan, entonces y todavía ahora, preguntamos y seguimos preguntando. ¿Qué se hizo? *(Leyendas y tradiciones queretanas,* T.III).

UNA MISA PÓSTUMA

No cabe duda que las tradiciones son factor muy importante para formar el folklore de los pueblos; pero desgraciadamente pocos escritores se cuidan de conservar las leyendas de su terruño, porque al decantado progreso estas relaciones le son pueriles, que a las generaciones presentes no satisfacen, debido a esa avidez reinante de fuertes sensaciones que, además de acortar la vida, hacen huir a la juventud de la sobriedad y paz, anheladas en vano tras del engolfamiento de vida, vertiginosamente gastada en el auge del placer.

Motivos de estadística lleváronme a la ciudad de Cadereyta de este Estado; ciudad que en la época colonial fue quizá de más renombre que nuestra capital debido al auge de sus múltiples y productivas minas, y que hoy yace en el más completo abatimiento, por el abandono de ellas.

Allí supe de buena fuente la leyenda que paso a referir.

Por los años del 70 del pasado siglo, estuvo allí, encargado del curato por algún tiempo, el bachiller don Rafael Aguilar, a quien allí se tiene por uno de sus principales bienhechores, por haber hecho, en la época de su cargo, muchos bienes a la población, como aun lo demuestran aquellas de sus obras que le sobrevivieron.

Este buen párroco tenía su residencia en la única casa señorial existente en la plazuela del Baratillo, la que sin duda fue hecha por algún español acaudalado de los ricos mineros que explotaron aquellas minas con fabulosas utilidades. Hoy es casa de don Luis Rabell.

En esa casa hizo un oratorio privado el referido señor cura, dedicándolo a Nuestra Señora de Lourdes, celebrando allí algunas veces el incruento sacrificio.

A este oratorio, el vulgo le llama La Capilla de Lourdes.

Muerto el señor cura, se comenzó a decir que en aquella casa había espantos.

Cierta ocasión que había enfermo en casa, alguno de sus habitantes pasó a la media noche frente al oratorio, al atravesar el patio con objeto de ir a otra pieza a traer una medicina; y notando que por el intersticio de la cerradura del oratorio salía luz, se asomó por él, y con sorpresa vio que, prendidas las velas del altar, salía el difunto señor cura revestido, de la pieza que en vida le sirvió de sacristía. Llegó al medio del altar con su cáliz en la mano, hizo la inclinación de cabeza, subió a la grada, puso el cáliz a un lado, extendió los corporales, arregló el misal, e inclinando la cabeza al medio del altar con las manos unidas al pecho, bajó el pie de él e hizo la profunda inclinación y santiguándose, con voz clara comenzó: *In nomini Patris et Filli, et Espíritu Sancti... Amén. Introibo ad altare Dei...* Esperó unos cuantos segundos a que alguien contestara; pero no contestando nadie, subió la grada del altar, cerró el libro, arregló su cáliz, cubrió el altar, apagó las velas, e inclinándose al medio del altar hizo una profunda reverencia y se metió para la sacristía, quedando todo a oscuras y en silencio...

La señora de la casa, que tuvo valor, quizá más bien llevada de la curiosidad que otra cosa, para ver toda la escena, fuése a dejar la medicina y no pudo conciliar el sueño en toda la noche.

Al día siguiente, tan luego echó Dios su luz, fuése a ver al señor cura don Francisco Mejía, sustituto del difunto, y le refirió todo lo que había visto; y después de alentar a la buena señora vidente le ofreció ir él la noche siguiente para cerciorarse si no era una ilusión de tantas.

Efectivamente, el señor cura Mejía fue a desengañarse y vio exactamente lo mismo que se le había referido; y no solo, sino que fue varias veces y vio enteramente lo mismo.

La tradición no dice si el señor cura Mejía habló al señor cura difunto, o éste a aquél; pues sólo se supo que pocos días después, un viejecito de muy buenas costumbres y muy adicto al difunto, de quien había recibido bastantes beneficios, por súplicas y motivos de caridad y gratitud al señor cura Mejía, fue una noche a ayudar la misa, y pocos días después murió de un fuerte tifo.

Desde la noche en que ayudó la misa el viejecito, no volvióse a ver luz en el oratorio, ni espantos en la casa. ¿Sería que con aquella misa habían concluido las penas del buen cura? Eso es indudable. *(Leyendas y tradiciones queretanas,* T.III).

QUINTANA ROO

JORGE MIGUEL COCOM PECH. Nació en Calkiní, Camp., en 1952. Profesor normalista e ingeniero agrónomo por la Universidad de Chapingo, es investigador del Centro de Estudios Mayas de la UNAM. Formó parte del consejo editorial de la revista *A duras páginas* de Bacalar, Q.R. (1989-1993). En 1996 era director de proyectos en la Representación del Gobierno de Quintana Roo en el Distrito Federal, y estaba traduciendo del maya al español *El Chilam Balam de Tusik*. Es autor del libro, en parte inédito, *Los secretos del abuelo*, algunos de cuyos capítulos se han publicado en las revistas *Universidad de México*, *Cultura Sur* y *Tierra Adentro*.

TESTIMONIO DE UNA INICIACIÓN:
U TA'LAL IÍK, U TA'LAL WAYAK
(LA PRUEBA DEL AIRE, LA PRUEBA DEL SUEÑO)

Éramos pequeños, mis primos y yo, cuando el padre de mi madre comenzó a preguntarnos lo que soñábamos por las noches.

Mis primos y hermanas, que en ese entonces tenían la facultad de recordar sus sueños, relataban sus vivencias, dejándome asombrado con las imágenes que describían.

En esas pláticas me hallaba en medio de pintores en el arte del relato. Si mal no recuerdo, Jorge Ramón volaba mucho y repentinamente caía al vacío; Julián cuidaba ovejas, gallinas y pavos en una parcela mitad huerta, mitad desierto; Gonzalo recordaba corazones sangrantes colgando de enredaderas fosforecentes en los atardeceres lluviosos; Gregorio atrapaba mariposas que se convertían en sus manos en abejas enormes que al zumbar lo dejaban aturdido; a Gloria, mi hermana mayor, la asustaba que un ángel sin rostro la aprisionara en el centro de sus pinturas expuestas en una casa de espejos. Yo que no poseía la facultad de recordar mis sueños, me sentía extraño y desesperado entre aquella sociedad de soñadores.

Un día mi abuelo y yo estábamos en el monte de Chanyá. Con cierto temor me atreví a preguntarle:

—Abuelo, ¿por qué yo no sueño?

Él, que estaba despuntando una horqueta de *chucún* (árbol silvestre) con su machete encorvado, detuvo el corte y me dijo:

—En el Universo todo sueña y todos sueñan pero no todos recuerdan; sólo recuerdan sus sueños los limpios de corazón, los limpios de espíritu...

Poco después de que acabamos de amarrar la leña con bejucos, cuya resina despedía un olor penetrante que se mezclaba con el de las jícamas recién desvestidas, prosiguió:

—El hombre cuando nace a la vida terrenal ingresa a la geografía de los seres durmientes. Si no trabaja con el poder de su espíritu, es un hombre que vive dormido. Al soñar y recordar tus sueños puedes recobrar el código de tu primigenio y luminoso origen, y volver a la vida; somos fragmentos de luz... pedazos de Sol...

Transcurrido el mediodía terminamos de recoger los huevos de codorniz debajo de los arbustos; sentado en un tronco leñoso, me dijo en tono enfático:

—Te he venido observando desde hace mucho tiempo, y noto en ti preocupación porque no puedes recordar tus sueños, estás pálido, no duermes bien.

"El otro día que desgranaste maíz, y quedaron en el suelo algunos granos, hice un trazo con ellos y la figura que se formó indica que es necesario practicar contigo ceremonias de petición para que puedas recordar y trabajar con el poder de tus sueños".

Y antes de colocar el tercio de leña sobre sus espaldas, con gesto solemne me indicó:

—El día anterior a la ceremonia de petición, deberás ayunar. Si el hambre te molesta y sientes que no resistes el ayuno, podrás ingerir agua y miel. Nada más. Ese día de recogimiento, de meditación y de tranquilidad de espíritu, deberás renunciar a tu nombre social y adoptar el que nos indique el viento, que sólo tú sabrás. Será tu nombre mágico.

Y reiteró:

—Nadie deberá conocerlo más que tú. El privilegio de poder que otorga se acrecienta y se mantiene si guardas silencio de su origen. Este nombre en secreto es poder, si otros lo saben, lo pierdes para siempre.

"Por otro lado, y horas antes de la ceremonia de iniciación, deberás desalojar malos pensamientos que atan tu espíritu a los apegos de la carne".

"Finalmente habrás de convertirte de Cazador de Sueños en hijo de Cazador de Auroras".

La tarde del 19 de marzo de 1961, mi abuelo llegó a la casa para hablar con mi padre y mi madre. Concluida la plática, supe que había ido a pedir que no fuera a la escuela al día siguiente, porque lo acompañaría al monte.

Obscurecía cuando salieron, mi abuelo y mi padre, a tomar chocolate que mi madre preparó antes de que mi abuelo se fuera a descansar a su casa.

De madrugada, y con el mayor sigilo, mi padre fue a encaminarme al lugar, cercano a la huerta, donde mi abuelo me aguardaba.

Al llegar, él ya estaba listo y partimos.

Camino a la milpa voy detrás del abuelo.

Delante de él avanzan y retroceden oliendo y marcando las veredas con sus orines los perros: Navai, Bok'bok y P'urush. Los veo merced a la luz de la lámpara de mano que el abuelo trae encendida.

A nuestro paso por los atajos los grillos pasan revista a las sombras en movimiento... De tanto caminar, traigo los pies y las alpargatas húmedos de rocío.

Atrás de nosotros, al poniente, el pedazo de Luna que presidió nuestra salida de la huerta se ha ocultado sigilosamente sobre el tupido biombo de ramas de árboles, típicos de la región: el frondoso *tsalám;* el *ts'its'ilché,* cargado de néctar y aromas de miel: el *k'anlol* de campánulas amarillas, que entrelazados ensombrecían nuestro camino a oriente.

A punto de llegar a nuestro destino, los perros ladraron y, abriéndose paso entre el follaje, se fueron a perseguir el movimiento de algún animal. En su estampida alborotaron a las chachalacas que escandalizadas corrieron sin rumbo. Una casi me atropella y me hace soltar el calabazo de agua que traía en las manos. De pronto algo pareció asustar a los perros que regresando junto a nosotros ladraban sin descanso... El abuelo apagó la luz; enseguecido por la repentina obscuridad tuve ganas de correr pero el abuelo me detuvo tomándome del brazo izquierdo. Al sentir su mano firme apacigüé el escalofrío que sacudía mi cuerpo.

Los perros se callaron y seguimos con nuestro destino recorriendo veredas y atajos.

Pero cuando íbamos a pasar por encima de los troncos que servían de entrada a la milpa, una víbora de cascabel aporreó su cola en el suelo y nos advirtió de su presencia. El abuelo y yo la buscamos por debajo de los palos y bejucos hasta encontrarla enroscada y con la cabeza erguida. Despedía furia por sus ojos y, amenazante, nos impedía el paso. A diferencia de otras veces, el abuelo le habló al animal de manera tranquila y la conminó a retirarse. La víbora bajó la testa y, estirándose, desapareció de nuestra vista.

Brincando con precaución llegamos al cobertizo de palmas, cuando aún no amanecía.

Allí, en el centro de la milpa de Nójk'ankab solemne se imponía el silencio.

En medio de las tinieblas todo estaba en sosiego, en quietud, en paz. Junto a mi abuelo, hijo de Cazador de Auroras, estábamos al acecho, estábamos a la caza del alba.

Él, arrodillado detras de mi cabeza y con las manos extendidas sobre mi frente, esperaba una señal mientras repetía un conjuro poco audible. Decía:

—*Okén tak'án, jok'én cheché... okén tak'án, jok'én cheché... okén tak'án, jok'en cheché.* (Entra madurez, sal inmadurez).

En esos momentos de oración, en esos momentos de encantamiento, (yo) estaba desnudo y tendido sobre un tapete circular de hierbas aromáticas, predominantemente *k'akaltún* (albahaca silvestre), y con el cuerpo situado hacia el oriente. Olía a humedad y a suave copal que el abuelo había sahumado en el entorno: un techado de palmas, hileras de plantas de yuca, uno que otro palo de nanche y el cuerpo enorme de una ceiba que presidía el ritual de los prodigios.

Al cabo de un rato, el abuelo cesó de orar.

Inusitadamente empezó a respirar fuerte y pude percibir que se convulsionaba. Cambió de voz y ésta era más ronca. Su voz no era la suya y me pareció que salía de las profundidades de una cueva; por lo que dijo y no entendí, seguramente hablaba en el idioma del maya antiguo.

Así, y luego de experimentar una calma reconfortante, hasta entonces para mi desconocida, pasaron largos minutos...

Inesperadamente convocó la presencia de los vientos de los puntos cardinales: *lak'ín, chik'ín, nojól* y *shamán* (oriente, poniente, sur, norte).

A la tercera invocación sopló el aire tibio que traía la dirección de *lak'ín* (oriente), arrastrando la hojarasca de los árboles.

De pronto, empecé a estremecerme y sentí un cosquilleo en todo el cuerpo. Inmediatamente una luz celeste, que luego se convirtió en dorada, envolvió mi cuerpo y el de mi abuelo. Silbó en eco el *béch'* (codorniz) y otra vez reinó el silencio, silencio que fue interrumpido por la advertencia del abuelo, quien exclamó:

—*Tiólal a k'ik'él kana uojeté tuush ku tal u chún a uinklil, u chún uchbén a lakoob*. (Por tu sangre sabrás el origen de tu cuerpo, el origen de tus antepasados).

—*Tiólal a uayak kana uojeté tuush ku tal u chún a pishán, u chún ut'sok u bel*. (Por tus sueños sabrás el origen de tu espíritu, del fin de tu camino).

Luego añadió:

—Los sueños no se extinguen igual que los hombres. En ocasiones se declaran muertos sueños que viven. Mas los sueños son casi perennes: se resisten a ser enterrados o realizan el prodigio de volver, de resucitar...

"Antes que el Sol se asome en destellos luminosos, los sueños de nuestros ancestros se cumplirán y habrán de estar con nosotros al conjuro del poder del silencio, del poder del viento, del poder de la palabra.

"No olvides que los sueños no son para acumular saber, ni para entregarse a las fantasías. Son una rendija de luz para el ejercicio del poder del espíritu. A su paso intemporal, y a veces incoherente, dan cuenta de tu historia personal que remontan años hacia atrás o hacia adelante, dejan signos en huellas, dejan signos claves y rastros...

"Soñar es un ejercicio del espíritu que trata de escapar de la prisión de la carne, y recordar tus sueños te servirá para tu superación interior...

"El hombre que vive y no sueña es un hombre muerto en vida. Mas ¡ay de aquel que sueña y no realiza sus sueños! Acosado por las pesadillas acaba por sucumbir al insomnio de una realidad que no es suya.

"Sé un guerrero incansable con tus sueños y busca dentro de ti el objeto de tus conquistas.

"Realizando tus sueños no serás esclavo de nadie, ni pretenderás someter a otros porque habrás probado los caminos de tu verdadera liberación.

"Recuerda siempre que, en el universo de la naturaleza, los sueños se convierten en realidad.

"La lluvia es el sueño del agua.

"El humo es el sueño del fuego.

"El azul del cielo es el sueño eterno del aire.

"Pero tú, que estás hecho de maíz amarillo, como esa luz que nos cobija, ¡despierta!, ¡abre los ojos!, ¡abre el espíritu!

"¡Tu eres el sueño privilegiado de la Tierra! El hombre que vive y no sueña, aunque viva muchos años, es un mutilado de espíritu, es un hombre muerto en vida.

"¡Vive!, ¡realiza tus sueños!, ¡accede a su luz!, que tu vida, sueño que otros soñaron, ¡será inmortal".

Más tarde, cuando abrí los ojos, contemplé extasiado el obsequio de la aurora: amanecía y, en el cielo, una greca enorme filigranada en nubes ámbar y rosa, inundó de paz mi alma. *(Los secretos del abuelo).*

EL PODER DE UN GRANO DE MAÍZ

En aquellos tiempos, cuando escuchar relatos y cuentos de la voz de nuestros mayores era el pasatiempo favorito de los niños, supe de la existencia de personajes, animales y lugares insospechados.

En esos días, y a falta de libros y revistas ilustradas, hacíamos esfuerzos por llevar a nuestras cabecitas duras la imagen de todas esas maravillas descritas en las narraciones.

Así, la primera imagen que tuve de un río era la de una quieta, enorme y ondulante serpiente de agua, y apenas podía creer y meterme en la cabeza que el avión era como un pájaro de metal rugiendo mientras volaba y volaba cerca de las nubes.

Me preguntaba, y a veces nos preguntábamos los niños de esas épocas:

¿Por qué los aviones, siendo tan pesados, no caen a la tierra?

En ocasiones, los cruces de las calles —sitio preferido por amigos y vecinos, con quienes jugaba al trompo y a las escondidas—, eran lugares donde, en improvisados asientos de piedra, nos reuníamos para escuchar aquellos fantásticos relatos de la infancia.

Jugar en las calles atrapando mariposas blancas, amarillas, verdes o cafés con manchitas negras; ir a la escuela para aprender las enseñanzas dictadas por los maestros; salir de compras al mercado principal o a las tiendas de los barrios; acudir al catecismo y a las misas que en esos tiempos se celebraban en latín y platicar con los amigos en la plaza del pueblo, fueron acontecimientos que me permitieron escuchar a gran cantidad de narradores, pero nunca conocí a nadie superior en el arte de contar cuentos como mi abuelo Gregorio, padre de mi madre, a quien mis tíos llamaban Lin.

Quién sabe qué extraño encantamiento tenía, pues siempre nos mantuvo atrapados con sus palabras o sus gestos durante los momentos en que nos relataba historias increíbles.

Él, mi abuelo, sí sabía contarnos cuentos.

Un día, cuando me encontraba dentro de una cueva, a la que acudíamos para enhebrar tejidos de palma de guano, en compañía de mis primos, hijos de mi tía Ramona y de mi tío Gonzalo, le pregunté:

—Abuelo, ¿de dónde sacas tantos y tantos cuentos que parecen no acabar nunca? ¿cómo le haces para que cada uno sea diferente? ¿quién te los contó?

Después de sentarse en un banquillo de madera, dijo:

—Los cuentos pertenecen a todos, nadie es su propietario. A mí me lo han contado mis abuelos, y a los abuelos de mis abuelos se los contaron sus abuelos... Así ha ocurrido sucesivamente...

Y bajando el sombrero que le cubría la cabeza para asentarlo en el suelo, advirtió:

—El día de hoy, antes de que comience a relatarles algunos cuentos, quiero que hagamos un trato.

Mis primos y yo escuchamos ansiosos:

—A uno de ustedes se le va encomendar la importante tarea de memorizar las narraciones; pasado un tiempo deberá escribirlas, pero si tiene dificultad para cumplir con este encargo no debe sentir miedo, ya que tendrá una oportunidad de que se lo repita para poder recordarlas. El elegido será un privilegiado, pues si cumple disfrutará el reconocimiento de todos. En caso de huir a esta honrosa distinción de memorizar y escribir los cuentos, merecerá el repudio de parte nuestra por no obedecer y cumplir con el compromiso.

Cuando el abuelo terminó, aguardó en silencio. Todos sus nietos nos vimos la cara con asombro. Tal vez cada uno de nosotros se preguntó:

—¿Quién de los aquí presentes será el elegido? ¿podrá cumplir con esa tarea?

Y cuando nadie se atrevía a decir: "yo puedo", el abuelo rompió el silencio diciendo:

—En la bolsa izquierda de mi pantalón traigo unas semillas de maíz. Cada uno de ustedes sacará solamente un grano de maíz; al hacerlo, su mano deberá estar cerrada. Cuando todos tengan su semilla abrirán la mano hasta que yo lo ordene. El que saque un grano de maíz distinto al de los demás, será el elegido.

"Nadie debe temer. El grano de maíz con poder quedará pegado en la mano de quien habrá de cumplir con el trato.

"Debo decirles que ese grano de maíz mágico sabe de nosotros y conoce los pasos de nuestro destino porque estamos hechos de su harina. Esta sabiduría que encierra el cuerpo del maíz la dejaron escrita nuestros abuelos desde los tiempos en que el recuerdo y la historia de los hombres se grababa en las piedras de las pirámides y los templos.

"Repito: quien saque el grano diferente al de los demás, lo pondrá durante el día en la bolsa izquierda de su pantalón; por

las noches, cuando se vaya a dormir, lo colocará debajo de su hamaca hasta que pasen nueve días, durante los cuales lo tendrá junto a él. Concluido este tiempo, irá al poniente de la huerta y lo plantará. Transcurrido trece días de la cosecha, se lo comerá transformado en tortilla. El maíz, una vez adentro de su cuerpo, le otorgará el poder de recordar todas las narraciones que a partir de hoy yo les relate".

Entonces exclamó en tono imperativo:

—¡Pasen por su grano de maíz!

Sin tardanzas, y antes de que volviera a dar la orden, sacamos apresuradamente de su bolsa el grano de maíz que el azar nos asignó. Con las manos cerradas esperamos la nueva orden.

Antes, el abuelo dirigió una mirada penetrante a cada uno de los presentes y ordenó:

—¡Abran sus manos!

Para sorpresa de los demás, y sobre todo para mí, un grano de maíz amarillo, distinto al de mis primos, estaba en la palma izquierda de mi mano.

De inmediato todos mis primos gritaron con alegría:

—¡A cumplir! ¡a cumplir! ¡a cumplir!

Entonces el abuelo empezó a contar sus fascinantes e interminables historias que ahora, noche a noche, yo relato a mis nietos.
(Los secretos del abuelo).

"El elegido será el que tenga en la mano un grano distinto".

EDUARDO MEDINA LORÍA. Nació en Valladolid, Yuc., en 1911; murió en Chetumal, Q.R., en 1990. Profesor normalista, ejerció el magisterio durante muchos años en comunidades rurales de Quintana Roo. Es autor de dos cuadernillos de cuentos, *Método para el aprendizaje de la escritura en lengua maya* y *Leyendas de los mayas de Quintana Roo* (Colección del Taller de la Lengua Maya en Chetumal, de la Casa de la Cultura de Quintana Roo. Mérida, Yuc., 1982).

EL NOVIO DE LA XTABAY

En cierta ranchería vivía una familia integrada por los padres y una pareja de hijos. Diariamente el padre con su hijo de 17 años iban a trabajar a la milpa, camino a la cual tenían que pasar bajo un corpulento y frondoso *yaxché* (ceibo).

En medio de esta diaria rutina pasaban días, semanas, meses y años, hasta que el joven, fastidiado y fatigado, comunicó a su progenitor su deseo de casarse, para que le buscara esposa, pues según la antigua costumbre maya los padres se encargaban de elegir a sus futuras nueras.

Poco caso hizo el padre a la solicitud de su hijo, pensando que al casarlo perdería fuerzas para la explotación de su parcela, por lo que el tiempo pasó sin resultados satisfactorios para el joven.

En una de tantas idas y vueltas, el mancebo se distrajo hasta casi entrada la noche y, poco después de emprender el retorno al hogar, al pasar frente al *yaxché* sintióse cansado, por lo que reposó sobre una enorme raíz. Allí se sumió en sus pensamientos, analizando su triste existencia sin que nadie se apiadara de su mala suerte; recordando las críticas de que era objeto por parte de otros muchachos que vivían felices al lado de sus esposas; elucubrando en su cerebro cosas buenas y malas; haciéndose mil ilusiones con una mujer que compartiera su vida.

Por fin comprendiendo la triste realidad de su desgracia, ofuscado y con los nervios en tensión, lanzó una terrible invocación: "¡Kisin!, si en verdad existes, te entrego mi alma a cambio de una mujer bonita que deberá ser mi esposa".

En el silencio de la noche, los ecos de la selva repitieron su demanda.

Desahogado su enojo, el joven quiso reanudar su camino, mas de improviso, entre los resplandores de la luna, vio que junto al tronco del *yaxché* estaba una mujer elegantemente vestida con joyas filigranadas en oro, quien le dijo: *Huinic, judzaba kaj, ualten wa beyen bixe ka dziboltiko* (Hombre, acércate y dime si soy como la que tú deseas).

Obediente, el hombre se acercó a la mujer sin inmutarse, porque veía en verdad algo extraordinario en la innegable belleza de aquella dama; sólo tuvo un instante de duda, al percatarse de que la luenga cabellera de la joven casi llegaba a los tobillos, pero la incomparable hermosura lo dejó de nuevo extasiado.

De improviso se escuchó el lúgubre canto del *xoch* (buho) y la mujer se despidió diciendo: *In dzulile tun d'anken wa a k'aat kaak ilba tu katene' d'anen layli way te kuchila chumuk ak'ab ka d'anken beya; Xunan yal kisin tak in wilkech.* (Mi amo me está llamando. Si quieres volver a verme llámame aquí mismo, en este lugar a media noche; me hablarás así: Hija de Satán, quiero verte).

Tan misteriosamente como apareció, la mujer se esfumó dejando tras sí una estela de humo verdoso, mientras el joven quedaba semiadormecido. Sin embargo en poco tiempo se repuso y, sin recordar cuanto había sucedido, continuó su camino a casa; nada le reprocharon sus padres en cuanto a su llegada más allá de la medianoche, pero si le recomendaron que no volviera a suceder.

Pronto la familia olvidó el incidente, mas con el correr de los meses los padres comenzaron a notar algo anormal en la conducta del joven, pues éste esperaba a que sus progenitores se durmieran para ir a sus citas de medianoche con su enamorada, quien, finalmente, le dijo una noche: *Lela' jach u dzoc ikil ilicba' wa jach jajad'an a yakunmene alten tu... jaji je' a betik le oxp' el baaloba'... yax unp'eel, ad'an yetel in dzulil kisin te' actun ma naach uaye'... kap'eel, k'ubten a pixan utial in dzulil... oxp' eel, ka sutkaba chivoi u tial ka'tzenten yetel u bak'el kimen makoob.* (Esta es la última vez que nos vemos; si en verdad me quieres prométeme que harás estas tres cosas: primero, hablar con mi amo el diablo en la gruta no lejos de aquí; segundo, entregar tu alma a mi amo; tercero, convertirte en chivo para que me mantengas con carne de hombres muertos).

Dispuesto a todo por realizar su anhelado sueño, el enamorado joven acudió puntualmente a su cita de la noche siguiente y siguió a su prometida hasta una cueva en cuyo fondo, tres fémures que hacían las veces de velas encendidas formaban un triángulo en cuyo centro estaban la calavera de un macho cabrío y el cráneo de un ser humano.

De las profundidades de la caverna surgió entonces una estentórea voz que comenzó a instruirle: "Estás cumpliendo con lo prometido; ahora levanta la calavera con cuernos y colócala frente a tu cabeza diciendo: *Tak in sutkimba un tul chivo utial kin kaxte u bak'el kimen makoob utial in tzent in watan.* (Quiero convertirme en chivo para conseguir carne de hombres muertos para mantener a mi esposa hija de Satán).

Seguidamente se le ordenó que se parara sobre el cráneo humano diciendo: "Maldita seas porque con tu carne alimentaré a mi esposa hija de Satán. Hija de Luzbel, conviérteme en fornido chivo". Al finalizar esta invocación, el joven sintió que su cuerpo se transformaba, cubriéndose de pelo, hasta convertirse en una bestia infernal que salió de la caverna y se dirigió al cementerio, donde se proveyó de la carne de un cadáver recientemente sepultado, para llevarla como primera prueba a su prometida.

U yal kisin suten tu ka'teen in wincli bey uch kin siji yok'o cabe... (Hija del diablo, devuélveme el cuerpo natural como cuando vine al mundo). Y al recuperar su forma humana el muchacho oyó de nuevo a su prometida: *Tin wilke' jach utz a wuuykin d'an biin a tukukte' utial tumben u' kun dzokokbel layli te kuchila' chen baxe'... ma u bin tuubu teche a tazik ten u bak'el le kimen makoobo...* (Estoy viendo que me obedeces muy bien y debes pensar que en la luna nueva nos casaremos en este mismo lugar, pero no olvides seguir trayéndome carne de hombres muertos).

Al volver a la realidad, el pobre enamorado nada recordaba sobre su transformación, excepto que había tenido un sueño desagradable; mas para él sólo era real la existencia de su bella futura esposa, sin percatarse que había entablado relaciones con la temible Xtabay (Llorona).

Poco a poco, en las rancherías circunvecinas fue divulgándose la noticia de que un monstruo desenterraba cadáveres para comérselos, por lo que después de varias macabras comprobaciones una junta de vecinos, presidida por el *jmen* (sacerdote), acordó que se diese aviso en cuanto ocurriera cualquier sepelio.

A los pocos días falleció otra persona y por la noche, después del entierro, los hombres, armados cada uno con su respectivo *bud'bil dzon* (escopeta de retrocarga), fueron a montar guardia a las puerta del camposanto.

A eso de la medianoche, un enorme animal saltó la barda del cementerio y, olfateando, llegó hasta la tumba recientemente ocupada; luego, valiéndose de patas y cuernos, dejó al descubierto los despojos; mas cuando se disponía a mutilar al cadáver a mordiscos, sonó una descarga cerrada y, con ayuda de lámparas de cacería los hombres apreciaron mejor a la bestia de descomunales cuernos que, de un salto ganó la salida y huyó velozmente.

Los hombres se precipitaron hacia el lugar donde había estado el engendro y, al no hallar huellas de sangre, uno de los más viejos comentó: *Le k'ak'as balo uay chivo u yalak' kisin, ka pajtak u tzaya yool dzon tie k'abeet u dzibta te tu yole dzonoobo unp'eel cruz.* (Ese engendro del mal pertenece al diablo; para que puedan hacer blanco los proyectiles de las escopetas es necesario que rayen cada una de sus balas con una cruz).

Varios meses pasaron hasta que ocurrió otra defunción. Pero esta vez, los pobladores que acudieron a vigilar el cementerio tomaron además otra prevención. Varios de ellos se instalaron en árboles estratégicamente elegidos en el probable camino que podría recorrer el animal, con instrucciones de avisar con silbidos su llegada.

Las medidas adoptadas esta vez produjeron resultados más satisfactorios. Cuando sonó la descarga unificada de todas las armas, la bestia, impactada, se reviró y cayó violentamente cerca de las puertas del camposanto; y aunque logró reponerse y escapar de nuevo, los vigías en los árboles pudieron ubicar aproximadamente hacia dónde se revolcaba en su fuga, mientras que otros se acercaban al lugar donde cayó el animal, donde descubrieron un charco de sangre. Mas como era ya más de media noche, optaron todos por retirarse para volver temprano a investigar qué suerte corrió la bestia herida.

A la mañana siguiente, unas hierbas manchadas con sangre, que un vecino descubrió poco después de iniciar la búsqueda, pusieron a los hombres en seguimiento de un rastro durante casi todo el día, en medio de la selva, hasta llegar a las puertas de una casa junto a un angosto camino.

Después de algunos titubeos, el más viejo de los hombres tocó a la puerta, la cual abrió casi de inmediato un hombre que suplicaba silencio porque su hijo había llegado en la madrugada herido en un accidente de trabajo.

Sin embargo, el dueño de la casa fue conminado a franquear la entrada por uno de los buscadores quien le dijo: *A tuz uinik... a uale' yan u d'an yetel kisin tumen zanzamale' chumuk ak'abe' ku zutkuba uay chivoi ku maan u yokolt u bak'e kimen makoob.* (Mentira hombre; tu hijo habla con el diablo, porque todos los días, a media noche, se convierte en un chivo infernal que anda robando carne de hombres muertos).

Al parecer, el animal herido pudo transformarse de nuevo en ser humano y así llegar a la casa sin despertar sospechas, pues padre e hijo eran inocentes de los hechos: uno por ignorar las macabras andanzas de su vástago, y éste por actuar fuera de sus cabales.

Sin embargo, al entrar en la casa los vecinos sintieron un hedor que ni los padres del muchacho podían explicar, por lo que pusieron a registrar la casa, hasta que encontraron una bolsa que contenía carne en descomposición. En ese momento oyeron quejarse al herido y todos se acercaron a él para exigirle la verdad de cuanto acontecía, a lo que el muchacho respondió:

In tataoobe' mixba u yojloob. Chen baax k'ajantene' ti untuul xkichpan ch'up chouak u tzotzel u pol, jachjadzutz u buquina tin ualati' yan in bizik u yooch bak' kin ch'ikti le makoob kimentakobo. (Mis padres nada saben; sólo recuerdo a una linda mujer con larga cabellera y muy bonito vestido, a quien le dije —prometí— llevar su comida con carne que le tomo a los hombres muertos).

Luego continuó: *Tin uila xan un tenake u yoke ma beye toona, jelantac, un dzit yoke' bey u may chivoi u lan dzite' bey ti ulume.* (Vi también que sus pies no eran igual a los nuestros, uno era como los del chivo y otro como los del pavo). Pero mientras esto iba relatando, el joven se fue transformando en un robusto macho cabrío, cubierto con pelos y con dos cuernos.

Sin poder soportar más aquella espeluznante transformación antes sus ojos, temblando aterrorizados, todos salieron atropelladamente de la casa, mientras las lúgubres notas del *xoch*, pájaro de mal agüero, indicaban que la noche ya les había sorprendido, por lo que decidieron incendiar la casa.

Poco tardó en levantarse una enorme hoguera, mas de improviso, ante las miradas cada vez más aterrorizadas de los vecinos, en medio de las lenguas de fuego se vio surgir abrazada a la pareja de enamorados, almas infernales, mientras la Xtabay iniciaba su tétrico llanto:

—Aaaaayyyy... mi querido amorcito, te llevaré ante mi amo Satanás y allí, entre el fuego, viviremos felices como te prometí... Aaaaayyyy... tu alma ya nos pertenece... Aaaaayyyy.

A lo lejos se dejaron oír el aullido de los perros y el canto del xoch, presagios de muerte. (*Leyendas de los mayas de Quintana Roo*).

EL HOMBRE QUE VIO A LOS DIFUNTOS

Todos sabemos que cuando se aproximan los días de los fieles difuntos necesitamos realizar una labor fuera de lo habitual: adornar nuestras viviendas, limpiar los espacios que rodean nuestros hogares, así como los caminos; preparamos un altar de la Santa Cruz, le ponemos al santo su ropa de *xookbichuy* (bordado de punto de cruz), cubrimos el altar con mantel nuevo, alistamos los *lakes* (trastes de barro), las jícaras, los *chuyuboob* (bases de bejuco para las jícaras). Han de estar preparadas las velas de colores para los pequeños y las de cera para los mayores.

Tenemos la certeza que el 31 de octubre por la noche comienzan a llegar las ánimas de nuestros seres queridos para visitar sus hogares y recorrer los sitios que en vida les fueron comunes.

Hace algunos años, en vísperas de los finados, Francisco Chan había elaborado, muy cuidadosamente, un plan para tener el privilegio de ver a las ánimas o *pixanoob*.

Es creencia popular que cuando los perros aúllan por la noche, lo hacen porque ven a los seres de ultratumba que vagan en las inmediaciones de los jacales.

Pues bien, la estrategia urdida consistía en impregnar un algodón con la secreción lacrimal de Boxní, su perro, y untarse en las pupilas la fibra humedecida, a fin de adquirir la agudeza visual y el don que se atribuye a los canes.

La noche del 31 de octubre llegó obscura, negra como pocas; tan silenciosa y solemne que ni el canto del *chochlem* (la cigarra) ni el lúgubre mensaje del *xoch* (tecolote) interrumpían la completa quietud del ambiente.

En el jacal del septuagenario Francisco dormían profunda y pesadamente sus hijos, nueras y nietos, mientras un delgado hilillo de humo esparcía discretamente en la estancia el aroma de un leño resinoso. Solamente él estaba despierto, dispuesto a correr el velo del misterio.

Acarició a su perro como lo hacía por costumbre y luego procedió a ejecutar el plan largamente meditado y madurado: con el líquido que manaba de los ojos del animal impregnó un algodón que de inmediato se frotó en las pupilas. Varias veces repitió a conciencia la operación y luego se retiró hasta un rincón de la casa, en un lugar estratégico donde, a través de los *kolojcheoob* (paredes de bajareque), podía mirar hacia el exterior.

La espera se inicia con la inquietud y la incertidumbre de atisbar en el arcano del más allá. A la respiración poco trabajosa acompañan los ronquidos de variada intensidad y ritmo y sonidos distintos, haciendo más tensa y nerviosa la espera.

Repentinamente, en la negra bóveda celeste aparecieron unos diminutos puntos luminosos, semejantes a cocuyos formados en columna; algunos segundos de avance permitieron distinguirlos como velas de una peregrinación que momentáneamente se detuvo para recibir las siguientes instrucciones: *Xeneex ta naji leex, xeneex a uileex a laak'obeex chen bale bik tubukteex a suteex zamale* (Vayan a sus casas, vayan a ver a sus familiares; sin embargo, no olviden que deben regresar aquí mañana).

Un sudor helado, intensamente frío, bajaba de la frente a la garganta del intrépido Francisco, quien se sentía paralizado, totalmente petrificado como antiguo ídolo, mientras miraba avanzar en dirección suya, parsimoniosamente, un ser del más allá envuelto en alto ropaje, que sostenía en la mano un cirio encendido.

La figura fantasmal se detuvo junto a la batea y exclamó: *Ninka in p'o in nok' yete le jaa'* (Voy a lavar mi ropa con esta agua). Asentó la vela y se despojó de su mortaja. Acto seguido comenzó a escucharse el ruido característico del agua y de la ropa que se lava. Una ropa blanca, con fragancia de limpieza y de misterio quedó tendida en la soga, moviéndose lentamente, impulsada por los vientos de la media noche.

Tras un momento de expectación, nuevamente el escalofrío recorrió la columna vertebral del *tatich* (anciano) Francisco. La vela se desplazaba ahora como si fuera dueña de su voluntad y poseedora de movimiento, en dirección a la choza..; crujió la puerta, leve pero claramente, y pasos de pie descalzo llegaron hasta la mesa de la Santa Cruz. Una voz femenina muy familiar dijo: *Ninka in wuk'e chucua yan te luch yetu wajilo'* (Voy a beber el chocolate que está en la jícara con su pan).

Alquien sorbía chocolate de una jícara y comía pan dulce.

La vela se había apagado y la obscuridad era total. Francisco se estremecía violentamente de pies a cabeza, su corazón golpeaba con vigor creciente el tórax como queriendo romper el pecho del anciano. Inesperadamente escuchó muy de cerca la voz de su difunta esposa que le dijo: *Bala cuxánex yok'o kab, wichan; talen in wilech tumen teche ta dziboltáh a wilik le yum pixanoobo* (Con que vives en el mundo, esposo; vine a verte porque deseaste mirar a las santas ánimas). Un círculo blanco tomó las facciones de una cabeza con la mitad descarnada enseñando la cavidad ocular, una cavidad nasal y parcialmente las mandíbulas.

¡Fue demasiado fuerte el impacto! Nuestro personaje sintió que el suelo se hundía bajo sus plantas, le fue imposible seguir respirando y, mientras todo giraba vertiginosamente en torno suyo, perdió el conocimiento, al mismo tiempo que escuchó una voz remota que decía: *Yan a botic a k'eban, kin padkech te ich k'ak'o, tuux ku bootku k'eban maak* (Tienes que pagar tu pecado; te espero en el purgatorio donde paga el hombre sus pecados).

El canto de las aves mañaneras, el aroma del bosque y la luz del sol que hacían huir, presurosas, a las tinieblas, para refugiarse en las grutas y cavernas del inframundo, anunciaban un nuevo día.

En la humilde habitación escenario del drama todo era agitación y enigma. Todos querían hablar y lo hacían atropelladamente, aumentando el desconcierto. Miraban y señalaban, desde prudente distancia, el fémur que se encontraba sobre la mesa del santo. Otros lloraban alrededor del *tatich*, quien hervía en fiebre con las mandíbulas herméticamente cerradas, sin poder emitir sonido alguno. Muchos curiosos miraban atónitos la mano impresa, como con molde al rojo vivo, en la puerta de aquella sencilla morada que de la noche a la mañana cobraba gran notoriedad.

Inútiles fueron los rezos del *jmen* (chamán), las atenciones de la yerbatera *dzak yah*. Don Francisco no salió de su mutismo y, cuando se realizaban los preparativos para el *bix* (ceremonia ocho días después), falleció. *Kuch kib* les dicen a los que mueren en (el día de) finados.

Han pasado muchos años. Hoy, 31 de octubre, escucho a los perros del poblado aullar nerviosamente en las cercanías de la casa donde se protagonizó la tragedia. Tal vez estén mirando dos figuras de ultratumba, con sus cirios encendidos, encaminarse hacia el hogar de sus descendientes: han de ser Francisco y su esposa. Yo no quisiera comprobarlo. (*Leyendas de los mayas de Quintana Roo*).

Apareció una cabeza con la mitad descarnada.

LEYENDAS MEXICANAS
CUARTA PARTE

ÍNDICE DE LA
CUARTA PARTE

LEYENDAS MEXICANAS
CUARTA PARTE

ÍNDICE DE LA CUARTA PARTE

ÍNDICE CUARTA PARTE

SAN LUIS POTOSÍ 761
  Rafael Montejano y Aguiñaga
      Un juramento en el mar 761
      El fraile de piedra 772
      Los sanjuaneros............................ 781
  Mariano Aguilar Martínez
      La dama enlutada 792
      La Planchada 795
      El caballo con alas.......................... 799
      El Jergas 803
      San Francisco.............................. 806

SINALOA.. 814
  Manuel Orozco y Berra
      La Santa Cruz de los Milagros 814
  Jesús Ángel Ochoa Zazueta
      San Ignacio de Nío. El santo de seis toneladas .. 816
      El rosario del caporal 819
      Del faisán al marquesado 820
      El amor de dos sangres 821
      Todo o nada................................ 824
      La gran mentira............................ 828

SONORA.. 831
  Enriqueta de Parodi
      La dinastía de Coyote-Iguana 831
      El reino embrujado de Quivira................ 838
      La princesa Marsrat........................ 844
      Sonot, la princesa ópata 849
  José Terán Cruz
      El Cacarizo 857
      El Carbunclo 858
      La mano que aprieta........................ 860
      La paloma negra 860

TABASCO 862
   Julio Cecilio Santa-Ana
        El vaquero fantasma 862
        Los santos aparecidos 865
        Lorencillo.................................. 868
        Un agente de Bonaparte..................... 871
        El Hércules chontal......................... 876

TAMAULIPAS 882
   Miguel Huerta Maldonado (compilador)
        La mulita que llegó a la Villa de Aguayo 882
        Leyenda de la Virgen del Chorrito.............. 889
        La manda................................. 891
        Leyenda del tesoro de don Pedro José Méndez .. 896
        De la bruja que les dio monedas de oro 896
        El mezquite de los tecolotes 899

TLAXCALA 901
   Toribio de Benavente
        Martirio de los niños tlaxcaltecas 901
   Crisanto Cuéllar Abaroa
        Acocillin 908
        Patlahuatzin.............................. 909
        Xochichocacíhuatl......................... 910
        Miahuacíhuatl 912
        Mexixcatzin 913
   Luis Nava Rodríguez
        Nuestra Señora de Ocotlán 915
        San Miguel del Milagro...................... 917

VERACRUZ... 920
   Francisco Broissin Abdalá
        El bajo de Pájaros 920
        El monje sin cabeza........................ 925
        La condesa de Vergara 930
        El perro de la Caleta 937
   Anselmo Mancisidor Ortíz
        Dos almas errantes 941

El fantasma del Caballero Alto 944
Las almas de los cuarteles 946
El monje de la Merced 947
Alberto Espejo, Ilahí Ramírez Muñoz
y Norma Angélica Cuevas Velasco
    Cueva sellada o cerrada 955
    Mercado de indios 956
    Puente del diablo 957

YUCATÁN 959
Luis Rosado Vega
    El origen de la mujer Xtabay 959
    Los árboles que lloran........................ 963
    La Xmakol 967
    De cómo en tierras de Yucatán
    fue perseguido Jesús 972
    La muerte de un kakazbal..................... 976
Antonio Medíz Bolio
    Chichén-Itzá y la princesa Sac-Nicté 981
    El címbalo de oro 991
Hilaria Máas Collí (Compiladora)
Lázaro Pavía
    Xunáan Túunich (La Dama de Piedra) 998
Eleuterio Llánes Pasos
    La Xtáabay................................. 1001
Everardo García Erosa
    El Pu'uhuy 1005
Pedro Sánchez de Aguilar
    El duende de Valladolid 1013

ZACATECAS 1017
Cuauhtémoc Esparza Sánchez (Compilador)
George Frederick Ruxton
    La leyenda de la veta negra de Sombrerete 1018
Othón E. de Brackel-Welda
    Una leyenda mexicana 1025
    El papantón 1027

Rafael Ceniceros y Villarreal
    Deudas por saldar 1033
Samuel Salinas López
    La celda de la mano 1040
    La condesa de Valparaíso 1045
José Corona Núñez
    Leyenda del Teúl 1050

SAN LUIS POTOSÍ

RAFAEL MONTEJANO Y AGUIÑAGA. Nació en San Luis Potosí, S.L.P., en 1919. Licenciado en teología y en historia por la Universidad Gregoriana de Roma, diplomado en la Scuola Vaticana di Biblioteconomia, Paleografia ed Archivistica y especializado en historia de México, arqueología y antropología en la Universidad Autónoma de San Luis Potosí, ha organizado valiosos repositorios documentales, promovido el desarrollo de la investigación regional y realizado una intensa actividad docente y editorial. Es autor de unos 90 libros y folletos sobre temas y materias locales, entre ellos *Del viejo San Luis. Tradiciones, leyendas y sucedidos* (1969; 2a. ed., 1995).

UN JURAMENTO EN EL MAR

Aquellos garzones se sentían presas de insufrible aherrojamiento. Estrecho, muy estrecho y oprimente sentían el fundo, ora socarrado por los larguísimos asoleos, terroso y triste, ora hecho un tremendal por las inacabables lluvias, donde les dio la luz primera y donde, ya de este lado de la puericia, no hacían más cosa que labrar y cuidar la tierra, echar el ojo a los ganados y soñar, soñar empleando en ello con mucho ahínco todas sus potencias, en el ancho mar de más allá de su nava natía y de los cerros que la alindaban.

En las apacibles horas vesperales, cuando ya habían dado cabal cumplimiento a los quehaceres del día, íbanse al mesón o a la almuercería del Valle —atravesando entonces en la vía obligada entre el Viejo San Luis y el puerto de Tampico y centro de un muy movido comercio, gracias al cual llegó a grandes prosperidades don Salvador Paláu— a entablar donoso palique con arrieros, mercaderes y viandantes. De propósito, entre la algarera turbamulta del camino, buscaban a los más parleros y fantasiosos, a fin de que les dieran prolija cuenta de sus idas y venidas por las fragorosas veredas de la Nueva España, de sus reencuentros con salteadores temerones, de los burgos y villas en que trajinaban y de la mar.

De la mar sobre todo. De la mar de Tampico, puertecillo de poco más o menos, pero principalmente de la mar de Acapulco, donde vaciaban su cornucopia de exóticas mercaderías las naos de la China, y del mar de la Villa Rica de la Vera Cruz, donde afondaban los galeones que venían de la Europa.

Las narraciones, corcusidas de artificiosos fantaseos de los arrieros, mercaderes y viandantes boquirrotos, echaban a navegar al par de mancebos en una mar de fascinantes y fogosas ensoñaciones. Veíanse, muy entrajados de marineros y con arrogancia fachendosa, dando el pecho muy barbadamente a las más riesgosas aventuras: yendo el corso en las galeras del rey, pisándoles los talones al afierado Lorencillo, aparejados con temibles cuchillos alfanjados y sir Francis Drake, o de toda la canalla inglesa; domeñando con atinada pertinacia el velero zarandeado por briosas tempestades; enredados en un sucedido sangriento en alta mar; naufragando, finalmente, en los divertimentos indecibles de los puertos.

Tales narraciones, salpimentadas lo más de lucidas y despejadas mentiras, las urdían gentes, que, en muchas ocasiones, desconocían la mar, pero las habían recogido de otros, que a su vez, también las habían desprendido de otros de más allá, poseían la falaz virtud de ahogar al par de mozos ensoñadores de un dulce embaimiento que cada día les hacía más agria la existencia en tierra y su sosegado oficio de labrantines. Con esto recrecía el ansia aventurera de sus antepasados los recios conquistadores y fijaron, con indesviable y dura voluntad, la proa de sus ilusiones en el camino de la mar. Ya no apetecían otra cosa ni otra vida. Cuando tiraban en sus terrazgos la besana y la reja rasgaba la hosca tierra, hacíanse al ánimo de que la esteva no era más que el timón marinero regido con avesada destreza, y el arado la nao tremolante en la veleidosa cresta de las aguas sin confín.

Como a los dos les arreciaban desbocados estos frenesíes náuticos, día llegó en que, no pudiendo sobrecargarlos más, dieron de mano a los ruines aperos, y a hurto de sus progenitores, sin que los ancianos los apercibieran con la protectora bendición paternal, abandonaron la tierra y transpusieron, muy señores de sus propias ansias, en busca de la mar alucinante, los serrijones solariegos del Valle de la Visitación de Santa Isabel del Armadillo.

No enrumbaron derecho sus pasos a ningún puerto sino que, ardidos de fe, a fuer de cristianos viejos, pusieron en sus pies las veredas que los trajeron a esta ciudad de San Luis, a confiar sus almas y sus quereres, para pedirles su poderoso amparo, a Nuestra Señora de Guadalupe, en su santuario extramuros, y a nuestro Seráfico Padre San Francisco, en su templo. Genuflexos ante sus altares, con todas las veras de sus corazones, imploraron de ellos su indefectible asistencia para salir con bien de la riesgosa vida a la que iban a dar rostro; que de salir con bien, no sólo volverían a darles muchas gracias y loores sino que les traerían, para aderezo de sus templos y para memorar sus favores, lo más lindo y valioso de lo que pudieran allegar. Escudados con esta doble rodela, fijaron como norte de sus pasos el afamado puerto de San Diego de Acapulco. Y para allá se fueron.

Días y días de mucho caminar por veredas soledosas. A ratos, en el alcance de los trajineros que arriaban sus recuas despaciosas, brindábanles compañía. Ajustaban su paso al de ellos, requiriéndolos para que les entregaran, y de cuanto mayor bulto, mejor, señas de los caminos que llevaban a la mar; para que les prodigaran noticias de los bergantines y de las naos; del modo de engancharse en ellos; en suma, de todas las artes de marear. Mas, no podían platicar. En las noches cuando por fuerza tenían que parar para restañar cansancios y dar el indispensable huelgo a sus piernas, buscaban el apostadero más ruin, donde era seguro que encontrarían gente arrieril, novelera y decidora. Al opaco y muriente claror de engañosos lucernarios, escuchaban atentos, embaidos, suspirantes, las narraciones de las flotas que, en San Diego de Acapulco, echaban anclas o las levaban; y únicamente salían de ese recogimiento interior para hacer nueva pregunta y tornaban a arrinconarse en él.

Por fin pusieron pie en el mentado Acapulco. Llegaron cuando, al grito de una nueva nao de la China, hervía el puerto de compradores y mercaderes del interior y, por consiguiente, se abría la consabida feria para poner su enorme cargazón en subasta. La primer voz que oyeron fue la del pregonero, un negro que con ronco y fornido grito leía el bando del virrey, en el que se excitaba a todos los que trafagaban en el comercio a que bajaran al puerto bien apercibidos con caudal suficiente y provistos de las guías despachadas en las garitas, boletas de peaje y demás documentos necesarios, para que no les decomisaran las apetitosas mercancías a su regreso.

Los mozos, entontecidos por aquella briosa algarabía de los que iban decididos a hacer provechos con el cargamento de la nao por llegar, tomaron el negocio como una rutilación de su buena estrella y como un singular favor de los santos en cuyas manos andaban encomendados: ese bajel venía por ellos y no por los mercaderes. Alados corrieron al puerto para verlo fondear, no fuera a ser que volviera velas atrás, y sin llevarlos a bordo. Sólo que el navío no alcanzaba aún el final de su viaje.

Con este leve descalabro, recrudecieron sus impacientes prontos. Rondaron con angustiosa curiosidad por todos los atracaderos; hablaron una y muchas veces con el castellano del fuerte de San Diego, como que el dicho castellano era en aquellos tiempos el capitán del puerto; rogaron el patrocinio de toda la gente de mar, ya simples pescadores ya enrudecidos marineros viejos; y se ambientaron, mientras tanto, en los negocios de marear.

Cuando ancló la nao y se hizo la puja de sus exóticas mercaderías veían y no creían: onerosos fardos de felpas, brocateles, sedas briscadas y lampazos de la China; rutilantes biombos bordados o de Coromandel; churlos de canela, bocois de grana, marquetas de cera y partidas de estoraque y pimienta; delicados tibores de lanzales contornos; mantones de exquisitos colores dibujados; gráciles abanicos y delicadas peinetas de carey; lacas relumbrantes; figurillas de marfil primorosamente escopleadas; aporcelanadas vajillas de todas clases; creas, limistas y bellorines sin cuento; damascos, pequines, chitas y toda suerte de géneros; sutiles y penetrantes esencias aromáticas en grano en transparentes botellas castellanas. Cosas todas éstas que, en un decir Jesús, se desparramaban sin regatear precios, entre los mercaderes allegadores venidos del interior buscando emolumentos.

Con suplicante importunidad, ora al castellano del fuerte ora al capitán del navío, mientras discurría la feria y compraventa, los mozos asediaban a aquéllos. Valióles el que, en el primer día, desertaron los pinches, y el cocinero se quedó sin galopines. De modo que así fue como sentaron plaza en la marinería y entraron a ser dos de los varios grumetes con que debían contar las naos de la China o galeones de Manila, como los llamaban los que saben.

El día que el navío retomó el camino del mar, encogido les pareció el pecho, incapaz para asentar en él tanto y tamaño alborozo. Y cuando esperaban partir garbosamente dando velamen o restirando jarcias o gobernando timones, luciendo sus habilidades ante la vista embobada de los hombres y mujeres que repletaban el muelle a la salida de la nao, se vieron refundidos en las ombrajosas bodegas preparando bastimentos. Al soltar amarras y levar anclas, ocupados como estaban en sus bajos menesteres, no vieron ni desanudar la nao de los robustos tamarindos que frondosamente se alzaban en la bien resguardada playa que hoy se conoce con el nombre de Manzanillo, dentro de la inmensa bahía de Acapulco; ni cómo, en la cubierta, la marinería, al son de viejas canciones y gritos de fornidas expresiones lanzaba velas, sólo escuchaban el gemebundo canto de las jarcias; ni cómo el viento hinchaba el velamen, haciendo flamear las insignias en él pintadas. Pero esto era lo de menos.

Ya en la mar abierta, también a ellos se les hinchaba el corazón y cantaba junto con las jarcias. A poco, traspasadas las aguas mansas, el bajel empezó a empinar ora la proa ora la popa y a contornearse ora a babor ora a estribor en un, para ellos, desconocido y tremebundo baileteo, que los hacía trastabillar y les ponía en muy acedo desasosiego el bandullo y el entendimiento. Con esto, cuando se consentían más bien sentados en sus glorias, viéronse caídos tragando los salobres buches del mareo. Pero aún así, no pensaban volver piernas atrás.

Conforme la nao se adentraba en la mar, remecida por las brisas boreales, el mareo alcanzaba más altos niveles arrastrándolos consigo, porque ya había hecho pertenencia suya a los mancebos. Más tarde les recreció la destemplanza de cabeza, y sobre de esto, después de que lo hubieron volteado todo, una gran flaqueza o frialdad en los estómagos, junto con unos ardores interiores que se les desvalagaban por las carnes; a lo que siguió luego un humor frío que les alteró y corrompió el temperamento, hasta apagárseles, casi, la calor natural. Cuando la nao mandó velas al archipiélago de las islas en Marianas o de los Ladrones, aprovechando los vientos alisios, los dos grumetes ya traían poca vida encima, se las habían ido mermando, y no a suaves pellizcos sino a fuertes y constantes dentelladas, los terribles desbaratos del estómago, los romadizos, los vómitos, los ardores del intestino grueso o morquerón y creo que hasta el escorbuto, de modo que les había ido quedando desamparado el vigor de todo el cuerpo. La facultad de pensar la tenían tan desatinada, que sólo sabían encomendarse a Nuestra Madre Santísima de Guadalupe y a Nuestro Seráfico Padre San Francisco, haciéndoles mil prometimientos de votos y mandas si los sacaban con bien de aquel moridero y les daban la mano para seguir adelante.

Cuando el bajel llegó a la isla de Guam, después de navegar las mil ochocientas leguas, los garzones estaban en tal desmedro, que lo más que podían hacer era pelar patatas o ejecutar faenas mujeriles en la cocina. Los tres días que allí permaneció la nave, descargando comida, ropa, armas, municiones y otras cosas necesarias para el destacamento que guarecía la isla y proveyéndose de agua, fueron benévolos para los dos mozos. El sosiego de la nao les devolvió el vigor y les reparó las potencias; ya pudieron comer sin riesgo de vaciar los cuerpos, y dar pasos firmes; aún bajaron a tierra a orear las recias pesadumbres y quebrantos de la travesía.

De Guam el bajel apuntó su proa a la bahía de Cavite. Navegó en las apacibles aguas de las numerosas islas y estrechos. Este sosiego fue una tonificante sedancia para los ajobos de los dos grumetes. Encontraron los bríos perdidos y entonces sí, después de la larga espera impacientada, tomaron vuelo las inquietudes marineras con ímpetu y braveza. Ya no hubo hombres más esforzados, ni gente más fogosa ni nautas más dispuestos a hacer rostro, llenos de vehemencias y audacias, a todos los peligros, como ellos.

Y peligros, constantes, aleves, desmesurados, los había entre la sobredicha Guam y Cavite. Los corsarios y piratas ingleses, holandeses y franceses acechaban por esos rumbos, con fiera pertinacia, a los galeones españoles y sus codiciados cargamentos de oro y plata. A poco navegar por el canal del Espíritu Santo, se avistó la señal que, desde el cabo homónimo, emitían las atalayas. Buena señal, porque sólo eran dos humos, indicio de que, por allí, a lo menos, no vagueaban los bucaneros; lo mismo en las cercanías de la isla de Samal, y en Cantanduanas y en Runfam. Pero, entre Brilongo y Batán, el vigía divisó las temidas señales de los cuatro humos, hechas por el atalayador de ésta, indicando la presencia de navíos sospechosos; a pocas millas aparecieron velas en el horizonte, inflamadas de sol, hinchadas por el viento, con las temeronas banderolas flameando alocadas en el palo mayor. Piratas eran, que a rápido navegar se aprestaban al asalto de la nao de China, en la que, a su vez, se apercibieron todos para un sanguinoso ataque.

Nuestros grumetes, recobrados ya de los anteriores achaques, ardidos de valor, ensanchado el ánimo porque veían cumplirse otra de sus ensoñaciones, fueron de los primeros en acudir a cubierta cuando el vigía alertó a la tripulación con el corso a la vista. El cual resultó ser el temible y embestiado pirata Pie de Palo, por mal remoquete, de malfamada ejecutoria de asaltos, robos, muertes y delitos sin fin.

Puesta la gente en batalla, aguardaba el abordaje. A los dos grumetes, armados de arcabuces de dos ruedas, les tocó guerrear junto a las bombardas situadas en el combés, cara a los bucaneros. Con fogosos prontos, al acercarse éstos, dispararon sus armas al par de los cañones, de modo que cuando llegó el asalto, se encontraron sin más cosa útil que las espadas al cinto y las alabardas. Al choque de las bordas rechinó el maderámen, se bamboleó feamente la nave, y los dos mozos dieron inopinadamente con sus cuerpos en el suelo. Pie de Palo, mientras tanto, afianzaba la nao con potentes garfios. Y vino el abordaje.

En el combés, allí donde estaban nuestros mozuelos, se trenzó la más fiera pelea. En menos de nada, toda la gente estaba allí, revuelta y rabiosa, en cruenta confusión, asestando golpes al son de gritos y blasfemias encendidas, de denuestos y de aclamaciones piadosas entre el desatinado revuelco del chispisaltante choque de los aceros, de las mazas y de las hachas. Nadie se ahorraba de peligros, rompiendo con impávido corazón por entre los furiosos mandobles y mamporros.

Un golpe de ola —que después los españoles atribuían como sentencia en cosa juzgada al poderoso Señor Santiago y nuestros criollos a María de Guadalupe— rompió la borda donde estaban enclavados los garfios apresando la nao, y el puente de abordaje cayó a la mar. Con este descalabro, los piratas se vieron privados de refuerzo y luego, al reempujarlos los acometidos, sin defensa en la retaguardia, mal heridos, contusos y diezmados, perdieron el reencuentro; y uno a uno, vomitando terríficas maldiciones, fueron echados sin miramiento a las aguas tenebrosas. En el inter, un milagroso tiro de bombarda quebró el trinquete, y otro el palo mayor de la nave pirata, cayendo la pesada verga con todo y velamen sobre Pie de Palo y sus compinches; a seguido, los cristianos, viéndose gananciosos, arremetieron a los asaltantes con una copiosa lluvia de bolas de calafatear encendidas. Tan tupida e incesante era esta pedrea que, como al barco bucanero se le rompió el gobernalle en el tope causado por el golpe de ola, sin timón y sin velamen, quedó al garete, volviéndose un puro desconcierto, y las bolas hechas llamaradas rodaban hasta las bodegas y hasta la santa bárbara.

Antes que otra cosa sucediera, la nao de la China reemprendió su caminar. El azoro de antes se trastocó en júbilo, y los gritos, robustos, groseros, malquerientes, en ardidas plegarias de loores y gracias al Cielo. Con el alejamiento de todos los peligros, se levantó un gárrulo bullicio de oraciones. Cada quien decía merecidas alabanzas a su Santo protector, ora genuflexo y a somormujo, con afincamiento, ora con adementados manoteos y saltos, sacando la voz con arrebatamiento.

Los mozos, a tamaña distancia del solar natío, recibido el sanguinoso bautismo de fuego en alta mar, todavía con las carnes laceradas, los huesos desconcertados, los humores alterados y los pechos rojados de sangre, atribuían el singular sucedido a María Santísima de Guadalupe y al Seráfico San Francisco, y no a otros, a quienes con tantas veras se encomendaron al salir del viejo San Luis. Parlamentando entre sí, convinieron de consuno en que, cuando retornaran a sus patrios lares, no sólo cumplirían con lo prometido al dejarlos, sino que aún elevarían la calidad del exvoto. Porque esa grandiosa e inesperada rota inflingida a Pie de Palo, debería memorarse con lo mejor que encontraran en el ancho mundo que andaban recorriendo.

Días después, pasando por Mariveles, la nao llegó a Manila, corridas las dos mil doscientas leguas que mediaban desde Acapulco. En Manila, los dos grumetes, enrudecidos ya y hechos del todo a la vida del mar, se contrataron en otra embarcación, española también, que salía a navegar por el mar de las Indias, trafagando con especias. En esta forma, perseverando en una o enganchándose en otra, al par que navegaban por los océanos de sus ilusiones, fueron acrecentando méritos: de grumetes subieron a marineros, de marineros a pilotines, de pilotines a segundos pilotos.

Cruzaron muchos mares y pasaron por muchos trabajos y penalidades. Porción de veces se vieron agarrados a las aldabas de la muerte o por furiosas tempestades que ya daban de través a la embarcación o por los reencuentros con piratas o por el escorbuto proveniente de la falta de agua y que tan diligente e incesantemente hacía que los marineros afondaran en el mar sin playas de la eternidad. De tan desproporcionados riesgos y pesadumbres, salían siempre con bien cuando ya estaban para acabar mal y malaventuradamente. Porque su fe en Santa María de Guadalupe y en San Francisco era muy recia y maciza.

Surcando aguas, al cabo de mucho navegar, llegaron al Adriático y soltaron el ancla en Venecia. Con haber visto maravillas sin par y bellezas indecibles, la suntuosa ciudad lacustre, con sus renombradas construcciones de iglesias y palacios, con sus canales y góndolas y con sus islas en las que los artesanos vénetos ejercían los oficios más primos y artificiosos, les enajenó los sentidos. Mayormente la multicolora y diáfana cristalería de Murano, con sus prismas brilladores en los que se deshacía el arco iris, con sus copas, urnas, ánforas, vasos lucernarios, floreros y candiles casi inmateriales, como desvalidas chorreras de sutil encaje.

Los candiles y arañas, en cuyos cristales parecía estar preso un perenne rayo de sol, vertiendo incesantes chispeos de luz, les arrobaban el alma. Y más todavía un singular candil en forma de góngola, que uno de los mejores obradores confeccionaba para el palacio de Doge, en el que los prismas y almendras polifásicos semejaban lágrimas coaguladas, en las que rebotaba el rápido centelleo de la luz.

Alelados contemplaban aquella barca de lindura peregrina, que parecía navegar, con natural apacibilidad, en el canal del difuso claror de la tarde. De súbito, ambos a una, cayeron en el recuerdo del compromiso contraído con sus santos protectores por tantos favores dispensados y por tan porfiado e indesviable valimento en sus apeligradas travesías. La contemplación de aquella góndola les evidenció con toda claridad que, como ese o mejor que ese, debería ser el exvoto que ofrendarían a María Santísima de Guadalupe y al Señor San Francisco para sus templos en el Viejo San Luis.

Como, por las voluminosas dimensiones, no les sería factible proseguir sus correrías por la mar cargando tamaños candiles, discurrieron adquirir sin regatear florines, la cantidad precisa de almendras, prismas, adornos y cuentas necesarias, para, a su regreso al Valle de Santa Isabel de Armadillo, armar acá, delineando en la forma que ellos dictaran, sendos bajeles de cristal. Como de facto, y embalando con máxima cura las piezas en un par de arcones, volvieron a la mar.

Largos y muchos meses, años quizá, emplearon todavía los mancebos, hasta saciar plenamente sus ansias de marear, discurriendo por océanos y puertos remotos y diversos. Por fin llegó el día en que decidieron afondar en la acogedora rada del hogar paterno. En Veracruz despidiéronse de la última nao y, con los dos arcones repletos de cristales de Murano, en robustas arrias, cogieron el camino que los traería al Viejo San Luis.

Ni que decir que su primer visita, aún antes de trasponer la Garita de México, entonces finítima a las ramblas de la Merced, fue para la Guadalupana, cuyo nuevo santuario se estaba sacando de cimientos; la segunda, para el Seráfico. En el convento grande de San Francisco dejaron en depósito sus preciados cristales, mientras daban con el artífice que diera ser al par de candiles, moldeados como naos. Cumplido este quehacer, tomaron las veredas de Santa Isabel del Armadillo, escarabajeándoles los pechos el propósito de cumplir cuanto antes con el juramento hecho en alta mar.

En el susodicho Valle, cuna fue de gente muy habilidosa y diestra en todas artes, y en donde se abrió la primer imprenta potosina, tenía taller el afamado prototipógrafo Josef Alexo Infante. Además del segundogénito, José Tomás, el eximio y no igualado grabador, y de otros hijos —negocio éste que tengo muy bien averiguado, y no hermanos, como vienen repitiendo los que no saben— tuvo una hija, la primogénita, que respondía al alongado nombre de Francisca Paula Máxima María Merced. Esta, como

creció viendo al padre majar el oro y la plata, embarneció asabientada en las artes liberales de la pintura y la escultura en suave, estofando primorosamente imágenes a oro y transflor.

A ella acudieron nuestros marinos vueltos a tierra. Hicieron trato, Francisca Paula vino a San Luis, y con sus manos femeniles, ensartando delicadamente prismas, almendras, adornos y cuentas, construyó dos bajeles primorosos, que no hay más que pedir, con sus diáfanos velámenes, vergas, anclas, jarcias, timones y todo lo perteneciente y atañadero a un cabal navío. Son los candiles que todavía hoy exornan los templos de San Francisco, uno, pendiente de la linternilla del cimborrio, y del Santuario, otro, colgado del domo del mismo. Ambos memoran el juramento votado en alta mar, en aquellos tiempos lejanos del Viejo San Luis. *(Del viejo San Luis)*.

EL FRAILE DE PIEDRA

Sus términos alcanzaban hasta muy lejos. Del lado de la ciudad se iban por toda la Corriente; donde desaparecía ésta, se volteaban hasta el río de Santiago, dejando a un lado Los Ranchos, a mejor, Soledad de los Ranchos; proseguían luego hacia Las Terceras, Milpillas, Peñasco, donde se apareaban con los de la jurisdicción de Mexquitic; enseguida se iban brincando por las llamadas Cuestas del Cochino, de aquel lado del Peaje, para alcanzar las planicies requemadas por largos asoleos del Tepetate, San Francisco, Santiago, Gallinas, El Gallo —hoy Villa de Arriaga—, para regresar después por lo más alto de la Sierra de San Miguelito y, finalmente, rodar cuesta abajo por la Cañada del Lobo y Tierra Blanca, hasta alcanzar el viejo camino de México; y por atrás de la Merced enfilaban otra vez, serpenteando, hasta dar con la dicha Corriente, donde remachaban el cerco de la amplia jurisdicción de la Parroquia franciscana de Nuestra Señora de la Asunción de Tlaxcalilla. En su área tenía de todo este antiguo Curato, lo mismo cerros pedregosos que serranías arboladas, escampados polvorientos, socarrados un tiempo, lodosos otros, que llanuras de tierra y cascote flageladas por resolanas, heladas e inacabables lluvias.

En el último citado rincón de esta vastísima parroquia estaba la República o Barrio de San Juan Evangelista de Tierra Nueva o Tierra Blanca, alias Nuestra Señora de Guadalupe, "Visita" de la

"Doctrina" de San Miguel, San Francisquito y la Santísima Trinidad, hoy San Miguelito, a secas, "Auxiliar", a su vez, de la supradicha Parroquia de Tlaxcalilla extramuros.

En la mentada visita o barrio, cuyos habitadores sacaban el cotidiano sustento o arañando las tepetatosas tierras comunales o descalvando la Sierra de San Miguelito para hacer carbón y leña o desgajando los cerros para que los artesanos de la cantera produjeran obras primorosamente moldureadas, se había acogido, ya muy sobrecargado de años y de méritos, el seráfico fray Juan de Antillón.

Provenía de las recias montañas vizcaínas. Dicen que algún villorio menor de Portugalete, cerca de Bilbao, tocante a Valmaceda. Por allá, aunque no sé el año ni el mes, menos el día, vino a la vida, por los conmedios del siglo xviii, en muy hidalga cuna. "Aunque muchos —advierte el afamado cronista fray José Arlegui— no conocen otra nobleza verdadera que la que dimana de la virtud propia, dicen bien como filósofos; pero como historiadores, deben advertir la nobleza heredada, porque de buenos principios normalmente resultan efectos buenos, y de sangre generosa rara vez faltaban hazañas esclarecidas". En éstas abundó fray Juan de Antillón; por éstas ensanchó su fama y quedó opinado.

A fuer de hijo de padres nobles, "como a tal le criaron en la enseñanza de la latinidad, virtud y costumbres iguales a su nobleza. Pero como los bríos de la sangre rompen los términos más precisos y cortando la coyunda sacuden el yugo de la sujeción paterna por darse a la libertad; así a este varón apostólico los años de su muchachez le hicieron sacudir el yugo de la paternal obediencia y pasar a la Nueva España...".

Juan, por acá, empujó esos fogosos bríos de la sangre en el tráfago de las minas, con lo que pronto se convirtió, por los buenos provechos que de ellas sacaba, en un peripuesto caballero, muy adinerado y ostentoso. Anduvo por los más afamados reales: Taxco, Guanajuato, Zacatecas. Por doquier la fortuna le sonreía. Siempre andaba con sus alforjas bien abastadas de oro.

Y como también él estaba hecho del mismo frágil barro pecador que todos los mortales, de continuo se veía atollado en bullangueros alborotos, en compañía de hombres decidores y rijosos y de toda clase de gente baldía y soez. Tuvo muchos dares y tomares con la justicia por causa de su genio alacranado y fosfórico muy dado a la pendencia, y así no podía encontrar aposentamiento fijo.

En Zacatecas estaba cuando, por una tremenda pelotera que conmovió a la ciudad entera, tuvo que huir al Nuevo Descubrimiento de Nuestra Señora de la Concepción de Guadalupe de los Alamos de Catorce. Las recién levantadas minas del padre Flores, de Dolores, de La Luz y otras agrandaban la fama del nominado Real con sus vetas aurifluyentes de sólida ejecutoria de riquísimos petenques. Muchos eran los que, al clamor del oro, caían en la nueva población; de modo que, en un decir Jesús, salió de cimientos en la estrechez de aquellos cerros una muy bien concertada ciudad —cuya traza dibujó don Francisco Bruno de Ureña, agrimensor titulado por Su Magestad, de tierras, agua y minas— con su iglesia, sus plazas, sus haciendas de beneficiar metales, sus comercios y oficinas de todas artesanías y, por supuesto, con gente arriscada y maleante. Con éstos se amigó Juan y, apenas llegó a Los Catorce, tornó a sus malos pasos y al tráfico de las minas. Algunos años corrió, cosa de cinco, recogiendo oro con una mano y tirándolo con la otra. Porque no sabía derrochar menos que a mano llena. En las sonochadas recorría las empinadas calles del Real muy arrogante en compañía de otros hombres pleitantes y en busca de algún sucedido sangriento.

Pero, como las cosas de este mundo no tienen permanencia y todo se acaba, en lo mejor de sus malandanzas la fortuna, que tanto lo había requebrado, le volvió la espalda. El desplomamiento de sus catas, deudas insolutas y una tumultuosa pendencia de la que lo sacaron sin resuello, con algunos huesos desquiciados y con tamaña apertura entre las espaldas que lo puso al lado de la muerte y adentro de la cárcel, cortaron sus desaviados pasos.

En menos de nada el levantado Juan de Antillón había caído de la opulencia y regalo a la imponente horrendez de la pobreza y el calabozo. Y todavía, allí, por obra de los huesos desquiciados y de la cuchillada en las espaldas, rodó a lo más bajo de unas tercas febrilidades que le pusieron el entendimiento entre las nieblas. Fue menester aplicarle muchos elíxires conformativos y cataplasmar y topiquear la herida para extraerle de esas persistentes calenturas y subirlo al nivel del claro juicio y salud.

Mientras se le substanciaba la causa y él yacía en la fría, pesadumbrosa y estrecha cárcel del Real de los Catorce, fray Genaro de Mendigutia, un franciscano de mucho espíritu, el más a propósito para tratar con mineros arriscados y algareros, le solía predicar con lucido despejo y bravas razones, imprimiéndole general turbación. Ya sea por los sorpresivos reveces, ya por lo tétrico y sombrío de su pasión, ya por la palabra persuasiva del fraile, su fe, muy reblandecida por los anteriores descarriados pasos rebulló ardiente y maciza. Con pávido asombro consideró sus pecaminosos días, y paró en la ineludible conclusión de que estaba muy fallido en el negocio principal: la salvación de su ánima y que debía desatenderse del lodo de las pasiones. Hasta hizo voto a Nuestro Padre San Francisco, si salía con bien de ese compromiso que lo mantenía entre rejas, de dar de mano al siglo y vestir sus seráficas ropas.

Como de hecho. Finiquitada la causa, sin hacer más caso de sus pertenencias materiales, se vino al convento grande de San Francisco en esta ciudad de San Luis Potosí, donde muy humildemente pidió ser contado entre los miembros de la seráfica familia de la Provincia de Zacatecas. "Con mucha edificación de los religiosos que le habían conocido, pasó su año de noviciado. Como desengañado de las falencias del mundo, soltó a los fervores de su vocación los diques, para purificar con lo acre de la penitencia las manchas de los escándalos que con su licenciosa vida había en el siglo ocasionado". Luego que profesó se hizo cargo de las obligaciones de hijo de San Francisco, y azorado con este estímulo, maceró su carne con tanto exceso, que siendo tantas las austeridades de la regla franciscana, no sólo la guardó toda su vida a la letra, sin mitigación alguna, sino que añadió otras penalidades, que no pudieran superar las humanas fuerzas, a no estar prevenidas de la gracia.

Con estas vehemencias interiores, fray Juan se echó a captar almas por más hurañas que fuesen. Los chichimecos del Norte andaban muy alborotados cometiendo inenarrables demasías. Y entre ellos, solo, sin más armas que un Crucifijo ni más rodela que su áspero sayal sobre la nuda piel, se metió a transvenar en los bárbaros la efusión de su caridad. Recorrió a pie vivo, "sin el uso permitido de las sandalias", todos los parajes riesgosos que frecuentaban los mecos indómitos. Unas veces caían éstos a sus pies, vencidos por el heroico denuedo del misionero, pidiendo bautismo; otras muchas, incontables, o huían de él o lo repelían con furibundas pedreas y aún llegaron a asaetearlo y rasgar su hábito y sus carnes con filosos cuchillos de pedernal.

De este modo, quien en el siglo anduvo siempre muy enredado en pleitos, ya en religión volvió a enredarse en otros, igualmente fieros, desbravando los ímpetus salvajes de aquella raza arisca y rijosa. Y cuando acababa de poner de paz a los dichos mecos y se prevenía a salir al encuentro de la vejez y apaciblemente unido a ella pasar sus postreros días, en oración y proximidad con Dios, en medio de los lobos hechos mansos corderos, volvió a inquietarse la tierra con las belicosidades sin freno de la independencia.

Entre Tula y Matehuala, Villerías, primero, y luego El Huacal con su horda de indios semisalvajes, robaban, violaban, aprehendían, degollaban sin miramiento ni conciencia ninguna. Fray Juan no podía consentir tamaños desafueros como ejecutaba aquella plebe desbocada y sanguinaria. A brazo partido, como en sus buenos tiempos juveniles, impidió el degüello de unos, ganó la libertad de otros, y a la misma muerte le arrancó los cuerpos de otros más. Sólo que de la contienda entre hermanos salió con un ojo quebrado por un lanzazo.

Puesta la tierra en paz, sus prelados lo llamaron a San Luis a reparar cansancios y a medicar su vista mocha y cegajosa. Ya traí la vejez encima. Los muchos riesgos corridos, las solanas y las heladas, las continuas maceraciones, las pedrizas de los bárbaros le habían raído los tenues hilos con que traía atada la deuda de su pecaminosa juventud con la oración y penitencia y consumir su ancianidad sin remordimientos ni temores, y así, pura y serenamente, empezar tranquilo la visita de la hermana muerte.

Experimentó un gran alivio al volver a los recoletos y cicatrizantes claustros donde afianzó su conversión con la toma de hábito y noviciado. Mas su gozo no duró mucho. La falta de ministros lo sacó de su apacible retiro y la obediencia lo llevó a la república supradicha de San Juan Evangelista. Los naturales de ella por entonces, aunque muy despaciosamente, hacían la fábrica de su nueva iglesia. Empezada por 1765, por 1825 estaba la construcción a punto de llegar a su fin "con suficiente capacidad y orden de arquitectura y con sus cinco bóvedas, crucero y cimborrio". Fray Juan debería cuidar el coronamiento de la obra y satisfacer las urgencias espirituales de aquellos naturales.

El nominado templo lo levantaban de común acuerdo, con mucho amor y armonía, los del barrio de San Juan de Guadalupe y los de Tierra Blanca, congregación sita al pie del cerro. Ambas parcialidades formaban el párvulo rebaño de fray Juan, sin que jamás hubiera habido entre ellas ningún disentimiento. A una y otra prodigó el anciano fraile sus cuidados. Su presencia les transvenó fogosos bríos y a los pocos años corridos quedó el templo concluido.

El buen franciscano encontró, por fin, la paz y sosiego que requerían los negocios de su alma. Mas de pronto surgió una violenta contradicción. Y las dos parcialidades, hasta entonces tan amorosamente vinculadas entre sí, tan pacíficas y tan hermanas, se engestaron y se declararon la guerra. Fray Juan se vio de nuevo enredado en pleitos. Y todo por dónde hacer los enterramientos.

Al ventilarse en el cabildo de San Juan de Guadalupe la imperiosa necesidad que tenían los republicanos de esa fracción y los de Tierra Blanca de un cementerio, que no lo había, y todos de común acuerdo, sin contradicción ninguna, determinados a construirlo, entró la desaveniencia al cuestionar sobre el sitio donde aquel debía quedar. Los de San Juan, tercos y porfiados, lo querían cerca de ellos; los de Tierra Blanca, disgustados en inconformes, reclamaban lo contrario. El dicho cabildo se volvió una sanfrancia. Los dos bandos se aventaban apasionadas razones. La altercación subió de punto y brincó las cercas de la cordura. Empezaron los pleitos a acompañar sus argumentos con palabras encolerizadas. Se les embutieron de incontenible ira los pechos y llegaron a las manos, hasta darse atronadores mamporros de sacar sangre. Cuando desenvainaban los cuchillos, entró fray Juan, solicitado urgentemente, y metió paz.

Pero ya la desaveniencia no admitía ninguna compostura. Unos y otros, a cuales más, empecinados en su propio parecer, no cedían. Hombres y mujeres, gente grande y gente chica se metió en la bulla. Sanjuanenses y tierrablanquenses, de súbito, se hallaron desnudos y opuestos, dando por tierra a viejas amistades y parentescos; se deanudaron relaciones muy sólidas y entroncamientos muy cercanos y antiguos. Jamás se había puesto tanta pasión y tanto empeño. Todos atizaban el fuego de ese inopinado disentimiento. De nada valían las razones de fray Juan. Estos exigían el cementerio acá y aquellos lo reclamaban allá.

Acudieron a darle mano al padre ministro De Antillón, las autoridades civiles y religiosas de la ciudad, el mismo apostólico varón que fue don Juan Cayetano Portugal, obispo de Valladolid, de visita pastoral entonces por estas tierras, acudió solícito y se entablaron muchas pláticas componedoras sin que se llegara a ninguna buena conclusión. Los dos bandos se veían con ceño esquivo y encrudecido encono. Nadie bajaba de su terquedad. Hubo que hacer los parlamentos a campo abierto, en los límites de las dos parcialidades, porque los de Tierra Blanca ya no quisieron entrar en los dominios de los de San Juan, como no fueran bien provistos de cuchillos y palos y en montón, agavillados los hombres y las mujeres con pretensiones bélicas.

Corrieron bastantes días, cosa de veinte, sin poderse substanciar la causa. Ya eran muchos los golpeados, los descalabrados y los que quedaron irremediablemente con la dentadura rota o descabalada. Por fuerza hubo de intervenir el gobernador imponiendo un fallo salomónico: el camposanto quedaría sobre los límites de las dos jurisdicciones, por mitad y mitad. O no habría nada. Con lo que concluyó el pleito y se levantó un acta. Pero los ánimos seguían desasosegados.

A la hora de tirar la traza del tan traído y llevado cementerio, las dos parcialidades no se desprendían aún de su desvío y enojo. Llenos de rencores, de aquel lado estaban los de Tierra Blanca y de éste los de San Juan, aventándose llamaradas de furor. El buen fraile, con los principales, delineó el campo y hubo de emplear mucha matemática para ajustar con exactitud el lugar de la puerta, que también debía situarse por rigurosa mitad: una hoja aquí y la otra allá, con la juntura en el puntual límite; siguió la traza de la capilla, con los mismos escrupulosos miramientos para no pecar contra la justicia y la precaria paz; luego hizo la bendición del solar baldío, repartiendo por igual, a uno y otro lado, proporcional número de asperges. Acabó con una prédica monitoria llamando a la concordia, caridad y sosiego. Empezaron a dispersarse, en fin.

Por más que se averiguó en muy escrupulosas diligencias, nada pudo ponerse en claro. El hecho es que, al emprender cada bando su camino, o por una simple amenaza o por un robusto pesiatal, que no se supo, estalló una violenta pedrea en la que nadie se mantuvo quieto. En menos de nada quedaron muchos descalabrados de cabeza, muchos con los dientes rotos, muchos tirados en el suelo y muchos más privados del ejercicio de la voz y sin resuello. De los primeros en desplegar su actividad, con más diligencia de la que permitían sus años, fue fray Juan; de los primeros en caer, también. Un cascote, de tantísimos como iban y venían muy veloces y certeros por los aires, le dio en la nuca y le expelió la vida.

Al verlo, yerto e incoloro, con su flaca humanidad exánime, a todos se les huyó el enojo. Empavorecidos, embutidos de amargura, adementados, profiriendo ayes dolorosísimos, con muy copioso llanto, apodándose a sí mismos parricidas, bellacos y malnacidos, percutiéndose con inagotables bríos los pechos, se arremolinaron tumultuosamente en torno al fraile, con el que no había nada que hacer, como que estaba muerto.

Al sepelio, que estuvo concurridísimo, asistieron todas las comunidades. Con cruz alta y dalmática, después de misa, llevaron su cuerpo a darle tierra en el cementerio vacío que fue manzana de discordia. Todavía sin levantar las bardas de la capilla, con sólo las mojoneras en las esquinas, abrieron la fosa en el lugar en que cayó sin vida fray Juan de Antillón, que fue en el centro.

Los de Tierra Blanca y San Juan, con la muerte de su ministro, volvieron a la fraternidad de antes. Roídos por los remordimientos, de común acuerdo, hondos sentimientos y propósitos expiatorios, se impusieron una dura penitencia general: a lo largo de un mes o más, hasta donde fuere preciso, sin faltar día y sin faltar ninguno, se congregaban todos en el camposanto, después de muchas oraciones y disciplinas y en procesión se iban hasta el cerro a traer piedras, escogidas a propósito, del tamaño de las propias fuerzas, para levantar los muros y la capilla, lo que hicieron pronto.

De común acuerdo, también, escogió cada parcialidad su mejor picapedrero, para que entre los dos labraran el monumento funerario, cada quien su parte. Dichos dos obradores, en complaciente armonía, elaboraron el proyecto, consistente en la figura de fray Juan de Antillón, muerto, sobre el suelo y calada la capucha, con las manos lacias sobre el abdomen, tal y como quedó después de la fatal pedrada que a él le quitó la vida y a ellos el enojo.

Debería ser un monumento simbólico, obra de las dos fracciones en mala hora opuestas, pero ya reconciliadas, por lo que la escultura debería constar de dos porciones o bloques formando un todo. Y así se hizo. En la misma cantera, los de San Juan cortaron una parte y los de Tierra Blanca, otra. Luego cada picapedrero labró la mitad que le tocó en suerte: uno, del cordón a la cabeza; otro, del cordón a los pies.

Resultó, así, una escultura primorosa, la mejor de cuantas tallaron esos hábiles canteros, que colocaron sobre la cornisa de la puerta del cementerio, como si el religioso estuviera tendido sobre su brazo izquierdo. El mismo día fue la bendición de la capilla, según licencia que concedió el excelentísimo señor obispo de Valladolid, don Juan Cayetano Portugal, a 27 de junio y año de 1845; la hizo el reverendo padre fray Juan Navarrete, cura de Tlaxcalilla.

Sobre esta maravillosa escultura escribió el erudito y magnífico sabedor del barroco don Manuel Toussaint: "Es tan valiosa... Es el cuerpo de un fraile franciscano, tallado en alto relieve, de dos bloques de piedra. Mide un metro sesenta y cinco centímetros. Aquí no fue vanidad sino el amor de sus feligreses el que quiso perpetuar su efigie. La figura del fraile es yacente, caso insólito en la funeraria de la Nueva España. Sus brazos al frente, no cruzados sino sobre su áspero cordón; la capucha le cubre la cabeza, mas deja el rostro bien visible, entre risueño y trágico: dijérase que muere feliz, pero su sonrisa hierática, de acuerdo con la geometría inevitable de su yacer, con sus paños acartonados, sus cordones con nudos y borlas, todo medioevalmente franciscano, casi lo convierten en una momia de piedra a la que prestan volumen sus hábitos. Desde el punto de vista plástico, es de gran importancia y casi me atrevería yo a colocarlo en primer término dentro de su género. No aparecen en ella ni reglas, ni clasicismo, ni nada...".

Tuvo razón el mencionado crítico: fue el amor de sus feligreses el que quiso perpetuar su efigie; no la tuvo al decir que la escultura es del siglo xvii. No es tan vieja, se manufacturó a mediados del siglo pasado; ni es colonial. Esta singular obra, perdida la memoria de su origen, se encuentra hoy en el Museo Regional Potosino. El cementerio de San Juan de Guadalupe cayó en desuso a fines del siglo de ayer, al abrirse el del Saucito. Por 1955 lo volvieron nada, y sobre sus vetustos cimientos levantaron algunas casuchillas. Fue cuando quitaron la escultura del lugar donde se colocó originalmente. Mas para entonces estaba ya muy deteriorada por las pedradas que asestaron vagos y malandrines en el rostro y en los pies del fraile, al igual que tiempos antes los mecos bárbaros y sus propios feligreses. *(Del viejo San Luis).*

LOS SANJUANEROS

Los hay, y muchos. Bienfamados, esplendorosos, llenos de amplitud, repletos lo más de fieles que provienen de lejanas tierras, los santuarios marianos se irguen lo mismo en las haldefueras de las grandes urbes, como el tepeyacense, que en las márgenes de las quintañonas y procerosas pueblas, como el de San Luis Potosí, que en el corazón de las ciudades a las que dieron ser, como la sin par Basílica de Nuestra Señora de San Juan de los Lagos. Y entre esos muchos y variados santuarios a la Virgen y Madre consagrados, es el último, al canto del primero, el de más ancho renombre y el de más fuerte imán para atraer peregrinos.

Sanjuaneros, los llaman. Si van por su propia ley, en cualquier fecha y a cualquier hora, no pasan de romeros; simples devotos peregrinos, ya solos o acompañados, ya en vehículo propio o con boleto, ya en pago de una manda o tan solo por fe y amor. Pero si proceden concertadamente, en rigurosa asociación con los demás, en las fechas precisas, a pie y con el fardal al hombro, trasnochando lo mismo en escampados polvorientos y saxosos que en los parajes arbolados, entre solaneras, heladas y vendavales, para ayuntarse luego con los que acuden de otros rumbos y acabar la caminata formando una abigarrada, gorda y larguísima columna, para así llegar desgranando rezos o con alabanzas y loores a flor de labio, al cálido y blando regazo de la Madre, entonces son los esforzados, veros, tradicionales y famosos sanjuaneros.

No son de hoy. Su nacer se remonta a los albores del Viejo San Luis; a los lejanos tiempos aquellos en que, por obra del recién invenido mineral de San Pedro, esta Muy Noble y Leal Ciudad no era tal, sino el párvulo y escorialoso Pueblo de San Luis Minas del Potosí. De entonces son. Y, bien miradas las cosas, según a mí se me entiende, fue aquí, en San Luis, en este pueblo en gestación donde nacieron los sanjuaneros y donde por primera vez un haz de peregrinos, constreñidos por la devoción o en deudas con Nuestra Señora de San Juan, tomaron en sus pies las veredas que conducían a la primitiva ermita y que desde entonces vienen hollando millares y millares de romeros; y fue por causa de unos potosinos por los que la taumaturga imagen, entonces olvidada, vacía de fama y de clientela, sentó ejecutoria de milagrosa y se levantó hasta las más altas alturas de la begnivolencia donde se complace en esparcir favores. Porque fue a una modesta y anónima familia potosina de cirqueros trashumantes, a la que Nuestra Señora de San Juan hizo el primer favor o milagro de colosales proporciones que la dejó opinada.

Y diré como fue. Entre los españoles ávidos de prosperidades que llegaron a San Luis cuando difluyó por toda la Nueva España la abundancia y alta calidad de los metales del Cerro, hubo uno que, al igual que tantos afanosos de allegar posibles, cateó y registró mina en el Cerro de San Pedro. Al cabo de unos veinte años, durante los cuales —escribió el cronista Basalenque, agustino, quien los vio— "todos enriquecían a cuatro y seis años y muchos se fueron a España con cantidad de hacienda, de modo que no ha habido Real de Minas que en breve tiempo hiciese ricos como este cerro, porque tenía la mayor riqueza de oro en los altos", las minas poco antes tan bonancibles y aurifluyentes se fueron menoscabando. Unas, cansadas de tánto rendir y con tan poco trabajo, bajaron su ley; otras, horadadas con inllenable codicia a topa tolondro, se cirnieron por tierra. De este modo, lo que era un Real muy prometedor y cada día más arracimado, con tamaño decaemiento, bajó a menos y los más se fueron, quedándose el Cerro sin habitadores y el pueblo de San Luis con mucha merma en su comercio y vida.

Nuestro hombre, que no era hombre que sabía letras, sino a las buenas llanas, pero de muy donosa conversación; único, eximio en barajar naipes con los que, además de no perder nunca en el tute, en el tresillo, en la malilla, echaba toda clase de suertes y aún predecía porvenires; magnífico tañedor de viola, de vihuela y de laúd, con los que se acompañaba primorosamente para entonar viejas canciones, letrillas y romances de guerras y de moros; muy lleno de habilidades para ejecutar riesgosas y ágiles piruetas sobre el suelo, entre dagas, sobre sillas y palos o penduleando de una soga; destrísimo en sostener maromeando por los aires, sin que se desconcertaran sus giros, bolas, puñales, clavas; decidor y parlero, ensartaba chanzas, zumbos y vayas de sacar la risa hasta del pecho más enjuto; con porción de amaños en los dedos para hacer cosas vistosas de sortería, como tomar un peso fuerte en la palma de la mano y luego, con sólo revolotear gravedosamente los brazos, hacerlo perdido y reencontrarlo en la faltriquera, o como desbaratar en un guiño sartas de lazos y de pañoletas fuertemente anudados. Mamparándose en estas peregrinas habilidades, mientras los otros mineros fallidos en sus negocios se quedaron a buenas noches, corridos y rebajados, nuestro hombre allegaba el pan con ligero pasar.

Cuando estaba en lo mejor de sus minas, concertó los desposorios con una criolla: y cuando resbaló a lo peor, ésta le proporcionó dos hijas. Al consentirse en tal estrecho, sin minas y con prole, fue cuando discurrió sacar, para beneficio propio y regocijo del prójimo, sus cualidades de juglar. Con la mujer y las criaturas en una mula frisona y el escaso matolaje en una mula burrera, se echó a los pechos leguas y leguas recorriendo las villas, los pueblos y los reales de alrededor. Primero, nada más él, con sus piruetas, cantares y malabarismos, repletaba el programa; después, cuando las niñas, que heredaron las habilidades del padre, hubieron crecido asabientadas en estas artes, tomaron parte en la compañía circuense, el espectáculo enriqueció y aumentó atractivos; y más cuando una cabra que desempeñó el oficio de nodriza, porque la señora, fatigada por las constantes caminatas, no daba para tanto, se aficionó al espectáculo, aprendió las mañas y estuvo en condiciones de hacer gracias por su cuenta. En esta forma los acróbatas trashumantes llegaron a cuatro: el padre, las dos hijas y la cabra. De las niñas, la una frisaba en los ocho años y la otra, en los seis.

Con este refuerzo, nuestro hombre consideró estrecho el campo de sus correrías y decidió agrandarlo, visitando no sólo los lugares de poco más o menos sino también los de calificado pro, y así puso el norte de sus andanzas en la Guadalajara de Indias. Fueron días y días de caminar, deteniéndose únicamente en los burgos de importancia para lucir sus habilidades.

De este modo llegaron a un polvoriento lugarón alteño, uno de tantos, conocido entonces con el nombre de San Juan Bautista Mezquititlán, fundado por 1550 por fray Miguel de Bolonia con aborígenes nochistlecos. Otro misionero, fray Juan Antonio de Segovia, para hacer más a la fe a los dichos indios, les confió una imagen en bulto de la Santísima Virgen, de corta proporción, a la que le fabricaron una ermita de vahareque. Andados los años, la escultura padeció deterioros tales, que la removieron del altar. Removida estaba cuando acertaron a pasar por San Juan nuestro hombre, su mujer, sus criaturas volantineras y la cabra amaestrada. No sé el día ni el mes, pero sí el año, que era el de 1623.

A vivo pregón, como era de uso en aquellos remotos ayeres, él gritando las indecibles habilidades de los artistas, las riesgosas ejecuciones maromeras y el punto y hora de la función, ellas cabalgando con donaire en las mulas y la cabra haciendo gracias, salió el convite por las callejas polvorosas de San Juan Bautista Mezquititlán. Lo insólito del espectáculo y la parvulez de las cirqueras, más la participación de la cabra, cosa no vista en jamás de los jamases, congregó mucha parroquia en el corral del mesón transformado en circo. Y comenzó la fiesta.

A fuer de consumado histrión, nuestro hombre, ensartando chanzas y bellezas, desempeñando hábilmente, con aquella habilidad muy suya, los giros en el aire de puñales, bolas y clavas, sacando a la plaza todos los amaños en las suertes de naipes y mágicas, cantando y rasgueando la vihuela trinadora, embobó a más no poder a la clientela; la cabra, avezada a las cosas cirquenses, hizo las delicias con sus andares a dos pies, sus brincos y demás gracias; las niñas, cabalgando sobre las mulas a medio trote, brincando de una a otra, bajando y subiendo a la carrera, encaramándose con soltura y precisión, ensancharon el regocijo y arrancaron estruendosos aplausos y aprobaciones. Así se llegó al número cumbre: un difícil lance de "cubística" o acrobacia, que consistía en correr, saltar, dar una voltereta en el aire sobre una tabla erizada de puñales y caer airosamente fuera de ella, salvando el riesgo. El solo anuncio del peligroso acto, imprimió general turbación en la plebanía; y al tender sobre la arena la tabla llena de punzantes aceros, todos los ojos se inundaron de pávido asombro.

Fue la cabra la primera en brincar sobre las dagas; a seguido, la niña mayor, con lanzal donosura y agilidad; por último, la menor. Tomó el tiempo, calculó el ímpetu y, con toda su puericia y braveza, sin tener en cuenta el daño que le estaba aparejado, cogió el vuelo necesario y enfiló veloz a consumar la suerte. Noramala, "al dar la voltereta que le tocara en turno, perdió pisada y cayó sobre uno de los agudos puñales, que le atravesó el cuerpo privándole de la vida".

Subitáneamente el claro regocijo se trocó en espeso duelo. Si la niña, al taladrarla los filos, no alcanzó ni a exhalar un mínimo quejido, todos los asistentes desmorecieron de pena, y el susto y el llanto les turbaron la respiración. Buenas ánimas de esas que no tenían hiel en el cuerpo, y sí mucha caridad en las entrañas, con prestanza dieron la mano a los bolantineros lazdrados por tamaña desgracia. Unos, viéndolos sin abrigo donde velar a su angelito y donde reparar sus amargas tristezas, les abrieron generosamente las puertas de sus hogares; otros, con generosa diligencia, se aprestaron a amortajar a la inocente con las ropas que competían a su tierna edad y a calarle la corona; otras, a recuestar dineros entre las gentes de viso, para ablandarles a los afligidos padres sus necesidades; otros, en fin, a concertar el mortuario con toda pompa y esplendor.

A su hora, con un gran cortejo, el cuerpecito de la difunta fue conducido a la capilla del pueblo para darle tierra. Mientras el párroco de Xalostotitlán, bajo cuya jurisdicción caía el villorio de San Juan, rezaba las preces funerales, la desolada familia, que no atinaba a resignarse a su pena y a enjugar sus lágrimas, quebrantaba los corazones con gemidos y lamentos dolorosísimos hartando las almas de congoja. Ana Lucía, la mujer del sacristán, cuando ya los foseros estaban para volver la tierra, repleto el pecho de compasión, vertía bondades indecibles en el corazón de la madre volantinera, finítima al desmayo por tan recios sufrimientos. Dijo entonces, con palabras de inspiración ultraterrena, que la Cihuapilli —noble Señora y Reina— retornaría la vida a la niña, recostándosela sobre el pecho, al par de la abertura que causó la daga.

Los circunstantes, al ver estas acciones de la mujer, cayeron en una expectante extrañeza, considerando aquello como un adementado desatino y que también a ella se le había anublado el entendimiento por la tristura. Reposar la preterida imagen sobre la niña y regresar ésta a la vida, fue todo uno. El encanto apacible de su infantil belleza relució en la cara, tornó el aliento, se le desentumecieron los pechos y los miembros, estrechó con sus bracitos la párvula escultura y, con ella en el regazo y con un embaimiento angelical, sentóse en el mismo arcaz, manifestando que era viva otra vez.

El bienafortunado suceso, al par que desleyó todas las congojas, alegró las más hondas telillas del alma de todos los circunstan-

tes. Dieron por milagrosa la resurrección. Se hicieron mil lenguas de bendiciones. Y los padres, sacando a la niña de la fosa, trabucados por loco frenesí, gritaban loores a la Virgen por tan singular favor, mostrando en alto a la criatura viva y palpitante.

Por días, los sanjuanenses no sabían hablar más que de la sobrenatural resurrección. Se dieron cata, entonces, de la perla que tenían, y que tenían abandonada. Les pareció poca cosa el volverla a su altar y rendirle fervorosos cultos, viéndola, como la veían, urgida de un total retocamiento. Como la voz y fama se derramó por todos los Altos, y más alla, hasta el Bajío y grandes avenidas de romeros acudían a conocer la Virgen taumaturga, era para los sanjuanenses un gran desconsuelo verla así, desmedrada en su hermosura y amustiados los tiernos colores de su rostro. Decidieron confiarla al más hábil obrador a fin de que, con su diestro pincel, le restituyera la calidad perdida. Los volantineros, por su parte, como tenían hipotecado su albedrío en las manos de la Señora por la gratitud que les tremolaba en los corazones, también ellos anhelaban, y más que todos, la consumación de la obra de retocar la imagen. Y como ya era el tiempo de reanudar el interrumpido viaje a la Guadalajara de Indias, ofreciéronse solícitos a conducir la escultura y a ponerla en manos del mejor artífice.

En llegando a la supradicha ciudad —y lo hicieron no demorando en el camino más que lo preciso para restañar fatigas—, en el mismo mesón donde paraban, cuando apenas daban acomodo a su fardaje y proveían de pienso a la cabra y a las mulas, se hicieron presentes dos mancebos buscando imágenes que retocar. Habiendo tantos forasteros, a nadie más procuraron sino sólo a nuestro hombre, como si ya de antemano supiesen la misión que él traía. Dadas las referencias, convinieron las dos partes en el trato, y los dichos jóvenes se llevaron la escultura por reparar.

Al día siguiente, al demediar la jornada, cuando el volantinero se aprestaba a sacar su convite para la función vespertina, héte a los jóvenes con la imagen restaurada, con habilidad peregrina y prodigiosamente repuesta en su conveniente proporción antigua. No se sabía qué admirar más, si la prestanza de los diligentes artesanos o la maestría de la ejecución. Mientras los volantineros, con el corazón lleno de embeleso a la vista de la Virgen daban cauce llano a los píos sentimientos, los mozos tomaron calzas de Villa-

Al reposar la imagen sobre la niña, ésta volvió a la vida.

diego, sin que aquellos se apercibieran. Y cuando los buscaron para remunerar el atareo, ya no pudieron ser habidos. De donde coligieron ser esto otro singular regalo de la Señora, y que el retoque fue obra no de humanos sino de espíritus celestiales.

Las resultas del prodigioso retoque las describe el afamado jesuita Francisco de Florencia en su *Zodiaco Mariano, en que el Sol de Justicia Christo, con la salud en las alas visita como signos y casas propias para beneficio de los hombres los templos y lugares dedicados a los cultos de su santísima Madre por medio de las célebres y milagrosas imágenes de la misma Señora que se veneran en esta América Septentrional y Reynos de la Nueva España*, prolija obra impresa en México, en 1755, en estos categóricos términos: "El color del rostro es imposible determinar cuál sea, porque unas veces está muy encendido y otras muy pálido, otras trigüeño y aún a veces denegrido, y lo que causa más admiración es que, a un mismo tiempo, a unos se muestra pálida, a otros rozagante y denegrida, y finalmente, a otros principalmente en los días festivos de su Santísimo Hijo y en los suyos, en que se celebran los misterios de su vida, despidiendo del rostro unas luces suaves y apacibles, las cuales hacen que no se distingan los ojos ni facción alguna".

En volandas regresaron nuestro hombre y su familia a San Juan, con la preciosa carga, en donde se les recibió con mucha bullanga piadosa. Y la Taumaturga Imagen, sacada del abandono y del deterioro, empezó a recibir magnificente culto en la ermita del hospital, bajo la advocación de Nuestra Señora de San Juan, como hasta hoy.

Esto dice la historia. Pero un documento muy antiguo que se conserva por muy cierto en el archivo de la Basílica, desvía el hilo de la narración por otras partes y sobrecarga a la señora volantinera una intención desdorosa y una acción manchosa de muy mal ver, de la que se hizo punible cómplice al esposo. Porque ya se sabe, y lo confirma una antigua fabla sentenciosa: "lo que la loba hace, al lobo le aplace"; a la que refuerza otra no menos cornuta: "el lobo y la vulpeja, ambos son de una conseja". El dicho documento asienta:

"Habiendo recibido el tal volantín, su mujer y la niña resucitada, de manos de aquellos mancebos y diestrísimos pintores la Soberana Imagen de Nuestra Señora de San Juan, la reconoció la mujer mucho más hermosa de como la había visto antes, con lo que le recreó el amor y tomó el propósito de quedarse con ella.

Mandó hacer a un escultor una de aquella semejante, como en efecto lo hizo, y con el encendimiento de la devoción guardó la imagen original en una arquimesa y la cerró con llave".

"Conseguida la escultura falsa que mandó hacer, que no se parecía a otra cosa sino que era la original, la remitió con un indio a la señora María —la cónyuge del sacristán, la misma que provocó el milagro— con un amoroso recado. Mas ésta respondió con el mismo demanadadero que le devolvía la imagen, porque la que ellos se habían llevado a retocar, ya la tenía en la ermita, que se había venido sin que persona alguna la hubiese traído; y que no fuese imbaidora, que ella estaba muy contenta con la Virgen Nuestra Señora de San Juan que se había vuelto a su casa, embarcada en los aires, muy linda y muy mucho más hermosa de como antes estaba".

Este nuevo milagro de la Señora, como cayó en los oídos de entrambas autoridades, las cuales azogadas y cautelosas "mandaron juntar a todos los maestros de pintura y escultura que había entonces en Guadalajara —añade el mentado testimonio—, e hicieron junta hasta treinta maestros, y a cada uno de por sí y a todos consuno se les tomó declaración sobre el retocamiento de la imagen. Y, hechas las diligencias resultó que ninguno le había puesto mano y que no la conocían. A seguido se les mandó a San Juan para que reconociesen y examinasen la Sagrada imagen original; que reconocida y examinada con extremo miramiento, cada uno de por sí, dieron en afirmar con verdad entera que no podía creatura humana haberla retocado como estaba, en tan breve tiempo como lo hicieron aquellos dos mancebos; que certificaban indubitablemente y según arte, que aquella prodigiosa obra sólo podían haberla ejecutado los ángeles por la suma destreza y perfección que aquella imagen contenía..."

Corridos y rebajados, muy cachifollados nuestro hombre y su mujer por el fallido ladrocinio, también ellos depusieron en la citada averiguación. Hicieron entonces prometimiento, por el milagro recibido y por su acción desdorosa, de volver cada un año, mientras el Señor les sostuviese la vida, en devota romería al pueblo de San Juan y de pregonar, a dondequiera que fuesen, cómo la niña, en el riesgoso acto acrobático había salido de la vida y por obra de la Señora había vuelto a entrar en ella.

El primer pregón lo dio en San Luis. Y para hacer más valedera su afirmación, hacía que la pequeña mostrara la cicatriz por donde entró la hoja en la espalda y por donde asomó la punta en el pecho. De modo que el milagro sirvió de imán, y si muchos iban por ver la suerte, muchos más iban por ver el documento que la Señora dejó estampado en el cuerpo de la niña.

Como en San Luis, por aquellos distintos años, aún no había ningún santuario a Nuestra Señora, sólo las iglesias a medio hacer de San Francisco, San Agustín, de San Juan de Dios, de San Lorenzo, de Nuestro Padre Jesús, la devoción a Nuestra Señora de San Juan captó las voluntades. A todos les entró un desasosiego por conocer la imagen taumaturga. Así vinieron a la luz los primeros sanjuaneros. Al regresar éstos, se hacían lenguas y añadían noticias de más y más milagros, con lo que el arroyo de romeros se tornó río caudaloso.

[....]

Estas indecibles bondades de la dicha Nuestra Señora restañando sufrimientos, bizmando agobios, alcanzando favores, dieron principio bajo su advocación de San Juan, como queda dicho, en el remoto año de 1623, y en bien y beneficio de una modesta familia potosina. Esta dio ser al primer grupo de sanjuaneros, que bien pronto ganó mucha parroquia y que, con eximia legalidad y acato, cumplía con el prometimiento de ir a pie y para la fiesta, aniversario del primer susodicho milagro, al pueblo de San Juan. Luego, al cundir la fama y devoción y al multiplicarse las romerías, se marcaron otras fechas, con lo que aquella cayó en desuso. Para acoger a tanta gente, en 1634, se empezó el primer santuario, concluido a poco, en 1641.

Mientras, por un canto, los perennes milagros, los hacimientos de gracias y esperanza de conseguir favores, engrosaban a más y mejor las avenidas de sanjuaneros; por otro, empezaron a navegar entre la plebanía consejas espeluznantes de desorbitar los ojos, que les embutían el pecho de reverentes cuitas y que les impedían quebrar la postura. Empezó a decirse, con pavorido asombro, que uno aquí, otro allá, a todo lo largo del camino, quienes no teniendo cuenta con lo prometido a la Virgen, de llegar a pie en manda a San Juan, y rehuían el pecho volteando la espalda, se convertían en piedra, y piedra seguían siendo hasta que no llegaran a San Juan.

Desque se contó ésto, los bienintencionados creían ver en todas las piedras que orillaban las veredas, a peregrinos de ánimo derrengado que así conllevaban su desventura. Y los rodaban hacia San Juan. Los más forzudos, con heroico desatino, llegaron a cargarlas y a caminar con ellas. Otros alcanzaron a arrastrarlos hasta el atrio del Santuario, y aún las metieron hasta el altar. Pero no por eso dejaron de ser piedras.

Para el venidero año de 1998 se cumplirán nada menos que trescientos setenta y cinco, bien caídos, del primer milagro obrado en San Juan por la Virgen que allí mora y, ya lo dije antes, en bien y beneficio de unos volantineros potosinos, los cuales, con ánimo agradecido fueron los primeros sanjuaneros. De modo que esta pía y añeja tradición, como nació aquí, aún cuando ahora tenga ramificación nacional, es de aquí, del Viejo San Luis. *(Del viejo San Luis).*

MARIANO AGUILAR MARTÍNEZ. Nació en Ciudad del Maíz, S.L.P., en 1930. Profesor y licenciado en derecho, ha combinado el ejercicio de esas profesiones con la actividad empresarial y la promoción y fomento del turismo y la cultura. Radica en la capital del Estado, donde a menudo presenta el espectáculo "Poesía en tercera dimensión" (luz y sonido). Es autor de *Senderos* (poemario), *El carro de fuego* (comedia), *Los ojos del niño* (novela corta), *Sangre en Palacio* y *La perla negra* (cuentos), *Leyendas potosinas* (Ediciones Contraste, 1984 y cinco reimpresiones más) y *Catorce leyendas de Real de Catorce*, en colaboración con Magdalena Blanco y Rubio (Ediciones Contraste, 1986).

LA DAMA ENLUTADA

Los acontecimientos de esta leyenda son tan recientes, que todavía se comentan en diversos sitios de la población potosina.

Una fría noche de noviembre de uno de estos años que acaban de pasar, Abel Morales, conductor de un coche de alquiler, llevaba cinco horas de haber iniciado su trabajo y, por lo tanto, había conducido a muchos pasajeros a distintos sitios de la ciudad.

Eran las dos de la mañana cuando Abel regresaba de dejar un pasajero por la orilla de la ciudad hacia el lado norte, donde se encuentra el templo de El Señor del Saucito, imagen venerada tanto por los fieles de la población como por muchos otros de todas partes del país, ya que frecuentemente llegan peregrinos a pagar mandas y a pedir favores, pues es un Cristo muy milagroso.

Pasaba el taxista aludido por un lugar situado cerca del templo, a escasos trescientos metros al sur, donde está el panteón llamado también del Saucito, cuando una dama vestida de negro le hizo señal de parar solicitando ser conducida, cosa que Abel obedeció al punto, abriendo la portezuela posterior del coche para que subiera; la dama enlutada le pidio:

—Me va usted a llevar a varios templos de la ciudad.

—Sí señora, a sus órdenes; pero a estas horas no hay ningún templo abierto.

—Sí, ya lo sé; no pretendo entrar, solamente quiero rezar delante de las puertas.

Al chofer le pareció algo extraño que una señora fuese a las dos de la madrugada a rezar a las puertas de los templos, pero pensó que tal vez se trataba de pagar una manda o de una penitencia, por lo que accedió a conducirla.

—¿A dónde vamos primero?

—Por favor al templo de San Francisco.

—¡Ah, sí! el que está situado precisamente frente a un hermoso jardín.

—El mismo.

Por cierto que este jardín ha sido remodelado con arboledas frondosas, pastizales que semejan alfombras persas de un verdinegro encantador, y una fuente murmurante que invita a la meditación.

Allí bajó la dama, quien se hincó frente a la puerta cerrada de la iglesia; después de unos minutos, volvió al carro.

—Ahora condúzcame a la parroquia de San Miguelito.

—En este momento, contestó Abel, pues es un lugar que queda relativamente cerca, además está en el centro del barrio del que habla la canción de Pepe Guízar "Yo soy de San Luis Potosí..."

La dama hizo exactamente lo mismo; hincada frente a las puertas cerradas estuvo rezando; otra vez subió al carro y pidió ser llevada:

—Al Santuario de Nuestra Señora de Guadalupe.

—¡Ah! ese bello y majestuoso templo donde alguna vez ofició el padre de la patria, don Miguel Hidalgo y Costilla; situado al final de una de las más hermosas avenidas de San Luis, arbolada con cuatro majestuosas hileras de fresnos y en el centro una calzada preciosa revestida de cantera rosa, donde al comenzar se yergue la famosísima Caja del Agua, obra maestra colonial del insigne arquitecto Juan N. Sanabria y construida por José María Salaeni.

Aquí también la dama bajó, rezó y volvió al carro. La verborrea de Abel, el chofer, contrastaba con el silencio de la dama enlutada, quien solamente abría la boca para indicar el siguiente lugar:

—Al templo de San Sebastián.

—¿San Sebastián? ¡Ah! es el que esta rodeado de un bello jardín con un kiosco enmedio, donde los domingos hay conciertos de la banda de música.

Al llegar, la dama se apeó del coche y se comportó de la misma manera que las anteriores ocasiones. Cuando volvió a subir, dijo:

—A la iglesia del Montecillo.

—¡Ah! señora, no puedo menos que recordar que ahí es donde

está el jardín "Ramón López Velarde", uno de los más bellos y románticos de la ciudad.

Como ya sabemos, nuestra dama lleva cinco templos recorridos; en este otro, cerrado también, rezó, se santiguó, volvió al carro y pidió al chofer:

—Al templo del Apóstol Santiago.

—Vamos otra vez rumbo al norte de la ciudad, no cabe duda que, como dijo el poeta, San Luis Potosí es la ciudad de las cien torres y de los mil jardines, pues frente al templo del Apóstol Santiago hay otro hermoso jardín soñador en donde también hay música los domingos.

El mismo comportamiento de la dama de negro: bajar lentamente del coche, dirigirse y regresar al asiento trasero del taxi.

—Ya sólo me falta el templo del Señor del Saucito, para que después me deje usted donde subí al principio.

El chofer obedeció tomando el rumbo del templo referido. Cuando llegaron, la dama bajó del coche e hizo casi lo mismo que en los demás templos, sólo que aquí se entretuvo más tiempo. Al regresar al coche dijo al chofer:

—Ahora me lleva frente a los soportales del Panteón del Saucito; pero como no traigo dinero, en este papel que le doy está un recado para mi hermano, el licenciado Mario Palomares; él le pagará todo el recorrido que acabamos de hacer, y le hace usted entrega de esta medalla, que lleva mi nombre: Socorro.

Tal vez porque Abel Morales ya estaba muy fatigado, tanto de manejar como de hablar y, lo que quería era irse a su casa a descansar, o sintió que algo lo obligaba a aceptar, el caso es que tomó el papel de mala gana, y la medalla de oro guardándolos en uno de los bolsillos de su pantalón; al llegar al último sitio indicado por la dama enlutada, Abel se detuvo para que ella bajara del coche; pero como no oyó el ruido de la portezuela, miró al asiento trasero y con sorpresa vio que la dama ya no estaba. Sin embargo, como sentía verdadero cansancio y además sueño, pensó que ella había bajado sin que él se diera cuenta. No obstante, reflexionó en lo raro del caso, tanto, que a pesar de su fatiga no pudo conciliar el sueño esa noche.

Al día siguiente a eso de las once de la mañana, Abel Morales se dirigió al despacho del licenciado Mario Palomares, persona conocida y hermano de la dama enlutada. Abel refirió al licenciado Palomares lo acontecido la noche anterior y le entregó el recado así como la medalla. Con gran sorpresa el licenciado leyó el papel y, pensativo e intrigado, dijo al chofer:

—Efectivamente, es letra y firma de mi hermana Socorro; y con mucho gusto voy a pagarle lo que se le debe, además, le ruego que acepte esta propina —dijo dándole una cantidad apreciable de dinero.

—Pero —continuó hablando el licenciado—, es mi obligación comunicar a usted que mi hermana falleció hace dos meses.

Abel Morales palideció y, tembloroso, rechazó el dinero que el licenciado le entregaba. Muy asustado regresó a su casa de donde no volvió a salir, pues dos meses después, murió de una rara enfermedad. (*Leyendas potosinas*).

LA PLANCHADA

Esta leyenda, cuyo título podría ser también el de "La enfermera visitante", hace recordar a muchos potosinos episodios de misterio, originados hacia finales del siglo pasado.

El antiguo hospital se encontraba entre los barrios de El Montecillo y de San Sebastián, cerca del costado sur del templo de San José. Cuenta la conseja que en dicha institución entró a formar parte del personal una enfermera llamada Eulalia, de buena presencia, quien desde luego dio muestras de profesionalismo y diligencia; por lo tanto, se captó la simpatía y el aprecio del personal médico y administrativo.

Eulalia repartía su tiempo entre su trabajo en el hospital y la atención a su familia, que consistía en su madre y dos hermanos menores. Llevaba una vida tranquila, sosegada y al mismo tiempo activa; nada perturbaba el horizonte de esta eficaz mujer, hasta que un día ingresó al hospital un joven médico, apuesto, de nombre Joaquín. Era costumbre en el hospital que cuando llegaba un nuevo médico, el director reunía al personal para presentarlo; ese día Eulalia estaba atendiendo a un paciente, mas hubiera podido dejar su trabajo un momento, suficiente para ser presentada al recién llegado, pero no quiso asistir al llamado del director. Al anochecer, cuando llegó a su casa, refirió a su madre:

—Hoy llegó al hospital un nuevo médico; aunque no lo conozco ya me imagino que es uno de esos recién salidos de la escuela, fatuos y orgullosos, que ven a una como inferior; pero ya verá... ya verá...

—Hija, es la primera vez que te oigo hablar así ¿te ha ocurrido algo?

—No, nada, nada en realidad; bueno, he tenido algunos contratiempos sin importancia.

Al día siguiente, Eulalia fue solicitada para auxiliar al nuevo médico en la extracción de una bala de la pierna de un herido. Desde el primer momento en que la enfermera vio al doctor, quedó prendada de él, a grado tal que no acertaba a darle los instrumentos debidos. A medida que pasaba el tiempo, ella se enamoró apasionadamente del galeno, en cambio él no mostraba el mismo interés. Sin embargo, pasados algunos meses, Eulalia y Joaquín se hicieron novios. Ella sintió que por fin se estaban realizando sus aspiraciones, se veía feliz y en torno a ese amor giraba toda su existencia, pero él no mostraba la misma pasión que ella. Los años transcurrían y en el hospital continuaban de novios el médico y la enfermera.

Un día de tantos, dice Joaquín:

—Eulalia, estoy invitado mañana a una recepción; no tengo ropa adecuada pero un colega me la va a prestar; como tú sales antes que yo, hazme un gran favor: te llevas la ropa a tu casa y si me lo permites, allí me cambiaré. ¿Te parece bien?

—Con todo gusto lo haré Joaquín; vas a ir a tu recepción hecho un príncipe, te verás muy guapo.

Como acordaron, al día siguiente Joaquín llegó a la casa de Eulalia; ya vestido en traje de etiqueta, charla un rato con su novia y, al despedirse, le dijo:

—Olvidaba decirte que asistiré a un seminario de medicina interna; será cuestión de unos quince días.

Pasó algún tiempo que a la enfermera se le hizo eterno, sin recibir noticias de su novio. Un día, un empleado del hospital que anteriormente la cortejaba, le declaró su amor pero Eulalia le contestó:

—Soy la prometida del doctor Joaquín, no creo que usted lo ignore.

—Pero Eulalia, su doctor tardará mucho tiempo en regresar de su viaje de bodas; ¿no sabía usted que se casó en la fecha que renunció a su trabajo en este hospital?

Eulalia jamás pudo recuperarse de la decepción que le causó el engaño, por más que se decía a sí misma: "Debí darme cuenta que él nunca me quiso de verdad; no debo abatirme". Pero lo cierto es que siempre sufrió por el perdido amor, aun cuando tanto su trabajo como atender su casa, absorbían la mayor parte de su tiempo. Jamás volvió a enamorarse de otro hombre, ni tuvo novio alguno; siguió dedicándose a su profesión, pero ya no era la misma enfermera activa, dinámica, capaz. Se dice que descuidaba a los enfermos, que se volvió demasiado estricta con los demás, que se llenó de amargura. Llegó a tal punto su indiferencia, que aun dentro de su turno desatendía a los pacientes y en más de una ocasión, algunos murieron por su negligencia.

Años después se inauguraba un flamante hospital con el nombre del Doctor Miguel Otero, en la que hoy es Avenida Benito Juárez; a este hospital pasó la mayor parte del personal del antiguo Hospital Civil; entre ellos estaba Eulalia. Transcurrió el tiempo y la enfermera Eulalia, tras una penosa enfermedad, murió en el mismo hospital donde trabajaba.

Se cuenta que en este hospital se aparecía una enfermera pulcramente vestida de blanco y que de vez en cuando atendía pacientes.

Mucho después se fundó en esta ciudad el Hospital Central Doctor Morones Prieto, al cual pasó parte del antiguo personal del Hospital Miguel Otero.

Una mañana entra una de las nuevas enfermeras al cuarto de un paciente y lo saluda:

—¿Cómo está? ¿Cómo pasó la noche?

—Bien, gracias a Dios y gracias también a la enfermera que además de darme la cucharada, me dio el elixir que me hizo mucho bien.

—¿Y a qué hora sucedió eso? —preguntó extrañada la nueva enfermera.

—Como dos horas antes de que usted llegara.

Aun cuando la nueva enfermera sabía que eso no podía ser, nada dijo al paciente; salió del cuarto a continuar su trabajo. Otro día uno de sus pacientes le dice:

—Anoche me dolió mucho la cabeza, pero una enfermera me dio una pastilla y se me quitó el dolor como por encanto.

—Ah, ¿sí? ¿Cuándo le dieron esa pastilla?

—Tal vez en la madrugada.

A la hora de comer, quería comentar esto con la enfermera Elena Wong Rivas, amiga suya, quien con mucha naturalidad le dijo:

—Ah, sí. Seguramente es La Planchada; le decimos así porque siempre anda muy almidonada, con la bata bien planchada, jamás se le arruga ni se le ensucia; sí, también se aparece en los pasillos y se introduce en los cuartos de los pacientes. Una vez, en un cuarto donde había pacientes, ahí en la sección de mujeres, yo debía inyectar a una de ellas; mi sorpresa fue grande cuando me dijeron, al preguntar por qué estaba dormida una de ellas:

—La acaban de inyectar, un poco antes de que usted entrara.

—¿Quién la inyectó?

—Una enfermera vestida de largo, con su ropa bien almidonada.

La nueva enfermera siguió con la duda, aunque su amiga le había referido que se trataba de La Planchada. Estaba verdaderamente intrigada, hasta que al fin pudo platicar ampliamente con otra amiga suya, la enfermera Conchita Armendáriz Hernández; tras de contarle sus experiencias en relación con la enfermera fantasma, Conchita le dijo:

—Pues sí es verdad, yo la he visto y algunos médicos también. Figúrate que una día llegó un doctor nuevo, joven distinguido y de porte aristócrata, quien al salir de su consultorio, nos encontramos en el pasillo y me dijo:

—¿Quién es esa enfermera que entró a mi consultorio sin mi permiso, se sentó frente a mi escritorio saludándome y llamándome por mi nombre?

—Como ve, no hay nadie, doctor. Pero no se preocupe, es La Planchada.

En el Hospital Central Doctor Morones Prieto se han acostumbrado a ver deambular por los pasillos, o saber que ha entrado en los cuartos de algunos pacientes, a una enfermera con su vestido largo blanco, impecable y almidonado. Nadie duda que alguna vez haya asistido como ayudante en las operaciones que los nuevos médicos practican en el quirófano; ese sitio que en el antiguo hospital donde trabajó Eulalia, se llamaba Sala de Operaciones. (*Leyendas potosinas*).

EL CABALLO CON ALAS

La región montañosa que corre paralela a la Sierra Madre Oriental, forma parte de un gran pliegue de calizas que se desarrolla de Norte a Sur, a lo largo de 60 kilómetros por 30 de ancho, donde se yerguen cumbres que sobrepasan los 3,200 metros de altura.

Los gambusinos Gabriel, Pedro, Sebastián y Antonio tenían largos meses incursionando por aquella inhóspitas regiones; más largos si se toma en cuenta el intenso frío durante casi todo el año, pero principalmente en el invierno, durante el cual no escasean las nevadas. En los meses de mayo y junio la temperatura oscila entre los 12 y 15 grados y el promedio anual es de 5 a 7, de suerte que se requería un valor extremo y una decisión férrea para andar tanto tiempo sin confort para subsistir en aquellos lugares, jamás tomados en cuenta como región minera. Fueron esos intrépidos gambusinos quienes con tanta tenacidad pretendieron encontrar vetas del preciado mineral de plata.

Los dos primeros, Gabriel y Pedro, después de algunos intentos desistieron de su propósito, quedando sólo Sebastián y Antonio, que como seres extraños recorrían la encumbrada región, buscando persistentemente el metal precioso. Al principio encontraron ciertamente vetas y vestigios de metal, mas de ley tan pobre que consideraban incosteable beneficiarlas; no obstante, ellos seguían en su lucha. Hubo momentos en los que desfallecieron sus ánimos porque en verdad la fatiga era mucha; padecieron hambres, fríos, sed, cansancio, en fin todo cuanto sea prueba de resistencia y tesón en un propósito. Más de una vez se dijeron el uno al otro que mejor sería ir a buscar trabajo seguro en alguna mina de Guanajuato o de Zacatecas, o bien por aquellos lugares ya reconocidos como depositarios de ricas vetas. Sin embargo, se reanimaban y seguían en su búsqueda.

Diálogos como éste eran frecuentes en su recorrido por las montañas:

—Al diablo con el metal, con las vetas y con todo esto; yo me largo a la ciudad, Sebastián, y buscaré trabajo ¡qué caray!

—Cálmate, Antonio ¿de qué te serviría trabajar para un patrón?, tal vez te mantendrías toda la vida, pero sin prosperar nunca. No creas, a veces pienso lo mismo que tú, pero creo que mientras no nos enfermemos, debemos seguir buscando.

—Tienes razón. Pos a darle mientras ténganos fuerzas, ¡ah, que la... y si nos lleva la fregada, pos ni modo!

Era una noche fría de octubre; Sebastián y Antonio se tendieron en el suelo, casi al fondo del arroyo, envueltos en sus frazadas y bajo un cielo tachonado de luceros. Esa noche habían cenado liebre, nopales y gordas que llevaban en su morral. Con alguna frecuencia se veían caer ráfagas de luz, aerolitos; los gambusinos tenían la creencia de que estos cuerpos celestes concedían peticiones cuando al cruzar el firmamento se les solicitaba un favor. Sebastián, al ver caer un aerolito, exclamó:

—Yo ya pedía. —Antonio contestó:

—De tan chulo que lo ví, no me dió tiempo de pedir nada.

—Oye, Antonio, por este mes es cuando aquí se juntan indios a comer el peyote; ese órgano que hace soñar, ya ves que por aquí hay mucho.

—Pos qué crees que yo hago, si no fuera por el peyote ¿crees que aguantaría tanto caminar?

—A poco tú lo comes.

—Claro que no, yo sólo me lo unto en las corvas y en las piernas, para resistir y no cansarme. Aquí traigo, Sebastián, si quieres úntatelo en las piernas; es güeno p'al cansancio.

Esa noche durmieron a pierna tendida. Sería la hora del alba cuando despertaron; en ese momento dice Antonio:

—¿Ves lo que estoy viendo, Sebastián?

—¡Ah, jijo! estamos de suerte; creo que es un caballo, y qué chulo está, creo que como de oro es su color.

—No, es un caballo alazán ¡qué arrogante y qué retechulo está!

—¿De quién será?

—Pos de quen sea, vamos a agarrarlo.

—Pos si se deja, a lo mejor es muy bronco Antonio, como tú mero.

—Pos eso enseguida lo vamos a ver, aunque no trai rienda, ni brida, ni nada; pero no le hace, poco a poco me le voy a arrimar.

Antonio se le fue acercando despacio, hasta tenerlo al alcance de la mano.

—Oye Sebastián, pero si es retemansito, mira, se deja palmear.

—Qué te parece si lo montamos siquiera pa' que nos saque de este barranco.

Así lo hicieron y cuando estaban en el lomo del caballo, éste empezó a trotar y agalopar cada vez más aprisa; pero su andar era suave, amortiguado; corría y corría sin escucharse el eco de sus cascos porque iba volando. Con gran asombro y miedo de los gambusinos, al caballo empezaron a salirle alas. Al poco rato ya no sentían miedo sino sumo placer. Así, el caballo alado los llevó recorriendo toda la sierra; a veces bajaba a las hondonadas, a veces se elevaba por encima de los picos de la montaña. Desde su corcel, Pegaso, dirían los griegos, miraban todo el vasto y bello panorama de la tierra.

Por fin empezó a descender paulatinamente, hasta tocar tierra firme. En ese momento, Antonio y Sebastián aprovecharon para apearse del raro y misterioso caballo.

—Este es el viaje más fabuloso de mi vida, Sebastián.

—Y de la mía también, Antonio.

En ese instante el caballo emprendió el vuelo de nuevo, describiendo un hermoso círculo en lo alto de la montaña, perdiéndose después en la lejanía.

—No fue un sueño ¿verdad? Acabo de viajar en un caballo con alas y tú viajaste también ¿no es cierto, Antonio?

—Tan cierto como que si a alguien se lo contamos, dirían que estamos pero si bien locos.

—Sin embargo, debemos contarlo; porque éste no es un caso común, es un acontecimiento muy, pero muy raro, tal vez único. En fin, lo importante es que lo hicimos, y que tú Antonio, eres mi testigo y yo el tuyo. Y que algo quiere decir. Mira, ni tú ni yo estamos ebrios, ya lo creo que jurándolo nos lo van a creer, pero después de todo, ni falta que hace, lo cierto es que hemos tenido la experiencia más grande de todos los siglos, al viajar en los espacios sobre un caballo con alas.

—Ya me parecía a mí, cuando lo vi por primera vez, allá en el arroyo, que no era un caballo común y corriente, que era ciertamente un caballo sobrenatural, algo así como celestial.

—Cierto, su color era indefinido, y ¡qué arrogancia!

—No vas a caminar mucho Sebastián, porque a tus meras plantas estoy viendo plata a flor de tierra.

—Oye, Antonio, creo que debemos recorrer toda esta montaña porque tal vez esta aventura nos traiga algo muy bueno, puede haber por aquí una muy buena veta de oro o de plata, ¡A buscar!

Ya el sol doraba la cumbre de la montaña cuando en ese momento, 14 de octubre de 1774, fue descubierta por Sebastián y Antonio la primera mina de plata en el Real de Catorce: La Descubridora. (*Catorce leyendas de Real de Catorce*).

EL JERGAS

La leyenda más típica, más característica y más conocida, es sin duda alguna la de El Jergas; ese extraordinario fantasma, bienhechor de los mineros. La leyenda de este personaje que lo mismo se aparece dentro como fuera de las minas, o bien a alguien en particular o ante grupos de personas, es conocida en todo el mundo minero, por lo menos en México, pues ya sea que en unas partes se llame "el Jergas", o en otras "el Barbas", o "el Harapos", siempre trata de hacer el bien a los buscadores de metales preciosos, aunque a su manera.

El Jergas es pues el fantasma de estas minas de Real de Catorce; muchas de ellas le deben su prosperidad, por lo que pudiéramos decir que este fantasma es el bienhechor de los mineros, especialmente de aquellos que más han sufrido las peripecias de buscar metales preciosos y en los que se advierte buena fe, aun cuando sean enérgicos y mal hablados, ya que los ejemplos que tenemos no dejan lugar a duda.

Las cosas no andaban del todo bien en la mina La Maroma, tanto que estaban a punto de suspender su explotación y abandonar la mina, por lo menos hasta que hubiera mejores medios económicos para seguir adelante. Esta mina que al principio resultó muy bonancible por el año de 1780 fue perdiendo calidad y volumen de vetas hasta que resultó incosteable seguir trabajando. Era la última semana de trabajos, el ayudante del ingeniero, Javier Tobías, llegó esa mañana a su hora de costumbre, seis de la mañana. Su patrón, el ingeniero Ramiro González, siempre llegaba a las diez de la mañana. Javier encontró a un minero sentado en su escritorio, por lo cual le reclamó un tanto cuanto molesto:

—¿Quién te dijo que podías sentarte en esa silla y cerca de ese escritorio?

Éste es el viaje más fabuloso de mi vida, Sebastián.

—Pues fue precisamente y nada menos que el patrón, el ingeniero Ramiro.

—¿Te has vuelto loco? El ingeniero nunca viene a esta hora.

—Será en otro tiempo; ahorita llegó él y está en un túnel nuevo, es decir, un túnel que hasta ahora no se ha trabajado y te está esperando, mejor dicho, nos está esperando.

—Y tú ¿cómo te llamas?

—¡Eso qué importa! Yo soy nuevo aquí, me contrató hoy mismo el ingeniero.

—Pues ándale, vamos antes de que llegue la gente para distribuirles el trabajo.

El nuevo minero lo llevó por varios túneles, hasta que desembocaron en un socavón, casi en el centro del tiro; no obstante, el minero le ayudó para que Javier llegara hasta allí, no sin antes decirle:

—Si no pudiéramos salir de aquí, alumbrando en esta dirección, vendrían a buscarnos; ahí nos vemos.

Efectivamente, Javier se quedó atrapado en ese lugar sin poderse mover por miedo de caer en el tiro y allí estuvo durante tres largas horas. Cuando unos mineros le fueron a decir al ingeniero González que alquien estaba en un túnel desconocido y que hacía señales con la lámpara de carburo, el ingeniero y los mineros se encaminaron al lugar indicado donde, con muchos trabajos, sacaron a Javier de ese peligroso lugar.

Javier refirió al ingeniero lo que le había ocurrido y éste, presintiendo algo, mandó que colaran allí, encontrando para alegría de todos, una magnífica veta que fue suficiente motivo para que se siguiera trabajando con éxito y desde entonces los trabajos de la mina La Maroma fueron bonancibles. Según la descripción que el ayudante del ingeniero dio, no podía se otro que el Jergas.

Allá por los años de 1880, precisamente cuando las minas del Real de Catorce se aproximaban a su mayor auge, ocurrió que en la mina El Señor de los Milagros que trabajaba normalmente con utilidades, claro está, mas no con las ganancias fabulosas acostumbradas por aquellos bonancibles tiempos, la mañana del 8 de julio llegó a la mina el mayordomo Antonio Saldaña a dar las órdenes acostumbradas a los trabajadores, indicándoles los sitios donde debían colar y en los que debían dinamitar, pues ya para entonces se usaba dinamita en las minas de Real de Catorce, siendo en estas minas donde por primera vez en México se usó la dinamita. Al disponerse a trabajar, encontraron a un minero, bien equipado con su lámpara de carburo, con la herramienta apropiada y colando en un túnel que simplemente era usado como acceso a los frentes; al interrogarlo por qué estaba allí trabajando y con cuáles órdenes lo hacía, contestó que él y el ingeniero en jefe habían llegado muy temprano, por órdenes del dueño de la mina, don Ventura Ruiz, y que el ingeniero había salido de la mina hacía apenas unos minutos.

—Si no me crees, ve y dile al señor Paredes, que es el mayordomo, que venga él mismo; aquí te espero.

Cuando el ingeniero llegó, le refirieron lo ocurrido; los hizo que lo llevaran al sitio del que le hablaban, y como el minero intruso no llegó nunca, ni apareció por ninguna parte, se dio la orden que excavaran allí, donde estaba El Jergas, pues no era otro el que se apareció trabajando en la mina; de ahí surgió la bonanza en El Señor de los Milagros.

José Gregorio Vázquez y Salvador Fonseca habían adquirido una mina, propiedad de un gambusino; éste se las vendió a muy bajo precio porque se suponía que no tenía futuro. José Gregorio y Salvador, que al principio estaban entusiasmados, al poco tiempo trabajaban la mina sin mucho ánimo, porque realmente no tenía vetas costeables aunque ya la habían colado en muchas de ellas; por fin se decidieron a venderla al padre Flores. Dada la inversión que el padre Flores hizo, la mina era trabajada con algún éxito, si bien el trabajo era arduo y más difícil lo hacía el hecho de tener que usar botas altas por lo pesado del piso, pues había que caminar entre arenales. Mas he aquí que un día estaba un minero llenando de arena costales de los que se utilizaban para acarrear metal; otro de los mineros le preguntó por qué estaba haciendo eso y sobre todo, utilizando costales de acarrear metal, a lo cual el desconocido minero le dijo:

—El capataz me lo ordenó.

Intrigado por tan descabellada orden, ya que ni con miles de costales sería posible sacar aquella arena de la mina, fue con el capataz, quien le aseguró no haber dado tal orden, no obstante, fueron al sitio donde el minero encostalaba la arena, mas este había desaparecido dejando cinco costales llenos.

Informado el padre Flores de lo ocurrido, mandó de inmediato analizar la arena, pues pensaba que algo de ley podría tener; aunque fuese baja, podría ser costeable. Ese análisis fue el acontecimiento más grande en la historia de la minería mundial, pues resultó que la arena tenía ley de 98 por ciento, es decir, que sólo fue cuestión de encostalar arena, pues se trataba de plata azul, que una vez fundida, se convierte en barras de plata.

La mina del padre Flores llegó a ser la más productiva del mundo. Cosas de El Jergas.

Francisco Padilla, Erasmo Gaitán y Donaciano Gámez tenían cuarenta y cinco días buscando indicios de mineral de plata con el fin de denunciarla y ponerse a trabajar; desistieron de seguir buscando, pues la suerte no les acompañaba. Se dirigieron a una de las minas ya establecidas con el fin de solicitar trabajo, cuando se une a ellos un minero que les dice:

—Yo ando en las mismas, buscando una mina, aunque ya vi un lugar que parece bueno pero no estoy seguro de que así sea. Si ustedes conocen de vetas y afloraciones, vamos a verlas, a lo mejor les gusta.

—Claro que vamos, le contestaron y así se encaminaron a donde el desconocido minero los llevaba; por fin llegaron a un sitio del cual arrancaron unas piedras que desde luego las llevaron a ensayar; el acompañante les dijo que se adelantaría y que los esperaba en la casa de ensayes, a donde nunca llegó. La mina resultó muy buena y dio origen a la mina San Francisco, que fue de lo más productivo.

Todo hace pensar que fue El Jergas el autor del descubrimiento. (*Catorce leyendas de Real de Catorce*).

SAN FRANCISCO

En el Real de Catorce, antiguo Real de Nuestra Señora de la Concepción de Guadalupe de los Alamos, cuya Patrona es la Morena del Tepeyac, casi desde su fundación o descubrimiento por allá en 1772, se venera la imagen de San Francisco de Asís de manera extraordinaria. La Virgen de Guadalupe también es venerada puesto que a ella se dedicó el templo; no obstante la devoción a la Guadalupana, el culto popular al Santo de Asís ha venido cobrando auge hasta convertirse en la actualidad en una afluencia diaria de gente que llega de diversos lugares del país y aún del extranjero, hasta culminar en la tumultuosa llegada de peregrinos que del 25 de septiembre al 4 de octubre de cada año, ocurre en el legendario, encantado y encantador pueblo de Catorce, ciudad convertida en maravillosas ruinas que son motivo de la atención mundial, porque aun cuando el deterioro fue hecho por el tiempo y por la mano del hombre, tal parece que un destino divino lo convirtió en el pueblo de encanto, de ensueño, de veneración y de respeto que ahora es. Ciudad que habla de un pasado glorioso, de opulencia y de abolengo y de un presente de encanto, de maravilla, de misterio y de recuperación física y moral, donde abundan las plantas medicinales de sorprendentes poderes curativos y donde el Seráfico de Asís conforta el alma de manera definitiva; ahí se puede caminar sobre las nubes, coger las estrellas con la mano, muchas de ellas se desprenden de los cielos maravillándonos con sus encantadoras estelas de luz; la zorra, el coyote, el tejón y la ardilla dan la impresión de ser animales caseros. En fin, lugar donde tantas y tantas aves canoras se dan cita para alegrar las madrugadas con sus trinos y su policromía.

Se cuentan muchas versiones del misterioso y desconocido arribo de la imagen de San Francisco de Asís al Real de Catorce. En esta ocasión se hace referencia tan sólo a una de éstas, que es la más popular y cuyo origen se remonta a los principios de su fundación o descubrimiento.

En Real de Catorce puede decirse que existe tanta riqueza espiritual que se respira en todas las calles y rincones como quizá en ninguna otra parte del mundo, salvo en los Santos Lugares, porque aquí todos los visitantes y peregrinos vienen a agradecer o a pedir favores a San Francisco, quien los otorga abundantemente; fue precisamente el Santo quien salvó del total abandono a este pueblo, de tal suerte que puede afirmarse que ahora hay más visitantes que cuando la minería estaba en auge.

La imagen del Santo de Asís no llegó al Real de Catorce a la mansión más elegante, ni la primera visita la hizo ante el hogar más opulento, ni fue recibido con cantos, himnos gloriosos, arcos triunfales y fuegos de artificio, ni se anunció su llegada con boletines o pláticas previas; ni siquiera llegó al templo donde se le hubiera recibido con el ceremonial de rigor; tampoco entró por las calles principales; entró a hurtadillas, por los arrabales del pueblo, entre las casas más pobres, buscando a la gente menos notable, más humilde y no en carruaje esplendoroso, sino en el lomo de un pollino, según el contar de la leyenda.

Por el empinado y poco accesible corral del jacal de adobe y palma de la sencilla familia formada por pedro Céspedes, Romualda Perea, sus cuatro hijos: Encarnación, Teodocio, Lupe y Pedro, este último de escasos cinco años, entraron Miguel Angel y su esposa Magdalena quienes venían montados en una mula y un burro, junto con algunos envoltorios; en otro burro más pequeño traían otros varios bultos.

—Ave María Purísima —saludaron los visitantes.

—Sin pecado concebida.

—Buenas tardes les dé Dios.

—Buenas las tengan ustedes; soy Romualda Perea para servirles. ¿Qué les trae por aquí?

—Venimos de lejos y vamos de paso, pero como ya se avecina la noche y estamos muy fatigados, no queremos seguir por esos caminos de Dios sin tomar descanso y comer algún bocado; por eso pedimos a sus buenas personas nos dejen pasar aquí la noche.

—Aunque estamos muy probes, esta es su humilde casa; pasen con confianza, donde hay seis probes puede haber dos más; frijolitos y tortilla nunca nos faltan gracias a Dios—, y dirigiéndose a sus hijos que miraban con curiosidad a los visitantes, les ordenó:

—Teo, Lupe, ayuden aquí a descargar los burros; aluego se acomodarán los señores donde se pueda.

Entre todos descargaron la mula y los burros, en uno de los cuales traían un bulto grande y liviano, como de un maniquí, envuelto en trapos de colores; este paquete lo acomodaron en una de las habitaciones de la familia Céspedes Perea.

—Ya es l'hora que Pedro hubiera llegado, es quia veces se entretiene más porque si encuentra con algún conocido y se pone a platicar, pero de todos modos ya no ha de tardar, también los muchachos andan por ahí, Chon y Pedro.

—¿Cuántos hijos tiene, Romualda?

—Cuatro nomás; éstos dos Teodosio y Lupe, que son los de enmedio, y el más grande, Pedro, que no está por aquí, y el más chico Encarnación quianda con el Cabo.

—Ah! tiene un soldado.

—No, el Cabo es el perro; cuando llegó, llegó ya grande y no intraba, nomás se estaba en la puerta, por eso le pusieron el Cabo. Es bravo pero muy obediente. Miren, ahí viene ya Pedro. ¿Qué traes allí, digo yo?

—Pos el compadre Chema que llegó con un venado, me pidió que lo ayudara a destasarlo, luego me dió toda esta carne.

—Bueno, pues ahorita la friemos pa' cenar, nos cai dialtiro bien, ya ves que tenemos visita, estos señores acaban de llegar y pos yo les dije que podían pasar aquí la noche, onde que vienen re'cansados.

—Bueno, pos que sean bienvenidos, buena tarde, o más bien buena noche, pos ya está oscureciendo; hace frío, pásense a la cocina pa' tomar un zacate limón que aquí ésta lo hace muy güeno.

—Sí pasen, oritita les sirvo un jarro de zacate limón, mientras les hago la carne; Lupe, búscate por ahí unos güevos, los que jalles, y traeme unos chiles de la maceta grande y unos jitomates de los más colorados.

—Bueno, dígame en qué le ayudo —dice Magdalena, la esposa de Miguel Angel Medellín.

—Pos ponga los platos en la mesa y los jarros y arrímese los bancos; Lupe, llámate a los muchachos, por ahí andan ya.

—¿Descargaste la leña, hijo? —pregunta Pedro a su hijo Chón.

—Sí, Pa'.

—Arrímales pastura a la mula y a los burros y llévales agua. Aquí está el aparato éste, lo voy a colgar aquí —dice Pedro— al mismo tiempo que coloca una lámpara portátil en una alcayata clavada en una tabla del techo. Romualda lo mira sorprendida y exclama:

—Y ahora tú, ¿qué pasa? ¿porqué tanta luz?

—Pos será que limpiaste la bombilla; de veras que dá más luz que si jueran tres.

—Siempre la limpio y nunca alumbra tanto.

Las dos señoras están atareadas haciendo la cena, colocando platos y acomodando jarros; se percibe un grato olor a carne asada, ya que le han puesto los condimentos necesarios: pimienta, sal, ajo, cebolla y especies que abundan en la región. Han guisado chile verde con jitomate en manteca de cerdo, que despide un picor sabroso y están friendo huevos que las gallinas pusieron por algún lugar del corral; el té lo han endulzado con piloncillo de melaza, han bajado la canasta que, colgada de un garfio, está llena con grandes tortillas de maíz las cuales calientan sobre un comal de barro puesto en las brasas de grandes trozos de leña seca; en este fuego, que despide un calorcito acogedor, hierven frijoles dentro de una olla de barro. La familia y los huéspedes, se disponen a cenar. Ya están todos, sentados en bancos rústicos, en torno de la mesa de tablones gruesos. Pedro empezó diciendo: —"Padre Nuestro que está en los Cielos", hasta terminar con el Ave María, para pedir al Señor bendiciones en la cena y, esta vez, por la compañía de los visitantes.

Durante la cena pidieron a los viajeros que dijeran quiénes eran, de donde venían, a donde se dirigían, cuáles trabajos habían sufrido por el camino y, sobre todo, en qué consistía el bulto liviano que parecía maniquí, el cual era nada menos que la santa imagen de San Francisco de Asís, que llevaban a una comarca lejana. Pedro comentó:

—Pos les diré, el camino menos propio para su viaje es éste precisamente, ya que estamos en lo más alto de la montaña; podrían haber caminado por La Paz, por Cedral o por otro pueblo de allá abajo.

Miguel Angel explicó:

—Fueron las bestias las que siguieron el camino, nosotros sólo venimos tras ellas porque en realidad nos perdimos; no sabíamos por dónde ir y en verdad creemos que no se equivocaron ya que nos trajeron aquí, con ustedes, que son gente tan buena y que nos están tratando tan bien como si fuéramos viejos conocidos.

—Son prójimos y con eso es suficiente, y pos ahora con el Santito que traen es mayor razón pa' servirlos con más gusto.

Entonces intervino Magdalena:

—Bueno, pues descubriremos a San Francisco y lo colocaremos por allí para que también descanse del pesado y difícil camino. ¿Le parece bien, Pedro?

—Nomás acabamos de cenar y dar gracias a Dios y aluego les diré a dónde lo ponemos por lo pronto; ustedes ya mañana, mediante Tata Dios, dirán lo que crean necesario.

—¡Caray!, pues con esta cena y estas atenciones de ustedes, para mí que ya no nos vamos de aquí nunca —dijo en son de broma Miguel Angel—, a lo cual Romualda contestó:

—Por nosotros pueden quedarse aquí cuanto quieran, tortilla, frijolitos y chilito no nos han de faltar, Dios es muy grande.

—De veras quédense los días que queran, pos como dice Roma, a naiden le falta Dios, lo bueno sería que se sintieran agusto.

—Sí, quédense, —intervino Chonito—, y luego a coro expresaron los demás muchachos:

—¡Sí, sí!

Después de la cena, todos se dispusieron a destapar la imagen del Santo; al verla, les causó tal asombro, tal admiración, tal veneración y cariño que todos quisieron quedarse toda la noche adorándolo, haciendo oración, entonando cánticos. Por lo tanto, esa sencilla familia de los Céspedes Perea junto con los Medellín Blanco, fueron los primeros que en Real de Catorce veneraron la imagen del Seráfico Francisco de Asís.

Como esa noche transcurrieron muchas más, pues los forasteros y la imagen no tenían traza de ausentarse, sólo que ahora cada vez era mayor el número de adoradores que, por las noches, llegaba hasta la casa de los Céspedes para rendirle culto a San Francisco sin dejar un momento sola esa estancia en donde se encontraba una imagen que iba a cobrar fama mundial por el derroche de favores, de milagros, que desde aquellos remotos tiempos empezó a verificar.

Una fría mañana de invierno se ausentaron por fin los viajeros, llevándose su acémila, los dos borricos, mas no así la imagen, que dejaron en la humilde casa de sus anfitriones. Estos agradecieron emocionados tal deferencia y le confeccionaron un altar; adornaron adecuadamente la pequeña estancia para que siguiera siendo visitada y por mucho tiempo las cosas transcurrieron así; pero día con día fue creciendo la afluencia de peregrinos. Como era ya muy numerosa la gente que concurría a venerar al Santo, los dueños de la imagen pidieron el permiso correspondiente para trasladarla a otro sitio; pensaron que el mejor lugar era precisamente el Santuario de Guadalupe, que además tenía un atrio muy espacioso y un camposanto. Así lo hicieron y allí permaneció por algún tiempo.

Un día la imagen ya no estaba en su lugar; al principio se pensó que la habían robado, mas luego se dieron cuenta que se hallaba en el templo de la Parroquia, junto a la Plaza del Carbón. Se hicieron investigaciones para saber quién o quiénes la habían llevado a ese lugar, sin que hubiera jamás una respuesta satisfactoria. Volvieron a trasladar la imagen al Santuario, después de solicitar los permisos necesarios, organizar comisiones, contratar música, cohetes, ensayar cantos, etc. Así, nuevamente residió la imagen del Santo en el Santuario de Guadalupe.

Por segunda vez se percató la gente de que San Francisco ya no estaba en el lugar de siempre, es decir, en su altar de la iglesia del camposanto; no tardaron en enterarse que se encontraba de nuevo en la Parroquia del centro del poblado.

Otra vez las diligencias para llevarlo a su primera iglesia, con música, rezos, cantos, cohetes, etc., porque había gente que insistía en que la imagen permaneciera en el Santuario; sin embargo, otras muchas personas comentaban que San Francisco era quien prefería residir en el templo parroquial, que nadie lo cambiaba de sitio, que era él quien por sí mismo se trasladaba; no faltó quien asegurara que lo había visto caminar por el monte con dirección a la Parroquia.

¿Por qué quería San Francisco residir en aquella iglesia del Real de Catorce? Acaso para no dejar perecer aquel pueblo cristiano, que poco a poco fue sumergiéndose en el abandono, hasta quedar en ruinas y mantenerse con aliento sólo por la devoción a San Francisco.

Las frecuentes visitas, las constantes peregrinaciones de mexicanos y extranjeros acudiendo a venerar al Santo de Asís, son la muestra fehaciente que de tal manera San Francisco defendió la supervivencia de la ciudad hasta convertirla en lo que hoy es: un prodigio de turismo incesante, debido principalmente a las gracias, a los favores y milagros que el santo de Asís hace y que se cuentan por millares; prueba de todo esto es la infinidad de exvotos volcados en los retablos, ofrendas, figuras de oro y plata llevadas en honor del Santo, así como el dinero que a raudales fluye para las obras franciscanas y para el pueblo mismo, beneficia la devoción profesada a la imagen del Seráfico Padre en el Real de Catorce, pues por el Túnel de Ogarrio, única entrada al pueblo, pasan diariamente un buen número de carros. Hay días que se cuentan por miles los coches que atraviesan el Túnel para gozar el panorama prodigioso que ofrece Real de Catorce.

San Francisco de Asís, porque así lo quiso y desde hace mucho tiempo, reside en la iglesia parroquial, dedicada a la Virgen de Guadalupe el 7 de diciembre de 1817. Los peregrinos acuden al

Real de Catorce a ver al Santo y éste les tiene preparado un manjar de sorpresas: el pueblo, sus ruinas, la herbolaria, la leyenda, la artesanía, los actos culturales y, sobre todo, el alivio a sus dolencias y la sonrisa de gratitud.

San Francisco tiene su asiento en la Parroquia, pero de allí sale frecuentemente a incursionar por diversos lugares del pueblo y de las rancherías; estas salidas no las hace precisamente en andas o en palanquín, sino a pie; de tal suerte, que muchas veces han tenido que cambiarle sandalias, porque a éstas se les acaba la suela. (*Catorce leyendas de Real de Catorce*).

SINALOA

MANUEL OROZCO Y BERRA. (Véase CIUDAD DE MÉXICO).

LA SANTA CRUZ DE LOS MILAGROS

El 15 de abril de 1683, Jueves Santo, pasaba en el Rosario del departamento de Sinaloa una de aquellas escenas en que aparece la mano de Dios para llamar la atención extraviada de los hombres. Bernardo Pascual Ascencio de Loyola, natural del mismo lugar, tenía todos los años la costumbre de colocar, para los días santos, una Santa Cruz en el mismo lugar en que se colocó la primera piedra del templo; mas como se la robaban los penitentes, colocó en esa vez a la Santa Cruz en una peana de piedra para que no se la llevasen. Se ocupaba de componer la ermita, cuando a eso de las dos y media de la tarde de ese día, consagrado a la memoria de los padecimientos del Salvador, la Santa Cruz comenzó a moverse. La noticia del portento atrajo naturalmente un gran concurso, en el que aparecieron el vicario, otros eclesiásticos y varias personas de categoría. En vista del prodigio, y queriendo averiguar si esto era efecto de alguna causa natural o no, el referido vicario en unión de otras personas, después de otras observaciones, se prendieron de los brazos de la Santa Cruz para contener su movimiento: este no obstante seguía, y lo que es más de admirar, no sólo se movía toda la Santa Cruz, sino que muchas ocasiones el estremecimiento era tan sólo de media cruz para arriba, quedando lo demás en quietud, lo cual no podía suceder naturalmente, siendo como era el palo mayor, un cuerpo continuo y de una sola pieza. Este prodigio continuó, aunque con interrupciones, todo el jueves, viernes, sábado de Gloria y tres días de Pascua, con la circunstancia que al momento de anunciar la trompeta la procesión del Santo Entierro, en el viernes Santo, la Santa Cruz se movía estrepitosamente, e igual cosa sucedió en el momento de pasar frente a ella el Santo Entierro. —He aquí lo que consta por la auténtica del milagro a que me refiero y que se encuentra en el archivo eclesiástico de esta parroquia. La información seguida al efecto consta de veintitres declaraciones ratificadas, inclusa la del señor vicario. Al fin del expediente hay una pastoral, *ad perpetuam rei memoriam*, del ilustrísimo y reverendísimo señor don fray Bartolomé García de Escañuela, obispo de Durango. La Santa Cruz tenía dos y tres cuartas varas de alto: después se le cercenó una parte para reliquias, por lo que hoy no las tiene cabales: es de remo, y se halla colocada en un altar de piedra labrada, hacia la mano derecha del crucero izquierdo de la iglesia parroquial. Los habitantes del Rosario y cuantos la conocen en su historia, le profesan con justicia una grande veneración. (Apéndice al *Diccionario Universal de Historia y Geografía*).

JESÚS ÁNGEL OCHOA ZAZUETA. Nació en Navojoa, Son., en 1936. Viajero, periodista, literato y doctor en antropología, ha sido docente e investigador en varias universidades e institutos, y en 1996 era director general del Centro de Estudios Etnográficos y Desarrollo Comunitario en Mexicali, B.C. Se le otorgó el Premio Nacional de Antropología "Fray Bernardino de Sahagún" en 1988. Es autor de 24 libros, los principales sobre minorías étnicas del Noroeste, entre ellos *Apostillas de los tepehuanes* (Editorial Nueva Hispanidad, 1967).

SAN IGNACIO DE NÍO. EL SANTO DE SEIS TONELADAS

Resulta que aquellos frayles, por más emprendedores y laboriosos que eran, no encontraban la forma para lograr que las familias aborígenes adoptaran a los santos en lugar de seguir adorando a esos ídolos de pedernal que guardaban en sus chozas muy discretamente.

Es cierto que a los indígenas les encantaba escuchar los cantos *Gloria in excelsius Deo*, obtener el crisma o admirar el viático que tan maravillosamente lo escenificaban los señores de barbas y vestidones, pero para sus cosas íntimas de la religión, para el aspecto personal de la devoción, aquella iglesia de Nío no podía contar con nadie, por estar sus feligreses aferrados a costumbres tradicionales tan arraigadas como difíciles de hacer olvidar.

Se cuenta que aquellos sacerdotes idearon una fórmula brillante para competir con los dioses regionales. Sabiendo que el sistema doméstico de su teología les permitía a quien así lo prefiriera modelar su propio dios, convocaron a una junta de varones para invitarlos a labrar en la plaza pública a un San Ignacio, imagen que sería el patrono del lugar y que debería ser configurado de acuerdo con la inspiración de los artistas locales.

En una balsa, por las aguas del río Petatlán, desde las canteras de la serranía, transportaron una gran mole, que con lujo de ingenio, entre ruidosas festividades y cantos religiosos fue a empotrarse sobre un cúmulo de tierra de manera de poder admirarse desde la lejanía, con la idea de que sirviera como punto de referencia en toda la llanura.

Poco a poco, aquella mole de seis toneladas de peso tomó forma, aunque bastante grotesca, de un hombre. El paganismo de siglos y la religiosidad venida del otro lado del mar, estaban unidos

Aquella mole tomó forma de un hombre.

en la singular piedra. Dos corrientes culturales fundidas en el rítmico golpeteo de los joviales escultores se unían gracias a una cantera cuidadosamente torneada.

No tardó en estar listo aquel San Ignacio de Nío, y no fue mucho tiempo el que pasó, cuando empezaron a llegar grandes procesiones de familias indianas para conocerlo y adorarlo.

Fue tal la fe que le tomaron, que lo consultaban para cuanta dificultad había, al grado de sentirse todos aquellos habitantes tan complacidos por su nuevo Dios, que determinaron, con la dirección de los jesuitas, edificar un templo a la altura que el respeto y su grandeza se lo merecía.

El polvo de los años aún no borra los restos de la vieja iglesia de tres naves que de adobe cocido en el Pueblo Viejo existió para dar alojo al amado San Ignacio.

Pesaba tanto, pero lo deseaban tanto, que los indios construyeron una carreta con ruedas de piedra, para pasearlo por los alrededores, siendo necesario empujarlo entre docenas de hombres. Como la mole era de difícil transportación, y los paseos muy seguidos, se sucedían con regularidad los accidentes, al grado de acontecer varias muertes por apachurramiento y de nacer entre los corrillos indígenas, la idea de que San Ignacio era un santo muy corajudo y enojón, y que si no lo sacaban o veneraban con respeto, cobraba víctimas entre sus adoradores.

En la actualidad, el San Ignacio se encuentra instalado en una iglesuca en la población de Nío.

Año con año, en la festividad que le pertenece, venidos de quién sabe qué puntos distantes, aparecen cientos de indios con extrañas vestimentas y curiosos cargamentos.

No hacen más que velar dos o tres días con sus noches el lugar donde el Santo descansa; bailan, toman y cantan, para luego desaparecer sin dejar huella.

Quienes saben de estas cosas dicen que el San Ignacio, un día, dándose cuenta que sus hijos lo tenían olvidado, cobró vida, y con sus seis toneladas recorrió toda la llanura y parte de la sierra, recordándoles con un rastro de sangre que aún estaba en Nío para recibir atenciones.

Cierta o falsa tal leyenda, los indígenas regresaron a Nío.
(*Apostillas de los tepehuanes*).

EL ROSARIO DEL CAPORAL

Una tarde del mes de agosto, por los rumbos de Chiametla, un viejo caporal, llamado León Rojas, se encargaba de sus labores de costumbre que consistían en "correr" las reses por el monte y llevarlas a los potreros.

La leyenda dice que el señor Rojas percatóse que faltaba una res, y temiendo que uno de los bárbaros que por ahí habitaban la hubiere tomado como así se usaba, dio en buscarla con gran afán y maestría.

Después de bastantes intentos, la localizó en uno de los bajos arenosos, siendo tal su premura por tenerla que en su prisa rompiósele un pequeño rosario que portaba siempre, pues gustaba de aprovechar sus horas laborales con las tranquilas de la oración. Como la noche llegaba, dejó aquel caporal su sombrero en el lugar como señal, pensando retornar para rescatar la valiosa prenda. Por la noche, con el animal bien asegurado, León Rojas fue al punto donde había dejado el sombrero, pensando recoger las cuentas de su rosario, intento que no pudo realizar por la oscuridad reinante. Dispuso pernoctar, haciendo una pequeña fogata para calentarse.

Por la mañana, al tratar de iniciar la localización de las cuentas, vio con gran sorpresa cómo bajo las apagadas brazas de la fogata se encontraba una gran plancha de plata fundida.

Con toda la fidelidad de un buen servidor, sin aliento y con mucha alegría, fue hasta un lugar llamado Agua Verde, donde vivía su patrón y protector para darle fe del descubrimiento. Enterado éste, procedió a efectuar investigaciones de tal suerte que se encontró con uno de los fundos mineros más ricos de la Nueva España.

Porque el lugar estaba bajo una "tasajera", planta muy parecida a los nopales que conocemos, le llamaron Mina La Tasajera, aunque otros dan en decir que por abrirse un tajo en la loma, se llamó Mina El Tajo.

Lo cierto es que sobre esa veta de plata y oro, creció después una bella y rica población que aún existe y que en honor a esa hermosa leyenda conserva el nombre tradicional que dio origen al descubrimiento.

El Rosario, una de las comunidades más progresistas de Sinaloa, ya con sus albardillas abandonadas y sus viejos templos derruidos, sigue siendo la población más señera y más histórica.

El viejo caporal León Rojas, en las laderas de un cerro conocido como Loma de Santiago, extravió un rosario y su localización nos trajo consecuencias históricas que aún persisten.

La mina de El Tajo fue descubierta a mediados del siglo XVII; su bonanza se inició al descubrirse la veta llamada El Bramador en 1860. En esa época el señor Luis L. Bradbury era el mayor accionista, y el administrador lo era el señor Antonio H. Paredes. Esta mina, cuya entrada estaba localizada en la parte occidental de la población, era considerada como la más rica de Sinaloa, llegando sus trabajos subterráneos a cubrir poco más de ciento cincuenta hectáreas, y una distancia lineal que cubrían sus tiros, pozos y galerías superior a los setenta kilómetros.

Después se trabajaron otras minas, siendo La Guadalupana la que se encontraba en el centro mismo de la población entre las calles llamadas Romero Rubio y Guadalupana, midiendo sus subterráneos más de cuarenta kilómetros. (*Apostillas de los tepehuanes*).

DEL FAISÁN AL MARQUESADO

La Villa de Concordia es una tranquila población llena de recuerdos y de tradiciones.

Francisco de Ibarra, el capitán de la paz, el pacificador de "Cinaroa" y gobernador de la Nueva Vizcaya, la fundó.

En todas las actividades humanas del villorio, podemos adivinar una leyenda interesante. Las artesanías, donde predominan la alfarería y la carpintería, podrían ser objeto de estudios serenos, pues es tan fino su acabado y tan sutil su calidad que bien pudieron compararse con las vasijas de la Topia.

Pero de todos los antecedentes, el más curioso y el más importante será el estudio genealógico de una familia aristócrata y cosmopolita, que en los círculos más elegantes del mundo, luciendo como herencia lo pomposo de un título de marquesado, gasta una de las más fabulosas fortunas que la tierra dio y que el esfuerzo humano rescatara para provecho de unos cuantos.

Francisco Javier Vizcarra, originario de Vasconia, en su papel de alférez de las armas españolas cumplía su cometido guerreando contra los xiximes en protección de los intereses de las familias que habitaban la Villa de San Sebastián —hoy Concordia—. Su presencia en las tierras de la Nueva Vizcaya obedecía al afán de aventuras y riquezas que animaron en esas épocas a miles de europeos, aunque a decir verdad, por ese tiempo tan sólo se conformaba sabiéndose protegido del señor de esas tierras.

En una de sus correrías, de caza o de vigilancia, disparó su mosquete sobre una extraña ave, conocida como faisán, con tan buen tino que logró herirla. En las contorsiones de agonía, el ave descubrió un placer de plata en bruto ante los ojos mismos del emocionado soldado.

No mencionó a nadie el descubrimiento, con gran cautela pidió autorización para separarse del oficio "deseando labrar la tierra y explotar nuevos fundos". Al tiempo, la famosa mina del Faisán inició sus actividades, dando a su propietario una fabulosa fortuna.

El antiguo alférez Francisco Javier Vizcarra no se envaneció por su buena suerte, pues fue tanta su filantropía y tan numerosas sus donaciones, que pronto logró captarse el respeto y las simpatías en toda la provincia.

Porque construyó varias iglesias, entre ellas las de Concordia, Copala y Pánuco, el Vaticano, en un decreto muy especial le otorgó el título de Marqués del Pánuco, grado que aún en la actualidad es usado por algunos de los descendientes.

Narran los mantenedores de la tradición oral, que el marqués del Pánuco antes de morir pidió a sus herederos que nunca abandonaran la región, y que cuidaran que el linaje que había fundado conociera y difundiera el origen de su inesperada fortuna. (*Apostillas de los tepehuanes*).

EL AMOR DE DOS SANGRES

Don Andrés Pérez de Rivas, en su famosa crónica "Los triunfos de nuestra santa fe...", al hablarnos sobre las mujeres de estas tierras nos dice: "...no obstante con ser indias son hermosas...", y en verdad que sí, pues en la época misma de la conquista, vivía en una gran población llamada Batacudea sobre el río Ixtlaje —Humaya— una joven sin par, de gran belleza y no menos gallardo origen.

Hija de un principal muy afamado, llena de gracia y buenaventura, no tardó en ser comprometida con un valeroso guerrero que gozaba de prestigio y respeto en su pueblo.

Arreglados los esponsales, tuvo que detenerse el ceremonial, pues llegaron noticias inquietantes de las tierras bajas, que anunciaban la presencia de hombres extraños que por la fuerza y con crueldad se posesionaban del lugar y de las familias.

Pronto los ejércitos defensores se presentaron listos para combatir al intruso enemigo, siendo el enamorado comprometido uno de los más animosos capitanes.

El encuentro con los españoles fue violentísimo, las rodelas se estrellaban contra los pectorales de los caballos y los arneses de metal, inclinándose prontamente el triunfo para los invasores.

No obstante la derrota, el capitán aborigen tomó prisionero a un soldado castellano, llevándolo de rehén ante la presencia de los principales en Batacudea.

Acordaron los caciques curar las heridas del prisionero, dándole instrucciones a la bella prometida para que personalmente atendiera al debilitado preso.

Fue tal el trato y tales los cuidados que recibió ese hombre, que pronto se recuperó, quedando tan agradecido como enamorado de aquella dulce compañera.

Pasó el tiempo y el amor del castellano crecía por la indígena, e igualmente sucedía con el corazón de la dama, a cuyos sentimientos le correspondía.

Fue tan secreto ese amor entre el castellano y la india, que nadie se enteró, y menos pudieron imaginarse que la hija del mismo cacique le había proporcionado la huida al prisionero de Batacudea.

Lo cierto fue que los choques sangrientos entre ambos frentes siguieron sucediéndose, sin que se presentara debilidad por las partes.

El corazón enamorado es ciego a todo menos a las tristezas y llantos de su amada, y aquel valiente guerrero, dejando la macana y el arco, preguntó a la doncellas cuáles eran las causas de sus congojas. Furioso, diose cuenta, con la sinceridad de la confesión, cómo el amor se lo robaba un enemigo de su pueblo, jurando ahí

mismo que matando al vil castellano vengaría la afrenta y recobraría el cariño perdido.

Un mensajero llevó la noticia al español. El encuentro sería entre ellos solos, con las armas que acostumbraban llevar a la guerra, y el triunfo sería el amor por el cual se pelearía.

Entre las vegas de dos ríos que se unen, dos colosos, de piel diferente pero de sangre roja, escenificaron una de las batallas más fieras que en la conquista de la Nueva España hubiere acontecido, perdiendo sus vidas como holocausto a un gran amor que sabían no disfrutarían.

Y la bella, que nunca se enteró del sacrificio de los amantes, en la lucha interior de su alma, que veía borrarse el cariño del joven indígena y aumentar el de aquel soldado de otra raza, con el que no se uniría por cuestiones de abismos seculares, perdió la memoria para aumentar las penalidades.

Batacudea fue vencida por las armas del señor Presidente de la Audiencia, pero si es verdad que en ella se encontraron muchas jovencitas hermosas, nunca se llegó a saber el lugar donde quedara aquella flor de Coloacán, que en su inocencia arrastró todo un drama pasional. Sólo un rumor quedó entre las familias indígenas.., una versión que se contaba muy discretamente entre las viejas y que aseguraba que habían visto a la bella rondar por las orillas del río como si buscara, hablándole, a un soldado de Castilla.

¡Cuántos siglos han pasado desde que sucedió aquella batalla..!, y aún, cuando paseo por la riberas del río Humaya, el antiguo Ixtlaje, en los murmullos de las tibias aguas que al correr dejan oir deliciosas voces cristalinas, parece que escucho una voz que le habla a su amante. *(Apostillas de los tepehuanes).*

TODO O NADA

Muy cerca de la ciudad de Culiacán hay un lomerío extraño y curioso.

Por un lado están los arroyos cuates, donde los primeros pobladores de la región dejaron su añejo mensaje impreso en las piedras que por todos rumbos se encuentran hoy dispersas. Más lejos está el cerro de las Siete Gotas, con su "media caverna" sombreada por frescos palos blancos y sus ojos de agua siempre dispuestos a calmar la sed de los veraneantes.

Pero un poco más al oriente, donde las estribaciones de la sierra Madre Occidental toman forma de verdadera montaña, como si se dispusiera a levantar el vuelo convertido en extraña ave, está el legendario y temido Cerro del Fraile.

Nadie, que se diga nativo de Culiacán, puede ignorar la versión del Cerro del Fraile, pero en verdad que pocos conocen la historia real que le mereció su fama.

Al pie del Cerro del Fraile, por una cañada amplia y bien cutodiada de respetables acantilados, pasaba el camino real que llevaba las conductas a Cosalá, Nuestra Señora y Amaculí.

Unos bandidos, que desde hacía tiempo vivían al salto de mata, robaban y mataban a placer, se enteraron por ignoradas fuentes que por ese lugar pasaría una recua cargada de monedas de oro propiedad de la Santa Iglesia Católica que venía de las parroquias serranas para enviarse al Obispado de Durango, pues en ese tiempo aún no existía diócesis ni en Sonora ni en Sinaloa.

Dieron en atacar la caravana de cuadrúpedos aquellos temibles asesinos, a los que les hicieron frente dos o tres temblorosos pero decididos arrieros que mientras se enfrascaban en la lucha permitían que un fraile acompañante buscara, con su tesoro, protección entre los escondrijos del cerro.

Victimados los pobres arrieros, dieron los ladrones en buscar por todas las veredas y rincones al fraile y al oro, anocheciéndoles en su intento sin éxito.

Se sabe que el fraile, en su huida, encontró una gran caverna en el cerro, en donde se escondió con las mulas cargadas de oro, decidiendo esconder el metal en ese lugar mientras pasaba el peligro.

Salió de la zona de peligro el fraile, después de disimular la entrada de la caverna, reiniciando su suspendida ruta rumbo a la antigua Guadiana.

Pasaron muchos años y nada se supo ni del tesoro ni del fraile aquel, mucho menos de la caverna del cerro.

Pastaban por ahí unos animales y su propietario, un campesino bonachón, en su inquieto ir y venir, dio con la entrada de la cueva, no tardando en descubrir el increíble tesoro de aquel fraile asaltado. Habían pasado muchos años y se ignoraba la historia que dio motivos para sepultar bajo la tierra todo aquel dinero, por lo que el descubridor inmediatamente se dispuso a cargar un morral con las mejores piezas. Se encontraba en tal labor, cuando escuchó, pálido de miedo, una voz de ultratumba que le decía: "Todo o nada, todo o nada".

Oír la voz, abandonar todo y salir corriendo, con el rostro descompuesto fue un acto involuntario del campesino, quien enfermo y delirante contó en su hogar el acontecimiento que había escenificado.

Conocida la caverna y el tesoro que guardaba, muchos fueron los valientes que sin creer en el fraile fantasma que cuidaba el oro, entraban a la caverna y pretendían cargar parte de lo que ahí estaba aparentemente abandonado, intentando salir con algo, pero la misma voz de "todo o nada, todo o nada", les impedía insistir en sus propósitos, puesto que los paralizaba la oración aquella.

La historia del cerro del fraile se hizo leyenda, la narración corrió de pueblo en pueblo hasta llegar a una humilde comunidad cercana a Topia, lugar donde vivía un viejecillo que en su físico no negaba su auténtico origen indígena.

Anunció tal personaje que él se entendería con el fraile, y que ya en la caverna, sacaría todo el oro que ahí estaba abandonado.

Por supuesto que fueron muchos los que se rieron del viejo aquel, pues si hombres jóvenes y valientes no habían podido vencer al fantasma, cómo un cansado y débil anciano lo quería hacer.

Ante la expectación de toda la comarca, el indito formó una recua de mulas y las cargó con grandes sarandas, marchándose para el famoso Cerro del Fraile.

Puso en la boca de la cueva a los animales y pacientemente se introdujo en ella, no tardando en identificar el lugar donde estaba aquel codiciado tesoro. Con una saranda en el suelo, poco a poco la cargó de oro de tal modo que con sus pocas fuerzas podía arrastrarla hasta donde estaban las bestias. Hacía esa operación, cuando se escuchó la voz de ultratumba: "¡Todo o nada, todo o nada!".

El indito no se sobrecogió, levantó la cara y dijo: "¡Es la intención, caballero!" y salió al campo libre.

Efectuó esta operación tantas veces como la cantidad del oro existente se lo permitió y mientras la voz le decía: "¡todo o nada!", él contestaba, "¡es la intención, caballero, es la intención!".

El indito no dejó en aquella cueva un solo centavo.

No dejó en aquella cueva un solo céntimo aquel indito de la Topia, sólo el recuerdo y la leyenda del fraile misterioso y vigilante quedaron como legado en la provincia.

El Cerro del Fraile es aún muy visitado, y la caverna que adorna una de sus laderas no parece tan misteriosa como en aquellos días de fantasmas. Nada se volvió a saber de la voz autoritaria y quejumbrosa del fraile, ni tampoco de aquel indito que tan sencillamente se burló de las ánimas del más allá, a menos que tal persona hubiere sido la misma que en la capital de la Nueva España, con el mejor lujo posible de imaginar, se dio vida de príncipe junto con su familia, gastando una fortuna inapreciable que nadie supo de dónde salió, causando la envidia de los españoles más encumbrados y aristócratas, que no podían reprimirse al ver a un anciano con cara de catecúmeno, derrochar riqueza a manos llenas. (*Apostillas de los tepehuanes*).

LA GRAN MENTIRA

Naufraga el señor Pánfilo de Narváez por las costas de la Florida y los sobrevivientes, dirigidos por Cabeza de Vaca en una caminata de nueve años entre tribus hostiles y naturalezas vírgenes, transversalmente recorren el continente americano.

Es en la antigua provincia de Cinaroa (Sinaloa) donde los caminantes hacen contacto con los españoles para reintegrarse a la civilización.

El viaje de Cabeza de Vaca, y sus narraciones increíbles, fueron motivo de grandes empresas y no menos peligrosas aventuras encabezadas, patrocinadas y organizadas por las altas autoridades de la Nueva España y por elementos del alto clero.

La existencia de las Siete ciudades de Cíbola, donde el oro se usaba para hacer adobes y los diamantes como puntas de perchero, logró abrir en los sentimientos codiciosos de los jefes de la Iglesia y del Estado un afán de conquista curioso aunque no extraño. Los indios que en muchas veces se prestaron a acompañar a los investigadores, siempre serios como esfinges vivientes, fueron y vinieron por aquellos senderos interminables, hasta que los aspirantes a fáciles y grandes fortunas aceptaron posponer para otros días aquellas búsquedas.

Ahora —cosa de la historia—, cuando los siglos se han echado sobre los restos de los temibles andarines de capote y hábito, una inesperada hipótesis, que por toda la sierra, desde la Tarahumara hasta con los coras se conoce, viene a desentrañar el misterio de las Siete ciudades de Cíbola y a poner en muy alto el prestigio de caballero y protector de los indios que siempre tuvo aquel malogrado náufrago de todos los mares conocido como Alva Núñez Cabeza de Vaca.

Después de mucho sufrir, como esclavo o como curandero de naciones aborígenes temibles, el grupo de europeos extraviados logró conectarse con una tribu que agradeciendo los servicios del brujo blanco prometió llevarlos a buen recaudo hasta lugar seguro.

Fue así como los caminantes toparon con los conquistadores que recorrían en grupos de inspección las vegas del río Petatlán.

No animaba a los soldados de Diego de Guzmán más idea que hacer fortuna lo más pronto posible, así que de inmediato, mientras atendían a sus paisanos otros apresaban a los leales acompañantes con la no oculta intención de venderlos como esclavos o guardarlos para sus encomiendas.

Las quejas de sus amigos hicieron que Cabeza de Vaca se diera cuenta de los negros proyectos de sus hermanos de raza, indignándose tanto que exigió la inmediata liberación de los presos. Como no encontró respuesta y se enteró que los castigos y malos tratos aumentaban para sus amigos indios, aseguró al capitán y a los principales oficiales que a cambio de la libertad de sus indios, él les informaría de un descubrimiento tan importante, grandioso e increíble que lo estaba, por su importancia, reservando para los oídos del mismo rey de España.

Interesados aquellos militares codiciosos, prometieron aceptar la proposición, siendo en ese momento cuando Cabeza de Vaca, en una de las mentiras más piadosas que registra la historia, cuenta que vio a las deslumbrantes Siete ciudades de Cíbola, narración que armó verdadera expectación en toda la Nueva España.

Cabeza de Vaca y los indios, con su libertad recuperada, supieron explotar el cuento de las Siete ciudades de Cíbola, ante la risa burlona de los naturales que, sabiendo la verdad y conociendo la intención, supieron conservar cuidadosamente el secreto.

Los indios acompañantes de Cabeza de Vaca fundaron Bamoa, y otros se dispersaron por la serranía, tratando de huir de las comunidades españolas. Fue así como llegó hasta las alturas tepehuanas la noticia de lo acontecido, y también fue así como se pudo saber que, sin llevar armas, sin conocer los dialectos, pero con gran inteligencia, un grupo de náufragos españoles lograron pasar por zonas en donde dos siglos después aún no podíase transitar.

Las Siete ciudades de Cíbola aún son motivo de apasionados debates entre los escritores que gustan de escribir sobre las efemérides de Occidente, pero a pesar de que aún existen personas que no pierden la esperanza de encontrarlas, la versión de su existencia y los motivos que obligaron a inventarla son argumentos de gran entretenimiento para adultos, mujeres y chiquillos de toda la tierra alta. (*Apostillas de los tepehuanes*).

SONORA

ENRIQUETA DE PARODI. Nació en Cumpas, Son., en 1899; murió en la ciudad de México en 1976. Publicó su primer artículo periodístico a los 14 años de edad en *Paso del Norte* de San Antonio, Tex., EUA. Se graduó de maestra y fundó en Hermosillo la revista *Cauce*. Publicó: *Cuarto de hora* (cuentos) y *Madre prosa* (1936), *Luis es un don Juan* (novela, 1937), *Sonora* (biografías, 1941), *Cuentos y leyendas* (1944; 3a. ed., Costa-Amic Editor, México, 1966), *Ventana al interior* (1948), dos ensayos sobre la obra educativa y de asistencia del gobernador Abelardo L. Rodríguez (1951 y 1957), *Mineros* (novela, 1959), *Una semblanza de Alfonso Ortiz Tirado* (1964) y *El Estado de Sonora* (1969).

LA DINASTÍA DE COYOTE-IGUANA

Quizá, más que leyenda, estas páginas sean un pasaje complicado y oscuro de la historia del México aborigen; pero la ausencia de fechas exactas, y algunos detalles casi increíbles, me hicieron catalogar este episodio salvaje y romático, entre las leyendas mexicanas.

Fue don Fortunato Hernández, uno de los hombres que más detenida y acuciosamente se ocupó de la vida de nuestras tribus aborígenes; y a su pluma atildada se deben los datos de este acontecimiento sucedido hace ya muchos años, pero que sigue conservando a través del tiempo su interés.

A una humilde mujer del pueblo, cuyo esposo había sido víctima del salvajismo irreducible de los indios seris, los famosos kunkaak, a quien un día Lola Casanova, la hermosa "reina blanca de los seris" le contó esta dolorosa aventura, prolongada a través de los años en forma llena de acontecimientos desímbolos a la par que interesantes.

La Isla del Tiburón ha sido desde tiempo inmemorial, el reducto de la tribu seri. Situada frente a la ciudad de Hermosillo, en la costa bañada por las aguas del Mar de Cortés, la isla no ofrece mayores perspectivas; pero ha sido siempre un refugio para la tribu que considera dicho territorio como de su absoluta propiedad; varios han sido los gobernantes de Sonora que han hecho encomiables esfuerzos por asimilar a los seris a la civilización y todo ha sido en vano; indolencia y pereza, a la vez que valor indiscutible, son características suyas.

En años anteriores, los seris incursionaban frecuentemente por sitios donde había perspectivas de robo abundante; y frecuentemente tuvieron el atrevimiento de llegar hasta las goteras de la ciudad de Hermosillo, sembrando el terror entre los vecinos que se dieron cuenta del peligro; no era raro también verles atacar a los convoyes que por precaución se formaban para hacer travesías de una a otra ciudad, y muy frecuentemente sucedió que tanto el valor como la superioridad numérica dieran el triunfo a los indios en los encuentros tenidos.

María se llamaba la mujer a quien Lola Casanova contó su historia dolorosa; un día, sentada María frente al jacal donde vivía y donde meses antes habían matado a su esposo los seris, vio llegar a un grupo de mujeres de la tribu, quienes se acercaron para tomar agua del pozo. Una de ellas, al sentarse a descansar, dejó al descubierto un muslo blanco y bellamente formado; el contraste de su cara casi negra con aquel muslo mórbido, llamó la atención de María, quien le preguntó a la india:

—¿Eres de la tribu seri, o perteneces a la raza blanca?

—Pertenecí hace muchos años; ahora soy una india como otra cualquiera... —contestó casi con indiferencia la interrogada.

—¿Fuiste alguna mujer a quien tomaron cautiva los indios?

—Sí; posiblemente tú oirías hablar de Dolores Casanova, ¿no es verdad?

—¿La cautiva de La Palmita? ¿Acaso tú eres Dolores?

—Lo fui; ahora soy la mujer de Coyote-Iguana, la reina de los seris—contestó con un dejo de dolor la india.

Y lentamente fue desgranando el rosario de su vida azarosa, en que la aventura tejió para aquella mujer, un destino con que nunca soñara.

"Lola Casanova había nacido en Guaymas, hija de padre español, de mediano acomodo, y de madre mexicana, muy bella y virtuosa. Tenía 18 años, cuando un día en unión de algunos de sus familiares, hizo un viaje a Hermosillo. Eran muchos los que formaban parte del convoy, ya que por la inseguridad de los caminos, muchas personas preferían detener su viaje hasta esperar más viajeros, para tener mayor seguridad en el camino. Nada aparentemente parecía turbar la quietud del paisaje; apenas si el chirriar de las ruedas de los carros sobre los pedruscos del camino, interrumpía el silencio; se acercaba la caravana a La Palmita cuando las mujeres comenzaron a dar señales de inquietud, y de pronto, una flecha que pasó silbando trágicamente para ir a hacer blanco en la cabeza de uno de los carreros, detuvo la marcha, para hacer aprestos de defensa; encarnizado fue el encuentro. Balas y flechas se cruzaron con salvaje furia, alaridos de dolor y gritos de angustia llenaron el campo, y por fin, después de casi una hora de combate, los indios resultaron vencedores.

"Cuando Lola recobró el sentido después del combate se encontró en los brazos de un indio alto y fuerte, de fiera aunque no desagradable mirada; el terror que sintió la inocente muchacha, le privó de la voz pero luego al recordar lo pasado, gritó con angustia indecible, y entonces el indio, en mal español, le explicó la situación. El era el jefe de la nación seri; era hijo de un gran guerrero pima que murió en rudo combate, cuando él era un pequeñuelo que quedó cautivo de los seris; su valor, sus naturales conocimientos en asuntos de guerra, le hicieron captarse la confianza y el cariño de la tribu, hasta que un día delegaron en él el mando, y fue obedecido y querido como jefe.

"Tenía una isla llena de tesoros, era el rey de la nación más valiente y temida del mundo (de su mundo al menos) y todo lo

ofrecía a Lola para que no le abandonara; él se hundiría en las aguas misteriosas para arrancar al fondo de los mares sus más bellas perlas, y arrancaría a los leones las pieles sedosas para cubrir su bello cuerpo, aquel blanco cuerpo de estatua con que el indio había soñado en sus noches de fiebre y ambición...

"Lola le escuchaba en silencio; un torbellino se había desatado en su pensamiento; el pasado suyo de niña mimada y bella, sus sueños de casarse con el hombre a quien amaba, su casita risueña, sus pájaros, sus flores, sus trajes vaporosos que la brisa guaymense agitara en las tardes bañadas de sol, todo quedaba anulado y muerto ante esta espantosa realidad... La mujer del jefe de los seris, la mujer de un indio, no por hermoso y fuerte, menos salvaje".

Pero el destino tiene designios extraños, y el de Lola se cumplió. Desde aquel día rompió forzosamente con su pasado, y se convirtió en la Reina Blanca de los kunkaaks. Al principio, sufrió el desprecio de las mujeres de la tribu, que no la aceptaban como digna de ser la compañera de Coyote-Iguana; pero el valor y el respeto hacia el jefe, venciéronlo todo, y Lola fue querida y formó parte de aquella rebelde familia aborigen a quien diezma cada día más su horror a la civilización.

Diez meses después del fatídico encuentro en La Palmita nació el primer hijo de Lola Casanova y Coyote-Iguana; fue entonces, según propia confesión, cuando ella comprendió que el pasado había muerto definitivamente; el amor hacia el hijo, y también hacia el padre de aquel hijo, la ligaban a la suerte de la tribu seri. El gran amor de Coyote-Iguana, demostrado en formas diversas, inclusive en los fuertes encuentros que tuvo que sostener contra los cabecillas de los seris, para imponer a Lola como reina, le captaron el cariño de la muchacha blanca. Lentamente fue perdiendo sus nexos con el mundo civilizado; se acostumbró a pintarse cuerpo y cara de abigarrados colores, como las indias de la tribu, no sintió ya repugnancia por comer carne cruda, y la intemperie no la asustaba ya.

Otros hijos vinieron a separarla más del mundo de los suyos; varias veces, en unión de otras mujeres llegó a Hermosillo, y logró ver a varios miembros de su familia en diversas ocasiones; pero adquirida ya la rebeldía de la tribu, comprendiendo que sería imposible que los suyos vieran en ella a la muchacha perdida hacia muchos años, permaneció impasible, callada, resignada.

Cuando recobró el sentido se encontró en brazos de un indio.

Había además la circunstancia de que el amor a su marido y a sus hijos, la ligaba a la vida del presente que a la del pasado; comprendía que no podría aunque quisiera, asimilarse al ambiente del que la había desplazado su destino.

Coyote-Iguana envejeció; su largo poderío parecía haber impuesto definitivamente el reinado de la mujer blanca, pero a la muerte del jefe supremo, los indios se insubordinaron, y en salvaje venganza, arrojaron el cadáver de Coyote-Iguana a los perros que lo destrozaron furiosamente. El dolor de Lola fue muy grande, pero pareció resignarse.

Mujer fuerte, esperó pacientemente a que el mayor de sus hijos tuviera la edad necesaria para rescatar el poder que legalmente le correspondía, sobre la tribu rencorosa que en los últimos días de la vida de su padre, le había hecho sufrir hasta la muerte.

Vengada la muerte de su esposo, Lola conquistó el poder para Coyote-Iguana II, quien habiendo heredado de su padre las dotes de mando y de fuerza, condujo a la tribu por un camino de relativo adelanto, relativo porque, a pesar de todo, los seris siguen siendo al paso de los siglos un conglomerado cada día más reducido, más pobre, más débil.

Durante el poder de Coyote-Iguana II no cesaron los ataques y el odio contra Lola; pero su hijo, digno hijo suyo y del valiente jefe pima, la defendió de los ataques, hasta que en un combate encontró la muerte.

Con su muerte, la tribu se creyó libre de la dinastía de los Coyote-Iguana, pero fue errónea la creencia, pues el segundo hijo, más fiero en el combate, más valiente que su hermano, supo imponerse en forma tal, que todos los cabecillas seris que habían permanecido dispersos desde la muerte de su padre, tuvieron que someterse a su mando.

Quizá la sangre de viejos guerreros hispanos, que corría por sus venas, floreció en admirables planes de organización que dieron como resultado que todo intento de sublevación fracasara, conservando el poder y dando a su madre todas las satisfacciones que pudo, y el respeto a que tenía derecho.

Cuando la paz se había hecho, cuando Lola Casanova olvidaba que era la fundadora de la dinastía de los Coyote-Iguana, a veces, en la puerta de la casa, contemplando los últimos resplandores del sol, viendo cómo sobre las aguas del Mar de Cortés se irisaban los rayos luminosos dando a las ondas tonalidades rojizas, evocaba aquella otra playa donde se deslizó su vida infantil, aquel Guaymas de caballerescos prestigios, sobre cuyas olas se mecieron tantas lejanas ilusiones. Pensaba en todo lo que había perdido en todo el lapso doloroso que había significado para ella en sacrificios, en una completa negativa de la vida civilizada, para convertirla en la Reina Blanca de los Seris, de estos indios que al paso de los años le habían impuesto sus costumbres bárbaras.., y alguna vez lloró sobre las ruinas del pasado, un llanto silencioso que estremecía su cuerpo vencido ya por los años y el dolor. Sólo una luz había en su vida: la pujante juventud de su hijo Coyote-Iguana III, fiero en la lucha, de facciones bellas y de cuerpo de estatua de bronce; amante de su madre hasta el fanatismo, y continuador de los viejos prestigios de su raza.

Y en un lejano sitio de aquella tierra donde un día se extinguirá para siempre la tribu seri, en un triste cementerio indio, bajo la indiferencia de los que pasan sin dedicar una mirada al montoncito de tierra donde duerme el sueño del olvido, seguirá disgregándose el cuerpo de la dulce muchacha blanca que vivió el romance más trágico en la vida de una mujer.

Amada más que nadie, defendida como ninguna, odiada hasta la muerte, tal fue el resumen de la vida intensa de Dolores Casanova. Su historia, que tiene más perfiles de leyenda que de realidad, es ampliamente conocida en la región donde vivió. Su recuerdo es querido y ha servido para más de un cuento que inspira tristeza y respeto; la tribu seri sigue en su peregrinaje hacia la nada, porque tendrá que extinguirse un día; ningún esfuerzo, ningún ejemplo, nada ha sido suficiente para dominar su rebeldía, su indolencia, su pereza legendaria.

Quizá en la existencia larga y penosa de esta tribu, lo mejor, lo más bello, lo que encierra una página de belleza y romance, de amor y de fuerza, ha sido la historia de Dolores Casanova; el forzoso entronizamiento de la dulce Reina Blanca, fundadora de la dinastía de los Coyote-Iguana. (*Cuentos y leyendas*).

EL REINO EMBRUJADO DE QUIVIRA

Que en regiones inexploradas, situadas hacia el noroeste de la Nueva España, existía un reino fantástico y riquísimo, rodeado de inexpugnables rocas casi talladas a pico sobre las explanadas; que siete ciudades de incalculable riqueza y bellísimos jardines y palacios formaban aquel reino, eran las versiones que habían llegado hasta los oídos ambiciosos de los conquistadores.

En tal forma había crecido la fama de las riquezas acumuladas en el reino de Cíbola y Quivira, que el mismo Hernán Cortés pensó en la organización de una expedición marítima que, siguiendo los descubrimientos en los mares ya recorridos, les llevara hasta las costas más cercanas al esplendoroso reino de Quivira.

Uno de los mejores y más experimentados marinos de la época eran don Francisco de Ulloa y a él confió el mando de una flota compuesta por tres embarcaciones, que zarparon del puerto de Acapulco el 28 de julio de 1538, con rumbo a las costas de Sinaloa.

La expedición de Ulloa resultó un fracaso, pues la única de las naves que le quedó, que fue *La Trinidad*, continuó su marcha hasta el norte, sin haberse llegado a saber de ella jamás.

Fracasado este intento de descubrimiento y conquista de Quivira, continuaron posteriormente sus expediciones los capitanes Rodríguez Cabrillo y Bartolomé Ferreto sin haber logrado llegar hasta las ciudades esplendorosas, meta de las ambiciones de todos los capitanes conquistadores de aquella época.

Ya en aquellos tiempos, la fantasía tornaba en florecidas praderas los valles comunes, y en palacios dignos de las leyendas griegas, las recias construcciones de los indios pobladores de las regiones del noroeste de Nueva España. En esta fantasía se había fundado la riqueza de Cíbola y Quivira.

Fue Vázquez de Coronado el descubridor de las siete ciudades. La relación histórica es escueta y sencilla, pero la de la leyenda es rica en fantasías. De ésta vamos a hablar.

Alvaro Núñez Cabeza de Vaca fue quien primero llevó noticias de la verdad acerca del reino de Quivira, al primer virrey de la Nueva España, don Antonio de Mendoza.

Las narraciones hechas por fray Marcos de Niza acerca de la belleza inenarrable de aquella región inexplorada, donde se tendían las siete ciudades más hermosas del mundo, fueron las que despertaron la ambición en todos los expedicionarios de aquel siglo.

Siendo Vázquez de Coronado el que llevaba la comisión de descubrir y adueñarse de la riqueza de aquellas ciudades, emprendió marcha por regiones vírgenes a la planta humana. Bosques de una belleza no concebida por la mente, se abrían ante sus ojos admirados, representantes de la flora y fauna más desconocidas aparecían ante los expedicionarios cada día.

Estos paisajes de una riqueza de colorido maravillosa, fortalecían más la creencia de que en aquellos sitios podían encontrarse las ciudades tras cuyo descubrimiento marchaban.

Llegaron al fin a un poblado indígena llamado Cicuye, en donde encontraron a un aborigen al que por sus características raciales apodaron El Turco y quien hizo la narración más admirable acerca del esplendor y riqueza del reino de Quivira.

Según él, hacía muchos años que de lejanas tierras habían llegado grandes caravanas de hombres de rostros bronceados; por meses habían peregrinado hasta encontrar en lo que ahora eran las siete ciudades del reino de Quivira, las minas de oro más ricas de la Nueva España. Pero la riqueza de aquellos hombres no la constituía solamente la minería; había en la región acantilados de donde se extraían cristales maravillosos que después de ser lavados en las aguas de los arroyos, daban luces de mil colores, con los que adornaban los vestidos de las mujeres y las empuñaduras de las armas de los hombres. Había también en otros sitios del reino, minas de piedras preciosas, rojas unas como las frutas de los granados, y verdes otras, como las frondas de los árboles en primavera. Los artífices del reino hacían adornos hermosísimos para las mujeres, engarzando aquellas piedras que brillaban como estrellas, en el oro que, extraído de las minas, labraban con verdadero arte.

Los bosques que rodeaban las siete ciudades estaban enriquecidos por árboles que daban frutos de sabor y aroma exquisitos, y había en las sombrías enramadas los pájaros de plumajes más hermosos que ojos humanos hayan contemplado.

De sus plumas multicolores, se hacían los mantos de los reyes y las princesas y los adornos con que engalanaban sus cabelleras los habitantes de Cíbola. En todas las leguas que abarcaban las ciudades y los campos y bosques del reino de Quivira existían la felicidad y el bienestar. Animales crecidos en las praderas, sanos y de carnes suaves, eran la principal alimentación de los habitantes de aquel reino extraño y riquísimo.

Diversas tribus, con distintas características raciales y capacitadas en diferentes actividades, poblaban las siete ciudades. En las grandes festividades se reunían los gobernadores de cada ciudad y los más altos dignatarios, y nunca, ni en los banquetes de Lúculo y Heliogábalo, hubo tal derrroche de manjares y lujo igual al desplegado por los habitantes de Quivira.

Ya en aquellos lejanos días, el jugo fermentado de ciertas frutas silvestres hacía más ostentosa la alegría en las grandes fiestas. Las costumbres de aquellas tribus en sus relaciones familiares eran de un más alto sentido moral que el que en los tiempos actuales priva en las generaciones civilizadas.

Según el decir de El Turco, aquellas gentes habían llegado de ciudades remotas, de tierras no soñadas. La forma de aprovechar los metales, de tejer ciertas fibras, con las que hacían telas de vistosos colores, el buen gusto para levantar sus casas, algunas de las cuales eran como suntuosos palacios adornados de losas de colores delicadamente pulimentadas, todo denunciaba en ellos una civilización distinta a la de otras tribus que poblaban las regiones de Nueva España.

Como un sueño lleno de fantasía iba deshilándose en labios de El Turco la relación extraña de aquella ciudad. Una fiebre de ambición dominaba a todos los que formaban la expedición, y en los descansos que se veían obligados a hacer para reparar fuerzas y conseguir las provisiones agotadas durante el viaje, la conversación versaba siempre sobre la llegada a las ciudades embrujadas.

Bajo el palio del cielo, viendo brillar las estrellas en la azulada comba, los hombres blancos soñaban en las riquezas descritas por el lenguaje pintoresco del indio guía. Hablando de mujeres, una noche hizo la más extraña relación de los poderes, que según él, tenían las princesas de las siete ciudades.

Platicó que una noche el sueño había huido de sus ojos, y sintiendo el deseo de vagar por las callecillas, iba sin rumbo y embriagado por el perfume de las flores, cuando le pareció escuchar un lejano murmullo, como si muchas voces cantaran en sordina un himno extraño.

Se orientó, y cuando creyó haber descubierto el sitio de donde llegaban los rumores, caminó en aquella dirección, hasta descubrir, a las orillas de un lago, un corro de mujeres vestidas con ligeras ropas que danzaban en la orilla, mientras enormes fogatas iluminaban las aguas tranquilas.

Por largo tiempo estuvo contemplando el extraño rito, pues tal parecía el baile nocturno, iluminado por las llamas que también parecían danzar, hasta que una somnolencia extraña empezó a apoderarse de él. Platicaba El Turco que no supo el momento en que perdió el sentido, pues se dio cuenta de su desmayo cuando el frío de la madrugada le hizo volver en sí. Recordó todo, y buscó restos del festín, huellas de las danzarinas, cenizas de las fogatas, pero sólo encontró un enorme claro en el bosque, y, a cierta distancia de donde él estaba, unas piedras enormes levantadas como los dólmenes de los monumentos druídicos, tan comunes en la vieja Bretaña. El lago, las fogatas, todo había desaparecido como barrido por una escoba mágica.

Al día siguiente, intrigado el indio por lo que le había sucedido, preguntó a uno de los habitantes de la gran Quivira, qué significaba su rara visión, y el indio en tono de misterio le dijo que había contemplado uno de los ritos celebrados por los habitantes de Cíbola, consistente en rendir homenaje al dios que protegía a las mujeres solteras, dándoles un marido. A esa ceremonia nunca asistían hombres, y si por casualidad o buscando la forma de contemplar la ceremonia algún hombre se acercaba al sitio donde tenía lugar el rito extraño, una de las mujeres que vigilaban el lugar hacía víctima de sus poderes mágicos al intruso, y cuando recobraba el conocimiento a la mañana siguiente, creía siempre que había sido víctima de un sueño.

—¿Y son hermosas las mujeres de Quivira?— preguntó uno de los expedicionarios.

—Tan hermosas como nadie se las puede imaginar. Altas y morenas de grandes ojos oscuros y largas y onduladas cabelleras... Pero son orgullosas y distintas en todo a las mujeres de nuestras tribus —dijo El Turco—; nunca aceptan por marido a los hombres de razas diferentes a la suya.

—¿Y por qué saliste de ese reino maravilloso del que tantas cosas nos cuentas? —insistió uno de los españoles.

—Porque fuera de la gran Quivira estaban mi mujer y mis hijos —dijo El Turco—, por esto una noche me alejé al abrigo de las sombras, y caminé largos días por extraviados caminos, hasta llegar al lado de los míos.

—Entonces, si caminaste tanto y saliste de noche de aquellas regiones embrujadas, ¿cómo has asegurado llevarnos a ellas?

—Porque sé el rumbo que ocupaban las ciudades, pues todas las noches, durante el tiempo que duré en ellas, vi brillar las estrellas hacia el rumbo de los cerros del Mababi, y al salir de Cíbola, caminé siempre siguiendo rumbos conocidos. Yo estoy seguro de que llegaremos...

Y siguieron caminando, embriagados por el vino de la ambición, por el espíritu de lo desconocido. A veces escalaban enormes cerros abriendo brechas en los bosques a filo de machete y luego, durante horas enteras, hollaban arenales donde no existían ni vestigios de vida vegetal.

Extraños rumores turbaban su sueño muchas noches; parecía que de lejanos sitios, de insospechadas alturas, se desprendieran enormes rocas que bajaban por pendientes de escalofriantes proporciones, arrollándolo todo, sepultando en las enormes hondonadas pedazos de cerros milenarios, arrancadas por la fuerza de ocultos gigantes.

En otras ocasiones, después de una dura jornada, soñaban en haber llegado a las ciudades encantadas, y que legiones de hombres extraños los recibían con grandes muestras de acatamiento, mientras en las calles otras peregrinaciones los llevaban hacia los sitios donde estaban sepultados los tesoros que habían dado fama a la gran Quivira... Así pasaron muchas lunas, hasta que un día, El Turco, que se había subido a lo más alto de la copa de un árbol, lanzó un grito de triunfo al mismo tiempo que indicaba con el brazo extendido hacia el noroeste... Cuando bajó les dijo que acababa de divisar los enormes acantilados que limitaban hacia el occidente los grandes territorios ocupados por las siete ciudades. Cuando el sol se ocultara, ellos habrían llegado hasta el pie de los precipicios, allí descansarían, para el otro día, con las primeras luces del amanecer, emprender la última jornada, aquella que les llevaría a las puertas de la ciudad embrujada; Cíbola, capital del reino de Quivira.

Pocos aventureros de los que surcan mares y atraviesan países deben haber sentido la embriaguez del triunfo en la proporción que los hombres que al lado de Vázquez de Coronado iban tras las riquezas fantásticas descritas por El Turco.

Se levantaron con el alba; una racha de optimismo había devuelto la alegría a aquellos hombres que sin descanso marchaban en pos de un nuevo vellocino de oro. Rodeando precipicios y sorteando peligros, fueron dando la vuelta a los acantilados. Rumorosas frondas y pájaros de colores raros y extraños arrullos fueron los primeros signos encontrados como justificativo de lo dicho por El Turco.

A media carrera iba el sol, cuando anunció el pobre indio que estaban casi a las puertas de la gran ciudad. Dos rocas enormes formaban la entrada a la capital del reino. Embargados por una impresión inenarrable, avanzaron por entre las enormes rocas los primeros soldados españoles de la expedición... Un silencio anunciador de cosas extrañas lo envolvía todo. Ni un ser humano, ni un animal, ni un rumor precursor de vida turbaba la inquietante soledad.

El Turco estaba presa de un terror supersticioso; aquel era el sitio donde años atrás él había vivido, admirando el esplendor de la ciudad maravillosa; por aquellas calles, llenas ahora de herbazales, había visto desfilar a hombres fornidos, vistosamente engalanados de telas y de plumas, y a mujeres de admirable belleza, en cuyos brazos morenos se enroscaban serpientes de oro salpicadas de hermosas pedrerías... Allí estaban los restos de palacios, cuyas ruinas parecían milenarias, y que él había contemplado a plena luz del sol, levantarse enhiestos como exponentes de una civilización desconocida. Pero un aire de muerte y de misterio flotaba entre los bosques salvajes que antes fueron sitios de recreo de reyes poderosos.

Una lejana esperanza había en el corazón de los ambiciosos expedicionarios: las minas de oro y piedras preciosas que, según El Turco, existían en cierto lugar de la ciudad.

Hacia el sitio marcharon empujados por la incertidumbre. El indio guía descubrió el camino, reconoció los lugares donde había estado unos cuantos años atrás, pero no encontró ni rastros de que aquellas rocas hubieran contenido riqueza alguna. Parecía que un milenio de años hubiera borrado todo rastro de vida en aquellos sitios, donde hombres de viejas civilizaciones habían marcado con su huella una existencia.

Y al creerse burlados por el buen indio, lo mataron. Solamente cuando la calma había llegado a sus calenturientos cerebros, pensaron en la posibilidad de que poderes desconocidos hubieran obrado su misterio en la desaparición de aquellas famosas siete ciudades. ¿Acaso no les había platicado El Turco que una noche había visto danzar a las mujeres alrededor de un lago iluminado por fogatas y que, al despertar al día siguiente, no existía tal lago ni había huellas de fogata alguna?

La gran Quivira ¿sería solamente el producto de una fantasía en desborde, o era un reino misteriosamente vedado para las razas usurpadoras? Jamás se supo la verdad. Vázquez de Coronado llevó la noticia al virrey de que no existía ninguna ciudad que mereciera la fama de que se había revestido al reino lejano que tantas vidas y dinero costara descubrir.

Y ha pasado a la historia como una fantasía la existencia de las siete ciudades misteriosas del gran reino de Quivira, como existen dudas de la existencia de la Atlántida. Sin embargo, la leyenda teje todavía en torno de las siete ciudades el encaje maravilloso de sus riquezas, de sus civilizaciones, y del misterio de su existencia encuadrado en los enormes dólmenes que recuerdan los monumentos druidas tan comunes en la vieja Bretaña. (*Cuentos y leyendas*).

LA PRINCESA MARSRAT

Labios abuelos deshilaron la madeja de la leyenda en un lluvioso atardecer.

Sucedió esto cuando las regiones norteñas no tenían fronteras, cuando las ambiciones humanas no habían creado el engranaje que en los actuales tiempos ha convertido a la Humanidad en una carnicería general. Tribus llegadas de remotas tierras habían marcado su huella sobre nuestras praderas y nuestros desiertos. Los reinados de entonces no se significaban por el esplendor, sino por la disciplina y sumisión de los gobernados. Reyes y súbditos iban semidesnudos y defendían sus tierras en forma primitiva, pero valiente.

Ya en el sur de las tierras de Anáhuac, los conquistadores blancos había marcado con sangre sus derroteros. El estallido de las armas de fuego había rivalizado con el del rayo, única fuerza que lograra con el rugir de los leones en la selva, romper los silencios milenarios de nuestras tierras.

El avance de la conquista era un hecho; pero entre las selvas caminaba la civilización hecha despojo y muerte. Iban marcando la ruta de los blancos, los cuerpos morenos de nuestros indios indómitos y reacios a la esclavitud. Años cruentos fueron aquellos para conquistadores y conquistados; pero la lucha seguía acicateada por la ambición de los unos, y el concepto de libertad y justicia de los otros.

En aquel reino donde se deshila nuestra leyenda, no existían los palacios que han hecho famosos a Yucatán y a Oaxaca. El rey vivía en una choza más amplia y más cómoda que las de los súbditos a quienes gobernaba, y él y su familia vestían, de acuerdo con su rango, pieles mejores que los otros.

La princesa Marsrat, hija mayor del rey Uubik, que en lengua pima quiere decir pájaro, era una bellísima muchacha de piel color de canela y líneas de estatua. Dos ojos, como dos inmensos capulines maduros, fulgían en aquella linda cara. Era el ídolo de la tribu; para ella era las mejores piezas de las cacerías nocturnas, los mejores frutos y las flores más raras... Plumajes de matices multicolores formaban sus vestidos que en los días ordinarios eran cortos, dejando ver sus maravillosas piernas al aire, y en los días de grandes fiestas, sus trajes eran mantos de plumas regias artísticamente tejidos por doncellas de su corte.

Rumores alarmantes habían llegado a las tierras del rey Uubik, relacionados con la aparición de extraños hombres blancos, seguidos de indios de otras tribus lejanas, que venían a ejercer su dominio sobre todos los lugares conquistados.

La princesa estaba enferma.

Once días tenía ya la gravedad de la hermosa Marsrat; todos los hombres más viejos de la tribu habían dado sus consejos, los sacerdotes habían hecho rogativas a los dioses, pero la enfermedad extraña no cedía; la pobre princesita se moría de un extraño mal, las que ayer eran formas de estatua por la morbidez y por la delicadeza de la línea, no eran ya sino unas pobres formas minadas por el mal, despojadas de su belleza y de su fuerza. La corte estaba triste, ni el avance de las gentes blancas que traían consigo la esclavitud, había podido dominar la abulia reinante.

Era el atardecer del día decimonono de la gravedad de Marsrat. Hasta el palacio del rey llegó un indio de cansado aspecto, pero en cuyos ojos brillaba una alegría extraña. De rodillas ante el rey, le explicó el motivo de su llegada.

Pertenecía a una tribu hermana, que había caído ya en poder de los hombres blancos. Entre los conquistadores, venía un hombre viejo, al que todos respetaban y llamaban padre; un día, él había visto al padre curar a un indio del que nadie tenía esperanzas de vida. El era testigo de que tres días después, el enfermo andaba y comía como si nunca hubiera estado enfermo.

Sabiendo de la grave enfermedad que aquejaba a la princesa, había logrado burlar la vigilancia y por atajos diversos, había llegado a decirle que la única salvación de la hija del rey, estaba en las manos del padre que venía con los blancos.

El rey de Uubik le escuchó sin interrumpirle, y luego le habló de este modo:

—Tú irás hasta donde están los blancos, y traerás al padre de que me hablas; prométele que si sana a mi hija, yo le daré riquezas y compartirá a mi lado el poder. Pero que venga él solo, pues mi tribu vería con malos ojos que no aguardáramos a los blancos para presentarles pelea, sino que nos anticipábamos a traer sobre nosotros a los enemigos.

—Pero, ¿y si el padre rehusa abandonar a los suyos?

—Me responderás con tu vida, si mi hija muere sin que ese hombre extraño haya tratado de salvarla.

Clareaba la mañana cuando llegaron al palacio del rey Uubik el mensajero y el padre Tiburcio, miembro de la expedición del capitán Ramiro de Ulloa. La princesa se moría. Los lindos ojos carecían de luz y expresión, y apenas si un aliento débil acusaba un resto de vida.

El padre Tiburcio, que antes de seguir la carrera eclesiástica había estudiado medicina, conoció luego cuál era el mal que se llevaba a la princesa; principió por darle una pequeña dosis de un medicamento para hacer descender la fiebre, y siguió luego combatiendo la enfermedad lenta, pero seguramente; tres días después, la princesa Marsrat estaba fuera de peligro.

Las risas alegres volvieron a resonar en la mansión real, la alegría era general, y el padre Tiburcio era colmado de atenciones. Pero él necesitaba volver a los suyos; así lo hizo comprender al rey Uubik, quien no entendía razones, pues no aceptaba que aquel hombre milagroso que había salvado la vida a su hija, se alejara de su reino.

El padre Tiburcio le hizo comprender el peligro de que si él no regresaba a donde estaban sus compañeros, éstos vinieran a buscarlo, y se apoderaran del reino.

La oposición fue general; el padre Tiburcio no se iría, y si sus compañeros venían en su busca, pelearían.

Sereno, consciente de su deber, el padre aceptó quedarse, pues su misión era la de hacer el bien a los indios, y difundir entre ellos su religión; posiblemente aquel cariño que le manifestaban, le ayudaría a realizar su apostolado en forma más eficiente.

Lamentaba que su escaso botiquín se fuera terminando, pues las diversas enfermedades que diezmaban a los indios y que él cariñosamente combatía, habían terminado con los polvos milagrosos que le permitían combatir las altas fiebres que parecían endémicas entre la tribu.

Un mes hacía que el padre Tiburcio estaba entre los pimas; sus compañeros parecían haberle olvidado, y él se sentía cada vez más contento del éxito que iba alcanzando en el desempeño de su misión civilizadora. Ya la princesa Marsrat entendía castellano suficiente para servirle de intérprete y gustaba de hablar con él, acerca de ese Dios invisible del que el padre Tiburcio le platicaba milagros nuevos cada día.

Fría estaba la mañana de aquel día de marzo. El padre Tiburcio, madrugador por costumbre, habíase alejado más de lo ordinario por entre las selvas intrincadas que rodeaban la vieja ranchería pomposamente llamada ciudad real. Cada una de sus excursiones se significaba por una nueva cosecha de las hierbas más conocidas en la medicina. Pero había muchas plantas desconocidas y raras que estaba seguro de que debían tener extrañas virtudes terapéuticas.

Cargando una brazada de ramas de un maravilloso color verde, llegó el padre Tiburcio hasta la casa una mañana. Le salió al encuentro la princesa con el rostro ensombrecido y los ojos con señales de haber llorado; con su castellano incipiente le explicó al padre Tiburcio, que en la ciudad había más de veinte enfermos del mismo mal del que la había salvado a ella; todos pedían que el padre les curase, pero como ella estaba al tanto de que milagrosos papelitos que encerraban los polvos medicinales se habían acabado, no se explicaba cómo el padre iría a contrarrestar la amenaza que pesaba sobre él, pues si no curaba a los enfermos se le condenaría a muerte.

No por salvar su vida, sino por cumplir con su apostolado, el padre Tiburcio empezó su noble misión de médico. Al cuarto día, cinco enfermos habían muerto, y otros nuevos pedían su atención.

El rey Uubik no entendía razones; para él, no eran las medicinas, sino la voluntad del padre la que podía sanar a los enfermos. La amenaza estaba suspendida sobre su cabeza; si continuaban los muertos, su vida peligraba.

En silencio, la princesa lloraba; ella sí entendía claramente el problema; pero no le encontraba solución. Sus ruegos habían fracasado ante la persistencia de su padre.

Al quinto día, los enfermos habían aumentado, y el rey había dado órdenes para la ejecución del inocente sacerdote. Dos días hacía que la princesa no aparecía fuera de su casa. Al atardecer de aquel quinto día trágico, Marsrat se acercó a los enfermos que había más cercanos a su casa, y les presentó en una vasija de barro nuevo, una bebida rara; de color verde intenso, que tenía más la apariencia de una sopa aguada, que de otra cosa. Dos eran los enfermos en aquella casa, y a los dos, con múltiples esfuerzos se les hizo beber el raro menjurje.

Media hora después, unos fuertes vómitos atacaron a los indios enfermos, y a poco menos de una hora de aplicado el tratamiento, la fiebre había bajado, y un sueño más o menos tranquilo se había apoderado de los enfermos.

Como una samaritana aborigen, la princesita fue de casa en casa ofreciendo la rara medicina.

Al día siguiente, los enfermos habían recobrado la temperatura normal, y ni una sola muerte se había registrado. Uubik estaba admirado; el padre había recobrado su libertad, y la princesita, de rodillas ante una imagen del crucificado, lloraba de alegría.

Poco después, el padre Tiburcio se daba cuenta del milagro.

La princesa Marsrat, cuando consideraba perdida la causa del padre Tiburcio, había rogado al Dios bueno de los blancos, ante el crucifijo que el padre tenía cerca de su cama, y como única ofrenda, le había colocado unas ramitas de las hierbas traídas por el padre Tiburcio, y que permanecían en brazadas casi olvidadas. Mientras las princesa elevaba su ruego fervoroso, sintió que sobre su cabeza inclinada había caído algo. Buscó, y encontró que una ramita de las que había colocado sobre el crucifijo, había caído sobre su cabeza. Miró al crucifijo, y sintió que sobre sus ojos estaba fija la mirada buena del mártir, vio en sus labios exangües una sonrisa, y creyó interpretar el mensaje divino. De la brazada de hierbas seleccionó las más frescas, y las molió en un metate, hasta formar una masa compacta; agregó agua y tamizó el jugo, y fue llena de esperanza y de fe a ofrecer la bebida a los enfermos; el resultado superó a sus esperanzas. Todos los indios se salvaron, y sobre todo, se salvó la vida del anciano admirable.

Fue hasta entonces que el padre Tiburcio supo el nombre con que era conocida aquella planta que él creyó un arbusto, y que después contempló en todo su crecimiento como un árbol: el mezquite.

Desde entonces se conocen las virtudes terapéuticas de este huésped maravilloso de las sierras áridas, que crece profusamente, que se desarrolla como por arte de milagro en sitios donde no hay agua, y donde la vida vegetal es precaria.

Cuando llegaron los conquistadores a las tierras del rey Uubik, el capitán don Ramiro de Ulloa prendóse de la princesa Marsrat (que en lengua pima quiere decir luna), haciéndola su esposa. El padre Tiburcio platicó días antes de la boda, al capitán Ulloa, cómo su novia había sido la descubridora de una maravilla científica. El mezquite, cuyos beneficios son ampliamente conocidos.

Labios abuelos enriquecen la leyenda, diciendo que en muchas poblaciones de origen pima, del norte de la República, hay muchas lindas descendientes de la princesa Marsrat, que sin llevar el nombre de la capitana de Ulloa, conservan la tradición de sus bondades y el brillo maravilloso de sus ojos de capulín maduro. (*Cuentos y leyendas*).

SONOT, LA PRINCESA ÓPATA

La tierra norteña era más feraz en aquellos lejanos tiempos. Sobre las montañas, las nubes tejían rara encajería cada mañana y cada tarde; los campos eran pródigos. Rubios maizales tendían su cabellera de oro sobre los valles, y las tribus que poblaban las extensas llanuras eran grandes en su valor indómito y en su fuerza, y en su audacia guerrera.

En un lugar de belleza imponente, donde caprichosas montañas parecían desafiar al infinito con sus roquedales atrevidos, había sentado sus reales una tribu fuerte, de hombres bronceados que no temían al peligro. Era la tribu ópata, cuyas costumbres y adelantos fueron notables. Hablaban, según el padre Gerónimo de Zárate Salmerón, un dialecto diferente al idioma cahíta hablando casi por la generalidad de las tribus que poblaron el norte de la República.

Fueron las tribus yaqui, mayo y ópata-pima, las principales de las que formaron el Estado de Sonora; su poder, su grado de adelanto, su facilidad para asimilar a los hombres de la conquista, fueron quizá los factores decisivos en su vida, ya que después de cuatro siglos de existencia, siguen formando gran parte de aquella región. Según opinión de las personas que detenidamente han hecho estudios sobre estas razas autóctonas, sus costumbres, sus dialectos y su adelanto, justifican la creencia de que formaron parte de la gran raza nahoa, que en su peregrinación hacia el sur, fueron dejando diseminados diversos grupos que vinieron después a formar varias tribus.

Los ópatas son considerados como los más valientes indios de los que formaron el antiguo Sonot. Sus características raciales se han perdido casi, hasta confundirse con los blancos, ya que fueron de los que menos resistencia pusieron a la unión de sus mujeres con los conquistadores.

Hace cuatrocientos años, en un sitio maravilloso por su belleza, se levantaba un pueblo donde los hombres eran laboriosos y valientes, y las mujeres bellas y sumisas. El nombre de aquel pueblo ópata se ha perdido entre el paso del tiempo y entre las nieblas de la memoria.

Rodeaban a las casas extensos jardines, y en las orillas del poblado tierras fertilísimas ofrecían la abundancia de sus maizales a las manos laboriosas de los hombres. Reinaba en la región el príncipe Pichicho (Aguila, en castellano), admirado y querido por todos sus súbditos; hombre justiciero, pero severo a la vez para castigar las faltas de los suyos. Era su alegría y su esperanza una hija a la que amaba doblemente por ser única y por parecerse como una gota de agua a otra, a la mujer que fue su compañera.

Bahehueche (Rocío de la noche) era el nombre de la princesa; pero todos la llamaban Sonot, apodo al que se había hecho acreedora desde sus tiernos años, ya que cuando el maíz empezaba a madurar, ella gustaba de abrir las mazorcas y apoderándose de los rubios hilos de las panojas, se los enredaba en la cabeza formándose así una original melena rubia que le gustaba irse a contemplar al espejo de la cercana laguna.

Serena era la vida de los hombres de aquel sitio; valientes hasta la temeridad, eran sin embargo respetuosos y trabajadores. Conservaban la paz con los pueblos vecinos, y engrandecían su heredad con un encomiable esfuerzo colectivo.

Sobre los riscos atrevidos que rodeaban a la ciudad por el poniente, se destacaban en los atardeceres las siluetas de los pinos esbeltos y audaces, simulando grandes cirios palatinos encendidos en un país de ensueño.

En la montaña tapizada de verde, desplegaba su blanca serpentina el camino abierto hacia tierras casi desconocidas; desde la rústica terraza de la residencia del príncipe Pichicho, se observaba el camino blanco que en ondulante cinta ceñía a la montaña. Los ojos soñadores de Sonot escrutaban tarde a tarde aquella vereda sugerente por la que su loca fantasía soñaba a veces ver descender en caravana interminable a hombres de otras razas ornados con el prestigio de lo novedoso y de lo audaz.

Hasta entonces la dulce Sonot había permanecido sorda a las palabras y ciega a las miradas de los príncipes, hijos de los amigos y vecinos de su padre, que en los días de grandes ceremonias ocurrían de los lugares cercanos. Ella soñaba en el amor, pero en un amor distinto al rutinario y vulgar amor de las mujeres y los hombres de su raza.

En la roca viva, a la derecha de la cascada de aguas espumosas que hacía más fértil el lugar, tras la cortina de encinas centenarias, los súbditos de su padre habían hecho para Sonot, un baño. Desde la altura, el agua caía a plomo formando encajerías de espuma y los tazones enormes hechos por manos humanas a la vera de la cascada, estaban siempre rebosantes del cristalino líquido.

Silvestres enredaderas entrelazadas a los troncos esbeltos de los pinos, hacían discreto el sitio, a la par que delicioso.

A la hora en que Sonot tomaba su baño, el sol fileteaba de oro la espuma de la cascada; envuelto el cuerpo de líneas estatuarias en la manta de grecas caprichosas, se detenía para contemplar el maravilloso espectáculo que se ofrecía a su vista. Olanes tornasolados se levantaban por sobre los roquedales que rodeaban la cascada; un montaraz perfume venido de la montaña lo invadía todo, y los dulces ojos de la muchacha india se clavaban interrogantes en el camino que a su frente, era un interrogación abierta hacia el futuro.

Sonot no era feliz; ante sus ojos, el arcano adquiría perfiles de misterio a veces casi doloroso. Una exaltada fantasía abría ante ella un mundo distinto del contemplado hasta entonces en el reducido horizonte que limitaba su vida; soñaba en el amor, y en sus sueños se corporeizaba un hombre extraño, de pupilas raras, de intenso azul, como si en sus ojos se hubiera cuajado un pedazo de cielo. Un hombre diferente a su padre y a los otros hombres de la tribu, que hablaba una lengua distinta a la suya, pero que en sueños la absorbía, la dominaba.

Eran las primeras horas de la mañana; sobre la tierra flotaba un vaho perfumado de resinas y de flores silvestres.

En los baños de la princesa, las enredaderas florecidas dejaban caer una lluvia de pétalos, mientras los pájaros en jacarandosa algarabía rompían el silencio selvático.

Sonot despreocupada, bella en su inocencia, hundía en las aguas tibias y espumosas la euritmia de su cuerpo moreno. Cantaba la princesa; su voz era arrullo en el silencio e inquietud en sí misma. Había en las palabras de su canción improvisada, la música del alma del que ha nacido poeta. Temblaban en las frases los anhelos inconfesados, y los ojos azules del caballero incógnito de sus sueños, parecían licuarse en los rizos de la cascada impetuosa.

Undosa la castaña cabellera, suelta, ceñida en la amplia falda la seda morena de la carne joven, Sonot, fuera del baño, era una flor silvestre de belleza intocada; su voz, que tenía dulzura de caricia y cadencia de ola, seguía enredando frases entre las pasionarias que ceñían los troncos fuertes de los robles cercanos. Sobre las rocas besadas por el sol, la princesa secaba el blanco lienzo con que había enjugado sus cabellos, cuando una piedra que rodaba por la pendiente arisca, la inquietó.

Volvió la niña la cabeza hacia el sitio por donde había escuchado el ruido sospechoso, y ahogóse en sus labios un grito que la sorpresa y el miedo hicieron nacer en su garganta. Frente a ella, por entre las enramadas, apareció un hombre extraño. Rubio como los hilos de oro de las mazorcas maduras, con los ojos azules como las campánulas tempraneras, vestido de modo raro, insistente y audaz la miraba.

Pocas fueron las palabras que el desconocido pronunció en lengua ópata, pero fueron bastante para darse a entender con la muchacha. Buscaba el camino que le llevara hasta la residencia del jefe de la tribu; llevaba mensajes de importancia y algunos compañeros le seguían. Sonot le ofreció conducirle, y él la siguió en silencio.

La sugestiva belleza de la princesa, el ritmo de su paso, la cadencia de su cuerpo ondulante diseñado por el blanco lienzo que la envolvía a manera de manto, sujetaron en su embrujo las miradas del conquistador que desde aquel momento se convirtió de aventurero capitán en un hombre enamorado.

Cuatro lunas han pasado. Durante ese tiempo se fue tejiendo el idilio romántico entre la mujer morena y el hombre rubio venido de lejanas tierras.

Entre los soldados que formaban la expedición que al mando de Nuño de Guzmán llegó a costas sonorenses hacia el año de 1533, figuraba el capitán español don Fernando de Peralta y Ruiz. Compañero de Pedro Almendez Chirinos, de Angulo y de Oñate, consumadores de la conquista de aquella parte del territorio norteño.

Tal era el hombre del que Sonot se había enamorado, y cuyo idilio había tendido sus redes poderosas por entre los roquedales y bajo los flamboyanes que elevaban al cielo sus copas de fuego.

El amor recíproco burlaba todas las vigilancias, y la niña dejaba pasar los días soñando en aquél en que, bajo el ritual de la tribu de sus mayores, sería la esposa del hombre blanco de dorada cabellera y azules pupilas.

Pero un día, mensajeros montados en raras cabalgaduras llegaron al retiro del príncipe Pichicho presentando a don Fernando de Peralta un mensaje de Nuño de Guzmán en que reclamaba su

presencia urgentemente. Rápido fue el regreso e intenso el dolor que la separación produjo en la dulce princesita ingenua. El ofreció volver en breve, para unir su destino al de Sonot, y prendida en el alma la ilusión, marchó por nuevos caminos conquistados.

Largos días pasaron en la espera; los ojos de Sonot parecían querer horadar el camino blanco que serpenteaba en torno de la montaña. Cada mañana, mientras hundía su cuerpo en la caricia de las aguas, creía volver a escuchar el rumor de los pasos del amado. Mas en vano esperaba; días y semanas, y meses pasaron, y dos años largos como una pesadilla ensombrecieron más los ojos de la niña y pusieron un rictus de dolor en los labios juveniles.

El padre de Sonot, envejecido, esperaba que su hija olvidara al extranjero y se uniera al hijo de algún príncipe vecino. Varios eran los que habían pretendido casarse con Sonot, pero ella había logrado evadir compromisos respaldada por el gran cariño de su padre. Sin embargo, un día Pichicho dio su palabra a un nuevo pretendiente, y ni los lloros y ruegos de Sonot le hicieron desistir de la idea de casarla.

Sobre los pueblos vecinos, el corselete de la conquista se estrechaba cada día más; así fue como un día llegaron nuevos hombres blancos a las tierras doradas de Sonot. Uno de los soldados españoles hizo entrega a la niña de un pequeño paquete que contenía una cruz de oro pendiente de una cadena del mismo metal, finamente trabajada. Era el mensaje silencioso del capitán Fernando de Peralta, que en un encuentro contra una tribu que rechazaba la conquista, había caído gravemente herido; momentos antes de morir, había dado todas las señas de la región donde moraba la mujer amada, y todos los detalles de aquella tribu adelantada, valiente y noble que formaba la familia ópata.

Largos días de llanto silencioso pasaron, y después a instancias de su padre, Sonot aceptó el matrimonio impuesto.

Todo el solemne ritual acostumbrado en las ceremonias matrimoniales de los príncipes ópatas, estaba listo para un día próximo. Desde las más lejanas regiones del principado comenzaban a llegar familias enteras con magníficas ofrendas; entretanto, Sonot veía pasar el tiempo indiferente, hasta que, llegado el de la víspera de la gran ceremonia, a la hora de costumbre se dirigió a su baño. Desde la altura de una de las rocas que lo formaban, dirigió la vis-

Frente a ella apareció un hombre extraño.

ta hacia el camino por donde tantas veces esperó ver llegar al ausente. Con serena mirada, acarició el paisaje donde sus sueños de niña se hicieron realidad bajo la vara de un milagro que un día corporeizó para ella al hombre soñado. Suelta la sedeña cabellera sobre los hombros núbiles, envuelta en el manto de grecas complicadas, se tendió Sonot sobre la pétrea taza del baño; y con el nombre de su amado entre los labios, se hundió, como si quisiera explorar lo que había bajo la superficie cambiante de las aguas.

La tragedia duró pocos minutos; cuando el cuerpo moreno emergió sobre la superficie, Sonot era una flor de loto, flotante, fláccida, pero bella siempre. Se habían cerrado las pupilas oscuras, y en los labios florecía una sonrisa.

A media carrera iba el sol, cuando los servidores de Pichicho sacaron el cuerpo inmovilizado de la niña. La muerte había hecho su obra. Sonot no existía ya.

Expediciones nuevas llegaron y el nombre y la historia de la princesa Sonot se hicieron populares. La virgen de los cabellos de maíz estaba destinada a vivir en el recuerdo de las generaciones, por años y por siglos. Cuentan que a raíz de la muerte de la princesa, en los atardeceres, los hombres que regresaban al hogar después de la diaria jornada, veían flotar por sobre la cascada, entre el vaho de las aguas espumosas, dos siluetas blancas desvaídas; eran un hombre y una mujer que con los brazos entrelazados, se elevaban, se elevaban hasta perderse en la línea imprecisa del horizonte que limitaba las montañas.

Un siglo después de los acontecimientos narrados, un terremoto secó el manantial que daba nacimiento a la cascada, y sepultó entre avalanchas de rocas el misterio de los baños principescos. De aquel idilio sólo quedó al paso de los siglos el nombre de la princesa ópata que perdura castellanizado, dando nombre a un estado norteño de la República Mexicana: Sonora. (*Cuentos y leyendas*).

JOSÉ TERÁN CRUZ. Nació en Batúc, Son., en 1950. Periodista, cuentista, poeta e investigador de las tradiciones locales, cursó materias de filosofía y letras en la Universidad de Sonora. Ha sido coordinador de bibliotecas del ISSSTE (1992-1994) y director de Educación y Cultura del Municipio de Nogales (1996). Ha merecido los premios Nacional 1985 (*Rosas de roca herida*) y Estatal de Poesía 1992 (*Materia del olvido*), y el principal galardón del concurso Chicano Short Stories 1985 de la Universidad de Arizona (*Ray Five Mendoza*). Es autor, además, del ensayo *El cazador de guachos* (1984; 2a. ed., 1993) y *Bestias y seres imaginarios sonorenses* (1991).

EL CACARIZO

Junto a la belleza inhóspita que permanece en los extensos páramos de El Pinacate, crece un horror inefable, difícil de concebir y armado a semejanza de la hueca conformación del territorio que le dio origen, que lo mantiene y lo hace indestructible, prácticamente inmortal. El pueblo lo presiente y lo designa con el nombre terreno y aproximado de El Cacarizo.

Quienes hayan caminado y estudiado la región de El Pinacate, ubicada en el gran desierto de Altar, que se localiza en la parte noroccidental del Estado de Sonora, con una extensión aproximada de 480 mil hectáreas, habrán observado la caprichosa estructura de un terreno único en los desiertos del mundo, una micro-región volcánica desolada, ocupada de planicies y de cráteres; un mar agreste heredado de la luna. Aquí mora y custodia el territorio, el terrible Cacarizo.

Muchos de los que han percibido momentáneamente su horrorosa forma, aseguran que es etéreo y transparente, hecho de infinitos agujeros, hidrófago, y que puede, a voluntad, cambiar en un instante de tamaño. Un ejidatario de esos contornos que se internó en el árido suelo de El Pinacate, a punto de enloquecer por la falta de agua, lo advirtió con la luz y el calor de un reverberante medio día. Primero dijo que era una mancha semitransparente, de menor estatura a la de un hombre, saturada de agujeros que se contraían y ensanchaban en una palpitación rítmica como si respirara; después, dijo que aquello había crecido en una exhalación alcanzando varias veces la medida humana, y de allí, hasta ser prácticamente inabarcable con la vista. A partir de ese momento, creyó estar mirando a través de uno de los inmensos agujeros de la criatura y una extraña sensación de prisionero libre se apoderó de él hasta el momento de su rescate. Hoy, asegura que esa especie de Cacarizo impalpable se encuentra en cualquier parte del desierto.

El escritor sonorense Gumersindo Esquer, estudioso y enamorado del desierto de Altar, alguna vez percibió una rara substancia hueca y etérea que en esa región se alimenta de agua y cuyo tamaño no alcanzó a definir, pero que supuso moraba en los intrincados e interminables laberintos cavernosos que recorren bajo la superficie los terrenos volcánicos de El Pinacate. Intuyó también, que todo lo que a su vista parecía verse normal en esos campos, estaba influenciado de una abominable anormalidad. Un día del año de 1932, el escritor e investigador fue encontrado muerto, con un extraño rictus, como si hubiera enfrentado el terrible misterio que vive en El Pinacate. (*Bestias y seres imaginarios sonorenses*).

EL CARBUNCLO

No son pocas las veces que la extensa geografía del Estado ha sido el escenario, en puntos solitarios y equidistantes, de la aparición más temible de que se tenga memoria en el medio rural. Relatos que han pasado de boca en boca, de padres a hijos y de hijos a nietos, a través del tiempo, confirman la veracidad y el temor tradicional que rodea al Carbunclo.

El *Diccionario de Español Moderno* de Martín Alonso, vincula al Carbunclo con la voz similar de carbúnculo que significa rubí, o carbunco que denota cocuyo, "insecto coleóptero que despide de noche una luz azulada y viva"; sin embargo, el ser que la reminiscencia del habitante de estas tierras evoca con frecuencia, aunque conserva remota relación con las definiciones anteriores citadas, es, de fondo y de forma, diametralmente opuesto para escarmiento permanente de las generaciones campiranas futuras.

Quienes han dado testimonio del Carbunclo aseguran que es un ave de costumbres nocturnas e impredecibles; de vuelo rasante, recto y silencioso y que, a diferencia de cualquier otro volátil sobre la tierra, se desplaza emitiendo dos haces de mortecina luz que parten de sus ojos.

Los testimonios de quienes lo han visto, coinciden en que sólo hace sus espantosas apariciones durante las noches de cerrada oscuridad. Aún cuando se le ubica con frecuencia en la desértica región del noroeste del Estado, algunos habitantes de los valles centrales de Sonora pueden dar fe de su infame presencia.

Según las míticas tradiciones que rodean al Carbunclo, éste se manifiesta en parajes montosos, solitarios caminos o siguiendo las cuencas arenosas de anchos ríos. No se le reconocen los hábitos depredadores de las nocturnas aves de presa, pero el hálito de muerte que lo acompaña infunde un temor inolvidable en quien o quienes, por desgracia, han estado cerca de su horrenda aparición.

En los apartados y poco transitados caminos vecinales, durante las oscuras noches de verano, al Carbunclo en más de una ocasión se le ha confundido con la movible luz que emite un camión en la distancia. Dos intrépidos sonorenses, el ingeniero Araiza y el viejo ganadero don Pedro Villagrán, en los linderos del Ejido Cerro Colorado, cerca del poblado de Sonoyta, avistaron a lo lejos lo que podría ser un pesado camión transitando trabajosamente esos solitarios parajes, para después de una larga e inútil espera, comprobar que la luz que habían estado observando desaparecía imprevistamente. Cuando recorrían el mismo camino en la oscura noche del desierto, para encontrar el vehículo que habían esperado, alcanzaron a ver los dos faros de luz que a poca altura, y fuera de todo camino, se perdían en un terreno escabroso con rumbo a las faldas de El Pinacate. Esto les confirmó la horrorosa sospecha de haber estado a un palmo del incalificable y silencioso Carbunclo.

Una antigua versión ópata asegura que el Carbunclo atrae con su luz cualquier animal de la floresta, para después, con celeridad, comerse los ojos de sus víctimas. Esta misma tradición afirma que el Carbunclo a pesar de su luminosa visión, es ciego. También se asevera que éste pierde su característico rasgo cuando está en cautiverio (hoy, no se sabe de ninguno conservado en ese estado). Según la saga ópata que lo menciona, un ciego de nacimiento expuesto a la luz fugitiva del Carbunclo, recobrará de inmediato la visión.

Aunque son muchos y distantes entre si los lugares donde el Carbunclo se presenta, sus apariciones más importantes se han dado en los municipios de Altar, Pitiquito, Caborca y la extensa y desértica zona de El Pinacate. (*Bestias y seres imaginarios sonorenses*).

LA MANO QUE APRIETA

Quienes perdieron el aliento, momentáneamente un día cualquiera de su infancia, entre los carros inmóviles de los trenes cargueros de Nacozari o Pilares, nunca olvidarán el temblor angustioso de una mano herrumbrosa buscando a tientas aplicar un castigo espantoso a quienes a deshoras se aventuraban por la vía, gastándose su tiempo en inventar maldades.

La Mano que Aprieta nació con los primeros trenes que llegaron a Pilares, y de allí, su lamentable fama se extendió por toda la región. Alguna vez, el finado Guillermo Moreno Ruiz recordó haberla visto en sus primeros años: era una mano parecida a un enorme guante; exenta de carne y de uñas, reptando entre los vagones silenciosos, apoyándose en los grasientos hierros de los choques de enganche. Aunque la visión fue pasajera, otros amiguitos coincidieron en afirmar que se trataba de la horrorosa Mano que Aprieta, la que con repentino movimiento tomaba por el cuello a los muchachos y apretaba hasta dejarlos sin aliento, mudos de asfixia en medio del silencio.

Según esto, cuentan que ese puño alguna vez perteneció a un ferrocarrilero que la perdió en el traque por culpa de unos niños andariegos, y que la palma, enfundada en su guante de cuero nunca jamás pudo ser encontrada. Así, la Mano que Aprieta es algo más que una extremidad traumatizada; es una venganza que acecha entre los carros del tren aletargados; el ataque veloz de cinco dedos que están faltos de brazo. Es un siniestro desafío a la cordura.

Este horroroso miembro también fue conocido en Churunibabi.

La Mano que Aprieta extiende su pavor a través de una monstruosa analogía: La Mano Peluda. (*Bestias y seres imaginarios sonorenses*).

LA PALOMA NEGRA

Pocas criaturas en el mundo pueden fundar su horror en la clarividencia certera de la muerte, con tanta precisión como lo hace la enorme mariposa negra, llamada también aquí, paloma. Nadie ha podido explicarse su procedencia y menos el extravagante comportamiento de su oscura naturaleza que la obligó a crecer casi dos palmos; sin embargo, su tamaño tiene que ver con lo monstruoso, con la representación inmediata de lo atroz y lo desconocido.

Configurada por los caprichos de una biología extraña y calculada, la Paloma Negra se aparta de la belleza que caracteriza a los insectos lepidópteros, del orden de los holometábolos, comúnmente llamados mariposas, y su presencia inesperada viene a ser la señal que despierta en muchas familias sonorenses el temor hacia un acontecimiento futuro que presagia lo adverso. Abundan los relatos en los cuales esta criatura vaticina, casi con inocencia, el suceso fatal que tocará a algún pariente cercano o lejano de la familia.

Aunque guarda la forma de una mariposa normal, su tamaño delata lo imprevisto; tal vez, una de las incomprensibles constituciones que tienen los tenebrosos mensajeros de la muerte.

De pronto, durante el día y en cualquier época del año, se le puede encontrar en la penumbra de una habitación; inmóvil, apenas una mancha oscura como pintada sobre la pared. Nadie podrá explicar cómo llegó hasta allí, de dónde viene, cómo creció su tétrica y silenciosa forma. La primera reacción de quienes la han descubierto, es la de abrir de par en par ventanas y puertas y forzarla a abandonar la estancia. Después de algunos giros ciegos y desesperados por el cuarto, la Paloma Negra saldrá a la luz del día que la volverá invisible, dejando el ominoso rastro de un porvenir funesto. Inevitablemente, la noticia llegará en cualquier forma: alguien cercano de nuestros afectos ha sufrido una lamentable e inesperada desgracia, cumpliéndose así, el sino fatalista de este ser.

En muchos pueblos del Estado, se cree que la única forma de conjurar el trágico futuro que anuncia la Paloma Negra, es dejarla donde se encuentre y no molestarla, para obligarla a huir a media noche, al filo de las doce. Cuentan las versiones, que en la oscuridad, la paloma extraviará sus revelaciones siniestras y quedarán sin efecto sus funestos vaticinios. (*Bestias y seres imaginarios sonorenses*).

TABASCO

JUSTO CECILIO SANTA-ANA. Nació en San Juan Bautista, Tab. (hoy Villahermosa), en 1861; murió en la ciudad de México en 1931. Alumno fundador del Instituto Juárez de la capital tabasqueña, obtuvo el título de abogado en esa casa de estudios. Colaboró en varios periódicos locales. Fue varias veces diputado al Congreso del Estado. Junto con Rómulo Becerra Fabre hizo anotaciones a la *Historia de Tabasco* del presbítero Manuel Gil y Sáenz. Publicó *Tradiciones y leyendas tabasqueñas* (primera edición, 1926; segunda, Consejo Editorial del Gobierno del Estado de Tabasco, 1979) y, en el campo de la poesía, *Canto al Niágara, Sonetos a la sabana del Tinto* y *El Grijalva*.

EL VAQUERO FANTASMA

Éste, que jinete en un alazán entero; aquél, que en melado cenceño, y esotro, que en retinto bragado de cabos blancos; nadie estaba de acuerdo en los pelos y señales de la cabalgadura, pero, todos a una, juraban por sus respectivas ánimas, que a plena luz del día habían visto pasar entre los matorrales al vaquero fantasma a carrera tendida, con el sombrero echado a las espaldas, sujeto por el barboquejo, sin que le estorbaran el paso ni troncos, ni malezas.

Algunos aseguraban que se habían topado con él, ya en noches de lluvia y ventarrón desecho, ya en otras serenas y de calma, en las veredas cabrunas de las lomas, o en la pradera misma, entre los pajonales apretados.

Por su parte, las vecinas de las estancias contaban, persignándose, que, a deshora sobre todo, se oía la voz del fantasma imitando el grito peculiar de los vaqueros cuando conducen el ganado, y aquel "jo-jo-jooo" lúgubre y plañidero despertaba los ecos del bosque y sus contornos como si respondieran desde muy lejos voces de ultratumba.

Esto rezaban las consejas campesinas; pero la verdad era que los ganados desaparecían noche a noche de corrales y majadas, sin que nadie lograra volver a verles el pelo ni en las dehesas ni fuera de ellas.

Organizábanse batidas que recorrían los sitios más apartados, y los vecinos no se daban reposo en sus búsquedas, sin hallar huella ni de los ganados desaparecidos ni del fantástico abigeo, que se desvanecía como el humo ante sus perseguidores, burlándolos con una habilidad inexplicable, habiéndose dado el caso de que muchos de aquéllos recibieran de improviso, sin saber de dónde venía, un lazo en el cuello que los estrangulaba en pocos momentos, siendo sus cadáveres arrastrados largo trecho y abandonados luego en el sendero, completamente destrozados.

No faltaba, por supuesto, algún espíritu fuerte e incrédulo, que no viera en todo esto sino patrañas de un vulgar, aunque audaz ladrón, que propalaba tales consejas para hacer de las suyas sin gran peligro ni molestia.

A pesar de todo, no hubo hacienda o estancia de ganado en Tabasco cuyos moradores no oyeran de vez en vez el grito peculiar del vaquero de la leyenda a altas horas de la noche, o lo vieran pasar arreando largas partidas de toros negros a la tenue luz de las estrellas, notando al siguiente día la falta de algún buey cebado o alguna vaca de las más lucidas.

Esta leyenda tan extendida en Tabasco hasta hace pocos años, ha tenido la particularidad de afectar, dentro de un fondo común, mil diversas formas y variantes que le dan carácter especial en cada comarca o región del Estado. Por lo demás, tal parece que su origen no es netamente vernáculo, puesto que existen otras semejantes, o muy parecidas, en diversos países de Centro y Sur América, en que la cría de ganado vacuno constituye principal industria.

El origen de la leyenda en Tabasco data del mismo siglo de la conquista, probablemente, pues las correrías nocturnas del vaquero fantasma se atribuyen al ánima atormentada de un famoso abigeo que existió a fines de aquella centuria.

Era el tal un macareno andaluz desalmado y cruel, venido a la Provincia como capataz de negro en un barco que condujo gran cargamento de esclavos para las estancias de cierto encomendero a cuyo servicio no bastaban los indios de su encomienda, que, confiando en la práctica que el macareno había adquirido en el manejo de cuadrillas de esclavos en Cuba y la Española, lo nombró caporal de sus estancias, dándole poderes y manos libres para manejar su hacienda.

Lo hizo tan bien el caporal, que en pocos años llegó a ser dueño de millares de cabezas de ganado obtenidas a hurto de su amo y patrón, al principio, concluyendo, al fin, por suplantarlo y adueñarse de sus hatos, con todo descaro.

Un hijo del arruinado estanciero, cuando éste era ya anciano inválido, mató de una lanzada un día de rodeo al ladrón de los ganados de su padre y, según la conseja, desde la noche siguiente al trágico suceso, comenzó a recorrer las sabanas y los caminos solitarios el alma del muerto, tomando la apariencia de un jinete misterioso al que nunca pudo darse alcance cuando pasaba como un condenado aguijando las partidas de reses que se llevaba de las estancias tabasqueñas, reses que luego se esparcían por las selvas convirtiéndose en ganado montaraz o alzado.

Tal reza la leyenda, pero la verdad es que aun en nuestros días se oye con frecuencia el grito de vaqueros nocturnos que nada tienen de fantásticos, y se pierden a la continua ganados reales y de carne y hueso, de los que no se logra encontrar ni la piel, ni los pitones tan siquiera, porque los abigeos entierran devotamente los esqueletos para no dejar ni atisbo de la hazaña y evitar complicaciones con la justicia. (*Tradiciones y leyendas tabasqueñas*).

LOS SANTOS APARECIDOS

La más palpable prueba de que la llamada civilización es la mayor de las plagas que sobre la humanidad ha caído, se encuentra en lo que hoy acontece con los santos de nuestras iglesias.

Antaño, no era preciso hacer subscripciones entre los miserables indígenas que constituían la mayoría de sus feligreses, para que las iglesias de los pueblos se proveyeran de este o del otro santo, cuando alguno faltaba en el altar de las mismas, así como para retocarlos cuando venían a menos por obra y gracia de las injurias del tiempo, que no respeta ni lo sagrado, o por otras cualesquiera causas.

No, que no; los mismos santos cuando encontraban sitio que cuadrara a sus gustos y aficiones, se presentaban espontáneamente y sin previo aviso se metían en el lugar, probablemente llovidos del cielo; porque ¿de dónde habrían de venir si no de las celestes alturas?

Aquestos santos eran los llamados aparecidos y de ellos se pobló, poco tiempo después de la conquista, el territorio de la Provincia de Tabasco; probablemente porque como estas regiones, desde que Dios las sacó de la nada, habían vivido entregadas al Demonio, el Cielo, merced a las proezas de don Hernando Cortés y don Francisco de Montejo, tomaba la revancha y prodigaba sus dones sobre la tierra recién arrebatada a Satanás por las gloriosas espadas de aquellos conspicuos capitanes españoles.

Si fuéramos a enumerar las apariciones de santos, no hallaríamos el cabo a la relación en mucho tiempo. Tendríamos que contar cómo llegó a Teapa en 1621 el Señor Santiago, caballero en un blanco rocinante, lanza en ristre y con su morazo a los pies, como era de rigor, sin que se sepa cuál fue el camino que trajo ni de dónde vino. Referiríamos la aparición del Señor de la Salud, de Macuspana, que fue hallado en la confluencia del arroyo y el río del mismo nombre, metido en una caja de cedro, el día 15 de mayo de 1665, tomando posesión del lugar sin respetar los derechos adquiridos por cierto tío Marcos y cierta tía Juana que, como primeros ocupantes, habían usufructuado el terreno desde hacía luengos años, si es que no guardaban en su rústico cofre, forrado de cuero, alguna merced real contra cuya fuerza legal sólo Dios, por ser dios, tenía poder.

De todas las apariciones que relata la tradición, la mayor y más estupenda es, sin duda, la de la Virgen de la Asunción de Tacotalpa, aunque, bien visto, no hubo tal aparición en este caso, sino un simple incidente puramente casual.

La voz pública refiere (y hay que creerla porque, como dice el adagio latino: *vox populi vox Dei*), que allá en muy remotos tiempos, encargaron a Guatemala los pueblos de Tacotalpa y Cunduacán, dos santas imágenes: el primero la de la Virgen de la Natividad y el segundo la de la Asunción, que eran sus respectivas patronas, pues como ni tacotalpos ni cunduacanos tuvieron la fortuna de que santo alguno se les presentara sin ser llamado, se vieron en la necesidad de soltar "los monices" y mandar por aquellas vírgenes donde los chapines, quienes, desde que estas regiones fueron iluminadas por la luz de la fe, se declararon sus proveedores de imágenes de santos; y, ¡qué retebién las trabajaban! ¡Daba gusto ver aquellas estatuas tan acabadas hechas un primor! Verdaderamente parecían obra de ángeles, que no de arte humano y mucho menos chapinesco.

El caso fue que hubieron de llegar las tales dos imágenes metidas en sendas cajas conducidas a lomo de dos mulas robustas y bien aparejadas para el caso, entrando en la Villa de Tacotalpa precisamente un día 15 de agosto por la mañana.

Hormigueaba la gente en la plaza del lugar y los vecinos más devotos corrían al encuentro de las acémilas como al impulso de un santo fervor, anhelando ver cuanto antes destapada la caja que conducía a la Natividad, patrona del pueblo; pero como el hombre propone y Dios dispone, he aquí que la mula que conducía a la supradicha virgen no se deja desaparejar por ninguna de estas nueve cosas, y levantando las patas traseras a pesar del peso que soportaba, dio tal mano de coces a diestro y siniestro que no hubo, a poco, esforzado gañán que se le acercara.

Mientras esto ocurría entre la una acémila y los devotos de Tacotalpa, la otra, la que llevaba sobre sus lomos a la Virgen de la Asunción, se había echado tan lindamente sobre la verde hierba con el belfo caído y los anchos y firmes dientes al aire, como si sonriera a la humana usanza. Fatigados y sudorosos los que habían luchado con la conductora de la patrona del pueblo, formaron círculo alrededor de la rebelde, y durante esta tregua alguien se fijó en la actitud de la mula echada, la cual hacía el más gracioso contraste con su compañera, y habiéndose hecho notar tal circunstancia a los arrieros que debían conducirla hasta Cunduacán, se apresuraron éstos a continuar su viaje temiendo se enervara con el descanso la pacífica conductora de la Virgen de la Asunción. Pero ni a palos y pinchazos lograron que la acémila se levantara del sitio en que estaba tumbada y (lo que más indignaba a los arrieros) seguía con los dientes al aire como riéndose de su desesperación y sus afanes.

Todo el santo día duró la lucha de los del pueblo para desaparejar la una mula y de los arrieros para poner en pie a la otra, la cual no sólo no se movía de su sitio, sino que ni tan siquiera dejaba desatar los nudos que sujetaban la caja que sobre sí traía.

Fue tan estupendo el suceso, que los vecinos llamaron al señor alcalde, que por enfermo guardaba casa, y le hicieron conducir al sitio sentado en un gran butaque con respaldo de cuero de tigre al pelo, casi moribundo, para que explicara a sus gobernados lo que pasaba, y arrojara a los demonios que se habían apoderado de aquellos animalitos, si ello fuere asunto de demonios, como a todas las luces parecía.

Fue llevado el santo varón al centro de la plaza, que era donde ocurría el maravilloso suceso, y viendo el azoramiento de todos y la resistencia de las bestezuelas a obedecer a los hombres, juzgó que aquello no era sino un medio escogido por la Divinidad para revelar sus designios, y que el empeño de la indómita que conducía a la Natividad en no soltar su carga preciosa, estaba indicando a las claras que aquella virgen prefería ser patrona de Cunduacán y que la pereza de la que cargaba con la Asunción, no revelaba sino que esta última deseaba amparar bajo su manto protector a los vecinos de Tacotalpa y, en fin de todo, deducía que se hallaban en presencia de un hecho milagroso, que no tenía vuelta de hoja.

Convencidos quedaron los oyentes y, no hubo más, sino que la Asunción ocupó el altar más propincuo de la iglesia de Tacotalpa y la Natividad el de Cunduacán, pueblo al cual dio más tarde su nombre y al que, según todos los creyentes aseguran, ha protegido abiertamente y por todos los medios divinos, sin desdeñar los humanos, dándole hijos preclaros e ilustres a la vez que pícaros y pécoras de todo pelaje. (*Tradiciones y leyendas tabasqueñas*).

LORENCILLO

De 1750 a 1760, año más, año menos, floreció en Jalpa (Jalpa ha sido cuna de muchos personajes semi-históricos) un mocetón garrido y simpático, de ingenio si no de mayor cuantía, de la suficiente, por lo menos, para que su poseedor se distinguiera entre sus contemporáneos, que acaso no fueran unos linces. Eso sí, aparte de su buen porte y de su algún caletre, era el tal de aquellos que no tiene el Diablo por donde cogerlo; que su soberbia y su carácter indómito ponían espanto en el pueblo cuando, por acaso, se revelaban una u otro, o ambos a una, que era lo más frecuente.

Su origen fue humildísimo; nacido de una mujer del pueblo que nunca dobló la cerviz bajo la coyunda matrimonial, no supo en su vida, y acaso la que lo llevó en su seno tampoco, quién fuera el autor de sus días, y esta circunstancia dio origen y principal motivo a lo agrio y belicoso de su carácter, que desde niño sintió a cada momento el latigazo de la injuria sobre su rostro, latigazo que sus compañeros de juegos y diabluras hacían restallar sobre él, cuando venía a cuento y a las veces aunque no viniera, recordándole su nada claro y bastante turbio abolengo.

Lorenzo llamábase el mozo, y este nombre, que fue más tarde sonado y célebre en la Chontalpa y aún en toda la Provincia de Tabasco, pronunciado en diminutivo, llegó a infundir pánico entre los pacíficos moradores de Jalpa desde los más tiernos años de aquél, por sus indecibles atrocidades. Sobre todo, los padres de hijas de buenas prendas personales le temían y le hacían la señal de la cruz; que nuestro hombre éralo, y mucho, para toda empresa amorosa. Más de una vez llegó a atreverse con la gente de rango, echándole el ojo a damas españolas de aquellas que solían vestir a la manera y estilo de la Corte para asistir los domingos a la iglesia, so pretexto de oir la santa misa.

Llegaron a tanto los desmanes de Lorenzo en líos amorosos, lo llevó su audacia tan a lo alto, que, ¡atrocidad abominable en aquellos tiempos! solicitó los favores de la hija del señor alcalde de Jalpa, personaje de polendas, si los hubo, que tenía el altísimo honor y gozaba de la envidiable distinción de anteponer una D redonda a su preclaro nombre de pila. Pero el desacato hecho a la primera autoridad de, la en aquellos tiempos, opulenta Jalpa, no paró en esto: hubo algo peor todavía; la hija del señor alcalde dio en la perra costumbre de pelar la pava en la ventana con el enamorado mozo, allá a las altas horas de la noche y cuando todos dormían en casa a pierna suelta, inclusive la primera autoridad del pueblo y del hogar.

Por desgracia para la enamorada pareja, aquellas nocturnas citas que, a pesar de los barrotes de la ventana alcaldesca, pudieron dar ocasión a algo más que a simples y amorosas pláticas, llegaron a noticia del señor alcalde, por denuncia de oficioso vecino interesado en conservar el lustre y los blasones de la casa reinante en el pueblo, y cátate, lector, que una de tantas noches, cae el desventurado a la par que venturoso Lorenzo, en manos de unos agentes del orden público, apostados por el padre celoso y ofendido, que sin decir ¡agua va! propinan al mozo furibunda paliza, llevándoselo en vilo a la chinche[1], tan bonitamente, después del vapuleo.

Al día siguiente, por orden expresa del severísimo alcalde, fue sacado de la cárcel nuestro héroe y llevado al centro de la plaza, habiéndose convocado a todos los vecinos prominentes del lugar, y ante tan noble concurso, y con las espaldas al aire, sufrió el pobre Lorenzo una segunda y más furiosa zurribanda que la de la noche anterior. Dicho se está que el tal no chistó, ni dijo esta boca es mía; soportó como bueno la lluvia de zurriagazos que cayó sobre él, y medio tambaleándose, o como pudo, se levantó del ignominioso banco en que había sido colocado boca abajo; se arregló lo mejor que acertó la estropeada camisa de algodón que constituía lo más lujoso y de mejor ver de sus trapos y, con paso firme y fiero semblante, se dejó conducir a la llamada cárcel, que no era sino el sotabanco de una bodega vieja que más tenía de perrera que de lugar destinado a la guarda de presos.

¡Cómo había de ser! Lorenzo, que nunca fue persona para sufrir ajenos rigores sin luchar y librarse de ellos en la primera oportunidad, esperó la noche siguiente y, cuando empezó el desenfrenado ladrar de las jaurías de Jalpa, que en punto de las ocho de la noche se reunían antaño, como hogaño, para dar serenata a los vecinos insomnes y arrullar el sueño de los que dormían de una pieza, metió el cautivo ambas manos entre los maderos que formaban la pared de aquella bodega con pretensiones de Bastilla, y ¡zás! con poco esfuerzo, en un santiamén estuvo en la calle, libre como el viento. Verse fuera de su encierro y plantarse frente a la casa de su amada, todo fue uno, a la cual dicha casa mandó con la punta de los dedos un beso, amenazándola luego con el puño cerrado. Se comprende, aunque la tradición no entra en menudencias ni explicaciones, que el beso sería para la dama y la amenaza para el padre tirano, y, acaso por no quedarse corto, para la señora alcaldesa, por lo que pudiera tener de suegra.

Fuése enseguida a su choza, despertó a la autora de sus días, le dijo adiós enternecido y cejijunto, y con un pobre hatillo a las espaldas, su machete de hoja forjada en Cunduacán, al cinto, y el chontal[2] ladeado como para tomar aspecto imponente, dejó su pueblo nativo el héroe de esta tradición y se dirigió a la ventura por lo más agreste y solitario de los campos.

Dice el refrán vulgar: "Dios los cría y ellos se juntan", y justificando la sentencia que tal reza, Lorenzo, a pocos días de haberse escapado de su prisión, reunió a treinta o cuarenta foragidos reclutados entre la gente de mal vivir que hubo de topar en sus correrías por el litoral tabasqueño, emprendiendo una serie de asaltos y atrocidades espeluznantes a lo largo de las riberas de río Seco. Incendió haciendas y plantaciones de cacao; robó sus ganados a los propietarios de la Chontalpa, e hizo tristemente célebre el sobrenombre de Lorencillo con que se dio a conocer como jefe de bandoleros en imitación a su homónimo famoso en la piratería.

Perseguido más tarde por los milicianos de la Provincia, que no lo dejaron a sol ni a sombra, hubo de buscar refugio en la Isla de Términos, en la cual tenían sus guaridas los piratas ingleses que en otros tiempos asolaron nuestras costas, y entre tales malvados llegó a adquirir nombre y prestigio, haciéndose, por su audacia y crueldad, el más temible de todos.

Pero a pesar del tiempo transcurrido, Lorencillo no olvidaba la injuria y el agravio que de parte del alcalde de Jalpa sufriera y, a fuerza de persuasión y de promesas de fabulosos botines, decidió a los piratas a traer una expedición a la Chontalpa, expedición que él condujo y guió, como práctico conocedor de aquellos andurriales.

Penetró Lorencillo por Mecoacán, seguido de más de doscientos negros e ingleses piratas, incendió varias poblaciones de los indígenas, destruyó las fincas de campo y llegó por fin a Jalpa, la cual después de entregada a saco, fue presa de las llamas.

El alcalde pudo escapar con gran trabajo a la seña de su mortal enemigo, refugiándose en Villahermosa, pero su hija, con un centenar de mozas del pueblo y sus cercanías, cayó en poder del implacable pirata que, con tan rica presa, se retiró a su guarida de la Isla de Términos, si no satisfecho completamente, contento, cuando menos, por haber vuelto a estrechar entre sus brazos y hacer suya a la dueña de sus pensamientos.

Algunos años más tarde, habiendo Lorencillo proseguido sus depredaciones en la Chontalpa y Tonalá, fue vencido por un tal Garduza, alcalde de Alvarado, en el Paso de Tancochapa, en unión de cuarenta piratas tabasqueños, ingleses y negros, y la horca dio cuenta de la perra vida de nuestro famoso personaje, sin que la tradición, ni la historia, que también refiere estos hechos, aunque someramente, nos den razón del paradero de la hija del alcalde de Jalpa, ni de si este último sobrevivió al soberano susto y aprieto que le hizo pasar aquel a quien, a pesar de todo, tuvo que considerar como padre de sus nietos, que en esta pícara vida, no todo nos sale a pedir de boca. (*Tradiciones y leyendas tabasqueñas*).

UN AGENTE DE BONAPARTE

Cuenta la tradición que hubo aquí, en Tabasco, un tío pécora, tracalero y embaucador a todo serlo, pero de clarísimo y perspicaz ingenio, aunque desprovisto de toda cultura literaria.

De cómo se llamaba el tal, no daban noticias seguras las viejas deslenguadas y comedoras de honras, de quienes obtuvimos los datos que constituyen el fondo histórico de la presente narración, y he aquí por qué nos vemos en la imposibilidad de apuntarlo, contentándonos con relatar los hechos mondos y limpios, sin meternos, por otra parte, en investigaciones que, en último resultado, nada nuevo habrían de enseñarnos, ni en nada aumentarían la indiscutible veracidad de nuestra historia[3].

Era en los comienzos del siglo XIX, cuando la Nueva España se debatía en la arena tinta en la sangre que a torrentes se derra-

---

[1] Cárcel.
[2] Sombrero burdo de palma usado por los campesinos.

mó durante la guerra de Independencia, y España la vieja luchaba a brazo partido contra la invasión de las águilas francesas; cuando el graciosísimo héroe de nuestra historia, por no sabemos qué diabluras cometidas en Villahermosa, y en desagravio de ciertas damas víctimas de los lascivos instintos de aquél, fue expulsado y puesto de patitas en la frontera de Chiapas, por el sucesor de los antiguos alcaldes mayores de Tabasco.

Nuestro amigo apechugó con su mala fortuna, y, quieras que no, pedibus andando, emprendió penosísima peregrinación a través de la tierra de los duraznos y la manzanilla, hasta dar con su fatigada, piojosa y hambrienta humanidad, en la capital de aquella Provincia.

No sabemos el tiempo a punto fijo, durante el cual estuvo allá nuestro hombre, comiéndose los codos y jugando malas pasadas a los coletos[4], lo cierto parece que, aburrido a la postre, según unos, o cansado de morder manzanas un tanto agrias del ajeno huerto, según otros, pensó seriamente en repatriarse y comenzó a trabajar empeñosamente por conseguirlo. De parte de las autoridades tabasqueñas, esto ya no presentaba peligro alguno, que de meses atrás habíase cumplido el término del ostracismo; pero afligíale la circunstancia, harto difícil ciertamente, de hallarse a la sazón malo, gravemente malo de los pies, y como remate y contera de aquella dificultad, el no tener ni una puerca peseta macuquina, tan siquiera, con que alegrar los ojos a alguna de las muchas acémilas humanas que conducen carga a lomo de Chiapas a Tabasco, desde el tiempo del rey que rabió.

En tal sazón llegó casualmente a manos del héroe de esta fidelísima historia, sin que se sepa cómo ni cómo no, un periódico publicado en la península hispánica y en él leyó azorado la noticia de que un agente de Bonaparte se había dirigido meses anteriores de incógnito a Centroámerica, con el objeto de penetrar por el sur de Nueva España y hacer en ella la propaganda de la causa napoleónica.

Leer tal noticia y ocurrírsele a nuestro compadre la más peregrina e ingeniosa de las ideas, todo fue uno, y como pasaba del pensamiento al hecho con la rapidez del relámpago, dirigióse de luego a luego a un compinche suyo, y después de conferenciar largo rato con él, volvióse muy satisfecho, medio a rastras o como Dios le dio a entender, a causa de la enfermedad que le aquejaba; acurrucóse en un rincón de su cuchitril esperando, con la impaciencia pintada en el semblante, el resultado de sus maquinaciones.

Como a la media hora no bien cumpida, se asoma a la puerta de la habitación una docena de alguaciles de taparrabo, inquiriendo por nuestro ingenioso y enzamarrado paisano, quien, fingiendo el azoramiento más bien fingido que han contemplado los humanos, les preguntó, procurando imitar el acento de un gabacho conocido suyo a quien años atrás había tratado, cuál era el objeto de aquella intempestiva visita domiciliaria. Los topiles, en un champurrado[5] de tzotzil y castellano que ellos sólo entendían, dijéronle, o pretendieron decirle, que venían en representación de la justicia cuya respetabilísima vara tenían el alto honor de portar y, cargando con él, sin otra mayor explicación, condujéronle bonitamente en vilo a presencia de las autoridades.

Sujeto a un interrogatorio, al que contestó nuestro hombre con reticencias y frases manifiestamente sospechosas, fue amenazado de muerte si no se producía con verdad, y ante tan tremenda perspectiva hubo de confesar, siempre imitando el gabacho acento, que él era en persona el agente bonapartista de quien se decía acababa de colarse en el lugar disfrazado de pordiosero, entregándose lisa y llanamente a las autoridades españolas.

Como en aquella época Napoleón el Grande fatigaba a Europa con el peso formidable de sus armas, hasta entonces nunca vencidas, y al que más al que menos, así lo tuviera a dos mil leguas de distancia, le infundía un respeto de padre y muy señor mío; las autoridades de Chiapas, temiendo futuras complicaciones, trataron con muchos miramientos al falso bonapartista, lo instalaron convenientemente en la mejor habitación que para el caso pudo aderezarse, eso sí, rodeándola de una triple fila de lanceros; y como el preso se obstinara en callar el sitio donde ocultos tenía sus equipajes y papeles, para sustraerlo a las molestias de su cochino disfraz, hubo que proporcionarle vestidos adecuados a su rango, alcurnia y distinciones. Pusiéronse a escote los elegantes del lugar y cada cual soltó su mejor prenda de vestir para tapar las nobles desnudeces del prisionero. Alcalde hubo que entregara sus calzones de raso y su historiada chupa de pana policroma, herencia venida por línea directa de sus ilustres antepasados, sin vueltas ni recodos.

Para tratar lo que del detenido debería hacerse, convocóse consejo solemne de notables, el cual consejo de los dichos notables después de altercados y vociferaciones en todos los tonos y semitonos, vino a resolver y resolvió: que debía enviarse a monsieur Bonaparte a México, buscándose al efecto el camino más corto para que allá se las hubiera el virrey con tan encopetado tipo, que, con esto, ellos se lavarían las manos como Pilatos.

Pasados pocos días de los sucesos relatados, salía rumboa a Tabasco el preso custodiado por una fuerte escolta y conducido mimosamente en elegante y bien acondicionada litera de juncos, que era una gloria y contento verla, pues llevaba a derecha e izquierda una sarta de cascabeles y campanillas, como para indicar que el que dentro iba, era señor y muy señor de ellas.

Para anunciar al gobernador de la entonces Provincia de Tabasco que debía pasar por sus dominios en calidad de reo político un agente o cognado legítimo del emperador de los franceses, vino precediendo a aquél un correo de Chiapas, con pliegos muy bien explicados que todo el caso relataban del pe al pa, sin omitir punto ni coma.

De tal guisa que, cuando la comitiva se acercaba a Villahermosa, ya la nueva del estupendo suceso había corrido de boca en boca y nuestros sencillos y curiosos antepasados se impacientaban mirando a lo largo del camino, estremeciéndose de emoción cada vez que la más ligera nubecilla de polvo se levantaba en la vía pública. Pero cuál no sería el asombro y desencanto general, cuando, habiendo hecho alto la lucida escolta y comitiva en la plaza principal de la Villa, ante el gobernador y todos los ediles, fue descendiendo de la litera aquella tan historiada, nuestro aventurero paisano. Porque no valía que estuviera vestido de caballero a la antigua española, que tenía él una fisonomía tan suya, tan propia y personal, que no podía confundírsele con otro alguno, así vistiera de fraile o de chino, máxime como en el caso que relatamos, cuando se le había conocido desde rapaz por los viejos y desde adolescente por las muchachas del lugar.

Y ahí fue la zambra y el alboroto de aquellas buenas gentes, que veían aguarse la fiesta y el espectáculo en que habían soñado durante tantos días, sin cerrar ojo por las noches; hasta hubo quien dijera que todo aquello no era sino una burla de los cole-

tos, que querían vengar de aquel modo las muchas que de ellos y sus costumbres aquí se hacían; pero nuestro héroe calmó los enardecidos ánimos subiéndose sobre un rimero de alfardas que por allí había, dirigiendo la palabra a sus paisanos desde tan encumbrado sitio, de ésta o parecida guisa: "Queridos compatriotas, no os enojéis porque yo sea yo, y no el personaje a quien esperábais, que todo ha sido ardid mío, para poder hacer de gorra y cómodamente, como es en mí inveterada costumbre, el viaje de Chiapas a esta mi querida tierra, valiéndome al efecto de un fiel amigo que me hizo el señalado favor de denunciarme como agente de Bonaparte, tan temido y tan odiado, que dicen se nos quiere meter por la ventana y revolvernos la casa. Dije".

Con lo que terminó el alboroto, e identificado oficialmente que fue el tío, puso el gobernador de la Provincia una nota al de Chiapas, participándole que no había tales carneros, y que en nombre de sus gobernados, sobre todo en el de la parte femenina de su pueblo, le daba las gracias más cumplidas por haber repatriado de tan diligente manera al más redomado pillo y más simpático de los tabasqueños. (*Tradiciones y leyendas tabasqueñas*).

EL HÉRCULES CHONTAL

Don Antonio de Saavedra y Guzmán, biznieto del fundador de la casa de los condes de Castellar y uno de los primeros poetas mexicanos, que floreció a fines del siglo xvi, refiere en su famoso poema *El Peregrino Indiano* una anécdota inverosímil por cierto, del señor de Tabasco, que Tabasco también se llamaba, y de quien, según algunos historiadores, tomó nombre nuestra tierra natal.

Bañábase el guerrero indígena en las aguas de ancho y caudaloso río[6], y se hallaba, como es de suponerse, en cueros vivos, puesto que en su siglo y mayormente en estas apartadas regiones, nadie

---

[3] Cuando se publicó por primera vez la presente tradición, no había llegado a noticias del autor el nombre del famosísimo héroe de ella, y sólo algún tiempo después pudo averiguar que el tal se llamaba Blas Díaz y era oriundo de Cunduacán, donde aún se recuerdan muchas anécdotas suyas y tiene parentela.

[4] Gentilicio popular de los habitantes de San Cristóbal de las Casas, en el estado mexicano de Chiapas.

[5] Mezcla.

gastaba trajes de baño; cuando, de pronto, aparece entre el boscaje del ribazo próximo un enorme león que, sin previo aviso, se arroja sobre el regio bañista y la emprende contra él a mordisco limpio.

Pondríase, suponemos nosotros, porque el cronista no lo dice, tinta en la sangre de ambos combatientes la antes límpida linfa en que Tabasco se refocilaba tan linda y apaciblemente, y la arena de la playa quedaría durante algunos días escarbada y revuelta por las garras del león y los pies de su contrario, dando testimonio del estupendo suceso.

Por supuesto se está que, al fin y a la postre, mordió el polvo la fiera ahogada entre los musculosos brazos del monarca indígena, y cuando los servidores y súbditos de éste, que probablemente andarían por allí cerca, pues si no estaban en la ribera sería por respeto a las regias desnudeces de su señor; cuando los aludidos, decíamos, acudieron al sitio de la lucha, el melenudo enemigo de Tabasco yacía tendido sobre la enrojecida arena, panza arriba y con las patas anteriores dobladas sobre el ancho tórax, como implorando gracia.

Desde entonces, y en memoria de tan maravillosa hazaña, llevó el guerrero indígena un coselete o armadura a la usanza indiana, en el peto de la cual armadura, que era de conchas de carey, a lo que se deduce de un pasaje del poema de Saavedra Guzmán, hizo esculpir el héroe su "vera-efigies" en actitud de luchar, teniendo entre sus brazos un león fierísimo. Para mayor decoro de su persona, usó el vencedor a manera de manto rabón la piel de su adversario, completando así su indumento de valiente y esforzado paladín; que entre nuestros indígenas, sólo los que por propia mano habían dado muerte a una fiera, podían llevar su piel como veste y presea.

Oigamos de qué manera se describe al personaje y cómo se refiere la hazaña en el curioso poema *El Peregrino Indiano*, a que antes hemos aludido:

"Venía armado muy vistosamente
el rey Tabasco, bravo y poderoso,
de conchas de tortuga solamente,
cubierto espalda y pecho valeroso;
esas meten en agua muy caliente,
y por medio sutil y artificioso
con una ligazón que las ablanda

casi las vuelven como cera blanda.
Era este coselete tan bruñido,
que pasta y fino acero parecía;
trae el retrato suyo allí esculpido
que como en claro espejo se veía
donde nadie señal ninguna vido
asido de un león muy ensañado
de buril ni pintura descubría,
que él con las manos ha despedazado.
Por despojos, la piel traía cubierta,
despojos suyos, que era estatuído
que nadie la trujese descubierta
no habiendo al animal muerto y vencido.
Fue que estando Tabasco en la encubierta
de una fuente, lugar que había elegido
donde bañarse, y viéndole desnudo
le acometió el león bravo y sañudo.
Salió del agua tan ligero y presto
que se quedó el león como asombrado;
aguardándole estuvo en pies, y enhiesto
para hacer su golpe enherizado.
Tabasco viendo al bravo contrapuesto
arremetió furioso y ensañado
y asiéndole del cuello de él se abraza
y allí le aprieta, mata y despedaza".

Como se ve, la leyenda no puede ser más inverosímil, ya que por fornido que supongamos al llamado rey Tabasco, nunca lo sería tanto que venciera a un león luchando cuerpo a cuerpo con él y sin más armas que los brazos desnudos, a lo que hay que añadir, que en estas regiones, ni a la venida de los conquistadores españoles, ni antes ni después, se tiene noticia de que existieran leones de melena, pues lo que en Tabasco llamamos leones, no son sino pumas sin pizca de greña.

A propósito de esta anécdota, cabe recordar aquí las fantásticas y estupendas hazañas de un fornido cacique o reyezuelo indígena que, según consejas muy extendidas entre los antiguos ribereños del Grijalva, dejó arraigada memoria en toda esa región, por los increíbles actos de fuerza y de destreza que de él se referían.

"Y viéndole desnudo, le acometió el león bravo y sañudo".

Se dice que cierta ocasión, en que sus súbditos trataban de conducir un gran cayuco o tahucup pasándolo de una ciénega al río cercano, notó el indígena señor que, a pesar de que en la operación tomaban parte muchos hombres, arrastraban penosamente la canoa con gran lentitud, e impacientado por esto, los increpó tratando de darle prisa al trabajo, contestándole sus hombres que aquello pesaba mucho, y, por lo mismo, no podían terminar tan pronto como él les ordenaba.

Al oír esto el cacique, montó en cólera, llamando débiles mujerzuelas a sus servidores y tomando violentamente la canoa entre sus brazos, la levantó sobre sus hombros, y la tiró al río como si fuera una leve caña, emprendiéndola luego a estacazos con sus remisos y apocados vasallos.

También se cuenta de él que domeñaba los más feroces y enormes cocodrilos, dejándose caer al efecto, con un cordel entre los dientes, desde los barrancos, sobre dichos anfibios, cuando dormían al calor del sol en los playones, y apretándolos vigorosamente entre sus muslos, les doblaba las patas hacia atrás amarrándoselas al dorso, hasta dejarlos inermes por completo.

Se refiere del mismo personaje, que era tal su destreza en el manejo del arco y de la flecha que, en ciertas solemnidades, colocaba sus guerreros formando rueda a su alrededor, y hacía que alguno de ellos lanzara una mazorca de maíz al aire, sosteniéndola luego él a flechazos sin dejarla caer, mientras no quedaba completamente desgranada. En estos casos, los que formaban círculo en torno suyo iban pasándole rápidamente sus arcos con la flecha ya dispuesta en la cuerda, a fin de que no perdiera tiempo en preparar cada flechazo[7].

Por supuesto que si alguno de sus ayudantes no le pasaba con la rapidez debida el arco y por esto la mazorca caía al suelo, la flecha destinada a aquélla, era dirigida sin tardanza al torpe que había ocasionado el fracaso de su amo y señor.

En los encuentros que sostenía con las tribus vecinas se le veía a menudo, según la conseja, hacer huir él solo a macanazo limpio a numerosos y apretados escuadrones enemigos.

Todas estas proezas y algunas más que no recordamos bien, se atribuían, como antes hemos dicho, a un príncipe o señor indígena cuyo nombre no se menciona, que vivió a orillas del río Grijalva, y encontrando cierta similitud entre él y el llamado Tabasco, lo mencionamos aquí, no pareciéndonos aventurado suponer que se trate en esta leyenda de hechos más o menos adulterados, del propio señor de Potonchán, aunque todo no sea sino fábula pura como la lucha con el león que nos refiere el poeta y que nos representa al cacique Tabasco como un verdadero hércules. (*Tradiciones y leyendas tabasqueñas*).

---

[6] Otras versiones, sobre todo la del autor citado en esta tradición, aseguran que Tabasco se bañaba en una fuente cuando le ocurrió la aventura de que se habla arriba, pero como en nuestra tierra no hubo ni hay fuentes brotantes que sepamos, suponemos más cuerda la versión por nosotros aceptada que es la que conservó la tradición tabasqueña y aquí prohijamos.

[7] Esto lo hacen aún los caribes y lacandones del Patén, en grupos de ocho o diez flecheros, según nos aseguran quienes lo han presenciado. Lo original en el caso del cacique tabasqueño es que él solo ejecutaba la hazaña.

TAMAULIPAS

MIGUEL HUERTA MALDONADO (compilador). Nació en Querétaro, Qro., en 1908. Profesor por la Escuela Nacional de Maestros, que dirigió en dos ocasiones, ha sido delegado de la SEP en Guanajuato, Michoacán y Morelos, rector de la Universidad Pedagógica Nacional, director general de la Comisión Nacional de Libros de Texto Gratuitos y presidente de la Sociedad Mexicana de Geografía y Estadística. En su carácter de miembro del Seminario de Cultura Mexicana y persuadido del valor pedagógico de las leyendas, pidió a la doctora María del Carmen Olivares Arriaga, presidenta de la corresponsalía de ese organismo en Ciudad Victoria, Tamps., que hiciera la selección de textos de esa índole que a continuación se transcriben.

LA MULITA QUE LLEGÓ A LA VILLA DE AGUAYO
(Resumen)

—Me llevaré una recua de cincuenta bestias contando borricos y mulas. El cargamento es muy grande; espero encontrar otra buena carga de regreso.

—¿Se llevará su merced a la Chúcara, o esperará a que se apacigüe esa loca mula?

—¡Me la llevaré! claro que me la llevaré; esa mulita es mi preferida y mi orgullo. Es tan blanca y de buena casta. La compré siendo apenas una cría, y aunque es muy retozona nos entendemos bien, me reconoce como su amo, su amigo. Este será su primer viaje y su primera experiencia. Estaré cerca de ella para que no me vaya a hacer una trastada. Los amigos de Querétaro se van a cautivar con ella...

—Cuídela mucho padre, yo también le tengo voluntad. Espero que a su merced le sea dable alcanzar un viaje placentero y sin tropiezos.

Dos días después, en una húmeda madrugada, con gran algarabía de hombres que como sombras se movían en la semiobscuridad del amanecer para cargar cincuenta bestias con bultos de sal y el imprescindible bastimento compuesto de carne seca de venado y otros alimentos preparados con harina de maíz, como bizcochos con repulgo, pemoles, y una dotación de pinole ya endulzado, —pues era costumbre entre los arrieros, que donde encontraban rebaños de cabras, los pastores les permitían ordeñarlas para mezclar la leche todavía caliente con el pinole, saboreando rico atole—, y algunas armas para defenderse de los ataques de indios ladinos, entre el ruido de ollas y cacerolas de cobre y jarras y pocillos de hojalata, maldiciones y silbidos de arrieros, patadas y rebuznos de la manada, don Roque emprendió su lento y fatigoso viaje a Querétaro, dirigiéndose al sur por el lado de la Misión de Indios de San Pedro de Alcántara Trespalacios, por el camino real que sube a la Sierra Gorda para llegar al altiplano.

El amanecer encontró a la Villa de Aguayo plácidamente tranquila, sólo en la plazoleta central quedaron las huellas del incesante movimiento originado unas horas antes por la salida de la caravana, con la tierra suelta, trillada y saturada de estiércol.

Se iniciaba el mes de abril y la primavera se asomaba con algo de timidez vistiendo los árboles del monte con nuevos brotes ahijaderos y ya don Roque había logrado, por fin, arribar a Querétaro con su caravana, muy menguada pero sana y salva después de dos meses de sufrir los rigores del invierno, atravesando ríos con el agua a la cintura en plenas heladas, soportando los insolentes nortes y la pertinaz lluvia que se convertía en temporada interminable, haciendo mas lento el avance, por lo intransitable de los caminos y brechas.

Bañado, descansado y bien almorzado, don Roque Guerrero se presentó en la taberna donde encontró al grupo de amigos.

—Don Espiridión de la Colina, el comerciante más rico de estos rumbos, ha inquirido por tu persona, parece que tiene necesidad de enviar un buen embarque...

—Eso me favorece, debo regresar con carga completa.

Los días siguientes pasaron con celeridad para don Roque, que no se daba reposo para ultimar detalles y retornar a su tierra con sus gentes, en especial su pequeña y dulce Pilarica.

—Don Espiridión, me informaron que su merced requiere de mis servicios; aquí me tiene para servir a Dios y a usted.

—Tengo una carga muy delicada que debo encomendarte. Se trata de tres santas imágenes que debes entregar en Tampico, Altamira y Aguayo.

—¡Ah caray! eso sí es delicado don Espiridión...

—Por eso te la encomiendo a tí Roque, tu eres el más seguro.

Los dos hombres pasaron a una inmensa estancia atestada de diferentes imágenes y crucifijos de gran tamaño.

—Mira, este es el Cristo Crucificado...

—¿Pa' onde va ese santito?

—Este va para la Villa de Tampico; los vecinos de ese puerto lo esperan ansiosos, ya que la imagen sagrada del Redentor que permaneció en su iglesia desde 1644 y que fuera donada nada menos que por su Majestad el Rey de España, fue llevada en 1744 primero a Pueblo Viejo y luego a Tampico Alto en la Vera-Cruz, donde ahora se venera, ante la inseguridad que existía en el puerto por los constantes ataques tanto de los indios como de los piratas.

—¿Y en Tampico se quedaron sin su Cristo?

—Sí, por eso, como te decía, esperan ansiosos esta santa imagen.

—Está muy grande, ¿como cuánto pesará?

—No tengo idea... ¿por qué lo preguntas?

—Porque esa carga es pesada para una sola mula, necesito llevar remuda fresca para cambiar en el camino.

—Tú sabrás como la transportas con todo cuidado... mira, —siguó diciendo don Espiridión, dirigiéndose hacia el otro lado— acá está la Virgen del Refugio, esta santa imagen es para Altamira. En ese lugar ya tienen su virgen, que es la de Nuestra Señora de las Caldas, pero los pescadores veneran a Santa María del Refugio de Pecadores; observa sus facciones, son delicadas y hermosas, es obra de un renombrado escultor español.

—Sí es muy hermosa..; seguro irán bien empacadas.

—Naturalmente, me encargaré personalmente de su cuidadoso empaque, para que no sufran deterioro en el camino; pierde cuidado, de eso me encargo yo.

—Y ¿cuál es la otra imagen?

—¿La que va para la Villa de Aguayo? Ah sí, mira ven por este lado, es nada menos que esta hermosa Virgen de la Purísima Concepción.

Otra vez al amanecer, el ajetreo para iniciar el viaje de regreso: los silbidos de arrieros acompañados de palabrotas, las patadas de mulas y rebuznos de borricos, bastimento con carapacho bien tostado, ruido de cacerolas y al mediodía la caravana moviéndose lentamente por el filo de la sierra para bajar a la Huasteca.

Fatigosas jornadas se sucedieron por algunas semanas, luchando con toda clase de alimañas, pues el monte era espeso y peligroso, así como los molestos y encarnizados jejenes y tábanos que se empeñaban en chupar sangre de arriero y mula.

Por las noches, los arrieros encendían una gran fogata, tanto para verse las caras en aquella impenetrable obscuridad, como para ahuyentar animales de garra que merodeaban por el breñal.

Una madrugada, cuando los centinelas habían sido vencidos por el sueño, sofocados por el asfixiante calor húmedo de la Huasteca, la caravana fue sorprendida por los terribles indios huastecos, que como enjambre de avispas cayeron sobre aquellos inofensivos arrieros.

Al oír la tropelía y algazara de aquellos indios infieles, don Roque alcanzó su escopeta tratando de atisbar en la obscuridad, pero eran tan ladinos y se movían con tanta agilidad, que parecían sombras fantasmales. Tan pronto los veían enfrente, que a un lado o al otro, lanzando aterradores alaridos y flechando arrieros y mulas. Aquello era el infierno, por lo que don Roque decidió disparar contra todo lo que se movía, pues no había alternativa en aquella confusión y tenía que jugársela; o mataba a lo mataban.

La trifulca fue sosegándose, la lucha había sido sangrienta y feroz con aquellos indios dispuestos a todo con tal de robarse el cargamento, por lo que acabada la flechería, quedaron diseminados en el campo de batalla los cuerpos de algunos arrieros, indios y mulas, unos quejándose y otros desmayados o muertos.

Poco a poco fueron tomando conciencia del brutal ataque, y a medida que se reponían de la sorpresa y de los golpes y heridas recibidas, trataron de agrupar lo que había quedado de la caravana.

Encontraron tres arrieros muertos, otros seis heridos y el resto muy golpeados. Volvieron a encender la hoguera para auxiliar a los heridos con yerbas curativas y dar cristiana sepultura a sus muertos. En estas fatigas los encontró el amanecer.

Medio repuestos del ataque y ya a la luz del día, don Roque y su gente se dieron a la tarea del arreo de lo que quedó de la recua, ya que al fragor del ataque las mulas en estampida habían ganado para el espeso monte.

Aquí y allá, en lo más cerrado del monte, encontraron mulas, algunas con sus cargas intactas, otras lastimadas, mismas que fue necesario sacrificar, y otras muertas.

Esta tarea les llevó el resto del día, comprobando con tristeza que los salvajes se llevaron el cargamento de frijol, así como el de cuchillas para monte y algo de chucherías como género y bonetería.

La noche transcurrió tensa pero sin mayores contratiempos, salvo el susto de ruidos provenientes de coyotes o liebres que merodeaban por el monte en busca de una presa, poniendo a los vigilantes en alerta, pensando que se trataba de los temibles indios.

Apenas aclaró el nuevo día, y ya don Roque apuraba a los arrieros para que se aprestaran a buscar entre la recua a las mulas que cargaban las santas imágenes.

Los arrieros se dispersaron acelerados buscando tan preciada carga, mientras don Roque, a grandes zancadas revisaba una a una las mulas que habían escapado al salvaje ataque de los indios, y para su desesperación no lograba encontrarlas. Después de un buen rato de infructuosa búsqueda, a lo lejos escuchó un grito:

—Epa patroncito, aquí están, venga a verlas...

El rudo colono, a pesar de su corpulenta humanidad, corrió ligero hacia donde lo llamaban y con gran alivio encontró dos mulas con su preciosa carga.

—Oye.., pero creo que eran tres, —dijo el colono alisándose la barba.

—Sí patroncito, ahora ricuerdo que su mercé me incargó que remudara esa carga y se la cargué a la mulita consentida de su mercé, esa que su mercé llama Chúcara.

Desesperados buscaron por horas y horas a la inquieta Chúcara, por el breñal, por el río, por el lado de la sierra, pero no encontraron ni sus huellas.

Y la mutilada caravana, con sus magullados arrieros y mulas, emprendió la triste y penosa caminata, cargando sus heridos, soportando las inclemencias del clima, siempre con la zozobra de un nuevo ataque de los indios.

Un mes después, al atardecer de un nublado día de junio, don Roque y su maltrecha recua, alcanzaron a llegar a Tampico.

En una calurosa tarde de canícula, cuando la familia Guerrero se encontraba tomando una plácida siesta, llegó Goyo el tonto muy agitado, lanzando escandalosos gritos.

—¡Llegó, llegó la loca; está echada allí!

—Tranquilo Goyito, dínos con calma lo que sucede.

—Sí, allí frente al iglesia, allí está...

—¿Está quién?

—La mula, la mulita que se había perdido con la Virgen.

—¿La Chúcara? ¿dices que la Chúcara apareció?

Como un relámpago el rudo colono ensilló el noble caballo temblando de emoción, montándolo de un poderoso salto y desapareciendo por el camino real, rumbo al centro de la Villa.

En la plazuela, el padre Antonio y un grupo de colonos trataban en vano de poner en pie a la maltrecha mulita, jalándole la cola mientras le lanzaban ruidosos gritos y sombrerazos, respondiendo la infeliz bestia con descomunales y débiles mordizcos.

Llegado don Roque, se abrió camino entre los curiosos a codazos y empellones.

—Chúcara, mi nena, ¿eres tú? Sí, eres tú —al tiempo que se arrodillaba a su lado para besarla en su magullado y sangrante hocico. El animalito al instante reconoció a su amo, recostando lánguidamente su lastimada cabeza en el hombro del colono, dejándose acariciar para sopresa de los mirones.

—¡Pronto! Hay que librarla de la carga, ayúdenme...

—Pero, ¿cómo? Necesitamos que se levante primero y no quiere hacerlo —exclamó el padre Antonio.

—Habrá que cortar los cinchos; yo lo haré mientras ustedes sostienen la carga, para no lastimarla.

Y sobraron manos y brazos que ayudaron a liberar a la doliente mulita de su preciosa carga, misma que fue cuidadosamente llevada y depositada en medio de la iglesia.

En la iglesia, el padre Antonio había reunido a sus feligreses para comunicarles la buena nueva.

—Nuestra Señora Santa María del Refugio ha aparecido; podemos considerarlo como un verdadero milagro...

Doña Nicolasa de Riojas interrumpió con suavidad:

—Perdone, padre Antonio, pero nosotros esperábamos una imagen de la Purísima Concepción.

—Hija, ese es precisamente el milagro. Todos debemos entenderlo. Nuestra Señora del Refugio escogió este lugar para venir a quedarse con nosotros; entiéndanlo, esto es un milagro.

—Milagro... milagro... —gritó la concurrencia cayendo de rodillas.

—Sí hijos, somos los escogidos, los privilegiados. Nuestra Señora quiere quedarse en esta Villa y está será su iglesia. Desde hoy se llamará Parroquia de Nuestra Señora Santa María del Refugio.

—Y desde hoy esta Villa se llamará Santa María del Refugio de Aguayo.

Y así, los pobladores de la Villa fueron involucrándose con mucha fe y entusiasmo en la gran festividad, unos con trabajo y otros obsequiando riquísimos productos de la región.

Y llegó el gran día destinado a entronizar la imagen de escultura en la modesta iglesia de la Villa de Aguayo, de paredes de cal y canto y techo de palma, convertida desde ese memorable día en Santuario Mariano de Nuestra Señora Santa María del Refugio.

Fray Antonio de Aréchiga, Juez de la Villa y Administrador de la Misión de Indios, con anterioridad había obtenido la anuencia del Gobernador, Coronel don José de Escandón, para celebrar tan solemne acontecimiento, mismo que con el tiempo habría de convertirse en hermosa y respetada tradición por cada hijo bautizado en dicha iglesia.

Grandes peregrinaciones de feligreses de toda la comarca, hombres, mujeres, mozos y mozas, llegaban ilusionados y fervorosos, para postrarse ante tan hermosa y portentosa Señora, norte y guía de los perdidos y consuelo de los atribulados, para entregarle sus ruegos, oraciones y ofrendas.

Los felices lugareños, rebosando alegría, platicaban con la imagen con mil ternuras.

En ordenado y respetuoso orden, la escultura de Nuestra Señora del Refugio fue llevada en procesión por toda la Villa, convertida en capullo bendito de alabanza y amor, para después ser depositada con infinita devoción en el gran banco de madera de ébano, esmeradamente trabajado, que le sirvió de altar.

El padre Antonio, emocionado se dirigió al numeroso público, expresando:

—Pareció a la piedad de Nuestra Señora Santa María del Refugio señalarnos este sagrado paraje para regalarnos nuevas esperanzas. Hemos visto cómo se ha verificado una cosa prodigiosa con la hermosa Señora que ahora nos pertenece, al mostrarnos su preferencia, porque la mulita que la transportaba después de más de seis meses de estar perdida en el monte, fue guiada por ella hasta nuestra Villa, para ofrecernos la gracia divina de sus favores. —La multitud se arrodilló, continuando el padre Aréchiga—. Queridos hijos: debemos entender que esto es el verdadero amor, esto es misericordia, esto es intercesión, para que esta milagrosa imagen, rumbo cierto en la virtud, nos auxilie para salvarnos, para que todos nuestros trabajos, todas nuestras penas, todos nuestros sinsabores, se remedien buscando su consuelo. Que resuenen en todo el ámbito nuestras alabanzas por tan portentoso milagro, que será espuela para que con renovada fe visiten y sirvan a Nuestra Señora, misma que desde este esplendoroso y memorable día, será nuestra amorosa Patrona.

Los colonos, arrebatados de ferviente amor en sus humildes y sencillos corazones, elevaron sus plegarias implorando sus bendiciones.

Los años siguientes fueron de bonanza en las cosechas y de paz y tranquilidad con los indios. (*El Mestizo*, por Leonor Treviño de Martínez).

LEYENDA DE LA VIRGEN DEL CHORRITO

Antes de la llegada de los españoles, la población indígena de Tamaulipas era muy numerosa. Por el buen clima y la abundancia de su fauna y su flora, estas agrupaciones (humanas) tenían suficientes alimentos de caza, pesca y frutos silvestres. Estos pobladores de la sierra Madre Oriental habitaban en las cuencas de los ríos Blanco (Purificación), Santa Engracia, San Antonio y los valles de Hidalgo.

Las dos tribus más feroces de estas regiones eran los janambres y los pisones. Aparte de sus vecinos los karakawas de la costa de Texas, los janambres eran los mas temidos, por ser los más belicosos y bestiales con las demás tribus. De la sierra Madre hasta la costa de Soto La Marina habitaban otros nómadas, como los maritines, pasitas, mariguanes, sinmariguanes y muchos más que no llegaron a influir en esta zona de las serranías, tal vez por la ferocidad de los temibles y salvajes janambres y pisones, igual que sus aliados los karakawas. Esas dos tribus eran amos y señores de los valles y cañones de la sierra Madre Oriental. Se dedicaban a la guerra y rapiña contra sus vecinos. Pobre de aquel infeliz que fuera hecho prisionero; eso significaba ser reservado para la principal atracción durante las ceremonias de sus horrendos mitotes.

Estos bárbaros no tenían ninguna religión. Simplemente veneraban al sol, la luna, la lluvia, al trueno, el relámpago, el fuego y la muerte. Siendo nómadas no tenían un asentamiento fijo, sus habitaciones provisionales eran las cuevas, los matorrales y algunas chozas construidas rústicamente. Vestían lo mínimo, ya que sus indumentarias principales eran las pieles de los animales que cazaban.

Al pie de la sierra Madre y cerca de la boca del cañón del río Blanco, se encuentra una gruta inmensa, con un riachuelo a su lado y era cerca de esta cueva donde se reunían los salvajes a celebrar sus ceremonias bestiales y horrendas llamadas mitotes. En las noches de verano encendían una fogata y allí se reunían de 500 a 600 hombres y mujeres a bailar, comer y con sus voces y alaridos hacer música. Tomaban tanto de las bebidas de peyote y mezcalina, que en los ratos de la embriaguez y los encantos alucinantes del sueño, se preparaban para su ceremonia principal. Para este mitote encendían una gran hoguera para que la carne que iban a comer se cociera bien. Esta carne era de uno de los prisioneros que se habían rendido en la batalla. Estos prisioneros aún vivos, atados de manos y pies y sostenidos por un palo, eran puestos a lo largo de las brasas boca arriba. Los cantos y alaridos de los danzantes se mezclaban con los gritos, llantos y acciones de dolor de los prisioneros, suplicándoles en su idioma que les dieran muerte.

Estos datos los doy a conocer, porque indudablemente estos mitotes fueron festejados dentro de la zona del Chorrito, y para compensar estos horrendos crímenes y sacrificios canibalísticos, la Virgen hizo su aparición en aquel lugar a los humildes pastores.

Parece ser que seis de los descendientes de los pobladores originales que llegaron a fundar la aldea de la Misión de San Antonio, se unieron al grupo de la Villa de Hoyos, y en sus pláticas seguido relataban el milagro de la Virgen de Guadalupe y lo que sucedió en la gruta del Chorrito.

Según la leyenda de un siglo atrás, parece ser que durante una terrible tormenta los pobladores se tuvieron que refugiar en la cueva y permanecer ahí por varios días, hasta que pasara el fenómeno. Estando sanos y salvos, una mañana hicieron como de costumbre sus fogatas para hacer su almuerzo, y observaron que las aguas que se habían filtrado dentro de la caverna formaban muchas estalactitas de sarro. Cuál no sería su sorpresa cuando vieron que en una de ellas, casi a la salida de la gruta, estaba estampada o grabada la imagen de la Virgen Morena. Como ya conocían el milagro del Tepeyac y la aparición de la Virgen de Guadalupe, bien instruidos por los buenos frailes franciscanos, juraban que la imagen era la de su Virgen. Y se postraron al pie de la santa Virgen por haberles salvado de tan terrible tormenta.

El Chorrito lleva ese nombre porque el río que nace a un lado de la gruta se despeña de la sierra Madre y forma una cascada hermosa como de treinta metros de altura. (Anónimo).

LA MANDA

—No sé como voy a tener valor para dejar a Juanito. No voy a poder. No quiero separarme de él. Es lo único que tengo.

Chonita se limpiaba la nariz con las mangas de su blusa, mientras volteaba las tortillas en el comal.

Su vivienda era triste, una choza de palma donde tenía un catre de manta en una esquina. Casi enmedio del lugar una mesa y dos sillas.

En otro rincón, la petaca que guardaba tantos recuerdos.

En la cama de madera dormía Juanito, su hijo en quien había volcado todo su amor, que antes lo compartía con su marido y sus tres hijos.

¡Antes! Cuánto significaba esta palabra para ella, cuando era feliz.

Chonita detuvo sus manos un momento y se quedó absorta recordando cuando Pedro su marido trabajaba en el aserradero; venía cada cinco días, pasando con ellos los sábados y domingos.

Pedro les hizo su casa, la cama, la mesa y las sillas con madera que le regaló don Carlos, el dueño del aserradero.

Hasta que les llegó la enfermedad.

Una epidemia que mató a mucha gente en el Estado de Veracruz y que pasó a Tamaulipas, llegó a nuestra capital.

Sobre todo los niños fueron los que más sufrieron, los niños de Chonita, tan sanos y juguetones; un día no pudieron levantarse y quedaron como pájaros heridos. Tiesos y con los ojos que parecían huevos cocidos.

Solamente Juanito no se enfermó.

Chonita recordaba cuando metieron a sus niños en las cajas de madera; sus manitas amarradas con un pañuelo blanco y cruzadas en el pecho.

Las madrinas los vistieron; a la niña de blanco, en su cabeza una corona de azucenas y flores de naranjo.

Al niño lo vistieron con un hábito azul del color de las flores de campanillas, que se trepaban en la cerca del solar, amarrando a la cintura un cordón amarillo.

Chonita era muy fuerte: no lloraba, se la pasaba a un lado de la mesa donde estaban las cajas que guardaban sus dos tesoros. Los miraba largamente sin pestañar.

Pedro estaba fuera del jacal con los vecinos y familiares que los acompañaban.

A los tres meses, apenas se estaban dando cuenta cabal de lo que había sucedido, cuando Pedro venía del aserradero.

El camión muy cargado de madera.

Había llovido.

No se veía bien.

El camión rechinaba.

Un silencio tenso pesaba sobre sus ocupantes que presintiendo el peligro, esperaban el final trágico, como si todos supieran lo que les iba a suceder.

Un rechinido muy fuerte, el estruendo de cadenas y fierros rotos, rodar de troncos. Camión y hombres cayeron en el abismo verde.

Después... El graznido de un ave se escuchaba de vez en cuando, rompiendo el silencio en la montaña.

Una neblina densa subía en remolinos.

Chonita sigue el hilo de sus recuerdos; en su mente se fija el más doloroso, cuando Juanito se enfermó.

Ella estaba en el tejabán que le servía de cocina cuando escuchó el llanto del niño que se movía inquieto en su cama. Corrió a verlo, acariciándolo tocó su frente, un hueco se le hizo en el estómago, el niño estaba "ardiendo en calentura".

Un golpe de sangre se le subió a la cabeza, su corazón de madre se encogió de angustia.

¡Su niño no! lo cogió en sus brazos y corrió para ir al centro de asistencia médica más cercano.

—El niño tiene meningitis —declara muy serio el doctor—. Como no está vacunado, su caso es muy difícil.

—Tiene que hospitalizarlo.

El niño agonizaba.

En el fondo del pasillo del hospital había una imagen de la Virgen de Guadalupe, y Chonita, desde que llegó, no hacía otra cosa que rezar postrada ante la imagen.

—¡Madre mía! ¡No te lleves a Juanito! es lo único que tengo, tú sabes lo que he sufrido sola con él. Sálvalo y te prometo que si lo sanas yo misma te lo llevaré para que se quede a tu servicio en el templo.

Juanito se ha recuperado. Ya está en su jacal en la colonia Estrella.

Apenas tiene un año, ya empieza a hacer "solitos".

Chonita lo anima a que camine hacia ella; trastrabillando Juanito llega ansioso a los brazos maternos.

Chonita abrazando a su hijo recordaba la manda que tenía pendiente.

El invierno, muy corto, pasó pronto; la Semana Santa se aproximaba, las gentes de la colonia se preparaban para ir al santuario del Chorrito, pues acompañaban al grupo de pastorela que año con año iban a danzar y a cantar a los pies de la Virgen.

Hacía tiempo que Chonita tenía sueños muy raros, su hijo tenía alas y volaba muy alto hasta desaparecer entre las nubes; su corazón latía desbocado y lloraba desconsolada.

—Ya no puedo tener más tiempo al niño conmigo, tengo que cumplir la manda y llevarlo.

En la mañana apenas se veía una mancha rojiza en el horizonte, cuando partieron dos autobuses hacia la Villa de Hidalgo y de ahí subir la serranía para llegar al santuario custodiado por verdes montañas.

El murmullo de la cascada los acompañaba cuando subían a pie la cuesta.

Chonita iba muy triste, no sentía los empujones de la gente que de todo el Noreste del país y del Valle de Texas acudían al lugar.

En una amalgama de lo religioso y lo pagano, se mezclaban los cantos de alabanza que salían del templo, con los vendedores que se encontraban afuera.

Los peregrinos entraban a la gruta; un ambiente húmedo y fresco los recibía.

La Virgen del Chorrito esculpida en una roca recibía las ofrendas; gran cantidad de milagros de distintos metales colgaban a su derredor.

Chonita abrazaba a su hijo, arrodillada; lloraba amargamente.

Lo besaba para dejarlo, pero no se decidía.

Por fin se desprendió del niño que dormía plácidamente y lo colocó a los pies de la Virgen, saliendo a toda prisa.

En esos momentos el niño despierta, tal vez al sentir lo frío de la roca.

—¡Mamá!—, llora Juanito al no sentir la tibieza del regazo; Chonita se detuvo en seco volviendo el rostro hacia su hijo.

—¡Mamá!— repite el niño.

Chonita desesperada levantó los brazos para coger a su hijo.

Al mismo tiempo se oyó un estruendo. Chonita no comprendía lo que sucedió; su hijo había desaparecido.

A los pies de la Virgen surgió de repente una roca de forma humana, en cuya parte superior se dibujaba una cabeza y de sus ojos brotaban dos hilos muy finos de agua cristalina que corrían

El niño petrificado, acompañante de la Virgen del Chorrito.

como hilos de plata por toda la roca; cayendo como perlas a los pies de la Virgen.

Han pasado muchos años; la fisonomía del lugar ha cambiado. Pero la Virgen es la misma y los milagros se han multiplicado.

Los peregrinos, después de cumplir con su promesa, buscan curiosos al niño petrificado, acompañante eterno de la Virgen del Chorrito. (*Cuentos para recordar*, por Aida Varela Álvarez. Universidad Autónoma de Tamaulipas, 1995).

LEYENDA DEL TESORO DE DON PEDRO JOSÉ MÉNDEZ

Cuenta la historia que cuando llegaron los franceses al municipio de Hidalgo, dieron un perseguir a don Pedro José Méndez, uno de los principales terratenientes, para apoderarse de su tesoro. Entonces don Pedro José ordenó a sus peones que hicieran un hoyo en la cabecera de su parcela, y ahí enterraron su dinero. La madre y la esposa de don Pedro José huyeron y se escondieron en una cueva que existe en las márgenes del río Purificación y que se conoce con el nombre de la Cueva de doña Josefa, hoy perteneciente al ejido de Peñuelas. Cuenta la leyenda que en las noches de luna, cerca del lugar donde se cree que fue enterrado el tesoro, se aparece una mujer vestida de blanco. (Anónimo).

DE LA BRUJA QUE LES DIO MONEDAS DE ORO

Se dice, se sabe más bien —platica un hombre de aquí de Palmillas— lo que le pasó cuando estaba viviendo en Victoria; él mismo me lo platicó. Decía que en Ciudad Victoria hay un lugar que se llama El Peñón. De esto hace más o menos sesenta años. Allí no estaba poblado. Ahí no había casas. Por donde está ahora un motel, antes había nomás puras gavias, bastante gavia y huizache, y había unos corrales que les decían majadas; así les dicen a los corrales donde encierran las cabras. Allí vivía la familia del hombre que platicaba esto. Ellos eran los dueños de las cabras.

Una noche, bueno, fue ya en la madrugada, empezaron los perros a ladrar, las gallinas asustadas cacareaban como si hubieran visto alguna cosa; se oía que las cabras corrían de un lado para otro en el corral, se oía que retumbaban las pezuñas de las cabras.

Se levantaron los señores y prendieron una lámpara, de esas que se les llama quinqué, una lámpara de bombilla de petróleo con mechón grande. Salieron a la majada; —pues, ¿qué cosa es eso? No, pues que van viendo un bulto grande y negro parado en medio de la majada, y las cabras todas arrinconadas en el redondel, ahí donde estaban.

Ellos empezaron a rezar un credo al revés y, entonces, la mujer, que era la bruja, les dijo que por favor la dejaran ir. Pero ellos le contestaron: Señora   —bueno, le dijeron señora, ¿de qué otra forma le podían llamar?— usted puede irse —le dijeron.

—Pero no me puedo ir porque ustedes rezaron un credo al revés y yo para poder irme necesito que lo recen como es —contestó la bruja. Entonces el hombre y la mujer le dijeron que no podían; porque siempre, pues, tenían una especie de coraje; bueno: miedo y coraje. Pero la bruja insistió:

—Déjenme ir señores, déjenme ir —rogó la bruja—, miren, yo vivo en Matehuala, S.L.P., en la calle número tanto, casa número tanto; si ustedes me dejan ir y si algún día tienen ustedes necesidad de alguna cosa, me van a buscar   —prometió la bruja—; me llamo "Fulana de Tal", pero déjenme ir y ¡déjenme ir!, porque ya está amaneciendo y yo no vuelo de día, nomás puedo de noche. ¡Déjenme ir, por favor! —insistió—. Y si un día se les ofrece, ya saben que yo les ayudo, pero recen el credo de vuelta, como debe ser, para poder irme yo.

Bueno, pues los señores empezaron a rezar. Se sube la señora a su escoba. Ya estaba amaneciendo. Luego que van viendo que sale la escoba, y que se fue volando. Por allá se perdió en la sierra. Se fue.

Pasaron los años, la cosa económica fue contraria para ellos, empezaron baje y baje las cuestiones de economía. Un día la señora le dice al hombre:

—¿Oye viejo, te acuerdas de aquella bruja que agarramos hace tantos años?

—Sí, sí me acuerdo —dijo el hombre.

—Oye, vamos, vale la pena. ¡Vamos a Matehuala! Al cabo que ai tengo la dirección, tengo el nombre de la mujer y toda la cosa. ¡Vamos a Matehuala!—insistió animosa la mujer.

—No, esas cosas son malas, no te creas tú de eso —dijo el hombre.

—Bueno, pero, vamos, vale la pena, que al cabo yo tengo mis centavitos. Ai con esos nos vamos —porfió ella.

—Bueno, vieja, ¡Pos vamos! —concluyó.

Se fueron a Matehuala. Llegaron. Sacaron el papelito donde había anotado la dirección y el nombre. Se fueron por calles y calles empedradas. Y ai van, ai van, viendo los nombres de las calles, ai van.

—Hombre, si, ¡aquí es! —dijo él.

Era una casa bonita, lujosamente arreglada. Ya tocaron la puerta —don Octaviano, el narrador, hace un sonido con las manos simulando golpear una puerta—, no salió nadie. Insistieron. Se abrió la puerta y salió una señora.

—¿Qué se les ofrece, señor? —dijo.

—Oiga, ¿no es usted "Fulana de Tal"?, —preguntó él.

—Sí, señor a sus órdenes.

—Pos nosotros somos aquellas personas que... —dudó— en un corral de cabras allá en Ciudad Victoria, usted se apareció allí... —trató de explicar el hombre.

—¡Ah! ustedes son los que rezaron el credo al revés y que no me dejaban venir; pues sí, yo soy la misma. ¡Pásenle! ¡Pásenle! —los invitó la bruja—, pásenle ustedes a su casa, lo prometido es deuda.

Ya entraron a la casa, se sentaron en aquellos muebles muy lujosos, los sentó allí. Les trajo de almorzar y los trató muy bien. Luego ellos le dijeron:

—Señora, pos venimos a verla porque económicamente estamos muy mal y usted nos hizo una promesa; no tiene ningún compromiso, pero si usted quiere... —dijo la mujer del hombre aquél.

—¡Cómo no!, si yo tengo esa deuda con ustedes, les voy a ayudar —contestó la bruja.

Se metió allá, a unos cuartos. De repente se oyó que abrieron una castaña o baúl —no sé cómo les dirían en ese entonces—, aclara el narrador; sonaron las bisagras donde abrió aquel cajón. Sonaron unas monedas. Al rato regresó con una bolsa de cuero llena de monedas de oro.

—Lo ofrecido es deuda y aquí salvo mi compromiso. ¡Aquí tiene! —les entregó la pesada bolsa—; ora sí, ¡que les vaya bien!

Los fue a encaminar. Se vinieron de Matehuala. Llegaron. Volvieron a criar sus cabritas. Luego al poco los quitaron de allí porque se empezó a poblar Victoria. Pero sí comentaban que lo que les había prometido la bruja se los había cumplido, platicaba el mismo señor, conocido mío. Nosotros nomás la pasamos al costo a ver qué pasa con eso de las brujas. (Aarón y Octaviano Camacho, en *Cuadernos de Literatura Popular Tamaulipeca*, 2. Serie Palmillas).

EL MEZQUITE DE LOS TECOLOTES

Platican aquí en el pueblo, que en el trayecto de aquí a la carretera hay unos mezquites grandes; allí, por las noches cantan los tecolotes en ese lugar, y si viene alguien y al pasar por ahí los arremeda, los animales se les echan encima. Y viene volando sobre uno queriéndolo picotear; que necesita uno cuando pase por ahí ir silencio, no arremedarlos. Bueno. A mí me siguieron hasta la iglesia, hasta aquí, hasta la iglesia, volando y queriéndome picar.

Allí me puse a rezar y el animal se paró sobre la iglesia y ahí estuvo ese animal. Y vi que no hizo ningún movimiento. Entonces me vine despacio, despacio y el animal se quedó ahí en la iglesia. Y llegué a mi casa, y nomás oía que cantaba el animal allá en la iglesia. Dicen que por eso, esos animales no quieren que los arremeden porque se enojan.

Y siguiendo con los tecolotes. En otra ocasión me pasó algo parecido: teníamos un solar rentado para encerrar unos becerros; ese solar llegaba hasta la mezquitada donde se juntaban los tecolotes. Allí había una especie de bordo porque estaba una presita.

Les decían los "mezquites de los tecolotes", porque en pleno día había tecolotes, nomás que se escondían entre las ramas y no los veía uno, pero en la noche cantaban. Yo ya sabía que se metían allí. Un día de tantos que fuí a traer un becerro, me despacharon a eso; que me voy al bordo y oí que cantó uno despacito, pero no lo veía yo; entre las ramas se escondía, entonces lo arremedé: Bu, Bu, Bu, ¡No, hombre!, que se baja el animal; y pegó un reparo enfrente de mí y sí, sí, alcanzó a darme unos piquetes aquí, —y señala su abdomen—. Yo lo aventaba con la mano; no, no, si el animal no hizo mucho por picotearme, pero sí hizo el intento. Y voló, se fue volando. Y se paró en el mezquite. Hasta entonces lo vi donde estaba parado, pero sí es cierto lo que dicen: que si los arremedas se enojan y tratan de picotearlo a uno. (Aarón y Octaviano Camacho, en *Cuadernos de Literatura Popular Tamaulipeca*, 2. Serie Palmillas).

TLAXCALA

TORIBIO DE BENAVENTE. Nació en la Villa de Benavente, reino de León, España, entre 1482 y 1491; murió en la ciudad de México en 1569. Fraile franciscano, llegó a Nueva España en 1524. Por su talante humilde, los indígenas lo llamaron Motolinía (pobre o humillado en náhuatl), nombre que adoptó como seudónimo de por vida. Fue guardián de varios conventos y llegó a ser provincial de su Orden. Escribió unos *Memoriales* y una *Historia de los indios de la Nueva España,* publicada por Joaquín García Icazbalceta en *Colección de documentos para la historia de México* (2 vols., 1858-1866) y vuelta a editar en Madrid (1869), Barcelona (1914) y México (1941, 1956, 1969 y 1971).

MARTIRIO DE LOS NIÑOS TLAXCALTECAS

Al principio, cuando los frailes menores vinieron a buscar la salud de las ánimas de estos indios, parecióles que convenía que los hijos de los señores y personas principales se recogiesen en los monasterios... Algunos señores escondían sus hijos, y en su lugar ataviaban y componían algún hijo de su criado o vasallo, o esclavillo, y enviábanle acompañado con otros que le sirviesen por mejor disimular, y por no dar al hijo propio. Otros daban algunos de sus hijos, y guardaban los mayores y los más regalados.

En esta ciudad de Tlaxcala fue un niño encubierto por su padre, llamado Acxotecatl. Tenía sesenta mujeres, y de las más principales de ellas tenía cuatro hijos; los tres de éstos envió al monasterio a los enseñar, y el mayor y más amado de él y más bonito, e hijo de la más principal de sus mujeres, dejóle en su casa como escondido. Aquellos tres hermanos dijeron a los frailes cómo su padre tenía escondido en casa a su hermano mayor, y sabido, demandáronle a su padre, y luego le trajo y según me dicen era muy bonito, y de edad, de doce a trece años. Pasados algunos días y ya algo enseñado, pidió el bautismo y fuéle dado, y puesto por nombre Cristóbal. Este niño mostró principios de ser muy buen cristiano, porque de lo que él oía y aprendía enseñaba a los vasallos de su padre; y al mismo padre decía, que dejase los ídolos y los pecados en que estaba, en especial el de la embriaguez, porque todo era muy gran pecado, y se tornase y conociese a Dios del cielo y a Jesucristo su Hijo, que El le perdonaría. El padre era un indio de los encarnizados en guerras y envejecido en maldades y pecados. Los dichos del hijo no le pudieron ablandar el corazón ya endurecido, y como el niño Cristóbal viese en casa de su padre las tinajas llenas de vino con que se embeodaban él y sus vasallos, y viese los ídolos, todos los quebraba y destruía, de lo cual los criados y vasallos se quejaron al padre, diciendo: "Tu hijo Cristóbal quebranta los ídolos tuyos y nuestros, y el vino que puede hallar todo lo vierte. A tí y a nosotros echa en vergüenza y en pobreza". Demás de estos criados que esto decían, una de sus mujeres muy principal, que tenía un hijo del mismo Acxotecatl, le indignaba mucho e inducía para que matase aquel hijo Cristóbal, porque, aquél muerto, heredase otro suyo que se dice Bernardino, y así fue que ahora este Bernardino posee el señorío del padre. Esta mujer se llamaba Xochipapalotzin, que quiere decir Flor de mariposa. Esta también decía a su marido: "Tu hijo Cristóbal te echa en pobreza y en vergüenza". Aquella mujer tanto indignó y atrajo a su marido, y él que de natural era muy cruel, determinó matar a su hijo Cristóbal, y para esto envió a llamar a todos sus hijos, diciendo que quería hacer una fiesta y holgarse con ellos; los cuales llegados a casa del padre, llevólos a unos aposentos dentro de casa, y tomó aquél su hijo Cristóbal que tenía determinado matar, y mandó a los otros hermanos que se saliesen fuera; el cruel padre tomó por los cabellos a aquel hijo Cristóbal, y le echó en el suelo dándole muy crueles coces, de las cuales fue maravilla no morir, y como así no lo pudiese matar, tomó un palo grueso de encina y dióle con él muchos golpes por todo el cuerpo hasta quebrantarle y molerle los brazos, y piernas, y las manos con que se defendía la cabeza. A todo esto el niño llamaba continuamente a Dios, diciendo en su lengua: "Señor Dios mío, haced merced de mí, y si Tú quieres que yo muera, muera yo; y si Tú quieres que viva, líbrame de este cruel de mi padre". Con todas las heridas el muchacho se levantaba y se iba a salir por la puerta afuera. Viendo, pues el cruel padre que el niño estaba con buen sentido, aunque muy mal llagado y atormentado, mandóle echar en un gran fuego de muy encendidas brasas de leña de cortezas de encina secas. En aquel fuego le echó y revolvió de espaldas y de pechos cruelmente... Quitado el niño del fuego envolviéronle en unas mantas, y él con mucha paciencia encomendándose a Dios estuvo padeciendo toda una noche aquel dolor que el fuego y las heridas le causaban con mucho sufrimiento, llamando siempre a Dios y a Santa María. Por la mañana dijo el muchacho que le llamasen a su padre, el cual vino, y venido, el niño le dijo: "¡O padre! no pienses que estoy enojado, porque yo estoy muy alegre, y sábete que me has hecho más honra que no vale tu señorío". Y dicho esto demandó de beber y diéronle un vaso de cacao, que es en esta tierra casi como en España el vino, no que emboda, sino sustancial, y en bebiéndolo luego murió.

Muerto el mozo mandó el padre que le enterrasen en un rincón de una cámara. No contento con esto aquel homicida malvado, más añadiendo maldad a maldad, tuvo temor de aquella su mujer y madre del muerto niño, que se llamaba Tlapaxilotzin, de la cual nunca he podido averiguar si fue bautizada o no, porque hay cerca de doce años que aconteció hasta ahora que esto escribo, en el mes de marzo del año de 1539. Por este temor que descubriría la muerte de su hijo, la mandó llevar a una su estancia o granjería, no muy lejos de la venta de Tecoac. El hijo quedaba enterrado en un pueblo que se dice Atlihuetzia, cuatro leguas de allí y cerca dos leguas de Tlaxcallan; aquí a este pueblo me vine a informar y ví a donde murió el niño y a donde le enterraron, y en este mismo pueblo escribo ahora esto; llámase Atlihuetzia, que quiere decir adonde cae el agua, porque aquí se despeña un río de unas peñas y cae de muy alto. A los que llevaron a la mujer mandó que la matasen y enterrasen muy secretamente.

Sentenciado a muerte por estos dos delitos y por otros muchos que se le acumularon, cuando le sacaron que le llevaban a ahorcar iba diciendo: "¿Esta es Tlaxcallan? ¿Y cómo vosotros, tlaxcaltecas, consentís que yo muera, y no sois para quitarme de estos pocos españoles?" Pero como la justicia venía de lo alto, no bastó su ánimo, ni los muchos parientes, ni la gran multitud del pueblo, sino que aquellos pocos españoles le llevaron hasta dejarle en la horca. Luego que se supo a donde el padre le había enterrado fue de esta casa un fraile que se llamaba fray Andrés de Córdoba, con muchos indios principales por el cuerpo de aquel niño, que ya se había más de un año que estaba sepultado, y afirmanme algunos de los que fueron que el cuerpo estaba seco, más no corrompido.

Dos años después de la muerte del niño Cristóbal vino aquí a Tlaxcallan un fraile domingo llamado fray Bernardino Minaya, con otro compañero, los cuales iban encaminados a la provincia Oaxyecac; a la sazón era aquí en Tlaxcallan guardián nuestro padre de gloriosa memoria fray Martín de Valencia, al cual los padres dominicos rogaron que les diese algún muchacho de los enseñados, para que les ayudase en lo tocante a la doctrina cristiana. Preguntados los muchachos si había alguno que por Dios quisiese ir a aquella obra, ofreciéronse dos muy bonitos e hijos de personas muy principales; al uno llamaban Antonio; este llevaba consigo un criado de su edad que decían Juan, al otro llamaban Diego; y al tiempo que se querían partir díjoles el padre fray Martín de Valencia: "Hijos míos, mirad que habéis de ir fuera de vuestra tierra, y váis entre gente que no conoce a Dios, y que creo que os veréis en muchos trabajos; yo siento vuestros trabajos como de mis propios hijos, y aun tengo temor que os maten por esos caminos; por eso antes que os determinéis miradlo bien". A esto ambos niños conformes, guiados por el Espíritu Santo respondieron: "Padre, para eso nos ha enseñado lo que toca a la verdadera fé; ¿pues cómo no había de haber entre nosotros quien se ofreciese a tomar trabajo para servir a Dios? Nosotros estamos aparejados para ir con los padres y para recibir de buena voluntad todo trabajo por Dios; y si él fuere servido de nuestras vidas, ¿por qué no las pondremos por él? ¿No mataron a San Pedro, y degollaron a San Pablo, y San Bartolomé no fue degollado por Dios? ¿Pues por qué no moriremos nosotros por El, si El fuese servido?" Entonces, dándoles su bendición, se fueron con aquellos dos frailes, y llegaron a Tepeyacac, que es casi diez leguas de Tlaxcallan. En aquel tiempo en Tepeyacac no había monasterio como le hay ahora, más de que se visitaba aquella provincia desde Huexotzinco, que está otras diez leguas del mismo Tepeyacac, e iba muy de tarde en tarde, por lo cual aquel pueblo y toda aquella provincia estaba muy llena de ídolos, aunque no públicos. Luego aquel padre fray Bernardino Minaya envió a aquellos niños a que buscasen por todas las casas de los indios los ídolos y se los trajesen, y en esto se ocuparon tres o cuatro días, en los cuales trajeron todos cuantos podían hallar. Y después apartáronse más de una legua del pueblo a buscar si había más ídolos en otros pueblos que estaban allí cerca: al uno llamaban Cuautinchan, y al otro porque en la lengua española no tiene buen nombre le llamaban el pueblo de Orduña, porque está encomendado a un Francisco Orduña. De unas casas de este pueblo sacó aquel niño llamado Antonio unos ídolos, e iba con él el otro su paje llamado Juan; ya en esto algunos señores y principales se habían concertado de matar a estos niños, según después pareció; la causa era porque los quebraban los ídolos y les quitaban sus dioses. Vino aquel Antonio con los ídolos que traía recogidos del pueblo de Orduña, a buscar en el otro que se dice Cuautitlan si había algunos; y entrando en una casa, no estaba en ella más de un niño guardando la puerta, y quedó con él el otro su criadillo; y estando allí vinieron dos indios principales con unos leños de encina, y en llegando, sin decir palabra, descargan sobre el muchacho llamado Juan, que había quedado a la puerta, y al ruido salió luego el otro Antonio, y como vió la crueldad que aquellos sayones ejecutaban en su criado, no huyó, antes con grande ánimo les dijo: "¿Por qué me matáis a mi compañero que no tiene él la culpa, sino yo, que soy el que os quito los ídolos, porque sé que son diablos y no dioses? Y si por ellos los habéis, tomadlos allá, y dejad a ese que no tiene culpa". Y diciendo esto, echó en el suelo unos ídolos que en la falda traía. Y acabadas de decir estas palabras ya los indios tenían muerto a Juan, y luego descargan en el otro Antonio, de manera que allí también le mataron. Y en anochecien-

do tomaron los cuerpos, que dicen los que los conocieron que eran de la edad de Cristóbal, y lleváronlos al pueblo de Orduña, y echáronlos en una honda barranca, pensando que echados allí nunca de nadie se pudiera saber su maldad; pero como faltó el niño Antonio, luego pusieron mucha diligencia en buscarlo, y el fraile Bernardino Minaya encargólo mucho a un alguacil que residía allí en Tepeyacac, que se decía Alvaro de Sandoval, el cual con los padres dominicos pusieron grande diligencia; porque cuando en Tlaxcallan se los dieron, habíanles encargado muchos a aquel Antonio, porque era nieto del mayor señor de Tlaxcallan, que se llamó Xicotencatl, que fue el principal señor que recibió a los españoles cuando entraron en esta tierra, y los favoreció y sustentó con su propia hacienda, porque este Xicotencatl y Maxiscatzin mandaban toda la provincia de Tlaxcallan, y este niño Antonio había de heredar al abuelo, y así ahora en su lugar lo posee otro su hermano menor que se llama don Luis Moscoso. Parecieron los muchachos muertos, porque luego hallaron el rastro por do habían ido y a donde habían desaparecido, y luego supieron quien los había muerto; y presos los matadores, nunca confesaron por cuyo mandado los habían muerto; pero dijeron que ellos los habían muerto, y que bien conocían el mal que habían hecho y que merecían la muerte; y rogaron que los bautizasen antes que no los matasen. Luego fueron por los cuerpos de los niños, y traídos, los enterraron en una capilla a donde se decía misa, porque entonces no había iglesia. Sintieron mucho la muerte de estos niños aquellos padres dominicos, y más por lo que había de sentir el padre fray Martín de Valencia, que tanto se los había encargado cuando se los dió, y parecióles que sería bien enviarle los homicidas y matadores, y diéronlos a unos indios para que los llevasen a Tlaxcallan. A los matadores, como se supo luego la cosa en México, envió la justicia por ellos y ahorcáronlos. Al señor de Coantlinchan como no se enmendase, más añadiendo pecados a pecados, también murió ahorcado con otros principales. Cuando fray Martín de Valencia supo la muerte de los niños que como a hijos había criado, y que habían ido con su licencia, sintió mucho dolor y llorábalos como a hijos, aunque por otra parte se consolaba en ver que había ya en esta tierra quien muriese confesando a Dios. (Resumen del Cap.XIV de la *Historia de los indios de la Nueva España*).

Los mataron porque quebraban los ídolos.

CRISANTO CUÉLLAR ABAROA. Nació en Atlangatepec, Tlax., en 1901; murió en la capital del Estado en 1989. Muy joven fue telegrafista de las fuerzas revolucionarias. Combinó después el servicio público con la práctica del periodismo y la pasión por la cultura. Fue gobernador interino de Tlaxcala 114 días. Escribió poemas, novelas, antologías, estudios históricos, arqueológicos y hemerográficos. "No pasa un año, a veces ni un mes, sin que nos llegue algún fruto de su ingenio", dijo de él Andrés Henestrosa. Con destino a sus familiares y amigos circuló 300 ejemplares de *Leyendas tlaxcaltecas* (Editorial Tlahuicole, 1967). Desde 1962 fue cronista *ad vitam* del Estado. La Escuela Secundaria Federal de Tepetitla lleva su nombre.

ACOCILLIN

Los teochichimeca o tlaxcalteca al venir de Chicomoztoc al valle de Anahuac se asentaron en Poyauhtlan, a orillas del lago de Texcoco.

Los colhua-tecpaneca que llegaron a ver con desconfianza el adelanto y expansión de aquéllos, les movieron una cruenta guerra que fue tan terrible que tardó hasta el anochecer, convirtiéndose parte del agua en un gran vaso de sangre.

A la luz de la luna los victoriosos tlaxcaltecas levantaron el campo, incineraron sus muertos, curaron a los heridos y celebraron el triunfo con danzas rituales.

A los pocos días un *teopixqui* (sacerdote) que incenzaba al dios Camaxtli, oyó que éste le decía: "¡Escuchad!" El sacerdote se postró reverente y el numen dijo: "¡No ha de ser aquí donde la noble tribu teochichimeca debe vivir en paz. ¡Peregrinad!, que os esperan las hermosas tierras en que fundaréis la nación de los hijos de las águilas que he conducido con fortuna desde las Siete Cuevas". Y añadió: "Mañana mismo este lago se llenará de unos animalejos rojos que he mandado brotar de la sangre de los guerreros de nuestra estirpe. Los comerán colhuas y tecpanecas para que no olviden que llegará la vez en que vosotros volveréis sobre ellos".

Al alborear el día, la tribu tlaxcalteca, llevando en andas a su dios Camaxtli, se ausentó de Poyauhtlan, dejando en las aguas del lago el *ezcahuitl*, animal que tiene color de sangre requemada y cara leonada, como producto de la sangre que allí se derramó.

Hasta hoy se come ese animalejo en todo el valle de México, cocido en hojas de *totomoxtli* (hojas de maíz), con el nombre de *acocillin* (de atl, agua, y coizilli, que se retuerce).

Mucho tiempo después los tlaxcalteca volvían al lago en son de guerra, pero al lado de Hernán Cortés, en contra de sus eternos rivales: los aztecas. (*Leyendas tlaxcaltecas*).

PATLAHUATZIN

Patlahuatzin había nacido con una belleza extraordinaria en el rostro.

De joven se ejercitó en la guerra y practicó la política, ocupó diversos cargos en la república tlaxcalteca y fue uno de los consejeros preferidos.

Los de Tlaxcallan, acosados por sus enemigos y amantes de la paz, trataron de fraternizar con los de Chollollan para proponerles relaciones de amistad y entendimiento.

Tocó en mala hora a Patlahuatzin encabezar la misión diplomática, atendiendo a su prestancia y a la elocuencia de que había dado prueba en otras ocasiones.

—Serviré a mi república —expresó con enérgica decisión—, ¡aunque me cueste la vida!

Al salir de la sala del senado, Zollin o Chocazolintzin (codorniz que llora o gime), su amada, con quien iba a formar su hogar, se abrazó a su cuello y sobre su pecho de hombre fuerte y valiente, fueron cayendo las lágrimas de aquella muchacha enamorada del hermoso príncipe.

—¡No vayas!—, imploraba la doncella que gemía como torcaz herida por un dardo cruel.

—Tengo que ir a cumplir mañana mismo con mi deber. A mi regreso nos uniremos para no apartarnos nunca; ¡te lo prometo por Xochiquetzalli, diosa del amor y del sacrificio!

Los pasos del embajador iban rompiendo el silencio de las callejuelas de Ocotelolco, y los sollozos de la doncella se perdieron bajo el cielo obscuro de esa noche infausta.

Patlahuatzin y su séquito marcharon hacia Chollollan antes del alba.

El senado se declaró en junta permanente y esperaron impacientes el retorno de la embajada.

Los chololteca recibieron con repudio la proposición tlaxcalteca y prendieron a todos los emisarios. Admirados de la belleza extraordinaria del rostro de Patlahuatzin y conociendo que era de mucha estima y valor, le desollaron vivo la cara, le quebraron las manos y soltando a todos los de la embajada les dijeron con mofa cruel:

—¡Andad y volved. Decid a los de Tlaxcallan que eso les damos por respuesta!

Así volvió el infortunado príncipe, despertando la pena y el rencor de la república.

Con su cara roja de sangre, como la de Tezcatlipoca, se presentó ante los señores del senado, quienes llenos de terror se levantaron con los puños en alto e invocando a sus dioses juraron venganza.

Patlahuatzin no pudo terminar su informe. Murió en los brazos de Zollin, que lloraba angustiada y pedía a gritos la destrucción de los crueles chololteca.

En todas las parcialidades el *huehuetl* (atabal) y las trompas guerreras anunciaban una nueva y más sangrienta contienda. Los *tlacatecuhtli* (jefes militares) alistaban sus tropas y se acumulaban víveres y pertrechos de guerra.

Poco tiempo después los tlaxcalteca acompañaban a Cortés sobre Cholollan y estando allá Zollin, que iba con ellos, hurdió, por venganza, hacer saber al capitán Cortés la noticia de que los nativos trataban de traicionarlo.

Y un día el sol que derramaba sus rayos de fuego sobre la opulenta ciudad de los trescientos sesenta *teocallis* (templos), parecía reproducir el rostro de Patlahuatzin desollado y sangrante.

Este hecho excitó la superstición de los chololteca, que sin pelear murieron a millares.

Nunca más se volvió a saber de la torcaz enamorada y vengadora, que se perdió en la vida real del mundo indígena para surgir en las voces misteriosas de la leyenda. (*Leyendas tlaxcaltecas*).

XOCHICHOCACÍHUATL

Xochichocacíhuatl (mujer de la flor que llora), hija del señor de Xipetzinco y hermosa como su propio nombre, estaba rendidamente enamorada de Tlahuicole, aquel guerrero tlaxcalteca de extraordinaria fuerza hercúlea, que hacía huir a los más valientes capitanes mexicas en las guerras que Moctezuma llevó contra Tlaxcallan para someterla a su corona.

Cuando apenas había iniciado la princesa sus relaciones amorosas con Tlahuicole, éste cayó prisionero del enemigo. Moctezuma, admirado del guerrero, le concedió la libertad que éste rehusó. Le dió entonces el mando de un ejército contra Michuacan y de allí regreso sin vencer, pero cargado de rico botín. El emperador le rogó aceptara la distinción de *tecuhtli* (jefe), en el ejército mexicano y tampoco aceptó, pidiendo que se le concediera morir en el sacrificio gladiatorio, en el que expiró, después de haber muerto a varios contendientes y herido a muchos.

Xochichocacíhuatl, que estaba informada de lo que ocurría a Tlahuicole, sufría y lloraba amargamente. De nada le sirvieron sus penitencias ante el ara de sus dioses, pues enfermó gravemente y murió.

Sus funerales fueron muy pomposos.

De todos los pueblos de la nación tlaxcalteca concurrieron nobles y plebeyos a su especial inhumación, y su padre, para significar más su sentida pérdida, mandó traer de la región de Tlaxco gran cantidad de flores que se dan en los riscos y abismos de las montañas, que tienen la particularidad de llorar, porque producen una savia como lágrimas, y con esas flores cubrieron el túmulo que guardaba para siempre el cuerpo de la doncella.

Desde entonces se hizo más notable esa bella flor indígena que perpetuó su nombre en la Peña de Xochoca, que llaman ahora de El Rosario.

La tradición ha conservado el siguiente canto que debemos al poeta Federico Escobedo:

Existe en la alta sierra encantadora
una flor que, por raro simbolismo,
llama el indio en su lengua flor que llora
¡Flor que llora colgada en el abismo!
(*Leyendas tlaxcaltecas*).

MIAHUACÍHUATL

Los tlaxcalteca fueron guerreros valientes y buenos cultivadores de *centli* (maíz).

A tiempo de las guerras cruentas que el imperio azteca les movía, los huexotzinca y chololteca se empeñaban en destruir por las noches, las fecundas sementeras de los de Tlaxcallan, causando daños de consideración.

Los señores de la república no sabían qué hacer para evitar estas acometidas de los aliados de los mexica. Una ocasión que la milpa era exuberante, idearon poner en cada mata un guerrero. Así lo hicieron en los sembrados de la región de Xocoyocan y Yancuitlalpan (hoy Natívitas).

Una noche en que Meztli (la luna) iluminaba las altas milpas que el viento movía cadenciosamente, los chololteca y huexotzinca, arteros y silenciosos, se acercaron a los sembradíos tlaxcaltecas para destruirlos y asolarlos, como dicen los cronistas de la antigüedad; pero una vez llegados cerca, de cada mata de maíz surgió un guerrero tlaxcalteca que en incontenible conjunto mató a millares de invasores y persiguió a los supervivientes hasta las mismas goteras de Cholollan y Huexotzinco.

Regresaron los guerreros teochichimeca cargados de despojos y conduciendo prisioneros a buen número de invasores. Celebraron, posteriormente, una gran fiesta en la cabecera de Ocotelolco en honor de Centeotl, diosa del Maíz, en virtud de que se habían salvado las cosechas de ese año.

Todo era entusiasmo y pompa en la ciudad. El templo de Camaxtli, dios de la Guerra, y el monumento de Centéotl estaban iluminados profusamente; los sacerdotes incesaban constantemente y los artífices habían fabricado una gran alfombra con los pétalos de variadas flores a la entrada del templo.

No fue lo más imponente y novedoso de aquella fiesta de gratitud para la diosa del maíz el sacrificio de los prisioneros enemigos, sino el espontáneo de una noble doncella llamada Miahuacíhuatl (mujer, espiga de maíz) que fue inmolada en forma solemne y extraordinaria.

Al levantar el sacerdote la jícara policromada que contenía el corazón de la doncella, los gritos de la multitud, los rítmicos sones del *huehuetl* (atabal) y el profundo sonar de roncos caracoles atronaron el espacio en aquella noche de júbilo popular.

Lo notable de esta leyenda es el hecho de que ya nunca más los chololteca y huexotzinca asolaron los sembrados de Tlaxcallan. Fue tan inolvidable su derrota que, desde lejos, cuando las milpas estaban en pleno desarrollo, miraban que cada mata se transformaba en un valiente tlaxcalteca armado de *chimalli* (escudo) y *macuáhuitl* (macana).

Se conserva, también, la tradición de que la cosecha de maíz de ese año fue de mazorcas rojas como la sangre de la doncella Miahuacíhuatl que espontáneamente entregó su vida en aras de su pueblo. *(Leyendas tlaxcaltecas)*.

MEXIXCATZIN

Camaxtli, deidad principal de los tlaxcalteca ya no les era propicio desde aquel día en que la República concertó la alianza con Cortés, porque sus hijos siempre valientes y animosos en la defensa de su integridad, que resistieran las cruentas guerras que les movía el Imperio Mexicano, habían rendido sus armas a la conquista.

Sobre Tlaxcallan se cernían trágicas inquietudes populares y la escasés de alimentos y otras plagas acometían contra el bienestar de los hogares indígenas.

De nada servían las penitencias, las danzas rituales, el constante y monótono resonar del *huehuetl* (atabal), ni las flores, ni el *copalli* (incienso) ante el templo del *teotl* (dios) amado que, tiempo atrás llevara a la tribu teochichimeca a los más memorables triunfos, como el Poyauhtlan.

—¡Te han de cortar la vida los propios españoles! —dijo el dios Camaxtli a Maxixcatzin, a través de uno de sus sacerdotes agoreros—, porque fuiste el más vehemente partidario de la conquista de estas tierras, de la caída de los dioses y de la pérdida de la libertad de los tuyos.

Maxixcatzin se llenaba de temor; pero su palabra estaba empeñada con el capitán Malinche y no hizo caso de las advertencias de los oráculos; sin embargo, los malos augurios estremecían su vida, y exclamaba: "¡He entregado la República! ¡Dí empellones a valiente Xicohtencatl y temeroso me sometí a los hombres blancos que anunciara Quetzalcóatl!"

Una tarde se sintió inmensamente triste. Se recogió en su alcoba y al quitarse la capa de algodón y los cactlis (zapatos) lujosos, advirtió que en su piel aparecían numerosos granos circulares y que su cuerpo ardía en fiebre. ¡Era la viruela negra, la terrible matlazahuatl!

En vano se hizo llevar a las aguas del Zahuapan que eran benéficas contra los granos:

—¡Avisad al capitán Cortés que voy a morir!

Todo fue inútil, los dioses tutelares eran ya indiferentes para el más apasionado amigo del conquistador.

Trajeron las viruelas los españoles y éstos, indirectamente, cortaban la vida de Maxixcatzin.

No hubo grandes pompas en el entierro. El elocuente y culto senador de Ocotelulco había muerto, como la libertad de los hijos de su pueblo. (*Leyendas tlaxcaltecas*).

LUIS NAVA RODRIGUEZ. Nació y murió en Apizaco, Tlax. (1926-1995). Estudió en el Seminario Palafoxiano de Puebla. Ordenado sacerdote en 1949, fue vicario cooperador y párroco de varias comunidades, activo promotor de obras públicas, colaborador de *Jueves de Excélsior*, *El Sol de Tlaxcala* y *La Voz de Apizaco*, y acucioso investigador del pasado de su entidad. Es autor de las monografías históricas de Apizaco, Huamantla, Xalostoc, Tlaxco y Tlaxcala y de los libros *Tlaxcala prehispánica* (1976), *Tlaxcala colonial* (1977) y *Tlaxcala contemporánea* (1978). En 1979 el Ayuntamiento de Apizaco le rindió homenaje, y desde 1985 fue cronista de su ciudad, una de cuyas calles lleva su nombre.

NUESTRA SEÑORA DE OCOTLAN

En 1541, siendo virrey de la Nueva España don Antonio de Mendoza y obispo de Tlaxcala fray Julián Garcés, un indio llamado Juan Diego, sirviente de los franciscanos en el convento primitivo de la ciudad de Tlaxcala al subir por la ladera del cerro para llegar a Xiloxostla, su pueblo natal, detuvo sus pasos la Virgen María y le dijo: "¿Dios te salve, hijo mío, adonde vas?". Juan Diego respondió que iba a llevarles agua del río a sus enfermos.

A la respuesta del indio prosiguió la Señora: "Ven tras de mí, que yo te daré otra agua con que se extinga ese contagio y sanen no sólo tus parientes, sino cuantos bebieren de ella; porque mi corazón siempre inclinado a favorecer desvalidos, ya no sufre ver entre ellos tantas desdichas sin remediarlas". Guióle la Señora al centro de aquel risco y le dijo: "De esta agua saca la que quieras, seguro de que será lo mismo tocar las secas fauces de los dolientes la más mínima gota de este celestial licor que sentir no sólo alivio, sino sanidad declaradamente perfecta". Luego añadió que antes de mucho, en aquel propio sitio encontraría una imagen suya, un verdadero retrato, así de sus perfecciones como de su piedad y clemencia, y que avisara a los padres de San Francisco la colocaran en la iglesia de San Lorenzo.

Al caer la tarde llegaron los frailes al paraje; el bosque era una llama, pero uno de los árboles sobresalía en lo encendido. Lo entrado de la noche sólo permitió ponerle una señal al árbol. Al día siguiente los padres y los indios buscaron el árbol y a pocos gol-

pes descubrió las entrañas y en medio de ellas una estatua de la Santísima Virgen, a quien llamamos de Ocotlán, corrompido el nombre, pues a los principios le dieron el de Ocotlatia, propio de la Señora del ocote que estuvo ardiendo.

Vencida la dificultad del tropel de gente para subir, llegaron a la iglesia de San Lorenzo y puesta en medio del altar comenzó desde luego su misericordia a difundirse.

En el capítulo XII de la parte tercera, el padre Francisco de Florencia, de la ínclita Compañía de Jesús, en su obra *Zodíaco Mariano* trata de la imagen prodigiosa de la Virgen, que con el nombre de Nuestra Señora de Ocotlán se venera extramuros de la ciudad de Tlaxcala. Añade que fue la ciudad de Tlaxcala celebérrima en el tiempo de la gentilidad, y que la primera que recibió la fe católica cuando el insigne héroe don Hernán Cortés conquistó la Nueva España, uniéndose los nobles vecinos y moradores de Tlaxcala con los soldados españoles en llevar adelante el empeño de sus gloriosas conquistas. Y quizá por ello se dignó el cielo de honrarla y favorecerla con una de las más prodigiosas imágenes de la Santísima Virgen, que se veneran en esta América Septentrional, en una elevada loma desde cuya cumbre está patente a los ojos la ciudad de Tlaxcala situada a la falda de la misma loma.

Luego relata los prodigios que sucedieron antes de descubrirse la milagrosa imagen, su traslado a la iglesia de San Lorenzo, la construcción de su nuevo templo y algunas de las maravillas que ha realizado en bien de sus devotos. Todos estos datos los tomó Florencia de la *Historia* que en 1750 se imprimió del célebre santuario. El autor de esta historia fue el tercer capellán bachiller don Manuel Loayzaga, que por espacio de treinta y ocho años cuidó de su culto. (*Tlaxcala colonial*).

SAN MIGUEL DEL MILAGRO

El año de 1631, en San Bernabé, Colonia del Curato de Santa María Natívitas, sucedió que yendo en una procesión un indio, mozo de 16 a 17 años, buen cristiano y devoto, que se llamaba Diego Lázaro de San Francisco, a lo que parece el 25 de abril, día de San Marcos Evangelista, se le apareció el soberano arcángel San Miguel, y sin que lo viera ni oyera otro alguno, le habló así: "Has de saber,

En el árbol estaba la estatua de la Santísima Virgen.

hijo mío, que yo soy San Miguel Arcángel; vengo a decirte que es voluntad de Dios y mía que digas a los vecinos de este pueblo y de su contorno, que en una quebrada que hacen dos cerros enfrente de este lugar, hallarán una fuente de agua milagrosa para todas las enfermedades, la que está debajo de una peña muy grande. No dudes de lo que te digo, no dejes de hacer lo que te mando".

Dichas estas palabras desapareció el arcángel, dejando al venturoso indio tan lleno de gozo como de perplejidad y temor por lo que se le mandaba, y así teniendo en cuenta el poco o ningún crédito que le habían de dar, sepultó en el silencio la revelación. Como era voluntad de Dios que ésta se manifestase obligóle a declararla con otra aparición más célebre. Un día de mayo enfermó Diego Lázaro de *cocoliztli* (tabardillo), de que escapan muy pocos indios. Llegado a las puertas de la muerte, ya sin esperanza alguna de vida, a la media noche del día 7 de mayo, entró repentinamente en el aposento del enfermo un gran resplandor como de relámpago, que atemorizó a todos los presentes y los obligó a salirse, dejando solo al enfermo por largo rato. Cuando desapareció el resplandor entraron en la choza y halláronle sin sentido ni movimiento, que parecía difunto; unos minutos después empezó a hablar de esta manera: "No tengáis ya cuidado ni pena de mi enfermedad, ya estoy totalmente bueno, porque el glorioso arcángel San Miguel se me apareció rodeado de grande resplandor y me dio la salud y juntamente me llevó a una quebrada que está aquí cerca, yendo el Santo delante de mí alumbrando el camino con tanta claridad que parecía mediodía, desgajándose las ramas de los arbolillos y matas, abriéndose las peñas por donde pasábamos para hacer paso franco. Y estando en una parte de dicha quebrada, que me señaló, me dijo: «Aquí en donde toco con esta vara (era una vara de oro que llevaba en la mano con una cruz por remate) está aquella fuente de agua que te dije, cuando ibas en la procesión. Manifiéstala luego, y no sea como la otra vez, que de no hacerlo serás gravemente castigado. Y sábete que la enfermedad que has padecido fue en pena de tu inobediencia»".

Y acabando de decir estas palabras se levantó un gran torbellino de vientos encontrados, con grandes alaridos, gemidos y voces que salían de él, y un estruendo espantoso como de personas que en tropa huían de allí. "Estaba yo —prosiguió Diego— despavorido y temblando de miedo y espanto, porque parecía que se venía sobre mí todo el cerro y que se llevaba el torbellino tras sí los peñascos. Entonces me dijo el soberano arcángel: «No temas, que este es sentimiento que hacen los demonios, enemigos nuestros, porque conocen los grandes beneficios que por mi intercesión han de recibir los fieles en este sitio de Nuestro Señor, porque muchos, viendo las maravillas que en él se han de obrar, se convertirán y harán penitencia de sus pecados, y todos darán gracias a Dios por sus misericordias. Y los que llegaren aquí con fe viva y dolor de sus culpas, con el agua y tierra de aquella fuente alcanzarán remedio de sus trabajos y necesidades, y confortarán con ella a los enfermos en el artículo de la muerte»".

Después de algún tiempo determinaron Diego Lázaro, su padre, su madre y su mujer ir a la barranca a ver el sitio santificado por el arcángel. Ya en el lugar empezaron los cuatro a esforzarse para remover la peña que estaba encima de la fuente milagrosa, que era un pedazo de tepetate derrumbado del cerro, tan grande que algunos de los testigos que lo vieron aseguran que pesaría más de cien quintales. Estando haciendo fuerza para apartarlo, llegó allí un mancebo de hermoso aspecto y le dijo: "¿Qué hacéis? ¿Qué es lo que pretendéis?". —Quitar —respondieron— este tepetate para descubrir una fuente que está abajo—. "Yo os ayudaré", dijo, y aplicando sus manos la derribó hacia la barranca, con grandísimo estruendo y al punto desapareció. Ellos entonces cavaron en la tierra y luego brotó el agua clara y cristalina, que hoy está en el pozo.

Como un año después se apareció por tercera vez San Miguel a Diego Lázaro. Concurrió a la fiesta de San Diego en Tlaxcala, y estando oyendo misa, experimentó que lo apaleaban; volvió a su casa muy enfermo. Entonces San Miguel le dijo: "¿Por qué eres cobarde y negligente en lo que ya por dos veces te he encomendado? ¿Quieres que te castigue de otra manera tu desobediencia? Levántate y haz diligencia en publicar lo que te he mandado". Habiendo sanado subió al punto a la fuente y llenado el cántaro de agua y llevando un poco de tierra, se fue a presentar al señor obispo de Puebla don Gutierre Bernardo de Quirós, a quien contó todo lo que le había pasado desde la primera aparición del arcángel.

Tomó el obispo el agua y mandó se diese de ella a algunos enfermos de su casa y del hospital, los cuales así que bebieron, sanaron de las enfermedades que padecían, con cuyos prodigios empezó a hacerse célebre el lugar y a divulgarse las apariciones. (*Tlaxcala colonial*).

VERACRUZ

FRANCISCO BROISSIN ABDALÁ. Nació y murió en la ciudad y puerto de Veracruz (1904-1989). Periodista, fue uno de los fundadores, en 1933, del Ateneo Veracruzano, asociación literaria que presidió varios períodos a partir de 1942. Además, fue miembro y activo impulsor de las corresponsalías del Seminario Mexicano de Cultura, el Ateneo Nacional de Ciencias y Artes de México, y el Ateneo Musical Mexicano. Es autor del libro *Leyendas de Veracruz* (Segunda edición, México, 1956).

EL BAJO DE PÁJAROS

I

Se espera en la Villa Rica de la Vera-Cruz el arribo de la fragata *Ana Elena*, que trae a bordo la voluminosa figura del muy excelentísimo señor don Emiliano de la Mortera, nombrado Oidor y trasladado a la Nueva España para ejercer las funciones de tal cosa, muy importante, que le daría primacía en todos los asuntos de la Colonia. Y a la vez que esta noticia había causado alarma entre malhechores y vagabundos, igual había de causar, y ya la había causado, una grande alegría entre las gentes ordenadas que tenían referencias del ilustre señor, referencias que lo señalaban como muy apegado a normas de justicia y de legalidad, aun cuando también se hablaba de que su excelencia era muy afecto a saltar sobre leyes y disposiciones y aplicar a su libre albedrío y sin pararse en pintas la ley como a él se le antojase.

Ancló, pues, la *Ana Elena* en las playas cercanas a la Villa Rica; grandes canoas exprofeso acondicionadas, trasladaron a su bordo a los notables de la ciudad; todo fué un ir y venir de gentes que acudían a rendir pleitesía a su excelencia don Emiliano de la Mortera, quien muellemente reclinado en los acojinados asientos de su lujosa cabina, tenía para cada quien una frase agradable, aunque ello no obstaba para que en discretos apartes ordenara a su secretario la anotación de serias reflexiones acerca de los señores que le cumplimentaban, reflexiones que en la mayoría de las veces, si los interesados las hubieren conocido, habríanles de causar gran pavor ¡así de hirientes eran!.

Pero su excelencia don Emiliano de la Mortera se sentía fatigado; así es que reclinó su rolliza humanidad sobre los almohadones; canceló todas las visitas, y se aprestó a darle al cuerpo lo que le pedía. Religiosamente musita don Emiliano sus plegarias, y después dedícase con toda escrupulosidad a conjugar uno de los Siete Pecados, es decir, a devorar los manjares exquisitos que sus servidores le presentan; una vez satisfecha su gula (una gula bastante bien desarrollada por cierto), repasó su rosario, anotó trabajosamente otras reflexiones más hirientes aun respecto a individuos apenas conocidos, y, cumplidos estos menesteres, se tendió con no pocos esfuerzos de su parte y de la servidumbre en su cómodo y rico lecho de plumas.

La tranquilidad de conciencia; la abundancia de los manjares; y cierto vinillo aromático y seco que el excelentísimo señor de la Mortera consumiera generosamente durante el yantar, hicieron que muy en breve se sumiera en profundo sueño; precisamente en el sueño de los justos, pues que por muy justo varón se tenía y era tenido el señor Oidor.

II

A bordo de la fragata *Ana Elena* todo es silencio. Se respeta el descanso de su excelencia; allá a lo lejos, tenuemente brillan las luces mortecinas de la Villa Rica de la Vera-Cruz; todo está en calma;

hasta el fragor de las olas por sobre los rompientes del bajo parece que se apaciguan para no turbar el sueño de tan ilustre personaje.

Y pasa la ronda. Da vueltas y más vueltas por cubierta, deslizándose como sombra mientras los centinelas apenas si musitan el reglamentario "Alerta".

El Señor Oidor duerme...

El Señor Oidor descansa...

Y entre tanto, la juventud de la Villa Rica de la Vera-Cruz ruge de entusiasmo. Se trata nada menos que de proporcionar un susto mayúsculo al nuevo señor Oidor, y aquellos jóvenes se preparan para el caso; es así como pocos después, entre las sombras de la noche, se desprende de la playa de Hornos una barcaza manejada por cuatro bizarros señores, jóvenes y valientes, cuyas trazas demuestran ser personas de categoría. Y los hidalgos despreocupados y divertidos, conducen con gran misterio algunos sospechosos bultos, mientras la barcaza avanza rumbo a las rocas que forman el bajo cercano a la Isla de Sacrificios, precisamente hacia el sitio donde al abrigo de los vientos se encuentra fondeada la fragata española *Ana Elena*.

III

¡Surge aterrador un grito espantoso...!

Por sobre el silencio absoluto de la noche..., por sobre el tenue fragor de las olas, estalla el alarido siniestro que hiela la sangre en las venas. Es tal su intensidad, es tan angustioso, que seguramente ese grito sería capaz de aterrorizar a un muerto.

Y la guardia y la tripulación corren sobresaltados dirigiéndose al lugar de donde ha partido semejante grito, que es nada menos que en el camarote principal de la nave donde descansa el ilustre viajero. Ante la puerta se detienen; su excelencia el Oidor inspira siempre temor supersticioso; pero alguien se resuelve y llama a la puerta. Nadie responde; el momento es solemne y espectante, pero el comandante de la fragata toma una resolución arriesgada, y la marinería arremete contra la puerta que cae estrepitosamente.

Y al penetrar con audacia a la cámara, todo el mundo queda asombrado y se detiene ante un enorme pajarraco, cuyos ojillos maliciosos despiden sangrientos destellos, y que agita amenazador sus enormes alas negras sobre el cuerpo robusto y fofo del excelentísimo señor don Emiliano de la Mortera, Oidor en la Nueva España, quien yace sobre el lecho en una inmovilidad propia de la muerte...

Y sobre la repujada repisa en la que el gran señor depositara sus joyas, bate las alas también otro pajarraco de igual catadura que el anterior... y sobre la fina colección de libros que el capitán de la *Ana Elena* cuida como oro en polvo, lanza chillidos otro pajarraco... y aquí... y allá... y por todos lados, aparecen más y más pajarracos, zopilotes monstruosos que sorprendidos ante esa invasión entonan un concierto de graznidos que se mezclan con los ecos de la ya cercana tormenta, para dar marco a una escena impresionante.

Al reponerse del asombro que tal escena provocara, los marineros dan caza a los asquerosos zopilotes que son muertos inmediatamente, mientras la oficialidad atiende al reverendo señor, que pálido aún y palpitante de terror, explica que apenas si había conciliado el sueño cuando despertó sintiendo en el alma una gran angustia, y en el pecho un gran peso, viendo entonces ante sí la sombra enorme del demonio, que para este caso especial seguramente había tomado la envoltura del gigantesco pajarraco, el mayor de todos los atrapados, que se atrevió a profanar la figura de tan ilustre personaje, el cual no tuvo tiempo más que de lanzar el grito de angustia que estremeció al buque, y privarse del sentido.

El gran señor está siendo reconfortado con sales, y a su pedido, con el resto del vinillo aromático que dejara en el fondo de la botella durante la cena, cuando son llevados a su presencia cuatro jóvenes hidalgos, encontrados a bordo por la guardia. Los jóvenes están espantados, pero es uno de ellos, el alegre señor don Angel Cevallos y Flores, famoso por sus escapadas y su gracejo, quien con desparpajo sin igual cuenta lisa y llanamente al señor de la Mortera su aventura, aventura que no tendría importancia alguna si no fuese porque el ilustre Oidor no toleraba desacato alguno y como antes decimos, cuando lo creía conveniente pasaba sobre cualquier ley humana, y quizá hasta sobre cualquier ley divina.

Poco después los cuatro compañeros de aventura eran arrojados al cepo, después de escuchar al santo varón recriminarles con frases airadas su osadía.

IV

Cuando al día siguiente amainó el brisote y la fragata *Ana Elena* abandonó el bajo tras cuyo refugio había anclado para guarecerse de la tormenta, la resaca azotaba, sobre las rocas apenas sobresalientes del mar, cuatro cuerpos humanos sobre los cuales batían sus negras alas, listos para el festín, grandes bandadas de enormes pajarracos idénticos a los que causaron el susto mayor de su vida al excelentísimo señor don Emiliano de la Mortera, Oidor en la Nueva España.

Y desde entonces se conoce con el nombre de Bajo de Pájaros a los islotes situados frente a la Villa Rica de la Vera-Cruz, cerca de la Isla de Sacrificios, donde se dice que en noches tempestuosas aparecen cuatro sombras humanas, seguidas por bandadas de zopilotes que las obligaban a precipitarse a lo más profundo de los abismos del mar... (*Leyendas de Veracruz*).

EL MONJE SIN CABEZA

I

A las playas de la Villa Rica de la Vera-Cruz arriba airosa *La Aventurera*, nave española que después de afrontar las furiosas tormentas del Golfo, viene a tomar posesión de la rada, mostrando con orgullo en su destartalada arboladura los estragos que le ha dejado la lucha con los vientos.

De *La Aventurera* desembarca, cuando las sombras de la noche comienzan a invadir la pequeña ciudad, un gallardo mancebo quien pese a lo raído de su atuendo, demuestra en lo airoso de su porte que pertenece a familia principal. Y envuelto en la obscuridad cada vez mayor, cuando los vientos del norte nuevamente comienzan a azotar el Golfo envolviendo en ráfagas huracanadas a la Villa Rica de la Vera-Cruz, hace su entrada a la colonia hispana del Nuevo Mundo don Luis de Benavides y San Román, hijo segundo del Conde de la Luz, Grande de España y antiguo Encomendero de la Santa Inquisición.

Viene don Luis de Benavides y San Román a la Nueva España, a ocultar el horrendo crimen cometido en la persona de su her-

Zopilotes monstruosos habían invadido el camarote del oidor.

mano mayor, fratricidio horripilante al cual guió su mano asesina un incontenible celo, y una atroz envidia, nacida al saber que el ilustre conde de la Luz, su señor padre, había ordenado que el segundón de la familia no pudiera disponer de un solo doblón mientras no sentara cabeza, pues que ya eran un escándalo en la Corte las fechorías que don Luis cometía, aprovechando la gallardía de su figura y la nobleza de su cuna. Y el celo y la envidia, convertidas en torrente incontenible, desbordáronse al saber don Luis que su hermano mayor, el de los nobles sentimientos, era designado para administrar la jugosa heredad de la Luz, disponiéndose que los dineros que necesitare debería solicitarlos a ese su hermano mayor. Y el crimen monstruoso comenzó a incubarse, hasta que en una noche tempestuosa, oculto entre los cortinajes de la señorial mansión de los condes de la Luz, empuñó la cimitarra que uno de sus nobles ascendientes arrancara de las manos musulmanas en gloriosa campaña, y cobardemente, lanzó tremendo tajo a su infortunado hermano, cercenando limpiamente cual experimentado verdugo, la noble cabeza del heredero de tierras y castillos de la Luz, que ensangrentó pisos y alfombrados al caer rodando envuelta en el alarido del infeliz y noble joven, mientras el asesino huía para salvar la vida, pero no espantado de su obra ni arrepentido de su falta, encontrando refugio en *La Aventurera* que se hacía a la mar rumbo a la Nueva España, trayendo a su bordo a la flor y nata del desperdicio social de España, atraída por señuelo de hacer fortuna en tierras de Indias.

Cabila don Luis; sabe que en esas tierras encontrará manera de hacerse de dinero, pero no por medio del trabajo; pues que eso lo denigraría a su entender, sino por otros y más fáciles caminos, no importa cuáles fueran éstos; tendría cientos de indios que labrarían la tierra dejándola abonada con su sudor y su sangre para que él recogiera los frutos, y así podría después trasladarse a otros lugares donde disfrutar de su capital y derrocharlo en orgías y bacanales que asombrarían al mundo; todo esto de acuerdo con su alcurnia y su linaje, ¡naturalmente!

Y mecido en estos desaforados pensamientos, sin que una nube atravesara su horizonte, don Luis de Benavides y San Román, el fratricida, penetra en las tortuosas callejuelas de la Villa Rica de Vera-Cruz.

II

Fue abrumadora la suerte que acompañó a don Luis desde que pisó playas de Nueva España; primero, fue el rico bolsón henchido de monedas de oro encontrado entre el polvo de sombría calleja, cuando hambriento y desorientado acabada de desembarca de *La Aventurera*; después el juego le prodigó sus dones rebosando de doblones sus faltriqueras; y las mujeres, encontrándolo joven, gallardo y calavera, le otorgaban miradas lánguidas unas, y todo lo que pedía otras, pues que el mozo era audaz y no se paraba en pintas.

Bailes... paseos... reuniones; en todo estaba ahí la figura principal de don Luis, siempre acompañado de buenas mozas y de ricos mancebos, encantados del nuevo amigo, desviviéndose por atenderlo ya que su noble cuna lo demostraban sus finos modales, su desprendimiento y su desparpajo...

Pero en las noche, en las lóbregas y ardientes noches de la costa, don Luis de Benavides y San Román se revolcaba inquieto en el lecho.

¡Se iniciaba el remordimiento!

Despertaba sudoroso y agitado; y allá entre las brumas de sus sueños, una cabeza sangrante rodaba sobre las ricas alfombras del viejo Palacio de los condes de la Luz...

III

El tormentoso mar estrella sus olas sobre las playas abiertas de la Villa Rica; silba el viento del norte entre las palmeras de la costa; el huracán envuelve en ráfagas las calles de la ciudad, y los vecinos se sienten poseídos de terror porque en el ambiente palpita que algo extraño y terrible va a ocurrir.

Los pocos transeúntes que se atreven a cruzar las calles, van a refugiarse en los templos y postrados ante las sagradas imágenes hacen penitencia por sus culpas musitando oraciones con las que esperan redimirse de sus pecados.

Por las calles del Ángel (después de las Salinas, posteriormente de Juan Manuel Betancourt, y actualmente de Aquiles Serdán), envuelto en amplia capa y satisfecho de su fortuna en el juego, discurre don Luis de Benavides y San Román, quien sin temor al viento se traslada a su posada.

Repentinamente la fuerza del viento aumenta espantosamente; es imposible dar un solo paso, y don Luis busca refugio que encuentra, y muy amplio por cierto, en las naves de la Santa Iglesia de Santo Domingo (hoy Almacenes Cors), donde se acoge para esperar que termine la furia de la tempestad; y para hacer tiempo, con ese paso majestuoso que lo caracteriza, pues que es hombre de linaje, recorre curioso el templo, acordándose que no obstante haber sido instruido cristianamente, no ha pisado la casa de Dios, ni ha pedido clemencia al cielo desde que cometió el crimen en la persona de su hermano.

Don Luis, conocedor del arte, admira con ojos inteligentes las esculturas que hicieron famoso al Templo de Santo Domingo, uno de los primeros que se fundaron en la Nueva España; contempla los altares detenidamente, y estudia, recordando las enseñanzas de sus preceptores, las pinturas murales y las esculturas de las imágenes sagradas. Pasó el tiempo, y no se da cuenta que el viento ha perdido mucho de su intensidad y únicamente azotan rachas rezagadas que van alejándose cada vez más. No se fija en que el templo está ya casi desierto, y sigue su recorrido por las naves, se introduce en las capillas, y pasa y vuelve a pasar frente al Tabernáculo del Santísimo, descreído y descastado, sin inclinarse ni reverenciar la imagen del Salvador.

El anciano sacristán va apagando una a una las velas que la piedad de los fieles ha encendido en los altares, y poco después está la Iglesia sumergida en completa obscuridad; sólo allá, sobre el Altar mayor, parpadea la tenue lucecilla de aceite que custodia la Santa Forma... Y las puertas del templo se cierran; nadie queda en su interior. El viejo sacristán ha revisado todos los rincones sin encontrar a nadie, sin ver a nadie, ni a aquella figura siniestra, alta y embozada en su capa, que está petrificada en el centro de la nave principal; porque don Luis de Benavides y San Román no puede moverse ni dar un solo paso; una fuerza extraña lo ha clavado en el suelo, ahogando la voz en su garganta de la que sólo puede escapar un lamento, una queja de agonía horrible, pues el hombre está sufriendo en la tierra los tormentos del Averno.

Y así permanece don Luis, inmóvil y sin doblar la rodilla; a lo lejos ha sonado el toque de queda..; se escucha el rumor de las rondas que vigilan la ciudad; pasan las horas, lentamente, lentamente, lentamente...

¡Las diez de la noche..!

¡Las once..!

¡Las doce..!

¡Son las doce de la noche..!

A los oídos de don Luis, petrificado por fuerza misteriosa y embargado de terror, llega la voz de los serenos avisando la media noche; y es entonces cuando un crujido rompe el silencio sepulcral del templo, para que ante el cruel asesino, que contempla con ojos fuera de las órbitas, con el cabello erizado la increíble realidad, aparezca brotando de la densa obscuridad, deslizándose lentamente, un monje de la Orden de Santo Domingo.

Es un monje sin cabeza... Sin cabeza no, pues que, ¡oh terror!, ésta la lleva sangrante entre las manos, con los ojos abiertos, acusadores, fijos en él... y esa cabeza sangrante es la de su hermano al que traidoramente asesinara...

El monje sin cabeza se aproxima lentamente al empavorecido don Luis, y de la yerta boca, de los pálidos labios muertos, brota la palabra cainita:

¡Fratricida!, ¡Fratricida!

Un ronco estertor escapa del pecho de don Luis; el terror le da fuerzas, porque la misteriosa inmovilidad desaparece, pero sólo para dar dos pasos atrás, extender las manos hacia la aparición, y entonces, lanzando un grito pavoroso que atraviesa las gruesas paredes del templo dejándose oír sobre el alarido del viento, se desploma sin vida, muerto de horror, ahogado por los remordimientos, mientras el fantasma del monje sin cabeza desaparece en la obscuridad del templo.

...y los serenos de la Villa Rica de la Vera-Cruz, sobrecogidos de pánico, escuchando aún el grito de una vida arrancada de la tierra para ser precipitada a lo profundo de los Avernos, se persignan con fervor, y lanzan a los vientos la plegaria cristiana:

¡Una alma en pena anda suelta... Rogad por ella..! *(Leyendas de Veracruz).*

LA CONDESA DE VERGARA

I

Dama de grandes polendas era la señora Condesa de Vergara; de ilustre linaje, poseedora de grandes y jugosas tierras, dueña de formidables castillos enclavados en la recia sierra de España, derrochaba a manos llenas su caudal inagotable, y sabía de recorrer las cortes de Europa, asombrando a príncipes, grandes señores, y plebeyos, con la insolencia de un lujo sin igual, con ese desparpajo para regalar fortunas, ingénito en todo aquél que no ha ganado nunca el pan con el sudor de su frente.

La señora Condesa de Vergara se moría de aburrimiento.

Desde la ojival ventana de su castillo de la Roca, contempla las inmensas extensiones de terreno que son su feudo principal; su manecita, cuajada de valiosas sortijas, golpea impaciente el artesonado marco; su naricilla se frunce en delicioso mohín, demostrando a las leguas que está aburriéndose a más no poder.

Las afanosas doncellas tiemblan ante su señora; ellas saben bien que, si como un ángel bajado del cielo se muestra la señora Condesa ante los nobles que cual enjambre de mariposas la rodean, en la intimidad del hogar, al abrigo de indiscretas miradas, el ángel se convierte en demonio que goza en martirizar a sus vasallos; que con esas manos blancas ha hundido alguna vez la fina tijerillla en el rostro de cierta infortunada doncella, por lo que, temblorosas y pálidas de temor, comienzan a desvestir a su señora.

Primero, de las blancas sienes desprenden la corona condal cuajada de pedrería; siguen los collares, los aretes y las sortijas; después despojan a la señora Condesa de su manto; caen al suelo los alfileres y de entre un torbellino de encajes y de sedas, brota la radiante figura de la bella dama, hermosa, escultural como cincelada por Praxiteles.

Sobre el acolchonado lecho, se tiende voluptuosa la señora Condesa de Vergara; su imaginación se pierde lejos, allá tras los mares, en las Indias remotas que descubriera Cristóbal Colón y conquistara Hernán Cortés. En aquellla tierra rica en oro y piedras preciosas, donde reposa para siempre, en ignorado lugar, destrozado por las armas de sus propios amigos, el noble caballero de la Roca, su esposo amante, a quien alejara de su lado por medio de sus desdenes y de sus malos procederes, mismo que fue a buscar la muerte en tierras extrañas, para olvidar a la cruel beldad que hiciera trizas su corazón y su honra.

Y la señora Condesa de Vergara, que se aburre en su Castillo de la Roca, encuentra que conviene a su linaje tomar una nave que la conduzca a la Nueva España, en cuyas tierras piensa encontrar diversión, esparcimiento, algo; en fin, que aleje de su ser el tedio y la modorra.

Y en una mañana radiante de sol, con las velas hinchadas al viento, zarpa con rumbo a las playas aztecas un alegórico velero que conduce a bordo a la señora Condesa de Vergara, con sus servidores de confianza, además de un tesoro que piensa derrochar en el Nuevo Mundo.

II

La señora Condesa de Vergara está encantada de la vida.

Su llegada a la Villa Rica de la Vera-Cruz fue todo un acontecimiento; el Cabildo envió una delegación a recibirla y darle la bienvenida, como linajuda señora que era, y muy acaudalada de verdad. El pueblo sabedor de la llegada de tan noble dama, acudió a las playas a admirar el desembarco de los servidores, tan lujosamente ataviados como su ama, tan orgullosos de servirla, que habíanle copiado los ademanes y decires, tanto a ella como a los caballeros y señoras que la rodeaban, remedando a opulentos hidalgos. Los señores de polendas de la ciudad, en grupos apartados del pueblo bajo, aguardaban también con impaciencia el desembarco de la noble castellana de Vergara. Y las señoras principales, tras las ventanas de sus casas, esperaban el momento de ver pasar el cortejo de la ilustre señora española que, precedida por un hálito de leyenda y fantasía, agrandado todo lo conveniente para hacerlo de la importancia que el caso requería, había atravesado los mares enfrentándose a lo desconocido, sólo porque estaba soberanamente aburrida allá en su viejo Castillo de la Roca, heredado de su esposo, el difunto caballero que pereciera cerca de la Villa Rica en forma misteriosa, siendo entonces motivo de muchas hablillas y decires.

El sol cae a aplomo sobre los grupos de gentes que en las playas esperan que la gran señora se digne desembarcar. Después de varias horas, inusitada actividad a bordo de la nave hace saber que la señora Condesa se prepara para posar sus lindos pies en la tierra que guarda en su seno al gallardo caballero que le diera su nombre y su fortuna.

La expectación crece; los soldados se ven en apuros para contener a la multitud que se apretuja para admirar a la ilustre señora de quien tanto dicen crónicas y lenguas; un murmullo débil al principio, que ya cobrando fuerza hasta convertirse en atronadora gritería, estalla al aparecer en el portalón de desembarco, la figura gentilísima de la bella Condesa, lujosamenta ataviada, cuajada de brillantes, perlas y rubíes, que a los rayos del sol de un caluroso mes de mayo, lanzan destellos deslumbradores, circundando a su dueña con un nimbo de claridades estupendas que la hacen aparecer como diosa bajando del Olimpo; y así, entre la gritería del pueblo absorto ante tanta riqueza, ante los señores principales de la Villa Rica, que en gesto caballeresco barren con las plumas de sus chambergos la fina arenilla de la playa, humillando la cerviz ante la belleza y probablemente ante los brillantes y los tesoros que se les muestran, hace su entrada a la tierra azteca, la muy ilustre y poderosa señora Condesa de Vergara.

III

Allá sobre el viejo camino que conduce a la Antigua, existe un remanso melancólico; un riachuelo llega cantando su eterna tonada, entre árboles frutales y hermosas flores tropicales, hasta desembocar en la inmensidad del mar azul; el sitio es delicioso y convida a volverlo un Paraíso terrenal. No importa que esté bañado en la sangre de aquel noble señor que se llamó el Caballero de Vergara, que una mañana en que ese mismo mar ahora tranquilo, tenía caracteres de Averno, con enormes olas encrespadas estrellándose sobre la arena, mientras el trueno y el relámpago y el rayo esparcían su horror por todos los ámbitos, fue encontrando atravesado por diez espadas y otros tantos puñales, desfigurado el rostro varonilmente hermoso, que atravesara feroz cuchillada; no importa que ese infortunado mancebo durmiera el sueño eterno bajo algunas rocas, cerca del riachuelo saltarín y juguetón; no importa que ese hidalgo hubiese sido en vida el esposo y señor de la gran dama recién llegada a la Villa Rica; no importa nada de eso, porque ¿qué importancia pudiera tener?

Y en esos terrenos, junto al riachuelo, cercano al mar, al lado de la tumba de un hombre que murió asesinado misteriosamente, se levanta ahora la mansión de la señora Condesa de Vergara, quien ha impuesto su voluntad para que en esas tierras de su propiedad, se construya una hacienda digna de su caudal y de su prosapia, y cercana a la Villa Rica de la Vera-Cruz.

La castellana ha dispuesto que los salones sean abiertos a las familias principales de la Villa Rica, para inaugurarlos solemnemente. Encontrará entonces oportunidad de demostrar a aquellos caballeros y a aquellas damas, que ella es digna de su nombre y de su fama; que es un derroche de riquezas y de lujos cualquier recepción que prepare; que su mesa es digna de Lúculo, y que si existió alguno, quién sabe quién, que en épocas remotas quiso que su nombre pasara a la posteridad como un signo de poderío y de riqueza, ella, la Condesa de Vergara, también puede igualar aquella riqueza y aquel poderío.

Fiesta fue aquélla que dejó asombrados a ricos y pobres; por sobre las arenas de la Playa Norte, en una noche en que la luna rielaba sus pálidos rayos sobre el mar tranquilo y el ambiente poético invitaba a la novela, los caballeros principales de la Villa Rica de la Vera-Cruz, las damas más hermosas y de más rancio abolengo, se trasladaron al castillo de la Condesa de Vergara (precisamente en el lugar que ahora es conocido con el nombre de Punta Gorda, donde todavía existen las ruinas de aquella hacienda, llamada después de Buenavista, y cuyos terrenos han sido después propiedad de don Manuel Tejedor, del doctor Mauro Loyo, de la Sucesión de Portilla, de Simón Pérez, y de otros).

Una música deliciosa amenizaba el festejo; los bailes más en boga eran lo principal para la juventud, y el espléndido agasajo, con finos vinos y exquisitas viandas, sirvió de deleite a aquella sociedad que durante mucho tiempo recordó, como un cuento de hadas, aquella inolvidable fiesta con la cual hizo su aparición social la bellísima Condesa.

Después, la Villa Rica sufrió una vorágine de festividades, y en un ambiente de alegría, exuberante de juventud, comenzaron a tejerse las redes de unos amores trágicos, que por años y años serían motivo de terror en la ciudad colonial.

IV

Era don Guzmán Ruiz de Lara un joven hidalgo perteneciente a la nobleza española, quien llegara a la Villa Rica enviando por su familia en castigo por haber entregado su corazón a doncella que no era de su calidad.

El aire melancólico de don Guzmán, su porte varonil, gallardo y atrevido, llamaron la atención de la señora Condesa, que cansada de ver rendidos a sus pies a los mancebos principales de la Villa Rica, derrochó todo el arte de la seducción para obtener de aquel gentil doncel el homenaje de su amor; pero el corazón de don Guzmán no estaba libre; allá en la vieja España, en el cortijo cercano a su mansión señorial, vivía linda zagala, honesta y recatada, que con sus virtudes, aunadas a la belleza maravillosa que la hiciera semejarse a una virgen, embrujara el corazón del joven aristócrata: y don Guzmán, respetuoso de la voluntad paterna, llegó a la Nueva España con el alma transida de dolor; pero dispuesto a cumplir el postrer juramento que junto a la vieja arboleda testigo de sus amores castos y puros, hiciera a la elegida de su corazón, a la que prometió que sería ella la única dueña de sus pensamientos.

Don Guzmán resistíase a las seducciones de la señora Condesa; con delicadeza muy propia, habíale dado a entender que no era libre y ello sirvió para que aquello que no pasaba de un capricho de mujer coqueta, se tornara en un amor volcánico, abrasador, muy de quien, como la dama, tuviera como costumbre hacer siempre lo que le viniera en real gana.

Y la tragedia comenzó a incubarse.

Las noches de luna eran aprovechadas por aquella sociedad deseosa de placeres, en pasear a bordo de adornadas barquillas por las tranquilas aguas del Golfo; y en esos menesteres, la señora Condesa siempre encontraba ocasión de insinuarse, tentadora y voluptuosa, al señor don Guzmán, que caballeroso y muy digno, sabía salvar con delicadeza situaciones difíciles sin dejar menguada su hombría.

La señora Condesa ardía en ira al ver que todas sus seducciones y todos sus esfuerzos se estrellaban ante la fortaleza de un amor lejano, y cuando la situación se tornó insostenible, loca de celo y desesperación, quiso la muerte, pero en unión del ser amado; y con cautela, con toda sangre fría, se preparó para vengar la afrenta que sufría como amante y como mujer.

Preparó la señora Condesa una fiesta que prometía eclipsar en lujo y esplendor a los anteriores que habían tenido lugar en su Hacienda de Vergara; la noticia causó verdadera emoción en la sociedad de aquel entonces, que imaginó disfrutar nuevamente de las delicias de un sarao verdaderamente regio. El día de la gran festividad llegó, por fin, y a la hacienda se trasladaron desde temprana hora los invitados.

Primero fue la cena, un portento de riqueza y buen gusto; después, con los ánimos bien dispuestos al jorgorio y a la diversión, los concurrentes disfrutaban de la danza, o bien en barquitas lujosamente adornadas, navegaban frente a la hacienda, mientras las músicas a bordo de otras embarcaciones llenaban los aires con las melodías que hacían recordar la patria distante.

La señora Condesa, días antes, había empleado a algunos de sus hombres de confianza en obra misteriosa, allá dentro del mar. Se hablaba entre sus servidores, de que toneladas de arena habíanse sacado de cierto lugar cubierto por las aguas pero cercano a la orilla y se susurraba que algo trágico estaba preparando; alguien muy calladamente hablaba de un monstruo marino; el terror flotaba entre la servidumbre, pero no llegaba a los invitados, que muy lejos a cualquier tragedia se dedicaban en grande a divertirse.

En una barca grande, la señora Condesa de Vergara y el señor caballero don Guzmán Ruiz de Lara, paseaban sobre las olas rumorosas del océano; la dama, olvidando todo recato, exigía del caballero su amor, y éste con su cortesía proverbial se excusaba alegando juramentos inviolables; la Condesa lloró, suplicó y amenazó, pero todo fue en vano. La honradez y el amor defendían a don Guzmán de aquellas acechanzas, y supo resistir todas las seducciones que, impúdicamente, la Condesa pusiera en juego para obtener sus deseos.

Todo fue en vano; don Guzmán estaba asqueado por aquella actitud; con frases enérgicas conminó a la señora Condesa para que volviera en sí y no arrastrara por el fango su nombre y su honra.

Y sucedió la tragedia: de improviso, la Condesa dio órdenes para que la barca se estacionara en determinado lugar, de donde so-

bre el mar salía un banderín rojo. Una vez en el sitio, con espantosa calma, con sus propias manos cuajadas de pedrería, hizo funcionar oculto mecanismo que abrió por completo el fondo de la barca, la cual en un minuto se llenó de agua y zozobró, arrojando al mar a la pareja y a los tripulantes.

El joven caballero, ante eso, quiso salvar la vida de la dama y nadando vigorosamente la sostuvo a flote; ella sonreía con odio y con amor, porque esperaba que su venganza se cumpliera.

De improviso salen del mar, cual monstruosa serpientes, dos, tres, cuatro largos tentáculos que se enroscan en los cuerpos de la Condesa y del caballero; y en medio de los gritos de horror de los invitados que en barcas cercanas fueron testigos de la catástrofe, un enorme pulpo arrastró a las profundidades sus dos presas, que desaparecieron para siempre, cumpliéndose así la venganza de la señora Condesa, que quiso unirse en la muerte con quien la despreció en la vida.

Y se cuenta que aquella obra misteriosa que los servidores de la Condesa hicieron cerca de la playa, en pleno mar, era para preparar una poza en la que fue introducido aquel monstruoso pulpo, traído quién sabe de dónde por la cruel Condesa, que quiso rubricar su amor desgraciado con esa terrible venganza, en la misma tierra donde dormía el sueño eterno su esposo, a quien ella mandara asesinar para poder disfrutar de sus riquezas y poderío.

Desde entonces, aquel lugar fatídico frente a Vergara y Punta Gorda, cerca del puerto actual de Vera-Cruz, es conocido como la Poza de la Muerte, y en él han perecido, misteriosamente, infinidad de personas que se han aventurado a desafiar la leyenda trágica de la Condesa de Vergara. (*Leyendas de Veracruz*).

EL PERRO DE LA CALETA

I

Aterrorizada se encontraba la guarnición del Baluarte La Concepción, fortín instalado en la punta norte de Vera-Cruz, por los sucedidos que acaecían noche a noche dentro de sus muros, hechos que tenían a los soldados y oficiales con los nervios en tensión, no obstante tratarse de soldados aguerridos que en muchas

Un enorme pulpo arrastró a las profundidades sus dos presas.

ocasiones se enfrentaran sonrientes a la muerte, en medio de los combates y los asaltos tan comunes de la época.

Según informaba el jefe del Baluarte a su superior, noche a noche aparecía casi destrozado el centinela del bastión que daba a la playa de la Caleta. No se oía ningún ruido sospechoso; la ronda hacía su paseo con regularidad; pero inmediatamente después de las 12 campanadas de la media noche, cuando el centinela de referencia había contestado el "alerta" reglamentario, se escuchaban espantosos ladridos de perro que helaban la sangre; y al acudir los demás soldados encontraban el cadáver palpitante de su compañero, mostrando ahora la garganta destrozada, desgarrado el rostro hasta hacerlo inconocible por su aspecto que ponía de punta los cabellos.

Y los soldados del Baluarte de la Concepción, atemorizados, se negaban ya a cumplir su guardia en el bastión de la Caleta; y el propio jefe del fortín sentíase imposibilitado para obligarlos a ello, dado que él mismo no cabía en su cuerpo, a fuerza de tanta intranquilidad y zozobra. Todo esto hizo que los superiores, todavía incrédulos, no obstante los cuatro soldados muertos destrozados, se vieran obligados a intervenir, enviando al capitán Julio Hoz, que gozaba fama, muy merecida por cierto, de valiente y audaz en el más alto grado.

El capitán Hoz llegó, pues, al Baluarte de la Concepción; inspeccionó, dictó órdenes, arengó a sus subalternos, revisó las armas, y satisfecho consigo mismo se dispuso a pasar lo mejor posible la velada, puesto que los misterios lo atraían, y estaba dispuesto a desentrañar éste que había sido puesto en sus manos. Llamó al jefe del Baluarte, y con una botella de buen vino al lado, se empeñaron ambos en un duelo a la baraja, entretenimiento que al poco tiempo hizo que, entusiasmados, pidieran más vino, pues que catando el néctar a tragos largos se hacen mejores jugadas.

Y los dos buenos militares pasaban el tiempo lo mejor posible, hasta el aviso de que estaban próximas las 12 de la noche. El rondín iba a iniciar su recorrido; uno de los soldados más atrevidos que los otros, estaba ya de centinela en el bastión de los misterios.

El capitán tuvo una idea; ésta era que él supliría al centinela, a quien de cualquier modo premiaría por su valor. Hechos los cambios necesarios, se encontró en el puesto de peligro, animoso y hasta si se quiere entusiasmado porque esta clase de hazañas eran las que le salían a gusto.

Recorre la ronda su camino habitual; contesta el capitán el "alerta" y lentamente se escucha a lo lejos la campana de la Santa Iglesia Parroquial de Veracruz, dejando caer las doce campanadas. Empuña el capitán su espada, y escudriña entre la obscuridad, que sólo rompe el resplandor tenue de las luces de San Juan de Ulúa, lejos, muy lejos...

Ni un ruido se escucha; es imponente el silencio; sólo un minuto después de las doce de la noche ha transcurrido, y el joven capitán ha perdido ya la tranquilidad; está desosegado y nervioso, pero siempre dispuesto a enfrentarse al desconocido peligro.

Un suave arañar en la puerta, y un quejido tenebroso, le hace estremecer; alguien agoniza en el umbral; como un relámpago, supone que hay una nueva víctima del misterio y abre presuroso la puerta para enfrentarse con un enorme perro de negro pelambre, cuyos ojos despiden chispas de fuego, el que aprovecha la sorpresa del militar para arrojarse sobre él rugiendo sordamente y despidiendo un vaho azufrado y asqueroso.

Don Julio es hombre de acción; como el rayo hace frente al monstruo empuñando con una mano la espada y con la otra el puñal, y al arrojarse el enorme perro sobre él, lo recibe con una estocada que hace desaparecer toda entera su espada sobre la bocaza abierta que pretendiera hacer presa en su garganta, mientras hunde el puñal hasta la empuñadura en las costillas del horrible animal.

Un alarido tremendo atruena el espacio; la fiera, mortalmente herida, en un supremo esfuerzo lanza un zarpazo al capitán que lo recibe en un ojo que se vacía por completo; el dolor es inaguantable; el valiente militar rueda por el suelo, privado del sentido, mientras la guarnición del Baluarte con su jefe a la cabeza, se acerca velozmente atraída por el feroz alarido, temiendo muy fundadamente que el valeroso capitán hubiere perecido en la empresa.

Encuentran a éste sin conocimiento, bañado en sangre, y le prodigan cuidados que en breve tiempo hacen volver en sí a nuestro héroe, quien estremecido sólo puede balbucear:

"Buscad al perro. Buscad al perro".

Los soldados compadecen al capitán y murmuran entre sí que ha perdido la razón puesto que ahí no hay ningún perro, y poco después, una triste comitiva atraviesa la Caleta con dirección a Veracruz, llevando en una parihuela el cuerpo del capitán don Julio de Hoz, gravemente herido y con un ojo de menos.

Ya cerca de la ciudad, un bulto atravesado en el camino llama la atención de los soldados, que se acercan a investigar, encontrándose con la enorme sorpresa de que un mulato bien conocido en Veracruz, a quien apodaban Tornasol, se encontraba ahí muerto, con el puñal del capitán hundido en las costillas, y con la boca atravesada por la espada del valiente militar. Aterrorizados, se alejan velozmente, mientras murmuran por lo bajo:

"El nahual, el nahual"...

Y aquí termina esta historia que como la contaron la cuento; sólo agregaré que el valeroso capitán don Julio Hoz fue regiamente recompensado, y aunque tuvo que adornar la cara con un parche que tapara el ojo vacío, también pudo adornar su haber con otro hecho de armas que cimentó su fama como hombre valiente que no temía al Diablo, porque para eso era católico y sabía encomendarse a Dios en todos los trances de su vida. (*Leyendas de Veracruz*).

ANSELMO MANCISIDOR ORTÍZ. Nació y murió en Veracruz, Ver. (1897-1973). Junto con su hermano José, muy joven se incorporó a las fuerzas revolucionarias de los generales Cándido Aguilar y Heriberto Jara. Al triunfo de su causa, se retiró del ejército con el grado de coronel. Volvió a radicarse en el puerto, colaboró en el periódico *El Dictamen* y escribió varios libros, entre ellos *Viví la Revolución, Veracruz recuperado* y *Fantasmas. Leyendas de Veracruz* (México, 1971). En el orden civil, fue agente de la Secretaría de Economía en su tierra natal.

DOS ALMAS ERRANTES

Bajo la altiva pendiente de pétreos flancos que imponentes sostienen el histórico baluarte de Santiago, de heroica tradición, cuyos confines están limitados por las actuales avenidas 16 de Septiembre y Valentín Gómez Farías, y las calles Francisco Canal y Ramón Rayón, el vulgo cuenta en verdad que en esas noches oscuras vénse caminar dos asombrosas figuras enfundadas en severos uniformes militares, de esos que en coloniales épocas usó el ejército español. Y cuando en esas noches lóbregas algún viandante se aventura por esa soledad, de súbito ve pasar a los dos fantasmas, y si sueña, o si delira, no lo alcanza a comprender, porque a medida que su desvarío crece, siente que un sudor muy frio recorre todo su cuerpo.

Al paso de las misteriosas siluetas, los perros aúllan, las aves de corral agitan sus alas y se arremolinan, y del humano se apodera un miedo cerval cuando oye una lúgubre y macabra voz de ultratumba que exclama: "¡Padre mío, yo te perdono!" En seguida otra voz semejante se escucha: "¡Yo también, padre!" Y vuelve entonces a oírse la primera voz: "¡Pero mi patria era primero!"

Las mágicas fantasías de la tradición narran que en la Nueva España existió un noble señor, militar de alta graduación que tenía dos hijos y a ambos inició en la carrera de las armas. Su primogénito lo era todo para él, lo quería entrañablemente; pero a su segundo vástago, por el contrario, lo aborrecía; lo odiaba casi, porque sospechaba que su bella esposa lo había traicionado y que este hijo era el producto de esa traición. Muerta la inocete mujer, el militar dispuso de sus hijos como era costumbre en esas épocas. A la edad debida los ingresó en el ejército español, procurando mantener a su lado a su predilecto. En cuanto al menor de sus hijos consiguió que fuera destacado a las fuerzas que estaban en Querétaro.

Quizá la penosa situación con su padre, pero sobre todo llevado por un profundo sentimiento patriótico, el joven oficial menor empezó a simpatizar con los conjurados del lugar en que se hallaba, que en ese tiempo gestaban la Independencia de México, encabezados por el noble y valeroso cura de Dolores, don Miguel Hidalgo y Gallaga; pero el destino que es tan raro en sus designios, decidió intervenir en la suerte del buen mozo. Pronto recibió éste la orden de marchar a la plaza de Veracruz en donde su padre era el general en jefe. Sólo que, antes de recibir aquella orden, imprudentemente había escrito a su hermano mayor comunicándole sus simpatías por el movimiento libertario.

Como en todos los casos, no faltó el traidor que hiciera saber al viejo militar que su hijo menor era un valiente y audaz miembro afiliado al bando de los hombres que querían darle libertad a México. Así que el viejo se hubo enterado después de escuchar al judas, indignado exclamó: "¡No es posible! ¡No puede ser! !Un hijo mío no puede ser traidor a su palabra!" Mas, convencido, ordenó un consejo de guerra sumario, que falló el fusilamiento de aquel joven oficial que soñaba con ver a su patria libre de la opresión española.

Se cumple la orden del Supremo Tribunal de Guerra, y el reo es conducido y colocado de espaldas a los muros del baluarte de Santiago, para ser ejecutado nada menos que por su propio hermano, pues así lo ha ordenado el viejo y férreo comandante de la plaza, el padre de ambos. Se forma el pelotón de fusilamiento y el mayor de los hermanos se acerca al condenado intentando cubrirle los ojos; pero éste rechaza la venda que se le ofrece y da a su hermano el último abrazo de su vida. Después, estentórea y trágica se escucha la voz de mando: "¡Preparen armas!.. ¡Apunten!.. ¡Fuego!.."

Sorda y mortal la descarga atruena los aires y aquel cuerpo apenas unos instantes atrás rebosante de vitalidad y juventud, rueda por el suelo. Y cuando el hermano, verdugo en aquellas circunstancias, se prepara a disparar el tiro de gracia, se escucha al moribundo balbucir en medio del estertor de la muerte: "¡Padre, te perdono!" Y acto seguido se oye el disparo que cumple con la

Después del tiro de gracia, él mismo se privó de la vida.

ordenanza y que apaga por completo la vida inocente de un ser que sólo supo de amarguras.

Sin reparar en más, el hermano, cuyo corazón angustiado y lleno de congoja aún palpita, en seguida carga de nuevo su pistola y llevándose la diestra a su sien él mismo se priva de la vida, al tiempo que con un grito desesperado y desgarrador exclama: "¡Yo también, padre mío, te perdono!"

Cuando el viejo militar recibe el parte de novedades que le rinden sus subalternos, deja escapar una sonora carcajada, señal irónica e inequívoca de que ha perdido para siempre la razón. (*Fantasmas. Leyendas de Veracruz*).

EL FANTASMA DEL CABALLERO ALTO

El castillo y fortaleza de San Juan de Ulúa fue mandado construir por los virreyes que gobernaban los dominios de la Corona Española, para proteger a la Villa Rica de la Vera-Cruz de los asaltos y ataques que los piratas, corsarios y filibusteros hacían sobre ella para saquear las riquezas que habían reunido los conquistadores.

El islote de Ulúa, donde da comienzo y fin nuestra conquista, forma parte del bajo llamado La Gallega, que es una acumulación de una especie de madrépora, conocida vulgarmente como piedra múcara, material que fue empleado para la construcción del castillo y otros edificios de la ciudad.

En la pared del caballero interior de la fortificación, denominado Caballero Alto, con vista a la ciudad de Veracruz, hay una cuadrada lápida empotrada, en la que se lee: "Reynando en la Monarquía de España y de las Indias el rey don Felipe V.N.S y siendo su virrey, gobernador y capitán general de esta Nueva-España el excelentísimo señor duque de Alburquerque, señor de la Orden del Toison de Oro, se acabó esta obra del Caballero Alto en el año de 1710 siendo castellano de esta fortaleza el señor coronel don José Ramírez Arellano".

La fortaleza de San Juan de Ulúa fue empleada por los gobiernos de la dominación española y después de la Independencia por el gobierno del dictador Porfirio Díaz, como pavorosa prisión. En una hedionda mazmorra, húmeda y tenebrosa, murió el padre Melchor de Talamantes, precursor del movimiento de Independencia. En una de estas trágicas mazmorras perdió la razón el clérigo Gregorio Cornide, acusado de conspirar contra los dominadores. En una de estas frías mazmorras el dominico fray Servando Teresa de Mier, también paladín de la Independencia, supo de los rigores de la prisión. Y también en una de esas lóbregas mazmorras don Carlos María Bustamante sufrió inicua encarcelación. Larga y prolija sería la lista de los presos políticos, de los revolucionarios que supieron del rigor y del mal trato que se daba a los detenidos en esa fortaleza. Citaremos a Juan Sarabia, Esteban Baca Calderón, Manuel M. Diéguez, Juan Rodríguez Clara y otros muchos que escapan a mi memoria.

El vulgo refiere que dentro de esa fortificación, llena de misterio y de aventura, por el camino que conduce a las mazmorras, se ve caminar rumbo al Caballero Alto, a un fantasma que parece vestir el uniforme a rayas de los presos, sujeto en su pierna izquierda, a la altura del tobillo, un grillete que aprisiona una cadena y en su extremo contrario una bola de fierro, y que a su paso por aquellos lóbregos y tortuosos caminos, producen un ruido misterioso y sobrenatural, como eco de ultratumba, que se reproduce de una forma que aterra y hiela la sangre en las venas de todo mortal que se tropieza con el tétrico fantasma, que avanza lentamente camino del Caballero Alto, y en la oscuridad de la noche deja oír pasmosos gritos y lamentos de dolor: "¡Ay! ¡Ay! ¡Malditos! ¡Malditos asesinos!" Imponentes en el nocturno silencio se escuchan las quejas en medio del siniestro y macabro espectáculo aquél.

Se afirma que en no lejana fecha, los ayes del fantasma llegaron hasta el centinela apostado en el Caballero Alto. Éste, al descubrir la dantesca figura, le marcó el alto, pero en vano, pues el fantasma continuó avanzando, hasta que el centinela decidió disparar su arma; pero la bala no causó el menor efecto en el misterioso personaje que continuó su camino sin cesar en sus quejas y sus maldiciones. Sin explicarse lo que sucedía, el centinela lanzó el grito de ordenanza: "¡Cabo de cuarto!" El aludido, al oír el llamado, subió al Caballero Alto encontrando al centinela privado, preso de fuerte y febril escalofrío. Cuando recobró el conocimiento, unas cuatro horas después, dijo que nunca más volvería a dar servicio en el Caballero Alto.

La Revolución acabó con esa maldita prisión que construyeron los dominadores y que aprovechó exhaustivamente la dictadura, cometiendo en ella un sinnúmero de crímenes que son el antecedente de esos fantasmas que pululan por el castillo. (*Fanstasmas. Leyendas de Veracruz*).

LAS ALMAS DE LOS CUARTELES

Los antiguos cuarteles aparecían a lo largo de las calles Puerta Merced, hoy Melchor Ocampo, flanqueados al este por el bastión de San Fernando, situado en la desembocadura de las calles de La Merced, último tramo en el extremo sur de la actual avenida Independencia, y al oeste, adosado a los cuarteles estaba el bastión de Santa Bárbara, a orillas de las calles Punta de Diamantes, como se denominaba ese pedazo de la actual avenida Francisco I. Madero, bastión de heroica epopeya en donde en 1847 se cubrió de gloria el teniente de marina Sebastián Holtzinger, durante la lucha contra los invasores norteamericanos, en su primera invasión injustificada, pues en un acto de temeridad, al ser quebrada por una metralla el asta de la bandera nacional, recogió ésta y, como si él fuera recia columna de roble, tremoló nuestro lábaro patrio, acto que despertó la admiración del enemigo.

En esos siniestros cuarteles, la dictadura porfiriana mandó fusilar a muchas personas inocentes, que el único crimen que cometieron fue el de enfrentarse al tirano señalándole sus errores y sus horrorosos atentados a la vida. Cuarteles de gruesos muros, de cuadras mal ventiladas, insalubres y penumbrosas en las que, en el nombre de la ley del Dictador, perdieron la vida honrados ciudadanos útiles a la Patria. Cuarteles cuyos pétreos muros coloniales formaron parte de la muralla que rodeaba a la Villa Rica de la Vera-Cruz. Cuarteles que en tiempos idos fueron mudos testigos de nefastos asesinatos, entre ellos los perpetrados en la madrugada del día 25 de junio del año 1879, por el general y gobernador del Estado, Luis Mier y Terán, quien haciendo lujo de fuerzas, sacó de sus casas en paños menores a las víctimas de ese cruento y aciago día, y a la vista de su estupefactos y afligidos familiares, los hizo conducir a esos malditos cuarteles, escenario de la funestamente célebre frase de Porfirio Díaz que, según registra la historia, apareció en el mensaje que éste giró a Mier y Terán: "Mátalos en caliente".

Y el sanguinario gobernador cumplió la canalla orden. Después los cadáveres fueron sacados de los cuarteles en carretas y arrojados a una fosa común en el cementerio.

Desde aquella nefasta fecha, cada vez que transcurre un aniversario más de los arbitrarios asesinatos, las calles que ocuparon los desaparecidos dos cuarteles se ven invadidas por un tumulto de sombras que en macabras comparsas distorsionan sus cuerpos, y aguijoneadas por el coraje y el dolor, emiten tristes ayes y lamentos y siembran confusión con su presencia. El silencio imponente de la noche se ve entonces turbado por las imprecaciones de odio que esas tristes ánimas lanzan contra aquellos hombres que impunemente les quitaron la vida, voces de ultratumba que como ecos procedentes del más allá, repiten sin cesar: "¡Asesinos! ¡Asesinos! ¡Malditos sean por siempre!"

Esas fantasmagóricas visiones mucho tiempo sembraron el pánico entre los humanos que las vieron y éstos, presos de febril delirio, con premura se santiguaban y un padre nuestro musitaban, alejándose del lugar maldito que ocuparon los cuarteles, que en sus muros de piedra múcara encerraron tantos episodios de crímenes que llenaron toda una época en nuestro México sufrido que, valiente, se liberó con el verbo sencillo de aquel hombre noble que con su palabra derrocó a la odiosa dictadura, autora de tantos crímenes. Aquel hombre, don Francisco I. Madero, que murió asesinado a causa de la traición de uno de los más grandes criminales que tuvo a su órdenes la dictadura, el general Victoriano Huerta. (*Fantasmas. Leyendas de Veracruz*).

EL MONJE DE LA MERCED

El primer templo edificado dentro de la amurallada Villa Rica de la Vera-Cruz fue inaugurado en el año de 1613 con el nombre de Nuestra Señora de las Mercedes. De él tomaron el nombre las últimas calles al sur de la actual avenida Independencia: calles de La Merced, que empezaban en la calle de La Condesa y terminaban en los Cuarteles de Puerta Merced, así como a partir de Independencia hacia el poniente, la actual calle Francisco Canal también se denominaba de La Merced, pues en la esquina formada por ambas era donde la iglesia levantaba sus piadosos y acogedores muros.

En el año 1683 nuestra Señora de las Mercedes fue usada como cárcel por los piratas capitaneados por Lorenzo Graham (a) "Lorencillo", pues en ella mantuvo bajo amenaza de muerte a los principales habitantes de la ciudad, en calidad de rehenes.

Siguiendo la estructura favorita de los españoles, la iglesia se componía de tres naves, la principal de las cuales, en donde descansaba la torre, abría sus puertas al frente de las calles de La Merced, y según era común en esos tiempos, también tenía subterráneos que comunicaban con todos los edificios del gobierno y otros de índole monástica.

Muchos años después, Nuestra Señora de las Mercedes fue cerrada al culto y las imágenes que en ella se veneraban, entre otras la Virgen de las Mercedes y el Jesús de las Tres Caídas, pasaron al nuevo templo que abría sus religiosas puertas: la Parroquia de la Asunción, es decir que aquélla fue madrina de ésta, hoy convertida en Catedral. Fue entonces cuando unos frailes se refugiaron en ese edificio y lo convirtieron en convento.

En los tiempos en que fueron promulgadas las Leyes de Reforma, la vetusta construcción que había sido templo primero y convento después, lo mismo que la manzana donde estaba establecida, fueron sacadas a remate y adquiridas por los señores Rafael Zayas Enríquez y el coronel don Manuel Gutiérrez Zamora.

Poco antes del año 1880, la casa de la esquina, para esa fecha acondicionada en esa parte de la iglesia, lo mismo que la iglesia, fueron compradas por el distinguido médico cubano don Manuel Cabrera, quien el 25 de julio de 1894 tuvo el honor de alojar en su casa a un hombre que después sería uno de los inmortales de América: José Martí. En los bajos de la casa se encontraba el club político "Máximo Gómez", que había sido fundado por el señor padre del doctor Manuel Cabrera, y en él Martí se reunió con lo más granado de la colonia cubana, a fin de cambiar impresiones respecto a lo que se debía hacer para liberar a su patria del yugo español.

Con motivo del viaje de Martí a Veracruz, el gran poeta Peón Contreras escribió estos versos:

Lo vi llegar en la ferrada vía;
De incógnito venía
a la dudosa luz de las estrellas;

Yo le miré llegar proscrito, errante,
trayendo en el semblante
de su marchita juventud las huellas.
Estaba frío como el mármol. Era
color de cera
que blanqueaba la luz del sol ardiente;
tenía el rostro rígido de un muerto
cuando entramos al puerto
la mirada eludiendo de la gente.
¡Martí no era Martí! Poeta ardiente,
de inspiración valiente,
de esa que nunca en el dolor se agota.
¡Era el alma de un Pueblo y su conciencia!
¡Era una Independencia
encerrada en el alma de un patriota!

Pasaron los años y cierto día se presentó en la casa del doctor Cabrera un individuo extraño que con insistencia y en tono misterioso pidió hablar con el dueño de la casa. Tras mucho insistir, al fin consiguió su propósito y expuso al médico el motivo de su visita. Según dijo, era veracruzano y tenía algunos años de haber salido de la ciudad para radicarse en el extranjero, y su presencia en la Villa Rica de la Vera-Cruz era sólo para recoger una herencia que le pertenecía y estaba oculta dentro del templo de La Merced, ahora propiedad de su entrevistado, por lo que acudía a él para solicitar que le permitiera hacer la búsqueda necesaria en el sitio que él sabía, ofreciendo darle una parte al encontrar el tesoro que consistía en dinero y joyería de piedras preciosas.

Se presume que el tesoro a que se refería el misterioso sujeto, de existir, era el de la Iglesia, cuidadosamente oculto por los frailes, temerosos de que les fuera robado en alguno de los frecuentes saqueos a que era sometida la ciudad en los tiempos en que ellos vivieron.

Según aquel desconocido, las riquezas que buscaba habían sido ocultadas por fray Benigno Cabeza de Vaca, quien al morir reveló en secreto el lugar y escondite donde él las depositó, a su ama de cura, que resultó ser la madre del extraño desconocido buscador del tesoro. Así, siendo él hijo de la que guardaba el secreto, por ese solo hecho se consideraba el legítimo dueño de la riqueza, pues contaba que su madre antes de morir le había dicho: "Acuérdate, tesoro Cabeza de Vaca, es tuyo". El desconocido relató también, que allá en su infancia él había caminado por todo el templo, razón por la cual lo conocía muy bien. Por eso, cuando autorizado por el doctor Cabrera se dispuso a efectuar la búsqueda, no le fue difícil dar con el lugar que le había sido señalado, y así que estuvo precisamente frente al sitio que había ocupado el altar mayor de Nuestra Señora de las Mercedes, se detuvo bruscamente sobre el lado izquierdo y exclamó: "¡Aquí es!" Pero en el punto que él señalaba nada particular se advertía, excepto que la pared estaba completamente ennegrecida y sucia.

"Excavemos aquí —decía él con mucha insistencia—, porque tengo la seguridad que encontraremos una losa que tapa la entrada del lugar en que están guardados cálices, coronas y todo lo del templo".

La seguridad y fe que aquel desconocido ponía en sus palabras, convencieron a quienes le acompañaban, y en seguida se procedió a trabajar en ese lugar. Al primer barretazo la pared cedió, sólo que el golpe fue tan fuerte que también rompió una losa artificiosamente disimulada bajo aquélla, partiéndola en dos pedazos que se precipitaron a una vacía y profunda oquedad que ella cubría. Fue tanta la estupefacción de los presentes, que de pronto no reaccionaron, pero repuestos de la sorpresa, se apresuraron a explorar aquella abertura... y nada... ¡el tesoro ya no estaba! Con seguridad algunos otros que también sabían de él se habían adelantado.

La epigrafía de la ciudad fue la única que obtuvo un tesoro: la placa que ningún historiador había conocido y que en español antiquísimo, toscamente labrada en bajo relieve, tenía la siguiente inscripción: "En esta capilla puso la primera piedra el señor don Gerardo Gómez, caballero de la Orden de Santiago. Gran señor de armas y de la flota de España quien personalmente la colocó el... de 1628".

La fecha estaba trunca. Era allí donde la barreta había pegado rompiendo la losa. Pero pudiéndose leer: "1628", la nueva fecha ha engendrado dudas acerca de la verdadera fundación del templo; sin embargo, la explicación puede encontrarse si se toma en cuenta que con seguridad esta última fecha no se refiere a la fabricación en general de la obra, sino a la particular del altar mayor, a cuyo pie fue descubierta la placa.

Por muchos años el convento estuvo casi abandonado, sirviendo como bodegas de carga gruesa y de madera; sus amplias bóvedas, como abrigadero y refugio de murciélagos y palomas; sus paredes casi se desmoronaban, amenazando con venirse abajo. Fue a principios del presente siglo cuando la casa comercial Zaldo Hermanos se interesó en adquirir aquella propiedad, conservando el doctor Cabrera la parte que ocupó el coro, que retuvo para dar mayor amplitud a las habitaciones de la familia, en el piso alto, y dar más espacio a su botica, en los bajos. En el lugar, la firma Zaldo hizo levantar un edificio de cuatro pisos, enorme para esa época, el que tiempo después vendió a los señores Juan Benito y Hermano Sucesores. El edificio sería ya para siempre recordado, pues en él murió el 8 de abril del año 1908, el ilustre maestro a la sazón director del Instituto Veracruzano, don Esteban Morales. Hoy, esas históricas construcciones han desaparecido para dar paso a otras modernas: tales son la casa comercial Sears y el Edificio Virginia, nada más por citar las más grandes.

Pocos días después de la búsqueda del tesoro de La Merced, la recámara que ocupaba una de las hijas del doctor Cabrera, Meche, se vio de pronto iluminada ligeramente por una luz sutil, suavísima, como la luz pálida y titilante de una estrella lejana e inquieta, como si quisiera pasar inadvertida para los habitantes de la casa que, sorprendidos primero, fascinados después, como que desde pequeños habían sido acostumbrados a no impresionarse fácilmente, vieron que era la luz dudosa de un gran cirio pascual que de repente había tomado forma dentro de la habitación, y junto a él, corpulento, hermoso a pesar de su hábito pardo y su capucho empinado que parecía hacerlo más alto y más redonda su cara, estaba un fraile que les sonreía afable, como si con su sonrisa quisiera inspirarles confianza. Después, sin que aquella expresión alegre y feliz desapareciera de su rostro sereno, el fraile se volvió hacia una imagen de Nuestra Señora de las Mercedes que había colgada en la pared, y juntó sus manos a la altura del pecho, como si se dispusiera a oficiar una misa.

Esa pieza que ahora era recámara, antaño había sido el oratorio de los frailes que se posesionaron de la capilla La Merced para convertirla en convento. Parece que es esa la explicación a la repentina aparición, en ese cuarto, de fray Benigno Cabeza de Vaca, como en cierta ocasión dijo llamarse ese monje que desde entonces muy a menudo empezó a visitar el hogar de los Cabrera, tanto, que todos los miembros de la familia ya lo trataban como si verdaderamente existiera y fuera uno de ellos. Se encariñaron con él a consecuencia de verlo frecuentemente, pues a todas horas se tropezaban con su gruesa figura y hasta le decían: "Vamos, vamos, hazte a un lado que tengo prisa". Y sucedía que algunas veces, aquel querido amigo de la familia, pues así lo consideraban, se arrellanaba cómodamente en el sillón tlacotalpeño que había en la sala de la casa, y allí pasaba largo tiempo entretenido en suave balanceo. En otras ocasiones prefería ir a sentarse a orillas de la cama de Meche, la amiga que parecía tenerle más cariño, la amiga que más se acercaba a él, la amiga que apenas ganaba algún dinero inmediatamente decía: "Para mi amigo el fraile". Y en seguida le mandaba celebrar una misa.

Pero cierta vez la familia Cabrera notó la ausencia prolongada de fray Benigno Cabeza de Vaca; extrañaban sus amables y diarias visitas. Meche andaba de viaje, había partido hacia la isla de Cuba a donar al Museo de La Habana los cubiertos y platos que José Matí había utilizado durante su estancia en casa de sus padres. Luego entonces ¿la ausencia del fraile se debía a que Meche no estaba en casa? Todo hizo suponer que así era en efecto, pues al regresar ella, surgió de nuevo en la semioscuridad de la recámara, la grave figura del monje, y como siempre, a su derecha se veía el gran cirio pascual que no se apartaba de su lado.

Por esos mismos días, la familia se vio gratamente sorprendida por una nueva visitante: era una angelical criatura vestida con níveo y vaporoso vestido de gasa de anchas mangas que le cubrían hasta las delicadas muñecas, y llevaba un gran moño anudado bajo el mentón. Algo misterioso se advertía en la lividez de su rostro, en sus grandes ojeras y sus naricitas perfiladas. Pero a pesar de eso su semblante era risueño, encantador, con esa alegría y esa inquietud que brindan los años de la infancia. Sus bucles de oro, como cantarín arroyuelo caían sobre su nuca blanca, felices bajo el lazo que los aprisionaba. Era un querubín quizás de ocho años, que parecía haber escapado de un cuento de hadas. Apareció de pronto dentro de la casa, y cómo era feliz danzando como juguetón torbellino. Todos la amaron en seguida y todos jugueteaban con ella. Ya iba, venía, abriendo y cerrando puertas a su paso, ya se asomaba al balcón, y cómo le fascinaba oír el ruido producido por las teclas de la máquina de escribir, al hundir en ellas sus ágiles dedos, Meche la amiga favorita, la que con manifiesta preferencia ella acompañaba, sobre todo si de escribir a máquina se trataba, pues a su lado, traviesa y curiosa, se apostaba hasta que Meche, indulgente, le decía: "Vamos, vamos chicuela, déjame trabajar".

Y cuando no era la chiquilla a la que amorosamente llamaban "la niña", era fray Benigno Cabeza de Vaca quien visitaba la casa. Fray Benigno Cabeza de Vaca, a quien no agradaban las visitas nocturnas; quien en pleno día todo lo aceptaba, pero que no llegara la noche, porque entonces la puerta de la casa debía cerrarse y no dar paso a nadie que no fuera de la familia, pues si alguien extraño llegaba o esperaba allí la noche, él aparecía con el ceño fruncido, demostrando su enojo, con el consiguiente susto para el visitante no acostumbrado a él.

Pero un buen día el fraile no apareció más, ya no se veía el gran cirio pascual que solía acompañar sus apariciones, ya no se vía su gruesa y elevada figura arrellanarse en el sillón tlacotalpeño o sentarse al borde de la cama; ya la serenidad de su rostro grave, no inspiraba paz. La familia Cabrera lo sintió muchísimo, lo extraño aún más. Por seis años "vivió" con ellos, acaso defendiéndolos de esas otras dos figuras tambien de frailes que de vez en vez aparecían con él, y que al no venir más fray Benigno, empezaron a hacer de las suyas. La familia empezo a ser importunada por aquellas siniestras figuras, de tal grado que una noche, Meche recibió un fuerte empujón que la sacó de la cama en que dormía y al chocar contra el suelo sufrío la fractura de un brazo, en vista de lo cual, en lo sucesivo optó por bajar su colchón al piso y allí fueron los dos fantasmas a zarandearla tratando de arrojarla fuera del colchón, seguramente molestos porque ella no les demostraba temor alguno.

Esos y otros sucesos molestos en extremo, decidieron a la familia Cabrera a entrevistarse con el jefe de la grey católica veracruzana, guiada entonces por el señor obispo Rafael Guízar y Valencia, a quien expusieron el caso . Su ilustrísima hizo viaje de Xalapa a Veracruz y se personó en la legendaria casa; pero apenas penetró en la recámara de Meche, un estrepitoso ruido irrumpió en la pieza, como si una fina vajilla de cristal cortado de Bohemia, hubiera caído al suelo rompiéndose en mil pedazos. Su señoría entonces, con esa serenidad que tienen los hombres buenos a lo que nada reprocha su conciencia —digo esto porque yo lo traté, fui su amigo muchos años, y me consta cuán noble era el corazón de ese hombre—, se santiguó y adelantando el crucifijo que colgaba sobre su pecho, extendió su diestra e hizo la señal de la cruz, bendiciendo la pieza.

Esta es la leyenda de la iglesia de Nuestra Señora de las Mercedes, tramada en una tradición comprobada de la que dan testimonio varias personas fidedignas. Y aún hoy, la niña y fray Benigno Cabeza de Vaca aparecen por esos lugares que ocupó el convento de La Merced, pues para sus almas muy apegadas a la tierra, ahí es su casa. Y si una noche oscura usted camina por ese lugar, prepare su espíritu a penetrar en el mundo de misterio y de aventura que acompaña a la aparición de El Monje de la Merced. (*Fantasmas. Leyendas de Veracruz*).

ALBERTO ESPEJO, ILAHÍ RAMÍREZ MUÑOZ y NORMA ANGÉLICA CUEVAS VELASCO. Él es profesor de la Facultad de Filosofía y Letras de la Universidad Veracruzana (UV) y coautor de varios libros sobre lenguaje popular y literatura tradicional; y ellas, licenciadas en letras españolas por la propia UV y catedráticas en instituciones de enseñanza superior. Unidos con el propósito de "lograr la fijación discursiva de la oralidad en la escritura", formaron con el auxilio de un numeroso grupo de informantes, el *Diccionario mítico-mágico de Veracruz* (Gobierno del Estado de Veracruz-Llave, 1994).

CUEVA SELLADA O CERRADA

En todo el Estado de Veracruz existen cuevas que se encuentran cerradas, ya sea por enormes piedras o por montes muy espesos; inaccesibles al paso del hombre. Estas cuevas sólo se muestran el día del encanto, o sea el 24 de junio, fiesta de San Juan, permaneciendo abiertas hasta las doce de la noche de este día. Una de las leyendas alrededor de las mismas, cuenta que un campesino salió a trabajar sus tierras y de pronto, en el extremo opuesto de donde se encontraba labrando su terreno, vio una enorme cueva y su curiosidad hizo que entrara en ella. Una vez en la cueva vio un gran lago de aguas cristalinas donde nadaban cisnes blancos que se convertían en hermosas mujeres, que cada vez se multiplicaban más. El encanto de este paraíso hizo que se quedara extasiado contemplando esta belleza, por lo que él creyó que sólo había pasado un día, pero dentro de la cueva el día equivale a un año.

Su esposa, preocupada porque éste no regresó a la hora de costumbre, pidió ayuda a los vecinos para que fuesen a encontrarlo. Durante varios días fue buscado por un grupo de hombres, pero cansados de no hallar más que su azadón y el morral con el bastimento, lo dieron por muerto y desaparecido. Mientras, el hombre se encontraba en la cueva pensando que era tarde y se acercaba la noche, se retiró y pasó a buscar su azadón y su morral que ya no estaban, y pensó que alguien se los había robado. Resignado tomó el camino que lo llevaba a su casa y durante el transcurso se topó con algunas personas que le preguntaban en dónde había estado. El pensó que lo que le decían no tenía ninguna importancia y sólo se limitó a contestar que había ido a su milpa a trabajar, lo que causaba risa a los otros. Al llegar a su casa, vio a su esposa triste y vestida de negro, quien al verlo se sorprendió muchísimo y comenzó a llorar, interrogándolo sobre dónde había permanecido tanto tiempo y sin avisar. El hombre le explicó lo que había visto, y que sólo había estado ausente por un día. Su esposa le dijo que ya había pasado un año exactamente y lo comprobó al ver a sus hijos más grandes de como los había dejado.

Otra historia del sur narra que un hombre había intentado entrar a una cueva tapada por una gran piedra, pero un día 24 de junio encontró que la cueva estaba abierta y que al fin penetraría para verla por dentro. Una vez ahí, halló una fonda muy arreglada que tenía joyas y piedras preciosas por todas partes. Las mesas estaban cubiertas con manteles de finas telas, y sobre éstos había charolas de plata que contenían las más ricas comidas que jamás había probado. Nunca supo quién preparaba la comida. Durante el tiempo que estuvo allí vio a unas mujeres con la cara cubierta por un rebozo, que eran quienes servían los platos.

Después de estar varias horas descubrió en la cabecera de la mesa a un hombre alto y negro que parecía el patrón; en distintas ocasiones se acercó para pedirle que lo dejara salir y el negro le dijo que no. Siguió insistiendo hasta que aquél se lo permitió, con la condición de que volviera al otro día. Cuando ya estuvo fuera, se dirigió a su hogar y en el camino se encontró a muchas personas que iban a la cueva. Éstas se sorprendían al verlo, pero el más sorprendido era él, al darse cuenta que se trataba del 24 de junio del año siguiente: había pasado un año adentro, mientras él creía que sólo fue un día.

A todos les contó lo que había vivido y que pudo salir prometiendo que regresaría, mas no pensaba hacerlo. Al pasar tres días murió repentinamente y fue encontrado al lado de la cueva. (*Diccionario mítico-mágico de Veracruz*).

MERCADO DE INDIOS

Se cuenta en Pánuco y poblaciones aledañas que a orillas de los embarcaderos se escuchan gemidos, gritos y llantos en noches huracanadas. Los lugareños suponen que esto se debe a que en época de los españoles, existía por esa zona un verdadero tirano que vendía los indios de la región a Cuba o a la Florida de Estados Unidos, o los cambiaba por caballos (un indio fuerte a cambio de cinco caballos). Como rasgo de su crueldad los pobladores dicen que este desalmado hacendado herraba a los indígenas, además de amarrarlos con cadenas unos a otros y por lo tanto el sufrimiento era terrible. Al lugar donde los llevaban se llamaba "mercado de indios". Hoy el viento expresa en sus sonidos la memoria de las horripilantes escenas en esos alaridos de dolor; el que escucha dice: —es el mercado de indios... y no teme al sonido de los lamentos. (*Diccionario mítico-mágico de Veracruz*).

PUENTE DEL DIABLO

En el último lustro del siglo xvi llegó a las fértiles tierras coatepecanas don José F. de la Higuera, acompañado de su esposa, dos hijos, tres hijas y una nana mulata. Al poco tiempo el padre se convirtió en el hacendado más poderoso.

Cuando sus hijos Juan y Pancho se hicieron hombres, dividió la hacienda; por ello ahora conocemos ambos lugares como El Grande y El Chico. Las propiedades de Pancho limitaban con un río que separaba sus fincas de las de los padres de Inés (hermosa joven de quien él estaba enamorado). Los ranchos sólo se comunicaban por un débil puente de madera.

Un día Inés mandó decir a Pancho que fuera por ella a las tres de la madrugada para huir juntos, puesto que estaba embarazada. Su plan de escaparse se frustró debido a que una terrible tormenta arrastró el puente que la llevaría al lindero. Pancho se desesperó e invocó la ayuda del diablo, quien se hizo presente de inmediato. El pacto consistía en que "el señor de negro" construiría un puente antes de que el gallo cantara anunciando las tres de la mañana.

Mientras el diablo hacía su trabajo, Pancho le contaba a su nana lo ocurrido. Como la negrita lo quería tanto, se cubrió con una piel de jabalí que adornaba la sala y se subió al tejado; estando arriba sacudió la piel e hizo una perfecta imitación del canto de un gallo. Gracias al ingenio de la nana, todos los gallos de por allí comenzaron con su quiquiriquí.

El inesperado canto enfadó al diablo, a quien sólo le faltaba colocar la última piedra. Para descargar su ira, dio una fuerte patada sobre las rocas, dejando marcada su maligna pata de gallo. Desde ese día hasta hoy, la gente lo llama "el puente del diablo" por el que todos temen pasar, y sobre el cual nadie camina, sobre todo si es de madrugada. (*Diccionario mítico-mágico de Veracruz*).

YUCATÁN

LUIS ROSADO VEGA. Nació en Chemax y murió en Mérida, ambas de Yucatán (1873-1958). Dirigió el Museo Histórico y Arqueológico de Yucatán y el Ateneo de Ciencias y Artes de Tlaxcala. Literato modernista de acento regional, escribió poemarios, las novelas *María Clemencia* y *Claudio Martín*, *Vida de un chiclero*, *El alma misteriosa del Mayab. Tradiciones, leyendas y consejas* (México, Editorial Botas, 1934), *Amerindmaya* (1938) y *Lo que pasó y aún vive. Entraña yucateca* (1947). Compuso el poema "La Peregrina", al que puso música Ricardo Palmerín y el cual fue dedicado por el gobernador Felipe Carrillo Puerto a la escritora norteamericana Alma Reed.

EL ORIGEN DE LA MUJER XTABAY

La virtud, dice el indio con el don de sabiduría que lleva en su mente clara, está en el corazón y no en las acciones de los hombres. Llena de virtud tu corazón y cuando mueras irás al lugar en que se es feliz para siempre, bajo las ceibas altas y frondosas que en el cielo esperan a los hombres que fueron buenos.

Sabio decir es este que hay que tener en cuenta para las cosas de la vida y las cosas de la muerte. Escucha y verás cómo es así:

Mucho se ha dicho de la mujer Xtabay, mucho, pero todo con referencia a que es una hermosa mujer india que embruja con sus males artes a los hombres que se le acercan cuando la encuentran de noche en los caminos, y que los seduce porque es muy bella, pero que también los mata porque es muy cruel de corazón. Esto es lo que se cuenta, pero no se cuenta su origen, no se dice quién fue la mujer Xtabay antes de dedicarse a tan perversos oficios, es decir, quién fue en su vida humana. Este es lo que viene a aclarar la tradición. De pronto ha de saberse que la Xtabay no surge de las ceibas como es costumbre el afirmar. Arbol sagrado y bueno es la ceiba para que de su seno pueda nacer ningún ser maligno.

No... La mujer Xtabay nace de una mala planta punzadora, y si se la encuentra junto a las ceibas es porque puede ocultarse tras el tronco, que es ancho, para sorprender a sus víctimas... y también porque sabe que las ceibas son los árboles que más ama el indio, y que con predilección se acoje a ellos. Pero de ningún modo es hija de la ceiba.

Escuchad hoy y aprended.

Me acompañaba un indio en la jornada. Caminábamos de noche a través de un camino blanco. De pronto vimos en la claridad lunar cruzar una sombra de mujer. ¿Quién podría ser? Era al mediar de la noche y un profundo silencio reinaba en todo, como si hubiera bajado del cielo para proteger los montes y la tierra. El indio se detuvo un instante y ví temblar sus labios en tanto que me dijo balbuciente:

—Señor, apresuremos el paso, y no vuelvas la vista hacia esa "cosa mala", mejor no intentes verla, y si la ves y te hace señal alguna llamándote hacia ella, no hagas caso. Es la mujer mala, es la Xtabay que mata a los hombres. Señor, apresuremos el paso.

Sentí el calosfrío que se siente ante un peligro envuelto en el misterio. Recordé las historias que sabía de la mujer Xtabay. Una fuerza mayor que mi voluntad, me impulsaba a ver y ví, ví sobre el camino aquella forma al parecer humana y tan atractiva que era menester una decisión heroica para no ir tras ella. El indio iba con los ojos bajos, pero visiblemente excitado. Al fin la mujer fantasma se perdió en un recodo.

—Ya se ha ido—, le dije al indio.

—No lo creas, me contestó. Ha de estar oculta en algún lugar en la orilla del camino... Caminemos por en medio de la senda, y apresuremos el paso, señor.

Rendimos la jornada y a instancias mías el indio me narró la historia.

Vivían en un pueblo dos mujeres. A una la apodaban los vecinos la Xkeban, que es como decir en idioma de españoles, la pecadora. A la otra le decían la Utz-colel, que es como decir la mujer buena. En verdad de verdad la Xkeban era muy bella, pero se daba continuamente al pecado de amor que se llama ilícito. Por esto era muy despreciada por las gentes honradas del lugar que excusaban su trato y huían de ella como de cosa hedionda. En más de una ocasión se había pretendido lanzarla del pueblo, aunque en fin de cuentas hubieron de preferir tenerla a mano para despreciarla.

La Utz-colel era virtuosísima, recta y austera; como ninguna era la virtud de aquella mujer. Era bella también, y como jamás había cometido ningún desliz de amor gozaba de la consideración de todo el sencillo vencindario.

Pero la pecadora a pesar de ser como era, hacía el bien a manos llenas en cuanto le era posible. Era muy compasiva y socorría a los mendigos que llegaban a ella en demanda de algún auxilio. Curaba a los pobres enfermos abandonados. Amparaba a los animales inútiles. Jamás se la había oído murmurar de nadie, y por último, era humilde de corazón y sufría resignada las injurias de la gente.

La Utz-colel por el contrario, aunque muy virtuosa de cuerpo, era rígida y dura de carácter, y de tan egoístas sentimientos que trataba con desprecio a los pordioseros que se le acercaban sin darles nunca ni un mendrugo de pan porque decía que eso era fomentar la vagancia. Desdeñaba a los humildes por considerarlos inferiores a ella, no curaba a los enfermos por repugnancia, pero no pecaba nunca en pecados de amor. Recta era su virtud como un palo enhiesto, pero frío su corazón como la piel de las serpientes.

Y llegó un día en que los vecinos no vieron salir a la Xkeban de su casa, y pasó otro día y tampoco. Supusieron que estaría entregada a sus placeres. Pero de pronto comenzó a sentirse un perfume intenso, ignorándose su causa. Buscaron los vecinos, y rastreando las huellas en el viento fueron con gran asombro a dar a la casa de la Xkeban. Y se encontraron con que la mujer había muerto. Había muerto abandonada de las gentes, pero sus animales domésticos cuidaban su cadáver, lamiéndole las manos y ahuyentando a las moscas. Pero lo que más pasmó a la gente fue que el perfume que se sentía en todo el pueblo emanaba del cuerpo muerto.

Los vecinos quedaron confundidos sin explicarse aquella anomalía. Cuando la noticia llegó a oídos de la Utz-colel, ésta rió despectivamente sin dar crédito a la noticia. —Es imposible, exclamó, que del cadáver de una tan gran pecadora pueda desprenderse perfume alguno. Más bien ha de heder a carne podrida—, agregó con dura palabra.

Pero era curiosa y quiso convencerse por sí misma. Fue al lugar y sintió, en efecto, el perfume que se desprendía del cadáver, y no ocultando ni su extrañeza ni su despecho, dijo con sorna: —Cosa del demonio ha de ser esta para embaucar a los hombres. Por lo demás si el cadáver de esta mujer tan mala huele tan aromáticamente, cuando yo muera, como soy tan virtuosa, mi cadáver ha de oler mejor.

Naturalmente al entierro de la Xkeban sólo fueron los pobrecitos, a quienes había socorrido o curado en sus enfermedades, pues las demás gentes decían, como la mujer virtuosa, que aquello era obra del demonio. Pero por dónde pasó el cortejo se fue dilatando el perfume, y al siguiente día amaneció la tumba cubierta de flores silvestres que nadie supo quién las había puesto.

Poco tiempo después murió la Utz-colel, la cual fue muy llorada por las gentes que se asombraban de su gran virtud. Había muerto virgen y seguramente el cielo se abriría inmediatamente para su alma. Pero, ¡oh estupor!, contra lo que esperaban todos y ella misma había esperado, su cadáver desprendía un hedor insoportable, como de carne podrida. Esto no obstante lo mejor del vecindario fue a su entierro llevando grandes ramos de flores para adornar su tumba, pero fue el caso que al amanecer ya no había ninguna sobre la sepultura, todo lo cual fue achacado naturalmente a obra de los demonios.

Ahora bien, según el sentir de la tradición todo esto tenía su explicación en que la Xkeban si gustaba darse al amor, lo cual hacía sin hacer daño a nadie, había sido en realidad la mujer virtuosa, y la Utz-colel aunque intocada de cuerpo había sido en realidad la mujer mala, porque como dice el indio, la virtud está en el corazón y no en las acciones de los hombres precisamente.

Sigue diciendo la tradición que muerta la Xkeban se convirtió en la florecilla llamada xtabentún, que es dulce, sencilla y olorosa, y tan humilde que se la ve en las cercas solamente, como buscando apoyo por sentirse indefensa, tal como se sentía en vida la Xkeban. El jugo de esa florecilla embriaga sin embargo agradablemente, tal como el amor, tal como embriagaba dulcemente el amor de la Xkeban.

En cambio la Utz-colel se convirtió después de muerta en la flor del tzacam, que es un cactus indio erizado de espinas que se alza rígido como dicen que ha de ser la virtud, y como fue la Utz-colel en efecto, rígida en austeridad de cuerpo, pero que punzaba siempre por la dureza de su alma. En la punta del tzacam sale la flor que es hermosa, pero sin perfume alguno, antes bien huele desagradablemente, y al tocarla fácil es punzarse. He ahí por qué Dios convirtió a la Utz-colel en dicha flor.

Convertida la mujer en la flor del tzacam, se dio entonces a reflexionar en el extraño caso de la Xkeban, llegando a la conclusión de que seguramente porque sus pecados habían sido de amor, le había ocurrido todo lo bueno que le ocurrió después de muerta. Y entonces pensó en imitarla dándose también al amor, sin caer en la cuenta de que si las cosas habían ocurrido como ocurrieron, había sido por la bondad de corazón de la Xkeban, y porque si se había dado al amor había sido por un impulso natural, en tanto que la otra trató de darse al amor en sus formas más perversas, siguiendo así sus inclinaciones malas.

Entonces la Utz-colel, llamando en su ayuda a los malos espíritus, consiguió el don de volver al mundo cada vez que quisiese convertida nuevamente en mujer, para enamorar a los hombres, pero con amor nefasto, porque la dureza de su corazón no le permitió otro.

Pues bien, sepan los que quieran saberlo que esa es la mujer Xtabay, la que surge del tzacam, la flor del cactus punzador y rígido, que cuando ve pasar un hombre vuelve a la vida, y lo sigue por los caminos, o lo atisba bajo las ceibas, peinando su larga cabellera con un trozo de tzacam erizado de púas a manera de peine, hasta que consigue atraerlos a sí y los seduce y mata al fin en el frenesí de un amor infernal. (*El alma misteriosa del Mayab*).

LOS ÁRBOLES QUE LLORAN

—Ven —me dijo el indio—, verás por tí mismo que es cierto que los árboles lloran.

Era un bello día estival, claro de sol, y en un humilde predio del lugar estaba el árbol. Era el árbol *dzucdzuc*, que así se llama en lengua de esta tierra, y parecía, en efecto, llorar sin que aparentemente pudiera fijarse el punto o los puntos de donde fluyese el líquido. El árbol vertía el agua a gotas, empapando sus ramajes, y hasta encharcando el tronco.

Quienes decían que lloraba; quienes afirmaban que era sudor el que vertía; quienes que era agua de lluvia.

Empero la tradición asegura que el árbol *dzucdzuc* llora al igual que algunos otros.

Y es de tan venerable antigüedad que se la remite a los tiempos más prehistóricos, y aun es fácil sorprender en ella ciertas reminiscencias del Gran Diluvio. De todas maneras viene del mito y su sabor es pagano enteramente.

Cuando me la narraba mi acompañante indígena, el árbol *dzucdzuc* que teníamos cerca estaba en lo más álgido de su llanto, pues hasta nosotros llegaba como un rocío que difundía el viento.

En el radiante amanecer en que Noh-Kú, que es el nombre en el idioma maya del Dios Mayor, pues que *noh* significa grande o principal, y *ku* significa Dios, formó la Tierra del Mayab, ordenó a uno de sus lugartenientes de más jerarquía, a Yum Chaac, que se encargara del agua, así del Cielo como de la Tierra, para repartirla equitativamente, teniendo cuidado con especialidad del riego de las sementeras. Yum Chaac es el señor de las Aguas, pues que *yum* se traduce en lengua de gachupines por señor, y *chaac*, por agua, aludiendo a la que cae de las nubes.

Yum Chaac tenía entonces dos hijos, Noh Zayab, que viene a traducirse en español por Gran Corriente de Agua, y Xbulel que significa inundación, y la cual Xbulel era una guapa moza.

El Príncipe Yaax Kin, mancebo el más hermoso del Cielo, cuyo nombre literalmente significa el Sol Verde, que ha de entenderse por el Sol nuevo, o sea el hijo del Gran Sol, andaba tan enamorado de la bella Xbulel que el noviazgo concluyó en matrimonio, y el matrimonio en una hijita llamada Xhoné Há, que es como si se dijera Agua Interior.

Así las cosas, ocurrió que Noh Kú ordenara a Yum Chaac que se trasladara a la Tierra para la mejor atención en su encargo de distribuidor de las aguas. Y aunque casados y amándose mucho, Yaax Kin y Xbulel no podían estar juntos mucho tiempo, pues la muchacha bajó con su padre a la Tierra para ayudarlo en las tareas, en compañía de su hermano Noh Zayab. Por su parte, el Príncipe Yaax Kin tenía también que ayudar a su padre el Gran Sol, de modo que los amantes esposos sólo se veían de vez en cuando, cuando el mancebo lograba darse una breve escapada a la Tierra. No podía en consecuencia vigilar de cerca a su esposa ni atender eficientemente a la pequeña Xhoné-Há, que como es natural estaba con la madre.

Muy jóvenes eran los hermanos Noh Zayab y Xbulel, y de carácter inquieto y alocado y además desobedientes, de modo que dedicaban la mayor parte de su tiempo más a divertirse y a jugar que a ayudar a su padre en los trabajos de atender los campos y vigilar que no se secaran las aguas de los cenotes y sartenejas, no obstante los refunfuños del padre que los imprecaba con la voz de los truenos.

Un día amanecieron los cielos muy negros, nubarrones inmensos como jamás se habían visto lo obscurecían todo, un viento húmedo se había desencadenado soplando furiosamente y sacudiendo con frenesí los árboles como queriendo derribarlos. Rayaban los relámpagos siniestramente el espacio, y los truenos se sucedían cada vez más retumbantes. Todo anunciaba una tempestad que seguramente sería la más violenta y hasta Yum Chaac no las tenía todas consigo a pesar de ser el Señor de las aguas, recomendando a sus hijos mucho cuidado y vigilancia.

Pero los mozos atendían más a sus inclinaciones que a otra cosa, y al parecer poco les importaba que el Cielo se derrumbase sobre la Tierra, dándose como siempre al juego. Y así ocurrió que al fin las nubes se abrieron y una violenta lluvia como jamás se había visto comenzó a caer sobre la tierra. Tan engolfados estaban Noh Zayab y Xbulel en sus pasatiempos que no se dieron cuenta de las cosas sino cuando éstas ya no tenían remedio. Habían descuidado el encauzamiento de las aguas, y éstas bajando a enormes raudales de las nubes, habían inundado la Tierra, causando la muerte a innumerables gentes y arrasándolo todo.

Xbulel al darse cuenta de la desgracia se llenó de terror. Recordó entonces que por dedicarse libremente al juego había dejado a su hijita Xhoné Há durmiendo junto al tronco de un árbol. Pero la descuidada madre ni siquiera se había fijado en cual árbol. Llena de dolor, suponiendo el trágico fin de la niña, corrió al lugar en que poco más o menos creyó que la había dejado, con la vaga esperanza de llegar a tiempo para salvarla. Pero fue en vano pues no encontró ni a la niña, ni acertó con el árbol. Seguramente la impetuosa corriente de las aguas había arrastrado a la infeliz chiquilla.

Cuando Yum Chaac supo las cosas se irritó sobremanera atribuyendo al descuido de sus hijos el siniestro y la desaparición de su nietecilla. El Príncipe Yaax Kin también se enojó hasta la ira por la pérdida de su hija en tales condiciones, y hasta el abuelo de la pequeña Xhoné Há, el Gran Sol, a pesar de su prudencia insinuó que los muchachos debían ser fuertemente castigados, y dejó el castigo al arbitrio de Yum Chaac, ya que éste, como regulador de las Aguas, era quien debía entenderse con aquel asunto.

Y Yum Chaac castigó a sus hijos, y por cierto que los castigó duramente como se merecía su culpa. Amainada que fue la tempestad y cuando la Tierra pudo mostrar la desolación en que había quedado, regada de cadáveres, Yum Chaac llamó a su presencia a sus hijos y les impuso la sentencia, condenado a Noh Zayab a vivir de entonces y para siempre bajo la corteza terrestre, y esa es la gran corriente interior de agua que hay bajo el suelo de esta tierra, y la cual se arrastra gimiendo desde hace miles y miles de años, y ello explica el hecho de que en cualquier punto en que la tierra sea perforada indefectiblemente se dá con un manto de agua, siendo el origen de los pozos. La pobre Xbulel fue condenada a sufrir eternamente sobre la Tierra convirtiéndose en lo que son las inundaciones para que no se le olvide la catástrofe que provocó su descuido, y condenada quedó también a buscar el árbol bajo el cual abandonó a su hija.

Hay ciertos árboles que suscitan en la Xbulel la idea de haber sido bajo uno de ellos donde dejó a la pequeña Xhoné Ha, y es el caso que desde entonces va la afligida madre a llorar silenciosamente bajo aquel que cree ser el árbol que busca. Convencida de que no lo es va a otro, y luego a otro y así estará hasta la consumación de los siglos.

He aquí explicado por qué hay árboles que a veces lloran. Cuando eso ocurre es que la Xbulel, aunque invisible para los seres humanos, está en el árbol y es su llanto el que fluye de las ramas. El árbol *dzucdzuc* es uno de ellos, pero hay otros como el *chucum* y el *catzín* que también son visitados por la infeliz madre y llora en ellos. (*El alma misteriosa del Mayab*).

LA XMAKOL

En lenguaje de indios mayas, Xmakol es como decir la mujer perezosa, y en términos más vulgares la mujer floja.

Esta es su leyenda, que tiene además un curioso interés lingüístico pues posee el idioma maya en no menor cantidad que otras lenguas, la peculiaridad de contener en su acervo, que es muy amplio, voces que en ocasiones se confunden, muy fácilmente, con otras, por defecto de pronunciación, y a veces aun con una pronunciación correcta, pues hasta sucede que dos vocablos enteramente iguales en su estructura expresan ideas completamente distintas, de manera que sólo es dable fijar su significado por el sentido de la oración.

En cosas de pronunciación sólo un oído muy experto puede notar ciertas diferencias, así como también sólo un muy buen conocedor del idioma, puede en la pronunciación darle los distintos matices que son necesarios.

En la leyenda que aquí va, el interés de la misma más que en el asunto que la motiva está en el juego airoso que se hace con pretexto de las curiosas equivocaciones a que puede dar lugar el mal oir o el mal hablar el idioma. En ella el indio hace gala de verdadero ingenio, jugando con los vocablos, y al mismo tiempo y como siempre, con una finalidad sugestiva y moralizadora, con lo que demuestra que se aprovecha hasta de lo más pueril para estos fines.

Sucedió que un matrimonio vivía muy feliz. Hacendosa y madrugadora era la mujer, hacía todos los menesteres de la casa, desde los más ínfimos hasta los de más cuidado. Muy trabajador era el hombre consagrado al cultivo de su milpa.

Y pasó, pasó lo que no es raro. Todas las tardes, al regresar de su milpa, pasaba frente a la casa de una guapa mujer a la cual indefectiblemente encontraba sentada a la puerta, y siempre muy bien emperegilada y sonriente. Era viuda por añadidura, pero en lo más florido de la edad y de sus encantos que no eran pocos. El hombre no era de palo. Las miradas hablan antes que los labios, y es con los ojos con lo que comienzan todas las historias de amor, con miradas suaves al principio, bien ardientes después, y así comenzó la que toca a nuestros personajes.

Y después de mucho hablarse con los ojos, decidióse el indio al fin a hablarle a la hermosa. Salió encantado de la primera entrevista. Qué conversación más amena y cordial, qué bondad respiraba la bella mujer, y qué pulcritud en todas las personas de la familia, pues es de saberse que la viuda tenía dos hijas.

Pero la esposa comenzó a notar en su marido ciertos desvíos, y aun a escuchar ciertas frases incisivas. Así un día malhumorado le dijo el hombre:

—Tú no sabes arreglar bien tus vestidos. Pareces sucia, no como otras a quienes da gusto ver, sentadas a la puerta de sus casas después de los quehaceres del día, tomando el fresco de la tarde.

—Es que yo no tengo tiempo para pensar en mi persona, y aderezarme —respondió la mujer dolida del reproche—. Yo estoy ocupada todo el día en los trabajos de la casa.

El indio menudeó sus visitas a casa de la viuda, y en una de ellas oyó que una de las hijas decía a la madre:

—Madre, recuerda que tenemos que hacer *kux*. Pero el hombre oyó *kuch*, y así se llama a un instrumento de hilar, y pensó: Qué familia más trabajadora; ella misma hila la tela de sus ropas.

Cuando llegó a su casa dijo amoscado a la esposa:

—En realidad he notado que tú eres una mujer muy floja. Tú no hilas la tela de nuestras ropas. Otras mujeres conozco que sí saben hacer ese trabajo, ayudando así al esposo.

—Yo no sé hilar —contestó la mujer—. Pero hago otras cosas. Además no tendría tiempo, pues soy sola en el manejo de toda nuestra casa.

En otra ocasión el hombre oyó decir a la viuda dirijiéndose a una de sus hijas: Muchacha, no olvides el *zacá*. Pero el indio no oyó clara la palabra, sino oyó *zacal* que significa telar, y se afirmó en su convicción de que no había familia más hacendosa.

Y otra vez refunfuñó con su mujer y en dicha ocasión en forma más seria, diciendo que ya le iba cansando vivir con una mujer que no sabía hacer nada, ni siquiera hilar la ropa.

En otra visita a la viuda con la cual el hombre se iba entendiendo a gran prisa, la oyó decir a sus hijas que ya era la hora del *kah*. El creyó oir la palabra *kaan* que significa hamaca, y dedujo que aquellas mujeres urdían hasta las hamacas que las servían.

Aunque era feliz con su mujer, el hombre no era de palo.

—Otras mujeres hay —dijo a su esposa en llegando a la casa—, que no solamente hilan y tejen su ropa, sino hasta fabrican sus hamacas. Solo tú no sabes hacer nada de eso, pero esto tiene que acabar pues no puedo seguir viviendo con una mujer que en nada ayuda su esposo.

La esposa le dio razones, pero bien entendía que la felicidad había desaparecido de su hogar y que su marido acabaría por abandonarla.

Y así ocurrió ciertamente. Cada vez más enamorado de la viuda y suponiendo la dicha que lo esperaba al lado de aquella mujer tan hacendosa como bella, decidió al fin abandonar su hogar y trasladarse a vivir con la viudita.

—Mañana —le dijo a ésta al visitarla, después de haber tomado aquella resolución—, al regresar de mi milpa en vez de ir a mi casa vendré a la tuya y ya no hemos de separarnos. Viviremos juntos como esposos y nos irá muy bien. Traeré los mejores elotes y un buen pavo del monte para que festejemos el suceso con una gran comida—... El indio pensaba que aquellas mujeres tan trabajadoras serían también unas excelentes cocineras y ya paladeaba de antemano el opíparo banquete.

Y dicho y hecho. Al siguiente día dejó el hombre más temprano su milpa y con un buen cargamento de hermosas mazorcas de maíz para las tortillas y un magnífico pavo del monte, fuése a la casa que de ahí en adelante iba a ser la suya.

—Cumplo lo que te ofrecí —le dijo a la viuda al llegar—. Ya no volveré más a mi casa. Desde hoy tú serás mi mujer y seremos muy felices. Aquí tienes elotes y un buen pavo para que prepares una buena cena.

Y como era su costumbre antes de comer pidió a la mujer le preparase el baño, pero con gran asombro suyo le respondió la otra que era mucho trabajo preparar baños, que fuese junto al pozo y allí se bañase extrayendo el agua, pues esa era la costumbre en la casa.

Extrañó al otro la contestación, y por suponer lo menos malo supuso que eso sería porque la viuda y las hijas querían tener tiempo para cocinar mejor lo que había traído, y como pudo se bañó junto al pozo del solar, no sin recordar que en su hogar la esposa le tenía siempre preparado el baño.

Esperó luego la cena, y como el tiempo pasara y no había trazas de tal, llamó la atención a la viuda, diciéndole que se hacía tarde. Y cuál no sería su confusión cuando la otra le repuso:

—No la esperes, aquí sólo hacemos una comida al día, pues eso es más económico, y hace ganar tiempo. Mañana comerás bien lo que has traído.

Se amostazó el hombre, pero todavía pudo reflexionar que lo de la economía es siempre una virtud.

Al siguiente día preparóse a comer con voraz apetito, y en llegada la hora pidió la mesa. Todavía tuvo que esperar, hasta que al fin la viuda le indicó que estaba lista la comida, invitándolo a sentarse a una banqueta sucia y desportillada y sobre la cual una olla escondía en su viente un mal puchero.

—¿Y las tortillas?—, dijo el hombre viendo que las mujeres ya comían sin ellas.

—Qué tortillas ni qué tortillas —respondió la mujer—. No hacemos tortillas porque es perder el tiempo. Hechamos los maizes dentro de la comida y así se cuece junto todo. Viene a ser lo mismo.

Y en efecto, entre el caldo ralo y frío, pues no estaba condimentado, nadaban los granos de maíz. Entonces el hombre no pudo más. Resultaba que aquella familia a la cual creía muy hacendosa, no hacía ni las cosas más necesarias por ganar tiempo para emplearlo en componerse y adornarse para lucir en la calle.

Pidió explicaciones por las frases que había oído y que le hicieron suponer que se trataba de una familia ejemplar, y entonces cayó en la cuenta de que había sufrido muy grandes equivocaciones por mal interpretar algunas palabras. Supo así que lo que había entendido por *kuch*, o sea hilar, había sido *kux* que significa mascar, expresión que usó la viuda dirijiéndose a sus hijas para significarles que había llegado la hora de comer. Que cuando oyó *kaan*, frase que él había entendido por hamaca creyendo que se trataba de su fabricación, se había equivocado pues la mujer había dicho *kah* que es el maíz tostado, refiriéndose la viuda precisamente al hecho de que en aquella casa acostumbraban a sólo tostar el maíz, pero nunca a molerlo, y por último que cuando oyó decir *zacal* a la mujer y creyó que se trataba del telar, también se había confundido, pues la otra había dicho *zacá*, que es atole, que era lo único que hacía aquella gente para beber.

Y el castillo de naipes se vino abajo. El hombre abandonó desencantado la casa, y avergonzado regresó a la suya pidiendo perdón a su mujer, a la cual le dijo:

—Después de todo, está bien lo que me ha pasado, pues así he podido comprender lo que tú vales, y cuán engañosas son a veces las apariencias.

Y he ahí cómo explica la leyenda hasta dónde pueden conducir las confusiones a que se presta el idioma, por las semejanzas en muchos de sus vocablos. *(El alma misteriosa del Mayab)*.

DE CÓMO EN TIERRAS DE YUCATÁN FUE PERSEGUIDO JESÚS

Mucho y de gran alcance hay que decir sobre estas cosas.

Fue en estas tierras que del Mayab se dicen, donde el Hijo del Hombre también fue perseguido.

Oíd mi voz, dice el viejo *chilam*, que es como decir agorero; oíd mi voz los que estéis por oirla. Creed con vuestro corazón mejor que con vuestro pensamiento ya que El que todo lo dispone pudo hacer hasta lo que parece que no pudo ser. Todo en su voluntad pudo haber sido y puede ser.

Y tú que ves y oyes las cosas extrañas de esta Tierra, no te conformes con verlas y oirlas solamente, porque así no dicen nada. Mejor está el saber la razón de ellas.

El Gran Señor dió a los animales del campo la comida y el agua para su sustento. La comida en los granos, el agua en las sartenejas y en los cenotes. Y les dio también para mejor vivir los medios más propios. Al venado los pies para correr, a las aves las alas para volar.

Pero hay sus diferencias.

No todos los animales alcanzan el agua de los cenotes, porque para alcanzarla fuerza es llegar hasta el fondo de las cavernas donde se asienta. Y no todas las aves pueden entrar a las cavernas. Pero el indio sabe que eso es un castigo. El indio sabe que allá en los primeros tiempos todas llegaban. Hay aves que vuelan muy alto, pero otras casi no vuelan. El indio sabe que allá en los primeros tiempos todas volaban alto. Ha sido un castigo.

El mundo es la casa del Gran Señor cuando baja a la Tierra. Todo el mundo es su casa, y así cuando viene a ella las cosas de su vida ocurren en toda ella, lo mismo aquí que allí o más allá. Porque ni su persona ni su esencia son ni fueron limitadas.

Oíd, entonces:

Ocurrió que un día Jesús pasó por tierras de Yucatán, en unión de la mujer que fue madre a pesar de ser vírgen, perseguido por quienes querían matarlo.

—Son ellos—, decían los árboles del camino, y deseaban sacar sus raíces del seno de la tierra para correr a protejerlos, amparándolos con sus fuertes y largos brazos.

—Son ellos—, decían los animales y muchos hubieran querido ayudarlos levantándolos a cuestas. Pero la naturaleza quedaba estupefacta al paso de la divina pareja, porque sentía en sus entrañas que una fuerza invencible le impedía socorrer a los fugitivos.

Y esto fue así porque debía ser, para que se cumplieran las cosas que debían ocurrir.

Afanosos iban los que perseguían a Jesús en pos de sus huellas, cuando una *zacpacal*, que es como decir la tórtola india, cantó desde un árbol.

En el vasto silencio en que estaba sumida la naturaleza atónita ante la fuga del Dios blanco, el canto se oyó claramente.

—Preguntemos al ave que canta —dijéronse entre sí los perseguidores—. Ella sabrá por dónde van los fugitivos—. Y dijéronle:

—tú que estás allá arriba y puedes ver sobre las malezas y sobre las copas de los árboles, debes saber por dónde va Jesús. Dínos por donde va.

La avecilla *zacpacal* es tímida y tuvo miedo. Poco antes había visto cruzar a los fugitivos, y cantó así en su idoma, esto es, en su idoma indio:

Jalal pocché, jalal pocché, jalal pocché, lo cual dice: "Va por las orillas de la milpa quemada".

Bordeando iban en efecto, Jesús y la Virgen, una milpa abandonada.

Y así fue como la avecilla denunció su paso.

Jesús sintió una gran tristeza en el alma porque uno de los pajarillos de su amor lo había denunciado. Pudo salvarse, sin embargo, pero desde entonces el pájaro *zacpacal* no pude entrar a los cenotes. Y así no bebe el agua que hay en ellos que es fresca y abundante.

Porque dicho estaba que las malas acciones deben ser castigadas. Dicho estaba esto desde el principio de la Vida.

Así ocurre que durante las sequías que en esta Tierra del Mayab son en demasía ardientes, el pájaro *zacpacal* sufre mucho de sed, pues las sartenejas del campo se agotan.

Continuaron los que perseguían a Jesús buscando sus huellas. Y de pronto dieron con el pájaro *tzuy-tzuy* y le preguntaron:

—¿Por dónde van los que van huyendo?

Y cantó el *tzuy-tzuy*, en idioma de indios, que también es armonioso como el canto de los pájaros:

Tzul tzul bé, tzul tzul bé, tzul tzul bé, que fue como decir: "El camino está cerrado", de donde entendieron los perseguidores que no debían seguir por él.

Pero el camino no estaba cerrado. Franco estaba el camino, y por él huían Jesús y la Virgen.

Así engañó el pájaro *tzuy-tzuy* a los perseguidores, quienes se despistaron, y el Hijo y la Madre pudieron ponerse a salvo.

Pájaro *tzuy-tzuy*, desde entonces no sólo te está permitido entrar a los cenotes a beber agua, sino que toda caverna, aunque esté seca brotará agua para tí. Ese fue tu galardón por la generosa ayuda que diste a los fugitivos. Bebe, pájaro *tzuy-tzuy*, no importa que la sequía consuma todas las aguas de los campos. Tú tendrás agua.

Entonces los soldados dijeron: "No hagamos caso de lo que digan las aves. Mejor es ver lo que hacen. Por allí por donde levanten el vuelo han de andar los fugitivos. Su paso las ha de asustar y levantarán el vuelo".

Jesús y María iban por un sendero estrecho cerca del cual discurría una parvada de pajaritos *beches*, que así se llaman las codornices de esta tierra, y los cuales al sentir a los caminantes, azorados levantaron el vuelo tan ruidosamente, que la Virgen hubo de asustarse.

"Por allí van sin duda", dijeron los perseguidores de Jesús que habían estado muy alertas, y corrieron a aquel lugar.

Los fugitivos escaparon. Siempre pudieron escapar porque aún no era llegada la hora de la Consumación, pero el pájaro *bech*, por haber denunciado con su vuelo el paso de aquéllos, fue condenado a no poder volar alto, sino muy bajo apenas, y a no poder anidar sino en las breñas y montecillos bajos.

Fue el castigo. "Que el pájaro *bech*, dijo el Gran Señor, de hoy en más quede a merced de los animales feroces y más al alcance de los cazadores".

Y Jesús y la Virgen continuaron su peregrinación a través de los montes, por los anchos caminos rojos de *kancab*, por las sendas angostas, o abriéndose paso a través de los bejucales y las plantas espinosas.

A la zaga les iban sus enzañados enemigos. Pero un pájaro que iba volando los divisó, divisó a unos y divisó a otros, a los que huían y a los perseguidores, y abatió el vuelo junto a las plantas de Jesús, cantando en su idioma maya:

¡*Chibilú, chibilú, chibilú*!, que fue como decirles: "Ya vienen, distan muy poco".

Con este aviso Jesús y la Virgen se pusieron a salvo nuevamente. Desde entonces aquel pájaro se llama como canta, *chibilú*, porque así lo quiso el Gran Señor que sabe disponer las cosas y llamarlas por los nombres que les son más propios, y desde entonces permitido le está volar muy alto y anidar en las copas de los grandes árboles, escapando así, como otros, de los peligros que lo cerquen. Y por eso también cuando canta, cantando su nombre, parece lleno de gozo y alegría.

Habréis de saber que cosas semejantes siguieron ocurriendo, mientras Jesús y la Virgen huían, con las aves que encontraban a su paso.

Veréis que entre ellas las hay que cantan tan dulce y armoniosamente que su canto es igual a músicas divinas, y otras que cantan desapaciblemente o no cantan, y que las hay que vuelan muy alto como si quisieran registrar los cielos, y otras que apenas pueden levantar el vuelo y que las hay de muy vistosos plumajes, ricos, ricos, ricos, tánto que es un deleite el mirarlas y las hay de plumas tan pobres que dan pena.

Y eso es así porque las unas ayudaron en alguna forma a los fugitivos a escapar de sus perseguidores, y las otras en alguna forma los denunciaron.

Todo esto es lo que dice la voz que viene de muy alto, rodando sobre las espaldas de los años, y es la que repite el viejo *chilam*. Oídla los que estéis por oírla. (*El alma misteriosa del Mayab*).

LA MUERTE DE UN KAKAZBAL

El *kakazbal*, ser maligno por excelencia, puede con todo y su gran poder, ser atacado y hasta destruido a veces, a condición, naturalmente, de que su vencedor sea un espíritu superior a él, y de carácter benéfico. Así se ve en la tradición del cenote o cisterna de agua llamado Zac-Há, que en lengua de españoles quiere decir Agua Blanca.

Dícese que las aguas de ese cenote fueron hace muchos cientos de años notablemente limpias y tan claras que de esta circunstancia le vino el nombre y el cual le ha sobrevivido no empero que dejó de conservar su pureza y diafanidad el legendario manantial.

Pero no era sólo por lo cristalina el agua, por lo que se distinguía aquel cenote. Es de saberse que además dentro de la caverna parecía difundirse una claridad misteriosa cuyo origen nadie podía explicarse, cualidad tanto más rara cuánto que es cosa muy sabida lo sombríos que son estos lugares subterráneos.

Razón tenían los indios de aquel lejano entonces para suponerlo hechizado. Sí que lo estaba, pues muchas gentes habían desaparecido en el. Es fama que el caminante que pasaba cerca se sentía irresistiblemente atraído a entrar en la caverna. Algunos prevenidos ya por las historias que se contaban, podían resistir la tentación y corrían de aquel lugar como de un lugar fatal, pero otros, y eran los más, sucumbían a la curiosidad, y penetrando nunca más volvía a saberse de ellos, pues no quedaban ni rastros. Las desapariciones fueron tan frecuentes que acabaron por aterrorizar a los vecinos de los poblados cercanos que optaron por desavecindarse de ellos yendo a poblar otras regiones.

Pero llegó un día en que las cosas cambiaron gracias a un espíritu benefactor. Sucedió, dice la tradición, que cierto día al aventurarse un leñador cerca del cenote maldito, y en momentos en que estaba a punto de penetrar a la caverna, subyugado por la curiosidad, vio venir a caballo a un viejo de cabellos muy canos y rostro venerable, quien le hizo señas de que se detuviera y no penetrase. Detúvose el hombre como si una fuerza mágica lo hubiese compulsado, y esperó al viejo, el cual llegando junto a él le dijo afablemente:

—Hijo, no entres a ese cenote, pues recibirás un gran daño. Embrujado está porque un espíritu maligno se apoderó de él desde hace muchos años. La claridad que despide no es señal de ser un buen cenote; es una claridad mala que proviene de los ojos ardientes del *kakazbal* que es el ser monstruoso que vive allí. Mejor ve y corta una rama de *chacá* y tráemela. Te parecerá raro el encargo, pero es que tú llevas machete y no te será difícil el cortarla. Necesito la rama. Camina hasta cien veces cien pasos largos, y en el recodo que habrás de encontrar hallarás el *chacá*. Corta la rama y allí en donde hagas el corte, haz una cruz con tu machete, y entonces tráemela.

Obedeció el indio al pié de la letra las instrucciones. Encontró el *chacá* y cortó la rama que le pareció la mejor, haciéndole luego una cruz en el punto del corte. Ha de saberse para la mejor inteligencia de esta tradición que el *chacá* es de una fibra muy resistente y sirve mucho al indio de estas tierras para matar serpientes azotándolas con ella.

—Bien está —le dijo el anciano al recibir la rama—. Escojiste una muy buena y servirá muy bien a mis propósitos. Ahora vuelve sobre tus pasos, sigue el camino que has traído, no te detengas ni trates de saber lo que va a ocurrir, pues así como la curiosidad ha estado a punto de perderte cuando tratabas de entrar a la caverna, así también te perdería en esta ocasión si no haces lo que te ordeno. Sigue tu camino y cuando hayas caminado tanto como un cuarto de legua, podrás detener tu marcha. Entonces busca un fuerte tronco de árbol al cual puedas abrazarte con firmeza. Y no preguntes nada. Ve y haz lo que te he dicho que en tu bien está el hacerlo.

Atemorizado el indio, pero comprendiendo que trataba con un ser sobrenatural y bondadoso, y que algo extraordinario iba a ocurrir en relación con el cenote, se puso en camino más que de prisa dispuesto a obedecer en todo las órdenes que había recibido.

Caminando, caminando, vio cómo los animales del monte procuraban guarecerse en lo más espeso. Preguntó a uno de ellos que cosas iban a ocurrir y oyó que solamente le contestó el animal: "Obedece, como obedecemos nosotros. Obedece, obedece".

Venció al fin el leñador la distancia que se le había indicado por el anciano. Escogió el tronco más fuerte de árbol que encontró, y oyó como él mismo tronco le decía: "Afírmate bien a mí, y no temas".

Y se afirmó con todas sus fuerzas, y muy bien estuvo que así lo hiciera, pues en aquel mismo instante un terrible rayo reventó en el firmamento conmoviendo la atmósfera como si la azotara con tal furia que a no haber estado tan firmemente abrazado al árbol, seguramente hubiera caído derribado a tierra. Había visto al rayo dar como un enorme latigazo en el cielo y a punto estuvo de cegar, y al mismo tiempo se había escuchado un alarido muy intenso conmover todo el monte.

Repuesto del susto, titubeó un momento, dudando entre seguir adelante su marcha o regresar al lugar en donde había dejado al anciano; pudo en él más la curiosidad y regresó al cenote. No parecía haber ocurrido nada, pero buscó al viejo y no lo halló, pero sí encontró abandonada junto a la boca de la caverna la rama de *chacá*, que parecía ensangrentada pero con sangre negra. Sintió al mismo tiempo una insoportable pestilencia que emanaba del cenote. Se asomó a éste para ver de qué procedía el hedor, y vio lleno de asombro que las aguas antes tan diáfanas ya estaban turbias, y que la misteriosa claridad que antes parecía iluminar la caverna había desaparecido dejando el cenote muy sombrío. En el fondo del agua divisó un bulto informe y negro, tan espantoso que sintió que la sangre se le helaba en las venas, y lleno de espanto retrocedió, alejándose del lugar.

Regresó a su pueblo. Contó el caso. Asombráronse las gentes pues no era para menos. Se reunieron como en todas estas circunstancias los adivinos más expertos, y fueron en romería al cenote. Hicieron junto a él los conjuros para que se les revelase lo que había ocurrido, y así hubo de saberse lo siguiente.

Que el cenote ya no estaba hechizado. El anciano que el leñador había encontrado había sido nada menos que Yum Chaac, el Gran Señor de las Aguas que rige no solamente las de las nubes, sino también las que yacen en tierra, como las de los cenotes y sartenejas, y el cual cansado de las perversidades del *kakazbal* que habitaba el cenote Zac-Há, había resuelto destruirlo llegando en el momento en que el indio trataba de penetrar a la caverna. Que la rama de *chacá* que pidió al leñador la había utilizado para azotar reciamente al monstruo hasta desgarrarlo y dejarlo muerto, arrojando luego su cadáver a las aguas, a las cuales ya no podía dañar, que el rayo que había atronado en el espacio reventó en el instante del primer azote, y en fin, que la pestilencia que emanaba de las aguas se desprendía del cuerpo del monstruo ya en des-

composición, pero que de allí a tres lunas aquel hedor pasaría, y que la sangre negra que ensuciaba la rama de *chacá* era del mismo ser maligno que tan caro había pagado sus maldades.

Desde entonces concluyeron las cosas malas del cenote Zac-Há, pero aun hoy el indio repugna entrar en el. (*El alma misteriosa del Mayab*).

ANTONIO MEDÍZ BOLIO. Nació en Mérida, Yuc., en 1884; murió en la ciudad de México en 1957. Licenciado en derecho, se afilió al maderismo, se exilió a La Habana durante la usurpación, regresó a la caída de Victoriano Huerta y dirigió *La Voz de la Revolución*. De 1919 a 1932 desempeñó cargos diplomáticos en España, Argentina, Suecia, Costa Rica y Nicaragua. Poeta, dramaturgo y consumado mayista, es autor de *La tierra del faisán y del venado* (Contreras y Sanz, Buenos Aires, 1922), varias veces reeditado y traducido a otros idiomas. Su leyenda "El címbalo de oro" se publicó en *Lecturas clásicas para niños* (Secretaría de Educación. Departamento Editorial, t.II, 1925). Además, tradujo y comentó el libro aborigen *Chilam Balam de Chumayel*.

CHICHÉN-ITZÁ Y LA PRINCESA SAC-NICTÉ

Todos los que han vivido en el Mayab han oído el dulce nombre de la princesa Sac-Nicté, que quiere decir: Blanca Flor.

Ella era como la luna apacible y alta que a todo mira con tranquilo amor; como la luna que se baña en el agua quieta, en la que todos pueden beber su luz.

Ella era como la paloma torcaz, que, cuando canta, hace suspirar a todo el monte, y era como el rocío que cae sobre las hojas y las llena de frescura y claridad.

Ella era como el algodón de plata, que vuela por el viento y adorna el aire, y como el resplandor del sol, que hace nueva la vida.

Y era por eso la flor que florece en el mes de Moan, la alegría y el perfume del campo; el color para los ojos, la suavidad para las manos, la canción para los oídos, y para los corazones, el amor.

Así era en el Mayab la princesa Sac-Nicté, que nació en el día largo de las tres ciudades, en medio del tiempo de la gloria.

Está escrito en la obscuridad quién era; pero los que la vieron con sus ojos la llamaban así como se llama. Este su nombre se respira al decirlo, como el olor de campo en el amanecer.

Dicen que la princesa Sac-Nicté nació en la noche clara en que el "lucero en que brilla la vida" se junta con el Sol.

Nació del rey Hunacel, el fuerte y hermoso en las batallas, y de la mujer bella que se llamaba: Estrella de Color de Oro.

Y fue, en aquel tiempo de esplendor, la princesa de Mayapán, la fortaleza de los Mayas. Y ella misma fue la bandera y la corona del Mayab, cuando las tres grandes ciudades habían hecho el pacto de estar siempre juntas.

Habían vivido sus dos primeras vidas Uxmal y Chichén-Itzá, y la valerosa Mayapán era nueva y orgullosa.

Los tres reyes se guardaban amistad, y de uno a otro lado se iba y se venía por el Mayab sin encontrar ejércitos, porque la paz era el fruto de la alianza, desde muchas cuentas de años. Todo tiene fin.

Chichén-Itzá, ciudad de ciudades; Chichén-Itzá, dueña de las cosas más bellas; Chichén-Itzá, altar de la sabiduría... ¿qué se hizo de ti?

La serpiente dorada dejó de volar y se arrancó las alas resplandecientes, y se hizo obscura y se arrastró por el suelo, pero siempre era bella, aunque era triste.

Así, los hijos de la luz que llena el aire cayeron en la tierra, y los reyes de Chichén cambiaron de nombre y se empezaron a llamar Canek, que quiere decir "serpiente negra".

El último príncipe Canek era el gran señor de Chichén-Itzá, cuando acabó la segunda vez. Vamos a decirlo y a cantar el amor desdichado de la Serpiente Negra con la Flor Blanca del Mayab.

Vamos a decirlo cantando para adornar la tristeza y para que el corazón la reciba con música. Oíd y aprended, porque de todas las naciones se puede aprender algo.

El príncipe Canek, cuando tenía siete años, mató una mariposa y la deshizo entre sus dedos, que se llenaron de colores resplandecientes. La noche del día en que hizo esto, soñó que se convertía en gusano.

Cuando este príncipe tenía dos veces siete años, halló un venado pequeño caído en una trampa de cazador. Con su cuchillo abrió las entrañas del pobre animal, que gritaba llamando a su madre, y le arrancó el corazón que fue a ofrecerlo a uno de los dioses negros que ayudan a los brujos. Sus manos se llenaron de sangre. La noche en que hizo esto, soñó que era un tigre sediento, y al despertar no lo olvidó.

Cuando este príncipe tuvo tres veces siete años, fue levantado a rey de los Itzaes, y en ese mismo día vio a la princesa Sac-Nicté.

La noche de ese día no soñó nada porque no durmió, sino lloró hasta el amanecer, con el primer llanto de sus ojos. Y se sintió triste para toda su vida.

La princesa Sac-Nicté, cuando tenía cinco años, dio de beber a un caminante una jícara de agua fresca. Y mientras se la daba, miróse en ella, y el agua reflejó su mirar y su rostro. En el agua de la jícara brotó una flor.

Cuando la princesa Sac-Nicté tenía dos veces cinco años, iba por el maizal y vino una paloma y se posó en su hombro. Ella le dio granos de maíz en la palma de la mano, la besó en el pico y la soltó a volar por el aire.

Cuando ella tuvo tres veces cinco años, vio al príncipe Canek, que se sentaba entonces en el señorío de los Itzaes.

Y ardió su corazón con la llama del sol nuevo. Toda la noche de ese día durmió con una sonrisa en la boca y despertó como si en su cuerpo y en su alma se hubiera encendido una luz alegre.

Ella sabía que su tiempo era llegado. Para la flor escondida vienen los soles de Moan, que la abren y le dan el precioso color, y viene el viento claro del amanecer, que mueve los perfumes. Así la princesa Sac-Nicté floreció sobre la tierra del Mayab, cuando fue el día en que su destino tomó forma.

La gran piedra antigua que fue escrita en la obscuridad dice cómo sucedió. Y se canta así ahora, con voz que tiembla.

A la soberana ciudad de Itzmal, fue el príncipe Canek para purificarse ante el rostro del Señor Zamná, según la costumbre, porque iba a reinar en Chichén, sobre los Itzaes.

El príncipe tenía torcido el ánimo y flojo el corazón. Así subió las veintiséis escaleras del Templo y palideció ante la cara del Padre de sus hermanos. Sus piernas de cazador temblaban cuando bajó, y sus brazos de guerrero estaban caídos.

La Serpiente Negra vio entonces a la princesa Blanca Flor, y se retorció su vida.

Allí fue, donde la gran plaza de Itzmal estaba llena de gente que había llegado de fiesta, de los cuatro rumbos del Mayab, para ver al príncipe. Todos los que estaban cerca vieron lo que pasó. Vieron la sonrisa de la princesa y su mirada llena de resplandor. Vieron al príncipe cerrar los ojos y apretarse el pecho con las manos frías.

Pero no vieron la flecha que vino de arriba y se clavó en los dos al mismo tiempo, y los dejó unidos el uno con el otro, para cumplir la voluntad de los dioses altos. Esa voluntad no la habían comprendido los hombres.

Porque habéis de saber que la princesa de Mayapán estaba dada por designio de su padre, el rey poderoso que se llamaba Hunacel, al joven Ulil, príncipe de Uxmal, que era hijo de los Uitzes y heredero de la alianza de las tres ciudades.

En Itzmal estaban los tres grandes señores el día de la purificación, y allí se vieron y se inclinaron unos ante otros. La princesa Sac-Nicté brilló sobre ellos como la luna clara. Y escogió la vida del príncipe Serpiente Negra para levantarla a su luz y a su dulzura.

Gran día fue para la tierra del Mayab.

Príncipe Canek, príncipe Canek, ¿qué sabías tú cuando la miraste..?

¡Grande señorío del Itzá: toda tu grandeza estaba triste y el brillo de tu antigua luz se apagaba, y tu serpiente negra se arrastraba en lo obscuro, cuando apareció frente a ti la princesa Sac-Nicté, y fue como si alumbrara una estrella en el corazón de tu príncipe! ¡Chichén-Itzá, casa blanca del Santo Sol: estabas lóbrega cuando ella vino a consumar tu suerte! ¡Pero no lo sabías!

¡Hombres de Itzá, hijos de la Luz Antigua: cuando estabais caídos y sobre vosotros se preparaba el rayo del castigo, se os dio la salvación! El Señor Escondido, que amaba a los hijos de los hombres santos, mandó a la Flor Blanca del Mayab que viniese a ellos para alumbrarlos, cuando llegó el día. Día fuerte fue ese, en el que lo de Arriba y lo de Abajo se juntaron para abrir un camino nuevo sobre la tierra del Mayab.

Hoy es el día en que el príncipe Canek se coronó sobre Chichén-Itzá y se comienzan a contar los treinta y siete días que faltan para que sean casados el príncipe Ulil y la princesa Sac-Nicté.

Han venido los mensajeros de Mayapán ante el rey de Chichén, y le han dicho en embajada: "Nuestro señor Hunacel convida a su amigo y aliado para la fiesta de las bodas de su hija, que serán la gloria del Mayab".

Y ha respondido el rey Canek, con los ojos encendidos:

"Decid a vuestro señor que estaré presente".

Han venido los mensajeros de Uxmal ante el rey Canek y le han dicho: "Nuestro señor Ulil, príncipe de Uxmal, pide a la grandeza del rey de los Itzaes que vaya a sentarse a la comida de sus bodas con la princesa Sac-Nicté, y sea allí su amigo y aliado, en su casa y en su poder".

Y el rey Canek ha respondido, con la frente llena de sudor y las manos apretadas:

"Decid a vuestro señor que me verá ese día".

Otra embajada vino, a la mitad de la noche, cuando el rey de los Itzaes estaba solo y dolorido, y miraba las estrellas en el agua para preguntarles.

Vino un enanillo viejecillo y dijo al oído del rey:

"La Flor Blanca está esperándote prendida entre las hojas frescas; ¿has de dejar que otro la arranque para él?"

Y se fue el viejecillo, por el aire o por debajo de la tierra. Nadie lo vio sino el rey, y nadie lo supo.

En las piedras esculpidas en donde se escribía el tiempo, fue grabada y pintada de colores la figura de la princesa Sac-Nicté, la que no se olvida nunca en la tierra de los mayas.

A su lado pusieron el rostro del príncipe Ulil, que iba a ser su esposo, y abajo escribieron los antiguos palabras bonitas que querían decir: "De éstos vendrá la grandeza del Mayab, y en ellos se asentará la paz y la abundancia de la tierra".

En la grande Uxmal pusieron estas piedras y las coronaron de flores.

De Mayapán fue la princesa con todos los señores de la sangre de Cocóm y con su padre el rey Hunacel y una procesión brillante que recorrió el camino, llenándolo de cantos.

Hasta más allá de la puerta de Uxmal fue con muchos nobles y guerreros el príncipe Ulil a recibir a la que era su prometida, y cuando la vió, la vió llorando.

Todos los demás estaban alegres y danzaban por las calles y las plazas, porque ninguno sabía lo que iba a suceder.

Las plumas de faisán y las cintas alegres resplandecían entre las armas.

Todo el camino, hasta el palacio de los reyes, estaba adornado con plantas y con mástiles pintados de colores brillantes.

En Uxmal se hacía la fiesta del desposorio, y todos bebían y gritaban de contento cuando pasaron los príncipes que se iban a casar. Porque nadie sabía lo que iba a suceder.

Los sacerdotes viejos, que podían saberlo, estaban encerrados en sus celdas altas de los templos, para no hablar delante de los hombres. No se podía torcer la voluntad de arriba, que ya había mandado que sucediera en el Mayab otra cosa de la que esperaban las gentes.

¡Pronto se vió, pronto se vió lo que estaba escrito en lo obscuro, y otro camino tomaron las cosas para todos!

Tres días de fiesta grande se dieron a los señores en Uxmal, que resonaba de alegría. Era ya el día tercero y la Luna era grande y redonda como el Sol. Era el día bueno para la boda de un príncipe, según la regla del cielo.

De todos los reinos de cerca y de lejos habían venido a Uxmal convidados de gran alcurnia; reyes, y también hijos de reyes.

Vinieron del Imperio de Xibilbá, y trajeron tapires sagrados cargados de ofrendas y adornados con joyas.

Vinieron de Chacnohuothán, en nombre del rey de Tulhá, catorce embajadores que trajeron nueve venados blancos, con los cuernos y las pezuñas de oro.

Vinieron de Copán siete grandes señores en andas de concha de tortuga y trajeron bandejas de plumas de quetzal radiante.

Vinieron de Nachancaán un príncipe y tres sacerdotes, que trajeron un libro de los horóscopos, hechos por la sabiduría de sus sabios, y muchos collares de esmeraldas.

Vinieron de Yaaxchilám veinte guerreros jóvenes con embajada de sus reyes, y trajeron aciete de olor y arracadas de oro.

Vinieron de Zacquí, la ciudad blanca y dulce, y trajeron pájaros enseñados a cantar como música del cielo.

Y de todas partes llegaron embajadores, presentes y mensajes, de todos los señores de la tierra. Menos de Chichén-Itzá y del rey Canek, principal entre los principales.

Se le esperó hasta el tercer día, pero no vino ni mandó noticia suya. Pareció extraño, y trajo inquietud al corazón de los grandes, pero no al de la princesa. Porque ellos no sabían. Y ella sabía y esperaba.

En la noche del día tercero de las fiestas se puso el altar del desposorio, y no había llegado el señor de los Itzaes, ni hombre suyo venía por el camino. No esperaron los que no sabían.

¡Princesa Sac-Nicté, flor blanca del Mayab, luz de la luna, paloma torcaz, agua transparente, hija del lucero de la tarde: estás viendo llegar la hora de tu destino!

Estás vestida de los colores puros y adornada de flores, y vas a ser dada a un hombre delante del altar. Pero otro es el camino que han abierto para cumplir la voluntad de arriba.

Lo que no pasa en mil años puede pasar en un instante. Todo es que suspire en el viento un dios, y el rumbo del viento cambia. Tú lo sabes y esperas, princesa Sac-Nicté, que has puesto tu corazón en un hombre triste.

Príncipe Canek, ¿qué buscas desesperado en la sombra? Fuiste al secreto del templo y preguntaste al dios y no mereciste que te respondiera. Sientes que tu amor está en lo que es demasiado alto, porque la princesa Sac-Nicté es para ti como una estrella lejana, aunque tú eres un príncipe y aquí abajo estás igual a ella.

Príncipe Canek, ¿quieres alcanzar para ti el lucero de la mañana; quieres arrancar para ti la flor blanca del Mayab?

¿Qué dirías, príncipe de los Itzaes, si supieras lo que está escrito en la obscuridad?

La Serpiente Negra será salvada, porque la mujer purísima en cuyos ojos miran los dioses ha querido mirarla con dulzura.

El pueblo que es hijo de los hombres que fueron santos, será libre del castigo y cambiará su rumbo. Está encendida la luz que ha de conducir a los Itzaes por el camino nuevo y por la nueva peregrinación.

¿Qué dirías, príncipe Canek, si lo supieras?

En la fiesta de las bodas de la princesa Sac-Nicté con el príncipe Ulil se esperó tres días al señor de Chichén-Itzá, sin que llegara.

Pero el príncipe Canek llegó a la hora en que era preciso.

Salió, de pronto, en medio de Uxmal, con sesenta de sus guerreros principales, y subió al altar en donde ardía el incienso de la boda y los sacerdotes estaban cantando. Estaba vestido de guerra y con el signo de Itzá sobre su pecho.

—¡Itzalán! ¡Itzalán!—, gritaron sus hombres en las gradas del templo, levantando sus lanzas.

—¡Itzalán! ¡Itzalán!—, gritaron como en el campo de combate.

No lo gritaron tres veces; ni un solo brazo se había levantado contra ellos, cuando ya se había cumplido todo.

El príncipe Canek entró, como un viento encendido, y alzó a la princesa Sac-Nicté y la arrebató en sus brazos delante de todos. Nadie pudo impedirlo.

Cuando quisieron verlo, ya no estaba allí. Quedó solo el príncipe Ulil frente a los sacerdotes y junto al altar. La princesa se perdió a sus ojos, arrebatada por el rey, que vino como un relámpago.

¡Allá van los guerreros del Itzá con su señor, que se lleva abrazada a la princesa Sac-Nicté!

Todos se van y desaparecen, acabándose así, la fiesta de las bodas.

Las calles y las plazas están llenas de gente, que canta embriagada de balché y no sabe lo que ocurre.

Las guardias del príncipe Ulil perdieron sus armas y no las encuentran. ¿Quién está armado en Uxmal en día de gran fiesta?

—¡Itzalán! ¡Itzalán!—, gritaron los del príncipe Canek cuando él robó a la princesa frente al altar de las bodas, adornada con flores y con los zarcillos de las desposadas.

Cuando suenan los caracoles y los címbalos y la rabia del príncipe Ulil grita por las calles, para convocar a los hombres de guerra, ya nadie ve al señor de los Itzaes, ni queda huella de él, ni de la princesa, ni de ninguno de los suyos.

¡Príncipe Canek, arrebataste la estrella y arrancaste la flor! ¡Cuando iba a lucir la mañana del desposorio apagaste el fuego virgen y te llevaste la luz de los Mayas! Así estaba dicho en la voz que se escucha, y así se cumplió.

Había ido el príncipe Canek desde su ciudad de Chichén hasta el grande Uxmal, sin que nadie lo viera. Fue por el camino oculto que hay por debajo del suelo, de un templo a otro templo, de un lugar a otro lugar, en esta tierra santa de los Mayas.

Estos caminos se ven ahora de vez en cuando. Antes sólo los conocían aquellos que los debían conocer.

Por el camino ancho y fresco que va desde Chichén de los Itzaes hasta Uxmal, horadado en la piedra de abajo del suelo, fue el príncipe Canek a buscar a la princesa que tenía que ser suya por mandato de los dioses.

Así vio el rostro del príncipe Ulil el tiempo que dura un parpadeo, y robó la tórtola dulcísima, cuando ya la iban a poner en el nido que no le estaba destinado.

No cayó ni una gota de sangre; pero la fiesta de estas bodas acabó tristemente para el príncipe Ulil y para el rey de Mayapán, Hunacel el muy grande. Porque ninguno de ellos conocía la voluntad de arriba. ¡Así debía ser!

¡Ah, la venganza que va a caer sobre Chichén, que está débil y cansada del suave dormir, de los juegos alegres y de los besos ardientes! Hay una hora para los Itzaes y ya llegó. Ya se llenó la medida de un tiempo.

Se aguzan las armas otra vez en el Mayab y se levantan los estandartes de la guerra. ¡Se juntan Uxmal y Mayapán contra el Itzá!

En los caminos hay polvo de pisadas y en los aires hay gritos. Sobre la casa de los guerreros suena día y noche el címbalo ronco y truena el caracol.

¿Qué va a ser de ti, ciudad de Chichén, dormida en el suelo de tu príncipe?

Castigada has de ser; pero tienes la Flor Blanca, que es la luz y gloria del Mayab, y tu castigo será tu salvación.

He aquí cómo los Itzaes dejaron sus casas y sus templos de Chichén, la segunda vez en su tiempo, y abandonaron la ciudad bella de sus padres, que está recostada a la orilla del agua azul, y huele como la miel de flores bajo el sol que enciende la vida.

Todos se fueron llorando, una noche, con la luz de los luceros. Todos se fueron en fila, con las estatuas de los dioses y los libros de los templos. No quedó en Chichén más que el silencio que tiembla.

La princesa Blanca Flor llenó de fuerza el corazón del príncipe Serpiente Negra y abrió sus ojos para ver el camino. Delante de los hijos del Itzá iba el príncipe Canek, caminando por el sendero abierto en medio del monte, envuelto en un manto blanco, sin corona de plumas en la frente.

A su lado iba la princesa Sac-Nicté, que resplandecía como la Luna. Ella levantaba su mano y señalaba el camino, y todos iban detrás. Un día llegaron al lugar tranquilo y verde, junto a la laguna quieta, en donde está el sagrado Petén, lejos de todas las ciudades. Y allí pusieron el asiento del reinado y edificaron las casas sencillas de la paz.

Volvieron a los tiempos antiguos y la Serpiente Negra sintió renacer sus alas y se levantó otra vez por el aire.

Para el Itzá brilló sobre el cielo la luz de siete colores, que es la princesa Sac-Nicté, que está sonriendo a los hombres de la tierra.

Ella reinó sobre los corazones y los hizo puros y blancos. Así, hasta que poco a poco se acabó el Itzá, al fin del tiempo marcado, como la flor del Sol, que lo sigue todo el día y se muere cuando el día se apaga...

Se salvaron así los Itzaes, por el amor a la princesa Blanca Flor, que entró en el corazón del último príncipe de Chichén para apartar el castigo.

Solitaria y callada quedó Chichén-Itzá, en medio del bosque sin pájaros, porque todos volaron tras la princesa Sac-Nicté.

Llegaron a ella, numerosos y enfurecidos como avispas, los ejércitos de Uxmal y de Mayapán y no encontraron ni el eco de un suspiro en los palacios vacíos y en los templos sin dioses.

Entonces, su ira puso el fuego del incendio sobre las casas de los Itzaes, y marcaron con el filo de sus hachas las puertas abiertas, y derribaron los altares. Y se volvieron de allí para que la vida del Mayab siguiera como debía seguir.

Chichén-Itzá quedó sola y muerta, como está hoy, abandonada desde ese tiempo antiguo, junto al agua azul del gran pozo de la vida y junto al agua roja del gran pozo de la muerte, como fue fundada. Uno está a un lado y otro está al otro lado de la gran ciudad, en la que ya nadie habla, sino la voz escondida que nadie escucha. ¡Algún día se escuchará!

En el mes de Moan, cuando la vida se renueva sobre el mundo, brota la flor blanca en el Mayab y adorna de color los árboles y llena el aire de suspiros olorosos.

El hijo del Mayab la espera simpre y dice, con toda la ternura de su corazón, el nombre dulcísimo de la princesa Sac-Nicté. (*La tierra del faisán y del venado*).

EL CÍMBALO DE ORO

En el tiempo que no se cuenta hubo en la Tierra del faísan y del venado un pueblo feliz. Feliz el pueblo de aquel reinado porque olvidando guerras y sacrificios supo cuidar los campos de tal modo, que hasta los cerros florecieron, y más feliz el rey sabedor de los bienes de sus súbditos, viendo ensancharse la ciudad, rica

Los itzáes dejaron sus casas y sus templos.

ciudad, alrededor del palacio blanco que habitaba, siempre guardado por muchos y muy buenos guerreros devotos de la "serpiente de plumas de oro", su jefe y señor.

Pero la mano que todo lo domina, la que reparte el rocío del cielo y el calor de la tierra, tenía dispuesto lo que sucedió y que váis a oír.

Cerca de los dominios del rey feliz y en la falda de un monte misterioso, habitado por corcovados, había un pueblo y en el pueblo una vieja hechicera que conocía los secretos de las hierbas y podía recoger la plata de la luna. Habitaba una cabaña formada con tierra y hojas de plamera en el confín del pueblo; nadie vivió en ella nunca sino la vieja desde hacía muchos años, hasta que sintiendo próxima su muerte, quiso tener un hijo. Para lograrlo, fuese una noche al monte de los corcovados misteriosos y de ellos recibió un huevo grande, muy más grande que los de las águilas, que puso a incubar debajo de la tierra de su choza.

Del huevo brotó un niño con cara de hombre que no creció más de siete palmos y dejó de crecer; pero era despierto como una ardilla y desde que nació hablaba y sabía tantas cosas que maravillaba a las gentes. La vieja contó que era su nieto, para que se lo creyeran.

La vieja acostumbraba ir todos los días con su cántaro a traer agua del pozo público, y el enano quedaba solo en la casa y lo registraba todo.

Sucedió que él había puesto su atención en que su abuela no se separaba nunca de las tres piedras del hogar, y, cuando iba a salir, lo tapaba cuidadosamente. El enano quiso saber lo que había allí escondido.

Para esto, como era sagaz y malicioso, imaginó hacer un agujero en el fondo del cántaro, para que cuando la vieja fuese con él por agua, no lo pudiese llenar y tardara mucho y entonces él tuviera tiempo de remover las cenizas del fogón.

Y aquel día, mientras la abuela estaba esperando que el cántaro agujereado se llenara, el enano fue y removió las cenizas y metió las manos adentro de ellas; y he aquí que sacó afuera un címbalo de oro. Y fue y lo golpeó con una varita.

Y el címbalo resonó con un sonido terrible, como el de un trueno espantoso, que se oyó en toda la tierra y la estremeció.

Corre y viene la abuela y dice desolada al enano:

—¿Qué has hecho, infeliz?

Y él dice:

—Yo no he hecho nada, un pavo fue el que gritó dentro del monte—. Y ya había ocultado presuroso el címbalo bajo las cenizas. Pero la vieja sabía la verdad y no le creyó.

Estaba dicho que aquel que encontrara el címbalo de oro escondido debajo de la tierra y del fuego, haciéndolo sonar, destronaría al rey feliz del vecino reinado, por lo que la noticia se esparció por toda la comarca con gran alboroto y el viejo rey que estaba dormido en la casa blanca, despertó y de los pies a la cabeza tembló de espanto.

Hizo marchar a sus hombres por todos los caminos a buscar al que había tocado el instrumento terrible de la terrible música; los que encontraron al enano lleváronlo delante del viejo rey, quien lo esperó sentado en su trono en medio de la plaza y debajo de una ceiba que tenía mil años.

Todos los consejeros del rey rieron al ver llegar al enano pensando que era muy pequeño para destronar a su señor, por lo que le aconsejaron lo pusiera a prueba. Entonces dijo el anciano rey al enano:

—Si en verdad eres el que ha de sucederme, demuéstramelo.

Y el enano contestó:

—Pregunto, cómo he de demostrarlo.

Y dijo el rey:

—Si eres tú quien ha de sucederme, has de tener más sabiduría que yo mismo. Díme pues, sin equivocarte en uno solo, cuántos frutos hay en las ramas de esta ceiba que nos tiene a su sombra.

Y el enano miró las ramas del árbol grande, lleno todo de frutos menudos, y respondió:

—Yo te digo que son diez veces cien mil y dos veces setenta y tres y si no me crees, sube tú mismo al árbol y cuéntalos uno por uno.

Quedó confuso el viejo rey; pero entonces salió de la ceiba un gran murciélago que le dijo al oído:

—El enano ha dicho la verdad.

Mas no se dio por vencido y para proponer al enano una segunda prueba, levantó los ojos llenos de orgullo y dijo:

—Bien saliste, al parecer, de la primera prueba; pero esto no es bastante. Mañana mandaré que alcen un tablado en medio de esta plaza y allí, delante de todo el mundo, el Ministerio de Justicia romperá sobre tu craneo, con un mazo de piedra, una medida llena de cocos. Si puedes quedar a salvo, será verdad que eres el rey venido a sustituirme.

Oyó el enano y dijo:

—Consiento, pero siempre que aceptes sufrir la misma prueba si yo quedo vivo.

—Yo sufriré lo mismo que tú puedas sufrir —dijo el rey viejo—. Vuelve, pues, por donde viniste y preséntate mañana aquí.

—Iré y volveré —habló el enano—. Pero el camino que trae aquí desde mi casa es estrecho y pedregoso, no es camino para que pase un rey. Yo haré uno digno de mí y por él vendré mañana a buscarte. Descansa, te deseo.

Y el enano se volvió a la cabaña de su abuela. Y no se sabe cómo, pero durante esa sola noche, el camino que llevaba a los dominios del rey, fue todo hecho de piedra lisa y brillante. Por él caminó al amanecer el enano con la vieja y gran cortejo de gentes asombradas, hasta la presencia del rey, que muy espantado estábale esperando, sin haber dormido en toda la noche.

Delante de todo el pueblo subió el enano al tablado y el Ministro de Justicia rompió sobre su cabeza, uno por uno, todos los frutos de palmera que estaban preparados, golpeándolos con un pesado martillo de piedra. El enano no se movió ni hizo otra cosa que reír con una pequeña risa, pues sabía que su abuela le había puesto, secretamente, una plancha de cobre encantado debajo de los cabellos. Por eso no sintió nada. Cuando el viejo rey lo vio levantarse vivo y sano se estremeció diciendo entre dientes: "Sí es". Pero no cedió, porque el tener poderío sobre los hombres es cosa muy dulce que no se deja fácilmente y así dijo al enano:

—Bien está. Pero como es preciso que no queda duda de que eres mi sustituto, soportarás otras pruebas, duerme por hoy en mi casa blanca y mañana hemos de ver.

A lo que contestó el enano:

—Permaneceré en la comarca; pero no en tu palacio que no es digno de un rey como yo. Durante esta noche, levantaré un palacio digno de mí y de él me verás salir mañana.

Y así fue. Delante del palacio del viejo rey apareció a la mañana siguiente uno más alto, labrado y deslumbrante, todo de piedra pulida. Por la soberbia puerta salió el enano y bajó la escalera acompañado por muchos vasallos (alguien dijo que los vasallos eran los corcovados del monte). Así llegó hasta donde el viejo rey estaba, turbado y temeroso. Y propuso al enano la tercera prueba:

—Hagamos cada uno una estatua a nuestra propia imagen y pongámosla a arder en el fuego. La estatua que el fuego respete será la de aquel que deba ser rey.

—Bien está —dijo el enano—, comienza tú.

El viejo rey hizo su estatua de madera durísima y en cuanto la puso al fuego, se consumió reduciéndose a ceniza y carbón.

Entonces le dijo el enano:

—Te hago gracia, puedes fabricar otra si quieres.

El viejo rey, tembloroso, hizo afanosamente otra estatua suya y la hizo con la piedra más dura; pero en cuanto la pusieron en el fuego, se deshizo en ceniza de cal.

—Déjame por merced, hacer la última— pidió al enano suspirando. El enano, que reía con su pequeña risa, aceptó, y entonces el viejo rey hizo otra estatua y ésta fue de metal brillante; mas en cuanto la acarició el fuego, se derritió como si fuera de cera tierna.

—Vencido estoy —dijo el viejo rey, más apesadumbrado—, a no ser que la estatua que tú hagas se queme tan fácilmente como éstas.

Y el enano siempre con su pequeña risa, fue y trajo barro mojado y con él hizo una figurita muy parecida a su persona. La puso en el fuego, y en el fuego, mientras más se cocía, más fuerte y fina era la estatua de barro.

Maravillado el pueblo y convencido de la verdad del enano, pidió fiestas para coronarlo nuevo rey. Pero el enano dijo:

—No puedo coronarme mientras aquí no haya un palacio para mi vieja madre y otros para los príncipes de mi corte, y muchos más para mis guerreros, y un monasterio para las vírgenes del fuego, y una gran plaza para los espectáculos, y un gran templo. Mañana veréis todo esto y mucho más. Ahora, que el viejo rey sufra las pruebas que yo he sufrido, pues así está pactado.

Y el viejo rey fue puesto a la prueba del martillo y al primer golpe quedó muerto.

Como lo había prometido el nuevo rey enano, al amanecer del otro día vio asombrado, el pueblo, resplandecer una gran ciudad (la grande Uxmal) con numerosos palacios, primorosamente labrados en piedra y numerosos templos y sitios especiales para el juego de pelota.

Fue suntuosa la coronación del nuevo rey y hubo muchas bellas danzas en su honor.

"Así floreció Uxmal, como ninguna ciudad del mundo, bajo el reinado de aquel rey. El pueblo se dedicó al cultivo de las artes más bellas; aprendieron a moldear los metales que traían de lejos y a dibujar en la piedra cosas delicadas, y a labrar los hilos de colores vivísimos y variados y a tejerlos y a hacer con las pieles de los animales adornos y rodelas. Aprendieron muchos secretos de curar con hierbas y supieron la virtud de las piedras verdes y de las amarillas. Tuvieron conocimiento del hablar bonito y jugaron con las palabras como con las flechas en el aire, y fueron perfectos en la música para la cual inventaron muchos instrumentos nuevos".

Cuando después de sesenta vidas de hombre murió el enano rey que hizo a su pueblo más feliz que enantes, todos los hombres lo lloraron e hicieron estatuas con su efigie, de barro fino, pintadas de colores brillantes, para no olvidarlo nunca, y muchos guerreros guardaron su tumba en donde floreció el odorante árbol del copal. (*Lecturas clásicas para niños*).

Al amanecer del siguiente día, resplandeció la grande Uxmal.

HILARIA MÁAS COLLÍ. Nació en Huhí, Yuc., en 1941. Licenciada en antropología social por la Universidad Autónoma de Yucatán, desde 1979 es profesora e investigadora de la Unidad de Ciencias Sociales "Dr. Hideyo Noguchi" de la propia casa de estudios. Ha publicado ocho trabajos monográficos y los libros, todos editados por la UADY, *Cuentos mayas yucatecos* (T.I, 1990, y T.II, 1991, ambos en maya y español), *Leyendas yucatecas* (1993), colección de 42 narraciones legendarias y ocho fábulas, escritas por 25 autores, recopiladas por ella de la revista literaria *Yikal Maya Than* (ver Introducción), y *Curso de lengua maya para investigadores de nivel I* (1995).

LÁZARO PAVÍA. Nació en Sabán, Yuc., en 1884; murió en la ciudad de México en 1933. Estudió en Mérida, en el colegio de Pedro Ferriel, y ahí mismo inició su labor pedagógica. Luchó contra la Intervención Francesa y el Imperio. Siendo ya coronel, viajó a la capital de la República y se recibió de abogado. De 1890 a 1896 editó el semanario *La Enseñanza Moderna*, redactó los *Anales de Legislación Federal* y administró la *Revista Azul* que dirigió Manuel Gutiérrez Nájera. Desempeñó cargos públicos y fue fecundo escritor. En 1927 había publicado ya 25 obras en 37 volúmenes, entre ellas *Leyendas literarias*. "La dama de piedra" se publicó en la revista *Yikal Maya Than* en noviembre de 1942.

XUNÁAN TÚUNICH (LA DAMA DE PIEDRA)

Era la hora en que el astro rey declinaba hacia el poniente, esmaltando el firmamento de bellísimos y cambiantes colores. Era la hora del crepúsculo.

En el horizonte, sobre los desiguales puntos de la cercanía, flotaban simulando bellísimos encajes pérsicos, y con irisaciones de ámbar y rosa, innumerables celajes.

El sol, cual inmenso medallón rojo, se veía a través de las ramas del espinoso *chukum* y del aromoso *káatsin*. Atardecía. Todo el paisaje tomaba el tono rojo amarillento, y el cielo como en ignición parecía una gran fogata, cual si el campo en lontananza estuviera bajo el poder del fuego.

Saasil Eek', la virgen encantadora de ojos negros y cabellera cual ébano lustroso, estaba reclinada desde hacía más de tres horas al pie de un frondoso y copudo zapotero.

Vestida con su albo hipil, parecía impaciente por la tardanza de alguno que debía acudir al lugar señalado de antemano.

Saasil Eek' no se fijaba hacia el norte para extasiarse en la contemplación del paisaje, sino por ver si aparecía su prometido, que debía venir por el camino que hoy conduce de Muna a Uxmal. Cansada, dirigió la vista hacia la población en donde se distinguían las casas colocadas sobre montículos y cuyas escalinatas casi verticales se distinguían con bastante claridad; era la hora en que el supremo sacerdote oficiaba y despedía al sol haciéndole ofrendas a K'uk'ulkáan.

—¡Cuánto tarda!—, dijo la virgen india, con voz dulce y armoniosa como arrullo de tórtola.

Y por sus negros y grandes ojos brotaron dos lágrimas que rodaron sobre sus tersas y aperladas mejillas, cayendo sobre una bonita copa de flores de *X Polk'uuts'* semejando dos brillantes engastados sobre las corolas rojas-amarillas.

—El cielo me castiga; amo con el amor loco de una fiera, amo como nunca he amado ni amaré, y al que amo es enemigo de mi tierra y de mis mayores. Creo que el espíritu infernal ha hecho germinar en mi este amor tan intenso.

Y lloraba, pero no lloraba su desgracia sino la tardanza del ser amado. K'ak'altekat era el elegido por la belleza india y perteneció a la tribu que habitaba al oriente de la península. En esa tribu era el jefe de los guerreros y hacía el trayecto a pie de Izamala a Uxmal para entrevistarse con la sin igual belleza, hija del gran sacerdote de la tribu de los Tutul Xiu residentes en Uxmal.

Ya el sol había ocultado todo su disco en las serranías y la noche empezaba a extender sus negras alas de sombra sobre el campo. La india siempre esperaba y gemía... Cuando más ensimismada se encontraba, se le presentó el gran sacerdote y le dijo:

—¡Tú, la hija de mis amores, la encarnación de mi ser, te encuentras en estas soledades llorando tus desdichas! El famoso *h méen* (sacerdote) del templo de los dioses mayas me ha hecho saber tus amores con un enemigo de tu patria y de tus padres; tú, la flor de la belleza en estos reinos, has profanado el hábito de pureza que toda virgen debe conservar, manchando con ese amor la fama de tus mayores; hoy estoy convencido de tu falta y tu castigo no se hará esperar.

—Padre, perdón, no para mí sino para el ser que llevó en mis entrañas.

—Ese ser es el engendro de dos pueblos que no se pueden perdonar; también debe morir, a él más que a tí, voy a castigar.

La infeliz Saasil Eek' cayó desmayada sobre el suelo tapizado de perfumadas flores.

El gran sacerdote la levantó entre sus nervudos brazos y atravesó todo el trayecto hasta el pie del elevado montículo sobre cuya cúspide se yergue el palacio del *h méen,* penetró en una cueva que está al costado occidente del templo y enterrando el cuerpo de la india, sólo le dejó de fuera el busto y le dijo:

—Mala hija, el dios de nuestros padres y nuestros hijos, haga que te conviertas en piedra para escarmiento de las generaciones venideras y de los malos hijos que no odien y sí amen a los enemigos de su patria y de su rey.

Hoy se ve empotrado al pie de uno de los edificios de las ruinas de Uxmal y en el final de la cueva, el busto de piedra de una preciosa india que los de la finca conocen con el nombre de Xunáan Túunich, y hay quien asegura... que a la estatua a la hora del crepúsculo, se le oye suspirar por el amado de su alma. (*Leyendas yucatecas*).

ELEUTERIO LLÁNES PASOS. Nació en Sotuta, Yuc., hacia 1922; murió en Chetumal, Q.R., en 1996. Era todavía estudiante de preparatoria en la Universidad Autónoma de Yucatán, cuando en 1939 empezó a colaborar en la revista *Yikal Maya Than*. Su cuento *Xmáama ku'uk* (Mamá ardilla) ganó al año siguiente el primer lugar en el concurso al que convocó Paulino Novelo Erosa, director de esa publicación literaria. En esas mismas páginas se publicó en agosto de 1952 la leyenda "La Xtáabay", obra de Llanes. Dedicado al magisterio, don Eleuterio radicó en Cozumel, pero cada año volvía a su pueblo en ocasión de la fiesta de la Natividad de María.

LA XTÁABAY

Extranjero, hijo extraviado del Mayab, que no sabéis o habéis olvidado las viejas tradiciones de nuestros padres, que camináis en los senderos solitarios de esta tierra misteriosa; es a vos a quien me dirijo para que si alguna vez sois arrebatado por espíritu de misterio, no digáis que no sabíais y que por egoísmo no os lo dijeron. Voy pues a relataros brevemente lo que os puede aconteceros mientras vivís en esta tierra santa.

Sin duda habéis oído hablar del pájaro maléfico del infierno y de la muerte que viene de la caverna de la vieja hechicera en la oscuridad de la noche, y canta nueve veces sobre la choza del indio a quien anuncia la muerte, para volver al noveno día y llevar entre sus garras el alma del infeliz que no supo clamar a sus dioses.

Habéis oído sin duda del Hua'apaach' que con sus piernas largas aprisiona al que ronda por la noche la casa de su amada.

Si alguna vez se ha erizado vuestra piel y puesto de punta vuestro cabello cuando os relataron del Kitaam ilk', del Ko'il peeki, del Ook che' no esperéis que os suceda menos cuando déis con una hermosa mujer, modelo de escultura, que os espera en vuestro camino para brindarnos su amor y llevarnos luego en sus brazos a donde no habéis de volver. Es pues la leyenda de la Xtáabay la que quiero relataros.

La Xtáabay es la mujer que después de muerta ha venido al mundo a repartir amor, lo que por egoísmo no quiso hacer en su primera vida. La Xtáabay es la mujer que nunca has visto y el día que la veas la seguirás como un corderillo, mansamente sin saber lo que te espera; es la mujer con quien has soñado siempre, si jamás la has visto hecha realidad ante tu vista. Si alguna vez la vieres, será en noche de luna, verás su rostro como el blancor de la azucena cuando recibe el beso del astro de la noche; clavará en tí la mirada y te sonreirá con ternura mientras peina su larga cabellera color castaño que le llega hasta los tobillos, te alargará su mano con finura y con una señal te dirá: ven, y no eres tú quien (pueda) resistirle ni responderle porque enmudecerás ante belleza tanta; pero si sabes que es ella entonces muchas cosas podrán sucederte: se te caerán las fuerzas si trataras de apartarte de su presencia, bañará un sudor frío todo tu cuerpo, sentirás tus ojos desorbitados y el pelo ponérsete de punta, tratarás de recordar algunas mágicas palabras y hay de tí si no sabes hacerla huír de tu mirada porque nunca volverás a los tuyos; muchos han sido los que algún día yendo por su camino les salió al encuentro y los ha llevado... "Se perdieron al volver de la fiesta", "desaparecieron una noche", es todo lo que se sabe de ellos.

Ahora te contaré un caso y si quieres creerme, yo te ofrezco en ello mi franca ayuda; si no salvo mi responsabilidad, ya estás advertido.

Tres años hacía que Jacinto era novio de Petita, una singular mestiza de hacienda a quien la naturaleza había sido propicia dotándola de un carácter ejemplar y de una belleza casi indescriptible. El padre indio de carácter rudo, tenía como único y máximo tesoro a su hija a quien trató de librar para sí ahuyentando al joven pretendiente que tan buenamente se había conducido, y parecía en efecto, que el muchacho se había alejado, más no fue así.

Como sucede en todos los casos de amor en que existe la pureza del mismo con todas sus buenas intenciones, Jacinto había concertado con Petita no molestar más al papá y así ocultar su cariño en las sombras de la noche. Así sucedía; cada cierto tiempo Jacinto iba desgarrando la obscuridad de la noche, en busca de su amada quien salía a su encuentro bajo la copa de un frondoso *püch*. Allí el uno era para el otro durante algunos instantes y luego se separaban hasta nueva cita.

Es de comprenderse que esta vida de amor para quien abriga una esperanza bienaventurada como la de ser esposo, tenía que terminar llenando su cometido de cualquier manera. Una ocasión, Jacinto dijo a Petita que no era posible esperar más tiempo y que era necesario que fuera su esposa cuanto antes. Ella por su parte anhelaba lo mismo. Estuvieron pues de acuerdo en que burlarían la vigilancia de su padre y se fugarían en una próxima entrevista, único modo de realizar su felicidad soñada: el hogar.

Justo es advertir que los dos habían olvidado por completo el temor, el miedo y demás que proporcionaban los cuentos y tradiciones que sus ancianos padres les referían con sumo cuidado. Así que la cita para la fuga fue hecha. Partieron para sus hogares.

Llegó el día señalado, ambos estaban listos; y apenas la noche tendió su velo sobre la faz de la tierra, Jacinto se puso en marcha hacia la hacienda esperando hallar como en otras ocasiones a su Petita bajo el *piich* esperándole con mil caricias y desesperación. Pero sucedió algo inesperado, Petita se había adelantado saliéndole a su encuentro sobre su camino y diciéndole:

—Amado mío, pensé que no llegarías nunca, que quizá algo te había acontecido y en mi desesperación salí a buscarte por el camino en que vienes.

—Pero Petita, cómo es posible que pienses que haya de faltar si en otras noches he venido para que seas mía un instante, cuanto más hoy que serás mía para siempre. Vamos, démonos prisa que es mucho el camino que tenemos que andar para estar fuera del alcance de tu padre.

—¿Y nos hemos de ir sin que me des siquiera un abrazo y un beso en frente de esta hacienda que ha sido testigo de nuestro amor y fidelidad?

—No vida mía —respondió Jacinto—, ven.

La luna empezaba a besar con sus rayos de plata las altas copas de los árboles y un presentimiento vino a turbar la felicidad de Jacinto. En realidad aquel rostro era de la mujer a quien amaba, pero ahora lucía con mayor fuerza cuando debía ser velada por el temor; sus manos no eran sin embargo las de aquella mujer acostumbrada a manejar el machete y la piedra de moler; además sus besos y caricias no eran las mismas. Jacinto tuvo temor y enseguida pensó: "Es la Xtáabay", y en realidad la Xtáabay era; pero Jacinto no era tonto y conservó la calma, recordó que su anciano padre le contó de cómo liberarse de la Xtáabay y así lo hizo; arrancándole una hebra de su cabellera, le dijo:

—Apártate de mí, mala mujer, que hoy te he conquistado y en nombre de todos los dioses te juro que a no ser porque me espera la mujer a quien adoro, te haría mi esclava. Vete pues y no intentes jamás contra mi vida.

Desapareció la mujer entre el follaje y a poco se esfumó en el tronco de una ceiba.

Sin pérdida de tiempo y regocijado por su victoria Jacinto fue en busca de Petita que le esperaba impaciente bajo las ramas del *púch*. Estrecháronse ambos, con plena seguridad de parte de Jacinto de que en esta ocasión era su misma Petita la que estaba en sus brazos y partieron ligero.

Cuando el sol salió, Jacinto y Petita estaban meciéndose en una hamaca en la primera casita del pueblo próximo a la hacienda en espera de la noche para continuar su fuga. Jacinto le relataba su encuentro con la mala mujer y lleno de orgullo le enseñaba el cabello a la vez que la estrechaba entre sus fornidos brazos. En eso estaban cuando llegó alguien a turbar su felicidad; era el padre de Petita, quien después de un pequeño regaño, convencido de que no era justo hacer otra cosa puesto que los muchachos se querían, convino en que se casaran ese mismo día en el pueblo.

Así consumaron su felicidad aquellas dos almas que de no ser por el conocimiento que Jacinto tenía de la Xtáabay, la mujer mala le hubiera perdido para siempre y ella, Petita, habría muerto de tristeza. (*Leyendas yucatecas*).

EVERARDO GARCÍA EROSA. Aunque yucateco activo en el siglo XX, se ignoran los datos de su nacimiento y muerte. En 1956 publicó el libro *La ñapa y otros cuentos,* en que recoge el ambiente, las tradiciones y el lenguaje popular de varias regiones de la Península. Su español, al que deliberadamente mezcla yucatequismos, veracruzanismos, mayismos y cubanismos, lo condujo a poner al final de cada narración un vocabulario, sin el cual acaso se captaría el sentido de esas voces, pero no su significado. Su leyenda "El Pu'uhuy" se publicó originalmente en la revista *Yikal Maya Than* en octubre-noviembre de 1953.

EL PU'UHUY

Al día siguiente sepultaron a Ah Boom. Cuatro hombres cargaron el ataúd y tomaron el camino del cementerio. Detrás de los enterradores caminaban la esposa y los hijos del muerto e iban las mujeres de los sirvientes, llevando ramos de flores del campo. La muerte de su compañero dejó a los peones muy excitados. Ellos no culpaban de aquella muerte a Nin, el pobre loco, sino a la fatalidad que dispuso que las cosas llegaran a tan trágico desenlace. Y se lamentaban y dolían de que el destino recargara la mano, una vez más, sobre sus espaldas y no sobre las de los amos. ¿Por qué ocurría todo esto a los pobres y no a los ricos? Como es costumbre, las mujeres se reunían en casa del difunto, a rezar por el alma de él. Lo hacían cuando comenzaba a caer la noche y mientras ellas rezaban y cantaban letanías, los hombres las esperaban a las puertas de la choza hablando de sus asuntos, contándose cuentos de aparecidos o incidentes ocurridos a uno u otro; pero en todo momento pesaba sobre ellos un hálito sobrenatural, batiendo sus pálidas alas intangibles. Naturalmente que en tales reuniones no escaseaban las botellas de ron, de anís o las de "cabeciado", licor compuesto que quemaba el gañote y soltaba más pronto la lengua. Esta anochecida, como en las anteriores, llegó Rosendo Xool el primero y se encuclilló junto al umbral en espera de los demás. Era un viejecillo menudo y parlanchín, único superviviente de la primera peonada que hubo en la hacienda y a quien el amo había encomendado el cuidado de los caballejos de la noria "para que descansara". Era célebre Rosendo Xool por los cuentos que narraba y la manera tan peculiar como lo hacía. Hubiera podido pasarse dos mil noches charlando, diciendo sus fábulas y viendo cómo crecía su auditorio, silencioso bajo el influjo de sus palabras, a las que el prestigio de la cabeza ya totalmente encanecida, daba respeto y crédito. Acaso una de las razones de su éxito era el hecho de que Rosendo nunca tenía el propósito de hablar sobre determinado tema sino que éste saltaba de pronto, movido por alguna circunstancia, a su charla. Tal ocurrió esta noche que, por cierto, era hermosa y tibia, brillaban nítidamente las estrellas y una luna grande y clara alternaba sombras y lagunas luminosas en los patios de la hacienda. Pronto se vio Rosendo rodeado por buen número de oyentes que se habían acomodado alrededor del viejo y pisoteaban echándose al garguero sendos tragos de aguardiente. De los campos vecinos llegaban los ruidos nocturnos: el tremolado canto de la chocolatera, el chillido de la "santa rita", las estribulaciones de los grillos, la lúgubre voz de las viejas. Don Pu'uhuy se quejó y su queja quedó como suspendida en el aire.

—Ya cantó el *pu'uhuy* —hizo observar Plácido Nah, como si él hubiera sido el único que lo escuchara—, alguien viene o alguien va —dijo.

—Sí —comentó Rosendo—, alguien está haciendo camino. Puede ser un *wiinik* (hombre) que ya quiere llegar a su casa o algún alma en pena que nos está rondando.

El coro se estremeció. Todos acercaron las manos a las botellas y Rosendo, dándose cuenta del efecto que lograron sus palabras prosiguió, complacido:

—Acaso es Ah Kusáan Ich que vaga perdido, hechizado por la Xtáabay.

—¿Quién es ese?, preguntó un tal Hoil.

—Es largo de contar, muchacho —contestó el viejo—. Y aquí tiene mucho que ver el *pu'uhuy*.

—Los oyentes se acomodaron como mejor pudieron, buscaron otra vez las botellas y prestaron oídos a Rosendo. El viejo continuó diciendo:

—Ah Kusáan Ich fue un príncipe maya o mejor dicho un *halach wiinik* (hombre verdadero, gobernante de una teocracia militar), que vivió muchos años en Chichén Itzá, antes que los blancos llegaran a estas tierras de nuestros abuelos. Era hombre joven y hermoso, buen cazador y buen guerrero y sin duda llegaría a gobernar a los hombres. Una vez conoció a una muchacha que le decían Suhuy Muunyal y se enamoró de ella. La mujer era como él gente principal, y estaba enamorada también, de manera que decidieron matrimoniarse. La boda fue fijada para el mes de abril, que se decía de *moan* en nuestra lengua; que es el tiempo en que florece por primera vez el *xtaabentun*, perfumando el aliento de los chupa flores, y el cielo está siempre azul y limpio. Cuando ocurrió lo que estoy contando eran días de marzo y la espera se empleaba en aligerar los preparativos del casorio. La costumbre mandaba que el novio emprendiera una peregrinación al santuario de Izamal, que era el santuario más visitado entre los cuatro puntos de la tierra; millares de peregrinos llegaban allí desde Cobá y Palenque, desde Potonchan y Cuzamil, desde el Petén y Kabah, desde Tho, desde todos los lados de los vientos, trayendo sus homenajes y sus oraciones a Zumná, a quien hablaban diciendo:

"Tú eres la sustancia del cielo, tú eres el rocío de las nubes".

—Allí fue Ah Kusáan Ich. Fue a Izamal, como les digo, y pudo contemplar, llenos sus ojos de lágrimas de alegría, cómo el rayo sagrado consumió la ofrenda que dejó de acuerdo con el ritual en la gran explanada del templo de Itzamatul. Ah Kusáan Ich comprendió: el dios Kinich K'akmó aceptaba su regalo y lo devoraba delante de su vista, para demostrarle que era propicio. El dios le quería y Ah Kusáan Ich era feliz porque supo que podría casarse.

El narrador bebió otro trago y continuó:

—Ah Kusáan Ich dispuso su regreso a Chichén Itzá. Comenzó a hacer su camino y una noche como esta en que brilla la luna grande se encontró con la Xtáabay. Su gran aventura. Tuvo su principio cuando un venado grande y hermoso con siete puntas de cuerno cruzó frente a él. Ah Kusáan Ich se admiró del animal que parecía embrujado, pues le brillaban los ojos como cuando los machos van buscando hembra. Sintió que ardía su sangre de cazador y organizó el *ts'óon kéeh* (batida para ojear la caza) con las gentes de su compañía. Fíjense ustedes como es el destino y como va envolviendo al hombre hasta dejarlo enredado. ¿Quién hubiere imaginado siquiera que un venado sería la perdición de un príncipe como Ah Kusáan Ich, que era joven fuerte y poderoso? De seguro que nadie. Los dioses querían a Ah Kusáan Ich, luego lo llevaron a la muerte ¿Para qué? para que el caminante no vaya solo por los caminos de nuestra tierra. Rosendo siguió filosofando.

—A veces parece que los dioses no quieren al hombre y lo obligan a sufrir, pero no por esto debemos pensar mal de ellos ni rebelarnos siquiera; pues cuando esto sucede es porque está el hombre destinado a importantes faenas en beneficio de los demás. Yo no le veré, porque ya eché verejón; pero no importa, lo que quiero decirles es que no se desesperen porque todo cuanto sucede debajo del sol, para algo sucede.

—Bueno y ¿qué pasó con el príncipe?—, preguntó impaciente Nicolás Collí. —A eso voy —dijo Rosendo—. Como ya les dije el príncipe se enamoró del venado y decidió cazarlo. Era un buen cazador y sabía como disponer las cosas de modo que organizó bien el *ts'óon kéeh*. Se dispersaron por el monte los ojeadores y Ah Kusáan Ich, buscando un buen sitio para dar la batida, fue alejándose del camino. El sonido de los caracoles y los gritos de los batidores lo enardecieron y sin darse cuenta siguió internándose más y más en el monte tupido. Cuando recapacitó y pudo fijarse en lo que andaba haciendo ya no oyó los gritos ni los caracoles y quiso volver sobre sus pasos, pero apenas si podía caminar entre la maleza abriendo paso entre los bejucos que le chicoteaban el cuerpo. Largo rato anduvo así como quien dice trastabillando, cayendo aquí y allá entre los espinos hasta que descubrió un lugar limpio de árboles. A él se encaminó resueltamente para descansar y orientarse después, y cuál no sería su asombro al encontrarse de pronto con una bella mujer que lo miraba y le sonreía con dulzura. La Xtáabay, porque no podría ser otra cosa que la Xtáabay, se hallaba recluida junto a su árbol preferido que era un *ya'axche'*. Allí estaba peinándose sus cabellos negros, mirando ardientemente al cazador con sus ojos verdes y diciéndole palabras de mujer enamorada. Lo que pasó allí sólo un dios o el viento podrían contarlo. Ustedes se lo suponen y yo también, de modo que vamos a seguir adelante con el cuento.

Los oyentes se rieron con malicia no disimulada y el viejo carraspeó imponiendo silencio.

—Cuando los hombres del príncipe mataron al venado, fue que se dieron cuenta de la ausencia de su señor. Lo buscaron y no lo hallaron; recorrieron los alrededores, se dirigieron después a Chichén Itzá y volvieron a la selva, hasta que encontraron su cadáver debajo del *ya'axche'*. Nadie dudó entonces que la Xtáabay había hecho una nueva víctima y mucho menos Suhuy Muunyal que se sintió morir cuando contempló el cuerpo sin vida del que pronto sería su esposo.

—¿Por qué, oh Hunab K'uh, castigas con toda tu cólera a la más humilde de tus servidores?, —decía la infeliz.

Pero su corazón, en donde había entrado el dolor, le respondía:

—Ten calma niña mía, que los designios de los dioses son inexcrutables y ciego es el destino de los hijos de los dioses—. Y así fue entrando también la paz en su corazón.

El que era en Chichén Itzá jefe de todos los sacerdotes ordenó que el cadáver del príncipe fuera arrojado a los balames del bosque.

—Está maldito —dijo— y los dioses nos castigarán si le damos tierra dentro de los recintos de Chichén Itzá—. Al oír estas palabras, Suhuy Muunyal se arrodilló a las plantas del hombre santo y le dijo con lágrimas en los ojos:

—Señor, tu sierva te pide que no se lleven este cuerpo; yo consagraré mi vida a los dioses si mi vida fuera suficiente para purificarlo de los besos malditos que le dió la Xtáabay.

El sacerdote miró en su *sasstún* (piedra sagrada), hizo unas brujerías de esas que solamente él entiende. El *h Méen* (sacerdote) miró de nuevo la piedra sagrada y satisfecho de lo que había visto y las palabras que los vientos llevaron a sus oídos, contestó:

—Suhuy Muunyal, princesa de los Itzaes, tu súplica ha sido escuchada. Tu sacrificio agrada a nuestros dioses y Ah Kusáan Ich irá al paraíso por el camino transparente de las aguas del cenote sagrado... Pero ¡ay de tí si no tienes fuerzas para cumplir tu promesa! La cólera de Hunab K'uh caerá como un huracán sobre ti y los tuyos y las aguas del cenote, sucias de pecado, arrasarán Chichén Itzá y barrerán sus murallas y sus templos y no dejarán una piedra encima de otra piedra. De tí pues depende nuestra vida y nuestra paz y dejaremos a tu inspiración la manera mejor que sirvas a los dioses.

El cuerpo de Ah Kusáan Ich fue sahumado y lanzado después el cenote con gran ceremonia. Presenciando aquel acto se encontraba el rey y sus nobles, los sacérdotes, los más afamados *nakoone* y sacerdotisas de Suhuy K'aak'. Allí también el pueblo enternecido, pues el muerto merecía el amor de todas las gentes.

Suhuy Muunyal contempló cómo el cadáver se perdía entre las aguas y desaparecía. Luego ella misma desapareció de Chichén Itzá y jamás ojos humanos volvieron a verla viva.

—¿Murió?—, preguntó gangosamente el *xut cocom* (sujeto apocado y flaco).

—No —contestó Rosendo— porque se le oía. Los caminantes que atravesaban de noche los bosques, escuchaban su voz, que los prevenía en contra de la Xtáabay.

—Y poco más o menos ¿que les decía?— insistió el *xut*.

—Pues le decía —aclaró Rosendo, limpiándose los labios con el dorso de la mano después de beber un trago—, les decía que tuvieran cuidado, que abrieran bien los ojos; que no dejaran que la fatiga los venciera ni que el venado los apartara de su camino.

—"No hagas caso de las luces engañosas del monte", decía la voz, ni de los ruidos mentirosos de la noche; sigue tu camino derecho, siempre derecho, porque si te dejaras engañar, los labios de la Xtáabay te exprimirán la sangre como lo hace el *sóots'* (vampiro).

En vano trataron los caminantes de encontrársela de día. En cambio por las noches la escuchaban, así hubiera tormenta y los rayos cayeran a la tierra como chicotazos sobre mula atascada en el lodo. Pasaron los años, muchos años y Suhuy Muunyal, fiel a su promesa, seguía recorriendo los caminos. No envejecía su voz ni envejecía su cara. Los dioses la amaban y decidieron conservar su bella y dulce juventud. Pero llegó una noche y los caminantes no la oyeron; pasaron otras noches y tampoco escucharon su voz.

Las gentes de Chichén Itzá sintieron pesadumbre en su corazón y se preguntaron.

—¿Qué le habrá ocurrido a Suhuy Muunyal?

Entonces salieron en su busca partidas de guerreros y de cazadores hasta que la encontraron bajo el mismo *ya'axch* que vio cómo murió Ah Kusáan Ich.

—Suhuy Muunyal estaba moribunda. Había luchado con la Xtáabay y ésta mala hembra le clavó en el pecho una espina de henequén. Cuentan que cuando las gentes de Chichén Itzá se acercaban a ella para socorrerla, vieron con asombro cómo su bello cuerpo se transformaba en un pequeño pájaro del color de la ceniza que se alejó volando hacia los últimos rayos del sol de la

La pequeña Suhuy Muunyal se transformó en pájaro.

tarde y piando: *pu'uhuy, pu'uhuy*. Y desde aquella fecha los viajeros que recorren en la oscuridad los caminos de nuestra tierra oyen delante de ellos el aviso de los cielos y ésta es la razón por la que desde que el *pu'uhuy* vive, la Xtáabay no ha vuelto a aparecerse a los hombres.

Hacía un rato que las mujeres habían terminado sus rezos y se habían marchado. Rosendo levantó la vista, contempló el cielo y dijo:

—Bueno, ya está dicho, vamos a dormir. No sea que nos asuste la sombra de Ah Bóon. Luego se alejó camino de su choza.

De los montes vecinos llegaba el canto del *pu'uhuy*, los peones no se movieron; permanecieron encuclillados. ¿Acaso lamentando muy secretamente haber perdido para siempre a la Xtáabay? (*Leyendas yucatecas*).

PEDRO SÁNCHEZ DE AGUILAR. Nació en Valladolid, Yuc., en 1555; murió en Perú, en fecha que se ignora. Ordenado sacerdote en la Real y Pontificia Universidad de México, regresó a Yucatán y sirvió los curatos de Chancenote, Cololmul, Valladolid y el Sagrario de la Catedral. Viajó a España, obtuvo el grado de doctor y se le nombró dean de la Sede Metropolitana de La Plata e inquisidor de Lima, en Perú. Falleció cuando era promovido al Obispado de Santa Cruz de la Sierra. Es autor de *Contra idolorum cultores* (Madrid, 1634), una doctrina cristiana en lengua maya y una memoria de los primeros españoles, en español, las dos últimas perdidas. La leyenda "El duende de Valladolid" se publicó en la revista *Yikal Maya Than* en julio de 1942.

EL DUENDE DE VALLADOLID

Tampoco vendrá fuera de propósito traer a la memoria, cuan perseguida y alborotada estuvo la villa de Valladolid, mi patria, por los años de 1570 según mi cuenta, con un demonio parlero o duende (caso estupendo e inaudito) que hablaba y tenía plática de conversación, con cuantos querían hablarle a las ocho o diez de la noche a candiles apagados, y sin luces, el cual hablaba a modo de un papagallo y respondía a cuanto le pedía un hidalgo conquistador llamado Juan López de Mena, natural de Logroño, y otro conquistador llamado Juan Ruíz de Arce de las montañas de Burgos. En las casas de éste, el duende hablaba y conversaba más que en otras: mandábanle tocar una vihuela, y la tocaba diestramente y sonaba castañetas, y bailaba; tocándole otro él se regocijaba y reía, pero no le pudieron ni se dejó ver.

Preguntándole dónde había estado dos o tres días, que no había venido a conversación, dijo que había estado en la ciudad de Mérida, en casa de un conquistador, llamado Lucas de Pardes, yerno de un hidalgo, vecino de dicha villa, llamado Alvaro Osorio, natural de Salamanca, conquistador asimismo, porque decía que era su aficionado y daba razón de su salud y sucesos. Otras veces hablaba mal de algunas doncellas, y a una levantó un falso testimonio, cuyo padrastro la trató mal injustamente, pues a un demonio no se debe dar crédito, que es padre de mentiras, testimoniero y cizañador. Preguntándole quién era y de dónde, afirmaba que era cristiano y de Castilla la vieja y rezaba el pater noster y otras oraciones.

A los principios no hacía daño alguno ni fue perjudicial en estas dos casas donde hablaba; aunque en otras lo era y tiraba piedras, sin hacer daño con ellas, y hacía ruido en las azoteas y zaquizamíes con que espantaba a los que no le habían oído hablar, y muchas veces tiraba con huevos a las mujeres y doncellas. Enfadada, una tía mía le dijo una vez: "Vete, demonio, de esta casa". Le dio una bofetada en la cara, dejándole el rostro más colorado que una grana. En otras hacía ruido, y no más, y luego iba a las dos, que él más cursaba, y haciendo ruido y silvos como una chicharra, se reía y contaba lo que le había pasado en otras casas y los asombros y espantos que había hecho. Sucedió que el cura de aquella villa, llamado Tomás de Serzundi, le quiso conjurar, para lo cual llevó el Ritual Manual, el hisopo debajo de la capa y disfrazado una noche fue a una de la dos casas donde hablaba, y le esperó a que hablase; aunque le llamaron no vino, no habló, e ido el cura a su casa, hizo el ruido que solía riéndose muchísimo. Vuelto el cura a su casa donde había dejado la mesa puesta para cenar y una fuente de buñuelos y una limeta de buen vino, cerrada la casa, halló en la fuente mucho estiércol de su mula, y la limeta llena de orines añejos, y al punto que el cura salió del conjuro que iba a hacer; riéndose mucho, dijo el duende: "El cura me quería coger, pues no me cogerá, allá verá en su mesa con quién se burla". Rogándole que dijese lo que pasaba, dijo la burla dicha, y por la mañana la contó el cura a todo el pueblo.

Hacía un alacrán de cera y una sabandija y la pegaba a la pared para asombrar a algunos. Sucedió que al conquistador Juan López de Mena, estando en la ciudad preso, le habló al oído una noche y le dijo estas palabras: "Amigo, tu mujer te ha parido un braquilote"; y a la mañana lo contó a todos los presos, y de allí a pocos días le vino una carta en que le avisaban haber parido su mujer un hijo, y está la ciudad treinta y cuatro leguas.

Y sabiendo el señor obispo los falsos testimonios que decía y los denuestos con que infamaba a alguno, mandó con graves censuras, que ninguno le hablase ni respondiese. Y cumpliendo con estas excomuniones los vecinos, dejaron de hablarle y responderle, por lo cual dio este demonio o duende en llorar, y quejarse del obispo, y en hacer mayores ruidos, golpes y estruendos en las azoteas y terrados, con que asombraba y quitaba el sueño. Después de esto, dio en quemar las casas, que entonces eran las más de paja, y de unas palmas que llamaban guano; por lo cual los vecinos acudieron al favor divino y se juntaron en la iglesia y pidieron al cura echase suerte por un santo abogado, y prometieron de celebrar su fiesta con procesión al Convento de San Francisco y les cupo en suerte al bienaventurado San Clemente papa y mártir, que es a veinte y tres de noviembre, y en este día voy trasladando este informe para imprimirlo, siendo Dios servido y en su nombre acuso a mis compatriotas en el descuido que vi en ir a la procesión dejando solo al cura siendo el voto de la villa en común, y de sus padres y abuelos. En el retablo de la iglesia está este santo con un demonio atado.

Cayó por más de treinta o cuarenta años, hasta los años de mil y quinientos y noventa y seis, que siendo yo cura en la dicha villa, volvió este demonio a infestar algunos pueblos de mis anexos, quemándoles las casas de los pobres indios, y en particular el pueblo de Yalcobá de donde fui llamado por los indios devotos, para que lo conjurase y desterrase de aquel pueblo, donde al mediodía puntualmente o a la una de la tarde entraba un remolino de viento levantando gran polvareda, y con un ruido como de huracán y piedra, paseaba todo el pueblo o la mayor parte de él; y aunque los indios se prevenían luego en apagar aprisa el fuego de sus cocinas, no aprovechaba, porque de las llamas con que este demonio es atormentado despedía centellas visibles, que como cometas nocturnos y estrellas errátiles pegaba fuego a dos o tres casas en un instante, y de ellas se abrazaba la que no tenía gente bastante para apagar el fuego con baldes de agua y mantas mojadas, con que tenía a los miserables indios asombrados y temerosos, y se salían a dormir a la sombra de sus árboles altos y coposos. Y habiendo yo llegado a este pueblo y comunicado con los indios la misa cantada solemne que pedían, la misma noche de su despedida, quemó una casa bien grande. Y habiendo otro día dicho misa cantada a la intercesión del Arcángel San Miguel, abogado de estos indios, hice mi oficio de cura, en la puerta que cae al sur, conjuré a este demonio, y con la fe y celo que Dios me dio, le mandé que no entrase más en aquel pueblo, con que cesaron los incendios y torbellinos, ahora y gloria de Su Divina Majestad, que tal poder dio a los sacerdotes. Con lo cual volvió este demonio a infestar y perseguir la dicha villa de Valladolid con nuevos incendios en las casas de los pobres vecinos, que no eran de teja, y poniendo cruces en todos los caballetes, cesó este daño por algunos años, aunque todos los atribuían a los muchos hechiceros, encantadores e idólatras de estos tiempos, lo cual no deja de tener fundamento y sospecha verosímil. (*Leyendas yucatecas*).

ZACATECAS

CUAUHTÉMOC ESPARZA SÁNCHEZ. Nació en Pinos, Zac., en 1926. Licenciado y maestro en historia por la UNAM, fundó y dirige el Departamento de Investigaciones Históricas de la Universidad Autónoma de Zacatecas. También tiene a su cargo la Biblioteca Pública y preside la Asociación Zacatecana de Estudios Históricos. Además de varias obras mayores, son de su pluma la selección, la introducción y las notas del libro *Cuentos, leyendas y costumbres del antiguo Zacatecas* (1976; 3a. ed., UAZ, 1992), incluyendo la semblanza de los autores cuyos textos fueron por él recopilados de periódicos, revistas y otros impresos antiguos y modernos.

GEORGE FREDERICK RUXTON. Súbdito del Reino Unido y miembro de la Royal Geographical Society, recorrió el país desde Veracruz hasta Nuevo México. El 5 de noviembre de 1846, en Los Saucillos, villorrio al margen del río Conchos en el Estado de Chihuahua, recogió la "Leyenda de la Veta Negra de Sombrerete", que apareció en *Adventures in México and the Rocky Mountains* (Londres, 1847), libro traducido al español por Raúl Trejo (Ediciones El Caballito, México, 1985).

LA LEYENDA DE LA VETA NEGRA DE SOMBRERETE

Los Saucillos, una pequeña villa india cuya población se dedica por completo a explotar una pequeña mina, está situada en el Conchos, donde hay un arroyuelo que corre hasta el Río del Norte. Esta villa se encuentra a 58 kilómetros de Santa Rosalía. Los gambusinos, o mineros independientes, son de una clase *sui geneis*. Sus ganancias dependen de su suerte, si encuentran una veta rica, lo cual ocurre pocas veces, en gran parte debido al sistema de extracción que emplean. Trabajan año tras año, siempre con la esperanza de hallar oro y estimulados por esa posibilidad abandonan cualquier otra labor. Así, en esos pequeños reales[1], es frecuente que sufran grandes privaciones. A los gambusinos les encanta vender sus piezas de metal por mucho menos dinero del que realmente valen y con frecuencia ofrecen pequeñas rocas de plata y oro a los viajeros, a cambio de dinero o ropa.

En esta villa había una gran hacienda de beneficio, llena de escoria y mugre que cubrían el suelo por montones, entre los hornos y viejos aparatos para acuñar el metal. Aquí me instalé, con la autorización de un viejo indio que estaba completamente desnudo excepto por un pequeño taparrabo, y que supervisaba el fundido de algún metal en el horno que estaba en un rincón del edificio. Había mucho espacio para instalarme con mis animales, que comieron su maíz. Cociné mi cena en una pequeña fogata de carbón que hice sobre la tierra, mientras el viejo me contaba historias de las antiguas riquezas de la mina y los cientos de veces que había estado seguro de volver a gozar una situación de bonanza. Me dijo que era el hombre más experimentado de ese lugar y conocía el valor de un mineral con sólo verlo, pues era muy aficionado a los beneficios. En una época había ganado dos o tres dólares diarios[2], cuando abundaba el mineral, pero ahora las sierras estaban llenas de "gente mala". Conocía una montaña donde bastaba clavar el pico para encontrar una veta de plata, pero que ahora estaba invadida por el "demonio", de corazón duro como el granito, que convertía la plata en plomo cuando llegaba un gambusino. Más lejos, había otras sierras donde había estado con su padre cuando niño, y donde obtenían mucha plata, pero poco después los indios hicieron su aparición y asesinaron a todo el que se acercaba, así que nunca volvió por esos lugares, "tierra muy rica y llena de plata".

Dijo que cuando joven, había trabajado en la mina de Sombrerete, donde había ganado muchos dólares con la bonanza de la famosa Veta Negra, de donde fue extraída una gran cantidad de plata. Estuvo en Sombrerete hasta que esa veta dejó de producir y me narró la causa de este fracaso en una maravillosa historia, que contó con la mayor seriedad. Sus gesticulaciones y solemnes juramentos de decir verdad, con los que constantemente interrumpía su historia, me impresionaron gratamente. Quizá no había sitio más apropiado para escuchar esta narración que el lugar donde estábamos sentados. En el gran edificio abandonado, con la paredes cubiertas de moho y profundos orificios por los que se reflejaban las llamas, el viejo indio sentado tras el fuego, su mirada acentuando cada detalle de la historia, deteniéndose a veces para exhalar una nuebe de humo de tabaco y descansando su cuerpo desnudo sobre una manta bordada, mientras se sentían ráfagas de aire frío que se colaban por las deterioradas paredes. Más o menos me narró con estas palabras:

"¡Ojalá por los días de oro!" suspiró el viejo gambusino, "pero ya se acabó todo eso, ni oro ni plata hay. Pedacitos nomás, pero se acabó la veta negra; ¿ónde está?

"En esos días yo no era más viejo que usted ahora, y todavía tenía la espalda fuerte. ¡Válgame Madre Santísima! podía cargar el mineral con facilidad, y subirlo hasta la superficie de la mina. Y entonces llegó la bonanza, todo era bonanza, día tras día estábamos en la misma vieja veta, y mientras más escarbábamos más rica era. ¡Ay qué plata, blanca, rica, pesada! ¡En una semana ganaba cinco pesos fuertes! ¡Qué hermosita era aquella veta negra!

"Mi pobre cabeza se marea cuando pienso en aquellos tiempos. Pues, señor, todos los mineros (entonces no había gambusinos) hacían dólares tan rápido como podían y ganaban más de lo que jamás habían soñado. Sin embargo no estaban satisfechos y todos protestaban porque no había una veta más rica que la vieja veta negra, ¡como si fuera posible!

"El más insatisfecho de todos los mineros era un hombre deformado llamado Pepito, que se pasaba el día lamentando su mala suerte, aunque había ganado ya lo suficiente para mantener tres de sus vidas, pues vivía tan miserable como todos.

"Sin embargo, ya fuera por la maldad que provocaba su deformidad o quizá por tener mal corazón, Pepito maldecía constantemente a la vieja veta con todos los insultos que podía decir, suficientes para romper el corazón de cualquier veta, aunque fuese de acero.

"Una noche —era la fiesta de San Lorenzo— todos los mineros fueron al pueblo para tomarse un descanso, pero Pepito tomó su canasto y su pico y dijo que seguiría trabajando, pues decía «qué tiempo tengo para descansar si con todo mi trabajo apenas gano en esa veta lo suficiente para mis frijoles, sin siquiera un trago de pulque, aunque quién sabe por cuánto tiempo, ¡maldita sea la veta, digo yo!».

"«Válgame Dios, decirle esto a la veta negra, ¡la veta negra de Sombrerete!» exclama el viejo gambusino.

"Ya sabe usted (o ¿quién sabe? porque los extranjeros son muy tontos) que cada mina tiene su padre de la mina, al que pertenece todo el mineral. No es un hombre, ni una mujer, sino un espíritu, y muy bueno si no lo molestan. Pero cuando los mineros maldicen su trabajo, a veces el espíritu cierra la veta o la hace de plomo o de hierro, y cuando trabajan duro y le dejan cigarros o una botellita de pulque en la galería, antes de salir, entonces les envía bonanza, mucho mineral rico.

"Así que cuando Pepito decidió seguir trabajando solo en la mina y continuó abusando de la famosa veta negra, pensamos ¡válgame! si Pepito no ve hoy al padre de la mina es porque lleva agua bendita o un rosario del padre José, el cura de Sombrerete.

"Debíamos regresar al trabajo a medianoche, pero el mezcal estaba tan bueno que nadie salió de la pulquería mucho después de esa hora. Sin embargo, yo agarré mi pico, subí por la colina rumbo al tiro y desperté al vigilante que estaba envuelto en su sarape en la puerta de la hacienda. Lo llevé hasta la boca del pozo para que pudiera bajarme en la canasta. Cuando llegué al fondo llamé a Pepito pues, sabiendo que estaba allí, yo no llevaba linterna pero sólo oí el eco de mi voz, que sonaba profundo y fuerte, vibrando por todos los pasajes y galerías de la mina. Pensé que debía estar dormido y me dirigí a donde habíamos trabajado esa misma mañana, esperando encontrarlo allí, pero nadie me contestaba y cuando gritaba «Pepito, Pepito ¿ónde estás?» el eco decía claramente «¿ónde estaás?».

"Empecé a ponerme nervioso. Las minas, como todo el mundo sabe, están llenas de diablos, duendes y malos espíritus de todas clases y yo estaba allí a medianoche, solo y tocando la veta negra de la que había abusado tanto. No llamé más a Pepito porque el eco me daba miedo y estaba seguro que quien me respondía era una voz ultraterrena, que venía directamente de la veta negra donde estábamos trabajando. Quise salir del pozo y miré hacia arriba donde se veía el cielo del tamaño de una tortilla, con una brillante estrella sobre mí. Grité al vigilante para que bajara la canasta y me recogiera pero ¡santa madre! parecía que mi voz se tropezaba con las paredes del pozo, se perdía en ellas y cuando llegaba hasta arriba debía ser tan sólo un murmullo. Estaba casi llorando, cuando escuché una carcajada que venía de las galerías. Me puse a temblar como azogue y a sudar de cabeza a pies. Hubo otra risa y una voz llamó:

"«Ven aquí Matías, ven aquí».

"«Onde, mi maravilloso señor?» pregunté, pensando que lo mejor era mostrarse respetuoso.

"«Aquí, aquí a la veta negra, la veta usada», llamó la voz y pensé con horror en los abusos que había sufrido.

"Medio muerto de miedo, me arrastré por la galería y al doblar en una esquina llegué al sitio donde habíamos estado trabajando. ¡Ave María Purísima!, ¡qué fue lo que mis ojos vieron! La galería parecía una bola de fuego, aunque no se sentía calor. La roca donde estaba la veta y el mineral mismo, parecían de fuego sólido y no me quemaba porque no se sentía calor, pero brillaba tanto que se podía ver toda la roca, que se extendía por kilómetros y kilómetros. Cada grano de cuarzo, hasta la menor partícula de arena que la formaba, resplandecían como un millón de diamantes hechos uno solo; así vi miles en las profundidades de la tierra, con cada grano de arena alumbrando así. Pero si la arena y la piedra eran tan brillantes que lastimaban a los ojos, ¿cómo se puede describir el resplandor de la veta, que resplandecía de brillante plata y fuego y en la que aparecía y desaparecía un rubor negro? No quería creerlo, pero lo que estaba viendo era el fin de la veta negra, la menospreciada, insultada veta negra, que poseía, por kilómetros y kilómetros dentro de la tierra, suficiente plata para todo el mundo y los mundos que vivieran.

"«¡Ja, ja, ja!» rugió la voz, la vieja, la usada veta, «¿ónde está el hombre que sólo podía comer frijolitos con esta plata?. Tráigandolo aquí, tráigandolo aquí». Y entonces miles de brillantes figuras saltaron de la luminosa roca sonando como pesos recién acuñados cuando caían al suelo, y levantaron el cuerpo de Pepito, a quien yo no había visto, que estaba tirado, azul de miedo, en un rincón de la galería. Lo tomaron por los hombros y así lo llevaron frente a la veta de plata. El brillo del metal le hería los ojos que, pese a su terror, no podían resistirse a las riquezas que le mostraba la mina.

"«¡Bonanza, bonanza!» gritó el minero, olvidando la presencia de quien estaba, pues la figura del padre de la mina (si puede llamársele figura porque era como una neblina de fuego plateado) estaba sentada sobre la veta.

"«¡Bonanza!» gritó con la misma voz enfermiza, «¡bonanza de una vieja veta usada!» repitiendo las palabras con que Pepito lo había ofendido. «¿Onde está el hombre que sólo puede comer frijolitos?»

"«¿Qué hace cuando está ante el padre de la plata? ¡Tráiganlo, tráiganlo» continuó la voz, «tráiganlo aquí!»".

"Las diez mil figuras plateadas levantaron al minero. No, ¡no! gritaba ¡todo menos eso! y§ lo pusieron frente al mineral.

"La roca se tornó mil veces más brillante que antes y por un momento pensé que mis ojos se habían quemado al mirar la veta de plata con tal resplandor. Un instante después apareció un vacío negro en la roca, un horrible vacío oscuro. La veta había desaparecido pero la roca aún brillaba toda, excepto la abertura negra que se abría entre la luminosidad, y los miles de seres plateados colocaron frente a esta abertura el cuerpo del infortunado gambusino.

"«¡Uno, dos, tres!» gritó el padre de la mina y a la palabra «tres» los seres plateados saltaron al agujero llevándose al infeliz minero, cuyo cuerpo vi desaparecer por la abertura. Con estos mismos ojos lo vi.

"¡Santa María!, entonces todo se volvió oscuridad y sentí que me desvanecía.

"Cuando me recobré un poco, pensé que ahora me llegaba mi turno pero, esperando reconciliarme con el enfurecido padre de

Miles de seres plateados lo lanzaron por una abertura negra.

la mina, saqué una botella de mezcal que traía conmigo. Estaba la botella, pero sin gota de licor. Esto me desconcertó, pero cuando recordé el terrible espectáculo que acababa de ver no tuve duda de que el gran espíritu se había tomado el licor de la botella.

"No me pasó nada y poco después los mineros que regresaban a su trabajo me encontraron pálido y tembloroso. Me llamaron tonto, borracho y loco. Continuaron con su trabajo, pero sólo consiguieron sacar unos cuantos trozos de plomo, y desde ese día no salió ni un solo peso de plata de la famosa «veta negra» de Sombrerete". (*Cuentos, leyendas y costumbres del antiguo Zacatecas*).

---

[1] Las minas eran llamadas "reales" en tiempos de los españoles (y aún les dicen así) porque pertenecían a la corona.
[2] En esa época el peso y el dólar estaban a la par.

OTHON E. DE BRACKEL-WELDA. Nació en el castillo Welda, cerca de Watburgo, Westfalia, en 1830; murió en Kassen, Alemania, en 1903. Ya estaba en México cuando ocurrió la Intervención Francesa, a cuyas tropas se unió en 1865. Viajó por varios estados del país. Después de la guerra se incorporó a los círculos intelectuales y editó fugazmente *El Correo Germánico*. Firmada con el seudónimo Liber Varo, escribió "Una leyenda mexicana", la cual fue publicada en el semanario *La Rosa del Tepeyac* (Zacatecas, septiembre de 1892).

UNA LEYENDA MEXICANA

La Casualidad es una vasta empresa minera que se encuentra en el lomerío y una alta mesa que dependen de la pintoresca serranía de Santiago, que a su vez está dominada por el abrupto Cerro del Águila, que fue durante muchísimos años el terror de las vecinas comarcas de los estados de San Luis Potosí y de Zacatecas, por ser el abrigadero constante de una horda de bandidos que de allá bajaban para caer sobre los convoyes de mercancías, los comerciantes y los viandantes que se dirigían de la entonces opulenta Zacatecas a la no menos rica capital de San Luis Potosí; y sólo a una prolongada era de paz, como la que ha sabido ofrecer al país el actual Presidente de la República, ha sido dado expurgar este inveterado mal, que impedía que aquellas regiones pudieran renacer a una nueva vida industrial y de progreso.

Fue en el año de 1891 cuando, después de haber pasado una corta temporada en la hospitalaria casa-administración de la empresa que abriga amigos y corazones que están muy unidos al nuestro, nos dirigimos en compañía de un amigo íntimo y de un venerable anciano a la no muy distante villa de Ojo Caliente y a la Estación de Berriozábal para tomar el tren del Ferrocarril Central.

Nuestro camino nos hizo atravesar altas mesas y lomeríos, al parecer ocultos e improductivos para el ojo de un observador superficial; pero cubiertos de interminables y verdaderos bosques de nopales, a cuya sombra pastan incontables manadas de ganado lanar, que forman una de las principales riquezas agrícolas del Estado de Zacatecas, y cuyos bosques, a pesar de creer completamente incultos, no dejan por eso de rendir muy pingües rentas a sus propietarios por las enormes cantidades de tunas que producen y que son un artículo de activo comercio, como también fomento de una multitud de pequeñas industrias, por ejemplo, la fabricación de queso y dulce de tuna.

Al acercarse el viajero al hermoso valle que ocupa la villa de Ojo Caliente, una parte de este lomerío se transforma paulatinamente en una pequeña serranía, que, en realidad, pende de la de Santiago, pero que lleva el nombre de La Cruz, por ser el cerro más elevado que la domina, y que tiene el mismo nombre por una en realidad gigantesca cruz que se destaca desde muy lejos sobre el fondo azul del cielo y está colocada sobre prolongada y horizontal cresta.

A una legua aproximadamente antes de llegar a las rancherías de San Cristóbal, que fueron el antiguo asiento de una gran hacienda y de la actual villa de Ojo Caliente, y que se encuentra al pie del cerro de la Cruz, la serranía presenta una profunda depresión, una hondonada, y tras de ésta aparece un cerro que desde luego llama la atención de cualquier viajero por su extraña estructura, que independiente por completo de la serranía de la Cruz, parece ser el producto de una convulsión volcánica, y cuyo perfil muy pronunciado desde el pie hasta la cúspide es formado por una línea cóncava y otra convexa, que le dan el aspecto de un gigantesco cuerno, que ni el célebre Finsterahorn de los Alpes alcanza a igualar ni en la perfección de la forma ni en su singular belleza.

No pudimos menos que parar nuestras cabalgaduras para contemplar con algún reposo este cerro verdaderamente singular, cuyo pie estaba revestido de ese verde, diminuto y abrillantado césped que hemos encontrado en diferentes ocasiones, y que al principio se eleva en suave ascenso, aunque aquí y allá está sembrado de gruesos blocs de piedra, que a medida de que el suelo se eleva se multiplican hasta dominar completamente en la parte superior del cerro, que es un hacinamiento de abruptas rocas y de tremendos acantilamientos, en cuyas paredes se advierten, como negras fauces, las entradas que conducen a algunas cuevas. Terrible impresión causa el aspecto siniestro de la parte superior del cerro que sólo madre naturaleza ha sabido mitigar revistiendo algunas de las negruzcas rocas de manchas verdes de musgo y cubriendo otras con alguna lozana y atrevida trepadora, diseminando por aquí y por allá en las grietas, pequeños arbustos que como verdes banderitas se mueven al impulso de las corrientes de aire.

Dirigimos a nuestro anciano compañero de viaje la pregunta de cómo se llamaba este cerro singular, y nos contestó que era el mentado Papantón.

Pudiera creerse que Papantón, a semejanza de Papantla y otros nombres similares, se deriva de alguno de los antiguos idiomas indígenas de nuestro país, pero no es así, porque otro es su origen.

En todas las naciones del mundo se encuentra en las masas del pueblo cierta repugnancia para pronunciar el nombre del Diablo, temiendo que al citarlo se le llama, y por lo mismo han buscado el modo de sustituirlo con alguna frase, diciendo por ejemplo, en los pueblos germánicos el *Gottsiebeiuns* (Dios con nosotros) y en los de razas latinas se le llama El Viejo, y bien conocida es la frase de la niñera que dice a un chico desobediente: "Te va a llevar el viejo". Sin embargo, a muchos les ha parecido aún esta circunlocución demasiado significativa, y la han sustituido, y muy particularmente en las regiones norte de nuestra República, con la de Papá Antonio, que se ha convertido en Papantón y es sinónimo de las palabras: viejo, diablo y espanto, y lugares llamados así son los en que algo espanta o que se suponen "habitados por espíritus malignos".

Habiéndose acordado desde luego de esta circunstancia, nos ocurrió preguntar al anciano compañero de viaje si no existía alguna leyenda sobre tan singular cerro, y contestándonos afirmativamente, le suplicamos tuviera la bondad de contarnos esa antigua tradición, porque siempre nos ha parecido interesante para un pueblo, ya que la moderna educación se empeña en borrar todos estos recuerdos de antiguos y pasados tiempos como supersticiones tontas, de coleccionarlas para que no se pierdan por completo, y como el anciano accedió a nuestros deseos: "Como nos lo contaron os lo cuento".

EL PAPANTÓN

Allá en los primeros tiempos, después de la conquista del gran Imperio Azteca, y después de haber sido descubiertas las fabulosamente productivas vetas de Zacatecas, vinieron muchos españoles, atraídos por el ruido que hizo el hallazgo de aquellas riquezas en toda la Nueva España, y llegó también un mozo joven, fortachón y muy apuesto, en busca de mucha plata y mucho oro, originario de las provincias asturianas, llamado Antonio Oliva; pero que era demasiado orgulloso para ponerse al servicio de algunos de sus afortunados paisanos, y prefería buscar por sí mismo alguna potente veta de nobles metales, que pronto lo hiciera rico y poderoso y esperaba encontrar en estas cercanías lo que tanto anhelaba.

Pero no siempre la Divina Providencia satisface los deseos del hombre, porque ella sabe mejor lo que conviene para la felicidad de su alma, y así sucedió al bueno de don Antonio Oliva, y por más que buscaba no encontraba los tesoros que habían de hacer de él un rico-home, y entretanto se veía precisado a satisfacer las exigencias del hambre y de las demás necesidades de la vida, y sobre todo a buscar la amistad de los indios para que le indicasen los puntos en donde podría encontar la reluciente plata y el rubio oro.

Entonces eran aún muy escasos los padres misioneros, estos médicos del alma enferma, y aunque muchos de los naturales del país estaban ya bautizados, no por eso habían olvidado sus antiguas creencias y supersticiones; pero más escasos aún eran los doctores en medicina, estos médicos del cuerpo enfermo, y en general hacían su oficio los yerberos, las más veces indios viejos y ladinos que conocían no sólo las hierbas benéficas, sino también las malas y nocivas que usaban para sus brujerías y que les servían para explotar a las masas del pueblo ignorante, obteniendo pingües ganancias.

Antonio Oliva había hecho regulares estudios en su madre patria y era para los tiempos en que vivía un casi notable herbolario y estos conocimientos empleaba en sus correrías, muchas veces emprendidas en compañía de algunos yerberos, de quienes se había hecho amigo por encontrar en ellos buenos guías en las intrincadas serranías que recorría en busca de vetas de oro y plata, para ganarse el sustento curando españoles e indios en sus enfermedades con bastante buenos resultados.

Sin embargo, persuadido de que sabía mucho, reconoció bien pronto que algunos de sus amigos yerberos indios le eran superiores en conocer a primera vista las cualidades benéficas y nocivas de las hierbas que tanto abundaban en aquella comarca, y comprendió que ellos ganaban mucho más dinero que él; pero jamás quisieron revelarle sus secretos.

Perdiendo la esperanza, andando el tiempo, de encontrar la plata en ricas vetas como él se había imaginado, con más ahínco se aplicó a su oficio de curandero que la necesidad le había impuesto, extendiendo sus conocimientos de herbolario; pero nunca pudo igualarse con los yerberos indígenas, hasta que por fin logró obtener la confianza de uno de ellos a quien salvó de las manos de las autoridades españolas que lo perseguían por sus brujerías, y éste le reveló que en aquel cerro de extraña forma, en una de sus cuevas, residía un espíritu maligno en forma de una mula prieta muy brava, que despedía llamaradas por el hocico, pero que era profunda conocedora de todas las cualidades de las hierbas, y que comunicaba estos, sus superiores conocimientos, a aquel que en noche obscura de nueva luna la domaba y la montaba en pelo; advertía el indio, además, que una vez montado, la mula diabólica se precipitaba en vertiginosa carrera, brincando y encabritándose por las abruptas y rocallosas faldas de la montaña, y que aquel que no se estrellaba en esta carrera contra una de las rocas diseminadas, si quedaba firme en su lomo, vencida le revelaba todos los secretos de las hierbas, le dotaba de la facultad de conocer a primera vista todas ellas, pudiendo calcular todos los efectos que producían en la naturaleza humana; en fin, que el que había domado este espíritu, era un perfecto yerbero que podía hacerse riquísimo.

Esta revelación causó profunda impresión en el ánimo del joven Antonio Oliva, que aunque buen cristiano en el fondo, poco se curaba, en su insaciable deseo de hacerse rico, de las prácticas religiosas y menos aún le asediaban escrúpulos; sin embargo, en esta ocasión dudó, pero después de prolongada lucha interior, fiando en la robustez de su naturaleza y en su hercúlea fuerza, convencióse de que podía dominar el diabólico espíritu que se ocultaba bajo las formas de una mula prieta y se decidió a emprender la ascención al indicado cerro, arriesgando hasta la vida para hacerse rico, jugando el todo por el todo.

Resuelta una vez la cuestión en este sentido, Antonio Oliva emprendió la marcha hacia el cerro habitado por el diabólico espíritu, y habiéndose hecho la noche oscura y tétrica, comenzó la ascensión, y no sin trabajo, después de haber vertido copioso sudor y sufrido muchas espinadas y dolorosos araños de selváticas hierbas, encontró la indicada cueva, mansión predilecta de la infernal

mula prieta, y con un arrojo digno de mejor empresa, se lanzó sobre el furioso animal, no espantándose de las bocanadas de fuego y denso humo de azufre que le lanzaba al rostro. De un brinco se puso en su lomo apretándole los ijares y agarrándose con fuerza de la poblada crin. Con un respingo furioso que por poco desquebraja el cráneo del valeroso jinete en la bóveda de la cueva, se lanza fuera de ella el feroz animal y en vertiginosa carrera, pegando brincos y haciendo cabriolas, baja las rocallosas faldas del cerro; sin embargo, firme se quedó el jinete, aunque sentía disminuir sus fuerzas. La diabólica mula sigue dando furiosos brincos y más brincos y el infeliz Antonio ya ve llegar su última hora, porque siente vacilar y desfallecer sus fuerzas y en este gran peligro se acuerda de las enseñanzas de su piadosa madre y del fondo de su corazón a sus labios llega el grito: "¡Ave María Purísima, ayúdame!"

En el mismo instante, con feroz relincho, lanza la mula una bocanada de fuego y humo y se para... y volviendo en sí de su mayúsculo susto Antonio Oliva, se encuentra sentado, ya no en el lomo de la infernal bestia, sino arriba de un negro peñasco, del que penosamente se baja para dar gracias a la Santísima Virgen que lo ha salvado. El peñasco que hasta el día de hoy se enseña al curioso viajero, existe aún, y en él, con un poco de imaginación, se pueden encontrar las formas toscas de una mula.

Desde este momento Antonio Oliva estaba curado de su insaciable sed de riqueza; luego tomó el camino hacia la pobre capilla de un piadoso misionero, confesándole sus culpas y penas, y en expiación de sus grandes pecados, se retiró como ermitaño a la misma cueva, antes mansión del diabólico espíritu. Bajaba diariamente de ella vestido de humilde sayal. Llevando en las espaldas el saco repleto de benéficas hierbas, curando a los pobres enfermos a muchas y muchas leguas alrededor del cerro, impartiéndoles al mismo tiempo, como piadoso misionero, los santos consuelos de la religión.

En toda la comarca era entonces conocido el venerable Papá Antonio, demacrado su cuerpo por los frecuentes ayunos, espesa la barba blanca que le caía hasta la cintura; y adonde llegaba el piadoso ermitaño, con el único saludo que usaba: ¡Ave María Purísima! parecían huir las enfermedades y los desconsuelos; sólo tenía un gran pesar: profesaba un gran cariño a los niños, y sin embargo, és-

Bajaba vestido de sayal, llevando un saco de benéficas hierbas.

tos le temían y huían de él, porque muchas veces se veía obligado a hacerles tomar amargas pociones, cuando estaban enfermos.

Nadie jamás ha vuelto a ver la diabólica mula, y luengos años vivió Papá Antonio, hasta que Dios lo llamó a su seno.

"¡Ave María Purísima!, ¡que Dios le haya acordado el descanso eterno!", concluyó su relato el anciano compañero nuestro. "¡Ave María Purísima!", le contestamos y proseguimos nuestro camino. (*Cuentos, leyendas y costumbres del antiguo Zacatecas*).

RAFAEL CENICEROS Y VILLARREAL. Nació en Durango, Dgo., en 1855; murió en la ciudad de México en 1933. Licenciado en derecho, ejerció su profesión en Zacatecas y llegó a ser gobernador de esa entidad, cargo que ocupaba al estallar la revolución constitucionalista. Fundó y dirigió durante 20 años el semanario católico *La Rosa del Tepeyac*. Fue autor de dramas moralizantes en prosa y en verso. La leyenda "Deudas por saldar" la publicó *El Tiempo Ilustrado de México*, en octubre de 1907.

DEUDAS POR SALDAR

Muy conocido fue en las provincias del norte el marqués de Aguayo, uno de los más opulentos terratenientes en la época de la dominación española. Era fogoso y jovial y de hercúlea fuerza. Entre otras anécdotas referíase de él que en cierta ocasión sus aceradas garras cogieron por las astas y derribaron a un bravo cornúpeto que le embistió.

Casóse en Saltillo con una hermosísima joven, que si no era nativa de la ibérica península, seguramente descendía de españoles.

Frecuentemente visitaba el mineral de Mazapil, pues en su jurisdicción hallábase situada la finca rústica donde ordinariamente residía. Los mazapilenses son famosos jugadores de malilla, y el marqués, que gustaba sobremanera de tal juego, buscábalos con solicitud, y con tanto frenesí se entregaban al juego de naipes, que hubo reunión de malilleros que duró tres días con sus noches.

Tiempo hacía que al señor marqués punzaba el emponzoñado aguijón de los celos, y tenía suficientes motivos para sospechar que la señora marquesa andaba a picos pardos con un joven coahuilense de alta alcurnia, audaz y calaverón; pero en vano habíase esforzado en adquirir concluyentes pruebas de la traición de la esposa. "Con mi perpetua desconfianza" pensó, "y con mis iracundos arrebatos, no he de conseguir otra cosa que tener siempre en guardia a la marquesa", y cambió completamente de táctica. La aspereza trocóse en dulzura; la desconfianza en seguridad. Las constantes manifestaciones de cariño tranquilizaron a la esposa, que al principio creyó simulada la repentina mudanza de su marido.

Vivían, al parecer felices, en una de las haciendas del marqués, distante como una jornada del rico mineral de Mazapil.

Entre los mozos del marqués, Pedro, por su edad y discreción, era el de mayor confianza, y varias veces se ausentaba del lugar sin que ninguno de sus camaradas supiese a dónde iba; pero habían observado que después de cada viaje hablaba a solas con el amo, encerrados ambos en el despacho de éste.

Una mañana, muy de madrugada, dijo el marqués a Pedro:

—Prepara, sin que nadie se entere de ello, mis mejores caballos, sal con ellos para Mazapil y vas apostándolos de trecho en trecho por el camino, calculando que la distancia que medie entre uno y otro sea la que pueda recorrer cada caballo, sin que disminuya toda la velocidad de su carrera. Antes despachas los peones que sean necesarios para que con las cabalgaduras ensilladas y enfrenadas esperen en el punto que les señales, mi regreso de Mazapil.

Pedro, acostumbrado a callar y obedecer, inclinó sumiso la cabeza y fuese a disponerlo todo.

El marqués de Aguayo, después de desayunarse, despidióse cariñoso de su esposa.

—Negocio urgente, le dijo, me obliga a ausentarme por ocho días.

Minutos después el látigo del auriga tronaba sobre las erguidas cabezas del magnífico tiro de cambujas enganchadas al coche de camino que conducía al marqués a Mazapil.

II

En la salita de una casa que da vista a la plaza principal de Mazapil, en las cabeceras y lados de una mesa, hállanse cuatro personas: el marqués de Aguayo ocupa una de las cabeceras. Garzarón, rico minero, la otra, y a los lados, frente por frente, Mendoza y Calahorra, opulentos hacendados. Todos, alegres y expansivos, juegan a la malilla. El marqués está más jovial que de costumbre y aumenta el buen humor y la locuacidad de todos las copas de aguardiente de Parras que escancian de vez en cuando.

Después de una hora de amistosa expansión, el marqués de Aguayo llévase repetidas veces la siniestra mano a la frente y con el puglar y el anular apriétase las sienes. Cerca de la medianoche, dice a sus amigos.

—Tengo jaqueca; quizás me ha hecho mal el aguardiente; pero creo que bastan, para reponerme, algunos momentos de reposo.

Entró a la alcoba contigua, cerró la vidriera que comunicaba con ella, e inmediatamente, por la ventana de la misma, que veía al arroyo, y no distaba mucho del suelo, salió al campo. Pedro le esperaba con un soberbio potro, listo ya, para emprender la marcha.

Por la extensa llanura, a carrera abierta, salvando matorrales y vallados, vuela en su ligero potro el marqués de Aguayo, sediento de venganza, y al llegar el noble bruto resoplando por la abierta nariz, al puesto designado por Pedro, el marqués hace alto, da la rienda al peón para que pasee al fatigado animal y espere allí el regreso del amo, remuda de caballo y continúa la interrumpida carrera. De ese modo llega a la hacienda en brevísimo tiempo, entra a la casa por la puerta falsa, dirígese puñal en mano a la sala, saca una llave que viene perfectamente a la cerradura, juega el pestillo, abre y encamínase sigiloso a la conyugal alcoba, que no tiene más de una vidriega sin llave. Avanza hacia el lecho y en unos cuantos segundos, con vigorosa acometida, hunde por varias veces el puñal en el pecho de la infiel y en el de su amante. Óyense, uno tras otro, dos lastimeros ayes. El marqués, concluido que hubo su obra de exterminio, enjúgase el copioso sudor que empapa su frente, lávase las ensangrentadas manos, sale al patio a respirar el aire, porque se ahoga, mas al oír la tosidura del viejo portero, que algo ha percibido y va a inquirir lo que sucede, huye aceleradamente y emprende el regreso a Mazapil por el mismo camino que a mata caballo acababa de recorrer.

III

Garzarón y Mendoza reían del codillo que acababan de dar a Calahorra, cuando se abre la puerta de la alcoba y sonriente preséntase el marqués de Aguayo.

—¿Qué tal —preguntan los malilleros casi a la vez—, se ha recobrado usted?

—Estoy enteramente bien, responde el marqués. Ya me lo sabía yo, un rato de reposo me destierra siempre la jaqueca.

Los malilleros, distraídos con los lances del juego, no se dieron cuenta absolutamente del tiempo transcurrido desde la salida hasta la vuelta de su amigo, y creyeron que había dormido unos cuantos minutos.

El marqués volvió a tomar parte en el juego, que continuaron entusiasmados hasta el amanecer.

Al siguiente día, por un propio que llegó de la hacienda del marqués de Aguayo, súpose en el mineral el doble asesinato cometido en aquélla, y que una de las víctimas había sido la señora marquesa.

El señor de Aguayo fingió honda pena, mandó enganchar su coche y dirigióse presuroso a la hacienda.

El juez de letras de Mazapil era astuto y perspicaz y había llegado hasta él el rumor de las clandestinas relaciones de la marquesa con el joven asesinado, motivo por el cual tan luego como supo el delictuoso hecho, creyó a pie juntillas que el marqués de Aguayo había sido el autor de aquel doble crimen. Trasladóse sin pérdida de tiempo a la hacienda, dio fe de los cadáveres, dictó el auto cabeza de proceso y escrupulosa y circunstanciadamente examinó a cuantos supuso que podían saber algo de lo acontecido, pero para todos el suceso fue una gran sorpresa y ni siquiera se imaginaban quién fuese el delincuente. Sólo una declaración hubo en contra del marqués de Aguayo, la del viejo portero de la casa grande, que afirmó haber observado la noche del asesinato al marqués, abrir la puerta de la sala y dirigirse a la alcoba de la marquesa, oído el apagado ¡ah! de los moribundos, y poco después visto al marqués salir y alejarse a caballo y al galope.

Aquella declaración fue suficiente para que se dictara auto de formal prisión contra el presunto reo y el señor marqués de Aguayo fue conducido preso a Mazapil.

IV

La energía del juez y el orgullo del preso agriaron los ánimos de ambos, e igual era el empeño de aquél en perder al procesado, como el de éste, en salvarse; pero la declaración del viejo portero era ineficaz para fundar fallo condenatorio. Por otra parte, el reo probó perfectamente la coartada: los señores Garzarón, Mendoza y Calahorra, honorabilísimos vecinos de Mazapil, habían declarado que el señor marqués de Aguayo, la noche en que se cometieron los asesinatos, la había pasado toda con ellos, jugando malilla, sin separarse sino por breve rato, que pasó en la pieza contigua.

La absolución del procesado se imponía, y sin embargo, el juez, por convicción de la culpabilidad del reo y por humillar su indomable orgullo, anhelaba condenarle. El atrevimiento del marqués y la burla que hizo de la autoridad, llegó hasta el grado de referir al juez, a solas con él y circunstanciadamente, los asesinatos que había cometido; pero al examinársele ante los testigos de asistencia negaba todo y sonreía con irónica sonrisa.

El juez, para obtener otro testigo en contra del culpable, le llamó a solas otra vez, pero antes ocultó debajo de una mesa cubierta con larga carpeta cuyos extremos tocaban al suelo, a un hombre listo y bien prevenido para que pudiera declarar después cuanto dijese el reo.

Al entrar el procesado al cuarto del juez, éste le ofreció un asiento colocado en la cabecera de la mesa. El marqués sentóse, sin siquiera saludar.

—Su señoría —díjole el juez—, empeñóse obstinadamente en negar ante los testigos lo que no tuvo ningún escrúpulo en confesarme particularmente. Tal conducta desdice de la que observar debe quien blasona de preclara estirpe y de inmaculada honra.

—El señor juez —respondió el marqués—, quiere oír de nuevo el relato de hechos que el vocabulario forense llama asesinatos y son simplemente actos de rigurosa justicia. No tengo inconveniente en satisfacer los deseos de usted.

Mientras el marqués hablaba lentamente, dirigió en su derredor una escudriñadora mirada y extendió con precaución la pierna derecha para investigar si algo había debajo de la mesa, y seguro ya de que se le había puesto una celada empezó impertérrito la narración del crimen.

En el momento que juzgó oportuno alzó la orilla de la carpeta y las nervudas manos del marqués rápidamente, con hercúlea fuerza, estrecharon la garganta del espía, que en unos cuantos segundos murió estrangulado. Concluido que hubo, irguióse altivo y dijo al juez:

—El señor juez quería un testigo de mi confesión, pero los muertos no hablan—. Levantó la carpeta y mostró al espantado juez el cadáver tendido debajo de la mesa.

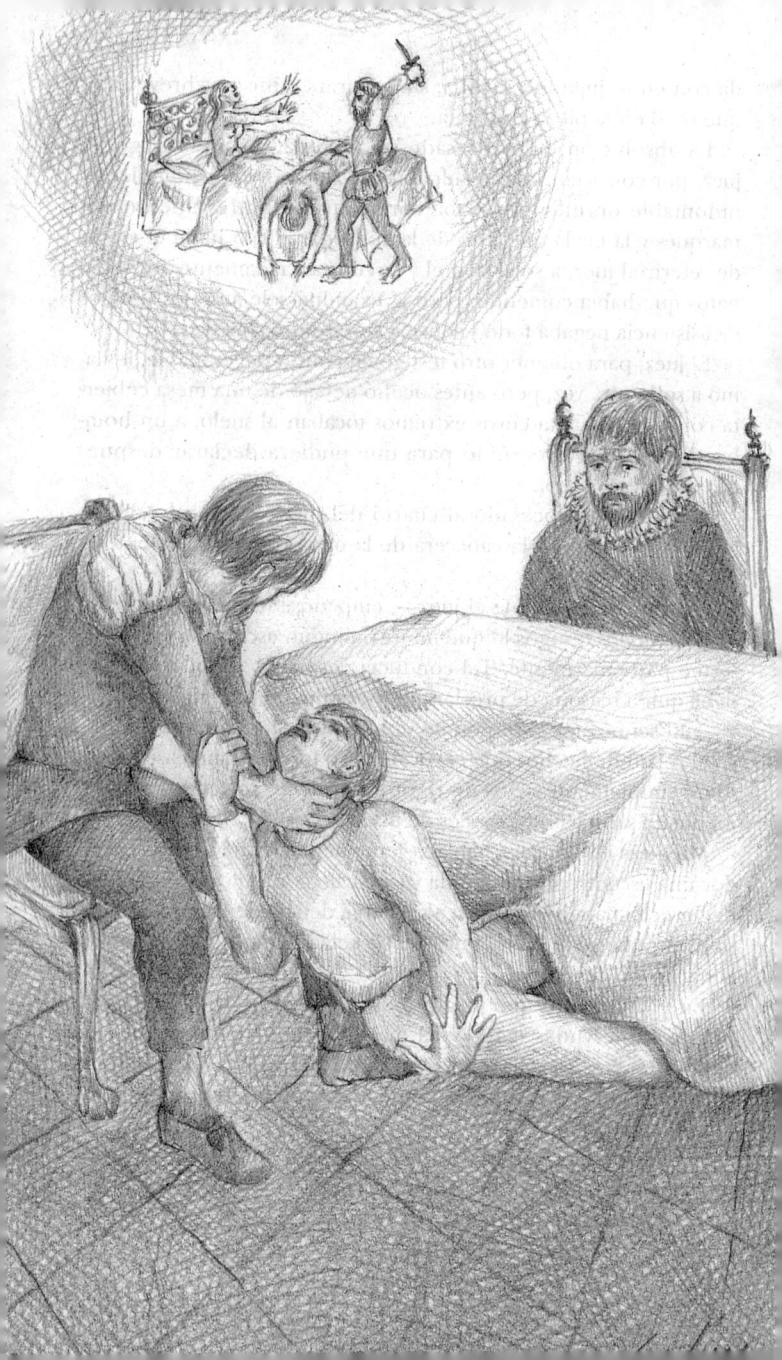

V

Otro nuevo proceso abrióse ese mismo día contra el marqués de Aguayo, proceso que en su oportunidad fue acumulado al anterior.

Los enemigos del marqués, los amigos y parientes del joven asesinado hicieron cuanto pudieron por perder al acusado, pero todo fue inútil. Los crímenes no estaban legalmente probados. El testigo singular nunca funda fallo condenatorio.

Los autos pasaron a otro juez, menos enérgico, pues el anterior era testigo en el segundo proceso, circunstancia que le impedía sentenciar. Después de muchos años se falló aquel juicio que dio mucho qué hablar a los contemporáneos, y el marqués de Aguayo fue absuelto de los delitos que se le imputaban.

Desde el día de la absolución, aquel carácter alegre y jovial trocóse en melancólico y taciturno. El marqués comía mal y dormía peor y el gusano del remordimiento le corroía el corazón. Parecíale que un fantasma iba siempre tras él y le mostraba tres cadáveres. Creía oír una voz que murmuraba al oído del asesino: "Lo que no castiga la humana justicia, reservado queda a la justicia de Dios. Marqués, tienes deudas por saldar".

Aquella pena honda y constante fuéle paulatinamente consumiendo, y el marqués murió poco tiempo después de sus crímenes.

Sobre su lecho de muerte erguíase agitado y con el pánico pintado en el semblante, y sus últimas palabras fueron: "¡Desventurado de mí; tengo deudas por saldar!" (*Cuentos, leyendas y costumbres del antiguo Zacatecas*).

"*El señor juez quería un testigo, pero los muertos no hablan...*"

SAMUEL SALINAS LÓPEZ. Nació en la hacienda de Tacoaleche, municipio de Guadalupe, Zac., en 1900; murió en la ciudad de México en 1983. Cursó la carrera de comercio en la capital de la República, donde residió desde 1936. Colaboró en *Sizac, Papel y Humo, Chicomoztoc* y otras publicaciones periódicas. Es autor de *Tata Prájeres, El último beso* y *La batalla de Zacatecas*. Las leyendas "La celda de la mano" y "La condesa de Valparaíso" aparecieron en la revista *Zacatecas* (T. I, núms. 3 y 4, 1939; y T. II, núm.5, 1940) y posteriormente, mejoradas, en su libro *Al rodar de los tiempos* (Ediciones Botas, 1964).

LA CELDA DE LA MANO

El Convento y Colegio Apostólico de Santa María de Guadalupe, levantado a inmediaciones de la Ciudad de Zacatecas, por el reverendo franciscano Antonio Magíl de Jesús, apóstol de México y Guatemala, es célebre por haberse formado en su seno esa pléyade de heroicos apóstoles que fueron los santos misioneros evangelizadores de Tejas, Tamaulipas, Tarahumara, Nayarit y California.

La erección de tan bella joya arquitectónica el año de 1707, edificio que albergó por ciento cincuenta años a los civilizadores de buena parte del territorio nacional, dio origen a la formación de la Villa de Guadalupe de Zacatecas, la cual se enorgullece de su procedencia y de contar con uno de los monasterios más célebre del país, donde florecieron notablemente las ciencias y las artes.

Un episodio sacado de la historia de dicho convento, es lo que relatamos, y, aunque para quitarle los visos de fantasía y de leyenda sería preciso verlo con los ojos de la fe, no por eso deja de ser hecho completamente histórico.

Allá por el año de 1718, cuando la paz virreinal era octaviana, debido al sabio gobierno de los virreyes en Nueva España, existió en el convento de Guadalupe un fraile que gozaba justa fama de sabio y santo entre la virtuosa y caritativa comunidad, que en todo tiempo dio lustres al mencionado convento.

Este misionero franciscano natural de Mazapil, respondía al nombre de fray José Calahorra.

Por aquel tiempo falleció una persona influyente y de muy grande caudal.

Habíanse suscitado por esta razón dificultades entre sus muchos herederos, las cuales, cada día, tomaban cariz más serio y que inevitablemente tendran como desenlace el crimen.

Vivía a la sazón, en el mineral de Mazapil, una dama de noble prosapia y lucidez de juicio, ya entrada en edad, y por ser poseedora de tales prendas, habíase granjeado la estimación y respeto, no solamente de ese pueblo, sino también, en muchas leguas a la redonda, donde se alababa por igual su grande caridad.

Sucedió que mientras la ilustre señora pasaba la velada, durante la noche invernal al amparo de la chimenea de la gran sala de su casona, oyó llamar con discreción a la puerta. No dudando fuese alguno de sus familiares, que a tales horas solían visitarla, mandó pasar, sin levantar los ojos de su entretenimiento.

Afuera en la calle, el agua caía con lentitud y el viento silbaba empujando las vidrieras.

Los pasos resonaron en la sala y acercándose lentamente hicieron alto frente a ella, que aún no levantaba los ojos de su labor.

Una voz varonil la saluda y su sorpresa es inenarrable al encontrarse con extraño y misterioso personaje, vestido todo de negro a la usanza de la época y embozado en amplia capa del mismo color, que impedía verle la cara.

Sin decirle quien es, hablando lentamente con voz ronca y profunda pídele, por amor de Dios, interponga su influencia y prestigio en hacer luz en el embrollo testamentario de la familia X.

Muda de terror quedó la señora y sin darle tiempo a reponerse, desapareció el misterioso personaje, como por encanto.

Siendo la noble dama persona de cultura no vulgar, así como también de sólidos principios cristianos y mucha piedad, no podía dar albergue en su alma a la superstición, atribuyendo por lo mismo todo lo acontecido, a alucinaciones de su temperamento excitable o a tentaciones del espíritu maligno.

Mas he ahí que las visitas del personaje misterioso sucedíanse noche a noche sin interrupción al sonar la última campanada de las doce en el viejo reloj de la sala, pidiéndole cada vez con mayor insistencia llevara a efecto por caridad su encargo, sin que la señora lograra contestarle, porque el espanto le helaba la sangre y no le permitía articular palabra.

Quebranto grande había sufrido la salud de la dama con este incidente, y pasaba los días sumida en triste postración y abatimiento y su carácter, de suyo jovial, tórnose sombrío.

Era director espiritual de la señora de quien venimos ocupándonos, el señor cura del lugar, hombre ya entrado en años, de blancos cabellos y aspecto venerable, vasta ilustración, gran talento y mucha experiencia de la vida, adquirida en el largo desempeño de su ministerio.

Refirióle la señora todo lo referente a las misteriosas visitas del personaje, pidiéndole su consejo sobre lo que debía contestarle.

El cura por todo consejo le insinuó dijera se entrevistara con él, para tratar de sus asuntos.

La señora pasó todo ese día pidiendo a Dios fortaleza para resolverse a dar el recado del señor cura a su nocturno visitante y esa misma noche al sonar las doce y verificarse la cotidiana visita, hizo un supremo esfuerzo e implorando la ayuda de Cristo Señor Nuestro, logró sobreponerse al pavor que la dominaba y con temblorosa voz le dio el recado.

El personaje sin decir palabra desapareció.

La noche estaba tempestuosa. Densas tinieblas envolvían la tierra. El señor cura venía de confesar a un enfermo. En esos momentos atravesaba apartada y solitaria calleja de arrabal, cuando al volver de una esquina, súbitamente se topó con el personaje que se le aparecía a la señora de la casona, vestido todo de negro y embozado en amplia capa del mismo color que impedía verle la cara, quien con su elevada estatura se paró frente a él interceptándole el paso, en actitud imponente y silenciosa.

Comenzaba a hablar el personaje, pero el señor cura aterrorizado dio media vuelta y huyó a toda carrera.

A la mañana siguiente el cura entrevistó a la señora y no bien se habían saludado, cuando ansiosamente ella, reflejando en el rostro pavor indescriptible, le manifestó que había dado su recado al personaje y que éste, tan luego como terminó de hablar ella desapareció, pero aún no se reponía de su sobresalto, cuando escuchó a su espalda un suspiro y al volver el rostro, poco faltó para caer muerta, pues estaba tan cerca el visitante, que le rozaba la capa su cara y con espantosa voz le dijo, que se había apersonado al señor cura e intentó hablarle, pero él aterrorizado había huído dejándolo con la palabra en la boca y con más insistencia que nunca le suplicó, pusiera en práctica su petición.

El cura juzgó prudente hacer consulta de tan raro y sorprendente caso en el cual ambos se veían inmiscuidos, al reverendo padre fray José Calahorra, residente en el Convento de Guadalupe, pues barruntaba que él podía hacer luz en el asunto, ya que recordaba haber oído platicar, hacía años, que un señor muy principal y acaudalado, murió en los brazos de un religioso que lo auxilió en sus últimos momentos, habiéndole entregado su testimonio.

En efecto esa misma noche el cura le escribió una larga y detallada carta al respecto.

Al terminar de escribir le ordenó a su mozo, que muy de madrugada se levantara y fuera con él para entregarle una carta que debía llevar al Convento de Guadalupe, previniéndolo no se viniera hasta traer la contestación.

En esos momentos en el Convento de Guadalupe, el padre fray José Calahorra salía de maitines, yéndose en seguida a su celda a preparar un sermón que debía decir al día siguiente.

Estaba sentado frente a su mesa de trabajo, teniendo ante él a dos religiosos que habían ido a su celda a hacerle una consulta, cuando fuertes golpes en la pared distrajeron su atención.

Al volver el rostro ven, con gran asombro, que saliendo de la pared una mano les hace señas con una carta, indicando que deberían tomarla.

Los dos religiosos llenos de terror dirigían miradas angustiosas a fray José Calahorra, sin saber que hacer.

La débil y rojiza luz de la bujía colocada cerca de ellos, reverberaba lúgubremente en una calavera que estaba sobre la mesa del fraile, haciendo más impresionante la escena.

Fray José, sin inmutarse, dueño de sí mismo, con esa entereza que da la virtud y la santidad, levantóse de su asiento y con lentos y seguros pasos llegó hasta la mano y tomó la carta. La mano desapareció inmediatamente.

Desdobló la carta y la leyó con toda calma y como si se tratara del asunto más común dícele a los religiosos: "Hermanos, esta carta necesita pronta respuesta, con su venia me pongo a escribir, seré breve, aguardad", y con seguro pulso escribió la contestación.

Los religiosos dominados por el temor, con el mayor asombro lo contemplaban y pedían en su interior a Dios, pusiera fin a ese asunto.

Cuando el fraile terminó su carta, oyéronse de nuevo fuertes golpes en la pared y al volver a un tiempo los circunstantes el rostro hacia aquel sitio, vieron que de ella salía la mano por lo que fray José se levantó de su asiento y entregó su carta. Al instante la mano se perdió.

En esa carta expresaba fray José, que hacía años, a las altas horas de la noche, fue llevado de la misión en donde se encontraba, por los criados de un acaudalado y principal señor, el cual se encontraba herido en su carruaje no lejos de allí, pues había sido asaltado por una gavilla de bandidos, para que lo asistiera en sus últimos momentos, que después de haberlo oído en confesión y puesto el Santo Oleo, el señor le dio su testamento suplicándole lo entregara al guardián de un convento, lo que hizo, al expirar el personaje; pero según supo después, el guardián falleció sin haber tenido tiempo de arreglar el legado del señor, mas a no dudarlo, el testamento se encontraba en el convento X, por lo que debían acudir allí en demanda de noticias.

Al despuntar la aurora coloreando de escarlata los altos picachos de las montañas de Mazapil, se levantó el párroco a mandar la carta a su destino, encontrándose en vez de ella, con la contestación de fray José Calahorra.

Después de leerla, se arrodilla dando gracias al cielo por haber hecho luz, en tan escabroso asunto, por medio de un justo.

Conocidas las disposiciones testamentarias, cesaron las divisiones entre los herederos y cada uno de ellos percibió lo que le pertenecía y el misterioso personaje vestido todo de negro y embozado en amplia capa del mismo color que impedía verle la cara, jamás volvió a visitar a la ilustre señora de la casona.

Este es uno de tantos prodigios, que como diamantes de alto precio luce la historia del Convento de Guadalupe de Zacatecas.

Desde entonces la habitación de fray José Calahorra en el histórico Convento de Guadalupe, se conoce por Celda de la Mano.
(*Cuentos, leyendas y costumbres del antiguo Zacatecas*).

LA CONDESA DE VALPARAÍSO

I

Fue en los ya casi olvidados tiempos virreinales, en aquellos tiempos de romance y poesía, cuando se dice que aconteció lo que vamos a referir.

Era doña María Ana de la Campa y Cos, Condesa de San Mateo de Valparaíso, persona piadosa, caritativa, acaudalada y de gran virtud. Prendas por las cuales se le quería en la ciudad de Zacatecas, en donde no quedó nunca pobre de quien ella tuviera noticia, que no socorriera con largueza ni familia menesterosa ni en la orfandad, a quien no enjugara sus lágrimas y tomara bajo su protección, así como también contribuía con gruesas cantidades de dinero para obras de beneficencia y se asegura que sobresalía entre sus costumbres dignas de alabanza, ir diariamente en su elegante coche de portezuelas blasonadas y que tiraban soberbios alazanes con los arneses chapados de plata, a visitar a los enfermos, a los que llevaba, a la par, medicamentos y consuelo. Todas estas cualidades que la adornaban, la tenían ganada justa fama de benefactora de la ciudad.

Vivía esta noble señora en la casa solariega que fabricaran sus antepasados para la residencia de los Condes de San Mateo, en la vieja plaza de Villarreal y la cual desafiando los tiempos y los grandes agravios inferidos a su arquitectura, se conserva hasta hoy día con su aspecto colonial evocador y severo, ostentando en su frontispicio el viejo escudo de los condes.

II

Y en la madurez contrajo matrimonio la Condesa de San Mateo de Valparaíso, con un apuesto galán de humilde cuna y de hermosura varonil poco común, de la que se prendó la ilustre dama.

Corrió el rumor por la muy noble ciudad de Zacatecas desde los primeros días de casados, de que el nuevo conde no amaba a su esposa, de que al matrimonio sólo lo había llevado la conveniencia de convertirse de la noche a la mañana, en potentado; pero siendo hombre de entendimiento agudo y conociendo por lo mismo el terreno que pisaba, se propuso explotar su posición

1045

hábilmente y representó a las mil maravillas el papel del mejor marido del mundo. Así las cosas, se ganó a la condesa en poco tiempo, quien puso en sus manos su cuantiosa fortuna.

Grandes fueron los excesos a que se entregó el conde al estar en posesión de tan cuantioso capital; pero supo encubrirlos para que no trascendieran hasta la condesa y cada día se mostraba con ella más amante y cariñoso.

Cuando la felicidad parecía sonreír en el hogar de los condes, he ahí que cierto día un imprudente papel que el conde dejó olvidado en el bolsillo de unos de sus trajes, reveló a la condesa las ilícitas relaciones que éste sostenía con una hermosísima y encantadora zacatecana.

Como doña María Ana amaba de verdad al conde, fue tan rudo el golpe que recibió con este hallazgo, que se vino abajo el risueño edificio de sus ilusiones.

Mas ella, haciendo un supremo esfuerzo, supo dominarse y apareció ante él, cariñosa y sonriente; pero propuesta por cuantos medios estaban a su alcance a cerciorarse de todo y a poner en claro las cosas.

No tardó mucho tiempo en estar en posesión de la amarga verdad.

III

La honda pena que le causara la traición del conde la sumió en la mayor decepción. Parecíale monstruosa la ingratitud de pagarle tanto como le debía mancillando su honor con tan negra perfidia y concibió extraño plan para vengar la afrenta.

Para realizarlo una noche dio espléndida fiesta en su palacio en el que se reunió lo más granado y linajudo de la sociedad zacatecana de aquel entonces y cuando terminó la cena, la que fue servida en la artística vajilla de plata que ostentaba en cada una de sus piezas el escudo nobiliario de los condes, y la jovialidad y la alegría se desbordaban por toda la casona, entregadas las parejas a las delicias del baile, la condesa aprovechó el momento desapareciendo escalera abajo, sin ser notada.

Llegó a la cochera y subió a su coche que la esperaba enganchado con un tiro de soberbios alazanes que de antemano había mandado disponer y partió velozmente, como un torbellino, hacia una hacienda de campo de su propiedad, cercana a Zacatecas, en donde se encontraba el conde.

La noche estaba serena y transparente. En el cielo un plenilunio lucía sus esplendentes galas. El coche rodaba vertiginosamente por el camino real, que emblanquecía la luz de la luna.

IV

Al llegar a las inmediaciones del pintoresco sitio donde se levantaba la hacienda de campo, doña María Ana mandó hacer alto y descendió del carruaje dando orden a su cochero de moverse de allí para no denunciar su presencia.

Se dirigió a la casa principal de la hacienda con rapidez, ataviada con las mismas galas que luciera en la fiesta, entre las que resaltaba el valioso aderezo de finísimas piedras que cintilaban con profusión de luces, al recibir el beso de la luna.

Llegó a la puerta y penetró en el zaguán, sin encontrar quien se lo impidiera. Siguió avanzando con cautela hacia el interior, cuando percibió su oído rumor de voces y de risas. Se fue presta en dirección al lugar de donde procedían. Cruzó una pieza y otras varias que tenía en penumbra la débil luz de la luna que penetraba escasamente por las ventanas. Se detuvo en la antecámara del conde. Levantó la cortina que la separaba de la cámara apenas lo suficiente para poder ver y no ser descubierta y sus ojos contemplaron un cuadro terrible para ella.

Allí estaba la criminal pareja...

Doña María Ana no fue dueña de sus actos. Sintió súbitamente agolparse la sangre a la cabeza y aguijoneada por los celos, el despecho, el rencor, el orgullo herido y de tantos sentimientos encontrados que chocaban entre sí y le nublaban la razón, no pudo reflexionar lo que hacía, febrilmente tomó en su mano el riquísimo puñal de artístico puño cuajuado de diamantes que conservaba como reliquia de familia por haber pertenecido a su hermano don Fernando, y en el paroxismo del furor se arrojó como torbellino arrollador sobre los asombrados amantes y sin darles tiempo a defenderse les asestó a ambos mortales puñaladas que los hicieron rodar por el suelo, con las convulsiones de la agonía.

V

Cuando la condesa subía de nuevo a su coche para regresar a la ciudad, el toque de Ave María llegaba hasta ella aumentando los remordimientos en su atribulado corazón.

Nada podía temer de su cochero porque era la misma discreción y de una fidelidad a toda prueba, pues sabía que antes se dejaría matar, que revelar la menor palabra a ese respecto, por eso lo llevó con ella, porque le tenía absoluta confianza; mas como las previsiones jamás están de balde, le amonestó que nunca, ni a nadie, dijera que aquella noche la había llevado a ese lugar.

Después de descender la Condesa del carruaje en la cochera de su casa donde lo tomó, fuese rápidamente a hacer los cumplidos en la fiesta, en la cual era tal animación, que no llegó a echarse de menos su ausencia.

Al día siguiente la infausta noticia conmovió a la ciudad y desfiló ante la condesa, a darle el pésame, toda la aristocracia de ella.

Se cuenta que después de lo acaecido, la Condesa de San Mateo de Valparaíso pasó el resto de su vida llorando su pecado y pidiendo a Dios con el mayor arrepentimiento, en constantes sufragios, por el eterno descanso de las almas de los dos que asesinó y entregada a ejercicios de piedad y penitencia en la capilla particular de su casa solariega y dedicando su caudal a obras pías. Por ese tiempo donó a la parroquia de la ciudad de Zacatecas la pila bautismal de plata maciza que pesaba 474 marcos y una onza, y costeó la fuente pública que existiera en la antigua Plaza de Villarreal y el famoso acueducto de esbeltísima arquería de durísima chiluca, que es maravilla de los ojos. Así como también periódicamente entregaba gruesas sumas a la Iglesia y al gobierno, para obras de beneficencia.

VI

Algún tiempo permaneció en la obscuridad el nombre del autor de este crimen; pero al fin y al cabo, la voz popular rumoró con insistencia indicando como responsable a la condesa y hasta la justicia intervino para hacer luz en el asunto y le instruyó proceso; mas no hallando pruebas en su contra y teniendo por otra parte en cuenta la calidad de la persona a quien tanto debía Zacatecas, se atribuyó todo a meras suposiciones populares y dio por terminado el proceso.

Y cuenta la leyenda, que no otra cosa es esta narración, que sin embargo permanecía cerrada en luto perpetuo, la vieja casona de la condesa. (*Cuentos, leyendas y costumbres del antiguo Zacatecas*).

JOSÉ CORONA NÚÑEZ. (Véase MICHOACÁN).

LEYENDA DEL TEÚL

Entre los habitantes del Teúl todavía circulan leyendas y tradiciones que vienen de épocas muy remotas. Conservan el recuerdo de cuando los españoles bajaron a los indios del cerro-fortaleza después de encarnizadas luchas, y los esclavizaron. Hasta hace muy poco tiempo, había un indio que tenía tres hijas que el pueblo llamaba "las sacerdotisas", eran curanderas y practicaban la hechicería.

Todos los habitantes del Teúl saben que dentro del cerro hay una laguna y que por eso brotan los manantiales que existen en la cumbre y al pie. Ya se han hecho intentos de perforar la montaña para aprovechar plenamente el agua de esa laguna, pero no se ha tenido éxito. Cierta vez, unos vecinos penetraron a la cueva que se llama la Puerta del Cerro. A poco andar encontraron un toro bravo que trató de impedirles el paso. Lo desafiaron y el toro huyó. Siguieron caminando y entonces fue un chivo descomunal el que les impedía el paso, pero al final también huyó. Se internaron más en la caverna y una gran serpiente les impidió el paso y tuvieron que regresar. Sin embargo, todo mundo sabe que si hubieran vencido este último obstáculo hubieran encontrado dentro un ameno huerto donde crecen plantas de chile, jitomates y árboles frutales junto a ríos cristalinos, y que en medio de aquel paraíso se encuentran, ahora convertidos en estatuas de oro macizo, el toro, el chivo y la serpiente.

Nótese en estas leyendas el recuerdo que el pueblo conserva de su antigua religión prehispánica que preconizaba la existencia de un mundo subterráneo donde estaba situado el paraíso de Tláloc, señor de las aguas. (*Cuentos, leyendas y costumbres del antiguo Zacatecas*).

ÍNDICE DE AUTORES

AGUASCALIENTES 27
J. Jesús Ramírez Durán
Alfonso Montañéz
Elías L. Torres
BAJA CALIFORNIA 45
Pablo L. Martínez
Olga Vicenta Díaz Castro
BAJA CALIFORNIA SUR 69
Pablo L. Martínez
Carlos J. Sierra (compilador)
Fernando Jordán
José Rogelio Olachea Arriola
Manuel Torre Iglesias
Carlos Domínguez Tapia
José María Barrios de los Ríos
CAMPECHE 92
Justo Sierra Méndez
Fernando Osorio Castro
Mario Abril
Nazario Quintana Bello
Juan de la Cabada
Fausto Vallado Berrón
CIUDAD DE MÉXICO 123
Gregorio Torres Quintero
Gerónimo de Mendieta
José Santos Chocano
José Fernando Ramírez
Heriberto Frías
Hernando Alvarado Tezozómoc
Francisco Javier Clavijero
Manuel Orozco y Berra
Vicente Riva Palacio
Juan de Dios Peza
Luis González Obregón
José de J. Núñez y Domínguez
COAHUILA 205
Froylán Mier Narro
Federico L. González Nañez

COLIMA 238
Gregorio Torres Quintero
Miguel Galindo
CHIAPAS 281
Prudencio Moscoso Pastrana
César Pineda del Valle
Manuel de Jesús Martínez Vázquez
CHIHUAHUA 320
Carl Lumholtz
Manuel López Chacón
DURANGO 343
Everardo Gámiz
ESTADO DE MÉXICO 362
Gregorio Torres Quintero
Bernardino de Sahagún
J. Luis Alanís Boyso (compilador)
Eufracio García López
Domingo Gaspar Sampayo
Alfredo Barboa Reyes
Horacio Alejandro López López
Julio Garduño Cervantes
GUANAJUATO 386
Agustín Lanuza
Luis González Obregón
Salvador Ponce de León
Rafael Zamarroni Arroyo
Abigail Carreño de Maldonado
José Corona Núñez
GUERRERO 446
Celedonio Serrano Martínez
HIDALGO 461
Gregorio Torres Quintero
Miguel A. Hidalgo
JALISCO 476
Antonio Tello
Alfonso de Alba
J. Ignacio Dávila Garibi
José T. Laris
Gregorio Torres Quintero

MICHOACÁN 521	**SAN LUIS POTOSÍ** 761

MICHOACÁN 521
Eduardo Ruíz
José Corona Núñez
Francisco García Urbizu
Francisco de Paula León
Felipe E. Calvillo
MORELOS 569
Antonio García Montaño (compilador)
Verónica Alvarado Cortés
Sandra Nancy Rosales Ortíz
Tania Moguel Vargas
José Luis García Valdos
Lourdes Cedillo Cedillo
Mintzi Soledad Galván
NAYARIT 576
Matías de la Mota Padilla
Antonio Tello
Domingo Lázaro de Arregui
Carl Lumholtz
Manuel Alvarado Alvarado
Bernardo Narváez Ávila
Julián Gascón Mercado
Froylán W. González
NUEVO LEÓN 604
Lilia E. Villanueva de Cavazos
José G. García
OAXACA 624
Heriberto Frías
Andrés Henestrosa
Néstor Sánchez Hernández
Fernando Ramírez de Aguilar
PUEBLA 663
Luis Nava Rodríguez
Eduardo Gómez Haro
Enrique Gómez Haro
Miguel E. Sarmiento
QUERÉTARO 717
Valentín F. Frías
QUINTANA ROO 734
Jorge Miguel Cocom Pech
Eduardo Medina Loría

SAN LUIS POTOSÍ 761
Rafael Montejano y Aguiñaga
Mariano Aguilar Martínez
SINALOA 814
Manuel Orozco y Berra
Jesús Ángel Ochoa Zazueta
SONORA 831
Enriqueta de Parodi
José Terán Cruz
TABASCO 862
Julio Cecilio Santa-Ana
TAMAULIPAS 882
Miguel Huerta Maldonado (compilador)
TLAXCALA 901
Toribio de Benavente
Crisanto Cuéllar Abaroa
Luis Nava Rodríguez
VERACRUZ 920
Francisco Broissin Abdalá
Anselmo Mancisidor Ortíz
Alberto Espejo
Ilahí Ramírez Muñoz
Norma Angélica Cuevas Velasco
YUCATÁN 959
Luis Rosado Vega
Antonio Medíz Bolio
Hilaria Máas Collí (compiladora)
Lázaro Pavía
Eleuterio Llánes Pasos
Everardo García Erosa
Pedro Sánchez de Aguilar
ZACATECAS 1017
Cuauhtémoc Esparza Sánchez (compilador)
George Frederick Ruxton
Othón E. de Brackel-Welda
Rafael Ceniceros y Villarreal
Samuel Salinas López
José Corona Núñez

ÍNDICE GENERAL

	página
INTRODUCCIÓN	9

Primera Parte

AGUASCALIENTES	27
BAJA CALIFORNIA	45
BAJA CALIFORNIA SUR	69
CAMPECHE	92
CIUDAD DE MÉXICO	123
COAHUILA	205
COLIMA	238

Segunda Parte

CHIAPAS	281
CHIHUAHUA	320
DURANGO	343
ESTADO DE MÉXICO	362
GUANAJUATO	386
GUERRERO	446
HIDALGO	461
JALISCO	476

Tercera Parte

MICHOACÁN	521
MORELOS	569
NAYARIT	576
NUEVO LEÓN	604
OAXACA	624
PUEBLA	663
QUERÉTARO	717
QUINTANA ROO	734

Cuarta Parte

SAN LUIS POTOSÍ	761
SINALOA	814
SONORA	831
TABASCO	862
TAMAULIPAS	882
TLAXCALA	901
VERACRUZ	920
YUCATÁN	959
ZACATECAS	1017
ÍNDICES	1051
Índice de autores	1053
Índice General	1055